Ford Focus
Gör-det-själv handbok

Martynn Randall

Modeller som behandlas *(4607-336/4167)*

Kombikupé, sedan och kombi med bensinmotor, inklusive specialmodeller
1,4 liter (1388 cc), 1,6 liter (1596 cc), 1,8 liter (1796 cc) och 2,0 liter (1989 cc)

Behandlar INTE RS, ST170 eller C-Max modeller
Behandlar INTE modeller med dieselmotor och inte heller 1,8 liters tvåbränslemotorer (bensin/LPG)

En bok i **Haynes serie med Gör-det-själv-handböcker**

ISBN : **978 1 78521 472 1**

J H Haynes & Co. Ltd.
Haynes North America, Inc

www.haynes.com

Innehåll

DIN FORD FOCUS

Reparationer vid vägkanten

Veckokontroller

UNDERHÅLL

Rutinunderhåll och service

Innehåll

REPARATIONER OCH UNDERHÅLL

Motor och tillhörande system

Växellåda

Bromsar och fjädring

Kaross och utrustning

Kopplingsscheman

REFERENS

Sakregister

Att arbeta på din bil kan vara farligt. Den här sidan visar potentiella risker och faror och har som mål att göra dig uppmärksam på och medveten om vikten av säkerhet i ditt arbete.

Allmänna faror

Skållning

• Ta aldrig av kylarens eller expansionskärlets lock när motorn är het.

• Motorolja, automatväxellådsolja och styrservovätska kan också vara farligt varma om motorn just varit igång.

Brännskador

• Var försiktig så att du inte bränner dig på avgassystem och motor. Bromsskivor och -trummor kan också vara heta efter körning.

Lyftning av fordon

• Vid arbete nära eller under ett lyft fordon, använd alltid extra stöd i form av pallbockar eller använd ramper. ***Arbeta aldrig under en bil som endast stöds av en domkraft.***

• När muttrar eller skruvar med högt åtdragningsmoment skall lossas eller dras, bör man lossa dem något innan bilen lyfts och göra den slutliga åtdragningen när bilens hjul åter står på marken.

Brand och brännskador

• Bränsle är mycket brandfarligt och bränsleångor är explosiva.

• Spill inte bränsle på en het motor.

• Rök inte och använd inte öppen låga i närheten av en bil under arbete. Undvik också gnistbildning (elektrisk eller från verktyg).

• Bensinångor är tyngre än luft och man bör därför inte arbeta med bränslesystemet med fordonet över en smörjgrop.

• En vanlig brandorsak är kortslutning i eller överbelastning av det elektriska systemet. Var försiktig vid reparationer eller ändringar.

• Ha alltid en brandsläckare till hands, av den typ som är lämplig för bränder i bränsle- och elsystem.

Elektriska stötar

• Högspänningen i tändsystemet kan vara farlig, i synnerhet för personer med hjärtbesvär eller pacemaker. Arbeta inte med eller i närheten av tändsystemet när motorn går, eller när tändningen är på.

• Nätspänning är också farlig. Se till att all nätansluten utrustning är jordad. Man bör skydda sig genom att använda jordfelsbrytare.

Giftiga gaser och ångor

• Avgaser är giftiga. De innehåller koloxid vilket kan vara ytterst farligt vid inandning. Låt aldrig motorn vara igång i ett trångt utrymme, t ex i ett garage, med stängda dörrar.

• Även bensin och vissa lösnings- och rengöringsmedel avger giftiga ångor.

Giftiga och irriterande ämnen

• Undvik hudkontakt med batterisyra, bränsle, smörjmedel och vätskor, speciellt frostskyddsvätska och bromsvätska. Sug aldrig upp dem med munnen. Om någon av dessa ämnen sväljs eller kommer in i ögonen, kontakta läkare.

• Långvarig kontakt med använd motorolja kan orsaka hudcancer. Bär alltid handskar eller använd en skyddande kräm. Byt oljeindränkta kläder och förvara inte oljiga trasor i fickorna.

• Luftkonditioneringens kylmedel omvandlas till giftig gas om den exponeras för öppen låga (inklusive cigaretter). Det kan också orsaka brännskador vid hudkontakt.

Asbest

• Asbestdamm kan ge upphov till cancer vid inandning, eller om man sväljer det. Asbest kan finnas i packningar och i kopplings- och bromsbelägg. Vid hantering av sådana detaljer är det säkrast att alltid behandla dem som om de innehöll asbest.

Speciella faror

Flourvätesyra

• Denna extremt frätande syra bildas när vissa typer av syntetiskt gummi i t ex O-ringar, tätningar och bränsleslangar utsätts för temperaturer över 400 °C. Gummit omvandlas till en sotig eller kladdig substans som innehåller syran. *När syran väl bildats är den farlig i flera år. Om den kommer i kontakt med huden kan det vara tvunget att amputera den utsatta kroppsdelen.*

• Vid arbete med ett fordon, eller delar från ett fordon, som varit utsatt för brand, bär alltid skyddshandskar och kassera dem på ett säkert sätt efteråt.

Batteriet

• Batterier innehåller svavelsyra som angriper kläder, ögon och hud. Var försiktig vid påfyllning eller transport av batteriet.

• Den vätgas som batteriet avger är mycket explosiv. Se till att inte orsaka gnistor eller använda öppen låga i närheten av batteriet. Var försiktig vid anslutning av batteriladdare eller startkablar.

Airbag/krockkudde

• Airbags kan orsaka skada om de utlöses av misstag. Var försiktig vid demontering av ratt och/eller instrumentbräda. Det kan finnas särskilda föreskrifter för förvaring av airbags.

Dieselinsprutning

• Insprutningspumpar för dieselmotorer arbetar med mycket högt tryck. Var försiktig vid arbeten på insprutningsmunstycken och bränsleledningar.

Varning: Exponera aldrig händer eller annan del av kroppen för insprutarstråle; bränslet kan tränga igenom huden med ödesdigra följder

Kom ihåg...

ATT

• Använda skyddsglasögon vid arbete med borrmaskiner, slipmaskiner etc, samt vid arbete under bilen.

• Använda handskar eller skyddskräm för att skydda händerna.

• Om du arbetar ensam med bilen, se till att någon regelbundet kontrollerar att allt står väl till.

• Se till att inte löst sittande kläder eller långt hår kommer i vägen för rörliga delar.

• Ta av ringar, armbandsur etc innan du börjar arbeta på ett fordon - speciellt med elsystemet.

• Försäkra dig om att lyftanordningar och domkraft klarar av den tyngd de utsätts för.

ATT INTE

• Ensam försöka lyfta för tunga delar - ta hjälp av någon.

• Ha för bråttom eller ta osäkra genvägar.

• Använda dåliga verktyg eller verktyg som inte passar. De kan slinta och orsaka skador.

• Låta verktyg och delar ligga så att någon riskerar att snava över dem. Torka upp olje- och bränslespill omgående.

• Låta barn eller husdjur leka nära en bil under arbetets gång.

Ford Focus hyllades allmänt när den presenterades i oktober 1998 och vann det prestigefyllda priset Årets Bil 1999. Med sin fräcka New Edge-stil och klassledande, helt oberoende bakfjädring Control Blade skiljer sig Focusmodellen helt från föregångaren Escort. Denna handbok behandlar Focus-modeller från och med oktober 2001, då serien fick en "ansiktslyftning" med ett antal yttre kosmetiska ändringar.

De modeller som finns är tre- och femdörrars kombikupé, fyradörrars sedan och femdörrars kombiversioner – alla utrustade med förstklassig säkerhetsutrustning. Säkerhetsutrustningen inkluderar sidokollisionsbalkar i dörren, krockkuddar för föraren och passageraren fram, framsäte med underglidningsskydd och ett avancerat säkerhetsbältessystem med försträckare och lastbegränsare. Bilens säkerhet förbättras ytterligare med immobiliser, skärmlås, nyckelstyrt motorhuvslås och kodskyddad ljudanläggning som ingår som standard, samt dörrar med dubbellås på de flesta modeller.

Zetec-E och Zetec-SE 16-ventils fyrcylindriga bensinmotorerna har utvecklats från enheter som tidigare har använts i modellerna Fiesta och Mondeo, och finns tillgängliga i volymer om 1,4, 1,6, 1,8 och 2,0 liter. Den sofistikerade motorstyrningen kombinerar flerpunktssystem för bränsleinsprutning och fördelarlös tändning med avdunstningsreglering, avgasåterföring och en trevägsreglerad katalysator som garanterat lever upp till den allt högre standarden för utsläppsreglering, utan att man gör avkall på prestanda och bränsleekonomi.

Den tvärställda motorn driver antingen framhjulen genom en femväxlad manuell växellåda med hydraulisk koppling, eller genom en elektroniskt styrd fyrväxlad automatväxellåda (finns endast på modeller med 1,6 liters bensinmotor).

Den oberoende fjädringen utgörs av MacPherson fjäderben och tvärställda länkarmar fram, med den unika oberoende Control Blade-fjädringen bak (utvecklad från den som användes i Mondeo kombi) bak. Krängningshämmare är monterade både fram och bak.

Vakuumservobromsarna består av skivor fram, med trummor bak på de flesta modeller. Bromsskivor bak och elektroniskt styrda låsningsfria bromsar (ABS) finns på vissa modeller, med ett antispinnsystem (TCS) som kan väljas till för bilar med ABS.

Styrningen är en servostyrning, pumpen är remdriven från motorn och styrväxeln av kuggstångstyp sitter bakom motorn. Alla modeller har passiv inställning för bakhjulsstyrning, vilket gör det lättare att styra bilen när bakfjädringen är fullt belastad (vid skarp kurvtagning eller plötsligt filbyte). Alla modeller med ABS kan även vara utrustade med ett elektroniskt stabiliseringssystem (ESP), som känner när den främre eller bakre delen av bilen slirar och kan aktivera bromsarna för enskilda hjul för att hjälpa till med att styra bilen.

Under förutsättning att bilen underhålls regelbundet enligt tillverkarens rekommendationer är Focusmodellen en pålitlig och ekonomisk bil. Motorrummet är välplanerat och de flesta av de delar som behöver underhållas ofta är lätta att komma åt.

Din handbok till Ford Focus

Syftet med den här handboken är att hjälpa dig få så stor glädje av din bil som möjligt. Det kan göras på flera sätt. Boken är till hjälp vid beslut om vilka åtgärder som ska vidtas (även då en verkstad anlitas för att utföra själva arbetet). Den ger även information om rutinunderhåll och service, och föreslår arbetssätt för ändamålsenliga åtgärder och diagnos om slumpmässiga fel uppstår. Förhoppningsvis kommer dock handboken att vara till stor hjälp när du försöker klara av arbetet på egen hand. Vad gäller enklare jobb kan det till och med gå snabbare att ta hand om det själv än att först boka tid på en verkstad och sedan ta sig dit två gånger, för att lämna och hämta bilen. Och kanske viktigast av allt, en hel del pengar kan sparas genom att man undviker de avgifter verkstäderna tar ut för att kunna täcka arbetskraft och drift.

Handboken innehåller illustrationer och beskrivningar som förklarar de olika komponenternas funktion och utformning. Arbetsgången är beskriven och fotograferad i tydlig ordningsföljd, steg för steg. Bilderna är numrerade efter det avsnitt och den punkt som de illustrerar. Om det finns mer än en bild per punkt anges ordningsföljden mellan bilderna alfabetiskt.

Hänvisningar till "vänster" eller "höger" avser vänster eller höger för en person som sitter i förarsätet och tittar framåt.

Tack till...

Tack till Draper Tools Limited, som har tillhandahållit en del av verktygen, samt till alla i Sparkford som hjälpte till att producera den här boken.

Följande sidor är tänkta att vara till hjälp vid hantering av vanligt förekommande problem. Mer detaljerad information om felsökning finns i slutet av boken, och beskrivningar av reparationer finns i bokens olika huvudkapitel.

Om bilen inte startar och startmotorn inte går runt

- ☐ Om det är en modell med automatväxellåda, se till att växelväljaren står i läge P eller N.
- ☐ Öppna motorhuven och kontrollera att batteripolerna är rena och sitter som de ska (lossa batteriets kåpa så att du kommer åt polerna).
- ☐ Slå på strålkastarna och försök att starta motorn. Om strålkastarljuset försvagas mycket under startförsöket är batteriet troligen urladdat. Lös problemet genom att använda startkablar (se nästa sida) och en annan bil.

Om bilen inte startar trots att startmotorn går runt som vanligt

- ☐ Finns det bensin i tanken?
- ☐ Har motorns immobiliser avaktiverats? Detta ska ske automatiskt, när du sätter i startnyckeln. Om du har fått en ny nyckel (som inte kommer från en Ford-verkstad), kan det emellertid hända att den inte innehåller det sändarchip som behövs för att avaktivera systemet. Även "riktiga" nya nycklar måste kodas innan de fungerar – du hittar proceduren för detta i bilhandboken.
- ☐ Finns det fukt i elsystemet under motorhuven? Slå av tändningen och torka bort synlig fukt med en torr trasa. Spraya vattenavstötande medel (WD-40 eller liknande) på tändningen och bränslesystemets elektriska kontaktdon som visas i bilderna nedan. Var särskilt uppmärksam på tändspolens kontaktdon och tändkablar (där så är tillämpligt).

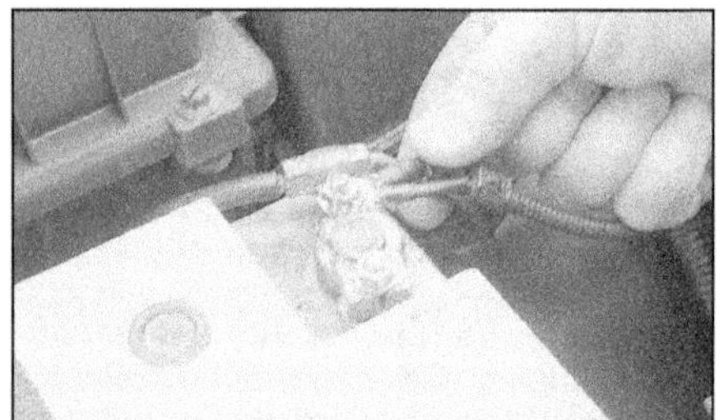

A Kontrollera att batterianslutningarna är säkra och i gott skick – lossa och ta bort batterikåpan för att komma åt dem.

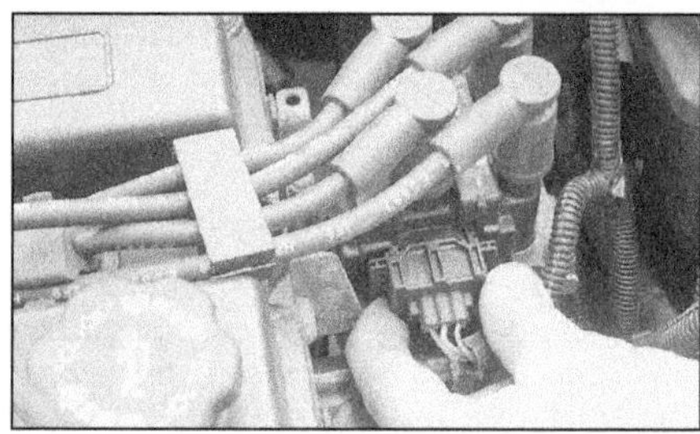

B Kontrollera anslutningskontakten och tändkabelanslutningarna till tändspolen.

C Kontrollera ECU-kontakten för strömförsörjning.

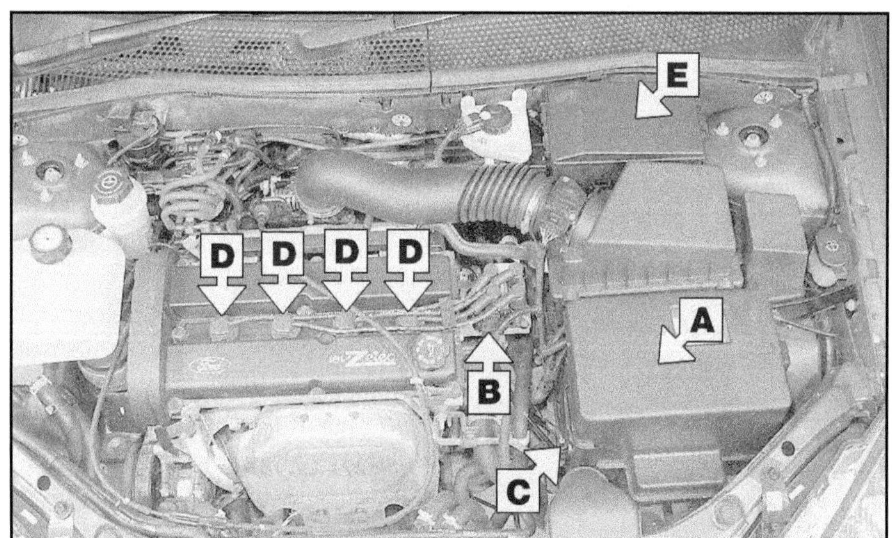

Kontrollera att alla elektriska anslutningar är säkra (med tändningen frånslagen). Spreja kontakterna med ett vattenavvisande medel, t.ex. WD-40, om du tror att problemet beror på fukt.

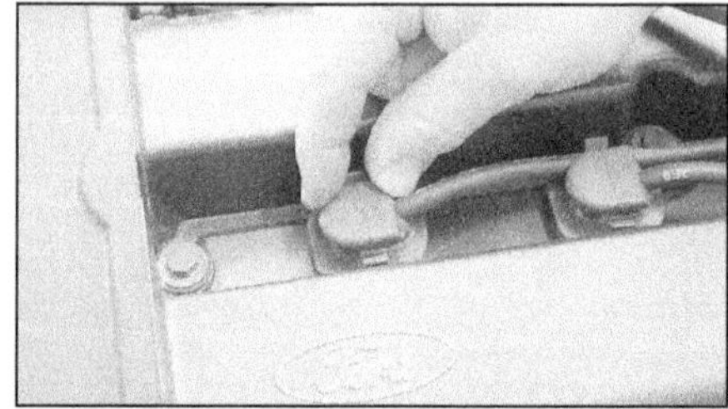

D Kontrollera att tändkablarna är ordentligt kopplade till tändstiften.

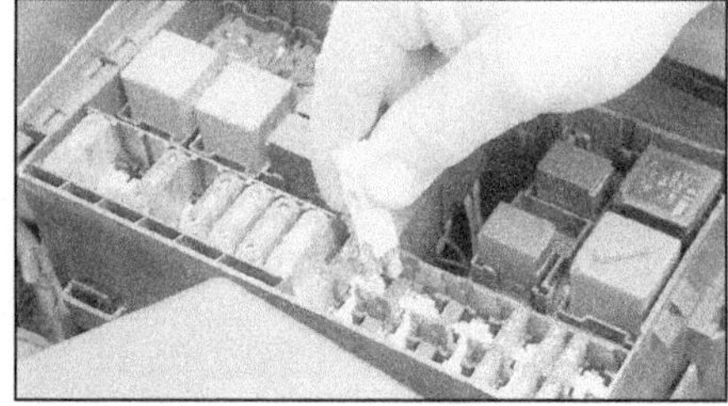

E Kontrollera att alla säkringar i motorrummet är hela.

Start med startkablar löser ditt problem för stunden, men det är viktigt att ta reda på vad som orsakar batteriets urladdning. Det finns tre möjligheter:

***1** Batteriet har laddats ur efter ett flertal startförsök, eller för att lysen har lämnats på.*

***2** Laddningssystemet fungerar inte tillfredsställande (generatorns drivrem slak eller av, generatorns länkage eller generatorn själv defekt).*

***3** Batteriet är defekt (utslitet eller låg elektrolytnivå).*

Starthjälp

När en bil startas med hjälp av ett laddningsbatteri, observera följande:

✔ Innan det fulladdade batteriet ansluts, slå av tändningen.

✔ Se till att all elektrisk utrustning (lysen, värme, vindrutetorkare etc.) är avslagen.

✔ Observera eventuella speciella föreskrifter som är tryckta på batteriet.

✔ Kontrollera att laddningsbatteriet har samma spänning som det urladdade batteriet i bilen.

✔ Om batteriet startas med startkablar från batteriet i en annan bil, får bilarna INTE VIDRÖRA varandra.

✔ Växellådan ska vara i neutralläge (PARK för automatväxellåda).

1 Anslut den ena änden av den röda startkabeln till den positiva (+) polen på det urladdade batteriet.

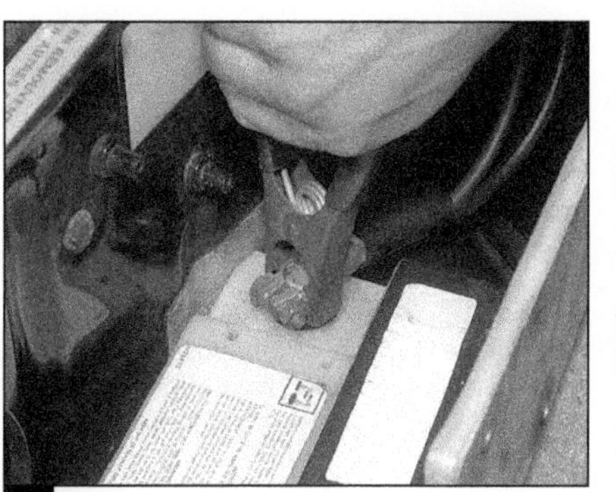

2 Anslut den andra änden av den röda startkabeln till den positiva (+) polen på det fulladdade batteriet.

3 Anslut den ena änden av den svarta startkabeln till den negativa (-) polen på det fulladdade batteriet.

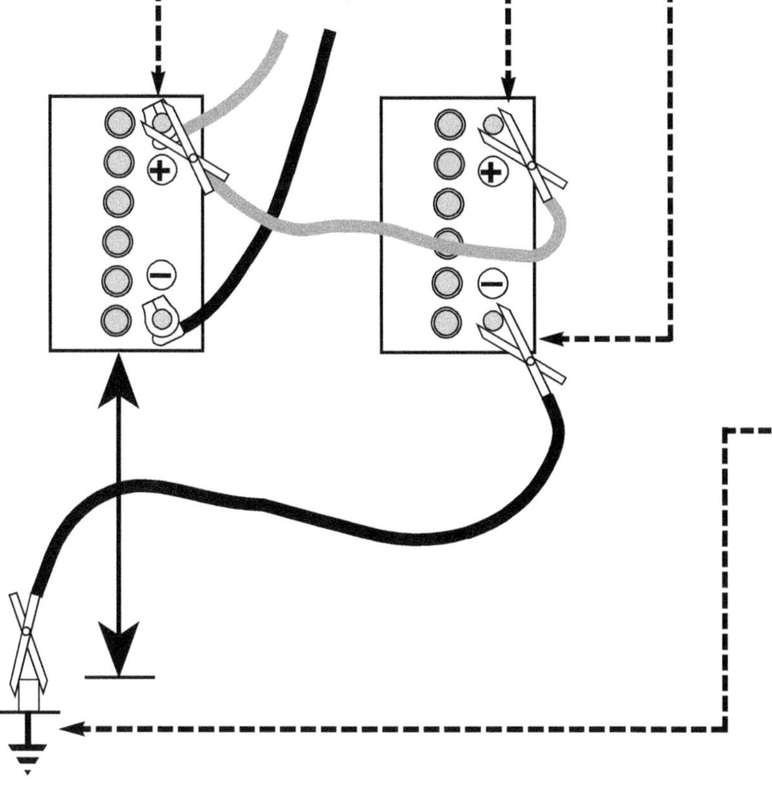

4 Anslut den andra änden av den svarta kabeln till en bult eller ett fäste på motorblocket, på ett visst avstånd från batteriet, på den bil som ska startas.

5 Se till att startkablarna inte kommer i kontakt med fläkten, drivremmarna eller andra rörliga delar av motorn.

6 Starta motorn med laddningsbatteriet och låt den gå på tomgång. Slå på lysen, bakrutevärme och värmefläktsmotor och koppla sedan loss startkablarna i omvänd ordning mot anslutning. Slå sedan av lysen etc.

Hjulbyte

***Varning:** Byt aldrig däck i en situation där du riskerar att bli påkörd av annan trafik. Försök att stanna i en parkeringsficka eller på en mindre avtagsväg om du befinner dig på en väg med mycket trafik. Håll uppsikt över passerande trafik - det är lätt att bli distraherad av arbetet med hjulbytet.*

Förberedelser

- ☐ Vid punktering, stanna så snart det är säkert för dig och dina medtrafikanter.
- ☐ Parkera om möjligt på plan mark där du inte hamnar i vägen för annan trafik.
- ☐ Använd varningsblinkers om det behövs.
- ☐ Använd en varningstriangel (obligatorisk utrustning) för att göra andra trafikanter uppmärksamma på bilens närvaro.
- ☐ Dra åt handbromsen och lägg i ettan eller backen (eller P på modeller med automatväxellåda).
- ☐ Blockera det hjul som sitter mittemot det hjul som ska tas bort - några stora stenar kan användas till detta. Kombimodeller är utrustade med en hjulkloss i bilens verktygssats - dra och vrid klossens två halvor så att en triangelform bildas.
- ☐ Använd en plankbit för att fördela tyngden under domkraften om marken är mjuk.

Hjulbyte

1 Reservhjul och verktyg förvaras i bagageutrymmet. Vik undan golvets skyddsöverdrag och lyft upp skyddspanelen. På kombimodeller, vrid de två golvhandtagen till det upplåsta läget, lyft sedan skyddspanelen och stöd den mot fjäderbenet.

2 Skruva loss fästbulten och lyft ut reservhjulet. Domkraften och fälgkorset finns under reservhjulet, liksom bogseringsöglan som skruvas i.

3 Där så är tillämpligt, använd den platta delen på fälgkorset/hjulmutternyckeln och bänd loss navkapseln/hjulsidan för att komma åt muttrarna. Modeller med aluminiumfälgar kan ha särskilda låsmuttrar - dessa tas bort med ett specialverktyg som följer med fälgkorset (eller finns i handskfacket).

4 Lossa alla hjulmuttrar ett halvt varv med fälgkorset. Om muttrarna sitter för hårt ska du INTE ställa dig på fälgkorset/hjulmutternyckeln för att skruva loss dem - kontakta en bilorganisation för assistans.

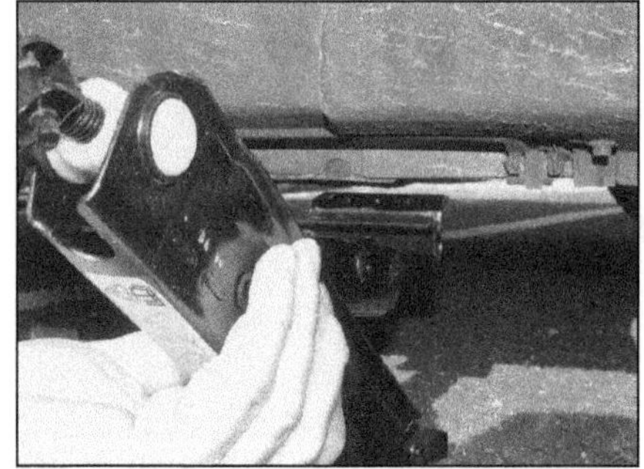

5 Det finns två stödpunkter på varje sida - använd den som är närmast det punkterade däcket. Några modeller har en täckpanel i plast som måste dras av för att man ska komma åt stödpunkten. Placera domkraftens sadel vid det ställe nedtill på tröskeln där det finns en inbuktning i metallen (lyft inte bilen vid någon annan punkt i tröskeln eller på en plastpanel). Vrid domkraftens handtag medurs tills hjulet har lyfts från marken.

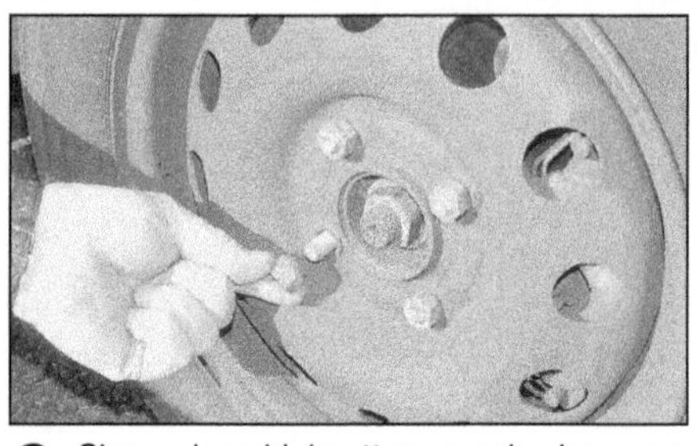

6 Skruva loss hjulmuttrarna och observera hur de sitter (den koniska sidan inåt). Ta bort hjulet.

7 Montera reservhjulet och skruva i muttrarna. Dra åt muttrarna något med fälgmutternyckeln. Sänk sedan ner bilen på marken. Dra åt hjulmuttrarna ordentligt och sätt sedan tillbaka navkapseln/hjulsidan, om det är tillämpligt. Observera att hjulmuttrarna snarast möjligt bör lossas och dras åt igen till angivet moment.

Observera: *Vissa modeller har ett särskilt lätt kompakt reservhjul, eftersom deras däck är smalare än standarddäcket. Det kompakta reservhjulet ska bara användas tillfälligt och **måste** bytas mot ett vanligt hjul så snart som möjligt. Kör extra försiktigt när du har reservhjulet på, i synnerhet i kurvor och när du bromsar. Kör inte fortare än 80 km/tim.*

Slutligen. . .

- ☐ Ta bort hjulblockeringen.
- ☐ Lägg tillbaka det punkterade däcket och verktygen i bagageutrymmet. Sätt fast dem på dess platser.
- ☐ Kontrollera lufttrycket på det nymonterade däcket. Om det är lågt eller om en tryckmätare inte finns tillgänglig, kör långsamt till närmaste bensinstation och kontrollera/justera trycket. För det smala kompakta reservhjulet är trycket betydligt högre än för ett vanligt däck.
- ☐ Låt reparera/byt ut det punkterade däcket så snart som möjligt, så att du inte blir hjälplös om du får en ny punktering.

Att hitta läckor

Pölar på garagegolvet (eller där bilen parkeras) eller våta fläckar i motorrummet tyder på läckor som man måste försöka hitta. Det är inte alltid så lätt att se var läckan är, särskilt inte om motorrummet är mycket smutsigt. Olja eller andra vätskor kan spridas av fartvinden under bilen och göra det svårt att avgöra var läckan egentligen finns.

Varning: De flesta oljor och andra vätskor i en bil är giftiga. Vid spill bör man tvätta huden och byta indränkta kläder så snart som möjligt

HAYNES TiPS ***Lukten kan vara till hjälp när det gäller att avgöra varifrån ett läckage kommer och vissa vätskor har en färg som är lätt att känna igen. Det är en bra idé att tvätta bilen ordentligt och ställa den över rent papper över natten för att lättare se var läckan finns. Tänk på att motorn ibland bara läcker när den är igång.***

Olja från sumpen

Motorolja kan läcka från avtappningspluggen . . .

Olja från oljefiltret

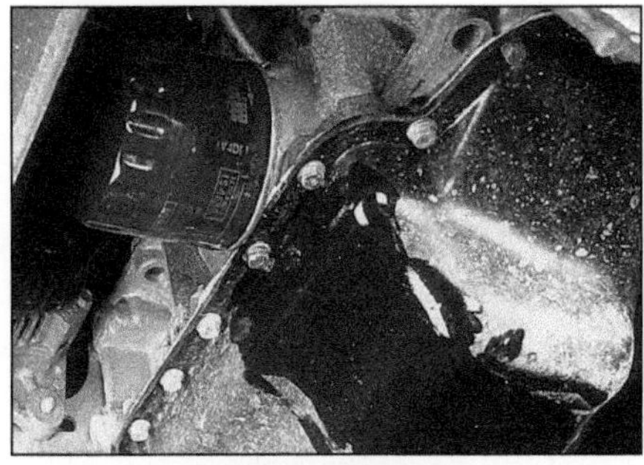

. . . eller från oljefiltrets packning.

Växellådsolja

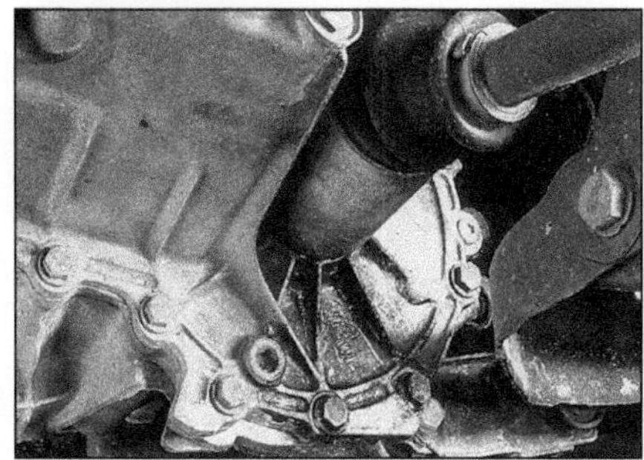

Växellådsolja kan läcka från tätningarna i ändarna på drivaxlarna.

Frostskydd

Läckande frostskyddsvätska lämnar ofta kristallina avlagringar liknande dessa.

Bromsvätska

Läckage vid ett hjul är nästan alltid bromsvätska.

Servostyrningsvätska

Servostyrningsvätska kan läcka från styrväxeln eller dess anslutningar.

Bogsering

När ingenting annat hjälper kan du behöva bli bogserad hem – eller kanske är det du som får hjälpa någon annan med bogsering. Bogsering längre sträckor bör överlåtas till verkstäder eller bärgningsfirmor. Kortare sträckor går det utmärkt att låta en annan privatbil bogsera, men tänk på följande:

☐ Använd en riktig bogserlina – de är inte dyra. Fordonet som bogseras måste i vissa länder vara försett med en skylt med texten BOGSERING i bakrutan.

☐ Slå alltid på tändningen när bilen bogseras så att rattlåset släpper och blinkers och bromsljus fungerar.

☐ Bogseringsöglan är av det slaget som skruvas fast och den ligger i reservhjulsbaljan. Bogseringsöglan ska skruvas in i ett gängat hål som finns under en rund kåpa i stötfångarens högra sida. Notera att bogseröglan har **vänstergänga**, dvs. den skruvas i **moturs**.

☐ Lossa handbromsen och se till att växeln ligger i friläge innan bogseringen börjar.

☐ Det finns särskilda rekommendationer för modeller med automatväxellåda – framhjulen ska helst röra vid marken vid bogsering. Undvik bogsering vid minsta tveksamhet, annars kan växellådan skadas.

☐ Observera att du behöver trycka hårdare än vanligt på bromspedalen när du bromsar eftersom vakuumservon bara fungerar när motorn är igång.

☐ Föraren av den bogserade bilen måste vara noga med att hålla bogserlinan spänd hela tiden för att undvika ryck.

☐ Försäkra er om att båda förarna känner till den planerade färdvägen innan ni startar.

☐ Bogsera aldrig längre sträcka än nödvändigt och håll lämplig hastighet (högsta tillåtna hastighet vid bogsering är 30 km/tim). Kör försiktigt och sakta ner mjukt och långsamt före korsningar.

Inledning

Det finns ett antal mycket enkla kontroller som endast tar några minuter i anspråk, men som kan bespara dig mycket besvär och stora kostnader.

Dessa *veckokontroller* kräver inga större kunskaper eller specialverktyg, och den korta tid de tar att utföra kan visa sig vara väl använd:

☐ Att hålla ett öga på däckens skick och lufttryck förebygger inte bara att de slits ut i förtid utan kan också rädda liv.

☐ Många motorhaverier orsakas av elektriska problem. Batterirelaterade fel är särskilt vanliga och genom regelbundna kontroller kan de flesta av dem förebyggas.

☐ Om det uppstår en läcka i bromssystemet kanske den upptäcks först när bromsarna slutar att fungera. Vid regelbundna kontroller av bromsvätskenivån uppmärksammas sådana fel i god tid.

☐ Om olje- eller kylvätskenivån blir för låg är det t.ex. betydligt billigare att laga läckan direkt, än att bekosta dyra reparationer av de motorskador som annars kan uppstå.

Kontrollpunkter i motorrummet

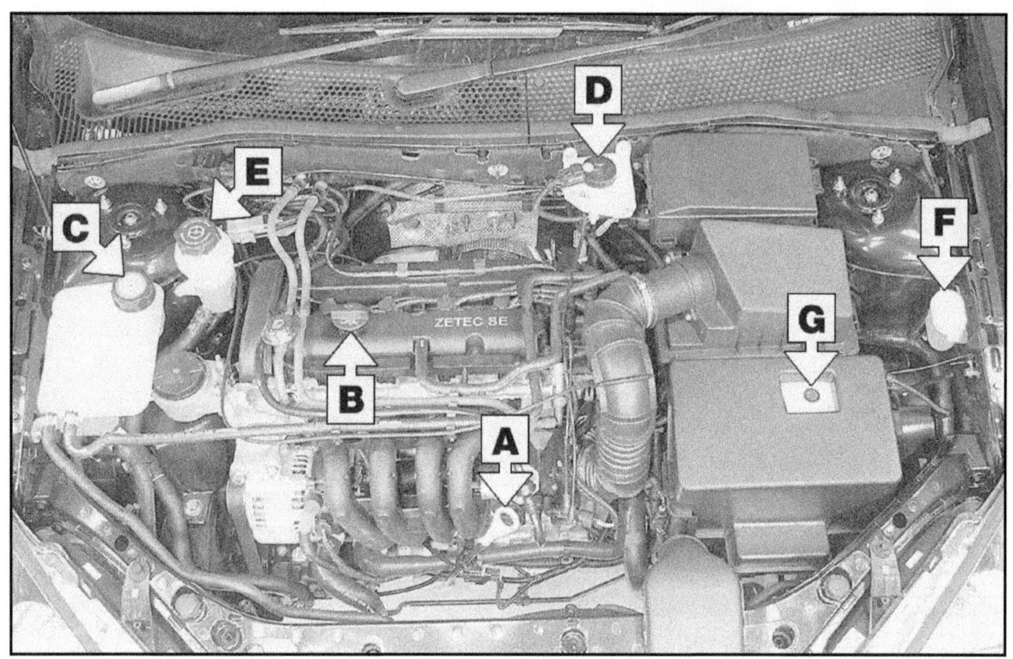

◀ **Bensinmotor (1,6 liter)**

A *Mätsticka för motorolja*

B *Påfyllningslock för motorolja*

C *Kylsystemets expansionskärl*

D *Broms- och kopplingsvätskebehållare*

E *Behållare för servostyrningsvätska*

F *Spolarvätskebehållare*

G *Batteri*

Motoroljenivå

Innan du börjar

✔ Se till att bilen står på plan mark.

✔ Oljenivån måste kontrolleras innan bilen körs, eller tidigast fem minuter efter det att motorn har stängts av.

Om oljenivån kontrolleras direkt efter det att bilen har körts, kommer en del av oljan att vara kvar i den övre delen av motorn. Detta ger felaktig avläsning på mätstickan.

Korrekt oljetyp

Moderna motorer ställer höga krav på oljans kvalitet. Det är mycket viktigt att man använder en lämplig olja till sin bil (se *Smörjmedel och vätskor*).

Bilvård

● Om oljan behöver fyllas på ofta bör bilen kontrolleras med avseende på oljeläckor. Lägg ett rent papper under motorn över natten och se om det finns fläckar på det på morgonen. Om det inte finns något läckage kanske motorn bränner olja eller så kanske det endast läcker olja när motorn är igång.

● Oljenivån ska alltid vara någonstans mellan oljestickans övre och nedre markering (se bild 2). Om oljenivån är för låg kan motorn ta allvarlig skada. Oljetätningarna kan gå sönder om man fyller på för mycket olja.

1 Mätstickans övre del är gul för att man lättare ska hitta den (se *Kontrollpunkter i motorrummet* på sidan 0•11 för exakt placering). Dra upp oljemätstickan. Torka av oljan från mätstickan med en ren trasa eller en bit papper.

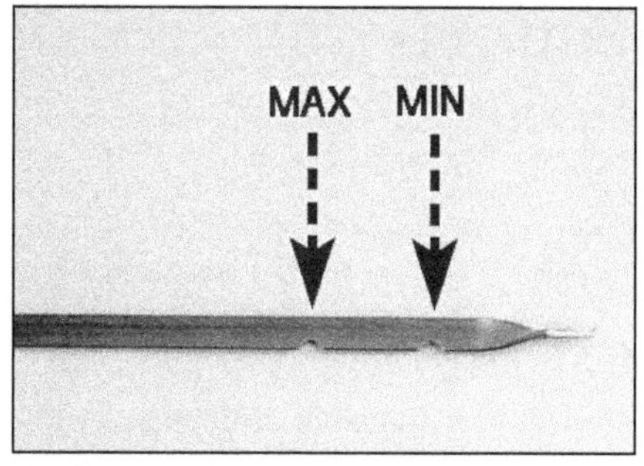

2 Stick in den rena mätstickan i röret och dra ut den igen. Observera oljenivån på mätstickans ände, som ska vara mellan MAX- och MIN-markeringarna. Om oljenivån är precis ovanför, eller nedanför, MIN-markeringen, måste du fylla på olja.

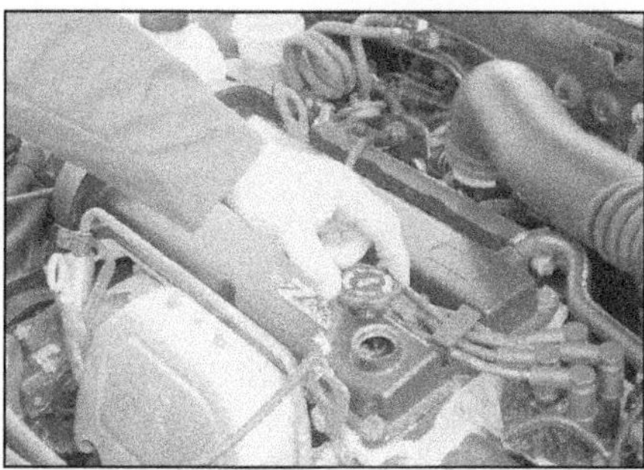

3 Oljan fylls på genom påfyllningslocket. Skruva bort locket. . .

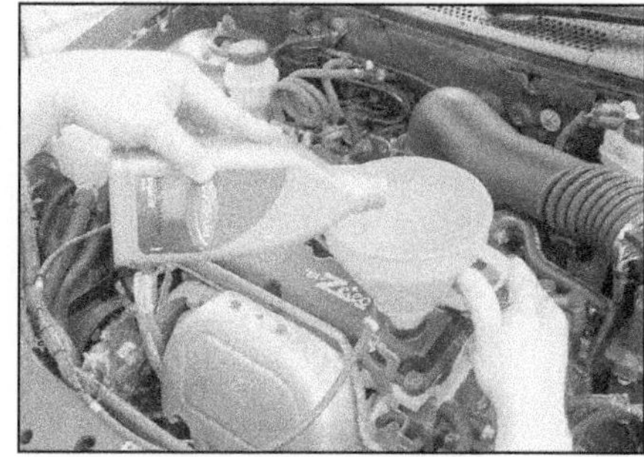

4 . . . och fyll på olja. Du kan använda en tratt så att det inte rinner utanför. Fyll på olja långsamt, kontrollera nivån på mätstickan ofta och se till att oljan hinner samlas i sumpen. Fyll på olja tills nivån är precis vid MAX-markeringen på mätstickan – fyll inte på för mycket (se *Bilvård*).

Kylvätskenivå

Varning: Skruva aldrig av expansionskärlets lock när motorn är varm, eftersom det finns risk för brännskador. Låt inte behållare med kylvätska stå öppna eftersom vätskan är giftig.

Bilvård

● Ett slutet kylsystem ska inte behöva fyllas på regelbundet. Om kylvätskan behöver fyllas på ofta har bilen troligen en läcka i kylsystemet. Undersök om kylaren, slangarna och/eller fogytorna har stänk och våta märken och åtgärda eventuella problem.

● Det är viktigt att frostskyddsvätska används i kylsystemet året runt, inte bara under vintermånaderna. Fyll inte på med enbart vatten, då sänks koncentrationen av frostskyddsvätska.

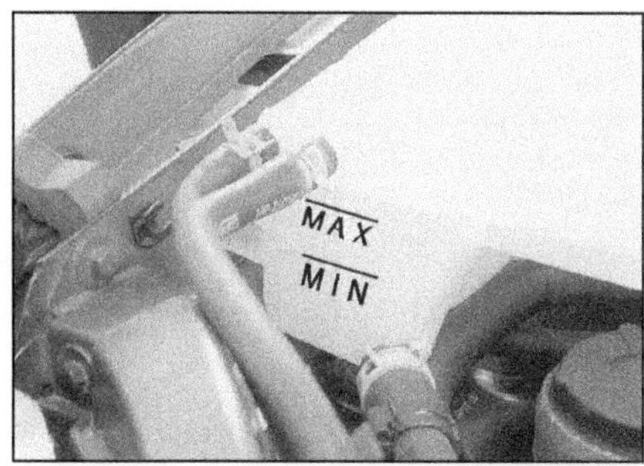

1 Kylvätskenivån varierar med på motorns temperatur och syns genom expansionskärlet. När motorn är kall ska kylvätskenivån vara mellan markeringarna MAX och MIN på behållarens framsida. När motorn är varm kan nivån stiga något över MAX-nivån.

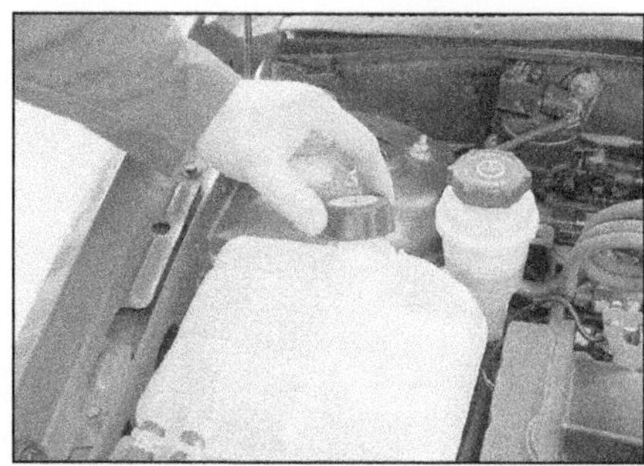

2 Vänta med att fylla på kylvätska **tills motorn är kall**. Skruva försiktigt loss locket till expansionskärlet, för att släppa ut övertrycket ur kylsystemet, och ta bort det.

3 Häll en blandning av vatten och frostskyddsvätska i expansionskärlet tills nivån ligger mittemellan markeringarna. Använd endast rekommenderad frostskyddsvätska. Om du använder Fords vätska, se till att den är av samma typ och har samma färg som den som finns i systemet. Sätt tillbaka locket och dra åt ordentligt.

Broms- och kopplingsvätskenivå

Observera: *Alla modeller har en hydraulisk koppling som använder samma vätska som bromssystemet.*

Varning:
- ***Var försiktig vid hantering av bromsvätska eftersom den kan skada dina ögon och bilens lack.***
- ***Använd inte vätska ur kärl som har stått öppna en längre tid. Bromsvätska drar åt sig fukt från luften vilket kan försämra bromsegenskaperna avsevärt.***

- ***Se till att bilen står på plan mark.***
- ***Nivån i vätskebehållaren sjunker en aning i och med att bromsklossarna slits. Nivån får dock aldrig sjunka under MIN-markeringen.***

Säkerheten främst!

- Om bromsvätskebehållaren måste fyllas på ofta har bilen fått en läcka i bromssystemet. Detta måste undersökas omedelbart.
- Vid en misstänkt läcka i systemet får bilen inte köras förrän bromssystemet har kontrollerats. Ta aldrig några risker med bromsarna.

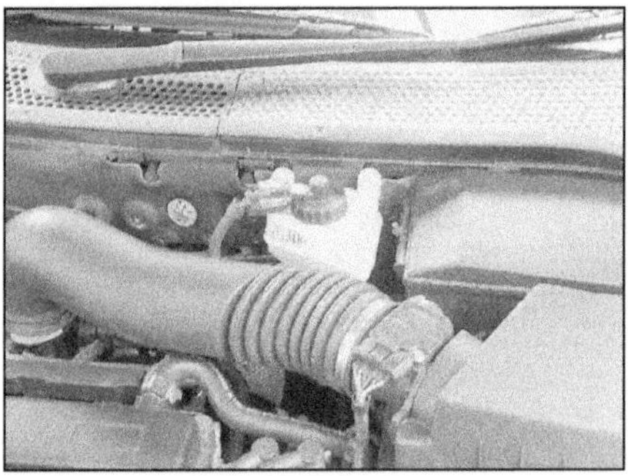

1 Bromsvätskebehållaren är placerad till vänster i motorrummet.

2 Behållaren har nivåmarkeringarna MIN och MAX på framsidan. Oljenivån måste alltid hållas mellan de två markeringarna.

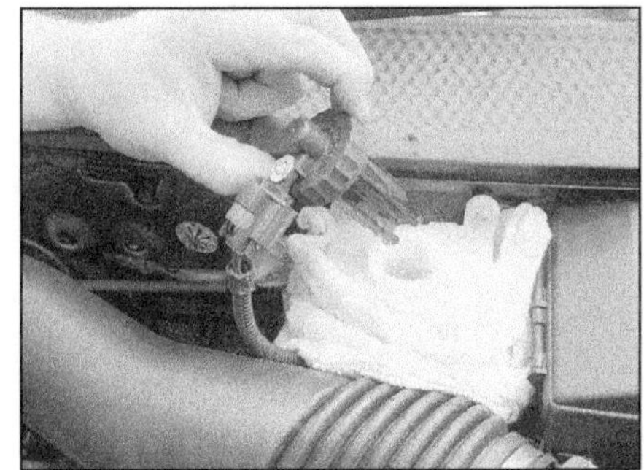

3 Om vätskebehållaren behöver fyllas på bör området runt påfyllningslocket först rengöras för att förhindra att hydraulsystemet förorenas. Skruva loss locket och lyft det försiktigt samtidigt som du håller i kontaktdonet och ser till så att du inte skadar nivågivarens flottör. Undersök behåll-aren. Om vätskan är smutsig bör systemet tömmas och fyllas på igen (se aktuell del av Kapitel 1).

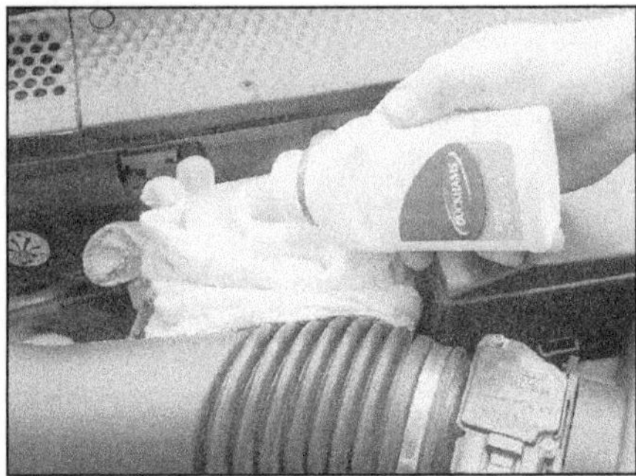

4 Fyll på vätska försiktigt. Var noga med att inte spilla på de omgivande komponenterna. Använd endast rekommenderad bromsvätska. Om olika typer blandas kan systemet skadas. När oljenivån är återställd, skruva på locket och torka bort eventuellt spill.

Styrservovätskans nivå

Innan du börjar

- ✔ Se till att bilen står på plan mark.
- ✔ Motorn ska vara kall och avstängd.
- ✔ Ställ in ratten i framåtriktat läge.

För att kontrollen ska ge ett rättvisande resultat får inte ratten vridas när motorn har stängts av.

Säkerheten främst!

- Om styrservovätskan behöver fyllas på ofta betyder det att systemet läcker. Undersök och åtgärda detta omedelbart.

1 Behållaren sitter bak i motorrummet, bredvid spolarvätskebehållaren.

2 Vätskenivån kan ses genom behållaren och ska vara mellan MIN- och MAX-markeringarna när motorn är kall. Om nivån kontrolleras när motorn är igång eller varm kan nivån stiga något över MAX-nivån.

3 Om påfyllning behövs, använd den vätska som rekommenderas – fyll inte på för mycket. Var försiktig så att det inte kommer in smuts i systemet när du fyller på. Sätt på locket ordentligt när nivån stämmer.

Däckens skick och lufttryck

Det är mycket viktigt att däcken är i bra skick och har korrekt lufttryck - däckhaverier är farliga i alla hastigheter.

Däckslitage påverkas av körstil - hårda inbromsningar och accelerationer eller snabb kurvtagning, samverkar till högt slitage. Generellt sett slits framdäcken ut snabbare än bakdäcken. Axelvis byte mellan fram och bak kan jämna ut slitaget, men om detta är för effektivt kan du komma att behöva byta alla fyra däcken samtidigt.

Ta bort spikar och stenar som bäddats in i mönstret innan dessa går igenom och orsakar punktering. Om borttagandet av en spik avslöjar en punktering, stick tillbaka spiken i hålet som markering, byt omedelbart hjul och låt reparera däcket (eller köp ett nytt).

Kontrollera regelbundet att däcken är fria från sprickor och blåsor, speciellt i sidoväggarna. Ta av hjulen med regelbundna mellanrum och rensa bort all smuts och lera från inte och yttre ytor. Kontrollera att inte fälgarna visar spår av rost, korrosion eller andra skador. Lättmetallfälgar skadas lätt av kontakt med trottoarkanter vid parkering, stålfälgar kan bucklas. En ny fälg är ofta det enda sättet att korrigera allvarliga skador.

Nya däck måste alltid balanseras vid monteringen, men det kan vara nödvändigt att balansera om dem i takt med slitage eller om balansvikterna på fälgkanten lossnar.

Obalanserade däck slits snabbare och de ökar även slitaget på fjädring och styrning. Obalans i hjulen märks normalt av vibrationer, speciellt vid vissa hastigheter, i regel kring 80 km/tim. Om dessa vibrationer bara känns i styrningen är det troligt att enbart framhjulen behöver balanseras. Om istället vibrationerna känns i hela bilen kan bakhjulen vara obalanserade. Hjulbalansering ska utföras av däckverkstad eller annan verkstad med lämplig utrustning.

1 *Mönsterdjup - visuell kontroll*

Originaldäcken har slitageklackar (B) som uppträder när mönsterdjupet slitits ned till ca 1,6 mm. Bandens lägen anges av trianglar på däcksidorna (A).

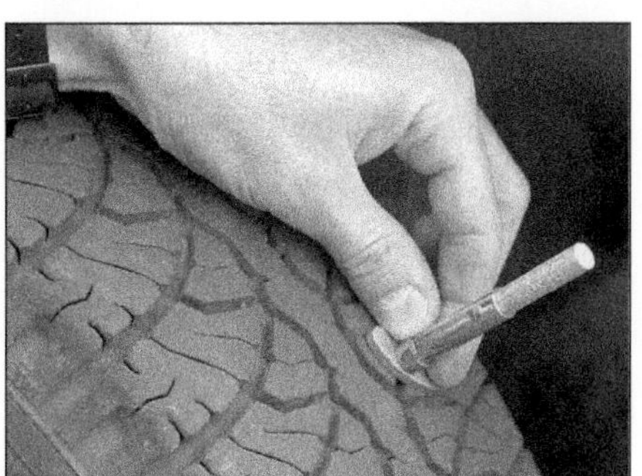

2 *Mönsterdjup - manuell kontroll*

Mönsterdjupet kan även avläsas med ett billigt verktyg kallat mönsterdjupsmätare.

3 *Lufttryckskontroll*

Kontrollera regelbundet lufttrycket i däcken när dessa är kalla. Justera inte lufttrycket omedelbart efter det att bilen har körts, eftersom detta leder till felaktiga värden.

Däckslitage

Slitage på sidorna

Lågt däcktryck (slitage på båda sidorna)
Lågt däcktryck orsakar överhettning i däcket eftersom det ger efter för mycket, och slitbanan ligger inte rätt mot underlaget. Detta orsakar förlust av väggrepp och ökat slitage.
Kontrollera och justera däcktrycket
Felaktig cambervinkel (slitage på en sida)
Reparera eller byt ut fjädringsdetaljer
Hård kurvtagning
Sänk hastigheten!

Slitage i mitten

För högt däcktryck
För högt däcktryck orsakar snabbt slitage i mitten av däckmönstret, samt minskat väggrepp, stötigare gång och fara för skador i korden.
Kontrollera och justera däcktrycket

Om du ibland måste ändra däcktrycket till högre tryck specificerade för max lastvikt eller ihållande hög hastighet, glöm inte att minska trycket efteråt.

Ojämnt slitage

Framdäcken kan slitas ojämnt som följd av felaktig hjulinställning. De flesta bilåterförsäljare och verkstäder kan kontrollera och justera hjulinställningen för en rimlig summa.
Felaktig camber- eller castervinkel
Reparera eller byt ut fjädringsdetaljer
Defekt fjädring
Reparera eller byt ut fjädringsdetaljer
Obalanserade hjul
Balansera hjulen
Felaktig toe-inställning
Justera framhjulsinställningen
Notera: *Den fransiga ytan i mönstret, ett typiskt tecken på toe-förslitning, kontrolleras bäst genom att man känner med handen över däcket.*

Spolarvätskenivå

● Vindrutespolarbehållaren förser även bakrutespolarmunstycket med vätska, där så är tillämpligt. På berörda modeller förser samma behållare även strålkastarspolarna med vätska.

● Spolarvätskekoncentrat rengör inte bara rutan utan fungerar även som frostskydd så att vätskan inte fryser under vintern. Fyll inte på med enbart vatten eftersom spolarvätskan då späds ut och kan frysa.

Använd aldrig kylvätska i spolarsystemet. Det kan missfärga eller skada lacken.

1 Spolarvätskebehållaren sitter till vänster i motorrummet, bredvid batteriet.

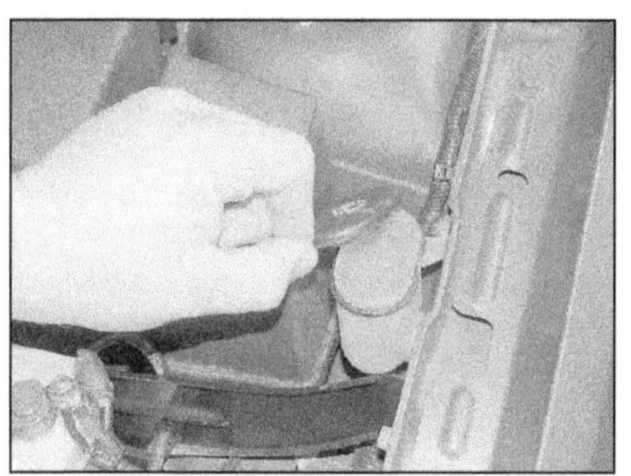

2 Det är inte lätt att se spolarvätskenivån. Ta bort påfyllningslocket och titta i påfyllningsröret - om du inte ser någon vätska behövs det förmodligen fyllas på.

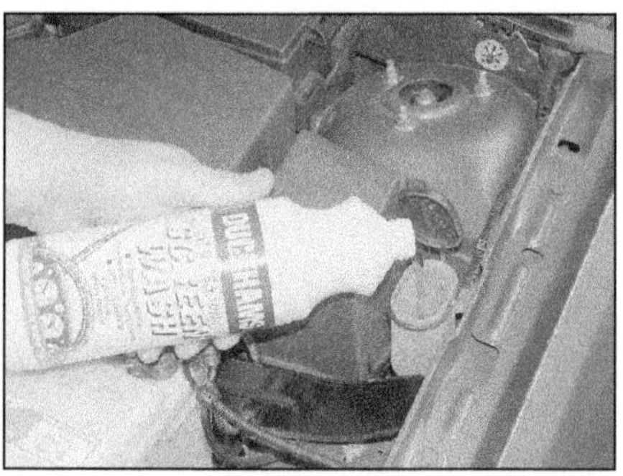

3 När behållaren fylls på bör spolarvätskekoncentrat tillsättas enligt rekommendationerna på flaskan.

Torkarblad

✔ Använd endast ersättningsblad av hög kvalitet.

✔ Lägg märke till hur det gamla torkarbladet är fastsatt när du byter det. Att sätta dit nya blad kan vara krångligt och du sparar tid genom att observera hur det gamla bladet tas bort.

✔ När du tar bort torkarbladet ska du vara försiktig så att det inte tvingas ur sitt låsta läge. I så fall kan det träffa rutan.

✔ Passa in det nya bladet i dess läge på samma sätt som det gamla satt. Se till att det klickar till ordentligt, annars kan det lossna och skada rutan när det används.

Observera: *Monteringsinstruktioner för torkarblad varierar beroende på modell och beroende på om de monterade torkarbladen kommer från Ford. Använd de procedurer och bilder som visas som en guide för din bil.*

Om rutorna fortfarande är kladdiga trots att du har satt dit nya torkarblad, försök att rengöra glaset med spolarvätskekoncentrat eller T-sprit.

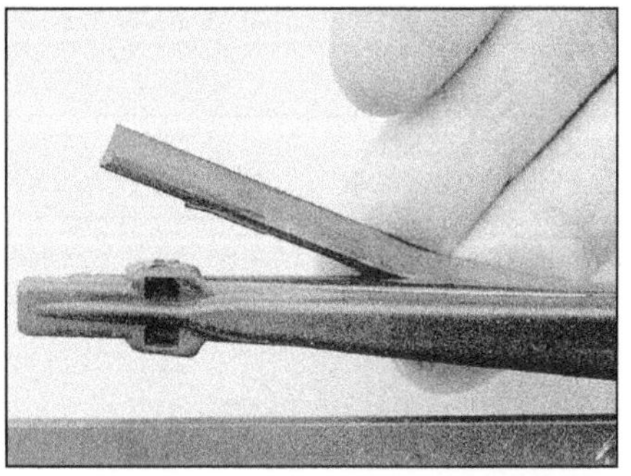

1 Kontrollera torkarbladens skick. Byt dem om de är spruckna eller visar tecken på slitage, eller om området på glaset är kladdigt. Torkarbladen bör bytas en gång om året, oavsett vilket skick de befinner sig i.

2 Ta bort ett torkarblad genom att lyfta upp armen från rutan helt tills det tar stopp. Vrid runt bladet 90°, tryck på spärren med fingrarna och dra loss bladet från kroken på armen.

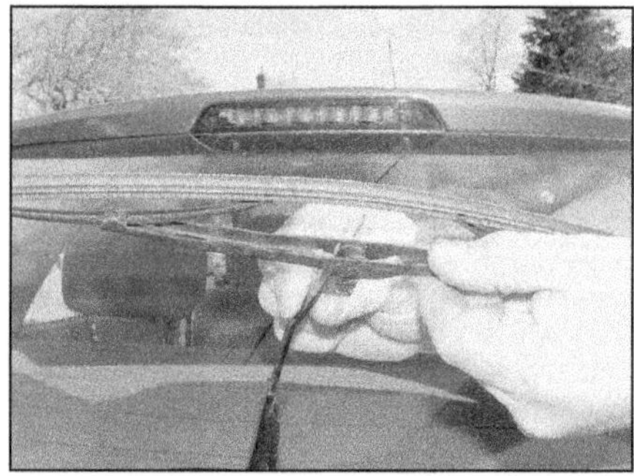

3 Glöm inte att även kontrollera bakrutans torkarblad, i förekommande fall. Ta bort bladet med en liknande teknik som den för vindrutans torkarblad.

Batteri

***Försiktighet:** Läs säkerhetsföreskrifterna i Säkerheten främst! (i början av handboken) innan något arbete utförs på batteriet.*

✔ Se till att batterilådan är i gott skick och att klämman sitter ordentligt. Eventuell "vit" korrosion på anslutningar eller omgivande område kan avlägsnas med en lösning av vatten och bikarbonat. Skölj noggrant alla rengjorda delar med vatten. Alla rostskadade metalldelar ska först behandlas med en zinkbaserad grundfärg och därefter målas.

✔ Kontrollera batteriets laddningstillstånd då och då. På originalutrustningens batteri visas laddningstillståndet i ett indikatoröga i batteriets övre del. Detta ska vara grönt - om indikatorn är ofärgad eller röd behöver batteriet eventuellt laddas eller rentav bytas (se kapitel 5A).

✔ Om batteriet är urladdat och du måste använda starthjälp för att starta bilen, se *Reparationer vid vägkanten*.

1 Batteriet sitter i motorrummets vänstra hörn fram - lossa och ta bort batterikåpan för att komma åt det. Batteriets utsida ska kontrolleras regelbundet med avseende på sprickor och andra skador.

2 Kontrollera att batteriets kabelklämmor sitter ordentligt för bästa ledareffekt. Det ska inte gå att rubba dem. Kontrollera även kablarna beträffande sprickor och skadade ledare.

HAYNES TiPS

Korrosion på batteriet kan minimeras genom att lite vaselin stryks på batteriklämmorna och polerna när de har dragits åt.

3 Om synlig korrosion finns (vita porösa avlagringar), ta bort kablarna från batteripolerna och rengör dem med en liten stålborste, sätt sedan tillbaka dem. I biltillbehörsbutiker kan man köpa ett särskilt verktyg för rengöring av batteripoler. . . . .

4 . . . och batteriets kabelskor.

Glödlampor och säkringar

✔ Kontrollera alla yttre lampor samt signalhornet. Se aktuella avsnitt i kapitel 12 för närmare information om någon av kretsarna inte fungerar.

✔ Se över alla tillgängliga kontaktdon, kablar och kabelklämmor så att de sitter ordentligt och inte är skavda eller skadade.

Om bromsljus och blinkers behöver kontrolleras när ingen medhjälpare finns till hands, backa upp mot en vägg eller garageport och slå på ljusen. Det reflekterade skenet visar om de fungerar eller inte.

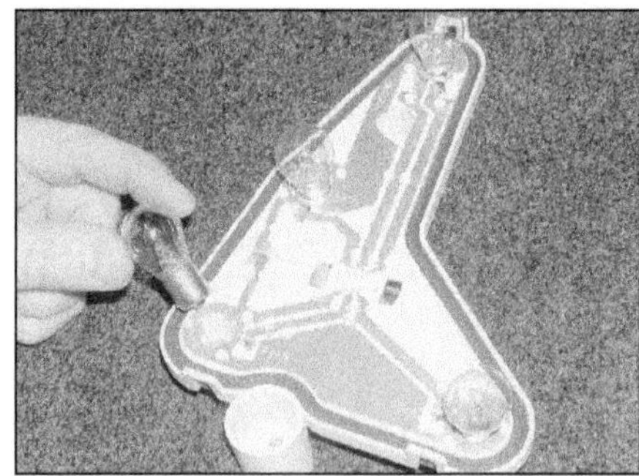

1 Om enstaka blinkers, bromsljus eller strålkastare inte fungerar beror det antagligen på en trasig glödlampa som behöver bytas ut. Se kapitel 12 för mer information. Om båda bromsljusen är sönder är det möjligt att kontakten är defekt (se kapitel 9).

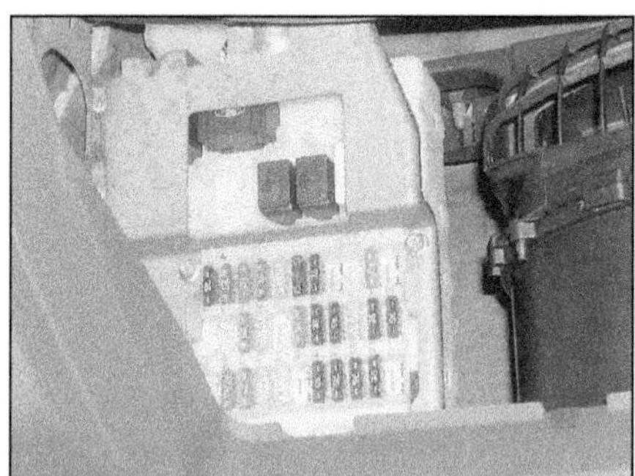

2 Om mer än en blinkers eller ett bakljus inte fungerar har troligen en säkring gått eller ett fel uppstått i kretsen (se kapitel 12). Lådan för huvudsäkringar sitter under instrumentbrädan på passagerarsidan och du kommer åt den genom att öppna och ta bort handskfacket (tryck på sidorna av handskfacket och sänk ner det helt). Säkringsdosan sitter bredvid bromsvätskebehållaren – lossa och ta bort kåpan så att du kommer åt den.

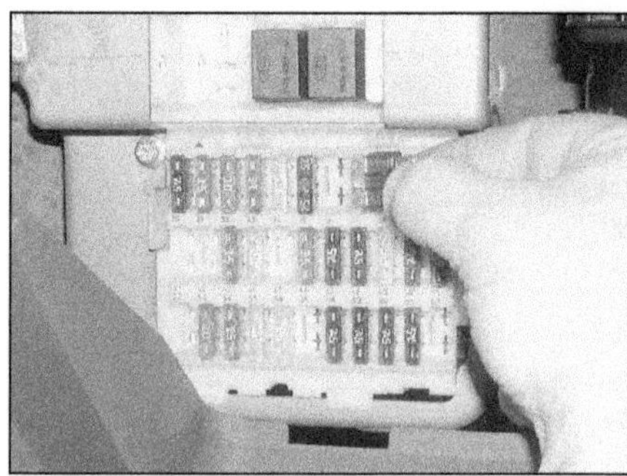

3 Vid byte av en trasig säkring drar du helt enkelt ut den och sätter dit en ny säkring med rätt kapacitet (se kapitel 12). Reservsäkringar och ett borttagningsverktyg för säkringar finns i säkringsdosan. Om säkringen går sönder igen är det viktigt att du tar reda på varför – en fullständig kontrollprocedur finns beskriven i kapitel 12.

Smörjmedel och vätskor

Motor	Flergradig motorolja, viskositet SAE 5W/30, 5W/40 eller 10W/40*, till Ford, specifikation WSS-M2C913-A eller WSS-M2C912-A1, API SH, ACEA A1/B1 eller A3/B3
Kylsystem	Frostskyddsvätskan Motorcraft Super Plus 4 (blå/grön) till Ford, specifikation ESD-M97 B49-A, eller frostskyddsvätskan Motorcraft Super Plus 2000 (orange) till Ford specifikation WSS-M97 B44-D**
Manuell växellåda	
1,4, 1,6 och 1,8 liters modeller	SAE 75W/90 växellådsolja, till Ford specifikation WSD-M2C 200-C
2,0 liters modeller	Växellådsolja till Ford specifikation ESD-M2C 186-A
Automatväxellåda	Automatväxellådsolja till Ford specifikation WSS-M2C 202-B
Broms- och kopplingssystem	Hydraulvätska till Ford specifikation ESD-M6C 57-A, Super DOT 4, utan fotogen
Servostyrning	Automatväxelolja till Ford, specifikation WSA-M2C 195-A

* *SAE 5W/30 är den populäraste rekommendationen. Använd inte motoroljor med hög viskositet, t.ex. 15W/40, 15W/50 eller 20W/50, eftersom detta leda till att motorn inte fungerar som den ska. Vissa tillsatser i oljan kan öka oljans viskositet och rekommenderas inte i dessa motorer.*

** *Blanda inte de två nämnda typerna av kylvätska och fyll inte heller på med någon annan typ av kylvätska.*

Däcktryck (kalla däck)

	Främre	**Bakre**
Normalt lastad (upp till 3 personer)	2,2 bar (32 psi)	2,2 bar (32 psi)
Fullastad	2,2 bar (32 psi)	3,1 bar (45 psi)
Tillfälligt kompakt reservhjul	4,2 bar (61 psi)	4,2 bar (61 psi)

Observera 1: *De angivna trycken gäller originaldäck och kan ändras om däck av andra fabrikat monteras. Hör med däcktillverkaren eller försäljningsstället vilka tryck som ska användas.*

Observera 2: *För ihållande höga hastigheter över 160 km/tim behövs ökade tryck. Titta i den förarhandbok som följer med bilen. Det kompakta reservhjulet är inte avsett för höga hastigheter.*

Kapitel 1
Rutinunderhåll och service

Innehåll

Svårighetsgrader

Enkelt, passar novisen med lite erfarenhet 	**Ganska enkelt,** passar nybörjaren med viss erfarenhet	**Ganska svårt,** passar kompetent hemmamekaniker 	**Svårt,** passar hemmamekaniker med erfarenhet 	**Mycket svårt,** för professionell mekaniker 

Smörjmedel och vätskor	Se slutet av *Veckokontroller*	
Volymer		
Motorolja (inklusive filter)		
1,4 liters motorer	3,75 liter	
Alla övriga motorer	4,25 liter	
Kylsystem (ungefärligt)		
1,4 och 1,6 liters motorer	5,0 liter	
1,8 och 2,0 liters motorer	5,75 liter	
Växellåda		
Manuell växellåda:		
1,4, 1,6 och 1,8 liters modeller	2,3 liter	
2,0 liters modeller	2,0 liter	
Automatväxellåda (totalvolym)	6,8 liter	
Spolarvätskebehållare	3,6 liter	
Bränsletank		
Alla modeller	55,0 liter	
Kylsystem		
Frostskyddsblandning:		
50 % frostskydd	Skydd ner till -37 °C	
55 % frostskydd	Skydd ner till -45 °C	
Observera: *Kontrollera kylmedelstillverkarens senaste rekommendationer.*		
Tändsystem		
Tändstift:	**Typ**	**Elektrodavstånd**
1,4 och 1,6 liters motorer	Bosch HR 8 MEV	1,3 mm
1,8 och 2,0 liters motorer	Bosch HR 7 MPP 22+	1,3 mm
Bromsar		
Bromsklossbeläggens minimitjocklek:		
Främre eller bakre bromsklossar	1,5 mm	
Bakre bromsbackar	1,0 mm	
Skivtjocklek:		
Fram:		
Ny	22,0 mm	
Minimum	20,0 mm	
Bak:		
Ny	10,0 mm	
Minimum	8,0 mm	
Maximal tjockleksvariation	0,020 mm	
Åtdragningsmoment	**Nm**	
Bult till drivremmens mellanskiva:		
1,4 och 1,6 liters motorer	25	
1,8 och 2,0 liters motorer	48	
Drivremsspännarens fästmuttrar	25	
Dräneringsplugg för motorolja:		
1,4 och 1,6 liters motorer	37	
1,8 och 2,0 liters motorer	24	
Dräneringsplugg till manuell växellåda (endast 2,0 liters modeller)	45	
Påfyllnings-/nivåplugg till manuell växellåda:		
1,4, 1,6 och 1,8 liters modeller	35	
2,0 liters modeller	45	
Hjulmuttrar	85	
Tändstift	15	

Underhållsintervallen i denna handbok förutsätter att arbetet utförs av en hemmamekaniker och inte av en verkstad. Vi rekommenderar minst dessa underhållsintervall för bilar som körs varje dag. Om bilen alltid ska hållas i toppskick bör vissa moment utföras oftare. Vi rekommenderar regelbundet underhåll eftersom det höjer bilens effektivitet, prestanda och andrahandsvärde.

Om bilen körs på dammiga vägar, används till bärgning, körs mycket i kösituationer eller korta körsträckor, ska intervallen kortas av.

Om bilen är ny ska underhållsservice utföras av auktoriserad verkstad så att garantin ej förverkas.

Var 400:e km eller en gång i veckan

- ☐ Se *Veckokontroller*

Var 10 000:e km eller var 6:e månad, det som kommer först

- ☐ Byt motoroljan och filtret (avsnitt 3).

Observera: *Ford rekommenderar att motoroljan och filtret byts var 20 000:e km eller var 12:e månad. Olje- och filterbyte är emellertid bra för motorn och vi rekommenderar att oljan och filtret byts oftare, i synnerhet om bilen används mycket för kortare resor.*

Var 20 000:e km eller var 12:e månad, det som kommer först

- ☐ Kontrollera automatväxellådans oljenivå och växelväljarvajerns inställning (avsnitt 4).
- ☐ Kontrollera drivremmens skick (avsnitt 5).
- ☐ Kontrollera att ljusen och den elektriska utrustningen fungerar (avsnitt 6).
- ☐ Kontrollera om det läcker vätska samt slangarnas skick under motorhuven (avsnitt 7).
- ☐ Kontrollera skicket på motorrummets kablage (avsnitt 8).
- ☐ Kontrollera skicket på luftkonditioneringssystemets samtliga komponenter (avsnitt 9).
- ☐ Kontrollera bromssystemets komponenter (avsnitt 10).
- ☐ Kontrollera avgassystemet (avsnitt 11).
- ☐ Kontrollera att styrningens och fjädringens delar är i gott skick, samt att de sitter ordentligt (avsnitt 12).
- ☐ Kontrollera att drivknutarna och damaskerna är i gott skick (avsnitt 13).
- ☐ Kontrollera underredet och samtliga bränsle-/bromsledningar (avsnitt 14).
- ☐ Smörj alla gångjärn och lås (avsnitt 15).
- ☐ Kontrollera att hjulmuttrarna har dragits åt till angivet moment (avsnitt 16).
- ☐ Utför ett landsvägsprov (avsnitt 17).

Var 40 000:e km

- ☐ Byt ut pollenfiltret (avsnitt 18).

Observera: *Om bilen används i dammiga miljöer bör pollenfiltret bytas oftare.*

- ☐ Byt tändstiften och kontrollera tändkablarna (avsnitt 19).

Observera: *Om du använder platinatändstift kan intervallen för tändstiftsbyte ökas till 60 000 km.*

Vartannat år, oberoende av körsträcka

- ☐ Byt bromsvätska (avsnitt 20).
- ☐ Byt kylvätska och kontrollera att expansionskärlets trycklock är i gott skick (avsnitt 21).

Observera: *Om du använder Fords frostskyddsvätska kan intervallen för kylvätskebyte ökas enligt Ford. Se avsnitt 21.*

Var 60 000:e km

- ☐ Byt ut luftfiltret (avsnitt 22).

Observera: *Om bilen används i dammiga miljöer bör luftfiltret bytas oftare.*

- ☐ Kontrollera vevhusventilationssystemet (avsnitt 23).
- ☐ Kontrollera den manuella växellådans oljenivå (avsnitt 24).
- ☐ Byt kamremmen (avsnitt 25).

Observera: *Fords intervall för rembyte anger en betydligt längre körsträcka än så. Det rekommenderas dock att intervallen minskas till 60 000 km, i synnerhet för bilar som används intensivt, dvs. för korta resor eller körning där man stannar och startar ofta. Det är upp till ägaren att bestämma hur ofta remmen ska bytas, men det är viktigt att komma ihåg att motorn skadas allvarligt om remmen går sönder.*

Var 100 000:e km

- ☐ Byt bränslefiltret (avsnitt 26).

Vart 8:e år eller var 160 000:e km, det som kommer först

- ☐ Kontrollera ventilspelen och justera dem om det behövs (avsnitt 27).

Motorrummet på en 1,4 liters modell (1,6 liters modellen är snarlik)

1 *Kylsystemets expansionskärl*
2 *Fjäderbenets övre fäste*
3 *Behållare för styrservovätska*
4 *Rensventil för kolfilter*
5 *Bränsletillförselslang (vit)*
6 *Bränslereturslang (röd)*
7 *Påfyllningslock för motorolja*
8 *Ventilationsslang*
9 *Tändkabel nr 4*
10 *Behållare för broms-/kopplingsvätska*
11 *Säkringsdosa*
12 *Pollenfiltrets åtkomstpanel*
13 *Luftrenare*
14 *Spolarvätskebehållarens påfyllning*
15 *Batteri (under plastkåpa)*
16 *Mätsticka för motorolja*
17 *Växelströmsgenerator*
18 *Kamremskåpa*
19 *Höger motorfäste*

Motorrummet på en 1,8 liters modell (2,0 liters modellen är snarlik)

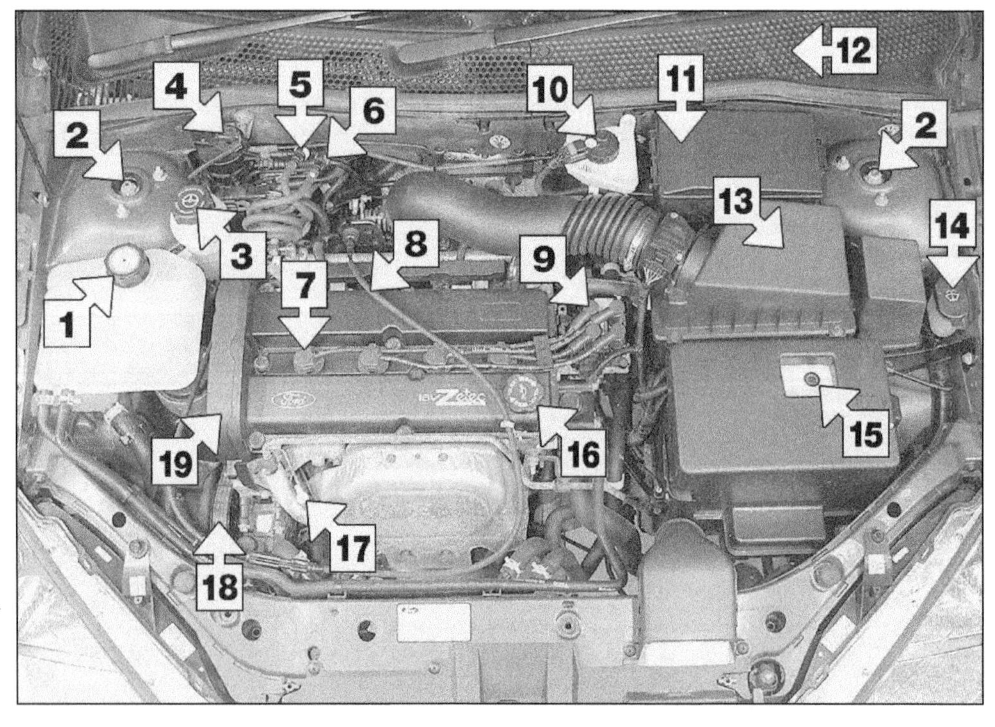

1 *Kylsystemets expansionskärl*
2 *Fjäderbenets övre fäste*
3 *Behållare för styrservovätska*
4 *Rensventil för kolfilter*
5 *Bränsletillförselslang (vit)*
6 *Bränslereturslang (röd)*
7 *Tändkabel nr 1*
8 *Gasvajer*
9 *Tändspole*
10 *Behållare för broms-/kopplingsvätska*
11 *Säkringsdosa*
12 *Pollenfiltrets åtkomstpanel*
13 *Luftrenare*
14 *Spolarvätskebehållarens påfyllning*
15 *Batteri (under plastkåpa)*
16 *Påfyllningslock för motorolja*
17 *Mätsticka för motorolja*
18 *Drivrem*
19 *Kamremskåpa*

Framvagnens undersida på 1,8 liters modell

1 Luftkonditioneringens mottagare/avfuktare
2 Drivremmens nedre kåpa
3 Luftkonditionerings-kompressor
4 Kylarens nedre slang
5 Katalysator
6 Kylfläktar
7 Kylarens övre slang
8 Kylarens avtappningsplugg
9 Signalhorn
10 Främre bromsok
11 Länkarm
12 Styrstag
13 Motorns/växellådans bakre fäste
14 Avgasrör
15 Oljefilter
16 Dräneringsplugg för motorolja

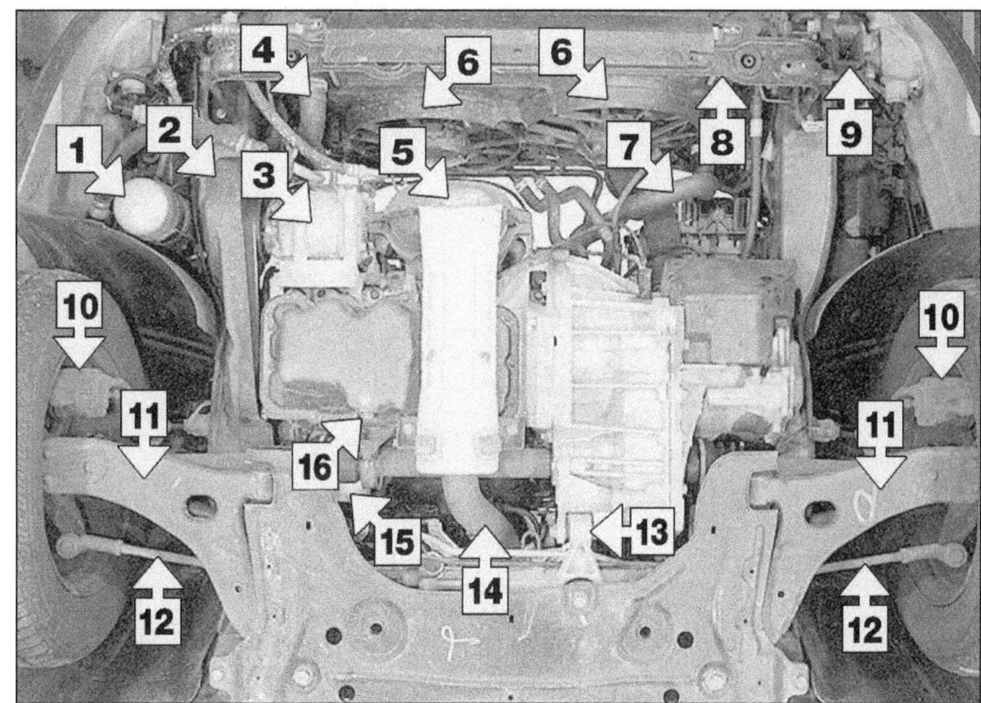

Bakvagnens undersida på 1,8 liters kombimodell

1 Bakfjädringens bakre länkarm
2 Bakre krängningshämmare
3 Bakre tvärbalk
4 Bromsens belastningsavkännarventil
5 Bakre stötdämpare
6 Bakfjädringens övre länkarm
7 Bakfjädringens främre, nedre länkarm
8 Tvärstag ("control blade")
9 Handbromsvajer
10 Bränsletank
11 Bränslefilter
12 Mittre ljuddämpare

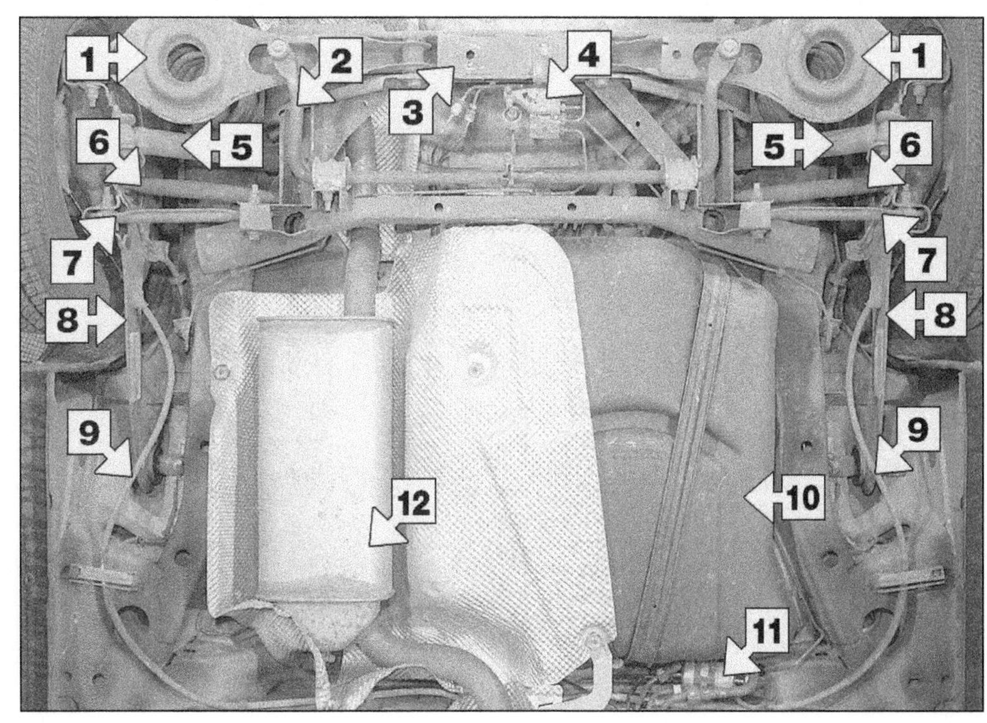

1 Allmän information

1 Syftet med det här kapitlet är att hjälpa hemmamekaniker att underhålla sina bilar för att de ska få så hög säkerhet, driftsekonomi, livslängd och prestanda som möjligt.
2 Kapitlet innehåller ett underhållsschema samt avsnitt som i detalj behandlar posterna i schemat. Bland annat behandlas åtgärder som kontroller, justeringar och byte av delar. På de tillhörande bilderna av motorrummet och bottenplattan visas de olika delarnas placering.
3 Underhållsschemat för tid/körsträcka och de följande avsnitten ger dig ett tydligt underhållsprogram som, om det följs, bidrar till att din bil fungerar både länge och säkert. Underhållsprogrammet är heltäckande, så om man väljer att bara underhålla vissa delar, men inte andra, vid de angivna intervallen går det inte att garantera samma goda resultat.
4 Under arbetet med bilen kommer det att visa sig att många arbeten kan - och bör - utföras samtidigt, antingen för att en viss typ av åtgärd ska utföras eller för att två separata delar råkar finnas nära varandra. Om bilen lyfts upp av någon orsak kan t.ex. kontroll av avgassystemet utföras samtidigt som styrning och fjädring kontrolleras.
5 Det första steget i underhållsprogrammet består av förberedelser innan arbetet påbörjas. Läs igenom relevanta avsnitt. Gör sedan upp en lista över vad som behövs och skaffa fram verktyg och delar. Om problem dyker upp, rådfråga en specialist på reservdelar eller vänd dig till återförsäljarens serviceavdelning.

2 Rutinunderhåll

1 Om underhållsschemat följs noga från det att bilen är ny och om vätske- och oljenivåerna och de delar som är utsatta för stort slitage kontrolleras enligt denna handboks rekommendationer, hålls motorn i bra skick och behovet av extra arbete minimeras.
2 Ibland går motorn dåligt på grund av bristande underhåll. Risken för detta ökar om bilen är begagnad och inte har fått regelbunden service. I sådana fall kan extra arbeten behöva utföras, utöver det normala underhållet.
3 Om motorn misstänks vara sliten ger ett kompressionsprov (se kapitel 2A eller 2B efter tillämplighet) värdefull information om de inre huvuddelarnas skick. Ett kompressionsprov kan användas för att avgöra det kommande arbetets omfattning. Avslöjar provet allvarligt inre slitage är det slöseri med tid och pengar att utföra underhåll på det sätt som beskrivs i detta kapitel, om inte motorn först renoveras.
4 Följande åtgärder är de som oftast behövs för att förbättra prestanda hos en motor som går dåligt:

I första hand

a) Rengör, kontrollera och testa batteriet (se Veckokontroller).
b) Kontrollera alla motorrelaterade oljor och vätskor (se Veckokontroller).
c) Kontrollera drivremmens skick och spänning (avsnitt 5).
d) Byt tändstiften (avsnitt 19).
e) Kontrollera luftfiltrets skick och byt vid behov (avsnitt 22).
f) Byt ut bränslefiltret (se avsnitt 26).
g) Kontrollera att samtliga slangar är i gott skick och leta efter läckor (se avsnitt 7).

5 Om ovanstående åtgärder inte har någon inverkan ska följande åtgärder utföras:

I andra hand

Allt som anges under *I första hand*, plus följande:
a) Kontrollera laddningssystemet (se kapitel 5A).
b) Kontrollera tändsystemet (se kapitel 5B).
a) Kontrollera bränslesystemet (se kapitel 4A).

Var 10 0000:e km eller var 6:e månad

3 Motorolja och filter - byte

1 Täta olje- och filterbyten är det viktigaste förebyggande underhåll en hemmamekaniker kan utföra. När motoroljan åldras blir den utspädd och förorenad, vilket leder till att motorn slits ut i förtid.
2 Innan arbetet påbörjas, plocka fram alla verktyg och allt material som behövs. Se även till att ha gott om rena trasor och tidningar till hands för att torka upp eventuellt spill. Helst ska motoroljan vara varm, eftersom den då rinner ut lättare och mer avlagrat slam följer med.
3 Var försiktig så att du inte kommer åt avgassystemet (i synnerhet inte katalysatorn) eller några andra varma delar av motorn när du arbetar under bilen. Använd handskar för att undvika skållning och för att skydda huden mot irritationer och skadliga föroreningar i begagnad motorolja.
4 Dra åt handbromsen och ställ framvagnen på pallbockar (se *Lyftning och stödpunkter*).
5 Ta bort oljepåfyllningslocket.
6 Lossa dräneringspluggen (på oljesumpens baksida) med en nyckel, eller allra helst med hylsa och handtag ungefär ett halvt varv **(se bild)**. Placera dräneringsbehållaren under pluggen och ta därefter bort pluggen helt.

När pluggen lossas från de sista gängorna, dra snabbt bort avtappningspluggen så att oljan rinner ner i kärlet och inte i din ärm!

7 Ge oljan tid att rinna ut, och observera att det kan bli nödvändigt att flytta behållaren när oljeflödet minskar.
8 Torka av dräneringspluggen med en ren trasa när all olja runnit ut. Undersök skicket på dräneringspluggens tätningsring, och byt den om den börjar bli platt eller om det finns någon annan skada som gör att olja kan tränga igenom (vanligtvis är det klokt att sätta dit en ny tätning varje gång, men när det gäller Focus finns inte tätningen tillgänglig separat utan endast tillsammans med dräneringspluggen). Rengör området runt pluggens öppning och sätt tillbaka pluggen med tätningen. Dra åt den till angivet moment.
9 Flytta behållaren tills den är på plats under oljefiltret, som sitter på motorblockets framsida på 1,4 och 1,6 liters modeller, och på motorblockets baksida på 1,8 och 2,0 liters modeller **(se bild)**.

3.6 Dräneringsplugg för motorolja bak på oljesumpen

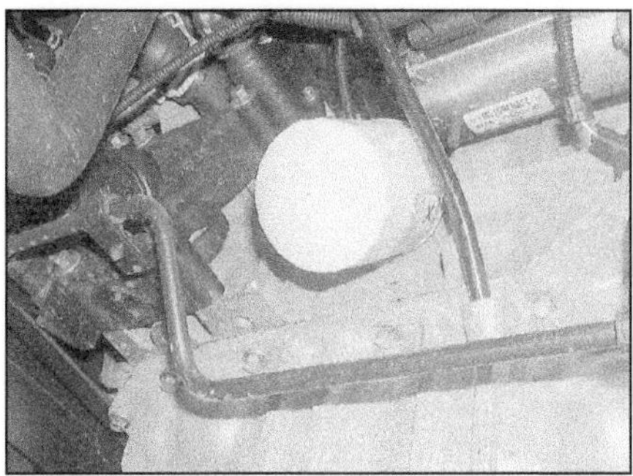

3.9 Oljefiltrets plats på motorns framsida - 1,4 och 1,6 liters modeller

3.10 Använd en kedjenyckel för att lossa oljefiltret

10 Lossa filtret med ett oljefilterverktyg om det behövs, och skruva sedan loss det för hand **(se bild)**.Tappa av olja från det gamla filtret ner i behållaren, punktera sedan den övre delen av filtret och låt resten av oljan tappas av från filtret ner i behållaren.

11 Torka bort all olja, smuts och slam från filtrets tätningsyta på motorn med en ren trasa.

12 Lägg ett tunt lager ren motorolja på det nya filtrets tätningsring, och skruva det sedan på plats på motorn. Dra åt filtret ordentligt, men endast för hand - använd **inte** något verktyg.

13 Ta bort den gamla oljan och alla verktyg under bilen och sänk ner den.

14 Fyll på motorn när bilen står på stadigt, jämnt underlag. Använd rätt oljegrad och -typ (se *Veckokontroller* för detaljerad information om påfyllning). En oljekanna med pip eller en tratt kan hjälpa till att minska spillet. Häll i hälften av den angivna mängden först och vänta sedan några minuter tills oljan har samlats i sumpen.

15 Fortsätt fylla på små mängder i taget till dess att nivån når MIN-märket på mätstickan. Om du tillsätter ungefär 1,0 liter olja kommer nivån att stiga till MAX på mätstickan - det gör ingenting om du fyller på lite för mycket, eftersom en del av överflödet kommer att användas för påfyllning av oljefiltret. Sätt tillbaka mätstickan och påfyllningslocket.

16 Starta motorn och låt den gå några minuter. Leta efter läckor runt oljefiltrets tätning och sumpens dräneringsplugg. Observera att det kan ta ett par sekunder innan oljetryckslampan släcks sedan motorn startats första gången efter ett oljebyte. Detta beror på att oljan måste cirkulera runt i kanalerna och det nya filtret innan trycket byggs upp.

17 Stäng av motorn och vänta ett par minuter på att oljan ska rinna tillbaka till sumpen. Kontrollera oljenivån igen när den nya oljan har cirkulerat och filtret är fullt. Fyll på mer olja om det behövs.

18 Ta hand om den använda oljan och det gamla oljefiltret på ett säkert sätt. Se *Allmänna reparationsanvisningar* i avsnittet *Referenser*. Många återvinningsstationer har behållare för överbliven olja och oljefilter.

Var 20 000:e km eller var 12:e månad

4 Automatväxellådans oljenivå och växelvajer - kontroll och justering

Växellådsoljenivå - kontroll

1 Oljenivån **måste** kontrolleras när motorn/växellådan har arbetstemperatur. Detta gör du bäst genom att kontrollera nivån efter en resa på minst 16 km. Om nivån kontrolleras när motorn/växellådan är kall ska du även göra en nivåkontroll när oljan är varm.

2 Parkera bilen på stadigt, jämnt underlag och dra åt handbromsen ordentligt. Som en extra säkerhetsåtgärd bör du klossa fram- och bakhjulen, så att bilen inte kan flytta sig.

3 När motorn går på tomgång, tryck ner fotbromsen och flytta därefter försiktigt växelspaken från position P till position 1, och tillbaka till P.

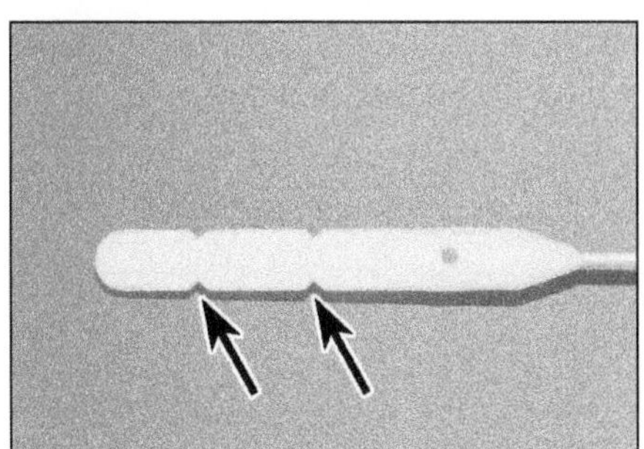

4.5 Automatväxellådans oljemätsticka med nivåmarkeringar (vid pilarna)

4 Oljenivåmätstickan sitter bak på växellådan. Innan du tar bort mätstickan, rengör området runt den ordentligt - ingen smuts eller avlagringar får komma in i växellådan.

5 Dra ut mätstickan och rengör den med en ren trasa eller papper. För åter in mätstickan helt och dra därefter ut den igen. Oljenivån ska vara mellan referensmarkeringarna på mätstickans sida **(se bild)**. **Observera:** *Om nivån kontrolleras när oljan är kall kommer det avlästa värdet att verka lågt - kontrollera nivån igen när den är varm före påfyllning, eftersom växellådan inte får fyllas på för mycket.*

6 Om det behöver fyllas på görs detta genom mätstickans rör. Det är väldigt viktigt att det inte kommer in smuts eller avlagringar i växellådan vid denna åtgärd - använd en ren tratt (helst med ett filter) och ny vätska från en ren behållare.

7 Häll den nya vätskan i oljestickans rör, lite åt gången, och kontrollera nivån ofta. Skillnaden mellan markeringarna MIN och MAX är 0,4 liter.

5.3 Ta bort drivremmens nedre kåpa

8 När nivån är rätt, sätt tillbaka mätstickan och slå av motorn.

9 Om växellådsolja behöver fyllas på regelbundet tyder det på läckage, vilket bör identifieras och åtgärdas omedelbart.

Växelvajer - justering

10 Den här proceduren beskrivs i kapitel 7B.

5 Drivrem - kontroll och byte

Drivrem - kontroll

1 En enkel drivrem har monterats på höger sida av motorn. Längden på drivremmen varierar beroende på om det finns luftkonditionering. En automatisk justerare har monterats, så du behöver inte kontrollera drivremmens spänning.

2 Drivremmar går ofta sönder efter en längre tidsperiod p.g.a. deras funktion och materiella sammansättning och bör därför undersökas regelbundet.

3 Eftersom drivremmen sitter väldigt nära den högra sidan av motorrummet, är det lättare att komma åt den om man lyfter upp framvagnen och tar bort höger hjul, och sedan skruvar loss drivremmens nedre kåpa från underredet **(se bild)**.

4 När motorn har stängts av, undersök hela

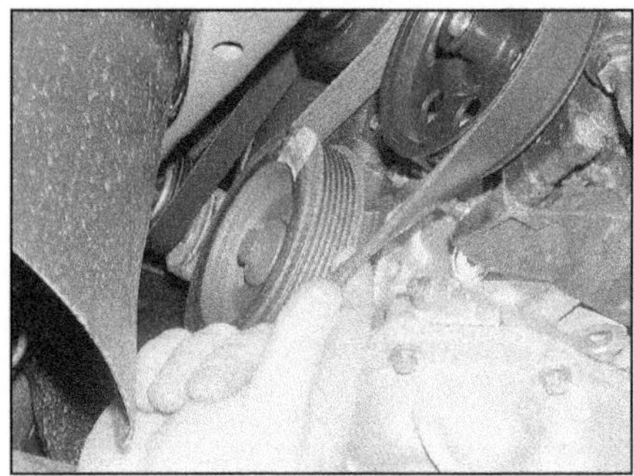

5.4 Vrid på drivremmen för att kontrollera dess skick

drivremmen för att se om det finns några sprickor eller om remmens lager delar sig. Motorn måste vridas (med en skiftnyckel eller hylsnyckel på vevaxelns remskivebult) så att remmen flyttas från remskivorna och kan undersökas noggrant. Vrid remmen mellan remskivorna så att båda sidorna syns **(se bild)**. Kontrollera också om remmen har fransat sig eller är blanksliten. Kontrollera remskivorna för att se om det finns repor, sprickor, skevhet och korrosion.

5 Observera att det inte är ovanligt att en kuggrem har små sprickor på kanten av kuggarna och att remmen inte behöver bytas om dessa inte är omfattande eller mycket djupa **(se bild)**.

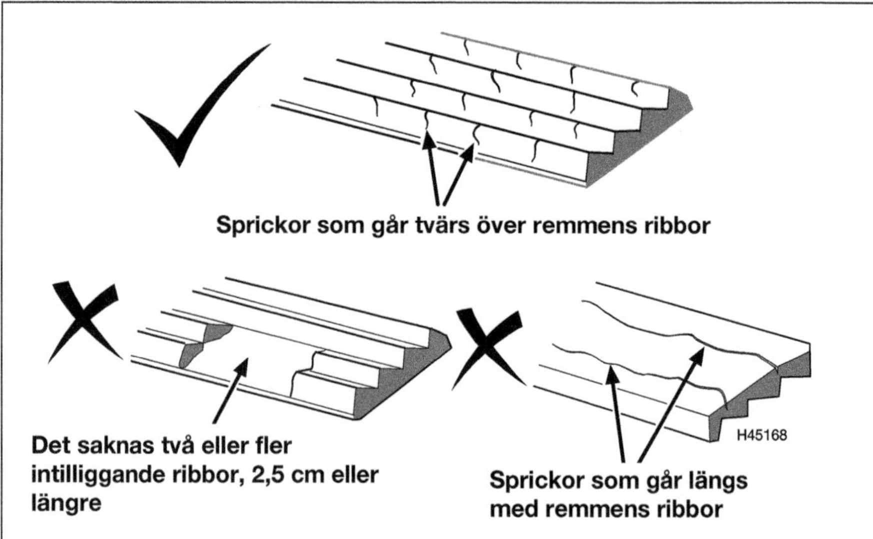

5.5 Kontrollera drivremmen för att se om det finns tecken på följande typ av slitage. Mycket små sprickor tvärs över ribborna tolereras. Om sprickorna är djupa, eller om drivremmen förefaller sliten eller skadad på något annat sätt, byt ut den

Drivrem – byte

6 För att demontera drivremmen, börja med att lyfta upp framvagnen och ställa den på pallbockar (se *Lyftning och stödpunkter*). Ta bort drivremmens nedre kåpa som sitter fast med två bultar.

7 Med en skiftnyckel på spännarens centrumbult, vrid spännaren medurs för att frigöra drivremmens spänning. Notera hur drivremmen har dragits och ta sedan bort remmen från remskivorna **(se bilder)**.

8 Sätt dit den nya drivremmen på vevaxelns, generatorns, servostyrningspumpens och luftkonditioneringskompressorns remskivor, efter tillämplighet, och vrid sedan spännaren

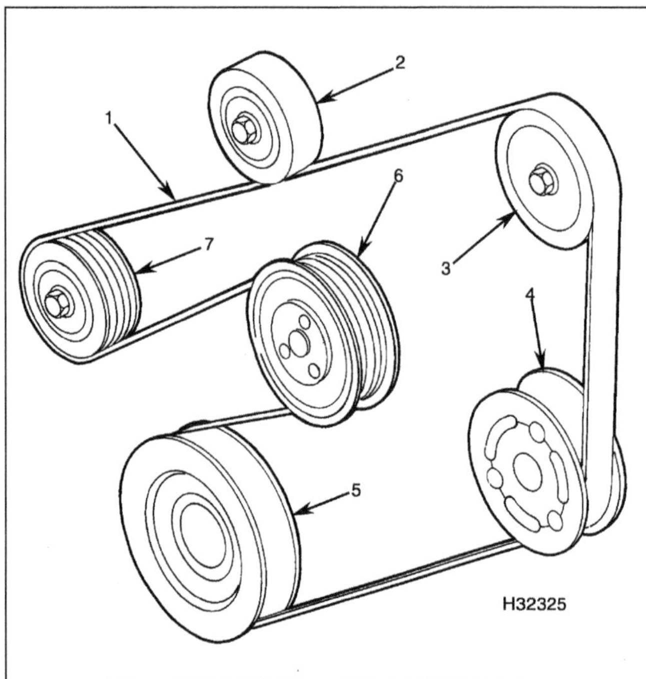

5.7a Drivremmens dragning – 1,4 och 1,6 liters modeller utan luftkonditionering

1 Drivrem
2 Överföringsremskiva
3 Generator
4 Servostyrningspump
5 Vevaxel
6 Vattenpump
7 Remspännare

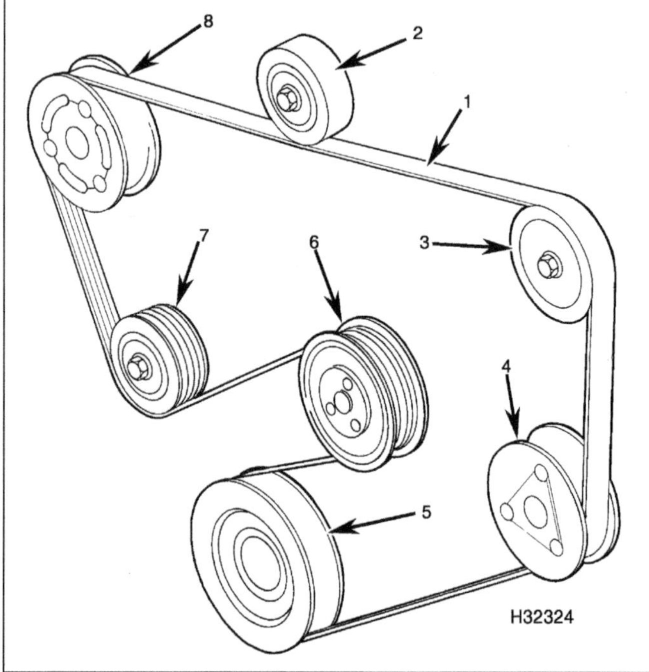

5.7b Drivremmens dragning – 1,4 och 1,6 liters modeller med luftkonditionering

1 Drivrem
2 Överföringsremskiva
3 Generator
4 Luftkonditioneringens kompressor
5 Vevaxel
6 Vattenpump
7 Remspännare
8 Servostyrningspump

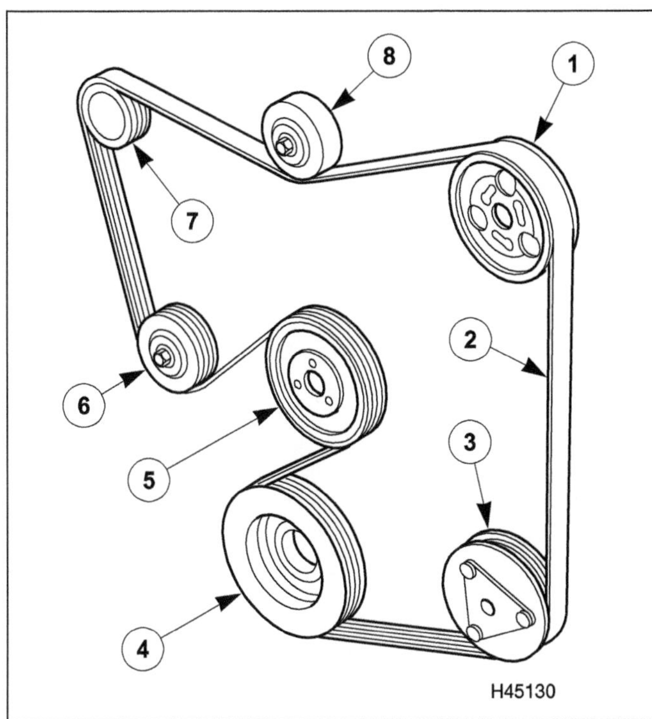

5.7c Drivremmens dragning – 1,8 och 2,0 liters modeller med luftkonditionering

På modeller utan luftkonditionering är remdragningen likadan, med undantag av att kompressorns remskiva är borttagen

1 Servostyrningspump
2 Drivrem
3 Luftkonditioneringskompressor
4 Vevaxel
5 Vattenpump
6 Remspännare
7 Generator
8 Överföringsremskiva

Observera: Var noga med att placera remmen rätt på remskivorna. Ett motorvarv med en inkorrekt placerad rem kan göra att det uppstår bristningar i remmen.

5.8 När drivremmen sätts på plats, se till att den är centrerad – den får inte överlappa kanten på någon av spårremskivorna

moturs och sätt dit drivremmen. Se till att drivremmen sitter som den ska i remskivans alla spår och lossa sedan spännaren **(se bild)**.

9 Montera drivremmens nedre kåpa och sänk ner bilen.

Drivremsspännare

Demontering

10 Drivremsspännaren sitter på det bakre högra hörnet på motorblocket (till höger sett från förarstolen). Demontera drivremmen enligt tidigare beskrivning i det här avsnittet.

11 Det är inte helt enkelt att komma åt spännarens tre fästmuttrar – bestäm själv om du vill arbeta uppifrån eller nedifrån. Lossa fästmuttrarna och ta bort spännaren från motorn.

12 Snurra på spännarremskivan och kontrollera om det finns några tecken på ojämnhet. Spännaren ska kunna ge ordentlig spänning när den testas – vrid remskivan för att spänna fjädern, och kontrollera om det finns dödgång. Undersök spännarremskivan för att se om det finns spår av sprickbildning eller annat åldrande.

13 Det går inte att laga spännaren – om den går sönder, eller inte håller remmen tillräckligt spänd, måste en ny enhet sättas dit.

Montering

14 Montering utförs i omvänd ordningsföljd mot demonteringen.

Överföringsremskiva

Demontering

15 Överföringsremskivan sitter längst upp på drivremmens "bana". Demontera drivremmen enligt den tidigare beskrivningen i det här avsnittet.

16 Skruva loss remskivans fästbult, och ta bort remskivan från motorn.

17 Snurra på mellanskivan och kontrollera om det finns några tecken på ojämnhet. Undersök även remskivan för att se om det finns spår av sprickbildning eller annat åldrande.

Montering

18 Montering utförs i omvänd ordningsföljd mot demonteringen.

6 Lysen och signalhorn – funktionskontroll

1 Kontrollera att all ytterbelysning fungerar med tändningen påslagen, om det behövs.

2 Kontrollera bromsljusen tillsammans med en medhjälpare, eller genom att backa upp mot en dörr med reflekterande yta. Försäkra dig om att alla bakljusen fungerar individuellt, utan att de påverkar något av de andra ljusen – t.ex.kan du slå på så många bakljus som möjligt och därefter pröva bromsljusen. Om de inte fungerar som de ska beror detta vanligtvis på jordfel eller en dålig anslutning vid baklyktan.

3 Kontrollera så gott det går att strålkastarna fungerar med både hel- och halvljus tillsammans med en medhjälpare eller med hjälp av en reflekterande yta.

4 Byt eventuella trasiga glödlampor enligt beskrivningen i kapitel 12.

HAYNES TIPS

I synnerhet på gamla bilar kan glödlampor sluta att fungera p.g.a. korrosion på lampan eller hållaren – det är inte säkert att det hjälper att sätta dit en ny glödlampa i så fall. Om du hittar gröna eller vita puderaktiga avlagringar när du byter glödlampa ska du torka bort dem med en smärgelduk.

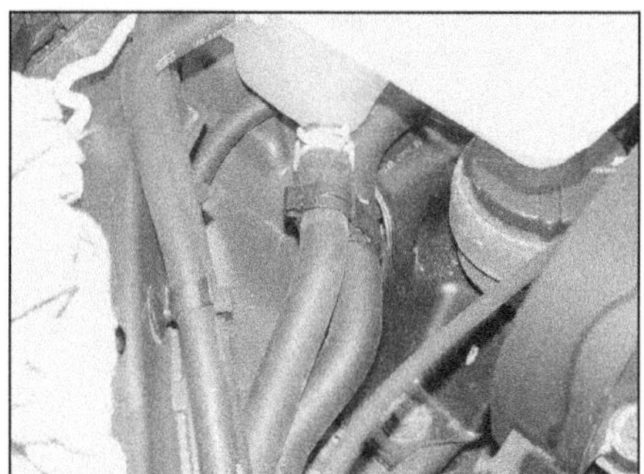
7.3 Se till att alla slangar sitter fast med klämmor eller buntband

5 Kontrollera att all innerbelysning fungerar, inklusive belysningen i handskfacket och bagageutrymmet. Slå på tändningen och kontrollera att alla viktiga varningslampor tänds – det finns information om dessa i bilens instruktionsbok. Starta nu motorn och kontrollera att rätt lampor släcks. Vid nattkörning, kontrollera att all belysning på instrumentpanelen och instrumentbrädan fungerar som den ska. Om problem uppstår, se kapitel 12.

6 Slutligen ska du kontrollera att signalhornet fungerar vid en lämplig tidpunkt på dagen.

7 Läckage och skick på slangar i motorrummet – kontroll

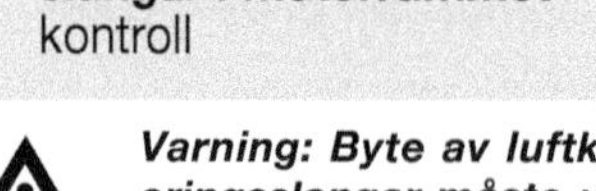

Varning: Byte av luftkonditioneringsslangar måste utföras på en verkstad eller av en luftkonditioneringsspecialist som har utrustning för att tryckutjämna systemet på ett säkert sätt. Ta aldrig bort luftkonditioneringskomponenter/-slangar förrän systemet har tryckutjämnats.

Allmänt

1 Undersök motorns fogytor, packningar och tätningar, leta efter tecken på vatten- eller oljeläckage. Var särskilt noga med områdena runt ventilkåpans, topplockets, oljefiltrets och sumpens fogytor. Tänk på att med tiden är ett litet sipprande läckage från dessa områden helt normalt, så leta efter tecken på allvarliga läckor. Om ett läckage påträffas, byt den defekta packningen eller tätningen enligt beskrivning i relevant kapitel i denna handbok.

2 Höga temperaturer i motorrummet kan göra att gummi- och plastslangar som används till motorn, tillbehör och avgassystemet förstörs. Man bör kontrollera regelbundet om det finns sprickor, lösa klämmor, förhårdnat material och läckage.

3 När du kontrollerar slangarna ska du se till att alla buntband eller klämmor som används för att hålla fast slangarna sitter där de ska och är i gott skick **(se bild)**. Trasiga eller saknade klämmor kan leda till nötning på slangar, rör eller kablage. Detta kan i sin tur leda till allvarligare fel i framtiden.

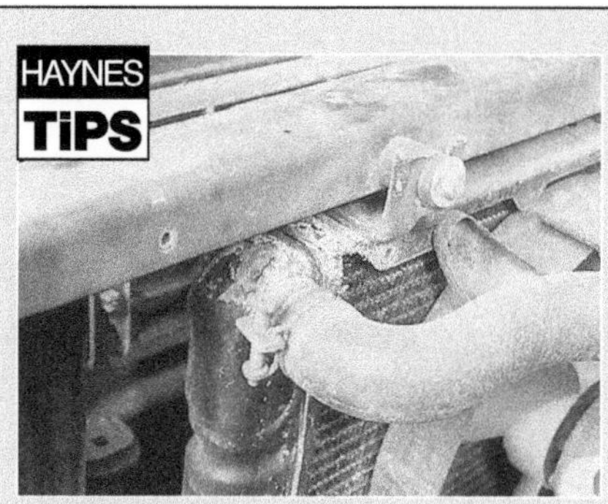

En läcka i kylsystemet syns normalt som vita eller rostfärgade avlagringar på områdena runt läckan.

4 Kontrollera noggrant de stora övre och nedre kylarslangarna, tillsammans med de andra kylarslangarna och metallrören med mindre diametrar. Glöm inte värmeslangarna/-rören som går från motorn till torpedväggen. Undersök hela slangarna och ersätt de som eventuellt är spruckna, svullna eller visar tecken på åldrande **(se Haynes tips)**. Sprickor syns ibland tydligare om slangen kläms ihop och syns även ofta vid slangens ändar.

5 Se till att alla slanganslutningar sitter fast ordentligt. Om luftrenarens luftslangar med stor diameter sitter löst kommer de att läcka luft, och påverka motorns tomgångskörning **(se bild)**. Om de fjäderklämmor som används för att sätta fast en del av slangarna verkar lösa, ska du använda snäckskruvsklämmor för att förhindra eventuellt läckage.

6 Andra slangar är fastsatta på anslutningarna med klämmor. Om klämmor används, kontrollera att de inte har mist sin spänst och förorsakar läckage. Om klämmor inte används, kontrollera att slangen inte har svällt upp och/eller blivit hård där den går över anslutningen, så att den läcker.

7 Kontrollera alla vätskebehållare, påfyllningslock, dräneringspluggar och anslutningar etc. och se efter om det finns tecken på läckage av motorolja, växellådsolja och/eller bromsvätska, kylvätska och styrservovätska. Kontrollera även kopplingsvätskeledningarna som går från vätskebehållaren och slavcylindern (på växellådan).

8 Om bilen ofta parkeras på samma plats upptäcker du snart läckage om du undersöker marken under bilen. Bortse från den vattenpöl som bildas om luftkonditioneringssystemet används. Placera en ren kartongbit under motorn och undersök den för att se om det finns spår av föroreningar när bilen har stått parkerad över natten – kom ihåg att det uppstår brandrisk om du placerar lättantändligt material under katalysatorn.

9 Kom ihåg att en del läckor endast uppstår när motorn är igång, eller när den är varm eller kall. Med handbromsen ordentligt åtdragen, starta motorn när den är kall, och låt den gå på tomgång medan du noga undersöker

7.5 Se till att luftslangens klämmor sitter åt ordentligt

undersidan av motorrummet för att se om det finns spår av läckage.

10 Om det luktar konstigt inne i eller omkring bilen, i synnerhet när motorn är riktigt varm, kan detta tyda på att det finns en läcka.

11 Så snart som en läcka har upptäckts måste dess ursprung spåras och åtgärdas. Om det har läckt olja ett tag behöver man vanligtvis använda ångtvätt, tryckspolare eller något liknande för att få bort den smuts som har samlats, så att man kan se exakt var läckan kommer ifrån.

Vakuumslangar

12 Vakuumslangar, i synnerhet de som finns i avgassystemet, har ofta färgkoder eller så känner man igen dem på deras färgade remsor. Olika system kräver slangar med olika tjocklek, vakuumstadga och temperaturbeständighet. När du byter slangar, se till att de nya är gjorda av samma material.

13 Det enda effektiva sättet att kontrollera en slang på är ofta att ta bort den helt från bilen. Om mer än en slang tas bort ska du se till att märka slangarna och anslutningarna så att de kan sättas tillbaka korrekt.

14 När du kontrollerar vakuumslangarna, undersök även eventuella T-anslutningar i plast. Undersök anslutningarna för att se om det finns sprickor och kontrollera slangen där den sitter över anslutningen för att se om den är missformad, vilket kan orsaka läckage.

15 En liten bit vakuumslang (innerdiameter på en knapp centimeter) kan användas som stetoskop för att upptäcka vakuumläckage. Håll en av slangens ändar nära örat, och sök runt kring vakuumslangar och anslutningar, medan du lyssnar efter det "väsande" ljud som är typiskt för en vakuumläcka.

Varning: När du söker med slangstetoskopet, var försiktig så att du inte kommer i kontakt med rörliga motorkomponenter som exempelvis drivremmen, kylarens elektriska kylfläkt etc.

Bränsleslangar

Varning: Vissa säkerhetsanvisningar måste följas när man undersöker eller lagar bränslesystemkomponenter. Arbeta på ett välventilerat ställe och se till att det inte förekommer någon eld

(cigaretter, apparater med tändlåga etc.) eller nakna glödlampor i närheten av arbetsområdet. Torka upp eventuellt spill omedelbart och förvara inte trasor som är fuktiga av bränsle där de kan antändas.

16 Kontrollera alla bränsleslangar för att se om de är skadade eller skavda. Kontrollera extra noggrant om det finns sprickor där slangen böjs, och även precis före anslutningar, t.ex. där slangen sitter fast vid bränsleinsprutningsbryggan **(se bild)**.

17 En bränsleledning av hög kvalitet, ofta med ordet "Fluoroelastomer" tryckt på slangen, ska användas vid byte av bränsleledning. Inte under några omständigheter ska man använda vakuumledningar som inte är förstärkta, genomskinliga plastslangar eller vattenslangar istället för bränsleledningar.

18 Fjäderklämmor kan användas på bränsleledningar. Dessa förlorar ofta sin spänst efter en viss tid och kan gå sönder när de tas bort. Använd fjäderklämmor särskilt avsedda för bränsleledningar när en slang ska bytas.

Metalledningar

19 Delar av metallrör används ofta till bränsleledningen mellan bränslefiltret och motorn, och även till vissa servostyrnings- och luftkonditioneringsdelar. Kontrollera noga att rören inte har blivit böjda eller veckade, och att inga sprickor har börjat bildas. Leta även efter tecken på kraftig korrosion.

20 Om en del av bränslemetalledningen måste bytas ska endast heldragna stålrör användas, eftersom koppar- och aluminiumrör inte är starka nog för normal motorvibration.

21 Kontrollera metalledningarna där de möter bromshuvudcylindern, ABS-hydraulenheten eller huvud-/slavcylindern till kopplingen (om det är tillämpligt) för att se om det finns sprickor i ledningarna eller lösa anslutningar. Om det finns tecken på bromsvätskeläckage krävs det en omedelbar och grundlig kontroll.

8 Motorrummets kablar – kontroll

1 När bilen är parkerad på jämnt underlag ska du dra åt handbromsen ordentligt och öppna motorhuven. Använd en kontrollampa eller en liten elektrisk ficklampa och kontrollera alla synliga kablar i och under motorrummet.

2 Leta efter kablar där man tydligt kan se att de har skavts mot vassa kanter, eller mot rörliga fjädrings-/växellådskomponenter och/eller drivremmen, p.g.a. att kablarna har fastnat eller klämts mellan slarvigt monterade komponenter. Leta också efter kablar som har smält p.g.a. att de har kommit i kontakt med varmt gjutgods i motorn, kylvätskerör etc. I de flesta fall förorsakas skador av den här typen av felaktig dragning vid hopsättningen efter tidigare åtgärder.

3 Beroende problemets omfattning kan skadade kablar repareras genom att de sätts ihop där de är trasiga eller genom att en ny bit kabel fogas in med hjälp av lödning, för att se till att det blir en stark anslutning. Isoleringen förbättras med självhäftande tejp eller krympslang, efter tillämplighet. Om skadorna är omfattande kan detta påverka bilens framtida drift. Den bästa lösningen kan då vara att byta hela den aktuella kablagebiten, även om det kan verka vara en dyr åtgärd.

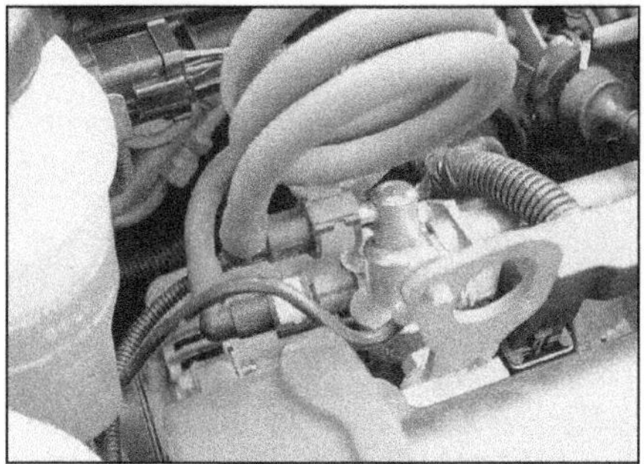

7.16 Bränsleslanganslutningar vid insprutningsbryggan

4 När skadan har åtgärdats, se till att kabelhärvan dras om korrekt, så att den inte kommer emot andra delar, och inte sträcks eller veckas, och sitter fast på ett säkert sätt med de plastklämmor, styrningar och buntband som finns till hands.

5 Kontrollera alla elektriska kontaktdon och se till att de är rena, sitter fast ordentligt och är spärrade med plastflikar eller kabelklämma, efter tillämplighet **(se bild)**. Om något kontaktdon visar tecken på korrosion (ansamlingar av vita eller gröna avlagringar eller rost), eller om det verkar smutsigt, ska kontaktdonet kopplas ifrån och rengöras med rengöringsmedel för elektriska komponenter. Om kontaktdonens stift är mycket korroderade måste hela kontaktdonet bytas. Observera att detta kan innebära att hela den aktuella delen av kablaget måste bytas – kontakta din lokala Fordverkstad för mer information.

6 Om all korrosion kan tas bort med rengöringsmedlet så att kontaktdonet är i gott skick, är det en bra idé att packa kontaktdonet i ett lämpligt material som inte släpper igenom smuts och fukt, så att det inte bildas korrosion igen. En Fordverkstad kan rekommendera en lämplig produkt.

7 Kontrollera skicket på batteriets anslutningar – gör om anslutningarna eller byt ut kablarna om du hittar något fel (se kapitel 5A). Använd samma teknik för att se till att alla jordpunkter i motorrummet ger en god elektrisk kontakt genom rena metallförbindelser, och att de sitter fast ordentligt.

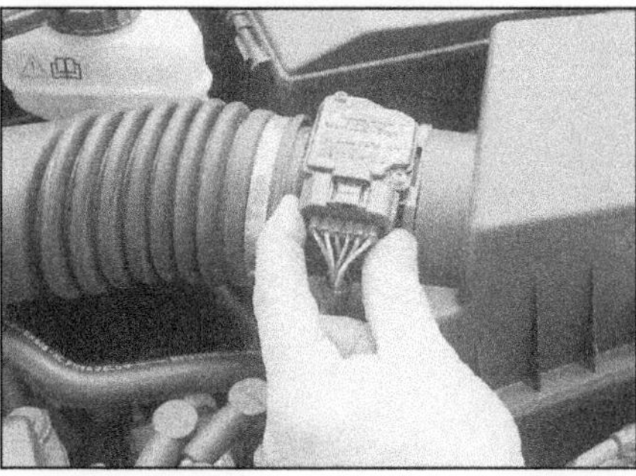

8.5 Kontrollera att alla kontakter är säkert anslutna

8 Se avsnitt 19 för information om kontroll av tändstift och tändkablar.

9 Luftkonditioneringssystem – kontroll

Varning: Det är mycket högt tryck i luftkonditioneringssystemet. Lossa inga detaljer och ta inte bort några delar innan systemet har tömts ordentligt. Luftkonditioneringens kylmedium måste tappas ur korrekt på återförsäljarens verkstad eller en luftkonditioneringsverkstad där man kan ta hand om kylmediet R134a. Använd alltid ögonskydd när du kopplar ifrån luftkonditioneringssystemets delar.

1 Följande underhållskontroller bör utföras regelbundet för att luftkonditioneringen ska fungera så bra som möjligt:

a) Kontrollera drivremmen. Om den är sliten eller försämrad, byt ut den (se avsnitt 5).

b) Kontrollera systemets slangar. Leta efter sprickor, bubblor, hårda fläckar och åldrande. Undersök slangarna och alla anslutningar för att se om det finns oljebubblor och genomsippring. Om du hittar tecken på slitage, skada eller läckage, byt berörda slangar.

c) Undersök kondensorns flänsar (framför kylaren) för att se om det finns löv, insekter eller andra avlagringar. Använd en "flänskam" eller tryckluft för att rengöra kondensorn.

Varning: Bär skyddsglasögon vid arbete med tryckluft.

d) Kontrollera att flödet i avtappningsröret från förångarens framsida (under höger framskärm) är fritt – observera att det är normalt att klar vätska (vatten) droppar från det när systemet är igång, så mycket att det kan bildas en ganska stor pöl under bilen när den står parkerad ***(se bild)****.*

9.1 Luftkonditioneringens rörsystem och förångare (främre stötfångare borttagen)

2 Det är en bra idé att sätta på systemet i ungefär 30 minuter minst en gång i månaden, i synnerhet på vintern. Om det inte används under en längre period kan tätningarna bli hårda och gå sönder.
3 Eftersom luftkonditioneringssystemet är så komplext och det behövs specialutrustning för att underhålla det, är ingående feldiagnoser och reparationer inte inkluderade i den här handboken.
4 Den vanligaste orsaken till dålig kylning är helt enkelt att det finns för lite kylmedium. Om den svala luften minskar markant kan du göra följande kontroll för att avgöra om kylmedienivån är låg.
5 Värm upp motorn till normal arbetstemperatur.
6 Ställ in luftkonditioneringens temperaturväljare på den kallaste inställningen, och ställ in fläkten på den högsta. Öppna dörrarna – för att kontrollera att luftkonditioneringssystemet inte stängs av när passagerarutrymmet har blivit svalt.
7 När kompressorn är inkopplad – dess koppling kommer att klicka till och den mittre delen av kompressorn vridas runt – känn på inlopps- och utloppsrören vid kompressorn. Den ena sidan ska vara kall och den andra varm. Om det inte är någon större skillnad mellan de två rören är det något som är fel med kompressorn eller systemet. Laddningsnivån kanske är låg – eller så kan det bero på något annat. Ta bilen till en verkstad eller till en specialist på luftkonditionering för bilar.

10 Bromssystem – kontroll

1 Det arbete som beskrivs i det här avsnittet ska utföras med regelbundna intervall, eller närhelst det misstänks finnas en felaktighet i bromssystemet. Något av följande symptom kan tyda på ett eventuellt fel i bromssystemet:

a) Bilen drar åt ena hållet när bromspedalen trycks ner.
b) Bromsarna ger ifrån sig gnisslande, skrapande eller släpande oljud när de används.
c) Bromspedalens pedalväg är överdrivet lång, eller så är pedalmotståndet dåligt.
d) Bromsvätska måste fyllas på ofta. Notera att eftersom den hydrauliska kopplingen använder samma vätska som bromssystemet (se kapitel 6) kan detta problem bero på en läcka i kopplingssystemet.

Skivbromsar fram

2 Dra åt handbromsen, lossa framhjulens muttrar, lyft upp framvagnen med domkraft och ställ den på pallbockar.
3 Ta bort hjulen för att komma åt bromsoken bättre.
4 Titta i bromsokets kontrollfönster och kontrollera att friktionsbeläggets tjocklek på bromsklossarna inte är mindre än den som rekommenderas i Specifikationer.

Tänk på att beläggen normalt sitter fast i en stödplatta. För att skilja mellan metallen och beläggen, är det bra att vrida på skivan långsamt först – kanten på skivan kan därefter identifieras, med beläggen på bromsklossarnas båda sidor, och stödplattorna bakom.

5 Om det är svårt att exakt bedöma tjockleken på bromsklossarnas belägg, eller om du inte är nöjd med klossarnas skick, ta bort dem från bromsoken och undersök dem ytterligare (se kapitel 9).
6 Kontrollera det andra bromsoket på samma sätt.
7 Om någon av bromsklossarna är nedsliten till, eller under, den angivna gränsen ska *alla fyra* bromsklossarna bak på bilen bytas ut tillsammans. Om bromsklossarna är betydligt mer slitna på den ena sidan kan detta tyda på att bromsokets kolvar är delvis skurna – se processen för byte av bromskloss i kapitel 9, och skjut tillbaka kolvarna in i bromsoket för att frigöra dem.
8 Mät skivornas tjocklek med en mikrometer, om en sådan finns tillgänglig, för att kontrollera att de fortfarande kan användas. Låt dig inte luras av den rostkant som ofta bildas på skivans yttre kant, vilken kan få skivan att framstå som tjockare än vad den egentligen är – skrapa bort lös rost utan att repa skivans (blanka) friktionsyta.
9 Om en skiva är tunnare än den angivna minimitjockleken, byt den (se kapitel 9).
10 Kontrollera det allmänna skicket på skivorna. Sök efter kraftiga repor och missfärgning som orsakats av överhettning. Om dessa problem förekommer, ta bort den aktuella skivan och planslipa ytan eller byta den (se kapitel 9).
11 Se till att handbromsen är ordentligt åtdragen och kontrollera sedan att växellådan står i friläge. Snurra på hjulet och kontrollera att bromsen inte kärvar. Det är normalt att skivbromsen har ett viss motstånd, men det ska inte krävas någon större ansträngning för att vrida på hjulet – blanda inte ihop bromsens motstånd med motståndet från växellådan.
12 Innan hjulen monteras igen, kontrollera alla bromsledningar och -slangar (se kapitel 9). Undersök särskilt de böjliga slangarna i närheten av bromsoken, där de kan flytta sig mest **(se bild)**. Böj dem mellan fingrarna (men vik dem inte dubbla, eftersom höljet kan skadas) och kontrollera att det inte finns några sprickor, skåror eller delningar som tidigare varit dolda.

10.12 Kontrollera de mjuka slangarna vid bromsoken

13 Avsluta med att montera tillbaka hjulen och sänka ner bilen. Dra åt hjulmuttrarna till angivet moment.

Skivbromsar bak

14 Lossa bakhjulens muttrar och klossa sedan framhjulen. Höj upp bakvagnen med domkraft och ställ den på pallbockar. Lossa handbromsen och ta bort bakhjulen.
15 Proceduren för att kontrollera bromsarna bak är ungefär densamma som den som beskrivs i punkterna 2 till 13 ovan. Kontrollera att bromsarna bak inte kärvar. Observera att växellådans motstånd inte påverkar bakhjulen. Om det krävs onormalt stor kraft kan detta tyda på att handbromsen behöver justeras – se kapitel 9.

Trumbromsar bak

16 Lossa bakhjulens muttrar och klossa sedan framhjulen. Höj bakvagnen med domkraft och ställ den på pallbockar. Lossa handbromsen och ta bort bakhjulen.
17 Snurra på hjulet och kontrollera att bromsen inte kärvar. Lite motstånd från bromsen är acceptabelt, men det ska inte krävas någon större ansträngning för att vrida på hjulnavet. Om det krävs onormalt stor kraft kan detta tyda på att handbromsen behöver justeras – se kapitel 9.
18 För att kontrollera bromsbacksbeläggets tjocklek utan att ta bort bromstrummorna, bänd loss gummipluggarna från fästplattorna och använd en elektrisk ficklampa för att undersöka beläggen på de ledande bromsbackarna. Kontrollera att tjockleken på bromsbackarnas belägg inte är mindre än vad som rekommenderas i Specifikationer.
19 Om det är svårt att exakt bedöma tjockleken på bromsbacksbeläggen, eller om du inte är nöjd med skicket på bromsbackarna, ta bort trummorna bak för en grundligare kontroll (se kapitel 9).
20 När trumman är borttagen, kontrollera att bromsbackens retur- och fästfjädrar är korrekt ditsatta, och kontrollera att det inte läcker bromsvätska från hjulcylindrarna. Förutom synlig vätska är en överdriven ansamling av bromsdamm (i den vätska som har läckt) vid cylindertätningarna ett tecken på att cylindern läcker.
21 Undersök bromstrummornas friktionsyta för att se om den är repad eller missfärgad. Om reporna eller missfärgningen är allvarliga bör trumman planslipas eller bytas.
22 Innan hjulen monteras igen, kontrollera alla bromsledningar och slangar (se kapitel 9). Avsluta med att dra åt handbromsen och kontrollera att bakhjulen är låsta. Handbromsen kan justeras enligt beskrivningen i kapitel 9.

23 Avsluta med att montera tillbaka hjulen och sänka ner bilen. Dra åt hjulmuttrarna till angivet moment.

11 Avgassystem - kontroll

1 Undersök hela avgassystemet, från dess början vid motorn till slutet av ändröret, med kall motor (minst tre timmar efter det att bilen har körts). Detta ska helst utföras på en lyft, där tillgängligheten är god. Om du inte har tillgång till någon lyft, lyft upp bilen och ställ den på pallbockar.

2 Se till att alla fästbyglar och gummifästen är i gott skick och sitter fast ordentligt. Om något av fästena behöver bytas, se till att de nya delarna är av det rätta slaget - vad gummifästena beträffar kan man gå efter deras färg. De som sitter närmast katalysatorn är mer värmetåliga än de andra **(se bild)**.

3 Kontrollera rören och anslutningarna efter tecken på läckor, allvarlig korrosion eller skador. Ett av de vanligaste ställena för läckage är runt omkring de svetsade fogarna mellan rören och ljuddämparna **(se bild)**. Läckage i någon fog eller annan del visar sig vanligen som en sotfläck i närheten av läckan.

Observera: *Avgastätningsmedel ska inte användas på någon del av avgassystemet uppströms från katalysatorn (mellan omvandlaren och motorn) – även om tätningsmedlet inte innehåller några tillsatsämnen som kan skada omvandlaren, kan bitar av tätningen lossna och förorena katalysatorelementet, vilket kan resultera i lokal överhettning.*

4 Undersök samtidigt karossens undersida för att se om det finns hål, korrosion, öppna skarvar etc., vilket gör att avgaser kan komma in i passagerarutrymmet. Täta alla karossens öppningar med silikon eller karosskitt.

5 Skaller och andra missljud kan ofta härledas till avgassystemet, speciellt till gummifästen. Försök att röra på systemet, ljuddämpare, värmesköldar och katalysator. Om någon av delarna kan röra vid karossen eller fjädringen, sätt fast avgassystemet med nya fästen.

6 Kontrollera motorns skick genom att undersöka insidan av avgasrörets ände. Avgasavlagringarna ger en fingervisning om motorns skick. Insidan av det bakre avgasröret ska vara torr och skifta i färg från mörkgrå till ljusgrå/brun. Om den är svart och sotig, eller täckt med vita avlagringar, kan detta vara ett tecken på att hela bränslesystemet behöver kontrolleras.

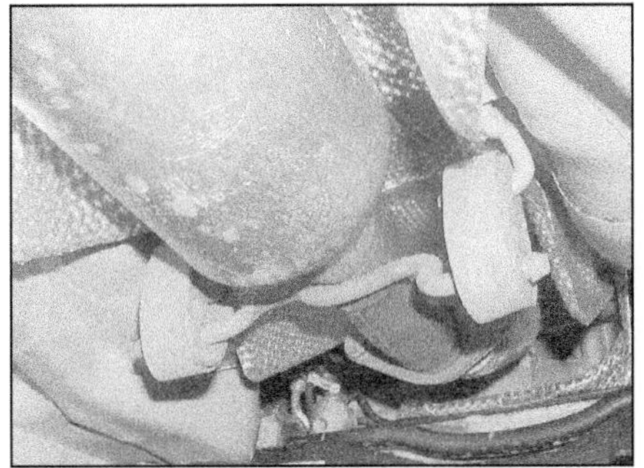

11.2 Gummifästena i närheten av katalysatorn har röd kodmarkering, vilket indikerar större värmetålighet

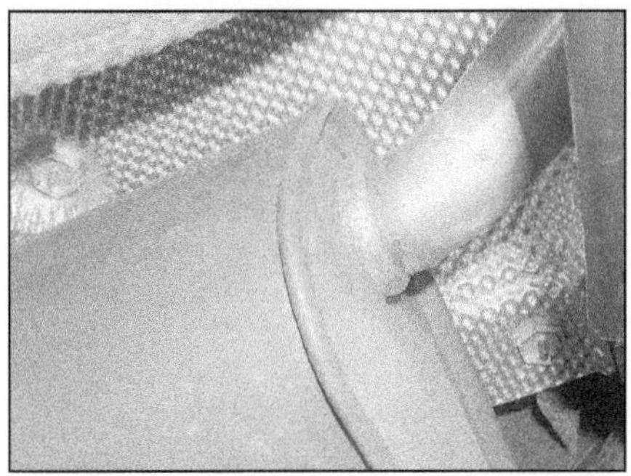

11.3 Området runt en ihopsvetsad avgasrörssvarv är ett vanligt ställe för läckage

12 Styrning, fjädring och hjul - kontroll

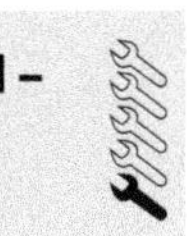

Framfjädring och styrning

1 Dra åt handbromsen, lyft upp framvagnen och ställ den på pallbockar.

2 Inspektera spindelledernas dammkåpor och styrväxelns damasker. De får inte vara skavda, spruckna eller ha andra defekter **(se bild)**. Slitage på någon av dessa delar gör att smörjmedel läcker ut och att smuts och vatten kan komma in, vilket snabbt sliter ut kullederna eller styrväxeln.

3 Kontrollera servostyrningens oljeslangar och leta efter tecken på skavning och åldrande och undersök rör- och slanganslutningar för att se om det finns oljeläckage. Leta även efter läckor under tryck från styrväxelns gummidamask, vilket indikerar trasiga tätningar i styrväxeln.

4 Ta tag i hjulet upptill och nedtill och försök att rucka på det **(se bild)**. Ett ytterst litet spel kan märkas, men om rörelsen är stor krävs en närmare undersökning för att fastställa orsaken. Fortsätt att rucka på hjulet medan en medhjälpare trycker på bromspedalen. Om spelet försvinner eller minskar markant är det troligen fråga om ett defekt hjullager. Om spelet finns kvar när bromsen är nedtryckt rör det sig om slitage i fjädringens leder eller fästen.

5 Fatta sedan tag i hjulet på sidorna och försök att rucka på det igen. Märkbart spel beror antingen på slitage på hjullager eller styrstagets spindelleder. Om det yttre styrstagets styrled är sliten är det synliga spelet tydligt. Om den inre leden misstänks vara sliten kan detta kontrolleras genom att man placerar handen över kuggstångens gummidamask och tar tag om styrstaget. När hjulet ruckas kommer rörelsen att kännas vid den inre styrleden om den är sliten.

6 Leta efter glapp i fjädringsfästenas och framvagnsramens bussningar genom att bända mellan relevant komponent och dess fästpunkt med en stor skruvmejsel eller ett plattjärn. En viss rörelse är att vänta eftersom bussningarna är av gummi, men eventuellt större slitage visar sig tydligt. Kontrollera även de synliga gummibussningarnas skick och leta efter bristningar, sprickor eller föroreningar i gummit.

7 Ställ bilen på marken och låt en medhjälpare vrida ratten fram och tillbaka ungefär en åttondels varv åt vardera hållet. Det ska inte finnas något, eller bara ytterst lite, spel mellan rattens och hjulens rörelser. Kontrollera noga lederna och fästena enligt tidigare beskrivning om spelet är större, men kontrollera dessutom om rattstångens knutar är slitna, samt även själva styrväxeln.

Bakfjädring

8 Klossa framhjulen. Lyft sedan upp bakvagnen och ställ den på pallbockar.

9 Kontrollera om det bakre hjullagret är slitet. Använd den metod som beskrivs för främre hjullager (punkt 4).

10 Leta efter glapp i fjädringsfästenas bussningar genom att bända mellan relevant komponent och dess fästpunkt med en stor skruvmejsel eller ett plattjärn. En viss rörelse är att vänta eftersom bussningarna är av gummi, men kraftigt slitage bör vara uppenbart.

12.2 Kontrollera kulledernas dammkåpor på alla sidor (vid pilen)

12.4 Kontrollera om det finns slitage i framfjädringens lager och i hjullagren

13.2a Kontrollera de yttre drivknutarnas damasker. . .

Hjul – kontroll och balansering

11 Skruva loss däcken med jämna mellanrum för att rengöra dem invändigt och utvändigt. Undersök hjulfälgarna efter rost, korrosion eller andra skador. Hjul med lättmetallegering skadas lätt av trottoarkanter vid parkering. Stålhjul kan få bucklor. Ofta är faktiskt det enda som hjälper att byta hjulet.

12 Det är viktigt att hjulets och däckets balans upprätthålls, inte bara för att undvika överdrivet däckslitage utan även för att undvika slitage i styrnings- och fjädringskomponenter. Obalans i hjulet märks ofta genom vibrationer i bilens ytterkaross. Det är också vanligt att vibrationerna märks extra tydligt i ratten. Det bör noteras att slitage eller skador på fjädrings- eller styrningskomponenter i sin tur kan leda till överdrivet däckslitage. Ovala eller skeva däck, skadade hjul och slitet eller felinställt hjullager kan också räknas till denna kategori. Balansering råder vanligtvis inte bot på vibrationer som uppstått p.g.a. denna typ av slitage.

13 Hjulbalansering kan utföras både när hjulet är monterat och när det har tagits av. Om hjulet balanseras när det sitter på bilen, se till att hjulets och navets förhållande till varandra markeras på något sätt före den efterföljande hjulborttagningen, så att det kan sättas tillbaka i det ursprungliga läget.

13 Drivaxeldamasker och drivknutar – kontroll

1 Gummidamaskerna på drivaxeln spelar en viktig roll, eftersom de förhindrar att smuts och vatten kommer in i drivknutarna och skadar dem. Yttre föroreningar kan leda till att materialet åldras snabbare, och därför rekommenderar vi att du då och då tvättar gummidamaskerna med tvål och vatten.

2 Med bilens framvagn på pallbockar, vrid ratten till fullt utslag. Snurra sedan långsamt varje framhjul. Undersök skicket på de yttre drivknutarnas gummidamasker. Öppna vecken genom att klämma på damaskerna. Leta efter sprickor eller tecken på att gummit åldrats, vilket kan göra att fettet läcker ut och att vatten och smuts kommer in i knuten. Kontrollera även damaskernas klamrar vad

13.2b . . . och, även om risken för slitage är mindre, kontrollera också de inre knutarnas damasker

gäller åtdragning och skick. Upprepa dessa kontroller på de inre trebensknutarna **(se bilder)**. Om skador eller slitage påträffas bör damaskerna bytas enligt beskrivningen i kapitel 8.

3 Kontrollera samtidigt de yttre drivknutarnas allmänna skick genom att hålla fast drivaxeln och samtidigt försöka vrida hjulen. Upprepa kontrollen för de inre drivknutarna genom att hålla fast oket på den inre drivknuten, samtidigt som du försöker rotera drivaxeln.

4 Varje märkbar rörelse i drivknuten är ett tecken på slitage i knuten, slitage i drivaxelsplinesen eller på att drivaxeln har en lös fästmutter.

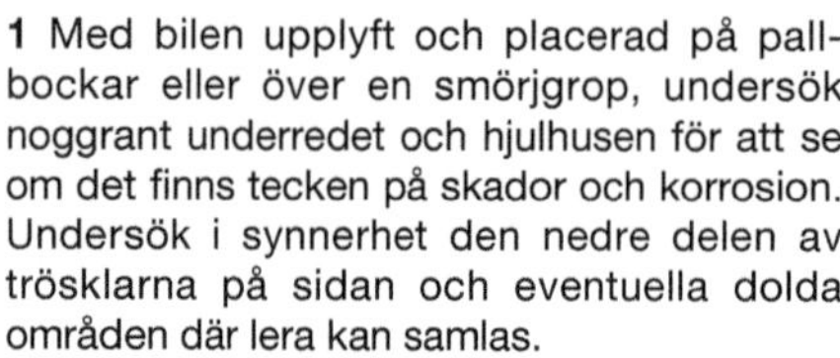

14 Underrede och bränsle-/bromsledningar – kontroll

1 Med bilen upplyft och placerad på pallbockar eller över en smörjgrop, undersök noggrant underredet och hjulhusen för att se om det finns tecken på skador och korrosion. Undersök i synnerhet den nedre delen av tröskларna på sidan och eventuella dolda områden där lera kan samlas.

2 När du upptäcker korrosion och rost, tryck och knacka hårt på panelen med en skruvmejsel, och kontrollera om det finns allvarlig korrosion som kräver reparationsarbete.

3 Om panelen inte är allvarligt korroderad, ta bort rosten och applicera ett nytt lager underredsbehandling. Se kapitel 11 för närmare beskrivning av reparation av karossen.

14.5 Kontrollera om de rör som är fästa vid underredet är skadade

4 Undersök samtidigt karossens nedre paneler för att se vilket allmänt skick de är i samt om de är stenskadade.

5 Undersök alla bränsle- och bromsledningar på underredet för att se om det finns skador, rost, korrosion och läckage. Se även till att de sitter fast ordentligt i klämmorna **(se bild)**. I förekommande fall, kontrollera att ledningarnas PVC-lager inte är skadat.

15 Gångjärn och lås – smörjning

1 Smörj alla gångjärn på motorhuven, dörrarna och bakluckan med en lätt maskinolja **(se bild)**.

2 Kontrollera noggrant att alla gångjärn, spärrar och lås är säkra och fungerar som de ska. Justera dem vid behov. Kontrollera att centrallåssystemet fungerar som det ska (i förekommande fall).

3 I förekommande fall, kontrollera skicket på bakluckans stödben och att de fungerar. Byt dem om de läcker eller inte längre stödjer bakluckan ordentligt när den är öppen.

16 Hjulmuttrar – kontroll av åtdragning

1 Att kontrollera att hjulmuttrarna är ordentligt åtdragna är viktigare än vad du kanske tror. Förutom att du kontrollerar att de är ordentligt åtdragna – vilket är viktigt av säkerhetsskäl – får du även reda på om de har dragits åt för hårt. Detta kan t.ex. ha inträffat när du senast bytte däck. Om bilen får punktering kan det hända att hjulmuttrarna inte kan lossas med fälgkorset.

2 Dra åt handbromsen, klossa hjulen och lägg i 1:ans växel (eller P).

3 Ta bort hjulsidan/navkapseln med den platta sidan av det fälgkors som finns i verktygslådan.

4 Lossa den första hjulmuttern med fälgkorset, om möjligt. Om det är svårt att få loss muttern, använd en tättsittande hylsa och ett långt förlängningsskaft.

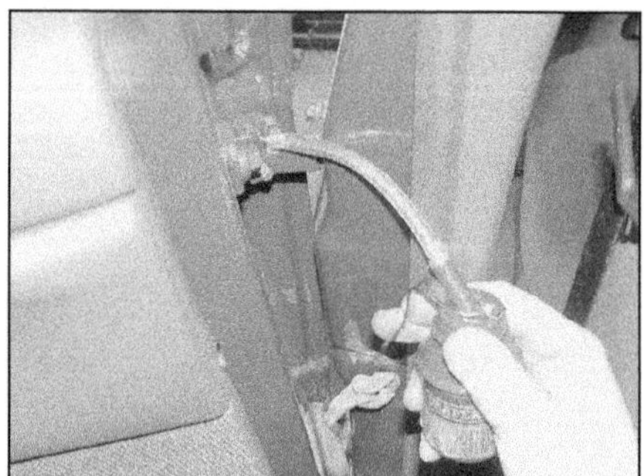

15.1 Smörj in gångjärnen regelbundet

Varning: Använd inga improviserade metoder för att lossa hjulmuttrarna om inte de korrekta verktygen finns till hands. Om det behövs extra kraft, se till att verktygen passar och är av god kvalitet. Det är viktigt att tänka på vad som kan hända om verktyget slinter eller går sönder, och att vidta försiktighetsåtgärder - kraftiga skyddshandskar rekommenderas för att skydda händerna. Ställ dig inte på verktygen - de är inte gjorda för detta och risken är stor att du skadar dig om verktyget slinter eller går sönder. Om hjulmuttrarna sitter för hårt, ta bilen till ett garage där det finns lämpliga elverktyg.

5 När muttern väl har lossats, ta bort den och kontrollera att gängorna på hjulets pinnbultar är rena. Använd en liten stålborste för att ta bort rost eller smuts om det behövs.

6 Sätt tillbaka muttern, med den koniska sidan inåt. Dra åt den ordentligt med fälgkorset - använd inga andra verktyg. Det innebär att hjulmuttrarna kan lossas med fälgkorset vid en eventuell punktering. Om du har tillgång till en momentnyckel, dra åt muttern till det angivna momentet.

7 Upprepa på de andra tre muttrarna och sätt sedan tillbaka navkapseln/ hjulsidan.

8 Arbeta dig runt bilen och kontrollera och dra åt alla fyra hjulens muttrar.

17 Landsvägsprov

Bromssystem

1 Kontrollera att bilen inte drar åt ena hållet vid inbromsning och att hjulen inte låser sig vid hård inbromsning.

2 Kontrollera att ratten inte vibrerar vid inbromsning. På modeller med ABS-bromsar är det helt normalt om du känner en vibration i pedalen när du bromsar häftigt. Det finns ingen anledning att oroa sig för detta.

3 Kontrollera att handbromsen fungerar som den ska, utan att spaken rör sig för mycket, och att den håller kvar bilen när den står i en sluttning (oavsett om den står i riktningen uppåt eller nedåt).

4 När motorn är avstängd ska du kontrollera att bromsservoenheten fungerar på följande sätt. Tryck ner bromspedalen 4-5 gånger för att få ut vakuumet och starta sedan motorn. När motorn startar ska pedalen ge efter märkbart medan vakuumet byggs upp. Låt motorn gå i minst två minuter och stäng sedan av den. Om pedalen nu trycks ner igen ska ett väsande ljud höras från servon. Efter 4-5 upprepningar bör inget pysande höras, och pedalen bör kännas betydligt hårdare.

Styrning och fjädring

5 Kontrollera om bilen uppför sig normalt med avseende på styrning, fjädring, köregenskaper och vägkänsla.

6 Kör bilen och var uppmärksam på ovanliga vibrationer eller ljud.

7 Kontrollera att styrningen känns bra, utan överdrivet "fladder" eller kärvningar. Lyssna efter missljud från fjädringen vid kurvtagning och körning över gupp.

Drivaggregat

8 Kontrollera motorns, växellådans och drivaxlarnas effekt.

9 Kontrollera att motorn startar som den ska, både när den är kall och när den är varm.

10 Lyssna efter ovanliga oljud från motorn och växellådan.

11 Kontrollera att motorn går jämnt på tomgång och att den inte "tvekar" vid acceleration.

12 På modeller med manuell växellåda, kontrollera att alla växlar kan läggas i smidigt, utan oljud, och att växelspakens rörelse är smidig och inte onormalt svag eller "hackig".

13 På modeller med automatväxellåda, kontrollera att alla växlingar är ryckfria, mjuka och fria från ökning av motorvarvet mellan växlar. Kontrollera att alla växel-positioner kan väljas när bilen står stilla. Kontakta en Fordverkstad om några problem påträffas.

14 Lyssna efter ett metalliskt klickljud från bilens främre del när den körs sakta i en cirkel med fullt rattutslag. Utför kontrollen åt båda hållen. Om ett klickljud hörs tyder det på förslitning i en drivknut. Byt i så fall ut knuten.

Koppling

15 Kontrollera att kopplingspedalen rör sig lätt och smidigt hela pedalvägen, och att själva kopplingen fungerar som den ska, utan några tecken på slirande eller släpande.

16 Om kopplingen åker upp långsamt är det möjligt att systemet behöver luftas (se kapitel 6). Kontrollera även om det finns några tecken på att vätskeledningarna under motorhuven läcker.

17 Kontrollera kopplingen enligt beskrivningen i kapitel 6, del 2.

Instrument och elektrisk utrustning

18 Kontrollera funktionen hos alla instrument och den elektriska utrustningen.

19 Kontrollera att instrumenten ger korrekta utslag och slå på all elektrisk utrustning i tur och ordning för att kontrollera att den fungerar som den ska.

Var 40 000:e km

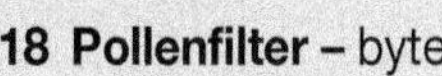

18 Pollenfilter - byte

1 Dra bort vindrutetorkararmarna från vindrutan tills de låser sig i vertikalt läge. Öppna motorhuven.

2 Pollenfilterhuset sitter på höger sida av grillpanelen. På modeller med högerstyrning sitter huset vid grillpanelens vänstra hörn baktill i motorrummet (vänster/höger sett från förarsätet).

3 Bänd upp kåpan från mitten av filtrets åtkomstpanel, och skruva loss skruven som sitter under kåpan. Dra därefter försiktigt upp den bakre delen av panelen för att lossa de två clipsen **(se bilder)**.

4 Lossa de tre kvarstående spärrarna på framsidan av åtkomstpanelen. Använd en liten skruvmejsel om det behövs **(se bild)**. Det kan gå lättare att komma åt spärren i mitten om du öppnar säkringsdosans lock.

18.3a Bänd ut kåpan och skruva loss mittenskruven . . .

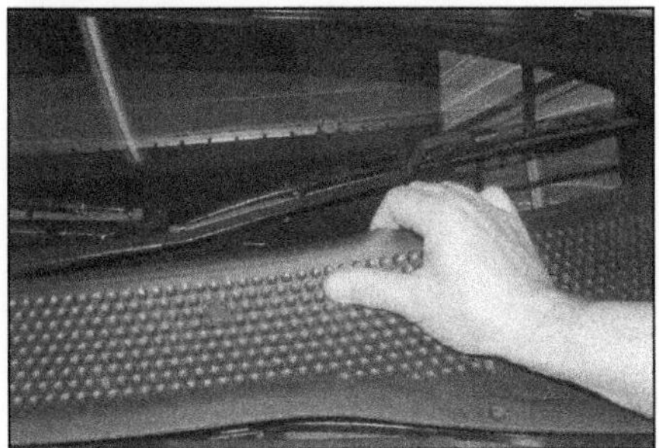

18.3b . . . och dra försiktigt upp den bakre delen av panelen för att lossa de två clipsen

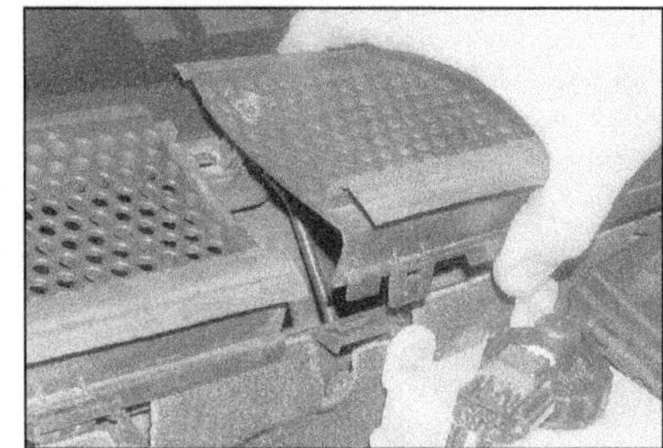

18.4 Lossa på klämmorna vid framsidan av pollenfiltrets panel

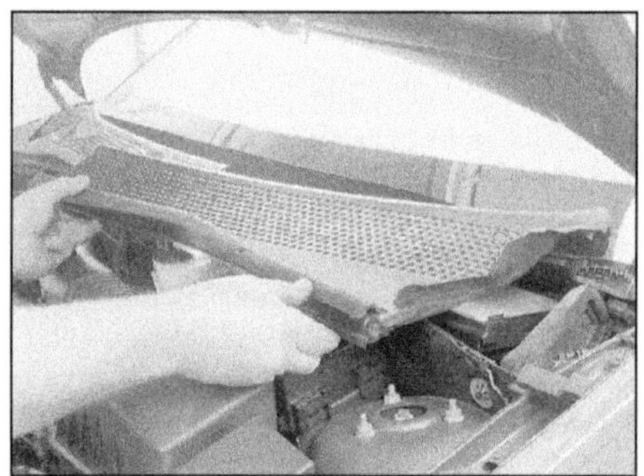

18.5 Ta bort filterpanelen

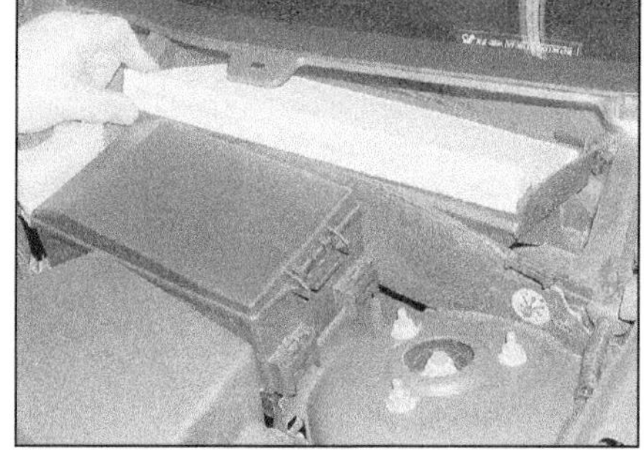

18.6 Lyft ut filtret och observera pilen för monteringsriktning

19.4 Lyft av mittenpanelen så att du kommer åt tändstiften

5 Lyft ut filtrets åtkomstpanel **(se bild)**.

6 Lossa klämman på båda sidor och lyft upp pollenfiltret. Dra filtret från huset, och kasta det **(se bild)**.

7 Montera det nya filtret i omvänd ordningsföljd mot demonteringen och observera följande punkter:

a) Se till att filtret monteras med pilmarkeringen TOP/OBEN uppåt.

b) Rengör gummitätningarna på filtrets åtkomstkåpa innan du sätter tillbaka den.

c) Se till att åtkomstfiltrets kåpa sitter som det ska, annars kommer kåpans tätningar att läcka och släppa in vatten i bilen.

19 Tändstift och tändkablar – byte och kontroll

Observera: *De tändstift som monterats som originalutrustning är av platina, men det finns även icke-platina (billigare) typer av tändstift. Om du använder platinatändstift kan intervallen för tändstiftsbyte ökas till 60 000 km. Eftersom tändstiften är så viktiga för att bilen ska fungera effektivt och pålitligt kan det vara en idé för hemmamekanikern att byta tändstiften var 40 000:e km, oavsett typ.*

Tändstift - byte

1 Det är av avgörande betydelse att tändstiften fungerar som de ska för att motorn ska gå jämnt och effektivt. Det är viktigt att tändstiften är av en typ som passar motorn. Lämpliga typer beskrivs i början av det här kapitlet, på etiketten med information om fordonets avgaskontroll (VECI) som sitter på motorhuvens insida (endast på modeller som säljs i vissa områden) eller i bilens handbok.

2 Om den rätta typen används och motorn är i bra skick ska tändstiften inte behöva åtgärdas mellan schemalagda byten. Rengöring av tändstift är sällan nödvändig och ska inte utföras utan specialverktyg, eftersom det är lätt att skada elektrodernas spetsar.

3 För att byta och sätta tillbaka tändstift krävs en tändstiftshylsa, med en förlängning som kan vridas med en spärrhake eller liknande. Denna hylsa har ett gummiöverdrag som är till för att skydda tändstiftets porslinsisolator, och för att hålla i stiftet när du för in det i tändstiftshålet. Du behöver också bladmått för att kontrollera och justera tändstiftets elektrodavstånd, och (helst) en momentnyckel för att dra åt de nya tändstiften till angivet moment.

4 För att ta bort tändstiften, börja med att öppna motorhuven. Det är lätt att komma åt tändstiften på motorns topp. På 1,6 liters motorer, lossa först slangarna från motorns topp (notera hur de är dragna), skruva sedan loss och ta bort de sex bultar som håller fast den mittpanel i plast som monterats över tändkablarna, och lyft bort panelen **(se bild)**.

5 Notera hur tändkablarna är dragna och fastsatta med klämmor på ventilkåpan. Lossa kablarna om det behövs, så att det finns tillräckligt stort spelrum. För att undvika att tändkablar blandas ihop kan det vara en bra idé att arbeta med ett tändstift åt gången.

6 Om markeringarna på tändkablarna inte är synliga, märk kablarna med 1 till 4 i enlighet med vilken cylinder de leder till (cylinder 1 är på motorns kamremssida). Dra ut kablarna från tändstiften genom att ta tag i gummidamasken vid ventilkåpans öppning och inte kabeln, annars kan kabelanslutningen skadas **(se bild)**.

7 Det rekommenderas att man torkar upp eventuellt vatten ur tändstiftsbrunnarna med en trasa och att man avlägsnar eventuell smuts från dem med en ren borste, dammsugare eller tryckluft innan man tar bort tändstiften, för att undvika att smuts eller vatten droppar in i cylindrarna.

Varning: Bär skyddsglasögon vid arbete med tryckluft.

8 Skruva loss tändstiften och se till att hylsan är parallell med tändstiftet – om hylsan tvingas åt något håll kan tändstiftets porslinstopp gå sönder. Ta bort tändstiftet från motorn **(se bilder)**.

9 Om du stöter på oväntade svårigheter när du skruvar loss något av tändstiften, kontrollera noggrant topplockets gängor och tätningsytor för att se om det finns tecken på slitage, överdriven korrosion eller skada. Om så är fallet, fråga en Fordverkstad beträffande vilken reparationsmetod som är bäst.

19.6 Dra bort tändkablarna och hattarna

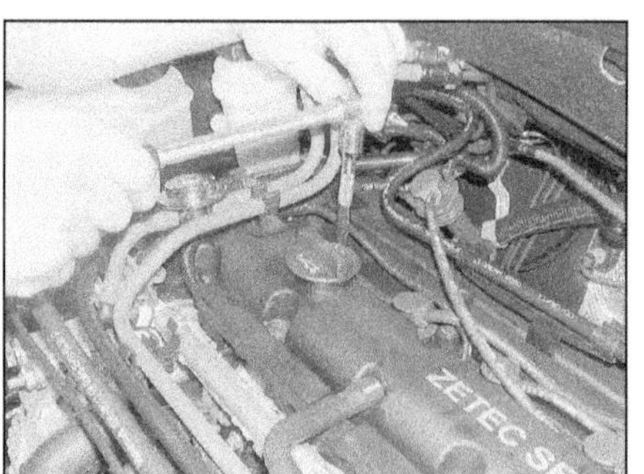

19.8a Skruva loss tändstiften . . .

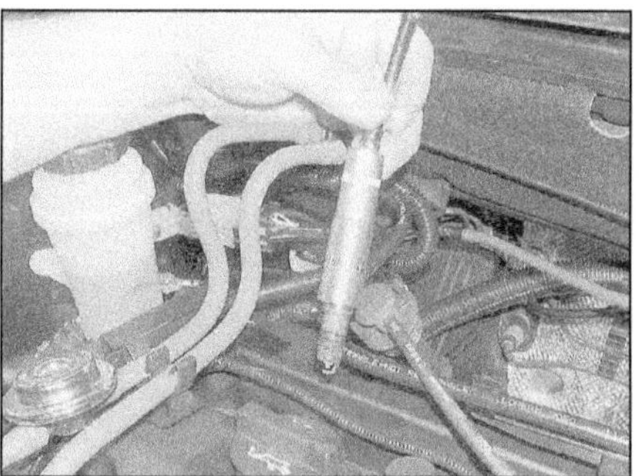

19.8b . . . och ta bort dem från motorn – 1,4 liters motor

19.14a Ett trådmått används för att kontrollera tändstiftets elektrodavstånd

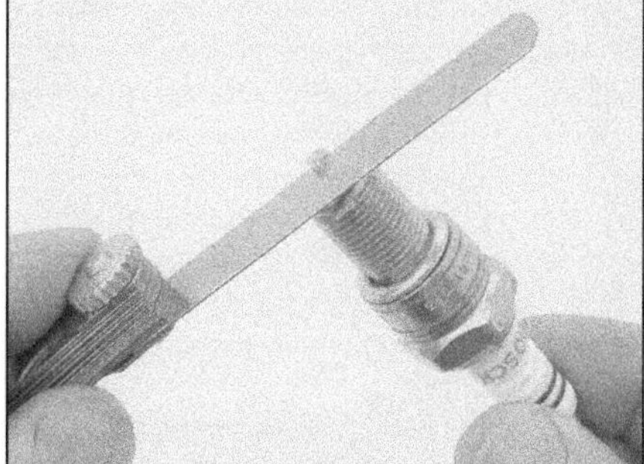
19.14b Elektrodavståndet kontrolleras med ett bladmått

19.14c För att ställa in ett avstånd ska du endast böja tändstiftets yttre elektrod

10 Undersök varje borttaget tändstift - du kommer att få en god uppfattning om motorns skick:

a) *Om isolatorns spets på tändstiftet är ren och vit, utan avlagringar, indikerar detta att bränsleblandningen är mager.*
b) *Om tändstiftet är täckt med en hård svart avlagring, indikerar detta att bränsleblandningen är för fet.*
c) *Om tändstiftet är svart och oljigt är det troligt att motorn är ganska sliten, förutom att bränsleblandningen är för fet.*
d) *Om isolatorns spets är täckt med en ljusbrun eller gråbrun beläggning är bränsleblandningen korrekt och motorn sannolikt i god kondition.*

11 Om du byter tändstift, inhandla de nya tändstiften och kontrollera dem för att se om du hittar några defekter såsom spruckna isolatorer eller skadade gängor. Observera också att när tändstiften byts som en rutinmässig serviceåtgärd ska tändkablarna kontrolleras enligt beskrivningen nedan.

12 Tändstiftets elektrodavstånd är av avgörande betydelse. Är det för stort eller för litet, kommer gnistans storlek och dess effektivitet att vara starkt begränsad. Avståndet ska ställas in så att det stämmer med det värde som finns angivet i avsnittet Specifikationer i detta kapitel. Nya tändstift kommer inte nödvändigtvis att ställas in med korrekt avstånd, så de måste alltid kontrolleras innan de monteras.

13 Speciella tändstiftsverktyg finns att köpa i de flesta tillbehörsaffärer och från vissa tändstiftstillverkare.

14 För att ställa in elektrodavståndet, mät avståndet med ett bladmått, och bänd upp eller ihop den yttre tändstiftselektroden tills rätt avstånd har uppnåtts **(se bilder)**. Elektroden i mitten får inte böjas eftersom detta kan spräcka isoleringen och förstöra tändstiftet, eller något ännu värre. Om den yttre elektroden inte sitter precis över den mittre elektroden, böj den försiktigt så att elektroderna hamnar mitt för varandra.

15 Innan tändstiften monteras, försäkra dig först om att de gängade hylsorna på tändstiften är åtdragna och att tändstift och gängor är rena. Bruna fläckar på porslinet, precis ovanför metalldelen, är normalt och behöver inte tyda på läckage mellan tändstiftet och isolatorn.

16 När tändstiften sätts på plats, försäkra dig om att topplockets gängor och tätningar är så rena som möjligt. Linda en ren trasa runt en målarborste och använd den för att rengöra tätningsytan. Lägg lite kopparbaserat fett eller antikärvningsfett på tändstiftens gängor och skruva i dem för hand om det går. Var extra noggrann med att sätta dit gängorna korrekt, eftersom topplocket är gjort av aluminiumlegering - det är ofta svårt att sätta tändstiften på plats utan att förstöra dem **(se Haynes tips)**.

17 När tändstiftet har hamnat rakt i de första gängorna, skruva in det tills det precis bottnar och dra sedan åt det till angivet moment. Om det inte finns någon momentnyckel - och i detta fall rekommenderas du verkligen att använda en momentnyckel - dra då åt varje tändstift *högst* ett 16:dels varv. *Överskrid inte* det angivna momentet, och dra *ALDRIG* åt dessa tändstift för mycket - deras sneda kanter gör att de är näst intill omöjliga att ta bort om de skadas.

18 Återanslut tändkablarna i korrekt ordning, vrid på damasken tills den sitter fast ordentligt på tändstiftets ände och på ventilkåpan.

HAYNES TiPS

Det är ofta väldigt svårt att sätta tändstift på plats utan att sneddra gängorna. För att undvika det, sätt en kort bit gummislang med 5/16-tums innerdiameter över tändstiftet. Slangen hjälper till att rikta tändstiftet i hålet. Om tändstiftet börjar gänga snett, kommer slangen att glida på tändstiftet och förhindra att gängorna förstörs.

Tändkablar - kontroll

19 Tändkablarna ska kontrolleras när tändstiften byts. Börja med att göra en visuell kontroll av kablarna när motorn är igång. I ett garage med svag belysning (se till att det finns ventilation), starta motorn och observera varje kabel. Var försiktig så att du inte kommer i kontakt med någon av motorns rörliga delar. Om en kabel är trasig kommer du att se en ljusbåge eller en liten gnista vid det skadade området.

20 Tändkablarna ska undersökas en åt gången så att inte tändföljden blir fel, vilket är viktigt för att motorn ska fungera korrekt. Varje ursprunglig kabel ska numreras så att dess cylinder kan identifieras. Om det inte går att läsa numret kan man linda en bit tejp med korrekt nummer runt kabeln (kablarna ska numreras 1 till 4, med nr 1 närmast motorns kamrem). Kabeln kan därefter kopplas ifrån.

21 Kontrollera om det finns korrosion på insidan av damasken. Det ser i så fall ut som ett vitt skorpaktigt pulver. Ta bort detta så gott det går. Om det finns väldigt mycket korrosion, eller om metallkontaktdonet fortfarande är alltför korroderat för att kunna användas efter rengöringen, måste kabeln bytas ut. Skjut tillbaka kabeln och damasken över tändstiftets ände. Damasken ska sitta tätt på tändstiftets ände - om den inte gör det, ta bort kabeln och kläm försiktigt ihop metallkontakten i damasken med en tång tills den passar ordentligt.

22 Torka hela kabeln med en ren trasa för att ta bort smuts och fett. När kabeln väl är ren ska du kontrollera om det finns brännskador, sprickor och andra skador. Böj inte kabeln för hårt. Enheten kan gå sönder.

23 Koppla loss kabeln från tändspolen genom att dra av ändbeslaget från spolens anslutning. Kontrollera att den sitter ordentligt och om det finns korrosion **(se bild på nästa sida)**.

24 Om det finns en mätare med korrekt mätomfång, mät resistansen för den frånkopplade kabeln, från spolens kontaktdon till dess tändstiftskontakt. Om den resistans som registreras för någon av kablarna överstiger 30 000 ohm per meter bör samtliga kablar bytas ut.

25 Sätt tillbaka kabeln på spolen. Observera att varje spoles anslutning är märkt med sitt respektive cylindernummer, så att det inte finns någon risk för att man blandar ihop kablarna och får fel tändföljd.

26 Undersök de återstående tändkablarna och se till att alla är ordentligt fastsatta vid tändspolen och tändstiftet när kontrollen avslutas. Om du ser några tecken på ljusbågar, kraftig korrosion på kontaktdonet, brännskador, sprickor eller andra skador ska du skaffa nya tändkablar och byta ut samtliga gamla. Om nya tändstiftskablar ska monteras, ta bort och sätt tillbaka dem en åt gången, för att undvika att tändföljden blir fel.

27 Om du behöver nya tändkablar, köp en sats för din specifika bil och motor.

28 Även om tändsystemet är i perfekt skick kan det hända att en del motorer har problem med att starta p.g.a. fuktiga tändningskomponenter. En vattenavstötande sprej kan råda bot på fukt.

19.23 Kontrollera tändkablarnas ändbeslag för att se om det finns "vit" korrosion

Vartannat år, oberoende av körsträcka

20 Bromsvätska - byte

Varning: Bromsvätska är farlig för ögonen och kan också skada målade ytor, så var ytterst försiktig vid hantering av vätskan. Använd inte vätska som har stått i öppna behållare en tid eftersom den drar åt sig fukt från luften. För mycket fukt kan orsaka farligt försämrad bromsverkan. Bromsvätskan är också mycket lättantändlig - hantera den lika försiktigt som bensin.

1 Proceduren liknar den för att lufta bromssystemet som beskrivs i kapitel 9, förutom att på modeller med ett konventionellt bromssystem ska bromsvätskebehållaren tömmas genom sifonering, med en ren pipett eller liknande innan du börjar. Den gamla vätskan måste ges tid att rinna ut när en del av kretsen töms.

Varning: Sug inte upp vätskan med munnen eftersom den är giftig.

2 På modeller med ABS, minska vätskenivån i behållaren (genom sifonering eller med en bollspruta), men låt inte vätskenivån sjunka så mycket att luft kan komma in i systemet - om det kommer in luft i ABS-hydraulenheten måste enheten luftas med speciell kontrollutrustning från Ford (se kapitel 9).

3 Arbeta enligt beskrivningen i kapitel 9 och öppna den första luftningsskruven i ordningen, och pumpa sedan försiktigt på bromspedalen tills nästan all gammal olja runnit ut ur huvudcylinderbehållaren. Fyll på olja upp till MAX-nivån och fortsätt pumpa tills endast den nya oljan återstår i behållaren och ny olja kan ses rinna ut från avluftningsskruven. Dra åt skruven och fyll på behållaren till maxmarkeringen.

Gammal bromsvätska är alltid mycket mörkare än ny olja, vilket gör att det är enkelt att skilja dem åt.

4 Gå igenom resterande avluftningsskruvar i ordningsföljd och pumpa till dess att ny olja kommer ur dem. Var noga med att alltid hålla huvudcylinderbehållarens nivå över minmarkeringen, annars kan luft tränga in i systemet och då ökar arbetstiden betydligt.

5 Kontrollera att alla luftningsskruvar är ordentligt åtdragna och att dammkåporna sitter på plats när du är klar. Skölj bort alla spår av vätskespill och kontrollera huvudcylinderbehållarens vätskenivå.

6 Kontrollera bromsarnas funktion innan bilen körs igen.

7 Till sist, kontrollera kopplingens funktion. Eftersom kopplingen har samma vätskebehållare som bromssystemet kan kopplingen behöva luftas enligt beskrivningen i kapitel 6.

21 Kylvätskebyte och kontroll av expansionskärlets lock

Observera: *Om den frostskyddsvätska som används är Fords egen, eller av en liknande kvalitet, uppger Ford att kylvätskan inte behöver bytas på 6 år (blå/grön kylvätska) eller på 10 år (orange kylvätska). Om bilens bakgrund är okänd, om det finns frostskyddsvätska av en sämre kvalitet i systemet, eller om du helt enkelt föredrar att följa konventionella underhållsintervall, bör kylvätskan bytas periodiskt (vanligtvis vartannat år) enligt beskrivningen här.*

Varning: Låt inte frostskyddsvätska komma i kontakt med huden eller lackerade ytor på bilen. Skölj omedelbart förorenade områden med rikligt med vatten. Lämna inte ny eller gammal kylvätska där barn eller djur kan komma åt den - de kan attraheras av den söta doften. Även om man bara sväljer en liten mängd kylvätska kan det vara dödligt. Torka genast upp spill på garagegolvet och på droppskyddet. Se till att behållare med frostskyddsvätska är övertäckta, och reparera läckor i kylsystemet så snart som de upptäcks.

Varning: Ta inte bort expansionskärlets påfyllningslock när motorn är igång, eller precis har stängts av, eftersom kylsystemet är varmt och den ånga som kommer ut och den skållheta kylvätskan kan förorsaka allvarliga skador.

Kylvätska - tömning

Varning: Vänta tills motorn är helt kall innan arbetet påbörjas.

1 För att tömma systemet, börja med att ta bort expansionskärlets påfyllningslock.

2 Om du behöver större arbetsutrymme, lyft upp framvagnen och ställ den ordentligt på pallbockar.

3 Placera ett stort avtappningskärl under bilen och skruva loss kylarens avtappningsplugg **(se bild)**. Se till att så mycket som möjligt av kylvätskan hamnar i kärlet.

Systemspolning

4 Efter ett tag kan kylsystemet stegvis förlora sin verkningsgrad, eftersom kylarens kärna fylls med rost, kalkavlagringar från vatten, och andra avlagringar. För att reducera detta ska man endast använda frostskyddsvätska av en god kvalitet och rent mjukt vatten, samt skölja systemet enligt följande beskrivning när det är problem med någon del och/eller när man byter kylvätska.

21.3 Kylarens avtappningsplugg (vid pilen)

21.7 Kylarens nedre slanganslutning (vid pilen)

5 När kylvätskan har tappats av, sätt tillbaka avtappningspluggen och fyll systemet med friskt vatten. Sätt tillbaka expansionskärlets påfyllningslock, starta motorn och värm upp den till normal arbetstemperatur, stäng sedan av den och (efter det att den har fått svalna helt) tappa av systemet igen. Upprepa så mycket som behövs tills det enda som kommer ut är rent vatten. Fyll sedan på med den angivna kylvätskeblandningen.

6 Om endast rent mjukt vatten och en frostskyddsvätska av god kvalitet (även om det inte är den som Ford har rekommenderat) har använts och kylvätskan har bytts ut enligt de rekommenderade intervallen, kommer den ovanstående proceduren att leda till att systemet hålls rent en lång tid. Om systemet däremot har försummats krävs en grundligare åtgärd. Se nedan.

7 Töm först ut kylvätskan och koppla sedan loss kylarens övre och nedre slangar **(se bild)**. Sätt en trädgårdsslang i den övre kylarslangens anslutning, och låt vatten rinna genom kylaren tills det rinner ut, och är rent, från det nedre utloppet.

8 För att spola motorn, sätt trädgårdsslangen i kylarens nedre slang, linda en bit trasa runt trädgårdsslangen för att täta anslutningen och låt vatten cirkulera tills det är rent och klart.

9 Denna procedur kan upprepas för den övre slangen, även om det kan hända att effekten uteblir, eftersom termostaten antagligen kommer att stängas och förhindra vattenflödet.

10 Vid kraftig förorening kan det vara nödvändigt att spola kylaren baklänges. Detta kan göras genom att trädgårdsslangen sätts in i det nedre utloppet, med en trasa virad runt slangen så att anslutningen blir tät. Kylaren ska sedan spolas tills det rinner klart vatten från den övre slangens utlopp.

11 Om kylaren verkar riktigt igentäppt, ta bort kylaren (kapitel 3), ställ den upp-och-ner och upprepa den procedur som beskrivs under punkt 10.

12 Spolning av värmepaketet kan utföras med en liknande procedur som den som beskrivs i punkt 10, när värmeenhetens in- och utloppsslangar väl har identifierats. Dessa två slangar har samma diameter, och går genom motorrummets torpedvägg (se proceduren för borttagning av värmepaketet i kapitel 3, del 9, för ytterligare information).

13 Det rekommenderas inte att man använder kemiska rengöringsmedel. Sådana ska endast användas som en sista utväg. Eftersom vissa rengöringsmedel har en skurande effekt kan andra problem med kylsystemet uppstå. Normalt sett förebygger byte av kylvätska överdriven förorening av systemet.

Kylvätska – påfyllning

14 När kylsystemet har tömts och spolats, se till att alla slanganslutningar som har rubbats sitter fast ordentligt och att kylarens avtappningsplugg är ordentligt åtdragen. Om bilen är upplyft, sänk ner den.

15 Gör i ordning en tillräckligt stor mängd av den angivna kylvätskeblandningen (se nedan). Se till att ha ett visst överskott, för eventuell påfyllning.

1,4 och 1,6 liters modeller

16 Koppla loss värmeenhetens matningsslang, bak på motorn, under tändspolen.

17 Fyll långsamt kylsystemet med en tratt via den frånkopplade matningsslangen, tills det kommer kylvätska från motorn och återanslut sedan slangen.

Alla modeller

18 Fyll långsamt systemet genom expansionskärlet. Eftersom kärlet utgör den högsta punkten i systemet ska all luft i systemet pressas ut i kärlet p.g.a. den stigande vätskan. Om du häller långsamt blir risken mindre för att luft stannar kvar och att luftfickor bildas.

19 Fortsätt att fylla på tills kylvätskenivån når expansionskärlets MAX-nivå (se *Veckokontroller*) och täck sedan över påfyllningshålet så att inte kylvätska stänker ut.

20 Starta motorn och låt den gå på tomgång tills den är uppvärmd till normal arbetstemperatur och kylarens elektriska kylfläkt har slagits på. Kontrollera temperaturmätaren för att se om det finns några tecken på överhettning. Om nivån i expansionskärlet sjunker avsevärt, fyll på till MAX-nivåmarkeringen, för att minska mängden luft som cirkulerar i systemet.

21 Stäng av motorn, rengör motorrummet och karossen från eventuellt kylvätskespill och låt sedan bilen svalna *helt* (över natten, om möjligt).

22 När systemet är kallt, ta bort locket från expansionskärlets påfyllningshål, och fyll på kärlet till MAX-nivåmarkeringen. Sätt tillbaka påfyllningslocket, dra åt det ordentligt och torka upp eventuellt ytterligare spill.

23 Efter påfyllningen, kontrollera alltid noggrant alla systemets delar (men i synnerhet anslutningar som kan ha skadats vid tömningen och spolningen) för att se om det finns tecken på kylvätskeläckage. Ny frostskyddsvätska sprids och hittar därför snabbt eventuella svaga punkter i systemet.

Typ och blandning av frostskyddsvätska

Observera: *Använd inte motorfrostskyddsvätska i vindrute- eller bakrutespolarsystemet, eftersom lacken skadas. Spolarvätska bör hällas i spolarsystemet i den koncentration som tillverkaren rekommenderar.*

24 När Focusmodellens kylsystem var nytt fylldes det med med frostskyddsvätskan Super Plus 4 (som är blå/grön), specifikation ESD-M97B-49-A. På senare tid har systemet istället frostskyddsvätskan Super Plus 2000 (som är orange), specifikation WSS-M97 B44-D. De två typerna av kylvätska får inte blandas och ska inte heller blandas med någon annan typ av kylvätska.

25 Om bilens bakgrund (och därmed kvaliteten på frostskyddsvätskan) är okänd, rekommenderas ägare att tömma och backspola systemet ordentligt innan det fylls på med ny kylvätskeblandning. Om Fords frostskyddsvätska används kan kylvätskan lämnas kvar i 6 år (Super Plus 4, blå/grön kylvätsketyp) eller 10 år (Super Plus 2000, orange kylvätsketyp).

26 Om frostskyddsvätska av ett annat fabrikat än Fords används måste kylvätskan bytas regelbundet för att få ett motsvarande skydd. Den vanliga rekommendationen är att byta kylvätska vartannat år.

27 Om frostskyddsvätskan används enligt Fords specifikationer anges skyddsnivåerna i avsnittet Specifikationer i detta kapitel. För att få det rekommenderade *standard*-blandningsförhållandet för frostskyddsvätska ska 50 % (volym) av frostskyddsvätskan blandas med 50 % rent, mjukt vatten. Om du använder en annan typ av frostskyddsvätska, följ tillverkarens instruktioner för att få det korrekta förhållandet.

28 Du kommer antagligen inte att lufta hela systemet vid ett enda tillfälle (om inte motorn tas isär av helt), och de volymer som anges i Specifikationer stämmer därför inte helt för rutinmässigt kylvätskebyte. Som en vägledning kommer antagligen endast två tredjedelar av systemets fulla kapacitet att vara aktuellt för kylvätskebyte.

29 Eftersom det avtappade systemet kommer att vara delvis fyllt med spolvatten ska du, för att uppnå det rekommenderade blandningsförhållandet, mäta upp 50 % av systemets kapacitet i frostskyddsvätska och hälla det i slangen/expansionskärlet, enligt beskrivningen ovan, och därefter fylla på med vatten. Eventuell extra påfyllning ska göras med vatten – för *Veckokontroller*, använd en lämplig blandning.

30 Innan frostskyddsmedlet hälls i ska kylsystemet tappas ur helt och helst spolas igenom. Samtliga slangar ska kontrolleras beträffande kondition och tillförlitlighet. Ny frostskyddsvätska kommer snabbt att hitta svagheter i systemet.

31 När kylsystemet fyllts med frostskyddsmedel är det klokt att sätta en etikett på expansionskärlet som anger frostskyddsmedlets typ och koncentration, samt datum för påfyllningen. All efterföljande påfyllning ska göras med samma typ och koncentration av frostskyddsvätska.

Kylsystem - allmänna kontroller

32 Motorn ska vara kall vid kontroller av kylsystemet, så utför följande moment innan bilen körs eller efter det att den har stått stilla i minst tre timmar.

33 Ta bort expansionskärlets påfyllningslock, och rengör det ordentligt på in- och utsidan med en trasa. Rengör även påfyllningsröret på expansionskärlet. Om det finns rost eller korrosion i påfyllningsröret tyder det på att kylvätskan behöver bytas. Kylvätskan i expansionskärlet ska vara relativt ren och genomskinlig. Om den är rostfärgad, töm och spola systemet och fyll på det med ny kylvätskeblandning.

34 Kontrollera noga kylarslangarna och värmeslangarna i sin helhet. Byt eventuella slangar som är spruckna, svullna eller förstörda (se avsnitt 7).

35 Undersök alla andra delar av kylsystemet (fogytor etc.) och leta efter läckor. En läcka i kylsystemet syns normalt som vita eller rostfärgade avlagringar på området runt läckan. Upptäcks något problem av detta slag hos någon del i systemet ska delen eller packningen bytas ut enligt beskrivningen i kapitel 3.

36 Rengör framsidan av kylaren med en mjuk borste för att ta bort alla insekter, löv etc. som sitter i kylarflänsarna. Var försiktig så att du inte skadar kylarflänsarna eller skär dig i fingrarna på dem. För en grundligare åtgärd, ta bort kylargrillen enligt beskrivningen i kapitel 11.

Luftfickor

37 Om det, efter avtappning och påfyllning av systemet, uppstår nya symptom på överhettning beror detta nästan säkert på att luft har fastnat någonstans i systemet, vilket förorsakar en luftficka och begränsar kylvätskeflödet. Vanligtvis har luften fastnat för att systemet har fyllts på för fort.

38 Om du misstänker att det finns en luftficka, försök då först att försiktigt klämma på alla synliga kylarslangar. En kylarslang som är fylld med luft känns annorlunda mot en kylarslang som är fylld med kylvätska när man klämmer på den. Efter det att systemet har fyllts på kommer de flesta luftfickor att försvinna när systemet har svalnat och fyllts på ända upp.

39 När motorn är igång och har arbetstemperatur, slå på värmeenheten och värmefläkten och kontrollera att det kommer ut värme. Förutsatt att det finns tillräckligt med kylvätska i systemet kan utebliven värmeeffekt bero på en luftficka i systemet.

40 Luftfickor kan få allvarligare konsekvenser än att minska värmeeffekten - en svår luftficka kan minska kylvätskeflödet runt motorn. Kontrollera att kylarens övre slang är varm när motorn har arbetstemperatur - om den övre slangen förblir kall kan det tyda på en luftficka (eller en termostat som inte öppnas).

41 Om problemet kvarstår, stäng av motorn och låt den svalna **helt**, innan du skruvar loss expansionskärlets påfyllningslock eller lossar slangklämmorna och klämmer på slangarna för att få ut den instängda luften. Om det är riktigt allvarligt måste systemet tömmas åtminstone delvis (den här gången kan kylvätskan sparas för återanvändning) och spolas för att problemet ska kunna lösas.

Expansionskärlets trycklock - kontroll

42 Vänta tills motorn är helt kall - utför den här kontrollen innan motorn startas för första gången på dagen.

43 Placera en trasa över expansionskärlets lock, skruva loss det långsamt och ta bort det.

44 Undersök gummitätningens skick på undersidan av locket. Om gummit har hårdnat, eller om det syns sprickor i tätningens kanter, ska ett nytt lock monteras.

45 Om bilen är gammal, eller har kört väldigt många mil, överväg då att byta ut locket oavsett skick - det kostar inte mycket. Om den övertrycksventil som är inbyggd i locket inte fungerar, kommer övertryck i systemet att leda till svårbegripliga fel på slangar och andra kylsystemdelar.

Var 60 000:e km

22 Luftfilter - byte

Försiktighet: Kör aldrig bilen medan luftfiltret är borttaget. Det kan leda till kraftigt motorslitage och feltändning kan till och med orsaka att det börjar brinna under motorhuven.

1 Luftfiltret sitter i luftrenaren till vänster i motorrummet.

2 Skruva loss de fyra skruvar som håller fast kåpan vid luftrenarhuset **(se bild)**.

3 Kåpan kan nu lyftas upp och filtret tas bort **(se bild)**. Kåpan kan även tas bort helt - detta innebär att filterhuset kan rengöras mer grundligt.

4 Lossa klämman och koppla bort luftintagsröret från massluftflödesgivaren på luftrenaren.

5 Koppla loss kablaget från luftflödesgivaren.

6 Koppla loss ventilationsslangen som leder till ventilkåpan.

7 Ta bort kåpan och ta sedan bort filtret. Observera i vilken riktning det är monterat.

8 Om rutinunderhåll utförs måste filtret bytas oavsett skick.

9 Om du kontrollerar filtret av någon annan anledning, undersök dess nedre yta. Om det är oljigt eller mycket smutsigt, byt ut filtret. Om det bara är lite dammigt kan det återanvändas genom att det blåses rent uppifrån och ner med tryckluft. Eftersom filtret är av en typ med veckat papper kan det inte tvättas eller oljas om. Om det inte kan rengöras ordentligt med tryckluft, byt ut det mot ett nytt.

Varning: Bär skyddsglasögon vid arbete med tryckluft.

10 Om luftrenarens kåpa tagits bort, torka ur insidan av huset. Kontrollera att inga främmande föremål syns till, inte i luftintaget och inte heller i luftflödesmätaren.

11 I förekommande fall, innan det nya filtret sätts dit, kontrollera och byt det PCV-filter som sitter i botten på luftrenaren (se avsnitt 23).

12 Montera i omvänd ordningsföljd mot demonteringen. Tänk på följande:

a) Se till att filtret sitter korrekt (observera eventuella markeringar för monteringsriktning).

b) Se till att elementet och kåpan sitter fast ordentligt, så att ofiltrerad luft inte kan komma in i motorn.

c) Om kåpan har tagits bort, sätt fast den med skruvar, och se till att dra åt luftintagskanalens fästklämmor ordentligt.

22.2 Luftfilterkåpans skruvar (vid pilarna)

22.3 Lyft på kåpan och ta bort filtret, notera hur det sitter

23.5a Vevhusventilationens filter (vid pilen) på botten av luftrenaren

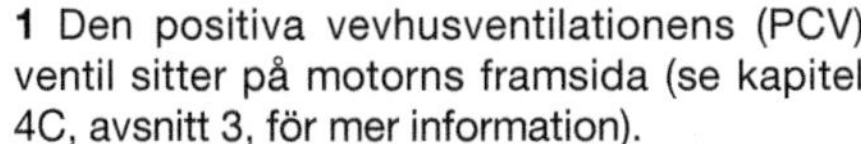

23 Positiv vevhusventilation (PCV) - systemkontroll

1 Den positiva vevhusventilationens (PCV) ventil sitter på motorns framsida (se kapitel 4C, avsnitt 3, för mer information).

2 Kontrollera att systemets alla delar sitter fast ordentligt, är korrekt dragna (utan veck och skarpa krökar som kan begränsa flödet) och att de är i gott skick. Byt ut slitna eller skadade tätningar.

3 PCV-ventilen är utformad för att gaser endast ska komma ut från vevhuset, så att det bildas ett undertryck i vevhuset under de flesta arbetsförhållanden, i synnerhet när bilen går på tomgång. Om därför antingen oljeavskiljaren eller PCV-ventilen verkar igentäppta måste de bytas (se kapitel 4C). Om så är fallet skadar det inte att försöka spola ut proppen med ett lämpligt lösningsmedel. PCV-ventilen ska skramla när man skakar på den.

4 Om du upptäcker ett oljeläckage, koppla ifrån de olika slangarna och rören, och kontrollera att alla är fria och utan blockering.

5 Ett PCV-filter sitter på luftrenarens botten på vissa modeller. När luftfiltret har tagits bort enligt beskrivningen i det föregående avsnittet kan skumfiltret bändas ut och undersökas. Skumfiltret kan tvättas i ett lämpligt lösningsmedel, torkas och sättas tillbaka, men om det är kraftigt förorenat bör ett nytt filter sättas dit

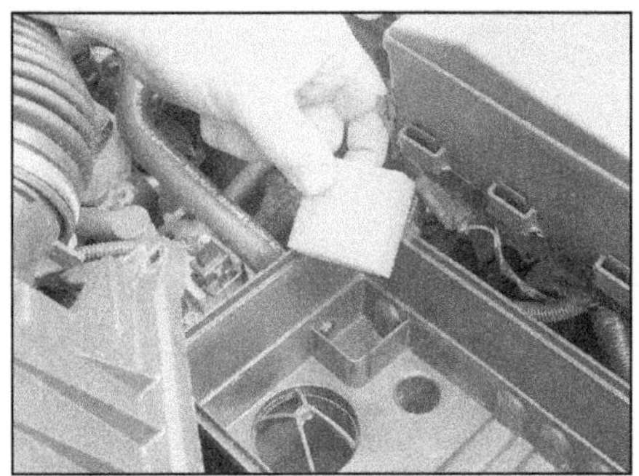

23.5b Filtret kan rengöras, men det är bättre att sätta dit ett nytt

(se bilder). Observera att ett nytt PCV-filter levereras tillsammans med ett äkta Ford-luftfilter och att det ska bytas samtidigt.

6 Se avslutningsvis till att alla de anslutningar som påverkades sätts fast ordentligt igen, så att det inte läcker luft (eller olja).

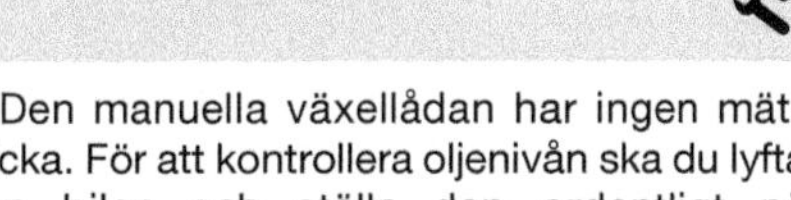

24 Manuell växellåda - kontroll av oljenivån

1 Den manuella växellådan har ingen mätsticka. För att kontrollera oljenivån ska du lyfta upp bilen och ställa den ordentligt på pallbockar. Se till att bilen står stadigt.

2 Förutom på 2,0 liters modeller, för att komma åt påfyllnings-/nivåpluggen, lossa först plastkåpan från växelväljarkablarna på växellådans framsida.

3 På växellådshusets framsida kommer du att se påfyllnings-/nivåpluggen som har ett stort insexnyckelbeslag. Observera att det är den plugg som sitter längst bort från motorn. Blanda (där så är möjligt) inte ihop den med täckpluggen bredvid svänghjulskåpan.

4 Ta bort alla spår av smuts och skruva sedan loss påfyllnings-/nivåpluggen från växellådans framsida. Det är inte så lätt att komma åt pluggen. Använd en lämplig insexnyckel eller hylsa, och var försiktig eftersom pluggen antagligen kommer att sitta väldigt hårt.

Alla utom 2,0 liters modeller

5 Oljenivån måste vara mellan 10 mm och 15 mm under den nedre kanten på påfyllnings-/nivåpluggens hål (använd ett böjt verktyg som en insexnyckel, eller en bit böjd kabel, för att kontrollera nivån).

6 Om det behövs, fyll på olja av den angivna graden (se *Smörjmedel och vätskor*). Tillsätt olja i väldigt små mängder och låt oljenivån hinna stabilisera sig innan du åter kontrollerar nivån.

7 Rengör och sätt tillbaka påfyllnings-/nivåpluggen och dra åt den till angivet moment när nivån är korrekt.

8 Sätt tillbaka plastkåpan över växellådans kablar.

2,0 liters modeller

9 Om smörjmedelsnivån är korrekt ska oljan nå upp till hålets nedre kant.

10 Om växellådan behöver mer smörjmedel (om oljan inte räcker upp till hålet), använd en pipett, eller en plastflaska och en slang för att fylla på mer.

11 Sluta att fylla på växellådan när oljan börjar rinna ut ur hålet och vänta sedan tills oljeflödet upphör - sätt inte tillbaka pluggen omedelbart. Växellådan kan bli överfylld.

12 Rengör och sätt tillbaka påfyllnings-/nivåpluggen och dra åt den till angivet moment när nivån är korrekt.

Alla modeller

13 Kör bilen en kort sträcka och leta sedan efter läckor.

14 Om olja behöver fyllas på regelbundet kan det tyda på läckage, vilket bör identifieras och åtgärdas omedelbart.

25 Kamrem - byte

Metoden beskrivs i kapitel 2A eller kapitel 2B, efter tillämplighet.

Var 100 000:e km

26 Bränslefilter - byte

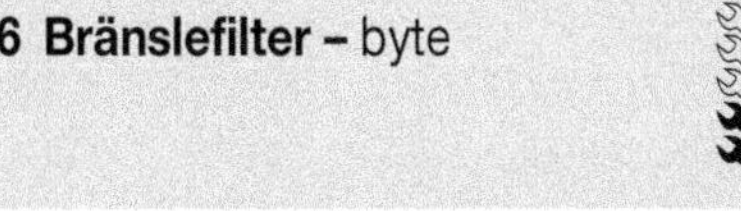

Varning: Bensin är mycket brandfarligt, så extra säkerhetsåtgärder måste vidtas vid arbete på någon del av bränslesystemet. Rök inte och låt ingen öppen låga eller nakna glödlampor komma i närheten av arbetsområdet. Arbeta inte i ett garage om det där finns en gasdriven apparat med tändlåga. Använd alltid skyddsglasögon när du arbetar med bränslesystemet och se till att ha en lämplig (klass B) brandsläckare till hands. Om du får bränsle på huden, tvätta genast bort det med tvål och vatten.

1 Bränslefiltret sitter i det främre högra hörnet av bränsletanken, precis framför bilens bakre högra stödpunkt **(se bild)**. Filtret spelar en viktig roll när det gäller att hålla smuts och andra främmande föremål borta från bränslesystemet, och måste därför bytas regelbundet, eller närhelst du har anledning att misstänka att det är igentäppt.

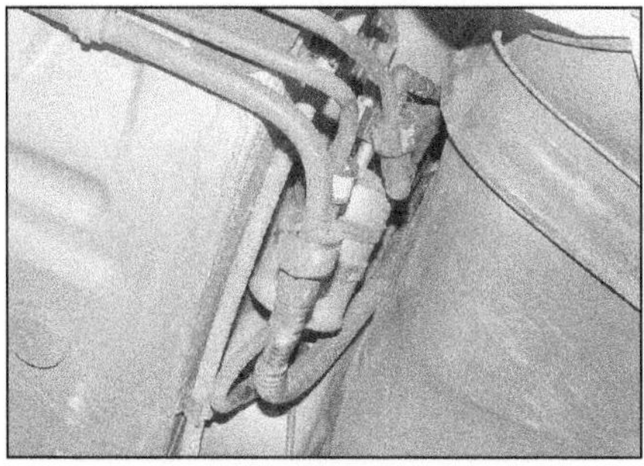

26.1 Bränslefiltrets plats framför bränsletanken

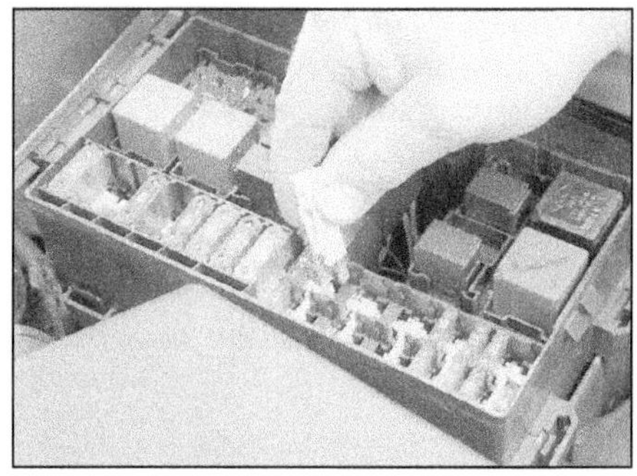
26.4 Ta bort bränslepumpens säkring

26.9 Skruva loss filtrets fästbult

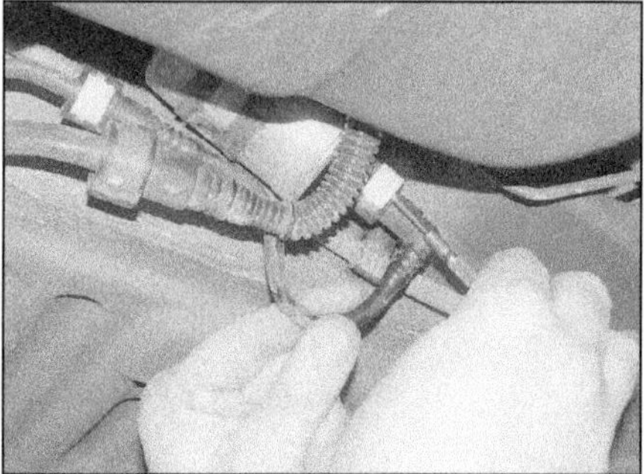
26.11 Bänd ut bränslerörets låsklämma med en liten skruvmejsel

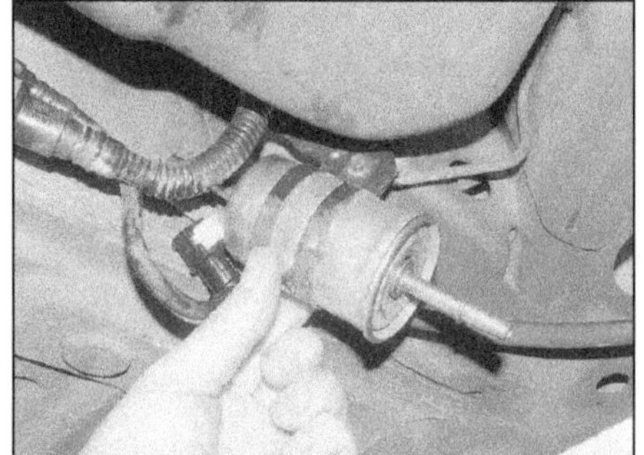
26.12 Sänk ner filtret och fästbygeln

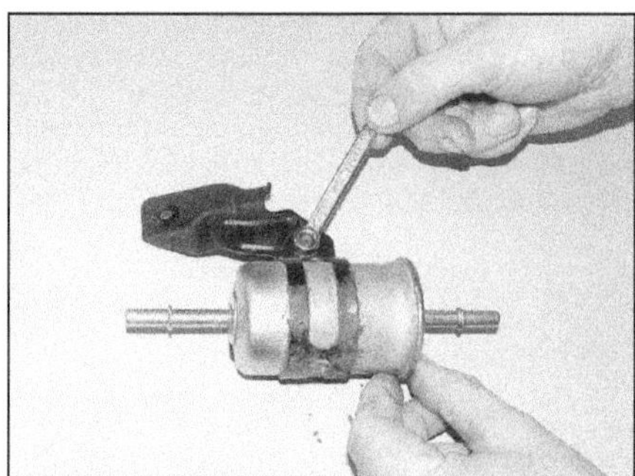
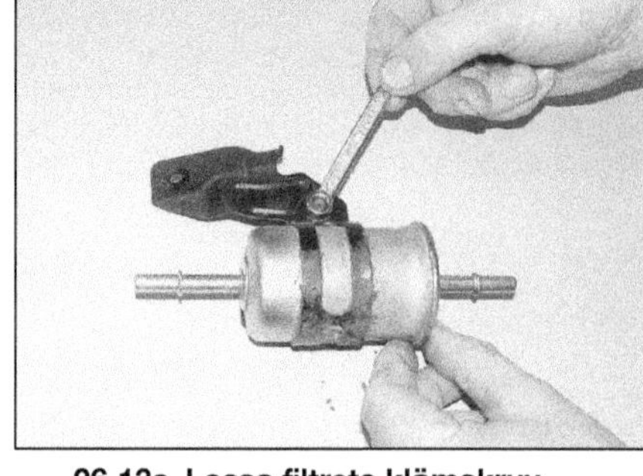
26.13a Lossa filtrets klämskruv . . .

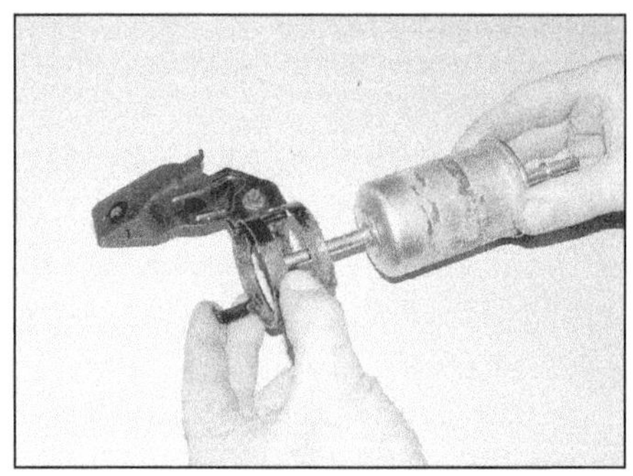
26.13b . . . och skjut ut det gamla filtret

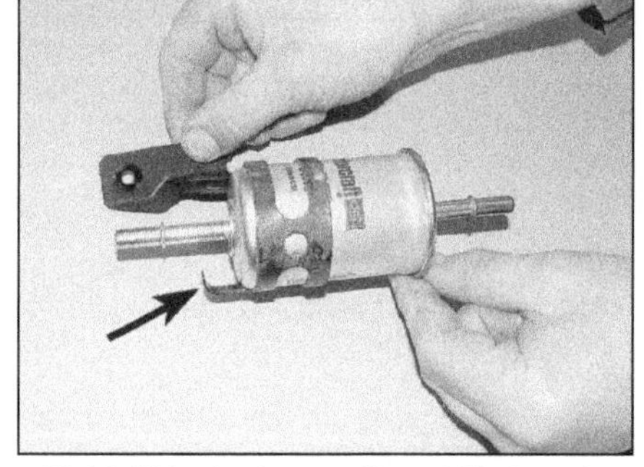
26.14 Skjut in det nya filtret i fästbygeln tills det tar stopp (vid pilen)

2 Det är inte särskilt trevligt att arbeta under en bil – att högtryckstvätta eller rengöra underredet med hjälp av en slang i närheten av filtret gör arbetsförhållandena mera uthärdliga och minskar risken för att det kommer in smuts i bränslesystemet.

3 Innan bränsleledningarna, som kan innehålla trycksatt bränsle, rörs måste eventuellt resttryck släppas ut ur systemet enligt följande beskrivning.

4 Med tändningen avslagen, öppna motorrummets säkringsdosa och ta bort bränslepumpens säkring (nr 12) **(se bild)**.

5 Starta motorn om det är möjligt – om motorn inte startar, låt den drivas av startmotorn i några sekunder.

6 Om motorn startar, låt den gå på tomgång tills den stannar. Dra runt motorn ett eller ett par varv med startmotorn för att säkerställa att trycket är helt utjämnat och slå sedan av tändningen.

⚠ ***Varning: Denna procedur utjämnar endast övertrycket som krävs för att motorn ska kunna gå – kom ihåg att bränsle fortfarande finns kvar i systemets delar och vidtag nödvändiga säkerhetsåtgärder innan någon del demonteras.***

7 Koppla loss batteriets minusledare och låt inte den borttagna ledaren komma åt batteriet (se kapitel 5A, avsnitt 1).

8 Höj den bakre, högra sidan av bilen med en domkraft och ställ den stadigt på pallbockar.

9 Hela bränslefiltret tas bort tillsammans med fästbygeln, som är monterad på underredet med en enkel bult (det är mycket svårt att komma åt denna bult). Skruva loss bulten och sänk filtret och fästbygeln för att komma åt rörkopplingarna **(se bild)**.

10 För bättre tillgänglighet, koppla ifrån kontaktdonet (blått) på avdunstningsröret framför filtret, och flytta rören åt sidan.

11 Bänd ut de färgade låsklämmorna med en liten skruvmejsel och lossa sedan på bränslerörens kopplingar på filtrets båda ändar genom att dra isär dem – var beredd på bränslespill **(se bild)**. Lägg märke till rörens läge inför återmonteringen.

12 Sänk filtret och fästbygeln och ta ut dem från bilens undersida – observera att det fortfarande finns bränsle i filtret. Det är viktigt att undvika spill och minska risken för brand **(se bild)**.

13 Lossa den klämskruv som håller fast filtret och skjut ut filtret ur fästet. Notera pilar och/eller andra markeringar på filtret som visar bränsleflödets riktning (mot motorn) **(se bilder)**.

14 För in det nya filtret helt i dess klämma så att pilen på det riktas åt samma håll som det gamla filtret **(se bild)**. Dra åt klämskruven så att filtret sitter stadigt, men utan att klämma filterhöljet.

15 Passa in filtret och fästbygeln under bilen och sätt fast dem med fästbulten.

16 Sätt varje röranslutning på dess (korrekta) filterrör och tryck ner den tills låstapparna klickas fast i sitt spår.

17 Sätt tillbaka bränslepumpens säkring och återanslut batteriets jordanslutning. Slå sedan av och på tändningen fem gånger för att trycksätta systemet. Kontrollera om det finns tecken på bränsleläckage runt filteranslutningarna innan du sänker ner bilen och startar motorn.

Vart 8:e år eller var 150 000:e km

27 Ventilspel – kontroll och justering

Metoden beskrivs i kapitel 2A eller kapitel 2B, efter tillämplighet.

Kapitel 2 Del A: Reparationer med motorn kvar i bilen – 1,4 och 1,6 liters motor

Innehåll

Svårighetsgrader

Enkelt, passar novisen med lite erfarenhet	**Ganska enkelt,** passar nybörjaren med viss erfarenhet	**Ganska svårt,** passar kompetent hemmamekaniker	**Svårt,** passar hemmamekaniker med erfarenhet	**Mycket svårt,** för professionell mekaniker
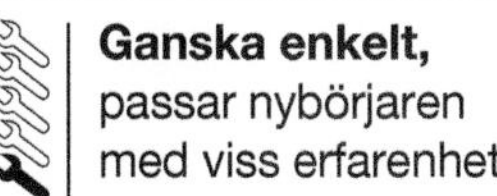	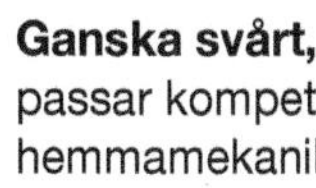	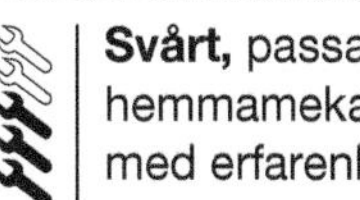		

Specifikationer

Allmänt

Motortyp	Fyrcylindrig, rak, dubbla överliggande kamaxlar, topplock och motorblock i aluminiumlegering
Beteckning	Zetec-SE
Motorkod:	
1,4 liter	FXDA (eller FXDC – för Tyskland)
1,6 liter	FYDG (eller FYDC – för Tyskland)
Slagvolym:	
1,4 liter	1 388 cc
1,6 liter	1 596 cc
Lopp:	
1,4 liter	76,0 mm
1,6 liter	79,0 mm
Kolvslag:	
1,4 liter	76,5 mm
1,6 liter	81,4 mm
Kompressionsförhållande	11,0:1
Tändföljd	1-3-4-2 (cylinder 1 på kamremssidan)
Vevaxelns rotationsriktning	Medurs (sett från bilens högra sida)

Ventiler

Ventilspel (kall motor):	**Insug**	**Avgas**
Kontroll:		
1,4 liter	0,17 till 0,23 mm	0,27 till 0,33 mm
1,6 liter	0,17 till 0,23 mm	0,31 till 0,37 mm
Inställning:		
1,4 liter	0,20 mm	0,30 mm
1,6 liter	0,20 mm	0,34 mm

Topplock

Max. tillåten avvikelse på packningens yta	0,05 mm

Kamaxlar

Diameter på kamaxellagertapp	Ej tillgänglig i skrivande stund
Spel mellan kamaxellagertapp och topplock	Ej tillgängligt i skrivande stund
Kamaxelns axialspel (typfall)	0,05 till 0,13 mm

Smörjning

Motoroljetyp/-specifikation	se *Smörjmedel och vätskor*
Motoroljans volym	se kapitel 1
Oljetryck (varm motor):	
Tomgångskörning (800 varv/minut)	1,0 bar
Vid 2 000 varv/minut	2,5 bar
Övertrycksventilen öppnas vid	4,0 bar
Oljepumpsspel	Ej angivet

Åtdragningsmoment

	Nm
Luftkonditioneringskompressorns fästen	25
Generatorns fästbygel på motorn	48
Drivremmens överföringsremskiva	25
Vevstakslageröverfall:	
Steg 1	8
Steg 2	Vinkeldra ytterligare 90°
Kamaxellageröverfall:	
Steg 1	7
Steg 2	Vinkeldra ytterligare 45°
Kamaxeldrevets bult	60
Kylvätskeutlopp till topplock	20
Kylvätskepumpens fästbultar	9
Kylvätskepumpens remskivebult	25
Vevaxelns remskiva/vibrationsdämpare:	
Steg 1	40
Steg 2	Vinkeldra ytterligare 90°
Vevaxelns oljetätningshus (svänghjulsänden)	9
Topplock:	
Steg 1	15
Steg 2	30
Steg 3	Vinkeldra ytterligare 90°
Ventilkåpa	10
Motorfästen:	
Vänster fäste (växellåda):	
Nedre del	80
Övre del:	
Mittre mutter	133
Fyra yttre muttrar	48
Bakre fäste på framvagnsram (krängningshämmare)	48
Höger fäste, nedre fästbygel	55
Höger fäste, övre del:	
På kaross	48
På motor	80
Avgasgrenrör till topplock	53
Svänghjul:	
Steg 1	30
Steg 2	Vinkeldra ytterligare 80°
Oljeavskärmningsplåt på motorblock	9
Oljeavtappningsplugg	37
Oljetryckskontakt	15
Oljepump till motorblock	9
Servostyrningspump till motor	25
Hjulmuttrar	85
Oljesump:	
Till motor (se text)	20
Till växellåda	44
Termostathus på motorblock	9
Kamremskåpor	9
Kamremsspännare	20

1 Allmän information

Hur detta kapitel används

Den här delen av kapitel 2 innehåller beskrivningar för de arbeten som kan utföras med motorn i bilen för 1,4 och 1,6 liters bensinmotorn Zetec-SE. Alla åtgärder som rör demontering och montering av motorn samt översyn av motorblock/topplock finns i kapitel 2C.

Se avsnittet *Bilens identifikationsnummer* i referensavsnittet i slutet av den här handboken för information om motorkodernas placering.

De flesta av åtgärderna som tas upp i detta kapitel bygger på antagandet att motorn fortfarande sitter i bilen. Om du använder informationen vid en fullständig översyn där motorn redan har tagits bort är många av nedanstående steg inte relevanta.

Motorbeskrivning

Motorn Zetec-SE är en rak motor med sexton ventiler, dubbla överliggande kamaxlar (DOHC) och fyra cylindrar, som är tvärställd i motorrummet, med växellådan på vänster sida. Den finns i Focus med 1,4 och 1,6 liters motor.

Förutom kamremskåporna, insugsgrenröret av plast och cylinderfodren i gjutjärn, är motorn (inklusive oljesumpen) tillverkad helt i aluminiumlegering.

Försiktighet: När man drar åt bultar i aluminiumgjutgods är det viktigt att man följer de angivna åtdragningsmomenten för att undvika att skada gängorna och slippa de efterföljande tidsödande åtgärderna.

Vevaxeln löper i fem ramlager, där det mellersta ramlagrets övre hälft innehåller tryckbrickor som styr vevaxelns axialspel. På grund av de mycket små lagerspelen och lagerskålarna som fabriksmonteras kan man inte byta ut vevaxeln separat från motorblocket. Det är inte möjligt att demontera och montera vevaxeln med hjälp av vanliga verktyg. Detta innebär att om vevaxeln slits mycket måste den bytas tillsammans med motorblocket.

Försiktighet: Skruva inte loss ramlageröverfallet/ramlagerhållaren från motorblocket eftersom det inte kan monteras igen med vanliga verktyg. Tillverkarna tillhandahåller inte heller åtdragningsmoment för fästbultarna till ramlageröverfallet/ramlagerhållaren.

Vevstakarna roterar i horisiontellt delade lagerskålar i vevstakslagren. Vevstakslagren har emellertid en ovanlig konstruktion eftersom överfallen lossas från stakarna vid tillverkningen, så att varje överfall är speciellt anpassat till sin egen vevstake. Vevlagerskålarna är också ovanliga i det avseendet att de saknar styrflikar och måste placeras mycket exakt vid återmontering. Kolvarna är förbundna med vevstakarna genom kolvtappar som presspassats in i ögat i vevstakens övre ände. Lättmetallkolvarna är försedda med tre kolvringar – två kompressionsringar och en oljekontrollring. Efter tillverkning mäts cylinderlopp och kolvar och delas in i tre klasser som måste kombineras noggrant för att spelet mellan kolv och cylinder ska bli det rätta. Överstorlekar för att göra omborrning möjlig finns inte.

Insugnings- och avgasventilerna stängs av spiralfjädrar och de löper i styrningar som är inpassade i topplocket, vilket ventilsätesringarna också är.

Båda kamaxlarna drivs av samma tandade kamrem, som vardera styr åtta ventiler via ventillyftare och distansbrickor. Vardera kamaxeln roterar i fem lager som är linjeborrade direkt i topplocket och de påbultade överfallen. Detta innebär att lageröverfall inte finns tillgängliga separat från topplocket och inte får bytas ut mot överfall från en annan motor.

Vattenpumpen är fäst med bultar på motorblockets högra ände, under kamremmens främre del, och drivs av drivremmen från vevaxelns remskiva.

Smörjningen ombesörjs av en excentriskt arbetande rotorpump som sitter på höger sida av vevhuset och förses med olja genom en oljesil i oljesumpen. Pumpen pressar oljan genom ett utvändigt monterat fullflödes patronfilter.

Åtgärder som kan utföras med motorn kvar i bilen

Följande arbeten kan utföras med motorn monterad i bilen:

a) Ventilkåpa – demontering och montering.
b) Kamrem – byte.
c) Kamremsspännare och drev – demontering och montering.
d) Kamaxeloljetätningar – byte.
e) Kamaxlar, ventillyftare och distansbrickor – demontering och montering.
f) Topplock – demontering och montering.
g) Oljesump – demontering och montering.
h) Vevaxelns oljetätningar – byte.
i) Oljepump – demontering och montering.
j) Svänghjul – demontering och montering.
k) Motor-/växellådsfästen – demontering och montering.

Observera: *Det går att ta loss kolvar och vevstakar (efter det att topplocket och oljesumpen har demonterats) utan att motorn tas ur bilen. Det rekommenderas dock inte. Arbete av den här typen blir betydligt enklare att utföra och får bättre resultat om det utförs med motorn på en arbetsbänk enligt beskrivningen i kapitel 2C.*

Rengör motorrummet och motorns utsida med avfettningsmedel innan du utför någon åtgärd (och/eller rengör motorn med ångtvätt). Det underlättar arbetet och bidrar till att hålla motorns inre delar fria från smuts.

Beroende på vilka komponenter som berörs kan det vara en god idé att först ta bort motorhuven så att motorn blir mer lättåtkomlig (se kapitel 11, om så behövs). Täck över framskärmarna så att inte lacken skadas. Det finns speciella skydd för detta ändamål, men ett gammalt täcke eller filt går också bra.

2 Kompressionsprov – beskrivning och tolkning

1 Om motorns effekt sjunker eller om det uppstår misständningar som inte kan hänföras till tändning eller bränslesystem, kan ett kompressionsprov ge en uppfattning om motorns skick. Om kompressionsprov görs regelbundet kan de ge förvarning om problem innan några andra symptom uppträder.

2 Motorn måste ha normal arbetstemperatur, oljenivån måste vara korrekt och batteriet helt laddat. En medhjälpare behövs också.

3 Se kapitel 12, leta reda på och ta bort bränslepumpssäkringen från motorrummets säkringsdosa. Starta motorn och låt den gå tills den stannar. Om motorn inte startar, dra runt den på startmotorn i cirka 10 sekunder.

4 Skruva loss och ta bort oljepåfyllningslocket, skruva sedan loss plastkåpan för att komma åt tändstiften. Sätt tillbaka oljepåfyllningslocket.

5 Koppla bort tändsystemet genom att lossa multikontakten från DIS-tändspolen. Ta bort alla tändstift enligt beskrivningen i kapitel 1.

6 Montera en kompressionsprovare vid tändstiftshålet för cylinder 1 – helst den typ av provare som skruvas fast i tändstiftshålet.

7 Be en medhjälpare att hålla gaspedalen helt nedtryckt, samtidigt som han/hon drar runt motorn på startmotorn i flera sekunder. Läs av kompressionsmätarens värde.

8 Kompressionen byggs upp relativt snabbt i en motor som är i gott skick. Om kompressionen är låg i det första kolvslaget och sedan ökar gradvis under följande slag, är det ett tecken på slitna kolvringar. Lågt tryck som inte höjs är ett tecken på läckande ventiler eller trasig topplockspackning (eller ett sprucket topplock). Avlagringar på undersidan av ventiltallrikarna kan också orsaka dålig kompression. Anteckna det högsta uppmätta värdet och upprepa sedan proceduren för de återstående cylindrarna.

9 På grund av det stora utbudet av provare, och variationerna i startmotorns hastighet när motorn dras runt, får man ofta fram olika värden vid kompressionsprovet. Av den anledningen uppger Ford inga faktiska kompressionstryckvärden. Det viktigaste är dock att kompressionstrycken är desamma i alla cylindrar, vilket är detta tests huvuduppgift att ta fram.

10 Fyll på motorolja (cirka tre tryck från en oljekanna med tryckkolv) på varje cylinder genom tändstiftshålen och upprepa sedan testet.

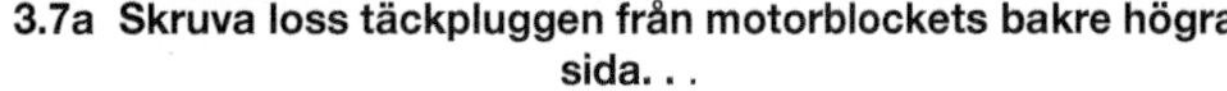

3.7a Skruva loss täckpluggen från motorblockets bakre högra sida. . .

3.7b . . . för sedan in synkroniseringsstiftet

11 Om kompressionen ökar efter det att oljan har sprutats in är kolvringarna troligen utslitna. Om kompressionen inte ökar markant finns läckaget i ventilerna eller i topplockspackningen. Läckage förbi ventilerna kan orsakas av brända ventilsäten och/eller -ytor, eller skeva, spruckna eller böjda ventiler.

12 Om två intilliggande cylindrar har lika låga kompressionstal är den troligaste orsaken att topplockspackningen har gått sönder mellan dem. Detta bekräftas om det finns kylvätska i förbränningskammarna eller på mätstickan för motorolja.

13 Om en cylinder har ett värde som är 20 % lägre än de andra cylindrarna, och motorns tomgång är något ojämn, kan en sliten kamnock på kamaxeln vara orsaken.

14 Avsluta med att sätta tillbaka tändstiften och ansluta tändkablarna och DIS-tändspolens kontakt igen. Sätt tillbaka plastkåpan och oljepåfyllningslocket. Sätt tillbaka bränslepumpens säkring i säkringsdosan.

3 Övre dödpunkt för kolv nr 1 – placering

Observera: *Det krävs ett synkroniseringsstift och kamaxelinställningsstag för att utföra denna åtgärd (se text).*

1 Den övre dödpunkten (ÖD) är den högsta punkt i cylindern som varje kolv når när vevaxeln går runt. Varje kolv når sitt ÖD-läge i slutet av kompressionstakten och sedan en gång till i slutet av avgastakten. Vid motorinställning används ÖD-läget i kompressionstakten för kolv nummer 1. Cylinder 1 sitter i den ände av motorn som vetter åt kamremmen. Gör så här:

2 Lossa batteriets jordledning (minuspolen) (se kapitel 5A, avsnitt 1).

3 Dra åt handbromsen. Lyft upp framvagnen och ställ den på pallbockar (se *Lyftning och stödpunkter*). Om motorn ska dras runt med hjälp av höger framhjul med 4:ans växel ilagd, behöver endast höger framhjul lyftas upp från marken.

4 Ta bort drivremmens nedre kåpa så att du kommer åt vevaxelns remskiva och bult.

5 Demontera ventilkåpan enligt beskrivning i avsnitt 4.

6 Kolven i cylinder nr 1 måste passas in precis före den övre dödpunkten (ÖD). Detta gör du genom att be en medhjälpare att vrida vevaxeln tills urtagen i kamaxelns vänstra ändar är parallella med topplockets övre yta. Observera att urtagen är något förskjutna, så se till att deras nedre kanter är i linje med topplocket. Vrid vevaxeln något moturs (sett från motorns högra ände).

7 Skruva loss täckpluggen från höger bakre sida av motorblocket. Ett synkroniseringsstift måste nu placeras och dras åt i hålet. Om du inte har tillgång till Fords särskilda synkroniseringsstift (303-507) kan du göra ett eget med hjälp av en bult som har likadan gängning som täckpluggen. Stiftet måste vara 38,2 mm, och måttet kan justeras exakt med en självlåsande mutter som skruvas på bulten så som visas **(se bild)**. Använd skjutmått för att ställa in mutterns läge på bulten.

8 Se till att synkroniseringsstiftet är rätt placerat och vrid vevaxeln medurs tills vevstakstappens bearbetade yta precis tar i synkroniseringsstiftet. Kolv nr 1 är nu i det övre dödläget i kompressionstakten. Bekräfta detta genom att kontrollera att kamloberna till cylinder nr 4 "vickas" (d.v.s. avgasventilerna stängs och insugsventilerna öppnas).

9 Nu ska du kunna föra in kamaxelns inställningsstag i urtagen i kamaxlarnas vänstra ändar. Om Fords inställningsverktyg (303-376) inte finns att tillgå, kan du tillverka ett eget med hjälp av en bit 5 mm tjock platt metallstång. Staget måste passa bra i urtagen och ska vara mellan 180 och 230 mm långt och 20 till 30 mm brett **(se bild)**.

10 Om staget inte kan föras in i urtagen med vevaxeln i ÖD-läget måste ventilinställningen justeras enligt vad som anges i avsnitt 8 i det här kapitlet.

11 När den åtgärd som kräver ÖD-inställningen är slutförd, ta bort metallstaget från kamaxelurtagen och skruva sedan loss synkroniseringsstiftet och sätt tillbaka täckpluggen. Sätt tillbaka ventilkåpan (avsnitt 4), drivremmens nedre kåpa och motorns undre skyddskåpa där det behövs. Sänk ner bilen till marken och återanslut batteriets minusledare.

4 Ventilkåpa – demontering och montering

Demontering

1 Lossa batteriets jordledning (minuspolen) (se kapitel 5A, avsnitt 1).

2 Lossa vevhusets luftningsslang från ventilkåpans främre del **(se bild)**.

3 Lossa bränsle- vakuum- och kylvätskerören

3.9 Hemmagjort kamaxelinställningsstag (vid pilen) i kamaxelurtagen

4.2 Koppla loss ventilationsslangen på framsidan . . .

4.3a . . . bränsleslangarna på höger sida . . .

4.3b . . . och kylvätskeslangen på kåpans vänstra sida – 1,4 liters motor

4.4 Lossa kolfilterslangen på kåpans baksida

från kåpans framsida och sidor, och flytta dem åt sidan utan att koppla ifrån dem **(se bilder)**. Observera hur de är monterade på clipsen för att kunna ge dem samma dragning vid återmonteringen.

4 Lossa på samma sätt kolfilterslangen från kåpans baksida och flytta den bakåt, ur vägen **(se bild)**.

5 Koppla ifrån kablaget till kamaxelns lägesgivare på baksidan av topplocket **(se bild)**.

6 På 1,6 liters modeller, lossa de sex skruvarna och lyft bort mittkåpan i plast för att komma åt tändkablarna **(se bild)**.

7 Koppla ifrån tändkablarna från tändstiften och tändspolen och placera dem till vänster i motorrummet **(se bild)**.

8 I förekommande fall, bänd ut gummipluggen från topplockets temperaturgivare, som sitter mellan tändstift nr 2 och 3. Givarens anslutningskontakt sitter lite svåråtkomligt på 1,4 liters motorer, men kan lossas med ett finger. Dra ut kablaget och lägg det åt sidan **(se bild)**.

9 På kamremskåpans ände, bänd upp och lossa clipsen som håller fast kabelhärvan på ventilkåpan. Flytta kabelhärvan så långt åt ena sidan som möjligt.

10 Lossa de tre övre bultarna som fäster kamremskåpan **(se bild)** – bultarna måste inte tas bort helt, men det gör ingen skada om de tas bort (bultarna är emellertid olika långa). Kamremskåpan måste vara så lös att den kan bändas bakåt något för att ventilkåpan ska kunna lossas.

11 På 1,4 liters modeller, lossa de tolv bultar som fäster ventilkåpan på topplockets ovansida **(se bild)**. Bultarna är av den typ som inte kan tas bort helt.

12 På 1,6 liters modeller, lossa de fyra muttrarna som fäster ventilkåpan. Gummipluggarna har presspassning i kåpan och måste inte tas bort **(se bild)**.

13 Bänd kamremskåpan bakåt något och be en medhjälpare att hålla rören åt sidan allt

4.5 Kamaxelgivarens anslutningskontakt (vid pilen)

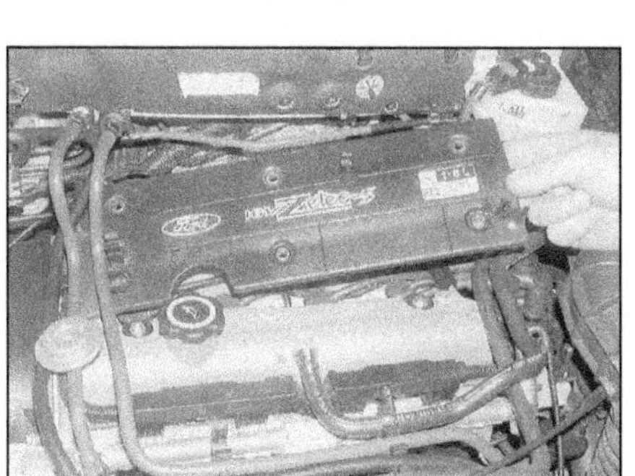

4.6 Skruva loss den mittersta kåpan för att komma åt tändkablarna – 1,6 liters motor

4.7 Koppla ifrån tändkablarna och tändhattarna från tändstiften

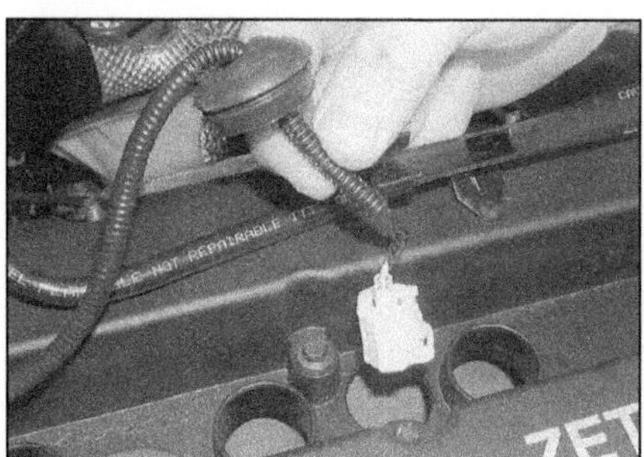

4.8 Koppla ifrån anslutningskontakten till topplockets temperaturgivare och ta bort den

4.10 Två av de tre kamremskåpsbultar som ska lossas/tas bort – en till finns på baksidan

4.11 På 1,4 liters motorer har kåpan tolv bultar . . .

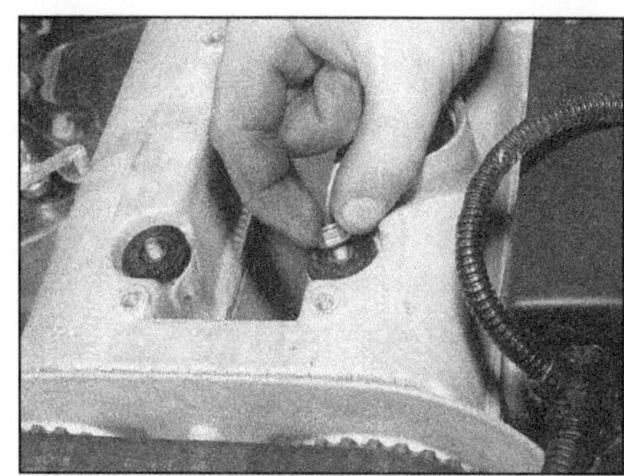

4.12 . . . medan det bara är fyra på 1,6 liters motorer

4.13a Ventilkåpan – 1,4 liters motor . . .

4.13b . . . och 1,6 liters motor

4.14 Kontrollera kåppackningens skick

eftersom det behövs. Lyft försiktigt kåpan rakt uppåt från topplockets ovansida och ta bort den **(se bilder)**.

14 På 1,4 liters modeller, undersök gummipackningens skick och byt den om det behövs **(se bild)**.

15 På 1,6 liters modeller, kontrollera kåppackningen och gummipluggarna. Kåppluggen är vulkaniserad på metallkåpan och kan inte bytas separat. Om gummipluggarna behöver bytas levereras de tillsammans med ett särskilt plastinstallationsverktyg som placeras på pluggens undre läpp. När pluggen har tryckts in i kåpan, ta bort installationsverktyget **(se bilder)**.

Montering

16 Rengör topplockets yta samt kåpans packning.

17 Sänk ner kåpan på topplocket och se till att inga omgivande rör kläms. Dra åt kåpbultarna/-muttrarna till angivet moment.

18 Vidare montering utförs i omvänd ordningsföljd mot demonteringen, och tänk på följande:

a) Se till att alla slangar och kablage har samma dragning som tidigare, och att de är ordentligt fastclipsade.

b) Stryk på silikonfett på insidan av tändhattarna ner till 5–10 mm för att undvika att kontaktdonets packning skadas vid återmontering.

5 Ventilspel – kontroll och justering

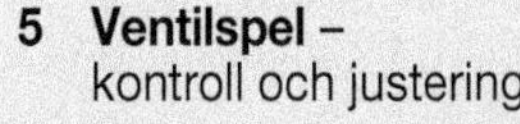

Kontroll

1 Demontera ventilkåpan enligt beskrivning i avsnitt 4.

2 Ta bort tändstiften (kapitel 1) för att motorn ska gå runt lättare. Motorn kan dras runt med hjälp av en nyckel på vevaxelns remskivebult eller genom att höger framhjul lyfts upp helt från marken, 4:ans växel läggs i (endast på bilar med manuell växellåda) och hjulet vrids runt. Om du använder den första metoden, lyft upp och stöd bilens främre del (se *Lyftning och stödpunkter*). Skruva sedan loss den nedre kåpan för att komma åt remskivebulten. Om du använder den senare metoden, dra åt handbromsen och lyft upp bilens högre främre del med en domkraft tills hjulet är helt fritt och stöd bilen med pallbockar.

3 Rita upp ventillägena på papper och numrera dem från 1 till 8 för både insug och avgas, räknat från motorns kamremssida (höger) (d.v.s. 1I, 1A, 2I, 2A osv.). Eftersom varje cylinder har två insugs- och avgasventiler vardera bör du rita cylindrarna som stora cirklar och ventilerna som mindre cirklar. Insugsventilerna sitter framtill på topplocket och avgasventilerna sitter baktill.

4 Dra runt motorn medurs tills båda insugsventilerna på cylinder nr 1 är helt stängda och kamlobernas spetsar pekar uppåt, bort från ventillägena.

5 Använd bladmått för att mäta det exakta spelet mellan kamlobens häl och ventillyftarens distansbricka **(se bild)**. Bladmåtten ska ha skjutpassning. Anteckna det uppmätta spelet på ritningen. Utifrån detta spel kan man beräkna tjockleken på den nya distansbrickan som ska monteras där det behövs.

6 Mät spelet i den andra insugsventilen för cylinder nr 1 och anteckna det på ritningen.

7 Låt nu motorn gå tills insugsventilerna för cylinder 2 är helt stängda och kamloberna pekar bort från ventillägena. Mät spelen enligt vad som har beskrivits tidigare. När alla insugsventilspelen har mätts, mät avgasventilspelen på samma sätt.

8 Jämför de uppmätta spelen med de värden som anges i specifikationerna – de som hamnar innanför intervallet behöver inte justeras. Observera att spelet skiljer sig mellan insugnings- och avgasventilerna.

Justering

9 Om en justering krävs, ta bort distansbrickan från ventillyftarens överdel och sätt dit en ny distansbricka för att skapa ett korrekt spel. Fords mekaniker använder ett särskilt verktyg (303-563) som består av ett stag som fästs med bultar på kamaxellageröverfallen. På staget sitter en hävarm, tillsammans med en tryckstång, som används för att trycka ner

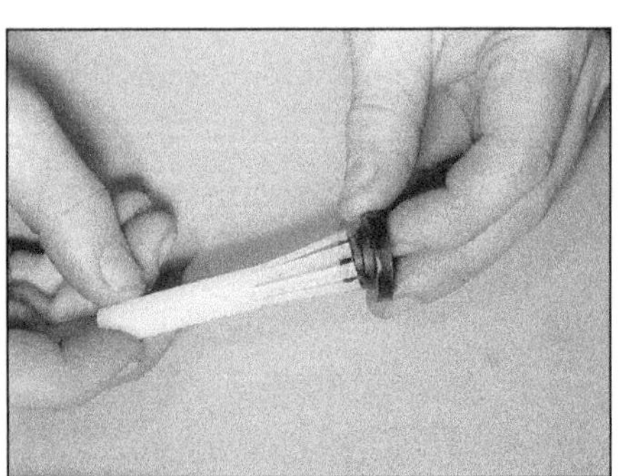
4.15a Sätt på plastinstallationsverktyget på gummipluggen . . .

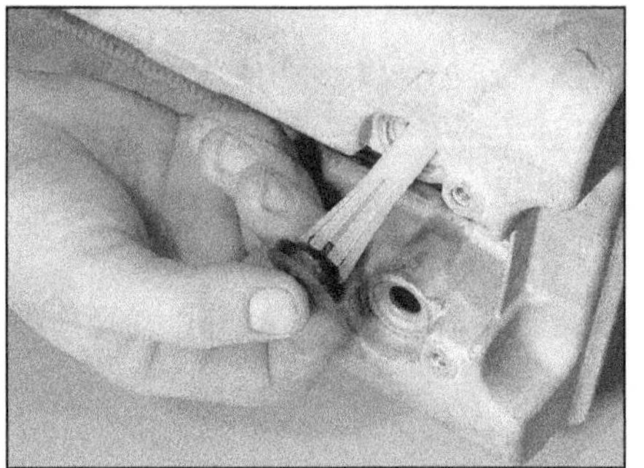
4.15b . . . tryck sedan in pluggen i ventilkåpan och ta bort installationsverktyget

5.5 Ventilspelen kontrolleras med bladmått

den aktuella ventillyftaren så att den gamla distansbrickan kan tas bort och en ny kan monteras. Om man använder ett verktyg av den här typen sparar man mycket tid eftersom alternativet är att ta bort kamaxlarna, med extra tid för att koppla loss kamremmen och göra om ventilinställningarna. Om du har tillgång till ÖD-inställningsverktyg (se avsnitt 3) är det bättre att ta bort kamaxlarna än att använda ett verktyg med dålig passform för att trycka ner ventillyftarna.

10 Om det registrerade spelet var för litet måste du sätta dit en tunnare distansbricka, och om spelet var för stort måste du använda en tjockare distansbricka. När du ska räkna ut tjockleken på den nya distansbrickan, använd först en mikrometer för att mäta den befintliga distansbrickans tjocklek (C) och lägg till det till det uppmätta spelet (B). Dra av det önskade spelet (A) för att få fram tjockleken (D) på den nya distansbrickan. Distansbrickans tjocklek ska graveras in på den nedåtvända ytan, men använd mikrometern för att bekräfta detta. Formeln är följande.

D = C + B – A

Där:

A = Önskat spel
B = Uppmätt spel
C = Tjocklek på befintlig distansbricka
D = Tjocklek på ny distansbricka
Alla mått anges i mm

Räkneexempel - för litet spel

Önskat spel (A) = 0,20
Uppmätt spel (B) = 0,15
Tjocklek på befintlig bricka (C) = 2,725
Tjocklek på bricka som krävs (D) = C+B–A = 2,675

Räkneexempel - för stort spel

Önskat spel (A) = 0,30
Uppmätt spel (B) = 0,40
Tjocklek på befintlig bricka (C) = 2,550
Tjocklek på bricka som krävs (D) = C+B–A = 2,650

11 Distansbrickorna finns i tjocklekar från 2,000 mm till 3,300 mm i steg om 0,025 mm. Om du använder Fords verktyg (eller liknande) för att ta bort distansbrickorna utan att ta bort kamaxlarna, vrid ventillyftarna så att urtaget är vänt mot motorns mitt. Sedan kan du använda en liten skruvmejsel för att lyfta bort den gamla distansbrickan. Sätt dit den nya distansbrickan och lossa sedan verktyget.

12 När du sätter dit den nya distansbrickan, se till att den ingraverade tjockleken är vänd nedåt mot ventillyftaren.

13 Anteckna gärna tjockleken hos distansbrickan på varje plats, det underlättar framtida justeringar. De nya distansbrickor som behövs kan köpas i förväg om ventilspelen och tjockleken hos de gamla distansbrickorna är kända. Du kan byta plats på distansbrickorna sinsemellan för att få korrekta spel, men låt inte kamaxlarna rotera när någon av distansbrickorna är borttagen eftersom kamloben kan fastna i den tomma ventillyftaren.

14 När alla spel har kontrollerats och justerats, sätt tillbaka den nedre kåpan (om den har tagits bort), sänk ner bilen och montera ventilkåpan enligt beskrivningen i avsnitt 4.

6 Vevaxelns remskiva/ vibrationsdämpare – demontering och montering

Försiktighet: När man tar bort vevaxelns remskiva går ventilinställningen förlorad. Inställningen måste göras om med hjälp av metoden och verktygen som beskrivs i avsnitt 3.

Observera: *Vibrationsdämparens fästbult kan endast användas en gång. Införskaffa en ny bult för återmonteringen.*

Demontering

1 Lossa batteriets jordledning (minuspolen) (se kapitel 5A, avsnitt 1).

2 Dra åt handbromsen. Lyft upp framvagnen och ställ den på pallbockar (se *Lyftning och stödpunkter*). Ta bort motorns undre skyddskåpa i förekommande fall.

3 Ta bort höger framhjul och lossa sedan fästskruvarna/hållarna och ta bort hjulhusets innerskärm.

4 Skruva loss och ta bort drivremmens nedre kåpa för att komma åt vevaxelns remskiva.

5 Demontera drivremmen enligt beskrivningen i kapitel 1.

6 Placera motorn i övre dödläge (ÖD) enligt beskrivningen i avsnitt 3 och ta sedan bort kamaxelns inställningsstag och vevaxelns synkroniseringsstift. Lämna inte verktygen på plats när vevaxelns remskivebult lossas.

7 Använd ett hemmagjort verktyg till att hålla vevaxelns remskiva stilla **(se bild)**. Bultändarna sätts i remskivans hål och ett förlängningsskaft och en hylsa kan sedan användas för att lossa bulten. Låt inte vevaxeln gå runt, då blir det svårare att återställa ventiltiderna. När bulten är lös är det inte säkert att vevaxeldrevet vrids runt med vevaxeln, och kolvarna kan då komma i kontakt med ventilerna.

8 När bulten är lossad flera varv, använd en lämplig avdragare för att lossa remskivan från gängtappen på vevaxelns ände. Skruva loss remskivans bult helt och ta bort remskivan **(se bilder)**.

9 Rengör vevaxelns ände och remskivan.

Montering

10 Metoden som beskrivs i det här avsnittet krävs för ventilinställningen efter återmontering av vevaxelns/vibrationsdämparens remskiva. Skruva loss den övre kamremskåpan (se avsnitt 7). Håll fast ändarna på kamaxeldreven en efter en med hjälp av det hemmagjorda verktyg som beskrivs i punkt 7 och lossa drevets fästbultar tills de endast är fingerdragna för att dreven ska kunna vridas runt på kamaxlarna. Kamaxlarna kan även hållas fast med en nyckel på de särskilda sexkantiga ytorna. Använd en mjuk metalldorn för att lossa dreven från gängtapparna på kamaxlarna vid behov.

11 Sätt på remskivan på vevaxelns ände och tryck in den så långt det går. Detta måste alltid utföras innan den nya bulten sätts in och dras åt. Sätt inte bara in och dra åt bulten eftersom vridmomentet kanske inte är tillräckligt för att trycka fast remskivan helt på vevaxelns ände. Fordmekaniker använder ett särskilt verktyg som består av en gängad stång som skruvas fast på vevaxeln, tillsammans med en distansbricka som placeras på remskivan. Om du inte har tillgång till det här verktyget, använd en lång bult eller

6.7 Lossa vevaxelns remskivebult samtidigt som du håller fast remskivan med ett egentillverkat verktyg

6.8a En avdragare används för att ta bort vevaxelns remskiva

6.8b Ta bort fästbulten och dra bort remskivan från vevaxelns ände

6.11 Använd en lång bult som skruvas in i vevaxeln för att dra fast remskivan på vevaxeländen

gängad stång tillsammans med brickor och en mutter **(se bild)**. Som en sista utväg kan du använda den borttagna (gamla) bulten. Men detta rekommenderas inte eftersom gängningen kan vara sliten (se Observera i början av detta avsnitt).

12 Ta bort verktyget och för sedan in den nya bulten **(se bild)** och dra åt den till angivet moment för steg 1 samtidigt som du håller fast remskivan med hjälp av specialverktyget.

13 Vinkeldra sedan bulten till angiven vinkel för steg 2.

14 Ventilinställningen måste nu utföras och kamaxeldrevets bult dras åt enligt beskrivningen i avsnitt 8.

15 Montera den övre kamremskåpan.

16 Montera och spänn drivremmen enligt beskrivningen i kapitel 1.

17 Montera drivremmens nedre kåpa och dra

6.12 Sätt i den nya fästbulten till vevaxelns remskiva

åt fästbultarna.

18 Montera hjulhusets innerskärm och motorns undre skyddskåpa i förekommande fall. Sänk sedan ner bilen.

19 Återanslut batteriets minusledare.

7 Kamremskåpor – demontering och montering

Övre kåpa

Demontering

1 Demontera drivremmen enligt beskrivningen i kapitel 1.

2 För att komma åt bättre kan du lyfta bort servostyrningens vätskebehållare och flytta den åt sidan utan att koppla ifrån slangarna **(se bild)**. Behållaren sitter på tre gummifästen – notera hur de är placerade.

3 Skruva loss och ta bort den övre överföringsremskivan **(se bild)**.

4 Skruva loss kamremmens fästskruvar – det sitter tre stycken nästan högst upp, två halvvägs ner och två längst ner **(se bild 4.10)**.

5 Flytta kamremskåpan bakåt, bakom motorns högra fästbyglar, och ta bort den från motorrummet **(se bild)**.

Montering

6 Monteringen utförs i omvänd ordningsföljd mot demonteringen. Dra åt fästbultarna till angivet moment.

Nedre kåpa

Demontering

7 Den nedre kamremskåpan sitter runt vevaxeln. Ta först bort vevaxelns remskiva/vibrationsdämpare enligt beskrivningen i avsnitt 6.

8 Arbeta under höger hjulhus, skruva loss fästbultarna och ta bort kamremskåpan **(se bilder)**.

Montering

9 Monteringen utförs i omvänd ordningsföljd mot demonteringen. Dra åt fästbultarna till angivet moment.

8 Kamrem – demontering och montering

Demontering

1 Koppla loss batteriets minusledare och låt inte den borttagna ledaren komma åt batteriet (se även kapitel 5A, avsnitt 1).

2 Lossa de fyra bultar som fäster kylvätskepumpens remskiva.

3 Ta bort vevaxelns remskiva/vibrationsdämpare enligt beskrivningen i avsnitt 6. I denna åtgärd ingår att ta bort ventilkåpan och ställa in motorn på övre dödpunkten (ÖD).

4 Skruva loss drivremmens överföringsremskiva och kylvätskepumpens remskiva **(se bild)**.

7.2 Lyft upp servostyrningsvätskans behållare från dess fästbygel

7.3 Ta bort den övre överföringsremskivan

7.5 Ta bort den övre kamremskåpan

7.8a Skruva loss bultarna . . .

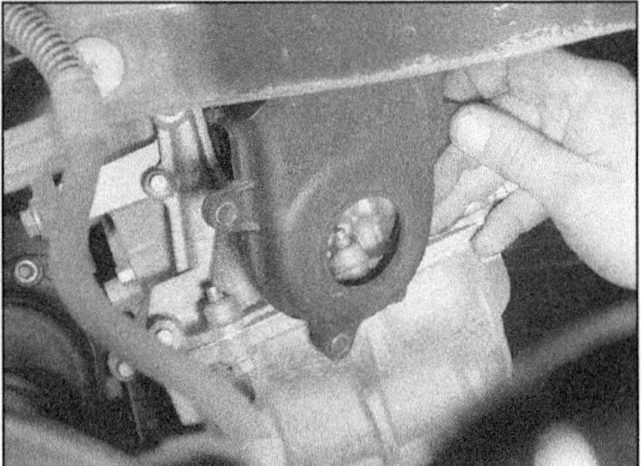

7.8b . . . och ta bort den nedre kamremskåpan

5 Ta bort kamremmens övre och nedre kåpor enligt beskrivningen i avsnitt 7.

6 Med kamaxelns inställningsstag borttaget, lossa kamaxeldrevets bultar flera varv samtidigt som du håller fast dreven med lämpligt verktyg. Kamaxlarna kan även hållas fast med en fast nyckel på 21 mm på de särskilda sexkantiga ytorna. Använd en mjuk dorn på baksidan av dreven och lossa dem från tapparna på kamaxeländarna så att de kan rotera fritt.

7 Ta bort bulten som fäster expansionskärlet på den inre skärmen och flytta tanken så mycket ur vägen som möjligt, utan att koppla ifrån någon av slangarna.

8 Ta bort generatorn enligt beskrivningen i kapitel 5A.

9 Använd en garagedomkraft och ett stort träblock för att fördela tyngden och hålla uppe motortyngden under oljesumpens högra sida **(se bild)**.

10 Skruva stegvis loss muttrarna och bultarna och ta bort den övre fästbygeln från motorns högra fäste **(se bild)**.

11 Skruva loss och ta bort den högra nedre fästbygeln från topplocket **(se bild)**.

12 Det finns två typer av kamremsspännare: På den första typen sitter spännrullen på ett excenterhjul. Den andra typen har en fast rulle där remmen spänns genom att sträckarens fästbygel vrids. Lossa kamremsspännarens centrumbult eller de båda spännfästbultarna. Ta bort spännaren från remmen och dra sedan åt bulten (eller bultarna) så att spännaren tillfälligt hålls på plats.

13 Om kamremmen ska återanvändas (vilket vi **inte** rekommenderar), använd vit färg eller liknande för att markera dess rotationsriktning, och observera hur tillverkarens markeringar visar att den är monterad **(se bild)**.

14 Ta bort remmen från dreven och från spännaren **(se bilder)**. *Försök inte* att vrida runt vevaxeln eller kamaxlarna innan kamremmen har återmonterats.

15 Om remmen ska återanvändas, kontrollera att den inte visar tecken på ojämn slitning, skador eller sprickor (framför allt längst ner på remkuggarna).

16 Även om du monterar en ny rem bör du undersöka den gamla och söka efter tecken på olja eller kylvätska. Om du hittar sådana spår, leta reda på läckan och rengör kamremsområdet och tillhörande delar för att ta bort alla spår av olja eller kylvätska. Sätt inte bara dit en ny rem, då riskerar du att förkorta remmens livslängd kraftigt och motorskada om remmen går av vid användning.

17 Byt alltid remmen om det råder minsta tvivel om att den är i fullgott skick. Som en säkerhetsåtgärd för att slippa motorskada måste remmen bytas enligt de intervall som anges i kapitel 1. Om det inte är känt hur gammal remmen är, bör den bytas när motorn ses över, även om den verkar vara i gott skick.

18 Kontrollera även remspännaren och byt den om det råder minsta tvivel om att den är i fullgott skick. Kontrollera även att de tandade dreven inte visar tecken på slitage eller skador (då särskilt sprickbildning) och kontrollera att spännarremskivan roterar utan problem på lagren. Byt ut slitna eller skadade tätningar.

8.4 Bultar till överföringsremskiva och kylvätskepumpens remskiva (vid pilarna)

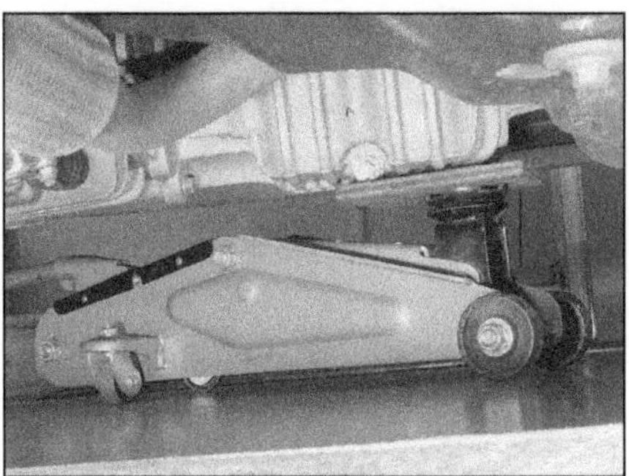
8.9 Stöd motorn med en garagedomkraft och en träkloss

Observera: *Många professionella mekaniker byter ut spännarna som standardåtgärd samtidigt som kamremmen byts.*

Montering

19 Kontrollera att motorn fortfarande befinner sig i övre dödläget med synkroniseringsstiftet och kamaxelns inställningsstag på plats.

20 Sätt på kamremmen på vevaxeldrevet och mata den sedan över spännarremskivan och till sist över de båda kamaxeldreven. Om originalremmen återanvänds, se till att dess riktning är den som har noterats vid demonteringen. Eventuellt slack ska befinna sig på bältets spännarsida.

21 På modeller med spännare av excenterhjultyp, lossa centrumbulten. Använd sedan en insexnyckel på 6 mm i hålet och vrid spännrullen moturs för att spänna remmen. Korrekt spänning indikeras av att pekaren

8.10 Demontera motorns övre högra fästbygel

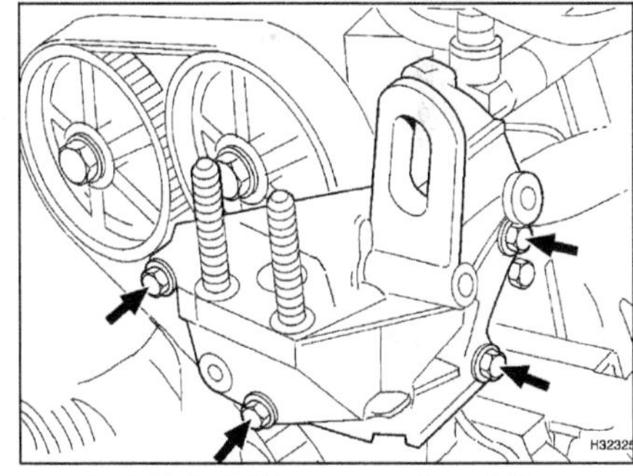
8.11 Bultar till motorns övre högra fästbygel (vid pilarna)

8.13 Tillverkarens markeringar på kamremmen

8.14a Demontera kamremmen från kamaxeldreven . . .

8.14b . . . och vevaxeldrevet

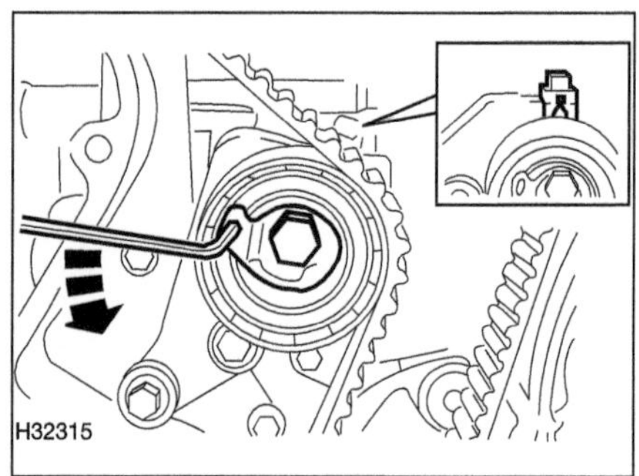

8.21 Ställa in kamremsspänningen – spännare av excentertyp

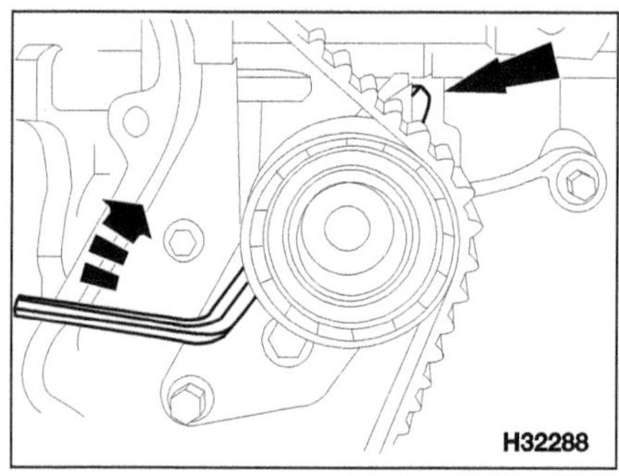

8.22 Ställa in kamremsspänningen – spännare av fästbygeltyp

8.23 Dra åt kamaxeldrevets fästbultar

befinner sig exakt mitt i det fyrkantiga fönstret ovanför och bakom spännrullen **(se bild)**. Håll spännaren i detta läge och dra åt centrumbulten till angivet moment.

22 På modeller där spännaren rör sig tillsammans med fästbygeln, lossa de båda bultarna så att spännaren kan svänga fritt. Använd en insexnyckel på 8 mm i hålet och vrid spännaren och fästbygeln medurs för att spänna remmen. Den korrekta spänningen visas genom att pekaren befinner sig exakt mitt emellan de båda märkningarna bakom spännrullen **(se bild)**. Håll spännaren i detta läge och dra åt de båda bultarna till angivet moment.

23 Dra åt bultarna som fäster kamaxeldreven på kamaxlarna något och ta sedan bort inställningsstaget och synkroniseringsstiftet. Dra därefter åt bultarna helt samtidigt som hylsan hålls fast med hjälp av verktyget som beskrivs i avsnitt 6 **(se bild)**.

24 Sätt tillbaka motorns högra nedre fästbygel och dra åt bultarna till angivet moment.

25 Sätt tillbaka den övre fästbygeln och dra åt muttrarna och bultarna till angivet moment. Ta bort garagedomkraften från undersidan av bilen.

26 Sätt tillbaka den nedre kamremskåpan och dra åt bultarna.

27 Sätt på vevaxelns remskiva/vibrationsdämpare på vevaxelns ände och tryck ner den på gängtappen så långt det går. Denna åtgärd måste alltid utföras innan den nya bulten förs in och dras åt – det räcker inte att trycka på remskivan enbart för hand. Fordmekaniker använder ett särskilt verktyg som består av en gängad stång som skruvas fast på vevaxeln, tillsammans med en metallring som placeras på remskivan. Om du inte har tillgång till detta verktyg, använd den gamla remskivebulten tillsammans med en lämplig metallring för att trycka ner remskivan rakt på vevaxeln så långt det går. Använd inte den nya bulten för detta steg.

28 Sätt i den nya bulten och dra åt den till angivet moment för steg 1 samtidigt som remskivan hålls fast med specialverktyget (se avsnitt 6).

29 Vinkeldra sedan bulten till angiven vinkel för steg 2. Vevaxeldrevet har nu klämts fast på vevaxeln.

30 Kontrollera hur exakt ventilinställningen är genom att först låta vevaxeln gå runt två hela varv. Sätt tillbaka ÖD-synkroniseringsstiftet och passa in vevaxeln i ÖD-läget. För sedan in inställningsstaget i kamaxelurtagen (se avsnitt 3).

31 Om staget inte passar kan ett mindre fel korrigeras genom att drevbulten på den berörda kamaxeln lossas och kamaxeln vrids tills staget passar. Slutför sedan åtgärden genom att dra åt drevbulten till angivet moment. Ett större fel innebär att remmen är felaktigt monterad. I detta fall måste remmen tas bort och proceduren upprepas.

32 Avsluta med att ta bort synkroniseringsstiftet och staget samt att sätta tillbaka täckpluggen.

33 Vidare montering sker i omvänd ordningsföljd mot demonteringen.

9 Kamremsspännare och drev – demontering, kontroll och montering

Kamremsspännare

Demontering

1 Lossa batteriets jordledning (minuspolen) (se kapitel 5A, avsnitt 1).

2 Dra åt handbromsen. Lyft upp framvagnen och ställ den på pallbockar (se *Lyftning och stödpunkter*). Ta bort motorns undre skyddskåpa i förekommande fall.

3 Ta bort höger framhjul och lossa sedan fästskruvarna/hållarna och ta bort hjulhusets innerskärm.

4 Skruva loss och ta bort drivremmens nedre kåpa för att komma åt vevaxelns remskiva.

5 Demontera drivremmen enligt beskrivningen i kapitel 1.

6 Demontera den övre kamremskåpan enligt beskrivningen i avsnitt 7.

7 Bind samman kamremmens främre och bakre del med en bit snöre för att ventilinställningen inte ska gå förlorad. På så sätt förblir remmen fasthakad i kamaxeldreven när spännaren och remskivan tas bort.

8 Det finns två typer av kamremsspännare: På den första typen sitter spännrullen på ett excenterhjul. Den andra typen har en fast rulle där remmen spänns genom att sträckarens fästbygel vrids. Lossa kamremsspännarens centrumbult eller de båda fästbultarna. Flytta bort spännaren från remmen. På spännare med excenterhjul, dra åt centrumbulten för att hålla fast den i det tillbakadragna läget.

9 Lossa och/eller ta bort spännarens båda fästbygelbultar och ta bort spännaren från motorn.

10 Medan spännaren är borttagen måste du se till att kamremmen är helt i ingrepp med kamaxeldreven och vevaxeldreven.

Kontroll

11 Snurra spännarremskivan och kontrollera att den roterar fritt utan att kärva eller ta i. Rengör inte remskivan genom att sänka ner den i rengöringsmedel. Kontrollera att remskivan inte uppvisar några tecken på skador, framförallt ingen sprickbildning. Om det råder några som helst tvivel om remskivans skick, byt den. Detta är särskilt viktigt om motorn har gått långt.

Montering

12 Rengör motorblocket runt spännaren.

13 Placera spännarremskivan på blocket och för in de båda fästbultarna.

14 På modeller med spännare av excenterhjulstyp, dra åt de båda fästbultarna till angivet moment.

15 Spänn kamremmen enligt beskrivningen i avsnitt 8.

16 Förutsatt att kamremmen hela tiden har varit fasthakad i kamaxel- och vevaxeldreven ska du inte behöva kontrollera ventilinställningen. Om det råder några som helst tvivel, kontrollera ventilinställningen enligt beskrivningen i avsnitt 3 och 8.

17 Sätt tillbaka den övre kamremskåpan enligt beskrivningen i avsnitt 7.

18 Montera drivremmen enligt beskrivningen i kapitel 1.

19 Montera drivremmens nedre kåpa och dra åt bultarna.

20 Sätt tillbaka hjulhusets innerskärm och höger framhjul.

21 Montera motorns undre skyddskåpa (i förekommande fall) och sänk ner bilen.

9.36 Håll kamaxlarna stilla med en skruvnyckel

9.37a Skruva loss bulten . . .

9.37b . . . och ta bort kamaxeldrevet

22 Återanslut batteriets minusledare.

Kamaxeldrev

Demontering

23 Lossa batteriets jordledning (minuspolen) (se kapitel 5A, avsnitt 1).

24 Dra åt handbromsen. Lyft sedan upp framvagnen och ställ den på pallbockar (se *Lyftning och stödpunkter*).

25 Ta bort höger framhjul och lossa sedan fästskruvarna/hållarna och ta bort hjulhusets innerskärm.

26 Skruva loss drivremmens nedre kåpa.

27 Demontera drivremmen enligt beskrivningen i kapitel 1.

28 Demontera den övre kamremskåpan enligt beskrivningen i avsnitt 7.

29 Ställ in kolv nr 1 och kamaxlarna på den övre dödpunkten (ÖD) enligt beskrivningen i avsnitt 3. I detta ingår demontering av ventilkåpan.

30 Det finns två typer av kamremsspännare: På den första typen sitter spännrullen på ett excenterhjul. Den andra typen har en fast rulle där remmen spänns genom att sträckarens fästbygel vrids.

31 Lossa kamremsspännarens centrumbult eller de båda fästbultarna. Flytta undan spännaren från remmen och dra sedan åt bulten (eller bultarna) så att spännaren tillfälligt hålls på plats.

32 Använd en garagedomkraft och ett stort träblock för att fördela tyngden och hålla uppe motortyngden under sumpens högra sida.

33 Skruva stegvis loss muttrarna och bultarna och ta bort den övre fästbygeln från motorns högra fäste.

34 Skruva loss och ta bort den högra nedre fästbygeln från topplocket.

35 Lossa kamremmen från kamaxeldreven och lägg den åt sidan, var försiktig så att du inte böjer den för tvärt. Remmen är fortfarande i ingrepp med vevaxeldrevet, men håll ett lätt tryck uppåt på remmen genom att binda fast den i motorrummets sida som en försiktighetsåtgärd.

36 Håll fast ett kamaxeldrev i taget med hjälp av ett hemmagjort verktyg (se avsnitt 6) och lossa sedan drevets fästbultar. Kamaxlarna kan även hållas fast med en fast nyckel på de särskilda sexkantiga ytorna **(se bild)**. ÖD-inställningsstaget får inte användas för att hålla fast kamaxlarna.

37 Skruva loss bultarna och ta bort dreven från kamaxlarna **(se bilder)**. Använd en mjuk metalldorn för att lossa dreven från gängtapparna på kamaxlarna vid behov.

Kontroll

38 Undersök drevens kuggar och sök efter slitage och skador, byt dem vid behov.

Montering

39 Kontrollera att motorn fortfarande befinner sig i övre dödläget med synkroniseringsstiftet och kamaxelns inställningsstag på plats.

40 Sätt på dreven på kamaxlarna och skruva endast i fästbultarna för hand på det här stadiet.

41 Haka ihop kamremmen och kamaxeldreven.

42 På modeller med spännare av excenterhjultyp, lossa centrumbulten. Använd sedan en insexnyckel på 6 mm i hålet och vrid spännrullen moturs för att spänna remmen. Korrekt spänning indikeras av att pekaren befinner sig exakt mitt i det fyrkantiga fönstret ovanför och bakom spännrullen. Håll spännaren i detta läge och dra åt centrumbulten till angivet moment.

43 På modeller där spännaren rör sig tillsammans med fästbygeln, lossa de båda bultarna så att spännaren kan svänga fritt. Använd en insexnyckel på 8 mm i hålet och vrid spännaren och fästbygeln medurs för att spänna remmen. Den korrekta spänningen visas genom att pekaren befinner sig exakt mitt i det fyrkantiga fönstret ovanför och bakom spännrullen. Håll spännaren i detta läge och dra åt de båda bultarna till angivet moment.

44 Dra åt bultarna som fäster kamaxeldreven på kamaxlarna något och ta sedan bort inställningsstaget och synkroniseringsstiftet. Dra därefter åt bultarna helt samtidigt som hylsan hålls fast med hjälp av verktyget som beskrivs i avsnitt 6.

45 Sätt tillbaka motorns högra nedre fästbygel och dra åt bultarna till angivet moment.

46 Sätt tillbaka den övre fästbygeln och dra åt muttrarna och bultarna till angivet moment. Ta bort garagedomkraften från undersidan av bilen.

47 Kontrollera hur exakt ventilinställningen är genom att först låta vevaxeln gå runt två hela varv. Sätt tillbaka ÖD-synkroniseringsstiftet och passa in vevaxeln på ÖD-läget. För sedan in inställningsstaget i kamaxelurtagen.

48 Om staget inte passar kan ett mindre fel korrigeras genom att drevbulten på den berörda kamaxeln lossas och kamaxeln vrids tills staget passar. Slutför sedan åtgärden genom att dra åt drevbulten till angivet moment. Ett större fel innebär att remmen är felaktigt monterad. I detta fall måste remmen tas bort och proceduren upprepas.

49 Avsluta med att ta bort synkroniseringsstiftet och staget samt att sätta tillbaka täckpluggen.

50 Sätt tillbaka den övre kamremskåpan enligt beskrivningen i avsnitt 7.

51 Montera och spänn drivremmen enligt beskrivningen i kapitel 1.

52 Montera drivremmens nedre kåpa och dra åt fästbultarna.

53 Montera hjulhusets innerskärm och sänk sedan ner bilen.

54 Återanslut batteriets minusledare.

Vevaxeldrev

Demontering

55 Demontera kamremmen enligt beskrivningen i avsnitt 8.

56 Dra försiktigt loss drevet från vevaxeländen, observera hur det sitter **(se bild)**.

Kontroll

57 Undersök drevets kuggar och sök efter slitage och skador, byt dem vid behov.

9.56 Dra loss drevet från vevaxelns ände

10.3a Borra ett litet hål och för in en självgängande skruv . . .

10.3b . . . dra sedan ut oljetätningen med en tång

10.5 Sätt på den nya oljetätningen i topplocket/kamaxellageröverfallet

Montering

58 Torka rent vevaxelns ände och för sedan på drevet på axeln.

59 Montera tillbaka kamremmen enligt beskrivningen i avsnitt 8.

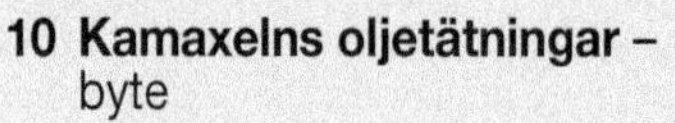

10 Kamaxelns oljetätningar – byte

1 Ta bort kamaxeldreven enligt beskrivningen i avsnitt 9.

2 Observera oljetätningarnas monteringsdjup för att underlätta vid ditsättning av de nya.

3 Använd en skruvmejsel eller liknande verktyg och bänd försiktigt loss oljetätningarna från topplocket/kamaxellageröverfallen. Var försiktig så att du inte skadar oljetätningarnas kontaktytor på kamaxeländarna eller oljetätningarnas säten. Ett annat sätt att ta bort tätningarna är att borra ett litet hål och sedan föra in en självgängande skruv och använda en tång för att dra bort tätningen **(se bilder)**.

4 Torka ren oljetätningarnas säten samt kamaxeländarna.

5 På den första kamaxeln, doppa den nya oljetätningen i ren olja och placera den över kamaxeln och i topplocket/kamaxellageröverfallet **(se bild)**. Se till att oljetätningens läppar är vända inåt.

6 Använd en hylsa eller en bit metallrör och tryck tätningarna på plats till de antecknade tidigare monteringsdjupen **(se bild)**. Torka bort eventuell överflödig olja.

7 Sätt tillbaka kamaxeldreven enligt beskrivningen i avsnitt 9.

11 Kamaxlar och ventillyftare – demontering, kontroll och montering

Demontering

1 Innan kamaxlarna tas bort kan det vara bra att kontrollera och anteckna ventilspelen enligt beskrivningen i avsnitt 5. Om något av spelen inte ligger inom intervallet kan du montera nya distansbrickor.

2 Ta bort kamaxeldreven enligt beskrivningen i avsnitt 9.

3 Kamaxellageröverfallen är markerade för placering – insugsöverfallen är märkta med bokstaven I och avgasöverfallen med bokstaven E (exhaust). På bilen som användes för den här boken var markeringarna inte särskilt tydliga. Om så är fallet på din bil, märk den med färg eller märkpenna **(se bilder)**. Se till att överfallen är identifierade som "insugs" eller "avgas" samt att de har numrerats räknat från kamremssidan.

4 Placera vevaxeln så att kolv nr 1 är cirka 25 mm före ÖD.

5 Passa in kamaxlarna så att ingen av ventilerna är helt lyfta. Detta gör du genom att vrida varje kamaxel med hjälp av en fast nyckel på 21 mm på de sexkantiga ytorna.

6 Lossa kamaxellageröverfallens fästbultar

10.6 Sätt den nya oljetätningen på plats med en hylsa

stegvis i angiven ordning, observera placeringen av de förlängda bultarna som fäster ventilkåpan **(se bild)**. Arbeta enligt beskrivningen så att trycket av ventilfjädrarna mot överfallen minskas gradvis och jämnt.

11.3a Markering på insugskamaxelns lageröverfall nr 3

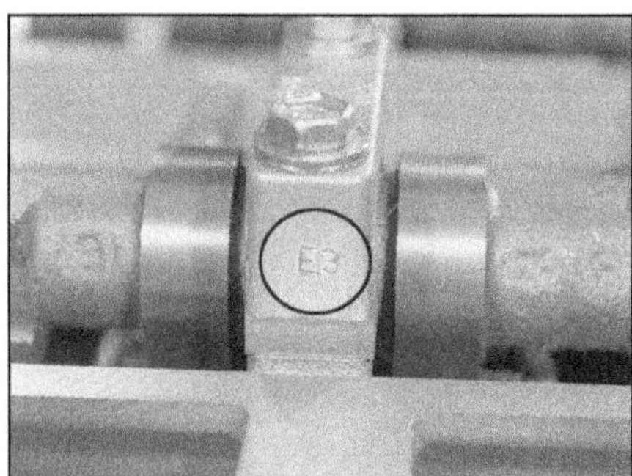

11.3b Markering på avgaskamaxelns lageröverfall nr 3

11.3c Numrera kamaxellageröverfallen om de inte har markeringar

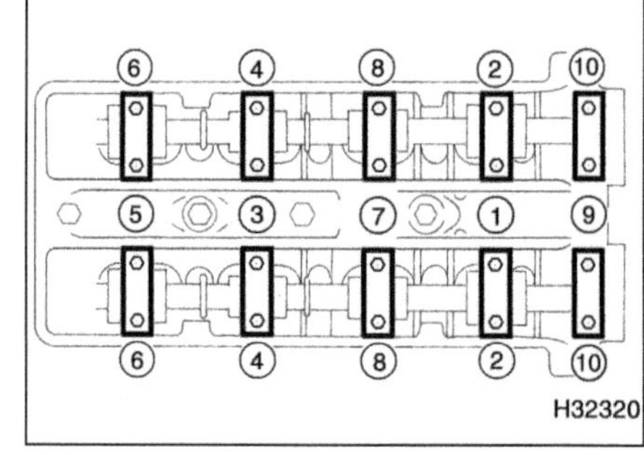

11.6 Lossnings-/åtdragningsordning för kamaxellageröverfall

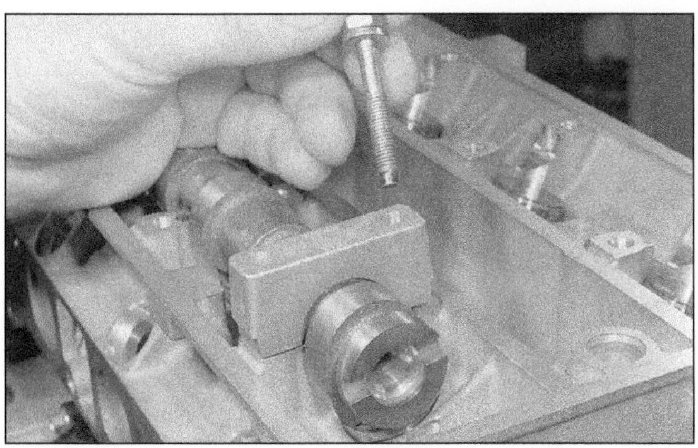

11.7a Skruva loss kamaxellageröverfallets bultar . . .

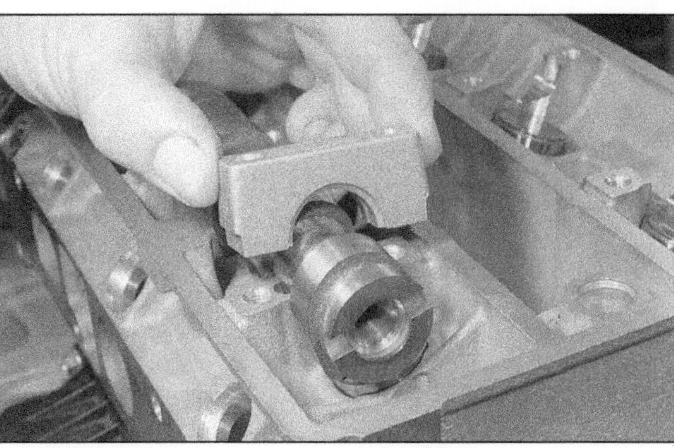

11.7b . . . och ta bort överfallen

7 Ta bort överfallen, håll reda på deras inbördes ordning för att underlätta återmonteringen. Lyft sedan upp kamaxlarna från topplocket och ta bort deras oljetätningar **(se bilder)**. Avgaskamaxlarna känns igen på referensnocken för kamaxelns positionsgivare. Därför behöver du inte märka kamaxlarna.

8 Ta fram sexton små och rena behållare och numrera dem från 1 till och med 8 för både insugs- och avgaskamaxlarna. Lyft upp ventillyftarna från topplocket en och en, håll ihop respektive distansbricka med tillhörande ventillyftare **(se bild)**.

Kontroll

9 När kamaxlar och ventillyftare har demonterats, är det lämpligt att kontrollera slitaget (repor, gropar etc.) och eventuell ovalitet. Byt dem om så behövs.

10 Använd om möjligt en mikrometer och mät den utvändiga diametern på varje ventillyftare – mät varje ventillyftares övre och nedre del och gör sedan en andra mätning vinkelrätt mot den första. Om något av måtten avviker betydligt från de andra är ventillyftaren konisk eller oval och måste bytas ut. Om ventillyftarna eller topplocksloppen är överdrivet slitna behövs nya ventillyftare och/eller ett nytt topplock.

11 Undersök kamloberna och sök efter repor, punktkorrosion och spår av överhettning (blå, missfärgade områden). Sök efter områden där lobernas ytlager kan ha flagnat. Byt komponenten om den uppvisar något av dessa tecken.

12 Undersök om kamaxellagertapparna och topplockets lagerytor visar spår av slitage eller gropbildning. Byt komponenten om den uppvisar något av dessa tecken.

13 När kamaxelns axialspel ska kontrolleras måste ventillyftarna avlägsnas, lagerytorna rengöras väl och kamaxlarna och lageröverfallen monteras. Dra åt lageröverfallets bultar till angivet moment. Kontrollera sedan axialspelet med hjälp av en mätklocka, fästad på topplocket så att dess spets vilar mot kamaxelns högra ände.

14 Knacka försiktigt in kamaxeln så långt det går mot mätklockan, nollställ denna och knacka därefter bort kamaxeln så långt som möjligt i riktning från mätaren. Anteckna mätvärdet. Om det uppmätta axialspelet överskrider det angivna typvärdet, montera en ny kamaxel och upprepa mätningen. Är spelet fortfarande för stort måste topplocket bytas.

Montering

15 Börja ihopsättningen med att smörja in topplockets ventillyftarlopp och ventillyftarna med motorolja. Sätt försiktigt tillbaka ventillyftarna (tillsammans med respektive distansbricka) på topplocket, se till att varje ventillyftare får sin ursprungliga distansbricka. Det krävs lite omsorgsfullt arbete för att lyckas passa in ventillyftarna rätt i sina lopp.

11.8 Ta bort ventillyftarna

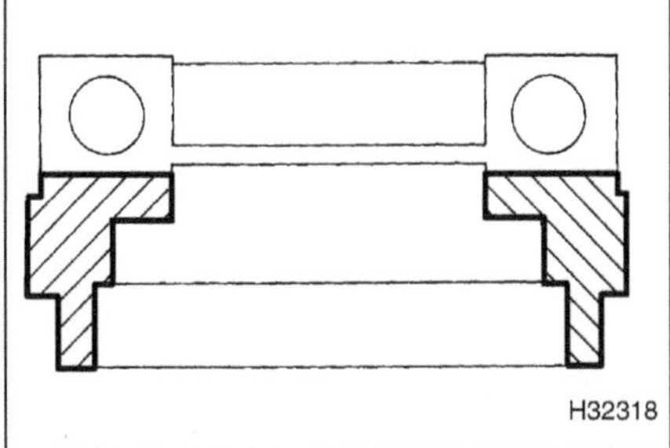

11.18a Tätningsmedel ska strykas på det skuggade området på lageröverfall nr 1 och på motsvarande ytor på topplocket

16 Smörj in kamaxellagren och loberna med en generös mängd olja. Se till att varje kamaxel har sin ursprungliga placering, sätt tillbaka kamaxlarna och placera dem så att skåran i den vänstra änden är i princip parallell med, och precis ovanför, topplockets fogyta **(se bild)**. I det här läget, passa in kamaxlarna så att ingen av ventilerna är helt upplyfta.

17 Rengör fogytorna på topplocket och kamaxellageröverfallen. Se till att styrstiften sitter ordentligt på plats.

18 Stryk på ett tunt lager lämpligt tätningsmedel (Ford rekommenderar WSK-M2G348-A5) på kamaxellageröverfall nr 1, endast på oljetätningsändarna **(se bilder)**, samt på motsvarande yta på topplocket.

19 Olja in lagerytorna och placera sedan

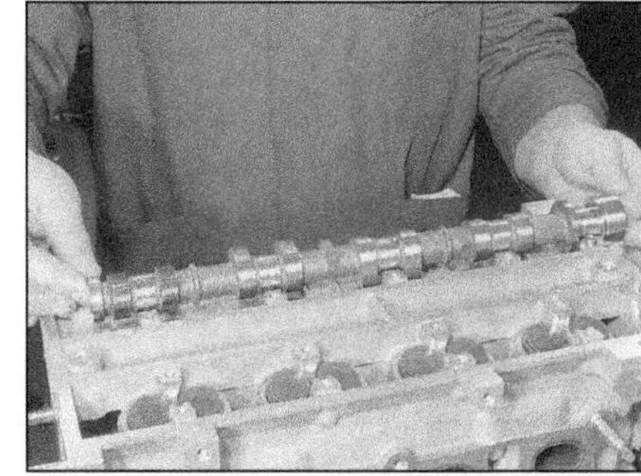

11.16 Sätt på kamaxlarna på topplocket

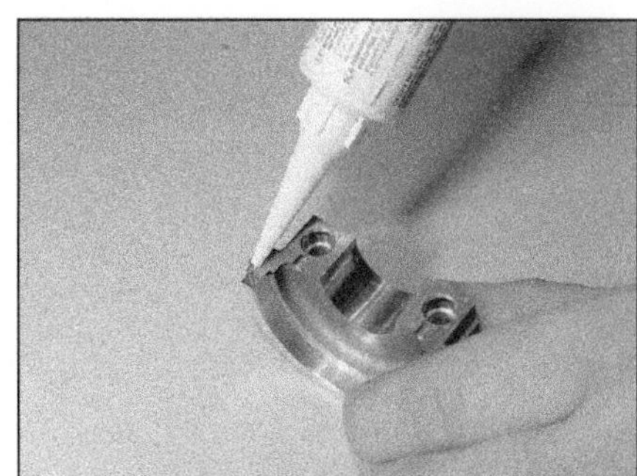

11.18b Stryk på tätningsmedel på kamaxellageröverfall nr 1

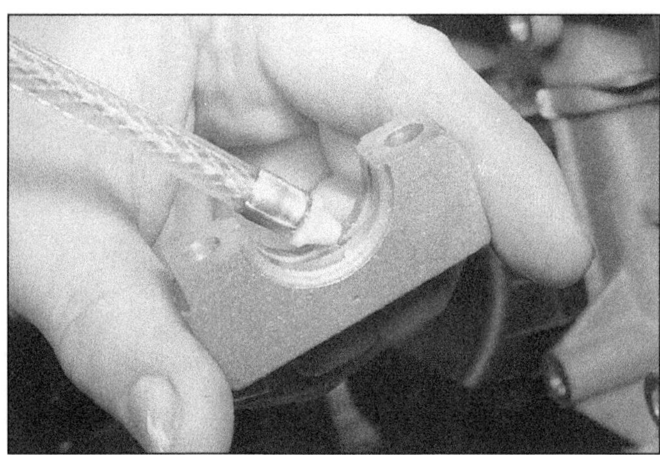

11.19a Olja in lagerytorna . . .

11.19b . . . och sätt sedan tillbaka kamaxellageröverfallen

kamaxellageröverfallen på kamaxlarna och sätt in fästbultarna löst **(se bilder)**. Se till att varje överfall sitter på den plats som tidigare har noterats.

20 Se till att varje överfall hålls i rät vinkel mot topplocket när det dras åt och arbeta i samma ordning som vid losstagningen **(se bild 11.6)**. Dra åt bultarna till kamaxellageröverfallet långsamt och med ett varv i taget till dess att alla överfall vidrör topplocket. Gå därefter varvet runt i samma ordningsföljd ännu en gång och dra åt bultarna till angivet moment för steg 1. Gör sedan om samma arbetsgång och dra åt dem till momentet för steg 2.

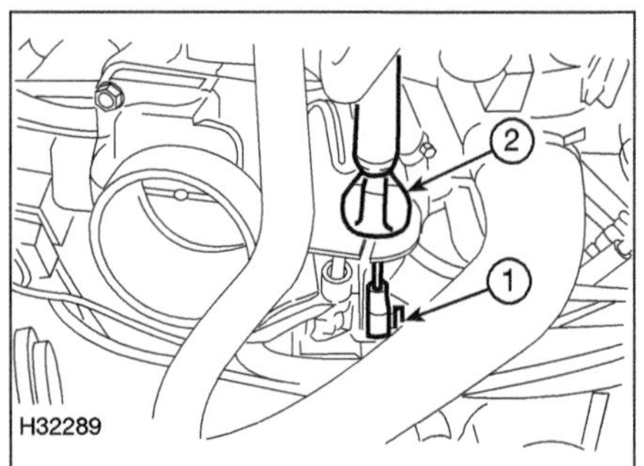

12.8a Fästklämman (1) till gasvajerns ändbeslag och anslutning av vajerhöljet på gasspjällshuset (2)

Arbeta endast i den ordning som visas så att ventilfjädrarna utsätts för gradvis tryckökning.

21 Torka bort överflödigt tätningsmedel och kontrollera sedan ventilspelen enligt beskrivningen i avsnitt 5.

22 Sätt dit nya oljetätningar enligt anvisningarna i avsnitt 10.

23 Sätt tillbaka kamaxeldreven (avsnitt 9).

12 Topplock – demontering, kontroll och montering

Observera: *I följande avsnitt förutsätts att topplocket tas bort tillsammans med insugsgrenröret. Det gör arbetet enklare men topplocket blir tyngre och klumpigare. Det är bäst att använda en motorlyft för att undvika personskador eller skador på ömtåliga komponenter när enheten tas bort och sätts tillbaka. Om du vill ta bort insugsgrenröret först, se kapitel 4A och anpassa nedanstående metod.*

Demontering

1 Tryckutjämna bränslesystemet enligt beskrivningen i kapitel 4A.

2 Ställ in motorns cylinder nr 1 på ÖD-kompressionsläge enligt beskrivningen i avsnitt 3. I detta ingår att koppla ifrån batteriet och ta bort ventilkåpan och sedan ställa in motorn på ÖD med hjälp av ett synkroniseringsstift och ett kamaxelinställningsstag.

3 Ta bort höger framhjul och lossa sedan fästskruvarna/hållarna och ta bort hjulhusets innerskärm.

4 Demontera drivremmen enligt beskrivningen i kapitel 1.

5 Koppla loss motorns jordkabel på baksidan. Skruva sedan loss och ta bort bultarna som fäster värmesköldsenheten på katalysatorn och avgasgrenröret på motorns baksida. Det är enklast att komma åt den nedre bulten om du är under bilen.

6 Tappa av kylsystemet (se kapitel 1A).

7 Ta bort luftrenaren och insugstrummorna helt enligt beskrivningen i kapitel 4A.

8 Koppla loss gasvajern och ändbeslaget från gasspjällshuset genom att ta bort fästklämman. Ta bort vajerhöljet från fästbygeln **(se bilder)**.

9 Följ vevhusventilationsslangen ner till dess anslutning på motorn och koppla ifrån den.

10 Koppla loss motorns kabelnäts multianslutning nära servostyrningsbehållarens fästbygel **(se bild)**.

11 Koppla loss huvudanslutningskontakten från tändspoleenheten och den mindre kabeln på kondensorn **(se bilder)**.

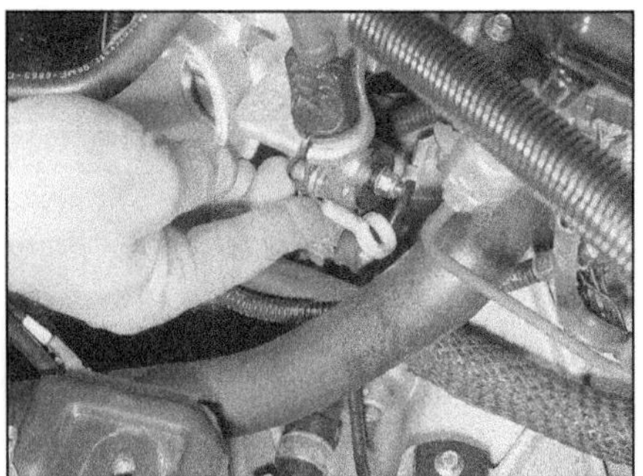

12.8b Koppla loss gasvajerändbeslaget från gasspjällshuset

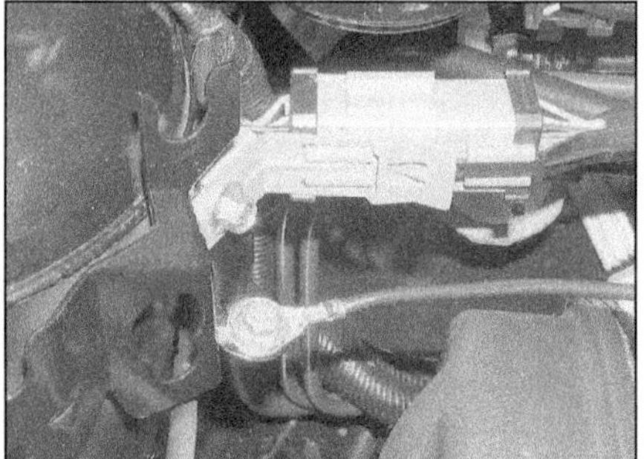

12.10 Koppla ifrån den stora multianslutningen bredvid servostyrningsbehållarens fästbyglar

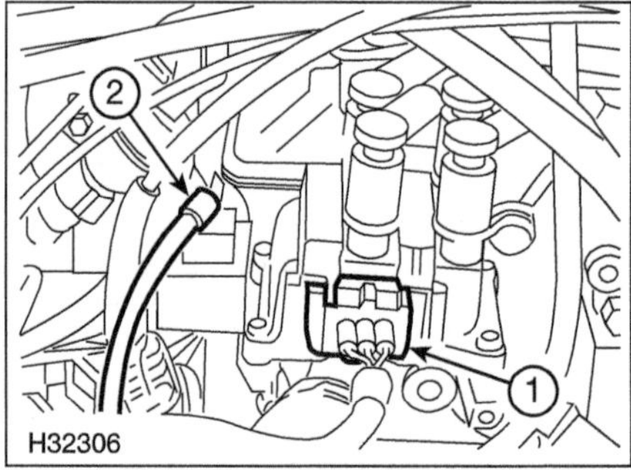

12.11a Tändspolens huvudanslutningskontakt (1) och kondensorkabel (2)

12.11b Koppla ifrån tändspolens huvudanslutningskontakt

12.12 Koppla ifrån knacksensorns anslutningskontakt

12.14 Koppla ifrån servoslangen från grenröret - observera även kolfilter- och tryckregulatorslangarna (vid pilarna)

12 Koppla ifrån knacksensorns anslutningskontakt bredvid mätstickan för motorolja och lossa kontaktdonshalvorna **(se bild)**.

13 Lossa och ta bort insugsgrenrörets tre undre bultar och ta bort oljestickans rör.

14 Koppla loss kolkanisterns slang och bromsservons vakuumslang från insugsgrenröret/gasspjällshuset **(se bild)**. Koppla även loss anslutningskontakten från gasspjällets lägesgivare.

15 Skruva vid behov loss de båda flänsbultarna från EGR-röret och för EGR-röret åt sidan (ta hand om O-ringstätningen). Om du föredrar det kan EGR-röret tas bort helt, enligt beskrivningen i kapitel 4C, avsnitt 4.

16 Lossa slangklämmorna (i förekommande fall) och koppla ifrån expansionskärlets slang, värmeslangen och kylarens övre slang från termostathuset **(se bild)**.

17 Lossa bränslematningsslangen och returslangen från respektive fästen och tryck sedan ihop snabbfästena och koppla loss slangarna från bränslefördelarskenan. Bränsleslangarna kan även kopplas loss från anslutningarna nära motorrummets mellanvägg **(se bild)**. Matningsslangsanslutningen är vit och returslangens anslutning har röd färgmarkering.

18 Ta bort kamaxlarna enligt beskrivningen i avsnitt 11.

19 Skruva loss bultarna som fäster den bakre kamremskåpan på topplocket **(se bilder)**.

20 Arbeta under bilen och lossa muttrarna som fäster avgasrörets främre skarv, men försök inte att ta isär skarven i det här stadiet.

21 Skruva stegvis loss och ta bort muttrarna som fäster avgasgrenröret **(se bild)**. Använd stora mängder genomträngande olja om pinnbultarna är rostiga. Om en mutter sitter fast får den inte tvingas runt. Dra åt muttern ett halvt varv, applicera lite mer rostolja på pinnbultsgängorna, vänta i några sekunder så att oljan hinner verka, och lossa sedan gradvis muttern ett varv. Upprepa detta tills muttern har lossnat.

22 I vissa fall följer grenrörets pinnbultar med muttrarna ut – det gör inte så mycket och pinnbultarna kan sättas tillbaka om de är i gott skick. Helst ska dock en fullständig uppsättning pinnbultar och muttrar för grenrör och främre avgasrör skaffas efter behov, eftersom de gamla troligen inte längre är i perfekt skick.

23 Se till att den rörliga delen av det främre avgasröret inte böjs eller belastas för mycket, låt grenröret glida av topplocksspinnbultarna, ta isär det främre avgasrörets skarv och ta bort grenröret från bilens undersida. Ta loss packningarna – du måste använda nya vid monteringen.

24 Kontrollera området runt topplocket och se till att inga delar som kan hindra att det tas bort fortfarande är anslutna till det.

25 Arbeta i motsatt ordning mot åtdragningen **(se bild 12.41)**, lossa topplocksbultarna lite i taget tills de lossnar helt. Ta bort bultarna – enligt Ford kan de återanvändas, men kontrollera att de inte är skadade enligt beskrivningen nedan. Det är troligen inte lämpligt att återanvända bultarna mer än en gång.

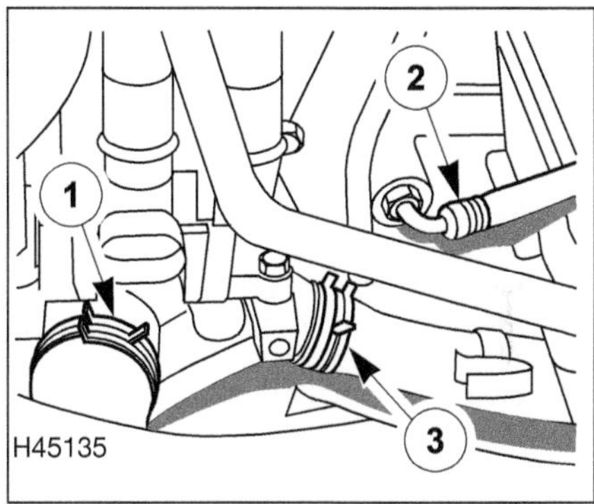

12.16 Kylvätskeslangens anslutningar på termostathuset

1 Kylarslang
2 Expansionskärlets slang
3 Värmeslang

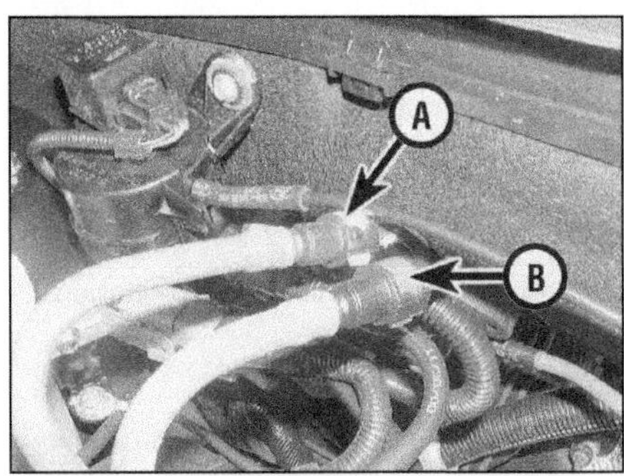

12.17 Bränsletillförsel- (A) och bränslereturslangens anslutningar (B)

12.19a Skruva loss den övre bulten som fäster den bakre kamremskåpan på topplocket. . .

12.19b . . . och den nedre bulten

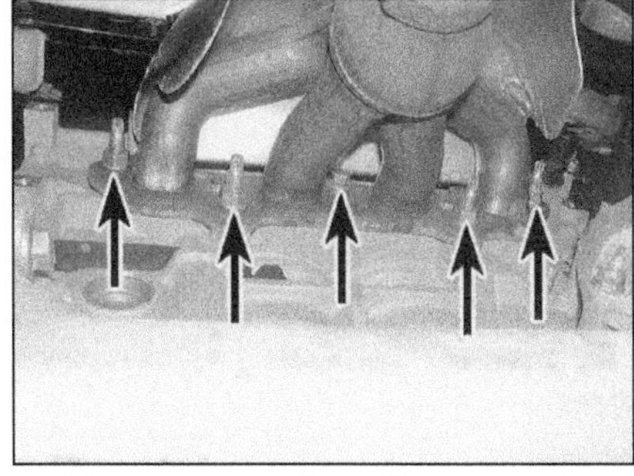
12.21 Avgasgrenrörets fästmuttrar (vid pilarna) – sett underifrån

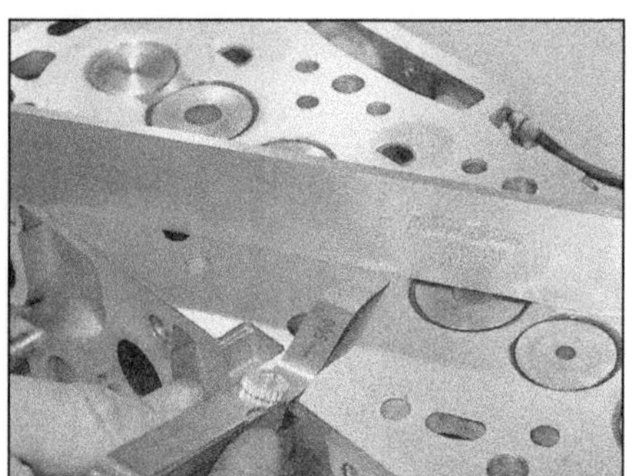
12.32 En linjal och bladmått kan användas för att kontrollera om topplocket är skevt.

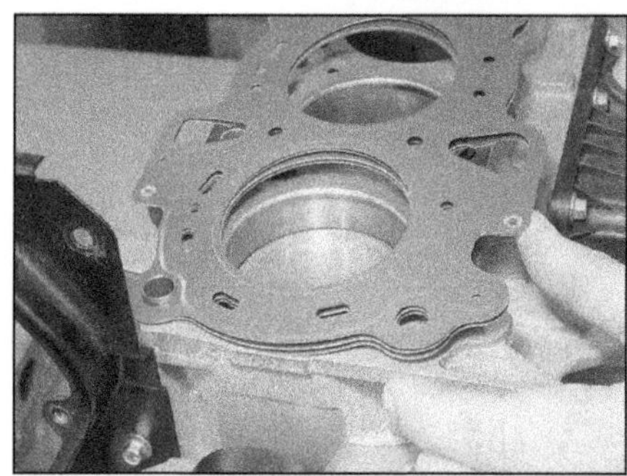
12.37 Sätt på den nya topplockspackningen på motorblockets styrstift.

26 Lyft undan topplocket. Ta hjälp om möjligt, topplocket är tungt.

27 Om topplocket sitter fast (vilket kan vara fallet), var noga med hur du väljer att ta bort det. Kom ihåg att topplocket och motorblocket är tillverkade i aluminiumlegering, som lätt skadas. Om du slår på topplocket med verktyg kan det skadas. Topplocket är placerat på två styrstift, så det har begränsad rörlighet. Bänd under inga omständigheter mellan topplockets fogytor, eftersom detta med största säkerhet skadar packningarnas tätningsytor vilket ger upphov till läckage. Försök att föra in två träbitar i avgasportarna och använd dem som hävarmar för att lossa tätningen.

28 När topplocket har tagits bort, ta loss packningen från de båda styrstiften och kasta den. Packningen är tillverkad i laminerat stål och kan inte återanvändas.

Kontroll

Observera: *När du ska ta isär topplocket och utföra andra åtgärder som rör ventilerna, se kapitel 2C.*

29 Fogytorna mellan topplocket och motorblocket måste vara noggrant rengjorda innan topplocket monteras. Använd en avskrapare av hårdplast eller trä för att ta bort alla packnings- och sotrester, rengör även kolvkronorna.

30 Var mycket försiktig vid rengöringen, eftersom aluminiumlegeringen lätt kan skadas. Se också till att sot inte kommer in i olje- och vattenledningarna. Detta är särskilt viktigt för smörjningssystemet, eftersom sot kan hindra oljetillförseln till motorns komponenter. Försegla vattenkanaler, olje-kanaler och bulthål i motorblocket med tejp och papper. Lägg lite fett i springan mellan kolvarna och loppen för att hindra sot från att tränga in. Använd en liten borste när alla kolvar är rengjorda, för att ta bort alla spår av fett och kol från öppningen. Torka sedan bort återstoden med en ren trasa.

31 Kontrollera fogytorna på motorblocket och topplocket och leta efter hack, djupa repor och andra skador. Om skadorna är mycket små kan de tas bort försiktigt med en fil. Om de är lite större måste du byta dem eftersom ytorna inte kan bearbetas.

32 Kontrollera topplockspackningens yta med en stållinjal om den misstänks vara skev **(se bild)**. Om du använder bladmått kan skevheten uppmätas mer exakt och jämföras med det angivna värdet. Sök efter tecken på skevhet på och längs med hela topplocket, samt på diagonalerna. Om topplocket är skevt kan det bearbetas tills det blir rakt ("planslipas") på en verkstad – prata med en motorspecialist innan du tar isär topplocket enligt beskrivningen i kapitel 2C.

33 Ford uppger att topplocksbultarna kan återanvändas men att de först måste kontrolleras noga. Undersök särskilt gängorna och sök efter tecken på skador. Om någon av gängorna inuti topplockshålen har tagits bort tillsammans med bultarna ska du kontakta en expert innan du går vidare. Lägg bultarna bredvid varandra och jämför deras längd – om någon av dem har blivit längre än de andra ska den inte återanvändas. Då är det antagligen bäst att byta alla bultarna. Om det råder något som helst tvivel om bultarnas skick ska de bytas – kostnaden för en uppsättning bultar är ingenting jämfört med de problem som kan uppstå om en bult lossnar eller går sönder när den dras åt.

Montering

34 Torka rent topplockets och motorblockets fogytor. Kontrollera att de två styrstiften är korrekt placerade på motorblocket.

35 Topplocksbulthålen måste vara fria från olja och vatten. Det är mycket viktigt eftersom en hydraulisk låsning i ett topplocksbulthål när bulten dras åt kan orsaka sprickbildning i motorblockets gjutning.

36 Vrid vevaxeln moturs så att kolv 1 och 4 befinner sig cirka 25 mm före ÖD, för att inte ventilen och kolven ska ta i varandra. Vrid vevaxeln med hjälp av en nyckel på remskivebulten.

37 Passa in en ny packning över styrstiften på motorblockets yta – den kan bara monteras i en riktning **(se bild)**.

38 För att det ska bli lättare att rikta in topplocket kan du tillverka ett par styrpinnbultar av två 10 mm bultar (gängstorlek) som är cirka 90 mm långa, med mejselspår i ena änden – två gamla topplocksbultar med huvudena avsågade är en bra utgångspunkt. Skruva in pinnbultarna, med mejselspåret uppåt så att det går att ta bort dem, i bulthålen i diagonalt motsatta hörn på motorblocket (eller i de två hål där styrhylsorna sitter). Låt cirka 70 mm av pinnbulten sticka ut ovanför packningen.

39 Sätt tillbaka topplocket, låt det glida ner över styrpinnbultarna (om sådana används) och sätt det på plats på styrhylsorna. Skruva ut styrpinnbultarna (om tillämpligt) när topplocket kommit på plats.

40 Ford anger inte om topplocksbultarna ska oljas in vid återmontering eller ej, men erfarenheten visar att det kan vara bra att olja in gängningen med lite tunn olja – men bara en tunt lager. Sätt i topplocksbultarna försiktigt och dra åt dem för hand.

41 Arbeta stegvis i den angivna ordningsföljden **(se bild)**, dra först åt alla bultar till angivet moment för steg 1.

42 När alla bultar är åtdragna till steg 1, dra åt dem i samma ordning till åtdragningsmomentet för steg 2.

43 I steg 3 ska bultarna vinkeldras. Varje bult måste i tur och ordning dras åt till angiven vinkel – det finns särskilda momentgradskivor på verktygsaffärer, men en vinkel på 90° motsvarar ett kvarts varv och detta är lätt att bedöma utifrån start- och slutläget på hylsnyckelns handtag eller momentnyckeln.

44 När alla bultar har dragits åt till steg 3 krävs ingen ytterligare åtdragning.

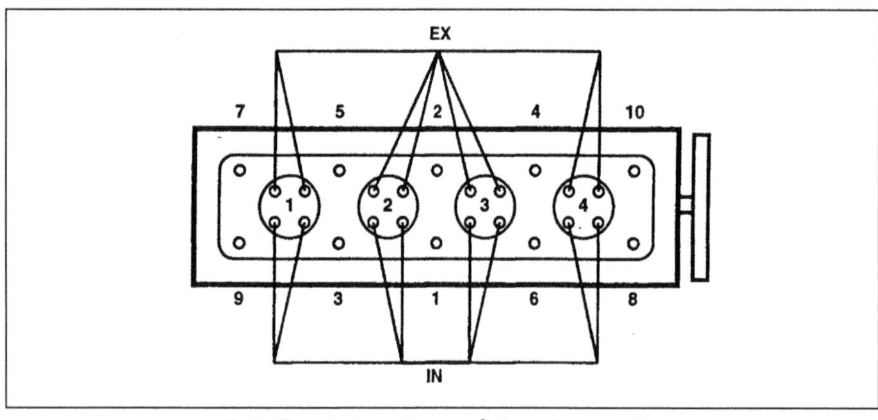

12.41 Topplocksbultarnas åtdragningsordning

45 Innan du fortsätter med återmonteringen, vrid vevaxeln framåt till ÖD-läget och kontrollera att inställningsverktygen som beskrivs i avsnitt 3 kan föras in. Låt inte motorn rotera mer än nödvändigt med kamremmen borttagen, då kan ventilerna slå kolvarna – om motorn t.ex. råkar gå förbi ÖD-läget, vrid tillbaka den något och försök igen – låt inte motorn gå ett helt varv.

46 Återmonteringen av de andra borttagna delarna utförs i omvänd ordning mot vid demonteringen. Notera följande:

a) Montera kamaxlarna enligt beskrivningen i avsnitt 11, och kamremmen enligt beskrivningen i avsnitt 8.

b) Montera avgasgrenröret enligt beskrivningen i kapitel 4A vid behov.

c) Dra åt alla infästningar till angivna moment där sådana anges.

d) Se till att alla slangar och kablage är korrekt dragna och att slangklämmorna och kontaktdonen är ordentligt monterade.

e) Fyll på kylsystemet enligt beskrivningen i kapitel 1.

f) Starta motorn och låt den uppnå normal arbetstemperatur. Leta sedan efter kylvätskeläckage vid alla fogar och skarvar som rubbats.

13 Oljesump – demontering och montering

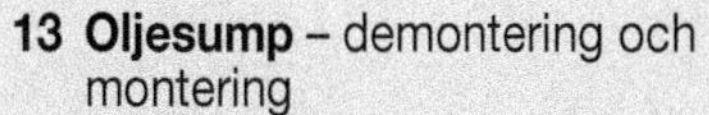

Demontering

1 Dra åt handbromsen. Lyft sedan upp framvagnen och ställ den på pallbockar (se *Lyftning och stödpunkter*).

2 Töm ut motoroljan och kontrollera sedan avtappningspluggens tätningsbricka och byt den vid behov. Rengör och sätt tillbaka motoroljans avtappningsplugg, tillsammans med brickan, och dra åt den till det angivna momentet. Även om det inte är nödvändigt för själva isärtagningen, är det ändå lämpligt att skruva loss och kasta oljefiltret, så att det kan bytas samtidigt med oljan (se kapitel 1).

3 Skruva loss bultarna som fäster oljesumpen på växellådan och lägg dem åt sidan, eftersom de inte får blandas ihop med bultarna som fäster oljesumpen på motorn.

4 Skruva stegvis loss oljesumpens fästbultar **(se bild)**.

5 Tyvärr gör tätningsmedlet mellan motorblocket och oljesumpen att det blir svårare att ta bort sumpen. Om du är försiktig och noga med att inte skada ytorna kan du skära runt tätningen med en vass kniv.

6 Ta aldrig spjärn med en hävarm mellan fogytorna eftersom det nästan garanterat kommer att skada dem, vilket ger läckage. Fords mekaniker har ett verktyg som består av ett metallstag som förs in genom sumpens avrinningshål och ett handtag för att dra oljesumpen nedåt.

13.4 Sumpen sedd underifrån, med motor- och växellådsbultar synliga

Montering

7 När du tar bort oljesumpen är det bra att passa på att ta bort oljepumpens upptagar-/filterrör och rengöra det enligt beskrivning i avsnitt 14.

8 Rengör oljesumpens och vevhusets kontaktytor noggrant. Använd en trasa för att rengöra insidan av sumpen och vevhuset om det behövs. Om oljepumpens upptagar-/filterrör har tagits bort, sätt dit en ny packning och sätt tillbaka röret enligt beskrivningen i avsnitt 14.

9 Ford uppger att man vid montering av sumpen behöver fem M8x20 pinnbultar som ska skruvas in i motorns bas, enligt vad som visas **(se bild)**. Detta underlättar inte bara vid linjeringen av sumpen, då det hindrar tätningsmedlet från att hamna fel när sumpen monteras, utan det hindrar även tätningsmedlet från att komma in i bottenhålen. Skär en skåra i änden på varje pinnbult för att göra det lättare att ta bort dem när sumpen sitter på plats.

10 Lägg en sträng tätningsmedel på 3 till 4 mm diameter (Ford rekommenderar WSE M4G323-A4, eller liknande) på sumptråget, på insidan av bulthålen **(se bild)**. Sumpbultarna måste sättas i och dras åt inom 10 minuter efter det att tätningsmedlet har applicerats.

11 Passa in oljesumpen över pinnbultarna och sätt dit de återstående bultarna för hand. Skruva loss pinnbultarna och sätt dit sumpbultarna i deras ställe.

12 Sätt i bultarna som håller oljesumpen och växellådan och dra åt dem till angivet moment.

13 Bultarna som håller oljesumpen till motorn dras åt i angiven ordningsföljd **(se bild)**. Följ först ordningen och dra åt alla sumpbultar till halva det angivna momentet. Gå sedan varvet runt igen och dra åt dem helt till det angivna momentet.

14 Sänk ner bilen och sätt i ett nytt oljefilter om det behövs. För att vara på den säkra sidan, vänta ytterligare 30 minuter så att tätningsmedlet hinner fästa innan du fyller på ny olja, enligt beskrivningen i kapitel 1.

15 Starta slutligen motorn och leta efter tecken på oljeläckage.

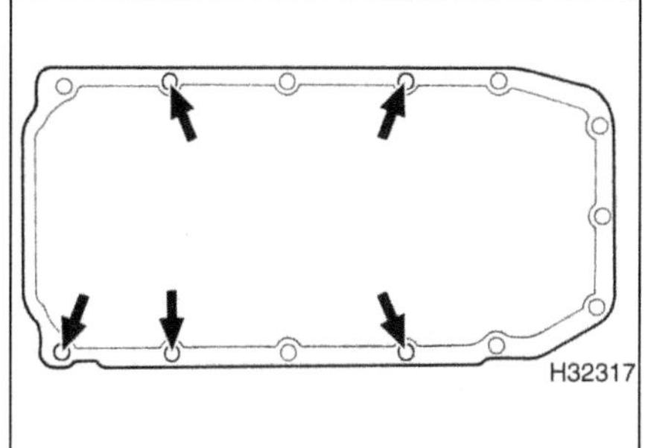

13.9 Placering av oljesumpens inställningsbultar (vid pilarna)

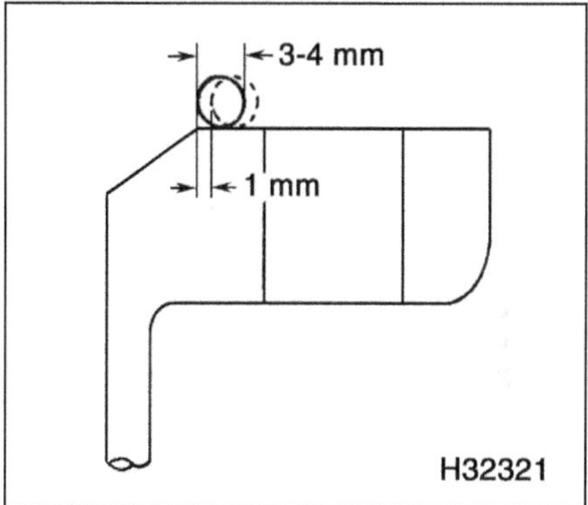

13.10 Lägg en sträng tätningsmedel på oljesumpens fogyta enligt bilden

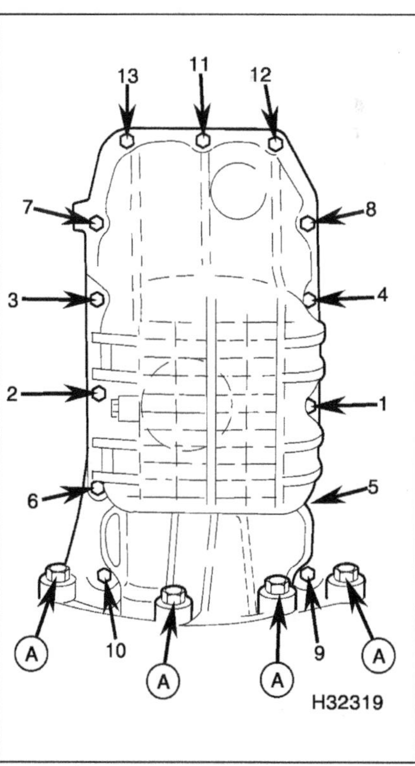

13.13 Åtdragningsordning för bultar som håller oljesumpen till motorn – notera även bultarna mellan sumpen och växellådan (A)

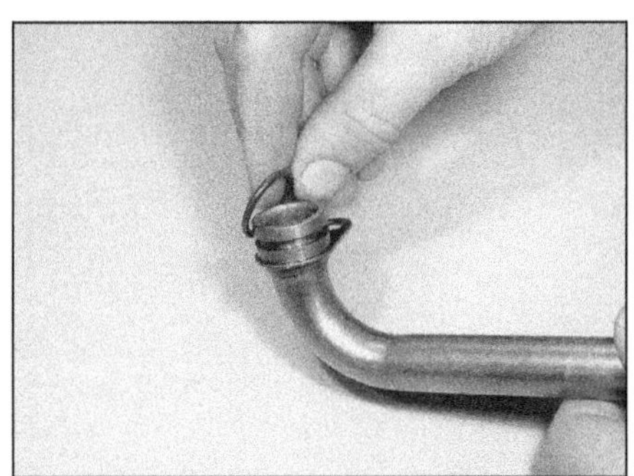
14.6 Demontera O-ringen från oljepumpens upptagar-/filterrör

14.7 Ta bort oljepumpens fästbultar

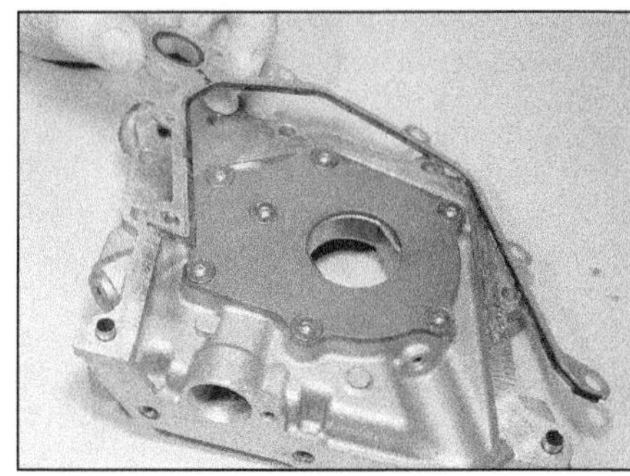
14.8 Demontera oljepumpens packning

14 Oljepump – demontering, kontroll och montering

Demontering

1 Demontera kamremmen enligt beskrivningen i avsnitt 8.
2 Demontera vevaxeldrevet enligt beskrivningen i avsnitt 9.
3 Sätt tillbaka motorns högra nedre och övre fästbyglar och dra åt fästbultarna till deras angivna moment. Ta bort garagedomkraften under oljesumpen.
4 Demontera oljesumpen enligt beskrivningen i avsnitt 13.
5 Skruva loss bultarna som fäster oljepumpens upptagar-/filterrör på avskärmningsplåten/ramlageröverfallet.
6 Skruva loss bulten som fäster oljepumpens upptagar-/filterrör på oljepumpen och ta sedan bort röret och ta loss O-ringstätningen **(se bild)**. Kasta O-ringen.
7 Skruva loss bultarna som fäster oljepumpen på motorblocket/vevhuset **(se bild)**. Ta bort pumpen över vevaxelns spets.
8 Ta loss och kasta bort packningen **(se bild)**.
9 Stöd oljepumpen med träblock och använd sedan en skruvmejsel för att kroka eller trycka ut vevaxelns främre oljetätning.
10 Om det behövs, skruva loss och ta bort avskärmningsplattan från ramlageröverfallet/ramlagerhållaren **(se bild)**. Rengör alla delar noggrant, särskilt fogytorna på pumpen, oljesumpen och motorblocket/vevhuset.

Kontroll

11 Det går inte att få tag på enskilda delar för oljepumpen och det finns inga åtdragningsmoment anvisade för åtdragningen av pumpens skyddsplåtsbultar. Följande metod finns emellertid för de ägare som vill ta isär oljepumpen för en kontroll.
12 Lossa skruvarna och ta bort pumpens skyddsplåt. Notera eventuella identifieringsmärken på rotorerna och ta bort dem.
13 Undersök rotorerna för att se om de är slitna eller skadade; om någon av rotorerna, pumphuset eller skyddsplåten är repig eller skadad måste hela oljepumpen bytas ut.
14 Avlastningsventilen för oljetryck kan tas bort på följande sätt.
15 Skruva loss den gängade pluggen och ta loss ventilfjädern och tryckkolven. Om pluggens O-ringstätning är sliten eller skadad måste den bytas.
16 Montera i omvänd ordningsföljd mot demonteringen. Se till att fjädern och ventilen sätts tillbaka åt rätt håll och dra åt den gängade pluggen ordentligt.

Montering

17 Om oljeavskärmningsplåten har tagits bort, sätt tillbaka den på vevhuset och dra åt bultarna.
18 Oljepumpen måste smörjas när den sätts tillbaka. Häll ren motorolja i den och vrid den inre pumpskivan några varv.
19 Använd lite fett för att få den nya packningen på plats på motorblocket/vevhuset.
20 Passa in oljepumpen över vevaxelns ände och vrid den inre rotorn så mycket som behövs för att rikta in dess plana ytor med de plana ytorna på vevaxeln. Sätt dit pumpen på styrstiften och för sedan in fästbultarna och dra åt dem stegvis till angivet moment.
21 Montera en ny främre oljetätning på vevaxeln (se avsnitt 15).
22 Sätt på en ny O-ring (doppad i olja) på upptagar-/filterröret, och passa sedan in röret i oljepumpen och för in fästbultarna. Sätt in bultarna som håller fast röret på avskärmningsplåten/ramlageröverfallet. Dra åt bultarna till angivet moment.
23 Montera oljesumpen enligt beskrivningen i avsnitt 13.
24 Stötta upp motorns tyngd med en garagedomkraft och träblock under oljesumpen. Skruva sedan loss muttrarna och bultarna och ta bort motorns högra övre och nedre fästbyglar.
25 Montera vevaxeldrevet enligt beskrivningen i avsnitt 9.
26 Sätt tillbaka kamremmen enligt beskrivningen i avsnitt 8.

15 Vevaxelns oljetätningar – byte

Oljepumphusets oljetätning

1 Demontera kamremmen enligt beskrivningen i avsnitt 8.
2 Demontera vevaxeldrevet enligt beskrivningen i avsnitt 9.
3 Sätt tillbaka motorns högra nedre och övre fästbyglar och dra åt fästbultarna som en säkerhetsåtgärd.
4 Observera oljetätningens monteringsdjup för att underlätta vid ditsättning av den nya.
5 Använd en skruvmejsel och bänd loss den gamla oljetätningen från oljepumpshuset. Var försiktig så att du inte skadar tätningens kontaktyta på vevaxelns ände eller sätet i huset.
6 Torka rent sätet och vevaxelns ände.
7 Doppa den nya oljetätningen i ren olja och passa in den över vevaxeln och i oljepumpshuset **(se bild)**. Se till att oljetätningens släta sida är vänd utåt.
8 Använd ett drev eller en bit metallrör och

14.10 Skruva loss avskärmningsplåten från ramlageröverfallet/ramlagerhållaren

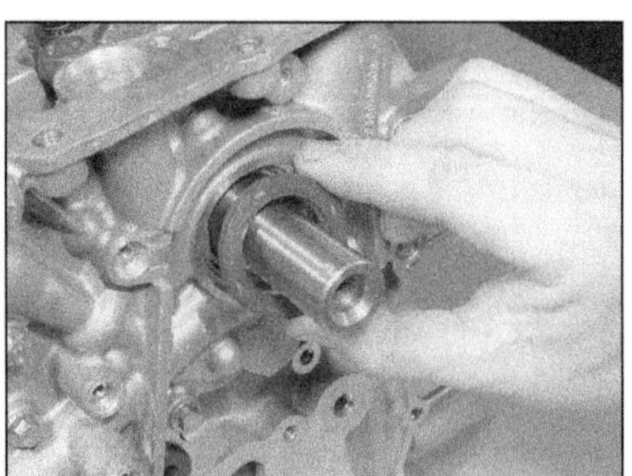
15.7 Sätt på den nya oljetätningen över vevaxeln

15.18 Sätt på det nya oljetätningshuset (med ring) över vevaxelns bakre del

15.20 När oljetätningshuset är fäst med bultar, ta bort ringen

tryck tätningen på plats till det antecknade tidigare monteringsdjupet. Fords installationsverktyg (303-395) används tillsammans med en av vevaxelns gamla remskivebultar för att trycka oljetätningen på plats. Du kan utföra samma åtgärd med ett metallrör och en stor bricka – använd inte en av vevaxelns nya remskivebultar eftersom du bara kan använda bulten en gång. När oljetätningen sitter på plats, torka bort eventuell överflödig olja.

9 Stötta upp motorns tyngd med en garagedomkraft och träblock under oljesumpen. Skruva sedan loss muttrarna och bultarna och ta bort motorns högra övre och nedre fästbyglar.

10 Montera vevaxeldrevet enligt beskrivningen i avsnitt 9.

11 Sätt tillbaka kamremmen enligt beskrivningen i avsnitt 8.

Oljetätning på svänghjulssidan

12 Demontera växellådan (se tillämpligt avsnitt av kapitel 7).

13 På modeller med manuell växellåda, demontera kopplingen enligt beskrivningen i kapitel 6.

14 Demontera svänghjulet enligt beskrivningen i avsnitt 16.

15 Skruva loss fästbultarna och ta bort det bakre oljetätningssätet över vevaxelns ände. Observera att tätningen och huset är tillverkade som en enda enhet, med en vulkaniserad packning. Det går inte att skaffa en ny tätning separat.

16 Rengör husets kontaktyta på motorblocket och vevaxeländen.

17 Det nya oljetätningshuset levereras tillsammans med en ring som ser till att oljetätningens läppar blir korrekt placerade på vevaxeln.

18 Smörj på ny motorolja på vevaxeländen. Passa sedan in oljetätningshuset med ringen över vevaxelns ände **(se bild)**. Tryck huset på plats, observera att centrumbulthålen är formade som styrstift.

19 Sätt i fästbultarna och dra stegvis åt dem till angivet moment. Torka bort eventuell överflödig olja.

20 Ta bort ringen och kontrollera att oljetätningsläpparna är korrekt placerade **(se bild)**.

21 Montera svänghjulet enligt beskrivningen i avsnitt 16.

22 På modeller med manuell växellåda, montera kopplingen enligt beskrivningen i kapitel 6.

23 Montera växellådan (se aktuell del av kapitel 7).

16 Svänghjul – demontering, kontroll och montering

Demontering

1 Demontera växellådan (se tillämpligt avsnitt av kapitel 7).

2 På modeller med manuell växellåda, demontera kopplingen enligt beskrivningen i kapitel 6.

3 Håll svänghjulet stilla på något av följande sätt:

a) Om du har en medhjälpare, för in en av växellådans fästbultar i motorblocket och be medhjälparen att haka i en bredbladig skruvmejsel i krondrevets kuggar när bultarna lossas.

b) Annars kan ett vinkeljärn hakas i krondrevet och passas in mot växellådans fästbult.

c) En tredje metod är att tillverka ett platt metallstag med en spetsig ände för att haka i krondrevet – passa in verktyget på växellådans bult och använd brickor och packningar för att rikta in det mot krondrevet. Dra sedan åt bulten för att hålla den på plats ***(se bild).***

4 Skruva loss fästbultarna och lyft sedan upp svänghjulet från styrstiftet på vevaxeln **(se bild)**.

Kontroll

5 Rengör svänghjulet från fett och olja. Undersök ytan efter sprickor, nitspår, brända områden och repor. Lättare repor kan tas bort med smärgelduk. Leta efter spruckna eller trasiga krondrevskuggar. Lägg svänghjulet på slätt underlag och använd en linjal för att kontrollera eventuell skevhet.

6 Rengör och kontrollera fogytorna på svänghjulet och vevaxeln. Om vevaxelns tätning läcker ska den bytas (se avsnitt 15) innan svänghjulet återmonteras.

7 När svänghjulet är avtaget kan du passa på att rengöra dess inneryta. Var särskilt noga med groparna som fungerar som mätpunkter för vevaxelns varvtals-/lägesgivare. Rengör givarspetsen och kontrollera att givaren sitter fast ordentligt. Givarfästet kan tas bort vid behov. Ta då först bort givaren och skruva sedan loss bulten och ta bort fästet från motorblocket.

Montering

8 Se till att fogytorna på svänghjulet och vevaxeln är rena. Passa sedan in svänghjulet på vevaxeln och haka fast det på styrstiftet.

9 Dra åt fästbultarna för hand.

10 Spärra svänghjulet (se punkt 3), och dra sedan åt bultarna i två steg till angivet moment i diagonal ordningsföljd. Dra först åt alla sex bultar till momentet för steg 1, sedan till vinkeln för steg 2. Det finns särskilda vinkelgradskivor att köpa, men en vinkel på 90° motsvarar t.ex. ett kvarts varv. Detta är lätt att bedöma utifrån start- och slutläget på hylsnyckelns handtag eller momentnyckeln.

11 På modeller med manuell växellåda, sätt tillbaka kopplingen enligt beskrivningen i kapitel 6.

12 Montera växellådan (se aktuell del av kapitel 7).

16.3 Egentillverkat verktyg för fasthållning av svänghjulet när bultarna lossas

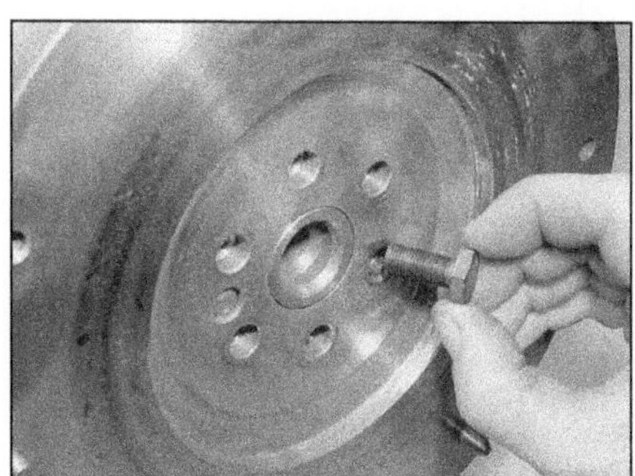
16.4 Skruva loss svänghjulets fästbultar (observera styrstiftet på vevaxeln)

17 Motor-/växellådsfästen – kontroll och byte

Kontroll

1 Motorns/växellådans fästen behöver sällan åtgärdas, men trasiga eller slitna fästen måste bytas omedelbart, annars kan den extra belastningen på drivaxelkomponenterna leda till skador eller slitage.

2 Vid kontrollen måste motorn/växellådan vara aningen lyft, så att dess tyngd inte vilar på fästena.

3 Dra åt handbromsen. Lyft upp framvagnen och ställ den på pallbockar (se *Lyftning och stödpunkter*). Ta bort motorns undre skyddskåpa i förekommande fall. Placera en domkraft under oljesumpen, med en stor träkloss mellan sumpen och lyftsadeln. Lyft sedan försiktigt motorn/växellådan precis så mycket som krävs för att avlasta fästena.

4 Kontrollera fästena för att se om gummit har spruckit, hårdnat eller lossnat från metalldelarna. Ibland spricker gummit mitt itu.

5 Kontrollera om det finns glapp mellan någon av fästbyglarna och motorn/växellådan eller karossen (använd en stor skruvmejsel eller ett bräckjärn och försök röra på fästena). Om du noterar ett glapp, sänk ner motorn och kontrollera fästmuttrarnas och bultarnas åtdragning.

Byte

6 Motorfästena kan tas bort om tyngden från motorn/växellådan hålls uppe på något av följande sätt.

7 Stöd antingen enheten underifrån med en domkraft och en lämplig träbit mellan domkraften och oljesumpen (för att förhindra skador), eller ovanifrån genom att fästa en lyft på motorn. En tredje metod består i att använda ett lämpligt stödstag med ändstycken som hakar i vattenkanalen på var sida om motorhuvsöppningen. Med en justerbar krok och kedja fäst på motorn kan tyngden från motorn och växellådan tas bort från fästena.

8 När tyngden från motorn och växellådan har stöd kan valfritt fäste skruvas loss och tas bort.

9 När du ska ta bort motorns högra fäste, märk först ut bultarnas läge i förhållande till fästplattan. Skruva loss bultarna som fäster fästet på den inre skärmen och muttrarna som fäster det på motorn. Lyft bort fästet i en del.

10 När du ska ta bort vänster fäste, ta först bort batteriet och batterihyllan enligt beskrivningen i kapitel 5A och lossa sedan klämmorna och ta bort luftintagskanalen. Skruva loss de fem fästmuttrarna (observera att den mittersta är större än de övriga) från motorns vänstra fäste och lyft sedan bort den övre fästbygeln. Skruva loss de tre muttrarna och ta bort den nedre halvan av fästbyglarna på växellådan.

11 När du ska ta bort motorns bakre fäste/länk, dra först åt handbromsen. Lyft sedan upp framvagnen och ställ den på pallbockar (se *Lyftning och stödpunkter*). Skruva loss de genomgående bultarna och ta bort motorns bakre fästlänk från fästbygeln på växellådan och från bygeln på underredet **(se bild)**. Håll motorn stilla när du tar bort bultarna eftersom länken kommer att vara spänd. **Observera:** *De båda genomgående bultarna är olika långa – om bultarna sätts tillbaka på fel platser kommer den bakersta bulten att ta i styrväxeln.*

12 Återmonteringen av alla fästen sker i omvänd ordning mot demonteringen. Dra inte åt fästmuttrarna/-bultarna helt innan alla fästen är på plats. Kontrollera att gummifästena inte är vridna när fästbultarna och muttrarna dras åt till respektive angivet moment.

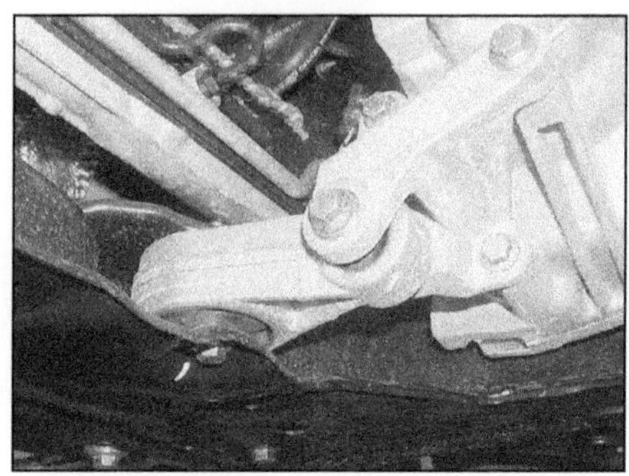

17.11 Motorns bakre fäste/länk

18 Oljetrycksvarningslampans kontakt – demontering och montering

Demontering

1 Kontakten är fastskruvad i motorblocket bredvid oljefiltret.

2 Se till att bilen står på stadigt underlag, öppna motorhuven och lossa batteriets jordledning (minuspolen) – se kapitel 5A, avsnitt 1.

3 Lyft upp framvagnen och ställ den stadigt på pallbockar.

4 Koppla loss kablaget från kontakten och skruva loss den. Var beredd på oljespill.

Montering

5 Montera i omvänd ordningsföljd mot demonteringen. Lägg på ett tunt lager med lämpligt tätningsmedel på kontaktens gängor och dra åt den till angivet moment. Kontrollera motoroljans nivå och fyll på om det behövs (se *Veckokontroller*). Starta motorn och låt den uppnå normal arbetstemperatur. Kontrollera sedan att varningslamporna fungerar och sök efter tecken på oljeläckage.

Kapitel 2 Del B: Reparationer med motorn kvar i bilen – 1,8 och 2,0 liters motor

Innehåll

Svårighetsgrader

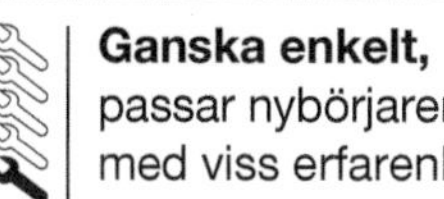

Enkelt, passar novisen med lite erfarenhet	**Ganska enkelt,** passar nybörjaren med viss erfarenhet	**Ganska svårt,** passar kompetent hemmamekaniker	**Svårt,** passar hemmamekaniker med erfarenhet	**Mycket svårt,** för professionell mekaniker

Specifikationer

Allmänt

Motortyp	Fyrcylindrig, rak motor med dubbla överliggande kamaxlar (DOHC), topplock och motorblock i gjutjärn
Beteckning	Zetec-E
Motorkoder:	
1,8 liter	EYDB, EYDF, EYDH
2,0 liter	EDDB, EDDF, EDDG
Slagvolym:	
1,8 liter	1 796 cc
2,0 liter	1 989 cc
Lopp:	
1,8 liter	80,6 mm
2,0 liter	84,8 mm
Slaglängd	88,0 mm
Kompressionsförhållande	10,0:1
Tändföljd	1-3-4-2 (cylinder 1 på kamremssidan)
Vevaxelns rotationsriktning	Medurs (sett från bilens högra sida)

Smörjning

Motoroljans typ/specifikation	se slutet av *Veckokontroller*
Motoroljans volym	se kapitel 1
Oljepumpens spel	information saknas i skrivande stund
Oljetryck (motor på arbetstemperatur):	
På tomgång (800 till 850 varv/minut)	1,3 till 2,5 bar
Vid 4 000 varv/minut	3,7 till 5,5 bar

Observera: *På 2,0 liters motorer öppnas oljemunstyckena för kolvkylning helt vid 4 000 varv/minut, vilket ger ett tryckfall på cirka 0,3 till 0,8 bar. Detta bör beaktas om oljetrycksvärdet ligger i nedre delen av det tillåtna området.*

Kamaxlar

Kamaxellagertappens diameter	25,96 till 25,98 mm
Kamaxelns axialspel	0,08 till 0,22 mm

Topplock

Max. tillåten avvikelse på packningens yta	0,1 mm

Ventiler

Ventilspel (kall motor):	**Insug**	**Avgas**
Kontroll	0,11 till 0,18 mm	0,27 till 0,34 mm
Inställning	0,15 mm	0,30 mm
Tillgängliga tjocklekar på distansbrickor	1,8 till 3,3 mm i olika steg	

Åtdragningsmoment

	Nm
Fäste för luftkonditioneringskompressor:	
Nedre bultar	25
Övre muttrar	48
Generatorns fästbygel:	
Nedre bultar/muttrar	65
Övre bultar	25
Drivremmens överföringsremskiva	40
Vevstakslageröverfallets bultar:	
Steg 1	15
Steg 2	Vinkeldra ytterligare 90°
Kamaxellageröverfallets bultar:	
Steg 1	10
Steg 2	19
Kamaxeldrevets bultar	68
Katalysatorns muttrar/bultar	48
Bultar mellan kylvätskepumpens hus och motorn	18
Kylvätskepumpens remskivebultar	24
Bultar mellan kylvätskepumpen och huset	9
Vevaxelns remskivebult	115
Vevaxelns tätningshus, bultar	20
Topplocksbultar:	
Steg 1	20
Steg 2	40
Steg 3	Vinkeldra ytterligare 90°
Ventilkåpans bultar	7
Motorfästen:	
Vänster fäste (växellåda):	
Nedre del	80
Övre del:	
Mittre mutter	133
Fyra yttre muttrar	48
Bakre fäste på framvagnsram (krängningshämmare)	48
Fäste höger sida, nedre fästbygel	55
Fäste höger sida, övre del:	
Till kaross	48
Till motor	80
Bultar till avgasgrenrörets värmesköld	10
Avgasgrenrörets muttrar och bultar	16
Bultar till svänghjul*	112
Insugsgrenrörets muttrar och bultar	18
Vevhusets nedre del på motorblock	22
Ramlageröverfallets bultar	85
Oljepickup, bultar	10
Oljetrycksbrytare	27
Bultar mellan oljepump och motorblock	11
Servostyrningspumpens fästbygelmuttrar	48
Hjulmuttrar	85
Tändstift	15
Startmotorns fästbultar	35
Oljesumpens dräneringsplugg	24
Oljeumpen till vevhusets nedre del:	
Steg 1	6
Steg 2	10
Termostathus	20
Kamremskåpor:	
Nedre kåpans bultar	7
Mellankåpans bultar	50
Övre kåpans bultar	10
Kamremmens styrrulles bult	23
Kamremsspännarens bult	25
Bultar mellan växellåda och motor	48

** Återanvänds inte*

1 Allmän information

Hur detta kapitel används

Den här delen av kapitel 2 innehåller beskrivningar av de arbeten som kan utföras med motorn kvar i bilen. Den arbetsgång som beskrivs här utgår från att motorn sitter kvar i bilen, och därför är vissa av de förberedande isärtagningssteg som beskrivs inte tillämpliga ifall motorn har lyfts ut och monterats på ett stativ.

Information om demontering och montering av motor/växellåda samt motoröversyn finns i del C i detta kapitel.

Motorbeskrivning

Motorn Zetec-E är en rak motor med sexton ventiler, dubbla överliggande kamaxlar (DOHC) och fyra cylindrar, som är tvärställd i motorrummet, med växellådan på vänster sida. Den finns i Focus med 1,8 och 2,0 liters motor.

Frånsett kamremskåporna och motorblocket/vevhuset i gjutjärn, består alla större motorgjutdelar av aluminiumlegering. Motorn skiljer sig från tidigare versioner av Zetec (i Mondeo och andra) på så sätt att den har ett undre vevhus i gjuten aluminiumlegering som är fäst med bultar på undersidan av motorblocket/vevhuset, med en oljesump i pressat stål fäst med bultar nedtill. Detta ger en stelare konstruktion än den normala sumpanordningen och hjälper till att minska motorvibrationerna.

Vevaxeln löper i fem ramlager, där det mellersta ramlagrets övre hälft innehåller tryckbrickor som styr vevaxelns axialspel. Vevstakarnas storändar roterar i horisontellt delade lager av skåltyp. Kolvarna är anslutna till vevstakarna med kolvbultar som presspassats in i ögat i vevstakens övre ände. Lättmetallkolvarna är försedda med tre kolvringar – två kompressionsringar och en oljekontrollring. Efter tillverkning mäts cylinderlopp och kolvar och delas in i tre klasser som måste kombineras noggrant för att spelet mellan kolv och cylinder ska bli det rätta. Över-storlekar för att göra omborrning möjlig finns inte.

Insugs- och avgasventilerna stängs av spiralfjädrar och de löper i styrningar som är inpassade i topplocket, vilket ventilsätesringarna också är.

Båda kamaxlarna drivs av samma tandade kamrem, och vardera styr de åtta ventiler via vanliga ventillyftare med distansbrickor. Vardera kamaxeln roterar i fem lager som är linjeborrade direkt i topplocket och de påbultade överfallen. Detta innebär att lageröverfall inte finns tillgängliga separat från topplocket och inte får bytas ut mot överfall från en annan motor.

Kylvätskepumpen är fäst med bultar på motorblockets högra sida, innanför kamremmen, och drivs med servostyrningspumpen och generatorn av en tandad drivrem från vevaxelns remskiva.

Eftersom torx- (hane och hona) och insexinfästningar förekommer i stor omfattning, krävs en bra sats med bits och adaptrar för att skruva ur dessa utan skador samt dra åt dem till rätt åtdragningsmoment.

Smörjsystem

Smörjningen ombesörjs av en excentriskt arbetande rotorpump som sitter på höger sida av vevhuset och förses med olja genom en sil i oljesumpen. Pumpen pressar oljan genom ett utvändigt monterat fullflödes patronfilter. Från filtret pumpas oljan in i en huvudkanal i motorblocket/vevhuset, varifrån den sedan fortsätter till vevaxeln (ramlagren) och topplocket.

Vevstakslagren förses med olja via kanaler i vevaxeln. På 2,0 liters motorer kyls varje kolv av olja som duschas mot undersidan genom ett munstycke. Munstyckena matas via kanaler från vevaxelns oljematning och har fjäderbelastade ventiler som garanterar att munstyckena bara öppnas när det finns tillräckligt oljetryck för att resten av motorn ska få tillräcklig smörjning. I de fall då sådana munstycken inte finns monterade är kanalerna försedda med pluggar så att de blir förseglade men ändå kan rengöras vid renovering.

Topplocket har två smörjkanaler, en på insugssidan och en på avgassidan, som garanterar att kamaxellagren och ventillyftarna hela tiden förses med olja. En backventil (infästad i topplockets ovansida, på insugssidans mitt) förhindrar att smörjkanalerna töms när motorn stängs av. I ventilens övre del sitter ett avluftningshål, genom vilket eventuella luftbubblor i systemet kan slippa ut när motorn startas.

Så länge oljetillförseln till vevaxel- och kamaxellagren står under tryck smörjs kamnockarna och ventilerna, liksom motorns alla övriga komponenter, genom att de duschas med olja.

Åtgärder som kan utföras med motorn kvar i bilen

Följande större reparationer går att utföra utan att man behöver lyfta ut motorn ur bilen. Man bör dock observera att arbeten som förutsätter att oljesumpen demonteras kräver noggrann planering, särskilt om man inte har så stor erfarenhet eller inte har tillgång till så mycket verktyg och utrustning. Se relevant text för mer detaljer.

a) Kompressionstryck – kontroll.
b) Ventilkåpa – demontering och montering.
c) Kamremskåpor – demontering och montering.
d) Kamrem – byte.
e) Kamremsspännare och drev – demontering och montering.
f) Kamaxeloljetätningar – byte.
g) Kamaxlar och ventillyftare – demontering och montering.
h) Topplock – demontering, översyn och montering.
i) Topplock och kolvar – sotning.
j) Oljesump – demontering och montering.
k) Vevaxelns oljetätningar – byte.
l) Oljepump – demontering och montering.
m) Kolvar/vevstake – demontering och montering (se dock anmärkningen nedan).
n) Svänghjul/drivplatta – demontering och montering.
o) Fästen för motor/växellåda – demontering och montering.

Observera: *Det går att ta loss kolvar och vevstakar (efter det att topplocket och oljesumpen har demonterats) utan att motorn tas ur bilen. Det rekommenderas dock inte. Arbete av den här typen blir betydligt enklare att utföra och får bättre resultat om det utförs med motorn på en arbetsbänk enligt beskrivningen i kapitel 2C.*

Rengör motorrummet och motorns utsida med avfettningsmedel innan du utför någon åtgärd (och/eller rengör motorn med ångtvätt). Det underlättar arbetet och bidrar till att hålla motorns inre delar fria från smuts.

Beroende på vilka komponenter som berörs kan det vara en god idé att först ta bort motorhuven så att motorn blir mer lättåtkomlig (se kapitel 11, om så behövs). Täck över framskärmarna så att inte lacken skadas. Det finns speciella skydd för detta ändamål, men ett gammalt täcke eller en filt går också bra.

2 Kompressionsprov – beskrivning och tolkning

1 Om motorns effekt sjunker eller om det uppstår misständningar som inte kan hänföras till tändning eller bränslesystem, kan ett kompressionsprov ge en uppfattning om motorns skick. Om kompressionsprov görs regelbundet kan de ge förvarning om problem innan några andra symptom uppträder.

2 Motorn måste ha uppnått normal arbetstemperatur, oljenivån måste vara korrekt och batteriet helt laddat. Dessutom behövs en medhjälpare.

3 Se kapitel 12, leta reda på och ta bort bränslepumpssäkringen från säkringsdosan. Starta motorn och låt den gå tills den stannar. Om motorn inte startar, dra runt den på startmotorn i cirka 10 sekunder. Bränslesystemet ska nu vara tryckutjämnat vilket hindrar bränsle som inte har förbränts från att dränka katalysatorn när motorn körs under testet.

4 Avaktivera tändsystemet genom att koppla loss tändspolens elektriska kontaktdon. Ta bort tändstiften.

5 Montera en kompressionsprovare vid tändstiftshålet för cylinder 1 – helst den typ av provare som skruvas fast i hålet.

6 Låt medhjälparen trampa gaspedalen i botten och dra runt motorn på startmotorn. Efter ett eller två varv ska kompressionstrycket byggas upp till ett maximivärde och stabiliseras. Anteckna det högsta värdet.

7 Kompressionen byggs upp relativt snabbt i en motor i gott skick. Om kompressionen är låg i det första kolvslaget och sedan ökar gradvis under följande slag är det ett tecken på slitna kolvringar. Lågt tryck som inte stiger är ett tecken på läckande ventiler eller trasig topplockspackning (eller ett sprucket topplock). Avlagringar på undersidan av ventiltallrikarna kan också orsaka dålig kompression. Anteckna det högsta uppmätta värdet och upprepa sedan proceduren för de återstående cylindrarna.

8 På grund av det stora utbudet av provare, och variationerna i startmotorns hastighet när motorn dras runt, får man ofta fram olika värden vid kompressionsprovet. Av den anledningen uppger Ford inga faktiska kompressionstrycksvärden. Det viktigaste är dock att kompressionstrycken är desamma i alla cylindrar, vilket är detta tests huvuduppgift att ta fram.

9 Om trycket i någon av cylindrarna är avsevärt lägre än i de andra, kan provet upprepas sedan en tesked ren motorolja har hällts in genom cylinderns tändstiftshål.

10 Om tillförsel av olja tillfälligt förbättrar kompressionen är det ett tecken på att det är slitage på kolvringar eller lopp som orsakar tryckfallet. Om ingen förbättring sker tyder det på läckande/brända ventiler eller trasig topplockspackning.

11 Lågt tryck i två angränsande cylindrar är med stor säkerhet ett tecken på att topplockspackningen mellan dem är trasig. Detta bekräftas om det finns kylvätska i motoroljan.

12 Om en av cylindrarna ligger omkring 20 procent lägre än de övriga i värde och tomgången är en smula ojämn, kan det vara fråga om en sliten kamlob eller trasig ventillyftare/distansbricka.

13 Om kompressionen är anmärkningsvärt hög är förbränningskammaren antagligen täckt med sotavlagringar. I så fall bör topplocket tas bort och sotas.

14 När provet är klart, sätt tillbaka tändstiften, återanslut tändsystemets spole och montera bränslepumpsäkringen.

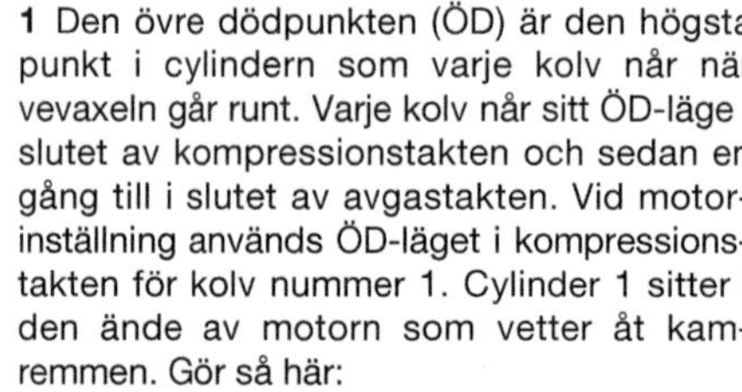

3 Övre dödpunkt för kolv nr 1 – placering

1 Den övre dödpunkten (ÖD) är den högsta punkt i cylindern som varje kolv når när vevaxeln går runt. Varje kolv når sitt ÖD-läge i slutet av kompressionstakten och sedan en gång till i slutet av avgastakten. Vid motorinställning används ÖD-läget i kompressionstakten för kolv nummer 1. Cylinder 1 sitter i den ände av motorn som vetter åt kamremmen. Gör så här:

2 Lossa batteriets jordledning (minuspolen) (se kapitel 5A, avsnitt 1).

3 Ta bort alla tändstift enligt beskrivningen i kapitel 1 och ta sedan bort ventilkåpan enligt beskrivningen i avsnitt 4.

4 Använd en nyckel eller hylsnyckel på vevaxelns remskivebult (ta bort panelen i hjulhusets innerskärm för att komma åt) och vrid vevaxeln medurs tills insugsventilerna för cylinder nr 1 har öppnats och precis stängts igen.

5 Varje kamaxel har ett urtag på motorns växellådssida. Båda urtagen hamnar helt horisontellt, och på samma höjd som topplockets bearbetade yta, när motorn är i ÖD-läget för cylinder nr 1. Fords serviceverktyg 303-376 används för att kontrollera detta läge, och för att kontrollera att kamaxlarna är i rätt läge. Du kan enkelt tillverka ett eget verktyg med hjälp av en 5 mm tjock plåtbit. Det är viktigt att plåten har den tjockleken. Längden och bredden spelar mindre roll, men de bör ligga mellan 180 och 230 mm respektive 20 och 30 mm **(se bilder)**.

6 Det finns ett ÖD-synkroniseringshål på motorblockets framsida för att ge vevaxeln en mer exakt placering vid ÖD. Täckpluggen sitter bakom katalysatorn och är inte lätt att komma åt – var också försiktig så att du inte bränner dig om motorn är varm **(se bild)**.

7 Skruva loss synkroniseringsstiftets täckplugg och skruva i synkroniseringsstiftet (Fords serviceverktyg 303-620). Verktyget kan köpas hos en Fordverkstad eller i en verktygsaffär. Du kan tillverka ett eget stift av en bult med M10 diameter som har kapats så att dess längd mellan undersidan av bultskallen och spetsen är exakt 63,4 mm **(se bilder)**. Vevaxeln kan behöva vridas lite åt

3.5a Vrid motorn så att skårorna i kamaxeländarna hamnar i linje . . .

3.5b . . . och passa sedan in metallremsan för att ställa in axlarna till ÖD

3.6 Ta bort synkroniseringshålets täckplugg – katalysatorn har tagits bort för tydlighets skull

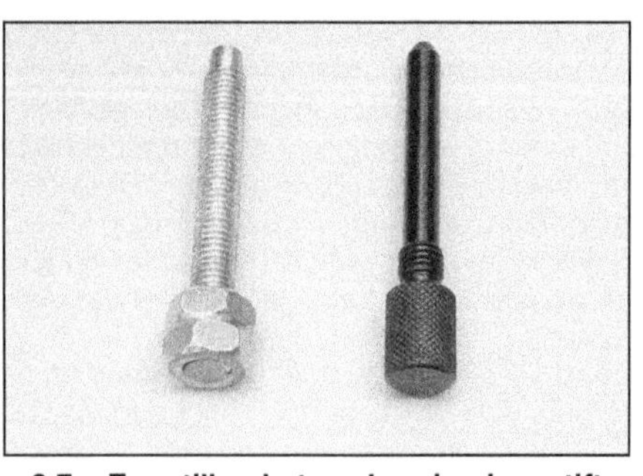

3.7a Egentillverkat synkroniseringsstift (vänster) och original synkroniseringsstift (höger)

3.7b För in synkroniseringsstiftet i hålet . . .

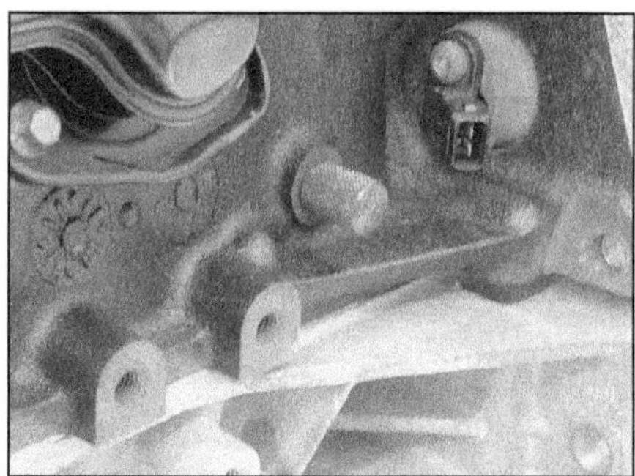

3.7c . . . och skruva in det helt

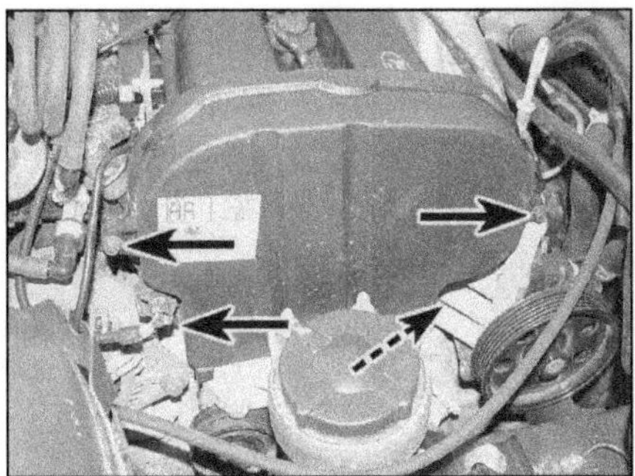
4.3 Skruva loss den övre kamremskåpans bultar (vid pilen)

4.4 Koppla loss vevhusventilationens slang från kåpan

4.5 Ta loss tändkablarna och tändhattarna

något håll (ta bort verktyget från kamaxlarna först) för att du ska kunna föra in synkroniseringsstiftet helt.

8 Vrid motorn sakta framåt tills vevaxeln kommer i kontakt med synkroniseringsstiftet – i detta läge är motorn inställd på ÖD för cylinder nr 1.

9 Kontrollera att synkroniseringsstiftet är borttaget innan vevaxeln vrids igen. När åtgärderna har slutförts är det viktigt att du kommer ihåg att sätta tillbaka täckpluggen.

10 Om du inte har tillgång till synkroniseringsstiftet, för in en träpinne (cirka 150 mm lång) eller liknande i tändstiftshål nr 1 tills den vilar på kolvkronan. Vrid motorn bakåt från ÖD-läget, sedan framåt (var försiktig så att pinnen inte fastnar i cylindern) tills pinnen inte längre höjs. Kolven är nu högst upp i kompressionstakten och pinnen/stiftet kan tas bort.

11 Det finns en död zon runt ÖD (då kolven inte går högre, stannar upp och sedan vänder nedåt) vilket gör det svårt att exakt bestämma ÖD med denna metod. Om du önskar högre precision, bestäm antingen noggrant den döda zonens exakta mittläge (t.ex. med en mätklocka och sond), eller se beskrivningen i punkt 5.

12 Med ÖD väl inställd för kompressionstakten i cylinder 1 kan man ställa in det för var och en av de övriga cylindrarna genom att vrida vevaxeln medurs i omgångar om 180° och hålla reda på tändföljden (se Specifikationer).

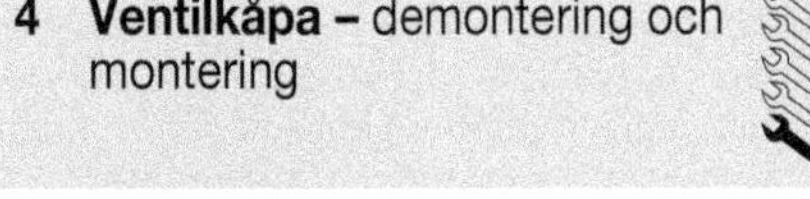

4 Ventilkåpa – demontering och montering

Demontering

1 Lossa batteriets jordledning (minuspolen) (se kapitel 5A, avsnitt 1).

2 Koppla i förekommande fall ifrån jordkabeln och servostyrningsrörets stödfäste från topplockets bakre fästplatta/motorlyftögla. Flytta röret åt sidan.

3 Skruva loss de fyra bultarna som fäster den övre kamremskåpan vid topplocket **(se bild)**. Det går inte att ta bort kåpan helt och hållet eftersom motorns/växellådans högra fäste hindrar det. Men kåpan kan ändå föras åt sidan när den har lossats så att det går att ta bort ventilkåpan.

4 Koppla loss vevhusventilationsslangen från ventilkåpans anslutning **(se bild)**.

5 Lossa tändkablarna från tändstiften och från kåpans fästclips och för undan dem **(se bild)**.

6 Skruva loss ventilkåpans bultar lite i taget, notera distanshylsa och gummitätning på var och en av dem, och ta sedan bort kåpan **(se bilder)**.

7 Kassera kåpans packning. Den måste bytas ut varje gång kåpan demonteras. Kontrollera att tätningsytorna är oskadade och att gummitätningen på varje bulthål är i fullgott skick. Byt ut slitna eller skadade tätningar.

Montering

8 Vid återmonteringen, rengör kåpans och topplockspackningens ytor noggrant. Sätt sedan dit en ny packning på kåpan och se till att den passar med gummitätningarna och distanshylsorna.

9 Sätt tillbaka kåpan på topplocket och se till att packningen förblir rätt placerad när kåpan dras åt.

10 Arbeta i diagonal åtdragningsföljd från mitten och utåt, dra först åt kåpbultarna enbart för hand. När alla bultar har dragits åt för hand, gå varvet runt igen i ordning och dra åt bultarna till det angivna momentet.

11 Sätt tillbaka tändkablarna och tryck fast dem så att de ligger i rätt nummerföljd. Tändkablarna är numrerade och kan även identifieras med numren på fördelarlocket.

12 Återanslut vevhusventilationens slang och sätt tillbaka den övre kamremskåpans bultar.

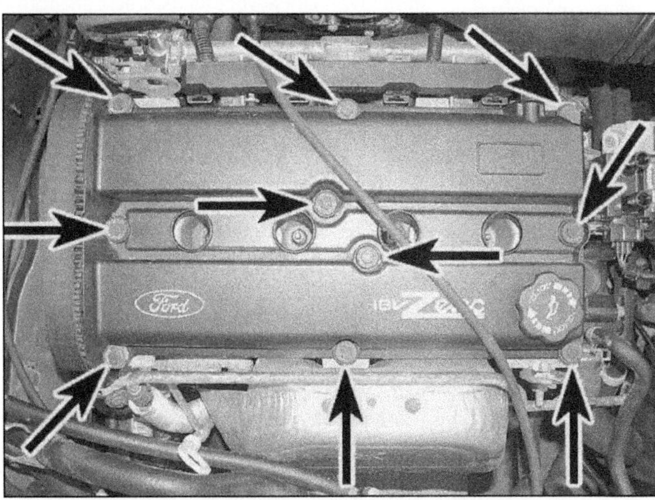
4.6a Ta bort fästbultarna (vid pilarna) . . .

4.6b . . . och lyft av ventilkåpan

5.3 Använd bladmått och kontrollera ventilspelen

13 Återanslut jordkabeln och servostyrningsröret på motorlyftöglan och återanslut batteriet. Avsluta med att köra motorn och leta efter tecken på oljeläckage.

5 Ventilspel – kontroll och justering

Observera: *Som hemmamekaniker bör man ha i åtanke att det visserligen är enkelt att kontrollera ventilspelen, men om man ska byta distansbrickorna behövs ett specialverktyg från Ford, annars måste man ta bort kamaxlarna.*

Kontroll

1 Demontera ventilkåpan enligt beskrivningen i avsnitt 4.

2 Ställ in cylinder nr 1 på ÖD-läget i kompressionstakten enligt beskrivningen i avsnitt 3. Insugs- och avgaskamloberna för cylinder nr 1 pekar uppåt (men ej vertikalt) och ventilspelen kan kontrolleras.

3 Mät spelet mellan kamaxellobens bas och distansbrickan hos var och en av ventilerna med hjälp av ett bladmått **(se bild)**. Anteckna vilken bladtjocklek som precis passar in för respektive ventil på cylinder 1.

4 Vrid nu vevaxeln 180° medurs så att kamloberna för cylinder 3 pekar uppåt. Mät och anteckna ventilspelen för cylinder nr 3. Spelet för cylindrarna 4 och 2 kan mätas när vevaxeln har vridits 180° per mått. Uppmätta ventilspel som inte omfattas av det angivna intervallet (se specifikationer) måste justeras.

Justering

Observera: *Vi rekommenderar att Fords specialverktyg används, eftersom kamaxlarnas och topplockets utformning tillsammans med platsbristen gör det omöjligt att använda en skruvmejsel eller liknande verktyg för att trycka ner ventillyftaren utan stor risk för att topplocket skadas. Det enda alternativet för hemmamekanikern är att mäta spelen mycket noggrant (mät vart och ett flera gånger, notera de uppmätta värdena och räkna ut ett medelvärde för att komma fram till det verkliga värdet). Man kommer åt distansbrickorna genom att ta bort kamaxlarna (se avsnitt 11). Då går det att byta distansbrickorna utan att några specialverktyg behövs. Detta tillvägagångssätt kräver dock mycket noggrant och metodiskt arbete om inte kamaxlarna ska behöva tas bort och sättas tillbaka flera gånger.*

5 Vid eventuella justeringar måste distansbrickans tjocklek ändras genom att ventillyftaren trycks ner och den gamla distansbrickan lyfts ur och ersätts med en ny.

6 Om en distansbricka ska bytas måste kolven i cylindern ifråga sänkas från sitt ÖD genom att vevaxeln vrids ungefär 90° medurs. Om man inte gör det är kolven för nära ventilen för att ventillyftaren ska kunna tryckas ihop och då finns det risk för att ventilen böjs.

7 Fordmekaniker använder serviceverktyg 303-563 som skruvas fast på topplocket ovanför en kamaxel i taget på två av bulthålen till kamaxellageröverfallen. En distansbricka på 8 x 12 mm (eller motsvarande tjocklek med brickor på 8 mm) kan behövas för att kunna skruva fast verktyget på topplocket. Sätt verktyget på ventillyftaren och tryck på handtaget för att trycka ner ventillyftaren.

8 Var mycket noga med att inte repa eller på annat sätt skada ventillyftaren eller dess inkapsling. Ta bort distansbrickan med en liten skruvmejsel eller ett magnetiskt stift och var försiktig så att inte ventillyftaren repas eller skadas. Släpp sedan långsamt upp verktyget. Vrid **inte** motorn medan en distansbricka är borttagen – det finns risk att kamloben och/eller ventil-lyftaren skadas.

9 Notera tjockleken (i mm) som är ingraverad på den sida av distansbrickan som vänds från kamaxeln. Om markeringen saknas eller är oläslig behövs en mikrometer för att fastställa tjockleken.

10 Om ventilspelet är för litet måste en tunnare distansbricka sättas i. Om ventilspelet i stället är för stort måste distansbrickan bytas mot en tjockare. När man känner till ventilspelet och distansbrickans mått kan den nya distansbrickans tjocklek beräknas på följande sätt:

Räkneexempel – för litet spel

Önskat spel (A)	*= 0,15 mm*
Uppmätt spel (B)	*= 0,09 mm*
Tjocklek på befintlig bricka (C)	*= 2,55 mm*
Tjocklek som krävs (D)	*= C+B–A*
	= 2,49 mm

Räkneexempel – för stort spel

Önskat spel (A)	*= 0,30 mm*
Uppmätt spel (B)	*= 0,36 mm*
Tjocklek på befintlig bricka (C)	*= 2,19 mm*
Tjocklek som krävs (D)	*= C+B–A*
	= 2,25 mm

11 Tryck ner ventillyftaren igen och skjut in rätt distansbricka i ventillyftarens spår med tjockleksmarkeringen vänd nedåt. Se till att distansbrickan sitter som den ska i ventillyftaren och stryk ett tunt lager ren olja på den.

12 När alla ventilspel på den första cylinderns ventiler har ställts in, vrid vevaxeln två hela varv medurs så att distansbrickorna sätter sig. Ställ tillbaka kolven i ÖD i kompressionstakten och kontrollera ventilspelen igen. Upprepa arbetsgången från punkt 10 och framåt om de fortfarande inte stämmer.

13 Gör om samma sak för de övriga cylindrarna och vrid vevaxeln för att sätta respektive kolv i ÖD och sedan 90° efter ÖD, enligt beskrivningen ovan.

14 Anteckna gärna tjockleken hos distansbrickan på varje plats, det underlättar framtida justeringar. De nya distansbrickor som behövs kan köpas i förväg om ventilspelen och tjockleken hos de gamla distansbrickorna är kända. Du kan byta plats på distansbrickorna sinsemellan för att få korrekta spel, men låt inte motorn rotera när någon av distansbrickorna är borttagen eftersom kamloben kan fastna i den tomma ventillyftaren.

15 När alla värden stämmer kan verktyget tas bort. Sätt tillbaka ventilkåpan enligt beskrivningen i avsnitt 4.

6 Vevaxelns remskiva – demontering och montering

Demontering

1 Lossa drivremmen. Ta antingen bort den helt eller fäst bara upp den så att den inte är i vägen för vevaxelns remskiva, beroende på vilket arbete som ska utföras (se kapitel 1).

2 Om remskivan tas bort som ett led i någon annan åtgärd (t.ex. byte av kamrem) är det enklare att ställa in motorn på ÖD nu (enligt beskrivningen i avsnitt 3) innan vevaxelns remskivebult tas bort.

3 Vevaxeln måste nu hållas fast eller spärras så att den inte roterar när remskivebulten skruvas loss. Det finns två hål på remskivans front, som ska användas med ett gaffelformat hållverktyg (med en bult på varje gaffelände som förs in i hålen). Ett sådant verktyg kan du enkelt tillverka själv med hjälp av två metallremsor **(se Haynes tips)**. Om du hellre vill kan du göra så här:

a) Om motorn/växellådan fortfarande är kvar i bilen, lägg i den högsta växeln och be en medhjälpare att trycka ner bromsarna hårt.

b) Om motorn/växellådan har tagits bort men ännu inte har plockats isär, ta bort startmotorn (se kapitel 5A) och spärra svänghjulets startkrans genom att trycka in en skruvmejsel mot svänghjulskåpan.

c) Om motorn/växellådan har tagits bort och skilts åt, använd metoden som visas i avsnitt 17 när du ska ta bort svänghjulet.

Observera: *Använd ALDRIG synkroniseringsstiftet för att spärra vevaxeln – det är inte tillräckligt starkt för det och kommer att gå av.*

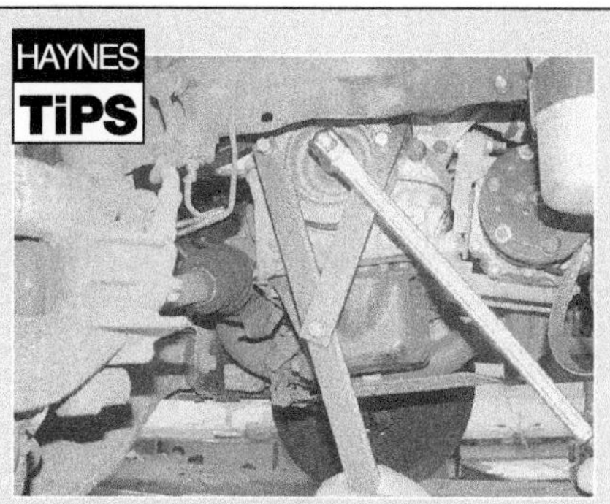

Ett förgrenat hållverktyg för borttagning av vevaxelns remskiva kan tillverkas av två remsor tjockt stål – en lång och en kort som fästs ihop med en bult men som fortfarande kan vridas. Om bultar med rätt diameter (för att passa med hålen i remskivan) placeras i ändarna av "gaffelbenen" kan remskivan hållas fast och remskivebulten lossas.

Se till att synkroniseringsstiftet tas bort innan vevaxelremskivans bult (eller liknande) lossas eller dras åt.

4 Skruva loss remskivebulten och ta bort remskivan, observera hur den var monterad **(se bilder)**.

Montering

5 Ford uppger inte att någon ny remskivebult behöver monteras. Observera emellertid att den dras åt till ett mycket högt moment (antagligen högre än topplocksbultarnas moment). Eftersom bulten har en så viktig roll kan det vara värt att byta den när remskivan byts, framförallt om den har lossats tidigare.

6 Montera i omvänd ordningsföljd mot demonteringen. Kontrollera att remskivans kilspår är i linje med vevaxelns markeringskil. Dra åt bulten till angivet moment, lås vevaxeln med samma metod som vid lossning.

6.4a Skruva loss remskivebulten . . .

6.4b . . . och ta bort vevaxelns remskiva

7 Kamremskåpor – demontering och montering

Övre kåpa

Demontering

1 För att lättare komma åt kåpan, ta bort fästbulten till kylvätskans expansionskärl, lossa dess bakre del och flytta expansionskärlet åt sidan utan att koppla loss slangarna **(se bilder)**.

2 Lossa servostyrningens vätskebehållare och lägg den åt sidan utan att koppla ifrån slangarna **(se bild)**.

3 Skruva loss de fyra bultarna och lösgör den övre kåpan så långt som möjligt **(se bilder)**. Ta bort kåpan helt och se till att motorn har stöd eftersom höger motorfäste måste tas bort.

4 Placera en domkraft på oljesumpens kamremssida, med en stor träkloss mellan sumpen och domkraftssadeln, och höj upp domkraften så att motorns tyngd stöds **(se bild)**.

5 Markera motorfästets placering på den inre skärmen innan du tar bort det. Lossa muttrarna/bultarna stegvis och ta bort dem.

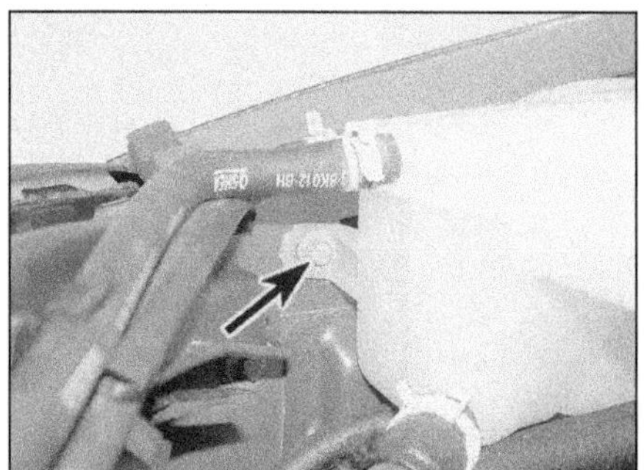

7.1a Skruva loss expansionskärlets fästbult (vid pillen) . . .

7.1b . . . och lossa kärlet baktill

7.2 Lyft bort servostyrningens vätskebehållare

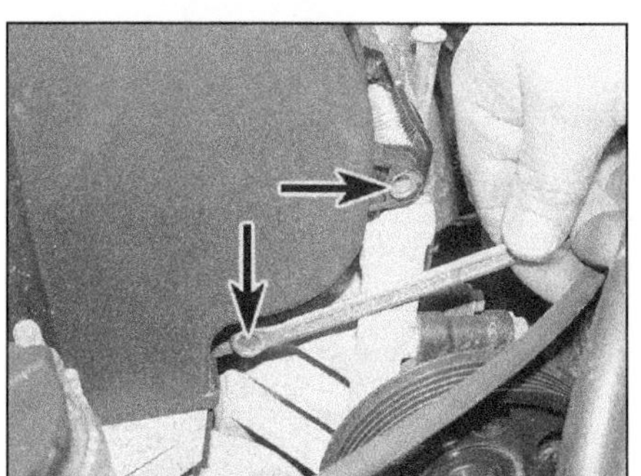

7.3a Skruva loss den övre kamremskåpans bultar framtill . . .

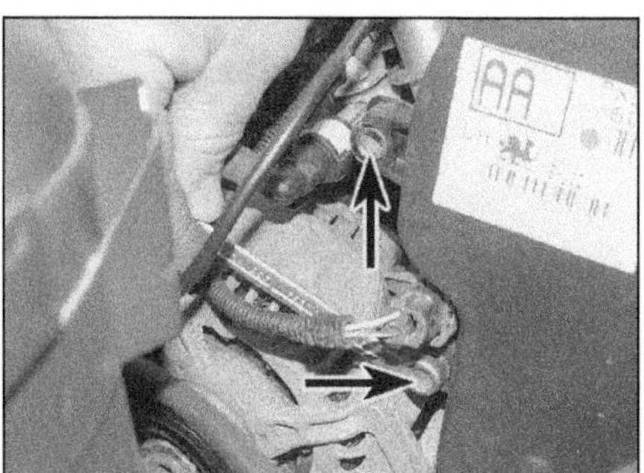

7.3b . . . och baktill (vid pilen)

7.4 Domkraft och träkloss som stöder motorn

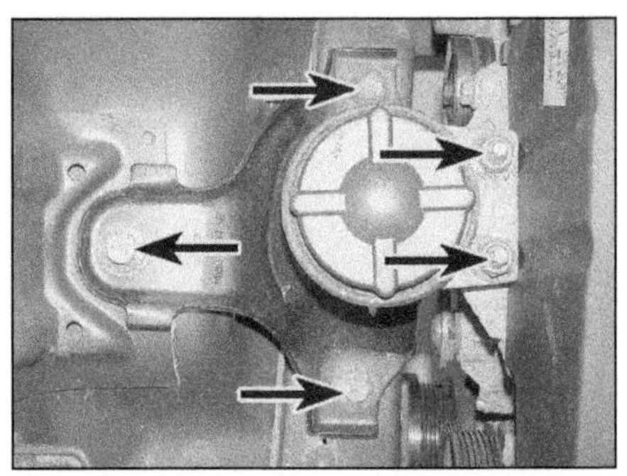
7.5a Motorns högra fästmuttrar/-bultar (vid pilarna)

7.5b Lossa muttrarna och bultarna . . .

7.5c . . . och ta bort motorfästet

Lyft sedan bort det högra motorfästet **(se bilder)**.

6 Om du vill ta bort kåpan helt måste du skruva loss motorns högra fästpinnbultar helt – de är av torxtyp så de kan skruvas loss med en lämplig hylsnyckel **(se bild)**.

7 Lossa anslutningskontakten till topplockets temperaturgivare som är fäst på kåpans baksida. Lyft sedan bort den övre kåpan och ta bort den **(se bilder)**.

Montering

8 Monteringen sker i omvänd ordningsföljd mot demonteringen. Dra åt fästpinnbultarna ordentligt och rikta in motorns fäste med hjälp av de markeringar du gjorde vid borttagningen. Dra åt alla bultar till angivet moment.

Mittre kåpa

Demontering

9 Skruva loss kylvätskans expansionskärl, lossa det från skärmen och lägg det åt sidan utan att koppla ifrån slangarna.

10 Lossa servostyrningens vätskebehållare och lägg den åt sidan utan att koppla ifrån slangarna.

11 Stötta motorn med en garagedomkraft och en stor träkloss under oljesumpen. Skruva loss motorns högra fäste.

12 Lossa bultarna till kylvätskepumpens remskiva.

13 Demontera drivremmen (se kapitel 1).

14 Demontera den övre kamremskåpan enligt beskrivningen tidigare i det här avsnittet.

15 Skruva loss kylvätskepumpens remskiva och drivremmens överföringsremskiva **(se bilder)**.

16 Skruva loss de fyra mittersta kåpbultarna (en av dem är av torxtyp – observera var den sitter) och ta bort kåpan **(se bild)**.

Montering

17 Monteringen utförs i omvänd ordningsföljd mot demonteringen. Se till att kåpornas kanter passar in i varandra och att åtdragningsmomentet blir rätt för de olika bultarna/muttrarna.

Nedre kåpa

Demontering

18 Demontera vevaxelns remskiva (se avsnitt 6).

7.6 Skruva loss motorns fästpinnbultar

7.7a Lossa anslutningskontakten på kåpans baksida . . .

7.7b . . . och lyft sedan bort kåpan

7.15a Skruva loss kylvätskepumpens remskiva . . .

7.15b . . . och drivremmens överföringsremskiva

7.16 Ta bort kamremmens mittersta kåpa

7.19a Skruva loss bultarna (vid pilarna) . . .

7.19b . . . och ta bort den nedre kåpan

7.22 Ta bort den inre skärmen (ses här med topplocket borttaget)

19 Skruva loss kåpans fästbultar och lyft bort den **(se bild)**.

Montering

20 Monteringen utförs i omvänd ordningsföljd mot demonteringen. Se till att kåpornas kanter passar in i varandra och att åtdragningsmomentet blir rätt för de olika bultarna/muttrarna.

Inre skärm/kåpa

Demontering

21 Demontera kamremmen och kamremsspännarna samt kamaxeldreven (se avsnitt 8 och 9).

22 Skärmen är fäst på topplocket med två bultar upptill. Skruva loss dessa och lyft bort skärmen **(se bild)**.

Montering

23 Monteringen utförs i omvänd ordningsföljd mot demonteringen. Observera angivna åtdragningsmoment för de olika infästningarna.

8 Kamrem – demontering, montering och spänning

Observera: *För att kunna utföra dessa åtgärder behöver man en ny kamrem (om tillämpligt), en ny ventilkåpspackning och några specialverktyg (se texten).*

Demontering

1 Lossa batteriets jordledning (minuspolen) (se kapitel 5A, avsnitt 1).

2 Dra åt handbromsen, lyft upp bilens högra framhjul och ställ den på pallbockar (se *Lyftning och stödpunkter*).

3 Ta bort fästena som håller fast det högra hjulhusets innerskärm och ta bort innerskärmen för att komma åt drivremmen och vevaxelns remskiva **(se bild)**. Skruva även loss drivremmens nedre kåpa.

4 Lossa de tre bultarna till kylvätskepumpens remskiva, med drivremmen kvar på plats.

5 Ta bort vevaxelns remskiva enligt beskrivningen i avsnitt 6, skruva sedan loss och ta bort den nedre kamremskåpan, enligt beskrivningen i avsnitt 7 om det behövs. Skruva sedan loss och ta bort kylvätskepumpens remskiva. När detta har gjorts kan bilen sänkas ner om så önskas.

6 Ta bort kamremmens övre och mittersta kåpor enligt beskrivningen i avsnitt 7.

7 Demontera ventilkåpan enligt beskrivningen i avsnitt 4.

8 Ställ in motorn på ÖD för cylinder nr 1, enligt beskrivningen i avsnitt 3 – vid den här åtgärden **måste** du använda synkroniseringsstiftet som har beskrivits tidigare, för att säkerställa exaktheten. När tändstiften har tagits bort, täck för deras hål med rena trasor så att smuts och andra föremål inte kan falla ner i dem.

9 Innan du tar bort kamremmen, kom ihåg att du kommer att behöva Fords serviceverktyg 303-376 för att ställa in kamaxlarna till ÖD-läget. Du kan enkelt tillverka ett eget verktyg med hjälp av en 5 mm tjock plåtbit. Det är viktigt att plåten har den tjockleken. Längden och bredden spelar mindre roll, men de bör ligga mellan 180 och 230 mm respektive 20 och 30 mm **(se bild 3.5b)**.

10 Om kamremmen ska återanvändas (men detta rekommenderas **inte**), gör färgmarkeringar för att märka ut dess rotationsriktning (medurs, sett från motorns kamremssida).

11 Lossa kamremsspännarbulten och vrid spännaren medurs med hjälp av en insexnyckel i därför avsett hål. Skruva sedan loss bulten ytterligare fyra varv och haka loss spännaren från den inre skärmen **(se bilder)**.

12 Se till att dreven vrids så lite som möjligt och dra loss kamremmen från dreven och remskivorna och ta bort den **(se bild)**.

13 Om kamremmen inte ska monteras omedelbart (eller om remmen tas bort som en del av en annan åtgärd, t.ex. demontering av topplock), sätt tillbaka motorns högra fäste tillfälligt och dra åt bultarna ordentligt.

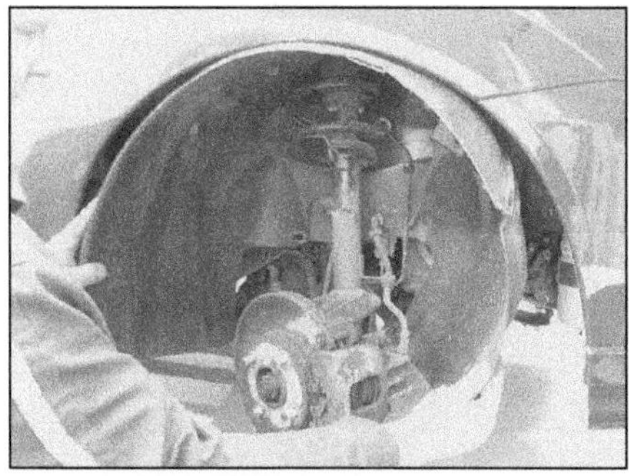
8.3 Ta bort innerskärmen från det högra hjulhuset

8.11a Skruva loss bulten . . .

8.11b . . . haka sedan loss och ta bort kamremsspännaren

8.12 När du tar bort kamremmen, se till att dreven inte vrids

14 Om den gamla remmen ska återanvändas, kontrollera att den inte visar tecken på ojämnt slitage, skador eller sprickor (framförallt längst ner på remkuggarna).

15 Även om du monterar en ny rem bör du undersöka den gamla och söka efter tecken på olja eller kylvätska. Om du hittar sådana spår, leta reda på läckan och rengör kamremsområdet och tillhörande delar för att ta bort alla spår av olja eller kylvätska. Sätt inte bara dit en ny rem utan att ha tvättat bort föroreningarna, då riskerar du att förkorta remmens livslängd kraftigt och motorskada om remmen går sönder vid användning.

16 Byt alltid remmen om det råder minsta tvivel om att den är i fullgott skick. Som en säkerhetsåtgärd för att slippa motorskada måste remmen bytas enligt de intervall som anges i kapitel 1. Om det inte är känt hur gammal remmen är ska den bytas när motorn ses över, även om den verkar vara i gott skick.

17 Kontrollera även remspännaren och byt den om det råder minsta tvivel om att den är i fullgott skick. Kontrollera även att dreven och remskivorna inte visar tecken på slitage eller skador (särskilt sprickbildning) och kontrollera att spännaren och styrremskivorna roterar på lagren utan problem. Byt ut slitna eller skadade tätningar. **Observera:** *Många professionella mekaniker byter ut spännare och styrningar som standardåtgärd samtidigt som kamremmen byts.*

Montering

18 Kontrollera utan att vrida vevaxeln mer än några grader att motorn fortfarande är i ÖD-läge för cylinder nr 1, d.v.s. att synkroniseringsstiftet fortfarande sitter i.

19 Kamaxlarnas ÖD-läge ska nu ställas in och för att göra detta måste du lossa kamaxeldrevets bultar. Det krävs ett hållverktyg för att hindra kamaxeldreven från att rotera när bultarna lossas och dras. Skaffa antingen Fords serviceverktyg 205-072, eller tillverka ett eget enligt följande. Ta två stålband, det ena cirka 600 mm långt och det andra cirka 200 mm, samt tre bultar med tillhörande muttrar och brickor. En bult och mutter utgör leden i ett gaffelverktyg och de övriga muttrarna och bultarna ska sitta i gaffelspetsarna, så att de kan greppa in i remskivornas ekrar **(se bild)**. **Observera:** *Använd inte kamaxelns inställningsverktyg (vare sig Fords eller egentillverkat) till att hindra rotation medan kamaxeldrevets bultar lossas eller dras åt. Det är alltför stor risk att kamaxeln och topplocket skadas. Använd endast ett gaffelverktyg direkt på dreven som beskrivits.*

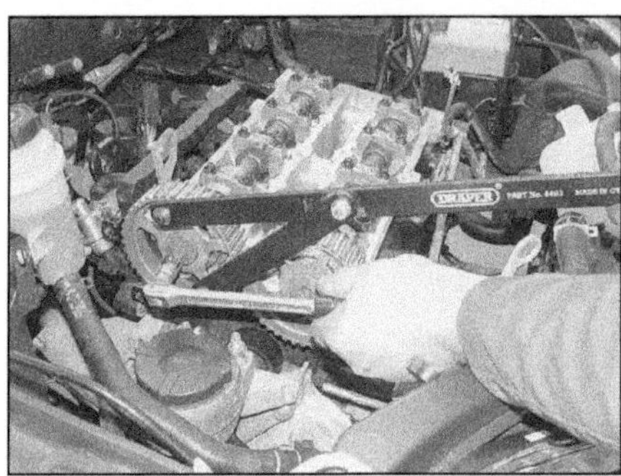

8.19 Använd ett hållverktyg för drev när du lossar kamaxeldrevets bultar

20 Lossa kamaxeldrevets bultar och se till att kamaxlarna vrids så lite som möjligt när du gör detta. Bultarna ska lossas så pass mycket att dreven kan snurra fritt på axlarna. Det är mycket viktigt att bultarna lämnas lösa tills kamremmen har monterats och spänts, annars blir ventilinställningen fel.

21 Verktyget som beskrevs i punkt 9 behövs nu. Låt verktyget vila på topplockets fogyta och låt det glida in i urtaget på de båda kamaxlarnas vänstra ändar. Verktyget ska precis passa i urtagen när det vilar på topplockets fogyta. Om någon av kamaxlarna är lite förskjuten, vrid den sakta och försiktigt tills verktyget passar. När kamaxlarna har satts till ÖD-läget är drevens placering mindre viktig – de kan röra sig oberoende av kamaxlarna så att kamremmen kan monteras och spännas.

22 När remmen monteras ska spännaren inte sättas på sin slutgiltiga plats förrän remmen löper runt alla drev och remskivan.

23 Montera kamremmen Om det är den gamla remmen som sätts på plats, var noga med att följa de markeringar och anteckningar som gjordes vid demonteringen, så att remmen löper i samma rotationsriktning som tidigare. Börja vid vevaxeldrevet och fortsätt moturs runt styrremskivan och kamaxeldreven. Se till att remmens tänder hakar i drevets kuggar som de ska.

24 Eventuellt slack på remmen ska hållas på spännarsidan – "framsidan" ska vara spänd, utan att vare sig vevaxelns eller kamaxlarnas lägen ändras. Om det behövs kan kamaxeldrevet vridas något i förhållande till kamaxlarna (som spärras med syftningsverktyget).

25 När remmen passar bra på dreven och styrremskivan kan remspännaren monteras. Haka fast spännaren i kamremmens inre sköld och för in bulten löst. Använd insexnyckeln och vrid spännaren moturs tills pilen är i linje med markeringen eller det fyrkantiga hålet på fästbygeln. Dra sedan åt spännarbulten till angivet moment **(se bilder)**. **Observera:** *Kamremsspännaren justerar automatiskt spänningen med inre fjäderkraft – om du kontrollerar spänningen när den är inställd, t.ex. genom att trycka ner eller vrida kamremmen, får du inte ett användbart resultat.*

26 Dra åt kamaxeldrevens båda bultar till angivet moment, samtidigt som du håller dreven stilla med hjälp av verktyget som beskrevs i avsnitt 19 **(se bild)**.

27 Ta bort kamaxelns syftningsverktyg och synkroniseringsstiftet. Sätt tillbaka vevaxelns remskiva tillfälligt, vrid vevaxeln två fullständiga varv medurs för att kamremmen ska spännas och ge den det läge som beskrivs i avsnitt 3. Kontrollera att synkroniseringsstiftet kan sättas på helt och sätt sedan dit kamaxelns synkroniseringsverktyg. Det ska glida på plats enligt beskrivningen i punkt 21. Om allt är som det ska, gå vidare till punkt 30 nedan.

28 Om en kamaxel är något felinställd, sätt in gaffelverktyget i kamaxelns drev, justera läget och kontrollera att remmen inte blivit slak (detta ska spännaren ha justerat). Vrid vevaxeln medurs två varv till och sätt tillbaka syftningsverktyget på kamaxeln för att kontrollera att det nu passar som det ska. Om allt är som det ska, fortsätt till punkt 30 nedan.

8.25a Använd en insexnyckel för att ställa in spännarens visare mitt i den fyrkantiga rutan . . .

8.25b . . . och håll sedan fast den när spännarbulten dras åt till angivet moment

8.26 Dra åt kamaxeldrevets bultar till angivet moment

29 Om en kamaxel är mycket felinställd, använd gaffelverktyget enligt beskrivningen i punkt 19 ovan för att förhindra att drevet roterar när fästbulten lossas – kamaxeln kan nu vridas försiktigt tills dess syftningsverktyg glider på plats. Se till så att kamremmens läge på drevet inte rubbas. Dra åt drevbulten till angivet moment utan att rubba drevets nya läge på kamaxeln. Ta bort syftningsverktyget och synkroniseringsstiftet, vrid vevaxeln ytterligare två varv medurs och sätt sedan tillbaka verktyget för att kontrollera att det passar in.

30 Resten av monteringen utförs i omvänd ordningsföljd mot demonteringen. Tänk på följande:

a) *Se till att ta bort synkroniseringsstiftet och kamaxelns syftningsverktyg.*

b) *När motorns högra fäste återmonteras, kom ihåg att sätta tillbaka den övre kamremskåpan.*

c) *Dra åt alla skruvinfästningar till angivna moment.*

9 Kamremsspännare och drev – demontering och montering

Kamremsspännare

1 Spännaren ska endast tas bort i samband med att kamremmen byts, så som beskrivs i avsnitt 8. Även om du kommer åt spännaren när enbart kamremmens övre och mittersta kåpor har tagits bort (se avsnitt 7), måste du utföra hela proceduren för demontering av kamremmen. Detta görs för att säkerställa att ventilinställningen är korrekt utförd när remmens spänning har ändrats.

2 Demontera och kontrollera spännaren enligt beskrivningen i avsnitt 8. **Observera:** *Många professionella mekaniker byter ut spännarna som standardåtgärd samtidigt som kamremmen byts.*

3 När den gamla spännaren har tagits bort enligt beskrivningen kan den nya spännaren monteras vid återmonteringen av remmen – det finns ingen särskild metod för att ställa in den nya spännaren.

Drev

Demontering

4 Precis som för spännaren innebär demontering av något av dreven att kamremsspänningen måste lossas, vilket gör att hela kamremsproceduren (avsnitt 8) måste följas. Även om det går att demontera dreven när respektive kåpa har tagits loss (avsnitt 7), måste arbetsgången för att demontera/ montera kamremmen följas för att ventilinställningen säkert ska kunna återställas när remspänningen har ändrats.

5 När kamremmen demonterats kan kamaxeldreven tas bort efter det att fästbultarna har lossats enligt beskrivningen i avsnitt 8. Det kan vara bra att markera drevens placering **(se bilder)**.

6 Vevaxeldrevet kan dras loss från vevaxeländen när vevaxelns (spårade) remskiva och kamremmen har tagits bort. Observera markeringen "FRONT" som märker ut drevets yttersida och tryckbrickan bakom den. Notera åt vilket håll tryckbrickorna är vända **(se bild)**. Lägg märke till drevets Woodruffkil. Om den är lös ska den förvaras säkert tillsammans med drevet.

7 Kontrollera dreven enligt beskrivningen i avsnitt 8.

Montering

8 Återmonteringen sker i omvänd ordningsföljd mot demonteringen. Montera och spänn kamremmen enligt beskrivningen i avsnitt 8.

Kamremmens styrremskiva

Demontering

9 Till skillnad från tidigare Focus-modeller med motorn Zetec-E har den här endast en styrremskiva.

10 Ta bort kamremmens övre och mittersta kåpor enligt beskrivningen i avsnitt 7.

11 Skruva loss styrremskivans bult.

12 Ta bort remskivan från den inre kåpan/ motorblocket **(se bild)**. Var försiktig när du tar bort remskivan, så att kamremmen inte halkar av dreven.

13 Kontrollera att remskivan är i gott skick enligt beskrivningen i avsnitt 8. **Observera:** *Många professionella mekaniker byter ut styrremskivan som standardåtgärd samtidigt som kamremmen byts.*

Montering

14 Montera i omvänd ordningsföljd mot demonteringen. Dra åt remskivebulten till angivet moment.

9.5a Skruva loss fästbultarna från kamaxeldreven . . .

9.5b . . . och ta bort dreven

9.6a Vevaxeldrevets markering FRONT

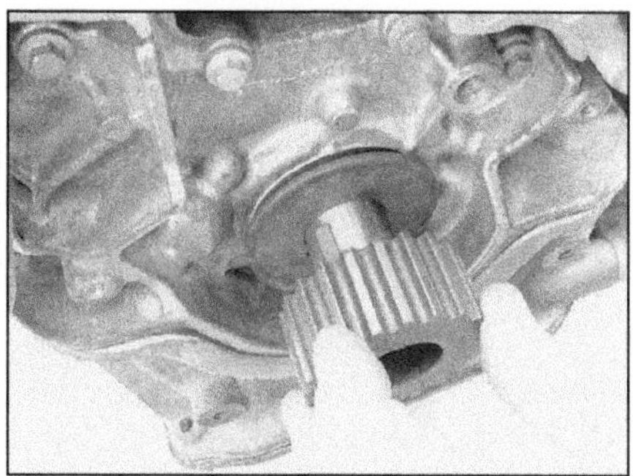

9.6b Drevet kan enkelt dras av vevaxeln

9.6c Ta bort tryckbrickan om det behövs

9.12 Ta bort kamremmens styrremskiva (kamremmen har redan tagits bort)

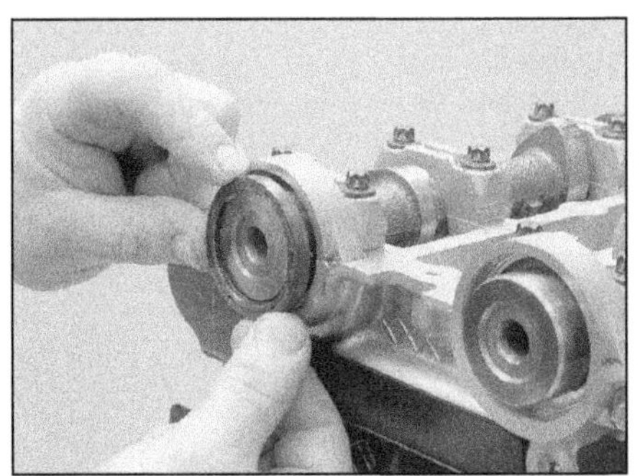

10.6a Sätt dit tätningen, med läpparna inåt, med fingrarna . . .

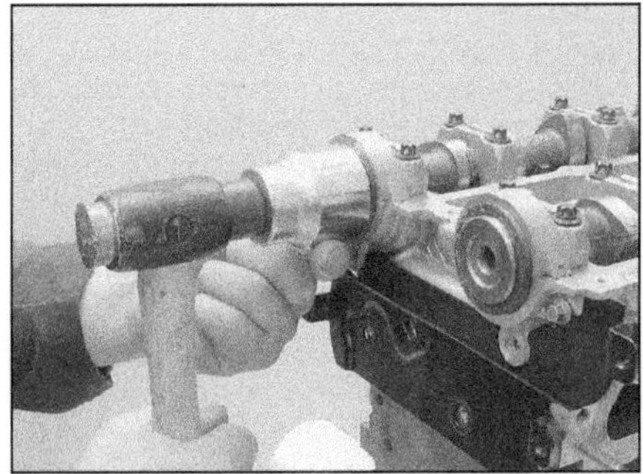

10.6b . . . knacka den sedan på plats med en stor hylsa

11.3 Kamaxellagermarkering nr 2 (mittenlager på avgaskamaxel)

10 Kamaxelns oljetätningar – byte

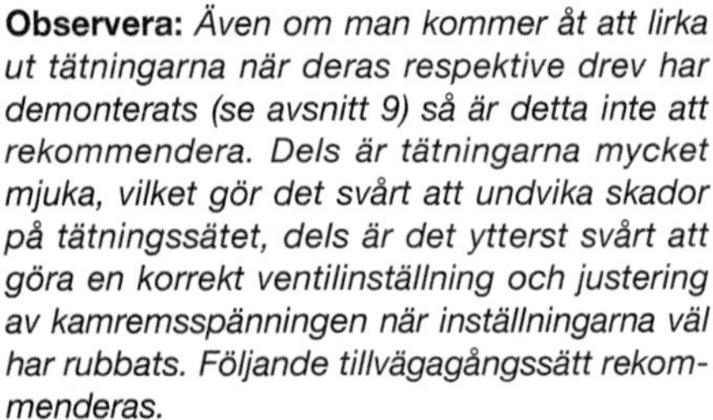

Observera: *Även om man kommer åt att lirka ut tätningarna när deras respektive drev har demonterats (se avsnitt 9) så är detta inte att rekommendera. Dels är tätningarna mycket mjuka, vilket gör det svårt att undvika skador på tätningssätet, dels är det ytterst svårt att göra en korrekt ventilinställning och justering av kamremsspänningen när inställningarna väl har rubbats. Följande tillvägagångssätt rekommenderas.*

1 Ta bort kamremmen enligt beskrivningen i avsnitt 8 och ta bort kamaxeldrev efter behov, enligt beskrivningen i avsnitt 9. Även om det bara är en tätning som läcker är det bra att byta båda två samtidigt.

2 Försök att bända ut tätningen först, men var försiktig så att du inte skadar topplocket, lageröverfallet eller kamaxeln, eftersom detta leder till ytterligare läckage, även om man har en ny tätning. Ett annat alternativ är att borra ett litet hål i tätningen, gänga in en liten självgängande skruv och använda en tång på skruvskallen för att dra ut tätningen.

3 Om det är svårt att ta bort tätningen, skruva loss kamaxelns högra lageröverfall och ta bort den defekta oljetätningen. Observera att överfallet är monterat med tätningsmedel som måste tas bort och att nytt tätningsmedel måste appliceras vid återmonteringen.

4 Rengör tätningssätet och putsa av alla grader eller vassa kanter som kan ha orsakat skadan på tätningen. Montera lageröverfallet i förekommande fall. Använd tätningsmedel och dra åt överfallsbultarna enligt beskrivningen i avsnitt 11.

5 För montering av tätningen rekommenderar Ford serviceverktyg 303-039, med en bult (10 mm gänga, 70 mm lång) och en bricka, för att dra tätningen på plats när kamaxellageröverfallet är fastskruvat. Du kan annars använda en lämplig hylsnyckel.

6 Smörj in tätningsläpparna för att underlätta monteringen och sätt sedan tätningen över kamaxeländen med hjälp av fingrarna. Dra eller knacka tätningen på plats tills den är i jämnhöjd med huset/lageröverfallets yttre kant **(se bilder)**.

7 Sätt tillbaka drevet på kamaxeln och dra åt fästbulten något.

8 Resten av monteringen, inklusive kontroll av kamaxelinställningen (ventilinställningen) och justering av kamremmens spänning, sker enligt beskrivningen i avsnitt 8.

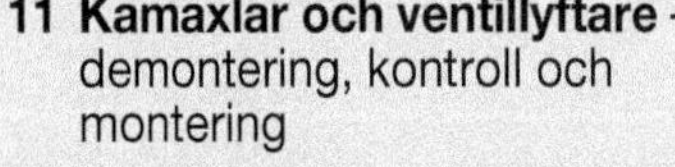

11 Kamaxlar och ventillyftare – demontering, kontroll och montering

Demontering

1 Demontera kamremmen enligt beskrivningen i avsnitt 8.

2 Ta bort kamaxeldreven enligt beskrivningen i avsnitt 9. Även om de båda bultarna är identiska och är utbytbara sinsemellan, är det en god idé att märka dem så att de sätts tillbaka i sina ursprungliga hål.

3 Alla kamaxellageröverfall har en inetsad siffra som igenkänningstecken. Lageröverfallen till kamaxeln på avgassidan är numrerade i ordningsföljd från 0 (lageröverfallet till höger) till 4 (dito till vänster) och de på insugningssidan från 5 (höger överfall) till 9 (vänster). Lageröverfallen ska monteras med den numrerade sidan vänd utåt – framåt för avgassidan och bakåt för insugssidan **(se bild)**. Om det inte finns några markeringar, eller om de är svåra att se, gör du egna – lageröverfallen måste återmonteras i sina ursprungliga lägen.

4 Arbeta i **omvänd** ordning mot åtdragningsordningen **(se bild 11.21)**, lossa kamaxellageröverfallens bultar stegvis ett halvt varv i taget **(se bild)**. Arbeta enligt beskrivningen så att trycket av ventilfjädrarna mot överfallen minskas gradvis och jämnt.

5 Ta bort överfallen och notera samtidigt var eventuella markeringar och styrstift sitter. Demontera sedan kamaxlarna och ta bort oljetätningarna **(se bilder)**. Insugskamaxlarna känns igen på referensnocken för kamaxelns positionsgivare. Därför behöver du inte märka kamaxlarna.

6 Ta fram sexton små rena behållare och numrera dem från 1 till och med 16. Använd en sugkopp av gummi och ta bort varje ventillyftare i tur och ordning och placera dem i behållarna. Låt inte ventillyftarna byta plats, eftersom slitaget då ökar markant. Se till att distansbrickorna behåller sina motsvarande ventillyftare för att säkerställa korrekt

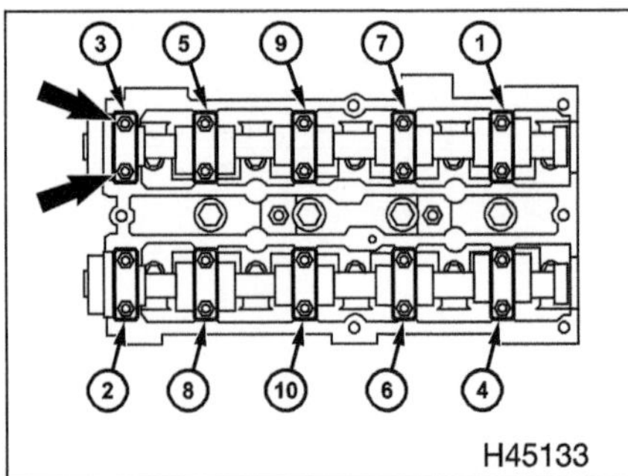

11.4 Lossa kamaxellageröverfallen

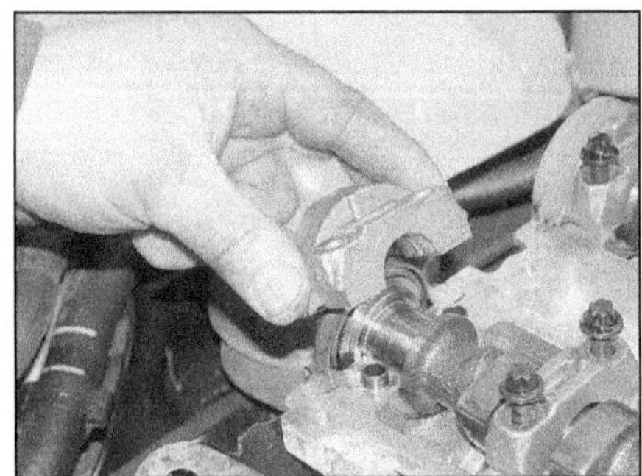

11.5a Ta bort lageröverfallen . . .

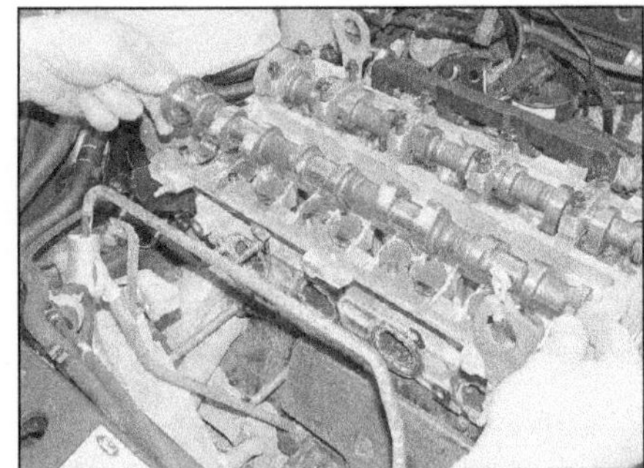

11.5b . . . och lyft sedan bort kamaxlarna

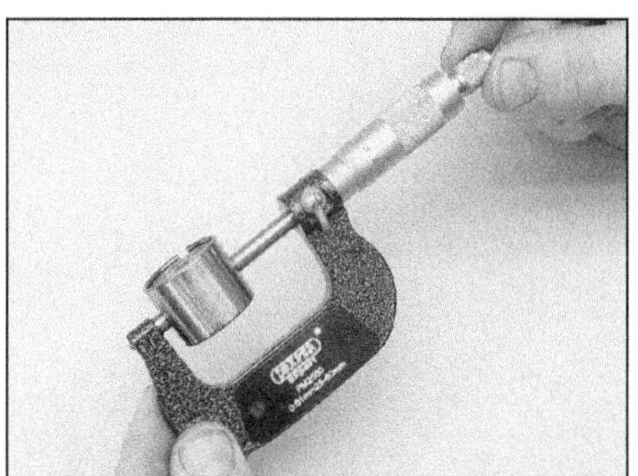

11.8 Mät ventillyftarens ytterdiameter på flera ställen

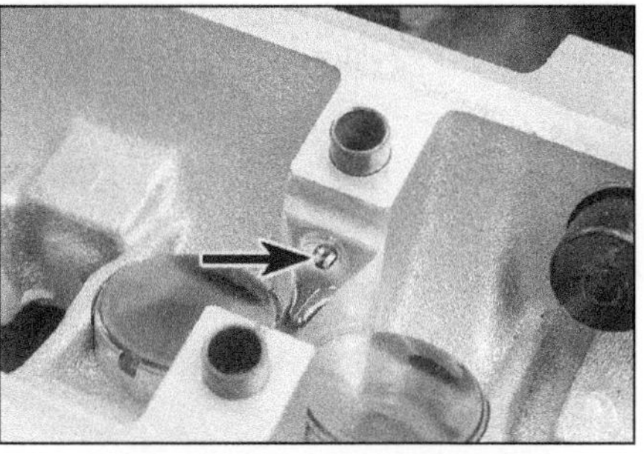

11.11 Kontrollera att kamaxellagrens smörjkanaler inte har täppts till av järnfilspån som den här (vid pilen)

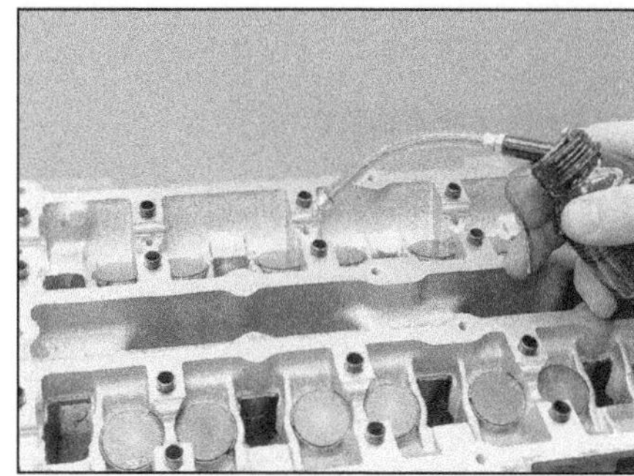

11.18a Smörj in kamaxellagerytorna . . .

återmontering. **Observera:** *Om kamaxlarna tas bort som en del av demonteringen av topplocket kan ventillyftarna och distansbrickorna lämnas kvar på plats om så önskas.*

Kontroll

7 När kamaxlar och ventillyftare har demonterats, är det lämpligt att kontrollera slitaget (repor, gropar etc.) och eventuell ovalitet. Byt dem om så behövs.

8 Mät varje ventillyftares ytterdiameter med en mikrometer. Mät först i ventillyftarens över- och nederkant och sedan igen i rät vinkel mot de första måtten. Om något av måtten avviker betydligt från de andra är ventillyftaren konisk eller oval och måste bytas ut **(se bild)**. Mät den inre diametern på respektive topplockslopp om nödvändig utrustning finns tillgänglig. När denna bok skrevs fanns inga tillverkarspecifikationer att tillgå. Om ventillyftarna eller topplocksloppen är överdrivet slitna kan nya ventillyftare och/eller ett nytt topplock behövas.

9 Om motorns ventildelar har gett ifrån sig höga ljud kan det bero på att ventilspelen behöver justeras. Även om det ingår i rutinunderhållet i kapitel 1, kan långa serviceintervall och behovet av isärtagning eller specialverktyg göra att åtgärden glöms bort.

10 Undersök kamaxlarnas nockar och titta efter repor, gropbildning eller spår av skärning (gnidningsslitage) och överhettning (blå, missfärgade partier). Sök efter områden där lobernas ytlager kan ha flagnat. Byt komponenten om den uppvisar något av dessa tecken.

11 Undersök om kamaxellagertapparna och topplockets lagerytor visar spår av slitage eller gropbildning. Om du ser några sådana spår, kontakta en verkstad för råd. Kontrollera att lagersmörjkanalerna i topplocket är fria **(se bild)**.

12 Använd en mikrometer och mät varje axeltapps diameter på flera ställen. Om diametern på någon av axeltapparna underskrider det angivna värdet måste kamaxeln bytas ut.

13 När kamaxelns axialspel ska kontrolleras måste ventillyftarna avlägsnas, lagerytorna rengöras väl och kamaxlarna och lageröverfallen monteras. Dra åt lageröverfallets bultar till angivet moment. Kontrollera sedan axialspelet med hjälp av en mätklocka, fästad på topplocket så att dess spets vilar mot kamaxelns högra ände.

14 Knacka försiktigt in kamaxeln så långt det går mot mätklockan, nollställ denna och knacka därefter bort kamaxeln så långt som möjligt i riktning från mätaren. Anteckna mätvärdet. Om det uppmätta axialspelet uppnår eller överskrider angiven gräns, montera en ny kamaxel och upprepa mätningen. Är spelet fortfarande för stort måste topplocket bytas.

Montering

15 Som en försiktighetsåtgärd för att hindra att ventilerna ska slå i kolvarna när kamaxlarna sätts tillbaka, ta bort synkroniseringsstiftet och vrid motorn cirka 90° bakåt från ÖD-läget – detta borde få alla kolvarna att placera sig på samma avstånd i loppen. Detta är endast en försiktighetsåtgärd – om du vet att motorn är i ÖD-läget för cylinder nr 1 och kamaxlarna återmonteras enligt beskrivningen nedan, ska det inte uppstå kontakt mellan ventiler och kolvar.

16 Vid hopsättningen, olja in topplockets ventillyftarlopp och ventillyftarna ordentligt. Passa försiktigt in ventillyftarna i topplocket och var noga med att varje lyftare hamnar i sitt gamla lopp med rätt ände uppåt. Det krävs lite omsorgsfullt arbete för att lyckas passa in ventillyftarna rätt i sina lopp. Se till att distansbrickorna placeras på de platser som tidigare har antecknats.

17 Vi rekommenderar starkt att du sätter dit nya kamaxeloljetätningar för att slippa problem senare – det är falsk ekonomi att sätta tillbaka gamla tätningar, framförallt eftersom de kanske inte längre sluter tätt efter att ha tagits bort. De nya tätningarna monteras efter det att överfallen har dragits åt – se avsnitt 10.

18 Olja in kamaxellagren (inte överfallen) och loberna. Se till att varje kamaxel har sin ursprungliga placering, sätt tillbaka kamaxlarna och placera dem så att skåran i den vänstra änden är i princip parallell med, och precis ovanför, topplockets fogyta **(se bilder)**. När respektive kamaxel läggs på plats, kontrollera att verktyget (metallremsan) för ÖD-inställning (i princip) passar i urtaget.

19 Se till att styrstiften är ordentligt nedtryckta i urtagen och att alla fogytor är helt rena, utan märken och fria från olja. Stryk ut ett tunt skikt av lämpligt tätningsmedel (Ford rekommenderar att det har specifikationen WSK-M4G348-A5) på fogytan till vardera kamaxelns högra lageröverfall **(se bild)**.

11.18b . . . och sätt sedan tillbaka kamaxlarna . . .

11.18c . . . se till att spåret på växellådsänden är ungefär horisontellt

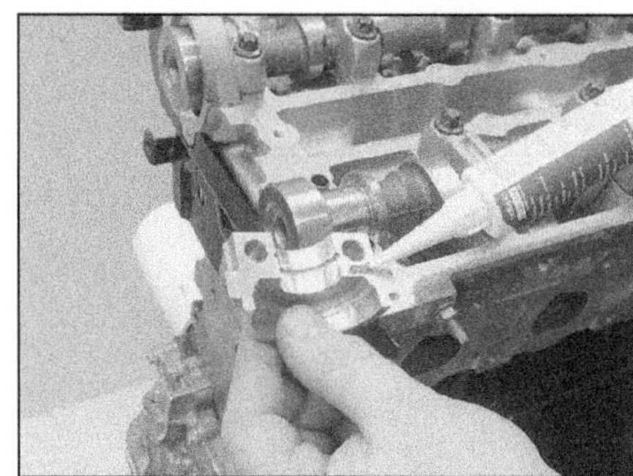

11.19 Applicera tätningsmedel på vart och ett av lageröverfallen i kamremsänden

11.20a Applicera lite olja på kamaxelytan . . .

11.20b . . . och sätt sedan tillbaka kamaxellageröverfallen

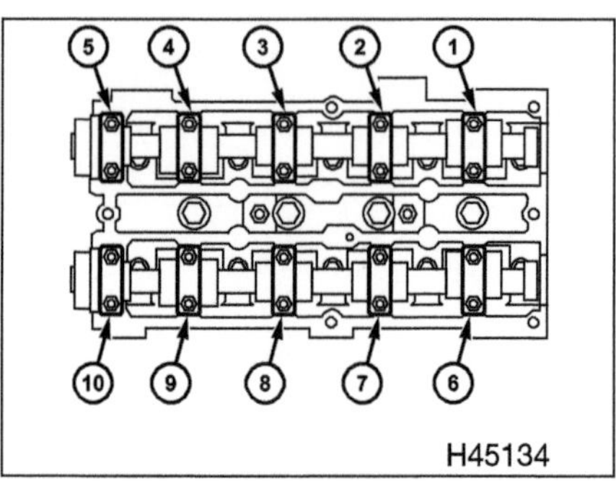

11.21 Kamaxellageröverfallens åtdragningsordning

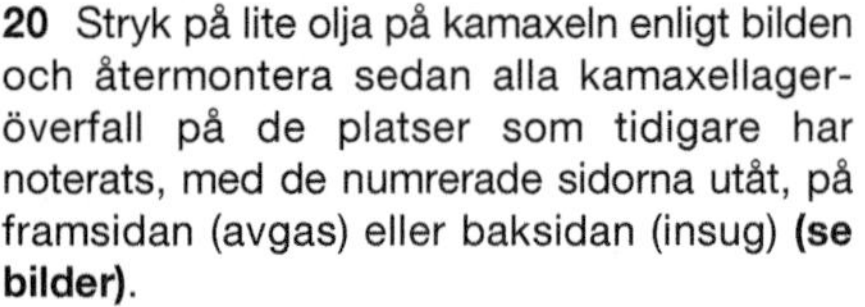

20 Stryk på lite olja på kamaxeln enligt bilden och återmontera sedan alla kamaxellageröverfall på de platser som tidigare har noterats, med de numrerade sidorna utåt, på framsidan (avgas) eller baksidan (insug) **(se bilder)**.

21 Se till att varje överfall hålls i rät vinkel mot topplocket när det dras åt och arbeta i ordningsföljd. Dra åt bultarna till kamaxellageröverfallet långsamt och med ett varv i taget till dess att alla överfall vidrör topplocket **(se bilder)**.

22 Gå sedan igenom samma ordningsföljd igen och dra åt bultarna till angivet moment för steg 1.

23 När alla bultar har dragits åt till momentet för steg 1 går du ett varv till i ordning och drar åt dem till momentet för steg 2 **(se bild)**. Arbeta enligt beskrivningen så att trycket av ventilfjädrarna mot överfallen ökas gradvis och jämnt.

24 Torka bort allt överflödigt tätningsmedel, så att det inte finns något kvar som kan leta sig in i oljekanalerna. Följ instruktionerna från tätningsmedlets tillverkare vad gäller härdningstid. Det måste normalt gå minst en timme mellan applikationen av tätningsmedel och start av motorn (inkl. att vrida runt motorn för andra åtgärder).

25 När överfallen har dragits åt helt är det bra att kontrollera ventilspelen innan du går vidare – förutsatt att du inte har tillgång till Ford-verktyget som beskrivs i avsnitt 5 måste kamaxlarna tas bort för att distansbrickorna ska kunna bytas. Att vrida runt kamaxlarna med kamremmen borttagen innebär en risk för att ventilerna slår i kolvarna, så ta bort synkroniseringsstiftet (om det inte redan är gjort) och vrid vevaxeln 90° moturs först. Ställ in kamaxlarna till ÖD för cylinder nr 1 med hjälp av inställningsverktyget (se avsnitt 8) för att upprätta en startpunkt och gå sedan vidare enligt beskrivningen i avsnitt 5 **(se bild)**. När alla spel har kontrollerats, för vevaxeln tillbaka till ÖD och sätt tillbaka synkroniseringsstiftet.

26 Montera nya kamaxeloljetätningar enligt beskrivningen i avsnitt 10.

27 Använd markeringar och anteckningar från isärtagningen för att se till att vardera drevet monteras på sin ursprungliga kamaxel, montera dreven och dra åt fästbultarna löst **(se bilder)**.

28 Återstoden av återmonteringen, inklusive montering av kamremmen och inställning av ventiltiderna utförs enligt beskrivningen i avsnitt 8. Avsluta med att kontrollera och justera ventilspelen enligt beskrivningen i avsnitt 5 (om det inte redan har gjorts).

11.23 Dra åt kamaxellageröverfallens bultar till angivet moment

11.25 Ställ in kamaxlarna på ÖD med hjälp av metallremsan i ändarna med urtag

11.27a Sätt tillbaka kamaxeldreven . . .

11.27b . . . och fäst med fästbultarna, dra endast åt löst på det här stadiet

12 Topplock – demontering och montering

Observera: *Metoden nedan beskriver demontering av topplocket utan insugsgrenröret, vilket har visat sig vara det enklaste alternativet i praktiken – insugsgrenröret kan skruvas loss från topplocket och flyttas bakåt så att topplocket kan tas bort. Om du föredrar det kan insugsgrenröret tas bort helt enligt beskrivningen i kapitel 4A.*

Demontering

1 Se kapitel 12, leta reda på och ta bort bränslepumpens säkring från säkringsdosan. Starta motorn och låt den gå tills den stannar. Om motorn inte startar, dra runt den på startmotorn i cirka 10 sekunder. Bränslesystemet ska nu vara tryckutjämnat.

2 Koppla loss batteriets minusledare (jord) (se kapitel 5A, avsnitt 1) och låt inte den borttagna ledaren komma åt polen.

3 Töm kylsystemet enligt beskrivningen i kapitel 1. Det bästa är om framhjulen förblir på marken så länge som möjligt när man tar bort

12.7 Koppla ifrån kamaxelgivarens anslutningskontakt

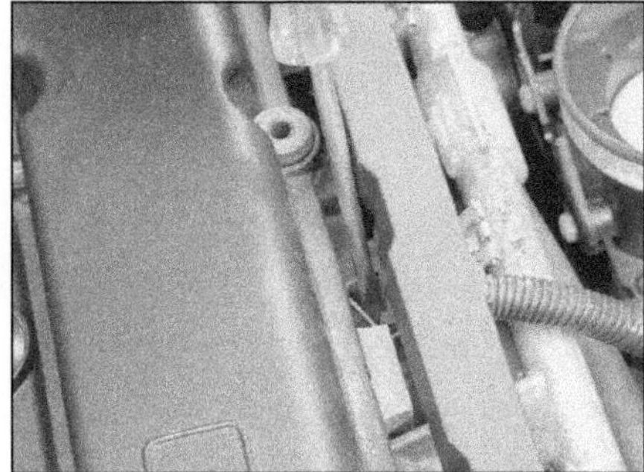
12.8a Använd en skruvmejsel för att bända ut kabelklämmorna . . .

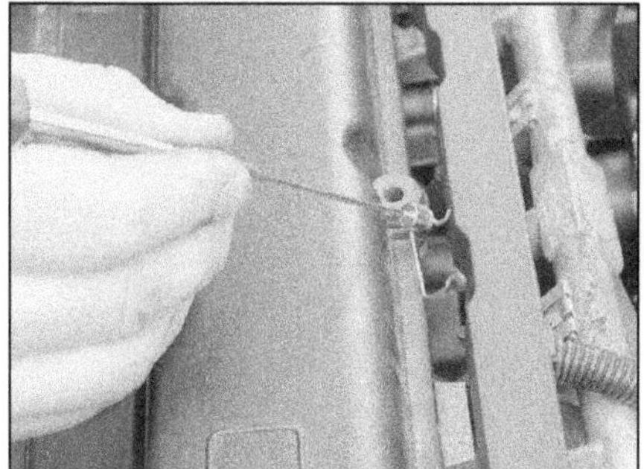
12.8b . . . ta loss klämmorna med ett magnetiskt verktyg . . .

topplocket, eftersom det gör det lättare att arbeta ovanför motorn. När motorns högra fäste har tagits bort (för demontering av kamremmen) måste motorn ha ytterligare stöd om bilens framsida höjs upp.

4 Ta bort kamremmen enligt beskrivningen i avsnitt 8 och kamaxlarna enligt beskrivningen i avsnitt 11.

5 Sätt tillfälligt tillbaka motorns högra fäste och dra åt bultarna ordentligt. Sätt även tillbaka ventilkåpan för att skydda motorns övre del tills topplocksbultarna har tagits bort.

6 Demontera luftrenarens ingångskanal och koppla loss gasvajern enligt anvisningarna i kapitel 4A.

7 Koppla ifrån anslutningskontakten från kamaxelgivaren, som sitter på topplockets baksida, vid växellådsänden **(se bild)**.

8 Använd en liten skruvmejsel och bänd upp och ta bort de fyra kabelklämmorna (en på varje insprutningsventil) som fäster insprutningsventilens kabelhållare – använd ett magnetiskt hållverktyg för att hindra kabelklämmorna från att falla ner bakom motorn när de tas bort. Lyft bort kabelhållaren och flytta den bakåt **(se bilder)**.

9 Insugsgrenröret är fäst med sju bultar och en pinnbult och mutter i vardera ände. Observera att den högra muttern också fäster ett kablagestödfäste – lossa kablaget innan fästet tas bort. Lossa och ta bort grenrörets muttrar och bultar.

10 Grenröret lossnar inte lätt från pinnbultarna, utan de måste skruvas loss från topplocket – torxsystemet gör det enklare att skruva loss pinnbultarna. Ta bort pinnbultarna och flytta grenröret så långt bakåt som möjligt, bort från topplocket **(se bilder)**. Observera att du behöver en uppsättning med fyra nya insugsgrenrörspackningar vid återmonteringen.

11 Ta bort generatorn enligt beskrivningen i kapitel 5A. Detta är nödvändigt eftersom generatorns fästbygel är fäst på topplocket, och en av fästbygelns bultar kan endast tas bort när generatorn är borttagen. För att komma åt bättre, koppla ifrån den stora multianslutningen till insprutningskablaget och anslutningskontakten till topplockets temperaturgivare ovanför generatorn **(se bilder)**.

12 Koppla ifrån jordkabeln som är ansluten på motorns bakre lyftögla. För att undvika att

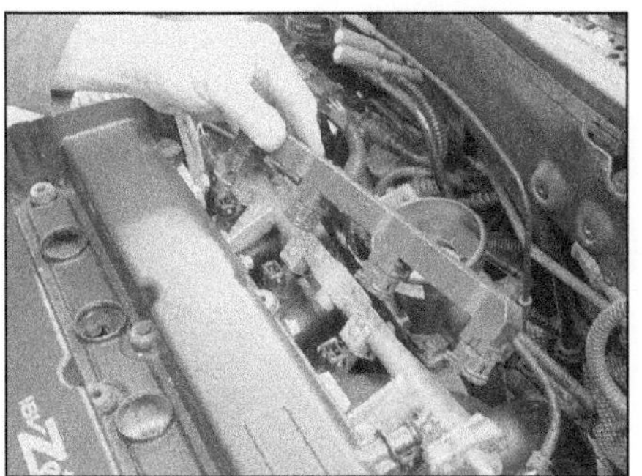
12.8c . . . och lyft sedan insprutningens kabelhållare

12.10a Insugsgrenröret sitter på pinnbultar (vid pilen) . . .

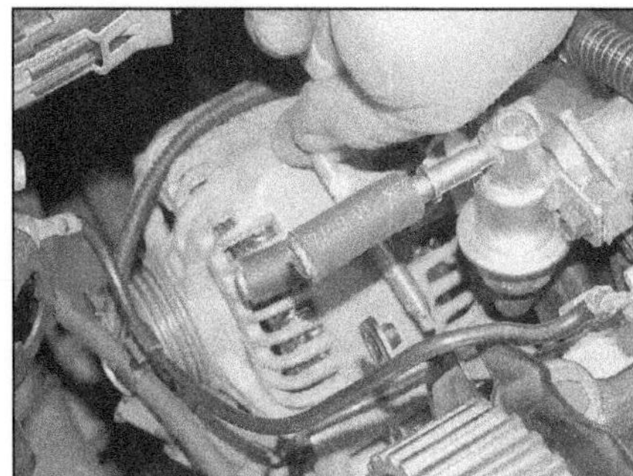
12.10b . . . som måste skruvas loss och tas bort . . .

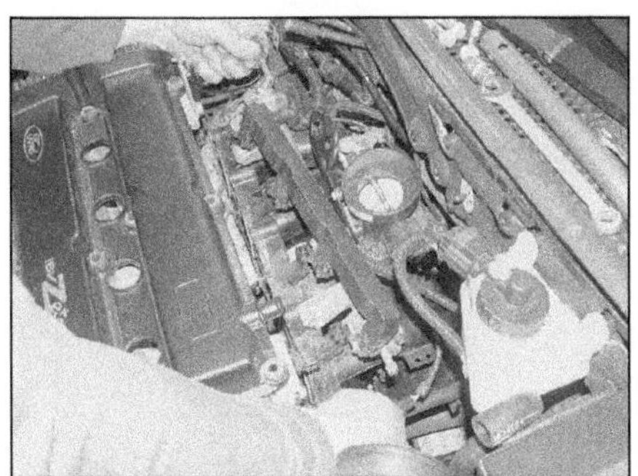
12.10c . . . innan grenrörsenheten flyttas bakåt, bort från topplocket

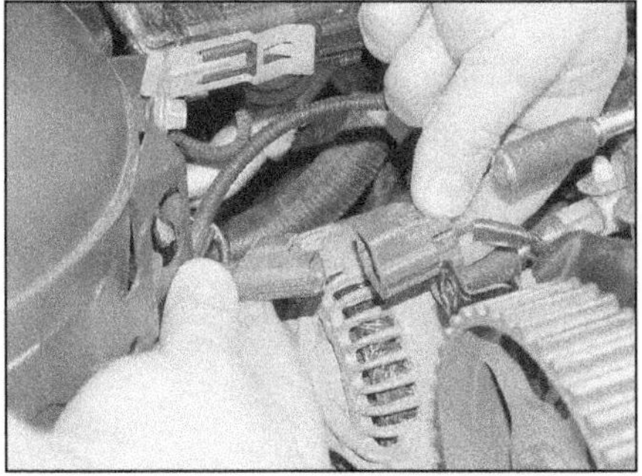
12.11a Koppla loss anslutningskontakten till topplockets temperaturgivare . . .

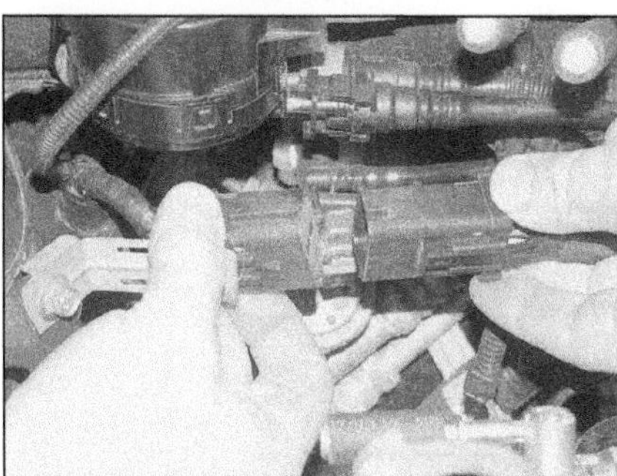
12.11b . . . lossa och för anslutningskontakten till insprutningens kablage åt sidan

12.12a Skruva loss jordkabeln från motorlyftöglan

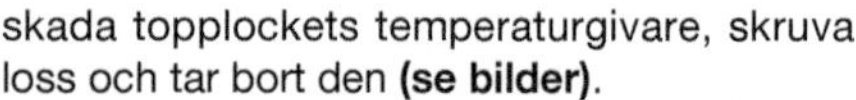

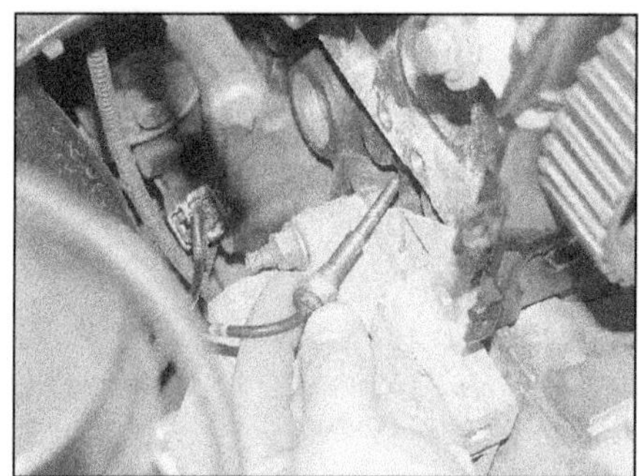

12.12b Skruva loss topplockets temperaturgivare

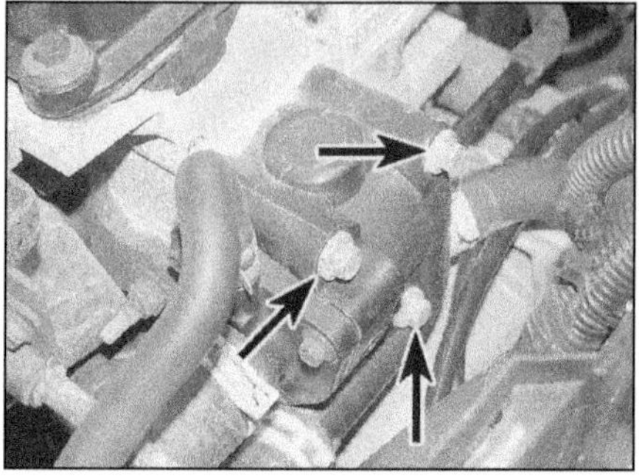

12.15a Skruva loss de tre bultarna (vid pilarna) . . .

skada topplockets temperaturgivare, skruva loss och tar bort den **(se bilder)**.

13 Skruva loss och ta bort generatorns fästbygel, som är fäst med tre bultar och en mutter. Du kan även ta bort den bult som fäster bygeln på topplocket och lämna bygeln på plats.

14 Demontera tändspolen enligt beskrivningen i kapitel 5B.

15 Det finns två alternativ för termostathuset – koppla antingen loss slangarna från det (notera var de är placerade), eller skruva loss de tre bultarna och koppla loss huset från topplocket **(se bilder)**. Om du väljer det senare alternativet kan slangarna lämnas kvar, men du behöver en ny O-ringstätning till huset för återmonteringen.

16 På topplockets framsida, skruva loss och för stödfästena till servostyrningens vätskerör åt sidan på båda ändarna **(se bild)**. Flytta rören framåt, bort från topplocket, men utsätt inte röret för alltför stor belastning.

17 Ta bort bulten som fäster den övre änden av oljestickans rör och ta bort röret från topplocket **(se bild)**.

18 Ta bort servostyrningspumpen enligt beskrivningen i kapitel 10 (vätskerören måste inte kopplas loss förutsatt att pumpen har stöd och inte ligger an mot motorn). Skruva loss servostyrningspumpens fästbygel, som är fäst med tre bultar och en mutter, och ta bort fästbygeln från topplocket **(se bild)**.

19 Skruva loss de fyra bultarna som fäster avgasgrenrörets värmesköld, och lyft bort skölden **(se bilder)**. Det är ganska troligt att det blir svårt att ta bort bultarna eftersom korrosionen kan ha rundat av bultskallarna – se till att du använder en tättsittande hylsa eller ringnyckel. Om bultarna inte kan tas bort kan du som en sista utväg förstöra värmeskölden för att kunna ta bort den. Var dock försiktig så att du inte skadar lambdasondens kablage som sitter precis under värmeskölden.

20 Avgassystemets främre del (där katalysatorn ingår) måste nu tas bort enligt beskrivningen i kapitel 4A, medan avgasgrenröret fortfarande är fastsatt på topplocket.

21 Innan topplocksbultarna lossas, kontrollera området runt topplocket och se till att inga delar är anslutna på locket, och att inget annat kan hindra att topplocket lyfts bort. Flytta eventuella kablar eller slangar åt sidan så mycket som behövs.

22 Även om det sannolikt inte är aktuellt för en hemmamekaniker så kan det vara värt att notera att topplocket enligt Ford inte ska tas bort innan det har svalnat till omgivningens temperatur.

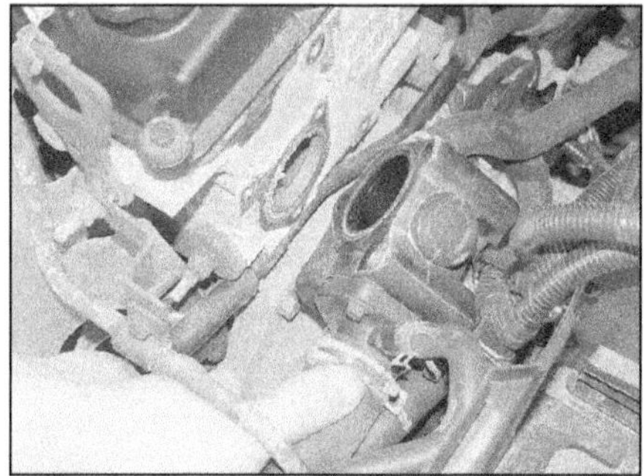

12.15b . . . och ta bort termostathuset från topplocket

12.16 Skruva loss en av fästbyglarna till servostyrningens vätskerör

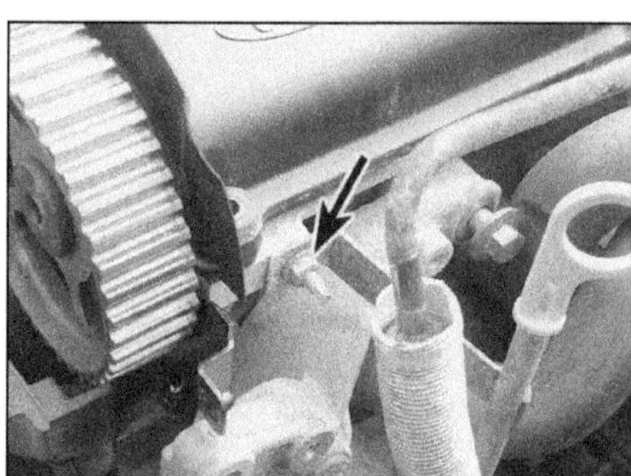

12.17 Fästmutter till oljestickans rör (vid pilen)

12.18 Skruva loss servostyrningspumpens fästbygel

12.19a Skruva loss de fyra bultarna (vid pilarna) . . .

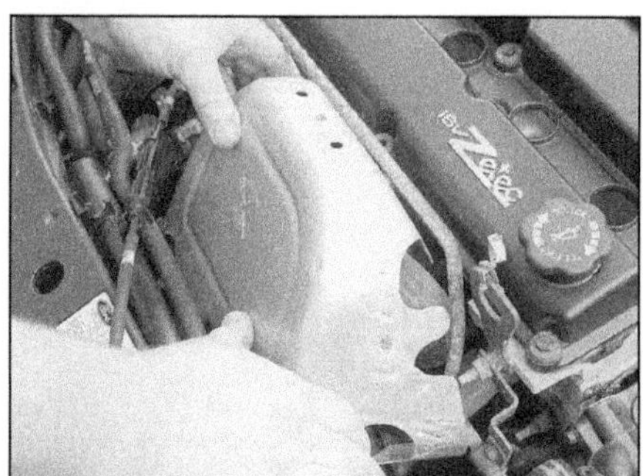

12.19b . . . och ta bort värmeskölden

23 Använd en torxnyckel eller hylsnyckel (storlek TX 55) och lossa de tio topplocksbultarna stegvis med ett halvt varv i taget. Arbeta i **omvänd ordning** mot åtdragningsordningen **(se bild 12.42)**. Ta bort bultarna och lägg undan dem om de ska återanvändas **(se bild)**. Ford uppger att bultarna endast kan åter-användas två gånger – om du är tveksam till deras skick, är det bättre att införskaffa en hel uppsättning med nya bultar för återmontering.

24 Lyft undan topplocket. Ta hjälp om möjligt, topplocket är tungt **(se bild)**.

25 Om topplocket sitter fast (vilket kan vara fallet), var noga med hur du väljer att ta bort det. Kom ihåg att topplocket är tillverkat i aluminiumlegering, som lätt skadas. Om du slår på topplocket med verktyg kan det skadas. Topplocket är placerat på två styrstift, så det har begränsad rörlighet. Bänd under inga omständigheter mellan topplockets fogytor, eftersom detta med största säkerhet skadar packningarnas tätningsytor vilket ger upphov till läckage. Försök att gunga loss topplocket för att lossa tätningen, var försiktig så att du inte skadar någon av de omgivande komponenterna.

26 När topplocket har tagits bort tar du loss packningen från de båda styrstiften och kastar den.

Kontroll

Observera: *När du ska ta isär topplocket och utföra andra åtgärder som rör ventilerna, se kapitel 2C.*

27 Fogytorna mellan topplocket och motorblocket måste vara noggrant rengjorda innan topplocket monteras. Använd en avskrapare av hårdplast eller trä för att ta bort alla packnings- och sotrester, rengör även kolvkronorna.

28 Var mycket försiktig vid rengöringen, eftersom aluminiumlegeringen lätt kan skadas. Se också till att sot inte kommer in i olje- och vattenledningarna. Detta är särskilt viktigt för smörjningssystemet, eftersom sot kan hindra oljetillförseln till motorns komponenter. Försegla vattenkanaler, oljekanaler och bulthål i motorblocket med tejp och papper.

29 Lägg lite fett i springan mellan kolvarna och loppen för att hindra sot från att tränga in. När alla kolvar har rengjorts, använd en liten

12.23 Ta bort topplocksbultarna

12.24 Lyft bort topplocket

borste till att ta bort alla spår av fett och kol från öppningen. Torka sedan bort återstoden med en ren trasa.

30 Kontrollera fogytorna på motorblocket och topplocket och leta efter hack, djupa repor och andra skador. Om skadorna är mycket små kan de tas bort försiktigt med en fil. Om de är lite större måste du byta dem eftersom ytorna inte kan maskinbearbetas.

31 Kontrollera topplockspackningens yta med en stållinjal om den misstänks vara skev. Se del C i detta kapitel, om det behövs.

32 Ford uppger att topplocksbultarna kan återanvändas två gånger, men att de först måste kontrolleras noga. Undersök särskilt gängorna och sök efter tecken på skador. Om någon av gängorna inuti topplockshålen har gått sönder och följt med bultarna, kontakta en expert innan du går vidare. Lägg bultarna bredvid varandra och jämför deras längd – om någon av dem har blivit längre än de andra ska den inte återanvändas. Då är det antagligen bäst att byta alla bultarna. Om det råder något som helst tvivel om bultarnas skick ska de bytas – kostnaden för en uppsättning bultar är ingenting jämfört med de problem som kan uppstå om en bult lossnar eller går sönder när den dras åt.

33 Om topplocksbultarna återanvänds, gör en färg- eller pennmarkering i form av en prick eller ett streck på ovansidan av varje bult, som en påminnelse om topplocket måste tas bort i framtiden.

Montering

34 Torka rent topplockets och motorblockets fogytor. Kontrollera att de två styrstiften är korrekt placerade på motorblocket.

35 Topplocksbulthålen måste vara fria från olja och vatten. Det är mycket viktigt eftersom en hydraulisk låsning i ett topplocksbulthål när bulten dras åt kan orsaka sprickbildning i motorblockets gjutning.

36 Den nya topplockspackningen väljs enligt ett nummer på framsidan av motorblocket, framför cylinder nr 1. Kontakta en Fordverkstad eller din reservdelsleverantör för mer information – om du är tveksam, jämför den nya packningen med den gamla.

37 Passa in en ny packning över styrstiften på motorblocksytan, så att märket TOP/OBEN är överst. I förekommande fall ska "tanden" (eller tänderna, beroende på motorns storlek) sticka ut mot bilens främre del **(se bilder)**.

38 Sätt provisoriskt tillbaka vevaxelns remskiva och vrid vevaxeln moturs tills kolven i cylinder 1 hamnar ungefär 20 mm under ÖD. På så vis undviks risken för skador genom ventil-/kolvkontakt vid ihopsättningen.

39 Eftersom topplocket blir en så tung och klumpig enhet underlättas monteringen av ett par styrpinnbultar. Dessa tillverkas av två stycken pinnbultar med 10 mm diameter, omkring 90 mm långa och med ett mejselspår utsågat i ena kortänden. Två kasserade topplocksbultar (om sådana finns till hands) med avsågade huvuden passar bra. Skruva in pinnbultarna, med mejselspåret uppåt så att det går att ta bort dem, i bulthålen i diagonalt motsatta hörn på motorblocket (eller i de två hål där styrhylsorna sitter). Låt cirka 70 mm av pinnbulten sticka ut ovanför packningen.

40 Sätt tillbaka topplocket, låt det glida ner över styrpinnbultarna (om sådana används) och sätt det på plats på styrstiften **(se bild)**. Skruva ut styrpinnbultarna (om tillämpligt) när

12.37a Lägg den nya topplockspackningen på plats över styrstiften . . .

12.37b . . . topplockspackningens "tänder" ska vara på motorblockets framsida

12.40 Topplockets styrstift (vid pilarna)

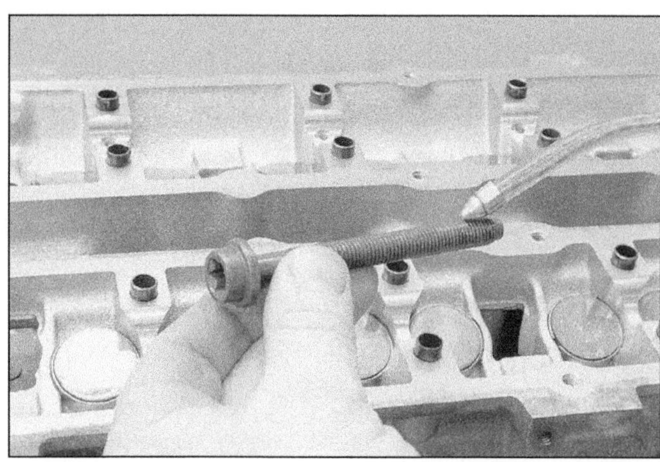
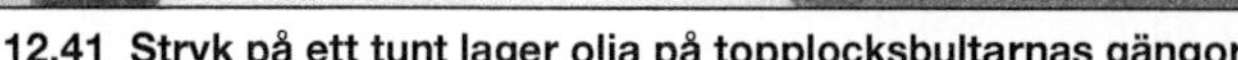

12.41 Stryk på ett tunt lager olja på topplocksbultarnas gängor

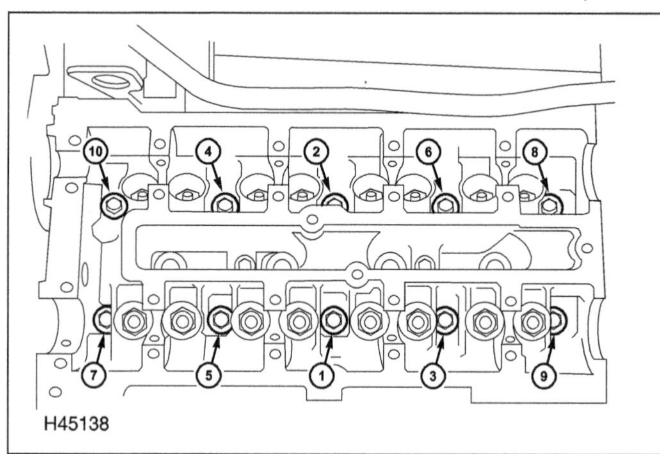

12.42 Topplocksbultarnas åtdragningsordning

topplocket kommit på plats.

41 Ford anger inte om topplocksbultarna ska oljas in vid återmontering eller ej, men erfarenheten visar att det kan vara bra att olja in gängningen med lite tunn olja – men bara en tunt lager **(se bild)**. Sätt i topplocksbultarna försiktigt och dra åt dem för hand.

42 Arbeta stegvis i den angivna ordningsföljden, dra först åt alla bultar till angivet moment för steg 1 **(se bild)**.

43 När alla bultar är åtdragna till steg 1, dra åt dem i ordning till åtdragningsmomentet för steg 2 **(se bild)**.

44 I steg 3 vinkeldras bultarna. Varje bult måste i tur och ordning dras åt till angiven vinkel – det finns särskilda momentgradskivor på verktygsaffärer, men en vinkel på 90° motsvarar ett kvarts varv och detta är lätt att bedöma utifrån start- och slutläget på hylsnyckelns handtag eller momentnyckeln **(se bild)**.

45 När alla bultar har dragits åt till steg 3 krävs ingen ytterligare åtdragning.

46 Innan du fortsätter med återmonteringen, vrid vevaxeln framåt till ÖD-läget och kontrollera att inställningsverktygen som beskrivs i avsnitt 3 kan föras in. Låt inte motorn rotera mer än nödvändigt med kamremmen borttagen, då kan ventilerna träffa kolvarna – om motorn t.ex. råkar gå förbi ÖD-läget, vrid tillbaka den något och försök igen – låt inte motorn gå ett helt varv.

47 Återmonteringen av de andra borttagna delarna utförs i omvänd ordning mot demonteringen. Notera följande:

a) Sätt tillbaka katalysatorn enligt beskrivningen i kapitel 4A, använd nya packningar.

b) Montera kamaxlarna enligt beskrivningen i avsnitt 11, och kamremmen enligt beskrivningen i avsnitt 8.

c) Dra åt alla fästanordningar till angivet moment, där sådan anges, och använd nya packningar.

d) Se till att alla slangar och kablage är korrekt dragna och att slangklämmorna och kontaktdonen är ordentligt monterade.

e) Fyll på kylsystemet enligt beskrivningen i kapitel 1.

f) Starta motorn och låt den uppnå normal arbetstemperatur. Leta sedan efter kylvätskeläckage vid alla fogar och skarvar som rubbats.

13 Oljesump – demontering och montering

Observera: *Du måste utföra hela den nedanstående proceduren, så att fogytorna kan rengöras och förberedas för att få en oljetät fog vid hopsättningen.*

Demontering

1 Dra åt handbromsen. Lyft sedan upp framvagnen och ställ den på pallbockar (se *Lyftning och stödpunkter*).

2 Se kapitel 1 om det behövs, tappa av motoroljan och rengör och sätt tillbaka motoroljans dräneringsplugg, dra åt den till angivet moment. Även om det inte är nödvändigt för själva isärtagningen, är det ändå lämpligt att skruva loss och kasta oljefiltret, så att det kan bytas samtidigt med oljan.

3 En vanlig sumppackning har inte använts, istället finns här tätningsmedel.

4 Skruva stegvis loss oljesumpens fästbultar. Bryt upp packningen genom att slå på oljesumpen med handflatan. Sänk sedan ner sumpen och vrid den så att den inte tar i avgassystemet.

5 Tyvärr gör tätningsmedlet att det blir svårare att ta bort sumpen. Var försiktig när du bänder mellan fogytorna, annars kan de skadas vilket ger upphov till läckage. Du kan använda en kniv för att försiktigt skära igenom tätningsmedlet. Fordmekaniker har ett verktyg som består av ett metallstag som förs in genom oljesumpens avrinningshål och ett handtag för att dra sumpen nedåt. Om du använder verktyget (eller ett ersättningsverktyg) ska det endast användas för att dra rakt nedåt, och **INTE** som en hävarm – oljepumpens pickuprör är placerat rakt ovanför avtappningshålet, och skadas om verktygsänden inuti oljesumpen vinklas uppåt.

Montering

6 Före monteringen ska motorblockets/växellådans och oljesumpens fogytor rengöras och avfettas fullständigt, så att inga spår av tätningsmedel finns kvar. Torka sedan ur insidan av sumpen och motorn med en ren trasa.

7 Ford rekommenderar att man använder tio pinnbultar på M6x20 mm när oljepumpen sätts tillbaka, för att se till att den riktas in korrekt. Om detta inte görs kan tätningsmedel

12.43 Dra åt bultarna till momentet för steg 2 . . .

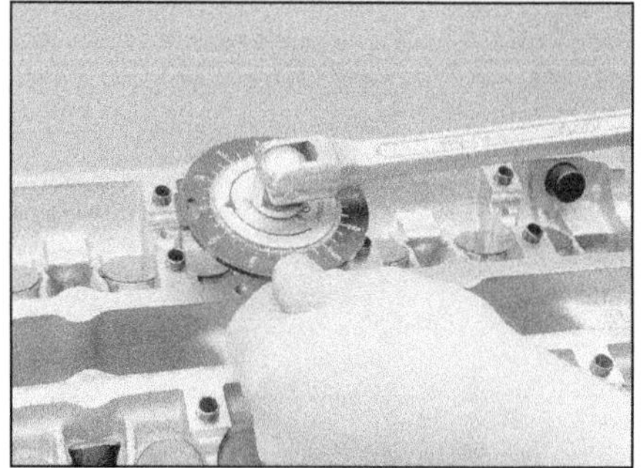

12.44 . . . och sedan till vinklarna för steg 3, med en momentgradskiva

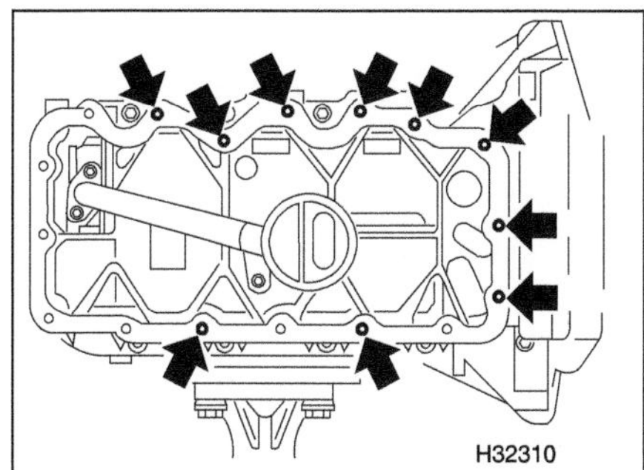

13.7a Pinnbultarnas placering (vid pilarna) för inriktning av sumpen

13.7b Pinnbultarna är ditsatta, det är dags för sumpen (visas med motorn borttagen)

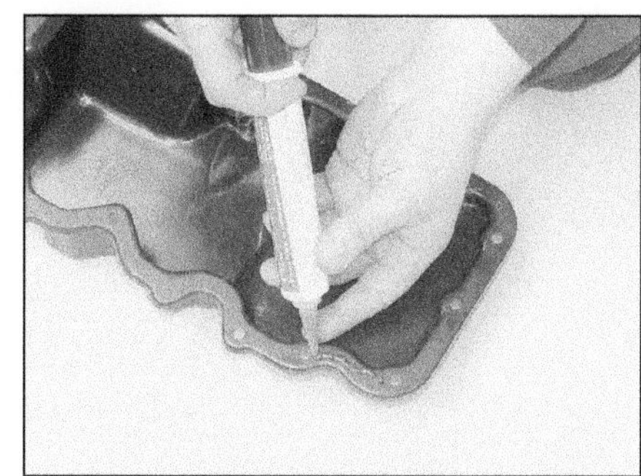

13.8 Lägg på en sträng tätningsmedel

tränga in i sumpbultarnas bottenhål vilket gör att de inte kan sättas tillbaka på rätt sätt. Införskaffa tio lämpliga pinnbultar och skär ett spår i varje ände så att de kan lossas. Placera dem på de utmärkta platserna **(se bilder)**.

8 Applicera en 3,0 mm bred sträng tätningsmedel (Fords specifikation WSE M4G 323-A6) på sumpflänsarna så att strängen hamnar cirka 5,0 mm från flänsens ytterkant. Se till att strängen hamnar runt bulthålens inre kant **(se bild)**. **Observera:** *Oljesumpen måste sättas tillbaka inom 10 minuter efter det att tätningsmedlet läggs på.*

9 Montera sumpen över pinnbultarna och för in sex av sumpbultarna i de tillgängliga hålen, dra endast åt dem för hand på det här stadiet **(se bild)**.

10 Skruva loss pinnbultarna och sätt sedan dit resten av sumpbultarna.

11 Dra åt alla bultarna till angivet moment för steg 1, i ordningsföljd **(se bild)**.

12 När alla sumpbultar har dragits åt till momentet för steg 1, gå ett varv till i samma ordning och dra åt bultarna till momentet för steg 2 **(se bild)**.

13 Sänk ner bilen på marken. Vänta minst en timme tills tätningsmedlet har fäst (eller så lång tid som tillverkaren anger) innan du fyller på motorolja. Skär bort överflödigt tätningsmedel med en vass kniv. Om oljefiltret har tagits bort, sätt dit ett nytt enligt beskrivningen i kapitel 1.

14 Oljepump – demontering, kontroll och montering

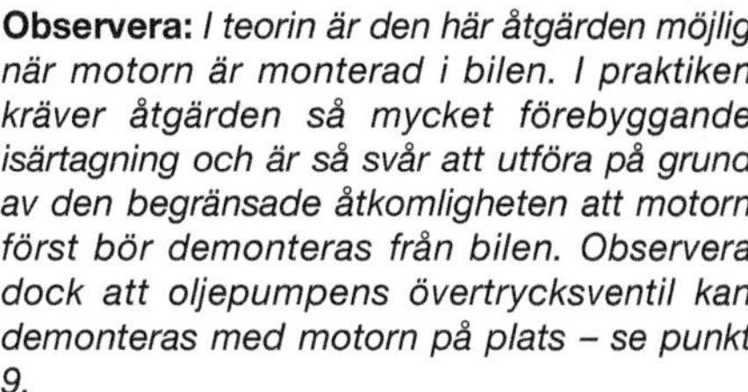

Observera: *I teorin är den här åtgärden möjlig när motorn är monterad i bilen. I praktiken kräver åtgärden så mycket förebyggande isärtagning och är så svår att utföra på grund av den begränsade åtkomligheten att motorn först bör demonteras från bilen. Observera dock att oljepumpens övertrycksventil kan demonteras med motorn på plats – se punkt 9.*

Demontering

1 Ta bort kamremmen (se avsnitt 8).

2 Ta bort vevaxelns drev och tryckbrickan bakom den. Notera åt vilket håll tryckbrickan är vänd (se avsnitt 9).

3 Demontera oljesumpen (se avsnitt 13).

4 Skruva loss de båda bultarna som fäster oljepumpens pickup/filterrör på vevhusets nedre del och ta bort det. Kassera packningen.

5 På modeller med luftkonditionering, lossa de fyra bultar som fäster kompressorn på fästbygeln och bind fast kompressorn på den främre tvärbalken. Kylmedieslangarna behöver inte kopplas loss. Skruva loss kompressorns fästbygel från motorn.

6 Arbeta på motorns baksida och skruva loss

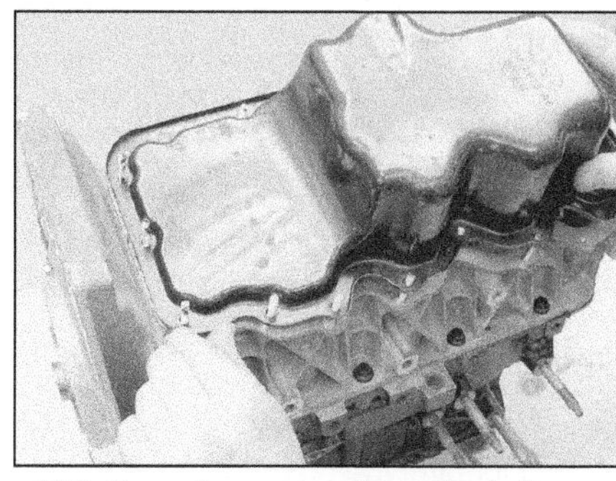

13.9 Passa in sumpen över pinnbultarna

bultarna/muttrarna som fäster höger drivaxels mellersta lagerhus på motorblocket.

7 Skruva stegvis loss och ta bort de tio bultar som fäster vevhusets nedre del på motorbasen. Ta bort vevhusets nedre del och ta loss eventuella distansbrickor. Observera var de var placerade eftersom de ska återanvändas vid monteringen. Ta loss packningen och ta bort alla spår av tätningsmedel på fogen mot oljepumpen.

8 Skruva loss pumpen från motorblocket/vevhuset. Ta bort och kasta packningen och demontera oljetätningen i vevaxelns högra ände. Rengör och avfetta alla delar noggrant, särskilt fogytorna på pumpen, oljesumpen och motorblocket/vevhuset.

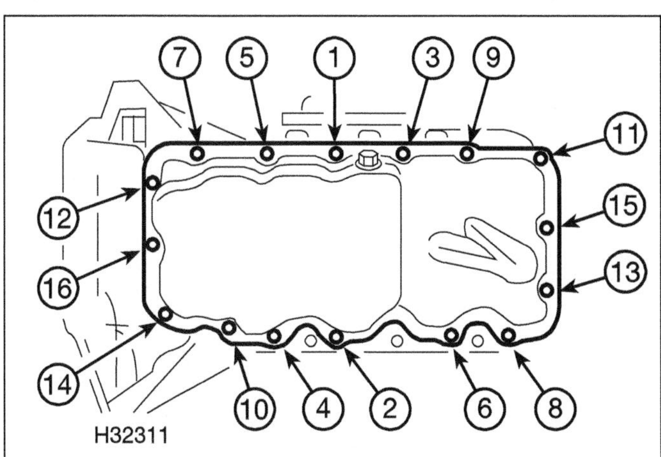

13.11 Åtdragningsordning för oljesumpens bultar

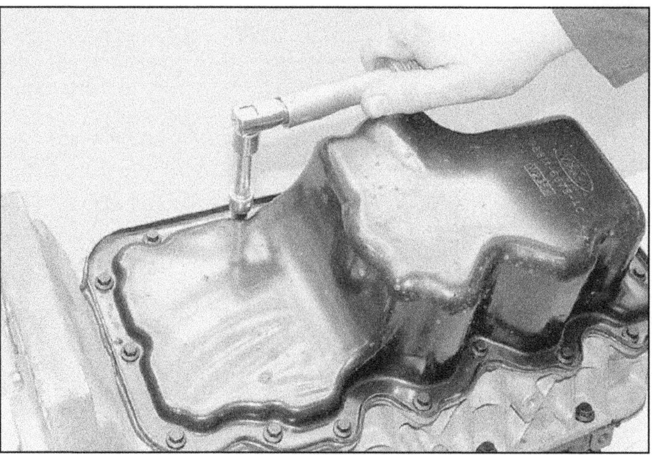

13.12 Dra åt oljesumpens bultar till momentet för steg 2

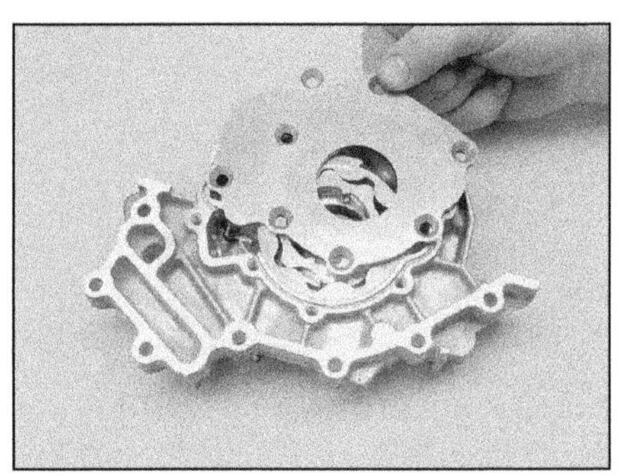
14.9a Ta bort oljepumpskåpan . . .

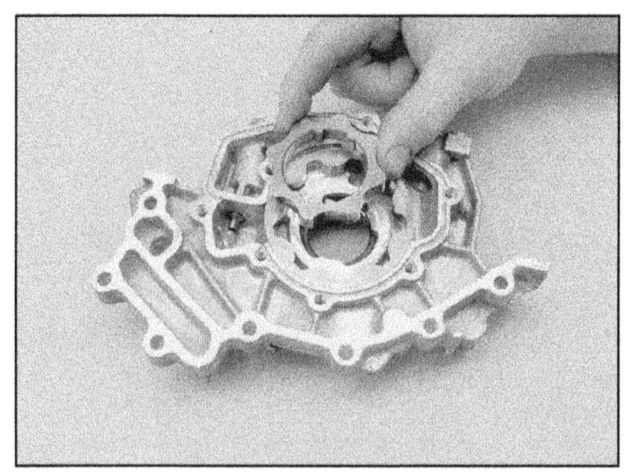
14.9b . . . och ta bort rotorerna, observera hur de var monterade

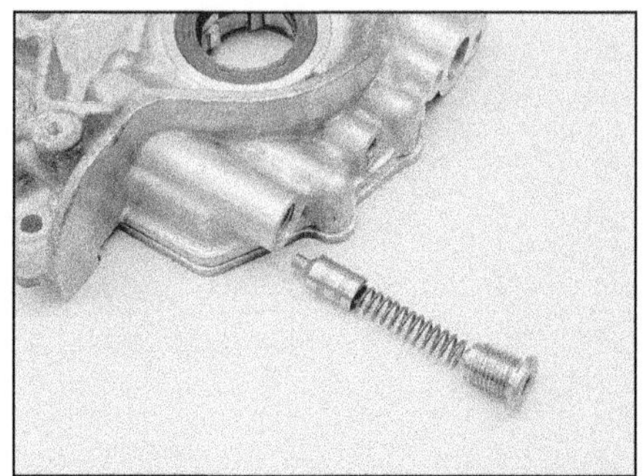
14.12 Delar till oljepumpens övertrycksventil (visas med oljepumpen borttagen)

Kontroll

9 Lossa torxskruvarna och ta bort pumpens skyddsplåt. Notera eventuella markeringar på pumpskivorna och dra sedan ut dem **(se bilder)**.

10 Leta efter tecken på slitage eller skador och byt ut rotorer om så behövs. Om antingen en rotor, pumphuset eller skyddsplåten är repig eller skadad måste hela oljepumpen bytas ut.

11 Om det skulle behövas kan avlastningsventilen för oljetrycket monteras bort utan att pumpen behöver röras. Parkera bilen på stadigt underlag, dra åt handbromsen och lyft upp framvagnen på pallbockar. Demontera höger framhjul och drivremskåpan (se kapitel 1) för att komma åt ventilen.

12 Skruva loss den gängade pluggen och ta loss ventilfjädern och tryckkolven **(se bild)**.

13 Montera i omvänd ordningsföljd mot demonteringen. Se till att fjädern och ventilen sätts tillbaka åt rätt håll och dra åt den gängade pluggen ordentligt **(se bilder)**.

14 När oljepumpen sätts ihop ska huset och delarna oljas in allt eftersom de återmonteras. Dra åt oljepumpens kåpbultar ordentligt **(se bilder)**.

Montering

15 Oljepumpen måste smörjas när den sätts tillbaka. Häll ren motorolja i den och vrid den inre rotorn några varv.

16 Vrid pumpens inre rotor för att placera den i linje med vevaxelns plana ytor, och montera sedan pumpen (och ny packning) och sätt in bultarna, dra åt dem lätt först **(se bilder)**.

17 Kontrollera med hjälp av en lämplig linjal och ett bladmått att pumpen både är exakt centrerad runt vevaxeln och rätt vinklad, så att dess fogyta (mot oljesumpen) ligger precis lika mycket – mellan 0,3 och 0,8 mm – nedanför motorblockets/vevhusets fogyta på bägge sidor om vevaxeln **(se bild)**. Maka försiktigt pumpen i läge, så att packningen inte rubbas, och dra åt bultarna till angivet moment.

18 Kontrollera att oljepumpen sitter som den ska. Om så behövs, skruva loss den igen och upprepa hela arbetsgången så att pumpen sitter rätt.

19 Montera en ny oljetätning i vevaxelns högra ände (se avsnitt 16).

20 Applicera en liten mängd tätningsmedel (Fords specifikation WSK-M4G 320-A) på fogarna mellan oljepumpen och motorblocket. **Observera:** *När tätningsmedlet har lagts på måste vevhusets nedre del monteras och bultarna dras åt helt inom 10 minuter.*

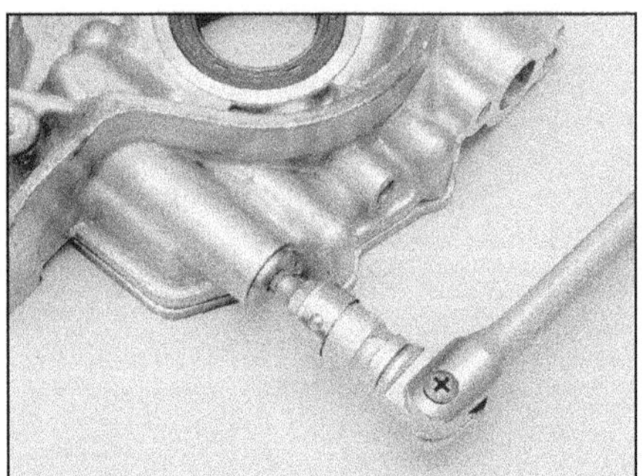
14.13 Dra åt avlastningsventilens täckplugg ordentligt

14.14a Olja in huset och rotorerna allt eftersom de monteras

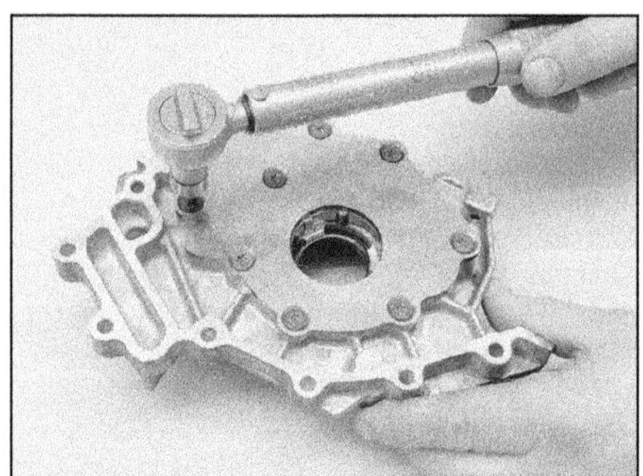
14.14b Dra åt oljepumpkåpans bultar ordentligt

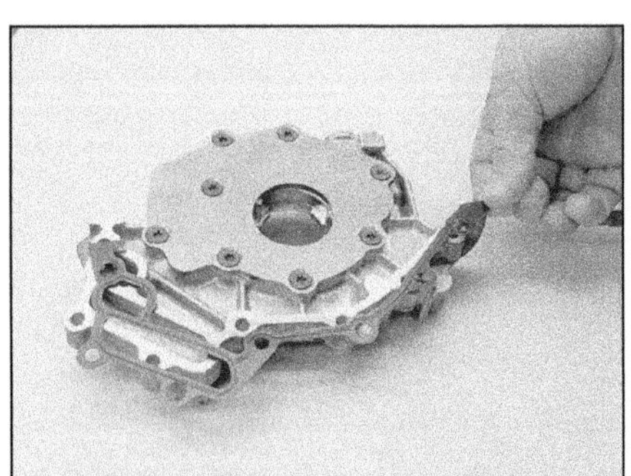
14.16a Passa in den nya packningen på plats . . .

14.16b . . . och sätt sedan tillbaka oljepumpen och dra åt bultarna löst

14.17 Kontrollera att oljepumpen är i linje med vevhuset

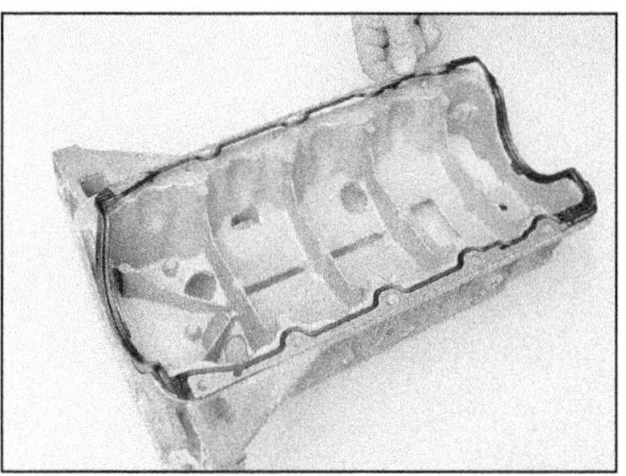
14.21a Montera den nya packningen . . .

14.21b . . . och sätt sedan tillbaka vevhusets nedre del

14.22 Kontrollera linjeringen mellan vevhusets nedre del och motorblocket

14.23 Dra åt bultarna till vevhusets nedre del till angivet moment

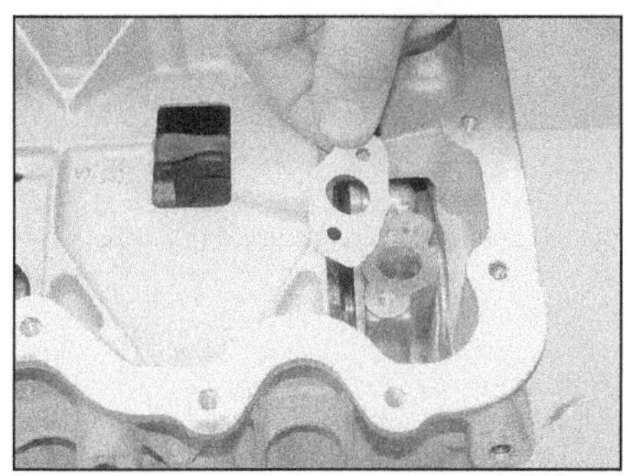
14.24a Använd en ny packning . . .

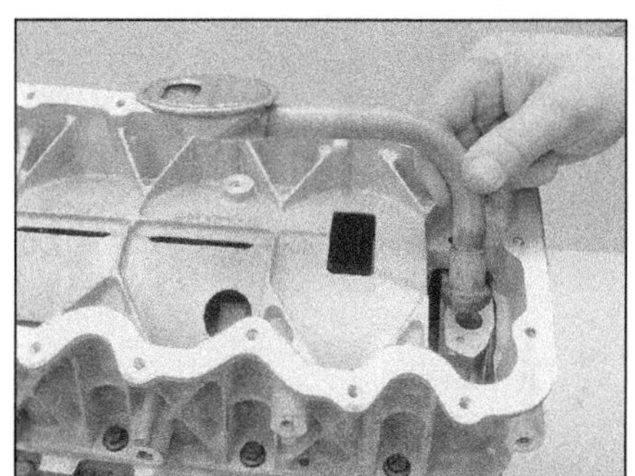
14.24b . . . montera oljepumpens pickup/filterrör . . .

21 Sätt den nya packningen på plats, passa därefter in vevhusets nedre del och fäst det genom att dra åt bultarna lite grann **(se bilder)**.

22 Vevhusets nedre del måste vara i linje med motorblocket innan bultarna dras åt. Använd en linjal och bladmått och kontrollera att ändytorna är rätt placerade **(se bild)**.

23 Dra åt bultarna på vevhusets nedre del till angivet moment, se till att inställningen i förhållande till motorblocket inte ändras **(se bild)**.

24 Fäst packningen på pumpen med lite fett, montera pickup/filterröret, dra åt fästbultarna till angivet moment **(se bilder)**.

25 Resten av ihopsättningen sker i omvänd ordning mot demonteringen. Se tillämpliga ställen i texten för närmare beskrivning när så behövs.

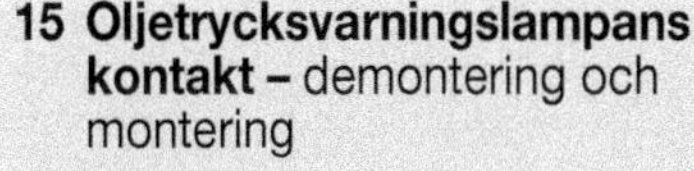

15 Oljetrycksvarningslampans kontakt – demontering och montering

Demontering

1 Kontakten är fastskruvad i motorblockets bakre del bredvid oljefiltret.

2 Se till att bilen står på stadigt underlag, öppna motorhuven och lossa batteriets jordledning (minuspolen) – se kapitel 5A, avsnitt 1.

3 Lyft upp framvagnen och ställ den stadigt på pallbockar.

4 Koppla loss kablaget från kontakten och skruva loss den. En del olja kan rinna ut **(se bilder)**.

Montering

5 Montera i omvänd ordningsföljd mot demonteringen. Lägg på ett tunt lager med lämpligt tätningsmedel på kontaktens gängor och dra åt den till angivet moment. Kontrollera motoroljans nivå och fyll på om det behövs (se *Veckokontroller*). Starta motorn och låt den uppnå normal arbetstemperatur. Kontrollera sedan att varningslamporna fungerar och sök efter tecken på oljeläckage.

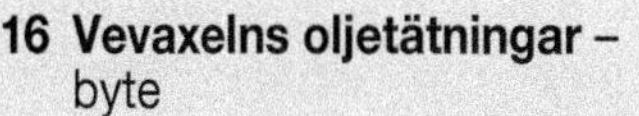

16 Vevaxelns oljetätningar – byte

Oljepumphusets oljetätning

1 Demontera vevaxeldrevet enligt beskrivningen i avsnitt 9.

2 Använd en skruvmejsel och bänd loss den gamla oljetätningen från kamremskåpan. Var försiktig så att du inte skadar tätningens säte

14.24c . . . och dra åt bultarna till angivet moment

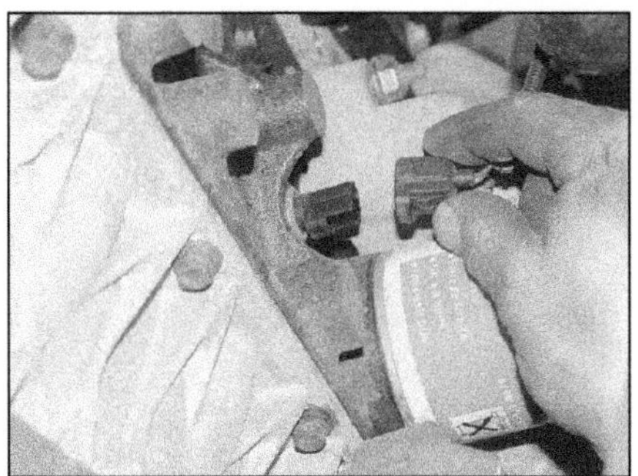
15.4a Koppla loss anslutningskontakten . . .

15.4b . . . skruva sedan loss och ta bort kontakten till varningslampan för oljetryck

I verkstaden skar vi av toppen från en gammal tub med tätningsmedel, med samma invändiga diameter som tätningen, och placerade den på vevaxeln för att sedan kunna trä på den nya tätningen.

eller vevaxeln. Om oljetätningen sitter hårt, borra försiktigt två hål diagonalt mitt emot varandra i den andra oljetätningen, och för sedan in självgängande skruvar och använd en tång för att dra ut tätningen.

3 Rengör tätningens säte och vevaxeln. Putsa av alla grader eller vassa kanter som kan vara orsak till skadan på tätningen.

4 Smörj flänsarna och ytterkanten av den nya tätningen för att underlätta monteringen.

5 Vid montering av ny tätning rekommenderar Ford att serviceverktyg 303-395 används tillsammans med vevaxelremskivans bult för att dra tätningen på plats.

6 Ett av problemen som kan uppstå vid ditsättning av den nya tätningen är att dess

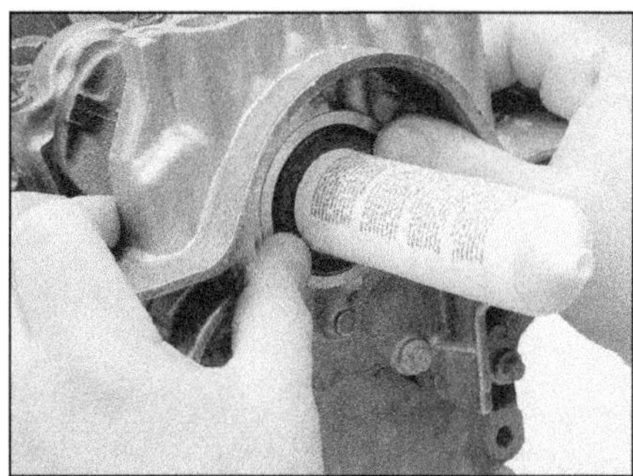

16.7 Oljetätningen kan tryckas in för hand

läppar kan fastna i vevaxelns kant, vilket förstör tätningen. Ett plaströr eller en flaska i rätt storlek kan användas för att lösa problemet **(se Haynes Tips)**.

7 Så länge som tätningen hålls i rät vinkel kan den sättas dit endast med hjälp av handkraft, men om du hellre vill det kan du använda en hylsa i lämplig storlek för att knacka in tätningen **(se bild)**.

8 Resten av hopsättningen sker i omvänd ordning mot demonteringen. Se tillämpliga ställen i texten för närmare beskrivning när så behövs. Starta motorn och leta efter spår av oljeläckage.

Oljetätning på svänghjulssidan

9 Ta bort växellådan enligt beskrivningen i kapitel 7A eller 7B, och kopplingsenheten enligt beskrivningen i kapitel 6 om det behövs.

10 Skruva loss svänghjulet (se avsnitt 17).

11 Demontera oljesumpen (se avsnitt 13).

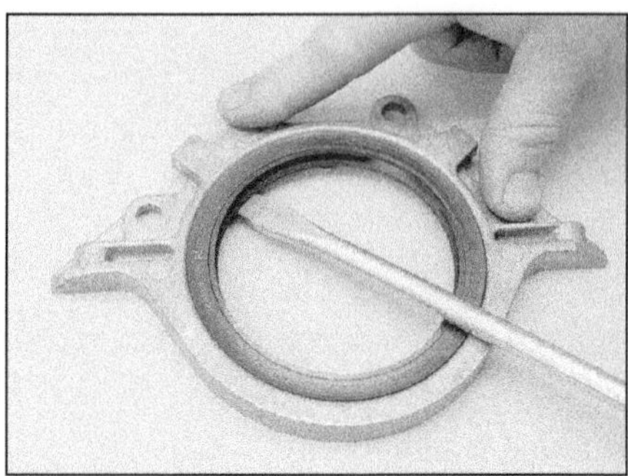

16.13 Bänd ut vevaxelns tätning

12 Skruva loss tätningshållaren. Ta bort packningen och kassera den.

13 Stötta huset jämnt på träklossar, tryck ut tätningen bakifrån. Om du är försiktig kan du bända ut tätningen med en skruvmejsel **(se bild)**.

14 Rengör tätningssätet och vevaxeln. Putsa av alla grader eller vassa kanter som kan vara orsak till skadan på tätningen. Rengör också fogytorna på motorblocket/vevhuset och hållaren med en skrapa för att bli kvitt alla spår av gammal packning – var försiktig så att det inte blir repor eller hack i ytorna. Avfetta sedan ytorna med något lämpligt lösningsmedel.

15 Passa in hållaren, tillsammans med den nya packningen **(se bilder)**.

16 Kontrollera med hjälp av en lämplig linjal och ett bladmått att hållaren både är exakt centrerad runt vevaxeln och rätt vinklad, så att dess fogyta (mot oljesumpen) ligger precis lika mycket – mellan 0,3 och 0,8 mm – nedanför motorblockets/vevhusets fogyta på bägge sidor om vevaxeln. Maka hållaren i läge försiktigt – så att inte packningen rubbas – och dra åt bultarna till angivet moment **(se bilder)**.

17 Kontrollera att hållaren sitter som den ska. Om så behövs, skruva loss tätningssätet igen och upprepa hela arbetsgången så att det sitter rätt.

18 Ford rekommenderar att tätningen dras på plats med hjälp av serviceverktyg 303-291 och två svänghjulsbultar. Om verktyget inte finns att tillgå, tillverka en styrning med hjälp av en tunn bit plast (t.ex. från en plastflaska) **(se bilder)**. Smörj in den nya tätningens

16.15a Använd en ny packning . . .

16.15b . . . montera tätningshållaren och dra åt bultarna löst

16.16a Kontrollera tätningshållarens inriktning med bladmått . . .

16.16b . . . och dra sedan åt bultarna till angivet moment

16.18a Trä på tätningen med hjälp av en plastflaska . . .

16.18b . . . eller en plastremsa som lindats runt vevaxeln

17.4 Ett sätt att spärra svänghjulets krondrev för att hindra det från att rotera

läppar och vevaxeln med fett, passa sedan in tätningen med styrningen som matar tätningens läppar över vevaxelns klack. Tryck tätningen jämnt på plats med händerna. Knacka sedan in den med en mjuk klubba tills den ligger i nivå med det omgivande huset.

19 Torka bort överflödig olja eller fett. Resten av ihopsättningen sker i omvänd ordning mot demonteringen. Se tillämpliga ställen i texten för närmare beskrivning när så behövs. Starta motorn och leta efter spår av oljeläckage.

17 Svänghjul – demontering, kontroll och montering

Demontering

1 Demontera växellådan enligt beskrivning i kapitel 7A eller 7B. Nu är det läge att kontrollera komponenter som t.ex. oljetätningar och byta ut dem om det behövs.

2 Om det behövs, ta bort kopplingsenheten enligt beskrivningen i kapitel 6. Det kan vara bra att kontrollera eller byta kopplingskomponenterna och urtrampningslagret.

3 Använd en körnare eller färg och gör inställningsmärken på svänghjulet och vevaxeln för att underlätta återmonteringen – bulthålen är lite förskjutna och kan endast riktas in på ett sätt, men om du gör markeringar så slipper du gissa (och svänghjulet är tungt).

4 Håll svänghjulet stilla på något av följande sätt:

a) Om du har en medhjälpare, för in en av växellådans fästbultar i motorblocket och be medhjälparen att haka i en bredbladig skruvmejsel i krondrevets kuggar när bultarna lossas.

b) Annars kan ett vinkeljärn hakas i krondrevet och passas in mot växellådans fästbult.

c) En tredje metod är att tillverka ett platt metallstag med en spetsig ände för att haka i krondrevet – passa in verktyget på växellådans bult och använd brickor och packningar för att rikta in det mot krondrevet. Dra sedan åt bulten för att hålla den på plats ***(se bild)****.*

5 Skruva loss varje bult i tur och ordning och skaffa ersättningsbultar för ihopsättningen. Dessa bultar utsätts för mycket stora påfrestningar och måste därför alltid bytas ut, oberoende av vilket skick de verkar vara i, varje gång de rubbas.

6 Ta bort svänghjulet, kom ihåg att delen är mycket tung – tappa den inte.

Kontroll

7 Rengör svänghjulet från fett och olja. Undersök ytan efter sprickor, nitspår, brända områden och repor. Lättare repor kan tas bort med smärgelduk. Leta efter spruckna eller trasiga krondrevskuggar. Lägg svänghjulet på slätt underlag och använd en linjal för att kontrollera eventuell skevhet.

8 Rengör och kontrollera fogytorna på svänghjulet och vevaxeln. Om oljetätningen läcker ska den bytas (se avsnitt 16) innan svänghjulet återmonteras. Om motorn har gått långt kan det vara bra att sätta dit en ny tätning, eftersom det kräver rätt mycket arbete att komma åt den annars.

9 Passa på att noggrant rengöra dess inneryta (på högersidan) när svänghjulet är avtaget. Var särskilt noga med groparna som fungerar som mätpunkter för vevaxelns varvtals-/lägesgivare. Rengör givarspetsen och kontrollera att givaren sitter fast ordentligt.

Montering

10 Vid monteringen, kontrollera att motorns/växellådans mellanskiva sitter på plats (om så behövs). Sätt sedan svänghjulet på vevaxeln så att bulthålen hamnar i linje – bara ett läge passar. Ta hjälp av den markering som gjordes vid demonteringen. Sätt i de nya bultarna och dra åt dem för hand **(se bilder)**.

11 Spärra svänghjulet på samma sätt som vid demonteringen. Dra åt de nya bultarna till angivet moment. Arbeta i diagonal ordningsföljd för att få en jämn åtdragning och bygg upp det slutliga åtdragningsmomentet i två eller tre steg **(se bild)**.

17.10a Sätt svänghjulet på plats . . .

17.10b . . . och fäst det med de nya bultarna

17.11 Dra åt svänghjulets bultar till angivet moment

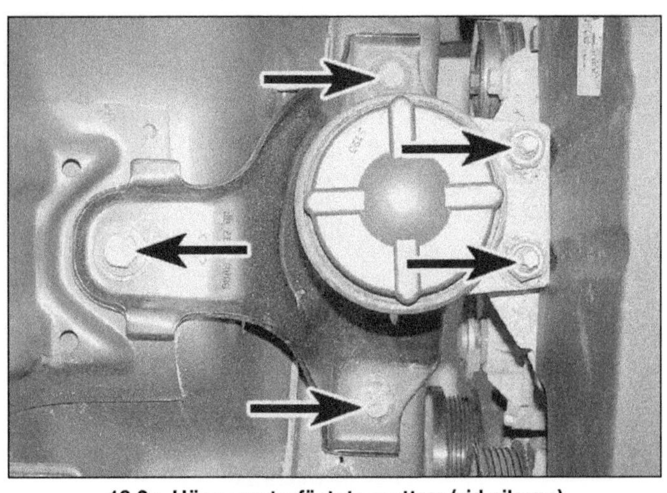
18.9a Högra motorfästets muttrar (vid pilarna)

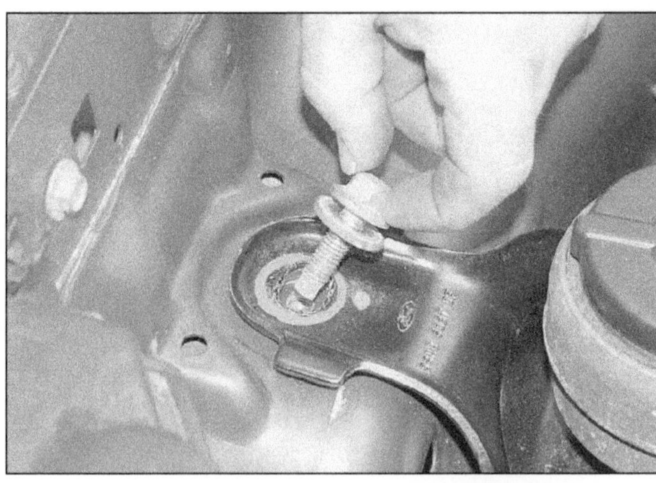
18.9b Skruva loss muttrarna och bultarna . . .

12 Resten av ihopsättningen sker i omvänd ordning mot demonteringen. Se tillämpliga ställen i texten för närmare beskrivning när så behövs.

18 Motor-/växellådsfästen – kontroll och byte

Kontroll

1 Motorns/växellådans fästen behöver sällan åtgärdas, men trasiga eller slitna fästen måste bytas omedelbart, annars kan den extra belastningen på drivaxelkomponenterna leda till skador eller slitage.

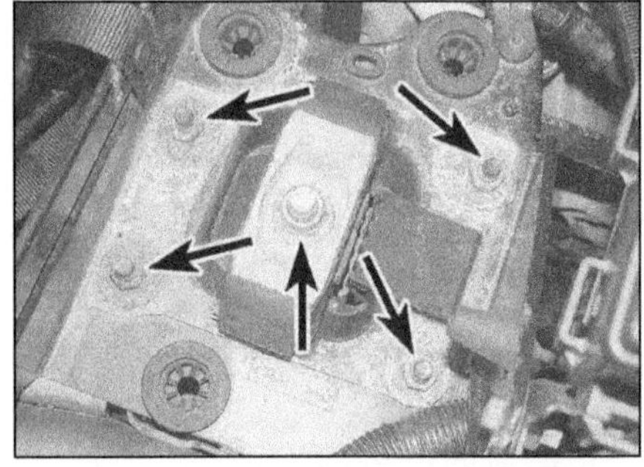
18.10a Vänstra motorfästets muttrar (vid pilarna)

2 Vid kontrollen måste motorn/växellådan vara aningen lyft, så att dess tyngd inte vilar på fästena.

3 Dra åt handbromsen. Lyft upp framvagnen och ställ den på pallbockar (se *Lyftning och stödpunkter*). Ta bort motorns undre skyddskåpa i förekommande fall. Placera en domkraft under oljesumpen, med en stor träkloss mellan sumpen och lyftsadeln. Lyft sedan försiktigt motorn/växellådan precis så mycket som krävs för att avlasta fästena.

4 Kontrollera fästena för att se om gummit har spruckit, hårdnat eller lossnat från metalldelarna. Ibland spricker gummit mitt itu.

5 Kontrollera om det finns glapp mellan någon av fästbyglarna och motorn/växellådan eller karossen (använd en stor skruvmejsel eller ett bräckjärn och försök röra på fästena). Om du noterar ett glapp, sänk ner motorn och kontrollera fästmuttrarnas och bultarnas åtdragning.

Byte

6 Motorfästena kan tas bort om tyngden från motorn/växellådan hålls uppe på något av följande sätt.

7 Stöd antingen enheten underifrån med en domkraft och en lämplig träbit mellan domkraften och oljesumpen (för att förhindra skador), eller ovanifrån genom att fästa en lyft

18.9c . . . ta sedan bort fästet helt

på motorn. En tredje metod är att använda ett lämpligt stödstag med ändstycken som hakar i vattenkanalen på var sida om motorhuvsöppningen. Med en justerbar krok och kedja fäst på motorn kan tyngden från motorn och växellådan tas bort från fästena.

8 När tyngden från motorn och växellådan har stöd kan valfritt fäste skruvas loss och tas bort.

9 När du ska ta bort motorns högra fäste, märk först ut de tre bultarnas läge i förhållande till fästplattan. Skruva loss de tre bultarna som håller fast fästet på den inre skärmen och två muttrarna som fäster det på motorn. Lyft bort fästet helt **(se bilder)**.

18.10b Skruva loss muttrarna och lyft bort den övre delen . . .

18.10c . . . skruva sedan loss ytterligare tre muttrar (vid pilarna) . . .

18.10d . . . och ta bort den nedre delen från växellådan

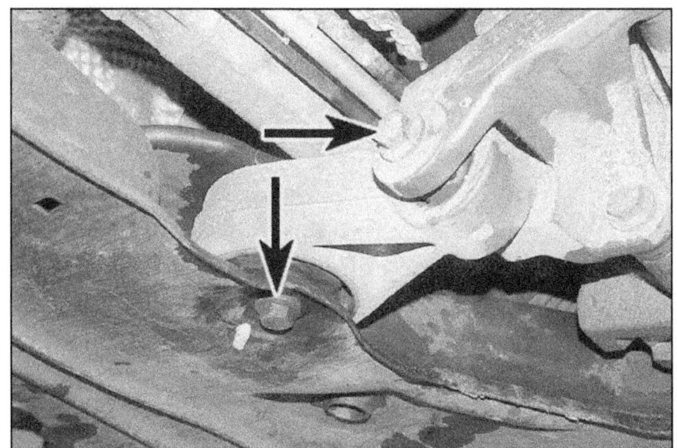

18.11a Bakre motorfästets genomgående fästbultar (vid pilarna)

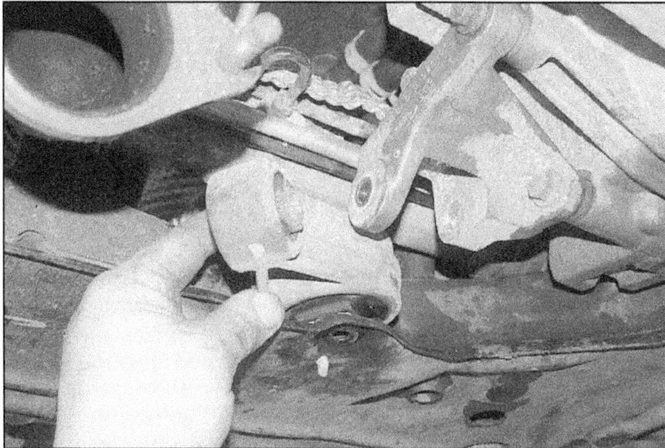

18.11b Motorns bakre fäste tas bort

10 När du ska ta bort vänster fäste, ta först bort batteriet och batterihyllan enligt beskrivningen i kapitel 5A och lossa sedan klämmorna och ta bort luftintagskanalen. Skruva loss de fem fästmuttrarna (observera att den mittersta är större än de övriga) från motorns vänstra fäste och ta sedan bort den övre fästbygeln. Skruva loss de tre muttrarna och ta bort den nedre halvan av fästbyglarna på växellådan **(se bilder)**.

11 När du ska ta bort motorns bakre fäste/länk, dra först åt handbromsen, lyft sedan upp framvagnen och ställ den på pallbockar (se *Lyftning och stödpunkter*). Skruva loss de genomgående bultarna och ta bort motorns bakre fästlänk från fästbygeln på växellådan och från bygeln på underredet **(se bilder)**. Håll motorn stilla när du tar bort bultarna eftersom länken kommer att vara spänd.

Observera: *De båda genomgående bultarna är olika långa – om bultarna sätts tillbaka på fel platser kommer den bakersta bulten att ta i kugg-stången.*

12 Monteringen av alla fästen sker i omvänd ordning mot demonteringen. Dra inte åt fästmuttrarna/-bultarna helt innan alla fästen är på plats. Kontrollera att gummi-fästena inte är vridna när fästbultarna och muttrarna dras åt till respektive angivet moment.

Kapitel 2 Del C:
Motor – demontering och reparationer

Innehåll

Svårighetsgrader

Enkelt, passar novisen med lite erfarenhet 	**Ganska enkelt,** passar nybörjaren med viss erfarenhet	**Ganska svårt,** passar kompetent hemmamekaniker 	**Svårt,** passar hemmamekaniker med erfarenhet 	**Mycket svårt,** för professionell mekaniker

Specifikationer

Ventiler

1,4 och 1,6 liters motorer:

Ventillängd:	
Insug – 1,4 liter	97,35 mm
Insug – 1,6 liter	96,95 mm
Avgas	99,40 mm
Ventilfjäder, obelastad längd	53,20 mm
1,8 och 2,0 liters motorer:	
Ventilspel i styrning	0,017 till 0,064 mm

Topplock

Max. tillåten avvikelse på packningens yta	0,1 mm

Motorblock

Cylinderloppets diameter (nominellt):	
1,4 liters motor	76,000 till 76,030 mm
1,6 liters motor	79,000 till 79,030 mm
1,8 liters motor	80,600 till 80,630 mm
2,0 liters motor	84,800 till 84,830 mm

Kolvar och kolvringar

Kolvdiameter (nominellt):	
1,4 liters motor	75,960 till 75,990 mm
1,6 liters motor	78,975 till 79,025 mm
1,8 liters motor	80,570 till 80,600 mm
2,0 liters motor	84,770 till 84,800 mm
Överstorlek – alla motorer	Inga tillgängliga
Spel mellan kolv och cylinderlopp:	
1,4 och 1,6 liters motorer	Ej angivet
1,8 liters motor	0,040 till 0,060 mm
2,0 liters motor	0,010 till 0,030 mm
Kolvringens ändgap – monterad:	
Övre kompressionsring:	
1,4 liters motor	0,17 till 0,27 mm
1,6 liters motor	0,18 till 0,28 mm
1,8 och 2,0 liters motorer	0,30 till 0,50 mm
Andra kompressionsring:	
1,4 och 1,6 liters motorer	0,70 till 0,90 mm
1,8 och 2,0 liters motorer	0,30 till 0,50 mm
Oljeskrapring:	
1,4 och 1,6 liters motorer	0,15 till 0,65 mm
1,8 liters motor	0,38 till 1,14 mm
2,0 liters motor	0,40 till 1,40 mm
Ringgapens avstånd	120°

Vevaxel

Observera: *På 1,4 och 1,6 liters motorer ska vevaxeln inte tas bort från motorblocket (se text).*

Vevaxelns axialspel:	
1,4 liters motor	0,105 till 0,325 mm
1,6 liters motor	0,220 till 0,430 mm
1,8 och 2,0 liters motorer	0,090 till 0,260 mm
Ramlagertapparnas diameter:	
1,8 och 2,0 liters motorer	57,980 till 58,000 mm
Vevstakslagertapparnas diameter:	
1,8 och 2,0 liters motorer	46,890 till 46,910 mm

Åtdragningsmoment

Se kapitel 2A eller 2B, Specifikationer

1 Allmän information och föreskrifter

Hur detta kapitel används

Denna del av kapitel 2 handlar om demontering och montering av motorn och växellådan, reparationsåtgärder som kräver att motorn/växellådan tas bort från bilen samt renovering av motorkomponenter. Här ingår de specifikationer som krävs för dessa åtgärder. Se del A eller B för ytterligare specifikationer och för alla åtdragningsmoment.

Allmän information

Informationen sträcker sig från råd om förberedelser inför renovering och inköp av nya delar till detaljerade beskrivningar av hur man demonterar, monterar och kontrollerar motorns inre komponenter steg för steg.

Följande avsnitt har skrivits med utgångspunkten att motorn har tagits bort från bilen. Mer information om reparationer med motorn monterad, liksom om demontering och montering av externa komponenter vid en fullständig renovering, finns i del A och B i det här kapitlet.

När motorn ses över måste man först ta reda på vilka reservdelar som finns att tillgå. I skrivande stund fanns väldigt få under- eller överdimensionerade komponenter för motorrenovering. I många fall är den enklaste och bästa lösningen rent ekonomiskt att byta ut en sliten eller skadad motor.

2 Motorrenovering – allmän information

Det är inte alltid lätt att bestämma när eller om en motor ska totalrenoveras eftersom ett antal faktorer måste tas med i beräkningen.

En lång körsträcka är inte nödvändigtvis ett tecken på att bilen behöver renoveras, lika lite som en kort körsträcka garanterar att det inte behövs någon renovering. Förmodligen är servicefrekvensen den viktigaste faktorn. En motor som har fått regelbundna olje- och filterbyten och annat nödvändigt underhåll bör gå bra i flera tusen mil. En vansköttt motor kan däremot behöva en översyn redan på ett tidigt stadium.

Onormalt stor oljeåtgång är ett symptom på att kolvringar, ventiltätningar och/eller ventilstyrningar behöver åtgärdas. Kontrollera att oljeåtgången inte beror på oljeläckage innan du drar slutsatsen att ringarna och/eller styrningarna är slitna. Testa cylinderkompressionen eller tryckförlusten (del A eller B i det här kapitlet) för att avgöra hur omfattande arbete som krävs.

Minskad motorstyrka, hackig körning, knackningar eller metalliska motorljud, kraftigt ventilmekanismljud och hög bensinkonsumtion är också tecken på att en renovering kan behövas, i synnerhet om dessa symptom visar sig samtidigt. Om en grundlig service inte hjälper kan en större mekanisk genomgång vara den enda lösningen.

En motorrenovering innebär att alla interna delar återställs till de specifikationer som gäller för en ny motor. **Observera:** *Börja alltid med att kontrollera vilka nya delar som finns att tillgå innan du planerar en översyn – se avsnitt 1. En Fordverkstad, eller en bra specialist på motorrenovering/bildelsleverantör kan kanske föreslå alternativ som löser problemet med att nya delar saknas.*

Vid en renovering är det vanligt att man byter kolvringarna och borrar om och/eller honar cylinderloppen. Om borrningen görs av en motorverkstad monteras nya kolvar och kolvringar i överstorlek – alla dessa åtgärder förutsätter naturligtvis att du har tillgång till nya lämpliga delar. Ram- och vevlagren byts i allmänhet och vid behov kan vevaxeln slipas om så att axeltapparna återställs.

Försiktighet: Försök INTE att demontera vevaxeln eller ramlageröverfallet/ramlagerhållaren på 1,4 eller 1,6 liters motorer, eftersom de inte kan återmonteras korrekt med hjälp av vanliga verktyg. Tillverkarna tillhandahåller inte åtdragningsmoment för fästbultarna till ramlageröverfallet/ramlagerhållaren. Om vevaxeln är mycket sliten måste du skaffa en ny kort motor som innehåller motorblocket med kolvarna och vevaxeln.

I allmänhet gås ventilerna också igenom vid en renovering, eftersom de vanligtvis inte är i perfekt skick vid den här tidpunkten. När motorn genomgår en renovering kan andra komponenter, t.ex. startmotorn och generatorn, också bytas eller renoveras, om du kan hitta de delar som behövs. Slutresultatet bör bli en motor som kan gå många problemfria mil. **Observera:** *Kritiska kylsystemskomponenter som slangar, drivrem, termostat och kylvätskepump MÅSTE bytas vid en motorrenovering. Kylaren måste kontrolleras noggrant så att den inte är tilltäppt eller läcker (se kapitel 3). I regel ska oljepumpen bytas när en motor renoveras.*

Innan du påbörjar renoveringen av motorn bör du läsa igenom hela beskrivningen för att bli bekant med omfattningen av och förutsättningarna för arbetet. Det är inte svårt att utföra en motorrenovering, men det tar tid. Räkna med att bilen inte kommer att gå att använda under minst två veckor, särskilt om delarna måste tas till en verkstad för reparation eller renovering. Kontrollera att det finns reserv-delar tillgängliga och skaffa nödvändiga specialverktyg och andra hjälpmedel i förväg. Större delen av arbetet kan utföras med vanliga handverktyg, även om ett antal precisionsmätverktyg krävs för att avgöra om delar måste bytas ut. Ofta kan en verkstad ansvara för inspektion av delar och ge råd om renovering och byten. **Observera:** *Vänta alltid tills motorn har tagits isär helt och tills alla delar (särskilt motorblock och vevhus) har kontrollerats innan du beslutar om vilken service och vilka reparationer som måste överlåtas till en verkstad. Eftersom motor-blockets skick blir den avgörande faktorn när man bedömer om den ursprungliga motorn ska repareras eller om man ska köpa en ny, ska du aldrig köpa delar eller låta en verkstad utföra reparationer på andra delar innan motorblocket/vevhuset har undersökts nog-grant.* Generellt sett är tiden den största kostnaden vid en renovering, så det lönar sig inte att betala för att sätta in slitna eller undermåliga delar.

Slutligen, den renoverade motorn kommer att få längsta möjliga livslängd med minsta möjliga problem om monteringen utförs omsorgsfullt i en absolut ren miljö.

3 Motor/växellåda, demontering – metoder och rekommendationer

Om du har beslutat att en motor måste demonteras för renovering eller större reparationer bör följande förberedande åtgärder vidtas.

Det är mycket viktigt att man har en lämplig plats att arbeta på. Tillräckligt stort arbetsutrymme och plats att förvara bilen krävs. Även om du inte har tillgång till en verkstad eller ett garage behöver du åtminstone en plan, jämn, ren arbetsyta av betong eller asfalt.

Om motorrummet och motorn/växellådan rengörs innan motorn demonteras blir det lättare att hålla verktygen rena och i ordning.

Motorn kan endast tas bort tillsammans med växellådan. Bilens kaross måste ha ordentligt stöd och lyftas upp tillräckligt högt för att motorn/växellådan ska kunna lossas som en enda enhet och sänkas ner till marken. Motor- och växellådsenheten kan sedan tas bort underifrån bilen och tas isär. En motorlyft eller ett linblock kommer också att behövas. Kontrollera att lyftutrustningen är gjord för att klara större vikt än motorns och växellådans gemensamma vikt. Säkerheten är viktigast med tanke på vilka risker som kan förekomma när du tar bort motorn och växellådan från bilen **(se bilder)**.

Om det är första gången du demonterar en motor bör du ha en medhjälpare. Det underlättar mycket om en erfaren person kan bistå med råd och hjälp. Många moment under arbetet med att demontera motorn och växellådan kräver att flera uppgifter utförs samtidigt, något en ensam person inte klarar.

Planera arbetet i förväg. Låna eller köp alla de verktyg och all utrustning du behöver innan du påbörjar jobbet. I den utrustning som krävs för att montera och demontera motorn och växellådan på ett säkert och relativt enkelt sätt, och som kan behöva hyras eller lånas, ingår (förutom motorlyften) en kraftig garagedomkraft, ett par stadiga pallbockar, träklossar och ett mothåll för motorn (en låg plattform med hjul, som tål tyngden från motorn och växellådan, så att enheten lätt kan

3.4a Se till att lyftkedjorna är ordentligt fästa . . .

3.4b . . . och sänk ner motorn/växellådan till marken

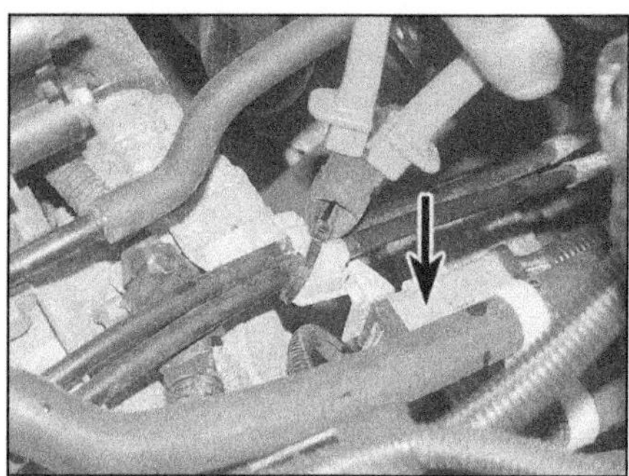

4.10 Skär av buntbandet som fäster växlingsvajrarna på växellådan – koppla loss anslutningskontakten (vid pilen)

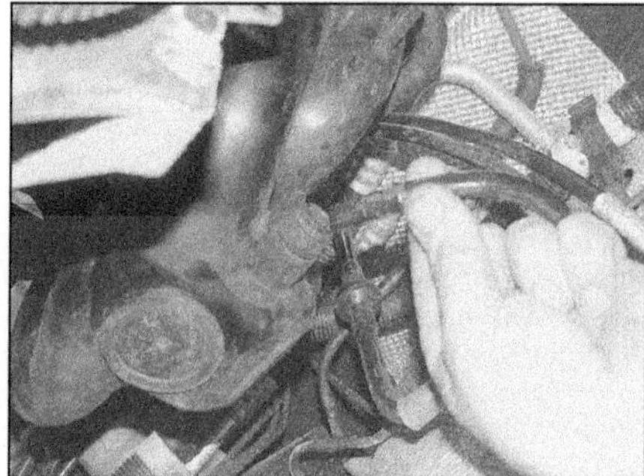

4.11a Koppla loss insugsgrenrörets vakuumslangar

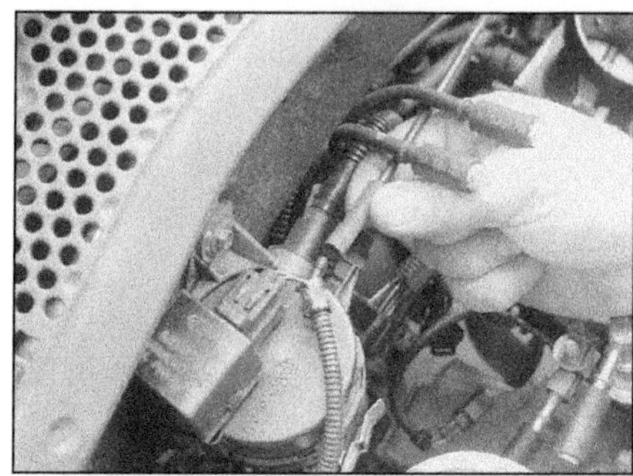

4.11b Observera hur de två kolkanisterslangarna är placerade

flyttas när den är på marken). En fullständig uppsättning nycklar och hylsnycklar (enligt beskrivningen i referensavsnittet) kommer att behövas, samt trasor och rengöringsmedel för att torka upp spill av olja, kylvätska och bränsle. Se till att du är ute i god tid om motorhissen måste hyras, och utför alla arbeten som går att göra utan den i förväg. Det sparar både pengar och tid.

Räkna med att bilen inte kan köras under en längre tid. Vissa åtgärder bör överlåtas till en verkstad eftersom man inte kan utföra dem utan tillgång till specialutrustning. Verkstäder är ofta fullbokade, så det är lämpligt att fråga hur lång tid som kommer att behövas för att renovera eller reparera de komponenter som ska åtgärdas redan innan motorn demonteras.

Var alltid mycket försiktig vid demontering och montering av motorn/växellådan. Slarv kan leda till allvarliga skador. Genom att planera arbetet noggrant och inte stressa kan arbetet (trots att det är omfattande) slutföras framgångsrikt.

4 Motor/växellåda – demontering, isärtagning och montering

Observera: *Läs igenom hela avsnittet och anvisningarna i föregående avsnitt, innan arbetet påbörjas. Här demonteras motorn och växellådan som en enhet, sänks ner till marken, tas bort underifrån och tas sedan isär utanför bilen. Om du föredrar det kan växellådan tas bort från motorn först (enligt beskrivningen i kapitel 7A eller 7B) – då kan motorn lyftas ut uppifrån.*

Demontering

1 Parkera bilen på stadigt, jämnt underlag och dra åt handbromsen ordentligt.

2 Tryckutjämna bränslesystemet enligt beskrivningen i kapitel 4A.

3 Dränera kylsystemet enligt beskrivningen i kapitel 1.

4 Lossa muttrarna som fäster de båda framhjulen.

5 Arbeta på en sida i taget och skruva loss det främre fjäderbenets mittmuttrar exakt tre varv var, samtidigt som du håller stötdämparens mittstag med en insexnyckel.

Observera: *Det är viktigt att inte lossa muttrarna för mycket – se till att tillräckligt mycket av muttern har kontakt med gängningen.*

6 Demontera batteriet och batterihyllan enligt beskrivningen i kapitel 5A.

7 Ta bort luftrenaren och insugstrummorna enligt beskrivningen i kapitel 4A. Skruva loss luftintagskanalen under luftrenaren, som går till motorrummets främre panel. I förekommande fall kopplar du även ifrån jordkabeln under luftrenaren.

8 Koppla loss gasvajern från gasspjällshuset enligt anvisningarna i kapitel 4A.

9 Notera var alla anslutningskontakter är placerade och hur kablaget är draget, och koppla sedan loss kontakterna på motorn och växellådan.

10 Koppla ifrån växlings-/växelvajrarna från växellådan, enligt beskrivningen i kapitel 7A eller 7B **(se bild)**.

11 Koppla vid insugsgrenröret bort vakuumslangarna från bränsletrycksregulatorn och bromsservon. Koppla även loss kolkanisterslangarna **(se bilder)**.

12 Skruva loss bulten som fäster kylvätskeexpansionskärlet på innerskärmen, lossa tanken baktill och flytta kärlet åt sidan utan att koppla ifrån slangarna **(se bild)**.

13 Lossa servostyrningens vätskebehållare och lägg den åt sidan utan att koppla ifrån slangarna – försök att hålla den upprätt **(se bild)**.

14 Koppla loss kylarens, värmeenhetens och expansionskärlets slangar från termostathuset. På modeller med automatväxellåda, lossa värmeslangen vid anslutningen ovanför växellådan.

15 Koppla ifrån kylarens nedre slang och värmeslangen från anslutningarna på kylvätskepumpen. Kontrollera att alla kylvätskeslangar till och från motorn och växellådan har kopplats ifrån.

16 Demontera kylar- och fläktenheten enligt anvisningarna i kapitel 3.

17 På modeller med manuell växellåda, se kapitel 6 och koppla loss vätskematningsslangen för kopplingens huvudcylinder vid anslutningen till växellådan. Var beredd på att vätska kan spillas ut och plugga igen rörets ände för att hindra fortsatt vätskeförlust. Bind upp röret så att det är ur vägen och tvätta bort eventuellt spill.

Varning: Hydraulvätska är giftig och lättantändlig och skadar lack och plast.

18 Om du inte redan har gjort det, lyft upp bilens framvagn och ställ den på pallbockar.

19 Demontera drivremmen enligt beskrivningen i kapitel 1.

20 Följ vätskerören från servostyrningspumpen under bilen och lossa rörets fästbygel från motorn/växellådan eller kryssrambalken.

21 Skruva loss servostyrningspumpen enligt anvisningarna i kapitel 10 och bind upp den utan att ändra på röranslutningarna.

22 På modeller med luftkonditionering,

4.12 Lossa kylvätskans expansionskärl på baksidan och lägg det åt sidan

4.13 Lyft bort servostyrningens vätskebehållare

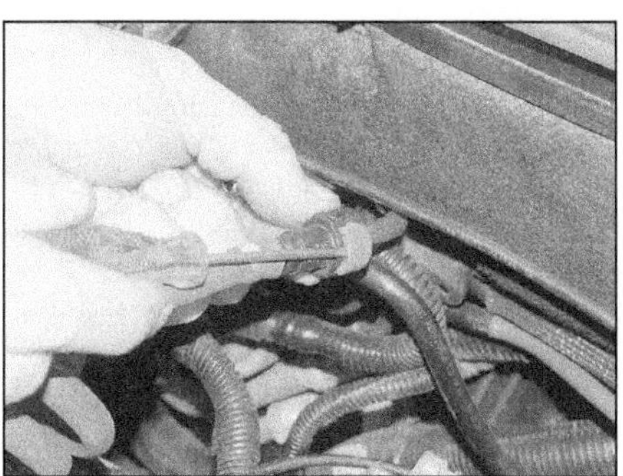
4.30a Bänd ut den färgade låsklämman. . .

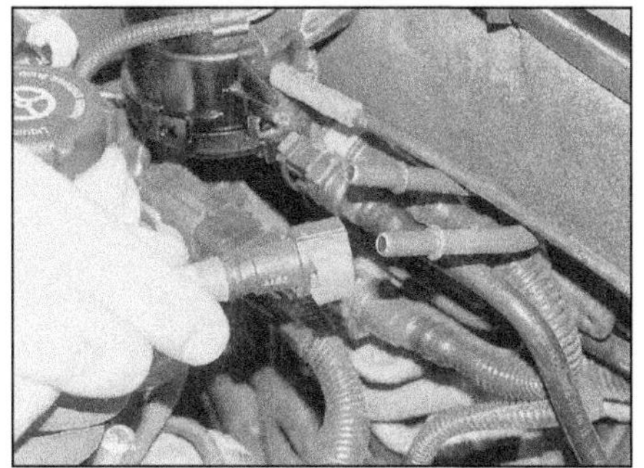
4.30b . . . och koppla loss bränsleledningarna på torpedväggen

4.30c Observera färgen på bränsleledningarnas anslutningar för återmonteringen – TDDi-motorer . . .

skruva loss luftkonditioneringskompressorn enligt anvisningarna i kapitel 3 och bind upp den ur vägen.

Varning: Koppla inte ifrån kylmedieslangarna.

23 På modeller med manuell växellåda, se kapitel 7A om det behövs och koppla ifrån växelvajrarna från växellådans armar. På modeller med växellådan MTX 75, koppla loss växelvajrarna från fästbyglarna ovanpå växellådan.

24 På modeller med automatväxellåda, skruva loss stödfästet till växellådsoljans mätsticka och lossa mätstickan från dess plats.

25 Se kapitel 5A, skruva loss startmotorn – observera att det inte är nödvändigt att ta bort de elektriska anslutningarna till motorn – skruva helt enkelt loss och ta bort motorn och lägg den åt sidan med kablaget anslutet.

26 Ta bort de båda drivaxlarna från växellådan, enligt beskrivningen i kapitel 8.

27 Stöd motorn underifrån, nära motorns bakre fästbygel. Lossa motorns bakre fästbultar och ta bort fästet. Observera att du endast behöver stötta upp motorn när bultarna lossas och tas bort – när fästet har tagits bort kan stödet försiktigt tas bort.

28 På 1,4 och 1,6 liters modeller, ta bort avgasgrenrörets värmesköld. Observera att motorns jordkabel också är fäst med en av värmesköldens bultar. Demontera avgasgrenröret enligt beskrivningen i kapitel 4A. Se till att den rörliga delen av det främre avgasröret inte böjs för mycket när grenröret tas bort.

29 På 1,8 och 2,0 liters modeller, ta bort avgassystemets främre del enligt beskrivningen i kapitel 4A.

30 Förbered dig på bränslespill, koppla ifrån bränsleledningarna vid anslutningarna in i motorrummet och bänd ut den färgade låsklämman med en liten skruvmejsel **(se bilder)**. Observera att bränslematningsledningens anslutning är vit på bensinmodeller, och returledningens anslutning är röd. I förekommande fall, koppla även ifrån jordkabeln under bränsleledningsanslutningarna.

Varning: Se avsnittet "Säkerheten främst!" och varningarna i kapitel 4A när du kopplar ifrån bränsleledningarna – det råder extremt stor brandfara.

31 Koppla loss slangarna från kolkanistern som sitter bakom servostyrningens vätskebehållare. Notera hur slangarna sitter för att underlätta monteringen.

32 På det här stadiet måste bilens framvagn höjas upp tillräckligt mycket för att motor- och växellådsenheten ska kunna sänkas ner och tas bort underifrån framvagnen. Detta innefattar att bilen höjs upp mycket högre än vad som är normalt för de flesta serviceåtgärder. Frestas inte att slarva med stödet – innan du går vidare är det viktigt att du kontrollerar att bilen är stabil.

33 Anslut en lyft och lyft upp den så att tyngden från motorn och växellådan precis har stöd. Arrangera lyften så att motorn och växellådan hålls raka när de tas bort från bilen.

34 Skruva loss motorns och växellådans fästen, se vid behov relevant del i kapitel 2.

35 Kontrollera runt om motor- och växellådsenheten, både ovanifrån och underifrån, för att se till att alla berörda anslutningar har kopplats loss och inte är i vägen. Be en medhjälpare om hjälp med att förflytta enheten utan att slå i omgivande delar.

36 Bestäm hur du ska ta bort motorn från området under bilen innan du sänker ner motorn. Om du har tillgång till en vagn med hjul blir det mycket enklare att flytta motorn. Om motorn släpps ner på oljesumpen kan sumpen skadas. En bit gammal stoppning eller matta ger ett visst skydd. Om motorn sänks ner på en matta eller en träplatta kan denna användas för att dra undan motorn utan att riskera skador.

37 Sänk försiktigt ner motor- och växellådsenheten från fästena, styr enheten förbi eventuella hinder och var försiktig så att omgivande delar inte skadas **(se bilder)**. Demontera enheten från bilens främre del.

38 När motor- och växellådsenheten är borttagen från bilen ska den placeras på en plats där den kan rengöras och repareras.

Isärtagning

39 Placera motor- och växellådsenheten på en stadig, plan yta och använd träklossar som kilar för att göra enheten stadig.

4.30d . . . och DuraTorq-TDCi-motorer (vid pilarna)

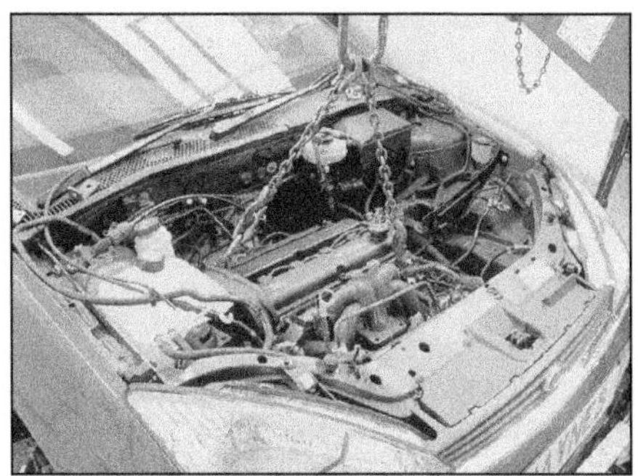
4.37a Sänk ner motorn helt från fästena . . .

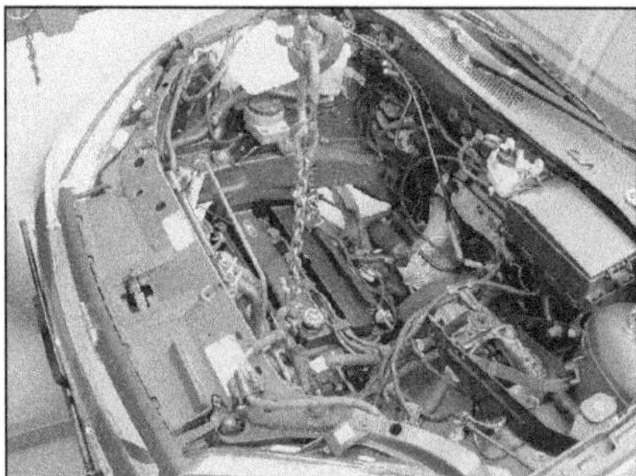
4.37b . . . och så långt ner att den kan tas bort under framvagnen

40 Notera hur eventuellt kablage på motor- och växellådsenheten är draget och placerat, koppla sedan metodiskt loss det.

Modeller med manuell växellåda

41 Se informationen i kapitel 7A, avsnitt 8.

Modeller med automatisk växellåda

42 Se informationen i kapitel 7B, avsnitt 9.

Hopsättning

43 När växellådan och motorn ska sättas ihop görs det i omvänd ordning mot isärtagningen. Använd framförallt inte överdriven kraft vid dessa åtgärder – om det inte är enkelt att sätta ihop delarna orsakar du bara skador om du tvingar dem. *Dra inte åt svänghjulskåpans bultar för att tvinga ihop motorn och växellådan.* Se till att svänghjulskåpan och motorblockets fogytormöts smidigt, utan hinder, innan bultarna dras åt helt. Återanslut kablaget på motor- och växellådsenheten, ge dem samma dragning som du noterade vid demonteringen.

Montering

44 Placera motorn och växellådan under bilen, anslut lyften och lyft upp enheten tills höger och vänster fästen kan monteras ihop. Dra inledningsvis endast åt muttrar och bultar lätt.

45 Montera motorns bakre fäste och dra åt bultarna för hand.

46 Gunga motor- och växellådsenheten försiktigt så att den sätter sig i fästena och dra sedan åt alla fästmuttrarna och bultarna till de angivna momenten. När motorn/växellådan vilar helt på fästena kan lyften tas bort.

47 Resten av monteringen sker i omvänd ordningsföljd mot demonteringen. Tänk på följande:

a) Dra åt alla skruvinfästningar till angivna moment, i förekommande fall.
b) Se till att alla delar av kabelnätet följer de ursprungliga dragningarna. Använd gärna nya buntband för att fästa kablaget på plats, ur vägen för värmekällor och slitagepunkter.
c) Se till att alla slangar har dragits rätt och att de är fästa med rätt slangklämmor, i förekommande fall. Om slangklämmorna inte kan återanvändas, använd då lämpliga snäckskruvklämmor istället.
d) På bilar med manuell växellåda, kontrollera och justera vid behov växlingsvajrarna enligt beskrivningen i kapitel 7A.
e) Fyll på kylsystemet enligt beskrivningen i kapitel 1.
f) Fyll på motorn med rätt mängd olja med anvisad kvalitet, om det behövs (kapitel 1).
g) Fyll på växellådsoljan (se kapitel 1).
h) Kontrollera och justera vid behov gasvajern enligt beskrivningen i kapitel 4A.
i) När motorn startas för första gången, leta efter läckage av luft, kylvätska, smörjmedel och bränsle från grenrör, slangar etc. Om motorn har genomgått en översyn, läs anteckningarna i avsnitt 20 innan du försöker starta den.

5 Motorrenovering – isärtagningsordning

1 Det är betydligt enklare att demontera och arbeta med motorn om den placeras i ett portabelt motorställ. Sådana ställ går oftast att hyra i verktygsbutiker. Innan motorn monteras i stället ska svänghjulet demonteras (del A eller B i detta kapitel) så att ställets bultar kan dras åt ända in till motorblocket/ vevhuset.

2 Om det inte finns något ställ tillgängligt går det att ta isär motorn om man stöttar upp den på pallbockar, på en rejäl arbetsbänk eller på golvet. Var noga med att inte välta eller tappa motorn om du jobbar utan ställ.

3 Om du ska skaffa en renoverad motor ska alla yttre komponenter demonteras först, så att de kan flyttas över till den nya motorn (på exakt samma sätt som om du skulle utföra en fullständig renovering själv). **Observera:** *Var noga med att notera detaljer som kan vara till hjälp eller av vikt vid återmonteringen när de externa komponenterna demonteras från motorn. Anteckna monteringslägen för packningar, tätningar, distanser, stift, brickor, bultar och andra smådelar. Detta inkluderar följande externa komponenter:*

a) Generator och fästbygel (kapitel 5A).
b) Servostyrningspumpens och luftkonditioneringskompressorns fästbyglar.
c) Tändkablar och tändstift (kapitel 1 och 5B).
d) Bränsleinsprutningssystemets komponenter (kapitel 4A).
e) Termostat och hus (kapitel 3).
f) Oljestickans rör.
g) Alla elektriska kontakter och givare.
h) Insugs- och avgasgrenrör (kapitel 4A).
i) Oljefilter (kapitel 1).
j) Motor- och växellådsenhetens fästbyglar (kapitel 2A eller 2B).
k) Svänghjul (kapitel 2A eller 2B).

4 Om du har tillgång till en "kort" motor (som består av motorblocket/vevhuset, vevaxeln, kolvarna och vevstakarna ihopsatta), måste även topplocket, oljesumpen, vevhusets nedre del (i förekommande fall), oljepumpen och kamremmen tas bort.

5 Om du planerar en grundlig renovering kan motorn demonteras och de invändiga delarna kan tas bort i följande ordning:

a) Generator och fästbygel (kapitel 5A).
b) Insugs- och avgasgrenrör (kapitel 4A).
c) Kamrem och tandade remskivor (kapitel 2A eller 2BC).
d) Topplock (kapitel 2A eller 2B).
e) Servostyrningspumpens och luftkonditioneringskompressorns fästbyglar.
f) Svänghjul (kapitel 2A eller 2B).
g) Oljesump (kapitel 2A eller 2B).
h) Oljepump – och i förekommande fall, vevhusets nedre del (kapitel 2A eller 2B).
i) Kolvar och vevstakar (avsnitt 10).
j) Vevaxel – utom för 1,4 och 1,6 liters motorer (avsnitt 11).

Försiktighet: Försök INTE demontera vevaxeln eller ramlageröverfallet/ramlagerhållaren på 1,4 eller 1,6 liters motorer, eftersom de inte kan återmonteras korrekt med hjälp av vanliga verktyg. Tillverkarna tillhandahåller inte åtdragningsmoment för fästbultarna till ramlageröverfallet/ramlagerhållaren. Om vevaxeln är mycket sliten måste du skaffa en ny kort motor som innehåller motorblocket med kolvarna och vevaxeln.

6 Kontrollera att alla nödvändiga verktyg finns innan demonteringen och renoveringen inleds. Se referensavsnittet i slutet av denna handbok för ytterligare information.

6 Topplock – isärtagning

Observera: *Nya och renoverade topplock finns att köpa från tillverkarna och motorspecialister. På grund av att det krävs vissa specialistverktyg för isärtagnings- och kontrollmetoderna och att nya delar kanske inte finns tillhanda (se avsnitt 1), kan det vara mer praktiskt och ekonomiskt för hemmamekanikern att köpa ett renoverat topplock än att ta isär, kontrollera och renovera det ursprungliga topplocket.*

1 Ta bort kamaxeln (eller kamaxlarna) och ventillyftarna (kapitel 2A eller 2B).

2 Ta bort topplocket (kapitel 2A eller 2B).

3 Tryck ihop varje ventilfjäder i tur och ordning med en ventilfjäderkompressor tills det delade knastret kan tas bort. Du behöver en speciell ventilfjäderkompressor för att komma åt längst in i topplocket utan att riskera att skada ventillyftarnas lopp. Den här typen av kompressorer finns numera hos de flesta välsorterade motortillbehörsbutikerna. Lossa kompressorn och lyft bort fjäderns övre säte och fjädern.

4 Om fjädersätet inte lossnar så att det delade knastret syns när ventilfjäderkompressorn är nedskruvad, knacka lätt ovanpå verktyget med en lätt hammare, direkt ovanför det övre sätet. Då lossnar sätet.

5 Ta bort ventilen genom förbränningskammaren. Om den fastnar i styrningen (och inte kommer igenom), tryck in den igen och slipa bort graderna på området runt

6.6 Ta bort ventilskaftets oljetätning från topplocket

knasterspåren med en fin fil eller en slipsten. Var noga med att inte repa ventillyftarloppen.

6 Ta loss ventilskaftets oljetätningar på topplocket **(se bild)**. När tätningarna tas bort bör du notera om de har olika färger för insugs- och avgasventilerna – jämför med de nya delarna och anteckna detta för monteringen. Insugsventilernas tätningar är gröna och avgastätningarna är röda.

7 På 1,8 och 2,0 liters modeller är ventilskaftens tätningar inbyggda i det nedre ventilfjädersätet och har därför en ovanlig utformning. Det kan vara mycket svårt att ta bort tätningarna på grund av det begränsade utrymmet och formen på "tätningsenheten". Ford rekommenderar att man använder deras serviceverktyg 303-374 för att ta ut tätningarna. Även om verktyget är i princip oumbärligt för att tätningarna ska kunna tas

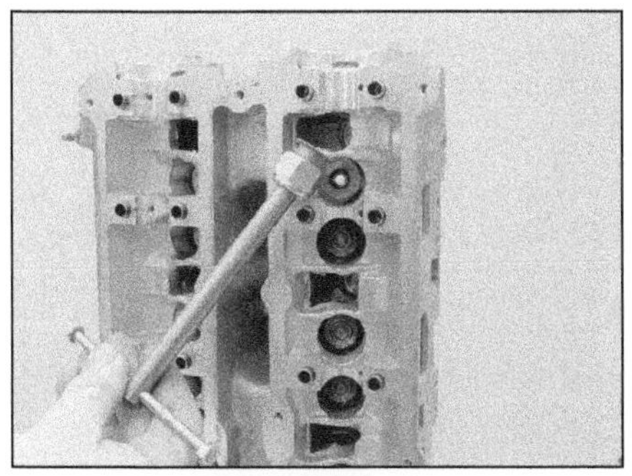

6.7 Använd ett egentillverkat verktyg för att ta bort ventilskaftens oljetätningar – 1,8 liters motor

Ta först fram en stor mutter vars gängor griper ordentligt tag i överdelen av "tätningsenheten". Borra sedan ett hål i mutterns överdel så att en sprint går i (eller en tunn spik). Så stor del som möjligt av mutterns gängade del måste vara tillgänglig på det färdiga verktyget. Borra också ett hål genom en del av staget (eller en annan bult). Sätt ihop muttern och staget med hjälp av sprinten så att staget vrider runt muttern – du kan montera ett T-handtag på staget för att underlätta vridningen.

bort utan risk för (mycket kostsamma) skador på topplocket, upptäckte vi att man kan tillverka ett eget fungerande verktyg av en mutter i lämplig storlek, ett stag och en sprint **(se Haynes tips)**. Skruva fast verktyget så att det biter tag i tätningen och dra sedan bort tätningen från ventilstyrningen **(se bild)**.

8 Det är mycket viktigt att ventilerna förvaras tillsammans med sina knaster, fjädersäten och fjädrar, och i rätt ordning (förutsatt att de inte är så slitna att de ska bytas). Om de ska återanvändas, förvara dem i märkta plastpåsar eller liknande små behållare **(se bilder)**. Observera att ventil nr 1 är den som sitter närmast motorns kamremsände. Placeringen av insugs- och avgasventilerna kan härledas från placeringen av insugs- och avgasgrenrören.

7 Topplock och ventilkomponenter – rengöring och kontroll

1 Om topplock och ventilkomponenter rengörs noga och sedan inspekteras blir det lättare att avgöra hur mycket arbete som måste läggas ner på ventilerna under motorrenoveringen. **Observera:** *Om motorn har blivit mycket överhettad har topplocket troligen blivit skevt, kontrollera noggrant om så är fallet.*

Rengöring

2 Skrapa bort alla spår av gamla packningsrester från topplocket.

3 Skrapa bort sot från förbränningskammare och portar och tvätta topplocket noggrant med fotogen eller lämpligt lösningsmedel.

4 Skrapa bort eventuella sotavlagringar från ventilerna, använd sedan en eldriven stålborste för att ta bort avlagringar från ventiltallrikar och skaft.

Kontroll

Observera: *Var noga med att utföra hela granskningsproceduren nedan innan beslut fattas om en verkstad behöver anlitas för någon åtgärd. Gör en lista över alla komponenter som behöver åtgärdas.*

Topplock

5 Undersök topplocket noggrant och sök efter sprickor, tecken på kylvätskeläckage och andra skador. Om du hittar sprickor, kontakta en Fordverkstad eller en motorspecialist innan du köper ett nytt topplock.

6 Kontrollera topplockspackningens yta med en stållinjal om den misstänks vara skev **(se bild)**. Om du använder bladmått kan skevheten uppmätas mer exakt och jämföras med det angivna värdet. Sök efter tecken på skevhet på och längs med hela topplocket, samt på diagonalerna. Om topplocket är skevt kan det kanske bearbetas tills det blir rakt ("planslipas") på en verkstad – prata med en motorspecialist.

7 Undersök ventilsätena i förbränningskamrarna. Om de är mycket gropiga, spruckna eller brända måste de bytas ut eller

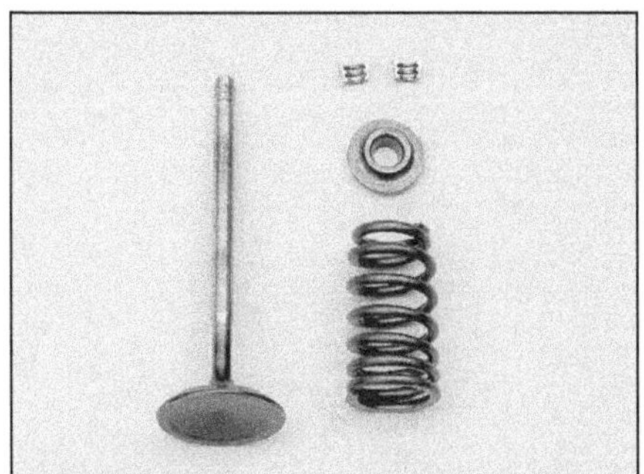

6.8a Ventil, knaster, övre fjädersäte och ventilfjäder

6.8b Använd en märkt plastpåse för att förvara och identifiera ventildelarna

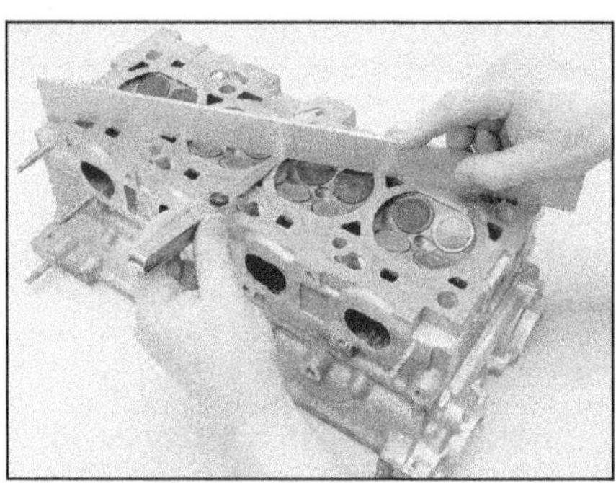

7.6 Kontrollera att topplocket inte är skevt med en linjal och bladmått

7.12 Diametern på ett ventilskaft mäts

7.15 Inslipning av ett ventilsäte

fräsas om av en specialist på motorrenoveringar. Om de endast är lite gropiga kan det räcka med att slipa till ventilhuvuden och säten med fin ventilslipmassa enligt beskrivningen nedan.

8 Om ventilstyrningarna är slitna, vilket visar sig genom att ventilen rör sig från sida till sida, måste du sätta dit nya styrningar. På 1,8 och 2,0 liters motorer, mät diametern på de befintliga ventilskaften (se nedan) och styrningarnas lopp. Beräkna sedan spelet och jämför resultatet med det angivna värdet. Om spelet är för stort, byt ventilerna eller styrningarna efter behov.

9 Det är bäst att låta en motorrenoveringsspecialist sköta bytet av ventilstyrningarna.

10 Om ventilsätena ska fräsas om, prata med din Fordverkstad eller motorspecialist.

Ventiler

11 Undersök tallriken på varje ventil och kontrollera om den är gropig, bränd, sprucken eller allmänt sliten och om ventilskaftet är repat eller slitet. Vrid ventilen och se efter om den verkar böjd. Leta efter gropar och kraftigt slitage på ventilskaftens spetsar. Byt ut alla ventiler som visar tecken på slitage och skador.

12 Om en ventil verkar vara i gott skick ska ventilskaftet mätas på flera punkter med en mikrometer **(se bild)**. Om diameterns tjocklek varierar märkbart på de olika mätställena är det ett tecken på att ventilskaftet är slitet. Då måste ventilen bytas ut.

13 Om ventilerna är i någorlunda gott skick ska de poleras i sina säten för att garantera en smidig och gastät tätning. Om sätet endast är lite gropigt eller om det har frästs om ska det slipas in med slipmassa för att få rätt yta. Grov ventilslipmassa ska inte användas, om inte ett säte är svårt bränt eller har djupa gropar. Om så är fallet ska topplocket och ventilerna undersökas av en expert som avgör om ventilsätena ska fräsas om eller om ventilen eller sätesinsatsen måste bytas ut.

14 Ventilslipning går till på följande sätt. Placera topplocket upp och ner på en bänk, med en träkloss i varje ände för att ge ventilskaften plats.

15 Smörj en aning ventilslipmassa (av rätt grovhet) på sätesytan och tryck ner ett sugslipningsverktyg över ventiltallriken. Slipa ventiltallriken med en roterande rörelse ner till sätet, lyft ventilen ibland för att omfördela slipmassan **(se bild)**. Om en lätt fjäder placeras under ventiltallriken blir arbetet lättare. Om grov slipmassa används, arbeta tills ventiltallriken och fästet får en matt, jämn yta och torka sedan bort den använda slipmassan och upprepa arbetet med fin slipmassa.

16 När både ventilen och sätet fått en slät, ljusgrå, matt yta är slipningen färdig. Slipa inte in ventilerna längre än vad som är absolut nödvändigt, då kan sätet sjunka in i topplocket i förtid.

17 När samtliga ventiler har blivit inslipade ska alla spår av slipmassa försiktigt tvättas bort med fotogen eller annat lämpligt lösningsmedel innan topplocket sätts ihop.

Ventilkomponenter

18 Undersök ventilfjädrarna och sök efter tecken på skador och missfärgningar. Mät dessutom deras obelastade längd (om ingen längd finns angiven, jämför var och en av de befintliga ventilerna med nya delar) **(se bild)**.

19 Ställ varje fjäder på en plan yta och kontrollera att den är rätvinklig. Om någon av fjädrarna är skadad, vriden eller har förlorat sin spänning ska du införskaffa en ny uppsättning fjädrar.

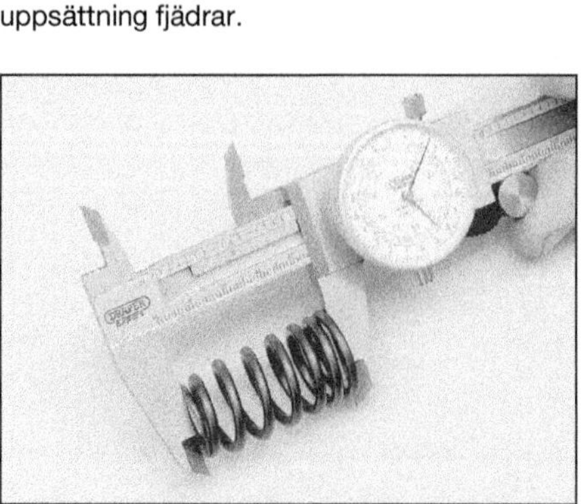

7.18 Mät ventilfjäderns obelastade längd

20 Kontrollera de övre ventilsätena och ventilknastren och sök efter uppenbara tecken på slitage och sprickor. Alla delar där det föreligger tvivel om skicket ska bytas, eftersom det uppstår omfattande skador om de går sönder när motorn är igång. Skadade eller slitna delar måste bytas. Det nedre ventilfjädersätets/-skaftets oljetätningar måste bytas som standardåtgärd om de har rubbats.

21 Kontrollera ventillyftarna enligt beskrivningen i kapitel 2A eller 2B.

8 Topplock – hopsättning

1 Oavsett om topplocket har lämnats bort för reparation eller inte är det viktigt att det är rent innan du påbörjar ihopsättningen. Se till att få bort alla metallpartiklar och skavande smuts som kan finnas kvar efter åtgärder som t.ex. ventilslipning eller topplocksslipning. Använd tryckluft om du har tillgång till det för att blåsa ur alla oljehål och genomföringar.

2 Smörj in de nya ventilskaftsoljetätningarna och montera dem på topplocket, tryck in dem vinkelrätt med en djup hylsa med lämplig diameter **(se bild)**. Observera att insugs- och avgastätningarna har olika färg – insugsventilerna är gröna och avgasventilerna är röda.

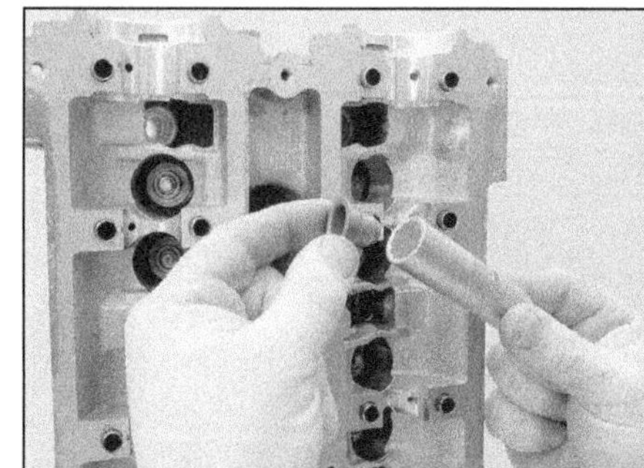

8.2 Sätt dit ventilskaftstätningar med en lång hylsa

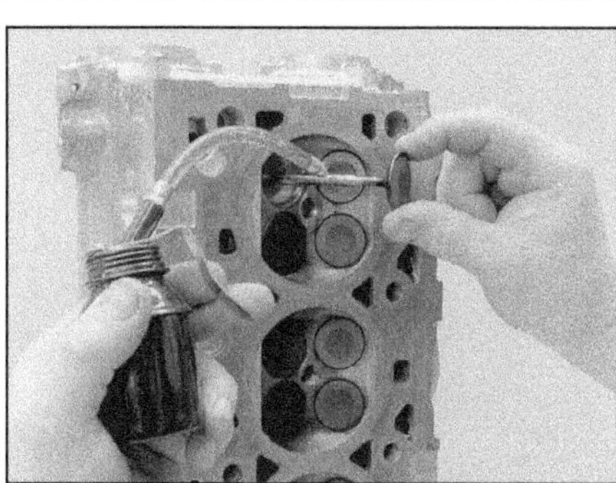
8.3 Smörj ventilskaftet och sätt tillbaka ventilen i topplocket

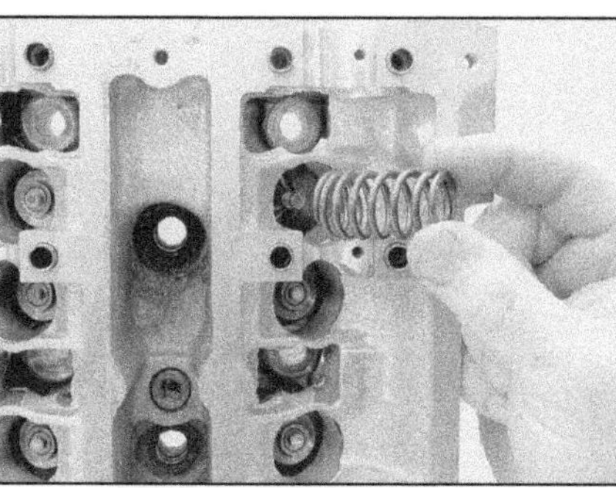
8.4a Montera ventilfjädern . . .

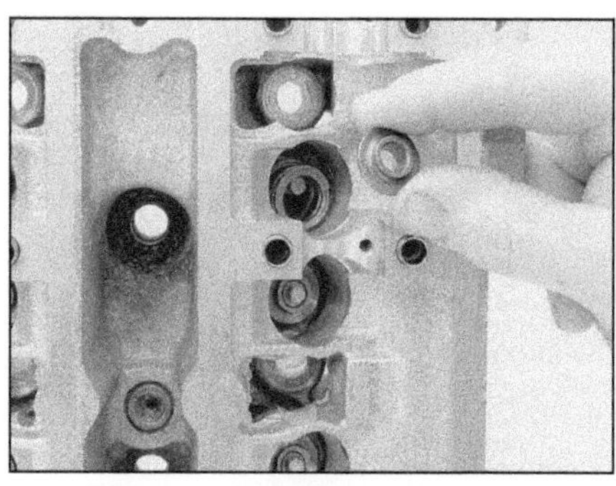
8.4b . . . och det övre fjädersätet

3 Börja i ena änden av topplocket och smörj in och montera den första ventilen. Applicera molybdendisulfidbaserat fett eller ren motorolja på ventilskaftet, och sätt tillbaka ventilen **(se bild)**. Om originalventilerna återanvänds är det viktigt att de sätts tillbaka i sin originalstyrning. Nya ventiler ska monteras där de slipades in.

4 Montera ventilfjädern och det övre sätet **(se bilder)**.

5 Tryck ihop fjädern med en ventilfjäderkompressor och montera ventilknastren i skaftspåret. Stryk på en liten klick fett på alla ventilknaster för att hålla dem på plats, vid behov. Fett är också användbart för att fästa varje knasterhalva på en skruvmejsel, eller liknande verktyg, vid montering **(se bilder)**. Lossa långsamt kompressorn och se till att ventilknastren hamnar rätt.

6 När ventilen är installerad, placera topplocket plant på en arbetsbänk och knacka på änden av ventilskaftet med hammare och träblock, så att delarna faller på plats.

7 Upprepa proceduren för de återstående ventilerna. Montera delarna på deras ursprungliga platser - blanda inte ihop dem!

8 Montera ventillyftarna och kamaxlarna (kapitel 2A eller 2B).

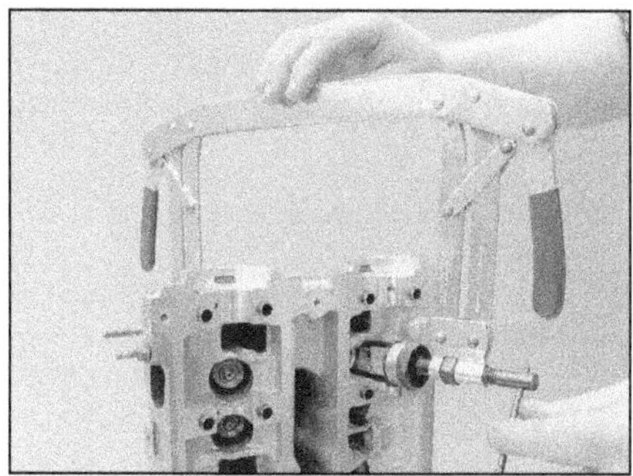
8.5a Montera en ventilfjäderkompressor och tryck ihop ventilfjädern . . .

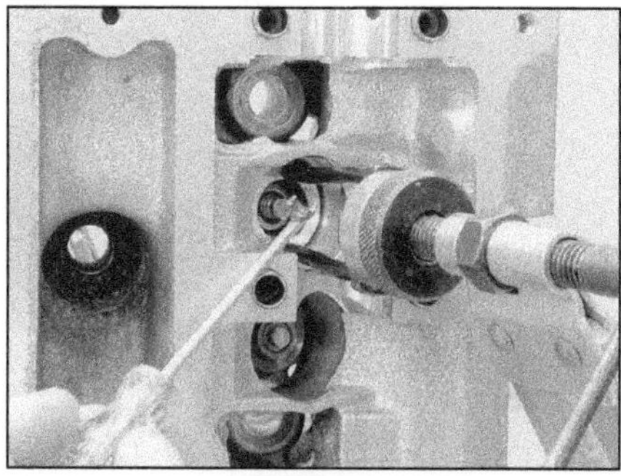
8.5b . . . sätt sedan dit knastren i spåret, fäst dem på en skruvmejsel med fett

9 Kolvar och vevstakar – demontering

Observera: *I teorin är den här åtgärden möjlig när motorn är monterad i bilen. I praktiken kräver åtgärden så mycket förebyggande isärtagning och är så svår att utföra på grund av den begränsade åtkomligheten att motorn först bör demonteras från bilen. I följande avsnitt förutsätts att motorn har tagits bort från bilen.*

1 Ta bort topplocket och oljesumpen enligt beskrivningen i kapitel 2A eller 2B.

2 Skruva loss oljepumpens pickup/filter- och returrör från vevhusets nedre del. På alla motorer utom 1,4 och 1,6 liters modellerna, skruva loss och ta bort vevhusets nedre del. Ta loss gummipackningen – en ny måste användas vid ihopsättningen **(se bilder)**.

3 På alla motorer utom 1,4 och 1,6 liters modellerna är vevstakarna och överfallen "brutna". Vid tillverkningen smids vevstaken och överfallet som en del och sedan bryts överfallet loss från staken med en speciell

9.2a Skruva loss pickupröret/-filtret och returröret . . .

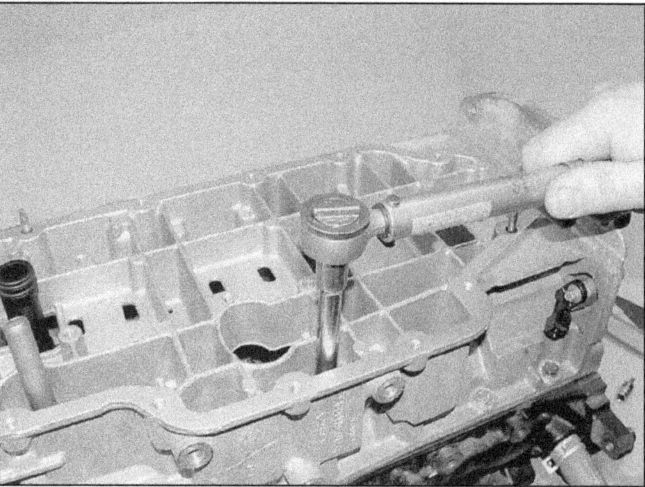
9.2b . . . skruva sedan loss vevhusets nedre del och ta bort det

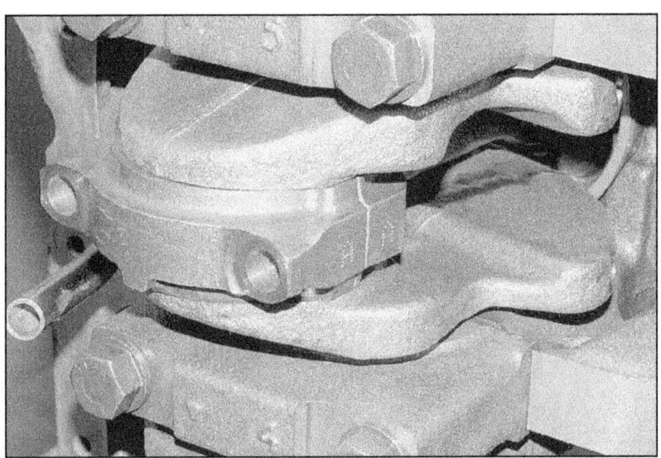

9.4 Varje vevstake och överfall kan märkas på den planslipade ytan

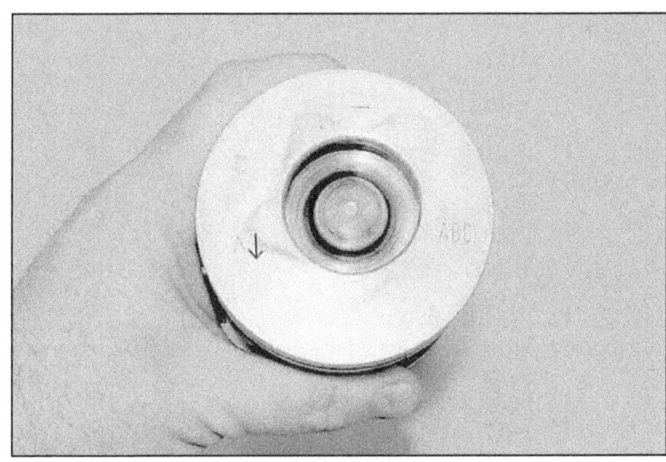

9.5 Den instämplade pilen på kolvens övre del pekar mot motorns kamremsände

teknik. Denna teknik gör att fogytorna på varje överfall och stake är unika och därför i princip omöjliga att blanda ihop.

4 Det ska finnas markeringar på vevstakslageröverfallen, med motsvarande markeringar på vevstakarna **(se bild)**. Se till att dessa markeringar är synliga före isärtagningen. Om så inte är fallet, gör egna med hjälp av färg eller en körnare. Detta gör du för att kunna vara säker på att varje kolv- och vevstaksenhet placeras rätt, i rätt (original) lopp, med överfallet rätt placerat.

5 Varje kolv har en pil stämplad på kronan, som pekar mot kamremssidan av motorn **(se bild)**.

6 Använd fingernageln för att känna efter om en kant har bildats på ringspelets övre kant (cirka 6 mm ner från varje cylinders överdel). Om sotavlagringar eller cylinderslitage har orsakat kanter måste de tas bort helt med hjälp av ett specialverktyg som kallas upprymmare. Följ anvisningarna från tillverkaren som medföljer verktyget.

Försiktighet: Om du inte tar bort kanterna innan du försöker ta bort kolvar och vevstakar kan det leda till att kolvringarna går sönder.

7 Lossa varje vevstakslagers överfallsbult ett halvt varv i taget tills de kan tas bort för hand. Ta bort överfall nr 1 och lagerskålen **(se bilder)**. Tappa inte ut skålen ur överfallet.

8 Ta bort den övre lagerskålen och tryck ut vevstaks- och kolvenheten genom motorns övre del. Använd ett hammarskaft av trä för att trycka på vevstakens lagersäte. Om du stöter på motstånd, dubbelkolla att alla kanter har tagits bort från cylindern (se punkt 6).

9 Upprepa proceduren för de återstående cylindrarna.

10 Efter demonteringen, montera ihop vevstakslageröverfallen och lagerskålarna på respektive vevstake och drar åt bultarna för hand. Lämna kvar de gamla skålarna på plats tills det är dags för hopsättningen, på så sätt slipper du slå i eller repa lagersätena. Använd nya skålar vid hopsättningen.

11 Försök inte att skilja kolvarna från vevstakarna.

10 Vevaxel (utom 1,4 och 1,6 liters motor) – demontering

Försiktighet: Försök INTE att demontera vevaxeln eller ramlageröverfallet/ramlagerhållaren på 1,4 eller 1,6 liters motorer, eftersom de inte kan monteras korrekt med hjälp av vanliga verktyg. Tillverkarna anger inga åtdragningsmoment för fästbultarna till ramlageröverfallet/ramlagerhållaren. Om vevaxeln är mycket sliten måste du skaffa en ny kort motor som innehåller motorblock, kolvar och vevaxel.

Observera: *Vevaxeln kan endast tas bort efter det att motorn och växellådan har tagits bort från bilen. Det förutsätts att växellådan och svänghjulet, kamremmen, vevhusets nedre del, topplocket, oljesumpen, oljepumpens pickup/filterrör och oljeavskärmningsplåten, oljepumpen, kolvar och vevstakar redan har tagits bort. Vevaxelns vänstra tätningshållare måste lossas från motorblocket/vevhuset innan du tar bort vevaxeln.*

9.7a Skruva loss bultarna . . .

9.7b . . . ta sedan bort vevstakslageröverfallet – 1,4 liters motor

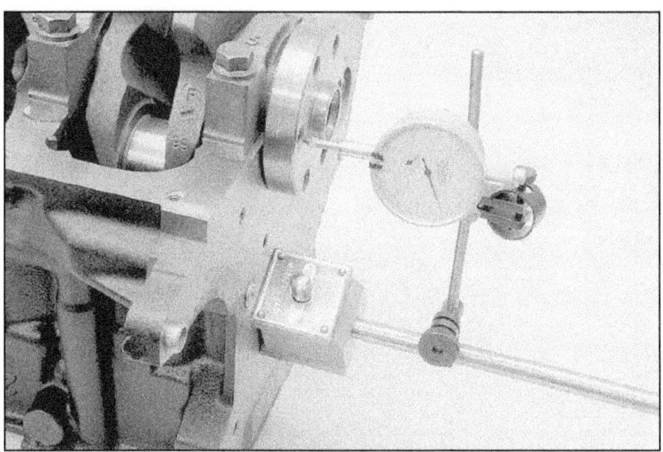

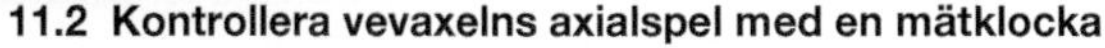

11.2 Kontrollera vevaxelns axialspel med en mätklocka

11.4 Ramlageröverfall är märkta med cylindernummer och pilspetsar

1 Innan du tar bort vevaxeln, kontrollera axialspelet. Montera en indikatorklocka eller mätklocka med sonden i linje med vevaxeln, så att den precis rör vevaxeln.

2 Tryck vevaxeln helt åt ena hållet, bort från mätaren, och nollställ den. Sänk sedan ner vevaxeln mot mätaren så långt det går och kontrollera det uppmätta värdet **(se bild)**. Avståndet som vevaxeln flyttas är dess axialspel. Om det är större än vad som anges, kontrollera att vevaxelns tryckytor inte är slitna. Om du inte ser några tecken på slitage borde nya tryckbrickor justera axialspelet. På vissa motorer är tryckbricks-/tryckkontroll-lagret en del av ramlager nr 3 (mitten).

3 Om en mätklocka inte finns tillgänglig kan bladmått användas. Bänd eller tryck vevaxeln så långt det går mot motorns högra sida. Låt bladmått glida in mellan vevaxeln och ram-lagrets (nr 3, mitten) högra yta för att bestämma spelet.

4 Kontrollera ramlageröverfallen och se om de har platsmarkeringar. De ska vara numrerade i följd från motorns kamremssida – om så inte är fallet, märk dem med stämpel-färg eller en körnare. Överfallen har också en präglad pil som pekar mot motorns kam-remssida **(se bild)**. Notera, i förekommande fall, de olika fästdelarna (till oljeavskärmnings-plåtens muttrar) som används på överfall 2 och 4, lossa överfallsbultarna ett kvarts varv i taget, börja med överfallen längst till vänster och längst till höger och arbeta dig inåt mot mitten tills de kan tas bort för hand.

5 Knacka försiktigt på överfallen med en mjuk hammare och ta sedan bort dem från motorblocket/vevhuset. Använd bultarna som hävstänger för att ta bort överfallen om det behövs. Försök att inte tappa lagerskålarna om de lossnar från överfallen.

6 Lyft försiktigt upp vevaxeln från motorn. Det kan vara bra att ha en medhjälpare eftersom vevaxeln är ganska tung. Med lagerskålarna på plats i motorblocket/vevhuset samt ramlageröverfallen, sätt tillbaka överfallen på respektive plats på motorblocket, eller montera vevhusets nedre del och dra åt bultarna för hand. Lämna kvar de gamla skålarna på plats tills det är dags för ihopsättningen, på så sätt slipper du slå i eller repa lagersätena. Använd nya skålar vid ihopsättningen.

11 Motorblock/vevhus – rengöring och kontroll

Försiktighet: Om du rengör motorblocket (med vevaxeln monterad) på 1,4 eller 1 6 liters motorn, rekommenderar vi att endast de yttre ytorna rengörs. Annars kan de inre smörjkanalerna och spåren bli smutsiga vilket leder till förtida förslitning av vevaxeln och ramlagren.

Rengöring

1 För en fullständig rengöring, ta bort vatten-pumpen, alla yttre delar och alla elektriska brytare/givare. Skruva loss kolvkylningens oljemunstycken eller täckpluggar (efter tillämplighet). Observera att Ford uppger att de kolvkylande oljemunstyckena (i före-kommande fall) måste bytas om motorn tas bort för en fullständig översyn.

2 Ta bort ramlageröverfallen eller vevhusets nedre del, och skilj lagerskålarna från överfallen/vevhusets nedre del och motor-blocket. Markera eller märk lagerskålarna, ange vilket lager de tas bort från och om de satt i överfallet eller motorblocket, lägg dem sedan åt sidan **(se bild)**. Torka rent motor-blocket och lageröverfallssätena och sök efter repor, gropar och rispor.

3 Skrapa bort alla packningsrester från motorblocket/vevhusets nedre del, var försiktig så att du inte skadar tätningsytorna.

4 Ta bort alla pluggar från oljeledningarna (i förekommande fall). Pluggarna sitter oftast mycket hårt - de kan behöva borras ut och hålen gängas om. Använd nya pluggar när motorn monteras ihop. Ta bort frostpluggarna genom att knacka dem i sidled i loppen med en hammare och körnare, ta sedan tag i dem med en stor tång och dra dem bakåt, ut genom hålen. Du kan även borra ett litet hål i mitten av varje frostplugg och dra ut dem med hjälp av en buckelutdragare för kaross **(se bild)**.

Försiktighet: Frostpluggarna kan bli svåra eller omöjliga att få tag på om de drivs in i motorblockets kylvätskepassager.

5 Om någon av gjutgodsdelarna är mycket smutsiga ska de rengöras med ångtvätt. När gjutgodset kommer tillbaka från ångtvätten rengör du alla oljehål och oljeledningar en gång till. Spola alla inre passager med varmt

11.2 Märkpennor kan användas enligt vad som visas för att identifiera lagerskålar utan att skada dem

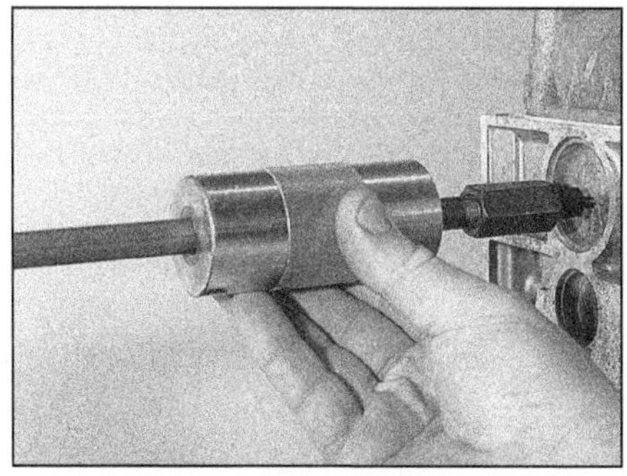

11.4 Frostpluggarna kan tas bort med en avdragare - om de drivs in i blocket kan de vara omöjliga att ta bort

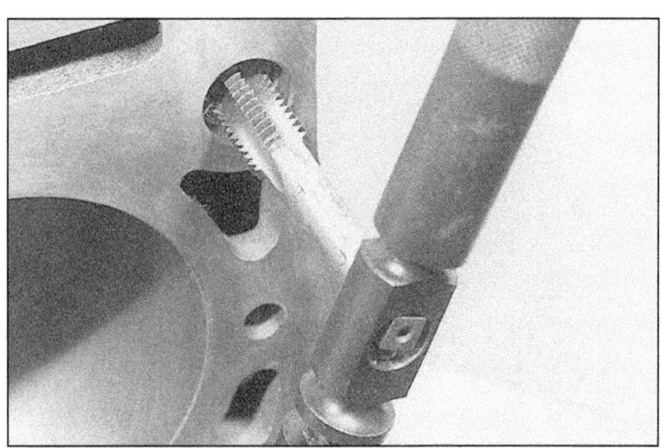

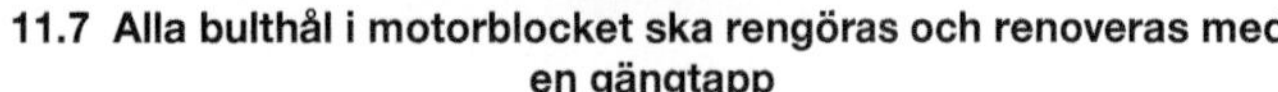

11.7 Alla bulthål i motorblocket ska rengöras och renoveras med en gängtapp

11.8 En stor hylsa på en förlängning kan användas för att driva in de nya frostpluggarna i loppen

vatten tills vattnet är klart, torka sedan ordentligt och stryk på ett tunt lager olja på alla bearbetade ytor för att förhindra rostbildning. Om du har tillgång till tryckluft kan du använda det för att förkorta torkprocessen och för att blåsa ur alla oljehål och oljeledningar (vidta alltid säkerhetsåtgärder när du använder tryckluft).

6 Om gjutgodset inte är så smutsigt går det bra att rengöra det med hett såpvatten och en hård borste. Var noggrann vid rengöringen. Se till att rengöra alla oljehål och kanaler mycket noga, oavsett tvättmetod, och att torka alla delar ordentligt. Skydda de bearbetade ytorna mot rost enligt beskrivningen ovan.

7 Alla gängade hål måste vara rena och torra för att garantera korrekta åtdragningsmoment vid återmonteringen. Det passar också bra att rengöra och kontrollera gängningen på alla viktigare bultar nu – observera emellertid att vissa av dem, t.ex. topplockets och svänghjulets bultar, måste bytas ut allteftersom de rubbas. Skruva en gängtapp av rätt storlek i varje hål för att ta bort rost, korrosion, tätningsmedel eller slam och för att reparera skadade gängor **(se bild)**. Använd om möjligt tryckluft för att få bort rest-produkter ur hålen.

8 När alla kontroll- och reparationsåtgärder har slutförts (se nedan) och motorblocket ska sättas ihop, stryk på lämpligt tätningsmedel på de nya oljeledningspluggarna, och för in dem i hålen på motorblocket. Dra åt dem ordentligt. När de nya hylspluggarnas tätningsytor har täckts med lämplig tätningsmassa ska de monteras på motorblocket/vevhuset. Se till att de drivs rakt in och sitter ordentligt, annars kan läckage uppstå. Det finns specialverktyg för detta, men en stor hylsa med en utvändig diameter som passar precis i hylspluggen och som används med en förlängning och en hammare fungerar lika bra **(se bild)**.

9 Montera täckpluggarna eller (nya) oljemunstycken för kolvkylning (om det är tillämpligt) och dra åt deras fästbultar ordentligt. Sätt även tillbaka alla andra yttre delar som har tagits bort, se aktuellt kapitel i den här handboken för mer information där det behövs. I förekommande fall, sätt tillbaka ramlageröverfallen och drar åt bultarna för hand.

10 Om motorn inte ska monteras ihop på en gång ska den täckas över med en stor plastpåse så att den hålls ren. Stryk på ett tunt lager motorolja på alla bearbetade ytor för att förhindra uppkomst av rost.

Kontroll

11 Kontrollera gjutgodset och leta efter sprickor och korrosion. Leta efter skadade gängor i hålen. Om det någon gång har förekommit kylvätskeläckage i motorblocket bör en specialist på motorrenoveringar kontrollera motorblocket/vevhuset med specialutrustning och söka efter sprickor. Om skador upptäcks, låt reparera dem eller byt enheten.

12 Kontrollera att cylinderloppen inte är slitna eller repiga.

13 Om det föreligger några tvivel om motorblockets skick, låt motorblocket/loppen inspekteras och mätas av en motorrenoveringsspecialist. Han/hon kan ge dig råd om huruvida motorblocket kan användas, om det behöver borras om samt tillhandahålla lämpliga kolvar och ringar.

14 Om loppen är i relativt gott skick och inte alltför slitna kanske du bara behöver byta kolvringarna.

15 Om så är fallet ska loppen honas för att de nya ringarna ska bäddas in ordentligt och ge bästa möjliga täthet. Rådgör med en motorrenoveringsspecialist.

16 Motorblocket/vevhuset ska nu vara helt rent och torrt, och alla komponenter ska ha kontrollerats och inte befunnits vara slinta eller skadade, samt ha reparerats eller renoverats om det behövs. Montera så många hjälpkomponenter som möjligt, för säker förvaring. Om hopsättningen inte påbörjas omedelbart, täck över motorblocket med en stor plastpåse för att hålla det rent och skydda de bearbetade ytorna mot rostbildning enligt anvisningarna ovan.

12 Kolvar och vevstakar – kontroll

1 Innan kontrollen kan utföras måste kolvarna/vevstakarna rengöras, och de ursprungliga kolvringarna tas bort från kolvarna.

2 Ringarna ska ha släta, polerade arbetsytor utan kärvande eller koltäckta delar (visar att ringen inte sluter tätt mot loppväggen, vilket gör att avgaser kan slippa ut) och inte ha spår av slitage på de övre och nedre ytorna. Ändgapen ska vara rena från kol, men inte polerade (indikerar för litet ändgap), och alla ringarna (inklusive oljeskrapringens alla delar) ska kunna rotera i sina spår, men utan för stor rörelse uppåt och nedåt. Om ringarna verkar vara i gott skick kan de antagligen fortsätta att användas. Kontrollera ändgapen (i en del av loppen utan slitage) enligt beskrivningen i avsnitt 17.

3 Om någon av ringarna verkar vara sliten eller skadad eller har ett ändgap som skiljer sig markant från det angivna värdet, är den normala åtgärden att byta hela uppsättningen. **Observera:** *Även om det är vanligt att man byter kolvringarna när man går igenom en motor, kan de återanvändas om de är i gott skick. Om ringarna återanvänds, se till att varje ring märks vid borttagningen så att de återmonteras på rätt plats.*

4 Använd ett verktyg för borttagning av kolvringar och ta försiktigt bort ringarna från kolvarna. Var försiktig så att du inte repar eller gör märken i kolvarna under arbetets gång och märk varje ring allteftersom de tas bort så att den ursprungliga övre ytan kan identifieras vid ihopsättning, och så att de kan placeras i respektive ursprungliga spår. Var också försiktig så att du inte skär dig, kolvringar är vassa. Om du inte har tillgång till ett verktyg för borttagning av kolvringar kan de tas bort för hand **(se Haynes Tips)**.

5 Skrapa bort alla spår av sot från kolvens överdel. En vanlig stålborste (eller finkornig

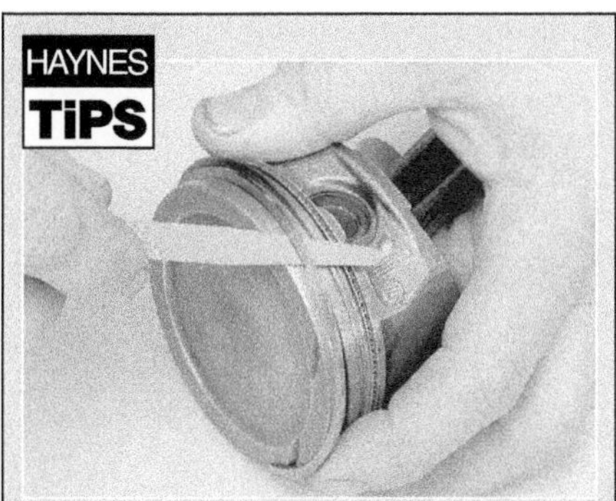

Ringarna kan tas bort för hand om man böjer ut dem och för ner dem över kolvarnas övre del. Använd två eller tre gamla bladmått för att hindra att ringarna fastnar i tomma spår.

smärgelduk) kan användas när de flesta avlagringar har skrapats bort. Använd under inga omständigheter en stålborste på en borrmaskin för att tas bort avlagringar från kolvarna – kolvarna är tillverkade mjukt material och kan få nötningsskador av stålborsten.

6 Använd ett verktyg för rengöring av kolvringar för att ta bort sotavlagringar från ringspåren. Om du inte har tillgång till ett verktyg kan en bit från en gammal ring fungera **(se bilder)**. Se till att bara skrapa bort sotet. Var mycket försiktig så att inte metallytan repas. Skydda fingrarna, kolvringar är vassa.

7 När du har tagit bort avlagringarna, rengör kolvar och vevstakar med lösningsmedel och torka dem med tryckluft (om du har tillgång till det). Se till att oljans returhål på baksidan av ringspåren och oljehålen i varje vevstakes nedre del är rena.

8 Om kolvarna och cylinderväggarna inte är skadade eller mycket slitna och om motorblocket/vevhuset inte borras om behövs inga nya kolvar. Normalt kolvslitage visar sig som jämnt vertikalt slitage på kolvens stötytor, och som att den översta ringen sitter något löst i sitt spår.

9 Undersök noggrant varje kolv efter sprickor runt manteln, vid tapparna och på områdena mellan ringspåren.

10 Leta efter spår och repor på mantelns stötytor, hål i kolvarna och brända områden på kronans kant. Om manteln är repad eller skavd kan motorn ha varit utsatt för överhettning och/eller onormal förbränning vilket har orsakat höga arbetstemperaturer. Kontrollera kyl- och smörjningssystemen noga. Ett hål i kolven är ett tecken på att onormal förbränning (förtändning) har förekommit. Brända områden på kolvkronans kant är normalt ett tecken på knackningar (tändningsknack). Vid något av ovanstående problem måste orsakerna åtgärdas, annars kommer skadan att uppstå igen. Bland orsakerna återfinns defekta bränslespridare, insugsluftläckage, felaktig luft- och bränsleblandning, felaktig tändningsinställning eller fel i EGR-systemet.

12.6a Kolvringarna kan rengöras med ett specialverktyg, som visas här. . .

12.6b . . . eller en bit av en trasig ring, om sådan finns

11 Punktkorrosion på kolven är ett tecken på att kylvätska har läckt in i förbränningskammaren och/eller vevhuset. Även här måste den bakomliggande orsaken åtgärdas, annars kan problemet bestå i den ombyggda motorn.

12 Kontrollera spelet mellan kolv och vevstake genom att vrida kolven och vevstaken i motsatta riktningar. Allt märkbart spel visar på för mycket slitage, vilket måste åtgärdas. Kolvarna och vevstakarna ska tas med till en Fordverkstad eller motorrenoveringsspecialist som kontrollerar kolvar, kolvtappar och stag och sätter dit nya delar efter behov.

13 Försök inte att skilja kolvarna från vevstakarna. Detta är en uppgift som endast lämpar sig för en Fordverkstad eller liknande motorrenoveringsspecialist, på grund av den särskilda värmeutrustning, press, dornar och hållare som krävs för att utföra arbetet. Om kolvarna och vevstakarna inte kräver den här typen av åtgärder, låt kontrollera att vevstakarna inte är böjda eller vridna, eftersom endast motorspecialister av den här typen har utrustning för att göra detta.

14 Kontrollera att vevstakarna inte är spruckna eller har andra skador. Ta bort vevstakslageröverfallen och de gamla lagerskålarna tillfälligt, torka rent vevstakarna och lageröverfallssätena och kontrollera att de inte har repor, gropar eller rispor. När du har kontrollerat vevstakarna, byt de gamla lagerskålarna, sätt överfallen försiktigt på plats och dra åt bultarna för hand.

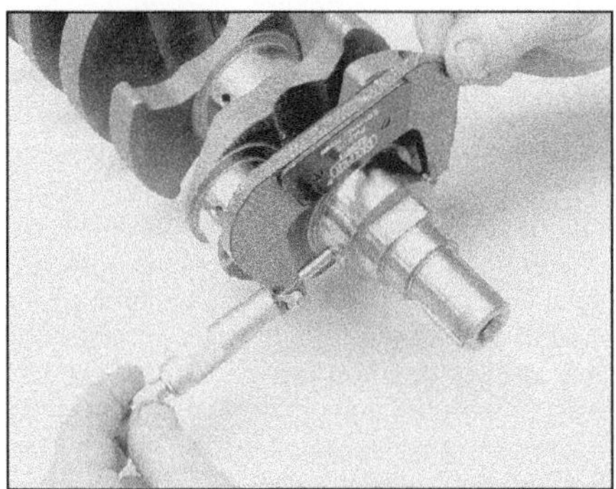

13.5 Mät diametern på varje vevaxeltapp på flera ställen för att upptäcka koniska och ovala delar

13 Vevaxel (utom 1,4 och 1,6 liters motorer) – kontroll

1 Rengör vevaxeln och torka den med tryckluft om du har tillgång till det. Rengör oljehålen med en piprensare eller liknande.

Varning: Bär skyddsglasögon vid arbete med tryckluft.

2 Kontrollera ramlagertappar och vevtappar och sök efter ojämnt slitage, repor, gropigheter eller sprickor.

3 Dra en fingernagel flera gånger över varje axeltapp. Om axeltappen känns ojämn måste den slipas om.

4 Ta bort alla grader från vevaxelns oljehål med en slipsten, fil eller avskrapare.

5 Använd en mikrometer och mät diametern i ramlagertappen och vevtappen och jämför resultatet med specifikationerna i början av det här kapitlet **(se bild)**. Om du är tveksam, ta med vevaxeln till en motorrenoveringsspecialist och få den mätt.

6 Genom att mäta diametern på flera ställen runt varje axeltapp kan man avgöra om axeltappen är rund eller inte. Utför mätningen i båda ändarna av axeltappen, nära vevarmarna, för att avgöra om axeltappen är konisk.

7 Om vevaxeltapparna är skadade, koniska, ovala eller slitna över det mått som anges i detta kapitel, måste vevaxeln lämnas in hos en motorrenoveringsspecialist. Specialisten kan slipa om den och tillhandahålla nödvändiga lagerskålar i understorlek, om det behövs.

8 Kontrollera att oljetätningsaxeltapparna i vevaxelns båda ändar inte är slitna eller skadade. Om någon av tätningarna har nött in ett för djupt spår i sin axeltapp, kontakta en motorrenoveringsspecialist som kan ge dig råd om huruvida du kan reparera delen eller om du behöver en ny vevaxel.

14 Ram- och vevlager – kontroll

1 Även om ram- och vevlagren ska bytas vid motorrenoveringen, bör de gamla lagren behållas och undersökas noga, eftersom de kan ge värdefull information om motorns skick.

2 Lagerfel kan uppstå på grund av bristande smörjning, förekomst av smuts eller främmande partiklar, överbelastning av motorn eller korrosion **(se bild)**. Oavsett vilken orsaken till lagerhaveriet är måste felet korrigeras innan motorn monteras ihop, för att förhindra att problemet uppstår igen.

3 När du undersöker lagerskålarna, ta bort dem från motorblocket/vevhuset och ramlageröverfallen och från vevstakarna och vevstakslageröverfallen. Placera dem på en ren yta i ungefär samma läge som i motorn. Därigenom kan man se vilken vevaxeltapp som har orsakat lagerproblemen. Rör inte lagerskålarnas känsliga ytor med fingrarna under kontrollen, då kan de repas.

4 Smuts och andra partiklar kan komma in i motorn på flera olika sätt. Smuts kan t.ex. finnas kvar i motorn från hopsättningen, eller komma in genom filter eller vevhusventilationssystemet. Den kan hamna i oljan, och därmed tränga in i lagren. Metallspån från slipning och normalt slitage förekommer ofta. Slipmedel kan ibland finnas kvar i motorn efter en renovering, speciellt om delarna inte har rengjorts noga på rätt sätt. Sådana främmande föremål bäddas ofta så småningom in i det mjuka lagermaterialet och är lätta att upptäcka. Stora partiklar bäddas inte in i materialet, de repar eller gör hål i lagerskålen och axeltappen. Bästa sättet att förebygga lagerhaverier av denna typ är att rengöra alla delar noga och hålla allt perfekt rent under hopsättningen av motorn. Täta och regelbundna oljebyten är också att rekommendera.

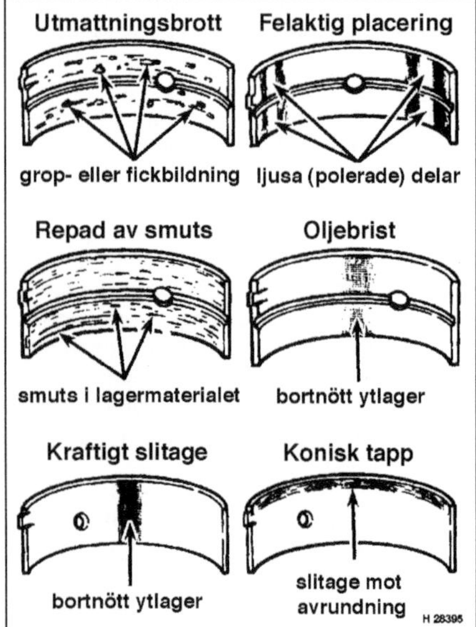

14.2 Typiska lagerbrott

5 Oljebrist har ett antal relaterade orsaker. Överhettning (som tunnar ut oljan), överbelastning (som tränger undan oljan från lagerytan) och oljeläckage (p.g.a. för stora lagerspel, sliten oljepump eller höga motorvarv) kan orsaka problemet. Igensatta oljekanaler, som vanligen är ett resultat av att oljehålen i lagerskålen inte är korrekt uppriktade, tappar lagren på olja och förstör dem. I de fall brist på smörjning orsakar lagerhaveri kletas lagermaterialet ut från skålens stödplatta. Temperaturen kan stiga så mycket att stålplattan blir blå av överhettning.

6 Körvanorna kan påverka lagrens livslängd betydligt. Full gas från låga varv (segdragning) belastar lagren mycket hårt och tenderar att pressa ut oljefilmen. Sådan belastning kan även orsaka att kåporna sviktar, vilket ger fina sprickor på lagerytan (uttröttning). Till sist kommer lagermaterialet att gå i bitar och slitas bort från stålplattan. Att enbart köra korta bilturer leder till korrosion på lagren, eftersom motorn aldrig hinner bli tillräckligt varm för att driva bort kondenserat vatten och korrosiva gaser. Dessa restprodukter samlas istället i motoroljan och bildar syra och slam. När oljan sedan leds till motorlagren angriper syran lagermaterialet.

7 Felaktig lagerskålsinställning vid ihopmonteringen av motorn kommer också att leda till lagerhaveri. Tätt åtsittande kåpor ger för litet spel och resulterar i oljeförlust. Smuts eller främmande partiklar som fastnat bakom en lagerskål kan resultera i högre punkter på lagret, vilket i sin tur leder till haveri. Rör inte vid lagerskålarnas lageryta med fingrarna vid monteringen. Du kan råka skrapa eller förorena den känsliga ytan.

15 Motorrenovering – hopsättningsordning

1 Innan hopsättningen påbörjas, se till att alla nya delar och nödvändiga verktyg finns tillgängliga. Läs igenom hela monteringsordningen för att bli bekant med de arbeten som ska utföras, och för att kontrollera att alla nödvändiga delar och verktyg för återmontering av motorn finns till hands.

2 Förutom alla vanliga verktyg och material krävs ett lämpligt tätningsmedel för vissa tätningsytor. De olika tätningsmedel som rekommenderas av Ford visas under respektive metod i 2A eller 2B. I alla andra fall, förutsatt att de berörda fogytorna är rena och plana, räcker det med nya packningar för att säkerställa att fogarna är oljetäta. Använd *inte* någon form av silikonbaserat tätningsmedel på någon del av bränslesystemet eller insugsgrenröret, och använd *aldrig* avgastätningsmedel uppströms från katalysatorn (mellan motorn och katalysatorn).

Försiktighet: Vissa typer av mycket flyktiga RTV-tätningsmedel kan förstöra lambdasonden. Se till att eventuella RTV-tätningsmedel som används inte är lättflyktiga och att de uppfyller Fords specifikationer för användning på motorer med lambdasond.

3 För att spara tid och undvika problem bör ihopsättningen av motorn utföras i följande ordningsföljd:

a) Vevaxel (avsnitt 17).
b) Kolvar/vevstakar (avsnitt 18).
c) Oljepump (kapitel 2A eller 2B).
d) Oljesump (kapitel 2A eller 2B).
e) Svänghjul (kapitel 2A eller 2B).
f) Topplock (kapitel 2A eller 2B).
g) Kamrem och tandade remskivor (kapitel 2A eller 2B).
h) Motorns yttre komponenter.

4 I detta skede ska alla motorkomponenter vara absolut rena och torra, med alla fel åtgärdade. Alla komponenterna ska läggas ut på en fullständigt ren arbetsyta eller i separata behållare.

16 Kolvringar – montering

1 Innan du monterar nya kolvringar, kontrollera ändgapen. Lägg ut varje kolvuppsättning med en kolv/vevstaksenhet, och behandla dem som en enhet från och med nu.

2 Sätt in den övre kompressionsringen i den första cylindern och placera den vinkelrätt mot cylinderväggarna genom att trycka in den med kolvens övre del. Placera ringen nära cylinderns botten, vid den nedre gränsen för ringrörelsen.

3 När du ska mäta ändgapet, låt bladmått glida in mellan ringens ändar, tills du hittar ett blad som motsvarar avståndet **(se bild)**. Bladmåttet ska glida in mellan ringändarna med lite motstånd. Jämför måtten med dem som finns angivna i avsnittet Specifikationer i detta kapitel. Om avståndet är större eller mindre än vad som har angetts, kontrollera igen att du har rätt ringar innan du går vidare. Om du bedömer skicket på använda ringar, låt cylinderloppen kontrolleras och mätas av en Fordverkstad eller liknande motorrenoveringsspecialist, så att du är säker på precis vilken del som är sliten, och be om råd för hur du ska gå vidare.

4 Om ändgapet fortfarande är för litet måste det öppnas upp genom att du försiktigt filar upp ringändarna med hjälp av en fin fil. Om det är för stort, kontrollera noggrant alla komponenters mått, samt måtten på alla nya delar.

5 Upprepa proceduren med alla ringar som ska monteras i cylinder nr 1 och sedan med ringarna i de återstående cylindrarna. Kom ihåg att hålla ihop ringar, kolvar och cylindrar.

6 Montera kolvringarna enligt följande. När

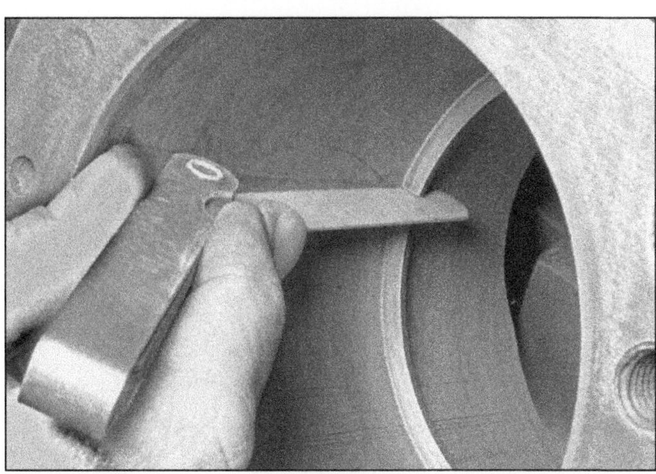
16.3 Med ringen vinkelrätt i loppet mäts ändgapet med ett bladmått

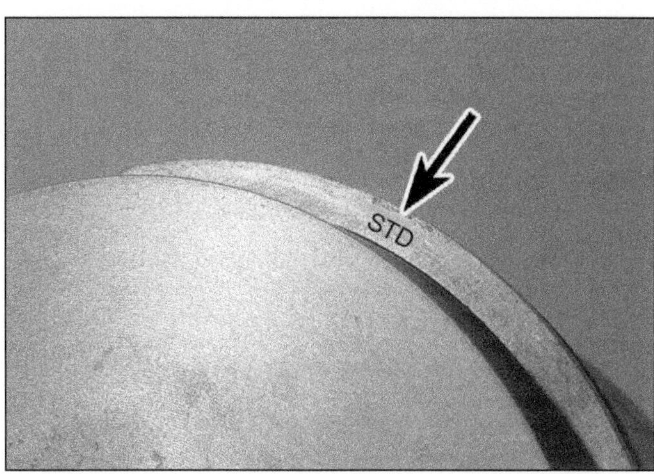

16.6 Sök efter inetsade markeringar (STD – anger ring av standardstorlek) som identifierar kolvringens övre yta (vid pilen)

originalringarna ska återmonteras, använd markeringarna eller noteringarna som gjordes vid demonteringen för att se till att varje ring placeras i sitt ursprungliga spår och med samma sida upp. Nya ringar har normalt id-markeringar på ovansidan (anger ofta storlek, t.ex. STD, eller ordet TOP) – ringarna måste monteras med dessa markeringar vända uppåt **(se bild)**. **Observera:** *Följ alltid instruktionerna på ringförpackningen – olika tillverkare kan ge olika anvisningar. Förväxla inte den övre och den andra kompressionsringen, eftersom de ser olika ut i genomskärning.*

7 Oljeskrapringen (som sitter längst ner på kolven) monteras normalt först. Den består av tre separata delar. Låt distansbrickan/expandern glida in i spåret. Montera sedan den nedre sidoskenan. Använd inte ett monteringsverktyg för kolvringar på oljeringens sidoskenor eftersom de då kan skadas. Placera istället skenans ena ände i spåret mellan distansbrickan/expandern och spårytan, håll den ordentligt på plats och låt ett finger glida runt kolven samtidigt som du trycker in skenan i spåret. Montera därefter den övre sidoskenan på samma sätt **(se bilder)**.

8 När du har installerat tre oljeringskomponenter, kontrollera att både den övre och den nedre sidoskenan kan vridas smidigt i ringspåret.

9 Den andra kompressionsringen (mitten) monteras sedan, följt av den övre kompressionsringen – se till att markeringarna är högst upp. Expandera ingen ring mer än vad som behövs för att låta den glida över kolven övre del.

10 Med alla ringar på plats, placera ringavstånden (inklusive delarna i oljeskrapringen) jämnt runt kolven i 120°-intervall. Upprepa proceduren för återstående kolvar och ringar.

17 Vevaxel (utom 1,4 och 1,6 liters motor) – återmontering

1 Monteringen av vevaxeln är det första större steget vid ihopsättningen av motorn. I detta skede förutsätts att vevaxel, motorblock/vevhus och lager är rengjorda, kontrollerade och renoverade eller bytta. Placera motorn upp och ner.

2 Ta bort ramlageröverfallens bultar och lyft ut överfallen. Lägg ut överfallen i rätt ordning för att säkerställa att de monteras korrekt.

3 Om de fortfarande sitter på plats, ta bort de gamla lagerskålarna från motorblocket och ramlageröverfallen. Torka lagersätena med en ren, luddfri trasa. De måste vara helt rena.

4 Rengör baksidorna av de nya ramlagerskålarna. Montera lagerskålarna med ett oljespår i varje ramlagerplats på motorblocket. Notera de tryckbrickor som sitter inbyggda i den övre ramlagerskålen nr 3 (mitten), eller tryckbrickshalvorna som monteras på var sida om den övre ramlagerskålens placering (nr 3). Montera de andra lagerskålarna från varje lageruppsättning i motsvarande ramlageröverfall. Se till att fliken på varje lagerskål passar i inskärningen på motorblocket eller överfallet/vevhusets nedre del. Motorblockets oljehål måste också riktas in enligt oljehålen i lagerskålen **(se bilder på nästa sida)**. Hamra inte lagerskålarna på plats och se till att du inte repar eller skadar lagerytorna.

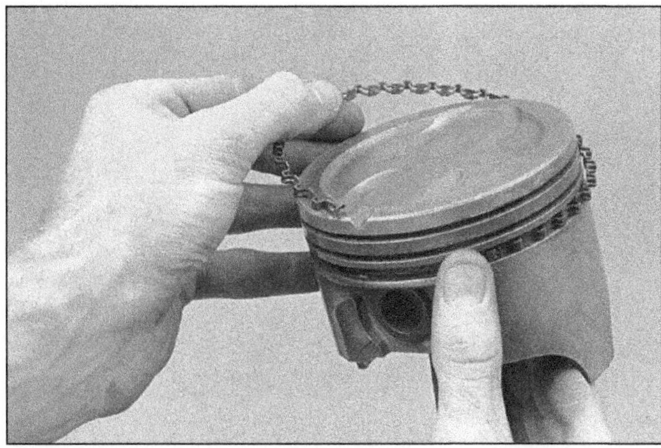
16.7a Montera distansbrickan/expandern i oljeskrapringsspåret

16.7b Använd INTE ett verktyg för kolvringsmontering när du sätter dit oljeringens sidoskenor

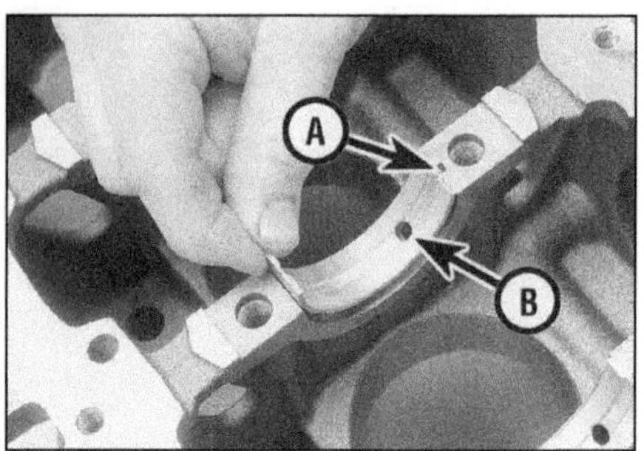

17.4a Se till att fliken (A) och oljehålet (B) är korrekt placerade när lagerskålarna sätts tillbaka

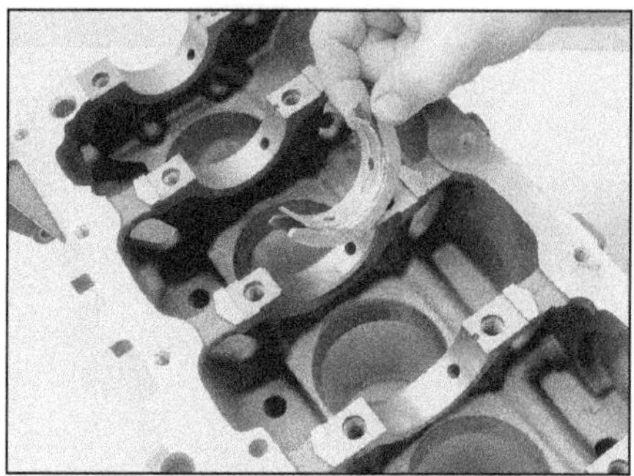

17.4b Observera tryckbrickorna på ramlagerskålen nr 3

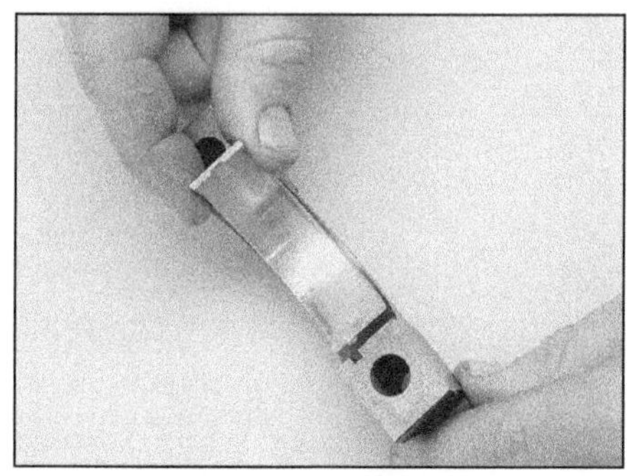

17.4c Se till att fliken på överfallslagerskålarna hakar i ordentligt

5 Rengör lagerskålarnas lagerytor i motorblocket. Stryk sedan på ett tunt, jämnt lager rent molybdendisulfidbaserat fett, motorsmörjmedel eller ren motorolja på varje yta **(se bild)**. Smörj även in tryckbrickornas ytor.

6 Smörj axeltapparna till vevaxelns oljetätningar med molybdendisulfidbaserat fett, motorsmörjmedel eller ren motorolja.

7 Se till att vevaxeltapparna är rena och sätt sedan tillbaka vevaxeln i motorblocket **(se bild)**.

8 Montera och dra åt ramlageröverfallen enligt följande:

a) Rengör lagerskålarnas lagerytor i överfallen och smörj sedan in dem. Montera överfallen på respektive plats, med pilarna pekande mot kamremssidan av motorn.

17.7 Montera vevaxeln

b) Arbeta på ett överfall i taget, från det mittre ramlagret och utåt (se till att varje överfall dras åt vinkelrätt och jämnt på motorblocket), dra åt ramlageröverfallsbultarna till angivet moment ***(se bild)****.*

9 Vrid vevaxeln ett antal gånger för hand och kontrollera att det inte finns några uppenbara tecken på kärvning.

10 Kontrollera vevaxelns axialspel (se avsnitt 10). Det ska vara korrekt om vevaxelns tryckbrickor/trycklager inte är slitna eller skadade, eller om de har bytts.

11 Montera vevaxelns vänstra tätningshållare och montera en ny tätning (kapitel 2B).

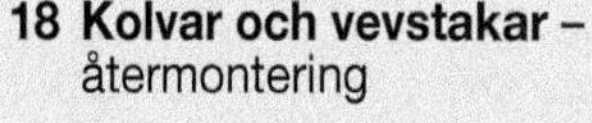

18 Kolvar och vevstakar – återmontering

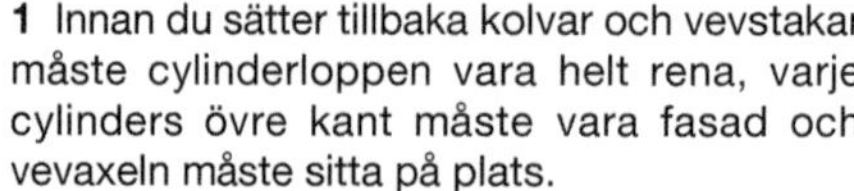

1 Innan du sätter tillbaka kolvar och vevstakar måste cylinderloppen vara helt rena, varje cylinders övre kant måste vara fasad och vevaxeln måste sitta på plats.

2 Ta bort vevstakslageröverfallet från cylinder nr 1:s vevstake (se markeringarna som du har antecknat eller gjort vid borttagning). Ta bort de ursprungliga lagerskålarna och torka lagersätena på vevstaken och överfallet med en ren, luddfri trasa. De måste vara helt rena.

3 Rengör baksidan av den nya övre lagerskålen och sätt dit vevstaken. Montera sedan den andra lagerskålen på vevstakslageröverfallet. Se till att fliken på varje lagerskål passar i inskärningen på vevstaken eller överfallsurtaget (1,4 och 1,6 liters motorer har inga flikar – se till att lager-skålarnas ändar är i jämnhöjd med vev-stakens/överfallets fogytor) **(se bilder)**.

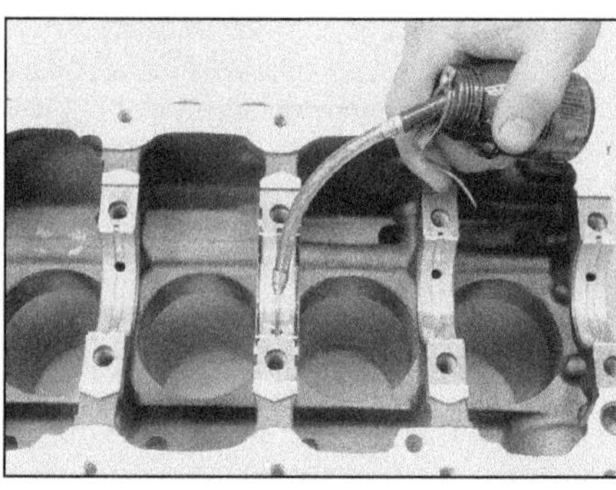

17.5 Olja in lagerskålarna innan vevaxeln monteras

Försiktighet: Hamra inte lagerskålarna på plats och se till att du inte repar eller skadar lagerytan.

4 Det är mycket viktigt att alla fogytorna på lagerdelarna är helt rena och fria från olja när de monteras.

5 Passa in kolvringsgapen enligt beskrivningen i avsnitt 16, smörj in kolven och ringarna med ren motorolja och fäst en kolvringskompressor på kolven **(se bild)**. Låt manteln sticka ur cirka 60 cm för att styra in

17.8 Dra åt ramlageröverfallen

18.3a Styrfliken på varje vevlagerskål måste haka i inskärningen på vevstaken eller överfallet . . .

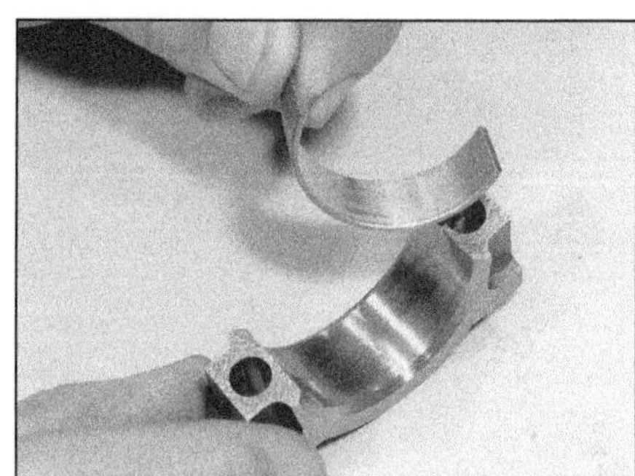

18.3b . . . förutom på 1,4 och 1,6 liters motorer, där lagerskålarna måste sättas på centralt, med ändarna i jämnhöjd med vevstakens/lageröverfallets fogytor

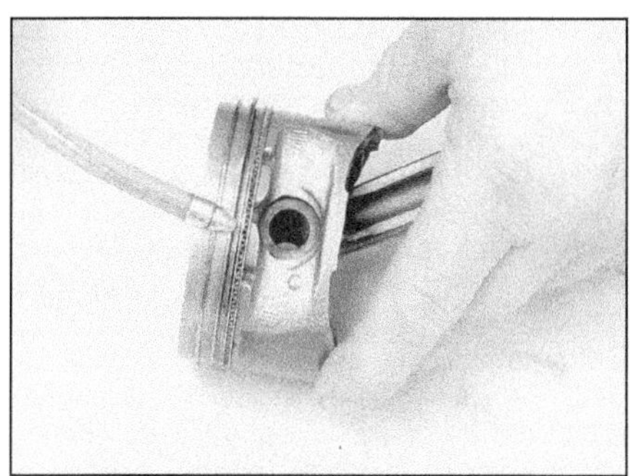

18.5 Smörj in kolvringarna innan ringkompressorn monteras

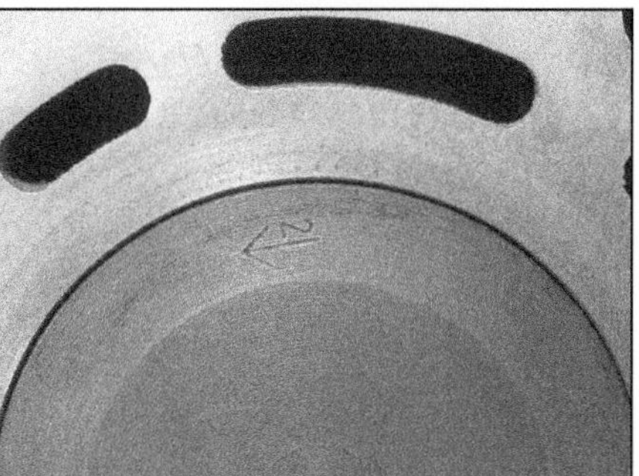

18.7 Se till att pilen på kolvkronan är vänd mot motorns kamremsände

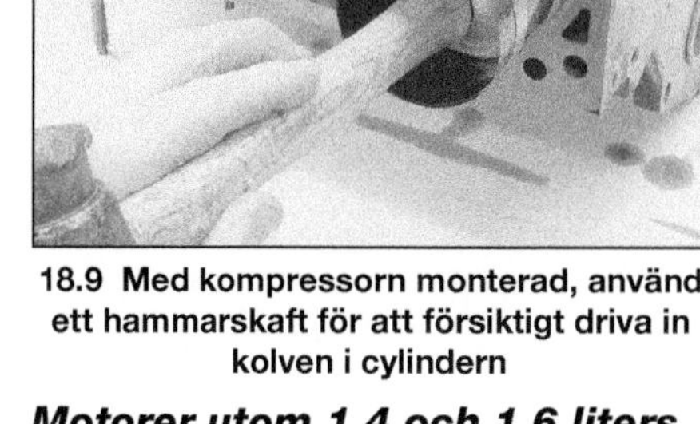

18.9 Med kompressorn monterad, använd ett hammarskaft för att försiktigt driva in kolven i cylindern

kolven i cylinderloppet. Ringarna måste tryckas ihop tills de är i jämnhöjd med kolven.

6 Vrid vevaxeln tills vevtapp nr 1:s axeltapp är i nedre dödpunktsläget och stryk på ett lager motorolja på cylinderväggarna.

7 Arrangera kolv- och vevstaksenheten nr 1 så att pilen på kolvkronan pekar mot kamremsidan av motorn **(se bild)**. För försiktigt in enheten i cylinderlopp nr 1 och låt ringkompressorns nedre kant vila på motorblocket.

8 Knacka på ringkompressorns övre del för att kontrollera att den ligger emot motorblocket runt hela omkretsen.

9 Knacka försiktigt på kolvens övre del med ett hammarskaft av trä samtidigt som du styr in vevstakens ände på vevtappen. Kolvringarna kan försöka lossna från ringkompressorn precis innan de kommer in i cylinderloppet, så håll lite tryck på ringkompressorn **(se bild)**. Arbeta långsamt och om du känner något som helst motstånd när kolvarna kommer in i cylindern, stanna omedelbart. Ta reda på vad som tar i och åtgärda motståndet innan du går vidare. Tvinga under inga omständigheter in kolven i cylindern – du kan bryta av en ring och/eller kolven.

10 Se till att lagerytorna är helt rena och stryk sedan på ett jämnt lager rent molybdendisulfidbaserat fett, motorsmörjmedel eller ren motorolja på båda två. Du måste trycka in kolven i cylindern för att få fram lagerskålens lageryta i vevstaken.

11 Låt vevstaken glida tillbaka på plats på vevaxeltappen, sätt tillbaka vevstakslageröverfallet och se till att det inetsade numret på överfallet är på samma sida som numret på vevstaken.

12 Dra först åt varje par överfallsbultar till det angivna momentet för steg 1, och sedan till vinkeln för steg 2 – 90° motsvarar ett kvarts varv eller en rät vinkel, vilket enkelt kan bedömas genom kontroll av start- och slutläget för den hylsnyckel eller momentnyckel som används. För att få en mer exakt mätning använder du en momentgradskiva **(se bilder)**.

13 Upprepa hela proceduren för återstående kolvar och vevstakar.

14 De viktigaste huvudpunkterna är:

a) Håll baksidan av lagerskålarna och vevstakarnas och överfallens säten helt rena när de sätts ihop.

b) Se till att du har rätt kolv- och vevstaksenhet för varje cylinder – använd de inetsade cylindernumren för att identifiera den framåtvända sidan på både vevstaken och dess överfall.

c) Pilen på kolvkronan måste vara vänd mot motorns kamremsände.

d) Smörj in cylinderloppen med ren motorolja.

e) Smörj in lagerytorna när du monterar vevstakslageröverfallen, efter kontroll av spelet.

15 När alla kolv- och vevstaksenheter har monterats korrekt, vrid vevaxeln ett antal gånger för hand för att söka efter uppenbara kanter och kärvningar.

18.12a Dra åt vevstakslageröverfallets bultar/muttrar till angivet moment . . .

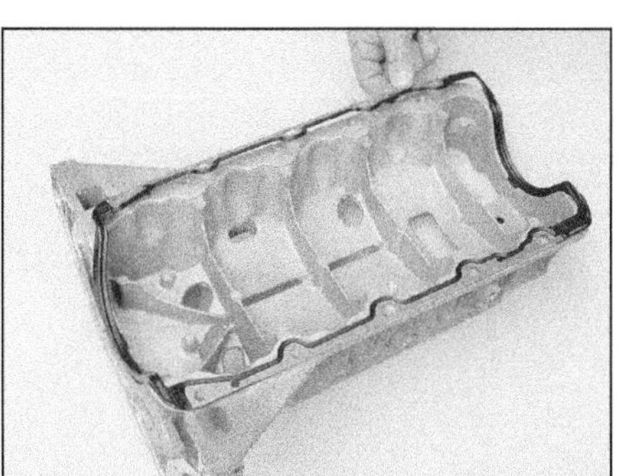

18.16a Lägg packningen på plats . . .

Motorer utom 1,4 och 1,6 liters modeller

16 Sätt dit den nya packningen med lite fett och passa sedan in vevhusets nedre del och dra åt bultarna löst **(se bilder)**.

17 Vevhusets nedre del måste vara i linje med motorblocket innan bultarna dras åt. Använd en linjal och bladmått och kontrollera utskjutningar eller glapp runtom **(se bild på nästa sida)**. Det finns distansbrickor i olika tjocklekar för att korrigera inställningen – om nya delar inte har monterats, använd de distansbrickor som togs bort vid demonteringen.

18 Dra åt bultarna på vevhusets nedre del till angivet moment, se till att inställningen i förhållande till motorblocket inte ändras **(se bild på nästa sida)**.

18.12b . . . och sedan till angiven vinkel – observera användningen av en momentgradskiva

18.16b . . . och sätt sedan tillbaka vevhusets nedre del

18.17 **Kontrollera placeringen av vevhusets nedre del**

18.18 **Dra åt bultarna till vevhusets nedre del till angivet moment**

19 Motor – första start efter renovering

1 Dubbelkolla motoroljenivån och kylvätskenivån när motorn har monterats tillbaka i bilen. Kontrollera en sista gång att allt har återanslutits och att det inte ligger kvar några verktyg eller trasor i motorrummet.

2 Ta bort bort tändstiften och avaktivera tändsystemet genom att koppla loss tändspolens kontaktdon.

3 På alla modeller, ta bort säkring nr 12 (i motorrummets säkringsdosa) för att avaktivera bränslepumpen. Detta måste göras på bensinmodeller för att förhindra att katalysatorn nås av oförbränt bränsle.

4 Vrid runt motorn på startmotorn tills oljetryckslampan slocknar.

5 Återanslut alla kablage efter tillämplighet och sätt tillbaka säkring nr 12 och tändstiften. Slå på tändningen och lyssna efter bränslepumpens ljud. Den kommer att gå lite längre än vanligt på grund av tryckbristen i systemet, men vänta tills pumpen har stannat.

6 Starta motorn. Observera att det kan ta lite längre tid än vanligt eftersom bränslesystemets komponenter måste fyllas.

7 Låt motorn gå på tomgång och undersök om det förekommer läckage av bränsle, kylvätska eller olja. Bli inte rädd om det luktar konstigt eller ryker från delar som blir varma och bränner bort oljeavlagringar. Motorn kanske inte går så bra på tomgång under de första minuterna innan den har "lärt sig" de bästa inställningarna (se kapitel 5A, avsnitt 1).

8 Låt motorn gå på tomgång tills du känner att det cirkulerar varmt vatten i den övre slangen, kontrollera att den går tillräckligt bra på tomgång och med normal hastighet, och stäng sedan av den.

9 Kontrollera oljan och kylvätskan igen efter några minuter enligt beskrivningen i *Veckokontroller* och fyll på om det behövs.

10 Om topplocksbultarna har dragits åt enligt anvisningarna finns det ingen anledning att efterdra dem efter det att motorn har körts igen – Ford rekommenderar det inte.

11 Om nya kolvar, ringar, vevaxellager eller dylikt har monterats måste motorn köras in de första 800 kilometrarna. Kör inte motorn på full gas, och låt den inte arbeta vid låga varvtal på någon växel under inkörningsperioden. Vi rekommenderar att oljan och oljefiltret byts efter denna period.

Kapitel 3
Kyl-, värme- och luftkonditioneringssystem

Innehåll

Svårighetsgrader

Enkelt, passar novisen med lite erfarenhet 	**Ganska enkelt,** passar nybörjaren med viss erfarenhet	**Ganska svårt,** passar kompetent hemmamekaniker 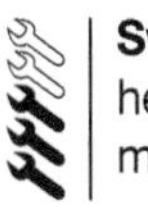	**Svårt,** passar hemmamekaniker med erfarenhet 	**Mycket svårt,** för professionell mekaniker 

Specifikationer

Kylvätska

Blandningstyp	se *Smörjmedel och vätskor*
Kylsystemets kapacitet	se kapitel 1

Systemets tryck

Trycktest	cirka 1,2 bar – se locket för exakt värde (trycket ska hållas i 2 minuter)

Expansionskärlets påfyllningslock

Tryckkapacitet	cirka 1,2 bar – se locket för exakt värde

Termostat

1,4 och 1,6 liters motorer:	
Börjar öppnas	82 °C
Helt öppen	96 °C
1,8 och 2,0 liters motorer:	
Börjar öppnas	92 °C
Helt öppen	99 °C

Luftkonditioneringssystem

Kylmedium	R134a
Kylmedievolym:	
Vid påfyllning	200 cc
Vid byte av kondensor	30 cc
Vid byte av förångare	90 cc
Vid byte av kylmedierör	60 cc

Åtdragningsmoment

	Nm
Luftkonditioneringens ackumulator/avfuktare till framvagnsram, bultar	7
Luftkonditioneringens kompressor, fästbultar	24
Luftkonditioneringens kondensor, fästbultar	24
Luftkonditioneringens högtrycksbrytare	10
Kompressorns mittre remskivebult	13
Kylvätskepumpens bultar:	
1,4 och 1,6 liters motorer	9
1,8 och 2,0 liters motorer	18
Kylvätskepumphus till motorblock	18
Kylvätskepumpens remskivebultar	24
Kylarens fästbygel till framvagnsramen	25
Kylmedieledningens anslutning	8
Kylmedieledning till kompressor	20
Kylmedieledning till kondensor	8
Termostatkåpa/vattenutlopp till termostathus, bultar	9
Termostathus till topplock, bultar (1,8 och 2,0 liters motorer)	20
Kamremmens överföringsremskiva (1,8 och 2,0 liters motor)	38

1 Allmän information

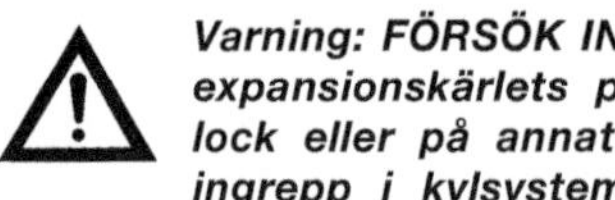

Varning: FÖRSÖK INTE ta bort expansionskärlets påfyllningslock eller på annat sätt göra ingrepp i kylsystemet medan motorn är varm. Risken för allvarliga brännskador är mycket stor. Om expansionskärlets påfyllningslock måste tas bort innan motorn och kylaren har svalnat helt (även om detta alltså inte rekommenderas), måste övertrycket i kylsystemet släppas ut. Täck över locket med en tjock tygtrasa för att undvika brännskador. Skruva sedan sakta loss påfyllningslocket tills det hörs ett pysande ljud. När pysandet har upphört, vilket tyder på att trycket minskat, fortsätt att långsamt skruva loss locket tills det kan tas loss helt. Hörs ytterligare pysljud, vänta tills det försvinner innan locket tas av helt. Håll dig hela tiden på betryggande avstånd från påfyllningshålet.

Varning: Låt inte kylvätska komma i kontakt med huden eller lackerade ytor på bilen. Spola omedelbart bort eventuellt spill med stora mängder vatten. Lämna aldrig kylvätska i en öppen behållare eller i en pöl på garageuppfarten eller garagegolvet. Barn och husdjur kan attraheras av den söta doften och kylvätska kan vara livsfarligt att förtära.

Varning: Om motorn är varm, kan den elektriska kylfläkten starta även om motorn inte är igång. Var därför noga med att hålla undan händer, hår och löst hängande kläder vid arbete i motorrummet.

Motorns kylsystem

Alla bilar som behandlas i den här boken har ett trycksatt motorkylningssystem där kylvätskecirkulationen kontrolleras av en termostat. Kylvätskan cirkulerar tack vare en pump med ett skovelhjul, som sitter på motorblockets högra sida, innanför kamremmen. På alla modeller drivs pumpen av vevaxelns remskiva via drivremmen. Kylvätskan rinner genom motorblocket runt varje cylinder. I topplocket leder ingjutna kanaler kylvätskan runt insugs- och avgasportarna, nära tändstiften och nära avgasventilernas styrningar.

En termostat av vaxkuletyp finns i ett hus som är fäst vid motorn. Under uppvärmningen förhindrar den stängda termostaten att kylvätskan cirkulerar genom kylaren. I stället återgår kylvätskan genom kylröret på motorns framsida till kylaren eller expansionskärlet. Värmeenheten matas från termostathusets baksida. När motorn närmar sig normal arbetstemperatur öppnas termostaten och låter varm kylvätska passera genom kylaren, där den kyls ner innan den återvänder till motorn. På vissa modeller finns en elvärmd termostat, där motorns elektroniska styrmodul styr termostatens läge för att förbättra motoreffekten och minska skadliga avgasutsläpp.

Kylaren är av aluminium och försedd med plastbehållare i ändarna. På modeller med automatväxellåda sitter vätskekylaren framtill på kylaren.

Kylsystemet försluts med ett trycksäkert påfyllningslock på expansionskärlet. Trycket i systemet höjer kylvätskans kokpunkt och ökar kylarens effektivitet. När motorn har normal arbetstemperatur expanderar kylvätskan, och överskottet förs till expansionskärlet. När systemet kyls ner förs överskottet automatiskt tillbaka från kärlet till kylaren.

Temperaturmätaren och kylfläktarna styrs av topplockets temperaturgivare genom att den skickar en signal till motorns elektroniska styrmodul (ECU).

Kylsystemets felsäkra läge

Kylsystemet har ett felsäkert läge som inträder stegvis när motorns arbetstemperatur är för hög.

Steg 1

Topplockets temperaturgivare skickar en signal till motorns ECU, som sedan ställer mätaren på det röda området.

Om motorn inte stängs av och temperaturen fortsätter att höjas tänds flerfunktionslampan.

Steg 2

Motorns ECU styr motorn genom att koppla ifrån två cylindrar och begränsa motorvarvtalet till 3 000 varv/minut. När detta sker tänds även motorns varningslampa.

Observera: *Om temperaturen sjunker till normal nivå måste tändningen slås av och sedan slås på igen för att alla cylindrar åter ska börja arbeta. Varningslampan kan bara släckas med felkodsläsare. Kontakta en återförsäljare.*

Steg 3

Om motortemperaturen fortsätter att stiga stängs motorn av helt innan större skador uppstår. Motorns varningslampa börjar blinka för att visa föraren att motorn kommer att stängas av efter 30 sekunder.

Värme- och ventilationssystem

Värmesystemet består av en fläkt och ett värmepaket (värmeelement) i värmeenheten, med slangar som ansluter paketet till motorns kylsystem. Varm kylvätska cirkulerar genom värmepaketet. När värmeenhetens temperaturreglage på instrumentbrädan aktiveras, öppnas en klaff för att exponera värmeenheten för passagerarutrymmet. När fläktreglaget aktiveras tvingar fläkten luften genom enheten beroende på vilken inställning som valts. Värmereglagen är förbundna med klaffarna med vajrar.

Ventilationssystemets inkommande friskluft passerar genom ett pollenfilter som sitter under vindrutans torpedplåt (se kapitel 1). Detta gör att de flesta partiklarna tas bort innan luften kommer in i kupén. Pollenfiltret måste dock bytas regelbundet eftersom ett igensatt filter minskar luftflödet till kupén betydligt, vilket försämrar imborttagningen.

Luftfördelningen i ventilationssystemet kontrolleras med vajerstyrda klaffar på värmeenheten. I alla bilar återcirkuleras luften med hjälp av en klaff som kontrolleras av en servomotor.

Luftkonditioneringssystem

se avsnitt 11.

2 Motorkylvätska (frostskyddsvätska) - allmän information

Varning: Motorkylvätska (frostskyddsvätska) innehåller glykol, monoetylen och andra ämnen, vilka är giftiga att förtära. Vid långvarig kontakt kan de kan också absorberas av huden.

Observera: *Se kapitel 1 för mer information om byte av kylvätska.*

Kylsystemet ska fyllas med en lösning bestående av vatten och monoetylenglykolbaserad kylvätska. Andelen kylvätska ska vara så hög att frysning förhindras ner till minst -25 °C, eller lägre om det lokala klimatet så kräver. Kylvätskan ger även skydd mot rost och höjer kokpunkten.

Kylsystemet bör underhållas enligt schemat i kapitel 1. Om motorkylvätskan är gammal eller nedsmutsad kan den orsaka skador och medföra att rost och avlagringar lättare bildas i systemet. Använd av Ford rekommenderad kylvätska i rätt koncentration.

Innan du fyller på kylvätska, kontrollera alla slangar och slanganslutningar, eftersom kylvätska kan läcka ut genom mycket små öppningar. Motorer förbrukar normalt inte kylvätska, så om nivån går ner bör du ta reda på orsaken och åtgärda den.

Andelen motorkylvätska bör vara mellan 40 och 55 %. Om andelen är under 40 % blir skyddet otillräckligt och andelen måste ökas till det rekommenderade värdet. Du kan testa

3.3 Lossa kylvätskeslangen

kylvätskekoncentrationen med en vattenprovare, som kan köpas hos de flesta biltillbehörsbutiker.

3 Kylsystemets slangar - losskoppling och byte

Observera: *Se varningarna i avsnitt 1 i detta kapitel innan du börjar arbeta.*

1 Om kontrollerna som beskrivs i berörda delar av kapitel 1 avslöjar någon trasig slang, måste denna bytas på följande sätt.

2 Töm först kylsystemet (se kapitel 1). Om det inte är dags att byta kylvätska kan den återanvändas förutsatt att den samlas upp i en ren behållare.

3 När du ska koppla loss en slang, använd en tång för att lossa fjäderklämmorna (eller en skruvmejsel för att lossa skruvklämmor). Flytta dem sedan längs med slangen, bort från anslutningen. Ta försiktigt loss slangen från rörändarna **(se bild)**. Slangarna är ganska lätta att ta bort när de är nya. På äldre bilar kan de sitta fast.

4 Försök lossa slangar som sitter hårt genom att rotera dem på anslutningarna innan de dras bort. Bänd försiktigt bort slangänden med ett trubbigt verktyg (som en platt skruvmejsel). Använd inte för mycket kraft och var försiktig så att inte rörändarna eller slangarna skadas. Observera att slanganslutningarna på kylaren är ömtåliga. Ta inte i för hårt för att dra loss slangarna. Om inget annat hjälper, skär upp slangen på längden med en vass kniv. Även om det är dyrt är det bättre än att köpa en ny kylare. Se dock först till att du har tillgång till en ny slang.

5 När en slang ska sättas fast skjuts klämmorna först in på slangen, varefter slangen förs på plats på anslutningarna. Om en slang är stel kan du använda tvål (eller diskmedel) som smörjmedel eller mjuka upp den genom att doppa den i kokande vatten, men var försiktig så att du undviker brännskador.

6 För varje slang helt på plats på anslutningen och kontrollera sedan att slangen sitter korrekt och är korrekt dragen. För varje klämma längs slangen tills den är vid anslutningens utbuktande ände, innan du drar åt den ordentligt.

7 Fyll på kylvätska (se kapitel 1).

8 Leta noga efter läckor så snart som möjligt när någon del av kylsystemet har rubbats.

4 Termostat - demontering, kontroll och montering

Observera: *Se varningarna i avsnitt 1 i detta kapitel innan du börjar arbeta.*

Demontering

1 Lossa batteriets jordledning (minuspolen) (se kapitel 5A, avsnitt 1).

2 Tappa av kylsystemet (se kapitel 1). Om kylvätskan är förhållandevis ny eller i gott skick kan du tömma ut den i en ren behållare och återanvända den.

1,4 och 1,6 liters motorer

3 Ta vid behov bort generatorn enligt beskrivningen i kapitel 5A.

4 Lossa kylslangen och värmeslangen från termostathuset.

5 Skruva loss termostatkåpan och ta bort termostaten. Notera avluftningsventilens läge och hur termostaten sitter (det vill säga vilken ände som är utåt).

1,8 och 2,0 liters motorer

6 Skruva loss de tre bultarna från termostatkåpan och ta bort den från termostathuset **(se bild)**.

7 Ta bort termostaten. Notera avluftningsventilens läge **(se bild)** och hur termostaten sitter (det vill säga vilken ände som är utåt).

4.6 Dra termostatkåpan bakåt för att ta bort termostaten

4.7 Pilarna visar avluftningsventilens läge

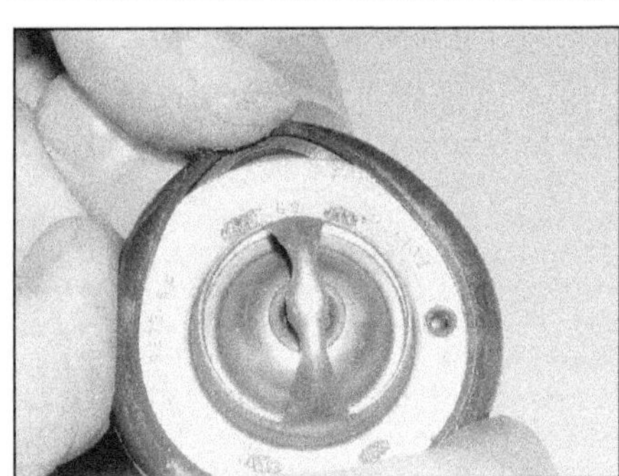

4.8 Ta bort termostatens gummitätning

8 Ta bort termostatens gummitätning **(se bild)**. Sätt dit en ny tätning vid återmontering.

Kontroll

Allmänt

9 Innan du drar slutsatsen att termostaten är orsaken till fel på kylsystemet, kontrollera kylvätskenivån (se *Veckokontroller*), drivremmens spänning och skick (se motsvarande del av kapitel 1) och att temperaturmätaren fungerar.

10 Om motorn tar lång tid att bli varm (observera värmeenhetens effekt eller temperaturmätaren) har termostaten troligtvis fastnat i öppet läge. Byt termostaten.

11 Förlängd uppvärmningstid kan också bero på att termostaten saknas. En tidigare ägare eller en mekaniker kan ha tagit bort den och glömt att sätta tillbaka den. Kör inte bilen utan termostat. Motorstyrningssystemets ECU förblir i uppvärmningsläget längre än nödvändigt, vilket ökar avgasutsläppen och försämrar bränsleekonomin.

12 Om motorn blir varm, använd handen för att kontrollera temperaturen på kylarens övre slang. Om slangen inte är het, trots att motorn är det, har termostaten förmodligen fastnat i stängt läge, vilket hindrar kylvätskan i motorn från att ta sig till kylaren. Byt termostaten.

13 Om kylarens övre slang är het betyder det att kylvätskan rinner och att termostaten är öppen. I avsnittet *Felsökning* i slutet av den här handboken får du hjälp med att undersöka olika fel på kylsystemet.

Kontroll av termostat

14 Om termostaten förblir i öppet läge vid rumstemperatur är det fel på den och den måste bytas.

15 För att kontrollera termostaten, häng den (stängd) i en tråd i en behållare med kallt vatten, med en termometer bredvid den. Kontrollera att inget av objekten vidrör behållarens kanter.

16 Värm vattnet och kontrollera vid vilken temperatur termostaten börjar öppnas. Jämför detta värde med det angivna värdet. Det kan vara omöjligt att kontrollera vid vilken temperaturen termostaten öppnas helt i en öppen behållare, om denna temperatur är högre än vattnets kokpunkt vid atmosfärstryck. Ta bort termostaten och låt den svalna. Kontrollera att den stängs helt.

17 Om termostaten inte öppnas och stängs enligt beskrivningen, om den fastnar i något av lägena eller om den inte öppnas vid angiven temperatur, måste den bytas.

Montering

18 Montera i omvänd ordningsföljd mot demonteringen. Tänk på följande:

a) Rengör fogytorna och byt termostatens tätningsring.
b) Montera termostaten i det läge som noterades vid demonteringen.
c) Dra åt termostatkåpans och termostathusets bultar till angivet moment.
d) Återanslut alla kylvätskeslangar och fyll sedan på kylsystemet enligt beskrivningen i kapitel 1.
e) Starta motorn och kör den till normal arbetstemperatur. Leta sedan efter läckor och kontrollera att termostaten fungerar.

5 Elektriska kylfläktar – kontroll, demontering och montering

Observera: *Se varningarna i avsnitt 1 i detta kapitel innan du börjar arbeta.*

Kontroll

1 Kylfläkten styrs av motorstyrningssystemets ECU, utifrån information som skickats från topplockets temperaturgivare. Om två fläktar eller tvåfartsfläktar är monterade, sker styrningen med hjälp av en motståndsenhet som sitter ovanpå fläktskyddet. Denna kan bytas separat om det är fel på den **(se bild)**.

2 Kontrollera först relevanta säkringar och reläer (se kapitel 12).

3 Testa fläktmotorn genom att koppla loss den elektriska kontakten och ansluta fläkten direkt till batteriet med en testkabel med säkring. Om fläkten fortfarande inte fungerar, byt motorn.

4 Om motorn fungerar är det fel på topplockets temperaturgivare (se avsnitt 6), på kablaget (se kapitel 12 för testdetaljer) eller på motorstyrningssystemet (se kapitel 4A).

Demontering

5 Lossa batteriets jordledning (minuspolen) (se kapitel 5A, avsnitt 1).

6 Lossa kylfläktens elektriska kontakter och lossa kablaget från fläktskyddet.

7 Lossa skyddet från dess övre fästen i kylaren och lyft enheten för att lossa den från de nedre fästena.

8 Ta bort fläktarna och skyddet som en enhet från bilens undersida **(se bild)**.

9 Du kan ta bort fläktarna från motorerna genom att lossa klämman och sedan dra bort fläkten från motorns axel **(se bilder)**.

10 Ta bort motorn från skyddet genom att skruva loss fästskruvarna från motorenheten

5.1 Lossa fästskruven och lyft ut motståndet

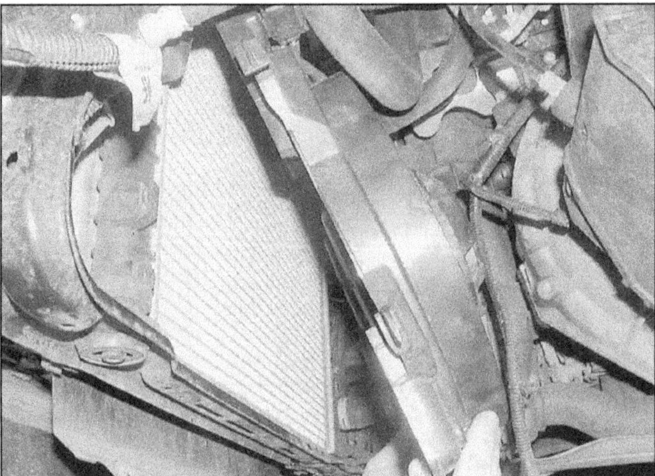

5.8 Sänk enheten och ta bort den från bilens undersida

5.9a Knacka bort fästklämman med hjälp av en dorn . . .

5.9b . . . och dra av fläkten från motoraxeln

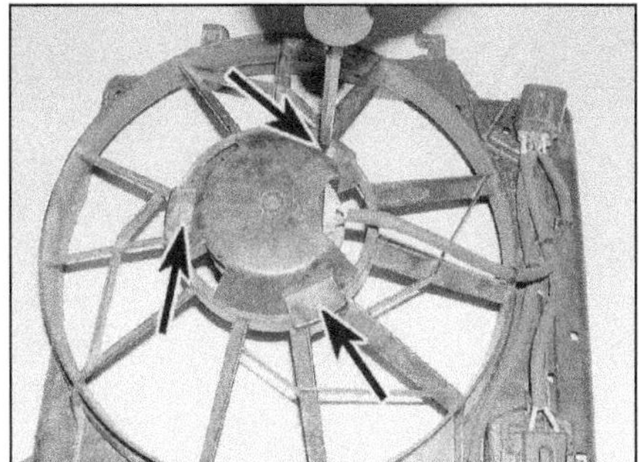
5.10 Lossa skruvarna (vid pilarna) och ta bort fläktmotorn

6.3 Ta bort ventilkåpan

(se bild). När du tar bort motorn från skyddet kan du behöva ta ut kontakterna ur multikontakten.

Montering

11 Montera i omvänd ordningsföljd mot demonteringen. Tänk på följande:

a) *När fläkten återmonteras på motorn, se till att den är korrekt placerad innan du återmonterar fästklämman.*

b) *Se till att skyddet sitter korrekt vid alla fyra fästpunkterna innan du slutgiltigt klämmer det på plats.*

6 Topplockets temperaturgivare – demontering och montering

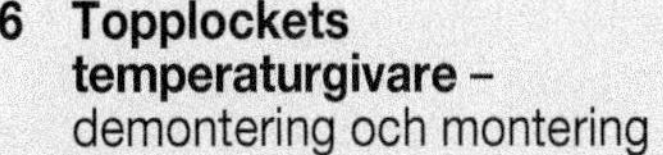

Observera: *Se varningarna i avsnitt 1 i detta kapitel innan du börjar arbeta.*

1 På 1,4 och 1,6 liters motorer är givaren fastskruvad i överdelen av topplocket mellan tändstift 2 och 3.

2 På 1,8 och 2,0 liters motorer är givaren fastskruvad i baksidan av topplocket, närmast kamremssidan och under insugningsröret.

Demontering

1,4 och 1,6 liters motorer

Observera: *En ny givare för topplockstemperatur måste monteras varje gång den tas bort eftersom fogytan blir skev när den demonteras.*

3 Skruva i förekommande fall loss ventilkåpan från tändstiftskabeln **(se bild)**.

4 Koppla loss kontakten från givaren.

5 Skruva loss givaren från topplocket **(se bild)**.

1,8 och 2,0 liters motorer

6 Ta bort generatorn enligt beskrivningen i kapitel 5A.

7 Koppla loss kontakten från givaren.

8 Skruva loss givaren från baksidan av topplocket **(se bild)**.

Montering

9 Montera i omvänd ordningsföljd mot demonteringen. Tänk på följande:

a) *Skruva i givaren, dra åt den ordentligt och återanslut dess kontakt.*

b) *Montera alla slangar och komponenter som demonterats för åtkomst.*

6.5 Lossa givaren (vid pilen) och byt den

7 Kylare och expansionskärl – demontering, kontroll och montering

Observera: *Se varningarna i avsnitt 1 i detta kapitel innan du börjar arbeta.*

Observera: *Om anledningen till att kylaren demonteras är att den läcker, tänk på att mindre läckor ofta kan åtgärdas genom att man tillför kylartätningsmedel till kylvätskan med kylaren på plats.*

Demontering av kylare

Alla modeller utom 1,6 liter från 10/02

1 Ta bort kylfläkten/kåpan enligt beskrivningen i avsnitt 5. **Observera:** *På 1,4 och 1,6 liters motorer kan fläken/kåpan tas bort med kylaren.*

2 För att öka spelrummet så att kylaren kan sänkas och tas bort, se till att handbromsen är ordentligt åtdragen, lyft sedan framvagnen och placera den på pallbockar (se *Lyftning och stödpunkter*). Ta bort kylarens nedre kåpa **(se bild)**.

3 Tappa av kylsystemet (se kapitel 1). Lossa alla slangar från kylaren.

4 På bilar med luftkonditionering, håll fast kondensorn från den främre övre tvärbalken för att hålla den på plats **(se bilder på nästa sida)**.

Varning: Koppla inte loss någon av kylmedieslangarna.

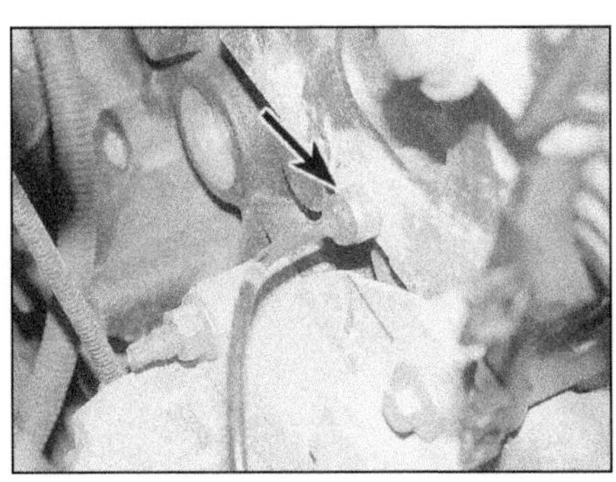
6.8 Lossa givaren (vid pilen)

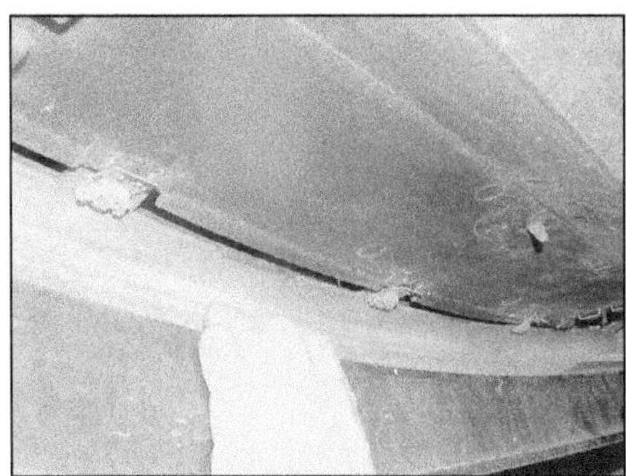
7.2 Lossa den nedre kylarkåpan från baksidan av den främre stötfångaren

7.4a Använd ett buntband (vid pilen) för att hålla fast kondensorn och . . .

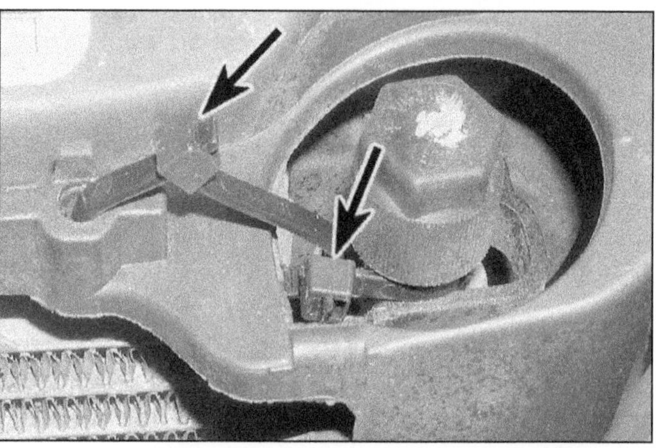
7.4b . . . två buntband (vid pilarna) på den andra sidan

5 Ta bort de två bultarna (varje sida) från fästbygeln under kylaren (lossa kontakten på signalhornet vid behov). Ta loss de nedre gummifästena **(se bilder)**. Notera vilken sida som är uppåt och förvara dem säkert.

6 Lossa kylaren försiktigt från AC-kondensorn/automatväxellådans oljekylare (i förekommande fall) och ta bort den från bilen. Låt AC-kondensorn sitta kvar på plats **(se bilder)**.

1,6 liter från 10/02

7 På modeller med luftkonditionering, låt en expert på luftkonditioneringar tappa ur kylmediet.

8 Tappa av kylsystemet (se kapitel 1).

9 För att öka utrymmet så att kylaren kan sänkas och tas bort, se till att handbromsen är ordentligt åtdragen, lyft sedan framvagnen och ställ den på pallbockar (se *Lyftning och stödpunkter*). Ta sedan bort kylarens nedre kåpa.

10 Koppla loss kabelnätet från kylarens tvärbalk.

11 Koppla loss kylmedierören från kondensorn (i förekommande fall). Täck genast över eller plugga igen rörens och kondensorns öppningar.

12 Lossa alla slangar från kylaren.

13 Ta bort kylfläktarna och skyddet enligt beskrivningen i avsnitt 5.

14 Ta bort bultarna som håller fast kylarens tvärbalk.

15 Lyft kylaren något så att du kommer åt fästena. Dra sedan tvärbalken bakåt och för kylaren nedåt och ta bort den.

Kontroll av kylare

16 När du har tagit bort kylaren kan du söka efter läckage och skador på den. Om den behöver repareras, låt en specialist på kylare eller en verkstad utföra arbetet, eftersom särskilda arbetsmetoder krävs.

17 Insekter och smuts kan tas bort från kylaren med en trädgårdsslang eller en mjuk borste. Var försiktig så att inte kylflänsarna skadas under arbetet.

7.5a Lossa de fyra bultarna från fästbygeln (två vid pilarna) . . .

7.5b . . . och ta bort det nedre gummifästet

Montering av kylaren

18 Montera i omvänd ordningsföljd mot demonteringen. Tänk på följande:

a) Se till att gummifästena sitter korrekt vid kylarens nederdel.

b) På 1,6 liters modeller efter 10/02 med luftkonditionering, byt kylmedierörens O-ringar och avsluta med att låta tömma och fylla på systemet.

c) Efter återmonteringen, fyll på kylsystemet med rekommenderad kylvätska (se kapitel 1).

d) Starta motorn och leta efter läckor. Låt motorn nå normal arbetstemperatur, vilket märks på att kylarens övre slang blir varm. När motorn har svalnat (det bästa är att låta bilen stå över natten), kontrollera kylvätskenivån och fyll på mer kylvätska om så behövs.

7.6a Flytta kylaren i pilens riktning för att lossa den från kondensorn

7.6b Låt kondensorn sitta kvar

Expansionskärl

19 När motorn är helt avsvalnad tar du bort expansionskärlets påfyllningslock för att lätta på trycket. Sätt sedan tillbaka locket.

20 Lossa slangarna från kärlet **(se bild)**, den övre slangen först. När alla slangar är borttagna, töm ut kärlets innehåll i en ren behållare. Om det inte är dags att byta kylvätskan kan den återanvändas förutsatt att den hålls ren.

21 Skruva loss kärlets fästbult och lyft ut

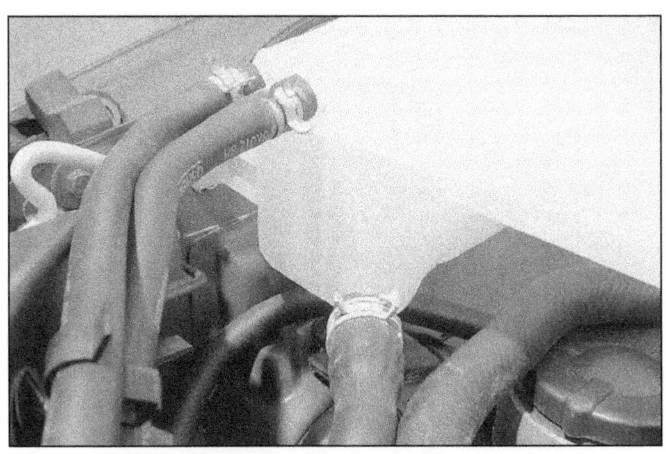

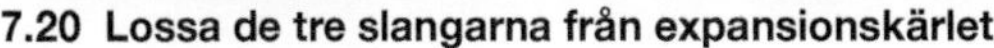

7.20 Lossa de tre slangarna från expansionskärlet

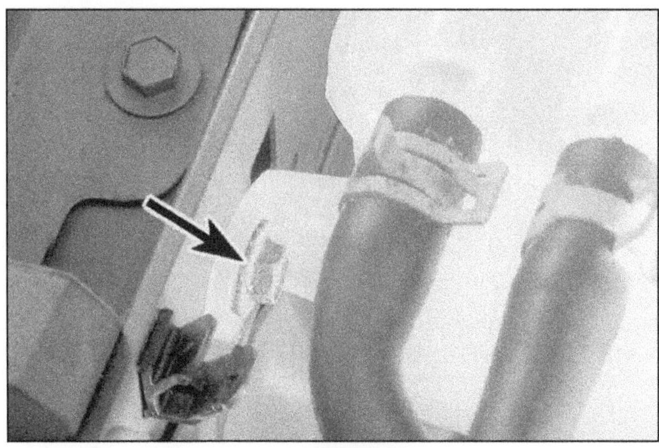

7.21a Ta bort fästbulten (vid pilen) . . .

behållaren från fästet i den inre fjäderbensplåten **(se bilder)**.

22 Skölj ur kärlet och kontrollera att det inte finns några sprickor eller nötningar. Byt det om det är skadat.

23 Monteringen sker i omvänd ordningsföljd mot demonteringen. Fyll på kylsystemet med rekommenderad kylvätska (se kapitel 1). Starta sedan motorn och låt den nå normal arbetstemperatur, vilket märks på att kylarens övre slang blir varm. Kontrollera kylvätskenivån på nytt och fyll på vid behov. Sök sedan efter läckor.

8 Kylvätskepump - kontroll, demontering och montering

Observera: *Se varningarna i avsnitt 1 i detta kapitel innan du börjar arbeta.*

Kontroll

1 Om kylvätskepumpen slutar fungera kan motorn skadas allvarligt på grund av överhettning.

2 Det finns tre sätt att kontrollera att kylvätskepumpen fungerar när den sitter kvar i motorn. Om det är fel på pumpen ska den bytas mot en ny eller en lagad pump.

3 När motorn är igång och håller normal arbetstemperatur, kläm på kylarens övre slang. Om kylvätskepumpen fungerar ska du känna en tryckvåg när du släpper greppet om slangen.

Varning: Håll händerna borta från kylfläktens rotorblad.

4 Kylvätskepumpar är utrustade med ventilations- och avdroppningshål. Om det är fel på pumpens tätning kommer det att läcka ut kylvätska från hålet. Oftast behöver du en ficklampa för att hitta hålet i kylvätskepumpen underifrån när du ska leta efter läckor.

5 Kylvätskepumpen sitter på motorns kamremssida. När du ska söka efter läckor kan det underlätta att ta bort kamremskåporna, enligt beskrivningen i kapitel 2A eller 2B.

6 Om det uppstår fel på kylvätskepumpens axellager kan det uppstå ett tjut från motorns drivremssida när motorn är igång. Axelslitaget kan kännas om kylvätskepumpens remskiva ruckas upp och ner.

7 Förväxla inte det gnisslande ljudet från en slirande drivrem med ljudet från ett trasigt lager i kylvätskepumpen.

Demontering

8 Koppla loss batteriets minusledare enligt beskrivningen i kapitel 5A, avsnitt 1.

9 Tappa av kylsystemet (se kapitel 1).

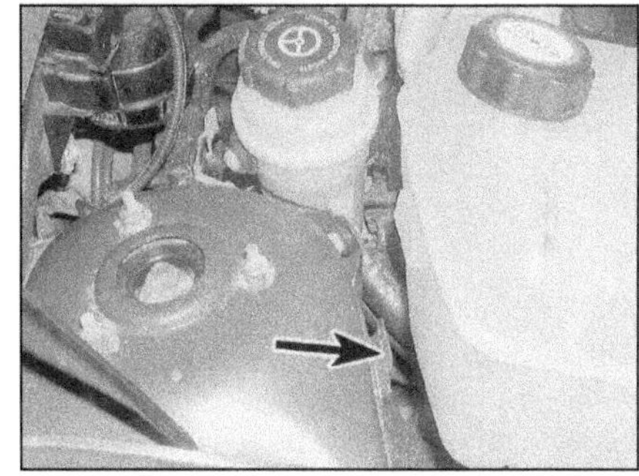

7.21b . . . och lyft av tanken från styrtappen (vid pilen)

10 Lossa bultarna från kylvätskepumpens remskiva (fyra bultar på 1,4 och 1,6 liters motorer, tre bultar på 1,8 och 2,0 liters).

11 Demontera drivremmen enligt beskrivningen i kapitel 1.

12 Skruva loss och ta bort kylvätskepumpens remskiva **(se bild)**.

13 På 1,8 och 2,0 liters motorer kan pumpen skruvas loss från huset **(se bild)**. Om kylvätskepumphuset måste tas bort, följ instruktionerna i följande stycken. På 1,4 och 1,6 liter smotorer hålls kylvätskepumpen fast av 6 bultar och tas bort tillsammans med det yttre pumphuset **(se bild)**.

8.12 Demontering av kylvätskepumpens remskiva (1,8 och 2,0 liters motorer)

8.13a Lossa kylvätskepumpens fyra fästbultar (1,8 och 2,0 liters motorer)

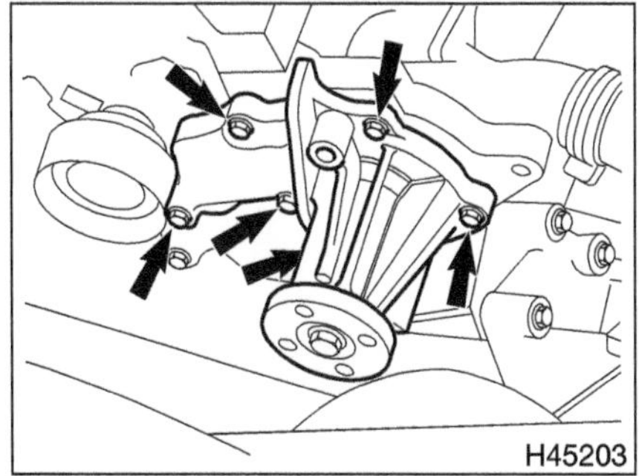

8.13b Pumpen är fäst med 6 bultar (1,4 och 1,6 liters motorer)

8.16 Kylvätskepumphuset på 1,8 och 2,0 liters motorer

1,8 och 2,0 liters motorer

14 Ta bort kamremmen enligt beskrivningen i kapitel 2B.

15 Lossa kylvätskeslangen från kylvätskepumphuset och skruva loss kamremmens överföringsremskiva.

Alla motorer

16 Lossa bultarna som förbinder pumpen med huset och för ut kylvätskepumpen ur motorrummet **(se bild)**. Ta loss tätningsringen eller packningen.

Montering

17 Rengör pumpens fogytor försiktigt. Packningen måste bytas varje gång den rubbas. Montera pumpen och dra åt bultarna till angivet moment.

18 Resten av monteringen sker i omvänd ordningsföljd mot isärtagningen. Tänk på följande:

a) Dra åt alla fästdelar till angivet moment (i förekommande fall).

b) Kontrollera i förekommande fall om kamremmen är smutsig och byt den vid behov, enligt beskrivningen i den relevanta delen av kapitel 2.

c) Avsluta med att fylla på kylsystemet enligt beskrivningen i kapitel 1.

9.2 Lossa de tre skruvarna (vid pilarna) för att ta bort fotbrunnspanelen

9 Värme/ventilation, komponenter - demontering och montering

Värmefläktens motor

Demontering

1 Lossa batteriets jordledning (minuspolen) (se kapitel 5A, avsnitt 1).

2 Ta bort de tre skruvarna som håller fast den nedre fotbrunnspanelen på passagerarsidan **(se bild)** och ta sedan bort panelen från bilen.

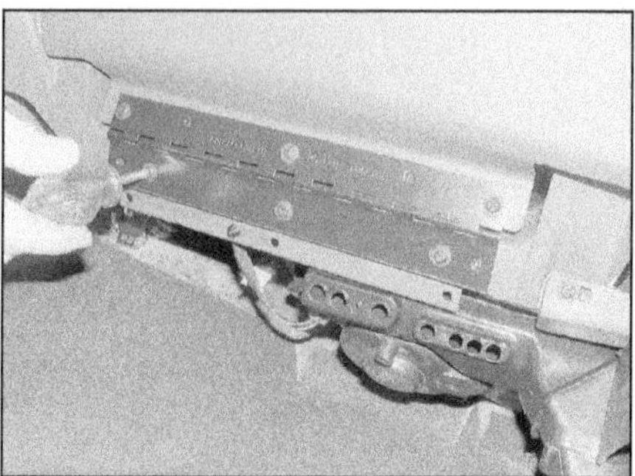

9.3a Ta bort de tre nedre skruvarna från handskfackets gångjärn . . .

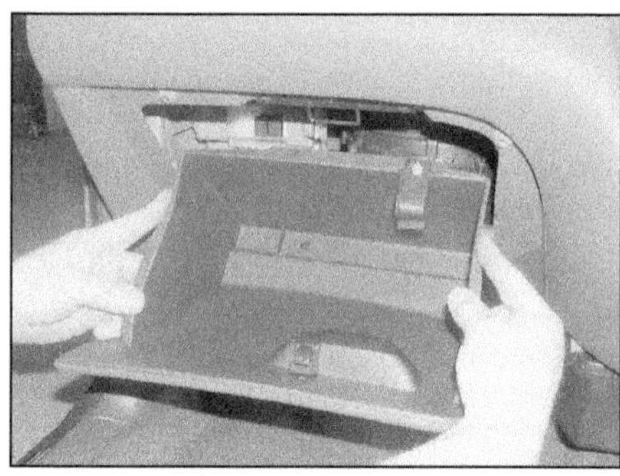

9.3b . . . tryck sedan in båda sidorna av handskfacket för att ta bort det

3 Ta bort de tre skruvarna från handskfackets gångjärn och ta handskfacket genom att trycka inåt på båda sidorna så att det lossnar från instrumentbrädan **(se bilder)**.

4 Lossa fästskruven och koppla loss luftmunstycket från motorenheten **(se bilder)**.

5 Koppla loss motorns kontakt och skruva loss de tre skruvar som håller motorn på plats. Ta bort motorn från huset **(se bilder)**.

6 Motorns styrmotstånd kan tas bort genom att man lossar skruven på ena sidan av motståndet och sedan drar ut motståndet ur värmeenhetens hus **(se bild)**.

Montering

7 Monteringen sker i omvänd ordningsföljd mot demonteringen.

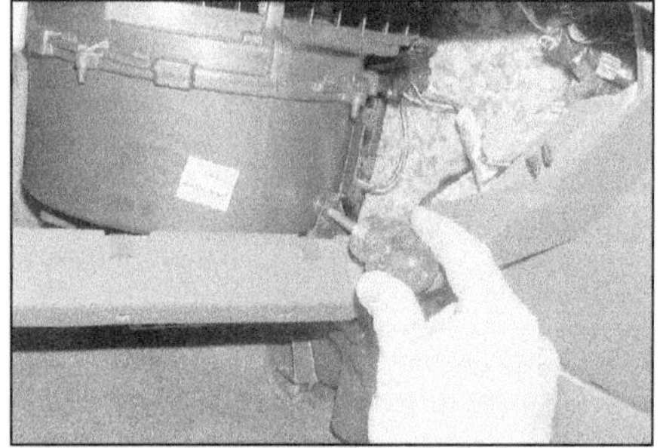

9.4a Ta bort skruvarna från luftmunstycket . . .

9.4b . . . och dra ut det från värmeenheten

9.5a Lossa kontakten och ta bort skruvarna . . .

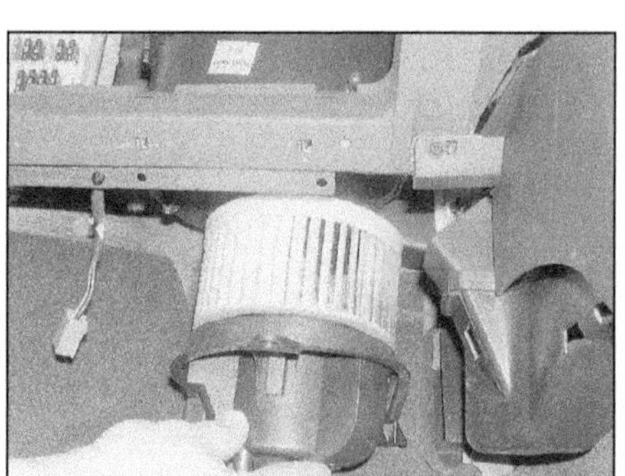

9.5b . . . och sänk värmefläktens motor från huset

9.6 Motståndet (vid pilen) sitter till höger om värmefläktens motor

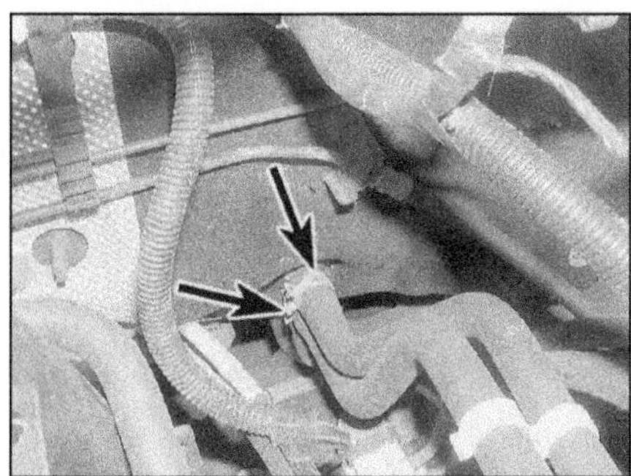

9.10 De två värmeslangarna måste kopplas loss (vid pilarna)

9.12 Lossa och ta bort de fem ventilationsslangarna (vid pilarna)

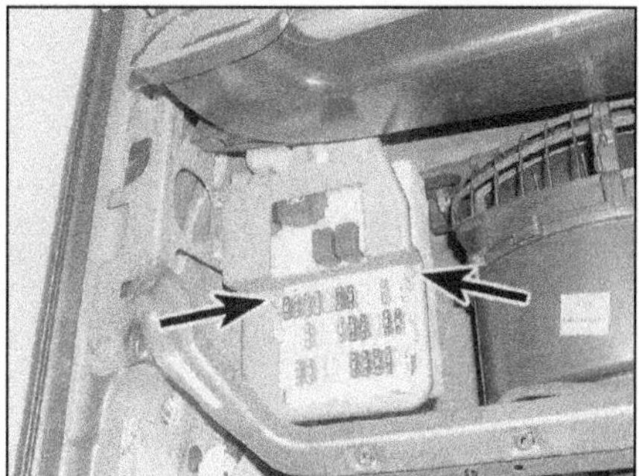

9.14 Lossa de två skruvarna (vid pilarna) från säkringsdosan

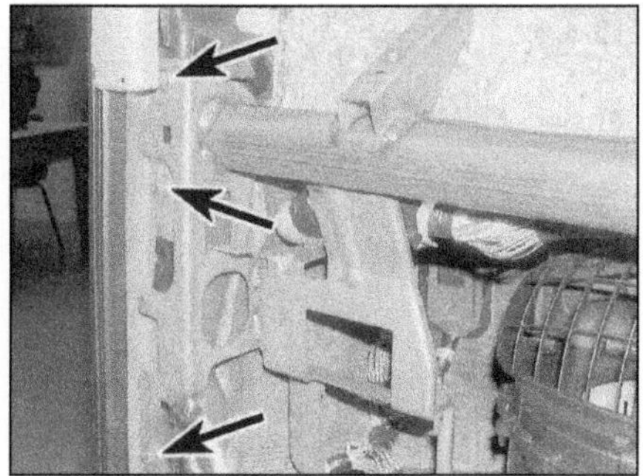

9.15a Lossa de tre bultarna (vid pilarna) i vardera änden av tvärbalken . . .

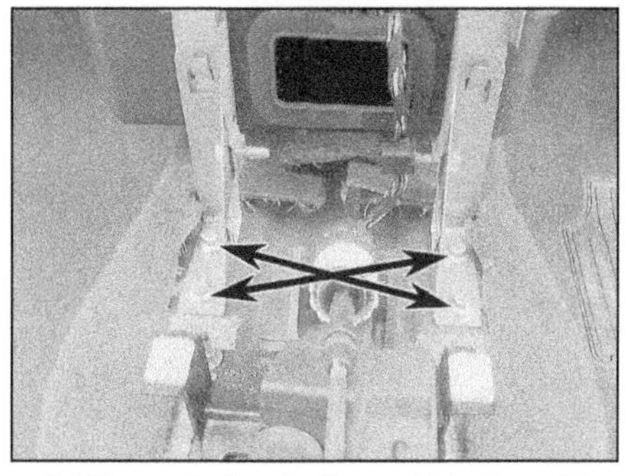

9.15b . . . de fyra bultarna (vid pilarna) i mitten . . .

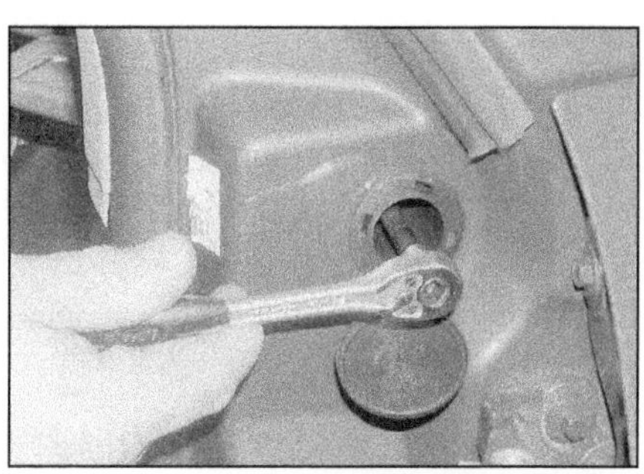

9.15c . . . och lossa kåpan på högersidan från den främre stolpen och ta bort fästbulten

Värmepaket

Demontering

8 Lossa batteriets jordledning (minuspolen) (se kapitel 5A, avsnitt 1).

9 Dra åt handbromsen, lyft upp framvagnen och ställ den på pallbockar. Töm kylsystemet (se kapitel 1).

10 Lossa kylvätskeslangarna från värmepaketets anslutningar som sticker fram genom motorrummets torpedvägg **(se bild)**.

11 Inifrån passagerarutrymmet, ta bort instrumentbrädan enligt beskrivningen i kapitel 11.

12 Lossa de fem ventilationsslangarna från krocktvärbalken och koppla loss dem från värmeenheten **(se bild)**.

13 Arbeta runt krocktvärbalken och lossa kablaget och skruva loss fästbultarna från alla jordanslutningar.

14 Ta bort de två fästbultarna från säkringsdosan **(se bild)**.

15 Skruva loss fästbultarna från ändarna på krocktvärbalkens fästbygel, även den inuti högerstolpen. Lossa de mittersta fästbultarna och ta sedan bort tvärbalken från torpedväggen **(se bilder)**.

16 Lossa fästskruvarna och lossa de nedre delarna från värmeenheten **(se bild)**.

17 Koppla loss fästklämmorna från värmeenhetens hölje och skruva loss skruvarna så att värmepaketets nedre hölje lossnar **(se bild)**.

18 Lossa skruven så att fästbygeln lossnar från värmepaketet inuti höljet (se till att värmepaketet inte skadas vid demonteringen) **(se bild)**.

Montering

19 Monteringen sker i omvänd ordning mot demonteringen. Man kan behöva några extra metallklämmor för att fästa värmeenhetens nedre hölje vid värmeenheten eftersom plastklämmorna kan gå sönder vid demonteringen.

20 Fyll på kylsystemet med rekommenderad kylvätska (se relevant del av kapitel 1). Starta motorn och låt den nå normal arbetstemperatur, vilket märks på att kylarens övre slang blir varm. Kontrollera kylvätskenivån på nytt och fyll på vid behov. Sök sedan efter läckor. Kontrollera att värmeenheten fungerar.

Pollenfilter

21 Se kapitel 1.

Instrumentbrädans luftmunstycke

22 Använd ett platt verktyg och något att skydda instrumentbrädan med, bänd ut

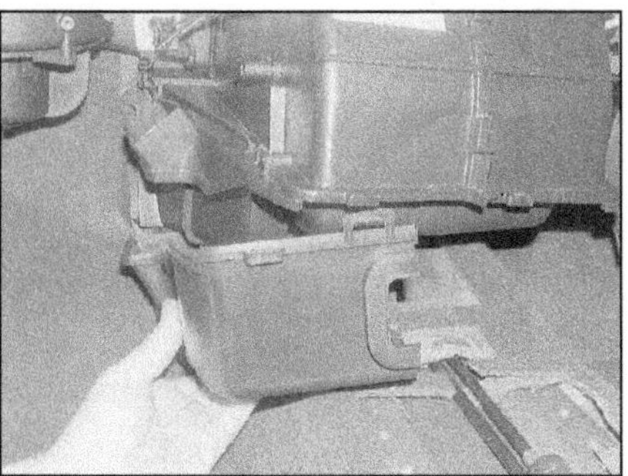

9.16 Ta bort båda delarna av den nedre värmeenhetens hölje

9.17 Värmepaketet tas bort tillsammans med höljet

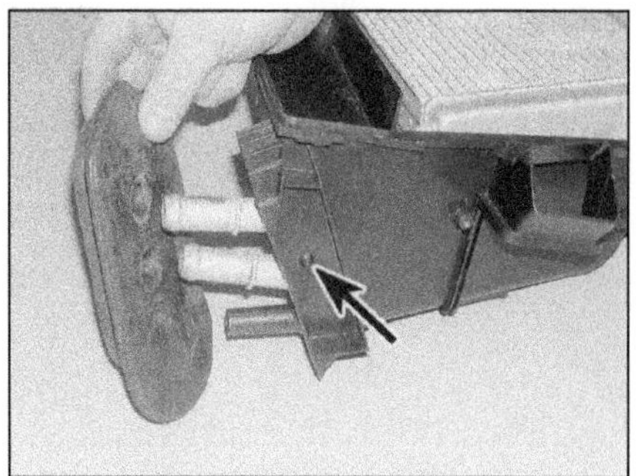

9.18 Ta bort skumgummitätningen och fästskruven (vid pilen)

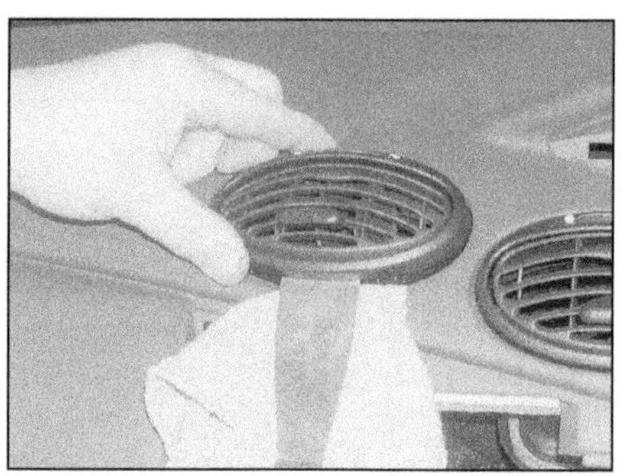

9.22 Bänd försiktigt bort luftmunstyckena

9.23 Luftmunstycket kan tryckas ut från baksidan av instrumentbrädan

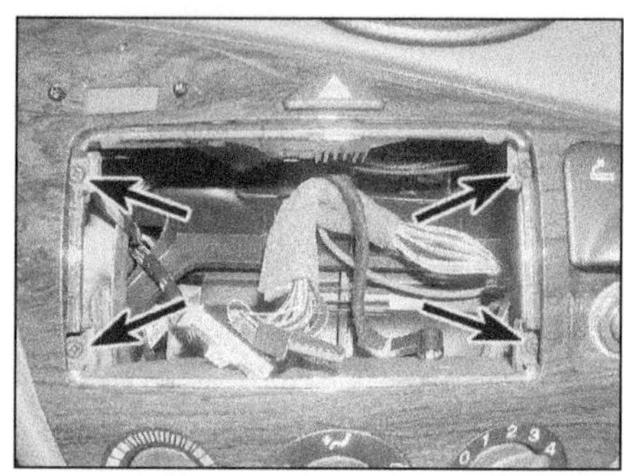

10.3 Lossa de fyra skruvarna (vid pilarna)

luftmunstyckena från instrumentbrädans panel **(se bild)**.

23 Man kan behöva ta bort: handskfacket (kapitel 11) för att underlätta demonteringen av luftmunstycket på passagerarsidan **(se bild)** bilradion (kapitel 12) för att underlätta demonteringen av luftmunstyckena i mitten och belysningens huvudbrytare (kapitel 12) för att underlätta demonteringen av luftmunstycket på förarsidan.

24 Monteringen sker i omvänd ordningsföljd mot demonteringen.

10 Värmeenhet/ luftkonditionering, reglage – demontering och montering

Värmereglagepanel

1 Lossa batteriets jordledning (minuspolen) (se kapitel 5A, avsnitt 1).

2 Ta bort bilradion enligt beskrivningen i kapitel 12. Dra ut och ta bort askkoppen.

3 Lossa de fyra fästskruvarna från öppningen för bilradion **(se bild)** och lossa sedan värmereglagepanelen från instrumentbrädan.

4 Observera noggrant de olika kontakternas placering, lossa dem sedan från baksidan av panelen och lossa värmeenhetens kablar från temperatur- och riktningsreglagen **(se bild)**.

5 Se till att ingenting fortfarande är anslutet till panelen och ta sedan bort den från instrumentbrädan.

Reglage för fläkt, riktning och temperatur

6 Ta bort värmereglagepanelen enligt beskrivningen ovan.

7 Ta bort de fyra fästskruvarna på baksidan av reglagepanelen och ta bort själva reglageenheten. Dra av reglageknopparna, om detta inte redan har gjorts, och ta bort fästskruvarna från baksidan av reglaget. Vrid dem för att lossa dem från enheten **(se bilder)**.

8 Återmonteringen sker i omvänd ordningsföljd mot demonteringen. Avsluta med att kontrollera att reglagen fungerar.

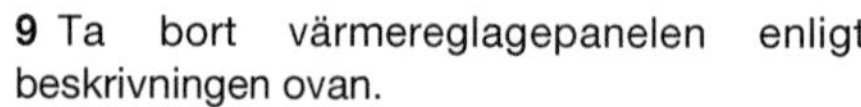

Luftkonditioneringsreglage

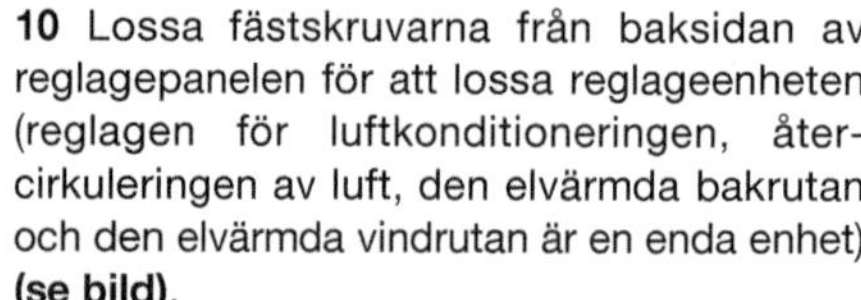

9 Ta bort värmereglagepanelen enligt beskrivningen ovan.

10 Lossa fästskruvarna från baksidan av reglagepanelen för att lossa reglageenheten (reglagen för luftkonditioneringen, återcirkuleringen av luft, den elvärmda bakrutan och den elvärmda vindrutan är en enda enhet) **(se bild)**.

11 Återmonteringen sker i omvänd ordningsföljd mot demonteringen. Avsluta med att kontrollera att reglagen fungerar.

Den automatiska klimatanläggningens reglagepanel

12 Lossa batteriets jordledning (minuspolen) (se kapitel 5A, avsnitt 1).

13 Ta bort ljudanläggningen enligt beskrivningen i kapitel 12. Dra ut och ta bort askkoppen.

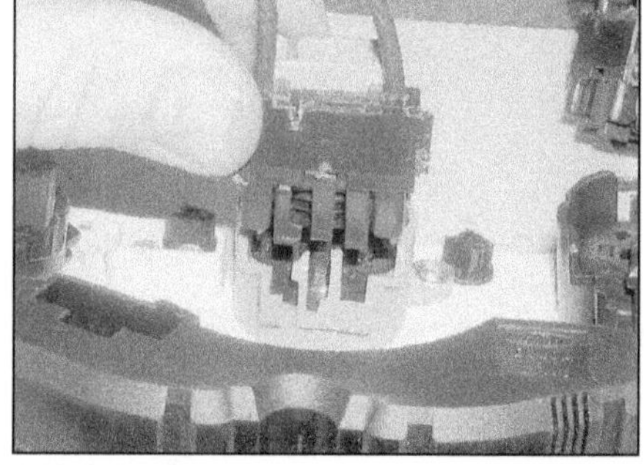

10.4 Använd en tunn skruvmejsel för att lossa värmeenhetens kabelenhet

14 Skruva loss de fyra fästskruvarna från öppningen för ljudanläggningen **(se bild 10.3)** och lossa sedan försiktigt reglagepanelen från instrumentbrädan.

15 Observera noggrant de olika kontakternas placering, koppla sedan loss dem från baksidan av panelen och lossa reglagevajrarna i förekommande fall. Vajrarna lossas genom att man vrider reglagen moturs så långt det går och trycker ner fästklämmorna. **Observera:** *Modeller med helautomatisk klimatanläggning har bara elektriska anslutningar till kontrollpanelen och inga vajrar.*

16 Se till att ingenting fortfarande är anslutet till panelen och ta sedan bort den från instrumentbrädan.

17 När du ska ta bort reglageenheten från

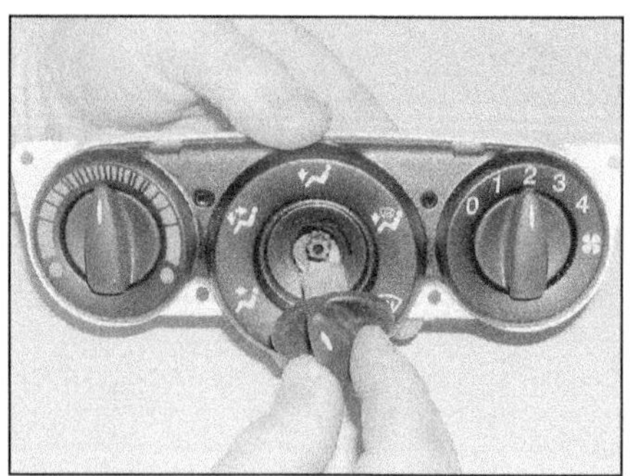

10.7a Dra av knoppen från reglaget . . .

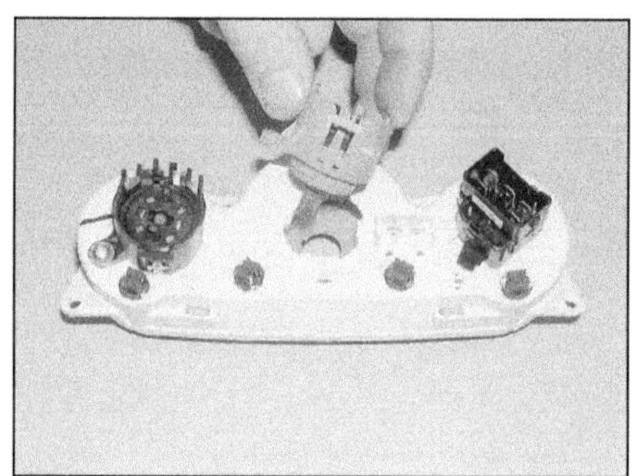

10.7b . . . skruva sedan loss skruven och ta bort reglaget från dess bajonettfattning

10.10 Reglagen utgör en komplett enhet

panelen lossar du skruvarna på enhetens baksida. **Observera:** *Modeller med helautomatisk klimatanläggning har fem skruvar som håller reglageenheten på plats, medan andra modeller har fyra skruvar.*

11 Luftkonditioneringssystem – allmän information och föreskrifter

Allmän information

Luftkonditioneringssystemet består av en kondensor som sitter framför kylaren, en förångare som sitter bredvid värmepaketet, en kompressor som drivs av en drivrem, en ackumulator/avfuktare och rörledningar som förbinder dessa delar. Systemet har en choke (eller "stryphylsa") som sitter i förångarens inlopp och skapar det tryckfall som krävs för kylningseffekten.

En fläkt tvingar den varma luften från passagerarutrymmet genom förångarens kärna (ungefär som en omvänd kylare) och överför värmen från luften till kylmediet. Det flytande kylmediet kokar upp till lågtrycksånga som tar med sig värmen när den lämnar förångaren.

Föreskrifter

Varning: Det är mycket högt tryck i luftkonditioneringssystemet. Lossa inga detaljer och ta inte bort några delar innan systemet har tömts ordentligt. Luftkonditioneringens kylmedium måste tappas ur korrekt på återförsäljarens verkstad eller på en specialverkstad där man kan ta hand om kylmediet R134a. Använd alltid ögonskydd när du kopplar ifrån luftkonditioneringssystemets delar.

Om ett luftkonditioneringssystem finns monterat, är det viktigt att följande särskilda säkerhetsprocedurer följs vid arbete på någon del av systemet, dess kringkomponenter eller över huvud taget enheter som kräver att systemet kopplas loss.

a) *Även om det kylmedium som används – R134a – är mindre skadligt för miljön än R12 som tidigare användes, är det fortfarande ett mycket farligt ämne. På grund av risken för köldskador får mediet inte komma i kontakt med huden eller ögonen. Det får heller inte tömmas ut i stängda utrymmen – även om det inte är giftigt finns risk för kvävning. Kylmediet är tyngre än luft och får därför aldrig tömmas ut över en grop.*

b) *Kylmediet får inte komma i kontakt med öppen eld eftersom en giftig gas då bildas. Under vissa omständigheter kan denna bilda en explosiv blandning med luft. Av samma orsak är det mycket farligt att röka i närheten av kylmedium, särskilt om ångan inhaleras genom en tänd cigarett.*

c) *Töm aldrig systemet ut i atmosfären. R134a är visserligen inte en ozonförstörande kolfluorklorid som R12, men är däremot en kolvätefluorid som skadar miljön genom att bidra till växthuseffekten om den släpps ut i atmosfären.*

d) *Kylmediet R134a får inte blandas med R12. Systemet har andra tätningar (nu gröna, tidigare svarta) och andra fixturer som kräver andra verktyg, så det finns ingen risk att de två typerna av kylmedium oavsiktligt förväxlas.*

e) *Om systemet måste tömmas ska detta överlåtas till din Fordverkstad eller en specialist på luftkonditionering.*

f) *Det är mycket viktigt att systemet töms på ett professionellt sätt innan någon form av värme (svetsning, lödning, hårdlödning etc.) används i närheten av systemet, innan bilen ugnstorkas i temperaturer högre än 70 °C efter omlackering, samt innan någon del av systemet kopplas loss.*

12 Luftkonditioneringssystemets komponenter – demontering och montering

Varning: Det är mycket högt tryck i luftkonditioneringssystemet. Lossa inga detaljer och ta inte bort några delar innan systemet har tömts ordentligt. Luftkonditioneringens kylmedium måste tappas ut korrekt i en godkänd behållare på återförsäljarens verkstad eller en specialverkstad där man kan ta hand om kylmediet R134a. Täck genast över eller plugga igen rörledningarna när de har kopplats loss, så att ingen fukt kommer in i systemet. Använd alltid ögonskydd när du kopplar ifrån luftkonditioneringssystemets delar.

Observera: *Det här avsnittet tar upp delarna i själva luftkonditioneringssystemet. Avsnitten 9 och 10 tar upp delar som är gemensamma för värme- och ventilationssystemet.*

Kondensor

Alla modeller utom 1,6 liter från 10/02

1 Låt en Fordverkstad eller luftkonditioneringsspecialist tömma ur kylmediet.

2 Lossa batteriets jordledning (minuspolen) (se kapitel 5A, avsnitt 1).

3 Dra åt handbromsen, lyft upp framvagnen och ställ den på pallbockar.

4 Lossa kylarens undre skyddskåpa och ta bort den.

5 Lossa kylmedieledningarna från kondensorn. Täck genast över öppna ledningar så att ingen smuts eller fukt kommer in i systemet.

6 Ta bort de två bultarna från vardera sidan av kylarens stödfäste (observera att även kondensorn är monterad på fästbyglarna framför kylaren). Ha en domkraft eller ett par pallbockar redo för att bära upp vikten.

7 Lossa kondensorns övre fästen, lossa den från kylaren och ta bort den underifrån. Förvara den upprätt så att ingen vätska rinner ut. Var noga med att inte skada kondensorns flänsar.

8 Montera i omvänd ordningsföljd mot demonteringen. Byt O-ringarna och smörj med kylmedium.

9 Låt samma specialist som tömde systemet vakuumsuga, fylla på och täthetstesta det.

1,6 liter från 10/02

10 Ta bort kylaren enligt beskrivningen i avsnitt 7. Kondensorn lossas från kylaren.

Förångare

11 Förångaren sitter inuti värmeenheten med värmepaketet. Förutom att kylmediet måste tappas av och att man måste använda Fords specialverktyg 34-001 och 34-003 för att koppla loss kylmedierören är arbetsgången densamma som i avsnitt 9 i detta kapitel.

12 Lossa värmeenheten från mellanväggen och ta bort förångaren. Montera i omvänd ordningsföljd mot demonteringen.

13 Låt samma specialist som tömde systemet vakuumsuga, fylla på och täthetstesta det.

Kompressorn

14 Låt en Fordverkstad eller luftkonditioneringsspecialist tömma ur kylmediet.

15 Lossa batteriets jordledning (minuspolen) (se kapitel 5A, avsnitt 1).

16 Dra åt handbromsen, lyft upp framvagnen och ställ den på pallbockar.

17 Ta bort den undre skyddskåpan och lossa drivremmen enligt beskrivningen i kapitel 1.

18 Lossa klämbulten och lossa kylmedieledningarna från kompressorn. Plugga igen ledningarnas anslutningar så att ingen smuts eller fukt kommer in i systemet.

19 Lossa kompressorn från motorblocket/vevhuset, lossa dess kontakt och ta bort kompressorn från bilen. **Observera:** *Håll kompressorn plant vid hantering och förvaring. Om kompressorn har skurit eller om du hittar metallpartiklar i kylmedierören måste systemet spolas ur av en AC-mekaniker och ackumulatorn/avfuktaren måste bytas.*

20 Vrid före monteringen kompressorns kopplingscentrum sex gånger, så att all olja som samlats i toppen sprids.

21 Montera kompressorn i omvänd ordning mot demonteringen. Byt alla skadade tätningar.

22 Om du monterar en ny kompressor, se kompressortillverkarens instruktioner för hur man tillsätter nytt kylmedium i systemet.

23 Låt samma specialist som tömde systemet fylla på, täthetstesta och vakuumsuga det.

Ackumulator/avfuktare

24 Låt en Fordverkstad eller luftkonditioneringsspecialist tömma ur kylmediet.

25 Lossa batteriets jordledning (minuspolen) (se kapitel 5A, avsnitt 1).

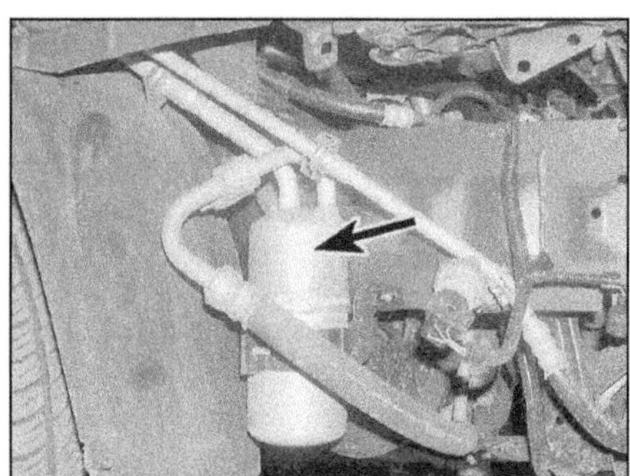

12.26 Ackumulatorn (vid pilen) sitter under höger framskärm

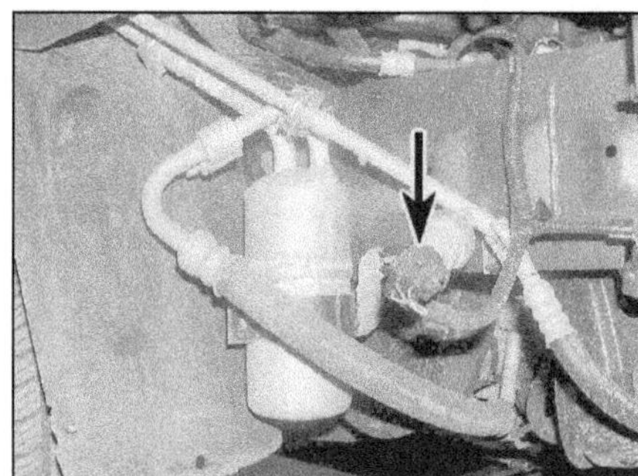

12.36 Pilen visar högtrycksvaktens placering

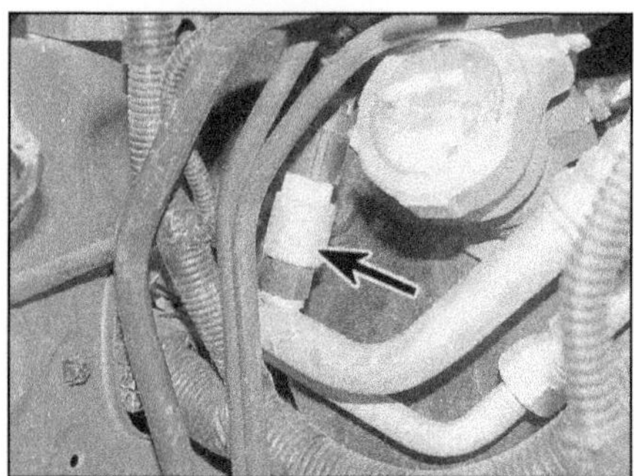

12.43 Lågtrycksbrytare (vid pilen) i luftkonditioneringsrör vid bromsservon

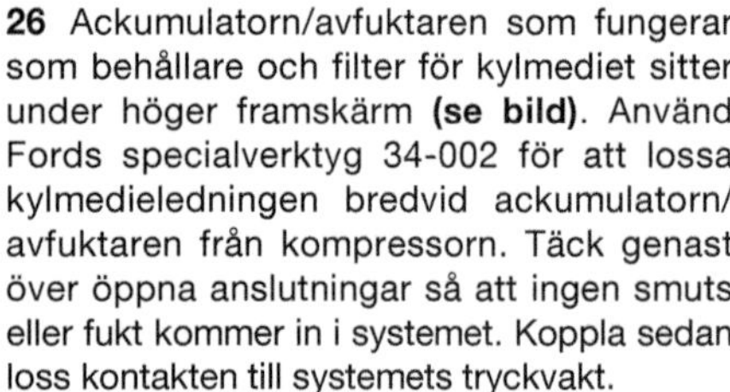

26 Ackumulatorn/avfuktaren som fungerar som behållare och filter för kylmediet sitter under höger framskärm **(se bild)**. Använd Fords specialverktyg 34-002 för att lossa kylmedieledningen bredvid ackumulatorn/ avfuktaren från kompressorn. Täck genast över öppna anslutningar så att ingen smuts eller fukt kommer in i systemet. Koppla sedan loss kontakten till systemets tryckvakt.

27 Dra åt handbromsen, lyft upp framvagnen och ställ den på pallbockar.

28 Ta bort höger framhjul. Lossa hjulhusets innerskärm och ta bort den från bilen.

29 Använd Fords specialverktyg 34-002 och lossa kylmedieledningen från ackumulatorn/ avfuktaren. Ta bort kylmedieledningens skruvlock. Täck genast över öppna ledningar så att ingen smuts eller fukt kommer in i systemet.

30 Lossa ackumulatorn/avfuktaren från framvagnsramen.

31 Ta bort ackumulatorn/avfuktaren.

32 Montera ackumulatorn/avfuktaren i omvänd ordning mot demonteringen. Byt alla skadade tätningar.

33 Om du monterar en ny ackumulator/ avfuktare, fyll på lika mycket ny olja som togs bort, plus 90 cl extra kylmedium.

34 Låt samma specialist som tömde systemet vakuumsuga, fylla på och täthetstesta det.

Tryckvakt

35 Låt en Fordverkstad eller luftkonditioneringsspecialist tömma ur kylmediet.

36 Lossa vaktens kontakt och sedan vakten **(se bild)**.

37 Monteringen sker i omvänd ordningsföljd mot demonteringen. Byt O-ringarna och smörj med kylmedium.

38 Låt samma specialist som tömde systemet vakuumsuga, fylla på och täthetstesta det. Kontrollera sedan att systemet fungerar.

Brytare för lågtryckscirkulation

39 Lossa kolfiltrets avluftningsventil (om tillämpligt) från torpedväggen och flytta den åt sidan.

40 Dra av lågtrycksbrytarens kontakt.

Varning: Se till att luftkonditioneringssystemet är påfyllt, annars förstörs det. Förbikoppla kontakterna till systemets lågtrycksbrytare.

41 Starta motorn och slå på luftkonditioneringen.

42 Låt motorn gå på tomgång i 30 sekunder och slå sedan av motorn.

43 Lossa lågtrycksbrytaren **(se bild)**.

44 Återmonteringen sker i omvänd ordningsföljd mot demonteringen.

45 Kontrollera att luftkonditioneringssystemet fungerar.

Kapitel 4 Del A:
Bränsle- och avgassystem

Innehåll

Svårighetsgrader

Enkelt, passar novisen med lite erfarenhet 

Ganska enkelt, passar nybörjaren med viss erfarenhet

Ganska svårt, passar kompetent hemmamekaniker 

Svårt, passar hemmamekaniker med erfarenhet 

Mycket svårt, för professionell mekaniker 

Specifikationer

Allmänt

Systemtyp	Sekvensstyrd, elektronisk bränsleinsprutning (Sequential Electronic Fuel injection - SEFi)
Erforderligt oktantal hos bränslet	95 oktan blyfritt
Tomgångsvarvtal	700 ± 30 varv/minut (regleras av motorstyrningssystemet EEC-V - ingen justering kan göras)
CO-halt vid tomgång	Mindre än 0,3 %

Bränslesystemdata

Observera: *Resistansvärdena nedan är typvärden, men går att använda som vägledning. Vanligen ger en trasig komponent värdet noll eller oändligt, snarare än en måttlig avvikelse från angivna värden. Kontrollera alltid dina mätresultat innan du köper en ny komponent (utför om möjligt samma test på en ny komponent och jämför resultaten).*

Bränsletrycksregulator

Reglerat bränsletryck:	
Tryckregulatorns slang lossad	2,7 ± 0,2 bar
Motorn i gång, tryckregulatorns slang ansluten	2,1 ± 0,2 bar
Hålltryck – motorn avstängd efter fem minuter	minst 1,8 bar

Bränslespridare

Resistans	13,7 till 15,2 ohm

Tomgångsventil

Resistans	6 till 14 ohm

Magnetventil för ökat tomgångsvarvtal

Resistans	50 till 120 ohm

Vevaxelns hastighets-/lägesgivare

Resistans	200 till 450 ohm

Kamaxelgivare

Resistans	200 till 900 ohm

Insugsluftens temperaturgivare

Resistans:	
Vid –40 °C	860 till 900 kohm
Vid –20 °C	35 till 40 kohm
Vid –100 °C	1,9 till 2,5 kohm
Vid –120 °C	1,0 till 1,3 kohm

Gasspjällspotentiometer

Resistans – se texten	400 till 6 000 ohm

Servostyrningens tryckbrytare

Arbetstryck – grön brytarkropp:	
Kontakterna öppnas – oändlig resistans	31,5 ± 3,5 bar
Kontakterna stängs – resistans 0 till 2,5 ohm	Mellan 13,5 och 24,0 bar

Åtdragningsmoment

	Nm
Kamaxelgivare:	
1,4 och 1,6 liters modeller	8
1,8 och 2,0 liters modeller	20
Katalysator (1,8 och 2,0 liters modeller):	
Främre stödfästesbultar	22
Nedre stödfästesbultar	47
Grenrörsbultar (byt)	47
Vevaxelns lägesgivare	7
Topplockets temperaturgivare	10
Avgasåterföringsventil (EGR) (1,8 och 2,0 liters modeller)	9
Muttrar/bultar till avgassystemets flänsar, klämmuttrar	47
Avgassystemets värmesköld – fästen	10
Avgasgrenrör	
1,4 och 1,6 liters modeller	53
1,8 och 2,0 liters modeller	15
Bränsletrycksregulatorns fästbultar:	
1,4 och 1,6 liters modeller	10
1,8 och 2,0 liters modeller	4
Bränsleinsprutningsbryggans bultar:	
1,4 och 1,6 liters modeller	15
1,8 och 2,0 liters modeller	10
Bultar till bränsletillförselrörets spännbricka	10
Tomgångsstyrningsventil	10
Insugsgrenrör	18
Knacksensor	20
Servostyrningens tryckbrytare	20

1 Allmän information och föreskrifter

Allmän information

Bränslesystemet består av en bränsletank (som sitter under karossen, under baksätet), bränsleslangar, en elektrisk bränslepump som sitter monterad i bränsletanken och ett sekvensstyrt, elektroniskt bränsleinsprutningssystem som regleras av en EEC-V-enhet för motorstyrning (även kallad ECU - Electronic Control Unit - eller elektronisk styrenhet).

Den elektriska bränslepumpen matar fram bränslet under tryck till bränsleinsprutningsbryggan, som fördelar det mellan bränslespridarna. En tryckregulator reglerar trycket i systemet i förhållande till undertrycket i insugskanalen. Från insprutningsbryggan sprutas bränslet in i insugsportarna alldeles ovanför insugsventilerna genom fyra spridare. Insprutningsbryggan av aluminiumlegering sitter på 1,4 och 1,6 liters modeller monterad på topplocket, medan den på 1,8 och 2,0 liters modeller sitter på insugsgrenröret.

Mängden bränsle som bränslespridarna sprutar in styrs noga av ECU:n. Modulen använder signalerna från vevaxelns lägesgivare och kamaxelgivaren för att utlösa varje bränslespridare för sig enligt cylindrarnas tändföljd (sekvensstyrd insprutning), vilket ger bättre bränsleekonomi och mindre avgasutsläpp.

ECU:n är hjärtat i hela motorstyrningssystemet och kontrollerar systemen för bränsleinsprutning, tändning och avgasrening. Modulen tar emot information från olika givare och bearbetar och jämför den med förinställda värden som finns lagrade i minnet för att bestämma den nödvändiga insprutningstiden.

Information om vevaxelns läge och motorvarvtalet alstras av vevaxelns lägesgivare. Givarens induktionshuvud sitter alldeles ovanför motorns svänghjul och läser av 36 utskott som löper i rad utmed svänghjulets omkrets. När svänghjulet roterar överför givaren en impuls till systemets tändningsmodul varje gång ett av utskotten passerar. Ett utskott saknas på svänghjulets omkrets på det ställe som motsvarar 90° före övre dödpunkt. Frånvaron av en impuls från vevaxelns lägesgivare vid denna punkt gör att tändningsmodulen kan fastställa en referensmarkering för vevaxelläget. På samma sätt används tidsintervallet mellan de frånvarande impulserna för att bestämma motorns varvtal. Denna information överförs till ECU för vidare bearbetning.

Kamaxelgivaren är så placerad i topplocket att den läser av en av kamaxelns nockar. Kamaxelgivaren fungerar på samma sätt som vevaxelns lägesgivare, genom att alstra en serie impulser; Det ger den elektroniska styrmodulen (ECU:n) en referenspunkt för att bestämma tändföljden och aktivera bränslespridarna i rätt ordningsföljd.

Massluftflödesgivaren bygger på ett "hot-wire"-system, där ECU:n tar emot en kontinuerligt varierande (analog) spänningssignal, vilken avspeglar luftmängden som sugs in i motorn. Eftersom luftmängden varierar med temperaturen (kall luft har högre täthet än varm), gör mätningen av luftmassan att modulen får ett mycket exakt verktyg för att bestämma vilken mängd bränsle som krävs för att uppnå den ideala luft/bränsleblandningen.

Den traditionella temperaturgivaren för kylvätska har ersatts av en topplockstemperaturgivare. Den nya givaren sitter i ett blindhål i topplocket och mäter temperaturen direkt i metallgodset. Denna komponent är en NTC-termistor (Negative Temperature Coefficient - negativ temperaturkoefficient), det vill säga, en halvledare vars elektriska resistans minskar med stigande temperatur. Den förser ECU:n med en kontinuerligt varierande (analog) spänningssignal som avspeglar motorns temperatur. Signalen används för att förfina modulens beräkningar av vilken bränslemängd som krävs för att få ett idealiskt blandningsförhållande mellan luft och bränsle.

Information om insugsluftens temperatur kommer från insugsluftens temperaturgivare som finns inbyggd i luftflödesgivaren. Denna komponent är också en NTC-termistor - se föregående punkt - som förser modulen med en signal som motsvarar temperaturen hos luften som sugs in i motorn. Signalen används för att förfina modulens beräkningar av vilken bränslemängd som krävs för att få ett idealiskt blandningsförhållande mellan luft och bränsle.

En lägesgivare för gasspjället sitter monterad i änden av gasspjällsspindeln för att ge ECU:n en kontinuerligt varierande (analog) spänningssignal som motsvarar hur öppet gasspjället är. Det gör att modulen kan ta med förarens tryck på gaspedalen i beräkningen av vilken mängd bränsle motorn behöver.

Bilens hastighet övervakas av hastighetsgivaren. Denna utgörs av en halleffektgenerator på växellådans hastighetsmätardrev. Den förser modulen med en serie impulser som avspeglar bilens hastighet, vilket möjliggör för modulen att kontrollera sådana funktioner som bränsleavstängning vid motorbromsning.

Kopplingspedalens läge övervakas av en brytare på pedalens fästbygel. Denna skickar en signal till ECU:n.

Är bilen försedd med servostyrning, sitter en tryckmanövrerad kontakt inskruvad i servostyrsystemets högtrycksrör. Kontakten skickar en signal till ECU:n om att öka motorns varvtal för att bibehålla tomgångsvarvtalet när servostyrningspumpen belastar motorn (exempelvis vid parkeringsmanövrer).

Avgassystemets lambdasond ger kontinuerlig återkoppling till ECU - styrning med "sluten slinga" - vilket gör att blandningen kan anpassas så att arbetsförhållandena blir optimala för katalysatorn.

Systemets luftintagssida består av ett luftrenarhus, massluftflödesgivaren, en insugsslang och kanal och ett gasspjällshus.

Gasspjället i gasspjällshuset kontrolleras av föraren via gaspedalen. När ventilen öppnas ökar den luftmängd som kan passera genom systemet. När gasspjället öppnas ytterligare förändras signalen från massluftflödesgivaren, varvid ECU:n öppnar varje insprutningsventil längre tid för att öka bränslemängden till insugsportarna.

Både tomgångsvarvtalet och blandningsförhållandet kontrolleras av ECU:n och kan inte justeras.

Föreskrifter

Varning: Många av momenten i detta kapitel kräver att bränsleslangar och anslutningar kopplas loss, vilket kan resultera i bränslespill. Läs föreskrifterna i "Säkerheten främst!" i början av denna handbok innan något arbete med bränslesystemet utförs, och följ dem till punkt och pricka. Bensin är en ytterst brandfarlig vätska och säkerhetsföreskrifterna för hantering kan inte nog betonas.

Observera: *Övertrycket kommer att vara kvar i bränsleledningarna långt efter det att bilen senast kördes. Innan någon bränsleledning kopplas loss måste bränslesystemet tryckutjämnas enligt beskrivningen i avsnitt 2.*

2 Bränslesystem - tryckutjämning

Observera: *Se varningen i avsnitt 1 innan du går vidare med arbetet.*

Varning: Följande procedur utjämnar bara trycket i bränslesystemet. Kom ihåg att det fortfarande finns bränsle kvar i systemets komponenter och vidta nödvändiga säkerhetsåtgärder innan någon del kopplas loss.

1 Det bränslesystem som avses i detta kapitel definieras som bränsletanken och den tankmonterade bränslepumps-/bränslemätargivarenheten, bränslefiltret, bränslespridaren, bränsletrycksregulatorn samt metallrören och de böjliga slangar som utgör bränsleledningarna mellan dessa komponenter. Alla komponenter innehåller bränsle som är under tryck när motorn är igång och/eller när tändningen är påslagen.

2 Trycket ligger kvar en tid efter det att tändningen slagits av. Systemet måste tryckutjämnas innan något arbete utförs på någon av dessa komponenter.

3 Den enklaste metoden för tryckutjämning är att koppla från bränslepumpens eltillförsel genom att avlägsna bränslepumpens säkring (nr 12 i motorrummets säkringsdosa) och

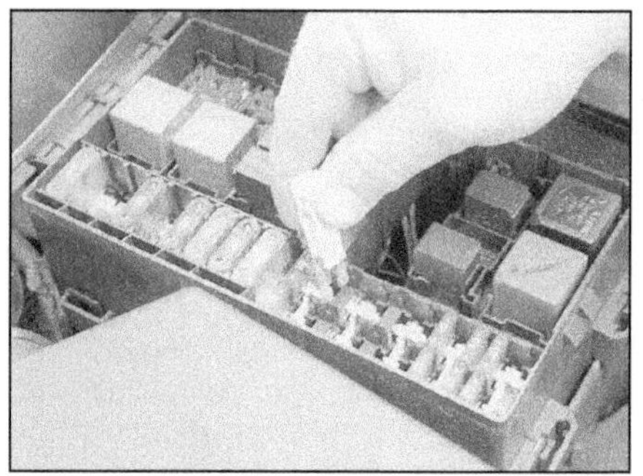
2.3 Ta loss säkring nr 12

2.4 Schraderventilens hatt (vid pilen) på bränsleinsprutningsbryggan

starta motorn **(se bild)**. Om motorn inte startar låter du den dras runt av startmotorn under några sekunder. I annat fall låter du motorn gå på tomgång tills den självdör på grund av bränslebrist. Dra runt motorn ett eller ett par varv med startmotorn för att säkerställa att trycket är helt utjämnat och slå sedan av tändningen; glöm inte att sätta tillbaka säkringen efter slutfört arbete.

4 Har du tillgång till en adapter som passar till schraderventilen på bränsleinsprutningsbryggans tryckprovnings/-utjämningsarmatur (som sitter på insprutningsbryggan och känns igen på sin blå plasthuv), kan den användas för att utjämna bränsletrycket **(se bild)**. Fords adapter (verktyg nummer 23-033) fungerar på samma sätt som en dräneringsventil - när kranen vrids medurs utjämnas trycket. Finns ingen adapter till hands kan du i stället linda en trasa kring ventilen och därefter lossa huven och låta bränsletrycket utjämnas. Montera sedan locket igen.

5 Observera att när bränslesystemet har tryckutjämnats och tömts (även om så bara delvis) kommer det att ta betydligt längre tid att starta om motorn - kanske behöver den dras igång under flera sekunder - innan systemet åter har fyllts på och trycket har återställts.

3 Blyfri bensin - allmän information och användning

Alla modeller är konstruerade för bränsle med minst 95 oktan. Alla modeller har katalysator och får därför endast köras på blyfritt bränsle. Använd aldrig bränsle med blytillsats eller blyersättning, eftersom det skadar katalysatorn.

Blyfri premiumbensin (98 oktan) kan också användas till alla modeller om så önskas, men det ger inga fördelar.

4 Bränsleledningar och kopplingar - allmän information

Observera: *Se varningen i avsnitt 1 innan du går vidare med arbetet.*

Isärtagning av kopplingar

1 Särskilda snäpplåskopplingar används till många av anslutningarna hos bränslets matnings- och returledningar.

2 Innan någon del av bränslesystemet demonteras måste du avlasta resttrycket i systemet (se avsnitt 2) och utjämna tanktrycket genom att ta bort bränslepåfyllningslocket.

Varning: Detta moment utjämnar endast övertrycket som krävs för att motorn ska kunna gå - kom ihåg att bränsle fortfarande finns kvar i systemets komponenter och vidtag nödvändiga säkerhetsåtgärder innan någon del demonteras.

3 Lossa anslutningen genom att bända ut den färgade insatsen med en liten skruvmejsel och försiktigt dra isär kopplingen **(se bilder)**. Torka upp eventuellt utspillt bränsle med en trasa. Där anslutningarna är färgkodade går det inte att förväxla rören. Om båda anslutningarna har samma färg, måste du göra en anteckning om vilket rör som går vart, och vara noga med att ansluta dem rätt vid återmonteringen.

4 För att återansluta en sådan här koppling trycker du in röret så långt det går och trycker sedan in insatsen tills den snäpper fast. Vrid på och av tändningen fem gånger för att trycksätta systemet och kontrollera därefter om det finns några tecken på läckage runt den återmonterade kopplingen innan du försöker starta motorn.

Kontroll

5 Kontrollprocedurer för bränsleledningarna finns beskrivna i kapitel 1, avsnitt 7.

Byte av komponenter

6 Vid byte av skadade partier ska du alltid använda originalslangar eller rör, tillverkade av exakt samma material som det ersatta partiet. Montera aldrig ersättningar av sämre eller olämpligt material; det kan orsaka läckor eller brand.

7 Anteckna hur alla slangar och rör är dragna och de olika klämmornas riktning innan du avlägsnar eller kopplar loss någon del av bränslesystemet. Nya partier måste monteras på exakt samma sätt.

8 Innan någon del av bränslesystemet kopplas loss måste du vara noga med att avlasta trycket i bränslesystemet (se avsnitt 2) och utjämna tanktrycket genom att ta bort bränslepåfyllningslocket. Koppla även loss batteriets negativa anslutning (jordanslutningen) - se kapitel 5A, avsnitt 1. Täck över den koppling som lossats med en trasa för att suga upp allt eventuellt bränsle som läcker ut.

5 Luftrenarens och luftintagets komponenter - demontering och montering

Luftrenare

1 Lossa klämman och koppla bort luftintagsröret från massluftflödesgivaren på luftrenaren **(se bild)**.

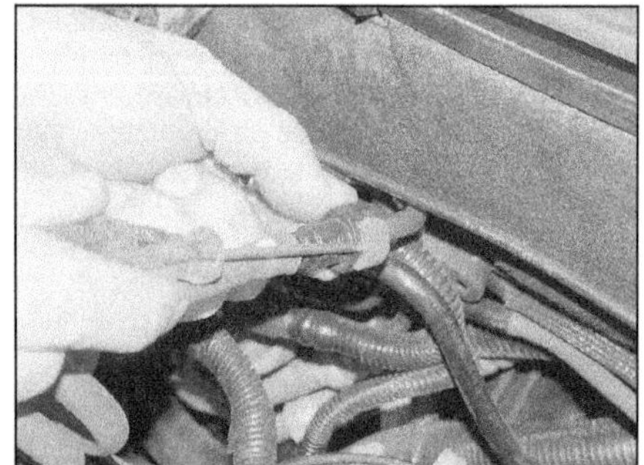
4.3a Bänd ut den färgade insatsen med en liten skruvmejsel . . .

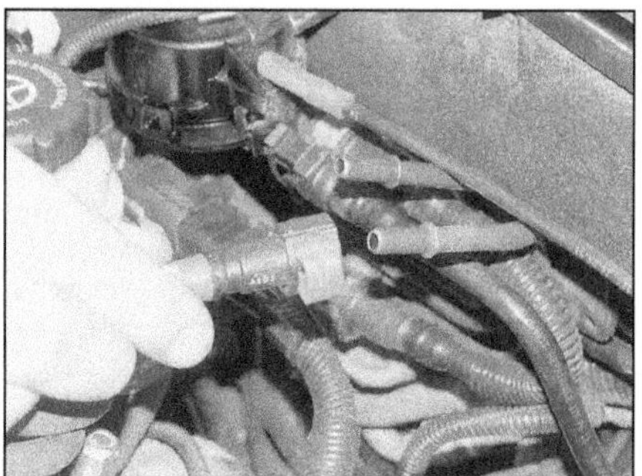
4.3b . . . sära sedan kopplingen

5.1 Lossa klämman på luftinsugsröret

5.2 Koppla loss kablarna från luftflödesgivaren

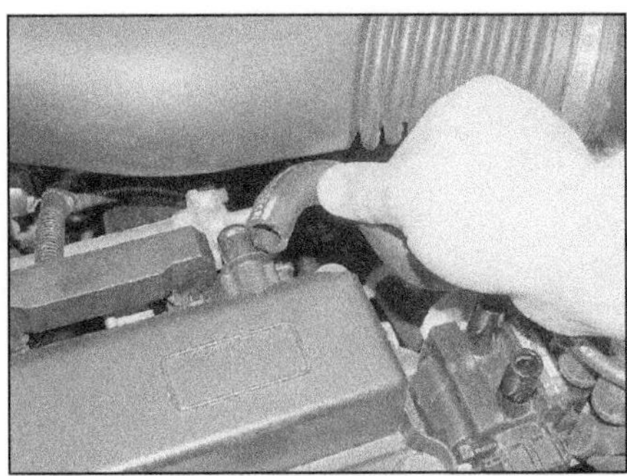
5.3 Koppla loss ventilationsslangen från ventilkåpan

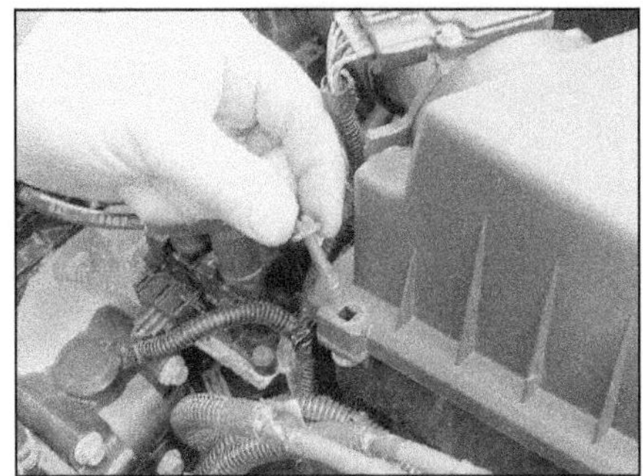
5.4 Skruva loss luftrenarkåpans skruvar

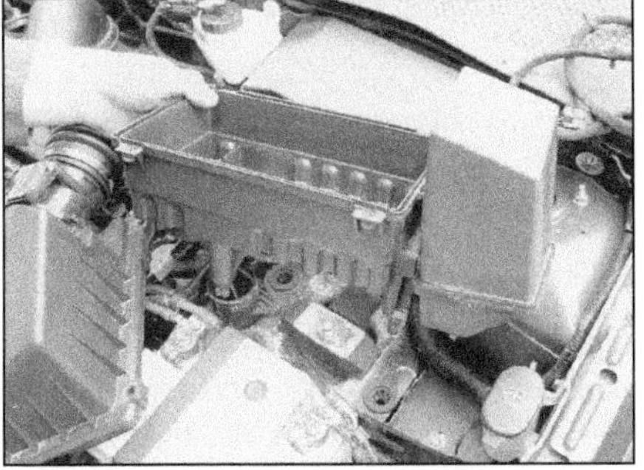
5.6 Demontera luftrenarens underdel

5.9 Demontera luftinsugsröret - 1,8 liters modell

2 Koppla loss kablarna från luftflödesgivaren **(se bild)**.
3 Koppla loss ventilationsslangen som leder till ventilkåpan **(se bild)**.
4 Skruva loss de fyra skruvar som fäster kåpan vid luftrenarhuset **(se bild)**.
5 Lyft av locket och ta bort filtret.
6 Lyft upp underdelen av luftrenarhuset för att lossa den från gummigenomföringarna **(se bild)**.
7 Kontrollera om gummigenomföringarna åldrats och byt dem om så behövs.
8 Monteringen sker i omvänd ordningsföljd mot demonteringen. Kontrollera att underdelens tappar är helt inskjutna i sina gummigenomföringar och att massluftflödesgivaren sitter rätt.

Luftintagets delar

9 Demontera luftintagsröret mellan massluftflödesgivare och gasspjällshuset, lossa fästklämmorna som sitter i vardera änden och lirka försiktigt loss röret **(se bild)**.
10 För att kunna demontera luftintagsröret från luftrenarens underdel tar du först bort luftrenaren enligt beskrivningen i punkt 1 till 6.
11 Lirka upp de två klämmor som fäster röret vid motorrummets främre panel och sära sedan på rörets två halvor vid hylsan intill batteriet. Den bakre halvan av röret sitter fast med klämmor vid motorns vänstra fästbygel. Röret går också, med lite lirkande, att demontera i ett stycke **(se bilder)**.
12 Monteringen sker i omvänd ordningsföljd mot demonteringen.

6 Gasvajer - demontering, montering och justering

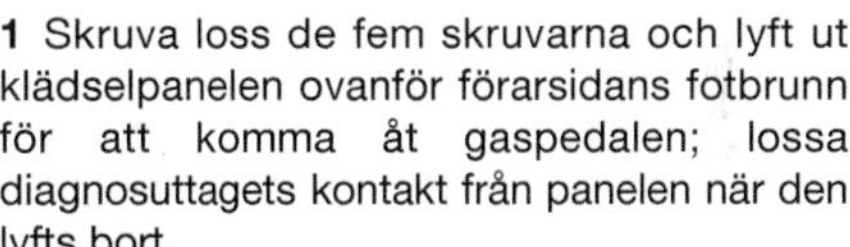

Demontering

1 Skruva loss de fem skruvarna och lyft ut klädselpanelen ovanför förarsidans fotbrunn för att komma åt gaspedalen; lossa diagnosuttagets kontakt från panelen när den lyfts bort.
2 Koppla loss innervajern från överdelen av pedalen genom att dra ut änden av vajern och haka loss innervajern genom spåret i pedalens överdel **(se bild)**.

Fäst ett snöre i vajeränden innan vajern dras ut genom torpedväggen. Om snöret knyts loss när vajern väl dragits igenom och demonterats fullständigt kan det användas till att dra vajern samma väg tillbaka, så att vajerdragningen bibehålls.

3 Lirka ut gummigenomföringen från torpedväggen och dra ut vajern och ändbeslaget inifrån motorrummet.
4 Lossa innervajern från kvadrantskivan på gasspjällshuset genom att dra ut fästklämman

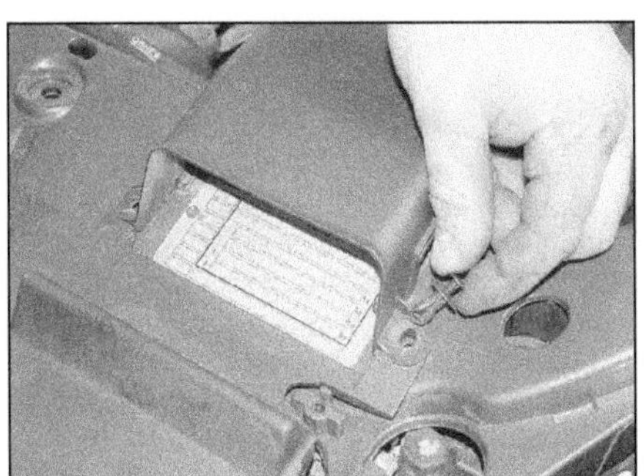
5.11a Bänd ut de två plastklämmorna på framsidan . . .

5.11b . . . och lossa sedan klämmorna på baksidan och ta bort hela det främre luftinsugsröret

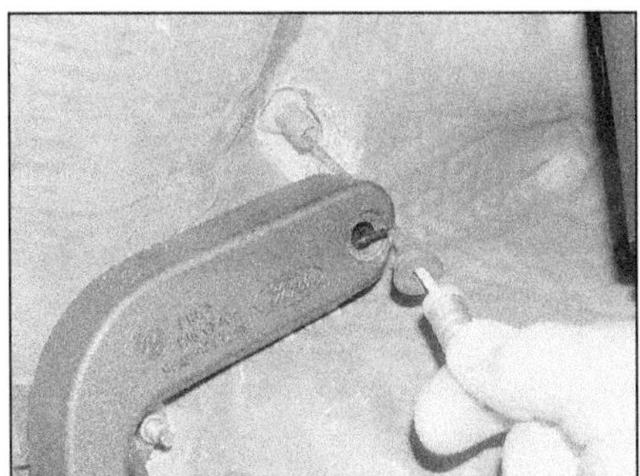
6.2 Haka loss gasvajern från pedalen

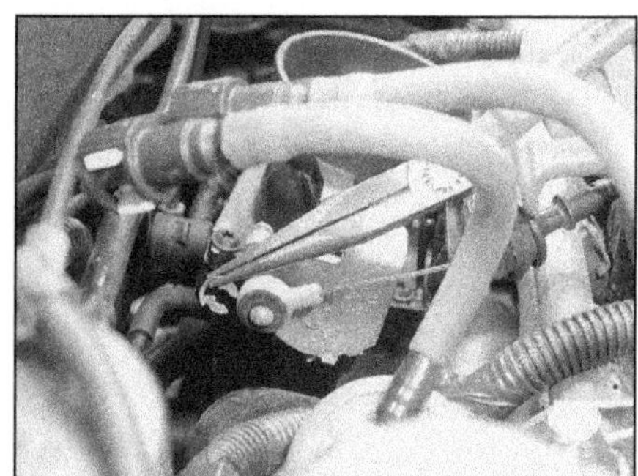

6.4a Dra ut fästklämman . . .

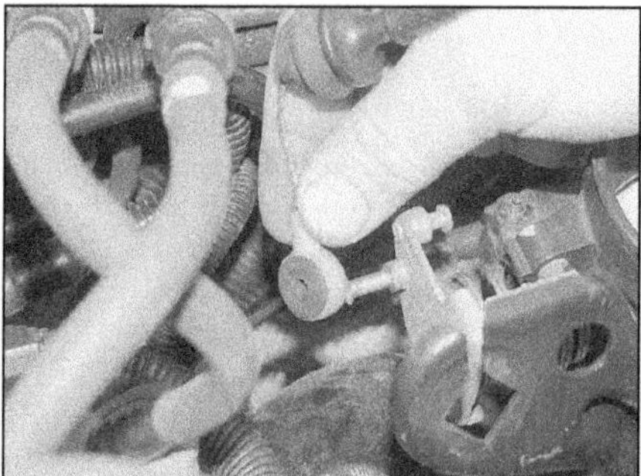

6.4b . . . och lirka sedan av gasvajerns ändbeslag

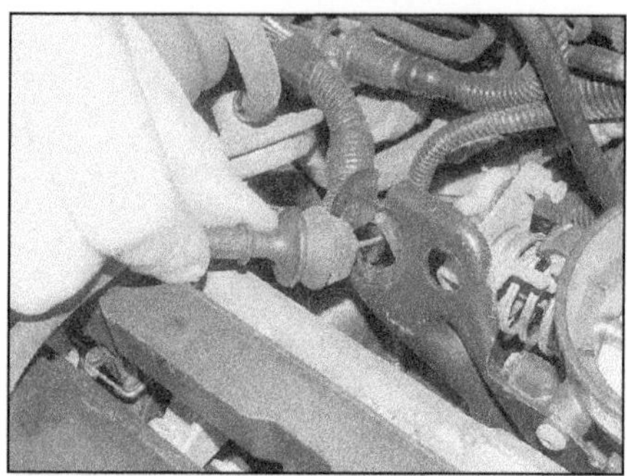

6.5 Vajern tas loss från stödfästet – 1,8 och 2,0 liters modeller

och sedan lirka loss ändbeslaget i sidled **(se bilder)**.

5 Lossa vajern från stöden i motorrummet och ta bort den från motorn när du har antecknat dragningen **(se bild)**.

Montering

6 Monteringen sker i omvänd ordningsföljd mot demonteringen. Montera först gummigenomföringen i torpedväggen och pressa därefter vajerns ändbeslag igenom den. Kontrollera vajerns funktion på nedanstående sätt, när den har återanslutits i bägge ändar.

Justering

7 Vajern är självjusterande. Kontrollera att gasspjällets kvadrantskiva rör sig mjukt och lätt från helt stängt till helt öppet läge och tillbaka igen när en medhjälpare trampar ner och släpper upp gaspedalen.

7 Gaspedal – demontering och montering

Demontering

1 Skruva loss de fem skruvarna och lyft ut klädselpanelen ovanför förarsidans fotbrunn för att komma åt gaspedalen; lossa diagnosuttagets kontakt från panelen när den lyfts bort.

2 Lossa gasvajern från pedalen (se avsnitt 6) och skruva sedan loss de tre muttrarna och demontera gaspedalen **(se bild)**.

7.2 Gaspedal, bilden visar vajerns infästning och fästmuttrar

Montering

3 Montera i omvänd ordningsföljd mot demonteringen. Avsluta med att kontrollera funktionen hos pedalen och vajern för att se till att gasspjället rör sig helt obehindrat och återgår till utgångsläget när pedalen släpps.

8 Bränslepump/bränsletryck – kontroll

Observera: *Se varningen i avsnitt 1 innan du går vidare med arbetet.*

Bränslepump – funktionskontroll

1 Slå på tändningen och lyssna efter bränslepumpen (ljudet av en elmotor som går, kan höras underifrån baksätet). Förutsatt att det finns tillräckligt med bränsle i tanken bör pumpen varje gång tändningen slås på starta för att gå under 1–2 sekunder och därefter stanna. **Observera:** *Om pumpen går kontinuerligt hela tiden medan tändningen är påslagen, körs det elektroniska styrsystemet i backupläget (eller "Limp home"), som Ford kallar "Limited Operation Strategy – körning med begränsad funktion" (LOS). Det tyder nästan säkert på ett fel i själva EEC-V-modulen, och bilen bör därför tas till diagnostisk provning (se avsnitt 14) – undvik att spilla tid eller riskera att skada komponenterna genom att försöka testa systemet utan rätt utrustning.*

2 Lyssna efter missljud från bränsletrycksregulatorn vid bränslereturen. Det bör gå att känna hur bränslet pulserar i regulatorn och i matningsslangen från bränslefiltret.

3 Skulle pumpen inte gå alls bör du kontrollera säkringen, reläet och kablarna (se kapitel 12). Kontrollera också att bränsleavstängningens brytare (som sitter på den nedre klädselpanelen på höger sida av förarplatsens fotbrunn) inte är aktiverad; skulle så vara fallet återställs den på följande sätt:

a) *Slå av tändningen.*

b) *Har brytaren utlösts, står brytartungan i uppåtläge. Tryck på brytaren för att återställa den.*

c) *Vrid startnyckeln till läge II (så att instrumentpanelens varningslampor tänds) och vrid därefter tillbaka den till läge I. Motorn kan sedan startas som vanligt.*

Observera: *Brytaren får inte återställas direkt efter en olycka om det finns risk för bränslespill.*

Bränsletryck – kontroll

4 Till den här kontrollen behövs en bränsletrycksmätare, som bör anslutas till bränsleledningen mellan bränslefiltret och insprutningsbryggan enligt mätartillverkarens instruktioner. Tryckmätaren behöver vara försedd med en adapter för att passa schraderventilen på bränsleinsprutningsbryggans tryckprovnings/-utjämningsarmatur (som känns igen på sin blå plasthuv och sitter längst ut på insprutningsbryggan – se bild 2.4). Har du tillgång till Fords specialverktyg 29-033, kan det anslutas till ventilen och en vanlig tryckmätare anslutas till verktyget.

5 Använder du serviceverktyget måste du se till att kranen är vriden moturs helt och hållet innan du ansluter den till ventilen. Anslut tryckmätaren till serviceverktyget. Om du använder en bränsletrycksmätare med egen adapter ska den anslutas enligt tillverkarens instruktioner.

6 Starta motorn och låt den gå på tomgång. Anteckna mätarvärdet så snart trycket stabiliserats och jämför med det angivna bränsletrycksvärdet under Specifikationer.

a) *Är trycket för högt, kontrollera om någon bränslereturledning är blockerad. Om flödet är fritt i ledningen, byt bränsletrycksregulatorn.*

b) *Är trycket för lågt, kläm samman bränslereturledningen. Om trycket då stiger, byt bränsletrycksregulatorn. Skulle trycket inte stiga, kontrollera bränslematningsledningen, bränslepumpen och bränslefiltret.*

7 Koppla loss vakuumslangen från bränsletrycksregulatorn; trycket som visas på mätaren bör öka. Anteckna tryckökningen och jämför den med det angivna värdet under Specifikationer. Om tryckökningen avviker från det angivna värdet, bör du kontrollera vakuumslangen och tryckregulatorn.

8 Återanslut regulatorns vakuumslang och stäng av motorn. Bekräfta att hålltrycket är

kvar på den angivna nivån fem minuter efter det att motorn har stängts av.

9 Koppla försiktigt loss bränsletrycksmätaren när du har tryckutjämnat systemet enligt beskrivningen i avsnitt 2. Var noga med att täcka beslaget med en trasa innan du lossar det. Torka upp all eventuellt utspilld bensin.

10 Kör motorn och kontrollera att inget bränsleläckage förekommer.

9 Bränsletank - demontering, kontroll och montering

Observera: *Se varningen i avsnitt 1 innan du går vidare med arbetet.*

Demontering

1 Kör slut på så mycket av bränslet som möjligt innan tanken demonteras.

2 Avlasta resttrycket i bränslesystemet (se avsnitt 2) och utjämna tanktrycket genom att ta bort bränslepåfyllningslocket.

3 Lossa batteriets jordledning (minuspolen) (se kapitel 5A, avsnitt 1).

4 Töm om möjligt ut det återstående bränslet ut tanken med hjälp av en pump eller hävert (det finns ingen dräneringsplugg). Bränslet måste samlas upp i ett lämpligt förvaringskärl.

5 Klossa framhjulen och lossa bakhjulsmuttrarna. Lyft sedan upp bakvagnen och ställ den på pallbockar (se *Lyftning och stödpunkter*). Demontera bakhjulen.

6 Skruva loss muttrarna på avgassystemets fläns bakom den böjliga delen av röret framtill och dela sedan fogen. Ha en pallbock eller något liknande stöd till hands att vila avgassystemets främre del på.

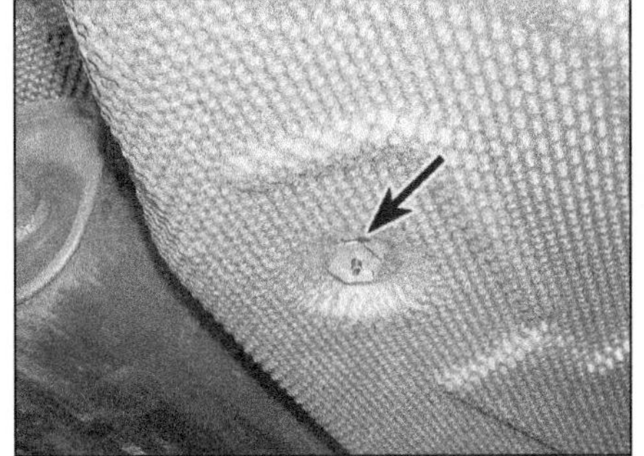

9.7 Avgassystemets värmesköld och fäste med "plattmutter" (vid pilen)

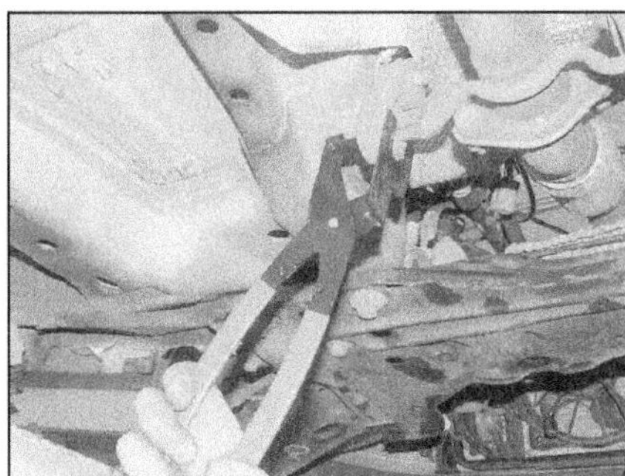

9.8a Här används ett specialverktyg från Draper Tools för att demontera avgassystemets främre gummifästen

7 Skruva loss hållarna som fäster avgassystemets värmesköld baktill **(se bild)**; observera hur värmeskölden sitter och ta loss den.

8 Haka loss avgassystemets gummifästen framtill och baktill **(se bilder)** och låt avgassystemets bakre del vila på bakfjädringens tvärbalk och dess främre del på en pallbock eller liknande. Avgassystemet behöver inte tas bort från bilens undersida (även om det ökar arbetsutrymmet avsevärt) - maka det åt sidan under bilen så att bränsletanken blir frilagd.

9 Lossa klämmorna och demontera påfyllningsröret och ventilationsslangen från bränsletanken **(se bild)**. Anteckna exakt hur klämmorna ska sitta, som stöd för återmonteringen. Använd inga vassa verktyg till att bända loss rören från tankens anslutningsdetaljer, eftersom det kan skada rören och orsaka läckage.

10 Lossa ångröret nedtill på kolkanistern vid tankens bakkant och lossa beslaget från röret på sidan **(se bilder)**. Lägg noga märke till rörens respektive läge inför återmonteringen.

11 Tryck ner metallklämman som används för att hålla kolkanistern på plats och lyft sedan kanistern uppåt så att den släpper från klämman. Lyft bort den från bilens undersida **(se bild)**.

12 Placera en behållare under bränslefiltret **(se bild)** och koppla sedan loss bränsletillförselslangen från filtrets ingångssida genom att bända ut insatsen så att anslutningen lossnar. Var beredd på visst bränslespill.

13 Koppla loss bränslereturledningen från anslutningen bredvid bränslefiltret. Observera att returröret utmärks med ett rött färgband.

9.8b Avgassystemets bakre gummifäste (vid pilen)

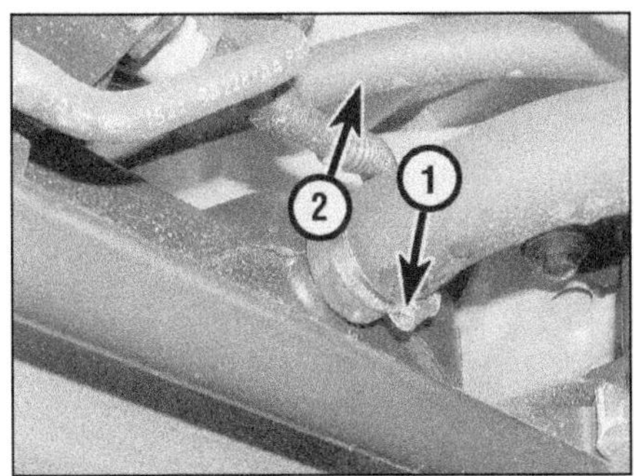

9.9 Klämma (1) och ventilationsslang (2) till bränsletankens påfyllningsrör

9.10a Kolkanister (vid pilen) vid tankens bakre ände

9.10b Koppla loss kolkanisterns rör (vid pilarna)

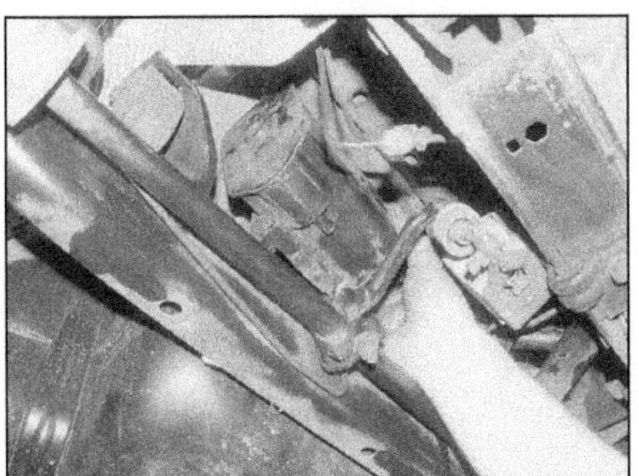

9.11 Ta bort kolkanistern från dess plats bakom bränsletanken

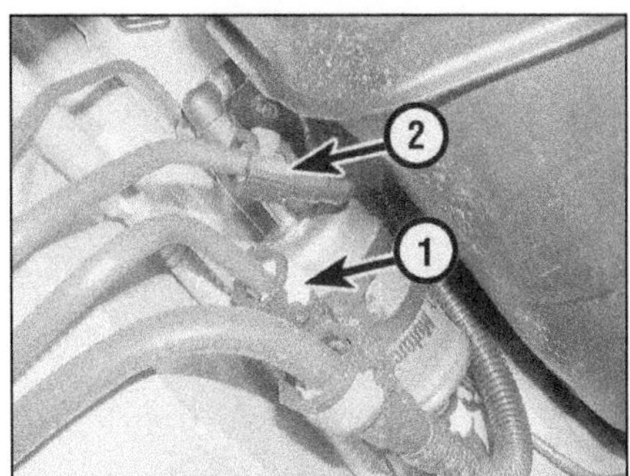

9.12 Bränsletillförsel- (1) och bränslereturanslutning (2)

9.15a Bult till tankens stödskenor vid tankens främre ände

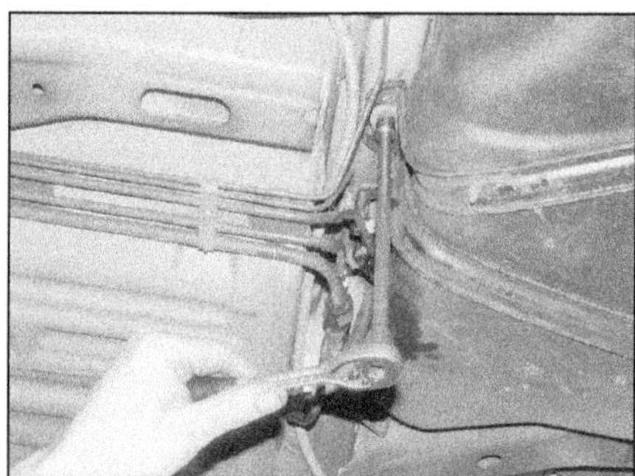

9.15b Skruva loss bulten till tankens stödskenor

9.16a Sänk ner bränsletanken . . .

14 Stöd bränsletanken med en domkraft med en träkloss emellan.

15 Skruva loss bulten till tankens stödskenor **(se bilder)**, anteckna hur stödskenorna sitter och haka loss dem.

16 Se till att kablar och bränsleledningar inte belastas och sänk ner bränsletanken en bit. Lossa bränslerören från anslutningarna på tanken om det behövs. När tanken sänkts ner tillräckligt, kopplar du loss anslutningskontakten till bränslepumpens/-mätarens givare från tankens ovansida **(se bilder)**.

17 Sänk ner bränsletanken och lyft bort den från bilens undersida. Koppla om det behövs bort matningsslangen från bränslepumpen. Även filtret kan behöva demonteras.

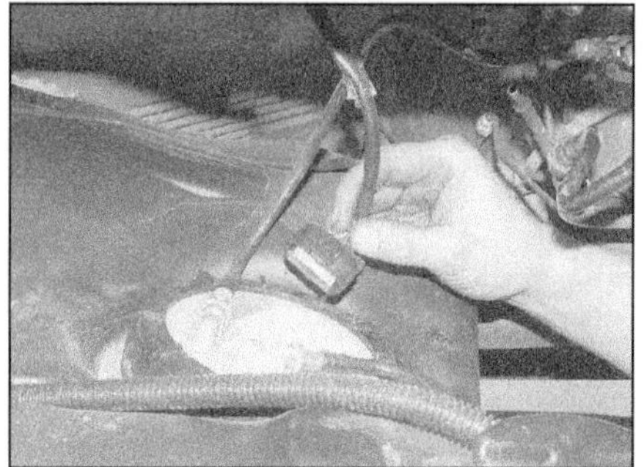

9.16b . . . och koppla sedan loss resten av rören och kablarna

Kontroll

18 När den är demonterad kan bränsletanken undersökas med avseende på skador och åldrande. När bränslepumpen/bränslemätargivaren demonterats (se avsnitt 10) kan delar av dess inre kontrolleras. Skölj ur tanken med rent bränsle om den är förorenad av vatten eller avlagringar. Försök aldrig reparera en läckande eller skadad bränsletank; överlåt det till en professionell reparatör med erfarenhet av den sortens kritiska och potentiellt riskfyllda arbeten.

19 Så länge tanken är demonterad från fordonet bör den vara placerad på en säker plats där bränsleångorna från tanken inte riskerar att antändas av gnistor eller öppen eld. Var särskilt försiktig inne i garage med gasdriven utrustning, eftersom tändlågan där kan orsaka en explosion.

20 Kontrollera påfyllningsrörets skick och byt vid behov ut det.

Montering

21 Ska en ny tank monteras flyttas vältskyddsventilerna, ventilationsslangen och påfyllningsröret över till denna.

22 Monteringen sker i omvänd ordningsföljd mot demonteringen. Se till att alla anslutningar fästs ordentligt. Montera snabbkopplingarna genom att pressa samman dem och säkra dem med den färgade insatsen. Fanns det tecken på föroreningar i tanken ska du inte hälla tillbaka det avtappade bränslet utan att först filtrera det noga.

10 Bränslepump/bränslemätargivare - demontering och montering

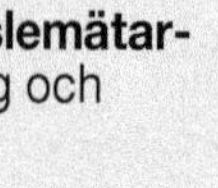

Observera: *Se varningen i avsnitt 1 innan du går vidare med arbetet. Fords mekaniker använder en särskild nyckel för att skruva loss pumpens/givarenhetens hållarring, men vanliga verktyg fungerar också (se texten).*

Demontering

1 En kombinerad bränslepump och bränslemätargivare sitter högst uppe inuti tanken. För att den kombinerade enheten ska kunna demonteras, måste tanken först kopplas loss och sänkas ner under bilen. Demontera tanken enligt beskrivningen i avsnitt 9 och fortsätt sedan på följande sätt.

2 Koppla loss bränsletillförsel- och bränslereturröret (om de fortfarande är anslutna) från respektive anslutningsrör på den demonterade tanken genom att lossa låsflikarna med en liten skruvmejsel. Observera att bränsletillförselrörets anslutningsdel är utmärkt med ett vitt band och returrörets anslutningsdel med ett rött band. Ta vara på de båda O-ringarna från vardera röret när de kopplas loss **(se bilder)**.

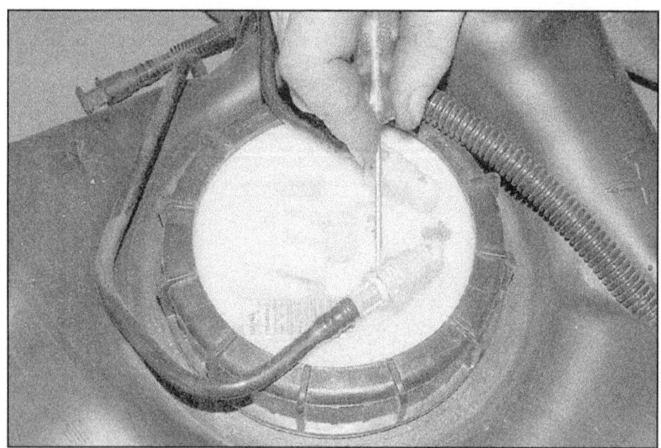

10.2a Tryck ner rörkopplingens låsflikar med en skruvmejsel . . .

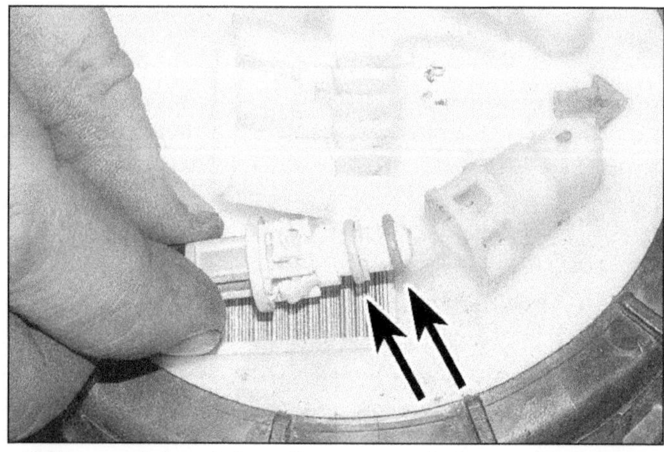

10.2b . . . och koppla loss röret – notera O-ringarna (vid pilarna)

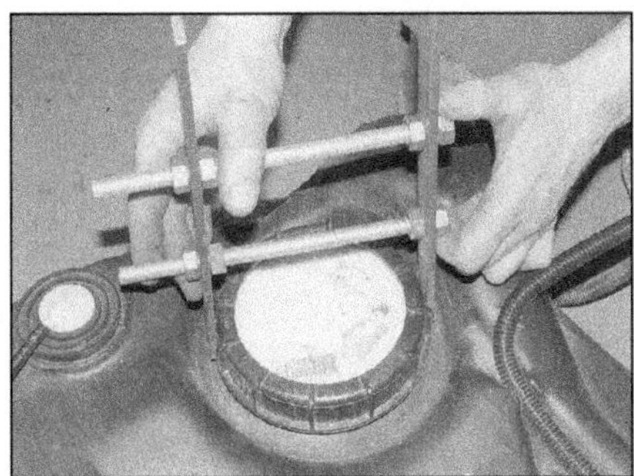
10.3a Ett hemgjort verktyg används till att skruva loss . . .

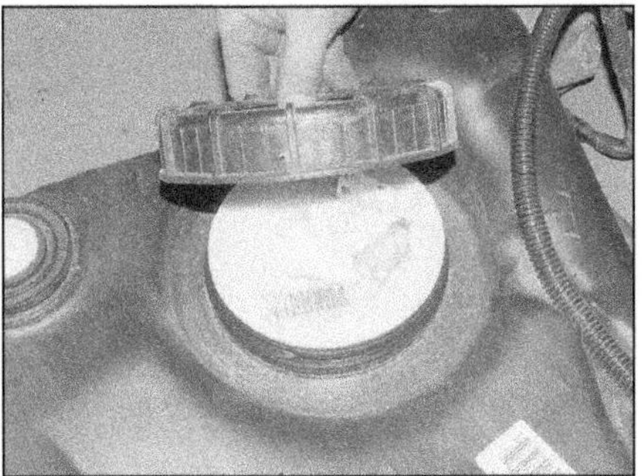
10.3b . . . och ta bort hållarringen

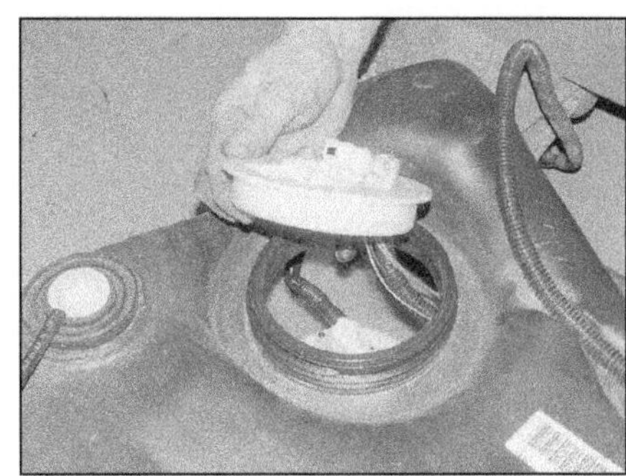
10.4 Lyft av täcklocket så långt som kablarna tillåter

3 Skruva loss den särskilda hållarringen. Ford föreskriver serviceverktyget 310-069 (en stor hylsnyckel med tänder som griper in i hållarringens spår) till denna uppgift. En stor polygrip eller en bandnyckel för oljefilter kan fungera, men här använde vi ett verktyg tillverkat av två långa skruvar och ett par metallremsor **(se bilder)**.

4 När hållarringen skruvats loss kan pumpens/givarens täcklock avlägsnas. Mata ut kablaget genom öppningen, men observera att täcklocket inte kan tas bort helt förrän pump-/givarenheten också demonterats från tanken **(se bild)**.

5 Vrid pump-/givarenheten moturs inne i tanken (det går ganska trögt) och lyft sedan ut enheten försiktigt, så att inte givarens flottör eller flottörarm skadas **(se bilder)**.

6 Ta bort gummitätningen som sitter runt pumpen, om så inte redan gjorts. Tätningen måste alltid bytas när pumpen/givaren demonteras från tanken.

7 Vid behov kan du skilja givarenheten från pumpen genom att klämma samman låsflikarna nedanför dess fäste på sidan **(se bilder)**. I skrivande stund är det inte klart om givaren kan köpas separat.

Montering

8 Monteringen sker i omvänd ordningsföljd mot demonteringen. Tänk på följande:

a) Se till att pumpen/givaren sitter rakt och bottnar i sitt läge i tanken innan du vrider fast den medurs. Kontrollera att enheten sitter väl på plats innan du går vidare.

*b) Vrid pumpens/givarens täcklock så att pilarna på tanken och enheten pekar mot varandra **(se bild)**.*

c) Montera en ny gummitätning och dra åt hållarringen ordentligt.

d) Montera tillbaka bränsletanken enligt beskrivningen i avsnitt 9.

11 Bränsletankens roll-over ventiler – demontering och montering

Observera: *Se varningen i avsnitt 1 innan du går vidare med arbetet.*

Demontering

1 Roll-over ventilerna sitter i gummigenomföringar på tankens ovansida, med slangar som leder bakåt till kolkanistern. Deras funktion är att förhindra att bränsle rinner ut om bilen välter vid en olycka.

2 Ta bort bensintanken enligt beskrivningen i avsnitt 9.

3 Lossa ventilationsslangen från klämman på tankens ovansida.

4 Bänd försiktigt ut roll-over ventilen från gummigenomföringen och ta bort den tillsammans med slangen.

5 Kontrollera gummigenomföringens skick och byt vid behov ut den.

Montering

6 Montering sker i omvänd ordningsföljd mot demonteringen, men stryk på ett tunt lager ren motorolja på gummigenomföringen för att underlätta monteringen.

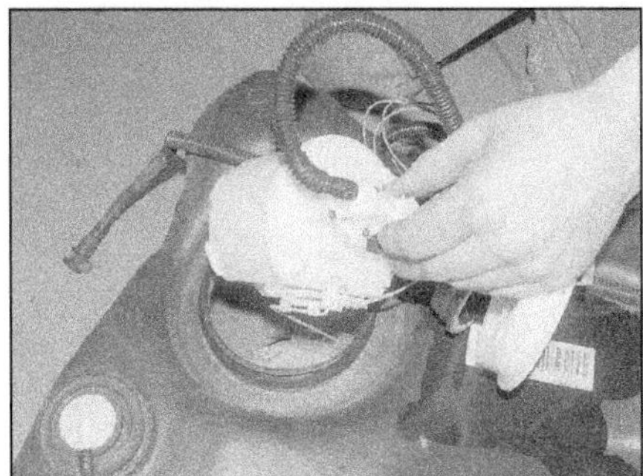
10.5a Vrid pump-/givarenheten så att fästflikarna längst ner släpper . . .

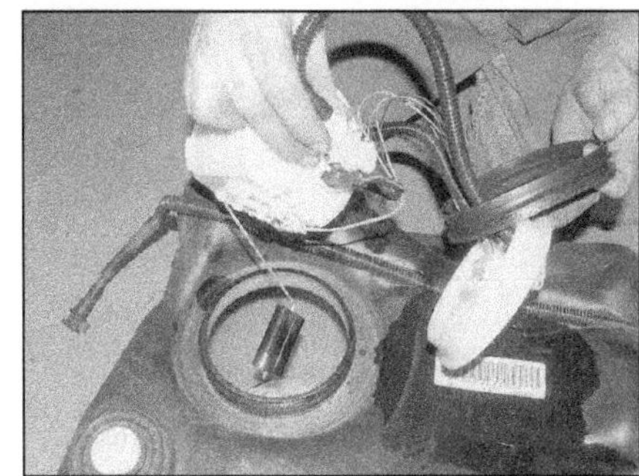
10.5b . . . och lyft sedan bort locket, pumpen och gummitätningen utan att skada flottörarmen

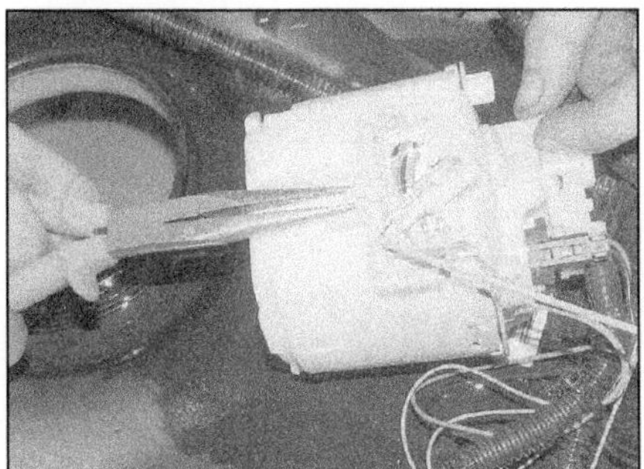
10.7a Kläm ihop låsflikarna på sidan . . .

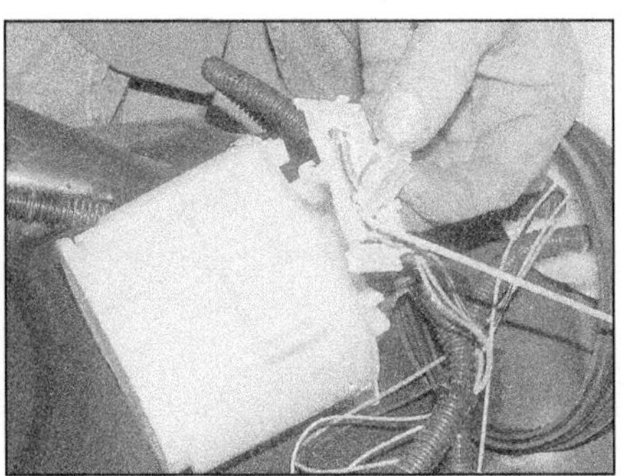
10.7b . . . och ta bort givarenheten

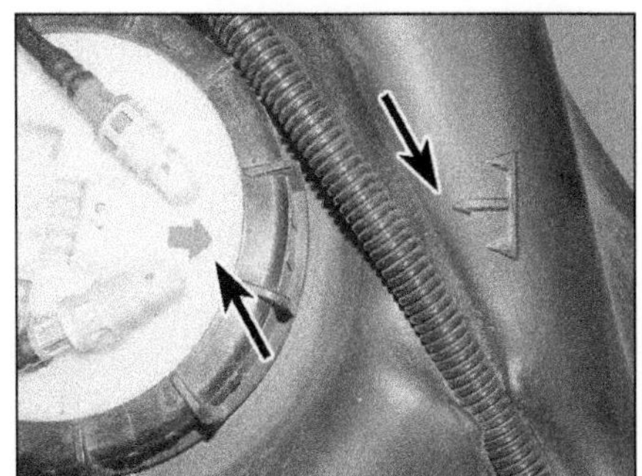
10.8 Inställningsmärken på skyddslocket och tanken (vid pilarna)

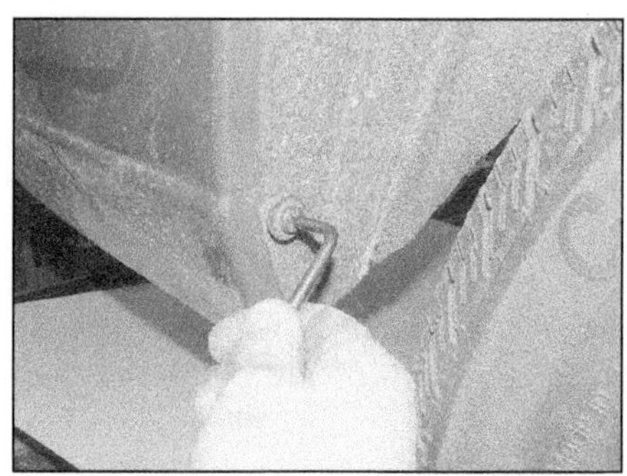
12.4a Det bakre hjulhusets innerskärm sitter fast med en kombination av skruvar . . .

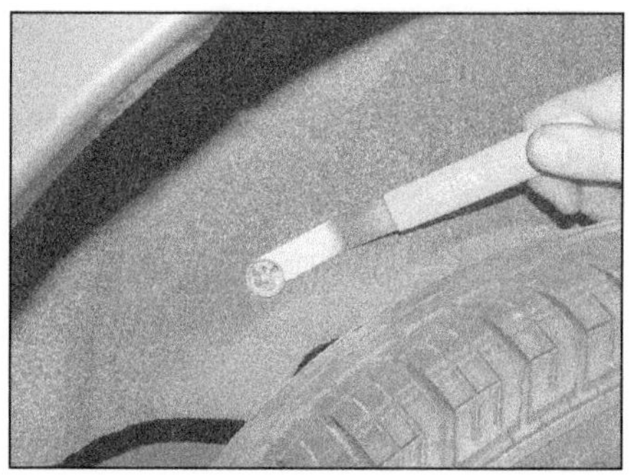
12.4b . . . och klämmor som kan bändas ut . . .

12.4c . . . innan hela innerskärmen lyfts bort

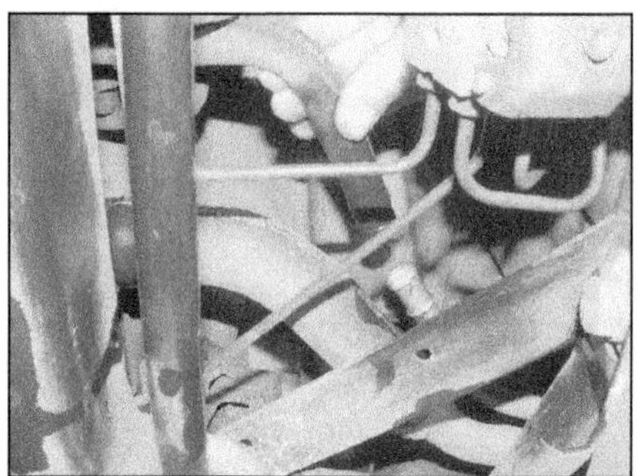
12.5a Koppla loss ventilationsslangen . . .

12 Bränsletankens påfyllningsrör – demontering och montering

Observera: *Se varningen i avsnitt 1 innan du går vidare med arbetet.*

Demontering

1 Lossa batteriets jordledning (minuspolen) (se kapitel 5A, avsnitt 1).

2 Utjämna trycket i tanken genom att ta bort bränslepåfyllningslocket.

3 Klossa framhjulen och lossa det högra bakhjulets muttrar. Lyft sedan upp bakvagnen och ställ den på pallbockar (se *Lyftning och stödpunkter*). Demontera höger bakhjul – det är inte absolut nödvändigt, men underlättar arbetet.

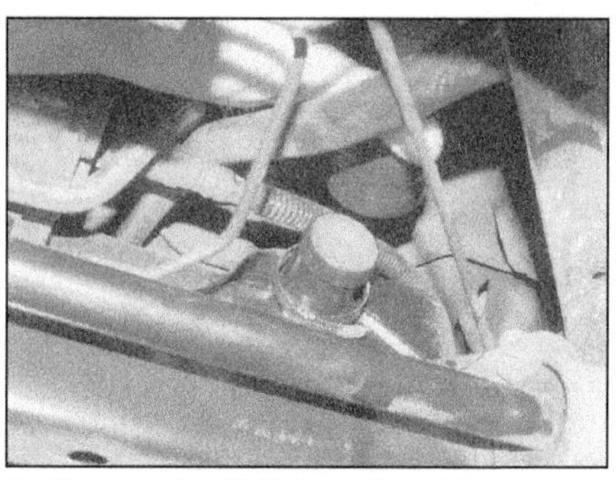

12.5b . . . och påfyllningsröret från tankens baksida

4 Lossa och ta bort de olika fästdon som håller det högra bakre hjulhusets innerskärm på plats, och lirka sedan ut innerskärmen från hjulhuset **(se bilder)**.

5 Lossa klämmorna och demontera påfyllningsröret och ventilationsslangen från bränsletanken **(se bilder)**. Anteckna exakt hur klämmorna ska sitta vid återmonteringen. Använd inga vassa verktyg till att bända loss rören från tankens anslutningsdetaljer eftersom det kan skada rören och orsaka läckage.

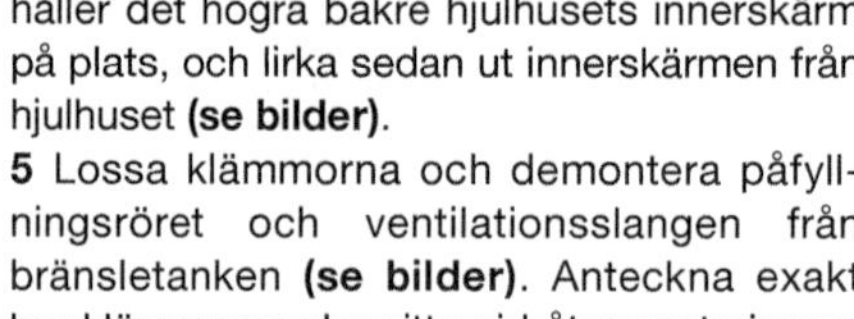

6 Påfyllningsröret hålls på plats av två skruvar (upptill och nedtill) – skruva loss dessa för att lossa röret. Det går nu att ta bort röret inifrån hjulhuset **(se bilder)**.

7 Kontrollera påfyllningsrörets och slangens skick och byt vid behov ut dem.

Montering

8 Monteringen sker i omvänd ordningsföljd mot demonteringen. Dra åt den bakre tvärbalkens bultar till angivet åtdragningsmoment (se kapitel 10, Specifikationer).

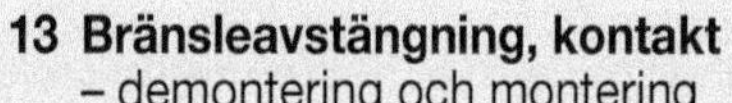

13 Bränsleavstängning, kontakt – demontering och montering

Observera: *Kontrollera först att det inte finns några spår av bränsleläckage innan du återställer kontakten när den har utlösts. Slå av tändningen. Om kontakten har utlösts står kontakttungan i uppåtläge. Tryck kontakten nedåt för att återställa den. Vrid startnyckeln till läge II (så att instrumentpanelens varningslampor tänds) och vrid därefter tillbaka den till läge I. Motorn kan sedan startas som vanligt.*

Demontering

1 Kontakten för bränsleavstängning (eller tröghetskontakt) sitter bakom klädselpanelen i förarplatsens fotbrunn. Lossa först anslutningen till batteriets minuspol (jord) (se kapitel 5A, del 1).

2 Dra upp tätningsremsan från förardörrens öppning och ta bort den från sidopanelen.

3 Bänd ut de två täckpluggarna över skruvskallarna och skruva loss de två skruvar som håller klädselpanelen på plats. Demontera

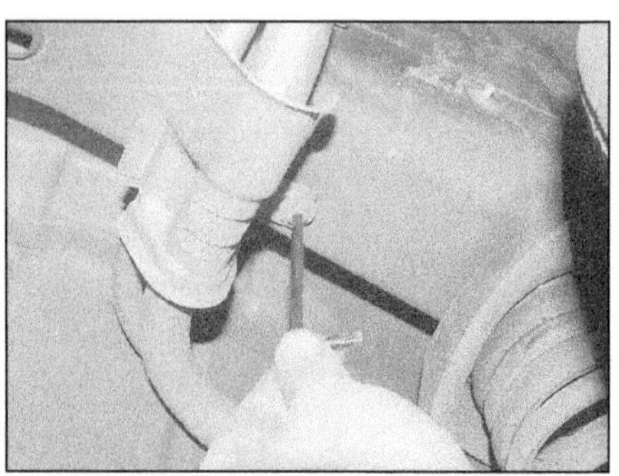
12.6a Skruva loss rörets fästbultar, en upptill . . .

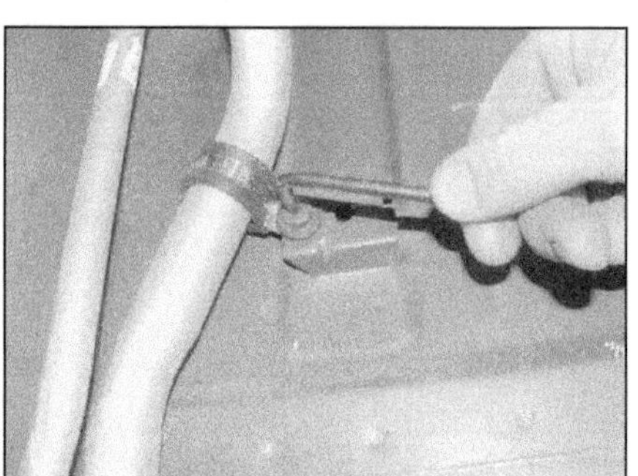
12.6b . . . och en nedtill . . .

12.6c . . . och lirka sedan ut påfyllningsröret via hjulhuset

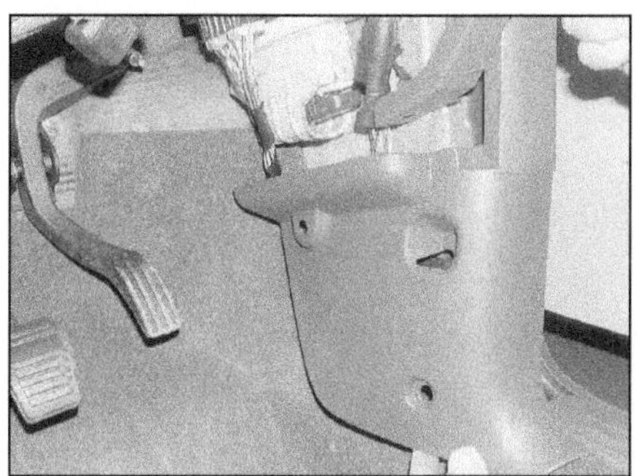

13.3 Demontera klädselpanelen på fotbrunnens sida

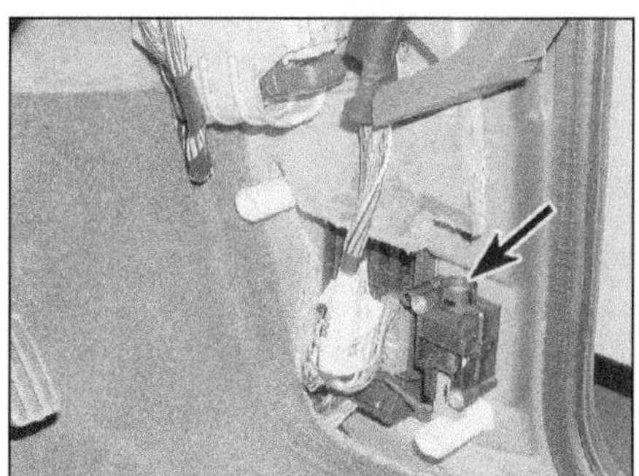

13.4 Skruvar till bränsleavstängningskontakten (vid pilen)

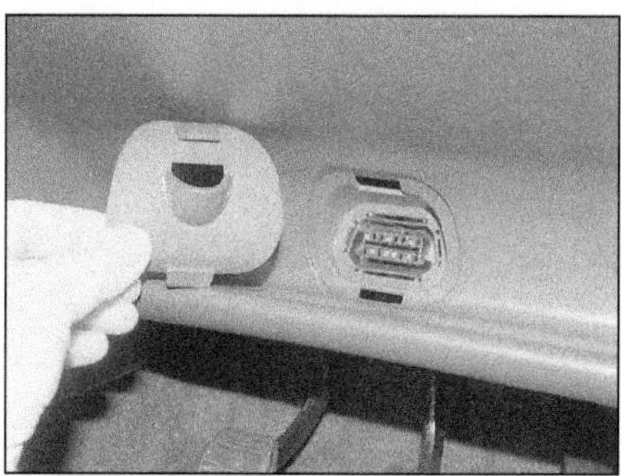

14.2 Placering av diagnosuttaget på instrumentbrädans nedre panel på förarsidan

klädselpanelen så att avstängningskontakten blir åtkomlig **(se bild)**.

4 Skruva loss de två skruvar som fäster kontakten **(se bild)**, koppla sedan loss kontaktdonet och ta bort kontakten.

Montering

5 Monteringen sker i omvänd ordningsföljd mot demonteringen. Se till att återställa brytaren. Kontrollera detta genom att starta motorn.

14 Bränsleinsprutningssystem – kontroll

Observera: *Se varningen i avsnitt 1 innan du går vidare med arbetet.*

1 Skulle något fel visa sig i bränsleinsprutningssystemet, bör du först kontrollera att alla systemets kontaktdon är ordentligt anslutna och fria från korrosion – se även beskrivningen i punkt 6 till 9 nedan. Kontrollera sedan att felet inte beror på dåligt underhåll; dvs. kontrollera att luftfiltret är rent, att tändstiften är i gott skick och har rätt elektrodavstånd, att ventilspelet är det rätta, att cylindrarnas kompressionstryck är korrekt, att tändsystemets kablage är i gott skick och sitter fast ordentligt samt att motorns ventilationsslangar är rena och utan skador. Se kapitel 1, kapitel 2A eller 2B och kapitel 5B.

2 Om dessa kontroller inte avslöjar orsaken till problemet bör bilen lämnas in för test hos en Fordverkstad eller en specialist på bränsleinsprutningssystem som har den rätta utrustningen. Det finns ett diagnosuttag i motorstyrningssystemets kabelnät, där man kan ansluta särskild elektronisk testutrustning (kontaktdonet sitter bakom en liten panel på nederdelen av förarsidans instrumentbräda – lossa och ta bort panelen för att komma åt uttaget) **(se bild)**. Testutrustningen kan "fråga ut" motorstyrningssystemets ECU elektroniskt och läsa av dess lagrade felkoder.

3 Det går bara att avläsa felkoder från ECU:n med en särskild felkodsläsare. Fordverkstäder har givetvis sådana läsare, men de går också att få tag på hos andra, fristående leverantörer. Det är knappast kostnadseffektivt för den private ägaren att köpa en felkodsläsare, men de brukar finnas hos välutrustade bilverkstäder.

4 Med denna utrustning går det snabbt och enkelt att hitta fel, även om de uppträder periodiskt. Att kontrollera alla systemkomponenter för sig i ett försök att hitta ett fel genom uteslutningsmetoden är ett tidsödande företag med stora risker att misslyckas (särskilt om felet uppträder sporadiskt). Dessutom löper styrmodulens inre delar risk att skadas.

5 Erfarna hemmamekaniker som har en noggrann varvräknare och en välkalibrerad avgasanalysutrustning kan kontrollera avgasernas CO-halt och motorns tomgångsvarvtal. Om dessa värden skiljer sig från de i specifikationerna, måste bilen tas till en Fordverkstad eller specialist på bränsleinsprutningssystem för analys. Varken luftbränsleblandningen (avgasernas CO-halt) eller motorns tomgångsvarvtal går att justera manuellt. Felaktiga testresultat anger att systemet behöver underhållas (eventuellt att bränslespridare behöver rengöras) eller ett fel i bränsleinsprutningssystemet.

Limited Operation Strategy – körning med begränsad funktion

6 Vid vissa fel, t.ex. på någon av motorstyrningssystemets givare, övergår systemet till ett reservdriftläge ("limp-home"), som Ford kallar "'Limited Operation Strategy" (LOS). Det är bara avsett för att du ska ha möjlighet att ta dig hem – motorstyrningens varningslampa tänds när detta driftläge träder i funktion.

7 I detta driftläge ersätts signalen från den defekta givaren med ett fast värde (normalt skulle det växla), vilket kan innebära effektförlust, ojämn tomgång och dålig gång i största allmänhet, särskilt när motorn är kall.

8 Det är emellertid också möjligt att motorn går riktigt bra i denna situation och att den enda indikationen, förutom den tända varningslampan, är (t.ex.) ett högre CO-värde för avgaserna än normalt.

9 Tänk på att även om den defekta givaren har lokaliserats och bytts ut, så återgår inte motorn till det normala driftläget förrän felkoden har raderats så att systemet överger LOS. Det gäller även om orsaken till felet var en lös anslutning eller en skadad kabel – systemet fortsätter i LOS tills felkoden har raderats.

15 Bränsleinsprutningssystemets komponenter – demontering och montering

Observera: *Se varningen i avsnitt 1 innan du går vidare med arbetet.*

Gasspjällshus

1 Huset sitter på vänster sida av insugsgrenröret. Lossa först anslutningen till batteriets minuspol (jord) (se kapitel 5A, del 1).

2 Demontera luftintagsröret enligt beskrivningen i avsnitt 5.

3 Koppla loss gasvajern från gasspjällshuset enligt beskrivningen i avsnitt 6.

4 Koppla loss multianslutningen till gasspjällets lägesgivare.

5 Skruva loss de fyra fästskruvarna och lossa gasspjällshuset från insugsgrenröret **(se bilder)**. Kasta gummipackningen och ersätt den med en ny. **Observera:** *Var försiktig när du rengör huset invändigt. Vid tillverkningen har det försetts med en speciell beläggning, som kan skadas av oförsiktig rengöring eller starka lösningsmedel.*

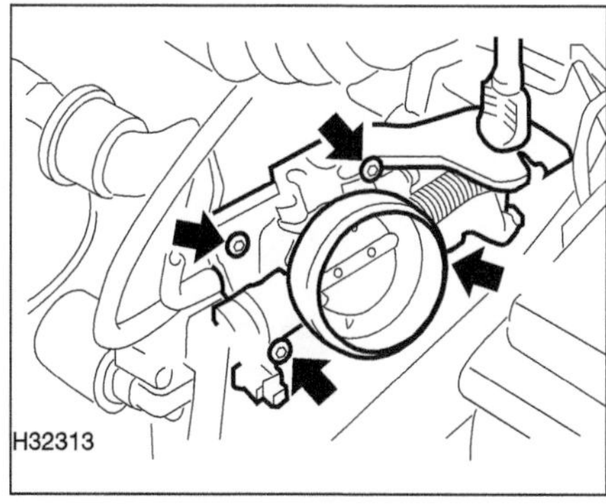

15.5a Gasspjällshusets bultar (vid pilarna) – 1,4 och 1,6 liters modeller . . .

15.5b . . . och 1,8 och 2,0 liters modeller

15.5c Demontera gasspjällshuset – 1,8 och 2,0 liters modeller

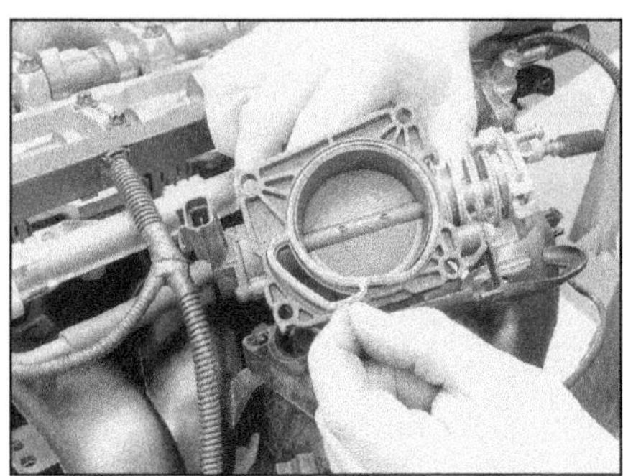

15.6 Montera en ny packning till gasspjällshuset

6 Monteringen sker i omvänd ordningsföljd mot demonteringen. Rengör fogytorna, sätt dit en ny packning och dra åt fästskruvarna ordentligt **(se bild)**.

Bränsleinsprutningsbrygga och bränslespridare

7 Avlasta resttrycket i bränslesystemet (se avsnitt 2) och utjämna tanktrycket genom att ta bort tanklocket.

Varning: Detta moment utjämnar endast övertrycket som krävs för att motorn ska kunna gå – kom ihåg att bränsle fortfarande finns kvar i systemets komponenter och vidtag nödvändiga säkerhetsåtgärder innan någon del demonteras.

8 Lossa batteriets jordledning (minuspolen) (se kapitel 5A, avsnitt 1).

15.18a Använd en skruvmejsel för att bända ut kabelklämmorna . . .

1,4 och 1,6 liters motorer

9 Koppla loss ventilationsslangen från ventilkåpan.

10 Koppla loss anslutningskontakterna från tomgångsvarvtalsventilen och gasspjällets lägesgivare. Koppla sedan loss kabelhärvan från klämman på bränslefördelarskenan.

11 Lossa bränsleledningarna från ventilkåpan.

12 Använd en liten skruvmejsel och bänd loss och ta bort de fyra kabelklämmorna (en på varje insprutningsventil) som fäster insprutningsventilens kabelhållare – använd en magnethållare för att hindra kabelklämmorna från att falla ner bakom motorn när de tas bort. Lyft av kabelsamlingsskenan och flytta den bakåt.

13 Koppla loss vakuumslangen från bränsletrycksregulatorn.

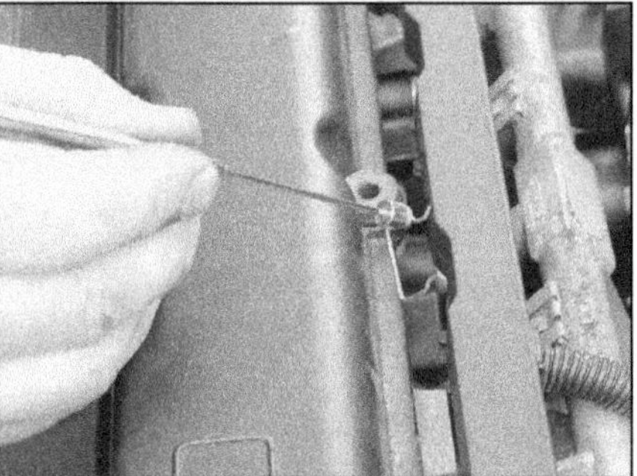

15.18b . . . ta loss klämmorna med ett magnetiskt verktyg . . .

14 Demontera bränslematnings- och bränslereturledningarna när du har antecknat hur de ska sitta. Matningsledningens färgkod är vit och returledningens är röd.

15 Skruva loss de två bultar som håller fast bränsleinsprutningsbryggan. Dra lika hårt i båda ändar av insprutningsbryggan och demontera den rakt ut från insugsgrenröret.

1,8 och 2,0 liters motorer

16 Lossa fästklämmorna som sitter i vardera änden och demontera luftrenarens insugsrör.

17 Koppla loss gasvajern från gasspjällshuset enligt beskrivningen i avsnitt 6.

18 Använd en liten skruvmejsel och bänd loss och ta bort de fyra kabelklämmorna (en på varje bränslespridare) som fäster spridarnas samlingsskena; använd en magnet för att hindra kabelklämmorna från att falla ner bakom motorn när de tas bort. Lyft bort skenan och flytta den bakåt **(se bilder)**.

19 Koppla loss vakuumslangen från bränsletrycksregulatorn **(se bild)**.

20 Demontera bränslematnings- och bränslereturledningarna när du har antecknat hur de ska sitta. Matningsledningens färgkod är vit och returledningens är röd.

21 Skruva loss de två bultar som håller fast bränsleinsprutningsbryggan. Dra lika hårt i båda ändar av insprutningsbryggan och demontera den rakt ut från insugsgrenröret **(se bild)**.

Alla motorer

22 Om så behövs, ta bort klämmorna och dra

15.18c . . . och lyft sedan ut samlingsskenan för spridarnas kablage

15.19 Koppla loss bränsletrycksregulatorns vakuumslang

15.21 Demontera bränsleinsprutningsbryggan

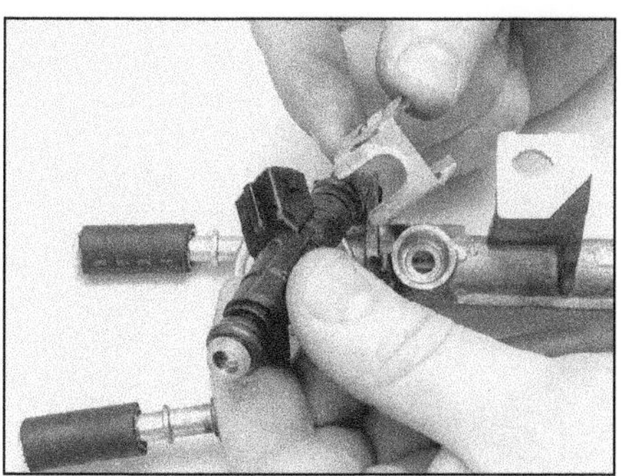

15.22 Bänd ut fästklämmorna och ta bort bränslespridarna

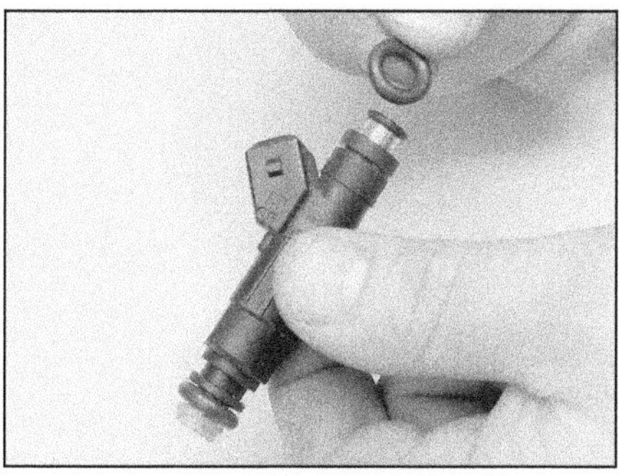

15.23a Ta bort O-ringarna från bränslespridaren

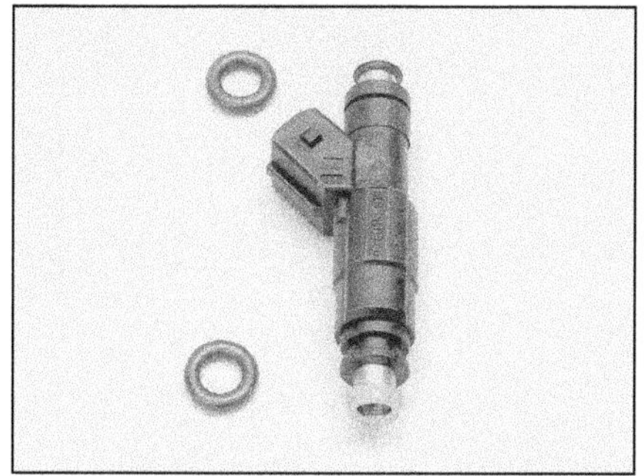

15.23b Bränslespridare och O-ringar

försiktigt ut bränslespridarna från bränsleinsprutningsbryggan **(se bild)**.

23 Ta vid behov hjälp av en skruvmejsel och bänd ut O-ringarna från spåren i båda ändar av spridarna. Kasta de gamla O-ringarna och ersätt dem med nya **(se bilder)**.

24 Montera i omvänd ordningsföljd mot demonteringen. Tänk på följande:

a) Smörj de nya O-ringarna med ren motorolja för att underlätta monteringen.

b) Se till att slangarna och kablarna får korrekt dragning och att de fästs ordentligt med alla klämmor och buntband som hör till.

c) Montera tillbaka gasvajern enligt beskrivningen i avsnitt 6.

d) Avsluta med att slå på tändningen för att aktivera bränslepumpen och trycksätta systemet, utan att dra runt motorn. Kontrollera att det inte finns några tecken på bränsleläckage kring de isärtagna anslutningarna och skarvarna innan du försöker starta motorn.

Bränsletrycksregulator

25 Avlasta resttrycket i bränslesystemet (se avsnitt 2) och utjämna tanktrycket genom att ta bort bränslepåfyllningslocket.

Varning: Detta moment utjämnar endast övertrycket som krävs för att motorn ska kunna gå - kom ihåg att bränsle fortfarande finns kvar i systemets komponenter och vidtag nödvändiga säkerhetsåtgärder innan någon del demonteras.

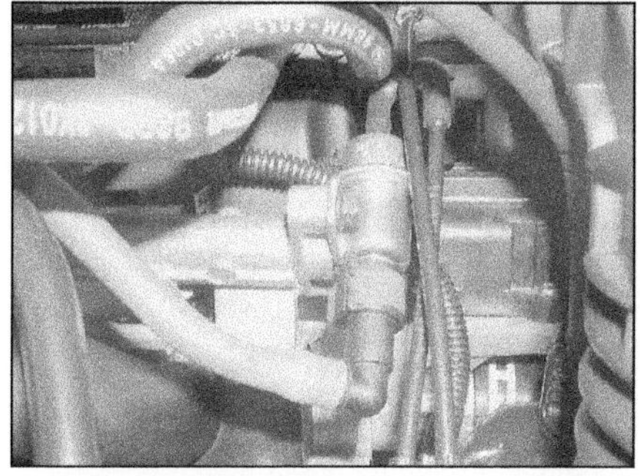

15.27 Bränsletrycksregulator - 1,4 liters modell

26 Lossa batteriets jordledning (minuspolen) (se kapitel 5A, avsnitt 1).

27 Demontera bränslematnings- och bränslereturledningarna när du har antecknat hur de ska sitta **(se bild)**. Matningsledningens färgkod är vit och returledningens är röd.

28 Koppla loss vakuumröret från bränsletrycksregulatorn **(se bild 15.19)**.

29 Skruva loss de två bultarna och demontera bränsletrycksregulatorn från bränsleinsprutningsbryggan **(se bild)**.

30 Ta vid behov hjälp av en skruvmejsel och bänd ut O-ringen från spåret i bränsletrycksregulatorn **(se bild)**. Kasta O-ringen och ersätt den med en ny.

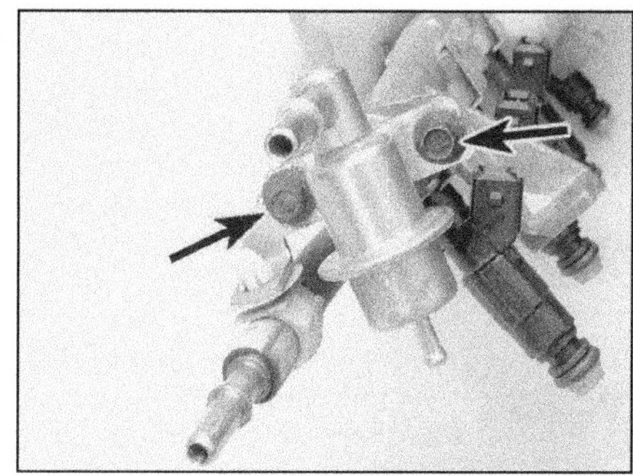

15.29 Bränsletrycksregulatorns fästbultar (vid pilarna)

31 Montering sker i omvänd ordningsföljd mot demonteringen. Smörj den nya O-ringen med ren motorolja för att underlätta monteringen. Dra åt fästbultarna till angivet moment.

Tomgångsventil

32 Ventilen sitter på insugsgrenröret, bredvid gasspjällshuset. På 1,8 och 2,0 liters modeller sitter ventilen inuti insugsgrenröret, vilket gör den mycket svåråtkomlig **(se bild)**.

33 På 1,8 och 2,0 liters modeller lossar man fästklämmorna i de båda ändarna och demonterar luftrenarens insugsrör.

34 Koppla loss anslutningskontakten från ventilen **(se bild)**.

35 Skruva loss fästbultarna och demontera

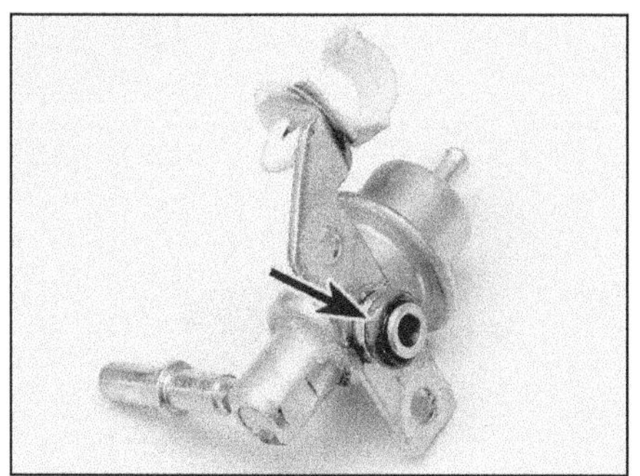

15.30 Montera alltid en ny O-ring (vid pilen)

15.32 Tomgångsventilen på 1,8 liters modeller - visas här med insugsgrenröret demonterat

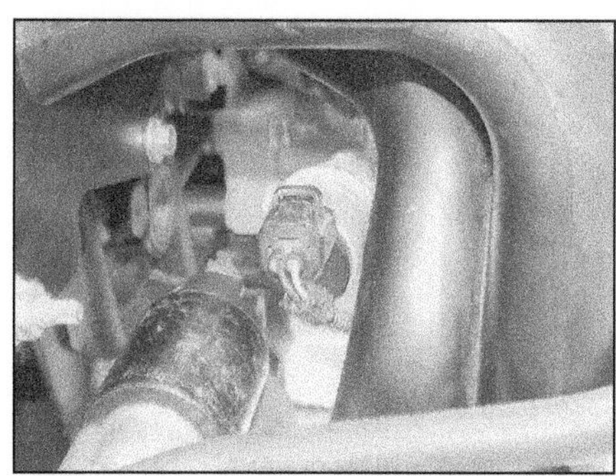

15.34 Tomgångsventilens anslutningskontakt - 1,8 liters modell

15.35 Tomgångsventilen – 1,4 liters modell

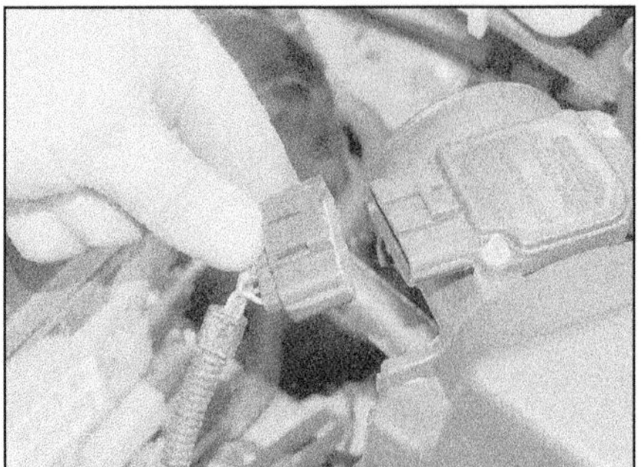
15.39 Koppla loss luftflödesgivarens anslutningskontakt

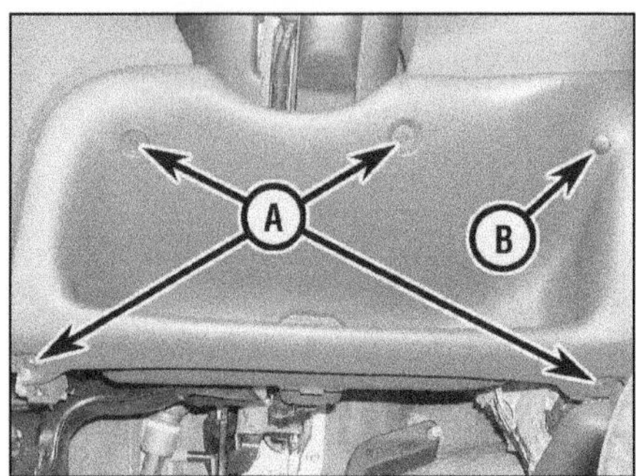

15.47a Den nedre instrumentbrädans panel hålls fast med fyra skruvar (A) och en plastklämma (B)

ventilen från insugsgrenröret **(se bild)**. På 1,8 och 2,0 liters modellerna är det svårare att komma åt bultarna; demontera växelströmsgeneratorn enligt beskrivningen i kapitel 5A. Om lämpliga verktyg saknas, kan det ibland faktiskt vara enklare att demontera insugsgrenröret (avsnitt 16) för bättre åtkomlighet.

36 Ta loss och kasta gummitätningen från ventilen. Använd en ny tätning till återmonteringen.

37 Monteringen sker i omvänd ordningsföljd mot demonteringen. Tänk på följande:

a) Rengör fogytorna och montera en ny tätning.

b) Dra åt ventilbultarna till angivet moment.

c) När kablarna och batteriet åter har anslutits, starta motorn och låt den gå på tomgång. Låt den uppnå normal arbetstemperatur och kontrollera sedan att tomgången är jämn och att inga (luft)insugsläckor märks. Koppla till alla elektriska förbrukare (strålkastare, bakruteuppvärmning etc.) och kontrollera att tomgångsvarvtalet fortfarande är OK.

Luftflödesgivare

38 Lossa klämman och koppla bort luftintagsröret från massluftflödesgivaren på luftrenarkåpan. Om så krävs, demontera luftrenarkåpan för att öka åtkomligheten.

39 Koppla loss kablaget från givaren **(se bild)**.

40 Skruva loss tvärstyckets fästskruvar och demontera givaren från luftrenarkåpan.

41 Monteringen sker i omvänd ordningsföljd mot demonteringen.

Insugsluftens temperaturgivare

42 Givaren utgör en del av massluftflödesgivaren och kan inte bytas separat.

Motorstyrningsmodul (ECU)

Observera: *Modulen är ömtålig. Var försiktig så att den inte tappas eller utsätts för andra stötar. Utsätt den inte för extrema temperaturer eller väta. Modulens anslutningskontakt får aldrig kopplas loss medan tändningen är påslagen.*

43 Motorstyrningsmodulen sitter bakom instrumentbrädan, på höger sida. Lossa först anslutningen till batteriets minuspol (jord) (se kapitel 5A, del 1).

Högerstyrda modeller

44 Dra upp tätningsremsan från förardörrens öppning och ta bort den från sidopanelen.

45 Bänd loss klädselpanelen som sitter mellan instrumentpanelens ytterände och dörröppningen, ungefär halvvägs upp längs dörröppningen.

46 Bänd ut de två täckpluggarna över skruvskallarna och skruva sedan loss de två skruvar som håller klädselpanelen på sidan av fotbrunnen på plats. Demontera klädselpanelen så att modulen blir åtkomlig **(se bild 13.3)**.

47 Ta bort de fyra skruvarna och bänd ut plastklämman som håller fast den nedre klädselpanelen på förarsidan. Ta bort panelen från instrumentbrädan och koppla loss diagnosuttagets stiftkontakt **(se bilder)**.

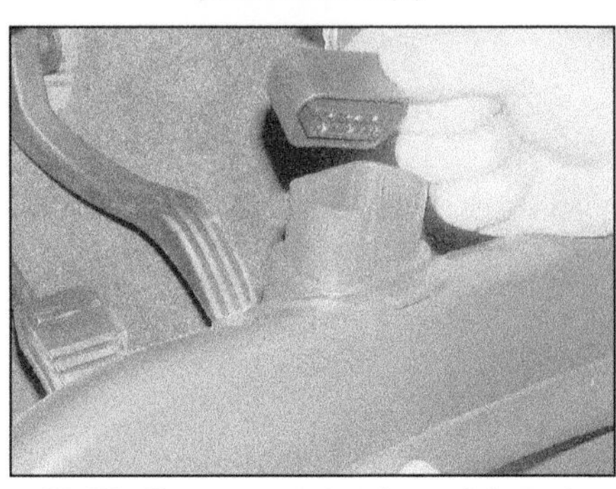
15.47b Demontera panelen och koppla loss diagnoskontakten

Vänsterstyrda modeller

48 Demontera handskfacket enligt beskrivningen i kapitel 11.

49 Skruva loss de fyra skruvar som håller fast den nedre klädselpanelen på passagerarsidan. Ta bort panelen från instrumentbrädan.

Alla modeller

50 Skruva loss de två skruvar som håller fast centrallåsmodulen och lyft bort modulen; kablaget behöver inte kopplas loss **(se bild)**.

51 Lossa fjäderklämmorna som håller fast modulens fästbygel och sänk ner modulen i fotbrunnen **(se bilder)**.

52 ECU:ns kontaktdon skyddas av ett "klåfingerskydd" som sitter fast med en brytbult med svetsad mutter. Denna måste borras bort när bulten ska demonteras. Vid borrning krävs stor försiktighet, så att inte kabelnätet skadas.

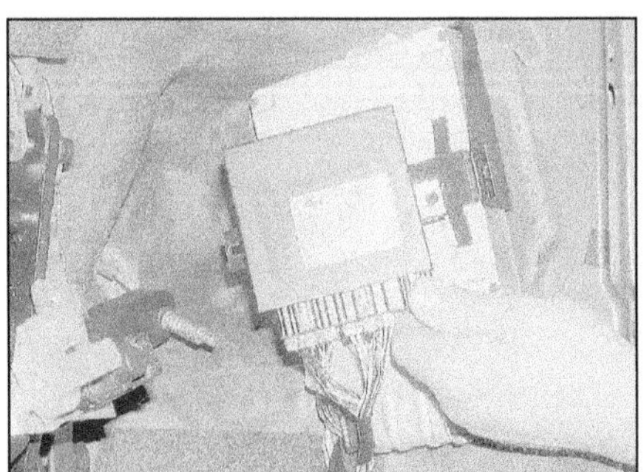
15.50 Demontera centrallåsmodulen för att komma åt ECU:n

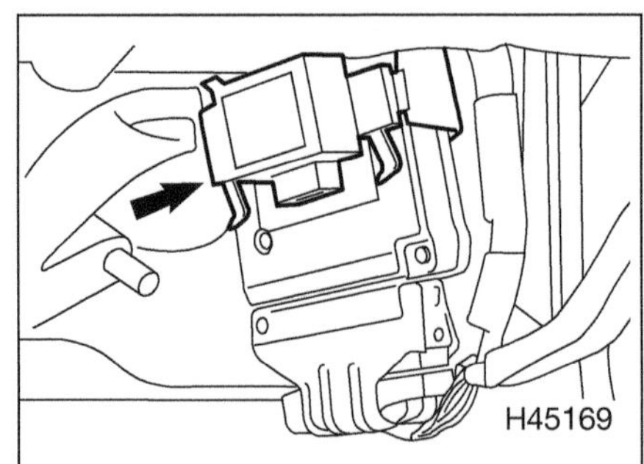

15.51a Lossa ECU:ns fästbygel (vid pilen) . . .

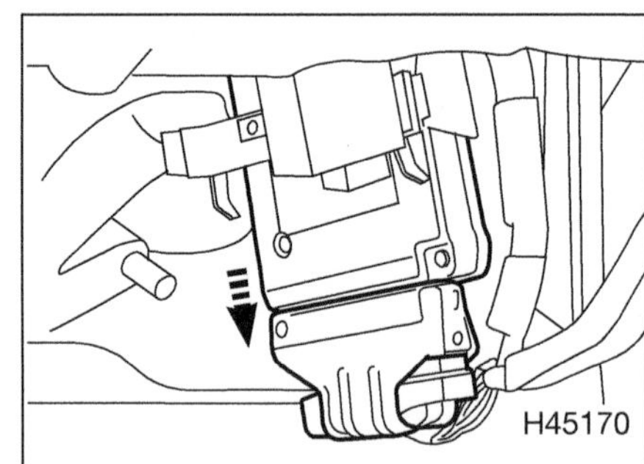

15.51b . . . och ta bort ECU:n nedåt

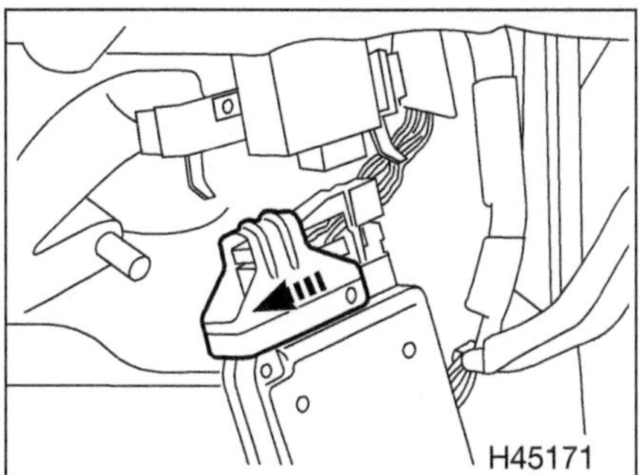

15.54 Skjut klåfingerskyddet åt sidan

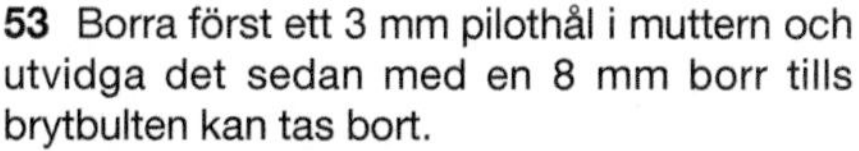

53 Borra först ett 3 mm pilothål i muttern och utvidga det sedan med en 8 mm borr tills brytbulten kan tas bort.

54 När brytbulten är borta kan du skjuta klåfingerskyddet åt sidan **(se bild)**.

55 Skruva loss kontaktdonets fästskruv och koppla sedan bort stiftkontakten från ECU:n och demontera modulen från bilen **(se bild)**.

56 Monteringen sker i omvänd ordningsföljd mot demonteringen. Använd en ny brytbult och dra åt den tills bultskallen vrids av.

Vevaxelns lägesgivare

57 Givaren sitter framtill på motorns vänstra sida **(se bild)**. För att komma åt bättre, dra åt handbromsen och lyft sedan upp framvagnen och ställ den på pallbockar (se *Lyftning och stödpunkter*).

58 Om en sådan finns monterad, lossa kåpan från vevaxelns lägesgivare på framsidan av motorn och koppla sedan loss anslutningskontakten.

59 Skruva loss fästbulten och ta bort givaren **(se bilder)**. Sitter det en distansbricka mellan givaren och motorn måste den ovillkorligen sättas tillbaka när givaren återmonteras, annars kommer rotorns kuggar att slå i givarens huvud.

60 Monteringen sker i omvänd ordningsföljd mot demonteringen. Dra åt givarens bult till angivet moment.

Kamaxelgivare

61 Kamaxelgivaren sitter baktill på topplocket - på höger sida på 1,4 och 1,6 liters modeller och på vänster sida på 1,8 och 2,0 liters modeller (från förarsätet sett).

15.63b . . . demontera sedan givaren från topplocket

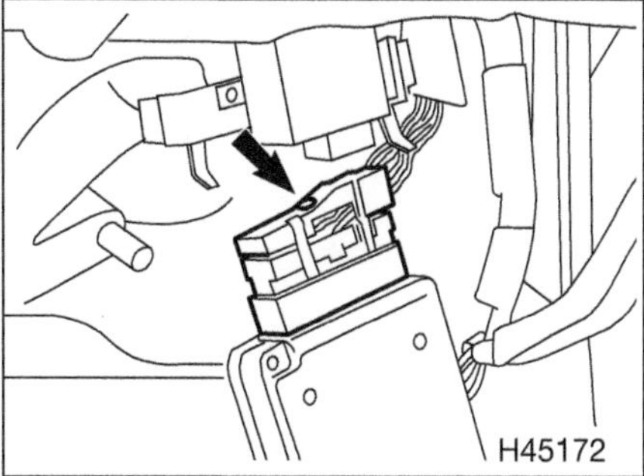

15.55 Fästskruv till ECU:ns kontaktdon (vid pilen)

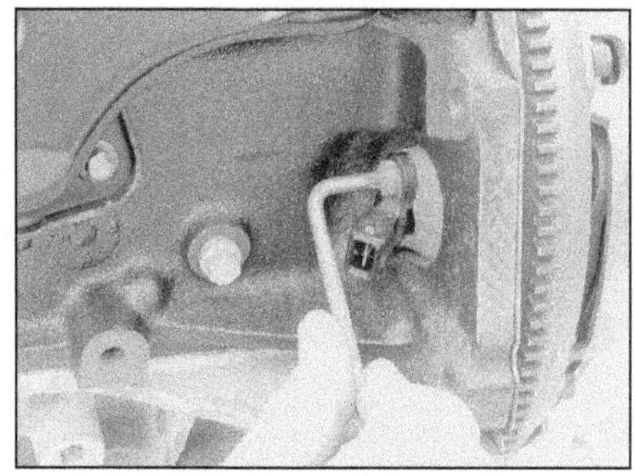

15.59a Skruva loss fästbulten . . .

62 På 1,8 och 2,0 liters modeller lossar man fästklämmorna i de båda ändarna och demonterar luftrenarens insugsrör. Koppla loss ventilationsslangen från ventilkåpan.

63 Koppla loss kontaktdonet från givaren. Skruva sedan loss givarens fästbult och ta bort givaren från topplocket **(se bilder)**.

64 Monteringen sker i omvänd ordningsföljd mot demonteringen. Dra åt givarens bult till angivet moment.

Topplockets temperaturgivare

65 Givaren sitter mitt på topplocket, mellan tändstift nr 2 och 3, på 1,4 och 1,6 liters modellerna och i höger ände av topplocket på 1,8 och 2,0 liters modellerna. Kylvätskan behöver inte tappas av, eftersom givaren mäter metallens temperatur direkt.

66 På 1,4 och 1,6 liters modeller kopplas tändkablarna loss från tändstiften där det behövs för att komma åt - var noga med att märka ut till vilken cylinder respektive kabel hör (nr 1 sitter vid kamremsänden). Bänd ut gummiproppen som fäster givarens kablar.

67 På 1,8 och 2,0 liters modeller, demontera generatorn enligt beskrivningen i kapitel 5A.

68 Koppla loss kablarna från temperaturgivaren **(se bilder)**.

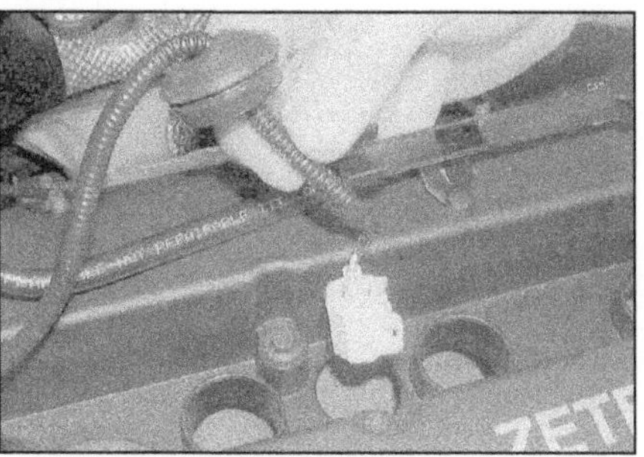

15.68a Koppla loss anslutningskontakten till topplockets temperaturgivare - 1,4 liters modell

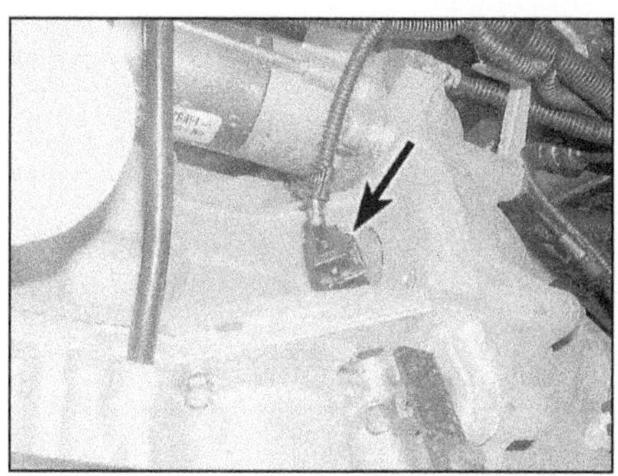

15.57 Vevaxelns lägesgivare (vid pilen) - 1,4 liters modell

15.59b . . . och ta bort givaren

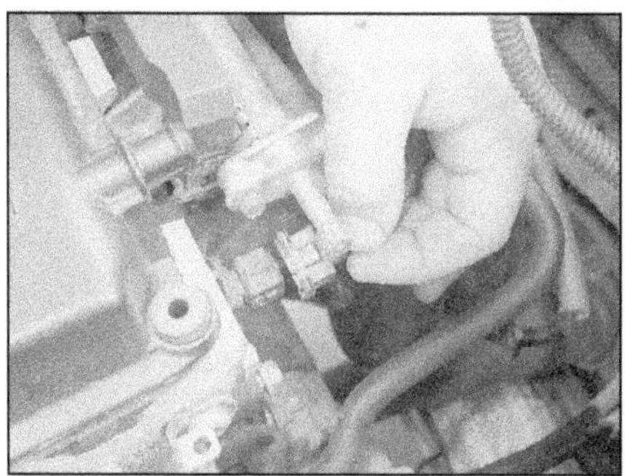

15.63a Koppla loss anslutningskontakten - 1,8 liters modell . . .

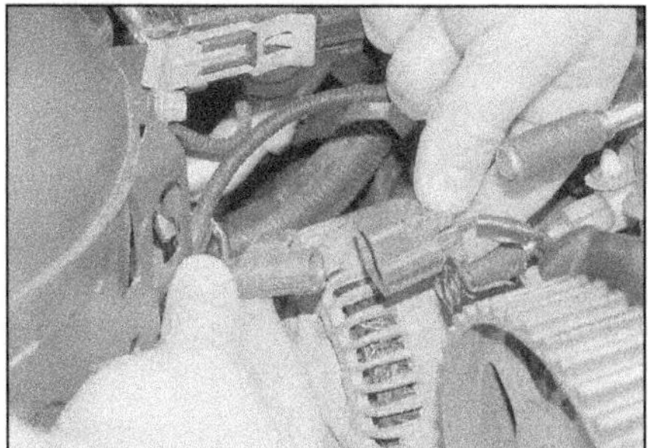

15.68b På 1,8 och 2,0 liters modeller är anslutningskontakten fäst vid den övre kamremskåpan med klämmor

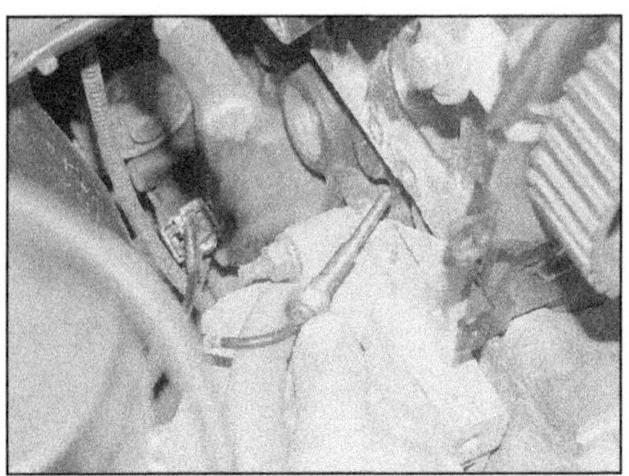

15.69 Demontera temperaturgivaren – 1,8 liters modell

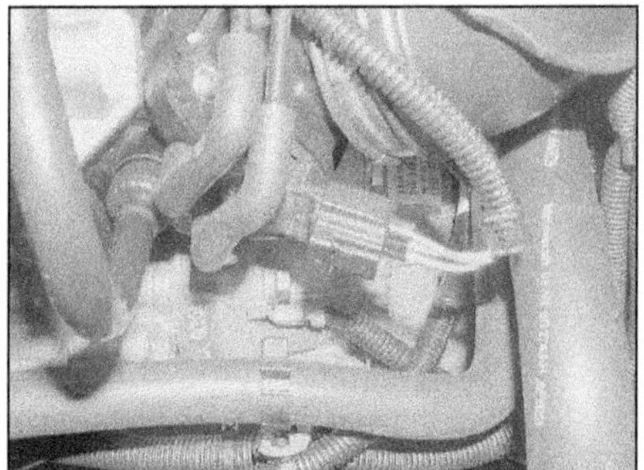

15.71a Anslutningskontakten till gasspjällets lägesgivare – 1,4 liters modell

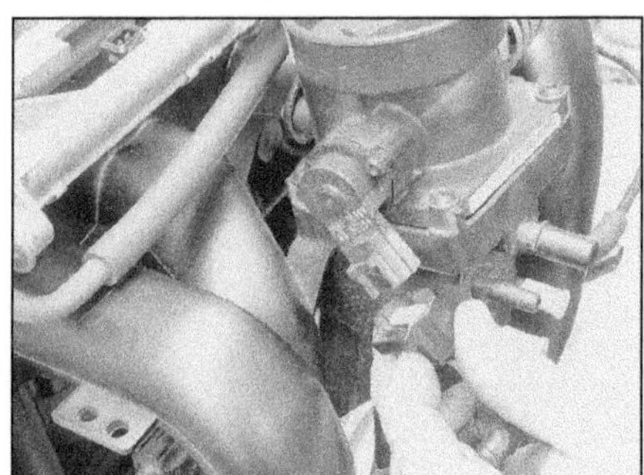

15.71b Kontakten kopplas loss på en 1,8 liters modell

69 Skruva loss givaren **(se bild)**. **Observera:** *På 1,4 och 1,6 liters motorer kan givaren inte återanvändas – man måste montera en ny, eftersom givarens fogytor deformeras vid full åtdragning för att ge bästa möjliga kontakt med topplocket. Om den gamla givaren används blir värdena felaktiga.*

70 Monteringen sker i omvänd ordningsföljd mot demonteringen. Rengör givarens fästhål. Montera därefter givaren och dra åt den till angivet moment.

Gasspjällets lägesgivare

71 Givaren sitter på sidan av gasspjällshuset. Koppla först loss givarens anslutningskontakt **(se bilder)**.

72 Skruva loss fästskruvarna och demontera enheten från gasspjällshuset. Vrid *inte* givarens mittre del utanför det normala arbetsområdet med våld; det skadar enheten allvarligt.

73 Monteringen sker i omvänd ordningsföljd mot demonteringen. Det är viktigt att givaren vänds åt rätt håll; placera dess mitt på den D-formade gasspjällsaxeln (med gasspjället stängt) och rikta in givarkroppen så att skruvarna lätt passar in i gasspjällshuset.

Hastighetsgivare

74 Se kapitel 7A.

Utgående axelns hastighetsgivare

75 Se kapitel 7B, avsnitt 5.

Kopplingspedalens lägeskontakt

76 Skruva loss de fem skruvarna och lyft ut klädselpanelen ovanför förarsidans fotbrunn för att komma åt kopplingspedalen; lossa diagnosuttagets kontakt från panelen när den lyfts bort.

77 Koppla sedan loss kablarna från kopplingskontakten högst uppe på pedalen. Vrid kontakten moturs och demontera den från pedalens fästplatta **(se bild)**.

78 Monteringen sker i omvänd ordningsföljd mot demonteringen.

Servostyrningens tryckkontakt

79 Kontakten är inskruvad i servostyrningens högtrycksrör på höger sida i motorrummet **(se bild)**. På vissa modeller blir det lättare att komma åt om man demonterar kylargrillen enligt beskrivningen i kapitel 11.

15.77 Demontera kopplingspedalens kontakt

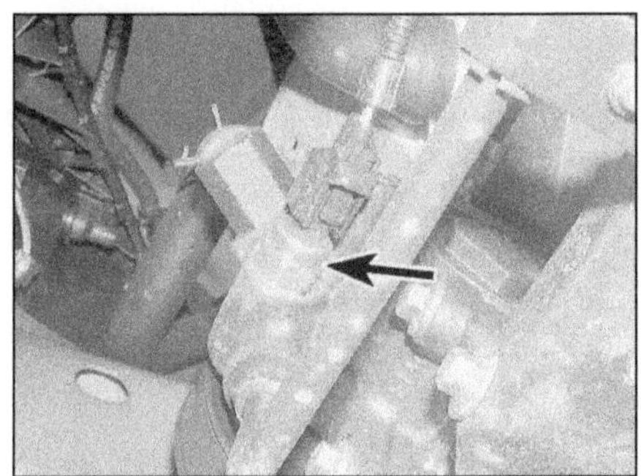

15.79 Servostyrningens tryckkontakt (vid pilen)

80 Lossa klämman och koppla loss kontaktdonet. Skruva sedan loss kontakten från servostyrningens högtrycksrör. Lägg en trasa under för att fånga upp eventuellt spill. Om en tätningsbricka är monterad ska den bytas ut om den är sliten eller skadad.

81 Montera i omvänd ordningsföljd mot demonteringen. Tänk på följande:

a) Dra åt kontakten till angivet moment.
b) Fyll på vätskebehållaren (se "Veckokontroller") så att vätska som kan ha runnit ut från systemet ersätts.
c) Om en större mängd vätska runnit ut måste servostyrningssystemet avluftas enligt beskrivningen i kapitel 10.

Lambdasond

82 Se kapitel 4B.

16 Grenrör – demontering och montering

Observera: *Se varningen i avsnitt 1 innan du går vidare med arbetet.*

Insugsgrenrör

Demontering – 1,4 och 1,6 liters modeller

1 Tryckutjämna bränslesystemet enligt beskrivningen i avsnitt 2. Koppla sedan loss batteriets negativa (jord)anslutning (se kapitel 5A, avsnitt 1).

2 Lossa servostyrningens behållare från monteringskonsolen och lägg den åt sidan utan att koppla loss slangarna.

3 Demontera drivremmen enligt beskrivningen i kapitel 1.

4 Demontera luftrenaren och insugsröret enligt beskrivningen i avsnitt 5 och koppla sedan loss gasvajern enligt beskrivningen i avsnitt 6.

5 Lossa kabelhärvan från insugsgrenröret och koppla loss anslutningskontakterna från följande:

a) Tändspolen.
b) Tomgångsstyrventilen.
c) Gasspjällets lägesgivare.
d) Knacksensorn.

6 Koppla loss vevhusets ventilationsslang intill tomgångsventilen, vakuumslangen från bränsletrycksregulatorn och bromsservons vakuumslang från insugsgrenröret **(se bild)**.

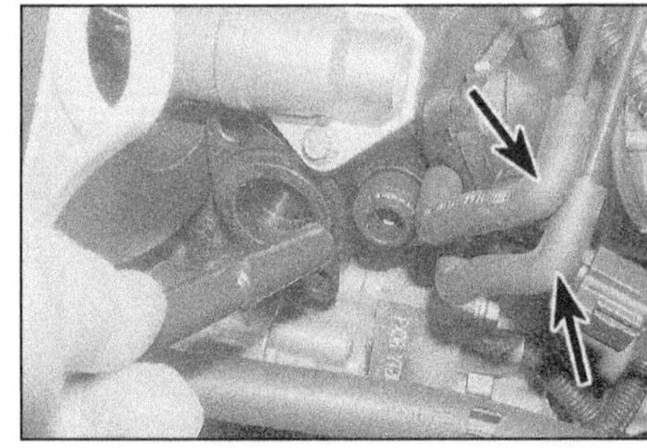

16.6 Koppla ifrån servoslangen från grenröret – observera även kolfilter- och tryckregulatorslangarna (vid pilarna)

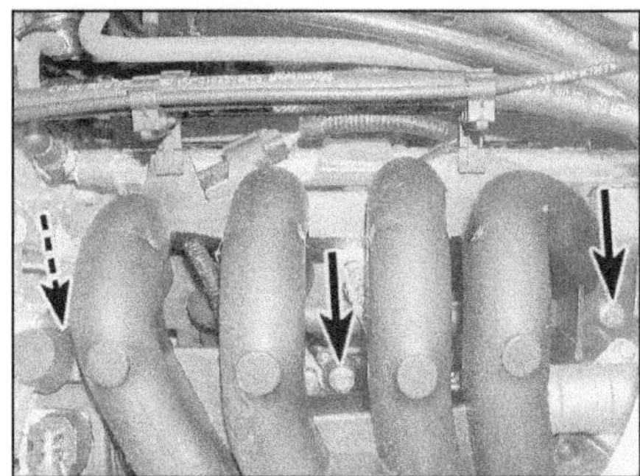

16.9 Tre av grenrörets åtta fästbultar (vid pilarna)

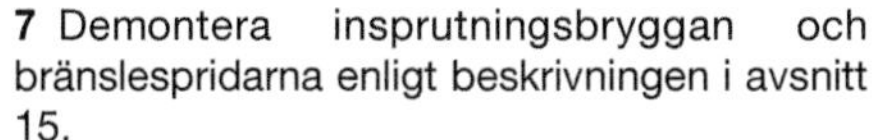

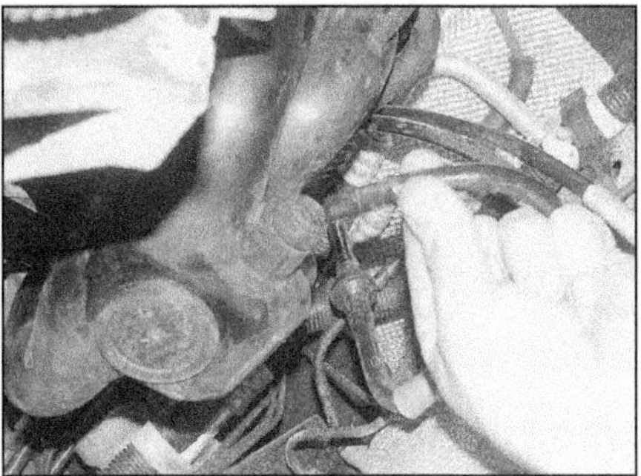

16.13 Bromsservons vakuumslang kopplas loss från insugsgrenröret - sett nedifrån

16.14 Koppla loss anslutningskontakten till insprutningens kabelnät

7 Demontera insprutningsbryggan och bränslespridarna enligt beskrivningen i avsnitt 15.

8 Demontera fästbyglarna till oljestickans rör och anslutningskontakten från framsidan av insugsgrenröret.

9 Skruva loss grenrörets åtta fästmuttrar/-bultar - några av dem sitter ganska besvärligt till **(se bild)**. Det kan bli nödvändigt att lyfta upp framvagnen (se *Lyftning och stödpunkter*) för att komma åt dem från undersidan.

10 Lyft försiktigt bort grenröret från topplocket och koppla bort kolkanisterns vakuumrör från grenröret när det blir åtkomligt. Ta loss den tvådelade grenrörspackningen och kasta den - en ny packning måste användas vid monteringen.

Demontering - 1,8 och 2,0 liters modeller

11 Tryckutjämna bränslesystemet enligt beskrivningen i avsnitt 2. Koppla sedan loss batteriets negativa (jord)anslutning (se kapitel 5A, avsnitt 1).

12 Demontera luftrenaren och insugsröret enligt beskrivningen i avsnitt 5 och koppla sedan loss gasvajern enligt beskrivningen i avsnitt 6.

13 Koppla loss bromsservons vakuumslang från grenrörets fot - kläm ihop ändbeslaget och dra för att lossa det **(se bild)**.

14 Följ insprutningens kabelnät tillbaka till den stora multikontakten bakom servostyrningens vätskebehållare och koppla loss kontakten **(se bild)**. Koppla även loss anslutningskontakten från kamaxelgivaren, som sitter på topplockets baksida, vid växellådsänden.

15 Notera hur bränslematnings- och returledningen ska sitta och demontera dem från insprutningsbryggan. Matningsledningens färgkod är vit och returledningens är röd **(se bilder)**. Grenröret demonteras fullständigt tillsammans med insprutningsbryggan. **Observera:** *Skydda generatorn från bränslespill med trasor eller en plastpåse.*

16 Skruva loss grenrörets sju fästbultar och muttrarna i respektive ände. Observera att några sitter ganska besvärligt till - det kan bli nödvändigt att lyfta upp framvagnen (se *Lyftning och stödpunkter*) för att komma åt dem underifrån. Observera att den högra muttern också fäster ett kablagestödfäste - lossa kablaget innan fästet tas bort. När de två muttrarna har tagits bort, skruva loss deras pinnbultar från topplocket - pinnbultarna har torxfästen i ändarna för att underlätta demonteringen **(se bild)**.

17 Kontrollera att inget annat sitter anslutet till grenröret och hindrar att det demonteras. Ta bort grenröret från motorn. Håll det så vågrätt som möjligt för att minimera bränslespillet från insprutningsbryggan. Ta loss och kasta de fyra packningarna - använd nya vid monteringen **(se bild)**.

Montering - alla modeller

18 Monteringen sker i omvänd ordningsföljd mot demonteringen. Tänk på följande:

a) Rengör insugsrörets och topplockets fogytor och använd nya packningar.

b) Dra åt muttrarna/bultarna till angivet moment.

c) Varmkör motorn och leta efter tecken på läckage i bränsle-, insugs- och/eller vakuumsystemet.

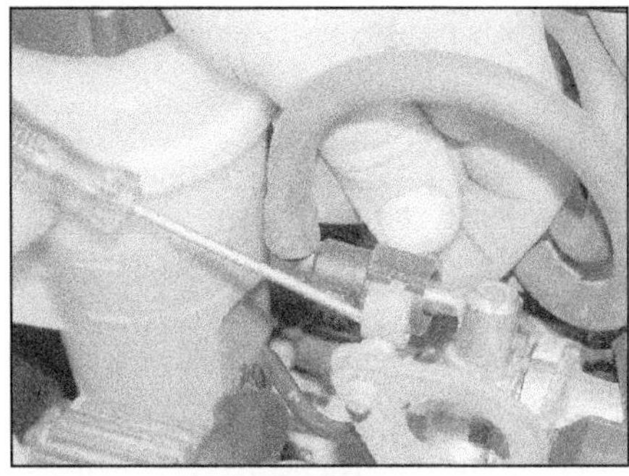

16.15a Bänd ut den färgade insatsen med en skruvmejsel . . .

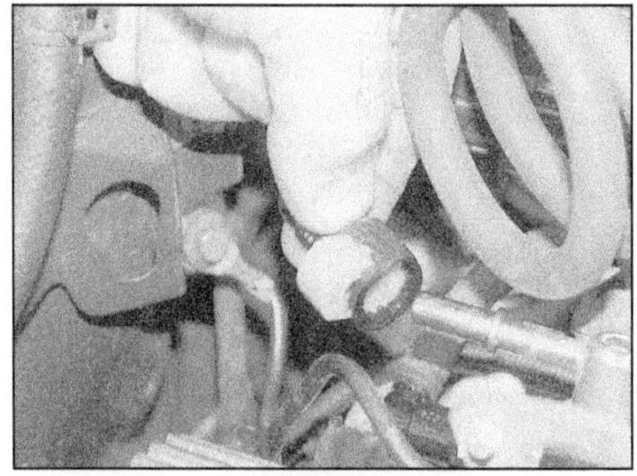

16.15b . . . koppla sedan loss returledningen från bränsleinsprutningsbryggan

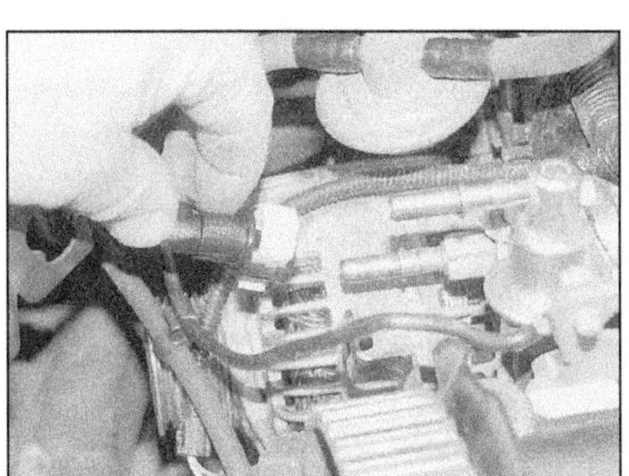

16.15c Koppla loss bränslematarledningen

16.16 En av insugsgrenrörets pinnbultar tas bort

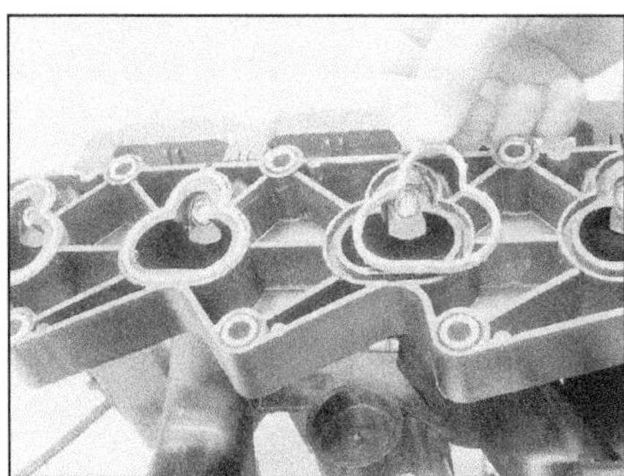

16.17 Byt insugsgrenrörets packningar

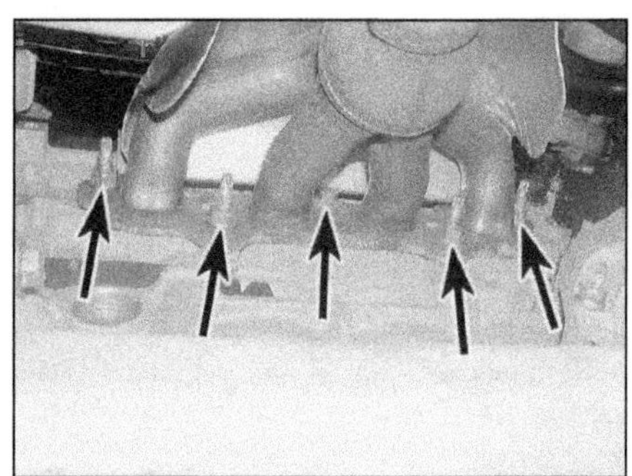

16.25 Avgasgrenrörets fästmuttrar (vid pilarna) - visade från undersidan

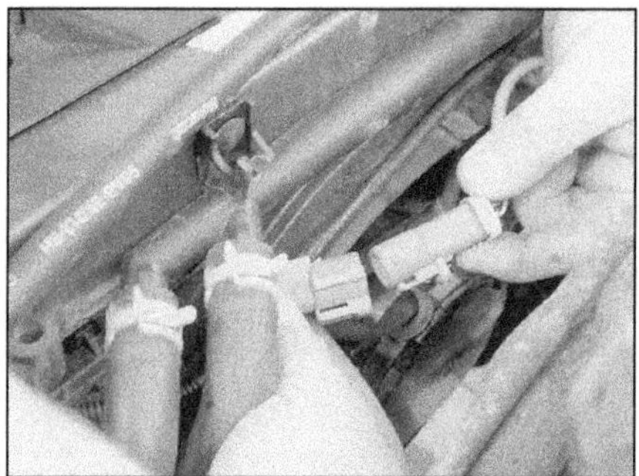

16.28 Koppla loss lambdasondens anslutningskontakt

16.29a Skruva loss de fyra bultarna (vid pilarna) . . .

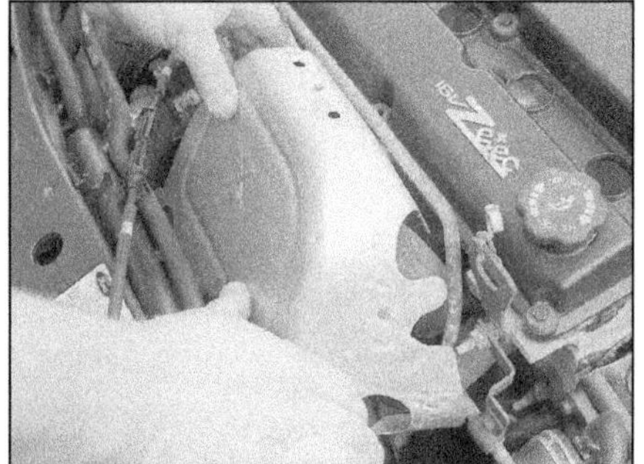

16.29b . . . och lyft av avgasgrenrörets värmesköld

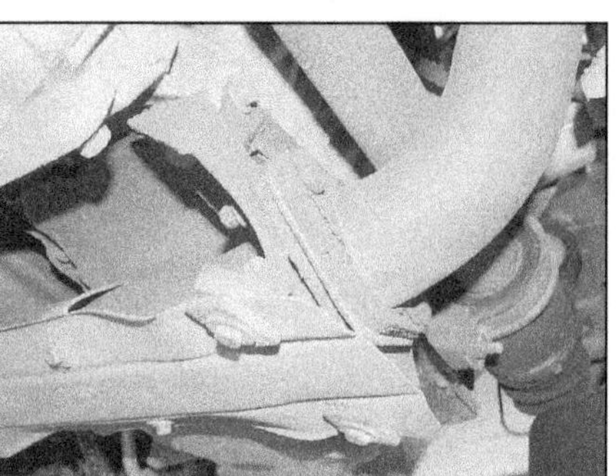

16.30a Den bakre klämman vid avgassystemets främre skarv . . .

d) Provkör bilen och kontrollera att alla komponenter som rubbats fungerar korrekt.

Avgasgrenrör

Varning: Motorn (och avgassystemet) måste vara helt kall när arbetet påbörjas. Helst bör bilen ha fått stå och svalna över natten.

Demontering - 1,4 och 1,6 liters modeller

19 Lossa batteriets jordledning (minuspolen) (se kapitel 5A, avsnitt 1).

20 Dra åt handbromsen. Lyft sedan upp framvagnen och ställ den på pallbockar (se *Lyftning och stödpunkter*).

21 Koppla loss anslutningskontakten från lambdasonden i det främre avgasröret. Lossa anslutningsmuttern i änden av avgasåterföringsröret och ta isär röranslutningen.

22 För att undvika eventuella skador på den böjliga rördelen bakom den första flänsfogen fäster Fords tekniker två tjocka metallremsor, en på vardera sidan, med buntband längs hela det böjliga partiet.

23 Skruva bort muttrarna/bultarna och ta isär avgassystemet vid den främre flänsfogen. Ta loss och kasta packningen - använd en ny vid återmonteringen.

24 Arbeta från ovansidan och skruva loss de tre bultar som håller fast avgasgrenrörets värmesköld. Observera att en av dem också fäster motorns jordledning.

25 Skruva loss de fem muttrar/bultar som håller fast grenröret **(se bild)**, ta bort grenröret från topplocket och ta loss packningen. Lyft bort enheten uppifrån och var försiktig så att du inte slår i eller skadar lambdasonden.

Demontering - 1,8 och 2,0 liters modeller

26 Lossa batteriets jordledning (minuspolen) (se kapitel 5A, avsnitt 1).

27 Dra åt handbromsen. Lyft sedan upp framvagnen och ställ den på pallbockar (se *Lyftning och stödpunkter*).

28 Koppla loss anslutningskontakten från lambdasonden i det främre avgasröret; anslutningskontakten är ljusgrön och sitter ovanför kylaren **(se bild)**.

29 Skruva loss de fyra bultar som fäster avgasgrenrörets värmesköld och lyft bort skölden **(se bilder)**. Det är ganska troligt att det blir svårt att ta bort bultarna eftersom korrosion kan ha rundat av bultskallarna - se till att använda en tättsittande hylsa eller ringnyckel. Om bultarna inte kan tas bort kan du som en sista utväg förstöra värmeskölden för att kunna ta bort den. Var då försiktig så att du inte skadar lambdasondens kablage som sitter precis under värmeskölden.

30 Arbeta från undersidan av bilen och skruva loss bultarna som håller fast det främre avgasrörets/katalysatorns stödfästen - ett fäste framför skarven mellan katalysatorn och mittsektionen och ett som håller fast katalysatorfästet vid motorblocket **(se bilder)**.

31 Ta bort muttrarna och dela skarven mellan katalysatorn och mittsektionen; ta loss packningen **(se bilder)**. Placera en domkraft

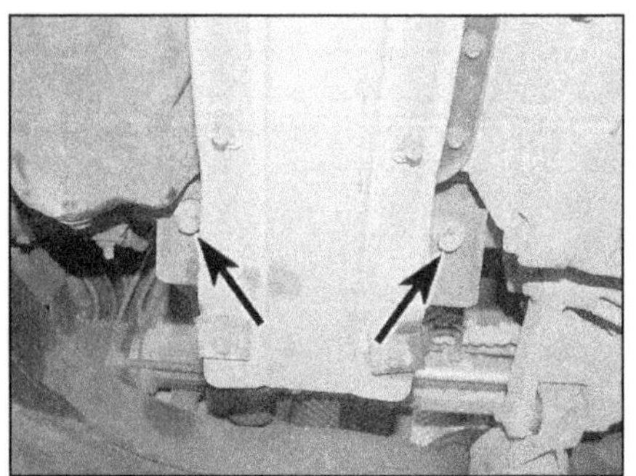

16.30b . . . och de två klämbultar som ska skruvas loss (vid pilarna)

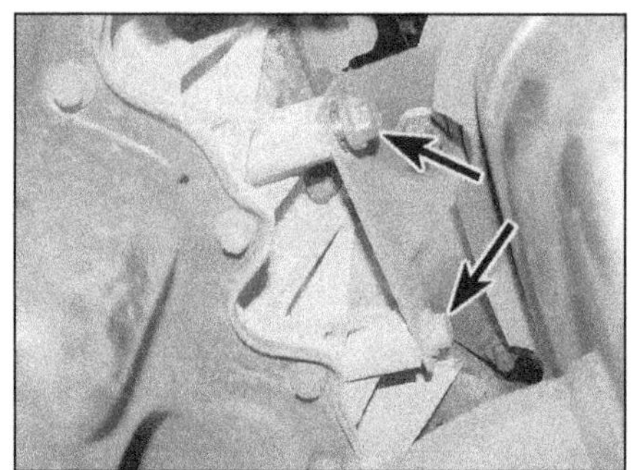

16.30c Bultar till fästklämman mellan katalysatorn och motorblocket (vid pilarna) - här sedda nedifrån

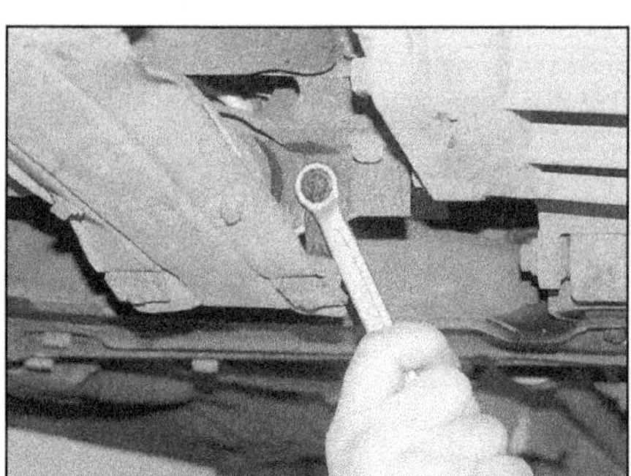

16.31a Skruva loss de två muttrarna . . .

16.31b ... och dela avgassystemets främre skarv

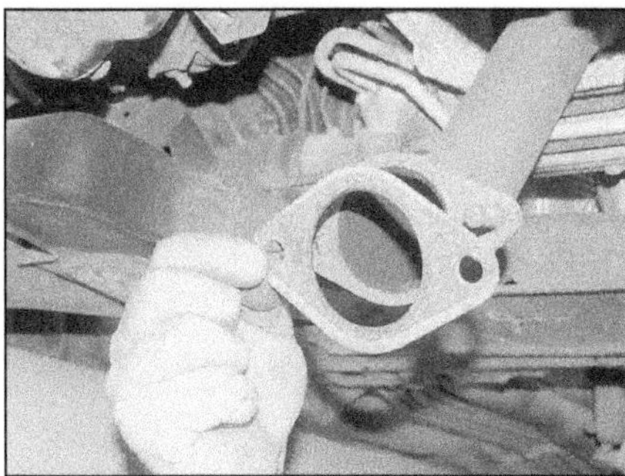
16.31c Ta loss skarvens packning

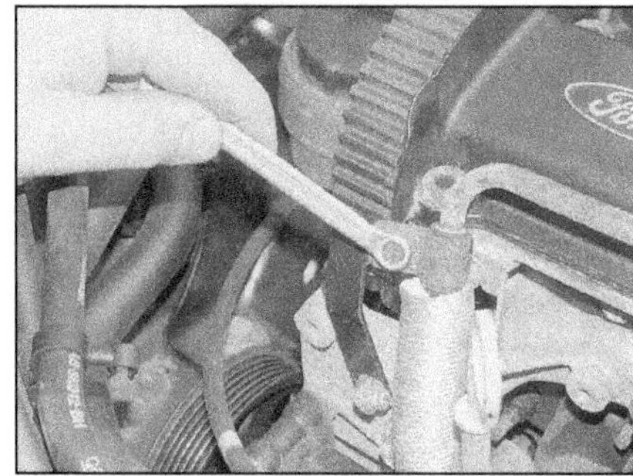
16.32 En av fästbyglarna till servostyrningens rör demonteras

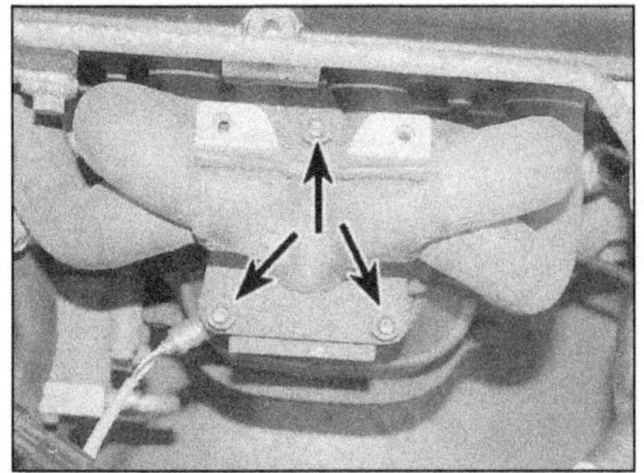
16.33a Lossa de tre muttrar som håller fast grenröret vid katalysatorn (vid pilarna) ...

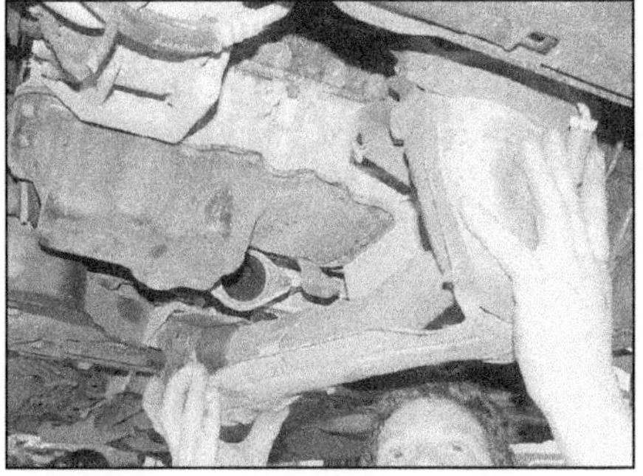
16.33b ... sänk sedan försiktigt ner katalysatorn

16.34a Lyft bort grenröret från pinnbultarna ...

under det främre avgasröret för att stötta det när skarven mellan grenröret och katalysatorn delas.

32 Återvänd till motorrummet och demontera de två fästkonsolerna till styrservons rör som sitter på vardera sidan om grenröret **(se bild)**.

33 Kontrollera att domkraften under det främre avgasröret bär upp dess tyngd och skruva sedan långsamt bort de tre muttrar som håller fast katalysatorn vid grenröret (använd nya muttrar vid återmonteringen). Sänk ner avgasrörets främre del med domkraften tills grenröret går fritt från de tre pinnbultarna och ta sedan loss ringpackningen och kasta den. Sänk ner katalysatorn helt och lyft bort den från undersidan av bilen **(se bilder)**. Handskas försiktigt med katalysatorn – keramikdelen inuti kan spricka vid vårdslös hantering.

34 Skruva loss de sex bultar och tre muttrar som håller fast grenröret vid topplocket. Lyft av grenröret från pinnbultarna; ta loss metallpackningen och de två plasthylsorna från de yttre pinnbultarna **(se bilder)**.

35 Innan katalysatorn lyfts på plats bör du lossa de två bultarna vid foten av det främre stödfästet så att den bakre delen av fästet kan glida fritt – när katalysatorn väl monterats fast kan bultarna dras åt.

Återmontering – alla modeller

36 Monteringen sker i omvänd ordningsföljd mot demonteringen. Använd nya packningar och dra åt alla muttrar och bultar till angivet moment **(se bild)**.

17 Avgassystem – allmän information, demontering och montering

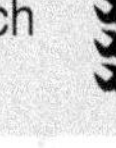

Allmän information

1 På 1,4 och 1,6 liters modeller omfattar systemet grenröret och det främre avgasröret samt en originalmonterad slutsektion i ett stycke, innehållande katalysatorn och två ljuddämpare. För att montera en ny ljuddämpare i mitten eller längst bak, måste den originalmonterade slutsektionen kapas av vid förbindelserörets mitt. Därefter kan ersättningsdelarna monteras.

2 På modeller med 1,8 och 2,0 liters motor är katalysatorn monterad lodrätt, nedanför

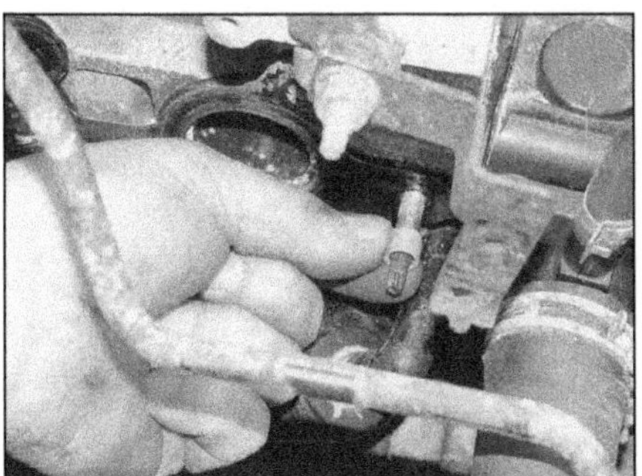
16.34b ... och ta sedan loss plasthylsorna ...

16.34c ... och metallpackningen

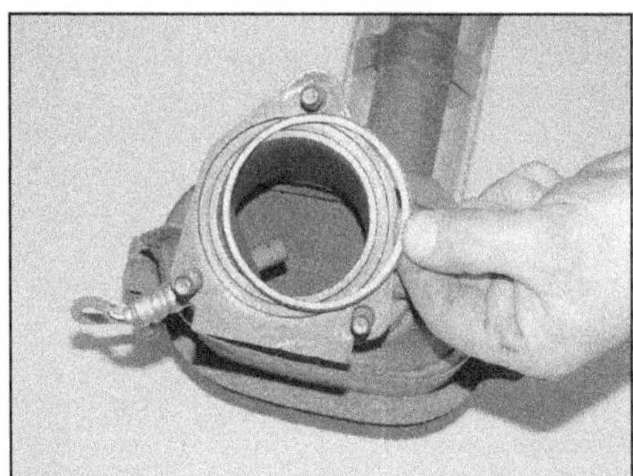
16.36 Montera en ny ringpackning till grenrörsskarven

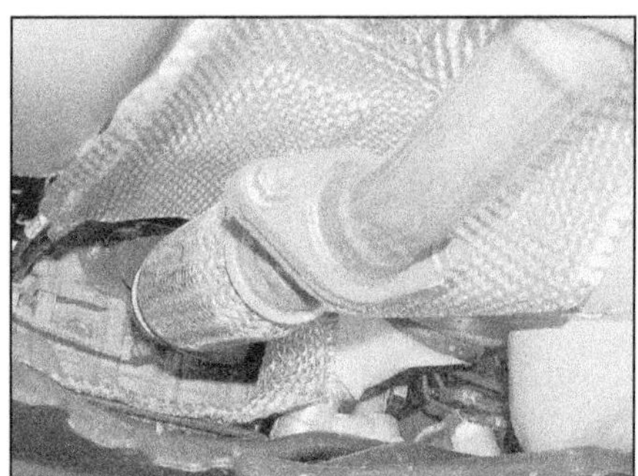
17.11 Avgassystemets främre flänsfog

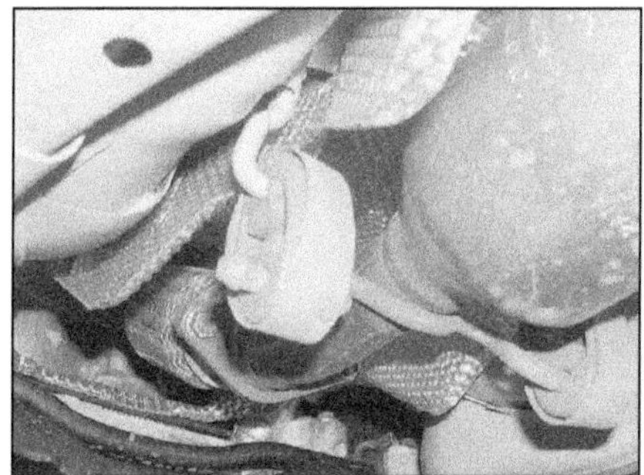
17.12 Katalysatorns gummifästen

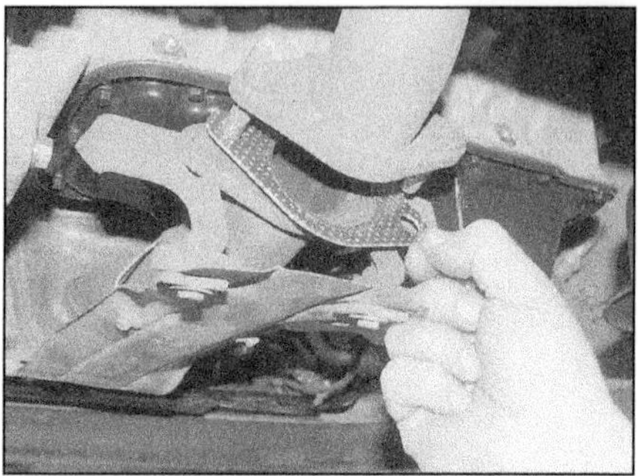
17.17 Montera en ny packning till avgassystemets främre fog

grenröret. Ett kort mellanrör med en böjlig del förbinder katalysatorn med den fabriksmonterade slutsektionen i ett stycke, där ljuddämparen i mitten och den längst bak ingår. För att byta någon av ljuddämparna måste den originalmonterade slutsektionen kapas mitt emellan ljuddämparen i mitten och den bakre ljuddämparen.

3 Innan du kapar röret bör du måtta in den nya delen till avgassystemet för att kunna jämföra och vid behov justera kapställena. Kom ihåg att det måste finnas lite "överlappningsmån", eftersom den originalmonterade delen ska stickas in i den nya.

4 Hela systemet är monterat med gummiupphängningar. På 1,8 och 2,0 liters modeller stöds katalysatorn av en stel, tvådelad klämanordning.

5 När någon del av systemet ska demonteras bör du först lyfta upp fram- eller bakvagnen och ställa den på pallbockar (se *Lyftning och stödpunkter*). Alternativt kan bilen placeras över en smörjgrop eller på ramper.

6 Ford rekommenderar att alla muttrar (t.ex. flänsfogsmuttrar, klämfogsmuttrar och muttrarna vid skarven mellan katalysatorn och grenröret) byts vid återmonteringen. Eftersom de på grund av korrosion kanske inte är i toppskick kan detta vara en god idé, särskilt som det underlättar framtida demontering.

Katalysator

Demontering – 1,4 och 1,6 liters modeller

Observera: *På senare modeller kan det sitta en lambdasond i såväl främre delen av avgassystemets slutsektion, bakom katalysatorn, som i det främre avgasröret. På dessa modeller ska anslutningskontakten kopplas loss från fästplattan på bilens undersida och kontakthalvorna tas isär innan du går vidare med arbetet – se vid behov kapitel 4B.*

7 För att undvika eventuella skador på den böjliga rördelen bakom den första flänsfogen fäster Fords tekniker två tjocka metallremsor, en på vardera sidan, med buntband längs hela det böjliga partiet.

8 Ta bort de fyra bultar och brickor som håller fast värmeskölden under katalysatorn och sänk ner och ta bort skölden.

9 Om den originalmonterade, bakre sektionen av avgasröret aldrig har tagits bort tidigare, blir det nödvändigt att kapa röret bakom katalysatorn. Kapningspunkten ligger 795 mm bakom den främre flänsens tätningsyta. Var noga med att såga av röret i rät vinkel (och att **bara** såga av röret); jämna också till alla ojämna kanter.

10 Om en ny mittljuddämpare har monterats, lossa klämbultarna som fäster katalysatorn mot mittljuddämparen. Försök inte att dela skarven i detta skede.

11 Skruva loss muttrarna och ta isär avgassystemet vid den främre flänsfogen **(se bild)**. Ta loss och kasta packningen – använd en ny vid återmonteringen.

12 Haka loss katalysatorn från de två gummifästena under bilen **(se bild)**. Observera att dessa fästen har en annan färg (vanligen röd) än de andra, vilket visar deras olika temperaturtålighet. Om nya gummifästen monteras, måste de vara av rätt sort.

13 Om det sitter en klämma vid katalysatorns bakre ände, skilj rören åt genom att vrida dem i förhållande till varandra och dra isär hylsskarven.

14 Lyft bort katalysatorn från undersidan av bilen. Var mycket försiktig så att du inte tappar eller stöter till den, eftersom de interna delarna är mycket ömtåliga.

Demontering – 1,8 och 2,0 liters modeller

15 Se beskrivningen i avsnitt 16, punkt 28 till 33.

16 Innan katalysatorn monteras tillbaka bör du lossa de två bultarna vid foten av det främre stödfästet så att den bakre delen av fästet kan glida fritt – när katalysatorn väl har monterats fast kan bultarna dras åt.

Återmontering – alla modeller

17 Monteringen sker i omvänd ordningsföljd mot demonteringen. Rengör alla hylsskarvar innan du passar ihop dem. Använd nya packningar, muttrar och bultar där så behövs och dra åt alla hållare till angivet moment **(se bild)**. **Observera:** *Avgastätningsmedel ska inte användas på någon del av avgassystemet framför katalysatorn (mellan motorn och katalysatorn) – även om tätningsmedlet inte innehåller några tillsatsämnen som kan skada katalysatorn, kan delar av det lossna och förorena katalysatorelementet, vilket kan resultera i lokal överhettning.*

Mellanrör

Demontering – 1,8 och 2,0 liters modeller

18 För att undvika eventuella skador på den böjliga rördelen framför den andra flänsfogen fäster Fords tekniker två tjocka metallremsor, en på vardera sidan, med buntband längs hela det böjliga partiet.

19 Skruva loss muttrarna vid flänsfogen i respektive ände på röret (använd nya muttrar vid återmonteringen). Dela fogarna när båda ändar blivit fria.

20 Var försiktig så att den böjliga delen inte böjs eller sträcks för mycket och sänk den bakre delen av röret så att du kan lyfta bort det över kryssrambalken och ut från undersidan av bilen. Ta loss och kasta packningarna som sitter i rörets ändar – använd nya vid återmonteringen.

Återmontering – 1,8 och 2,0 liters modeller

21 Monteringen sker i omvänd ordningsföljd mot demonteringen. Använd nya packningar och muttrar och dra åt flänsfogsmuttrarna till angivet moment.

Mittre ljuddämpare

Demontering – 1,4 och 1,6 liters modeller

22 Om den originalmonterade bakre sektionen aldrig tidigare har rubbats, måste man kapa avgassystemets bakre del på två ställen för att byta den mittre ljuddämparen. Det första kapstället ligger 795 mm bakom den främre flänsens tätningsyta och det andra på ett avstånd av 2 144 mm. Var noga med att såga av röret i rät vinkel (och att **bara** såga av röret); jämna också till alla ojämna kanter.

23 Om avgassystemet har reparerats tidigare har mittljuddämparen kanske hylsskarvar med rörklämmor i bägge ändar. Lossa i så fall klämmuttrarna, haka loss ljuddämparen från gummifästena och vrid och dra sedan isär rören vid hylsskarven.

24 Ta bort ljuddämparen från undersidan av bilen.

Demontering – 1,8 och 2,0 liters modeller

25 Om den originalmonterade bakre sektionen fortfarande är intakt, måste den kapas mellan ljuddämparen i mitten och den bakre ljuddämparen. Kapningspunkten ligger 2 033 mm bakom tätningsytan hos flänsfogen som sitter framför mittljuddämparen. Var noga med att såga av röret i rät vinkel (och att **bara** såga av röret); jämna också till alla ojämna kanter.

26 Har en ny ljuddämpare monterats, finns det en hylsskarv med rörklämmor vid mittljuddämparens bakände. Lossa klämmuttrarna, men försök inte att dela hylsskarven i detta skede.

27 Skruva loss muttrarna och ta isär avgassystemet vid flänsskarven framför mittljuddämparen (använd nya muttrar vid återmonteringen). Ta loss och kasta packningen – använd en ny vid återmonteringen.

28 Haka loss mittljuddämparen från dess gummifästen. Om en hylsskarv har använts i bakre änden får du dra och vrida isär rören för att dela skarven. Ta bort mittljuddämparen från undersidan av bilen.

Montering – alla modeller

29 Monteringen sker i omvänd ordningsföljd mot demonteringen. Rengör alla hylsskarvar innan du passar ihop dem. Använd nya packningar och muttrar och dra åt alla hållare till angivet moment.

Bakre ljuddämpare

Demontering

30 Om den originalmonterade, bakre delen av avgassystemet fortfarande sitter kvar, blir det nödvändigt att kapa röret mellan mittljuddämparen och den bakre ljuddämparen för att passa in ersättningsdelen. Kapningsställena är följande:

a) 1,4 och 1,6 liters modeller – 2 144 mm bakom den främre flänsens framåtvända tätningsyta.

b) 1,8 och 2,0 liters modeller – 2 033 mm bakom tätningsytan hos flänsen framför mittljuddämparen.

31 Tänk på råden under punkt 3 innan du börjar kapa. Var noga med att såga av röret i rät vinkel (och att **bara** såga av röret); jämna också till alla ojämna kanter.

32 Haka loss den bakre ljuddämparen från dess gummifäste(n).

33 Om den bakre ljuddämparen har bytts tidigare, lossa klämmuttrarna vid skarven och vrid och dra isär rören för att sära hylsskarven.

34 Ta bort den bakre ljuddämparen från undersidan av bilen.

Montering

35 Monteringen sker i omvänd ordningsföljd mot demonteringen. Rengör alla hylsskarvar innan du passar ihop dem. Använd nya muttrar (eller en ny rörklämma) och dra åt muttrarna till angivet moment.

Värmesköld(ar)

36 Värmesköldarna sitter fast vid karossens undersida med muttrar eller bultar. En sköld sitter under katalysatorn för att minska risken för brand vid parkering på exempelvis torrt gräs eller torra löv. I övrigt sitter sköldarna ovanför avgassystemet för att skydda kupén och bränsletanken mot värmestrålning.

37 Varje sköld kan demonteras för sig, men observera att vissa av dem överlappar varandra, vilket gör att man först måste lossa en annan sektion. Om du behöver demontera en sköld för att kunna nå en del bakom den, kan det i vissa fall räcka att skruva loss fästmuttrarna och/eller bultarna och bara sänka ner skölden, utan att rubba avgassystemet. I annat fall får du demontera avgassystemet enligt den tidigare beskrivningen.

Kapitel 4 Del B:
Avgasreningssystem

Innehåll

Svårighetsgrader

Enkelt, passar novisen med lite erfarenhet 	**Ganska enkelt,** passar nybörjaren med viss erfarenhet 	**Ganska svårt,** passar kompetent hemmamekaniker 	**Svårt,** passar hemmamekaniker med erfarenhet	**Mycket svårt,** för professionell mekaniker 

Specifikationer

Åtdragningsmoment	**Nm**
EGR klämmutter	9
EGR-rörets flänsbultar	20
EGR-rörets anslutningsmuttrar	23
EGR-ventilens fästbultar	20
Lambdasond:	
1,4 och 1,6 liters modeller	42
1,8 och 2,0 liters modeller	48

1 Allmän information

Alla bensinmodeller är designade för blyfri bensin, och styrs av Fords motorstyrningssystem EEC-V för bästa kompromiss mellan körbarhet, bränsleförbrukning och avgasutsläpp. Dessutom finns ett antal system som minimerar andra skadliga utsläpp. Bilen är försedd med ett vevhusventilationssystem, som minskar utsläppen av föroreningar från motorns smörjsystem, och en katalysator som minskar de skadliga utsläppen i avgaserna. Ett avdunstningsregleringssystem reducerar utsläpp av kolvätegaser från bränsletanken. På 1,4 och 1,6 liters modeller finns ett avgasåterföringssystem (EGR) som ytterligare minskar utsläppen.

Vevhusventilation

För att minska utsläppen av oförbrända kolväten från vevhuset är motorn förseglad och genomblåsningsgaser och oljeångor sugs från vevhuset, genom en oljeavskiljare, till insugskanalen, där de förbränns i motorn.

Gaserna tvingas alltid ut ur vevhuset av det (relativt) högre trycket där.

Avgasrening

För att minimera mängden föroreningar som släpps ut i atmosfären har alla modellers avgassystem en trevägskatalysator. Bränslesystemet är av sluten typ, där en lambdasond (syresensor) i avgassystemet ger motorstyrningssystemets ECU (styrenhet) konstant feedback, så att ECU:n kan justera luft-/bränsle-blandningen för optimal förbränning. Hur katalysatorn demonteras behandlas i kapitel 4A.

För att lambdasondens spets snabbt ska uppnå optimal arbetstemperatur är den försedd med ett inbyggt värmeelement som styrs av ECU:n via ett relä. Sondens spets känner av syrehalten i avgaserna och skickar en spänningssignal, som varierar med mängden syre i avgaserna, till styrenheten. Om insugets luft-/bränsleblandning är för fet blir avgaserna syrefattiga, så att lambdasonden skickar en signal med låg spänning. Spänningen ökar allt eftersom blandningen blir magrare och mängden syre i avgaserna ökar. Maximal omvandlingseffekt för alla större föroreningar uppstår när bränsleblandningen hålls vid den kemiskt korrekta kvoten för fullständig förbränning av bensin, som är 14,7 (vikt)delar luft till 1 del bensin (stökiometriskt blandningsförhållande). Lambdasondens signalspänning ändras kraftigt vid denna punkt och styrenheten använder signaländringen som referens för att justera bränsleblandningen genom att ändra insprutningens pulsbredd.

Vissa senare modeller har två lambdasonder, en framför och en bakom katalysatorn. Detta möjliggör en noggrannare övervakning av avgaserna, och en kortare reaktionstid för ECU:n; katalysatorns verkningsgrad kan också övervakas.

Ett avgasåterföringssystem (EGR) finns även på 1,4 och 1,6 liters modellerna. Det minskar mängden kolväten som bildas vid förbränningen genom att under vissa drifttillstånd föra tillbaka en del av avgaserna in i insugsröret via en kolvventil. Systemet styrs elektroniskt av ECU:n.

Avdunstningsreglering

För att minimera utsläpp av oförbrända kolväten har alla bensinmodeller ett avdunstningsregleringssystem. Bränsletankens påfyllningslock är förseglat och en kolkanister bakom bränsletanken fångar upp bensinångorna från bränslet i tanken. Där sparas ångorna tills de kan sugas ut ur kolkanistern (under kontroll av bränsleinsprutnings-/tändsystemets ECU) genom rens-ventilen/-ventilerna och vidare via insugs-kanalen för att sedan förbrännas i motorn.

För att motorn ska fungera bra när det är kallt och/eller vid tomgång, samt för att skydda katalysatorn från skador vid en alltför mättad blandning, öppnar inte motorns elektroniska styrsystem rensstyrventilerna förrän motorn är uppvärmd och under belastning. Solenoidventilen öppnas och stängs då så att ångorna kan dras in i insugskanalen.

2 Avdunstningsregleringssystem - byte av delar

1 Avdunstningsregleringssystemet består av rensventilen, en kanister med aktivt kolfilter och ett antal anslutande vakuumslangar. Det är inte mycket som kan utföras som rutinunderhåll, förutom att kontrollera att vakuumslangarna inte sitter i kläm eller är skadade. Vårdslöst utfört underhåll kan leda till att slangarna kläms sönder – var alltid noga med att dra såväl dessa som övriga slangar rätt.

2 Kanistern sitter bakom bränsletanken, under bilen **(se bild)**. Hur komponenterna demonteras beskrivs som en del av demonteringen av bränsletanken, i kapitel 4A, avsnitt 9.

2.2 Kolkanister (vid pilen) vid tankens bakre ände

3 Rensventilen sitter i högra, bakre delen av motorrummet (sett från förarsätet) **(se bild)**. Koppla loss slangarna (notera hur de sitter) och anslutningskontakten från ventilen och koppla sedan loss den från fästbygeln. Monteringen utförs i omvänd ordningsföljd mot demonteringen.

3 Vevhusventilationssystem - byte av delar

1 Vevhusventilationssystemet ("Positive Crankcase Ventilation" - PCV) består av ett slangsystem som förbinder vevhuset med luftrenaren eller insugsgrenröret. I vissa bensinmotorer sitter oljeavskiljare, vanligen längst till vänster eller längst fram på motorn.

2 Systemet behöver ingen annan översyn än regelbunden kontroll av att slangar, ventiler och oljeavskiljare inte är blockerade samt i övrigt är i gott skick.

PCV-ventil

1,4 och 1,6 liters motorer

3 Gör på följande sätt för att demontera PCV-ventilen på motorns framsida (observera att den här ventilen inte används i alla länder).

4 Ta bort generatorn enligt beskrivningen i kapitel 5A.

5 Notera läget hos de två vevhusventilationsslangarna och koppla loss dem från insugsgrenröret.

6 Följ ventilationsslangen fram till PCV-ventilen och lossa slangen från ventilen.

7 Dra loss ventilen från dess plats och ta bort den från motorrummet **(se bild)**. Om så krävs, kan även oljeavskiljarens hus demonteras när de sju fästbultarna har skruvats loss.

1,8 och 2,0 liters bensin motorer

8 Gör på följande sätt för att demontera PCV-ventilen på vänster sida av motorn (vänster från förarsätet sett).

9 PCV-ventilen är svår att komma åt. Ventilen sitter bakom katalysatorn, och nedanför termostathuset, i en upphöjd del av motorblocket längst till vänster på motorn,

2.3 Kanisterns avluftningsventil i motorrummet

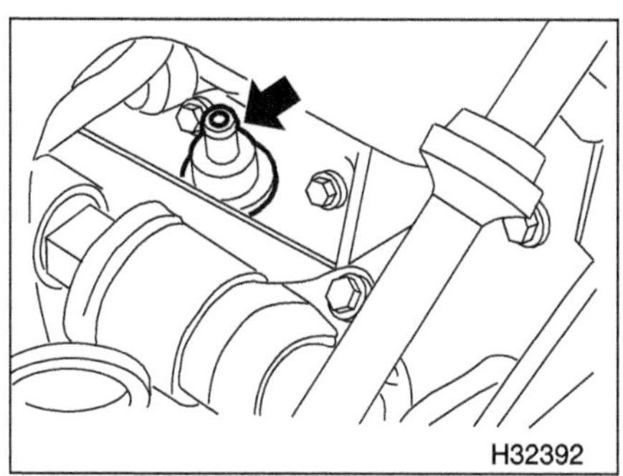

3.7 PCV-ventilens plats på 1,4 och 1,6 liters motorer

alldeles intill växellådan. Följ ventilationsslangen fram till ventilen och lossa den.

10 Du kan demontera ventilen genom att dra ut den **(se bild)**.

11 Om slangen som förbinder PCV-ventilen med insugsgrenröret är skadad, måste termostathuset demonteras för att det ska gå att komma åt. Se beskrivningen i kapitel 3.

Alla motorer

12 Tvätta ventilen i lämpligt lösningsmedel (som t.ex. motoravfettningsmedel) och se till att alla kanaler är rena. Kontrollera att det inte finns några tecken på skador på slangarna, särskilt i ändarna. Om ventilen sitter med en O-ring som tätning, bör du kontrollera O-ringens skick innan ventilen sätts tillbaka.

13 Monteringen sker i omvänd ordningsföljd mot demonteringen. Se till att slangarna återmonteras stadigt och på rätt plats och med samma dragning som tidigare.

Oljeavskiljare

1,8 och 2,0 liters motorer

14 Oljeavskiljaren sitter på motorblockets framsida, bakom avgasgrenröret och katalysatorn. För att nå den måste du antagligen demontera avgasgrenröret och katalysatorn enligt beskrivningen i kapitel 4A.

15 Du får antingen lossa slangen som leder till avskiljaren eller dra loss PCV-ventilen.

16 Avskiljaren sitter fast med tre bultar. Skruva loss bultarna och ta bort avskiljaren. Ta loss packningen **(se bilder)**.

3.18 Använd en ny packning när oljeavskiljaren återmonteras

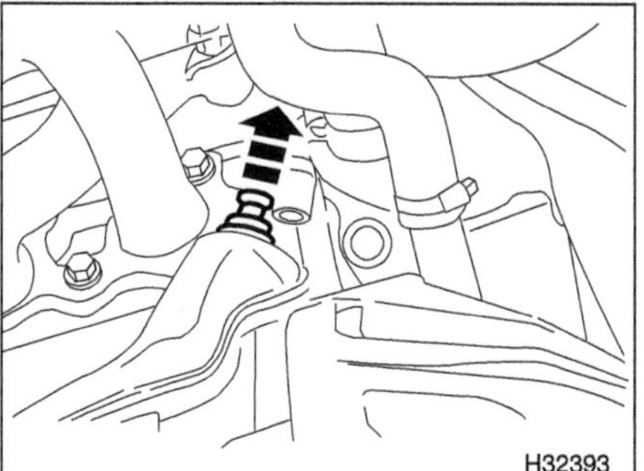

3.10 Demontera PCV-ventilen genom att dra ut den från dess plats

17 Om du inte redan gjort det, demontera PCV-ventilen från avskiljaren. Tvätta ur oljeavskiljaren med lämpligt lösningsmedel (som t.ex. motoravfettningsmedel) och se till att alla kanaler är rena.

18 Monteringen utförs i omvänd ordningsföljd mot demonteringen. Använd en ny packning och dra åt fästbultarna ordentligt **(se bild)**.

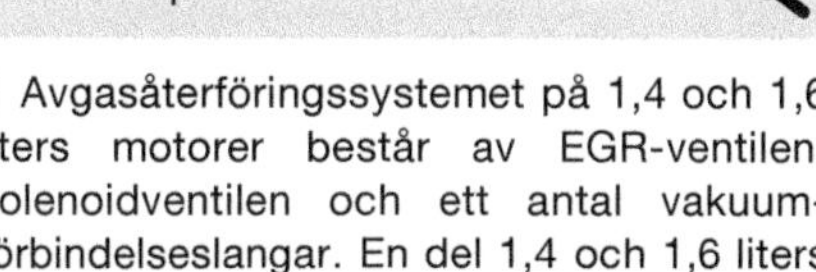

4 Avgasåterföringssystem (EGR) - demontering av komponenter

1 Avgasåterföringssystemet på 1,4 och 1,6 liters motorer består av EGR-ventilen, solenoidventilen och ett antal vakuumförbindelseslangar. En del 1,4 och 1,6 liters motorer som är avsedda för vissa marknader har en givare för differenstrycksåterföring.

2 EGR-ventilen är monterad på avgasgrenrörets flänsfog och ansluten till en andra flänsfog vid gasspjällshuset med ett kort metallrör.

EGR solenoidventil

3 Solenoidventilen sitter mitt på torpedväggen längst bak i motorrummet **(se bild)**.

4 Koppla loss vakuumslangarna från ventilen när du har noterat deras läge - den översta leder till en anslutning vid luftrenaren medan de två mindre slangarna ansluter till själva EGR-ventilen och bromsservons vakuumslang. Koppla loss anslutningskontakten från enheten. Skruva sedan loss de två fästbultarna och demontera den från torpedväggen.

5 Monteringen sker i omvänd ordningsföljd mot demonteringen.

4.3 EGR-solenoidventilens plats på motorrummets torpedvägg

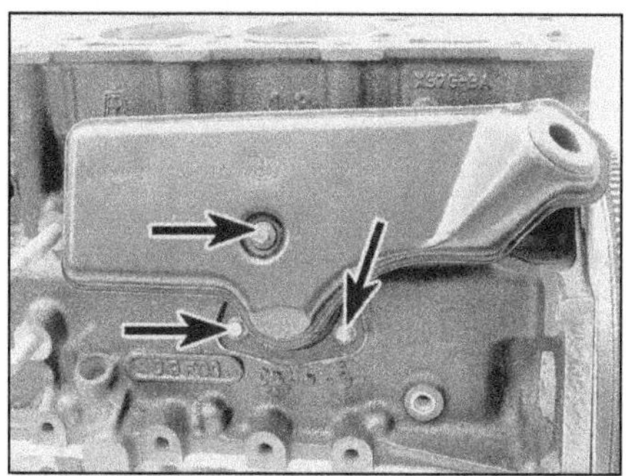

3.16a Skruva loss de tre fästbultarna (vid pilarna) . . .

3.16b . . . och demontera oljeavskiljaren

EGR-ventil

6 På 1,4- och 1,6 liters motorer sitter EGR-ventilen ovanför avgasgrenröret; demontering och montering utförs på följande sätt.

7 Koppla loss vakuumslangen från ventilens ovansida **(se bild)**. Lossa därefter klämmuttern på metallröret vid ventilfoten och lossa röranslutningen (det går kanske inte att ta isär anslutningen helt innan ventilen demonterats).

8 Skruva loss ventilens två fästbultar och ta bort ventilen från dess plats. Ta loss och kasta packningen - använd en ny vid monteringen.

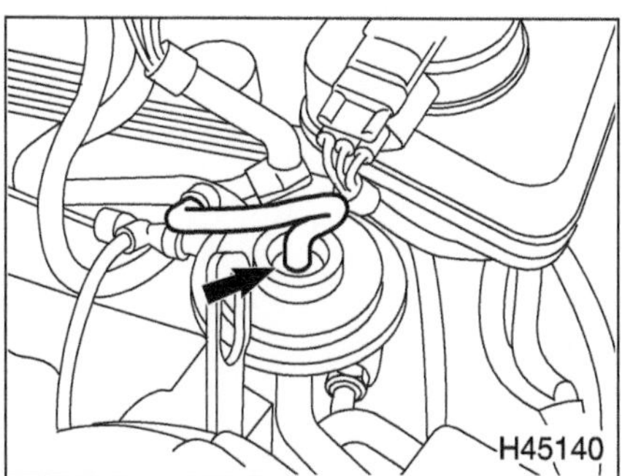

4.7 Koppla loss EGR-ventilens vakuumslang (vid pilen) - 1,4 och 1,6 liters motorer

9 Monteringen sker i omvänd ordningsföljd mot demonteringen. Tänk på följande:

a) *Passa in ventilen i dess läge, använd en ny packning och dra åt fästbultarna med fingerkraft.*

b) *Dra åt rörets anslutningsmutter till angivet moment och dra sedan åt fästbultarna till angivet moment.*

EGR differenstryckgivare

10 Differenstryckgivaren (där sådan är monterad) sitter på motorrummets torpedvägg, bredvid EGR solenoidventilen.

11 Gör en anteckning om hur vakuumslangarna sitter till återmonteringen (de har olika diameter) och koppla sedan loss dem från givarens portar.

12 Koppla loss givarens anslutningskontakt. Skruva sedan loss fästbultarna och demontera givaren från dess plats.

13 Monteringen sker i omvänd ordningsföljd mot demonteringen. Se till att slangarna sätts tillbaka på rätt plats.

EGR rörsystem

Avgasgrenrör till EGR-ventilrör

14 Lossa kopplingsmuttrarna i rörets bägge ändar och koppla loss vakuumslangarna från matarrörets anslutningar mitt på huvudröret.

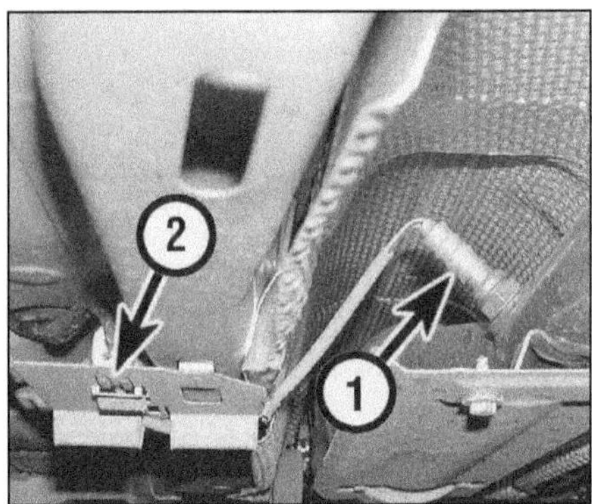

5.3a På modeller med två Lambdasonder sitter den andra sonden (1) på baksidan av katalysatorn, med anslutningskontakten (2) bredvid

15 Dra bort röret från motorns baksida.

16 Monteringen sker i omvänd ordningsföljd mot demonteringen. Dra åt anslutningsmuttrarna till angivet moment.

EGR-ventilens tillförselrör

17 Demontera EGR-ventilen enligt beskrivningen tidigare i detta avsnitt.

18 Skruva loss de två bultar som håller fast rörflänsen nedanför EGR-ventilens plats och dela rörskarven.

19 Skruva loss motorns lyftögla som sitter bredvid tändspolen och lossa därefter EGR-rörets klämbult som också sitter bredvid spolen.

20 Koppla loss anslutningskontakterna från tändspolen och gasspjällets lägesgivare. Lossa även bromsservons vakuumrör från framsidan av gasspjällshuset genom att pressa ner låskragen.

21 Skruva loss de två bultar som håller fast rörflänsen vid gasspjällshuset och dela skarven **(se bild)**. Ta loss och kasta O-ringstätningen – använd en ny vid monteringen.

22 Lirka försiktigt röret förbi alla eventuella hinder och ta bort det från motorn. Notera hur de olika rören och slangarna är dragna, det underlättar återmonteringen.

23 Monteringen sker i omvänd ordningsföljd mot demonteringen. Montera en ny O-ringstätning i den främre flänsfogen och dra åt alla bultar till angivet moment.

5 Lambdasond - demontering och montering

Observera: *Vissa senare modeller har två Lambdasonder – en framför och en bakom katalysatorn. Detta möjliggör effektivare övervakning av avgaserna och snabbare respons. Katalysatorns allmänna effektivitet kan också kontrolleras.*

Demontering

1 På 1,4 och 1,6 liters modellerna går det att komma åt sonden i det främre avgasröret uppifrån, men den andra sonden – som finns på senare modeller – går bara att nå när bilen är uppallad (se *Lyftning och stödpunkter*).

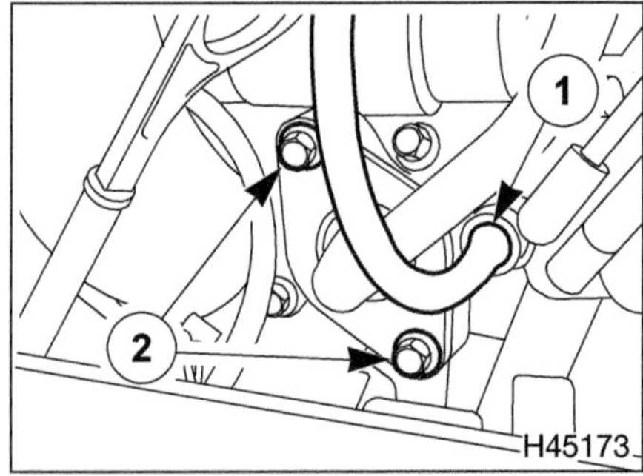

4.23 EGR-rörets flänsbultar (2) och bromsservons vakuumrörsanslutning (1)

2 På 1,8 och 2,0 liters modeller skruvar man loss de fyra bultar som håller fast värmeskölden över avgasgrenröret och lyfter bort värmeskölden för att komma åt sonden.

3 Följ kablaget bakåt från sonden till anslutningskontakten och koppla loss den. På modeller med två sonden är anslutningskontakten till den bakre sonden fäst med en klämma vid en metallplatta som sitter på undersidan av bilen **(se bilder)**. Observera hur kablarna är dragna, de får inte komma i kontakt med avgassystemets heta delar.

4 Skruva loss och demontera sonden från dess plats **(se bild)**. Var försiktig när du tagit bort sonden, så att du inte tappar eller skadar den. Så länge sonden är demonterad, måste dess spets skyddas mot nedsmutsning.

Montering

5 Det kan vara bra att rengöra sonden innan den monteras tillbaka, särkilt om spetsen verkar smutsig. Var emellertid mycket försiktig, eftersom spetsen tar skada av slipmedel och av vissa lösningsmedel. Fråga en Fordverkstad innan du rengör sonden.

6 Monteringen sker i omvänd ordningsföljd mot demonteringen. Tänk på följande:

a) *Stryk lite antikärvmedel på sondens gängor – var noga med att inget kommer på sondspetsen – och dra åt sonden till angivet moment.*

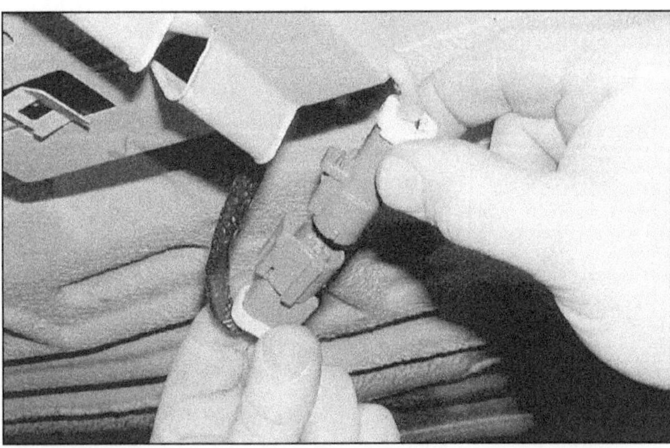

5.3b Koppla loss den andra sondens anslutningskontakt

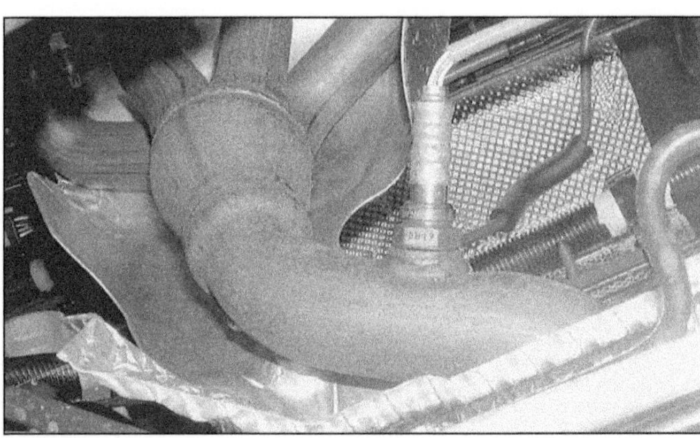

5.4 Typisk placering av Lambdasond i främre avgasröret – 1,4 liters motor

b) Återanslut kablaget. Se till att det går fritt från alla heta avgaskomponenter.

c) Om så krävs, går det att konstatera att sonden fungerar genom att låta kontrollera avgasutsläppen och jämföra dem med de värden som anges i kapitel 4A. Kom ihåg att en defekt Lambdasond har skapat en felkod – om denna kod fortfarande är inloggad i ECU:ns elektroniska minne, kommer motorstyrningssystemet fortfarande att arbeta i reservdriftläget LOS (se kapitel 4A, del 14).

6 Katalysator – allmän information, demontering och montering

Allmän information

1 Katalysatorn minskar mängden skadliga utsläpp genom att kemiskt omvandla de giftigare avgaserna till sådana som (åtminstone teoretiskt) är mer ofarliga. Det är vad man kallar en "oxiderande" kemisk reaktion, som sker genom tillsats av syre.

2 Inuti katalysatorn finns en vaxkaksliknande konstruktion, tillverkad av keramiskt material och belagd med ädelmetallerna palladium, platina och rhodium (de "katalytiska" ämnen som underlättar den kemiska reaktionen). Den kemiska reaktionen alstrar värme, vilket i sin tur gynnar reaktionen – därför blir katalysatorn mycket het när bilen körts en längre sträcka.

3 Det säger sig nästan självt, att den keramiska konstruktionen inuti katalysatorn är ganska bräcklig och inte tål omild behandling. Eftersom katalysatorn arbetar vid hög temperatur, bör man undvika att köra ner bilen i djupt, stående vatten (t.ex. vid översvämning). Den termiska belastningen på den heta katalysatorn när den sänks ner i kallt vatten kan få det keramiska innanmätet att spricka, vilket kan leda till att katalysatorn "sätts igen" – en vanlig haveriorsak. Du kan kontrollera en katalysator som skadats på detta sätt genom att skaka den (slå inte på den!) – ett skramlande ljud tyder på att den troligen är skadad.

Föreskrifter

4 Katalysatorn är en tillförlitlig och enkel anordning som inte kräver något underhåll. Det finns dock några punkter som man bör vara medveten om för att katalysatorn skall fungera ordentligt under hela sin livslängd:

a) Använd INTE blyad bensin (eller bensin med blyersättning) i en bil med katalysator. Blyet (eller andra tillsatser) bildar en beläggning över ädelmetallerna och reducerar deras katalysförmåga och förstör med tiden hela katalysatorn.

b) Underhåll alltid tänd- och bränslesystemen regelbundet enligt tillverkarens underhållsschema (se kapitel 1).

c) Om motorn börjar feltända bör bilen (i möjligaste mån) inte köras alls förrän felet är åtgärdat.

d) Knuffa INTE igång bilen – det dränker katalysatorn i oförbränd bensin så att den överhettas när motorn startar.

e) Slå INTE av tändningen vid höga motorvarvtal, dvs. rusa inte motorn alldeles innan du slår av den.

f) Använd INGA tillskott i bränsle eller olja – de kan innehålla ämnen som skadar katalysatorn.

g) Kör INTE bilen om motorn bränner olja i så hög grad att den lämnar ett synligt spår av blå rök.

h) Tänk på att katalysatorn arbetar under mycket hög temperatur. Parkera därför INTE bilen på torrt eller högt gräs eller bland torra löv efter en lång körsträcka.

i) Som redan nämnts, bör du i möjligaste mån undvika att köra genom djupa vattensamlingar. Den plötsliga avkylningen kan spräcka den keramiska vaxkakekonstruktionen så att den inte går att reparera.

j) Tänk på att katalysatorn är ÖMTÅLIG – slå inte på den med några verktyg under servicearbetet, och hantera den varsamt om den av någon anledning behöver tas bort.

k) I vissa fall kan det lukta svavel (som ruttna ägg) om avgaserna. Det är vanligt för många bilar med katalysator, och har mer att göra med bensinens svavelinnehåll än med själva katalysatorn.

l) Märker du en påtaglig effektförlust kan det bero på att katalysatorn är igensatt. Anledningen kan helt enkelt vara att den är utsliten av lång tjänst, men det kan också bero på att keramikdelen inuti katalysatorn har spruckit och rasat ihop (se punkt 3). I så fall är en ny katalysator det enda botemedlet.

m) Katalysatorn bör hålla mellan 80 000 och 160 000 km på en välvårdad bil – när katalysatorn inte längre är effektiv måste den bytas.

Demontering och montering

5 Katalysatorn är en del av avgassystemet – se relevant avsnitt i kapitel 4A.

Kapitel 5 Del A:
Start- och laddningssystem

Innehåll

Svårighetsgrader

Enkelt, passar novisen med lite erfarenhet 	**Ganska enkelt,** passar nybörjaren med viss erfarenhet	**Ganska svårt,** passar kompetent hemmamekaniker 	**Svårt,** passar hemmamekaniker med erfarenhet 	**Mycket svårt,** för professionell mekaniker

Specifikationer

Batteri

Typ	Silver-kalcium (märkt Ca)

Generator

Typ (i normalfallet):	Magneti Marelli A1151-80A 98AB10300DD
Uppskattad effekt:	70 eller 80 A
Reglerad spänning vid 4 000 varv/min och 3-7 A laddning – alla typer	13,5 – 14,6 volt
Minsta borstlängd	5,0 mm

Startmotor

Typ (i normalfallet)	Motorcraft XS7U – 11000 – C3A (9221BA)

Åtdragningsmoment

Åtdragningsmoment	Nm
Generatorns fästmuttrar/-bultar	45
Batteri:	
Fästklämma	12
Hyllans fästbultar	12
Motorjordkabelns bult	35
Startmotorns fästbultar	35

1 Allmän information, föreskrifter och urkoppling av batteriet

Allmän information

Motorns elsystem innefattar systemen för tändning, laddning och start. Eftersom dessa fungerar tillsammans med motorn tas de upp separat från övriga elektriska funktioner som belysning, instrument etc. (som tas upp i kapitel 12).

Föreskrifter

Vidta alltid följande försiktighetsåtgärder när du arbetar med elsystemet:

a) *Var mycket försiktig när du arbetar med motorns elektriska delar. De skadas lätt om handhavande, anslutning eller kontroll sker på fel sätt.*

b) *Lämna aldrig tändningen påslagen under lång tid när motorn inte är igång.*

c) *Koppla inte ifrån batterikablarna när motorn är igång.*

d) *Bibehåll korrekt polaritet när du ansluter batterikablar från en annan bil vid starthjälp - se "Starthjälp" i början av den här handboken.*

e) *Koppla alltid ifrån minusledaren först och återanslut den sist, annars kan batteriet kortslutas av det verktyg som används för lossa ledningsklämmorna.*

Det är även klokt att läsa igenom den säkerhetsinformation som gäller motorns elsystem i *"Säkerheten främst!"* i början av den här handboken innan du påbörjar någon åtgärd i det här kapitlet.

Urkoppling av batteriet

Flera system i bilen kräver batteriström för att kunna fungera hela tiden, antingen för kontinuerlig funktion (t.ex. klockan) eller för styrenheternas minnen ska sparas (t.ex. motorstyrningssystemets ECU) vilket skulle raderas om batteriet kopplades ur. Tänk på följande varje gång batteriet ska kopplas ur för att undvika oförutsedda konsekvenser:

a) *På bilar med centrallås är det klokt att först ta ut nyckeln ur tändningslåset och ha den med sig så att den inte blir inlåst om centrallåset aktiveras av misstag när batteriet återansluts.*

b) *Motorstyrningssystemets ECU förlorar den information som lagrats i minnet - hos Ford kallas det 'KAM' (Keep-Alive Memory) - när batteriet kopplas ur. Detta inkluderar tomgångs- och funktionsvärden, och registrerade felkoder. Om det är troligt att systemet har felkoder registrerade måste bilen tas till en Fordverkstad eller en specialist så att koderna kan läsas av med särskild diagnosutrustning (se kapitel 4A). När batteriet har kopplats ur måste informationen om tomgångsstyrningen och andra funktionsvärden programmeras in i enhetens minne på nytt. ECU:n gör det på egen hand, men tills dess är det möjligt att motorn går ojämnt eller ryckigt, att tomgången blir felaktig, samt att motorns allmänna prestanda försämras. För att ECU:n ska kunna lära om dessa värden, starta motorn och låt den gå så nära tomgångsvarvtalet som möjligt tills den når normal arbetstemperatur. Låt den sedan gå på 1 200 varv/minut i cirka två minuter. Kör därefter bilen så långt som möjligt - cirka 8 km varierad körning räcker oftast - för att slutföra återinlärningen.*

c) *Om batteriet kopplas ur när larmsystemet är aktiverat kommer larmet att vara i samma läge när batteriet återansluts. Samma sak gäller immobilisersystemet (i förekommande fall).*

d) *Om en färddator används förloras all information i minnet.*

e) *Om en Ford Keycode ljudanläggning är monterad och enheten och/eller batteriet kopplas ur kommer enheten inte fungera igen förrän rätt säkerhetskod har matats in. Mer detaljer, som beror på enhet och årsmodell, finns i Fords användarhandbok för ljudanläggningar som levereras med nya bilar. Koden finns i ett "radiopass" och/eller på en Keycode-etikett. Kontrollera att du har rätt kod innan du kopplar ifrån batteriet. Av säkerhetsskäl beskrivs inte metoden i den här handboken. Om du inte har tillgång till koden eller anvisningarna men kan uppvisa ägarbevis och ett giltigt skäl till att du behöver informationen, kan en återförsäljare hjälpa till.*

f) *Efter återanslutning av batteriet måste man göra en grundinställning för alla elfönstermotorer separat. Tryck på stängningsknappen tills fönstret är helt stängt och håll knappen intryckt i ytterligare en sekund. Släpp stängningsknappen och tryck ner den på nytt i en sekund, två eller tre gånger. Tryck på öppningsknappen och håll den intryckt i en sekund efter det att fönstret öppnats helt. Tryck kort på stängningsknappen till det andra läget. Om förfarandet har lyckats kommer fönstret att stängas automatiskt.Om fönstret inte stängs automatiskt, upprepa förfarandet. Använd samma tillvägagångssätt för övriga elstyrda fönster.*

"Minnessparare" eller "kodsparare" kan användas för att undvika vissa av de ovanstående problemen. Hur sådana enheter används varierar. Normalt ansluts de till cigarrettändaren och deras kablar kopplas sedan till ett reservbatteri. När bilbatteriet sedan kopplas loss från elsystemet ger minnsesspararen tillräckligt mycket ström för att hålla kvar ljudanläggningens säkerhetskod och ECU:ns minneslagrade värden och för att hålla igång permanent strömförande kretsar som den till klockan, samtidigt som batteriet isoleras i händelse av kortslutning under arbetet.

Varning: Vissa av dessa enheter ger ganska kraftig ström vilket innebär att många av bilens system fortsätter att fungera trots att huvudbatteriet kopplats loss. Om en minnessparare används ska den berörda kretsen kontrolleras så att den verkligen är strömlös innan något arbete utförs i den.

2 Batteri - demontering, montering, kontroll och laddning

Demontering

1 Lossa och ta bort batterikåpan.

2 Koppla loss minusledningen och därefter plusledningen **(se bilder)**. Observera att anslutningarna och klämmorna har olika diameter så att de inte ska kunna förväxlas. Se informationen i avsnitt 1.

3 Ta bort batteriets fästklämma **(se bild)**.

4 Lyft ut batteriet.

Varning: Batteriet är tungt.

5 När batteriet är borttaget, kontrollera och rengör batterihyllan (se *Veckokontroller*).

6 Om du byter batteriet, se till att du byter det mot ett identiskt batteri med samma dimensioner, spänningskapacitet, kallstarts-kapacitet etc. Sluthantera det gamla batteriet

2.2a Lossa muttern och koppla loss minuskabelns klämma . . .

2.2b . . . och därefter pluskabeln

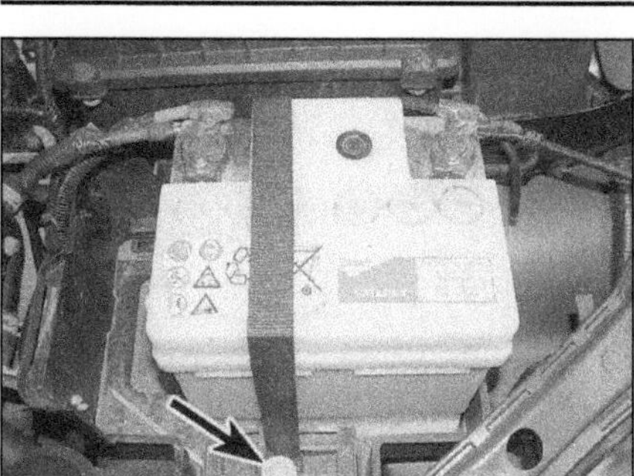

2.3 Skruva loss batteriets fästbult (vid pilen)

på ett ansvarsfullt sätt. Många kommuner har anläggningar för insamling och hantering av liknande produkter. Batterier innehåller svavelsyra och bly och får inte kastas i soporna.

Montering

7 Monteringen sker i omvänd ordningsföljd mot demonteringen. **Observera:** *Se också informationen i avsnitt 1 "Urkoppling av batteriet".*

Kontroll

Standard- och lågunderhållsbatteri

8 Om bilen inte körs någon längre sträcka under året är det mödan värt att kontrollera batterielektrolytens densitet var tredje månad för att avgöra batteriets laddningsstatus. Använd en hydrometer till kontrollen och jämför resultatet med tabellen nedan:

	Omgivande temperatur	
	Över 25 °C	**Under 25 °C**
Fullt laddat	*1,210 till 1,230*	*1,270 till 1,290*
70 % laddat	*1,170 till 1,190*	*1,230 till 1,250*
Urladdat	*1,050 till 1,070*	*1,110 till 1,130*

Observera att densitetskontrollen förutsätter att elektrolyttemperaturen är 15 °C. För varje 10 °C under 15 °C, dra ifrån 0,007. För varje 10 °C över 15 °C, lägg till 0,007.

9 Om batteriet misstänks vara defekt, kontrollera först elektrolytens densitet i varje cell. En variation som överstiger 0,040 mellan celler är tecken på förlust av elektrolyt eller nedbrytning av plattor.

10 Om avvikelsen i densitet är 0,040 eller mer ska batteriet bytas ut. Om variationen mellan cellerna är tillfredsställande men batteriet är urladdat ska det laddas enligt beskrivningen längre fram i detta avsnitt.

Underhållsfritt batteri

11 Om det monterade batteriet är livstidsförseglat och underhållsfritt kan elektrolyten inte testas eller fyllas på. Batteriets skick kan därför bara kontrolleras med en batteriindikator eller en voltmätare.

12 Vissa modeller innehåller ett underhållsfritt batteri med en inbyggd indikator för laddningstillstånd. Indikatorn är placerad ovanpå batterihöljet och anger batteriets skick genom att ändra färg. På Fords batterier visar indikatorn grönt om batteriet är i gott skick. Om indikatorn visar rött behöver batteriet laddas enligt beskrivningen längre fram i detta avsnitt. Andra batteritillverkare använder andra färgkoder. Se deras information.

Alla batterityper

13 Om batteriet testas med en voltmätare ska denna anslutas över batteriet. För att kontrollen ska ge korrekt utslag får batteriet inte ha laddats på något sätt under de senaste sex timmarna. Om så inte är fallet, tänd strålkastarna under 30 sekunder och vänta sedan 4 till 5 minuter innan batteriet kontrolleras. Alla andra kretsar ska vara frånslagna, kontrollera att dörrar och baklucka verkligen är stängda när kontrollen görs.

14 Om den uppmätta spänningen understiger 12 volt är batteriet urladdat, medan en spänning mellan 12 och 12,4 volt indikerar delvis urladdning.

15 Om batteriet ska laddas, ta ut det ur bilen och ladda det enligt beskrivningen längre fram i detta avsnitt.

Laddning

Observera: *Följande är endast avsett som hjälp. Följ alltid tillverkarens rekommendationer (finns ofta på en tryckt etikett på batteriet) vid laddning av ett batteri.*

Standard- och lågunderhållsbatteri

16 Ladda batteriet vid 10 % av batteriets effekt (t.ex. en laddning på 4,5 A för ett 45 Ah-batteri) och fortsätt ladda batteriet i samma takt tills ingen ökning av elektrolytens densitet noteras över en fyratimmarsperiod.

17 Alternativt kan en droppladdare som laddar med 1,5 ampere användas över natten.

18 Speciella snabbladdare som påstås kunna ladda batteriet på 1 - 2 timmar är inte att rekommendera, eftersom de kan orsaka allvarliga skador på batteriplattorna genom överhettning.

19 Observera att elektrolytens temperatur aldrig får överskrida 37,8 °C när batteriet laddas.

Underhållsfritt batteri

20 Denna batterityp tar avsevärt längre tid att ladda fullt än standardtypen. Hur lång tid det tar beror på hur urladdat batteriet är, men det kan ta ända upp till tre dagar.

21 En laddare av konstantspänningstyp krävs. Den ska ställas till mellan 13,9 och 14,9 volt med en laddström som underskrider 25 A. Med denna metod bör batteriet vara användbart inom 3 timmar med en spänning på 12,5 V, men detta gäller ett delvis urladdat batteri. Full laddning kan som sagt ta avsevärt längre tid.

22 Om batteriet ska laddas från att ha varit helt urladdat (mindre än 12,2 volt), bör du överlåta laddningen åt en bilverkstad eller en Fordhandlare, eftersom laddströmmen är högre och batteriet måste övervakas konstant under laddningen.

3 Laddningssystem - allmän information och föreskrifter

Allmän information

Laddningssystemet innefattar generatorn, en intern spänningsregulator, en varningslampa för urladdning (eller "tändning"), batteriet, och kablarna mellan alla dessa delar. Laddningssystemet tillför elektrisk ström till tändsystemet, belysningen, radion etc. Generatorn drivs av drivremmen framtill på motorn.

Syftet med spänningsregulatorn är att begränsa generatorns spänning till ett förinställt värde. Detta förhindrar ojämnheter i strömförsörjningen, överbelastning av kretsen etc. vid förhöjd spänningseffekt.

Laddningssystemet kräver i normala fall inget underhåll. Drivrem, batteri, kablar och kontakter ska däremot kontrolleras vid de intervall som anges i kapitel 1.

Varningslampan på instrumentbrädan ska tändas när startnyckeln vrids till läge II eller III och ska sedan släckas när motorn startas. Om den fortsätter att lysa eller om den tänds när motorn är igång är det fel på laddningssystemet. Om lampan inte tänds när startnyckeln vrids trots att glödlampan fungerar är det fel på generatorn.

Laddningssystemet styrs av motorstyrningens ECU. Under motorns startfas minskar ECU:n generatoreffekten, för att minska startmotorns belastning, och ökar motorns tomgångsvarvtal för att öka generatoreffekten när strömförbrukningen är hög eller när batteriet är urladdat.

Föreskrifter

Var försiktig när du ansluter elkretsar till ett fordon med generator och observera följande:

a) *När du återansluter kablar från batteriet till generatorn, se till att polariteten blir rätt.*
b) *Innan du använder båg- eller MIG-svetsutrustning för att reparera någon del av bilen, koppla ifrån kablarna från generatorn och batteripolerna.*
c) *Starta aldrig motorn med en batteriladdare ansluten.*
d) *Koppla alltid ifrån båda batterikablarna innan du använder en batteriladdare.*
e) *Generatorn drivs av en motordrivrem som kan orsaka allvarliga personskador om du fastnar med handen, håret eller kläderna i den när motorn är igång.*
f) *Eftersom generatorn är ansluten direkt till batteriet kan den avge en ljusbåge eller orsaka brand om den överbelastas eller kortsluts.*
g) *Trä en plastpåse över generatorn och förslut med ett gummiband innan motorn tvättas med ånga eller högtryck* ***(Glöm inte att ta bort den innan du startar motorn).***
h) *Koppla aldrig ur generatorn när motorn är igång.*

5.3 Koppla loss kontaktdonet

5.4 Skruva loss den övre fästbulten och muttern

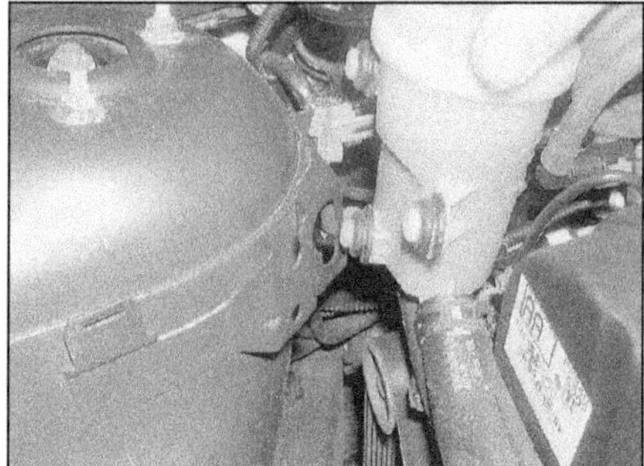
5.7 Lyft behållaren från fästbygeln

4 Laddningssystem - test

1 Om ett fel uppstår i laddningskretsen, förutsätt inte automatiskt att det beror på generatorn. Kontrollera först följande:

a) Kontrollera drivremmens skick och spänning - byt den om den är sliten eller skadad (se relevant del av kapitel 1).

b) Se till att generatorns fästbultar och fästmuttrar är åtdragna.

c) Undersök generatorns kabelnät och generatorns elanslutningar. De måste vara i gott skick och åtdragna.

d) Kontrollera de stora huvudsäkringarna i motorrummet (se kapitel 12). Om de är brända, ta reda på orsaken, reparera kretsen och byt säkringen (bilen startar inte och/eller utrustning fungerar inte om säkringen är bränd).

e) Starta motorn och kontrollera om det kommer onormala ljud från generatorn, t.ex. ett tjut eller ett pip som kan tyda på väldigt slitna lager eller borstar.

f) Se till att batteriet är fulladdat. En enda dålig battericell kan orsaka överladdning av generatorn.

g) Koppla ifrån batterikablarna (först minuskabeln, sedan pluskabeln). Kontrollera att batteripolerna och ledningsklämmorna inte har utsatts för korrosion. Rengör dem noggrant vid behov (se "Veckokontroller"). Återanslut ledningarna.

2 Använd en voltmeter och kontrollera batterispänningen med stillastående motor. Den ska vara cirka 12 volt.

3 Starta motorn och kontrollera batterispänningen igen. Öka motorvarvtalet tills voltmätarutslaget är stabilt. Det ska nu vara ungefär 13,5 - 14,6 volt.

4 Sätt på så många elektriska tillbehör som möjligt (t.ex. strålkastare, bakrutedefroster, och värmefläkt), och kontrollera att generatorn håller regulatorspänningen runt 13-14 volt. Spänningen kan sjunka och sedan stiga igen. Man kanske behöver öka motorvarvtalet något, även om laddningssystemet fungerar som det ska.

5 Om spänningen inte stämmer bör du låta en Fordverkstad eller en specialist med adekvat utrustning undersöka ECU:n och ta fram eventuella minneslagrade felkoder, eftersom generatoreffekten styrs av motorstyrningens ECU.

6 Om du misstänker att det är fel på generatorn, låt en specialist på elsystem i bilar kontrollera den. Ford uppger att en generator måste bytas om det är fel på den. Hör med din återförsäljare/specialist om renoverade generatorer.

5.8a Skruva loss kablagets fästbygel . . .

5.8b . . . och koppla sedan loss motorblockets kontaktdon

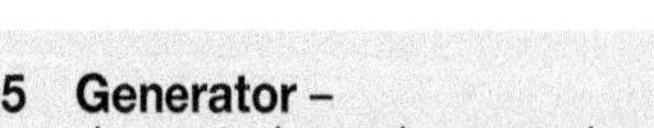

5 Generator - demontering och montering

Demontering

1 Lossa batteriets jordledning (minuspolen) (se avsnitt 1).

2 Demontera drivremmen enligt beskrivningen i kapitel 1.

1,4 och 1,6 liters motorer

3 Ta bort plastkåpan, skruva loss de tre muttrarna och ta bort kablaget från generatorn **(se bild)**.

4 Ta bort den nedre fästbulten och även den övre fästbulten och muttern från generatorn **(se bild)**.

5 Lyft försiktigt upp generatorn från motorn. Var försiktig så att du inte skadar omkringliggande delar. Det är ont om utrymme för att handskas med generatorn.

1,8 och 2,0 liters motorer

6 Skruva loss fästbulten från kylvätskans expansionskärl, lyft ut det från fästklämman och flytta det åt sidan (se kapitel 3, avsnitt 7).

7 Lyft servostyrningsbehållaren från fästbygeln och flytta den åt sidan **(se bilder)**.

8 Skruva loss fästbulten från kablagets fästbygel och flytta kablaget åt sidan (koppla loss multikontakten) **(se bilder)**.

9 Skruva loss bulten från servostyrningsbehållarens fästbygel och lossa jordkabeln (underlätta demonteringen av generatorn, genom att böja jordkabeln försiktigt nedåt) **(se bilder)**.

10 Skruva loss de två fästbultarna från kolfiltrets avluftningsventil och flytta åt sidan **(se bild)**.

11 Ta bort plastkåpan, skruva loss muttern och koppla loss kablaget från generatorns baksida.

12 Skruva loss generatorns fästbult närmast motorn **(se bild)**. Skruva loss den andra fästbulten tills den har lossats helt från

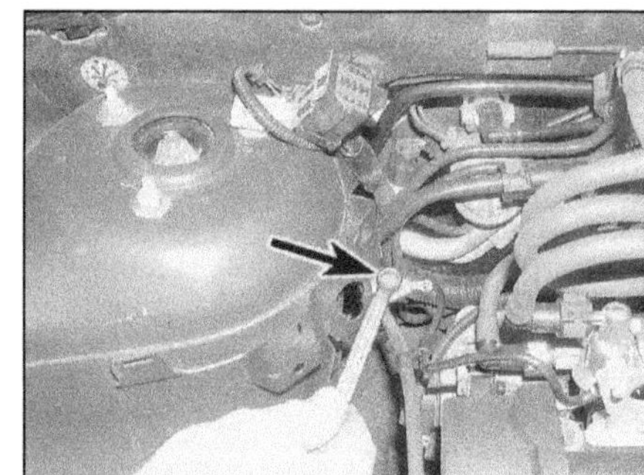
5.9a Skruva loss jordkabeln (vid pilen) . . .

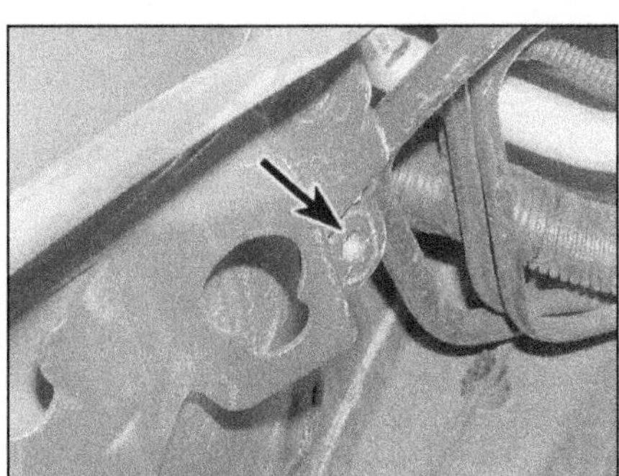
5.9b . . . och böj fästbygeln försiktigt nedåt (vid pilen)

5.10 Koppla loss kontaktdonet och flytta kolfiltret åt sidan

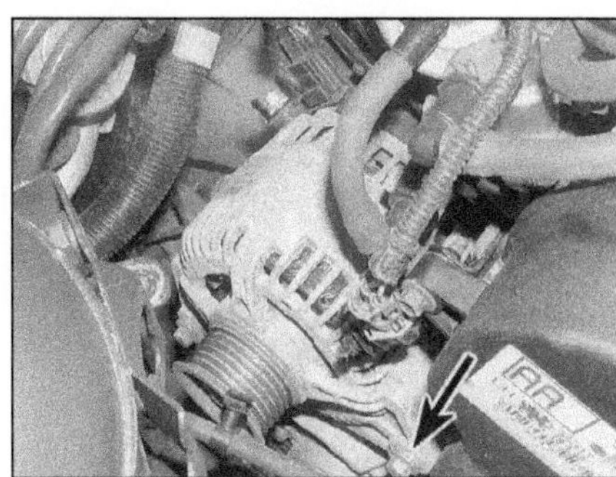
5.12a Skruva loss bulten (vid pilen) . . .

fästbygeln (det går inte att ta bort bulten från generatorn i det här läget) **(se bild)**.

13 Lyft försiktigt generatorn från motorn. Vrid den så att remskivan hamnar uppåt. Var försiktig så att du inte skadar kringliggande delar vid demonteringen. Det är ont om utrymme för att handskas med generatorn **(se bild)**.

Alla modeller

14 Om du byter generatorn, ta med den gamla. Se till att den nya eller renoverade enheten är identisk med den gamla generatorn. Kontrollera anslutningarna. De ska ha samma antal, storlek och placering som anslutningarna på den gamla generatorn. Kontrollera till sist identifieringsmarkeringarna. De är instansade på huset eller tryckta på en etikett eller plåt som är fäst på huset. Se till att dessa nummer är identiska på de båda generatorerna.

15 Många nya/renoverade generatorer har ingen remskiva, så du måste kanske flytta remskivan från den gamla enheten till den nya/renoverade. När du köper en generator, fråga om montering av remskivor. Vissa specialister på elsystem i bilar utför detta kostnadsfritt.

Montering

Observera: *En av fästbultarna på 1,8 och 2,0 liters bensinmotorer måste sättas dit innan generatorn monteras (se punkt 12).*

16 Återmonteringen sker i omvänd ordning mot demonteringen. Se relevanta kapitel i denna handbok om det behövs. Dra åt alla muttrar och bultar till angivet åtdragningsmoment.

5.12b . . . och skruva ut den nedre bulten fram till innerskärmen

5.13 Vrid och lyft ut generatorn med remskivan uppåt

6 Generatorborstar och spänningsregulator - byte

Observera: *Denna arbetsbeskrivning förutsätter att rätt delar har införskaffats. I skrivande stund fanns inga separata generatordelar från Ford att köpa som reservdelar. Du kan dock hitta vissa delar, t.ex. borstar, hos en specialist på bilelektronik och även få hjälp med att montera dem.*

Observera: *Denna metod gäller en enhet av märket Magneti Marelli monterad på en demonstrationsbil. Metoden är i huvudsak densamma för vilken generator som helst monterad på andra modeller.*

Demontering

1 Ta bort generatorn från bilen (se avsnitt 5) och placera den på en ren arbetsbänk.

2 Ta bort de fyra fästmuttrarna och ta bort plastkåpan från generatorn **(se bild)**.

3 Lossa plastkåpan i mitten från borstarna **(se bild)**.

4 Skruva loss spänningsregulatorns/borsthållarens fästskruvar och muttrar **(se bild)**.

5 Ta bort regulatorn/borsthållaren från baksidan av generatorhuset **(se bild på nästa sida)**.

6 Mät alla borstarnas exponerade längder och jämför med minimilängden i specifikationerna i det här kapitlet. Om någon av borstarna är kortare än minimilängden måste enheten bytas ut.

7 Se till att alla borstar löper smidigt i sina hållare.

6.2 Ta bort ändkåpan från generatorn

6.3 Lyft bort mittkåpan

6.4 Ta bort skruvar och muttrar

6.5 Lyft regulatorenheten från generatorn

8 Kontrollera att släpringarna - de kopparringar som borstarna löper på - är rena. Torka dem med en trasa fuktad i lösningsmedel. Om någon av dem verkar repig eller svärtad, ta med generatorn till en specialist för råd.

Montering

9 Monteringen sker i omvänd ordningsföljd mot demonteringen.

10 Montera spänningsregulatorn/borsthållaren. Se till att borstarna löper korrekt på släpringarna och att de fjädrar i sina hållare. Dra åt skruvarna ordentligt.

11 Montera den bakre kåpan och dra åt skruvarna ordentligt.

12 Montera generatorn enligt beskrivningen i avsnitt 5.

7 Startsystem - allmän information och föreskrifter

Allmän information

Startsystemets enda funktion är att vrida runt motorn tillräckligt snabbt för att den ska starta.

Startsystemet består av en nedväxlad startmotor, batteri, tändningslås, relä och kablar som förbinder dem. Solenoiden är monterad direkt på startmotorn.

Solenoiden/startmotorn är monterad i linje med motorn och är fäst med bultar vid balanshjulskåpan. Startkretsens relä sitter i säkringsdosan i bilen (relä nr 17).

När startnyckeln vrids till läge III aktiveras startmotorreläet och förser startmotorns solenoid med spänning. Startmotorns solenoid hakar i pinjongen med krondrevet på svänghjulet. Sedan överför solenoiden batteriströmmen till startmotorn så att motorn går runt. Startmotorn fortsätter att gå tills startnyckeln släpps.

Startmotorn på bilar med automatväxellåda kan endast aktiveras när växelväljaren är i läget P eller N.

Om larmet är aktiverat kan startmotorn inte startas. Samma sak gäller immobilisersystemet (i förekommande fall).

Föreskrifter

Vidta alltid följande försiktighetsåtgärder när du arbetar med startsystemet:

a) Överdriven användning av startmotorn kan leda till överhettning och allvarliga skador. Kör aldrig startmotorn längre än 15 sekunder åt gången utan att låta den svalna i minst två minuter. Överdriven användning av startmotorn kan leda till att icke förbränt bränsle samlas i katalysatorn, vilket gör att den överhettas när motorn verkligen startar.

b) Startmotorn har en anslutningskabel direkt från batteriet och kan orsaka en ljusbåge eller brand om den missbrukas, överbelastas eller kortsluts.

c) Koppla alltid loss ledningen från batteriets minuspol innan du utför något arbete på startsystemet (se avsnitt 1).

8 Startsystem - kontroll

Observera: *Innan du felsöker startmotorn, se till att batteriet är fulladdat och kontrollera att larmet/immobilisersystemet inte är aktiverat.*

1 Om startmotorn inte går runt alls när nyckeln vrids runt, se till att växelväljaren på modeller med automatväxellåda är i läget P eller N.

2 Se till att batteriet är fulladdat, och att alla ledningar är hela och åtdragna, vid både batteriets och startmotorsolenoidens anslutningar.

3 Om startmotorn går runt utan att motorn startar, kan det bero på att motorbromsens koppling eller (i förekommande fall) reducerväxlarna i startmotorn slirar. I så fall måste startmotorn renoveras eller bytas. (Andra möjligheter är att startmotorns fästbultar sitter väldigt löst, eller att kuggar saknas i svänghjulets krondrev.)

4 Om startmotorn inte startar över huvud taget när startnyckeln vrids runt, men solenoiden klickar, beror problemet på antingen batteriet, solenoidens huvudkontakter, eller startmotorn (motorn kan också ha skurit).

5 Om det inte hörs något klickljud från solenoidkolven när tändningslåset vrids runt är det fel på batteriet, kretsen eller solenoiden.

6 När du ska kontrollera solenoiden ansluter du en testkabel med säkring mellan batteriets pluspol (+) och tändningslåsets anslutning (den lilla anslutningen) på solenoiden. Om startmotorn nu går runt fungerar solenoiden och problemet beror på tändningslåset, växelväljarens lägesgivare (automatväxellåda) eller kablaget.

7 Om startmotorn fortfarande inte fungerar, demontera den. Borstarna och kommutatorn kan kontrolleras, men om felet kvarstår ska motorn bytas eller tas med till en bilelektriker för kontroll och reparation.

8 Om startmotorn drar runt motorn ovanligt långsamt, se först till att batteriet är laddat och att alla polanslutningar är åtdragna. Om motorn har skurit delvis eller om motoroljan har fel viskositet går den runt långsamt.

9 Låt motorn gå tills normal arbetstemperatur har uppnåtts, slå sedan av och avaktivera tändsystemet genom att koppla loss tändspolens kontaktdon. Ta bort säkring 12 för att koppla ifrån bränslepumpen.

10 Anslut en voltmeter genom att koppla plusledningen till batteriets pluspol och minusledningen till minuspolen.

11 Dra runt motorn och läs av voltmetern så snart värdet har stabiliseras. Låt inte startmotorn gå mer än 15 sekunder i taget. 10,5 volt eller mer när startmotorn går med normal hastighet är normalt. Om du läser av 10,5 volt eller mer när startmotorn går långsammare beror det på att solenoidens kontakter är brända, att det är fel på motorn eller att förbindelsen är dålig. Om du läser av mindre än 10,5 volt och motorns igångdragningshastighet är låg, är det fel på startmotorn eller batteriet.

9 Startmotor - demontering och montering

1 Lossa batteriets jordledning (minuspolen) - Se avsnitt 1.

1,4 och 1,6 liters motorer

Demontering

2 Ta bort luftrenaren enligt beskrivningen i kapitel 4A.

3 Lossa startmotorns två övre fästbultar. Observera att en även fäster jordledningen **(se bild)**.

4 Dra åt handbromsen. Lyft sedan upp framvagnen och ställ den på pallbockar (se *Lyftning och stödpunkter*).

5 Skruva loss muttrarna för att koppla loss kablaget från startmotorns/solenoidens anslutningar **(se bild)**.

9.3 Jordledning (vid pilen) på startmotorns fästbult

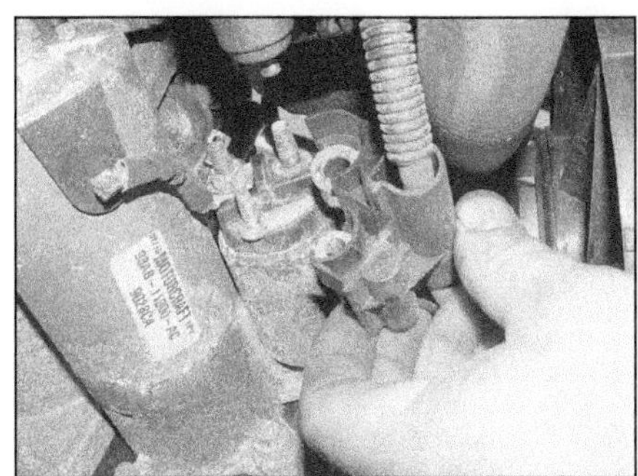

9.5 Koppla loss kontaktdonen från startmotorn

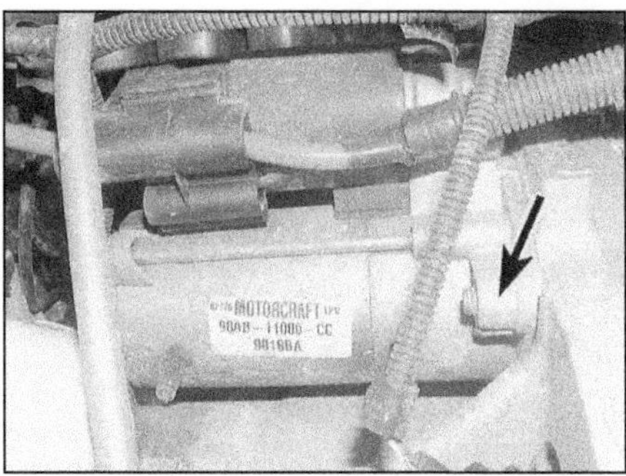

9.6 Skruva loss startmotorns nedre fästbult (vid pilen)

9.9 Ta bort startmotorn från växellådshuset

6 Ta bort startmotorns återstående fästbult **(se bild)**. Ta bort startmotorn.

Montering

7 Monteringen sker i omvänd ordnings-följd mot demonteringen. Dra åt bultarna till angivet moment.

1,8 och 2,0 liters motorer

Demontering

8 Dra åt handbromsen. Lyft sedan upp framvagnen och ställ den på pallbockar (se *Lyftning och stödpunkter*).

9 Skruva loss fästbultarna från startmotorn och lossa sedan startmotorn från styrhylsorna på växellådshuset och dra bort den från motorn **(se bild)**.

10 Koppla loss kablaget från startmotorn när startmotorn tas bort **(se bild)**.

Montering

11 Monteringen sker i omvänd ordningsföljd mot demonteringen. Dra åt bultarna till angivet moment.

10 Startmotor – kontroll och renoverin g

Om du misstänker att det är fel på startmotorn bör den tas bort från bilen och lämnas till en bilelektriker för översyn. De flesta bilelektriker kan ta hem och montera borstar till en rimlig kostnad. Kontrollera dock reparationskostnaderna först, eftersom det kan vara billigare med en ny eller begagnad motor.

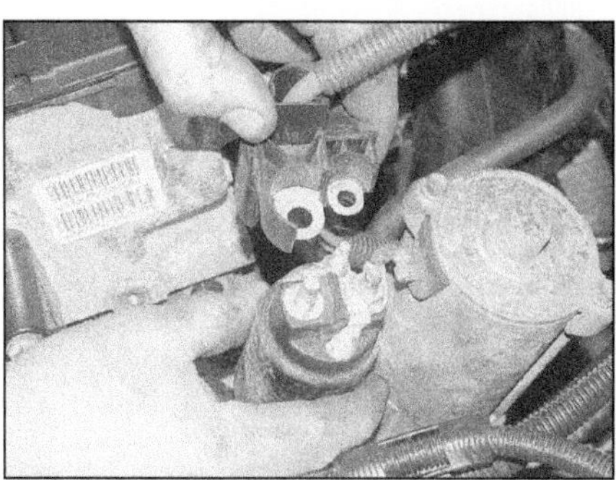

9.10 Koppla loss kablaget från startmotorn

Kapitel 5 Del B:
Tändsystem

Innehåll

Svårighetsgrader

Enkelt, passar novisen med lite erfarenhet 	**Ganska enkelt,** passar nybörjaren med viss erfarenhet	**Ganska svårt,** passar kompetent hemmamekaniker 	**Svårt,** passar hemmamekaniker med erfarenhet 	**Mycket svårt,** för professionell mekaniker 

Specifikationer

Allmänt

Typ av system	Elektroniskt fördelarlöst tändsystem (DIS) med tändningsmodul styrd av motorstyrningens ECU, EEC-V
Tändföljd	1 - 3 - 4 - 2
Första cylinderns placering	Kamremssidan

Uppgifter om tändsystemet

Tändningsinställning	Styrs av ECU
Tändspolens resistans (normalvärde):	
Primärlindning	0,4 – 0,6 ohm
Sekundärlindning	10 500 – 16 500 ohm

Åtdragningsmoment

	Nm
Knacksensorns fästbult	20
Tändspolens fästbultar	6

1 Allmän information och föreskrifter

Allmän information

Tändsystemet är integrerat i bränsleinsprutningssystemet och systemen utgör ett kombinerat motorstyrningssystem som kontrolleras av motorstyrningsmodulen (även kallad elektronisk styrenhet eller ECU) Ford EEC-V - se kapitel 4A för mer information. Tändsystemets viktigaste delar är tändningslåset, batteriet, vevaxelns hastighets- och lägesgivare, knacksensorn, tändspolen, tändstiften och tändkablarna.

I det fördelarlösa tändsystemet (DIS) har de viktigaste funktionerna hos en vanlig fördelare ersatts med en integrerad data-modul i ECU. Spolenheten fungerar enligt principen med "wasted spark". Spolenheten innehåller i själva verket två separata spolar – en för cylinder 1 och 4 och en för cylinder 2 och 3. Var och en av de två spolarna producerar högspänning vid båda utgångarna varje gång spänningen hos spolens primär-krets avbryts – d.v.s. cylinder 1 och 4 "tänds" alltid samtidigt och sedan "tänds" cylinder 2 samtidigt som cylinder 3. När detta händer befinner sig en av de två aktuella cylindrarna i kompressionstakten (och antänder bränsle-/luftblandningen), medan den andra befinner sig i avgastakten. Gnistan i avgastakten har inte någon effekt, därav termen "wasted spark" (ungefär “förslösad gnista”).

Eftersom det inte finns någon strömfördelare att justera kan inte tändningsinställningen justeras med konventionella medel, och funktionerna för att höja och sänka tändningen utförs av ECU.

Tändsystemet fungerar följande sätt: ECU ger spänning till tändspolens effektsteg, vilket gör att primärlindningen i spolen magnetiseras. Matningsspänningen avbryts då och då av den elektroniska styrenheten vilket resulterar i att det primära magnetiska fältet kollapsar. Detta inducerar sedan en mycket högre spänning, högspänning, i den sekundära spolen. Spänningen styrs via tändkablarna till tändstiftet i cylindern. Elektroderna i tändstiftet har ett tillräckligt litet avstånd för att högspänningen ska kunna föras över som en gnista som antänder bränsle/luftblandningen i cylindern. Synkroniseringen av tändningsföljden är mycket viktig och regleras endast av den elektroniska styrenheten.

ECU beräknar och kontrollerar tändningsinställningen först och främst med hjälp av information om motorvarvtal, vevaxelläge, kamaxelläge och insugsluftens flöde, som tas emot från givare som sitter monterade på och runt motorn. Andra parametrar som påverkar tändningsinställningen är gasspjällsläget och öppningstakten, temperaturen på insugsluften, temperaturen på kylvätskan och motorknack. Allt detta övervakas med givare monterade på motorn. Observera att de flesta av dessa givare har en dubbel roll eftersom informationen från dem också används för att avgöra bränslebehov och optimal tändningspunkt – därför beskrivs demontering av några av dessa givare i kapitel 4A.

ECU beräknar motorvarvtal och vevaxelläge med hjälp av den tandade rotor som är ansluten till motorns svänghjul, och som har en varvtalsgivare vars induktionshuvud går direkt över rotorn. Medan vevaxeln (och svänghjulet) roterar passerar rotortänderna varvtalsgivaren, som skickar en puls till ECU:n varje gång en tand passerar. En tand saknas i rotorns kant, vilket ger en längre paus mellan signalerna från givaren. ECU:n känner att det inte kommer någon puls från varvtalsgivaren vid detta läge och bestämmer på så sätt ÖD-läge för kolv nr 1. Intervallet mellan pulserna, och platsen för den saknade pulsen, gör att ECU:n kan avgöra det exakta läget för vevaxeln och dess hastighet. Kamaxelgivaren utökar informationen ytterligare genom att avgöra om en särskild kolv befinner sig i sin insugs- eller avgastakt.

Information om motorbelastningen skickas till ECU:n från gasspjällets lägesgivare via luftflödesmätaren. Motorbelastningen avgörs med beräkningar som grundas på mängden luft som dras in i motorn. Ytterligare information om motorns belastning skickas till ECU:n från knacksensorn. Denna sensor är känslig för vibrationer och upptäcker knackningarna som inträffar när motorn börjar "spika" (förtända). Om förtändning inträffar sänker ECU stegvis tändningsinställningen för den cylinder som förtänder, tills förtändningen upphör. Sedan ökar ECU stegvis cylinderns tändningsinställning tills den återställs till normaltillstånd eller tills förtändning inträffar igen.

De givare som övervakar motortemperatur, gasspjälläge, körhastighet och (i förekommande fall) automatväxellådans växelläge och luftkonditioneringssystemets funktion, ger ytterligare information till ECU:n om bilens funktion. Med hjälp av alla dessa ständigt varierande uppgifter väljer ECU:n en särskild tändningsinställning (och ändrar den om det behövs) från en uppsättning med tändningsegenskaper som den har lagrade i minnet.

Om fel uppstår i systemet på grund av uteblivna signaler från någon av givarna, övergår ECU till ett nödprogram. Detta gör det möjligt att köra bilen även om motorns funktion och effekt blir begränsade – tändningsinställningen sätts t.ex. till ett fast värde. En varningslampa tänds på instrumentbrädan om felet kan leda till en ökning av skadligt avgasutsläpp.

Observera att en omfattande feldiagnos av alla motorstyrningssystem som beskrivs i det här kapitlet endast är möjlig med särskild elektronisk testutrustning. Om det blir fel på en givare eller om något annat fel inträffar, lagras en felkod i ECU-minnet. Felkoden kan bara läsas från ECU:n med hjälp av en särskild felkodsläsare. Fordverkstäder har givetvis sådana läsare, men de går också att få tag på hos andra leverantörer. Det är knappast kostnadseffektivt för den private ägaren att köpa en felkodsläsare, men de brukar finnas hos välutrustade bilverkstäder. När felet har identifierats kan komponenter bytas efter behov enligt de anvisningar som beskrivs i följande avsnitt.

Föreskrifter

Följande försiktighetsåtgärder måste vidtas för att förhindra skador på tändsystemets delar och minska risken för personskador.

a) *Vrid inte runt startnyckeln i mer än 10 sekunder om motorn inte startar.*
b) *Se till att tändningen slås av innan du kopplar ifrån någon av tändkablarna.*
c) *Se till att tändningen är frånslagen innan du ansluter eller kopplar ifrån testutrustning för tändningen, t.ex. en tändinställningslampa.*
d) *Jorda inte spolens primär- eller sekundärkrets.*

Varning: Spänningen från ett elektroniskt tändsystem är mycket högre än den från konventionella tändsystem. Var mycket försiktig vid arbete med systemet då tändningen är påslagen. Personer med pacemaker bör inte vistas i närheten av tändningskretsar, komponenter och testutrustning.

2 Tändsystem - kontroll

Allmänt

1 Delarna i tändsystemet är normalt väldigt pålitliga. De flesta fel i tändnsystemet beror på lösa eller smutsiga anslutningar, eller på att högspänning oavsiktligt går till jord. Det orsakas oftare av smuts, fukt eller skadad isolering än av en defekt systemkomponent. Kontrollera **alltid** hela kablaget noga innan en elektrisk komponent döms ut och arbeta metodiskt för att eliminera alla andra möjligheter innan du drar slutsatsen att det är fel på en komponent.

2 Den gamla metoden att titta efter gnistor genom att hålla den strömförande änden av tändkabeln en kort bit från motorn rekommenderas **inte**. Metoden innebär inte bara hög risk för kraftiga elstötar, den riskerar även att skada ECU:n, tändspolen eller effektsteget. Försök heller **aldrig** att "felsöka" feltändningar genom att dra bort en tändkabel i taget.

3 Följande kontroller ska utföras vid uppenbara fel, som att motorn inte startar eller att den feltänder. Vissa fel är dock mer svåra att upptäcka och döljs ofta av det faktum att ECU:n tar hjälp av ett nödprogram för att upprätthålla så mycket körbarhet som möjligt. Fel av den här sorten uppstår ofta i form av överdriven bränsleförbrukning, dåliga tomgångsegenskaper, bristande prestanda, tändningsknack eller spikningsljud från motorn under vissa förhållanden, eller en kombination av ovanstående. Om sådana problem förekommer är det bäst att lämna in bilen till en verkstad för kontroll med lämplig diagnosutrustning.

Motorn startar inte

Observera: *Kom ihåg att ett fel i stöldskyddslarmet eller immobilisersystemet leder till startsvårigheter. Se till att larmet eller immobilisern har deaktiverats. Se bilhandboken för ytterligare information.*

4 Om motorn inte drar runt, eller drar runt mycket sakta, kontrollera batteriet och startmotorn. Anslut en voltmätare över batteripolerna (mätarens plussond till batteriets pluspol) och observera spänningen medan motorn drivs av startmotorn i maximalt tio sekunder. Om det avlästa värdet understiger ungefär 9,5 volt ska först batteriet, startmotorn och laddningssystemet kontrolleras enligt beskrivningen i avsnitt A i det här kapitlet.

5 Om motorn går runt med normal hastighet men inte startar, kontrollera högspänningskretsen.

6 Anslut en tändinställningslampa (följ tillverkarens instruktioner) och vrid runt motorn med hjälp av startmotorn. Om lampan blinkar går spänningen fram till tändstiften som då bör kontrolleras först. Om lampan inte blinkar, kontrollera tändkablarna utifrån instruktionerna i kapitel 1. Om det skapas en gnista, utför de kontroller som beskrivs i avsnitt 3 i detta kapitel.

7 Om det fortfarande inte skapas någon gnista, kontrollera spolarnas skick, om möjligt genom byte mot en spole som du vet fungerar eller genom att kontrollera den primära och sekundära resistansen. Om felet kvarstår ligger problemet någon annanstans. Om felet nu är åtgärdat måste spolen bytas. Kontrollera först lågspänningsanslutningarnas skick noggrant innan du köper en ny spole, så att du är säker på att felet inte beror på smutsiga eller dåligt anslutna kontaktdon.

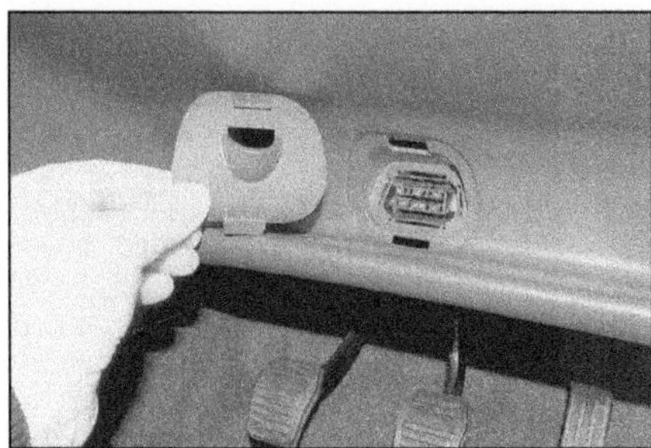

2.8 Placering av diagnosuttaget på instrumentbrädans nedre panel på förarsidan

8 Om spolen är i gott skick beror felet antagligen på effektsteget (integrerat i ECU:n), någon av systemets givare eller liknande komponenter (i förekommande fall). I det här fallet ska det finnas en felkod i felsökningsenheten. Denna kan läsas av med felkodsläsare **(se bild)**.

9 Det går bara att avläsa felkoder från ECU:n med en särskild felkodsläsare. Fordverkstäder har givetvis sådana läsare, men de går också att få tag på hos många andra leverantörer. Det är knappast kostnadseffektivt för den private ägaren att köpa en felkodsläsare, men de brukar finnas hos välutrustade bilverkstäder och specialister på elsystem i bilar.

Motorn feltänder

10 Oregelbunden feltändning beror troligen på en lös anslutning till en av tändspolarna eller någon av systemets givare.

11 När tändningen är avstängd, kontrollera systemet noggrant och se till att alla anslutningar är rena och ordentligt fästa.

12 Kontrollera tändkablarnas skick. Se till att kablarna är dragna och fastsatta så att de kommer i kontakt med så få metallytor som möjligt, eftersom detta kan göra att högspänning läcker via dålig eller skadad isolering. Om det förekommer tecken på skador på isoleringen, byt kablarna som en enhet.

13 Om tändkablarna inte har bytts nyligen är det klokt att utesluta tändkablarna från feldiagnosen vid feltändning genom att montera nya kablar som standardåtgärd.

14 När du monterar nya kablar, ta bort en kabel i taget så att du aldrig förväxlar dem. Om de gamla kablarna var skadade, se till att de nya inte skadas på samma sätt.

15 Om tändkablarna är i gott skick tyder regelbunden feltändning på problem med tändspolen eller tändstiften. Montera nya tändstift enligt beskrivningen i kapitel 1 eller kontrollera spolarna enligt beskrivningen i avsnitt 4. Felet kan också bero på en smutsig eller defekt vevaxelgivare - se kapitel 4A.

16 Ytterligare kontroller av systemets komponenter ska utföras först efter det att ECU:ns felkoder har lästs av – se avsnitt 9.

3 Felsökning - allmän information och förberedande kontroller

Observera: *Tänd- och bränslesystemen ska helst behandlas som ett enda motorstyrningssystem. Även om det här avsnittet huvudsakligen tar upp tändningssidan av systemet har många av komponenterna dubbla funktioner och några av metoderna måste därför hänvisa till bränslesystemet.*

Allmän information

1 Bränsle- och tändsystemet på alla bilar som den här handboken gäller har ett felsökningssystem som underlättar felsökning och systemkontroll. Om ett fel uppstår lagrar ECU:n signaler (felkoder) som senare kan läsas av via diagnosuttaget (se avsnittet om kontroll av bränsleinsprutningssystemet i kapitel 4A).

2 Om du har upplevt problem med bilens körbarhet och du misstänker att motorn har försämrade prestanda kan felsökningssystemet användas för att lokalisera problemområdena. För detta krävs dock särskild testutrustning. När detta har utförts krävs ofta ytterligare tester för att mer exakt bestämma vad ett fel beror på d.v.s. huruvida det är fel på komponenten i sig eller om felet beror på t.ex. kablaget.

3 Förutom att kontrollera kablage och anslutningar visuellt krävs åtminstone en felkodsläsare vid kontrollerna. Fordverkstäder har givetvis sådana läsare, men de går också att få tag på hos många andra leverantörer. Det är knappast kostnadseffektivt för den private ägaren att köpa en felkodsläsare, men de brukar finnas hos välutrustade bilverkstäder och specialister på elsystem i bilar.

Förberedande kontroller

Observera: *När du utför dessa kontroller för att söka efter ett fel, kom ihåg att om felet uppkom strax efter det att någon del på bilen servats eller renoverats, så ska området där detta arbete utfördes kontrolleras först. Oavsett hur långsökt det kan verka, så kan man inte utesluta att slarvigt monterade komponenter är orsak till felet.*

Om du söker efter orsaken till en "delvis" felaktig motor, såsom prestandaförlust, kontrollera förutom testerna nedan även kompressionstrycken. Kontrollera även att bränslefiltret och luftfiltret har bytts vid rekommenderade intervall. Se kapitel 1 och relevant avsnitt i kapitel 2 för beskrivning av dessa arbetsmoment.

Kom ihåg att alla felkoder som har registrerats måste raderas från ECU:ns minne med hjälp av en särskild felkodsläsare (se punkt 3) innan du kan vara säker på att orsaken till felet har åtgärdats.

4 Öppna motorhuven och kontrollera skicket på batteriets anslutningar - gör om anslutningarna eller byt ut kablarna om du hittar något fel. Använd samma teknik för att se till att alla jordpunkter i motorrummet ger god elektrisk kontakt genom rena metallförbindelser, och att de sitter fast ordentligt **(se bild på nästa sida)**.

5 Arbeta sedan metodiskt runt motorrummet. Kontrollera alla synliga kablage och anslutningarna mellan kablagets delar. Leta i det här läget efter kablar där man tydligt kan se att de

3.4 Kontrollera att ingen av motorrummets jordpunkter har utsatts för korrosion

har skavts mot vassa kanter eller mot rörliga fjädrings-/växellådskomponenter, och/eller drivremmen, p.g.a. att kablarna har fastnat eller klämts mellan slarvigt monterade komponenter. Leta också efter kablar som har smält p.g.a. att de har kommit i kontakt med varmt gjutgods i motorn, kylvätskerör etc. I de flesta fall förorsakas skador av den här typen av felaktig dragning vid hopsättningen efter tidigare åtgärder. (Se början av detta underavsnitt.)

6 Naturligtvis kan kablar gå av eller kortslutas inuti isoleringen så att inga tecken på felet syns, men detta händer oftast när kablage har dragits på fel sätt, d.v.s. sträckts ut eller vikts. Detta bör upptäckas även vid hastiga kontroller. Om du tror att detta har hänt och felet är svårt att hitta bör du kontrollera den misstänkta delen av kablaget väldigt noggrant vid de mer detaljerade kontrollerna nedan.

7 Beroende på hur omfattande problemet är kan skadade kablar repareras genom att de skarvas där de har gått av eller genom att en ny bit kabel fogas in med hjälp av lödning, så att det blir en stark anslutning. Isoleringen förbättras med självhäftande eltejp eller krympslang, beroende på vad man föredrar. Om skadorna är omfattande kan detta påverka bilens framtida drift. Den bästa lösningen kan då vara att byta hela den aktuella kablagebiten, även om det kan verka vara en dyr åtgärd.

8 När skadan har åtgärdats, se till att kablaget dras om korrekt, så att det inte kommer emot andra delar, och inte sträcks eller viks, och sitter fast på ett säkert sätt med de plastklämmor, styrningar och buntband som finns till hands.

9 Kontrollera alla elektriska kontaktdon och se till att de är rena, sitter fast ordentligt och är spärrade med sina plastflikar eller kabelklämmor. Om något kontaktdon visar tecken på korrosion (ansamlingar av vita eller gröna avlagringar eller rost), eller om det verkar smutsigt, ska kontaktdonet kopplas ifrån och rengöras med rengöringsmedel för elektriska komponenter. Om kontaktdonens stift är mycket korroderade måste hela kontaktdonet bytas. Observera att detta kan innebära att hela den aktuella delen av kablaget måste bytas.

10 Om rengöringsmedlet avlägsnar all korrosion så att kontaktdonet är i gott skick, är det klokt att isolera kontaktdonet med ett lämpligt material som inte släpper igenom smuts och fukt, vilket förhindrar att det bildas korrosion igen. En Fordverkstad kan rekommendera en lämplig produkt.

11 Alla modeller har en induktiv lägesgivare för vevaxeln som avgör vevaxelns hastighet och ÖD-läge. På äldre motorer kan givarens spets bli smutsig och/eller oljig, vilket försämrar dess funktion och orsakar feltändning. Se kapitel 4A, avsnitt 15, för demontering och montering av givare.

12 Arbeta metodiskt runt motorrummet och kontrollera noggrant att alla vakuumslangar och rör är ordentligt fastsatta och korrekt dragna, utan tecken på sprickor, bristningar eller åldrande som kan orsaka luftläckor, samt att inga slangar har fastnat, är vikta eller så snävt böjda att luftflödet hindras. Kontrollera särskilt noggrant vid alla anslutningar och böjda slangdelar. Byt alla skadade eller deformerade slangdelar.

13 Kontrollera att vevhusventilationsslangarna inte har några bristningar, dåliga anslutningar och att de inte är blockerade. Vevhusventilationssystemet kan se olika ut beroende på vilken motor som sitter i bilen, men alla modeller har åtminstone en slang som går från motorns överdel till luftintagskanalen eller insugsröret. Ventilationsslangarna går från motorblocket (eller från oljepåfyllningsröret) och för oljeångor in i motorn för att de ska brännas med bränsle-/luftblandningen. Många problem med motorgången (särskilt ojämn tomgång) kan bero på blockerade eller skadade ventilationsslangar.

14 Kontrollera bränsleledningarna. Arbeta från bränsletanken, via filtret, till bränsleinsprutningsbryggan (även matnings- och returslangarna). Byt ut de slangar som läcker, är klämda eller vikta. Kontrollera särskilt slangändarna – de kan spricka så att läckage uppstår.

15 Kontrollera att gasvajern är korrekt monterad och justerad, samt att den är dragen med så få skarpa krökar som möjligt. Byt vajern om du är tveksam om dess skick eller om den verkar vara stel eller ryckig när den används. Se vid behov kapitel 4A för mer information.

16 Ta bort luftrenarens kåpa enligt beskrivningen i kapitel 1 och kontrollera att luftfiltret inte är igensatt eller fuktigt. Ett igensatt luftfilter hindrar insugningens luftflöde, vilket får en märkbar effekt på motorns prestanda. Byt filtret om det behövs.

17 Starta motorn och låt den gå på tomgång. ***Försiktighet: Vid arbete i motorrummet med motorn igång måste man vara mycket försiktig för att minska risken för personskador. Man kan råka ut för brännskador av kontakt med heta delar eller skadas vid kontakt med rörliga delar såsom kylarfläkt eller drivrem. Se "Säkerheten främst!" i början av den här handboken innan du börjar. Se till att händer, långt hår och löst sittande kläder hela tiden hålls på avstånd från heta och rörliga delar.***

18 Arbeta från luftintaget, via luftrenarenheten och luftflödesgivaren (eller luftflödesmätaren) till gasspjällshuset och insugsgrenröret (även de olika vakuumslangarna och de rör som är anslutna till dessa). Sök efter luftläckor. Oftast hörs ett sug- eller väsljud i närheten av dessa, men mindre läckor kan spåras genom att man sprutar tvålvatten på den misstänkta ytan. Om det förekommer en läcka märks det på motorljudets förändring och luftbubblor (eller insugning av vätskan, beroende på tryckskillnaden vid tidpunkten för kontrollen). Om du hittar en läcka, dra åt fästklämman och/eller byt de defekta delarna, efter tillämplighet.

19 Arbeta på samma sätt från topplocket, via grenröret till det bakre avgasröret. Kontrollera att avgassystemet är fritt från läckor. Det enklaste sättet att göra detta är att tillfälligt blockera det bakre avgasröret medan du lyssnar efter ljudet av utsipprande avgaser. Detta förutsätter dock att bilen kan lyftas och stödjas på ett säkert sätt under kontrollen. Läckor är lätta att hitta på detta sätt. Om du hittar en läcka någonstans, dra åt fästklämmans bultar och/eller muttrar, byt packningen, och/eller byt ut den defekta delen – vad som behövs för att åtgärda läckan.

20 Man kan göra ytterligare en kontroll av de elektriska anslutningarna genom att man vickar på systemets alla elektriska kontaktdon i tur och ordning medan motorn går på tomgång. Ett defekt kontaktdon märks omedelbart på motorns reaktion på att kontakten bryts och sluts igen. Ett defekt kontaktdon måste bytas för att systemet ska förbli pålitligt i framtiden. Observera att detta kan innebära att hela den aktuella delen av kablaget måste bytas.

21 Om felet inte upptäcks under de förberedande kontrollerna måste bilen tas till en Fordhandlare eller en verkstad för felsökning med elektronisk testutrustning.

4 Tändspole – demontering, kontroll och montering

Demontering

1 Tändspolen är fäst med en bult vid topplockets vänstra sida. På 1,8 och 2,0 liters motorer sitter spolen på en separat fästbygel.

2 Se till att tändningen är avslagen och koppla sedan bort anslutningskontakten från spolen **(se bilder)**.

3 Kontrollera om spolens anslutningar är märkta med cylindernummer – om så inte är fallet, gör egna märken för att se till att tändkablarna är korrekt monterade. Identifiera

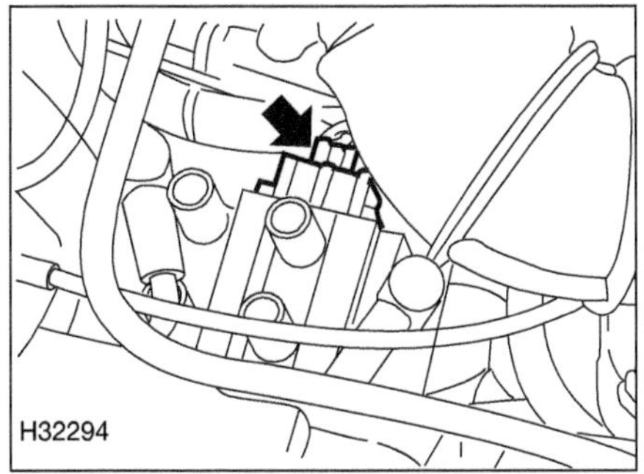

4.2a Koppla loss anslutningskontakten på sidan av spolen – 1,4 och 1,6 liters modeller

4.2b Spolens anslutningskontakt sitter på framsidan på 1,8 och 2,0 liters modeller

4.3 Tändkablarna kan kopplas loss från spolen, men det är bättre att koppla loss dem vid tändstiften

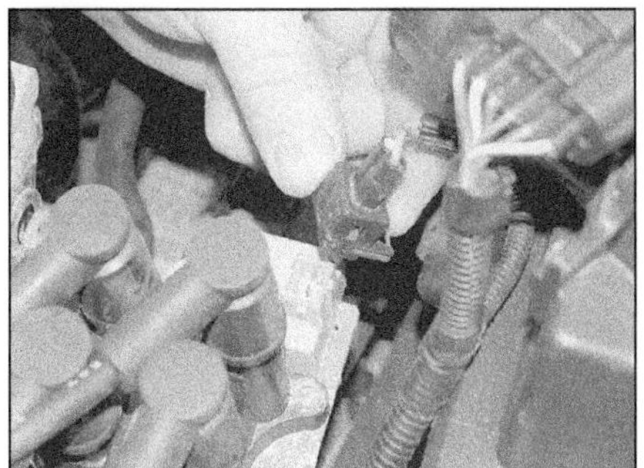

4.5a Koppla loss radioavstörningens anslutningskontakt . . .

4.5b . . . skruva loss de tre torxbultarna (två övre, en nedre) . . .

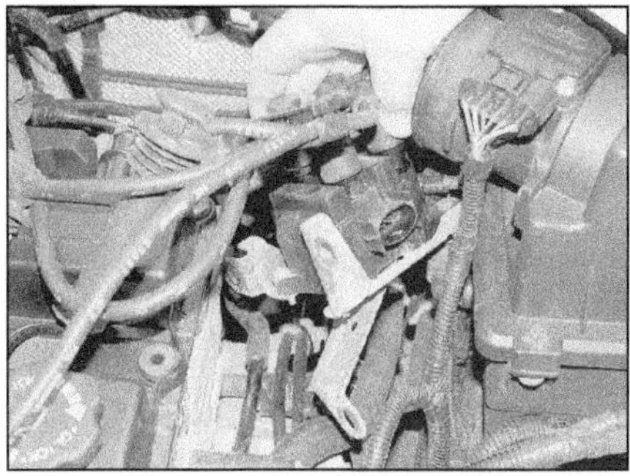

4.5c . . . och ta bort spolen och fästbygeln

vid behov tändkablarnas läge och dra sedan försiktigt bort dem från spolen anslutningar **(se bild)**. Spolen kan tas bort med tändkablarna anslutna, men i så fall måste tändkablarna kopplas loss från tändstiften.

4 Skruva loss fästmuttrarna och ta bort tändspolen från motorrummet.

5 På 1,8 och 2,0 liters modeller, koppla loss anslutningskontakten från radioavstörningsenheten. Spolen och fästbygeln kan tas bort efter det att du har skruvat loss de tre torxfästbultarna **(se bilder)**.

Kontroll

6 Mät med en ohmmätare resistansen i tändspolens primär- och sekundärlindning och jämför med informationen i specifikationerna. Byt spolen om det behövs.

Montering

7 Monteringen sker i omvänd ordningsföljd mot demonteringen. Se till att tändkablarna verkligen monteras korrekt och dra åt spolens fästbultar till angivet moment.

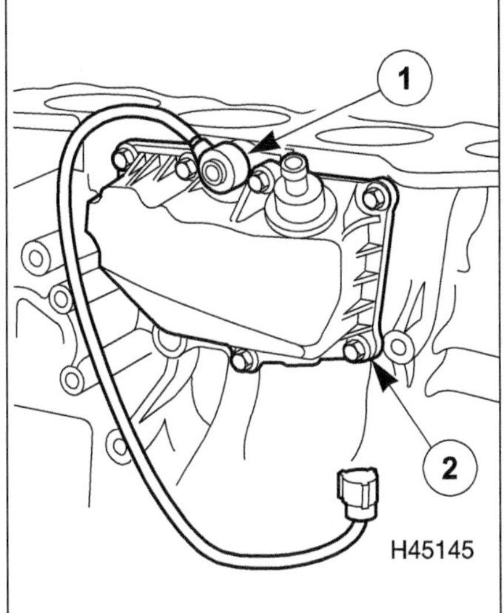

5.1 Knacksensorns placering på motorns framsida (sett med topplocket demonterat)

1 Knacksensor 2 Oljeavskiljarhus

5 Tändsystemets sensorer/givare – demontering och montering

Knacksensor

Montering

1 Knacksensor finns endast på 1,4 och 1,6 liters motorer. Den är fastsatt med en bult vid motorblockets framsida **(se bild)**.

2 Knacksensorns anslutningskontakt är fäst med en klämma vid en fästbygel bredvid mätstickan för motorolja **(se bild)**. Ta loss anslutningskontakten från klämman genom att föra den nedåt. Skilj sedan de två halvorna av anslutningskontakten åt.

3 Följ kablaget nedåt till knacksensorn, lossa sedan den mittre bulten och ta bort sensorn från motorn.

Demontering

4 Monteringen sker i omvänd ordningsföljd mot demonteringen. Tänk på följande:

a) Rengör sensorn och dess plats på motorn.

b) Sensorn måste placeras så att den inte kommer i kontakt med topplocket eller vevhusventilationssystemets oljeavskiljarhus (i förekommande fall) ***(se bild på nästa sida)****.*

c) Sensorns bult ***måste*** *dras åt till angivet moment för att sensorn ska fungera korrekt.*

Vevaxelns lägesgivare

5 Se kapitel 4A, avsnitt 15.

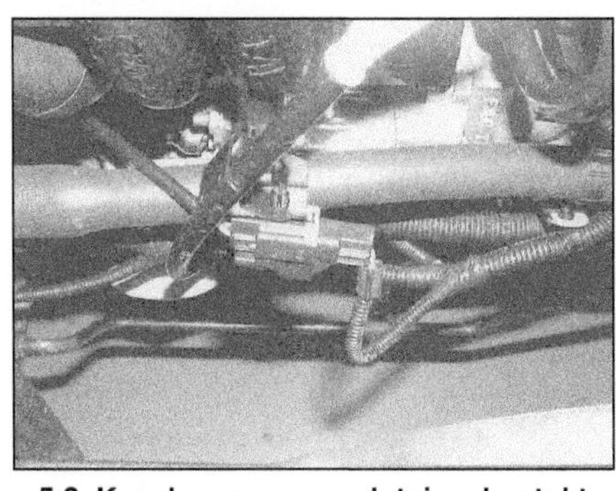

5.2 Knacksensorns anslutningskontakt

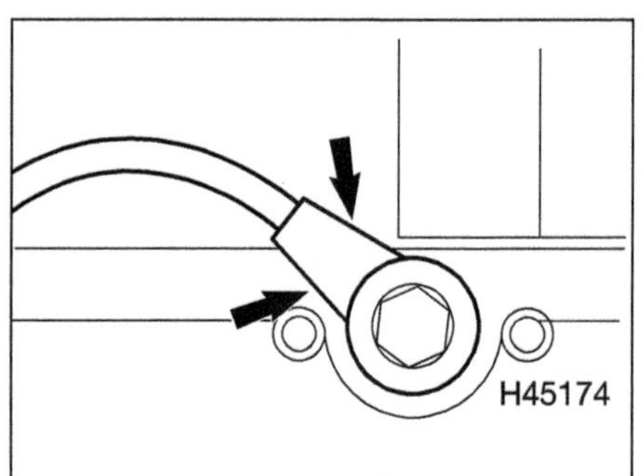

5.4 Vid monteringen får inte knacksensorn komma i kontakt med topplocket eller oljeavskiljarhuset (vid pilarna)

6 Tändningsinställning – kontroll och justering

På grund av tändsystemets konstruktion övervakas och justeras tändningsinställningen hela tiden av motorstyrningens ECU och nominalvärden kan inte anges. Därför är det inte möjligt för hobbymekaniker att kontrollera tändningsinställningen.

Det enda sättet att kontrollera tändningsinställningen är med hjälp av elektronisk testutrustning som ansluts till motorstyrningssystemets diagnosuttag (se beskrivning i kapitel 4A). Det går inte att justera tändningsinställningen. Om tändningsinställningen är felaktig betyder det att det måste det finnas ett fel i motorstyrningssystemet.

Kapitel 6
Koppling

Innehåll

Svårighetsgrader

Enkelt, passar novisen med lite erfarenhet 	**Ganska enkelt,** passar nybörjaren med viss erfarenhet	**Ganska svårt,** passar kompetent hemmamekaniker 	**Svårt,** passar hemmamekaniker med erfarenhet	**Mycket svårt,** för professionell mekaniker

Specifikationer

Allmänt

Växellådstyp:

1,4, 1,6 och 1,8 liters motorer	iB5
2,0 liters motorer	MTX 75

Observera: *I det här kapitlet är det ofta nödvändigt (och smidigare) att hänvisa till kopplingsdelarna utifrån den monterade växellådstypen.*

Koppling

Lamelldiameter:	
Växellådsmodeller iB5	210 mm
Växellådsmodeller MTX 75	228 mm
Tjocklek på belägg (slitagegräns)	7,0 mm
Pedalväg (ej justerbar)	133 ± 3,0 mm

Åtdragningsmoment

	Nm
Kopplingens luftningsnippel:	
Växellådsmodeller iB5	10
Växellådsmodeller MTX 75	14
Fästmuttrar/bultar till kopplingens huvud-/slavcylinder	10
Urtrampningsarmens klammerbult	25
Tryckplatta till svänghjul*	29

** Använd nya bultar på modeller med växellåda MTX 75.*

1 Allmän information

Alla modeller med manuell växellåda har en enkelskivig torrlamellkoppling med tallriksfjäder. Kåpenheten består av en stålkåpa (monterad med styrhylsor och bultar vid svänghjulets framsida), tryckplattan, och en tallriksfjäder.

Lamellen rör sig fritt på den ingående växellådsaxelns splines och hålls på plats mellan svänghjulet och tryckplattan av tallriksfjädern. Friktionsbelägg är fastnitade på lamellen (drivplattan) som har ett fjädrande nav för att ta upp ryckningar i kraftöverföringen och göra kraftupptagningen smidig.

Urtrampningslagret kommer i kontakt med tallriksfjäderns fingrar. När kopplingspedalen trycks ner trycker den urtrampningslagret mot tallriksfjäderns fingrar, så att tallriksfjäderns mitt flyttas inåt. När fjäderns mitt trycks inåt svänger fjäderns utsida utåt så att tryckplattan flyttas bakåt och lossar sitt grepp om lamellen.

När pedalen släpps upp tvingar tallriksfjädern tryckplattan tillbaka mot lamellens friktionsytor. Lamellen hålls nu fast mellan tryckplattan och svänghjulet och överför på detta sätt motorns kraft till växellådan.

Alla Focusmodeller har en hydraulstyrd koppling. En huvudcylinder som sitter under kopplingspedalen får sin hydraulvätska från en särskild kammare i bromsvätskebehållaren. När kopplingspedalen trycks ner aktiveras huvudcylinderns tryckstång och vätsketrycket överförs via vätskerören till en slavcylinder som sitter inuti svänghjulskåpan. Slavcylindern är inbyggd i urtrampningslagret. När slavcylindern arbetar trycks urtrampningslagret mot tallriksfjäderns fingrar och lossar kopplingen.

Den hydrauliska kopplingen har flera fördelar jämfört med en vajerstyrd koppling: Den är helt självjusterande, kräver mindre pedalkraft och slits inte lika mycket.

Många metoder som tas upp i det här kapitlet innebär arbete under bilen. Se till att den står stadigt på pallbockar på ett stabilt, plant underlag (se *Lyftning och stödpunkter*).

Observera: *I det här kapitlet är det ofta nödvändigt (och smidigare) att hänvisa till kopplingsdelarna utifrån den monterade växellådstypen. Se Specifikationer i början av det här kapitlet.*

Varning: Den hydraulvätska som används i systemet är bromsvätska, som är giftig. Se till att undvika hudkontakt och undvik framför allt att få den i ögonen. Vätskan skadar också färger och kan missfärga mattor etc. Minimera spillet och om du spiller, tvätta genast av med kallt vatten. Slutligen är bromsvätska väldigt lättantändligt och ska hanteras lika försiktigt som bensin.

2 Koppling - kontroll

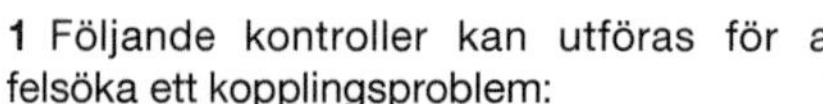

1 Följande kontroller kan utföras för att felsöka ett kopplingsproblem:

a) Kontrollera vätskerören från kopplingens huvudcylinder till svänghjulskåpan. Sök efter skador, tecken på läckage samt veck eller bucklor som kan hindra vätskeflödet.

b) Kontrollera kopplingens "bromstid" genom att låta motorn gå på normal tomgång med växellådan i friläge (kopplingspedalen uppsläppt). Lossa kopplingen (pedalen nedtryckt), vänta några sekunder och lägg sedan i backen. Inget skrapljud ska höras. Ett skrapljud tyder sannolikt på ett problem med tryckplattan eller lamellen. Kom dock ihåg att backdrevet på växellådan MTX 75 är synkroniserat, så det mest troliga symptomet på ett kopplingsfel är en liten backning (eller försök till backning). Om kontrollen sker på plan mark med lossad handbroms borde rörelsen märkas tydligare.

c) Kontrollera urkopplingen genom att låta motorn gå på tomgång och hålla kopplingspedalen en dryg centimeter från golvet. Växla mellan ettan och backen flera gånger. Om växlingen inte går smidigt eller om bilen försöker röra sig framåt eller bakåt tyder det på ett fel någonstans.

d) Långsam eller dålig funktion kan bero på luft i vätskan. Detta är mest sannolikt när underhållsarbete har utförts på bilen, eftersom systemet är självluftande vid normal användning. Om inget arbete har utförts på systemet kan luft i systemet bero på en läcka. Systemet kan luftas enligt beskrivningen i avsnitt 7.

e) Kontrollera om kopplingspedalens bussningar är slitna eller om något hindrar pedalrörelsen.

f) Om kopplingsfel uppstår efter längre körningar i regn eller (framför allt) vid översvämning kan kopplingslamellens ingående axel ha utsatts för korrosion och därför släpper den inte när kopplingen trycks ner. Detta kan uppstå på väldigt kort tid efter det att motorn har stängts av. Innan du försöker släppa den bör du ta kontakt med en Fordhandlare eller verkstad. Om du startar motorn med en växel ilagd och kopplingen nedtryckt kan systemets delar skadas. Risken för att detta problem uppstår kan minskas genom att man alltid smörjer den ingående axelns splines när kopplingsdelar monteras.

Pedalväg - kontroll

2 Kontrollera att hjulen är rakställda och vrid sedan ratten åt vänster cirka 30°.

3 Fäst änden på ett måttband med hjälp av tejp eller ett buntband vid kopplingspedalens gummi. Du kan också låta en medhjälpare hålla måttbandet på plats. Oavsett metod måste du se till att måttbandets ände inte flyttas mellan mätningarna.

4 Rör inte pedalen. Läs av och notera avståndet mellan pedalen och framsidan av rattens kant (mått A).

5 Tryck sedan ner pedalen tills det tar stopp och notera det nya avståndet (mått B). Se till att pedalrörelsen inte hindras av mattor eller felaktig montering av huvudcylindern.

6 Pedalvägen C erhålls genom att man subtraherar mått A från mått B:

C (pedalväg) = B (nedtryckt pedal) minus A (uppsläppt pedal)

7 Kontrollera att måttet är inom den tolerans som anges i specifikationerna. Det går inte att justera pedalvägen. Om kopplingen fungerar som den ska kan även ett mått utanför toleransen vara acceptabelt. Felaktig pedalväg i kombination med att kopplingen fungerar dåligt tyder på ett fel på någon del. Kontrollera pedalen och huvudcylindern först.

3 Kopplingens huvudcylinder - demontering och montering

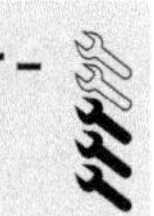

Observera: *Se varningen i avsnitt 1 om riskerna med hydraulvätska innan du fortsätter.*

Demontering

1 Koppla loss batteriets minusledare och placera ledningen på avstånd från polen. Se *Urkoppling av batteriet* i kapitel 5A.

2 Arbeta inuti bilen. Skjut förarsätet bakåt så långt det går för att få maximalt med arbetsutrymme. Ta bort fästena från den nedre instrumentbrädans klädselpanel och ta bort panelen från bilen. Lossa diagnosuttagets kontakt när panelen tas bort.

3 Även om det inte är strikt nödvändigt är det betydligt lättare att ta bort huvudcylindern om man tar bort kopplingspedalen enligt beskrivningen i avsnitt 4.

4 Var beredd på att hydraulvätska (bromsvätska) kommer att spillas. Om tillräckligt med vätska kommer i kontakt med mattan kan den missfärgas eller skadas på annat sätt. Placera gott om rena trasor under kopplingspedalen och ha en behållare till hands i motorrummet.

5 Ta bort bromsvätskebehållarens lock och skruva sedan fast det igen över en bit plastfolie, så att det blir lufttätt. Detta kan minska vätskespillet när ledningarna kopplas loss.

6 För att komma åt vätskeanslutningarna som går genom motorrummets torpedvägg, lyft framvagnen och ställ den på pallbockar (se *Lyftning och stödpunkter*).

7 Arbeta i motorrummet eller underifrån och

dra ut fästklämman från vätskematningsanslutningens ovansida (röret med störst diameter). Dra rörets beslag från huvudcylindern. Var beredd på vätskeläckage och plugga igen eller täpp till slangänden om möjligt **(se bild)**.

8 Ta bort det mindre vätsketrycksröret genom att först lossa det från stödfästet intill torpedväggen. Dra ut fästklämman ovanifrån och dra sedan ut rörets beslag ur cylinderns botten. Plugga igen eller täpp till röränden så att vätskeförlusten minskas och ingen smuts kommer in i systemet.

9 Gå till förarens fotbrunn och lossa först muttern (eller dra av metallklämman) som håller fast rörets fläns vid mellanväggen **(se bild)**.

10 Ta bort de två bultarna som håller fast huvudcylinderns hus vid pedalens fäste **(se bild)**.

11 Lossa huvudcylindern åt sidan från pedalens fäste och bänd sedan försiktigt loss kolvstången från kopplingspedalens överdel. Se till att du inte vickar huvudcylindern (för att undvika ytterligare vätskespill). Ta bort den från fotbrunnen.

Montering

12 Monteringen sker i omvänd ordningsföljd mot demonteringen. Tänk på följande:

a) Dra åt fästbultarna till angivet moment.
b) Om det behövs, montera nya klämmor när du återansluter vätskerören.
c) Montera kopplingspedalen (om den har demonterats) enligt beskrivningen i avsnitt 4.
d) Ta bort plastfilmen från undersidan av vätskebehållarens lock och fyll på bromsvätska (se "Veckokontroller").
e) Lufta kopplingens hydraulsystem enligt beskrivningen i avsnitt 7.
f) Om vätskenivån i behållaren har minskat väldigt mycket kan även bromssystemet behöva luftas. Se kapitel 9.
g) Avsluta med att trycka ner kopplingen några gånger utan att starta motorn. Sök sedan efter tecken på vätskeläckage vid torpedväggens anslutningar i motorrummet.
f) Återanslut batteripolerna enligt beskrivningen i kapitel 5A.
i) Starta motorn och kontrollera att kopplingen fungerar.

4 Kopplingspedal – demontering och montering

Demontering

1 Koppla loss batteriets minusledare och placera ledningen på avstånd från polen. Se *Urkoppling av batteriet* i kapitel 5A.

2 Arbeta inuti bilen. Skjut förarsätet bakåt så långt det går för att få maximalt med

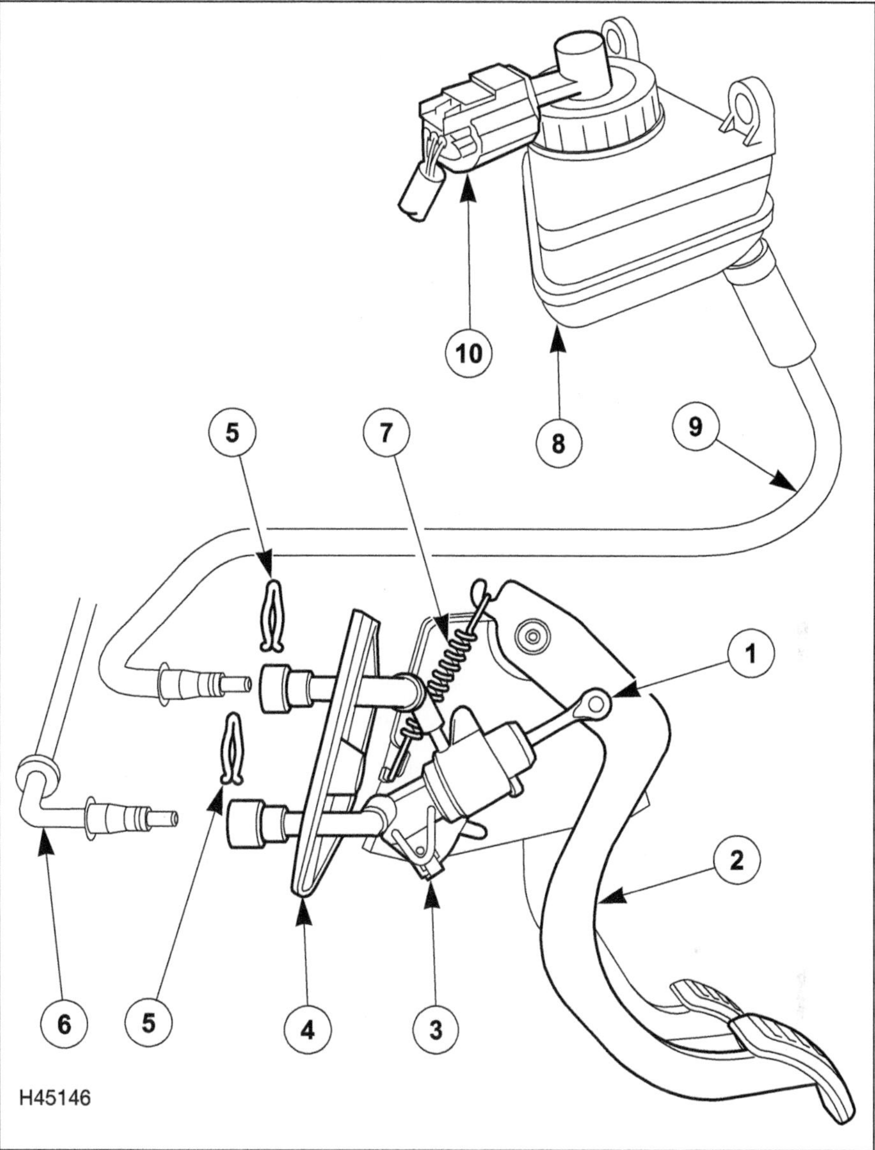

3.7 Huvudcylinder och tillhörande delar

1 Anslutning mellan kolvstång och pedal
2 Kopplingspedal
3 Huvudcylinder
4 Torpedväggens genomföring
5 Fästklämmor
6 Vätsketrycksrör (till slavcylinder)
7 Kopplingspedalens returfjäder
8 Broms-/kopplingsvätskebehållare
9 Kopplingsvätskans matningsrör
10 Broms-/kopplingsvätskans nivåkontakt

3.9 Ta bort rörflänsens klämma

3.10 Bultar mellan huvudcylinder och pedalfäste (vid pilen)

4.3 Skruva loss svängtappens mutter

4.4 Ta bort huvudcylinderns kolvstång

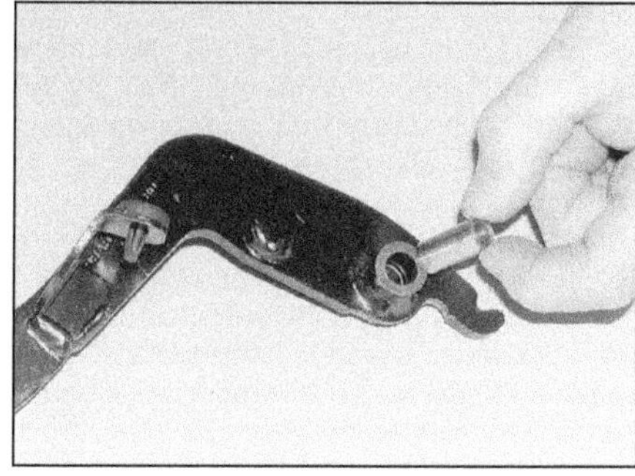
4.6 Ta bort pedalens bussning och kontrollera dess skick

arbetsutrymme. Ta bort fästena från den nedre instrumentbrädans klädselpanel och ta bort panelen. Lossa diagnosuttagets kontakt när panelen tas bort.

3 Lossa muttern från änden av pedalens svängtapp och dra ut pedalens svängtapp ur fästbygeln så mycket som behövs **(se bild)**. Om bromspedalen inte ska bytas behöver man inte dra ut svängtappen helt.

4 Bänd försiktigt loss huvudcylinderns kolvstång från kopplingspedalens överdel, haka sedan loss och ta bort kopplingspedalens returfjäder **(se bild)**.

5 Ta bort kopplingspedalen. Ta därefter loss kopplingspedalens metallhylsa och plastbussningarna om de sitter löst.

6 Undersök delarna med pedalen borttagen och byt dem om så behövs **(se bild)**. Kontrollera även gummiskyddet till kopplingspedalens kontakt.

Montering

7 Innan du återmonterar pedalen, lägg lite fett på svängtappen, hylsan och pedalens bussningar.

8 Monteringen sker i omvänd ordningsföljd mot demonteringen. Se till att bussningarna och hylsan sitter på rätt plats.

9 Kontrollera kopplingens funktion och pedalvägen, enligt beskrivningen i avsnitt 2.

5 Kopplingens delar – demontering, kontroll och montering

Varning: Damm från kopplingsslitage som har avlagrats på kopplingskomponenterna kan innehålla hälsovådlig asbest. Blås INTE bort dammet med tryckluft och andas inte in det. ANVÄND INTE bensin eller petroleumbaserade lösningsmedel för att tvätta bort dammet. Rengöringsmedel för bromssystem eller T-sprit bör användas för att spola ner dammet i en lämplig behållare. När kopplingens komponenter har torkats rena med trasor måste trasorna och rengöringsmedlet kastas i en tät, märkt behållare.

Demontering

1 Man kan komma åt kopplingen på två sätt. Enheten motor/växellåda kan tas bort, enligt beskrivningen i kapitel 2C, och växellådan kan skiljas från motorn på bänken. Annars kan motorn vara kvar i bilen och växellådan tas bort separat enligt beskrivningen i kapitel 7A.

2 När du har skilt växellådan från motorn, kontrollera om det finns några markeringar för tryckplattans placering i förhållande till svänghjulet. Om så inte är fallet, gör egna markeringar med en färgklick eller en ritsspets. Dessa markeringar kommer att användas om originaltryckplattan återmonteras och gör att enhetens balans bibehålls. En ny tryckplatta kan monteras var som helst där styrstiften tillåter.

3 Lossa tryckplattans sex fästbultar. Arbeta diagonalt och lossa bultarna ett varv i taget **(se bild)**. Om det behövs kan svänghjulet hållas fast med en bred spårskruvmejsel som förs in mellan krondrevets kuggar och vilar mot en del av motorblocket. Ford uppger att på modeller med växellådan MTX 75 måste nya bultar användas vid monteringen av tryckplattan.

4 Lossa tryckplattan från dess styrstift. Var beredd på att ta emot kopplingens lamell, som kommer att ramla ut när tryckplattan tas bort **(se bild)**. Notera åt vilket håll lamellplattan är monterad.

Kontroll

5 Det vanligaste problemet som uppstår i kopplingen är slitage av kopplingslamellen. Kopplingens alla delar ska kontrolleras i det här läget, särskilt om motorn har gått många mil. Om inte kopplingens delar är så gott som nya är det värt att byta dem alla samtidigt (lamell, tryckplatta och urtrampningslager). Det räcker inte alltid att byta endast en sliten lamell, särskilt om den gamla lamellen slirade och orsakade överhettning i tryckplattan.

6 Sök efter slitage och lösa nitar i lamellens belägg. Kontrollera att lamellens nav och kant är fri från förvridningar, sprickor, avbrutna torsionsfjädrar och slitna splines. Ytan på friktionsbeläggen kan vara väldigt blank, men så länge man tydligt kan se beläggens mönster och nithuvudena är minst 1 mm under beläggens yta, är de i tillräckligt gott skick. Lamellen måste bytas om belägget har slitits ner till strax ovanför nithuvudena.

7 Om det finns spår av olja någonstans (blank svart missfärgning) måste lamellen bytas och orsaken spåras och åtgärdas. Detta beror på läckage i vevaxelns tätning eller oljetätningen i växellådans ingående axel. Metoden för byte av vevaxelns tätning beskrivs i kapitel 2. Byte av oljetätningen i växellådans ingående axel ska göras av en Fordverkstad eftersom det medför isärtagning av växellådan och (i förekommande fall) byte av urtrampningslagrets styrningsslang med en press.

8 Kontrollera de maskinslipade ytorna på svänghjulet och tryckplattan. Om någon av dem är spårig eller kraftigt repad måste delen bytas. Tryckplattan måste också bytas ut om den har tydliga sprickor, om tallriksfjädern är skadad eller fjädertrycket misstänks vara för

5.3 Lossa tryckplattans fästbultar

5.4 Ta bort tryckplattan och ta ut lamellen

5.12 Återmontering av lamell

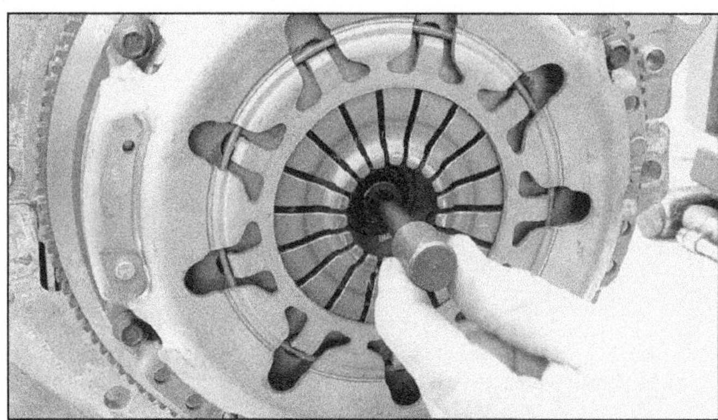

5.16 Ett syftningsverktyg används för att centrera kopplingslamellen

löst. Var särskilt noga med topparna på fjädrarnas fingrar, där urtrampningslagret arbetar mot dem.

9 När växellådan är demonterad bör man också kontrollera urtrampningslagrets skick enligt beskrivningen i avsnitt 6. När man har kommit så här långt är det mödan värt att byta det. Observera att urtrampningslagret är inbyggt i slavcylindern - de två måste bytas samtidigt. Eftersom det bara går att komma åt slavcylindern när växellådan är demonterad, är det mest lönsamma i det långa loppet att byta den också.

Montering

10 Det är viktigt att varken olja eller fett kommer i kontakt med lamellens belägg eller tryckplattans och svänghjulets ytor. Därför bör man ha rena händer när man monterar kopplingsenheten och torka av tryckplattans och svänghjulets ytor med en ren och torr trasa innan man påbörjar monteringen.

11 Fords mekaniker använder ett specialverktyg för att centrera lamellen på det här stadiet. Verktyget håller lamellen i mitten på tryckplattan och i mitten av tallriksfjäderns fingrar. Om du inte har tillgång till verktyget kan du behöva centrera lamellen efter det att du har satt dit tryckplattan löst på svänghjulet. Se beskrivningen i följande punkter.

12 Placera lamellen mot svänghjulet. Se till att den sitter åt rätt håll **(se bild)**. Den kan vara märkt med "FLYWHEEL SIDE". Om den inte är det, placera den så att det upphöjda navet med dämpningsfjädrarna är riktat bort från svänghjulet.

13 Placera tryckplattan över styrstiften. Sätt tillbaka fästbultarna (montera nya på växellådsmodeller MTX 75) och dra åt dem något så att lamellen sitter fast men fortfarande kan röras.

14 Lamellen måste nu centreras så att, när motorn och växellådan griper in i varandra, splines i växellådans ingående axel passerar genom motsvarande splines i mitten av lamellens nav.

15 Centreringen kan utföras genom att man för en rund stång genom hålet i lamellens mitt så att stångens ände vilar i hålet i vevaxelns bakände. Rör stången åt sidorna eller upp och ner så att lamellen flyttas i rätt riktning och blir centrerad. Centreringen kan sedan kontrolleras genom att du tar bort stången och ser efter var lamellens nav befinner sig i förhållande till tallriksfjäderns fingrar, eller genom att du kontrollerar genom tryckplattans sidoöppningar att lamellen är centrerad i förhållande till tryckplattans ytterkant.

16 En annan och mer exakt metod för centrering är att använda ett syftningsverktyg för kopplingar, som finns att köpa i de flesta tillbehörsbutiker **(se bild)**.

17 När kopplingen är centrerad, dra stegvis åt tryckplattans bultar i diagonal ordningsföljd till det åtdragningsmoment som anges i Specifikationer **(se bild)**.

18 Se till att den ingående axelns splines och lamellens splines är rena. Applicera ett tunt lager högtemperaturfett på den ingående axelns splines. Använd dock inte för mycket fett eftersom det kan hamna på lamellen och göra att den nya kopplingen slirar.

19 Sätt tillbaka växellådan i motorn.

6 Urtrampningslager (och slavcylinder) - demontering, kontroll och montering

Demontering

1 Skilj motorn och växellådan åt enligt beskrivningen i föregående avsnitt.

2 Urtrampningslagret och slavcylindern utgör en enda enhet och kan inte skiljas åt **(se bild)**.

3 På modeller med växellådan MTX 75, ta bort dammkåpan från cylinderns luftningsskruv och bänder ut tätningsmuffen från svänghjulskåpan när cylindern tas bort. En ny muff (och lämpligt tätningsmedel) måste skaffas inför återmonteringen.

4 Ta bort de tre fästbultarna och dra ut slavcylindern och urtrampningslagret från balanshjulskåpan **(se bilder på nästa sida)**.

Kontroll

5 Kontrollera att lagret snurrar smidigt. Byt det om det verkar kärvt eller strävt när det snurrar runt. Försök inte ta isär, rengöra eller smörja lagret.

6 Det är värt att byta urtrampningslagret som standardåtgärd om du inte vet att det fungerar perfekt. Ford hävdar bestämt att man inte ska återanvända slavcylindern (och därmed inte

5.17 Dra åt tryckplattans bultar

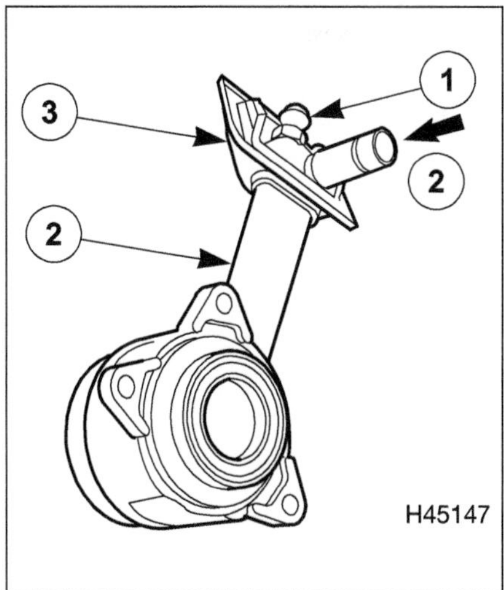

6.2 Urtrampningslager och slavcylinder (på bilden växellådan MTX 75, iB5 ser ungefär likadan ut)

1 Luftningsskruv
2 Urtrampningslager/slavcylinder
3 Plastmuff/damask
4 Vätskematning (från huvudcylindern)

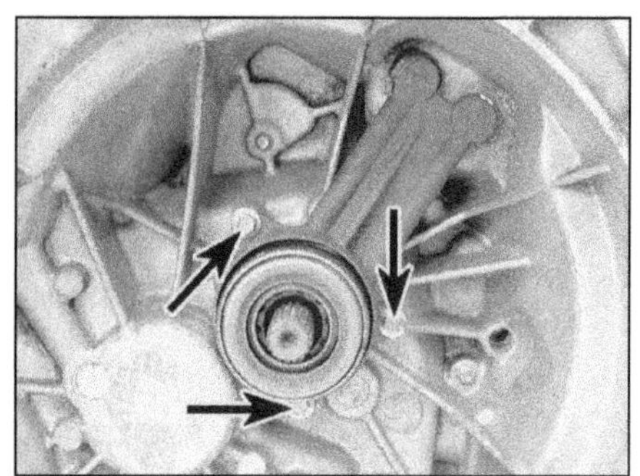

6.4a Skruva loss de tre bultarna (vid pilarna) . . .

6.4b . . . och ta bort slavcylindern/urtrampningslagret

7.3 Kopplingens luftningsskruv (vid pilen)

heller urtrampningslagret) på växellådan MTX 75.

7 Kontrollera skicket på alla O-ringar och byt dem om det behövs. Eftersom det är svårt att komma åt vissa av dessa tätningar om de går sönder är det klokt att byta dem som en förebyggande åtgärd.

Montering

8 Monteringen av urtrampningslagret sker i omvänd ordningsföljd mot demonteringen. Tänk på följande:

a) *Dra åt fästbultarna till angivet moment.*
b) *På modeller med växellådan MTX 75, montera en ny tätningsmuff på svänghjulskåpan och täta/fäst den på plats med ett lämpligt tätningsmedel.*
c) *Avsluta med lufta systemet och leta efter läckor från slavcylinderns vätskeanslutning.*

7 Kopplingens hydraulsystem - luftning

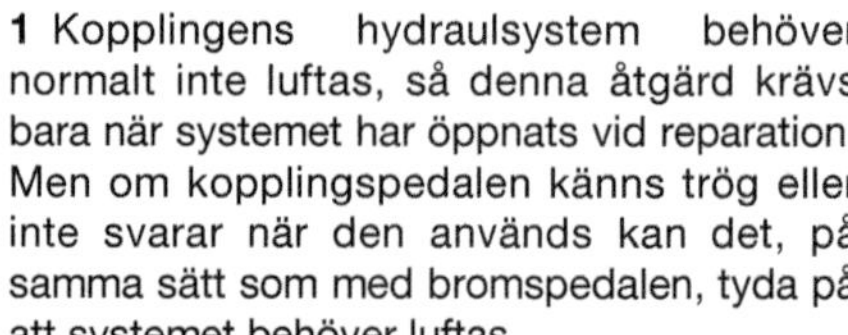

1 Kopplingens hydraulsystem behöver normalt inte luftas, så denna åtgärd krävs bara när systemet har öppnats vid reparation. Men om kopplingspedalen känns trög eller inte svarar när den används kan det, på samma sätt som med bromspedalen, tyda på att systemet behöver luftas.

2 Luft i kopplingssystemet kan bero på en läcka. Förbise inte risken för läckage i systemet, av följande skäl:

a) *Vätskeläckage skadar färg och mattor.*
b) *Kopplingssystemet delar vätskan med bromssystemet, så en läcka i kopplingssystemet kan leda till bromsfel som beror på låg vätskenivå.*
c) *På samma sätt kan förlust av vätska som påverkar kopplingssystemet bero på vätskeläckage i bromssystemet.*

3 Systemets luftningsskruv sitter på svänghjulskåpans ovansida, bredvid vätsketrycksröret **(se bild)**.

4 Ta bort luftrenaren och insugskanalen enligt beskrivningen i kapitel 4A, och batteriet och batterihyllan enligt beskrivningen i kapitel 5A.

5 Flytta rören och kabelnäten åt sidan så mycket som behövs för att nå luftningsskruven.

6 Ta bort luftningsskruvens hatt.

Växellåda iB5

7 Fordmekaniker använder ett specialverktyg som möjliggör en teknik för "omvänd luftning". Denna teknik beskrivs mer utförligt nedan. Ford påpekar dock att konventionella metoder för luftning av bromsar kan användas. Om du inte har tillgång till det här specialverktyget, fortsätt enligt beskrivningen i punkt 10.

8 Fordverktyget är en trycksatt behållare med bromsvätska, som hålls på en nivå som är lägre än luftningsskruven. Vätskebehållaren töms först till MIN-nivån och sedan används verktyget för att tvinga **in** bromsvätska via en slang som är ansluten till luftningsskruven, tills vätskenivån i behållaren når MAX-märket.

Växellåda MTX 75

9 Innan kopplingssystemet luftas rekommenderas att bromssystemet först luftas, enligt beskrivningen i kapitel 9.

10 Kopplingen luftas på ungefär samma sätt som bromsarna. De metoder som kan användas beskrivs i kapitel 9. Se till att nivån i bromsvätskebehållaren hela tiden är gott och väl över MIN-markeringen, annars måste man lufta både kopplings- och bromssystemet.

Alla typer av växellådor

11 Avsluta med dra åt luftningsskruven ordentligt och fylla på bromsvätska till MAX-markeringen. Om det är möjligt testar du att kopplingen fungerar innan du återmonterar alla delar som tagits bort.

12 Om det inte går att genomföra luftningen kan det bero på läckage i systemet eller en sliten huvud- eller slavcylinder. I skrivande stund verkar huvud- och slavcylindrarna endast finnas som kompletta enheter. Renovering är alltså inte möjlig.

Kapitel 7 Del A:
Manuell växellåda

Innehåll

Svårighetsgrader

Enkelt, passar novisen med lite erfarenhet 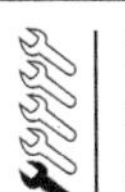	**Ganska enkelt,** passar nybörjaren med viss erfarenhet	**Ganska svårt,** passar kompetent hemmamekaniker 	**Svårt,** passar hemmamekaniker med erfarenhet 	**Mycket svårt,** för professionell mekaniker 

Specifikationer

Allmänt

Växellådstyp	Fem växlar framåt och en back. Synkronisering av alla växlar framåt (även backväxeln på växellådan MTX 75). Växlingens länksystem styrs med dubbla vajrar.
Växellådskod:	
1,4, 1,6 och 1,8 liters modeller	B5
2,0 liters modeller	MTX 75
Typ av växellådsolja	Se slutet av *Veckokontroller*
Växellådsoljans volym	Se kapitel 1 Specifikationer

Utväxlingsförhållande

Växellåda iB5 (typexempel)

1:an	3,583:1
2:an	1,926:1
3:an	1,281:1
4:an	0,951:1
5:an	0,756:1
Backen	3,615:1

Växellåda MTX 75 - 2,0 liters modeller

1:an	3,417:1
2:an	2,136:1
3:an	1,483:1
4:an	1,114:1
5:an	0,854:1
Backen	3,737:1

Slutväxelförhållande

1,4 liters modeller	3,610:1
1,6 liters modeller	3,824:1
1,8 liters modeller	4,059:1
2,0 liters modeller	4,066:1

Åtdragningsmoment

	Nm
Växellåda iB5	
Batterihyllans bultar	25
Motor/växellådans vänstra fäste, nedre del	80
Motor/växellådans vänstra fäste, övre del:	
Mittmutter	133
Fyra yttre muttrar	48
Motor/växellådans bakre fäste, genomgående fästbultar	48
Påfyllnings-/nivåplugg	35
Växlingsvajerns fäste, bultar	20
Växlingsvajerns bussning	9
Växlingsmekanismens fastsättning vid golvet	9
Backljuskontakt	18
Växelspakens fästbult	25
Fäste för slavcylinderns tryckrör	28
Växellåda till motor	48
Växellåda MTX 75	
Batterihyllans bultar	25
Kylvätskerör till växellåda	30
Motor/växellådans vänstra fäste, nedre del	80
Motor/växellådans vänstra fäste, övre del:	
Mittmutter	133
Fyra yttre muttrar	48
Motor/växellådans bakre fäste, genomgående fästbultar	48
Avtappningsplugg	45
Påfyllnings-/nivåplugg	45
Backljuskontakt	10
Hjulbultar	85
Växelväljarmekanismens fastsättning vid växellådan	23
Startmotorns fästbultar	35
Växellåda till motor	48

1 Allmän information

De bilar som behandlas i denna handbok är utrustade med antingen en 5-växlad manuell eller en 4-växlad automatisk växellåda. Denna del av kapitel 7 innehåller information om den manuella växellådan. Service av automatväxellådan tas upp i del B.

Växellådan innesluts i ett hölje i gjuten aluminiumlegering som är fäst med bultar vid motorns vänstra sida. Den består av växellådan och slutväxelns differential – ofta kallad transaxel. Växellådsenhetens typ är stämplad på en platta som sitter på växellådan. Den 5-växlade manuella växellådan som används i Focus är av typerna iB5 och MTX 75 – se Specifikationer för fler detaljer.

iB5-typen är densamma som användes på den tidigare Escort-serien, med den skillnaden att den nyligen utrustades med ett vajerstyrt länksystem för växlingen. Växellådan MTX 75, som känns igen från Mondeo, har också ett vajerstyrt länksystem.

Kraften överförs från vevaxeln via kopplingen till den ingående axeln, som har en förlängning med splines för att ta emot kopplingslamellen. Från den ingående axeln överförs kraften till den utgående axeln. Därifrån överförs den till differentialens kronhjul som roterar med differentialen och planetväxeln och på så sätt driver solhjulen och drivaxlarna. Planetväxlarnas rotation på axlarna gör att det inre hjulet kan rotera långsammare än det yttre hjulet när bilen svänger.

De ingående och utgående axlarna sitter sida vid sida, parallellt med vevaxeln och drivaxlarna, så att kuggarna på deras drev hela tiden griper in i varandra. I friläget roterar den utgående axelns växeldrev fritt, så att kraften inte kan överföras till kronhjulet.

Växlingen sker via en golvmonterad spak och en väljarvajermekanism.

Växelväljarmekanismen gör att rätt väljargaffel flyttas till sin respektive synkroniseringshylsa på den utgående axeln, för att låsa växeldrevet vid synkroniseringsnavet. Eftersom synkroniseringsnaven är förbundna med den utgående axeln med splines låses kugghjulet vid axeln så att kraften kan överföras. För att växlingen ska kunna ske snabbt och tyst är ett synkroniseringssystem monterat på alla växlar framåt. Detta består av synkringar och fjäderbelastade fingrar, samt växeldreven och synkroniseringsnaven. Synkroniseringskonorna är en del av fogytorna på synkringarna och växeldreven. På MTX 75 finns synkronisering på backväxeln och dubbel synkronisering på ettan, tvåan och trean, så att växlingen går ännu smidigare.

Renovering av växellådan

Eftersom växellådan är komplex och det kan vara omöjligt att få tag på nödvändiga reservdelar, samt att specialverktyg krävs, rekommenderas inte inre reparationer av växellådan för hemmamekanikern. Den större delen av detta kapitel tar upp demontering och montering.

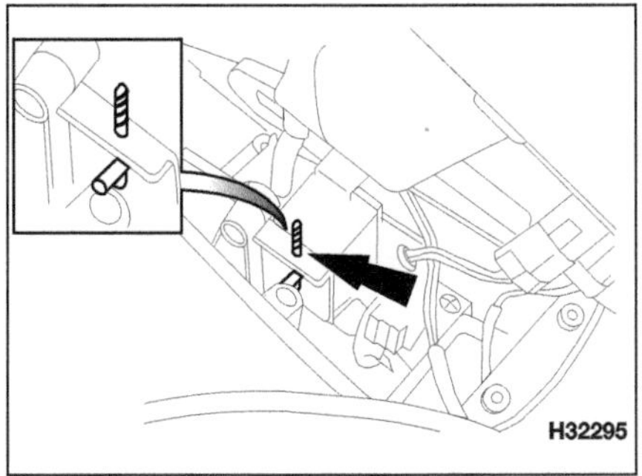

2.3 För in en 3 mm borr för att justera vajrarna

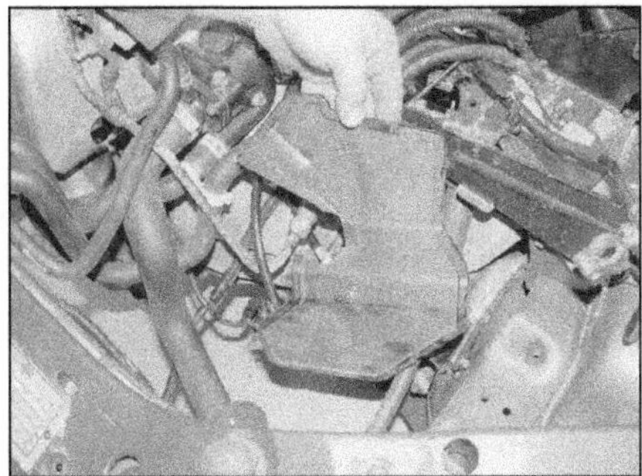

2.5 Ta bort kåpan från väljarmekanismen

2.14 Bänd upp låsinsatserna.

2 Växlingsvajrar – inställning

Växellåda iB5

Observera: *En 3 mm borr behövs för denna justering.*

1 Arbeta inne i bilen. Flytta växelspaken till friläget.

2 Lossa försiktigt sargpanelen vid foten av växelspakens damask och flytta panelen åt sidan så att du kommer åt växelspakens fot. Koppla ifrån brytarens kablage om det behövs.

3 För in ett 3 mm borr i växelspakens fotmekanism. Se till att den är helt införd **(se bild)**.

4 Dra åt handbromsen. Lyft sedan upp framvagnen och ställ den på pallbockar (se *Lyftning och stödpunkter*). Ta, om det är tillämpligt, bort motorns undre skyddskåpa.

5 Ta bort väljarmekanismens kåpa vid växellådshusets framsida genom att arbeta runt kanten och ta bort totalt sju klämmor **(se bild)**.

6 Endast väljarvajern ska justeras under det här arbetet. Väljarvajern är den vajer som sitter längst ner på växellådans framsida, med ändbeslaget närmast motorn.

7 Frigör väljarvajern genom att trycka den färgade insatsen mot motorn och flytta väljaraxeln (**inte** växelspaken inuti bilen) till mittläget genom att flytta den uppåt eller nedåt så mycket som behövs.

8 Flytta nu väljaraxeln till vänster och höger ändläge och släpp den. Lås väljarvajern i det slutgiltiga läget genom att flytta den färgade insatsen bort från motorn.

9 Montera väljarmekanismens kåpa. Se till att klämmorna hakar i korrekt och sänk ner bilen.

10 Arbeta inne i bilen. Ta bort borret från växelspakens nedre mekanism och montera sargpanelen.

11 Starta motorn, håll kopplingspedalen nedtryckt och kontrollera att växlingen fungerar.

Växellåda MTX 75

Observera 1: *För följande justering krävs Fords specialverktyg 308-436. Detta verktyg låser växelspaken i läge under justeringen. Om du inte får tag på verktyget, kan justeringen ändå utföras genom att man helt enkelt prövar sig fram, helst med hjälp av en medhjälpare som håller växelspaken i friläget och/eller på treans växel.*

Observera 2: *På vissa modeller med växellådan MTX 75 är det svårt att komma åt växlingsvajrarna (baktill på växellådan) och det är möjligt att de endast går att komma åt ovanifrån. Om så är fallet kan det underlätta att ta bort luftrenaren och den extra säkringsdosan.*

12 Dra åt handbromsen. Lyft sedan upp framvagnen och ställ den på pallbockar (se *Lyftning och stödpunkter*). Ta bort motorns undre skyddskåpa och vänstra hjulhusets innerskärm, efter tillämplighet.

13 Arbeta inne i bilen. Flytta växelspaken till friläget.

14 Bänd upp väljar- och växlingsvajrarnas låsinsatser **(se bild)**.

15 Om du använder specialverktyget 308-436, arbeta inne i bilen och bänd ut ramen till växelspakens damask och dra upp damasken på växelspakens knopp. Lyft upp backväxelns spärr, och lås växelspaken i läge **(se bild)**.

16 Om du inte har tillgång till specialverktyget, låt en medhjälpare placera växelspaken ungefär i friläget och hålla den där.

17 Flytta väljaraxeln (svart vajer) tills dess vinkeldel är parallell med basplattan **(se bild)**. Detta är treans läge.

18 Tryck ner väljarvajerns (svart) låsinsats för att låsa vajern.

19 Lägg i friläget genom att flytta väljaraxelns kuländbeslag mot motorn **(se bild)**.

20 Tryck ner växlingsvajerns (vit) låsinsats för att låsa vajern.

21 Ta bort specialverktyget i förekommande fall.

22 Sänk ner bilen på marken. Starta motorn med kopplingspedalen nedtryckt och kontrollera att växlingen fungerar. Sätt sedan tillbaka damasken på växelspaken.

2.15 Om du använder ett specialverktyg från Ford, lyft upp backspärren och lås spaken i läge

2.17 När vinkeldelen (vid pilen) är parallell med basplattan är treans växel ilagd

2.19 Lägg i friläget genom att flytta väljaraxelns ändbeslag (vid pilen) mot motorn

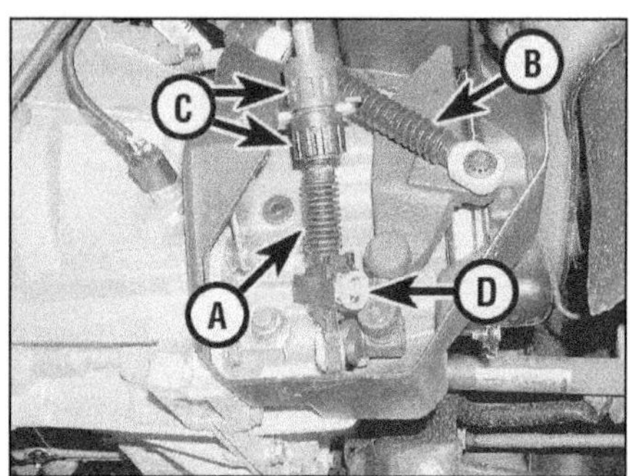

3.7a Väljar- (A) och växlingsvajrarna (B), med stödfästkragar (C) och vajerjusterarens fästklämma (D) på växellådan iB5

3.7b Tryck ner knappen och koppla ifrån vajrarna på växellådan MTX 75

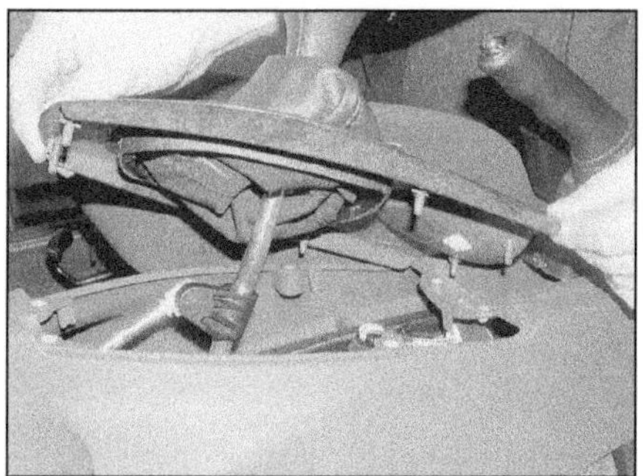
3.8 Lossa växelspakens sarg för att komma åt vajrarna

3 Växlingsvajrar och växelspak - demontering och montering

Observera: *På vissa modeller med växellådan MTX 75 är det svårt att komma åt växlingsvajrarna (baktill på växellådan) och det är möjligt att de endast går att komma åt ovanifrån. Om så är fallet kan det underlätta att ta bort luftrenaren och den extra säkringsdosan.*

Demontering

1 Lossa batteriets jordledning (minuspolen) (se *Urkoppling av batteriet* i kapitel 5A).

2 Arbeta inne i bilen. Placera växelspaken i friläget.

3 Dra åt handbromsen och lossa sedan framhjulens muttrar. Lyft upp framvagnen och ställ den på pallbockar (se *Lyftning och stödpunkter*). Ta bort båda hjulen.

4 Ta bort motorns undre skyddskåpa (i förekommande fall) och vänstra hjulhusets innerskärm.

5 Ta bort den främre delen av avgasröret, se kapitel 4A om det behövs. Observera särskilt att avgassystemets rörliga del inte får böjas för mycket vid demonteringen.

6 Ta bort fästena av bricktyp och sänk ner avgassystemets värmesköld från bilens undersida.

7 Arbeta vid växellådan och lossa kåpan (i förekommande fall) från väljarmekanismen. Ta bort vajrarna från stödfästena genom att vrida de fjäderbelastade räfflade kragarna medurs (iB5) eller moturs (MTX 75). Lossa de färgade plastklämmorna som håller fast vajerjusterarna och ta bort vajrarna från växellådans axlar – observera hur de är monterade **(se bilder)**. Ta bort vajrarna nedåt från motorrummet.

8 Lossa och ta bort växelspakens sargpanel och lyft den sedan uppåt och koppla loss brytarkablaget. Observera hur delarna är monterade **(se bild)**.

9 Demontera mittkonsolen enligt beskrivningen i kapitel 11.

10 Koppla loss växlingsvajern (vit) och väljarvajern (svart) från växelspaken genom att bända loss ändbeslagen. Koppla loss vajerhöljena från golvets fästen genom att vrida kragarna och föra bort dem från huset **(se bilder)**.

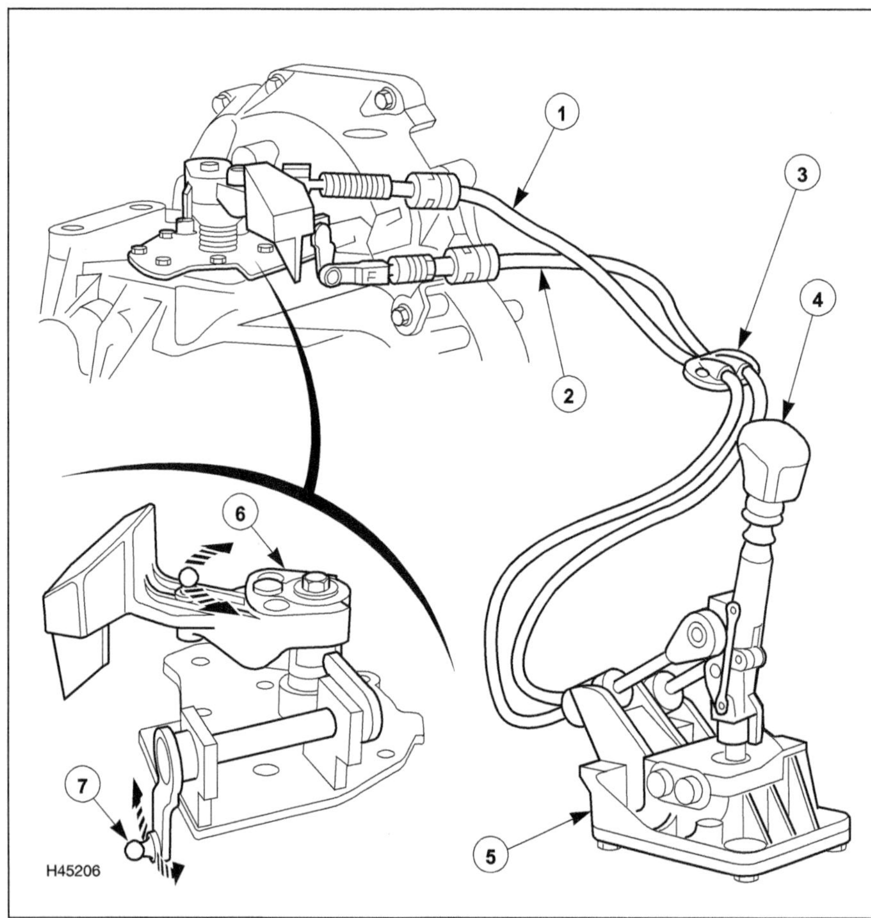

3.10a Växlingsvajrar och tillhörande delar på växellådan MTX 75

1 Växlingsvajer
2 Väljarvajer
3 Muff
4 Växelspak
5 Växelspakshus
6 Växlingsaxel
7 Växelväljaraxel

3.10b Bänd loss vajerns ändbeslag med en tång . . .

3.10c . . . och koppla loss dem från spaken

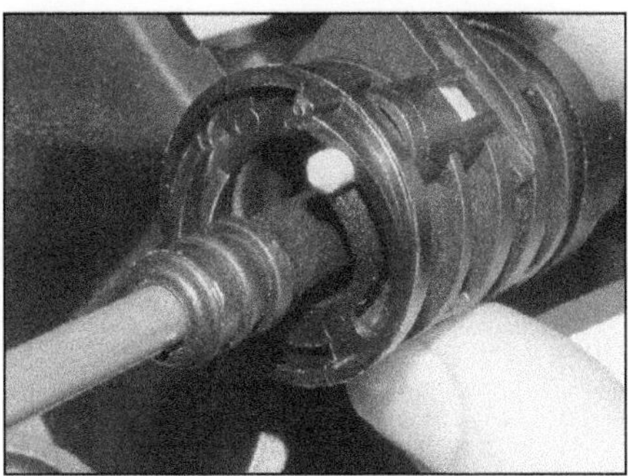
3.10d Lossa vajerhöljena från golvets fästbyglar genom att vrida kragarna

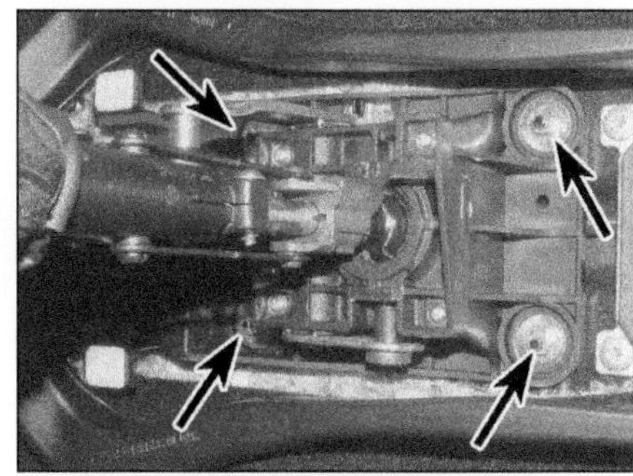
3.15 Växelspaksmekanismens fästmuttrar (vid pilarna)

11 Ta bort delarna som håller fast värmeenhetens luftkanal vid golvet och ta bort kanalen.

12 Skruva loss delarna som fäster sidotäckpanelerna mellan mittdelen av instrumentbrädans panel och golvet, och ta bort panelerna. Bakom panelerna lossar du klämmorna, tar bort skruvarna som fäster värmeenhetens sidopaneler och tar bort panelerna.

13 Vik undan mattan och isoleringsmaterialet under instrumentbrädans mittersta del så att du kommer åt väljarvajerns golvgenomföring. Ta bort de båda skruvarna och lossa genomföringen från golvet.

> HAYNES TIPS ***Innan du tar bort vajrarna, bind ett snöre i ändarna och mata igenom snöret medan vajrarna tas bort. När vajrarna är helt demonterade, lossa snöret och lämna det på plats tills de nya vajrarna ska monteras. Snöret kan då användas för att dra de nya vajrarna på plats. På detta sätt blir de garanterat rätt dragna.***

14 Dra vajrarna genom golvet och ta bort dem från bilens undersida.

15 Om det behövs kan växelspaken tas bort genom att man skruvar loss fästbultarna. Hela växelspaksmekanismen kan annars tas bort genom att man skruvar loss de fyra muttrarna **(se bild)**.

Montering

16 Monteringen sker i omvänd ordningsföljd mot demonteringen. Använd nya klämmor när du återansluter växlingsvajrarna och justera vajrarna enligt beskrivningen i avsnitt 2.

4 Hastighetsgivare – demontering och montering

1 Focus har en elektronisk hastighetsmätare, istället för den äldre vajerdrivna mekaniska typen. En elektronisk givare är monterad på växellådan (istället för hastighetsmätarens drev) och hastighetssignalen från denna givare överförs till instrumentpanelen via motorstyrningens ECU. Förutom att driva hastighetsmätaren används hastighetsgivarens signal av ECU:n som en parameter vid beräkningar för bränslesystemet.

Demontering

2 Det är lättast att komma åt hastighetsgivaren underifrån. Dra åt handbromsen och lossa sedan det vänstra hjulets muttrar. Lyft upp framvagnen och ställ den på pallbockar (se *Lyftning och stödpunkter*).

3 Ta bort vänster framhjul och därefter hjulhusets innerskärm – givaren sitter bredvid höger drivaxel, på baksidan av växellådan **(se bild)**.

4 Koppla loss anslutningskontakten från givarens överdel.

5 Använd en smal tång för att dra ut fästsprinten längst ner på givaren. Observera hur den är monterad **(se bild)**.

6 Dra ut givaren ur sin plats i växellådan – var beredd på att lite olja kan rinna ut. Ta loss O-ringstätningen. Montera en ny tätning om den gamla är i dåligt skick.

Montering

7 Monteringen sker i omvänd ordningsföljd mot demonteringen, men olja in O-ringen lite innan du för in enheten i växellådshuset.

5 Backljuskontakt – demontering och montering

Växellåda iB5

1 Kontakten sitter på växellådans framsida, bredvid väljarvajerns främre kåpa **(se bild)**. För att komma åt bättre, lyft upp bilens främre vänstra sida (se *Lyftning och stödpunkter).*

4.3 Hastighetsgivare (vid pilen) sedd underifrån

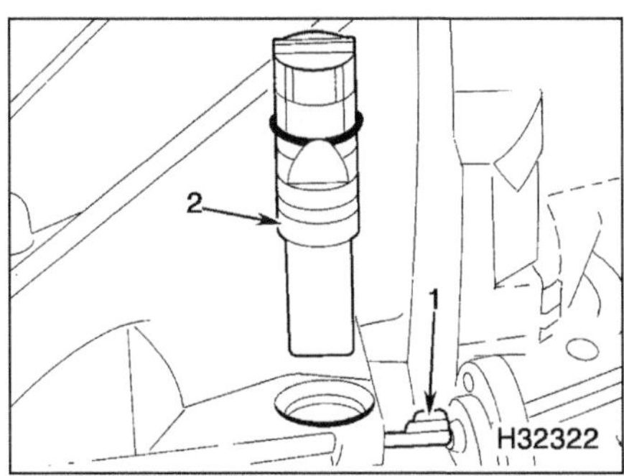

4.5 Dra ut fästsprinten (1) och ta bort hastighetsgivaren (2)

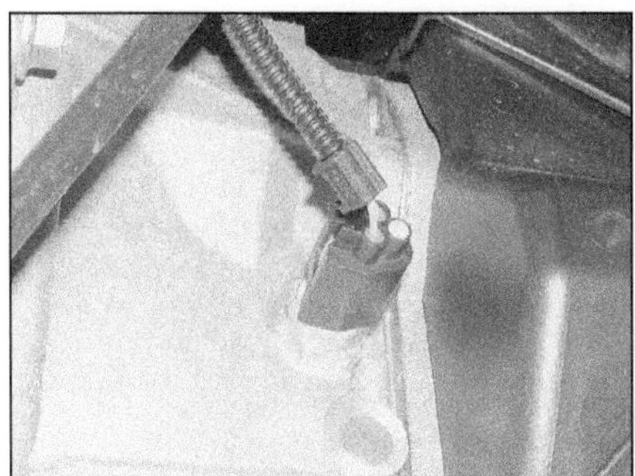
5.1 Backljuskontakt på växellådan iB5

2 Koppla loss anslutningskontakten från kontakten **(se bild)**.
3 Skruva loss kontakten från växellådans framsida. Var beredd på att lite olja kan läcka ut.
4 Monteringen sker i omvänd ordningsföljd mot demonteringen. Dra åt brytaren till angivet moment.

Växellåda MTX 75

5 Kontakten sitter på växellådans ovansida. Ta bort luftrenaren enligt beskrivningen i kapitel 4A samt batteriet och batterihyllan enligt beskrivningen i kapitel 5A.
6 Koppla loss backljuskontaktens kablage på växellådans ovansida **(se bild)**.
7 Skruva loss fästbultarna och ta bort backljuskontakten från kåpan på växellådan.
8 Monteringen sker i omvänd ordningsföljd mot demonteringen.

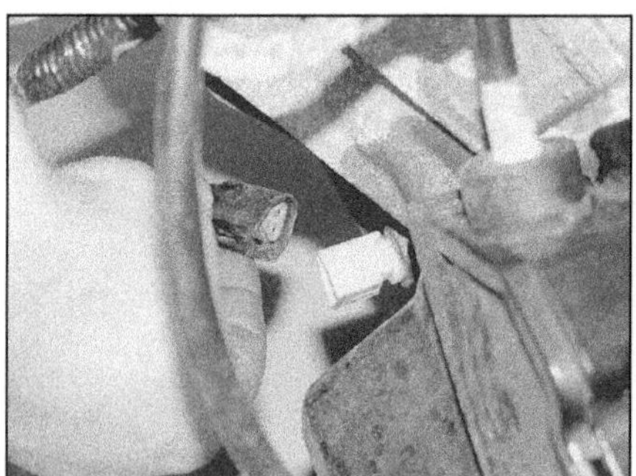

5.2 Koppla ifrån backljusbrytarens anslutningskontakt

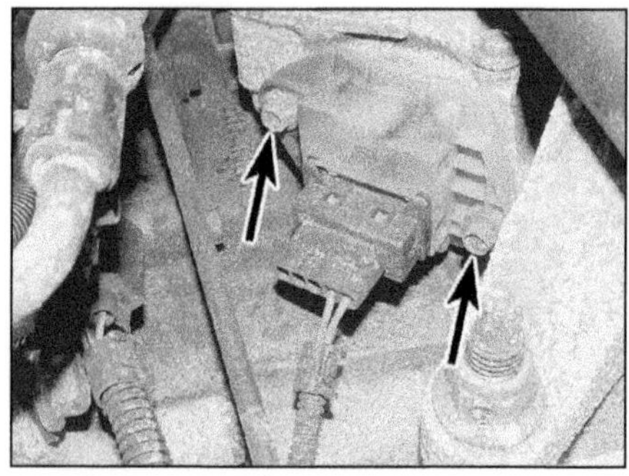

5.6 Koppla ifrån multikontakten och skruva sedan loss de två fästbultarna (vid pilarna) på växellådan MTX 75

6 Oljetätningar - byte

1 Oljeläckage uppstår ofta på grund av att drivaxlarnas oljetätningar, hastighetsgivarens O-ring eller väljaraxelns oljetätning (iB5) är slitna eller åldrade. Det är relativt lätt att byta dessa tätningar eftersom arbetet kan utföras utan att man behöver ta bort växellådan från bilen. Vid byte av den ingående axelns oljetätning måste man demontera växellådan.

Drivaxlarnas oljetätningar

2 Drivaxlarnas oljetätningar sitter vid växellådans sidor, där drivaxlarna går in i växellådan. Om du misstänker ett läckage vid tätningen, lyft upp bilen och ställ det stadigt på pallbockar. Om tätningen läcker finns det olja på växellådans sida under drivaxeln.
3 Se kapitel 8 och ta bort den aktuella drivaxeln.
4 Använd en stor skruvmejsel eller hävarm för att försiktigt bända loss oljetätningen från växellådshuset. Se till att inte skada växellådshuset **(se bild)**.

HAYNES TiPS *Om det är svårt att ta bort en oljetätning kan det ibland underlätta om man trycker in tätningen något i växellådan genom att utöva kraft endast på ett ställe (t.ex. längst upp). Detta kan göra att den motsatta sidan av tätningen trycks ut ur huset och tätningen kan sedan dras ut.*

5 Torka rent oljetätningens säte i växellådshuset.
6 Doppa den nya oljetätningen i ren olja och tryck sedan in den något i huset för hand. Se till att den sitter rakt på sitt säte.
7 Använd ett lämpligt rör eller en stor hylsa för att försiktigt pressa in oljetätningen helt tills den tar i sätet **(se bild)**.
8 När du monterar vänster drivaxel på växellådor av typen iB5, använd skyddshylsan som följer med delar från Ford. Hylsan monteras i sätet och drivaxeln monteras sedan genom den och därefter dras hylsan av och skärs loss.
9 Montera drivaxeln (se kapitel 8).

Hastighetsgivarens oljetätning

10 Detta moment beskrivs i avsnitt 4.

Växelväljaraxelns oljetätning (iB5)

11 Dra åt handbromsen. Lyft sedan upp framvagnen och ställ den på pallbockar (se *Lyftning och stödpunkter*).
12 Ta bort väljarmekanismens kåpa vid växellådshusets framsida genom att arbeta runt kanten och ta bort totalt sju klämmor.
13 Bänd loss fästklämmorna och dra sedan växlings- och väljarvajrarna från växellådans axlar och koppla loss dem från vajerstödfästena genom att vrida de räfflade kragarna medurs.
14 Skruva loss de fyra bultarna som håller fast väljarmekanismens bakre kåpa vid växellådshuset.
15 Ta bort växellådans växlingsaxel genom att bända loss skyddslocket och dra ut fästklämman.
16 När du har tagit bort växlingsaxeln, skruva loss fästbulten och ta av väljaraxeln och dammkåpan.
17 Väljaraxelns oljetätning kan nu bändas ur läge. Om du använder en skruvmejsel eller ett liknande vasst verktyg, var mycket försiktig så att du inte gör märken i eller skadar väljaraxeln eller tätningens säte, annars kommer den nya tätningen också att läcka.
18 Innan du monterar den nya oljetätningen, rengör noggrant den synliga delen av väljaraxeln, samt oljetätningens säte. Vira lite tejp runt axelns ände som skydd mot tätningens läppar när de passerar över den.
19 Smörj den nya oljetätningen med lite olja och montera den sedan försiktigt över änden på väljaraxeln, med läpparna inåt (mot växellådan).
20 Se till att tätningen förblir rak mot axeln och pressa den sedan längs hela axeln (en 16 mm ringnyckel passar perfekt för detta).
21 Tryck in tätningen helt i dess säte. Använd åter ringnyckeln eller möjligtvis en djup hylsa. Ta bort tejpen från axelns ände.
22 Vidare montering sker i omvänd ordningsföljd mot demonteringen. Dra åt väljaraxelns fästbultar till angivet moment och använd nya klämmor när du återansluter växlingsvajrarna.
23 Avsluta med att kontrollera och, om det behövs, justera vajrarna enligt beskrivningen i avsnitt 2.

6.4 Bänd ut oljetätningen med en lämplig hävarm

6.7 Tryck in oljetätningen med en hylsa

7 Växellådsolja - avtappning och påfyllning

Observera: *Även om det inte anges i tillverkarnas underhållsschema är det en god idé att byta den manuella växellådans olja regelbundet. Hur ofta detta utförs är upp till var och en, men det bör definitivt göras på bilar med hög mätarställning.*

Växellåda iB5

1 Växellådan iB5 har ingen avtappningsplugg. Det mest effektiva sättet att tappa av oljan är att ta bort en eller båda drivaxlarna, enligt beskrivningen i kapitel 8.

2 När du fyller på växellådan, kom ihåg att bilen måste stå plant för att oljenivån ska bli korrekt. Fyll på växellådan enligt beskrivningen i kapitel 1 - se tabellen i slutet av *Veckokontroller* för oljetyp.

Växellåda MTX 75

3 Avtappningspluggen sitter i differentialhusets botten. Liksom för oljepåfyllningspluggen behövs en sexkantsnyckel (eller en stor insexnyckel) för borttagningen.

4 Det bästa är att tappa av oljan när växellådan är varm, men var försiktig så att du inte bränner dig på heta avgasdelar etc. Dra åt handbromsen och lyft sedan upp bilen och ställ den på pallbockar (se *Lyftning och stödpunkter*).

5 Ta bort motorns undre skyddskåpa, om det är tillämpligt. Ställ en lämplig behållare under växellådans avtappningsplugg. Skruva sedan loss den och låt oljan rinna ut.

6 När oljeflödet upphör, rengör och sätt tillbaka avtappningspluggen. Dra sedan åt den till angivet moment.

7 När du fyller på växellådan, kom ihåg att bilen måste stå plant för att oljenivån ska bli korrekt. Fyll på växellådan enligt beskrivningen i kapitel 1 - se tabellen i slutet av *Veckokontroller* för oljetyp.

8 Växellåda - demontering och montering

Varning: Den hydraulvätska som används i kopplingssystemet är bromsvätska, som är giftig. Se till att undvika hudkontakt och undvik framför allt att få den i ögonen. Vätskan skadar också färger och kan missfärga mattor etc. Minimera spillet och om du spiller, tvätta genast av med kallt vatten. Slutligen är bromsvätska väldigt lättantändligt och ska hanteras lika försiktigt som bensin.

Observera: *Läs igenom denna arbetsbeskrivning innan du påbörjar arbetet så att du vet vad den innefattar, särskilt vad gäller lyftutrustning. Beroende på tillgänglig utrustning kan man som hemmamekaniker föredra att ta bort motorn och växellådan tillsammans och sedan skilja dem åt på en arbetsbänk, enligt beskrivningen i kapitel 2C. Man måste ta hjälp av en medhjälpare när man ska ta bort växellådan separat (och senare sätta dit den).*

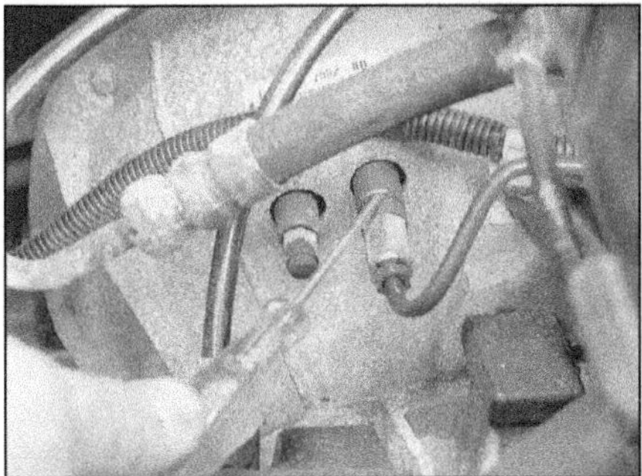

8.3a Bänd upp låsklämman . . .

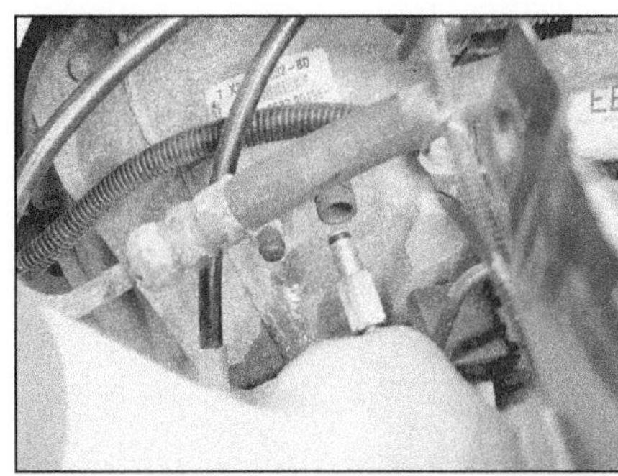

8.3b . . . och dra ut kopplingens hydraulrör

Demontering - växellåda iB5

1 Ta bort luftrenaren och insugsröret enligt beskrivningen i kapitel 4A.

2 Ta bort batteriet och batterihyllan enligt beskrivningen i kapitel 5A och tändspolen enligt beskrivningen i kapitel 5B.

3 Se till att växelspaken är i neutralläget. Vidta nödvändiga åtgärder mot bromsvätskeläckage (se ***Varning*** i början av det här avsnittet). Dra ut fästklämman och dra sedan ut röranslutningen ur kopplingens slavcylinder vid växellådans överdel **(se bilder)**. Plugga igen eller täpp till röränden så att vätskeförlusten minskas och ingen smuts kommer in i systemet.

4 Lossa slavcylinderns vätskerör från stödfästet och flytta det ur vägen för växellådan **(se bild)**.

5 Ta bort plastkåpan från de främre fjäderbenens överdel vid innerskärmens fäste i motorrummet. Hindra kolvstången från att rotera med en insexnyckel och lossa varje fjäderbens mittmutter fem hela varv med en stor ringnyckel.

6 Innan du lyfter upp framvagnen, lossa framhjulsmuttrarna och om möjligt drivaxelns fästmuttrar.

7 Dra åt handbromsen och klossa bakhjulen. Lyft upp framvagnen och ställ den på pallbockar (se *Lyftning och stödpunkter*). Det måste finnas tillräckligt med plats under bilen för att växellådan ska kunna sänkas ner och tas bort. Ta bort framhjulen och, i förekommande fall, motorns undre skyddskåpa.

8 Koppla ifrån anslutningskontakterna från backljuskontakten och från fordonshastighetsgivaren enligt beskrivningen i avsnitt 4 och 5 om det behövs.

9 Lossa kåpan från väljarmekanismen vid växellådans framsida **(se bild)**. Ta bort vajrarna från stödfästena genom att vrida de fjäderbelastade räfflade kragarna medurs. Lossa den färgade plastklämman som håller fast väljarvajerns justerare och ta bort vajrarna från växelförararmarna. Observera deras placering. Lossa vajrarna från klämmorna ovanpå växellådan och flytta vajrarna.

10 Arbeta underifrån. Ta bort de två hållarna som håller fast drivremmens nedre kåpa och ta bort kåpan från motorn.

11 Ta bort de båda drivaxlarna från växellådan, enligt beskrivningen i kapitel 8.

12 Ta bort startmotorn enligt beskrivningen i kapitel 5A. Observera att en jordkabel är fäst vid den övre fästbulten och att växellådans vajerstödfäste sitter fast vid den bakre bulten **(se bilder på nästa sida)**. Dra kablaget så långt som möjligt genom och till ena sidan av växellådan.

13 Skruva loss de två muttrarna/bultarna och ta loss det främre avgasröret vid den första flänsfogen under bilen. Haka loss avgasröret från gummifästet.

14 Skruva loss de två genomgående bultarna

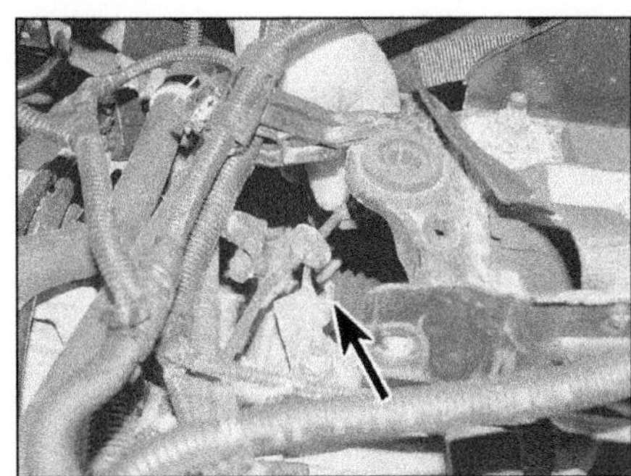

8.4 Lossa hydraulröret från fästbygeln ovanpå växellådan (vid pilen)

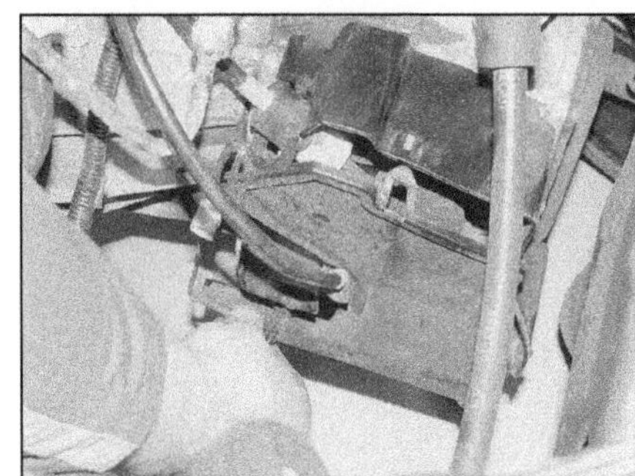

8.9 Lossa och ta bort plastkåpan från växellådans framsida

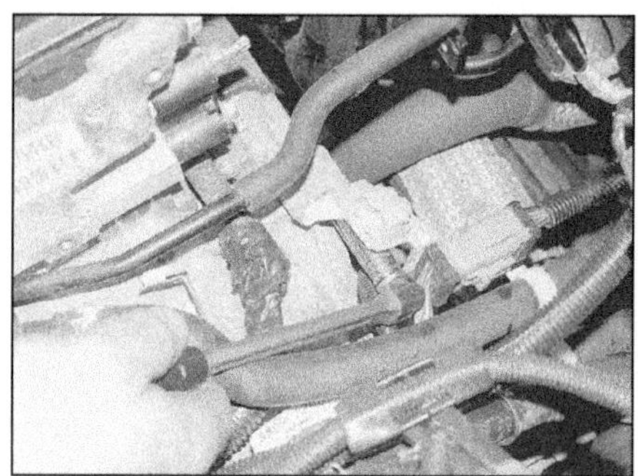

8.12a Skruva loss startmotorns fästbultar . . .

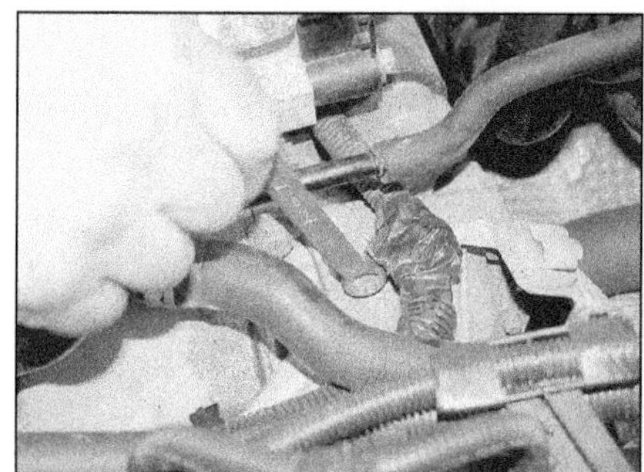

8.12b . . . kabelhärvan och jordanslutningen är fästa vid den här bulten . . .

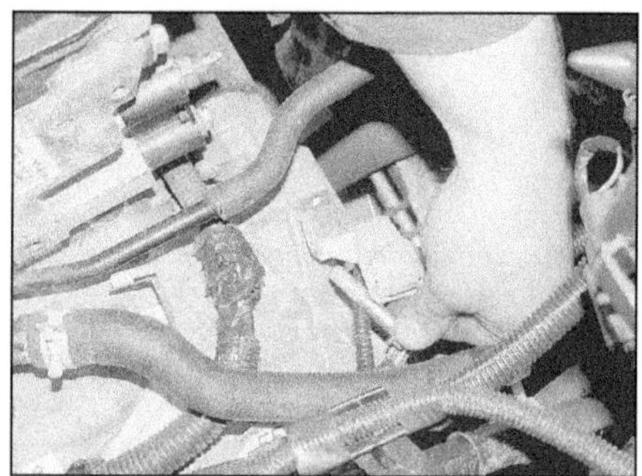

8.12c . . . och växellådans vajerstödfäste är fäst vid den här

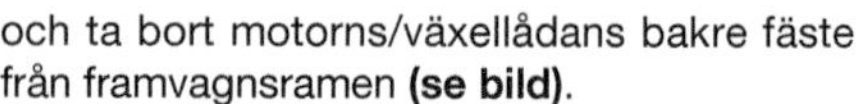

och ta bort motorns/växellådans bakre fäste från framvagnsramen **(se bild)**.

15 Motorn/växellådan måste nu stödjas eftersom det vänstra fästet måste tas isär och demonteras. Fordmekaniker använder ett stödstag som passar i innerskärmarnas överdel – lämpliga motorfäststag finns i verktygsaffärer.

16 Om du inte får tag på något stödstag kan du använda en motorlyft. Med en motorlyft kan du manövrera motorn/växellådan lättare och säkrare. Vi upptäckte i verkstaden att den bästa lösningen var att flytta motorn till rätt läge och stötta den underifrån. Genom att sedan använda lyften på växellådan uppnådde vi utmärkt rörlighet och full kontroll inför nedsänkningen.

17 Att stödja både motorn och växellådan underifrån är bara en sista utväg och får bara göras om en kraftig hydraulisk domkraft (av "garagetyp") används, med en stor, platt träbit på domkraftens överdel för att sprida vikten och undvika skador på oljesumpen. Ytterligare en domkraft behövs för att sänka växellådan. **Observera:** *Var alltid försiktig när du använder en hydraulisk domkraft eftersom denna domkraftstyp kan kollapsa under vikten. Oftast undviker man den här risken med en saxdomkraft, men dessa är mindre stabila och helt orörliga.*

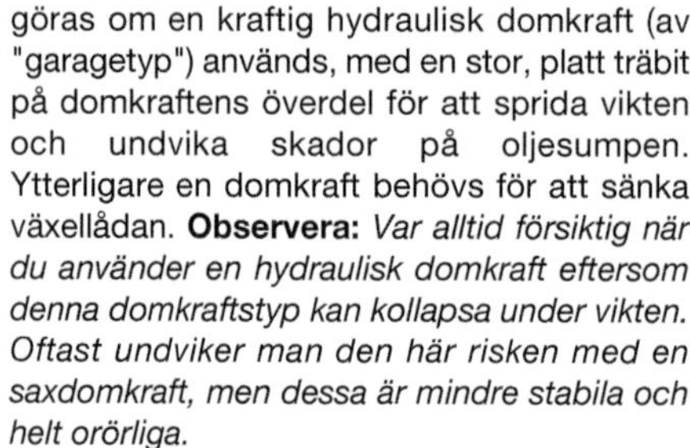

18 Med ett ordentligt stöd för motorn, skruva stegvis loss muttrarna som håller fast den övre delen av motorns vänstra fäste och lyft av den **(se bild)**.

19 Ta bort bultarna som håller fast motorns vänstra fäststag och ta bort staget från motorfästet **(se bild)**.

20 Ta bort ytterligare tre muttrar och ta bort den nedre delen av motorns vänstra fäste. Observera att en av muttrarna fäster stödfästet för kopplingens hydraulrör **(se bilder)**.

21 Skruva loss den övre flänsbulten som fäster växellådan vid motorn. Ta inte bort alla flänsbultar på det här stadiet.

22 Se till att ingenting som fortfarande är fäst vid motorn belastas och sänk sedan växellådan så långt som möjligt.

23 Ta bort de nedre flänsbultarna som fäster växellådan vid motorn. Observera att på vissa modeller fäster en av bultarna även stödfästet till servostyrningens rör **(se bild)**. Eftersom flänsbultarna har olika längd bör du observera deras placering noggrant inför monteringen.

24 På 1,4 och 1,6 liters motorer, vicka växellådan framåt och kila den i läge med en kraftig träbit, ungefär 300 mm lång, mellan motorn och framvagnsramen.

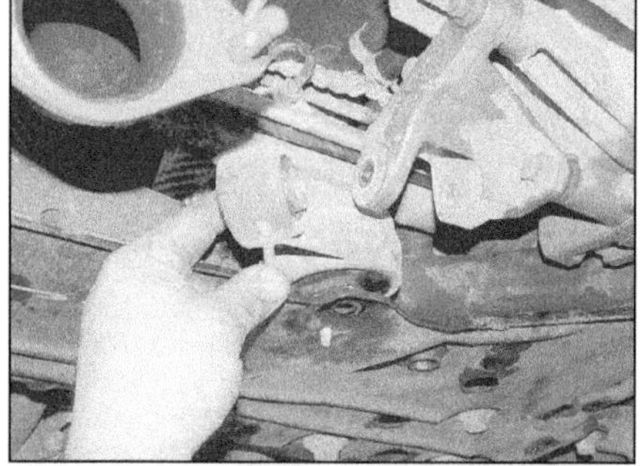

8.14 Skruva loss motorns/växellådans bakre fäste

8.18 Lyft av det vänstra fästets överdel

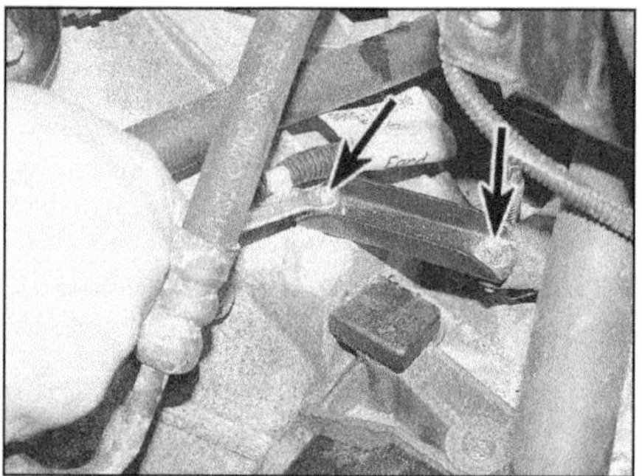

8.19 Skruva loss de två bultarna (vid pilarna) som håller fast fäststaget

8.20a Skruva loss de tre muttrarna (vid pilarna) . . .

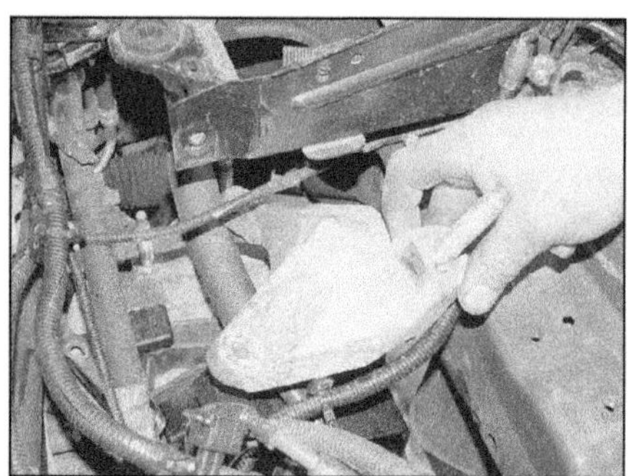

8.20b . . . och ta bort den nedre delen av vänster fäste

8.23 Den här bulten som fäster växellådan vid motorn håller även servostyrningens vätskerör på plats (1,4 liters modell)

25 Kontrollera att det förutom de återstående flänsbultarna inte finns någonting som hindrar växellådan från att sänkas och tas bort. Se till att inga kablage eller slangar ovanpå växellådan fastnar eller sträcks ut när växellådan sänks.

Innan du tar bort växellådan från motorn är det en god idé att måla eller rista ett par inställningsmärken över motorn/växellådan så att växellådan kan passas in något så när korrekt på styrstiften.

26 Skruva loss de återstående flänsbultarna. Om växellådan inte lossnar av sig själv måste den gungas fram och tillbaka så att den lossnar från styrstiften. När växellådan tas bort från motorn, kontrollera att dess vikt stöds hela tiden. Växellådans ingående axel (eller kopplingen) kan annars skadas när den tas bort genom kopplingsenheten som är fäst med bultar vid motorns svänghjul. Ta loss adapterplattorna mellan motorn och växellådan eftersom de kan falla ut när de separeras.

27 Håll växellådan stadigt, sänk den försiktigt och ta bort den från bilens undersida **(se bild)**. På 1,8 liters modeller måste växellådan föras framåt för att inte ta i framvagnsramen när den sänks. Om växellådan stöds underifrån, se till att den hålls stadigt.

28 Kopplingsdelarna kan nu undersökas enligt beskrivningen i kapitel 6 och bytas om det behövs. Om de inte är så gott som nya är det värt att byta kopplingsdelarna som en standardåtgärd, även om växellådan har tagits bort av någon annan anledning.

Demontering - växellåda MTX 75

29 Ta bort luftrenaren och insugsröret enligt beskrivningen i kapitel 4A. Ta också bort luftintaget från den främre panelen samt resonatorn och luftintagsslangen (i förekommande fall).

30 Demontera batteriet och batterihyllan enligt beskrivningen i kapitel 5A.

31 Demontera tändspolen enligt beskrivningen i kapitel 5B.

32 Skruva loss flänsmuttrarna/bultarna i båda ändarna och ta bort den rörliga delen av avgasröret från bilens undersida.

33 Skruva loss bultarna och koppla loss huvudjordledningen bredvid spolarvätskebehållarens påfyllningsrör.

34 Koppla loss växlingsvajern från växellådan enligt beskrivningen i avsnitt 3. Flytta vajrarna från växellådan.

35 Vidta nödvändiga åtgärder mot bromsvätskeläckage (se ***Varning*** i början av det här avsnittet). Dra ut fästklämman och dra sedan ut röranslutningen ur kopplingens slavcylinder vid växellådans överdel. Plugga igen eller täpp till röränden så att vätskeförlusten minskas och ingen smuts kommer in i systemet.

36 Flytta slavcylinderns vätskerör ur vägen för växellådan.

37 Ta bort plastkåpan från de främre fjäderbenens överdel vid innerskärmens fäste i motorrummet. Hindra kolvstången från att rotera med en insexnyckel och lossa varje fjäderbens mittmutter fem hela varv med en stor ringnyckel.

38 Innan du lyfter upp framvagnen, lossa framhjulsmuttrarna och om möjligt drivaxelns fästmuttrar.

39 Dra åt handbromsen och klossa bakhjulen. Lyft upp framvagnen och ställ den på pallbockar (se *Lyftning och stödpunkter*). Det måste finnas tillräckligt med plats under bilen för att växellådan ska kunna sänkas ner och tas bort. Ta bort framhjulen och, i förekommande fall, motorns undre skyddskåpa.

40 Observera alla anslutningskontakters läge och koppla sedan loss dem från växellådan. Märk upp kontakterna inför monteringen. Lossa klämman som håller fast växellådans kabelhärva vid växellådans överdel, och för undan kablaget så långt som möjligt.

41 Arbeta underifrån. Ta bort de två hållarna som håller fast drivremmens nedre kåpa och ta bort kåpan från motorn.

42 Ta bort de båda drivaxlarna från växellådan, enligt beskrivningen i kapitel 8.

43 Ta bort startmotorn enligt beskrivningen i kapitel 5A.

44 Skruva loss de två genomgående bultarna och ta bort motorns/växellådans bakre fäste från framvagnsramen.

45 Motorn/växellådan måste nu stödjas eftersom det vänstra fästet måste tas isär och demonteras. Fordmekaniker använder ett stödstag som passar i innerskärmarnas överdel - lämpliga motorfäststag finns i verktygsaffärer.

46 Om du inte får tag på något stödstag kan du använda en motorlyft. Med en motorlyft kan du manövrera motorn/växellådan lättare och säkrare. Vi upptäckte i verkstaden att den bästa lösningen var att flytta motorn till rätt läge och stötta den underifrån. Genom att sedan använda lyften på växellådan uppnådde vi utmärkt rörlighet och full kontroll inför nedsänkningen.

47 Att stödja både motorn och växellådan underifrån är bara en sista utväg och får bara göras om en kraftig hydraulisk domkraft (av "garagetyp") används, med en stor, platt träbit på domkraftens överdel för att sprida vikten och undvika skador på oljesumpen. Ytterligare en domkraft behövs för att sänka växellådan. **Observera:** *Var alltid försiktig när du använder en hydraulisk domkraft eftersom denna domkraftstyp kan kollapsa under vikten. Man kan oftast minska risken för detta med hjälp av en saxdomkraft, men dessa är mindre stabila och helt orörliga.*

48 Med ett ordentligt stöd för motorn, skruva stegvis loss muttrarna som håller fast den övre delen av motorns vänstra fäste och lyft av den.

49 Ta bort ytterligare tre muttrar/bultar och ta bort den nedre delen av motorns vänstra fäste.

8.27 Sänk ner växellådan

50 Skruva loss de två övre flänsbultarna som fäster växellådan vid motorn. Ta inte bort alla flänsbultar på det här stadiet. Eftersom flänsbultarna har olika längd bör du observera deras placering noggrant inför monteringen.

51 Vippa växellådan framåt och kila den i läge med en kraftig träbit, ungefär 350 mm lång, mellan motorn och framvagnsramen.

52 Kontrollera att det förutom de återstående flänsbultarna inte finns någonting som hindrar växellådan från att sänkas och tas bort. Se till att inga kablage eller slangar ovanpå växellådan fastnar eller sträcks ut när växellådan sänks.

Innan du tar bort växellådan från motorn är det en god idé att måla eller rista ett par inställningsmärken över motorn/växellådan så att växellådan kan passas in något så när korrekt på styrpinnarna.

53 Skruva loss de återstående flänsbultarna. Om växellådan inte lossnar av sig själv måste den gungas fram och tillbaka så att den lossnar från styrstiften. När växellådan tas bort från motorn, kontrollera att dess vikt stöds hela tiden. Växellådans ingående axel (eller kopplingen) kan annars skadas när den tas bort genom kopplingsenheten som är fäst med bultar vid motorns svänghjul. Ta loss adapterplattorna mellan motorn och växellådan eftersom de kan falla ut när de separeras.

54 Håll växellådan stadigt, sänk den försiktigt och ta bort den från bilens undersida.

55 Kopplingsdelarna kan nu undersökas enligt beskrivningen i kapitel 6 och bytas om det behövs. Om de inte är så gott som nya är det värt att byta kopplingsdelarna som en standardåtgärd, även om växellådan har tagits bort av någon annan anledning.

Montering

56 Om kopplingsdelarna har demonterats, sätt dit dem (se kapitel 6). Se även till att adapterplattorna mellan motorn och växellådan är på plats på motorn.

57 Om en träkloss användes för att kila motorn framåt inför demonteringen av växellådan, se till att den är på plats inför återmonteringen.

58 Med växellådan fäst vid lyften/garagedomkraften som vid demonteringen, lyft den på plats och för den sedan försiktigt ihop den med motorn, samtidigt som du hakar i den ingående axeln i kopplingslamellens splines. Om markeringar gjordes mellan växellådan och motorn vid demonteringen kan de användas som hjälp så att inpassningen blir korrekt.

59 Använd inte för mycket kraft för att sätta tillbaka växellådan. Om den ingående axeln inte lätt glider på plats, justera vinkeln på växellådan så att den hamnar på rätt nivå, och/eller vrid den ingående axeln så att splinesen hakar i lamellen på rätt sätt. Om problemen kvarstår, kontrollera att kopplingslamellen är korrekt centrerad (kapitel 6).

60 När växellådan har kommit i ingrepp med motorn, för in så många av flänsbultarna som möjligt och dra åt dem stegvis så att växellådan dras på styrstiften helt.

61 Montera den nedre delen av motorns vänstra fäste och dra åt muttrarna till angivet moment. På växellådan iB5, montera fäststaget/rörets stödfäste och dra åt fästbultarna.

62 Ta i förekommande fall bort kilen mellan motorn och framvagnsramen. Höj växellådan på plats och sätt sedan tillbaka den övre delen av motorns vänstra fäste. Dra åt muttrarna till angivet moment. Observera att mittmuttern ska dras åt betydligt hårdare än de fyra yttre muttrarna.

63 Montera de återstående bultarna som förbinder växellådan med motorn och dra åt dem till angivet moment.

64 Montera motorns/växellådans bakre fäste vid kryssrambalken och dra åt de genomgående bultarna till angivet moment.

65 När motorns/växellådans fäste har monterats kan du ta bort stödstaget, motorlyften eller domkraften.

66 Vidare montering utförs i omvänd ordningsföljd mot demonteringen. Tänk på följande:

a) *Montera startmotorn enligt beskrivningen i kapitel 5A.*
b) *Montera drivaxlarna enligt beskrivningen i kapitel 8.*
c) *Avsluta med att justera växlingsvajrarna enligt beskrivningen i avsnitt 2.*

9 Växellåda, renovering – allmän information

Renovering av en manuell växellåda är ett komplicerat (och ofta dyrt) arbete för en hemmamekaniker och kräver tillgång till specialutrustning. Det omfattar isärtagning och ihopsättning av många små delar. Ett stort antal spel måste mätas exakt och vid behov justeras med mellanlägg och distansbrickor. Reservdelar till växellådans inre delar är ofta svåra att få tag på och i många fall mycket dyra. Om det blir något fel på växellådan eller om den ger missljud ifrån sig är det därför bäst att den lämnas in för översyn hos en specialist, eller att en renoverad växellåda inskaffas.

Trots allt är det inte omöjligt för en erfaren hemmamekaniker att renovera en växellåda, förutsatt att specialverktyg finns att tillgå och att arbetet utförs på ett metodiskt sätt så att ingenting glöms bort.

De verktyg som krävs för en renovering är låsringsstänger för inre och yttre låsringar, lageravdragare, glidhammare, en uppsättning pinndorn, indikatorklocka och möjligen en hydraulisk press. Dessutom krävs en stor, stadig arbetsbänk och ett skruvstäd.

Notera mycket noggrant under isärtagningen hur varje del sitter så att ihopsättningen blir lättare och mer precis.

Det underlättar om du har en aning om var felet sitter innan växellådan tas isär. Vissa problem kan höra nära samman med vissa delar av växellådan, vilket kan underlätta undersökningen och bytet av komponenter. Se avsnittet *Felsökning* i slutet av den här handboken för ytterligare information.

Kapitel 7 Del B: Automatväxellåda

Innehåll

Svårighetsgrader

Enkelt, passar novisen med lite erfarenhet 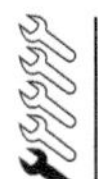	**Ganska enkelt,** passar nybörjaren med viss erfarenhet	**Ganska svårt,** passar kompetent hemmamekaniker 	**Svårt,** passar hemmamekaniker med erfarenhet	**Mycket svårt,** för professionell mekaniker 

Specifikationer

Allmänt

Växellådstyp	Elektroniskt styrd automatlåda, fyra framåtväxlar (en överväxel) och backväxel. Valbar överväxelfunktion, momentomvandlarlås på 3:ans och 4:ans växel.
Växellådsnummer	4F27E

Utväxlingsförhållande

1:an	2,816:1
2:an	1,498:1
3:an	1,000: 1
4:an	0,726:1
Back	2,649:1

Åtdragningsmoment

	Nm
Motor/växellådans vänstra fäste, nedre del	80
Motor/växellådans vänstra fäste, övre del:	
Mittmutter	133
Fyra yttre muttrar	48
Motor/växellådans bakre fästbultar	48
Oljekylarens anslutningsmuttrar	25
Oljetrågsbultar	7
Hjulmuttrar	85
Momentomvandlare till drivplatta (använd nya muttrar)	37
Växelförararmens bult	10
Växellådans intervallgivare, bultar	10
Växellåda till motor	48

1 Allmän information

Automatväxellådan 4F27E finns på 1,6 och 2,0 liters modeller av bensindrivna Focus och styrs elektroniskt av motorstyrningens ECU. Det är en helt ny fyrväxlad enhet med överväxel och momentomvandlarlås. Denna enhet, som utvecklades av Mazda och tillverkas i USA har utformats speciellt för framhjulsdrift och är extra lätt och kompakt.

Växellådans styrsystem kallas ESSC (electronic synchronous shift control) och ingår i en särskilt framtagen EEC-V motorstyrningsmodul som endast används i Focus med automatväxellåda. Det elektroniska styrsystemet har ett felsäkert läge där växellådan har begränsad funktion så att bilen kan köras hem eller till en verkstad. Det tänds en varningslampa på instrumentpanelen för att visa föraren när detta händer. EEC-V-modulen använder all tillgänglig information från de olika givare som rör växellådan och motorstyrningen (se även kapitel 4A och 5B) för att bestämma de optimala växelpunkterna för bästa möjliga mjukhet, effekt och ekonomiska körning. Beroende på gasspjällsläget och fordonshastigheten kan ECU "låsa" momentomvandlaren på 3:ans eller 4:ans växel, vilket hindrar att moment-omvandlaren "slirar" och förbättrar bränsle-förbrukningen.

Växellådan har en valbar överväxel. När den är aktiv (med hjälp av en knapp på växel-väljarspakens undersida) kan en fjärde extra hög utväxling väljas automatiskt. Annars kan växellådan endast använda tre framåtgående växlar. Varningslampan "O/D OFF" tänds när överväxelfunktionen är avaktiverad.

Enheten har utformats för att kräva så lite underhåll som möjligt, men oljenivån behöver kontrolleras regelbundet (se kapitel 1). Det är meningen att oljan ska räcka under hela växellådans livslängd, och den kyls av en separat kylenhet som sitter bredvid kylaren.

Det finns ingen kickdownkontakt eftersom kickdown styrs av gasspjällets lägesgivare i motorstyrningssystemet.

Växelväljaren har de vanliga lägena P, R, N, D, 2, och 1.

Precis som andra automatväxellådor har den här ett startspärrsrelä, vilket hindrar motorn från att startas (genom att avbryta matningen till startmotorns solenoid) när växelväljaren är i ett annat läge än P eller N. Avsikten är att hindra bilen från att förflyttas vilket annars kan inträffa om motorn t.ex. startas med växellådan i läge D. Spärr-systemet styrs av EEC-V-modulen och baseras på signaler som mottas från motor- och växellådsgivare. Mer information om reläernas placering finns i kapitel 12.

Som en ytterligare säkerhetsåtgärd kan startnyckeln endast tas bort från tändnings-låset om växelväljaren är i läge P. För att kunna flytta växelväljarspaken från läge P måste tändningen vara påslagen, broms-pedalen nedtryckt och växelväljarspakens låsknapp (på sidan av spaken) vara intryckt **(se bild)**. Om bilens batteri är urladdat fungerar inte magnetventilen för växel-väljarens frånkoppling. Om bilen måste flyttas i detta skick, för in en penna eller liknande litet instrument i öppningen på vänster sida om mittkonsolen. Tryck låsspaken nedåt och flytta växelväljaren till önskat läge.

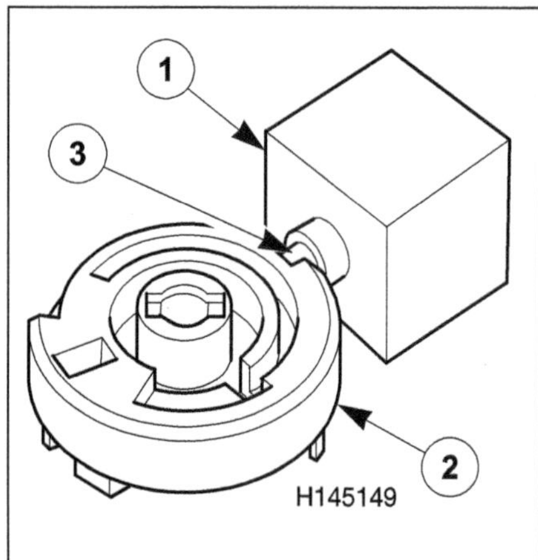

1.8 Tändningslåsets magnetventil för växlingsspärr

1 Tändningslåsets vriddel
2 Magnetventil
3 Låssprint

2 Felsökning - allmänt

Om det uppstår ett fel i växellådan, kontrollera först att vätskenivån är korrekt (se kapitel 1). Om vätskenivån har sjunkit, kontrollera oljetätningarna enligt beskriv-ningen i avsnitt 6. Kontrollera också att slangarna till oljekylaren i kylaren inte läcker. Den enda andra åtgärden som en hemma-mekaniker kan utföra är att byta de olika växellådsgivarna (avsnitt 5). Vi rekommend-erar emellertid inte att du byter några givare innan felet har bekräftats genom avläsning av växellådans felkoder.

Eventuella allvarliga fel som uppstår gör att växellådan övergår till det felsäkra läget och en felkod (eller flera koder) registreras i styrenheten. Koderna kan läsas med en elektronisk felkodsläsare. Fordverkstäder har givetvis sådana läsare, men de går också att få tag på hos andra leverantörer. Det är knappast kostnadseffektivt för den private ägaren att köpa en felkodsläsare, men de brukar finnas hos välutrustade bilverkstäder.

Om felet fortfarande kvarstår måste du bestämma om det är ett elektriskt, mekaniskt eller hydrauliskt fel. Detta kräver särskild testutrustning. Arbetet måste följaktligen utföras av en specialist på automatväxellådor eller en Fordverkstad om du misstänker att det är fel på växellådan.

Ta inte bort växellådan från bilen innan en professionell feldiagnos har ställts. För de flesta test krävs att växellådan är monterad i bilen.

3 Växelväljarvajer - demontering, montering och justering

Demontering

1 Lossa vänster framhjulsmuttrar. Dra åt handbromsen, lyft upp framvagnen och ställ den på pallbockar. Ta bort det vänstra framhjulet.

2 Ta bort den främre delen av avgasröret, se kapitel 4A om det behövs. Observera särskilt att avgassystemets rörliga del inte får böjas för mycket vid demonteringen.

3 Ta bort "plattmuttrarna" och sänk ner avgassystemets värmesköld från bilens undersida.

4 Leta reda på växelväljarvajerns ände, den sitter framför växellådan **(se bild)**.

5 Koppla loss vajerändbeslaget genom att bända loss det från växelväljaren.

6 Lossa vajerhöljet från fästet på växellådan –

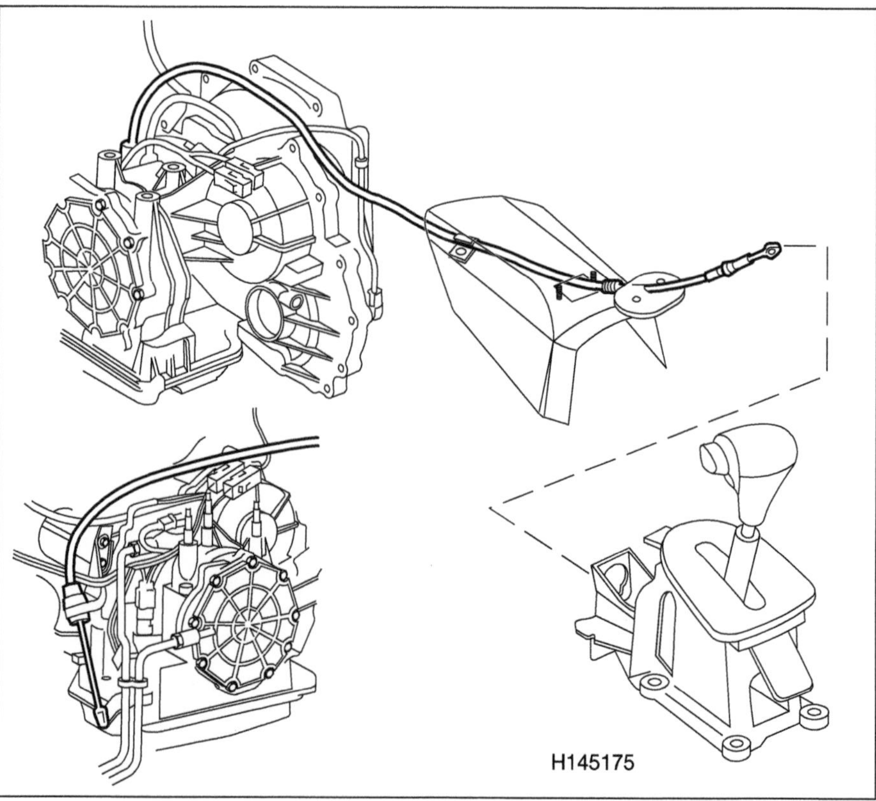

3.4 Växelvajerns dragning och ändbeslag

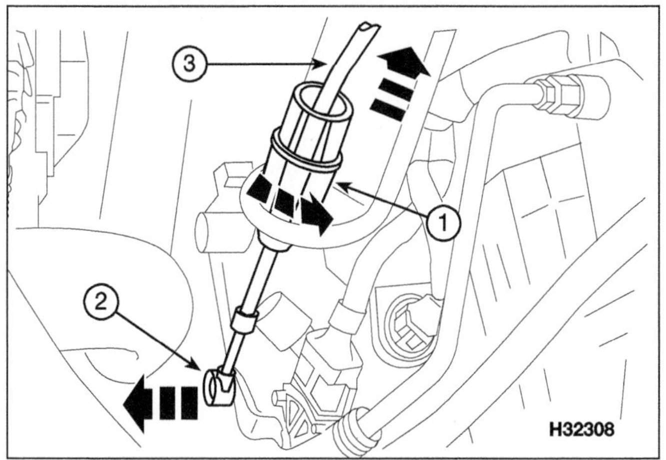

3.6 Växelvajerns fäste på växellådssidan

1 Låskrage 2 Inre vajerns ändbeslag 3 Yttre vajer

3.9 Växelvajerns fäste på växelväljarspaken

1 Växelväljarspak 2 Inre vajerns ändbeslag 3 Yttre vajer

vajern är fäst med en låskrage som måste vridas 90° moturs för att tas bort **(se bild)**.

7 Följ vajern tillbaka från växelväljaren och lossa den från de klämmor som fäster den på växellådan och bilens undersida. Ta bort värmeskölden och bänd sedan ut genomföringen från bilens golv där vajern går in i bilen.

8 Demontera mittkonsolen enligt beskrivningen i kapitel 11.

9 Placera växelväljaren i läge P. Arbeta genom växelväljarhusets framsida, koppla ifrån den inre vajern från spaken genom att bända ändbeslaget åt sidan, lossa sedan den yttre vajern från golvfästet genom att dra den uppåt **(se bild)**.

10 Ta bort delarna som fäster värmeenhetens luftkanal till golvet och ta bort kanalen.

11 Skruva loss delarna som fäster sidotäckpanelerna mellan mittdelen av instrumentbrädans panel och golvet, och ta bort panelerna. Bakom panelerna lossar du klämmorna, tar bort skruvarna som fäster värmeenhetens sidopaneler och tar bort panelerna.

12 Vik tillbaka mattan och isoleringsmaterialet under instrumentbrädans mittersta del så att du kommer åt växelvajerns golvgenomföring. Ta bort de båda skruvarna och lossa genomföringen från golvet.

Innan du tar bort växelvajern, bind en bit snöre i änden och mata igenom snöret när vajern tas bort. När vajern är helt demonterad lossar du snöret och lämnar det på plats tills den nya vajern är monterad. Snöret kan sedan användas för att dra den nya vajern på plats. På detta sätt får de rätt dragning.

13 Dra vajern genom golvet och ta bort den från bilens undersida.

Montering

14 Monteringen utförs i omvänd ordningsföljd mot demonteringen, tänk på följande:

a) När vajern har återanslutits på växelväljarspaken placerar du spaken i läge D innan vajerändbeslaget återansluts på växelförararmen.

b) Innan vajern fästs på växellådan eller spaken, kontrollera vajerjusteringen enligt beskrivningen nedan.

Justering

15 Inne i bilen flyttar du växelväljarspaken till läge D.

16 Med den inre vajern bortkopplad från spaken på växellådan kontrollerar du att växelförararmen är i läget D. För att göra detta måste du flytta armen försiktigt uppåt och nedåt tills den är i rätt läge. Du kan göra en ytterligare kontroll genom att kontrollera att D-markeringen på växelväljarspakens lägesgivare är korrekt linjerad med markeringen på växelförararmen **(se bild)**.

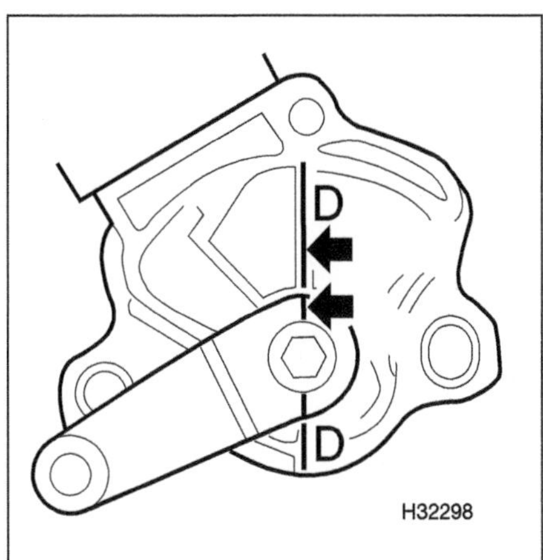

3.16 Inställningsmarkeringar för växelväljarens lägesgivare/ växelförararmen

17 Kontrollera att vajerns låskrage under bilen fortfarande är öppen (d.v.s. vriden moturs 90°).

18 Med växelväljarens båda förararmar, både vid växelväljarspaken och på växellådan, i läge D monterar du vajerändbeslaget på växelförararmen och vrider sedan låskragen 90° medurs för att låsa den. Pilmarkeringarna på kragen ska linjeras när kragen är låst **(se bild)**.

19 Montera vänster framhjul och sänk sedan ner bilen. Dra åt hjulmuttrarna till angivet moment.

20 Kontrollera slutligen växellådans funktion genom att köra bilen en sväng.

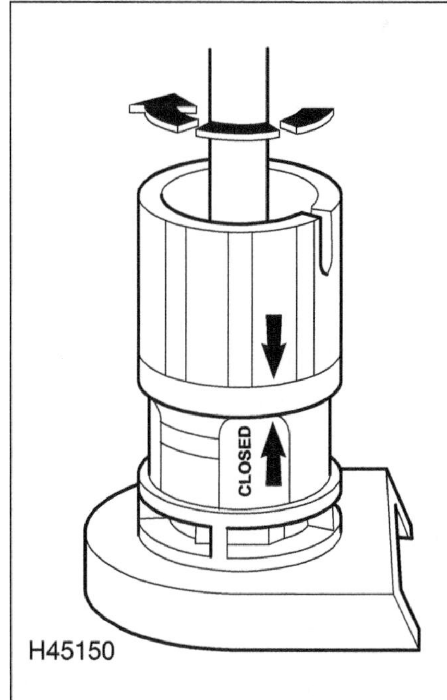

3.18 Vajerändbeslagets pilmarkeringar i spärrat läge

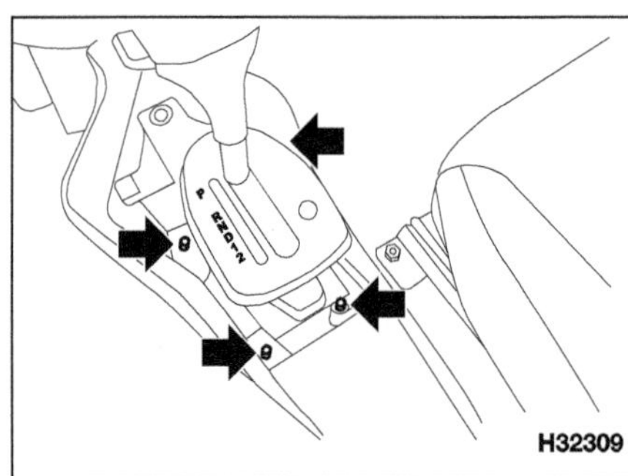

4.4 Växelväljarens fästmuttrar (vid pilarna)

4 Väljarkomponenter - demontering och montering

Växelväljarenhet

Demontering

1 Ta bort mittkonsolen enligt beskrivningen i kapitel 11.

2 Arbeta genom växelväljarhusets framsida och koppla ifrån den innervajern från spaken enligt beskrivningen i avsnitt 3.

3 Koppla loss multikontaktens kontaktdon på enhetens baksida, observera deras placering, och flytta kablaget ur vägen.

4 Skruva loss de fyra fästmuttrarna och ta bort växelväljarenheten **(se bild)**.

5 Om det behövs kan enheten tas isär ytterligare (efter demontering av spakens knopp, enligt beskrivningen nedan) genom att det övre locket lossas och lampan och det inre locket tas bort.

Montering

6 Monteringen sker i omvänd ordningsföljd mot demonteringen, men justera växelväljarvajern enligt beskrivningen i avsnitt 3.

Växelväljarknopp

Demontering

7 Demontera mittkonsolen enligt beskrivningen i kapitel 11.

8 Koppla ifrån multikontaktens kontaktdon till överväxelbrytaren längst ner på växelväljarspaken.

9 Ta bort låsskruven på spakens sida, under överväxelknappen, och dra sedan knoppen uppåt, av spaken.

Montering

10 Monteringen utförs i omvänd ordningsföljd mot demonteringen.

5 Växellådans givare - demontering och montering

Bilens/utgående axelns hastighetsgivare

1 Focus har en elektronisk hastighetsmätare istället för den äldre vajerdrivna mekaniska typen. Det sitter en elektronisk givare på växellådan (istället för den äldre hastighetsmätarens drev) och hastighetssignalen från den givaren överförs till instrumentpanelen via motorstyrningens ECU. Förutom att driva hastighetsmätaren används hastighetsgivarens signal av ECU:n som en av parametrarna för beräkningar som rör bränslesystemet, och för att bestämma växellådans växelpunkter.

Demontering

2 Det är enklast att komma åt hastighetsgivaren underifrån. Dra åt handbromsen och lossa sedan vänster framhjulsmuttrar. Lyft upp framvagnen och ställ den på pallbockar (se *Lyftning och stödpunkter*).

3 Ta bort vänster framhjul och hjulhusets innerskärm – givaren sitter på växellådans baksida, bakom drivaxlarna **(se bild)**.

4 Koppla ifrån anslutningskontakten från givaren och placera sedan en lämplig behållare under givaren för att fånga upp eventuellt oljeläckage när givaren tas bort.

5 Skruva loss givarens fästbult och dra långsamt bort givaren från dess plats.

6 Kontrollera att O-ringen på givaren är hel – sätt dit en ny tätning om den gamla är i dåligt skick.

Montering

7 Monteringen sker i omvänd ordningsföljd mot demonteringen, men rengör givarplatsen och olja in O-ringen lite innan du för in enheten i växellådshuset. Avsluta med att kontrollera växellådans oljenivå enligt beskrivningen i kapitel 1.

Växellådans intervallgivare

8 Växellådans intervallgivare är en givare för växelväljarens läge och signalen från den används av EEC-V-modulen för att ändra växellådans funktion, beroende på vilken "växel" som väljs. Förutom att kontrollera växelpunkterna, kan modulen beroende på den mottagna signalen aktivera startspärrsreläet, backljusen eller tändningslåset.

Demontering

Observera: *För att sätta intervallgivaren i arbetsläget krävs Fords specialverktyg 307415. Om du inte har tillgång till detta verktyg måste givarens läge markeras mycket noggrant före demontering.*

9 Det är enklast att komma åt intervallgivaren underifrån – givaren sitter på växellådans framsida, nära växelväljaren **(se bild)**. Dra åt handbromsen. Lyft sedan upp framvagnen och ställ den på pallbockar (se *Lyftning och stödpunkter*).

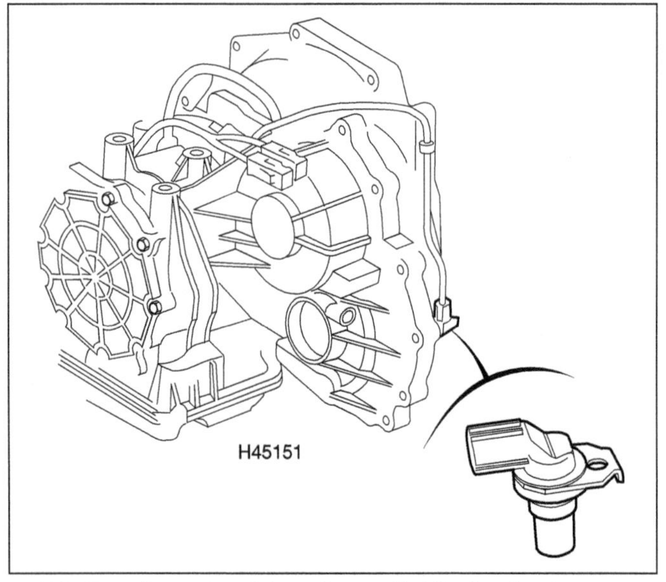

5.3 Placering av hastighetsgivaren för bilen/utgående axeln

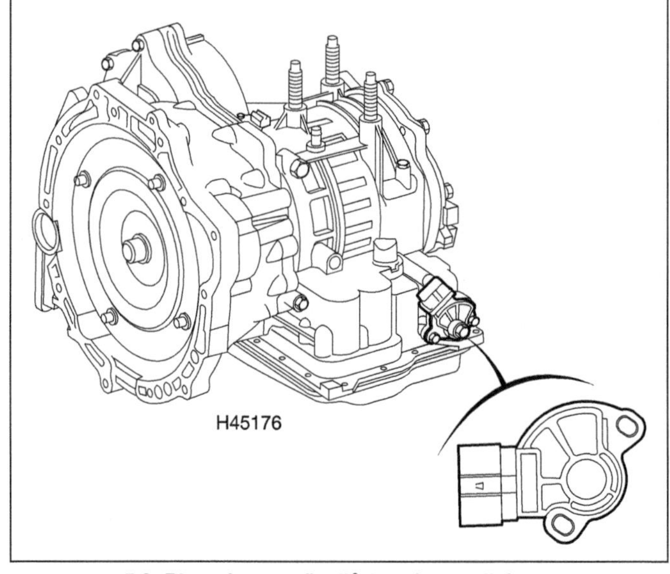

5.9 Placering av växellådans intervallgivare

10 Bänd loss växelvajerns ändbeslag från växelförararmen och koppla loss anslutningskontakten från givaren.

11 Håll fast växelförararmen så att den inte roterar och skruva sedan loss armens fästbult och ta bort armen från givaren.

Försiktighet: Om armen inte hålls fast när bulten lossas kommer den kraft som krävs för att lossa bulten att överföras till själva givaren, vilket kan leda till att givaren skadas. Detsamma gäller när bulten dras åt igen, när åtgärden slutförs.

12 Innan du tar bort givaren, gör ett par inställningsmarkeringar mellan givaren och växellådan för att underlätta monteringen.

13 Vidta åtgärder för att ta hand om eventuellt växellådsoljespill. Skruva loss givarens båda fästbultar och ta bort givaren från växellådan.

Montering

14 Rengör givarens plats på växellådan och sedan själva givaren. Om du ska montera en ny givare, överför inställningsmarkeringarna från den gamla givaren till den nya – det ger en ungefärlig inställning som gör att bilen kan köras.

15 Montera givaren och fäst den löst med de båda bultarna, dra endast åt dem för hand på det här stadiet.

16 För att givaren ska kunna sättas i arbetsläget krävs Fords specialverktyg 307415. Om du inte har tillgång till detta verktyg riktar du in de markeringar som gjordes före demonteringen. När markeringarna är korrekt inställda, dra åt givarens båda fästbultar till angivet moment.

17 Montera växelförararmen. Dra åt armens fästbult till angivet moment och håll emot så att armen inte roterar när bulten dras åt (se varningen tidigare i detta avsnitt).

18 Återanslut växelväljarvajern på växelförararmen och kontrollera vajerjusteringen enligt beskrivningen i avsnitt 3.

19 Sänk ner bilen efter avslutat arbete.

Hastighetsgivare på turbinaxel (ingående axel)

20 Turbinaxelns hastighetsgivare sitter på växellådans ovansida och är en induktiv pickupgivare som känner av den ingående axelns rotationshastighet **(se bild)**. Denna information används av ECU:n för att styra växlingen och momentomvandlarlåsets koppling. Demonteringen och monteringen liknar proceduren för den utgående axelns hastighetsgivare som beskrevs tidigare i detta avsnitt.

Bromspedalens lägeskontakt

21 Signalen från kontakten används av ECU:n för att lossa momentomvandlarlåset och låta växelväljarspaken flyttas från läget P när motorn startas. Anvisningarna för demontering och montering av kontakten är desamma som för bromsljuskontakten, i kapitel 9.

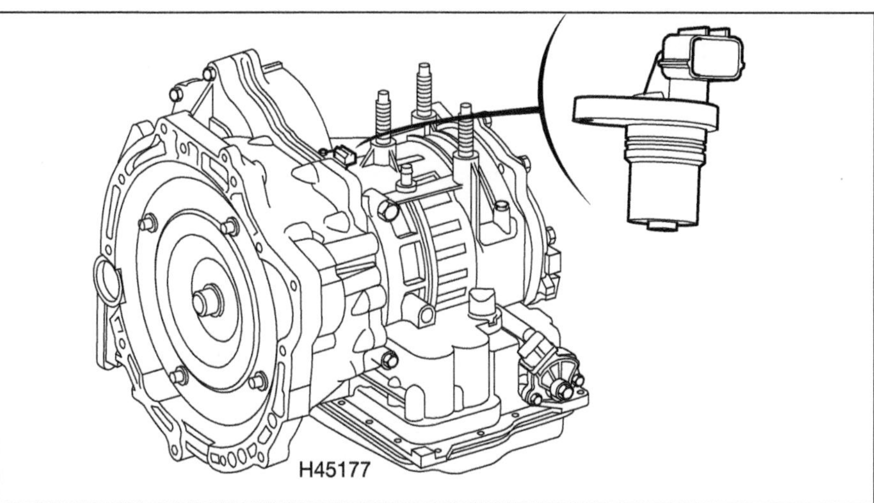

5.20 Placering av turbinaxelns (ingående axelns) hastighetsgivare

Bromspedalens aktiverare för växlingsspärr

22 Den här enheten ingår i systemet som spärrar växelväljaren i läge P när startnyckeln tas bort och är inbyggd i själva växelväljarspaken.

23 Ta bort spakens knopp enligt beskrivningen i avsnitt 4. När knoppen är borttagen kan aktiverarens tryckstång dras ut och tas bort **(se bild)**.

24 Monteringen sker i omvänd ordningsföljd mot demonteringen. Avsluta med att kontrollera att systemet fungerar.

Magnetventil till växlingsspärr

25 Huvudmagnetventilen som styr växlingsspärrsystemet (används för att spärra växelväljaren i läge P när startnyckeln tas bort) sitter längst ner på växelväljarspaken. För att komma åt magnetventilen, demontera mittkonsolen enligt beskrivningen i kapitel 11. I skrivande stund fanns ingen ytterligare information om borttagningen från Ford.

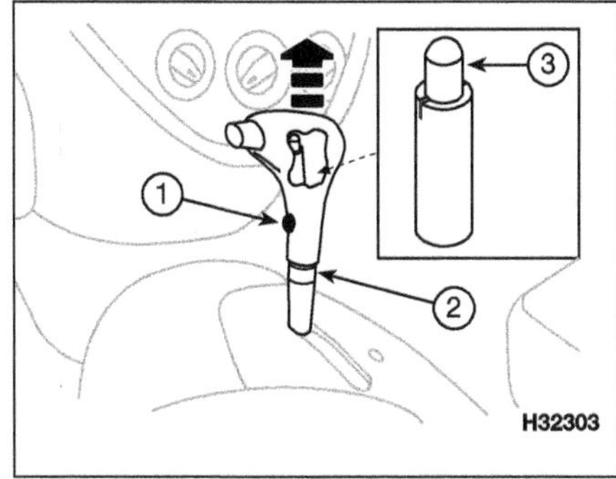

5.23 Bromspedalens aktiverare för växlingsspärr

1 Fästskruv till väljarspakens knopp
2 Väljarspakens knopp.
3 Aktiverarens tryckstång

Växellådsoljans temperaturgivare

26 Signalen från oljetemperaturgivaren används av ECU:n för att bestämma om momentomvandlarlåset ska aktiveras eller inte, och om överväxeln, den fjärde växeln, ska användas. Givaren sitter bland växellådans magnetventiler inuti oljetråget – Ford tillhandahåller ingen bytesmetod, så eventuella problem ska åtgärdas av en Fordverkstad.

6 Oljetätningar – byte

Drivaxelns oljetätningar

Metoden är densamma som för manuella växellådor (se kapitel 7A).

Oljetätningar till hastighetsgivaren för bil/utgående axel

Denna metod beskrivs i avsnitt 5.

7 Oljetråg – demontering och montering

Observera: *Den här metoden är i huvudsak tänkt för åtgärder av eventuella läckor som förekommer i oljetrågets fog. Vi rekommenderar inte att hemmamekanikern tar bort oljetråget av något annat skäl, eftersom man då blottar växellådans inre komponenter, vars underhåll inte ingår i den här handboken.*

Demontering

1 Dra åt handbromsen. Lyft sedan upp framvagnen och ställ den på pallbockar (se *Lyftning och stödpunkter*).

2 Placera ett lämpligt kärl under tråget

eftersom det mesta av växellådsoljan kommer att rinna ut när tråget tas bort.

3 Skruva stegvis loss och ta bort oljetrågets bultar.

4 Oljetråget sitter "fast" på växellådans nedre del med hjälp av en droppe tätningsmedel. Detta gör att det antagligen sitter kvar när bultarna tas bort. Var försiktig så att du inte skadar fogytorna när du lossar tätningsmedelsfogen. Bänd inte tråget nedåt eftersom det då kan böjas eller skada tätningsytorna. Den bästa metoden är att dra en vass kniv runt fogen - det skär igenom tätningen tillräckligt mycket för att du ska kunna ta bort tråget utan alltför stor ansträngning.

Montering

5 När tråget är borttaget, torka bort alla spår av tätningsmedel från tråget och fogytan på växellådan. Var försiktig så att du inte gör märken på någon av fogytorna.

6 Applicera en 1,5 mm tjock sträng lämpligt tätningsmedel (Ford rekommenderar Loctite 5699 eller motsvarande) på oljetrågets fogyta, placera strängen på insidan av bulthålen. Stryk inte på för mycket tätningsmedel, eller en tjockare sträng än vad som rekommenderas, eftersom överflödet hamnar inuti tråget och smutsar ner de inre komponenterna.

7 Sätt tråget på plats och för in några bultar för att passa in det. Sätt tillbaka alla återstående bultar och dra åt dem stegvis till angivet moment.

8 Låt tätningsmedlet torka en stund och skär sedan bort eventuellt överflöd med en kniv. Fyll på växellådan via oljestickans rör, enligt beskrivningen i kapitel 1.

9 Avsluta med att köra bilen flera kilometer för att oljan ska anta rätt arbetstemperatur. Kontrollera sedan vätskenivån och kontrollera att det inte finns några tecken på läckage.

8 Oljekylare - demontering och montering

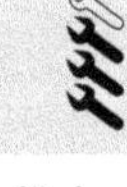

Observera 1: *Om du upptäcker en läcka i oljekylaranslutningarna på växellådan ska du inte försöka fixa dem genom att dra åt anslutningarna för mycket eftersom detta nästan alltid leder till skador.*

Observera 2: *På modeller med luftkonditionering måste du ta bort kondensorn på kylarens framsida för att kunna ta bort oljekylaren. Eftersom detta innebär bortkoppling av kylmedieledningarna från kondensorn måste denna del av proceduren överlåtas till en luftkonditioneringsexpert - försök inte att koppla ifrån kylmedieledningarna själv (se varningarna i kapitel 3).*

Demontering

1 Denna procedur ska endast utföras när motorn och växellådan är helt kalla, annars är det stor risk att man bränner sig. Oljekylaren sitter på kylarens framsida **(se bild)**.

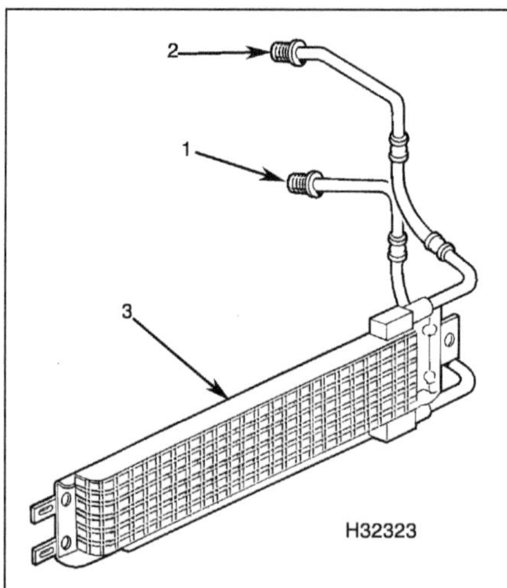

8.1 Oljekylare

1 Returslang
2 Tillförselslang
3 Oljekylare

2 Använd buntband eller snöre och bind fast valfri ände av kylaren på den främre tvärbalken, använd de befintliga hålen - på så sätt har kylaren stöd längre fram när dess nedre stödfäste tas bort.

3 Dra åt handbromsen. Lyft sedan upp framvagnen och ställ den på pallbockar (se *Lyftning och stödpunkter*).

4 Ta bort de tre skruvarna som fäster kylarens nedre skvalpplåt och ta bort plåten från bilens undersida.

5 På modeller med luftkonditionering, koppla loss anslutningskontakten från signalhornsenheten (på kylarens vänstra sida). Lossa kompressorns kablage från kylarens stödfäste.

6 Se till att kylaren har stöd enligt beskrivningen i avsnitt 2, skruva sedan loss bultarna på båda sidorna och ta bort kylarens nedre stödfäste.

7 Placera ett kärl under oljekylarens anslutningar för att fånga upp oljespill. Observera också att om motorn fortfarande är varm kan oljan vara mycket het. Observera hur slanganslutningarna är placerade för att underlätta återmonteringen, lossa sedan slangklämmorna och koppla loss slangarna från kylaren. Bind upp slangarna så att de inte är i vägen och plugga igen ändarna för att förhindra att det kommer in smuts.

8 På modeller med luftkonditionering måste du nu ta bort kondensorn enligt beskrivningen i kapitel 3, avsnitt 12.

9 Ta bort de självlåsande muttrarna från oljekylarens fästbyglar (två byglar till höger och en till vänster), lyft sedan bort kylaren uppåt. Försök att hålla oljeanslutningsänden högt upp för att förhindra ytterligare oljespill.

10 Om det behövs kan oljekylarslangarna tas bort genom att du skruvar loss anslutningsmuttrarna på växellådsfästena. Följ slangarna runt motorrummet, lossa dem om det behövs och observera hur de är dragna för att underlätta monteringen.

Montering

11 Ta bort eventuellt skräp från oljekylarens flänsar, använd en liten borste - använd inga andra verktyg eftersom flänsarna lätt kan skadas.

12 Monteringen sker i omvänd ordningsföljd mot demonteringen. Tänk på följande:

a) Om oljeslangarna har tagits bort drar du åt anslutningsmuttrarna på växellådan till angivet moment.
b) Använd nya självlåsande muttrar när du monterar kylaren på fästbyglarna.
c) I förekommande fall måste luftkonditioneringssystemet laddas av en specialist när kondensorn har monterats.
d) Fyll på växellådsolja enligt beskrivningen i kapitel 1.
e) Starta motorn och leta efter oljeläckage från de anslutningar som har rörts.

9 Automatväxellåda - demontering och montering

Demontering

1 Ta bort luftrenaren och insugsröret enligt beskrivningen i kapitel 4A. Ta också bort luftintaget från den främre panelen samt resonatorn och luftintagsslangen.

2 Demontera batteriet och batterihyllan enligt beskrivningen i kapitel 5A.

3 Koppla ifrån vakuumslangen från avgasåterföringsventilen (EGR) (på motorns växellådsände - se kapitel 4B, avsnitt 4 för mer information).

4 Ta bort plastkåpan från varje främre fjäderbens övre del, vid innerskärmens fäste i motorrummet. Hindra kolvstången från att rotera med en insexnyckel och lossa varje fjäderbens mittmutter fem hela varv med en stor ringnyckel.

5 Ta bort de tre bultarna som fäster växelvajern/påfyllningsrörets stödfäste på växellådans framsida **(se bild)**. Flytta fästbygeln åt sidan, bort från växellådan.

6 Innan du lyfter upp framvagnen med en domkraft, lossa framhjulsmuttrarna och om möjligt drivaxelns fästmuttrar.

7 Dra åt handbromsen och klossa bakhjulen. Lyft upp framvagnen och ställ den på

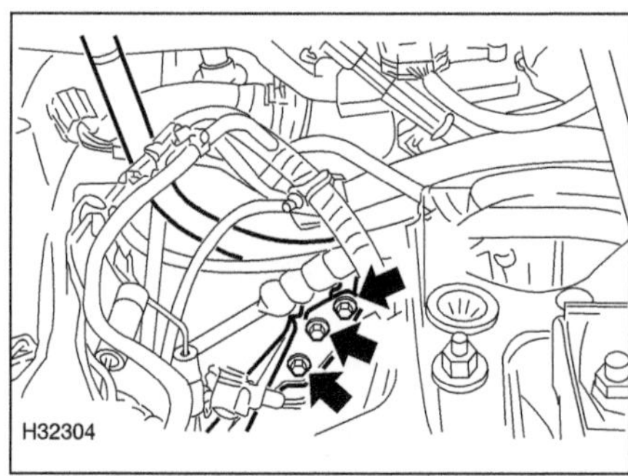

9.5 Fästbultar till växelvajerns/ oljepåfyllningsrörets stöd (vid pilen)

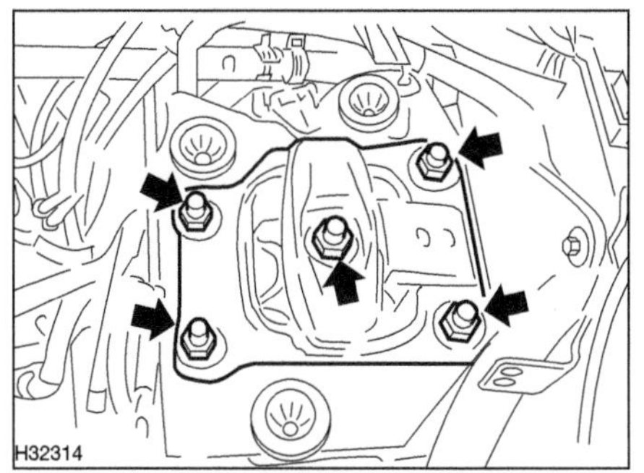

9.18 Muttrar till den övre delen av motorns/växellådans vänstra fäste

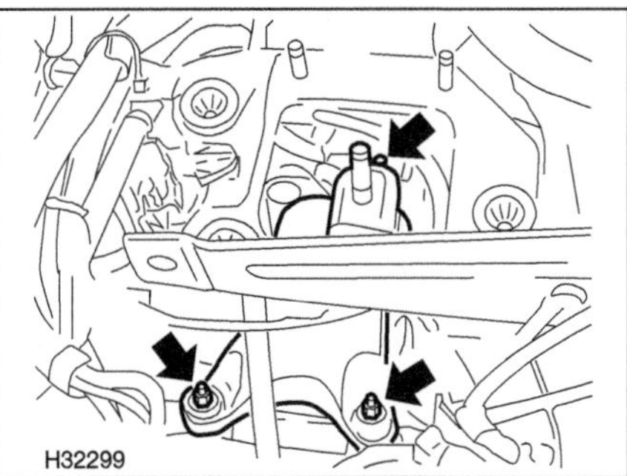

9.19 Muttrar till den nedre delen av motorns/växellådans vänstra fäste

pallbockar (se *Lyftning och stödpunkter*). Det måste finnas tillräckligt med plats under bilen för att växellådan ska kunna sänkas ner och tas bort. Demontera framhjulen.

8 Koppla loss växelväljarvajerns ändbeslag från växelförararmen enligt beskrivningen i avsnitt 3.

9 Koppla loss anslutningskontakterna från bilens/den utgående axelns hastighetsgivare, turbinaxelns hastighetsgivare och växellådans intervallgivare enligt beskrivningen i avsnitt 5.

10 Ta bort avgasrörets främre del, se kapitel 4A om det behövs. Observera särskilt att avgassystemets rörliga del inte får böjas för mycket vid demonteringen.

11 Ta bort de båda drivaxlarna från växellådan, enligt beskrivningen i kapitel 8.

12 Torka rent runt oljematningsrören och returrören på växellådans framsida. Det är mycket viktigt att det inte kommer in smuts i växellådan.

13 Notera deras respektive placeringar och skruva loss anslutningsmuttrarna och koppla ifrån oljerören från växellådan. Var beredd på att det läcker ut olja och täck över oljerörens ändar och rörändarna på växellådan för att förhindra ytterligare oljeförlust och att det kommer in smuts.

Avklippta fingrar från gamla gummihandskar som fästs med gummiband fungerar bra för att täcka över öppna rör.

14 Ta bort startmotorn enligt beskrivningen i kapitel 5A. Observera att en av fästbultarna också fäster växellådans jordledning.

15 Arbeta underifrån och skruva loss de genomgående bultarna och ta bort motorns/växellådans bakre fäste.

16 Motorn/växellådan måste nu stöttas eftersom det vänstra fästet måste demonteras. Fordmekaniker använder ett stödstag som passar i innerskärmarnas överdel – lämpliga motorfäststag finns i verktygsaffärer.

17 Om du inte får tag på något stödstag kan du använda en motorlyft. Att stötta motorn underifrån ska ses som en sista utväg och ska endast utföras om du har tillgång till en stark hydraulisk domkraft med en stor, platt träbit på domkraftens huvud för att fördela belastningen och undvika skador på sumpen. Observera att du kommer att behöva ytterligare en domkraft för att sänka ner växellådan.

18 Med motorn ordentligt stöttad, skruva stegvis loss och tar bort muttrarna som fäster den övre delen av motorns/växellådans vänstra fäste och lyft bort den **(se bild)**.

19 Ta bort tre muttrar/bultar till och ta bort den nedre delen av motorns vänstra fäste **(se bild)**.

20 Leta reda på växellådsoljans påfyllningsrör och ta bort skruven vid dess fot, där det går in i växellådan. Dra bort röret.

21 Ta bort kåpan (i förekommande fall) från balanshjulskåpans nedre del, för att komma åt de fyra stora momentomvandlarmuttrarna. Du måste vrida motorn (med en nyckel eller hylsnyckel på vevaxelns remskivebult) för att göra alla muttrar synliga. Svänghjulets startkrans kan behöva spärras med ett lämpligt verktyg för att förhindra att motorn snurrar när muttrarna skruvas loss. Måla ett inställningsmärke mellan omvandlaren och svänghjulet för att underlätta monteringen innan du tar bort den sista muttern. Nya muttrar måste användas vid återmonteringen.

22 Tippa växellådan framåt och kila den i läge med en ungefär 300 mm lång kraftig träbit, mellan motorn och framvagnsramen.

23 Stötta växellådan underifrån, använd helst en garagedomkraft (om du inte har tillgång till en sådan kan du använda en kraftig domkraft med en stor, platt bit trä på domkraftssadeln). Be en medhjälpare vara beredd att stabilisera växellådan när flänsbultarna tas bort – vi rekommenderar inte att du försöker ta bort växellådan ensam eftersom den är så tung att den är svår att hantera.

24 Kontrollera att det förutom de återstående flänsbultarna inte finns någonting som hindrar växellådan från att sänkas och tas bort. Se till att inga kablage eller slangar ovanpå växellådan fastnar eller sträcks ut när växellådan sänks.

Innan du tar bort växellådan från motorn är det en god idé att måla eller rista ett par inriktningsmärken över motorn/växellådan så att växellådan kan passas in något så när korrekt på styrstiften.

25 Skruva loss flänsbultarna – det sitter tre från växellådssidan och sex från motorsidan **(se bild)**. Observera hur bultarna är placerade eftersom de inte är lika långa. Om växellådan inte lossnar av sig själv måste den gungas fram och tillbaka så att den lossnar från styrstiften. När du drar loss växellådan från motorn är det viktigt att dess vikt alltid är stöttad – se till att momentomvandlaren (som är en stor, tung, rund del) inte faller ut.

26 Med växellådan ordentligt stödd på domkraftssadeln och med en hand som stöd på momentomvandlaren, sänk försiktigt ner växellådan och tar bort den från bilens undersida.

27 När växellådan har sänkts ner helt och sitter stadigt, fäst en bit trä eller metall med bultar över svänghjulskåpan, med lämplig packning, för att hålla momentomvandlaren ordentligt på plats. Omvandlarens mittapp ska sitta 25 mm under svänghjulskåpans yta – du får fram måttet genom att placera en linjal

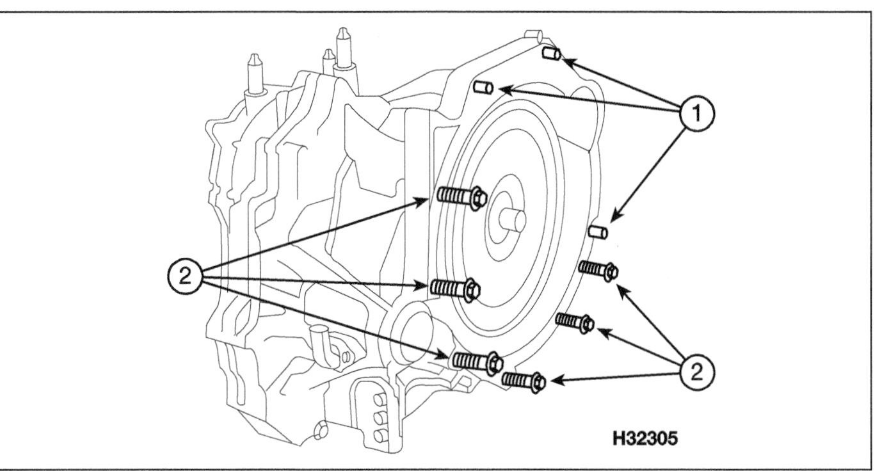

9.25 Bultar mellan motor och växellåda

1 Tre bultar från växellådssidan 2 Sex bultar från motorsidan

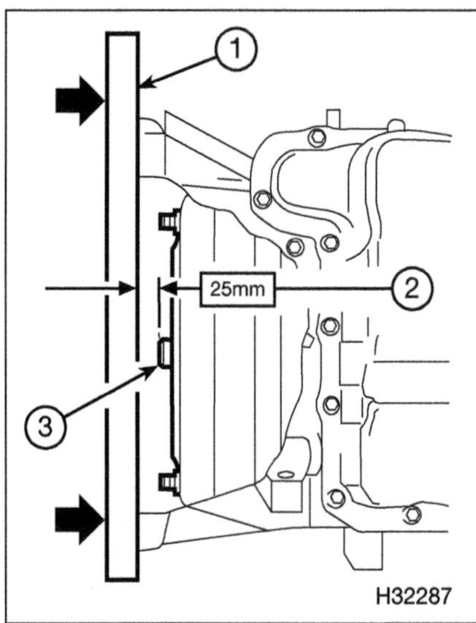

9.27 Kontrollera att momentomvandlaren är helt inne i växellådan

1 Linjal 2 Djup = 25 mm
3 Momentomvandlarens mittapp

över svänghjulskåpan och mäta mellan den och omvandlarens mitt **(se bild)**.

Montering

28 Före monteringen, rengör alla kontaktytor på svänghjulet och momentomvandlaren.

29 Kontrollera att momentomvandlaren har gått helt in i växellådan, enligt beskrivningen i avsnitt 27.

Försiktighet: Denna procedur är viktig för att säkerställa att momentomvandlaren har anslutits till oljepumpen. Om den inte är ordentligt ansluten kan det uppstå allvarliga skador.

30 Som vid demonteringen, använd en träbit för att vicka motorn framåt för montering.

31 Ta hjälp av en medhjälpare och höj upp växellådan. Placera den på svänghjulets baksida. Momentomvandlaren måste vara helt ansluten under hela monteringen. Använd de markeringar som gjordes före demonteringen för att rikta in växellådan.

32 Montera flänsbultarna mellan växellådan och motorn på de platser som noterades vid demonteringen och dra åt dem stegvis för att växellådan ska hamna rätt på styrstiften.

33 Rikta in markeringen som gjordes vid demonteringen mellan momentomvandlaren och svänghjulet. Sätt dit och dra åt muttrarna mellan momentomvandlaren och svänghjulet till angivet moment - du måste använda nya muttrar. Vrid motorn om det behövs för att få fram alla muttrar och spärra startkransen så att den inte vrids när muttrarna dras åt.

34 Montera den nedre delen av motorns vänstra fäste och dra åt muttrarna till angivet moment.

35 Ta bort kilen mellan motorn och framvagnsramen. Höj upp växellådan på plats och sätt sedan tillbaka den övre delen av motorns vänstra fäste. Dra åt muttrarna till angivet moment. Observera att mittmuttern ska dras åt betydligt hårdare än de fyra yttre muttrarna.

36 Arbeta underifrån och sätt tillbaka de genomgående bultarna på motorns/ växellådans bakre fäste och dra åt dem till angivet moment.

37 När motorns/växellådans fäste har monterats kan du ta bort stödstaget, motorlyften eller domkraften.

38 Vidare montering utförs i omvänd ordning mot demonteringen. Tänk på följande:

a) *Montera startmotorn enligt beskrivningen i kapitel 5A.*
b) *Montera drivaxlarna enligt beskrivningen i kapitel 8.*
c) *Dra åt alla fästdelar till angivet moment där sådant anges.*
d) *Avsluta med att justera växelväljarvajern enligt beskrivningen i avsnitt 3, och fylla på oljenivån enligt beskrivningen i kapitel 1.*
e) *Kontrollera växellådsoljenivån när bilen har körts.*
f) *Observera att eftersom batteriet har kopplats ifrån behöver ECU:n tid att "lära om" olika inställningar, vilket påverkar växellådans funktion negativt. När bilen har körts några kilometer i blandad körning ska ECU:ns inlärningsvärden emellertid ha återgått till det normala.*

10 Automatväxellåda, renovering - allmän information

Renovering av automatväxellådan ska överlåtas till en specialist på automatväxellådor eller en Fordverkstad. Se informationen i avsnitt 2 innan du tar bort enheten.

Observera att om bilen fortfarande omfattas av garantin och det uppstår ett fel är det viktigt att du tar bilen till en Ford-verkstad som utför omfattande feldiagnostisering med specialverktyg. Om du inte gör det upphör garantin att gälla.

Kapitel 8
Drivaxlar

Innehåll

Svårighetsgrader

Enkelt, passar novisen med lite erfarenhet 	**Ganska enkelt,** passar nybörjaren med viss erfarenhet	**Ganska svårt,** passar kompetent hemmamekaniker 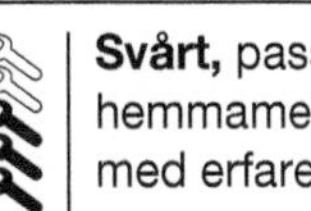	**Svårt,** passar hemmamekaniker med erfarenhet	**Mycket svårt,** för professionell mekaniker 

Specifikationer

Fett till drivaxel*

Yttre drivknut:	
Ny damask	60 g
Ny drivknut	100 g
Inre drivknut:	
iB5 manuell växellåda	100 g
MTX 75 manuell växellåda	125 g
Automatväxellåda	När denna bok skrevs fanns ingen uppgift om volym – kontakta en återförsäljare

* **Observera:** *Yttre fett, artikelnummer XS4C-M1C230-AA. Inre fett, artikelnummer XS4C-M1C230-BA. Molybdendisulfid av god kvalitet kan användas om dessa inte finns tillgängliga.*

Åtdragningsmoment

Åtdragningsmoment	Nm
Drivaxel/navmutter	316
Klämbult för länkarmens spindelled	47
Bult för bakre motorfäste	48
Höger mellanaxellager	25
Hjulmuttrar	85
Fjäderbenets övre fästmutter	48

1 Allmän information

Drivkraften överförs från växellådans differential till framhjulen via de två drivaxlarna. Höger drivaxel utgörs av två delar och har ett stödlager. De inre drivaxeldamaskerna är gjorda av gummi, och de yttre drivaxeldamaskerna är gjorda av termoplast. Detta ger den yttre damasken bra motståndskraft mot yttre påverkan från t.ex. väggrus och permanent belastning när styrningen vrids.

Varje drivaxel består av tre huvuddelar: den glidande inre drivknuten (av trebenstyp), själva drivaxeln och den yttre drivknuten. Den inre änden av vänster trebensknut är fäst i differentialens sidodrev med en låsring. Den inre trebensknuten på höger drivaxel sitter i mellanaxelns trebensknutskåpa. Mellanaxeln hålls fast i växellådan av stödlagret, vilket i sin tur stöds av en fästbygel på baksidan av motorblocket. Den yttre drivknuten på båda drivaxlarna är av kullagertyp och är fäst i det främre navet med drivaxelmuttern.

2 Drivaxlar – demontering och montering

Demontering

1 Ta bort hjulsidan/navkapseln från hjulet, dra åt handbromsen och lägg i 1:ans växel eller P. Lossa drivaxelns mutter ungefär ett halvt varv **(se bild)**. Denna mutter sitter mycket hårt – använd endast tättsittande verktyg av hög kvalitet och vidta lämpliga försiktighetsåtgärder mot personskador när du lossar den.

2 Håll fast fjäderbenskolven med en insexnyckel, lossa sedan fjäderbenets övre fästmutter genom att vrida den fem varv.

Varning: Ta inte bort denna mutter, den måste sitta kvar på gängorna till sitt fulla djup.

3 För att undvika spill när drivaxlarna skiljs från MTX 75 växellådan, tappa av växellådsoljan enligt beskrivningen i kapitel 7A. På modeller utan avtappningsmöjligheter ska en lämplig behållare användas för att fånga upp oljan när drivaxeln har tagits bort.

4 Lossa de främre fästmuttrarna. Dra åt handbromsen, lyft upp framvagnen och ställ den på pallbockar. Ta bort hjulet.

5 Notera hur spindelledens klämbult sitter, skruva sedan loss den från hjulspindeln. Bänd ner kulleden från hjulspindeln. Om den sitter hårt, bänd försiktigt loss klämman med ett stort platt verktyg **(se bilder)**. Se till att spindelledens tätning inte skadas under isärtagningen.

6 Skruva loss drivaxelmuttern helt. **Observera:** *Muttern har en särskild typ av laminering och bör inte återanvändas mer än 4 gånger. (Det är en bra idé att göra ett litet märke i muttern varje gång den tas bort.)* Skaffa en ny mutter om det behövs.

7 Tryck drivaxeln genom framnavet och hjulspindeln genom att dra hjulspindeln utåt **(se bild)**. När drivaxeln har lossats, stöd den på pallbockar. Se till att den inre drivknuten inte vrids mer än 18° (skada kan uppstå om drivknutens vridningsvinkel är för stor).

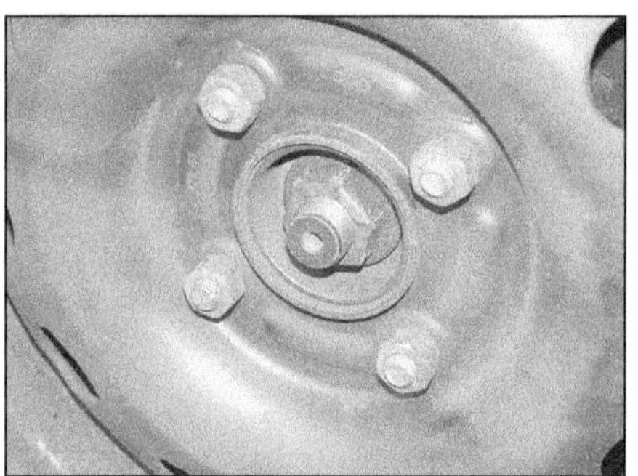

2.1 Lossa drivaxelmuttern innan du lyfter upp bilen med domkraft

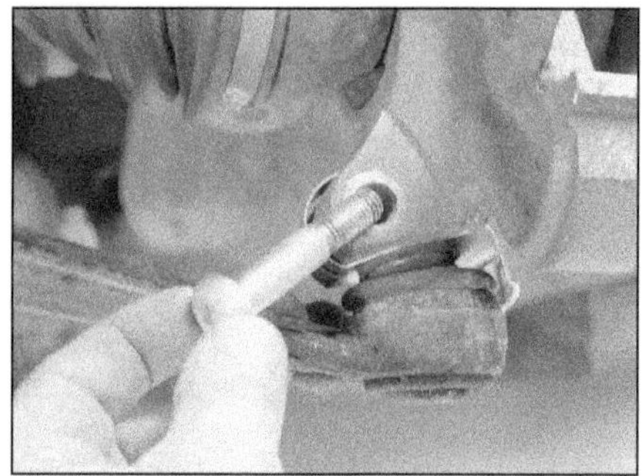

2.5a Ta bort spindelledens bult . . .

2.5b . . . bänd sedan ner länkarmen med ett lämpligt stag . . .

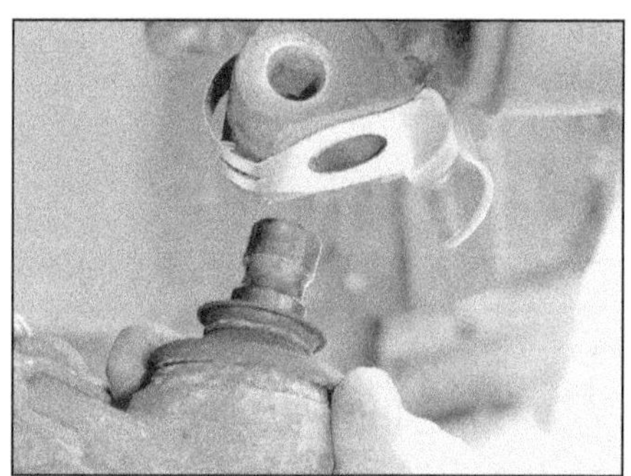

2.5c . . . och lossa spindelleden från navet

2.7 Lossa drivaxeln genom att dra navet/fjäderbenet utåt

2.8 Drivaxeln lossas med en glidhammare

Vänster sida

8 Sätt ett bändverktyg eller en glidhammare mellan den inre drivaxelknuten och växellådshuset **(se bild)**. Bänd loss den inre drivknuten från differentialen, se till att inte skada huset.

9 Se till att de intilliggande delarna inte skadas, kontrollera framför allt att drivaxelns oljetätning i differentialen inte skadas. Om växellådan inte har tappats av, var förberedd på oljespill.

10 På manuella växellådor kan man, om höger drivaxel redan är borttagen, lossa vänster drivaxel genom att sätta i ett gafflat verktyg från höger sida. Man måste vara försiktig så att inte differentialdreven skadas, i synnerhet om inte det särskilda Fordverktyget används.

11 Lossa drivaxeln från undersidan av fordonet.

12 Ta loss låsringen från spåret på den inre änden av drivaxeln och skaffa en ny.

Höger sida

13 Höger drivaxel kan antingen tas bort helt med mellanaxeln från växellådan, eller så kan den kopplas loss från den yttre änden av mellanaxeln.

14 Om det senare väljs, ta bort fästklämman som sitter runt den större änden av den inre

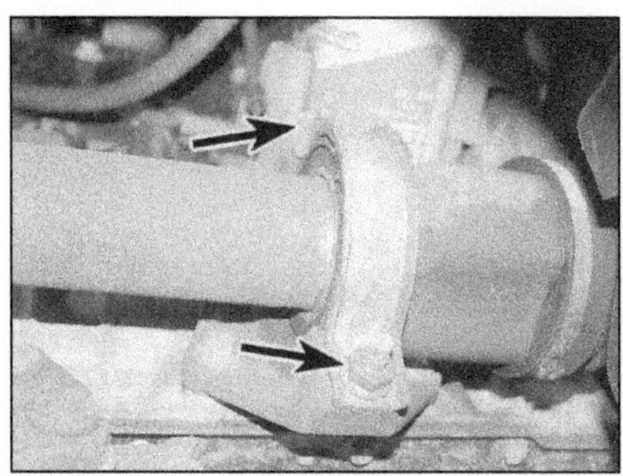
2.15a Skruva loss de två fästmuttrarna (vid pilarna)

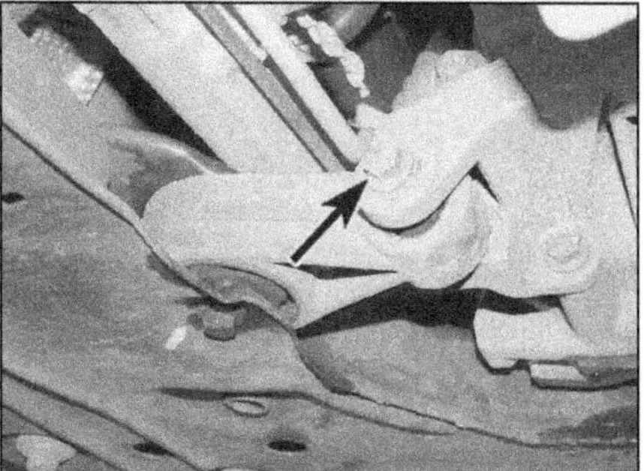
2.15b På bilar med automatväxellåda, ta bort bulten (vid pilen)

2.16 Ta bort drivaxeln från transaxeln

damasken och lossa den inre trebensknuten från mellanaxeln.

15 Om hela drivaxeln ska tas bort, gör så här: Skruva loss muttrarna som fäster drivaxelns stödlagerbygel i motorblockets baksida **(se bild)**. På modeller med automatväxellåda kan man behöva ta bort bulten från det bakre motor-/växellådsfästet **(se bild)** och vicka motorn lite framåt.

16 Lossa hela drivaxeln från transaxeln och lagerbygeln och ta bort den från bilens undersida **(se bild)**. Om växellådan inte har tappats av, var förberedd på oljespill.

Båda sidor

17 Kontrollera skicket på differentialens oljetätningar och byt ut dessa vid behov enligt beskrivningen i kapitel 7A. Kontrollera bärlagret och byt ut det vid behov enligt beskrivningen i avsnitt 5.

Montering

Höger sida

18 Om mellanaxeln inte har demonterats, gå vidare till punkt 21. Annars utför du följande.

19 Sätt försiktigt tillbaka hela drivaxeln i stödlagret och i växellådan, se till att oljetätningen inte skadas. Vrid på drivaxeln tills den hakar i spårningen på differentialdreven.

20 Dra åt bultarna som håller fast stödlagret i fästbygeln på motorblocket till angivet moment. Gå till punkt 26.

21 Sätt drivaxelns inre trebensknut i mellanaxeln.

22 Fyll drivknuten med nytt fett (se Specifikationer i början av detta kapitel), sätt tillbaka damasken och dra åt fästklämman.

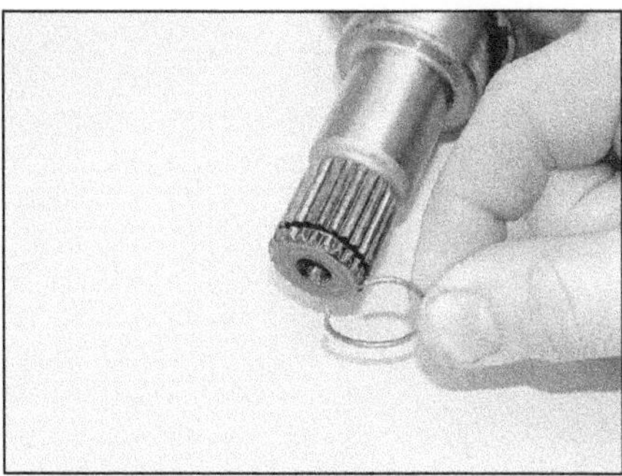
2.23 Sätt en ny låsring på axelns ände

Vänster sida

23 Sätt den nya låsringen i spåret på den inre änden av drivaxeln **(se bild)**.

24 Använd en särskild hylsa för att skydda differentialens oljetätningar när drivaxeln sätts i. Om hylsan inte används, var extra noga med att tätningen inte skadas. (Om installationshylsor behövs levereras dessa tillsammans med oljetätningarna.)

25 Sätt drivaxeln i växellådan, se till att låsringen är helt ihakad.

Båda sidor

26 Dra hjulspindeln utåt och för in drivaxelns yttre ände genom navet. Vrid drivaxeln för att haka i spårningen i navet och skjut på den helt på navet. Ford använder ett specialverktyg för att föra in drivaxeln i navet, men det är inte troligt att spårningen kommer att sitta trångt. Men om den ändå skulle göra det, är det nödvändigt att skaffa detta verktyg eller använda ett liknande hemmagjort verktyg.

27 Skruva fast drivaxelns mutter för hand.

28 Placera länkarmens spindelled längst ner i navhållaren, och se till att spindelledens skyddsplåt sitter på plats **(se bild)**. Sätt tillbaka klämbulten så att den sitter likadant som innan du tog bort den, skruva på muttern och dra åt till angivet moment.

29 Dra åt fjäderbenets övre fästmutter till angivet moment.

30 Fyll växellådan med olja eller vätska och kontrollera nivån enligt beskrivningen i kapitel 1.

31 Sätt tillbaka hjulet och sänk ner bilen till marken. Dra åt hjulets fästmuttrar till angivet moment.

32 Dra åt drivaxelmuttern till angivet åtdragningsmoment. Sätt till sist tillbaka hjulsidan/navkapseln.

2.28 Återmontering av spindelledens skyddsplåt

3 Inre drivknutsdamask - byte

1 Den inre drivknutens damask byts ut genom att man kopplar loss drivaxeln från den inre drivknutskåpan vid växellådan (vänster sida) eller mellanaxeln (höger sida). Arbetet kan utföras antingen med drivaxeln borttagen från bilen eller när den sitter *på plats*. Om du vill ta bort drivaxeln helt, se avsnitt 2 först. Observera att om både de inre och yttre damaskerna byts ut samtidigt, kan den yttre damasken tas bort från den inre änden av drivaxeln. Eftersom den enda muttern som håller drivaxeln på plats är drivaxelns fästmutter på navet, är det lättare att arbeta med axeln när den är demonterad.

Byte

Utan att ta bort drivaxeln

2 Lossa framhjulets muttrar på aktuell sida. Dra åt handbromsen, lyft upp framvagnen och ställ den på pallbockar. Ta bort hjulet.

3 Notera hur spindelledens klämbult sitter runt framfjädringens länkarm, skruva sedan loss den från hjulspindeln. Bänd ner spindelleden från hjulspindeln. Om den sitter hårt, bänd loss klämman försiktigt med ett stort platt verktyg. Se till att spindelledens tätning inte skadas under isärtagningen.

4 Markera drivaxelns placering i förhållande till drivknutskåpan så att återmonteringen blir korrekt.

5 Notera hur drivknutsdamaskens båda fästklämmor sitter. Lossa klämmorna från damasken och skjut damasken bakåt längs med drivaxeln (bort från växellådan) en liten bit.

6 Dra det främre fjäderbenet utåt, samtidigt som du styr drivknuten ut ur drivknutskåpan. Stötta drivaxelns inre ände med pallbockar.

7 Kontrollera att drivaxelns inre ände är märkt i förhållande till den räfflade drivknuten. Om

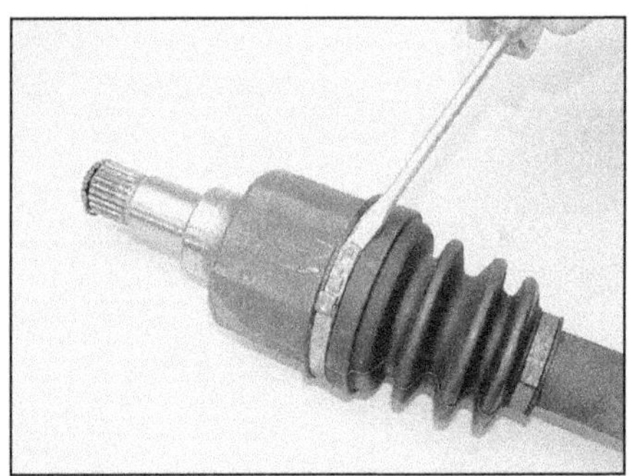
3.22 Ta bort damaskens fästklämmor

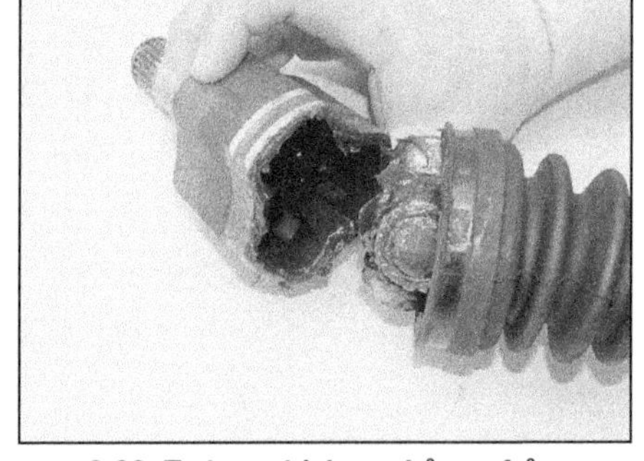
3.23 Ta bort drivknutskåpan från trebensknuten

3.25 Ta bort låsringen från axeln med en låsringstång

inte, gör en lätt markering med en körnare på de två objekten, så att återmonteringen blir korrekt. Du kan också markera med lite färg på drivaxeln och ena änden av drivknuten.

8 Ta loss låsringen som håller fast drivknuten på drivaxeln.

9 Ta bort drivknuten från änden av drivaxeln med en lämplig avdragare och dra av damasken.

10 Om den yttre damasken också ska bytas ut, ta bort den enligt beskrivningen i avsnitt 4.

11 Rengör drivaxeln och skaffa en ny låsring till trebensknuten. Damaskens fästklämmor måste också bytas ut.

12 Skjut på den nya damasken på drivaxeln tillsammans med de nya klämmorna.

13 Sätt tillbaka drivknuten på drivaxelns spårning, om det behövs använd en mjuk klubba för att få på den helt på spårningen. Den måste sättas på med den sneda ytan framåt (mot drivaxeln), och med de tidigare gjorda markeringarna i linje. Säkra den när den sitter på plats med den nya låsringen. Se till att låsringen hakar i sitt spår ordentligt.

14 Styr in drivknuten i drivknutskåpan med det främre fjäderbenet utdraget, se till att markeringarna ligger i linje. Fyll drivknuten med nytt fett (se specifikationerna i början av detta kapitel).

15 Skjut damasken längs med drivaxeln och sätt på den på drivknutskåpan. Änden med den mindre diametern på damasken måste sättas i spåret på drivaxeln.

16 Se till att damasken inte är vriden eller skev, placera sedan en liten skruvmejsel under damaskens läpp vid kåpans ände. Detta gör det möjligt att släppa ut eventuell luft ur systemet under nästa steg.

17 Tryck in drivknuten helt i kåpan och dra sedan ut den 20 mm. Ta bort skruvmejseln, sätt sedan på fästklämmorna och dra åt dem.

18 Återanslut länkarmens spindelled till hjulspindeln. Sätt tillbaka klämmuttern och bulten och dra åt till angivet moment.

19 Sätt tillbaka hjulet och sänk ner bilen till marken. Dra åt hjulmuttrarna till angivet moment.

Med drivaxeln på en arbetsbänk

20 Montera drivaxeln i ett skruvstäd.

21 Markera drivaxelns placering i förhållande till drivknutskåpan så att återmonteringen blir korrekt.

22 Observera hur den yttre drivknutsdamaskens båda fästklämmor sitter, lossa sedan klämmorna från damasken **(se bild)** och skjut damasken längs med drivaxeln en liten bit bakåt.

23 Ta bort den inre drivknutskåpan från drivknuten **(se bild)**.

24 Kontrollera att drivaxelns inre ände är märkt i förhållande till den räfflade drivknuten. Om inte, gör en lätt markering med en körnare på de två objekten, så att återmonteringen blir korrekt. Du kan också markera med lite färg på drivaxeln och ena änden av drivknuten.

25 Ta loss låsringen som håller fast drivknuten på drivaxeln **(se bild)**.

26 Ta bort drivknuten från änden av drivaxeln med en avdragare **(se bild)** och dra av damasken.

27 Om den yttre damasken också ska bytas ut, ta bort den enligt beskrivningen i avsnitt 4.

28 Rengör drivaxeln och skaffa en ny låsring till drivknuten. Damaskens fästklämmor måste också bytas ut.

29 Skjut på den nya damasken på drivaxeln tillsammans med de nya klämmorna **(se bild)**.

30 Sätt tillbaka drivknuten på drivaxelns spårning, om det behövs använd en mjuk klubba och en hylsnyckel för att få på den helt på spårningen. Den måste sättas på med den sneda ytan framåt (mot drivaxeln), och med de tidigare gjorda markeringarna i linje **(se bild)**. Säkra den när den sitter på plats med en ny låsring. Se till att låsringen har hakat i sitt spår ordentligt.

31 Ta bort allt gammalt fett från drivknutskåpan och fyll sedan drivknuten med nytt fett (se specifikationerna i början av detta kapitel). Sätt drivknutskåpan på drivknuten, se till att märkena ligger i linje.

32 Skjut damasken längs med drivaxeln och sätt den på drivknutskåpan. Änden med den mindre diametern på damasken måste sättas i spåret på drivaxeln.

33 Se till att damasken inte är vriden eller skev, sätt sedan en liten skruvmejsel under damaskens läpp vid kåpans ände. Detta gör det möjligt att släppa ut eventuell luft ur systemet under nästa steg.

34 Tryck på kåpan helt på drivknuten och dra sedan ut den 20 mm. Ta bort skruvmejseln, sätt sedan på fästklämmorna och dra åt dem **(se bild)**.

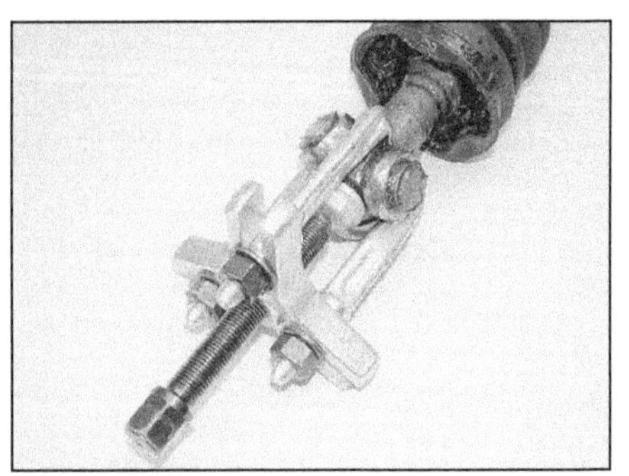
3.26 Ta bort drivknuten med en avdragare

3.29 Skjut på damasken och klämmorna på axeln

3.30 Se till att markeringarna ligger i linje när drivknuten återmonteras

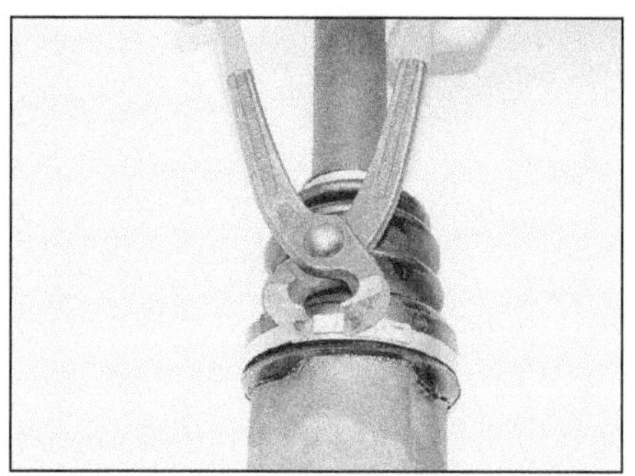

3.34 Dra åt fästklämmorna med en tång

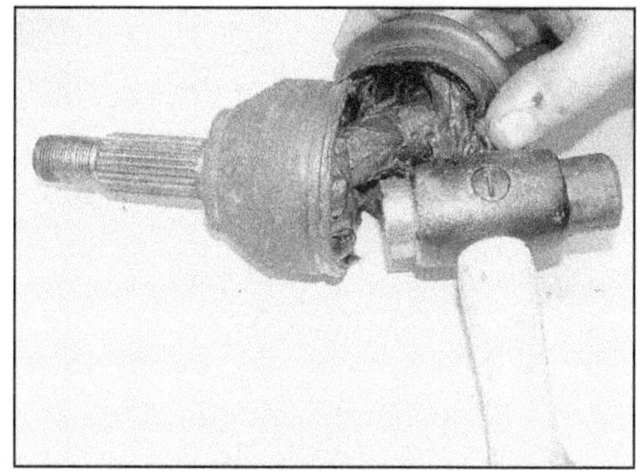

4.5 Ta bort den yttre drivknuten med en kopparhammare

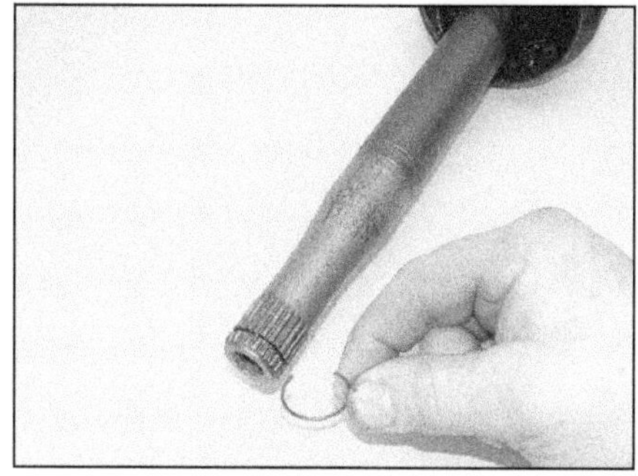

4.6 Byt ut låsringen på drivaxeln

4 Yttre drivknutsdamask - byte

1 Den yttre drivknutsdamasken kan bytas ut på två sätt. Antingen skruvar man först loss den inre damasken enligt beskrivningen i avsnitt 3, eller så demonterar man hela drivaxeln enligt beskrivningen i avsnitt 2. Om drivaxeln demonteras, behöver inte den inre damasken tas bort. Det är opraktiskt att byta ut den yttre damasken genom att ta isär den yttre drivknuten med drivaxeln på plats i bilen. Följande punkter beskriver hur man byter ut damasken på en arbetsbänk.

2 Om nödvändigt, montera drivaxeln i ett skruvstäd.

3 Markera drivaxelns placering i förhållande till drivknutskåpan så att återmonteringen blir korrekt.

4 Observera hur den yttre drivknutsdamaskens båda fästklämmor sitter, lossa sedan klämmorna från damasken och skjut damasken längs med drivaxeln en liten bit bakåt.

5 För försiktigt den yttre drivknutans nav från spårningen på drivaxeln med en mässingsdorn eller en kopparhammare **(se bild)**. Det känns ett visst motstånd tills de inre låsringarna lossnar. Var noga med att inte skada lagerburen.

6 Ta loss låsringen från drivaxelns ände **(se bild)**.

7 Dra av damasken och ta bort den från drivaxeln tillsammans med klämmorna.

8 Rengör drivaxeln och skaffa en ny låsring till drivknuten. Damaskens fästklämmor måste också bytas ut.

9 Skjut på den nya damasken (tillsammans med de nya klämmorna) på drivaxeln.

10 Montera en ny låsring i spåret i drivaxelns ände.

11 Ta bort allt gammalt fett och fyll sedan drivknuten med nytt fett (se Specifikationer i början av detta kapitel). Se till att det nya fettet inte förorenas av smuts eller partiklar när det förs in.

12 Sätt drivknuten på drivaxeln så att spåren är i linje, tryck sedan på drivknuten tills den inre låsringen hakar i helt **(se bild)**.

13 Flytta damasken längs med drivaxeln och placera den över drivknuten och på den yttre drivknutskåpan. Änden med den mindre diametern på damasken måste sättas i spåret på drivaxeln.

14 Se till att damasken inte är vriden eller skev, sätt sedan en liten skruvmejsel under damaskens läpp vid kåpans ände för att släppa ut eventuell luft ur systemet.

15 Ta bort skruvmejseln, sätt tillbaka fästklämmorna och dra åt dem **(se bild)**.

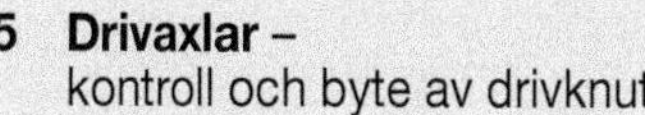

5 Drivaxlar - kontroll och byte av drivknut

1 Om kontrollerna i kapitel 1 avslöjar kraftigt slitage eller spel hos någon drivaxelknut, ta först bort hjulsidan/navkapseln och kontrollera att drivaxelns mutter är åtdragen till angivet moment. Upprepa kontrollen på andra sidan av bilen.

2 Provkör bilen och lyssna efter metalliska klick från framvagnen när bilen körs långsamt i en cirkel med fullt rattutslag. Om ett klickande ljud hörs, är det ett tecken på slitage i den yttre drivknuten, vilket innebär att drivknuten måste bytas ut - den går inte att renovera.

3 För att byta ut en yttre drivknut, ta bort drivaxeln enligt beskrivningen i avsnitt 2. Skilj sedan drivknuten från drivaxeln enligt beskrivningen i avsnitt 4. I princip kan damasken sitta kvar på drivaxeln, förutsatt att den är i gott skick. Men i praktiken är det vettigt att byta ut damasken, om man har kommit så här långt.

4 Om vibrationer som ökar med hastigheten känns i bilen vid acceleration, kan det vara de inre drivknutarna som är slitna.

5 För att byta ut en inre trebensknut, ta bort drivaxeln enligt beskrivningen i avsnitt 2, skilj sedan drivknuten från drivaxeln enligt beskrivningen i avsnitt 3.

6 Om oljud hörs kontinuerligt från den högra drivaxeln, som ökar med hastigheten, kan det tyda på slitage i stödlagret. För att byta ut detta lager, måste drivaxeln och mellanaxeln tas bort och lagret tas ut med en avdragare.

7 Ta bort lagrets dammkåpa och skaffa en ny.

8 Pressa eller tryck på det nya lagret, med tyngdpunkten på den inre lagerbanan. Pressa eller tryck på den nya dammkåpan på samma sätt.

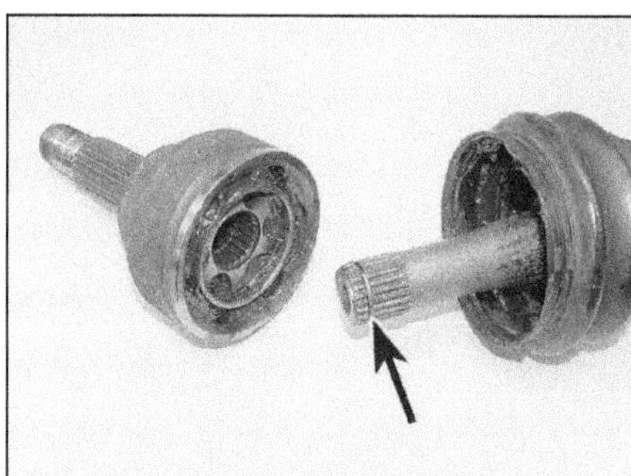

4.12 Se till att klämman (vid pilen) hakar i helt när drivknuten sätts tillbaka

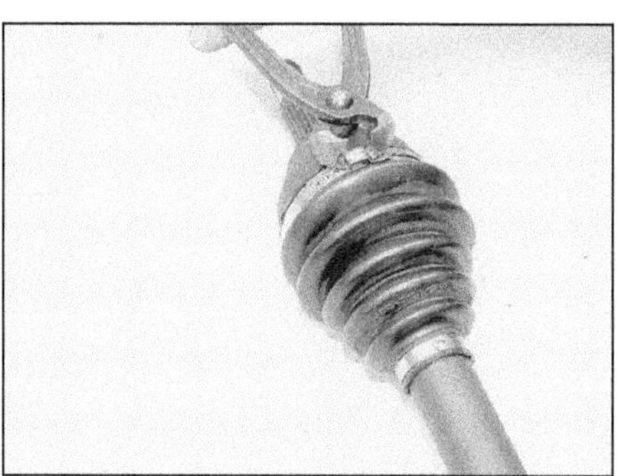

4.15 Dra åt fästklämmorna med en tång

Kapitel 9
Bromssystem

Innehåll

Svårighetsgrader

Enkelt, passar novisen med lite erfarenhet

Ganska enkelt, passar nybörjaren med viss erfarenhet

Ganska svårt, passar kompetent hemmamekaniker

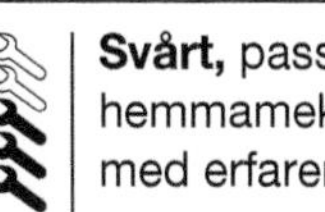

Svårt, passar hemmamekaniker med erfarenhet

Mycket svårt, för professionell mekaniker

Specifikationer

Främre bromsar

Typ	Ventilerade skivor, glidande bromsok med enkel kolv
Skivdiameter	258,0 mm
Skivtjocklek:	
Ny	22,0 mm
Minimum	20,0 mm
Maximal tjockleksvariation	0,020 mm
Maximal skevhet skiva/nav (monterad)	0,050 mm
Bromsokskolv, diameter	54,0 mm
Minsta tjocklek på bromsklossbelägg	1,5 mm

Trumbromsar bak

Typ	Ledande och släpande bromsbackar, med automatiska justerare
Trummans diameter:	
Ny	203.0 mm
Maximalt	204,0 mm
Bromsbacksbredd	36,0 mm
Minsta tjocklek på bromsbacksbelägg	1,0 mm
Hjulcylinderlopp, diameter:	
1,4 och 1,6 liters kombimodeller med manuell växellåda	22,2 mm
Alla andra modeller	20,64 mm

Bakre skivbromsar

Typ	Solid skiva med flytande bromsok med enkel kolv
Skivdiameter	252,7 mm
Skivtjocklek:	
Ny	10,0 mm
Minimum	8,0 mm
Maximal tjockleksvariation	0,020 mm
Maximal skevhet skiva/nav (monterad)	0,050 mm
Bromsokskolv, diameter	34,0 mm
Minsta tjocklek på bromsklossbelägg	1,5 mm

Åtdragningsmoment

Åtdragningsmoment	Nm
ABS hydraulenhetens fästbygel till kaross	25
ABS hydraulenhet till fästbygel	9
ABS-systemets hjulgivare, fästbultar	9
Bromsrör till huvudcylinder	17
Bromsrör till hydraulisk styrenhet	11
Bromsrörsanslutningar	15
Främre bromsoksfäste	133
Styrbultar till främre bromsok	28
Handbromsspakens fästen	20
Huvudcylinder till servofästen	20
Pedalfäste till servofästen	23
Bakre bromsoksfäste	55
Styrbultar till bakre bromsok	35
Bakre trumbroms, fästplatta/skivsköld	66
Bakre navmutter	235
Hjulmuttrar	85
Girsensor till fäste	8
Girsensor till kaross	5

1 Allmän information

Bromssystemet är delat på diagonalen och har dubbla kretsar, med ventilerade skivor fram och trum- eller skivbromsar (beroende på modell) bak. De främre bromsoken har enkla glidkolvar, och (i förekommande fall) är de bakre bromsoken flytande med enkel kolv, med asbestfria bromsklossar. De bakre trumbromsarna är av typen ledande och släpande bromsbackar och är självjusterande när fotbromsen används. De bakre bromsbacksbeläggen har olika tjocklek eftersom de slits olika.

Vakuumservoenheten använder insugsrörets undertryck (skapas endast när en bensinmotor är igång) för att öka effekten av det tryck föraren använder på bromspedalen och överför denna ökade effekt till huvudcylinderkolvarna.

Det sitter tryckregleringsventiler (PCRV) på de bakre bromsarna för att hindra att bakhjulen låser sig vid hårda inbromsningar. Ventilerna kallas också för tryckavlastningsventiler. På modeller utan ABS sitter de i huvudcylinderns bakbromsutgångar. På modeller med ABS sitter de i ABS-systemets hydraulenhet. På kombimodeller utan ABS finns det en belastningsavkännarventil (LAV) för bakhjulen, som är ansluten till bakfjädringens tvärbalk. Den styr bromsvätsketrycket till vart och ett av bakhjulen, beroende på bilens belastning.

Handbromsen styrs med vajrar och bromsar bakhjulen. På modeller med trumbromsar bak styr vajern ut den bakre släpande bromsbackens styrstag. På modeller med skivbromsar bak styr vajrarna ut stagen på de bakre bromsoken. Handbromsspaken har en automatisk justerare som justerar vajern när handbromsen används flera gånger.

I förekommande fall använder systemet med låsningsfria bromsar (ABS) det vanliga grundbromssystemet, tillsammans med en ABS-hydraulenhet som är monterad mellan huvudcylindern och de fyra bromsenheterna på varje hjul. Hydraulenheten består av en hydrauliskt aktiverare, en ABS bromstryckpump, en ABS-modul med inbyggt relähus och två avlastningsventiler för tryckkontroll. Bromsningen på vart och ett av de fyra hjulen styrs av separata magnetventiler (solenoider) i det hydrauliska manöverdonet. Om hjullåsningen registreras av någon av hjulgivarna när fordonshastigheten är över 5 km/tim, öppnas ventilen. Trycket på den berörda bromsen lossas tills hjulet återfår en rotationshastighet som motsvarar bilens hastighet. Den här cykeln kan upprepas flera gånger i sekunden. Om det uppstår fel i ABS-systemet påverkas inte det vanliga bromssystemet. Felsökning av ett fel i ABS-systemet kräver särskild utrustning och ska därför överlåtas till en Fordverkstad.

Det finns två antispinnsystem för Focus. Antispinnsystem för bromsar BTCS, som sitter i 1,4 liters modeller och antispinnsystemet TCS, ibland kallat SFTC, som sitter i 1,6 liters, 1,8 liters och 2,0 liters modellerna. Systemen är inbyggda i ABS:n och använder samma hjulgivare. Den hydrauliska styrenheten har ytterligare magnetventiler inbyggda för att kunna kontrollera bromstrycket på hjulen.

BTCS-systemet är endast aktivt i hastigheter upp till 85 km/tim – när systemet är aktivt lyser varningslampan på instrumentpanelen för att varna föraren. Systemet använder kontrollerad bromsning av det hjul som spinner när greppet på de drivna hjulen är olika. Det hjul som spinner bromsas av ABS-systemet vilket överför en större del av motorns vridmoment genom differentialen till

2.2 Bänd loss bromsklossens fästklämma från bromsoket

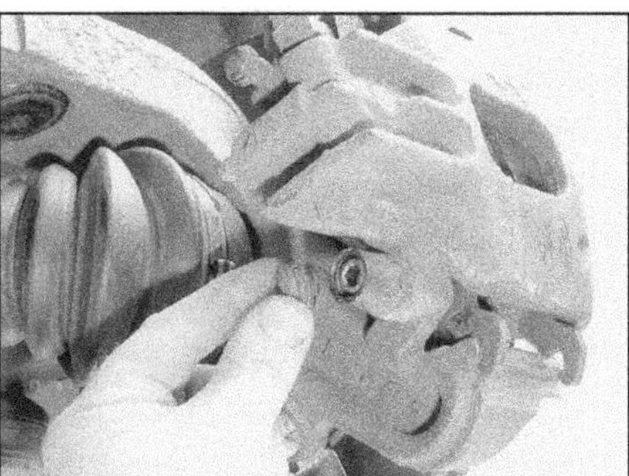

2.3a Bänd loss kåporna för att hitta bromsokets styrbultar . . .

2.3b . . . och skruva sedan loss bultarna

det andra drivna hjulet, vilket ökar användningen av det tillgängliga antispinnsystemet.

TCS-systemet använder alla funktionerna i BTCS-systemet, plus att det minskar motorns vridmoment för att öka styrstabiliteten. Om de drivna hjulen spinner beräknar ABS-/TCS-modulen det vridmoment som krävs av antispinnsystemet och skickar denna förfrågan till motorns ECU. Här beräknas sedan den tändningsinställning som krävs och det antal bränslespridare som ska avaktiveras för att det önskade vridmomentet i motorn ska uppnås.

Fördelarna med TCS-systemet i jämförelse med BTCS-systemet är:

a) Belastningen på bromssystemet minskas.
b) Belastningen på motorn minskas.
c) Stabiliteten förbättras.
d) Reaktionstiden förkortas.
e) Fungerar oavsett fordonshastighet.

På flera modeller i serien finns det ett system för elektronisk stabilisering (ESP). Detta system gör bilen och styrningen stabilare genom en kombination av ABS och antispinnsystem. Det sitter en brytare på mittkonsolen som stänger av systemet om så önskas. Då tänds varningslampan på instrumentpanelen för att visa föraren att ESP-systemet inte är i funktion. Bilens stabilitet mäts av gir- och accelerationssensorer, som känner av bilens rörelser på den vertikala axeln samt accelerationen i sidled.

Observera: *Arbeta noggrant och metodiskt när någon del av systemet servas. Iakttag alltid fullständig renlighet när någon del av hydraulsystemet ses över. Byt alltid ut delar (på båda sidor där så är möjligt) om deras skick kan ifrågasättas. Använd enbart äkta Forddelar, eller åtminstone delar som är av erkänt god kvalitet. Observera de varningar som finns i "Säkerhetens främst!" och relevanta punkter i detta kapitel som rör asbestdamm och bromsvätska.*

2 Främre bromsklossar - byte

Varning: Skivbromsarns bromsklossar måste bytas ut på BÅDA framhjulen samtidigt - byt aldrig bromsklossarna på endast ett hjul eftersom det kan ge ojämn bromsverkan. Även om äkta Fordbelägg är asbestfria kan dammet från bromsklossar av andra märken innehålla asbest, vilket utgör en hälosfara. Blås aldrig bort dammet med tryckluft och andas inte in det. ANVÄND INTE bensinbaserade lösningsmedel för att rengöra bromskomponenter. Använd endast bromsrengöringsmedel eller T-sprit. LÅT INTE bromsvätska, olja eller fett komma i kontakt med bromsklossarna eller skivorna. Läs även varningen om bromsvätska i början av avsnitt 14.

1 Dra åt handbromsen. Lossa de främre hjulmuttrarna, lyft sedan upp framvagnen och ställ den på pallbockar. Demontera framhjulen. Arbeta med en bromsenhet i taget, använd den monterade bromsen som referens vid behov.

2 Använd en spårskuvmejsel och bänd loss bromsklossens yttre fästklämma från bromsoket **(se bild)**. Håll klämman med en tång för att undvika personskador.

3 Bänd loss plastkåpan från de båda styrsprintarnas ändar. Använd sedan en insexnyckel på 7 mm och skruva lossa styrbultarna som fäster bromsoket på fästet **(se bilder)**.

4 Ta bort bromsoket från skivan **(se bild)** och stöd det mot pallbockar för att hydraulslangen inte ska belastas.

5 Ta bort den inre bromsklossen från kolven i bromsoket. Ta sedan bort den yttre bromsklossen från bromsoket genom att dra ut den ur bromsoket med hjälp av dess fästklämma, observera var de var placerade **(se bilder)**.

6 Borsta bort damm och smuts från bromsok, bromsklossar och skiva, men andas inte in det eftersom det kan vara hälsovådligt. Skrapa bort eventuell korrosion från skivans kant, var försiktig så att du inte skadar friktionsytan.

7 Undersök den främre bromsskivan och sök efter repor och sprickor. Om det krävs en mer ingående kontroll, se beskrivningen i avsnitt 4.

8 Om nya bromsklossar ska monteras måste bromsokskolven tryckas tillbaka in i cylindern för att de ska få plats. Använd antingen en G-klämma eller liknande, eller använd passande träblock som hävverktyg. Kläm ihop den böjliga bromsslangen som leder till bromsoket och anslut sedan en luftningssats till bromsokets luftningsnippel. Öppna luftningsnippeln när kolven dras tillbaka, överflödig

2.4 Ta bort bromsoket, tillsammans med bromsklossarna

2.5a Lossa den inre bromsklossen från kolven . . .

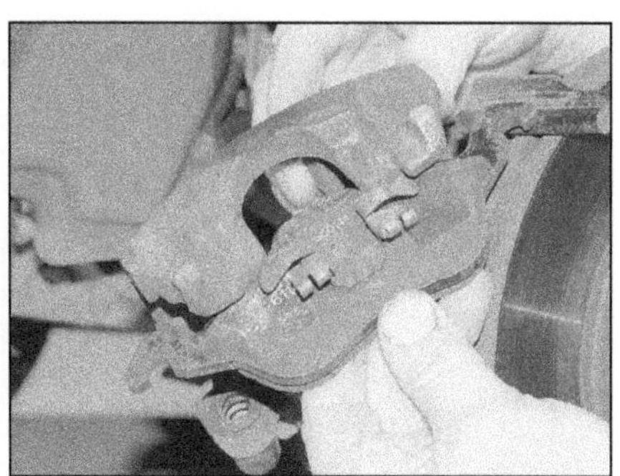

2.5b . . . och lossa sedan den yttre bromsklossen från bromsoket

bromsvätska samlas upp i luftningskärlet. Stäng luftningsnippeln precis innan bromsokets kolv är helt intryckt i bromsoket **(se bild)**. På så sätt hindras luft från att komma in i bromssystemet

Försiktighet: ABS-enheten innehåller hydrauliska komponenter som är mycket känsliga för orenheter i bromsvätskan. Även de minsta partiklar kan få systemet att sluta fungera. Den metod som beskrivs här för borttagning av bromsklossar hindrar smuts i bromsvätskan som lossnat från bromsoket att komma in i ABS-hydraulenheten, samt förhindrar skador på huvudcylindertätningarna.

9 Montera de nya bromsklossarna i omvänd ordningsföljd mot demonteringen och dra åt styrbultarna till det åtdragningsmoment som anges i Specifikationer i början av det här kapitlet.

10 Avsluta med att trycka ner bromspedalen kraftigt några gånger för att bromsklossarna ska inta en normal arbetsplacering. Kontrollera bromsvätskenivån i behållaren och fyll på vid behov.

11 Gör ett kort landsvägsprov för att kontrollera att bromsarna fungerar som de ska och för att de nya beläggen ska anpassas till skivans form. Nya belägg ger inte full bromseffekt förrän de har körts in. Undvik kraftiga inbromsningar i mesta möjliga mån i de första 160 km.

3 Främre bromsok - demontering, renovering och montering

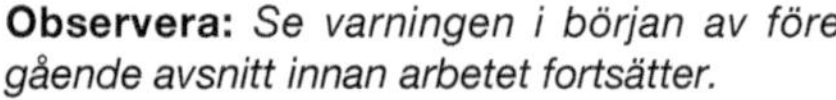

Observera: *Se varningen i början av föregående avsnitt innan arbetet fortsätter.*

Demontering

1 Dra åt handbromsen. Lossa de främre hjulmuttrarna, lyft sedan upp framvagnen och ställ den på pallbockar. Demontera relevant framhjul.

2 Sätt dit en bromsslangklämma på slangen som går till bromsoket **(se bild)**. Detta minimerar bromsvätskespill under följande operationer.

3 Lossa anslutningen på bromsslangens bromsoksände **(se bild)**. När den har lossats ska du i detta skede inte försöka att skruva loss slangen.

2.8 Öppna luftningsnippeln när kolven trycks tillbaka

4 Ta bort bromsklossarna enligt beskrivningen i avsnitt 2.

5 Stöd bromsoket med en hand och hindra bromsslangen från att vridas med den andra handen. Skruva loss bromsoket från slangen och se till att slangen inte vrids eller belastas i onödan. När bromsoket har lossats, plugga igen de hydrauliska anslutningarna på bromsoket och slangen för att hålla damm och smuts borta.

6 Vid behov kan bromsokets fäste skruvas loss från hjulspindeln.

Renovering

Observera: *Innan du påbörjar arbetet, kontrollera att delarna finns tillgängliga (sats för bromsoksrenovering/tätningar).*

7 Med bromsoket på bänken, borsta bort alla spår av damm och smuts, men var försiktig så att du inte andas in dammet eftersom det kan vara hälsofarligt.

8 Dra bort dammkåpans gummitätning från kolvänden.

9 Blås med lågt lufttryck i vätskeingångsanslutningen för att få ut kolven. Det behövs inget högt tryck, t.ex. från en fotdäckpump, för den här åtgärden.

Försiktighet: Kolven kan skjutas ut med rätt hög kraft. Placera en träbit mellan kolven och bromsokskroppen för att förhindra skador på kolvens ändyta, om den skjuts ut plötsligt.

10 Använd ett lämpligt trubbigt verktyg och bänd loss kolvtätningen från spåret i cylinderloppet. Var försiktig så att du inte skadar loppets yta.

11 Rengör kolven och bromsoket med T-sprit och låt den torka. Undersök ytorna på kolven och cylinderloppet och sök efter slitage, skador och korrosion. Om bara kolven är oanvändbar måste du skaffa en ny kolv och tätningar. Om cylinderloppet inte kan användas måste hela bromsoket bytas. Tätningarna måste bytas oavsett skick på de andra komponenterna.

12 Smörj in kolven och tätningarna med ren bromsvätska och för sedan in kolvtätningen i spåret i cylinderloppet.

13 Tryck in kolven rakt i loppet och var försiktig så att du inte skadar tätningen.

14 Sätt dit dammkåpans gummitätning på kolven och bromsoket och tryck sedan ner kolven helt.

Montering

15 Sätt tillbaka bromsoket i omvänd ordning mot demonteringen. Se till att bromsslangen inte vrids. Dra åt fästbultarna och hjulmuttrarna till angivet moment **(se bild)**.

16 Lufta bromskretsen enligt anvisningarna i avsnitt 14, kom ihåg att ta bort bromsslangklämman från slangen. Se till att det inte förekommer några läckor i slanganslutningarna. Testa bromsarna noggrant innan bilen återtas i normalt bruk.

4 Främre bromsskiva - kontroll, demontering och montering

Observera: *För att undvika ojämn bromsverkan måste BÅDA de främre bromsskivorna bytas eller slipas samtidigt.*

Kontroll

1 Dra åt handbromsen. Lossa de berörda hjulmuttrarna, lyft sedan upp framvagnen och ställ den på pallbockar. Demontera relevant framhjul.

2 Ta bort det främre bromsoket från skivan enligt beskrivningen i avsnitt 2 och skruva loss fästets båda fästbultar. Koppla inte loss slangen. Stöd bromsoket på en pallbock eller häng upp det där det inte är i vägen med hjälp

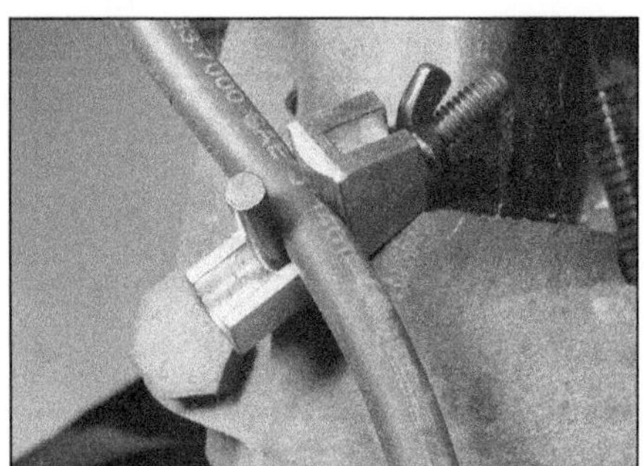

3.2 Bromsslangklämma monterad på den främre bromsslangen

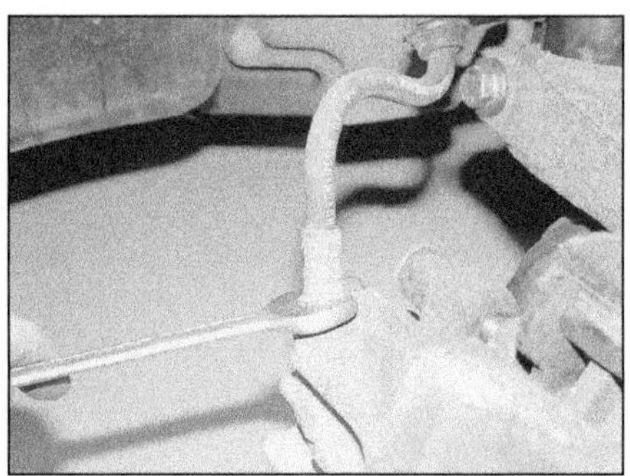

3.3 Lossa bromsslangen vid bromsoket

3.15 Dra åt fästbygelns fästbultar

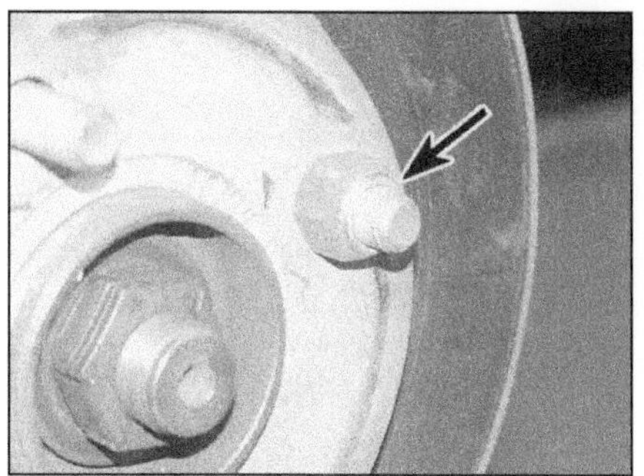
4.3 Mutter som håller fast skivan ordentligt (vid pilen)

4.4 Använd en mikrometer för att mäta bromsskivans tjocklek

4.5 Mät skivans skevhet med en mätklocka

av en vajer, var försiktig så att du inte belastar slangen.

3 Sätt tillfälligt tillbaka två av hjulmuttrarna på diagonalt motsatta pinnbultar, med den plana sidan vänd mot skivan **(se bild)**. Dra åt muttrarna stegvis för att hålla skivan på plats.

4 Skrapa bort eventuell korrosion från skivan. Vrid bromsskivan och undersök om den har djupa repor eller spår. Använd en mikrometer och mät skivans tjocklek på flera ställen **(se bild)**. Den minsta tillåtna tjockleken är stämplad på skivans nav. Lättare slitage och repning är normalt, men om det är för allvarligt måste skivan tas bort och antingen slipas av en specialist eller bytas ut. Om skivan slipas måste anvisningarna om minsta tillåtna tjocklek följas. Om skivan är sprucken ska det naturligtvis bytas.

5 Använd en mätklocka eller en platt metallbit och bladmått och kontrollera att skivans skevhet 10 mm från ytterkanterna inte överskrider den angivna gränsen från avsnittet Specifikationer. Detta gör du genom att fästa mätutrustningen och vrida på skivan, observera variationerna i mätningen när skivan roteras **(se bild)**. Skillnaden mellan de uppmätta minimi- och maximivärdena är skivans skevhet.

6 Om skevheten är större än det angivna värdet, sök efter variationer i skivtjockleken enligt följande. Markera skivan på åtta ställen med 45° mellanrum. Använd sedan en mikrometer och mät skivtjockleken på de åtta ställena, 15 mm in från ytterkanten. Om variationen mellan min- och max-värdena är större än det angivna värdet måste skivan bytas.

7 Navytans skevhet kan också kontrolleras på ett liknande sätt. Ta först bort skivan enligt beskrivningen längre fram i detta avsnitt. Fäst mätutrustningen och vrid sedan långsamt navet och kontrollera att skevheten inte överstiger värdet som anges i Specifikationer. Om navet är för skevt ska det korrigeras (genom att hjullagren byts – se kapitel 10) innan skivans skevhet kontrolleras igen.

Demontering

8 Med hjulet och bromsoket demonterade, ta bort hjulmuttrarna som sattes tillbaka tillfälligt i avsnitt 3.

9 Om skivan ska sättas tillbaka märker du den i förhållande till navet.

10 Ta bort eventuella brickor och fästklämmor och lyft bort skivan över hjulpinnbultarna **(se bild)**.

Montering

11 Se till att skivans och navets fogytor är rena och sätt sedan på skivan på pinnbultarna. Rikta in markeringar du gjorde tidigare om du sätter tillbaka originalskivan.

12 Sätt tillbaka eventuella brickor/fästklämmor.

13 Sätt tillbaka bromsoket och fästet enligt beskrivningen i avsnitt 2.

14 Sätt tillbaka hjulet och sänk ner bilen på marken. Dra åt hjulmuttrarna till angivet moment

15 Testa bromsarna noggrant innan bilen åter tas i normalt bruk.

5 Bromstrumma – demontering, kontroll och montering

Observera: *Se varningen i början av avsnitt 6 innan arbetet fortsätter.*

Observera: *För att undvika ojämn bromsverkan måste BÅDA de bakre bromstrummorna bytas samtidigt.*

Demontering

1 Klossa framhjulen, lossa handbromsen och lägg i 1:ans växel (eller P). Lossa de berörda hjulmuttrarna, lyft sedan upp bakvagnen och ställ den på pallbockar. Demontera relevant bakhjul.

2 Ta bort dammkåpan från trummans mitt och ta bort fästmuttern **(se bilder)**. Denna mutter sitter mycket hårt – använd endast tättsittande verktyg av hög kvalitet och vidta lämpliga försiktighetsåtgärder mot personskador när du lossar den. **Observera:** *Navmuttern har en särskild typ av laminering och bör inte återanvändas mer än 4 gånger. (Det är en bra idé att märka muttern varje gång den tas bort.)* Skaffa en ny mutter om det behövs.

3 Om trumman inte lossnar lätt, se till att handbromsvajern är helt lossad. Använd sedan en lämplig avdragare för att dra bort trumman och lagerenheten från axeltappen.

4 Med bromstrumman borttagen, ta bort dammet från trumman, bromsbackarna, hjulcylindern och bromsskölden, använd bromsrengöringsmedel eller T-sprit. Var

4.10 Ta bort skivan från navet

5.2a Ta bort dammkåpan . . .

5.2b . . . och skruva loss navmuttern

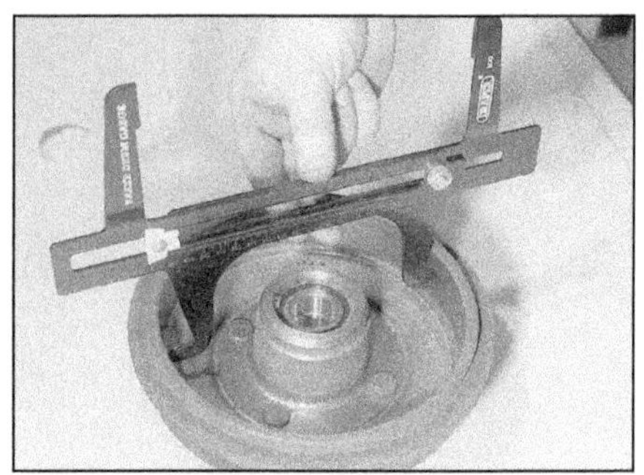
5.5 Kontrollera om trumman är sliten

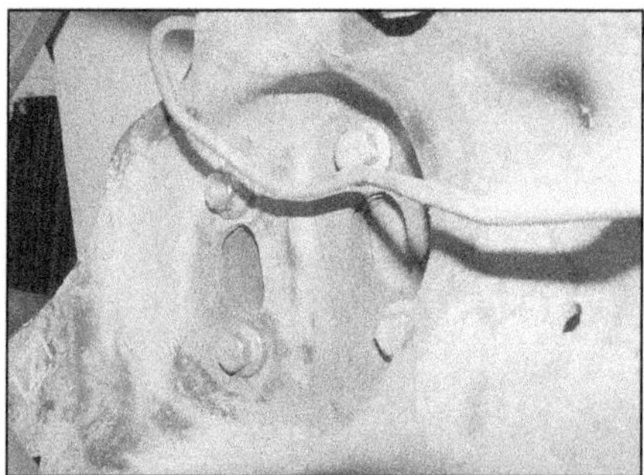
6.3a Skruva loss de fyra bultarna . . .

6.3b . . . och ta bort nav- och trumenheten

försiktig så att du inte andas in dammet eftersom det kan innehålla asbest.

Kontroll

5 Rengör bromstrummans invändiga ytor och undersök den inre friktionsytan och sök efter tecken på repor eller sprickor. Om den är sprucken, har djupa repor eller har slitits till en diameter som är större än det maxvärde som anges ska den bytas, tillsammans med trumman på den andra sidan **(se bild)**.

6 Det rekommenderas inte att man slipar om bromstrumman.

Montering

7 Hjullagren kan ha skadats vid borttagningen av trumman, byt lagren enligt beskrivningen i kapitel 10 om det behövs.

8 Montering utförs i omvänd arbetsordning, dra åt fästbultarna till angivet moment.

9 Testa bromsarna noggrant innan bilen återtas i normalt bruk.

6 Bromsbackar - byte

Varning: Bromsbackar måste bytas ut på BÅDA bakhjulen samtidigt - byt aldrig bromsbackarna på endast ett hjul eftersom det kan ge ojämn bromsverkan. Dammet från bromsbackarnas slitage kan innehålla hälsovådlig asbest. Blås aldrig bort det med tryckluft och andas inte in det. En godkänd skyddsmask bör bäras vid arbete med bromsarna. ANVÄND INTE bensinbaserade lösningsmedel för att rengöra bromskomponenter, endast bromsrengöringsmedel eller T-sprit.

1 Klossa framhjulen, lossa handbromsen och lägg i 1:ans växel (eller P). Lossa berörda hjulmuttrar, lyft sedan upp bakvagnen och ställ den på pallbockar. Demontera bakhjulen. Arbeta med en broms i taget, använd den monterade bromsen som referens vid behov.

2 Koppla ifrån ABS-kontaktdonet (i förekommande fall).

3 Ta bort bromstrumman och navet genom att skruva loss de fyra bultarna på baksidan av navenheten **(se bilder)**. Detta görs för att förhindra skador på hjullagren vid borttagning av trumman.

4 Observera fjädrarnas och bromsbackarnas monterade placeringar, rengör sedan delarna med bromsrengöringsmedel och låt dem torka **(se bild)**. Placera ett uppsamlingskärl under bromsskölden för att samla upp vätskan och spillet.

6.5a Lossa bromsarnas hållfjädrar . . .

6.4 Observera var fjädrarna är placerade

5 Ta bort bromsbackarnas båda hållfjädrar, använd en tång för att trycka ner ändarna så att de kan dras loss från stiften. Ta bort fäststiften från bromsskölden **(se bilder)**.

6 Koppla ifrån bromsbackarnas övre ändar från hjulcylindern, var försiktig så att du inte skadar gummidamaskerna.

7 För att förhindra hjulcylinderns kolvar från att skjutas ut av misstag, placera ett lämpligt gummiband eller en vajer över cylindern/kolvarna. Tryck INTE ner bromspedalen när bromsbackarna är borttagna.

8 Dra ut nederdelen av bromsbackarna från det nedre fästet **(se bild)** (använd en tång eller en skiftnyckel över bromsbackens kant för att bända loss den, vid behov).

9 Dra bort handbromsvajerns fjäder från armen på den släpande bromsbackens baksida. Haka loss vajeränden från urtaget i armen och ta bort bromsbackarna **(se bild)**.

6.5b . . . och dra ut stiften från bromsskölden

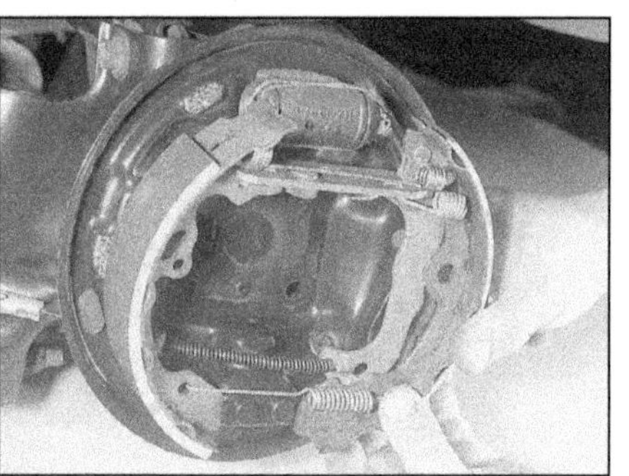
6.8 Dra ut bromsbacken från det nedre fästet

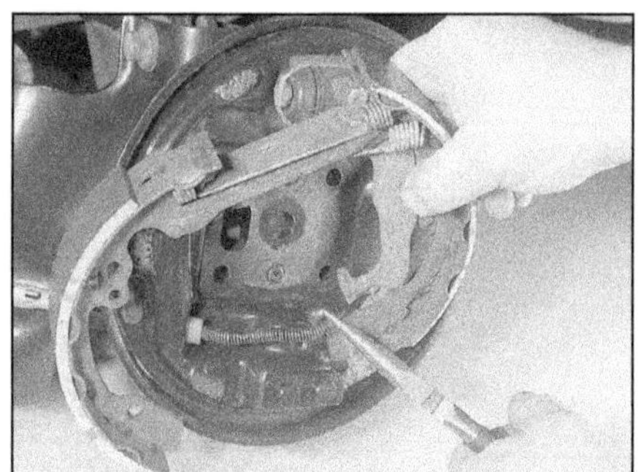
6.9 Använd en tång för att hålla ihop fjädern och lossa vajern från armen

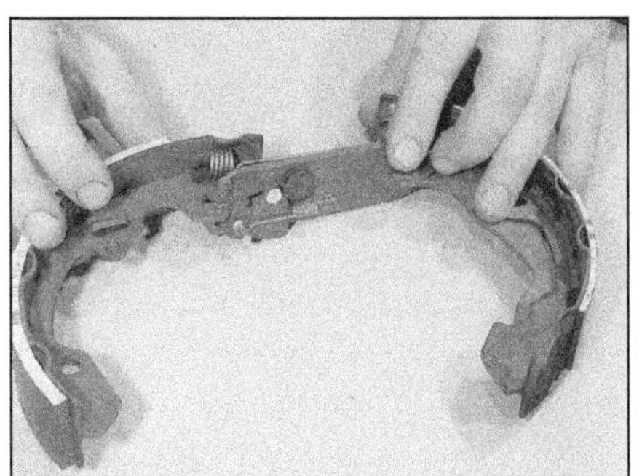

6.11 Lossa den ledande bromsbacken

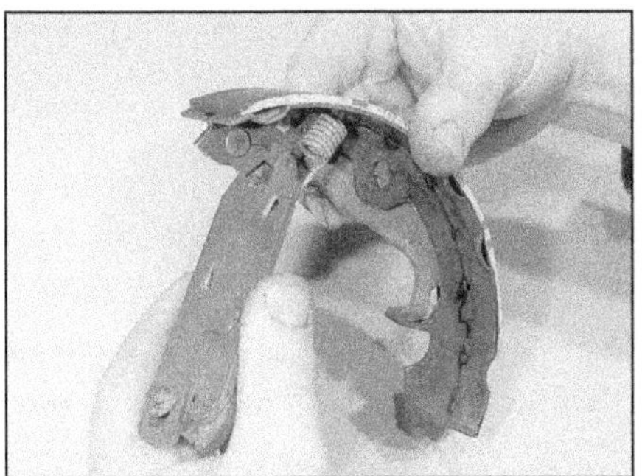

6.12 Lossa justeringsstaget

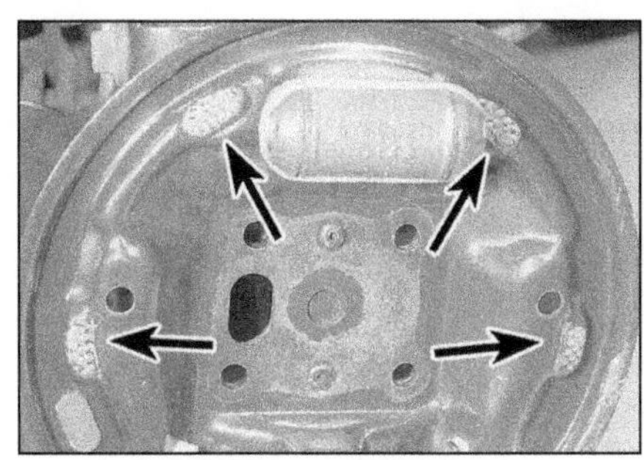

6.14 Lägg antikärvningsmassa (Copperslip) på bromsbackarnas kontaktpunkter (vid pilarna) på bromsskölden

10 Arbeta på en ren bänk, placera bromsbackarnas nederdelar ihop och haka loss den nedre returfjädern från backarna, observera styrhålens placering.

11 Dra loss den ledande backen från staget och bromsbacksjusteraren **(se bild)**, haka loss den övre returfjädern från backarna, observera styrhålens placering.

12 Dra i staget till självjusteringen för att lossa det från den släpande bromsbacken och ta bort stagets fästfjäder **(se bild)**.

13 Om hjulcylindern visar tecken på vätskeläckage, eller om det finns anledning att misstänka att den är defekt, undersök den nu enligt anvisningarna i nästa avsnitt.

14 Rengör fästplattan och stryk på små mängder av högtemperaturfett för bromsar på bromsbackarnas kontaktpunkter. Var försiktig så att det inte kommer fett på någon friktionsyta **(se bild)**.

15 Smörj in de glidande komponenterna i bromsbacksjusteraren med lite högtemperaturfett för bromsar, men låt tänderna på excenterkammen vara rena.

16 Montera de nya bromsbackarna i omvänd ordningsföljd mot demonteringen, men placera excenterhjulets kam i dess lägsta position innan det placeras på den släpande bromsbacken.

17 Innan du sätter tillbaka bromstrumman ska den undersökas enligt beskrivningen i avsnitt 5.

18 Med trumman på plats och alla fästbultar och fästmuttrar åtdragna till det angivna momentet, sätt tillbaka hjulet och utför sedan bytet på den andra bakbromsen.

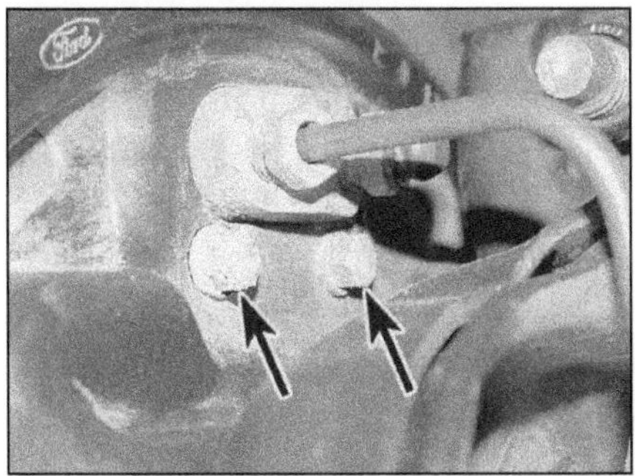

7.5 Lossa bromsrörets anslutningsmutter innan du tar bort de båda fästbultarna (vid pilarna)

19 Sänk ner bilen och dra åt hjulmuttrarna till angivet moment.

20 Tryck ner bromspedalen flera gånger för att aktivera den självjusterande mekanismen och ställa in bromsbackarna till deras normala arbetslägen.

21 Stanna flera gånger när du kör framåt och bakåt, och dra åt handbromsen helt två eller tre gånger (justera handbromsen enligt behov). Gör ett landsvägsprov för att kontrollera att bromsarna fungerar som de ska och för att de nya bromsbackarna ska anpassas till trummans form. Nya bromsbackar ger inte full bromsverkan förrän de har bäddats in.

7 Bakhjulscylinder - demontering, renovering och montering

Observera: *Innan arbetet påbörjas, kontrollera att delarna finns tillgängliga (hjulcylinder eller sats för bromsoksrenovering/tätningar). Kom också ihåg att om bromsbackarna har smutsats ner av vätskeläckage från hjulcylindern måste de bytas. Bromsbackarna på BÅDA sidor av bilen måste bytas, även om de endast har smutsats ner på ena sidan. Var noga med att beställa rätt delar och att använda hjulcylindrar av samma storlek på båda sidorna, annars kan bilen få ojämn bromsverkan.*

Demontering

1 Ta bort bromstrumman enligt beskrivningen i avsnitt 6, punkt 1 till 3.

2 Minimera vätskeförlusten genom att ta av huvudcylinderbehållarens lock, lägga en bit plastfolie över öppningen och dra åt locket igen för att få en lufttät tätning. I stället kan du använda en bromsslangklämma, en G-klämma eller liknande för att klämma ihop slangen så nära hjulcylindern som möjligt.

3 Dra isär bromsbackarnas övre delar så att de precis lossnar från hjulcylindern. Den automatiska justeraren håller bromsbackarna i detta läge så att cylinder kan tas bort.

4 Torka bort alla spår av smuts runt den hydrauliska anslutningen på hjulcylinderns baksida och skruva sedan loss anslutningsmuttern.

5 Skruva loss de båda bultarna som fäster hjulcylindern på bromsskölden **(se bild)**.

6 Ta bort hjulcylindern från fästplattan så att den inte tar i bromsbackarna. Plugga igen de öppna hydrauliska anslutningarna för att hindra smuts från att komma in, och för att minska ytterligare vätskeförlust när cylindern är borttagen.

Renovering

7 Vid tiden för tryck fanns inga renoveringsmetoder eller reservdelar tillgängliga, kontrollera huruvida du kan få tag i reservdelar innan du påbörjar isärtagningen. Vi rekommenderar att du byter en hjulcylinder som en enhet.

Montering

8 Torka rent bromsskölden och ta bort pluggen från hydraulrörets ände. Montera cylindern på bromsskölden och skruva i hydraulanslutningens mutter för hand, var försiktig så att gängningen inte skadas.

9 Dra åt fästbultarna och dra sedan åt hydaulanslutningens mutter.

10 Dra tillbaka den automatiska bromsjusteringsmekanismen så att bromsbackarna hakar i hjulcylinderns kolvar. Detta gör du genom att bända isär backarna något, vrida den automatiska justeraren till minimiläget och släppa bromsbackarna.

11 Ta bort klämman från bromsslangen eller plastfolien från huvudcylindern.

12 Montera bromstrumman enligt beskrivningen i avsnitt 6.

13 Lufta bromssystemet enligt beskrivningen i avsnitt 14. Endast relevant bakbroms ska behöva luftas under förutsättning att åtgärder vidtagits för att minimera oljespill.

14 Testa bromsarna noggrant innan bilen återtas i normalt bruk.

8 Bakre bromsklossar - byte

Varning: Bromsklossarna måste bytas ut på BÅDA bakhjulen samtidigt - byt aldrig bromsklossarna på endast ett hjul eftersom det kan ge ojämn bromsverkan.

8.3 Koppla loss handbromsvajern från bromsoksarmen

8.5b ... och yttre bromsklossarna från bromsoksfästet

Även om äkta Fordbelägg är asbestfria kan dammet från bromsklossar av andra märken innehålla asbest, vilket utgör en hälosfara. Blås aldrig bort det med tryckluft och andas inte in det. ANVÄND INTE bensinbaserade lösningsmedel för att rengöra bromskomponenter, endast bromsrengöringsmedel eller T-sprit. LÅT INTE bromsvätska, olja eller fett komma i kontakt med bromsklossarna eller skivorna.

1 Klossa framhjulen och lägg i 1:ans växel (eller P). Lossa de berörda bakre hjulmuttrarna, lyft sedan upp bakvagnen och ställ den på pallbockar. Ta bort bakhjulen och lossa handbromsen.

2 Arbeta med en broms i taget, använd den monterade bromsen som referens vid behov.

3 Tryck tillbaka bromsokets handbromsarm för att få lite slack i vajern, dra upp vajern och koppla loss den från bromsoksarmen **(se bild)**. När vajern har kopplats loss, rör inte handbromsarmen för mycket eftersom det gör det svårare att återmontera vajern.

4 Skruva loss bromsokets båda fästbultar **(se bild)**. Ta bort och stöd bromsoket på en pallbock eller bind fast det på enda sidan med en vajer. Låt det inte hänga utan stöd eftersom det belastar bromsslangen.

5 Ta bort bromsklossarna från fästbygeln, observera hur de är placerade **(se bilder)**. Borsta bort damm och smuts från bromsoket, bromsklossar och skivan, men andas inte in det eftersom det kan vara hälsovådligt. Skrapa bort eventuell korrosion från skivans kant.

6 Kontrollera den bakre bromsskivan enligt beskrivningen i avsnitt 10.

7 Innan de nya bromsklossarna monteras, skruva in bromsokskolven helt i dess lopp **(se bild)**, samtidigt som du trycker ner kolven helt till loppets botten. Det finns specialverktyg för denna åtgärd, även om det går att använda en långarmad tång som hakas fast i kolvens urtag. Bromsvätskan kommer att flyttas runt i huvudcylinderbehållaren, kontrollera först att det finns tillräckligt med plats för vätskan. Pumpa ut en del av vätskan om det behövs. Eventuell bromsvätska som spills på lack ska tvättas bort med rent vatten, omedelbart – bromsvätska är också en mycket effektiv lackborttagare.

Varning: Sug inte upp vätskan med munnen – den är giftig.

8 Bromsokets kolv måste vridas så att ett av urtagen är placerade så att den kan hakas i tappen på den inre broms-klossens baksida **(se bild)**.

9 Montera de nya bromsklossarna, stryk på lite kopparbaserat fett på kontaktytorna på bromsklossarnas stödplattor, var försiktig så att inget hamnar på beläggen.

10 Placera bromsokets baksida på plats och se till att bromsslangen inte vrids, haka i kolvens urtag med tappen på den inre bromsklossens baksida **(se bild)** och fäst med de två fästbultarna. Tryck inte ner bromspedalen innan handbromsvajern har återanslutits, eftersom det extra spelet mellan bromsklossen och skivan gör det enklare att återansluta vajern.

11 Anslut vajern till bromsokets styrarm, observera punkterna i avsnitt 26.

12 Tryck ner bromspedalen kraftigt några gånger för att bromsklossarna ska inta en normal arbetsplacering. Kontrollera bromsvätskenivån i behållaren och fyll på vid behov.

13 Gör ett landsvägsprov för att kontrollera att bromsarna fungerar som de ska och för att de nya beläggen ska anpassas till skivans form. Nya belägg ger inte full bromsverkan förrän de har bäddats in.

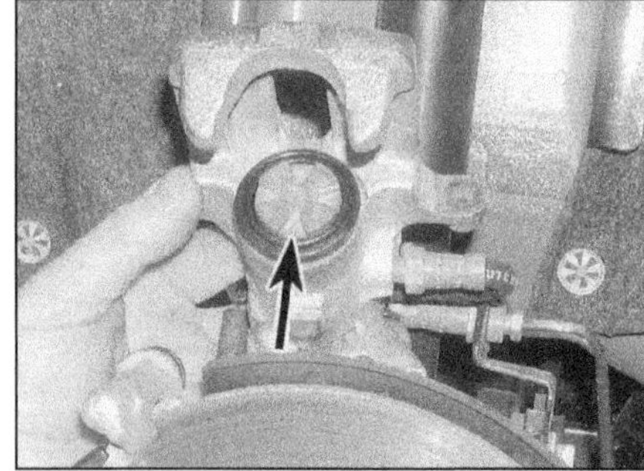

8.8 Ett av urtagen (vid pilen) måste riktas in mot tappen på bromsklossen

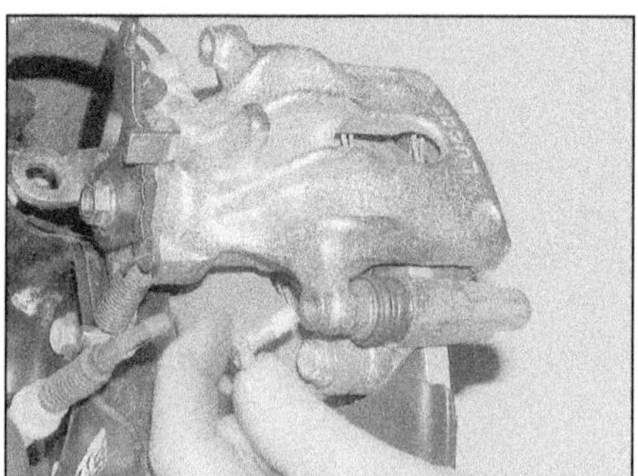

8.4 Skruva loss den andra bulten från bromsoket

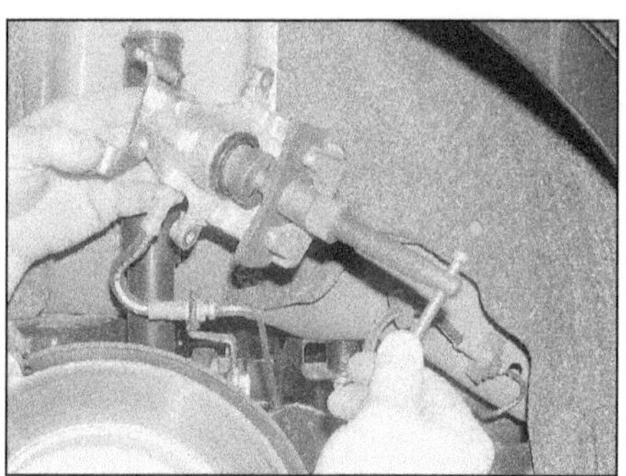

8.7 Ett specialverktyg används för att skruva tillbaka kolven i bromsoket

8.10 Pilen visar tappen på baksidan av bromsklossen

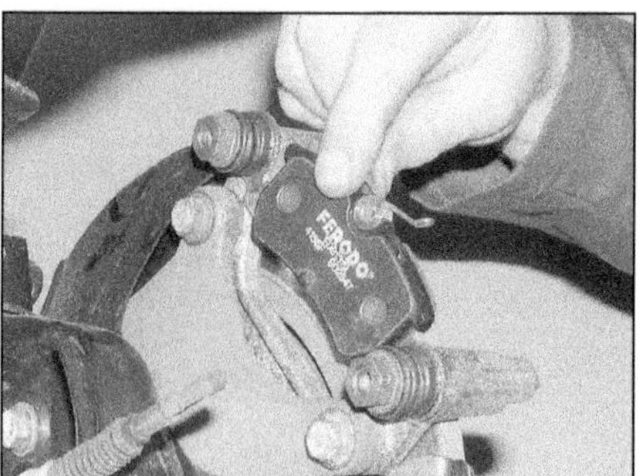

8.5a Demontera de inre ...

9 Bakre bromsok – demontering, renovering och montering

Demontering

1 Klossa framhjulen och lägg i 1:ans växel (eller P). Lossa de bakre hjulmuttrarna, lyft sedan upp bakvagnen och ställ den på pallbockar. Demontera relevant bakhjul.

2 Sätt en bromsslanklämma på slangen som

9.5 Ta bort bromsoket och skruva loss det från bromsslangen

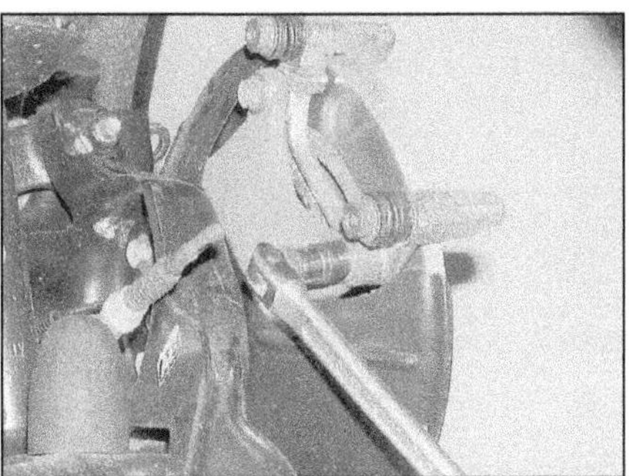

9.6 Skruva loss och ta bort hjulspindelns båda fästbultar

10.2 Ta bort bromsokets fästbygel

går till bromsoket **(se bild 3.2)**. Detta minimerar bromsvätskespill under följande operationer.

3 Lossa (men skruva inte loss helt) anslutningen på slangens bromsoksände.

4 Demontera bromsklossarna enligt beskrivningen i avsnitt 8.

5 Skruva loss bromsoket från den hydrauliska bromsslangen, se till att slangen inte vrids eller utsätts för onödig belastning **(se bild)**. Plugga igen de öppna vätskeanslutningarna för att hålla damm och smuts borta.

6 Skruva loss fästbygeln från hjulspindeln om det behövs **(se bilder)**.

Renovering

7 Vid tiden för den här bokens tryckning fanns inga renoveringsmetoder eller delar tillgängliga. Kontrollera att du kan få tag på reservdelar innan du tar isär bromsoket. Försök inte att ta isär handbromsmekanismen inuti bromsoket. Om mekanismen är defekt måste hela bromsoksenheten bytas.

Montering

8 Montera bromsoket och i förekommande fall fästbygeln, i omvänd ordning mot demonteringen. Se noteringarna i avsnitt 26 när handbromsvajern återansluts. Dra åt fästbultarna och hjulmuttrarna till angivet moment och glöm inte att ta bort bromsslangklämman från bromsslangen.

9 Lufta bromskretsen enligt anvisningarna i avsnitt 14. Se till att det inte förekommer några läckor i slanganslutningarna. Testa bromsarna noggrant innan bilen återtas i normalt bruk.

10 Bakre bromsskiva - kontroll, demontering och montering

Demontering

1 Ta bort det bakre bromsoket och bromsklossarna enligt beskrivningen i avsnitt 8.

2 Skruva loss bromsokets fästbygel från navet **(se bild)**, markera sedan skivan i förhållande till navet, om den ska återmonteras.

3 Ta bort fästklämman från hjulpinnbulten (om tillämpligt) och ta bort skivan över hjulpinnbultarna **(se bilder)**.

4 Metoden för kontroll av de bakre bromsskivorna är densamma som för de främre bromsskivorna enligt beskrivningen i avsnitt 4.

Montering

5 Monteringen sker i omvänd ordningsföljd mot demonteringen, enligt beskrivningen i motsvarande avsnitt.

11 Huvudcylinder - demontering och montering

Varning: Bromsvätska är giftig. Var försiktig så att vätskan inte kommer i kontakt med hud och framförallt så att den inte kommer i ögonen. Bromsvätskan skadar dessutom lack och plast - tvätta omedelbart bort eventuellt spill med kallt vatten. Slutligen är bromsvätska väldigt lättantändligt och ska hanteras lika försiktigt som bensin.

Demontering

Huvudcylinder (högerstyrda modeller)

1 Ta bort vakuumet i servon genom att trycka ner bromspedalen några gånger, med motorn avslagen.

2 Koppla loss batteriets minusledare. **Observera:** *Innan du kopplar ifrån batteriet, se kapitel 5A, avsnitt 1, för rekommendationer.*

3 Koppla ifrån multikontakten till varningslampan för låg vätskenivå från vätskebehållaren. Skruva bort locket.

4 Töm ut bromsvätskan från behållaren, använd en gammal batterihydrometer eller liknande. Höj i annat fall upp bilen och ta bort hjulen. Lossa de främre luftningsnipplarna och töm ut vätskan ur behållaren.

Varning: Sug inte upp vätskan med munnen eftersom den är giftig. Eventuell bromsvätska som spills på lack ska tvättas bort med rent vatten omedelbart - bromsvätska är också en mycket effektiv lackborttagare.

5 Sänk ner bilen och ta bort kolfiltrets avluftningsventil **(se bild)**.

6 Koppla ifrån kabelnätets elektriska kontakt från huvudcylinderns framsida och dess fästbygel **(se bild på nästa sida)**.

10.3a Bänd loss fästklämman . . .

10.3b . . . och ta bort skivan från det bakre navet

11.5 Skruva loss båda fästbultarna till kolfiltrets avluftningsventil

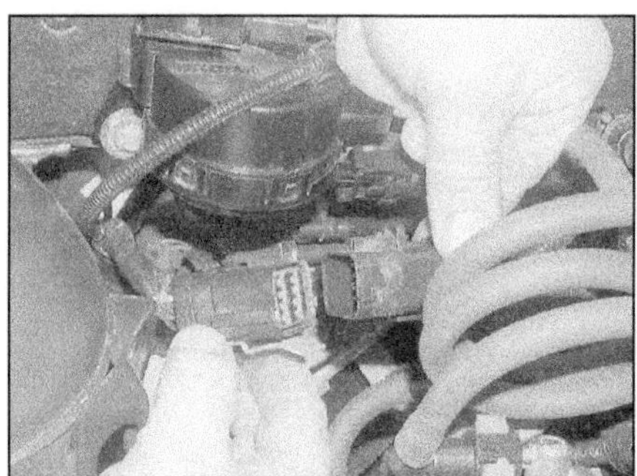

11.6 Koppla ifrån kablagets multikontakt

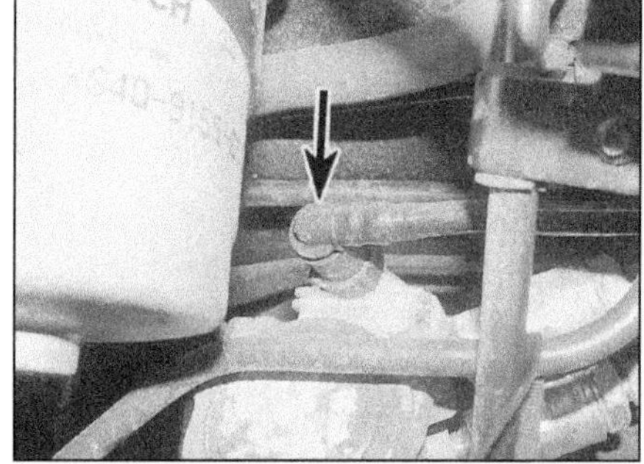

11.9 Lossa tillförselslangen (vid pilen) från huvudcylindern

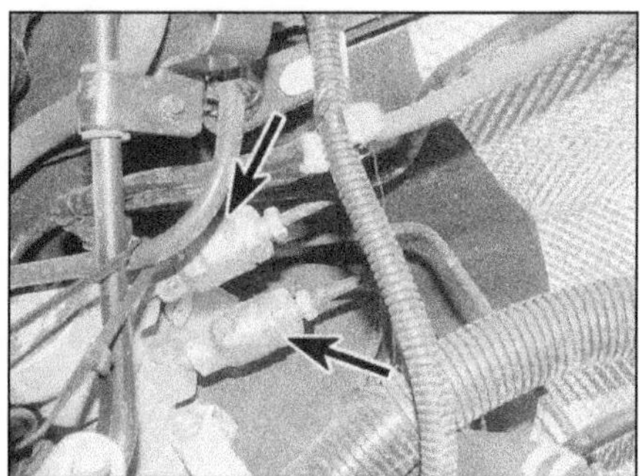

11.10 Tryckavlastningsventiler (vid pilarna) på modeller utan ABS

7 Koppla loss bränsleångeledningarna från torpedväggen.

8 Lossa bränsleledningen från torpedväggen under bromsservon.

9 Lossa klämman och koppla ifrån vätsketillförselslangen från bromsvätskebehållaren till huvudcylindern **(se bild)**. Koppla loss slangen från torpedväggen, håll änden högre än behållarens nivå och plugga igen eller sätt lock på slangen för att förhindra vätskeförlust eller att smuts kommer in.

10 Identifiera varje bromsrörs placering på huvudcylindern. På modeller utan ABS finns det fyra rör. De två bakre bromsrören är fästa på avlastningsventiler för tryckkontroll på huvudcylindern **(se bild)**. På modeller med ABS finns det endast två rör som går till ABS-hydraulenheten.

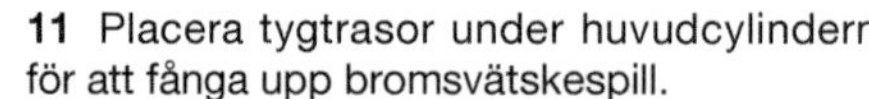

11 Placera tygtrasor under huvudcylindern för att fånga upp bromsvätskespill.

12 Rengör runt hydraulanslutningarnas muttrar. Skruva loss muttrarna och koppla ifrån bromsrören från huvudcylindern. Om muttrarna sitter hårt ska du hellre använda en polygonnyckel än en fast nyckel. Täck för rörens ändar och huvudcylindern för att förhindra att smuts tränger in.

13 På bilar med stabiliseringssystemet Stability Assist, koppla ifrån tryckgivarens elektriska kontakt.

14 Skruva loss huvudcylinderns fästmuttrar och ta bort huvudcylindern från pinnbultarna på servoenheten **(se bild)**.

15 Ta loss packningen/tätningen från huvudcylindern.

16 Om huvudcylindern är defekt måste den bytas ut. I skrivande stund finns inga renoveringssatser tillgängliga.

Huvudcylinder (vänsterstyrda modeller)

17 Utför de åtgärder som beskrivs ovan i punkt 1 till 4.

18 Sänk ner bilen. Skruva loss fästbultarna från luftfilterhuset och insugsröret och ta sedan bort det från bilen **(se bild)**.

19 Koppla loss den elektriska kontakten från säkringsdosan **(se bild)**. Ta bort fästskruven och koppla loss säkringsdosan från dess fäste. Flytta säkringsdosan till luftfilterhusets plats tillfälligt.

20 Utför de åtgärder som beskrivs ovan i punkt 10 till 17.

Bromsvätskebehållare

21 Behållaren ingår inte i huvudcylindern. Koppla loss den elektriska kontakten från påfyllningslocket. Skruva loss locket och använd en gammal batterihydrometer eller liknande för att tömma ut bromsvätskan. Sätt tillbaka locket.

22 Koppla loss kablaget från behållarens nedre del **(se bild)**.

23 Skruva loss de båda fästskruvarna från behållaren och koppla loss den från torpedväggen **(se bild)**.

24 Lossa klämman och koppla ifrån vätskematningsslangarna för broms- och kopplingsvätskebehållaren.

11.14 Lossa kablagets fästbygel när du tar bort huvudcylinderns fästmuttrar

11.18 Skruva loss luftfilterhuset

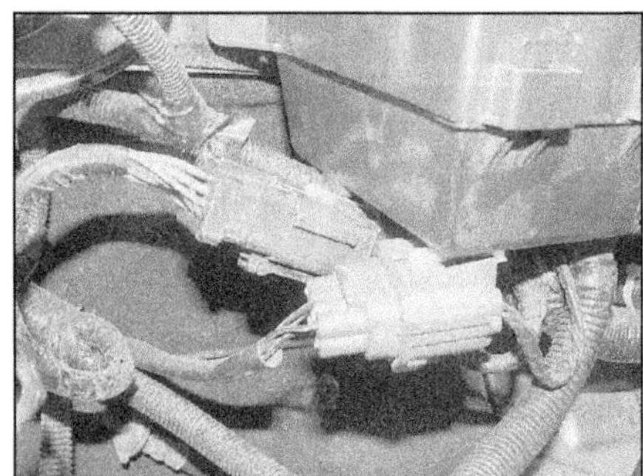

11.19 Lossa kontaktdonen från säkringsdosans nedre del

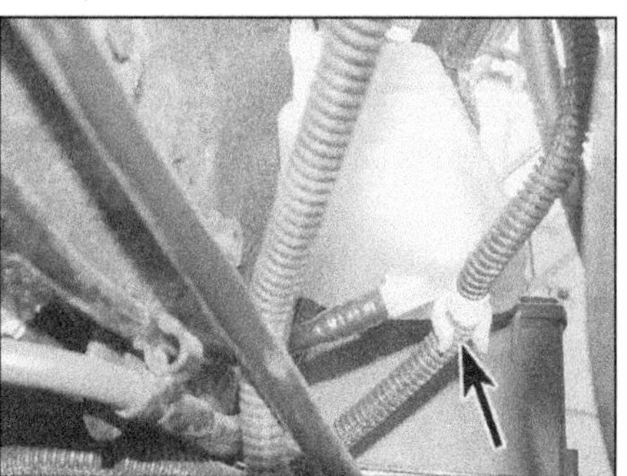

11.22 Lossa kablaget (vid pilen) från behållaren

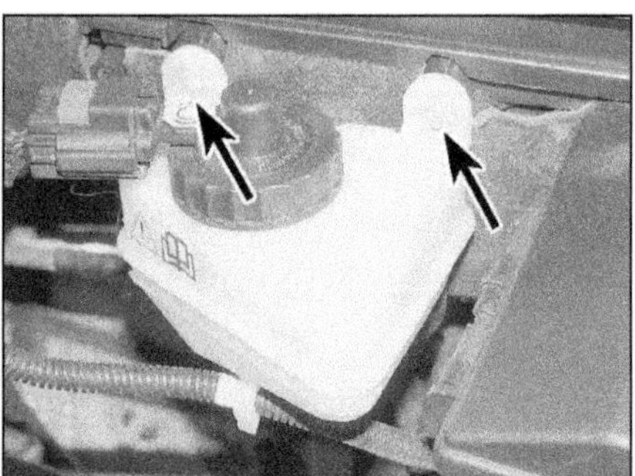

11.23 Koppla loss anslutningskontakten och skruva loss de två fästbultarna (pilar)

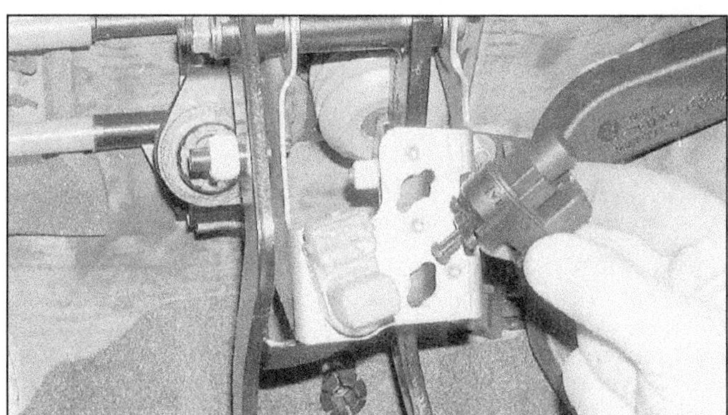

12.3 Vrid kontakten 45° för att ta bort den

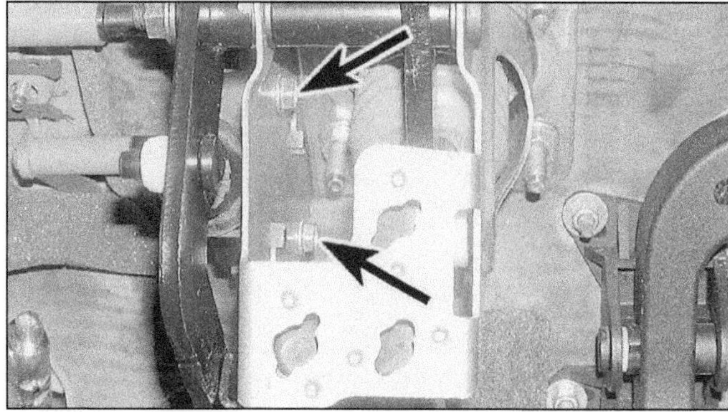

12.5 Ta bort de två bultarna (vid pilarna)

Montering

25 Monteringen sker i omvänd ordningsföljd mot demonteringen. Tänk på följande:

a) Rengör kontaktytorna på huvudcylindern och servon och sätt på en ny packning på huvudcylindern.

b) Sätt dit och dra åt muttrarna till angivet moment.

c) För försiktigt in bromsrören i huvudcylinderns öppningar och dra sedan åt anslutningsmuttrarna. Se till att muttrarna hamnar rätt i gängorna.

d) Fyll på behållaren med ny bromsvätska.

e) Lufta bromssystemet enligt beskrivningen i avsnitt 14.

f) Testa bromsarna noggrant innan bilen återtas i normalt bruk.

12 Bromspedal – demontering och montering

Demontering

1 Arbeta inuti bilen. Skjut förarsätet bakåt så långt det går, så att du får maximalt med arbetsutrymme.

2 Skruva loss de fyra skruvarna och bänd ut fästklämman för att ta bort instrumentbrädans nedre panel på förarsidan. Lossa multikontakten från klädselpanelen.

3 Koppla ifrån de elektriska kontakdonen till broms-/kopplingspedlabrytarna. Ta bort brytarna genom att vrida dem och sedan dra ut dem från pedalfästet **(se bild)**.

4 Lossa de fyra fästmuttrarna på pedalfästesenheten.

5 Koppla loss kopplingens huvudcylinder genom att skruva loss fästbultarna och lossa den från pedalfästet **(se bild)**.

6 Ta bort muttern till kopplingspedalens svängtapp och dra ut svängtappsbulten tillräckligt långt för att du ska kunna ta bort kopplingspedalen. Lossa returfjädern från kopplingspedalen och lossa kopplingens aktiveringsstag från pedalen **(se bilder)**. (Notera var kopplingspedalens bussningar och distansbricka sitter vid demonteringen.)

7 Ta bort de båda klämmorna för att lossa bromspedalen från pedalenheten, den övre fästbygelbulten kan behöva lossas **(se bilder)**.

8 Tryck ner klämman och ta bort stiftet från servons aktiveringsstag **(se bilder)**.

12.6a Skruva loss pedalens svängtappsbult

12.6b Ta bort kopplingens aktiveringsstag och lossa returfjädern (vid pilen)

12.7a Ta bort de båda klämmorna . . .

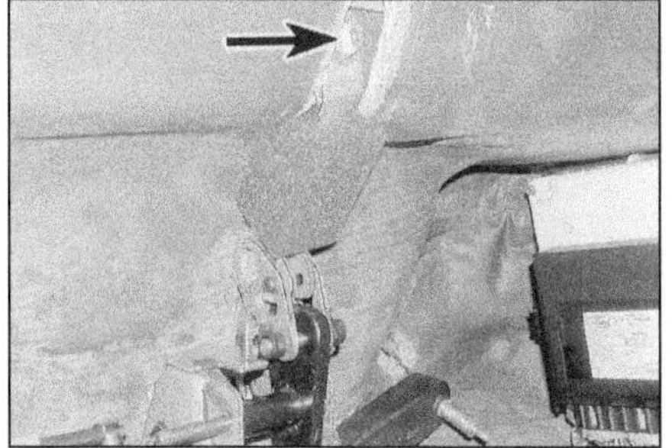

12.7b . . . och lossa fästbulten som är makerad med en pil (instrumentbrädan borttagen för tydlighet)

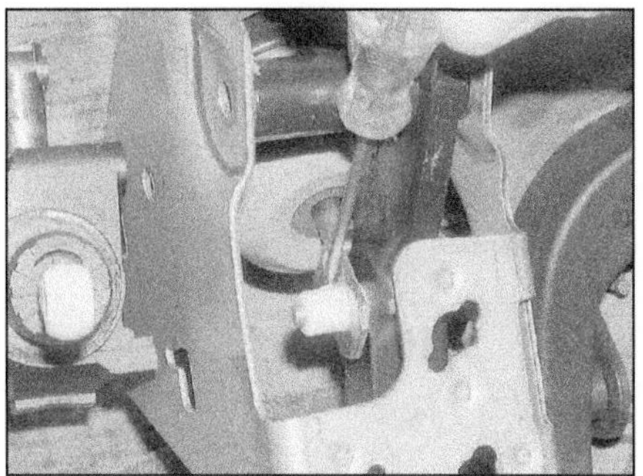

12.8a Använd skruvmejseln för att trycka ner klämman . . .

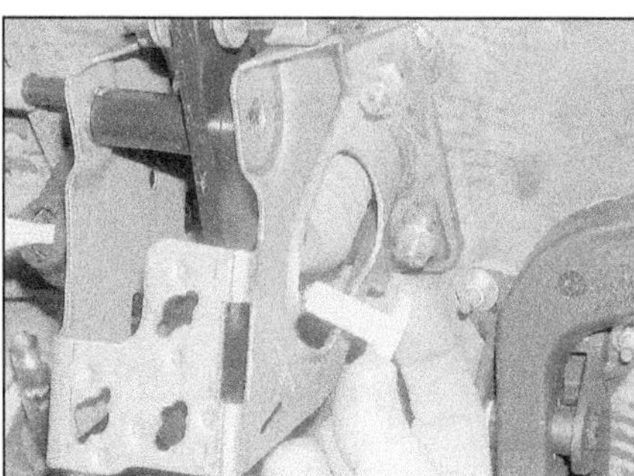

12.8b . . . och dra ut stiftet från bromsens aktiveringsstag

12.9 Dra ut pedalens svängtappsbult

9 Dra ut svängtappsbulten för att kunna ta bort bromspedalen **(se bild)**. (Bänd ut bussningarna från bromspedalens svängtapp vid byte.) Byt ut komponenterna efter behov.

Montering

10 Innan du monterar pedalen, lägg på lite fett på svängtappen, pedalbussningarna och aktiveringsstagen.

11 Monteringen sker i omvänd ordningsföljd mot demonteringen. Se till att pedalbussningarna och manöverdonsstagen sitter på rätt plats.

12 Innan bromsljuskontakten monteras, dra ut tryckkolven på kontakten så långt det går. Tryck ner bromspedalen och montera sedan kontakten på fästbygeln. Släpp långsamt bromspedalen och kontrollera att bromsljusen fungerar.

13 Bromsrör och -slangar - kontroll, demontering och montering

Observera: *Läs varningen om bromsvätska i början av avsnitt 14.*

Kontroll

1 Lyft upp både fram- och bakvag med en domkraft och ställ bilen på pallbockar. Se till att bilen har ordentligt stöd och står på ett plant underlag.

2 Sök efter tecken på läckage vid röranslutningarna och undersök sedan om slangarna uppvisar tecken på sprickbildning, skavning och fransning.

3 Bromsrören ska undersökas noggrant, leta efter tecken på bucklor, korrosion eller andra skador. Korrosion ska skrapas bort och om punktkorrosionsangreppen är djupa måste rören bytas. Detta är särskilt vanligt förekommande i de områden under karossen där rören är synliga och oskyddade.

4 Byt eventuella defekta bromsrör och/eller -slangar.

Demontering

5 Om du ska ta bort en del av ett rör eller en slang kan du minska förlusten av bromsvätska genom att skruva loss påfyllningslocket och täta behållarens överdel helt med plastfolie eller tejp. Ett annat alternativ är att tömma behållaren (se avsnitt 11).

6 När du ska ta bort en del av ett rör, håll fast den angränsande slanganslutningsmuttern med en nyckel för att hindra den från att vridas. Skruva sedan loss anslutningsmuttern i rörets ände och lossa det. Upprepa åtgärden i andra änden av röret och lossa sedan röret genom att dra bort klämmorna som fäster det på karossen.

7 Där anslutningsmuttrarna är utsatta för väder och vind kan de sitta mycket hårt. Om man använder en fast nyckel är det inte ovanligt att muttrarna runddras. Av den anledningen är det bättre att använda en polygonnyckel **(se bild)**, som fäster på alla ytorna. Finns ingen sådan nyckel att tillgå kan du använda en självlåsande tång som en sista utväg. De kan skada muttrarna, men om röret ska bytas spelar detta ingen roll.

8 För att minska vätskeförlusten ytterligare när du kopplar ifrån en bromsslang från ett rör, fäst slangen med klämmor så nära röret som ska tas bort som möjligt, använd en bromsslanklämma eller en självlåsande tång med skyddade käftar.

9 När du ska ta bort en slang, rengör först slangändarna och det omgivande området. Skruva sedan loss anslutningsmuttrarna från slangändarna. Ta bort fjäderklämman och ta bort slangen från det räfflade fästet på stödfästet. Om så är tillämpligt, skruva loss slangen från bromsoket **(se bilder)**.

10 Bromsrör med trattformade ändar och anslutningsmuttrar kan fås separat eller i hela uppsättningar från en Fordverkstad eller en tillbehörsbutik. Röret böjs till rätt form med det gamla röret som modell och är sedan färdigt att monteras. Var försiktig så att röret inte vrider sig eller trycks ihop när du böjer det. Använd helst ett riktigt rörbockningsverktyg.

Montering

11 Monteringen av rören och slangarna sker i omvänd ordningsföljd mot demonteringen. Se till att alla bromsrör sitter ordentligt i klämmorna och att slangarna inte har snott sig. Kontrollera också att slangarna inte tar i fjädringsdelar eller underredesdetaljer och att de inte heller gör det när fjädringen och styrningen används.

12 Avsluta med att lufta bromssystemet enligt beskrivningen i avsnitt 14.

14 Bromssystem - luftning

Varning: Bromsvätska innehåller polyglykoleter och polyglykoler som är giftiga. Var försiktig så att vätskan inte kommer i kontakt med huden och framförallt så att den inte kommer i ögonen. Tvätta händerna noggrant efter hanteringen och om vätskan kommer i kontakt med ögonen sköljer du ut den med rinnande vatten. Om irritationen kvarstår ska du omedelbart uppsöka läkare. Bromsvätskan skadar dessutom lack och plast - tvätta omedelbart bort eventuellt spill med kallt vatten. Slutligen är bromsvätska väldigt lättantändlig och ska hanteras lika försiktigt som bensin.

Observera: *På bilar med ABS, lossa batteriets jordledning (minuspolen) (kapitel 5A, avsnitt 1).*

1 Om huvudcylindern har kopplats loss och anslutits igen måste hela systemet (alla kretsar) luftas. Om bara en komponent i en krets har hanterats behöver endast den berörda kretsen luftas.

2 Luftning ska påbörjas med den luftningsnippel som sitter längst bort från huvudcylindern, och sedan nästa nippel osv. och avslutas med nippeln närmast huvudcylindern.

13.7 Skruva loss en bromsrörsanslutning med hjälp av en polygonnyckel

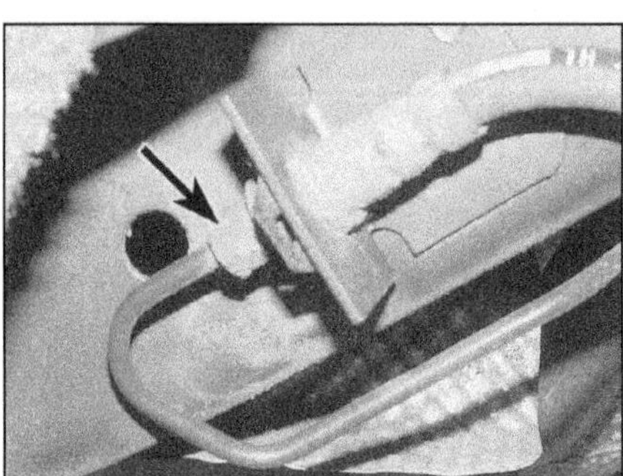

13.9a Lossa anslutningsmuttern (vid pilen) innan . . .

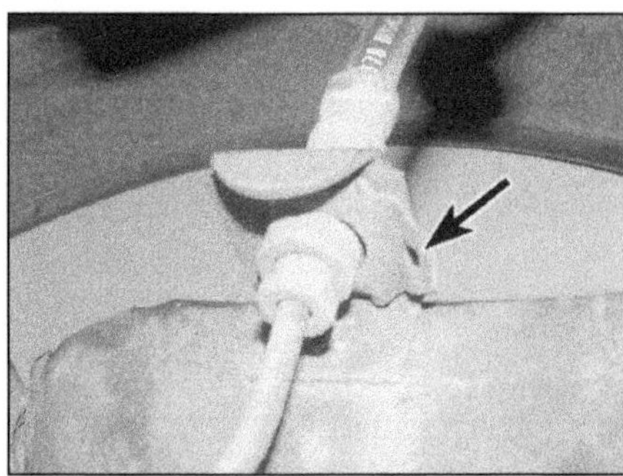

13.9b . . . du drar ut fästklämman (vid pilen)

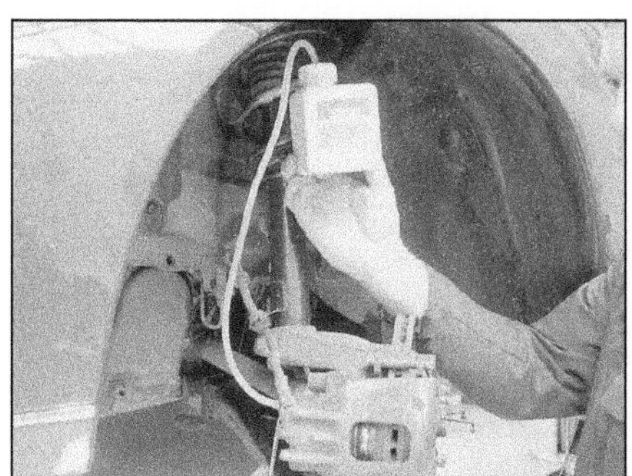

14.7 Håll behållaren högt för att bibehålla vätsketrycket

3 I biltillbehörsbutikerna finns ett antal gör-det-själv-satser för bromsluftning som är avsedda för att användas av en person. Vi rekommenderar att du använder en sådan sats om du kan, eftersom de underlättar luftningen av bromsarna betydligt. Följ tillverkarens instruktioner tillsammans med följande procedur. Om du har tillgång till en tryckluftningssats behöver du inte trycka ner bromspedalen när följande åtgärder utförs.

4 När luftningen pågår får bromsvätskenivån i behållaren inte sjunka under MIN-markeringen. Om nivån blir så låg att luft dras in måste hela proceduren utföras från början igen. **Observera:** *Om luft kommer in i ABS hydraulenheten på modeller med ABS, måste enheten luftas med hjälp av särskilt testutrustning från Ford.* Använd ny bromsvätska när du fyller på, helst från en nyöppnad behållare. Återanvänd aldrig vätska som har tömts ut från systemet.

5 Innan du börjar, kontrollera att alla rör och slangar är i gott skick och att alla hydraulanslutningar är åtdragna. Var försiktig så att bromsvätskan inte kommer i kontakt med bilens lack, då skadas ytan allvarligt. Tvätta omedelbart bort allt oljespill med kallt vatten.

6 Om du inte använder en bromsluftningssats, ta fram ett rent kärl, en bit plast- eller gummislang som passar precis på luftningsskruven samt en ny behållare med den angivna bromsvätskan (se *Smörjmedel och vätskor*). En medhjälpare behövs också.

7 Rengör området runt luftningsskruven på den bakre bromsenheten som ska luftas (det är viktigt att det inte kommer in smuts i hydraulsystemet) och ta bort dammkåpan. Anslut ena änden av slangen på luftningsskruven och sänk ner den andra änden i kärlet. Kärlet ska hållas minst 300 mm ovanför luftningsnippeln för att hålla vätsketrycket till bromsoket **(se bild)**. Kärlet ska vara fyllt med så pass mycket bromsvätska att slangens ände är helt omsluten av den.

8 Öppna luftningsskruven ett eller två varv och be medhjälparen att trycka ner bromspedalen så långt det går. Dra åt luftningsskruven i slutet av det nedåtgående slaget och be sedan medhjälparen att släppa pedalen. Fortsätt med åtgärden tills du ser att det kommer ren bromsvätska, utan luftbubblor, ner i kärlet. Dra slutligen åt luftningsskruven med pedalen i helt nedtryckt läge.

9 Ta bort slangen och sätt tillbaka dammkåpan. Fyll på huvudcylinderbehållaren om det behövs och upprepa sedan proceduren på motsatt bakbroms.

10 Upprepa proceduren på den frambroms som sitter längst bort ifrån huvudcylindern och sedan på bromsen närmast huvudcylindern.

11 Kontrollera hur bromspedalen känns – den ska vara fast. Om pedalrörelsen känns svampig finns det fortfarande luft i systemet och luftningsproceduren måste upprepas.

12 När luftningen är slutförd, fyll på huvudcylinderbehållaren och sätt tillbaka locket.

13 På modeller med hydraulstyrd koppling, avslut med att kontrollera kopplingsfunktionen. Kopplingens hydraulsystem kan behöva luftas enligt beskrivningen i kapitel 6.

15 Vakuumservo – kontroll, demontering och montering

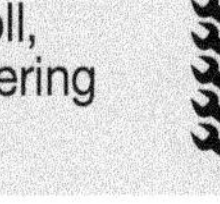

Kontroll

1 Testa servoenhetens funktion genom att trycka ner fotbromsen fyra eller fem gånger för att släppa ut vakuumet. Starta sedan motorn medan bromspedalen hålls fast nedtryckt. När motorn startar ska pedalen ge efter märkbart medan vakuumet byggs upp. Låt motorn gå i minst två minuter och stäng sedan av den. Om pedalen nu trycks ner igen ska ett väsande ljud höras från servon. Efter 4-5 upprepningar bör inget pysande höras, och pedalens rörelse bör kännas fastare.

2 Innan du utgår ifrån att det föreligger ett problem i själva servoenheten, undersök backventilen enligt beskrivningen i nästa avsnitt.

Demontering

Högerstyrda modeller

Observera: *Om ett luftkonditioneringssystem finns på bilen måste detta tömmas.*

3 Se beskrivningen i avsnitt 11 och ta bort huvudcylindern.

4 På bilar med stabiliseringssystemet Stability Assist, koppla ifrån den elektriska kontakten från bromsens servomagnetventil.

5 Inuti bilen, ta bort instrumentbrädans nedre panel på förarsidan för att komma åt bromspedalen. Koppla ifrån de elektriska kontaktdonen till bromspedalbrytarna.

6 Tryck ner klämman och ta bort svängtappen från servons aktiveringsstag **(se bild)**. Ta sedan bort de fyra muttrarna från servoenhetens fästbygel ovanför pedalerna.

7 Under huven, lossa kablaget och bromsledningarna från fästklämmorna på torpedväggen.

8 Koppla loss servostyrningsbehållaren från fästbygeln och flytta den åt sidan **(se bilder)**.

9 På 1,8 och 2,0 liters modeller, koppla bort bränsleledningarna från torpedväggen.

10 På bilar med luftkonditionering, koppla bort den elektriska kontakten från tryckbrytaren **(se bild)**.

11 Dra åt handbromsen. Lossa höger framhjuls hjulmuttrar, lyft sedan upp framvagnen och ställ den på pallbockar. Demontera höger framhjul.

12 Skruva loss fästskruvarna från hjulhusets innerskärm och ta bort den under höger skärm.

13 Töm luftkonditioneringssystemet enligt beskrivningen i kapitel 3. När luftkonditioneringsrören kopplas loss, täck över ändarna för att förhindra nedsmutsning.

14 Använd ett därför avsett verktyg och koppla loss luftkonditioneringens ackumulatorrör från förångaren. Koppla även loss kondensorröret från förångaren och ta bort det från bilen.

15 Lossa luftkonditioneringsrören från fästbyglarna under den högre skärmen. Skruva

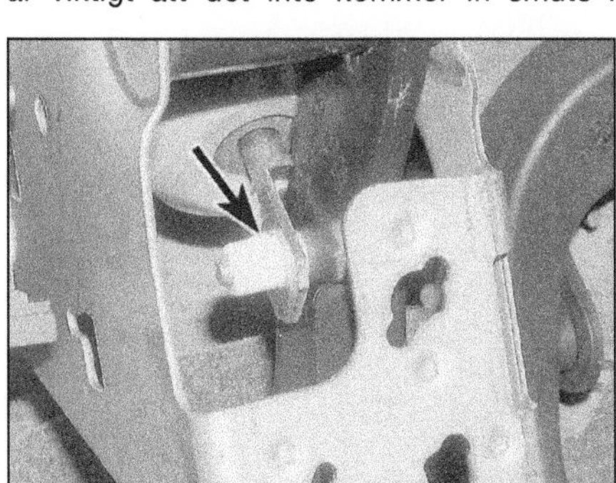

15.6 Tryck ner klämman (vid pilen) för att lossa svängtappen

15.8 Lyft servostyrningsbehållaren från dess fästbygel

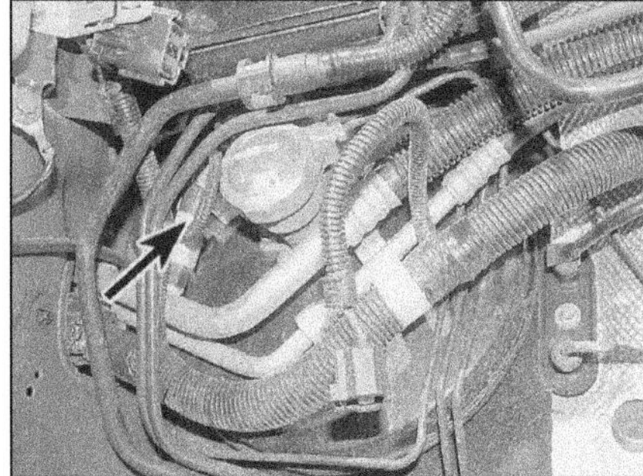

15.10 Luftkonditioneringens lågtrycksbrytare (vid pilen)

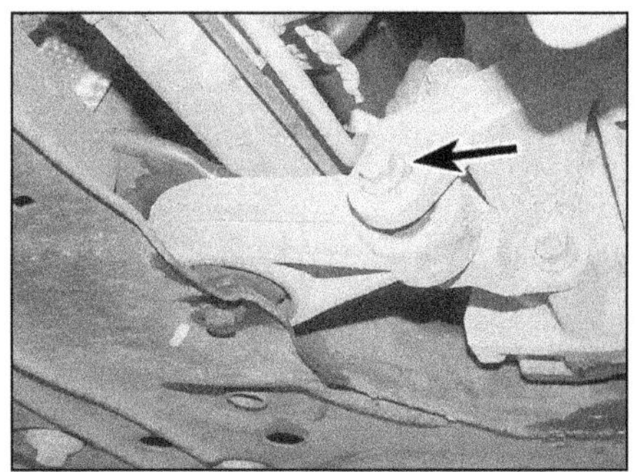

15.16 Skruva loss fästbulten (vid pilen)

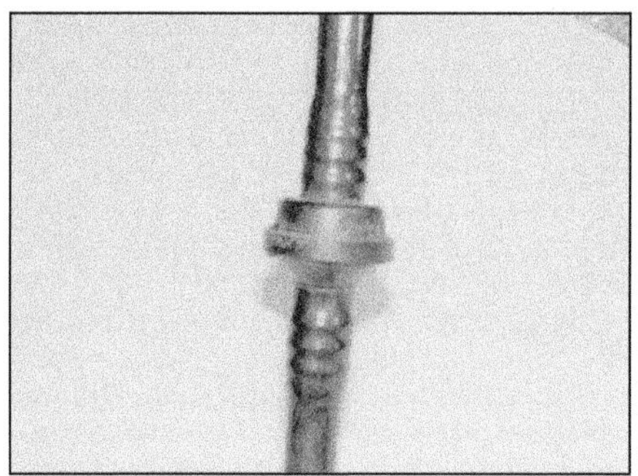

16.5 Backventil i bromsvakuumslangen

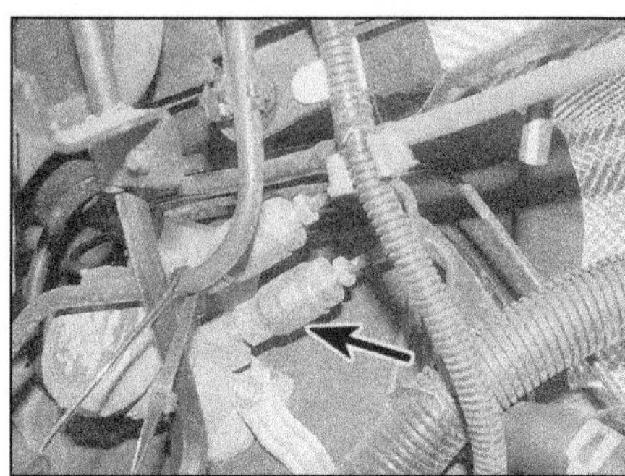

17.1 Tryckregleringsventiler (vid pilen)

loss fästbygeln och ta bort luftkonditioneringsrören från motorrummet.

16 Skruva loss bulten från det bakre isoleringsfästet på transaxeln **(se bild)**. Sätt tillbaka hjulet och sänk ner bilen.

17 Skruva loss fästbulten från kylvätskans expansionskärl och flytta det åt sidan.

18 På 1,4 och 1,6 liters modeller, stöd motorn med en motorlyft. Skruva loss de tre fästbultarna och ta bort motorfästet från bilen. Flytta motorn framåt cirka 20 mm, var försiktig så att du inte skapar onödigt tryck på de återstående motorfästena.

19 På 1,8 och 2,0 liters modellerna demonteras generatorn enligt beskrivningen i kapitel 5A.

20 Ta bort servoenheten från mellanväggen och ta bort den från motorrummet, var försiktig så att du inte skadar några andra delar.

21 Observera att servoenheten inte kan plockas isär för reparation eller renovering och måste bytas om den är defekt.

Vänsterstyrda modeller

22 Utför de åtgärder som beskrivs ovan i punkt 3 och 4.

23 Lossa kåpan på den hydrauliska styrenheten och koppla ifrån det elektriska kontaktdonet.

24 Skruva loss bromsrören från den hydrauliska styrenheten. Täck för rörens ändar och hydraulenheten för att förhindra att smuts tränger in.

25 Skruva loss de tre fästbultarna från hydraulenheten och ta bort enheten från bilen.

26 Lossa bromsledningarna från fästklämmorna på torpedväggen.

27 Ta bort instrumentbrädans nedre panel på förarsidan för att komma åt bromspedalen.

28 Tryck ner klämman och ta bort stiftet från servons aktiveringsstag. Ta sedan bort de fyra muttrarna från servoenhetens fästbygel ovanför pedalerna.

29 Ta bort servoenheten från torpedväggen och ta bort den från motorrummet, var försiktig så att du inte skadar några andra delar.

30 Observera att servoenheten inte kan plockas isär för reparation eller renovering och måste bytas om den är defekt.

Montering

31 Monteringen sker i omvänd ordningsföljd mot demonteringen. Tänk på följande:

a) Se berört avsnitt/kapitel för mer information om hur du monterar de andra borttagna delarna.

b) Tryck ihop aktiveringsstaget i bromsservon före montering.

c) Se till att packningen är korrekt placerad på servon.

d) Testa bromsarna noggrant innan bilen återtas i normalt bruk.

16 Vakuumservons slang och backventil – demontering, kontroll och montering

Demontering

1 Med motorn avslagen, tryck ner bromspedalen fyra eller fem gånger för att få bort eventuellt kvarvarande vakuum från servoenheten.

2 Koppla ifrån vakuumslangsadaptern från servoenheten genom att dra loss den från gummigenomföringen. Om den är svår att få loss bänder du loss den med hjälp av en skruvmejsel, placera bladet under flänsen.

3 Koppla loss vakuumslangen från insugsrörsanslutningen, tryck in kragen för att lossa flikarna och dra sedan långsamt bort kragen.

4 Om slangen eller fästena är skadade eller i dåligt skick måste de bytas.

Kontroll

5 Undersök backventilen **(se bild)** och sök efter skador och tecken på åldrande, byt den vid behov. Ventilen kan testas genom att man blåser luft genom anslutningsslangarna i båda riktningarna. Det ska endast gå att blåsa luft från servoänden mot insugsröret.

Montering

6 Monteringen utförs i omvänd ordningsföljd mot demonteringen. Om du monterar en ny backventil, se till att den monteras i rätt riktning.

17 Tryckregleringsventil (modeller utan ABS) – demontering och montering

Observera: *Läs varningen om bromsvätska i början av avsnitt 14.*

Demontering

1 På modeller utan ABS sitter de båda tryckregleringsventilerna på huvudcylinderns utgångar till bakbromskretsarna **(se bild)**.

2 Skruva loss vätskebehållarens påfyllningslock och töm ut vätskan – se avsnitt 11.

3 Placera några trasor under huvudcylindern för att fånga upp eventuellt vätskespill.

4 Gör rent runt ventilen som ska tas bort. Håll ventilen stilla med hjälp av en nyckel och skruva loss hydraulrörets anslutningsmutter med en annan nyckel. Dra ut röret och böj det något bort från ventilen, var försiktig så att du inte vrider röret.

5 Skruva loss ventilen från huvudcylindern och plugga igen huvudcylindern för att förhindra nedsmutsning.

Montering

6 Monteringen utförs i omvänd ordningsföljd mot demonteringen. Avsluta med att lufta bromssystemet enligt beskrivningen i avsnitt 14.

18 Tryckregleringsventiler (modeller med ABS) – allmän information

1 Tryckregleringsventilerna är inbyggda i ABS hydraulenhet.

2 Elektronisk bromskraftfördelning (EBD) finns istället för tryckregleringsventilerna (PCRV) och belastningsavkännarventilerna (LAV) som används i vanliga bromssystem.

3 EBD-funktionen är ett tilläggsprogram till det vanliga ABS-programmet som gör att bakbromsarna kan användas mer innan ABS-systemet börjar fungera.

4 EBD-funktionen kan aktivera vid vanlig bromsning, beroende på bilens belastning och ytfriktionen.

5 Till skillnad mot system med tryckregleringsventiler och belastningsavkännarventiler bestäms bromskraften under EBD-styrningen inte av bromstrycket eller fordonshastigheten utan av hur mycket hjulen spinner.

19 ABS hydraulenhet – demontering och montering

Observera: *I skrivande stund fanns inga delar till hydraulenheten* ***(se bild)*** *tillgängliga, därför måste hela enheten bytas. Läs varningen om bromsvätska i början av avsnitt 14.*

Demontering

1 Koppla loss batteriets minusledare. **Observera:** *Innan du kopplar ifrån batteriet, se kapitel 5A, avsnitt 1, för rekommendationer.*

2 Koppla ifrån multikontakten till varningslampan för låg vätskenivå från vätskebehållaren. Skruva loss locket.

3 Töm ut bromsvätskan från tanken, använd en gammal batterihydrometer eller liknande. Höj i annat fall upp bilen och ta bort hjulen. Lossa de främre luftningsnipplarna och töm ut vätskan från behållaren.

4 Sänk ner bilen. Skruva loss fästbultarna från luftfilterhuset och insugsröret och ta sedan bort det från bilen.

5 Koppla ifrån det elektriska kontaktdonet från säkringsdosan. Ta bort fästskruven och koppla loss säkringsdosan från dess fäste. Flytta säkringsdosan till luftfilterhusets plats tillfälligt.

6 Lossa kåpan på den hydrauliska styrenheten och koppla ifrån det elektriska kontaktdonet.

7 Skruva loss de sex bromsrören från den hydrauliska styrenheten. Täck för rörens ändar och hydraulenheten för att förhindra att smuts tränger in. Lossa bromsledningarna från fästklämmorna på torpedväggen.

8 Koppla loss bromsrören från huvudcylindern (gäller ej högerstyrd modell).

9 Koppla loss kablaget från fjäderbenet.

10 Skruva loss de tre fästbultarna från

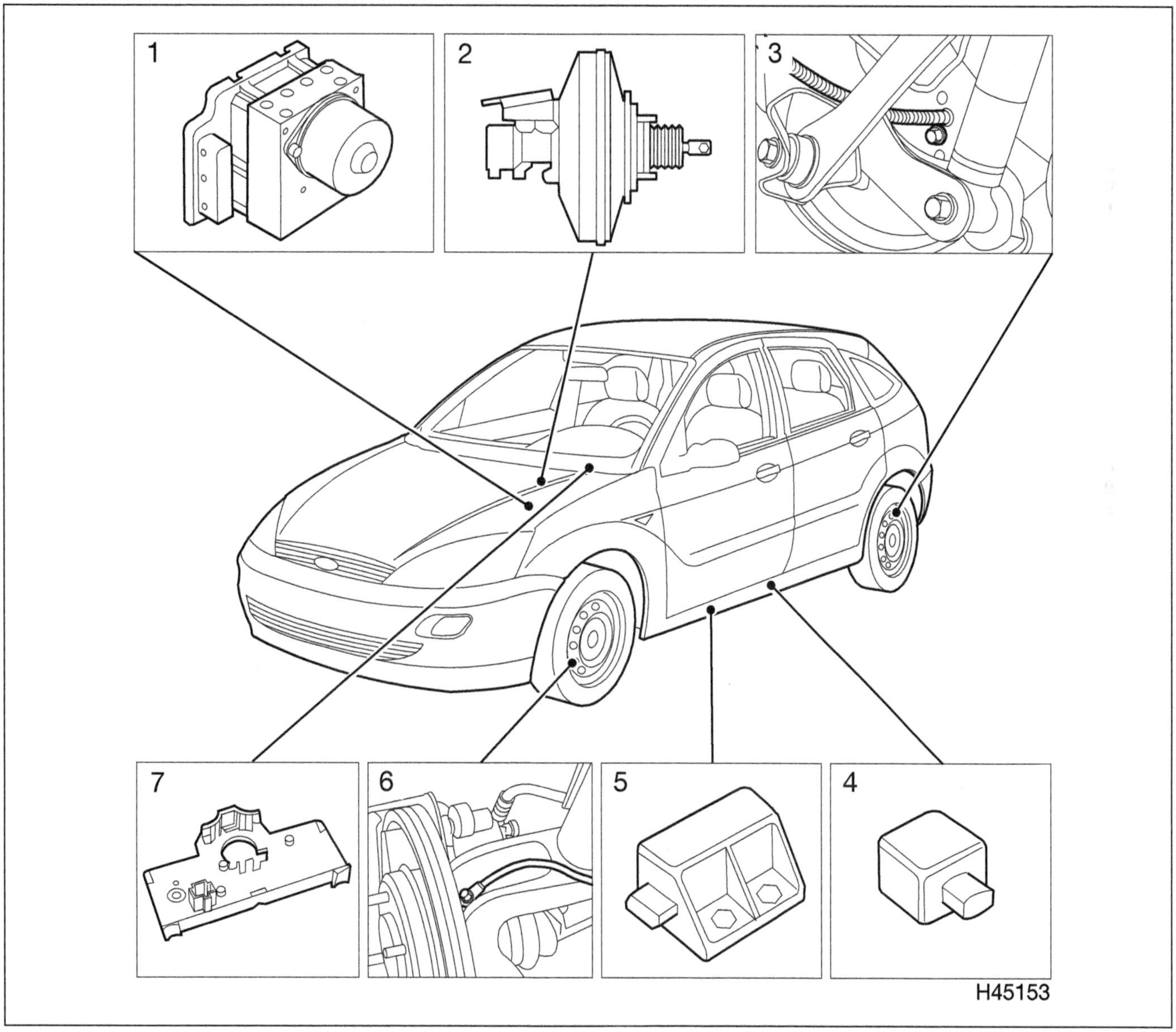

19.1 ABS – Delar i stabiliseringssystemet Stability Assist

1 ABS hydraulstyrenhet
2 Bromsservo och huvudcylinder
3 Bakre hjulgivare.
4 Accelerationssensor
5 Girsensor
6 Främre hjulgivare
7 Rattens rotationsgivare

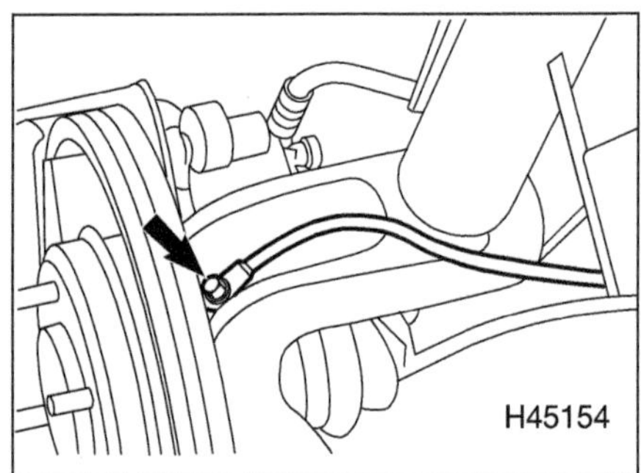

20.3 Skruva loss fästbulten (vid pilen) för att ta bort den främre hjulgivaren

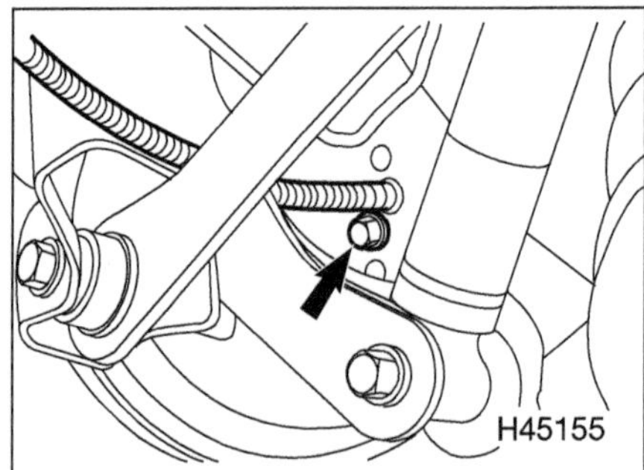

20.7 Skruva loss fästbulten (vid pilen) för att ta bort den bakre hjulgivaren

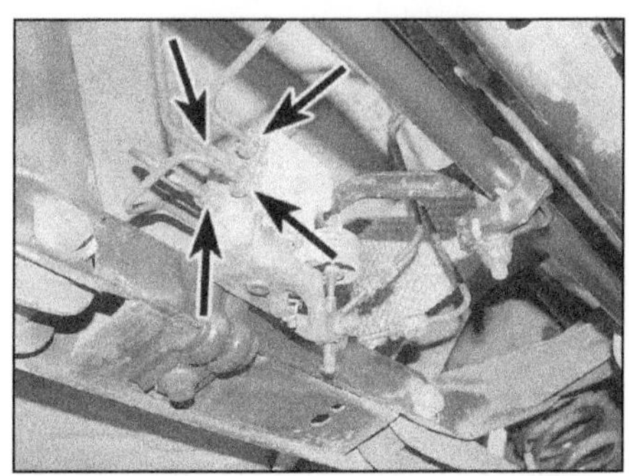

21.2 Skruva loss de fyra bromsrören (vid pilarna)

bromshydraulenheten och ta bort enheten från mellanväggen. Ta bort den från motorrummet och var försiktig så att du inte skadar några andra delar.

Montering

11 Monteringen utförs i omvänd ordningsföljd mot demonteringen. Se till att multikontakten är ordentligt ansluten och att bromsrörens anslutningar är åtdragna till angivet moment. Avsluta med att lufta bromssystemet enligt beskrivningen i avsnitt 14. **Observera:** *Om det kommer in luft i hydraulenheten måste den luftas med hjälp av särskild testutrustning från Ford.*

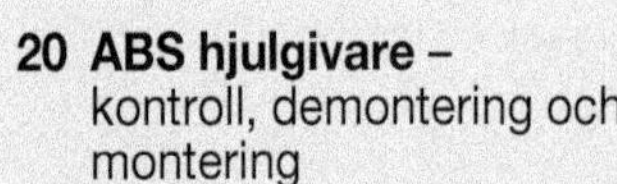

20 ABS hjulgivare – kontroll, demontering och montering

Kontroll

1 Kontroll av givarna görs antingen genom att enheten byts ut mot en som du vet fungerar, eller genom att du kontrollerar om ABS-systemets ECU har sparade felkoder med hjälp av särskild testutrustning från en Fordverkstad eller andra lämpliga specialister.

Demontering

Främre hjulgivare

2 Dra åt handbromsen och lossa sedan det berörda framhjulens muttrar. Lyft upp framvagnen och ställ den på pallbockar. Ta bort hjulet.

3 Skruva loss givarens fästbult från hjulspindeln och ta bort givaren **(se bild)**.

4 Ta bort givarens kablage från stödfästet på det främre fjäderbenet och hjulhuset.

5 Koppla ifrån multikontakten och ta bort givaren och kablaget.

Bakre hjulgivare

6 Klossa framhjulen och lägg i 1:ans växel (eller P). Lyft upp bakvagnen och ställ den på pallbockar. Ta bort det berörda hjulet.

7 Skruva loss givarens fästbult från bromsskölden (trumbroms) eller bakfjädringens hjulspindel (skivbroms) och ta bort givaren **(se bild)**.

8 Koppla ifrån givarens kablage från fästena på de bakre länkarmarna.

9 Koppla ifrån multikontakten och ta bort givaren och kablaget.

Montering

10 Montering utförs i omvänd ordningsföljd.

21 Belastningsavkännarventil (LAV) – demontering och montering

Observera: *Detta avsnitt gäller endast kombimodeller utan ABS.*

Demontering

1 Lossa batteriets jordledning (minuspolen) (se kapitel 5A, avsnitt 1).

2 Skruva loss de fyra bromsröranslutningarna från sidan av ventilen **(se bild)**. Täck över bromsledningarnas ändar för att minska vätskeförlusten.

3 Lossa fjädern från justeringsarmen och skruva loss fästbulten från fästbygeln för att ta bort ventilen **(se bilder)**.

Montering

4 Montering utförs i omvänd ordningsföljd mot demonteringen. Avsluta med att lufta bromsarna enligt beskrivningen i avsnitt 14.

22 Antispinnsystem/ESP-komponenter – demontering och montering

Observera: *Detta system använder samma komponenter som ABS och antispinnsystemet. De enda ytterligare komponenterna är girsensorn och accelerationssensorn som är fästa på samma fästbygel på den inre tröskeln.*

Demontering

1 Öppna berörd dörr och lossa sedan hasplåtpanelen längs med tröskeln.

2 Dra bort mattan för att komma åt givarna.

3 Skruva loss fästbulten från givarens fästbygel och ta bort den från tröskeln.

4 Koppla ifrån de elektriska kontakterna från givaren. En kontakt används för att mäta rörelsen runt bilens vertikala axel (girsensor) och den andra används för att mäta bilens acceleration i sidled (accelerationssensor).

5 Skruva loss de båda fästmuttrarna för att ta bort girsensorn från fästbygeln **(se bild)**.

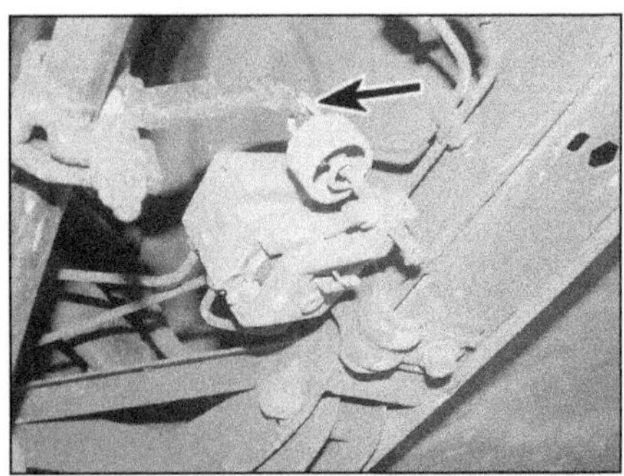

21.3a Haka loss fjädern (vid pilen) från armen . . .

21.3b . . . skruva sedan loss fästbulten (vid pilen)

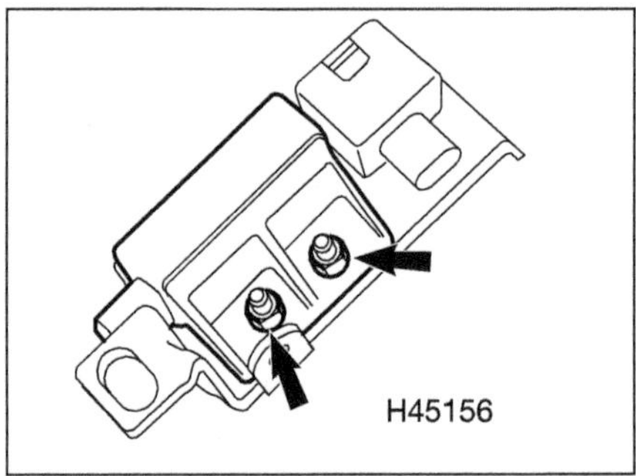

22.5 Skruva loss de båda muttrarna (vid pilarna) för att ta bort girsensorn

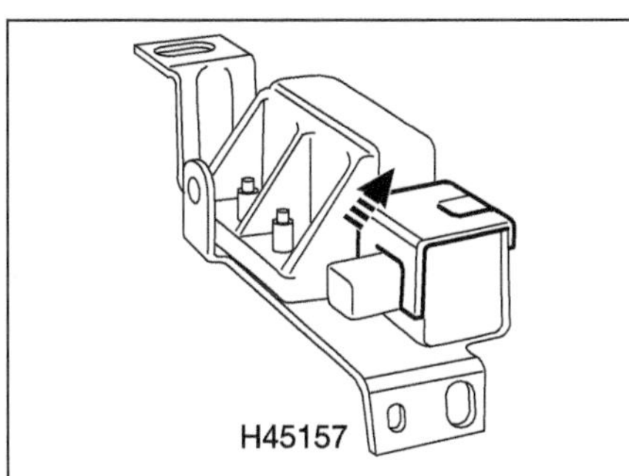

22.6 Lossa accelerationssensorn (vid pilen) från fästbygeln

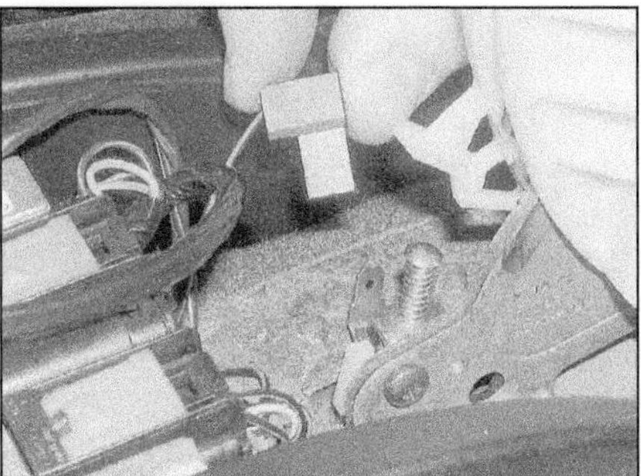

25.3 Koppla loss det elektriska kontaktdonet från kontakten

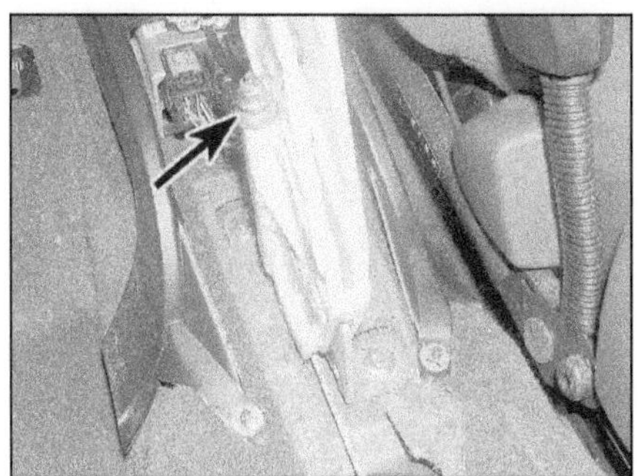

25.4 Skruva loss muttrarna (pil) för att lossa handbromsvajern

6 Lossa accelerationssensorn från fästbygeln **(se bild)**.

Montering

7 Monteringen utförs i omvänd ordningsföljd mot demonteringen.

23 Antispinnsystem - allmän information

1 Antispinnsystemet är en utökad version av ABS-systemet. Det är inbyggt i ABS-systemet och använder samma hjulgivare. Det använder dessutom den hydrauliska styrenheten, som innehåller ytterligare interna magnetventiler.

2 För att ta bort hydraulenheten eller hjulgivarna, utför åtgärderna enligt beskrivningen i avsnitt 19 och 20.

24 Bromsljuskontakt - demontering, montering och justering

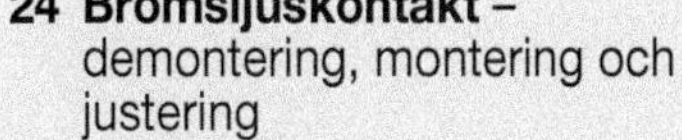

Demontering

1 Lossa batteriets jordledning (minuspolen) (se kapitel 5A, avsnitt 1).

2 Skruva loss de fyra skruvarna och bänd ut fästklämman för att ta bort instrumentbrädans nedre panel. Lossa multikontakten från klädselpanelen.

3 Koppla loss kontaktdonet från bromsljuskontakten.

4 Vrid kontakten medurs ett kvarts varv och dra bort den från pedalfästet. (Om brytaren sitter på pedalfästets övre del vrider du brytaren moturs för att ta bort den.)

Montering och justering

5 Med kontakten borttagen, återställ den genom att dra ut dess tryckkolv helt.

6 Tryck ner bromspedalen och håll det läget, och sätt sedan tillbaka bromsljuskontakten på fästbygeln.

7 Med kontakten ordentligt fäst på plats, släpp bromspedalen och låt den försiktigt återta viloläget. På så sätt ställs bromsljuskontakten in automatiskt.

8 Återanslut kontaktdonet och batteriet, och kontrollera att kontakten fungerar som den ska innan instrumentbrädans nedre panel monteras.

25 Handbromsspak - demontering och montering

Demontering

1 Klossa framhjulen och lägg i 1:ans växel (eller P).

2 Ta bort mittkonsolen enligt beskrivningen i kapitel 11.

3 Koppla loss det elektriska kontaktdonet från handbromskontakten **(se bild)**.

4 Skruva loss låsmuttern och lossa handbromsens justeringsmuttrar **(se bild)**.

5 Skruva loss de båda fästbultarna som fäster handbromsspaken i golvet.

6 Ta bort handbromsen från bilens kupé.

Montering

7 Monteringen utförs i omvänd ordningsföljd mot demonteringen.

8 När du monterar spaken måste mekanismen återställas enligt följande.

9 Lyft upp handbromsspaken fyra hack och dra sedan åt justeringsmuttern tills vajerns slack har försvunnit. Sätt tillbaka låsmuttern.

10 Kontrollera att handbromsen fungerar flera gånger innan du börjar använda bilen som vanligt igen.

26 Handbromsvajrar - demontering och montering

Demontering

1 Klossa framhjulen och lägg i 1:ans växel (eller P). Lossa hjulmuttrarna på berört bakhjul och lyft sedan upp bakvagnen och ställ den på pallbockar. Släpp handbromsen helt.

2 Lossa damasken från handbromsspaken och ta bort den **(se bild)**.

3 Skruva loss låsmuttern och lossa handbromsens justeringsmutter **(se bild)**.

4 Arbeta under bilen och skruva loss avgassystemets värmesköld(ar) från underredet **(se bild)**. Flytta dem längs med avgassystemet för att komma åt vajrarna.

5 Om det behövs, lossa avgassystemet från gummifästena. Sänk ner avgassystemet så långt som möjligt, stöd det med klossar eller flera pallbockar.

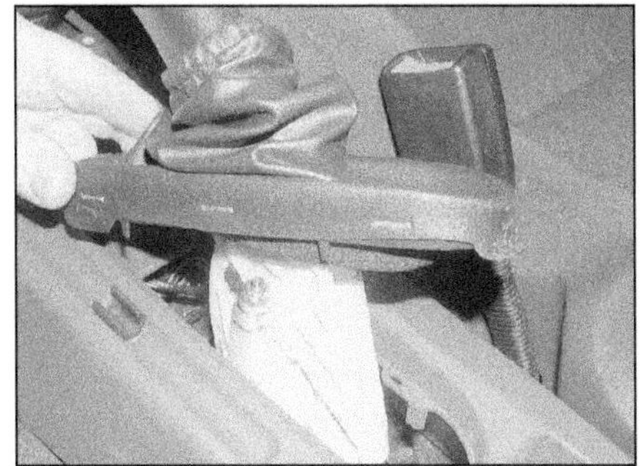

26.2 Lossa handbromsspakens damask

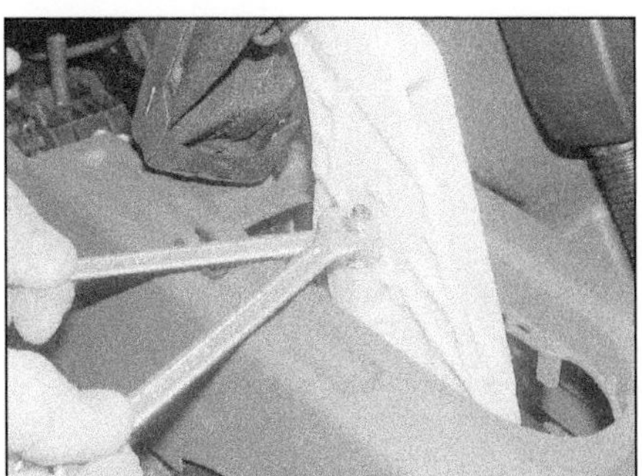

26.3 Lossa vajerjusteringen

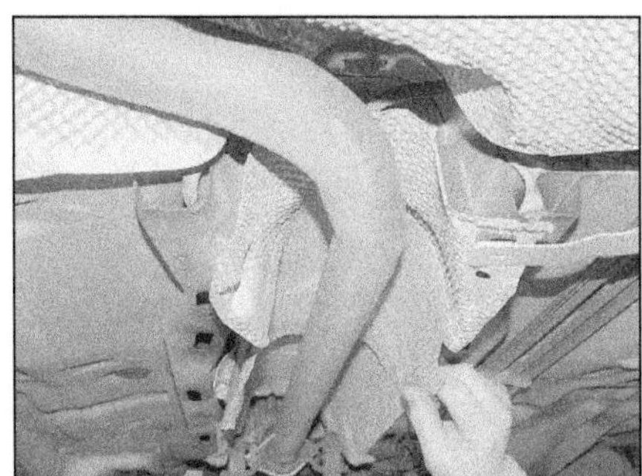

26.4 Flytta värmeskölden längs med avgassystemet

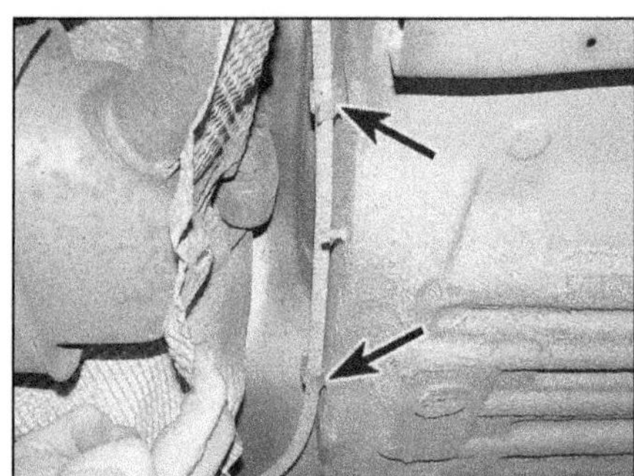

26.6 **Lossa vajern från fästklämmorna (vid pilarna)**

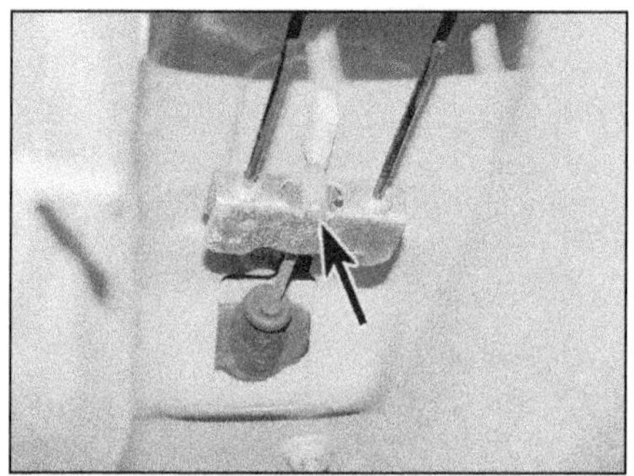

26.7a **Vrid vajern (vid pilen) för att lossa den**

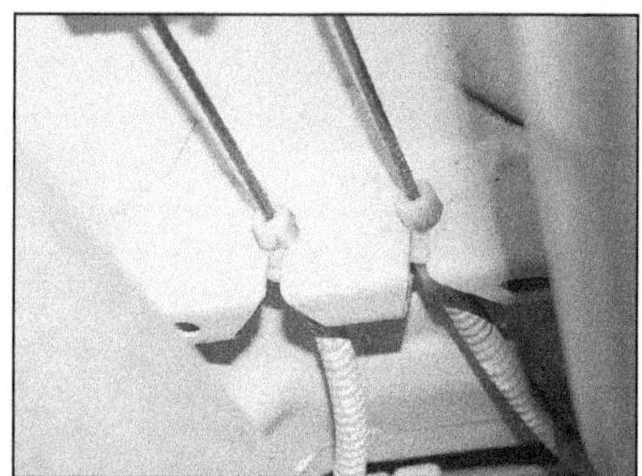

26.7b **Lossa kabelstyrningarna från fästbygeln**

6 Ta bort det berörda bakhjulet och lossa handbromsens vajerhölje från fästklämmorna **(se bild)**.

7 Vrid vajern 90° för att haka loss den berörda vajern från utjämningsstaget. Bänd loss plastkabelstyrningen från fästet **(se bilder)**.

8 På bilar med ABS, koppla ifrån bromssystemgivaren.

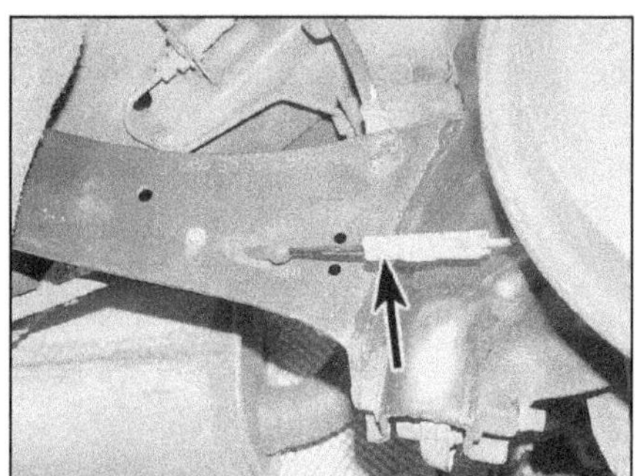

26.9 **Lossa vajern från hylsan (vid pilen)**

9 På modeller med trumbromsar, lossa handbromsvajern från hylsan framför bromstrumman **(se bild)**. På vissa modeller kan du behöva ta bort de bakre bromsbackarna på den berörda sidan enligt beskrivningen i avsnitt 6. Ta sedan bort vajerhöljet från bromsskölden genom att trycka ihop fästtapparna och trycka igenom vajern.

26.11 **Ta bort bulten (vid pilen) för att lossa vajerstyrningen**

10 På modeller med skivbromsar, tryck bromsokets handbromsarm mot bilens främre del och haka av innervajerns ände från armen. Ta loss vajerhöljet från bromsokets fäste.

11 Skruva loss vajerstyrningen från tvärstaget och lossa den sedan från fästklämman **(se bild)**. Dra bort vajern från bilens undersida.

Montering

12 Monteringen sker i omvänd ordningsföljd mot demonteringen. Tänk på följande:

a) Justera vajern enligt beskrivningen i avsnitt 25.

b) Se till att vajerändbeslagen är korrekt placerade

c) Kontrollera att handbromsen fungerar som den ska. Se till att båda hjulen låses och sedan kan snurra när handbromsen används.

Kapitel 10
Fjädring och styrning

Innehåll

Svårighetsgrader

Enkelt, passar novisen med lite erfarenhet 	**Ganska enkelt,** passar nybörjaren med viss erfarenhet	**Ganska svårt,** passar kompetent hemmamekaniker 	**Svårt,** passar hemmamekaniker med erfarenhet 	**Mycket svårt,** för professionell mekaniker 

Specifikationer

Framhjulsinställning

Toe-inställning:	
Tillåten tolerans innan återställning krävs	1,2 mm toe-in ± 1,6 mm (0°12' toe-in ± 0°15')
Justeringsinställning (om det behövs)	1,2 mm toe-in ± 0,9 mm (0°12' toe-in ± till 0°09')

Bakhjulsinställning

Toe-inställning:	
Tillåten tolerans innan återställning krävs	3,9 mm toe-in till 0,8 mm toe-in (0°38' toe-in till 0°08' toe-in)
Justeringsinställning (om det behövs)	2,4 mm toe-in ± 0,9 mm (0°23' toe-in ± till 0°09')

Hjul och däck

Hjulstorlekar:	
Stål	14 x 5 1/2
Lättmetall	15 x 6
Lättmetall (tillvalspaket)	16 x 6
Däckstorlek:	
Hjulstorlek 14 x 5 1/2	175/70R14T eller 185/65R14H
Hjulstorlek 15 x 6	195/55R15H eller 195/60R15V
Hjulstorlek 16 x 6	205/50R16V
Däcktryck	Se *Veckokontroller*

Åtdragningsmoment

	Nm
Framfjädring	
Krängningshämmarens klämbultar:	
Steg 1	50
Steg 2	70
Krängningshämmarens länk	50
Bromsokets styrbultar	28
Drivaxel/nav, fästmutter	316
Framvagnsram/tvärbalk:	
Främre bultar (två)	115
Bakre bultar (fyra)	175
Isolatorns stödfäste till transaxel, mittre bult	50
Länkarmens spindelled till hjulspindel, klämbult	50
Länkarm till framvagnsram*:	
Steg 1 (inre bakre mutter)	100
Steg 2 (inre bakre mutter)	Dra åt 60° till
Steg 3 (yttre bakre mutter)	120
Steg 4 (främre bult)	120
Steg 5 (främre bult)	Dra åt 90° till
Steg 6 (främre bult) Se till att momentet för främre bultar är mellan	170 och 230
Hjulmuttrar	85
Fjäderbenets trycklager, fästmutter	48
Fjäderben till hjulspindel, klämbult	90
Fjäderbenets övre fästmuttrar (tre)	25
Hjulhastighetgivarens bult	9
Bakfjädring	
Krängningshämmarens klämbultar	48
Krängningshämmarens länk till länkarm	15
Bromsokens fästbygelbultar	55
Bromsokets styrbultar	35
Tvärbalkens fästbultar	115
Främre nedre länkarmens fästbultar	115
Navmutter	235
Bakre nedre länkarm till tvärbalk	115
Bakre nedre länkarm till hjulspindel	115
Hjulmuttrar	85
Stötdämpare till hjulspindel:	
Modeller utan anpassningsbar fjädring	115
Modeller med anpassningsbar fjädring	84
Stötdämparens övre bult (kombi)	115
Stötdämparens övre mutter (ej kombi)	18
Hjulpindel/nav, fästbultar	66
Tvärstag/"control blade", främre fästbygelns fästbultar	115
Övre länkarmens fästbultar	115
Hjulhastighetgivarens bult	9
Styrning	
Flexibel koppling-till-kuggstång, klämbult	28
Servostyrningens röranslutningar till ventilhus, klämplattans bult	23
Hjulmuttrar	85
Rattstångens fästlåsmuttrar	18
Rattstångens torxbult	23
Styrningens koppling till styrväxel, klämbult	35
Styrväxelns fästbultar	80
Styrpumpens fästbultar	23
Styrpumpens tryckrörsanslutning	65
Ratt	50
Styrledens låsmutter*	63
Styrled till hjulspindel	47

** Använd nya muttrar*

1 Allmän information

Den oberoende framfjädringen har MacPherson fjäderben, med spiralfjädrar och inbyggda teleskopiska stötdämpare och en krängningshämmare. Fjäderbenen är fästa på hjulspindlar i de nedre ändarna och spindlarna är i sin tur fästa vid länkarmarna med spindelleder. Krängningshämmaren är fäst med bultar på baksidan av framvagnsramen/ tvärbalken och är ansluten till de främre fjäderbenen med länkar.

Den nya helt oberoende bakfjädringen är av typen "Control Blade" med multilänkar. Det finns tre armar på varje sida: en smidd övre länkarm och två nedre länkarmar i pressat stål. "Control Blade" på Focus är gjord som en enda del i pressat stål och används istället för konstruktionen med separat arm och gjutna spindlar som på Mondeo. Förutom att enheten väger mindre, är den här enheten också lättare att montera. Spiralfjädrarna är fristående från stötdämparna och alla modeller har bakre krängningshämmare **(se bilder)**.

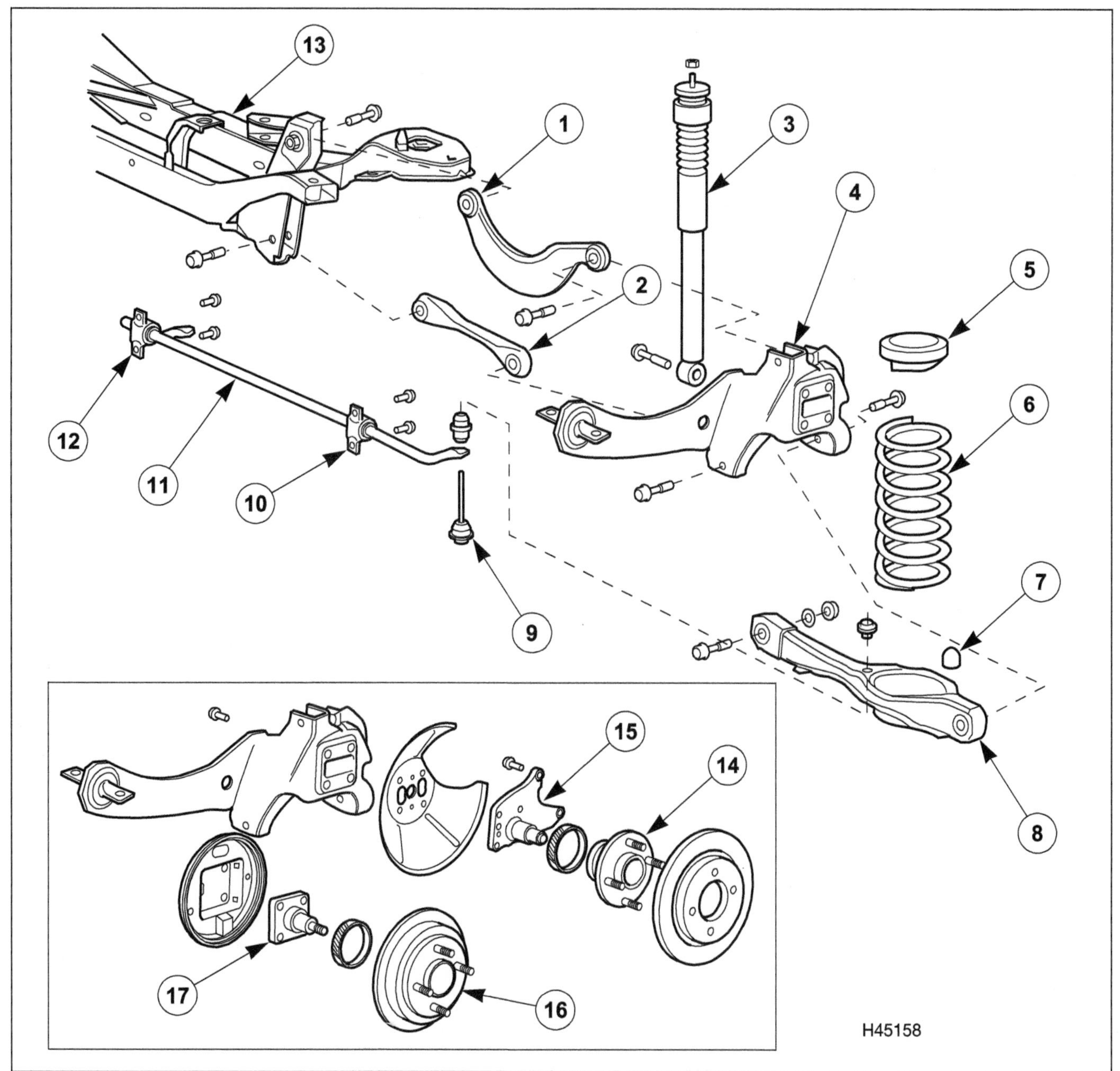

1.2a Bakfjädring på kombikupé och sedan

1 Övre länkarm
2 Främre länkarm
3 Stötdämpare
4 Tvärstag och spindel
5 Fjäderplatta
6 Spiralfjäder
7 Gummistoppklack
8 Bakre länkarm
9 Krängningshämmarlänk
10 Krängningshämmarbussning
11 Krängningshämmare
12 Krängningshämmarens klämma
13 Tvärbalk
14 Nav (skivbroms)
15 Axeltapp (skivbroms)
16 Trum- och navenhet (trumbroms)
17 Axeltapp (trumbroms)

Det finns en kuggstångsstyrväxel av servostyrningstyp, försedd med en universalkoppling, tillsammans med en vanlig stång- och teleskopkoppling, . Servostyrningen har en relativt "snabb" kuggstång med endast 2,9 varv lås-till-lås och en vändcirkel på 10,9 meter. En vätskekylare till servosystemet sitter framför kylsystemets kylare på tvärbalken.

När du arbetar med fjädringen eller styrningen kan du träffa på muttrar eller bultar som verkar omöjliga att lossa. Dessa muttrar och bultar på bilens undersida utsätts ofta för vatten, vägsmuts, lera etc. och kan bli rostiga eller skadade, vilket gör det svårt att ta bort dem. För att kunna skruva loss dessa envisa muttrar och bultar utan att skada dem (eller andra delar), använd stora mängder genomträngande olja och låt den dra in en stund. Du kan använda en stålborste för att rengöra synliga gängor, vilket också underlättar borttagningen av muttern eller bulten och hjälper till att förhindra skador på gängorna. Ibland kan ett kraftigt slag med en hammare och körnare bryta förbindelsen mellan en mutter och bult, men se till att körnaren inte slinter och förstör gängorna. Om du använder ett längre stag eller nyckel ökas hävkraften, men använd aldrig ett förlängningsskaft eller rör på en spärrhake, eftersom det kan skada den inre mekanismen. Om du *drar åt* muttern eller bulten lite först kan det gå lättare att få loss den. När det har behövts kraftigare åtgärder för att ta bort en mutter eller bult ska den alltid bytas.

Eftersom de flesta av procedurerna i det här kapitlet innebär att bilen måste lyftas med

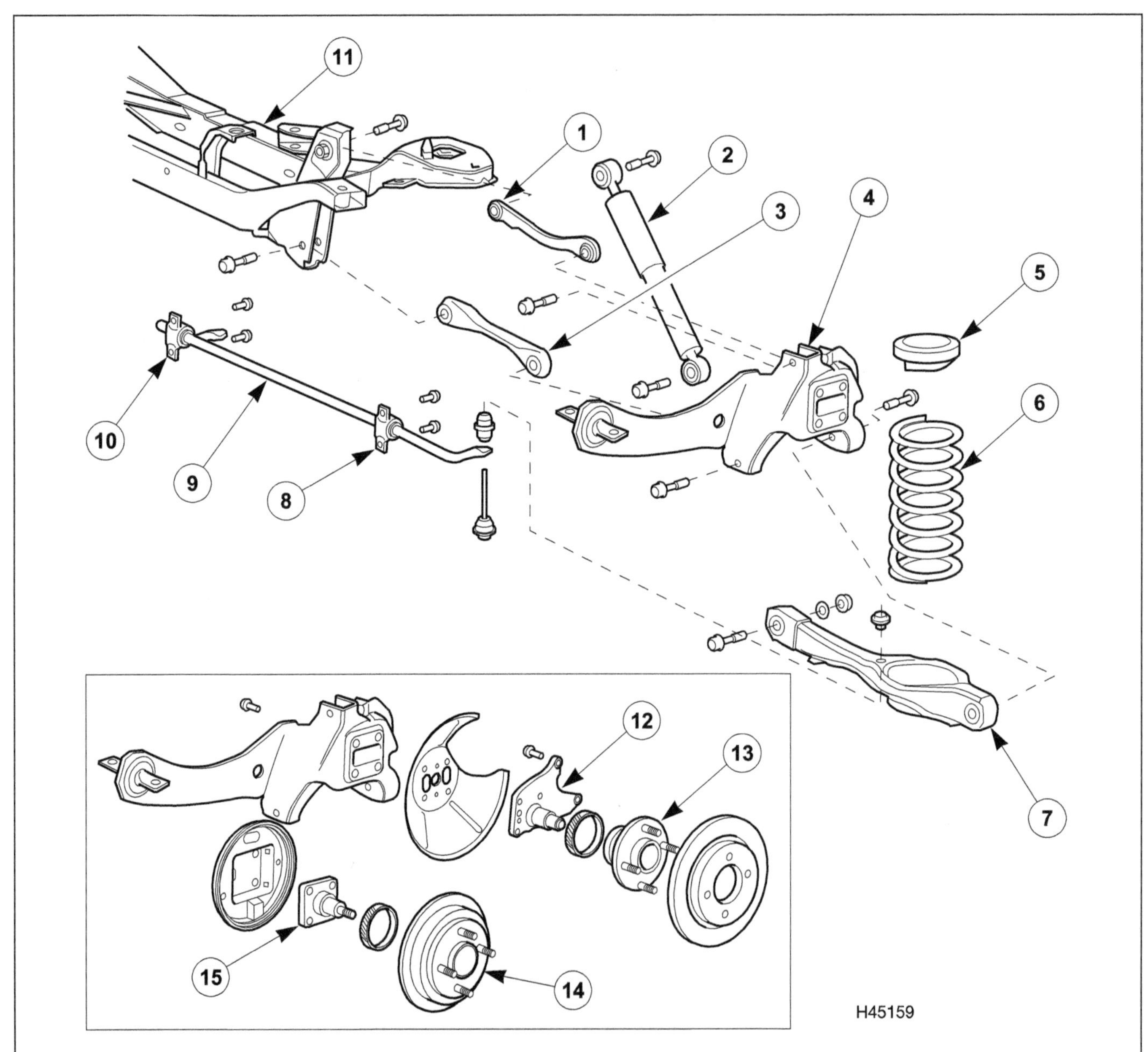

1.2b Bakfjädring på kombi

1 Övre länkarm
2 Stötdämpare
3 Främre länkarm
4 Tvärstag och spindel
5 Fjäderplatta
6 Spiralfjäder
7 Bakre länkarm
8 Krängningshämmarbussning
9 Krängningshämmare
10 Krängningshämmarens klämma
11 Tvärbalk
12 Axeltapp (skivbroms)
13 Nav (skivbroms)
14 Trum- och navenhet (trumbroms)
15 Axeltapp (trumbroms)

2.2 Lossa de tre muttrarna (vid pilarna), men ta inte bort dem

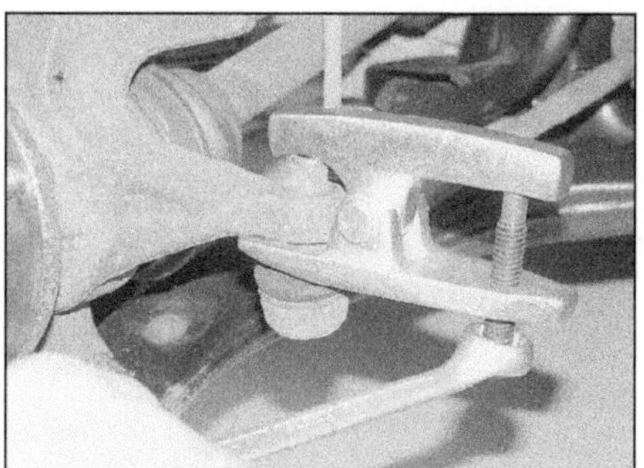

2.4 Låt muttern sitta kvar med några varv för att gängningen inte ska skadas

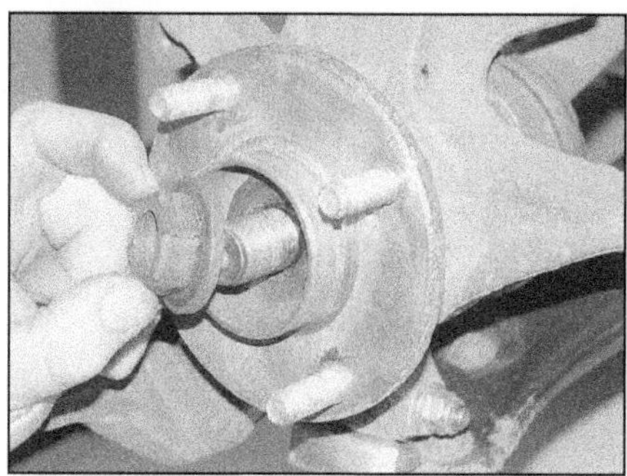

2.7 Skruva loss drivaxel-/navmuttern

Muttern kan endast återanvändas fyra gånger

domkraft så att man kan arbeta under den kommer du att behöva ett par bra pallbockar. Det är bäst att använda en hydraulisk garagedomkraft för att lyfta upp bilen. Den kan även användas som stöd för vissa delar vid demonterings- och monteringsåtgärder.

Varning: Använd under inga omständigheter domkraft som stöd för bilen när du arbetar under den. När du lyfter upp bilens bakvagn rekommenderar vi att du inte lyfter under den bakre tvärbalken.

2 Hjulspindel och nav - demontering och montering

Demontering

1 Dra åt handbromsen. Ta bort hjulsidan från berört framhjul och lossa (men ta inte bort) drivaxel-/navmuttern. Navmutter sitter mycket hårt - använd endast tättsittande verktyg av hög kvalitet och vidta lämpliga försiktighetsåtgärder mot personskador när du lossar den.

2 Lossa de tre övre fjäderbensmuttrarna minst fem varv (men ta inte bort dem) **(se bild)**.

3 Lossa de främre hjulmuttrarna, lyft upp framvagnen och ställ den på pallbockar. Ta bort framhjulet.

4 Skruva loss styrledens mutter och koppla loss styrstaget från armen på spindeln med hjälp av en spindelledsavdragare **(se bild)**. Var försiktig så att du inte skadar styrledens tätning.

5 Ta bort ABS-givaren (i förekommande fall) enligt beskrivningen i kapitel 9.

6 Ta bort bromsoket och bromsskivan enligt beskrivningen i kapitel 9. Häng upp bromsoket från en lämplig punkt under hjulhuset, var noga med att inte skada eller belasta slangen.

7 Skruva loss drivaxel-/navmuttern **(se bild)**. **Observera:** *Muttern har en särskild typ av laminering och bör inte återanvändas mer än 4 gånger. (Det är en bra idé att göra ett litet märke på muttern varje gång den tas bort.)* Skaffa en ny mutter om det behövs.

8 Notera hur klämbulten till länkarmens spindelled sitter, skruva sedan loss och ta bort den från hjulspindeln **(se bild)**. Bänd bort spindelleden från hjulspindeln. Om den sitter hårt, bänd loss klämman med ett stort platt verktyg. Var försiktig så att du inte skadar spindelledstätningen och ta loss värmeskölden.

9 Dra bort hjulspindeln/navet från drivaxelns splines **(se bild)**. Om den sitter hårt, placera en universalavdragare på navflänsen och dra bort den från drivaxeln. När drivaxeln är fri, stöd den med en pallbock eller häng upp den på en lämplig punkt under hjulhuset. Se till att den inre drivknuten inte vrids mer än 18°. (Om den vrids till för stor vinkel kan den skadas.)

10 Skruva loss klämbulten som fäster hjulspindeln på det främre fjäderbenet, observera hur den är monterad **(se bild)**. Bänd upp klämman med ett kilformat verktyg och lossa hjulspindeln från fjäderbenet. Knacka spindeln nedåt om det behövs, använd en mjuk klubba för att skilja de båda delarna åt.

Montering

11 Sätt på hjulspindeln på det främre fjäderbenet. Sätt in klämbulten med huvudet åt samma håll som vid demonteringen. Sätt på muttern och dra åt den till angivet moment.

12 Dra hjulspindeln/navet utåt och för in drivaxeln så att den går i ingrepp med navets splines. Ford använder ett specialverktyg för att föra in drivaxeln i navet, men det är inte troligt att splinesen är trånga. Om det trots allt skulle vara så, är det nödvändigt att skaffa detta verktyg eller använda ett liknande hemmagjort verktyg.

13 Montera länkarmens spindelled på hjulspindeln och för in klämbulten med huvudet åt samma håll som vid demonteringen. Montera muttern och dra åt den till angivet moment.

14 Sätt tillbaka drivaxel-/navmuttern och dra åt den måttligt på det här stadiet. Mutterns slutliga dragning görs när bilen står på marken.

15 Montera bromsoket och bromsskivan enligt beskrivningen i kapitel 9. Sätt tillbaka bromsslangens stödfäste på fjäderbenet.

16 Montera ABS-givaren enligt beskrivningen i kapitel 9 i förekommande fall.

17 Sätt fast styrleden på hjulspindeln och dra åt den nya muttern till angivet moment.

18 Sätt tillbaka framhjulet och sänk ner bilen. Dra åt de tre övre fjäderbensfästbultarna till angivet moment.

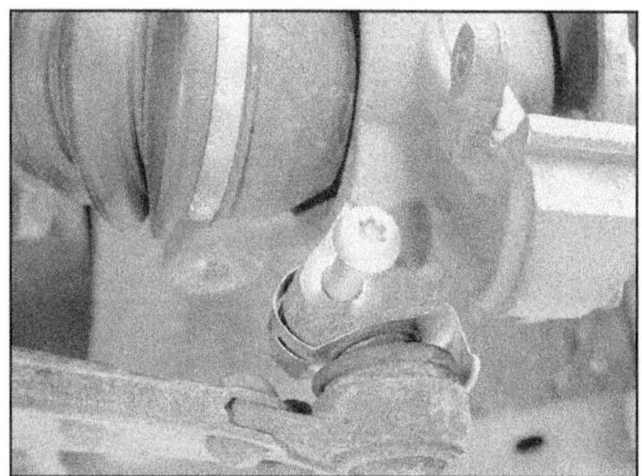

2.8 Ta bort bulten från den nedre spindelleden

2.9 Dra försiktigt bort drivaxeln från navet och stötta den på en pallbock

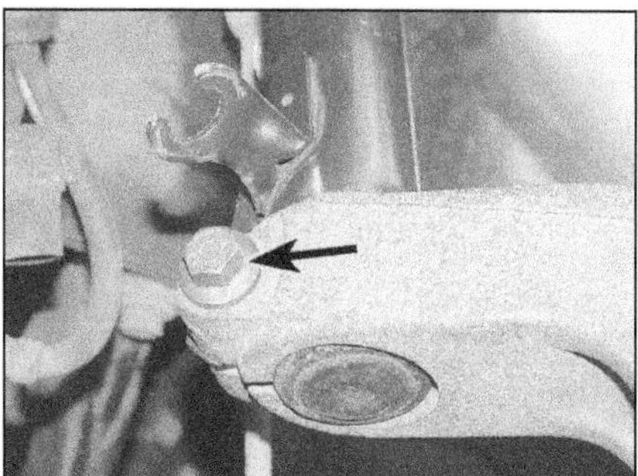

2.10 Klämbult mellan hjulspindel och fjäderben (vid pilen)

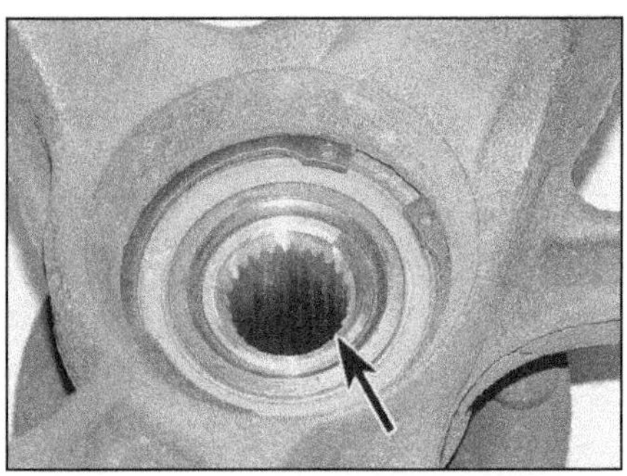

3.5 Tryck ut mittnavet (vid pilen) från lagret

19 Dra åt drivaxel-/navmuttern och hjulmuttrarna till angivet moment och sätt sedan tillbaka hjulsidan. Observera att drivaxelmuttern kan användas fyra gånger innan den måste bytas.

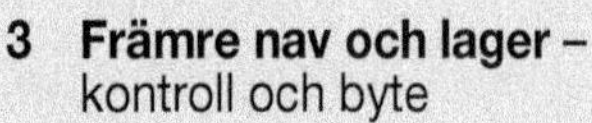

3 Främre nav och lager – kontroll och byte

Kontroll

1 De främre hjullagren kan inte justeras och de levereras smorda.

2 För att kontrollera om lagren är för slitna, dra åt handbromsen, lyft upp framvagnen och ställ den på pallbockar.

3 Ta tag i framhjulets övre och nedre del och försök att gunga det. Om det rör sig för mycket kan det bero på att hjullagren är slitna. Blanda inte ihop slitage på drivaxelns yttre drivknut eller länkarmenss spindelled med slitage på lagren. Slitage på navlagren märks på ojämnheter eller vibrationer när hjulet snurrar. Det märks även genom att man kan höra ett mullrande eller brummande ljud när bilen körs.

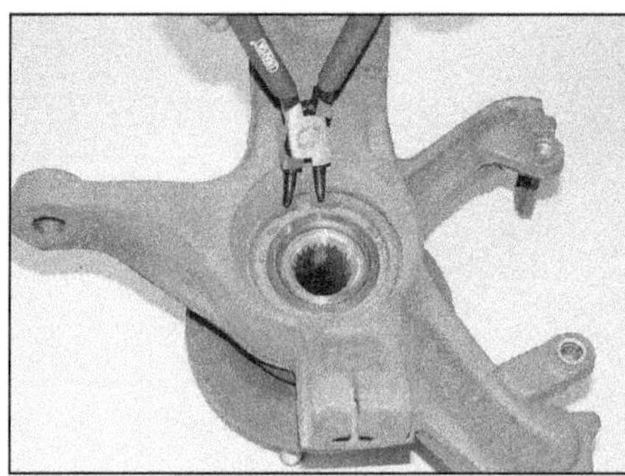

3.8 Demontera låsringen från hjulspindeln

Observera: *När det främre navet byts kan lagren skadas och bli oanvändbara. När navet byts måste lagerenheten också alltid bytas.*

Byte

4 Ta bort hjulspindeln/navet enligt beskrivningen i avsnitt 2.

5 Navet måste nu tas bort från de inre lagerbanorna. Detta görs enklast med en hydraulisk press, men du kan driva ut navet med hjälp av en bit metallrör med lämplig diameter **(se bild)**.

6 En del av den inre lagerbanan kan bli kvar på navet och den ska då tas bort med en avdragare.

7 Observera att när du byter navet måste även hjullagret bytas eftersom det kan skadas vid demonteringen.

8 Använd en låsringstång och ta bort låsringen som fäster navlagret i hjulspindeln **(se bild)**.

9 Tryck eller driv ut lagret, använd en bit metallrör med en diameter som är något mindre än lagrets yttre lagerbana.

10 Rengör lagersätets ytor i hjulspindeln.

11 Använd en bit metallrör med en diameter som är något mindre än lagrets yttre lagerbana och tryck eller driv in det nya lagret in i spindeln tills det sitter helt på plats. Tryck inte på den inre lagerbanan. Observera att på modeller med ABS så måste lagret monteras med den orangefärgade oljetätningen mot ABS-givaren.

12 Placera låsringen i spåret i spindeln, var försiktig så att du inte täcker över hjulhastighetsgivaren med låsringen.

13 Stöd den inre lagerbanan mot en bit metallrör och tryck eller driv sedan navet helt in i lagret.

14 Sätt tillbaka hjulspindeln/navet enligt beskrivningen i avsnitt 2.

4 Främre fjäderben – demontering och montering

Demontering

1 Koppla loss bromsslangen från fästbygeln på fjäderbenet **(se bild)**.

2 Ta bort muttern från krängningshämmarens länk och koppla loss det från fjäderbenet **(se bild)**. På modeller med ABS, koppla ifrån hjulgivarens kablage.

3 Skruva loss klämbulten som fäster hjulspindeln vid det främre fjäderbenet, observera hur den är monterad. Bänd ner hjulspindeln/navet och lossa enheten från fjäderbenet **(se bilder)**. Knacka spindeln nedåt om det behövs, använd en mjuk klubba för att skilja de båda delarna åt. **Observera:** *Stöd hjulspindeln/navet när det lossas från fjäderbenet för att förhindra att drivaxeln skadas.*

4 Stöd fjäderbens-/fjäderenheten under hjulhuset och ta sedan bort de övre fästmuttrarna **(se bild)**.

4.1 Lossa bromsslangen från fjäderbenet

4.2 Skruva loss fästmuttern från krängningshämmarens länkstag

4.3a Bänd ner navenheten . . .

4.3b . . . och lossa fjäderbenet.

4.4 Ta bort de tre övre fästmuttrarna

5 Sänk ner fjäderbenet under hjulhuset och ta bort det från bilen.

Montering

6 Monteringen sker i omvänd ordningsföljd mot demonteringen. Se till att alla berörda bultar dras åt till angivet moment.

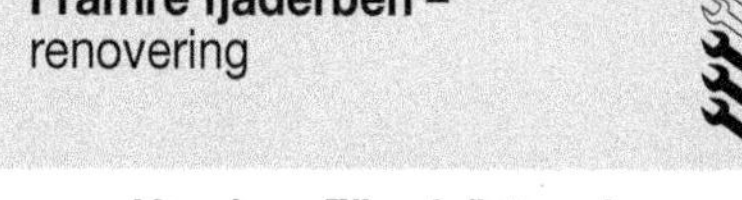

5 Främre fjäderben – renovering

Varning: Före isärtagningen av det främre fjäderbenet måste ett verktyg införskaffas för att hålla spiralfjädern ihoptryckt. Använd inte nödlösningar. Om fjädern löser ut av misstag kan det orsaka person- och materialskador. Använd en fjäderkompressor av hög kvalitet och följ tillverkarens anvisningar noggrant. När du har tagit bort spiralfjädern med kompressorn monterad, placera den på en säker, avskild plats.

1 Om de främre fjäderbenen visar tecken på slitage (vätskeläckage, minskad dämpning, hängande eller spruckna spiralfjädrar) ska de tas bort och renoveras enligt behov. Själva fjäderbenen kan inte servas utan måste bytas om de är defekta. Fjädrarna och tillhörande komponenter kan bytas separat. För att behålla balanserade egenskaper på bilens båda sidor ska komponenterna bytas på båda sidor samtidigt.

2 Med fjäderbenet borttaget (se avsnitt 4), ta bort all smuts och placera det i ett skruvstäd.

3 Montera fjäderkompressorn/-erna (se till att de hakar i helt) och tryck ihop fjädern tills all spänning är borta från det övre fästet **(se bild)**.

4 Håll fast fjäderbenets kolvstång med en insexnyckel och skruva loss trycklagrets fästmutter med en ringnyckel **(se bild)**.

5 Ta bort det övre fästet, trycklagret, det övre fjädersätet och fjädern, följt av damasken och stoppklacken **(se bilder)**.

6 Om du ska montera en ny fjäder måste den ursprungliga fjädern nu försiktigt lossas från kompressorn. Om den ska återanvändas kan fjädern lämnas ihoptryckt.

5.3 Se till att fjäderkompressorverktyget sitter på ordentligt

5.4 Skruva loss fästmuttern

7 När fjäderbensenheten nu är helt isärtagen, undersök alla delar och sök efter tecken på slitage och skador. Kontrollera att lagret fungerar som det ska. Byt ut komponenterna om det behövs.

8 Undersök fjäderbenet och leta efter tecken på vätskeläckage. Kontrollera hela fjäderbenskolvstången efter tecken på punktkorrosion, och undersök fjäderbenshuset och sök efter tecken på skada. Testa fjäderbenets funktion medan det hålls upprätt genom att flytta kolven en hel slaglängd och sedan genom flera korta slag på 50 till 100 mm. I båda fallen ska motståndet vara störningsfritt och kontinuerligt. Om motståndet är ryckigt eller ojämnt eller om det finns synligt slitage eller synliga skador på benet, måste benet bytas.

9 Ihopsättningen sker i omvänd ordning mot isärtagningen. Tänk på följande:

a) Se till att spiralfjäderändarna är korrekt placerade i de övre och nedre sätena innan kompressorn släpps ***(se bild)****.*
b) Kontrollera att lagret är korrekt placerat i kolvstångssätet.
c) Dra åt trycklagrets fästmutter till angivet moment.
d) Spiralfjädrarna måste monteras med färgmarkeringen längst ner.

6 Främre tvärbalk/krängningshämmare och länkar – demontering och montering

Observera: *Innan du kopplar ifrån batteriet, se kapitel 5A, avsnitt 1.*

Demontering

1 Koppla loss batteriets minusledare.

5.5a Ta bort det övre lagret och fjädersätet . . .

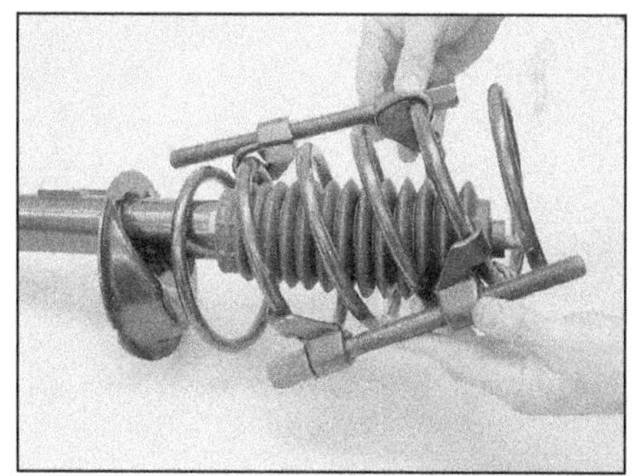

5.5b . . . ta sedan försiktigt bort fjädern . . .

5.5c . . . följt av damasken . . .

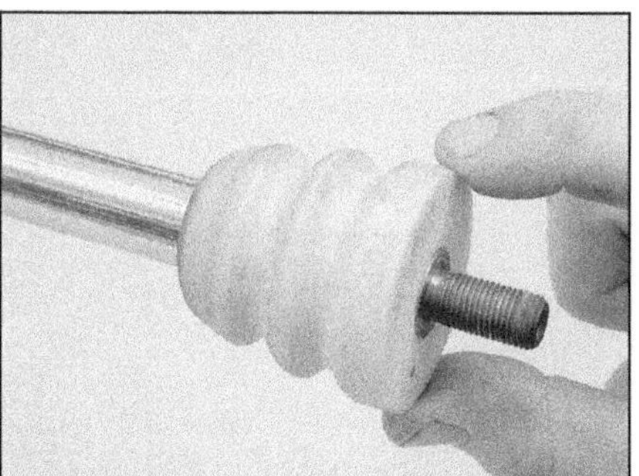

5.5d . . . och stoppklacken

5.9 Fjäder i det nedre sätet (vid pilen)

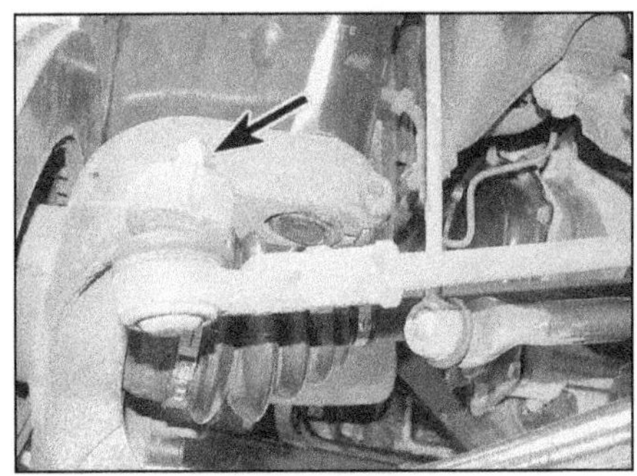

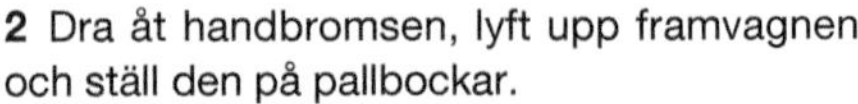

6.4 Skruva loss styrledens fästmutter (vid pilen)

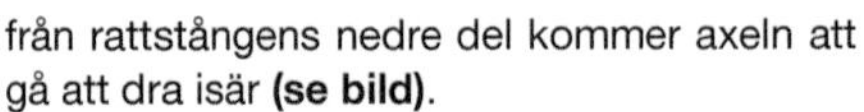

6.5 Skruva loss anslutningslänkens nedre spindelled (vid pilen)

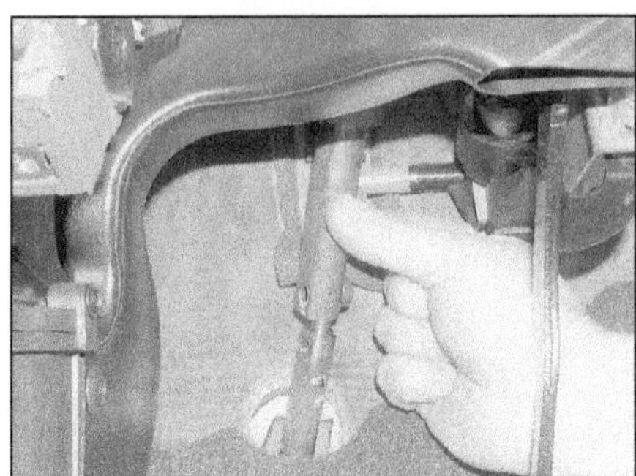

6.6 Ta bort fästbulten och koppla loss rattstången

2 Dra åt handbromsen, lyft upp framvagnen och ställ den på pallbockar.

3 Centrera ratten och spärra i det läget. Demontera båda framhjulen.

4 Skruva loss styrledens mutter på bilens båda sidor och koppla loss styrstagen från armarna på hjulspindlarna med en spindelledsavdragare **(se bild)**. Var försiktig så att du inte skadar spindelledstätningarna.

5 Skruva loss anslutningslänkens nedre spindelleds mutter, på båda sidor, och koppla loss länkarna från krängningshämmaren **(se bild)**. Om så behövs, använd en spindelledsavdragare, var försiktig så att du inte skadar spindelledstätningen.

6 Koppla loss rattstången från drevets förlängning. Genom att du tar bort fästbulten från rattstångens nedre del kommer axeln att gå att dra isär **(se bild)**.

7 Ta bort bulten från isolatorstödfästet på baksidan av transaxelenheten **(se bild)**.

8 Använd en lämplig domkraft och stöd tvärbalken. Ta bort tvärbalkens sex fästbultar **(se bilder)** och sänk försiktigt ner tvärbalken för att komma åt krängningshämmarens klämmor. Det finns ett särskilt verktyg för att rikta in bulthålen i tvärbalken vid montering. Om du inte har tillgång till det, markera fästpunkterna så att monteringen kan utföras korrekt.

9 Skruva loss krängningshämmarens fästbultar från tvärbalken på bilens båda sidor **(se bild)**.

10 Ta loss krängningshämmaren från tvärbalken. Var försiktig så att du inte skadar de omgivande delarna.

11 När du ska ta bort krängningshämmarens anslutningslänkar från fjäderbenen, lossa de övre spindelledsmuttrarna och ta loss dem från fjäderbenets fäste **(se bild)**.

12 Om tvärbalken måste tas bort helt, ta bort länkarmarna och kuggstången enligt beskrivning i avsnitt 7 och 20.

Montering

13 När krängningshämmarens bussningar monteras är det viktigt att de placeras korrekt på krängningshämmarens plana ytor **utan** smörjmedel **(se bild)**.

14 Ställ in krängningshämmaren på den anvisade höjden 98 mm och stöd den i den ställningen **(se bild).**

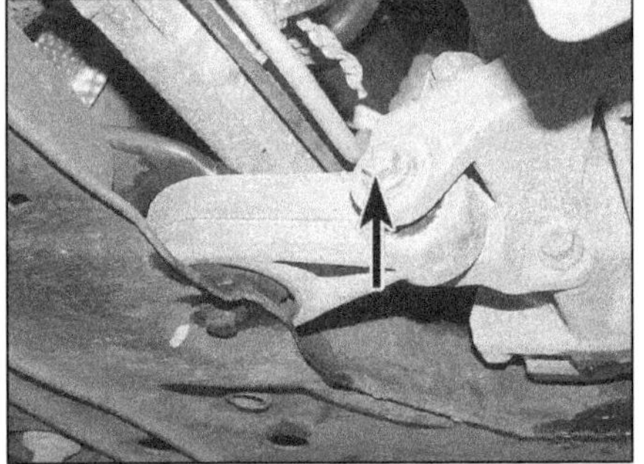

6.7 Skruva loss och ta bort fästbulten (vid pilen)

6.8a Skruva loss de fyra bakre tvärbalksbultarna (vid pilarna) . . .

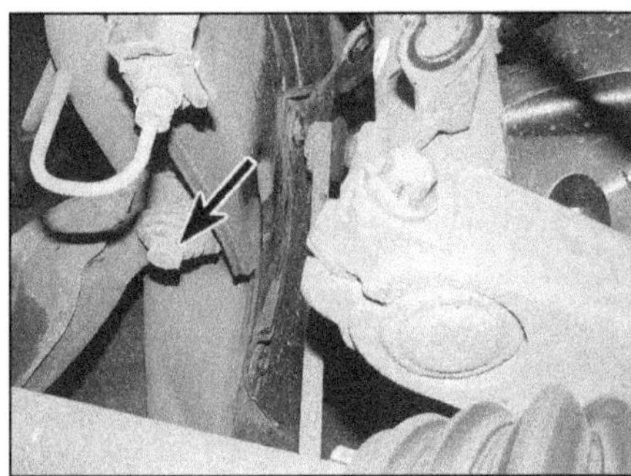

6.8b . . . och de båda främre tvärbalksbultarna (vid pilen), vänster sida visas

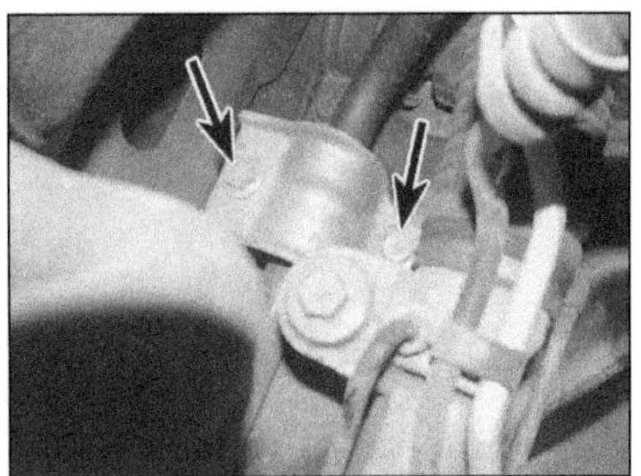

6.9 Skruva loss krängningshämmarens fästbultar (vid pilarna)

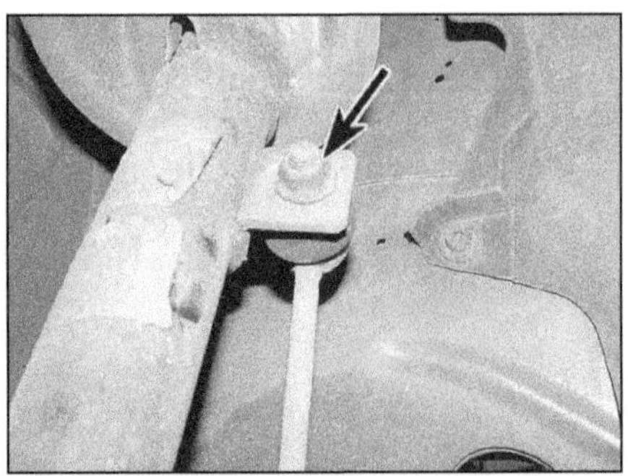

6.11 Skruva loss muttern (vid pilen) från den övre anslutningslänkens spindelled

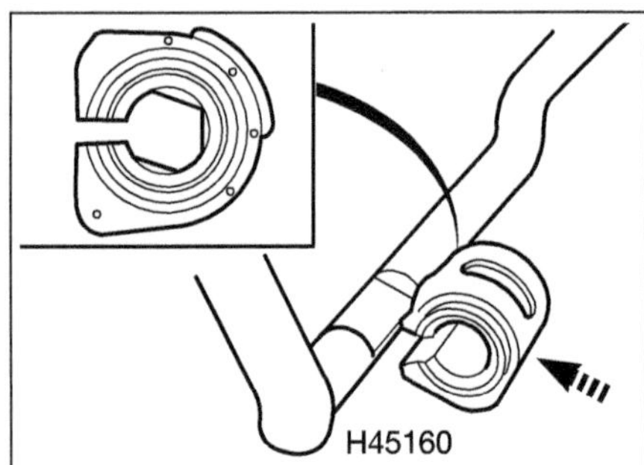

6.13 Sätt på bussningarna på krängningshämmaren

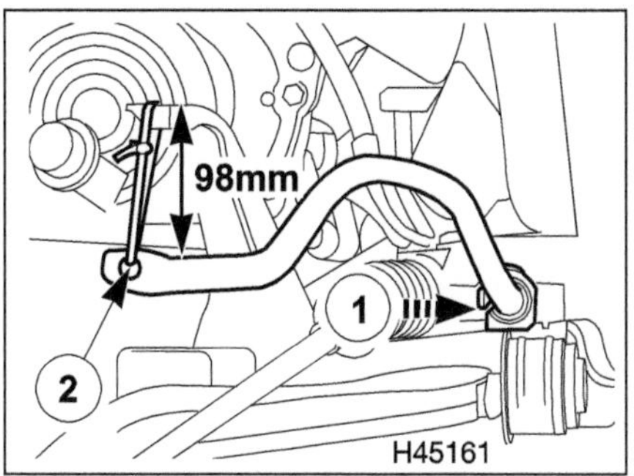

6.14 Ställ in den anvisade höjden för krängningshämmaren

1 Placera krängningshämmarens bussningar i fästklämmorna
2 Ställ in höjden till 98 mm

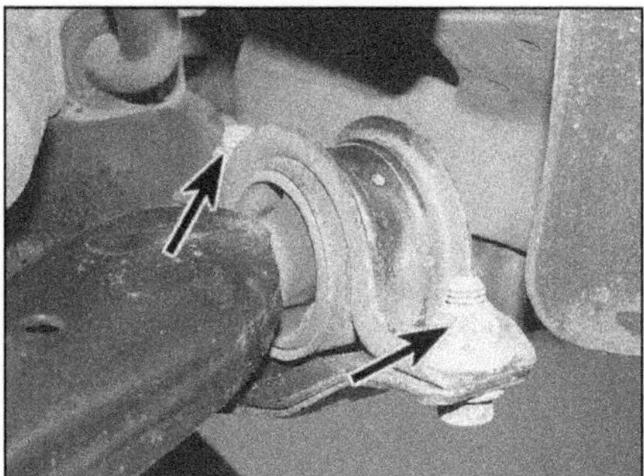

7.4a Skruva loss de båda bakre fästmuttrarna (vid pilarna) . . .

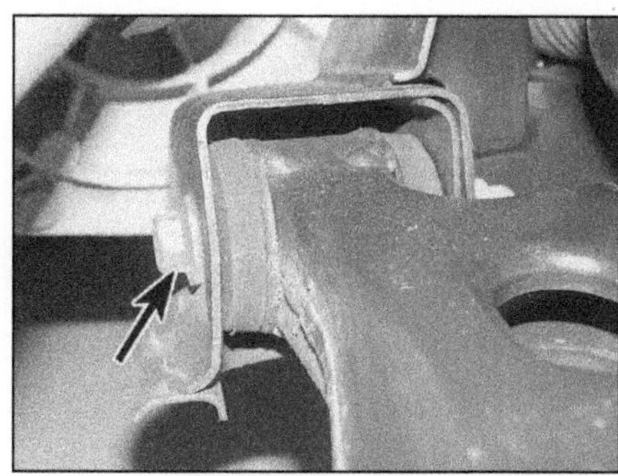

7.4b . . . skruva sedan loss den främre fästbulten (vid pilen)

15 Sätt tillbaka klämmorna på krängningshämmaren, sätt först dit de bakre bultarna och dra åt till 30 Nm. Sätt sedan dit de främre bultarna och dra åt till 30 Nm. Dra sedan åt bultarna i två steg enligt vad som anges i specifikationerna.
16 Ta bort krängningshämmarstödet för den anvisade höjdinställningen.
17 Lyft upp tvärbalken med en domkraft till rätt läge på chassit (använd syftningsverktyget om du har tillgång till det). Se till att tvärbalkens kullagerbrickor är korrekt monterade innan du drar åt de nya bultarna.
18 Byt tvärbalkens bultar och dra åt dem till angivet moment.
19 Monteringen sker i omvänd ordningsföljd mot demonteringen. Se till att alla berörda bultar byts och dras åt till angivet moment.

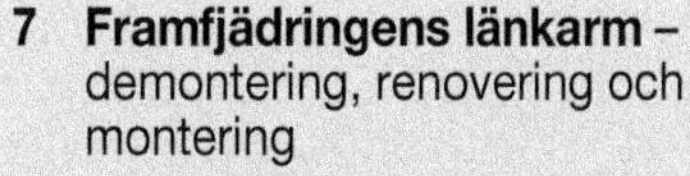

7 Framfjädringens länkarm – demontering, renovering och montering

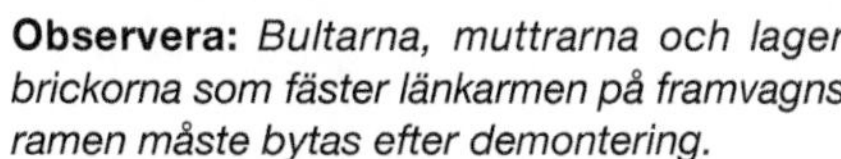

Observera: *Bultarna, muttrarna och lagerbrickorna som fäster länkarmen på framvagnsramen måste bytas efter demontering.*

Demontering

1 Dra åt handbromsen, lyft upp framvagnen och ställ den på pallbockar. Ta bort aktuellt hjul.
2 I förekommande fall, ta bort kåpan från motorrummets undersida och ta loss den från hjulhuset.
3 Notera hur klämbulten till länkarmens spindelled sitter, skruva sedan loss och ta bort den från hjulspindeln. Bänd bort spindelleden från hjulspindeln. Om den sitter hårt, bänd upp fogen försiktigt med ett stort platt verktyg. Se till att spindelledens tätning inte skadas under isärtagningen.
4 Skruva loss länkarmens bakre fästklämmuttrar och skruva loss den främre fästbulten och ta bort den **(se bilder)**.
5 Ta bort länkarmen från framvagnsramen och dra bort den från bilens undersida.

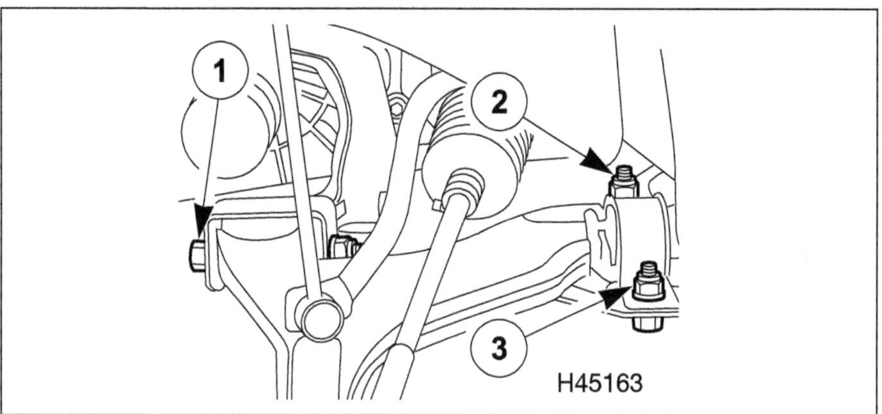

7.7 Dra åt muttrarna och bultarna i den ordning som anges i Specifikationer

1 Främre bult 2 Inre bakre mutter 3 Yttre bakre mutter

Renovering

6 Undersök gummibussningarna och länkarmens spindelled och sök efter slitage och skador. I skrivande stund kan inte spindelleden och gummibussningarna bytas på länkarmen. Byt hela länkarmen om det förekommer slitage eller skador.

Montering

7 Sätt på länkarmen på framvagnsramen och för in den främre fästbulten och muttern. Sätt dit klämman och muttrarna på det bakre fästet och dra åt dem stegvis **(se bild)**.
8 Montera länkarmens spindelled på hjulspindeln och för in klämbulten med huvudet åt samma håll som vid demonteringen. Sätt på muttern och dra åt den till angivet moment.
9 Sätt tillbaka hjulet och sänk ner bilen till marken. Se till att alla berörda bultar dras åt till angivet moment.

9.1 Hjullagret kan inte justeras

8 Spindelled till framfjädringens länkarm – byte

Observera: *Om länkarmens spindelled är sliten måste hela länkarmen bytas. När den här handboken skrevs kunde spindelleden inte bytas separat från länkarmen.*
1 Demontera och montera länkarmen enligt beskrivningen i avsnitt 7.

9 Bakre nav och lager – kontroll och byte

Kontroll

1 De bakre hjullagren kan inte justeras **(se bild)**.
2 För att kontrollera om lagren är för slitna, klossa framhjulen, lyft upp bakvagnen och ställ den på pallbockar. Lossa handbromsen helt.

9.5a Ta bort dammkåpan . . .

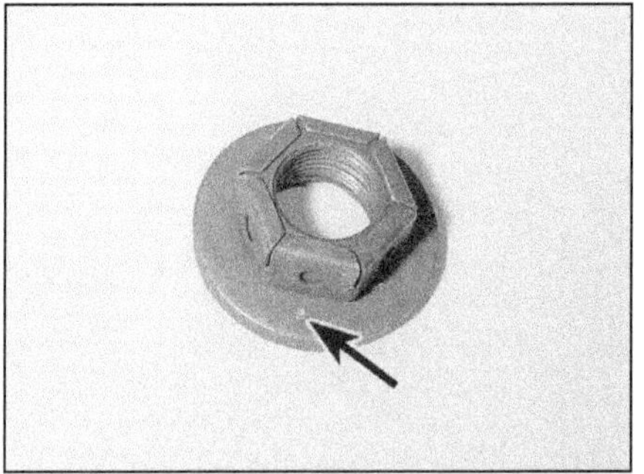
9.5b . . . och märk muttern varje gång den tas bort

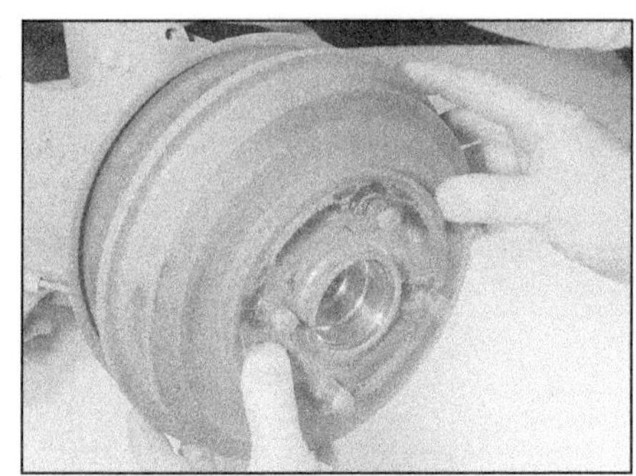
9.6 Dra bort bromstrumman från axeltappen

3 Ta tag i bakhjulets övre och nedre del och försök att gunga det. Om det rör sig för mycket, eller om hjulet kärvar eller vibrerar när det snurrar, tyder detta på att hjullagren är slitna.

Byte

4 Ta bort bakhjulet.
5 Knacka bort dammkåpan och skruva loss navmuttern **(se bild)**. **Observera:** *Muttern har en särskild typ av laminering och bör inte återanvändas mer än 4 gånger. Det är en bra idé att märka muttern varje gång den tas bort.* Införskaffa en ny om det behövs **(se bild)**.
6 På modeller med trumbromsar tar du bort den bakre trumman **(se bild)**. Om trumman inte lossnar lätt, använd en lämplig avdragare för att dra av trum- och lagerenheten från axeltappen.
7 På modeller med bakre bromsskivor, ta bort den bakre bromsskivan enligt beskrivningen i kapitel 9. Ta bort navet från axeltappen **(se bild)**. Du kan behöva en lämplig avdragare för att dra bort nav- och lagerenheten från axeltappen.
8 En del av den inre lagerbanan kan bli kvar på axeltappen och den ska då tas bort med en avdragare.
9 Ta bort ABS-givarringen från navet /trumman (i förekommande fall) samt vattentätningen. De måste bytas vid monteringen **(se bilder)**.
10 Använd en låsringstång och ta bort låsringen som fäster navlagret i navet/trumman **(se bild)**.
11 Tryck eller driv ut lagret, använd en bit metallrör med en diameter som är något mindre än lagrets yttre lagerbana. **Observera:** *Om det nya lagret levereras som en del av en sats där en ny axeltapp ingår, ta bort hjulhastighetsgivaren (kapitel 9), skruva loss de fyra bultarna och ta bort axeltappen.*
12 Rengör lagersätets ytor i navet/trumman.
13 Använd en bit metallrör som endast ligger mot lagrets yttre lagerbana, tryck eller driv det nya lagret in i navet/trumman tills det sitter helt på plats **(se bild)**. Tryck inte på den inre lagerbanan.
14 Sätt låsringen i spåret i navet/trumman för att fästa lagret på plats.
15 Tryck in den nya ABS-givarringen i navenheten långsamt och helt rakt, använd en lämplig rörformig dorn som endast ligger mot ringens hårda yttre kant. Eventuella skador på den nya ringen gör att ABS-systemet inte fungerar. Om axeltappen har tagits bort, sätt dit den nya och dra åt bultarna ordentligt. Montera hjulhastighetsgivaren enligt beskrivningen i kapitel 9.
16 Sätt på det nya navet/trumman och lagerenheten på axeltappen. Sätt sedan dit navmuttern och dra åt den till angivet moment **(se bild)**. Vrid navenheten i motsatt riktning när du drar åt navets fästmutter för att hindra att lagret skadas.
17 Knacka fast dammkåpan helt på navet.

9.7 Dra bort navet från axeltappen

9.9a Byt givarringen . . .

9.9b . . . och vattentätningshållaren

9.10 Ta bort låsringen

9.13 Använd en lämplig rörformad distans för att trycka in lagret i navet

9.16 Sätt tillbaka navmuttern

10.2 Skruva loss den övre fästmuttern från stötdämparen

10.7a Ta bort den övre bulten (vid pilen) . . .

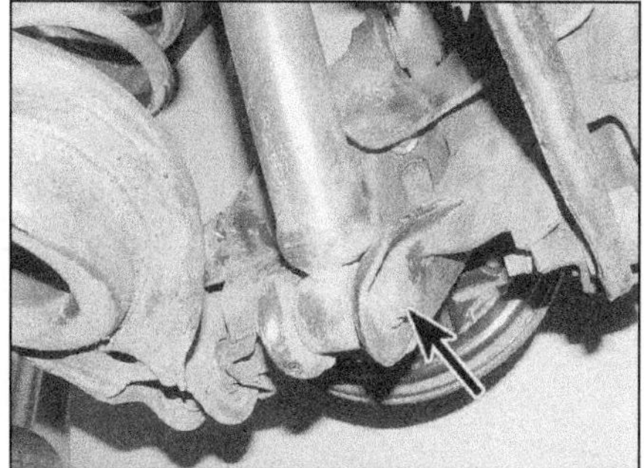

10.7b . . . och den nedre bulten (vid pilen)

Om dammkåpan skadades vid demonteringen måste du montera en ny.

18 På modeller med bakre bromsskivor, montera den bakre bromsskivan enligt beskrivningen i kapitel 9.

19 Sätt tillbaka bakhjulet och sänk ner bilen. Dra åt alla muttrar och bultar till angivet moment.

10 Bakre stötdämpare - demontering, kontroll och montering

Demontering

Sedan- och kombikupémodeller

1 Öppna bak-/bagageluckan och ta bort den inre klädselpanelen för att komma åt stötdämparens övre fästmutter.

2 Använd en insexnyckel för att hålla fast kolvstången, skruva loss stötdämparens övre fästmutter **(se bild)**.

3 Klossa framhjulen. Lyft sedan upp bakvagnen och ställ den på pallbockar. Ta bort hjulen om det behövs.

4 Placera en domkraft under den nedre länkarmen/spiralfjädern för att stödja den. Skruva loss stötdämparens nedre fästbult och ta sedan bort stötdämparen under bilen.

Kombimodeller

5 Klossa framhjulen. Lyft sedan upp bakvagnen och ställ den på pallbockar. Ta bort hjulen efter behov.

6 På vänster stötdämpare, skruva loss bultarna till den bakre ljuddämparens värmesköld. Ta bort den från bilen så att du kommer åt den övre fästmuttern.

7 Placera en domkraft under den nedre länkarmen/spiralfjädern för att stödja den. Skruva loss den övre fästbulten och sedan den övre fästbulten **(se bilder)**. Ta bort stötdämparen under bilen.

Kontroll

8 Kontrollera gummifästena och sök efter tecken på skador och åldrande. Om de är slitna kan de bytas separat från stötdämparen (kontrollera att delarna är tillgängliga).

9 Placera stötdämparen i ett skruvstäd, fäst den i det nedre fästet. Undersök stötdämparen och sök efter tecken på oljeläckage. Kontrollera att stötdämparen fungerar genom att föra den igenom ett helt slag och sedan korta slag på 50 till 100 mm. I båda fallen ska motståndet vara jämnt och kontinuerligt. Om motståndet är ryckigt eller ojämnt ska stötdämparen bytas.

Montering

10 Monteringen utförs i omvänd ordningsföljd mot demonteringen. Dra åt bultarna ordentligt. **Observera:** *Stöddomkraften under den nedre länkarmen/spiralfjädern kan vid behov höjas eller sänkas vid monteringen av stötdämparen.*

11 Den slutliga åtdragningen av fästbultarna måste utföras med bilens vikt vilande på hjulen.

11 Bakre krängningshämmare och länkar - demontering och montering

Varning: Innan du gör den slutliga åtdragningen av bakfjädringens delar måste den ställas in till den anvisade höjden på bilens båda sidor (se nedan).

Demontering

1 Ta bort den bakre spiralfjädern enligt beskrivningen i avsnitt 12.

2 Skruva loss muttrarna och bultarna som fäster krängningshämmarlänkarna på de bakre nedre länkarmarna, ta sedan bort brickorna och bussningarna **(se bild)**.

3 Skruva loss bultarna som fäster krängningshämmarens fästklämmor vid bakfjädringens tvärbalk **(se bild)**. Lossa klämmorna (en på var sida) och ta bort krängningshämmaren från bilens undersida.

4 Undersök monteringsklämmornas och länkarnas gummibussningar och byt dem om det behövs. Länkarna finns att tillgå en och en.

Montering

5 När bussningarna monteras på krängningshämmaren är det viktigt att de är korrekt placerade på krängningshämmarens plana ytor **utan smörjmedel** (med undantag för vatten om det behövs). Se till att nippeln sitter på bussningens vänstra sida när den monteras **(se bild)**.

11.2 Ta bort muttern och bulten (vid pilen)

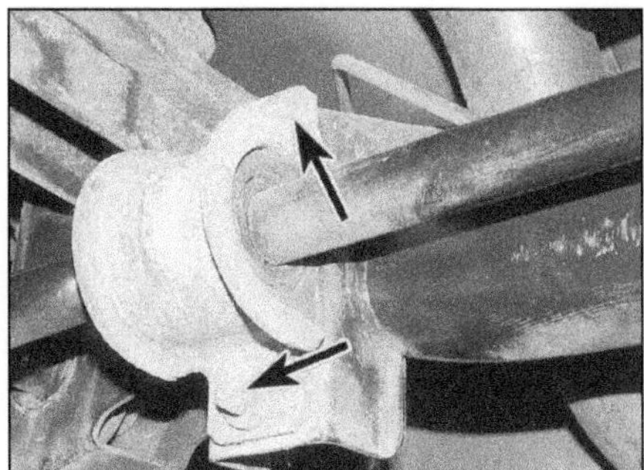

11.3 Bakre krängningshämmarens klämbultar (vid pilarna)

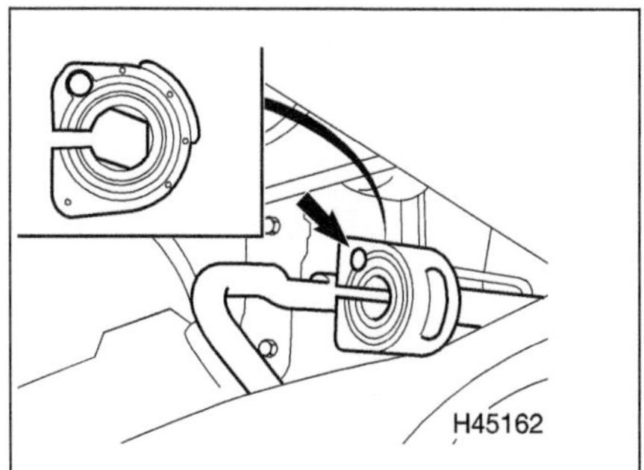

11.5 Pilen visar placeringen av nippeln när den är monterad

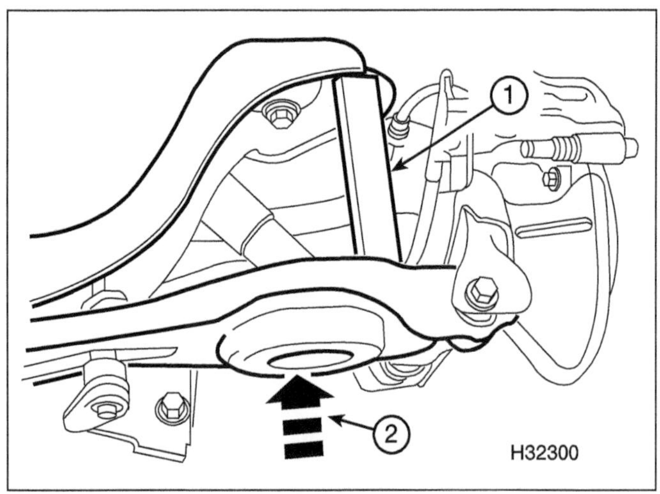

11.10a Bakfjädringens anvisade höjdinställning

1 Tillverkad distans 2 Domkraft för att höja länkarmen

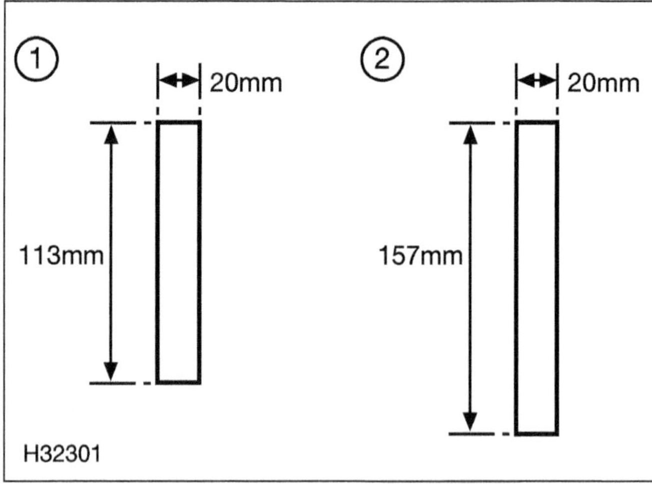

11.10b Tillverkade distanser för anvisad höjdinställning (mått i mm)

1 Sedan och kombikupé 2 Kombi

6 Sätt krängningshämmaren på den bakre tvärbalken, sätt sedan dit klämmorna och dra åt bultarna till angivet moment.

7 Montera krängningshämmarens länkar på de bakre nedre länkarmarna, tillsammans med bussningarna och brickorna.

8 Utför proceduren för bakfjädringens anvisade höjdinställning (se nedan).

Anvisad höjdinställning

9 Ta bort de bakre spiralfjädrarna enligt beskrivningen i avsnitt 12.

10 Använd en domkraft för att höja upp länkarmen tills den tillverkade distansen (mått anges nedan) kan placeras mellan länkarmen och tvärbalken i ett vertikalt läge **(se bilder)**, detta är den anvisade höjdinställningen. (På sedan- och kombikupémodeller måste du ta bort stoppklacken för att placera distansen vertikalt.)

11 När detta läge har skapats på bilens båda sidor kan alla bakfjädringsbultar dras åt till angivet moment.

12 Distansbrickorna kan då tas bort och spiralfjädrarna monteras enligt beskrivningen i avsnitt 12.

13 Montera bakhjulen och sänk ner bilen.

12 Bakre spiralfjäder - demontering och montering

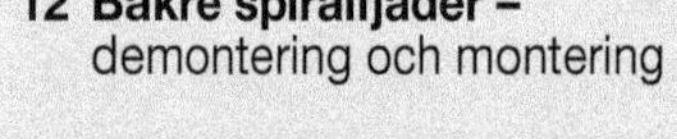

Varning: Innan du tar bort bakfjädringens spiralfjäder måste du införskaffa ett verktyg som håller spiralfjädern ihoptryckt. Var alltid försiktig så att du undviker personskador när du använder spiralfjäderkompressorer.

Demontering

1 Klossa framhjulen och lyft sedan upp bakvagnen så att hjulen inte rör marken. Bilen måste vara så högt uppe att den bakre nedre länkarmen kan sänkas ner och all spänning i fjädern försvinner. Stöd bilen på pallbockar. Ta bort hjulen om det behövs.

2 Ta bort den bakre krängningshämmaren enligt beskrivningen i avsnitt 11.

3 Placera en garagedomkraft under fjädersätet på länkarmen och tryck ihop fjädern lite.

4 Skruva loss och knacka ut den yttre länkarmsbulten. Sänk sedan långsamt och försiktigt ner domkraften tills all spänning i fjädern är borta **(se bild)**.

5 Ta bort fjädern **(se bild)**.

Montering

6 Monteringen sker i omvänd ordningsföljd mot demonteringen. Se till att spiralfjädern är korrekt placerad i de övre och nedre sätena. Spiralfjädrarna måste monteras med färgmarkeringen längst ner. **Observera:** *Om det hörs ett skramlande ljud från bakfjädrarna, kontrollera att det sitter en hylsa på spiralfjäderns övre ände. Hylsan kan köpas hos återförsäljare.*

13 Bakfjädringens bakre länkarm - demontering och montering

Demontering

Observera: *Bussningarna i länkarmarna kan inte bytas separat. Byt hela länkarmen om det förekommer slitage eller skador.*

1 Ta bort bakfjädringens spiralfjäder enligt beskrivningen i avsnitt 12.

2 Skruva loss och ta bort muttern som fäster krängningshämmarlänken till länkarmen **(se bild)**.

12.4 När garagedomkraften trycker ihop fjädern lite, skruva loss bulten och knacka ut den

12.5 Ta bort fjädern

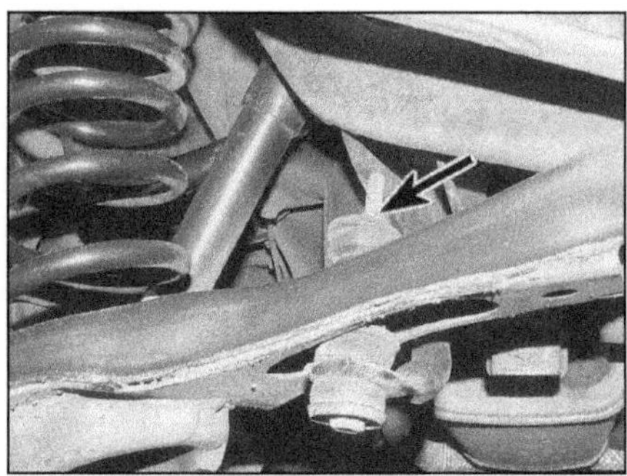

13.2 Ta bort bulten (vid pilen) för att koppla loss krängningshämmaren

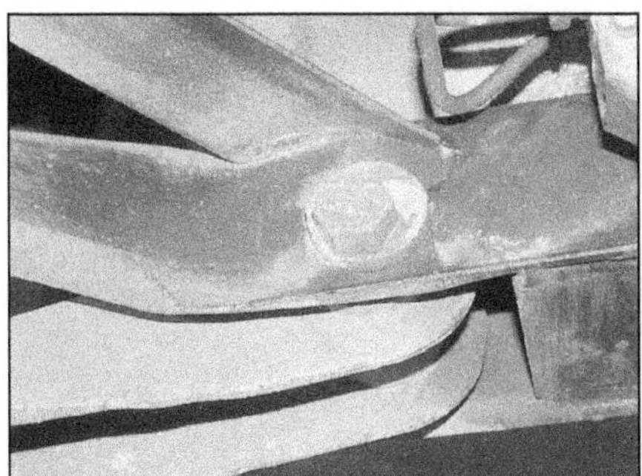

13.3a Ta bort bulten mellan den bakre länkarmen och tvärbalken . . .

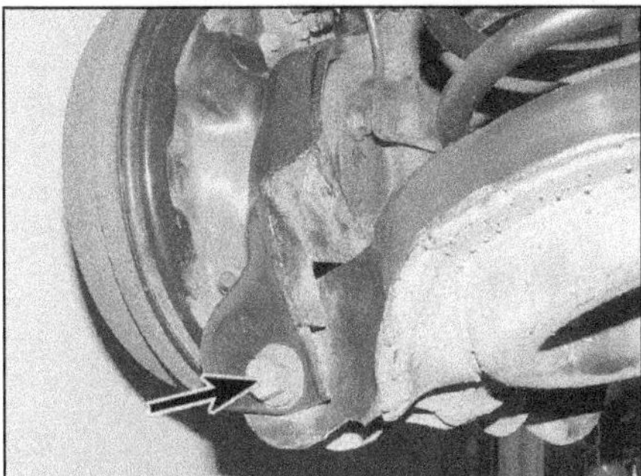

13.3b . . . och bulten till navenheten (vid pilen)

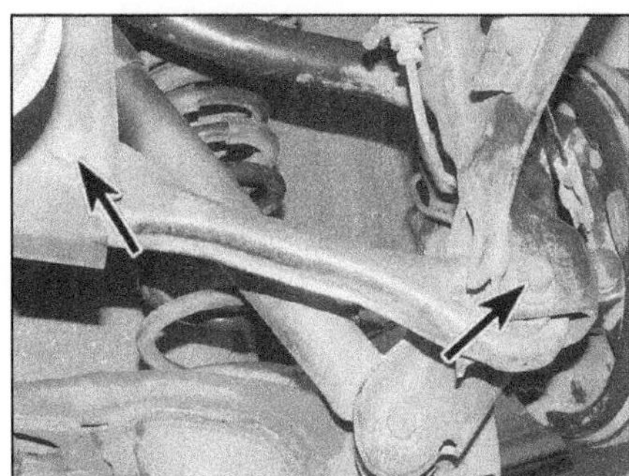

14.3 Ta bort de båda fästbultarna (vid pilarna)

3 Skruva loss bulten som fäster den bakre nedre länkarmen på tvärbalken, och bulten till navenheten **(se bilder)**.

4 Ta bort länkarmen från bilens undersida.

Montering

5 Monteringen utförs i omvänd ordningsföljd mot demonteringen. Vänta med att dra åt länkarmens fästbultar helt tills du har utfört den anvisade höjdinställningen av fjädringen enligt beskrivningen i avsnitt 11. Hjulinställningen behöver också kontrolleras, se avsnitt 26.

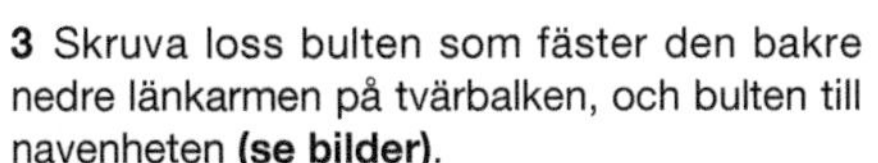

14 Bakfjädringens främre länkarm - demontering och montering

Observera: *Bussningarna i länkarmarna kan inte bytas separat. Byt hela länkarmen om det förekommer slitage eller skador.*

Demontering

1 Ta bort bakfjädringens spiralfjäder enligt beskrivningen i avsnitt 12. (Detta görs för att man ska åstadkomma den anvisade höjdinställningen.)

2 Skruva loss bulten som fäster den främre länkarmen på tvärbalken.

3 Skruva loss bulten som fäster den främre länkarmen på navenheten **(se bild)** och ta bort armen från bilens undersida.

Montering

4 Monteringen sker i omvänd ordningsföljd mot demonteringen, se till att armen (märkt FRONT) placeras korrekt **(se bild)**. Vänta med att dra åt länkarmens fästbultar helt tills du har utfört den anvisade höjdinställningen för fjädringen enligt beskrivningen i avsnitt 11.

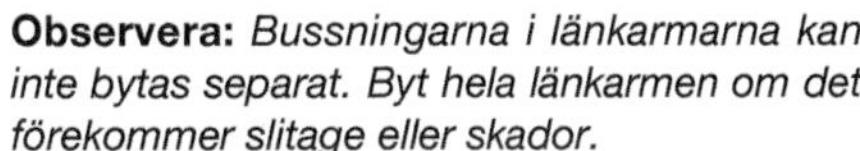

15 Bakfjädringens övre länkarm - demontering och montering

Observera: *Bussningarna i länkarmarna kan inte bytas separat. Byt hela länkarmen om det förekommer slitage eller skador.*

Demontering

1 Ta bort bakfjädringens spiralfjäder enligt beskrivningen i avsnitt 12. (Detta görs för att åstadkomma den anvisade höjdinställningen.)

2 Skruva loss bulten som fäster den övre länkarmen på navet.

3 Skruva loss bulten som fäster den övre länkarmen på tvärbalken **(se bild)** och ta bort armen från bilens undersida, observera hur den är monterad för att underlätta återmonteringen.

Montering

4 Monteringen sker i omvänd ordningsföljd mot demonteringen, se till att länkarmen placeras korrekt. Vänta med att dra åt den övre armens fästbultar helt tills du har utfört den anvisade höjdinställningen för fjädringen enligt beskrivningen i avsnitt 11.

16 Bakfjädringens tvärstag (control blade) - demontering och montering

Demontering

1 Ta bort bakfjädringens spiralfjäder enligt beskrivningen i avsnitt 12.

2 Koppla loss handbromsvajerns styrning från tvärstaget och dra bort vajern från tvärstaget.

3 Sätt en bromsslangklämma på den bakre bromsledningen och koppla ifrån bromsrörsanslutningen. Använd en tång för att dra ut klämman som fäster bromsröret på karossen **(se bild)**.

4 Ta bort den bakre bromstrumme-/skivenheten enligt beskrivningen i kapitel 9.

5 Skruva loss och ta bort bulten som fäster den nedre delen av den bakre stötdämparen på tvärstagsenheten.

6 I förekommande fall, lossa ABS-hjulgivarens ledning från tvärstaget.

7 Skruva loss och ta bort de främre och bakre länkarmarsbultarna från tvärstaget.

8 Skruva loss den övre länkarmens bult från tvärstaget.

9 Skruva loss tvärstagets främre fäste från

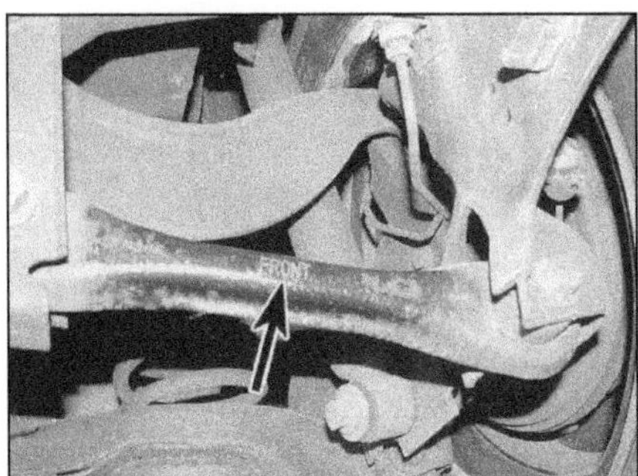

14.4 Länkarm märkt FRONT (vid pilen)

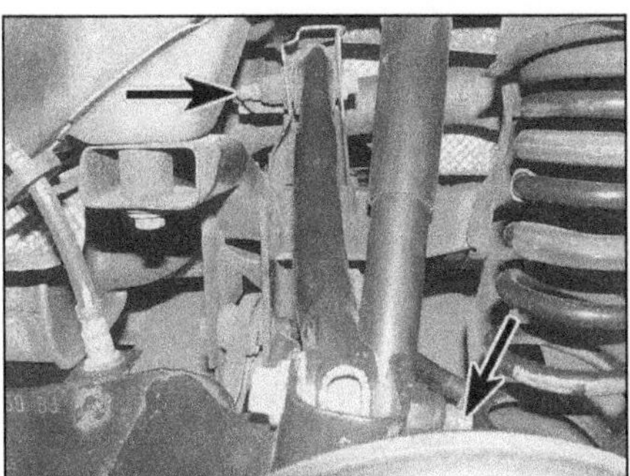

15.3 Ta bort de båda fästbultarna (vid pilarna) - Kombi

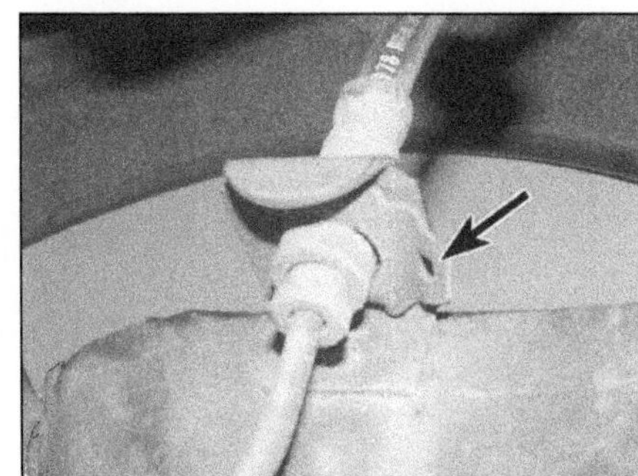

16.3 Lossa bromsröret och ta bort fästklämman (vid pilen)

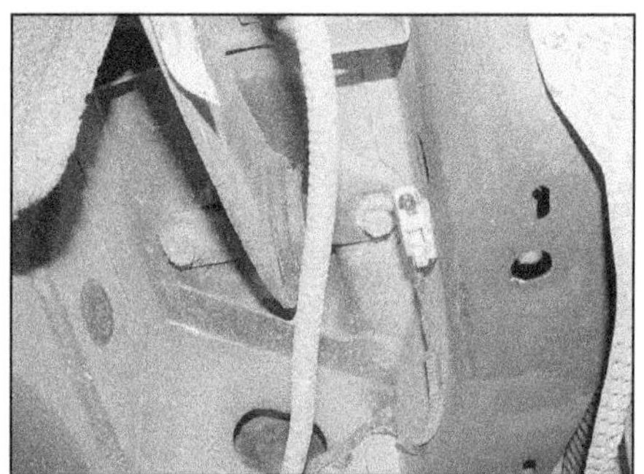

16.9 Skruva loss de båda främre fästbultarna från tvärstaget

underredet **(se bild)** och ta bort enheten under bilen.

Montering

10 Monteringen utförs i omvänd ordningsföljd. Vänta med att dra åt fästbultarna helt tills du har utfört den anvisade höjdinställningen för fjädringen enligt beskrivningen i avsnitt 11. Lufta det hydrauliska bromssystemet enligt beskrivning i kapitel 9.

17 Bakfjädringens tvärbalk - demontering och montering

Demontering

1 Ta bort bakfjädringens spiralfjäder enligt beskrivningen i avsnitt 12.
2 Stöd navenheterna på bilens båda sidor med pallbockar.
3 Demontera krängningshämmaren enligt beskrivningen i avsnitt 11.
4 Ta bort den övre länkarmen och de nedre länkarmarna enligt beskrivningen i avsnitt 13, 14, och 15.
5 Koppla loss och sänk ner avgassystemet från fästet, stöd det för att förhindra skador.
6 Använd en garagedomkraft och stöd tvärbalken.
7 Skruva loss fästbultarna (tre bultar på var sida) och sänk ner tvärbalken till marken **(se bild)**.

Montering

8 Monteringen sker i omvänd ordningsföljd

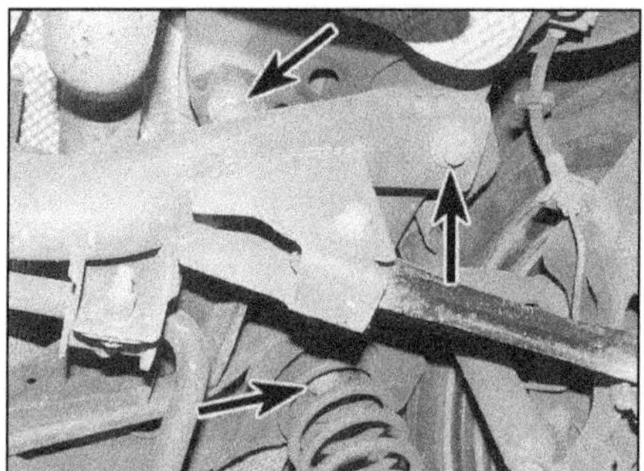

17.7 Skruva loss de bakre tvärbalksbultarna (vid pilarna), vänster sida visas

mot demonteringen. Tänk på följande:

a) När du höjer tvärbalken, observera att det finns styrsprintar som ger korrekt inställning.
b) Vänta med att dra åt fjädringens fästbultar helt tills du har utfört anvisningarna om höjdinställningen enligt beskrivningen i avsnitt 11.
c) Dra åt alla bultar till det angivna momentet.
d) Kontrollera och, om det behövs, justera bakhjulets toe-inställning enligt beskrivningen i avsnitt 26.

18 Ratt - demontering och montering

Varning: Alla modeller har krockkuddssystem. Se till att säkerhetsanvisningarna i kapitel 12 följs, för att förhindra personskador.

Demontering

1 Lossa batteriets jordledning (minuspolen) (se kapitel 5A, avsnitt 1).

Varning: Innan du fortsätter, vänta minst 5 minuter, så att inte krockkuddsenheten löser ut oavsiktligt. Denna tidsperiod gör att all energi som är lagrad i nödkondensatorn förbrukas.

2 Ta bort krockkuddsmodulen (se kapitel 12).

Varning: Placera krockkuddsmodulen på en säker plats, med mekanismen vänd nedåt som en säkerhetsåtgärd mot oavsiktlig utlösning.

3 Centrera ratten så att framhjulen är riktade rakt framåt. Ta bort nycklarna och spärra ratten i det läget.
4 Koppla ifrån farthållarens elektriska kontaktdon (i förekommande fall)
5 Skruva loss fästbulten från rattens mitt. Markera rattens placering på rattstången för att underlätta monteringen **(se bild)**.
6 Ta bort ratten från stångens övre del samtidigt som du trycker kontaktdonet genom hålet så att det behåller sin plats på ratten **(se bild)**.

Montering

7 Se till att framhjulen fortfarande är riktade rakt framåt och placera sedan ratten på rattstången. Rikta in de markeringar som du gjorde vid demonteringen.
8 Sätt tillbaka fästbulten **(se bild)** och dra åt den till angivet moment samtidigt som du håller i ratten. Dra inte åt bulten när rattlåset är aktivt eftersom det kan skada låset.
9 Återanslut signalhornets och krockkuddens kontaktdon.
10 Placera krockkuddsmodulen på ratten enligt beskrivningen i kapitel 12, för sedan in fästskruvarna och dra åt dem.
11 Återanslut batteriets minusledare.

19 Rattstång - demontering, kontroll och montering

Varning: Alla modeller har krockkuddssystem. Se till att säkerhetsanvisningarna i kapitel 12 följs, för att förhindra personskador.

Observera: *De första testen utförs med rattstången i bilen.*

Demontering

1 Lossa batteriets jordledning (minuspolen) (se kapitel 5A, avsnitt 1).

18.5 Håll i ratten när du lossar fästbulten

18.6 Kontaktdon (vid pilen) sitter kvar

18.8 Sätt dit fästbulten

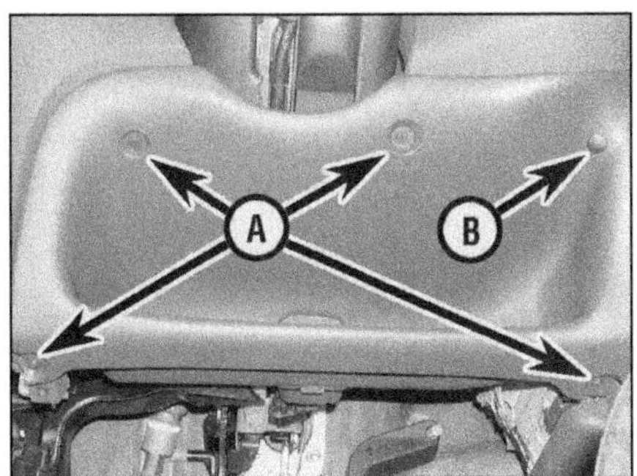

19.3a Ta bort de fyra skruvarna (A) och fästklämman (B)

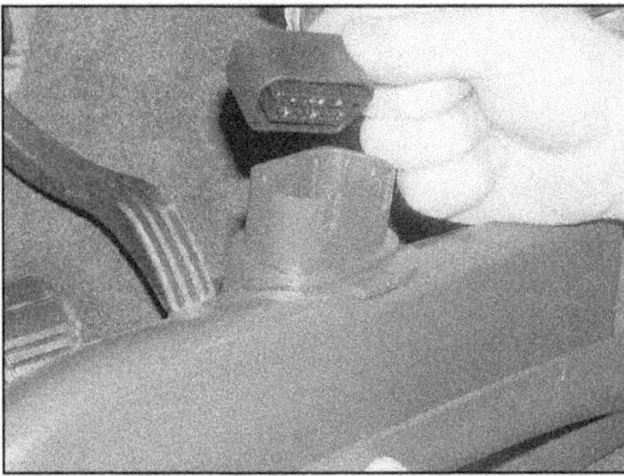

19.3b Ta bort multikontakten från panelen

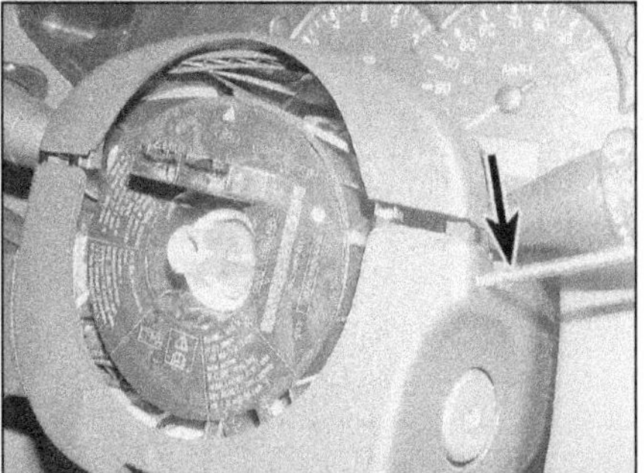

19.4a Lossa den övre kåpan med en tunn skruvmejsel (vid pilen) . . .

19.4b . . . och lyft sedan bort kåpan

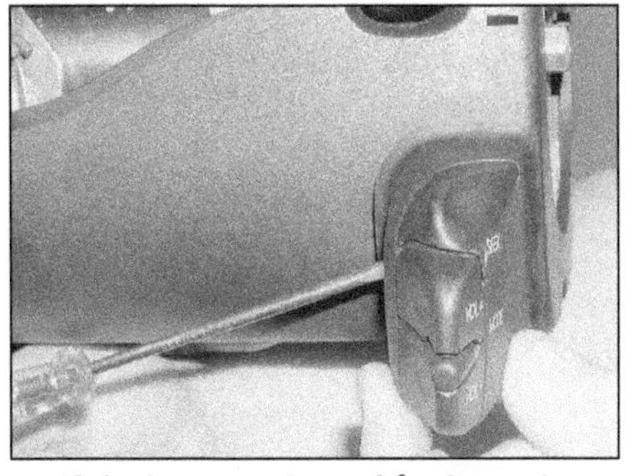

19.4c Lossa reglagen från den nedre kåpan . . .

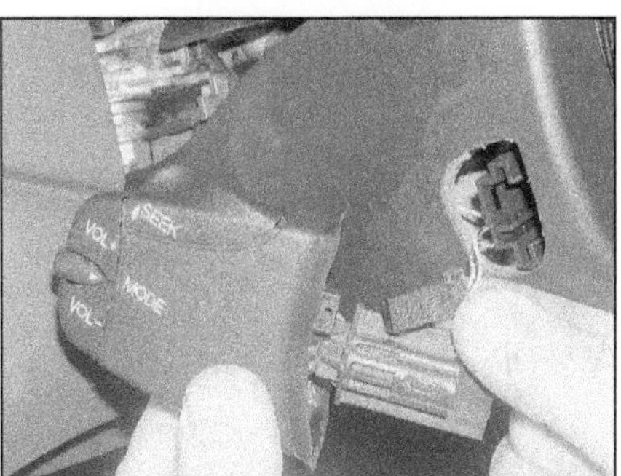

19.4d . . . och koppla loss kontaktdonet

Varning: Innan du fortsätter, vänta minst 5 minuter, så att inte krockkuddsenheten löses ut oavsiktligt. Denna tidsperiod gör att all energi som är lagrad i nödkondensatorn förbrukas.

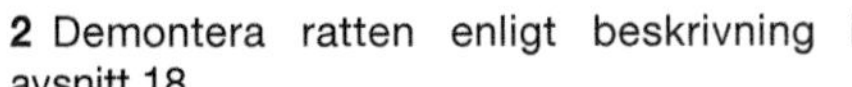

2 Demontera ratten enligt beskrivning i avsnitt 18.

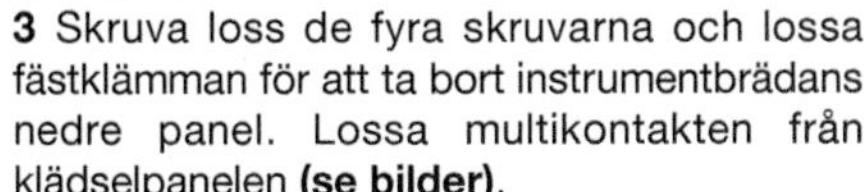

3 Skruva loss de fyra skruvarna och lossa fästklämman för att ta bort instrumentbrädans nedre panel. Lossa multikontakten från klädselpanelen **(se bilder)**.

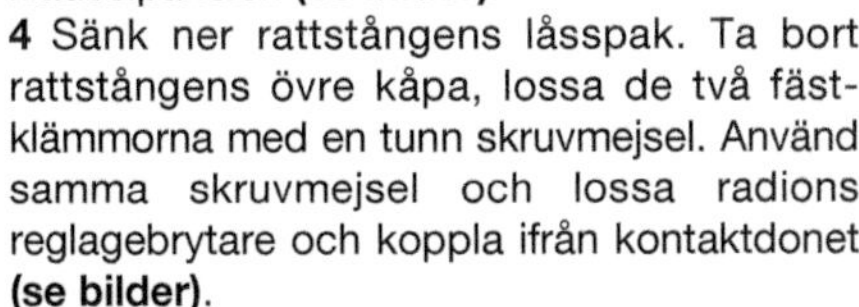

4 Sänk ner rattstångens låsspak. Ta bort rattstångens övre kåpa, lossa de två fästklämmorna med en tunn skruvmejsel. Använd samma skruvmejsel och lossa radions reglagebrytare och koppla ifrån kontaktdonet **(se bilder)**.

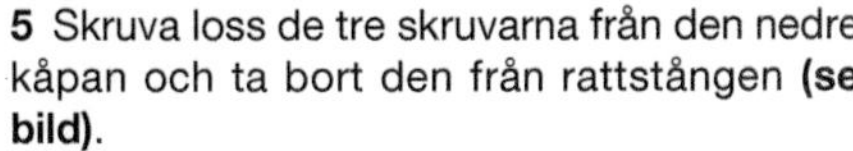

5 Skruva loss de tre skruvarna från den nedre kåpan och ta bort den från rattstången **(se bild)**.

19.5 Skruva loss de tre skruvarna från den nedre kåpan

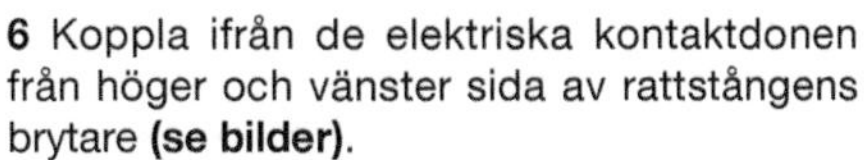

6 Koppla ifrån de elektriska kontaktdonen från höger och vänster sida av rattstångens brytare **(se bilder)**.

7 På bilar med stabiliseringssystem, koppla ifrån det elektriska kontaktdonet till rattens rotationsgivare.

19.6a Koppla loss kablaget från vänster . . .

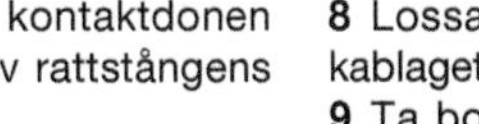

8 Lossa låsklamrarna för att koppla loss kablaget från rattstången **(se bild)**.

9 Ta bort fästbulten från hylsan som håller ihop rattsångens nedre del med kuggstången **(se bild)**.

10 Skruva sedan loss rattstångens tre

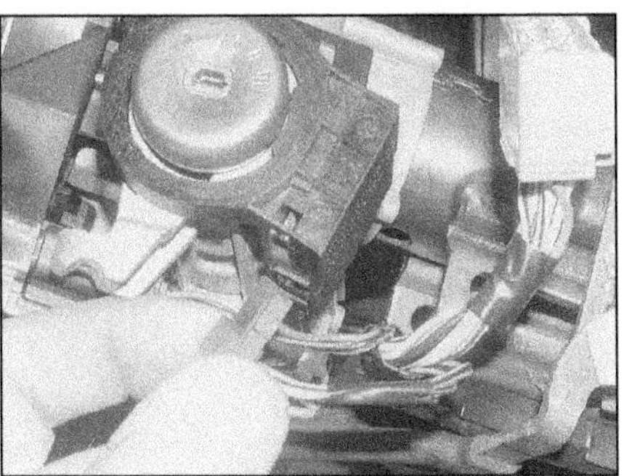

19.6b . . . och höger sida av rattstången

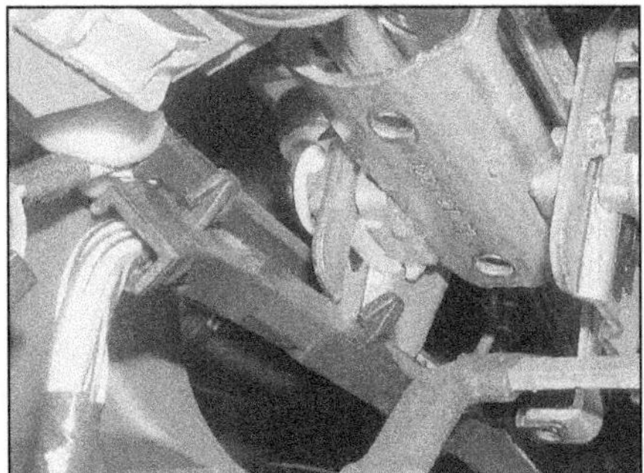

19.8 Lossa kablagets fäste från rattstången

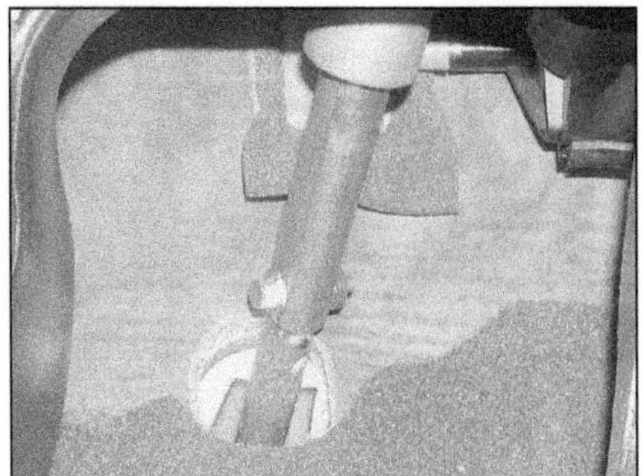

19.9 Skruva loss bulten för att lossa stången från kuggstången

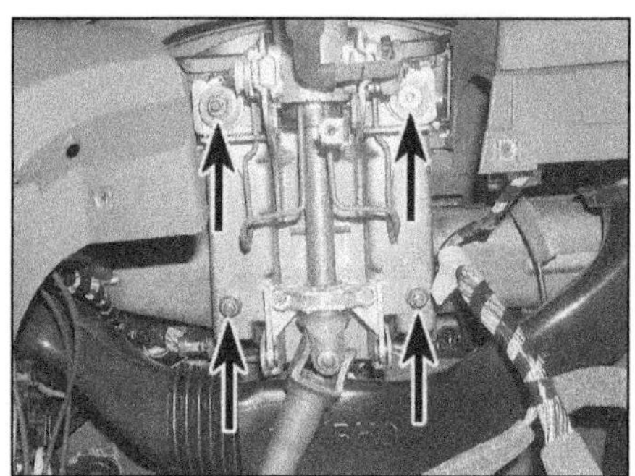

19.10a Skruva loss de tre muttrarna och en torxbult (vid pilen) . . .

fästlåsmuttrar och en torxbult **(se bild)**. Låt stången glida uppåt för att lossa den från hylsan på kuggstången **(se bild)** och ta bort den från kupén.

Kontroll

11 Med rattlåset lossat, försök att flytta ratten uppåt och nedåt och till vänster och höger utan att vrida på ratten. Detta gör du för att kontrollera eventuellt slitage i rattstångens lager, spel i rattstångens knut och om ratten eller rattstången är lös. Rattstången kan inte lagas, om det är fel på den hela rattstången bytas ut.

12 Undersök höjdjusteringsarmens mekanism och sök efter slitage och skador.

13 Med rattstången borttagen, kontrollera om universalknutarna är slitna och undersök om den övre och nedre delen av rattstången uppvisar tecken på slitage eller vridningar. Om det förekommer måste hela rattstången bytas.

Montering

14 Monteringen utförs i omvänd ordningsföljd mot demonteringen, och tänk på följande:

a) Se till att hjulen fortfarande är riktade rakt framåt när rattstången monteras.
b) Sätt i nya låsmuttrar på rattstångens fäste.
c) Sätt i en ny klämbult på rattstångens hylsa, som ansluter till kuggstången.
d) Dra åt alla bultar till det angivna momentet.
e) Se kapitel 12 innan krockkudden monteras.
f) Om varningslampan för det elektroniska stabiliseringsprogrammet (i förekommande fall) tänds efter det att du har monteras rattstången, måste systemet konfigureras om av en Ford-verkstad med hjälp av FDS 2000, eller av en specialist med liknande utrustning.

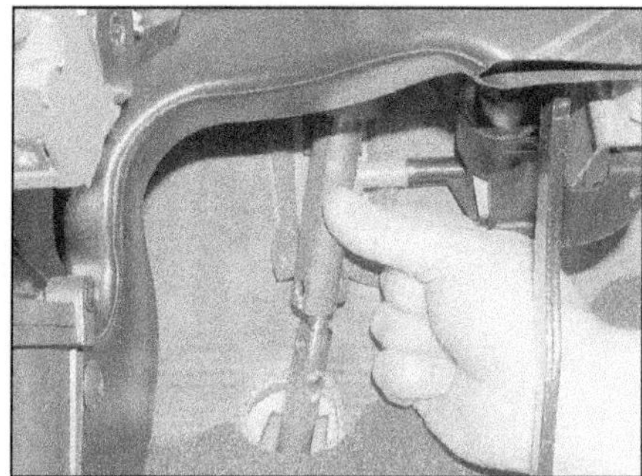

19.10b . . . och lyft sedan upp rattstången från kuggstången

20 Servostyrningens kuggstång - demontering och montering

Demontering

1 Centrera ratten så att framhjulen är riktade rakt framåt. Ta bort nycklarna och spärra ratten i det läget.

2 Arbeta inne i bilen och ta bort fästbulten från hylsan som förbinder stången med kuggstången.

3 Dra åt handbromsen. Lyft sedan upp framvagnen och ställ den på pallbockar. Ta bort de båda framhjulen.

4 Skruva loss styrledernas muttrar och lossa styrstagen från armarna på hjulspindlarna med hjälp av en spindelledsavdragare. Var försiktig så att du inte skadar spindelledstätningarna.

5 Ta bort anslutningslänkarna från fjäderbenen och krängningshämmaren, var försiktig så att du inte skadar spindelledernas tätningar.

6 I förekommande fall, ta bort skyddskåpan under motorn.

7 Ta bort bulten från stödfästet på transaxelenheten.

8 Skruva loss värmeskölden från kuggstången **(se bild)**.

9 Skruva loss skruven som fäster slangfästesklämman på huset på styrväxelns drev.

10 Placera en behållare under kuggstången, skruva sedan loss bulten som fäster servostyrningens rör på kuggstången. Identifiera ledningarna för montering, vrid sedan klämman, koppla ifrån rören och kontrollera att O-ringarna inte är skadade. Låt oljan rinna ner i behållaren. Täck öppningarna i kuggstången och vätskerörens ändar för att förhindra att damm och smuts kommer in i hydraulkretsen.

11 Stöd den främre tvärbalken på en garagedomkraft och ta bort de sex fästbultarna. Det finns ett specialverktyg för att rikta in tvärbalken vid monteringen. Om du inte har tillgång till det, markera fästpunkterna så att återmonteringen kan utföras korrekt.

12 Sänk ner tvärbalken, koppla loss styrningens kuggdrev och golvtätningen från rattstångens drevhus. Ta bort den nedre fästbulten från rattstångsförlängningen när den är synlig.

13 Skruva loss kuggstångens fästbultar **(se bilder)**.

14 Ta bort kuggstången från tvärbalken, var försiktig så att du inte skadar några delar vid demonteringen.

15 När kuggstången är borttagen kan bussningarna i huset bytas. Om du inte har tillgång till specialverktyget kan du använda en lång bult med ett metallrör och brickor för att trycka in den nya bussningen i huset. Se till att bussningarna monteras på rätt djup.

Montering

16 Monteringen utförs i omvänd ordningsföljd mot demonteringen. Tänk på följande:

a) Kontrollera att O-ringarna på rören för servoolja inte är skadade eller förstörda, byt vid behov.
b) Se till att tryckventilen placeras korrekt i ventilhuset.
c) Kontrollera att rattsångens golvtätning inte är skadad. Se till att den placeras korrekt på drevhuset.
d) Lyft upp tvärbalken med en domkraft till rätt läge på chassit (använd syftningsverktyget om du har tillgång till det). Se till att tvärbalkens kullagerbrickor är korrekt monterade innan du drar åt bultarna till angivet moment.

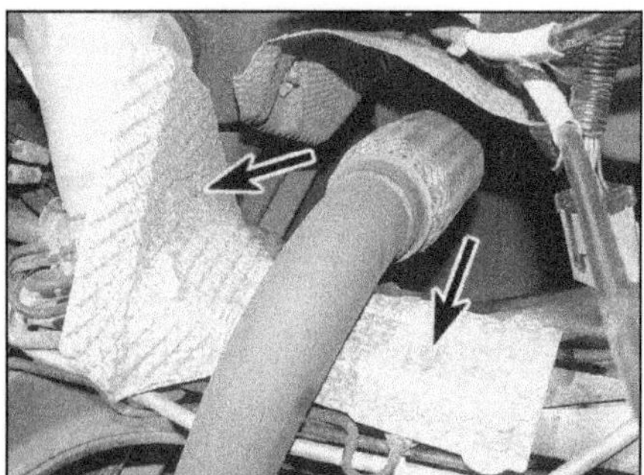

20.8 Skruva loss de båda fästbultarna från värmeskölden (vid pilarna)

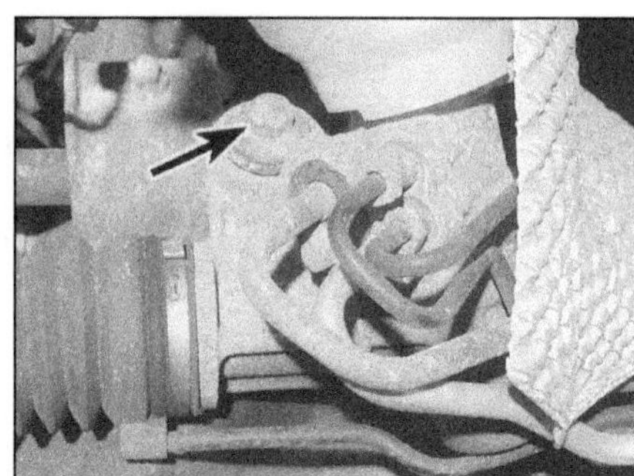

20.13a Skruva loss kuggstångens högra fästbult . . .

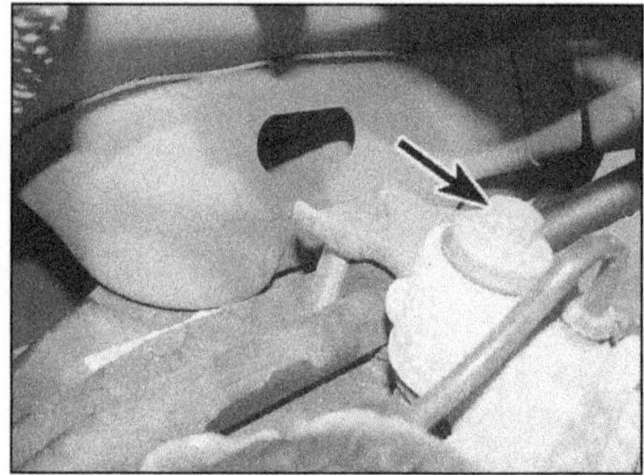

20.13b . . . och den vänstra fästbulten (vid pilen)

e) *Byt klämbultar i styrdrevshylsan.*
f) *Fyll på systemet med servoolja och lufta det enligt beskrivningen i avsnitt 22.*
g) *Kontrollera framhjulsinställningen enligt beskrivningen i avsnitt 26.*

21 Styrväxelns gummidamasker - byte

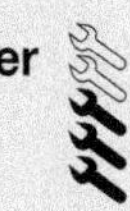

1 Ta bort styrleden och dess låsmutter från styrstaget enligt beskrivningen i avsnitt 25. Se till att du noterar styrledens exakta placering på styrstaget, för att kunna behålla framhjulsinställningen vid monteringen.

2 Lossa de yttre och inre fästklämmorna och koppla loss damasken från styrväxelhuset **(se bild)**.

3 Koppla loss ventilen från damasken, dra sedan loss damasken från styrstaget.

4 Stryk på fett på styrstagets inre led. Torka rent sätesområdena på styrväxelhuset och styrstaget.

5 Trä på den nya damasken på styrstaget och styrväxelhuset och återanslut ventilen **(se bild)**.

6 Montera en ny inre och yttre fästklämma.

7 Montera styrleden enligt beskrivningen i avsnitt 25.

8 Kontrollera framhjulsinställningen, och justera den vid behov, så snart som möjligt (enligt beskrivningen i avsnitt 26).

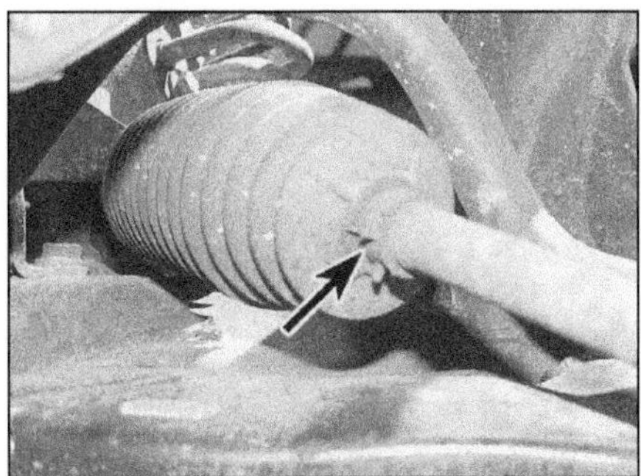

21.2 Lossa fästklämman (vid pilen) från damasken

21.5 Återanslut ventilröret (vid pilen) till damasken

22 Servostyrningens hydraulsystem - luftning

Varning: Håll inte ratten i de ändlägena, mot stoppen, längre än fem sekunder eftersom det kan skada styrpumpen.

1 Efter en åtgärd där servostyrningens vätskeledningar har kopplats loss måste servosystemet luftas för att eventuell instängd luft ska släppas ut.

2 Placera framhjulen riktade rakt framåt och kontrollera nivån på servovätska i behållaren. Fyll på ny vätska tills markeringen MAX eller MAX COLD nås. Häll i vätska långsamt för att det inte ska bildas bubblor och använd endast anvisad vätska (se *Veckokontroller*).

3 Starta motorn och vrid långsamt styrningen från ändläge till ändläge.

4 Stanna motorn och kontrollera att slangarna och anslutningarna inte läcker. Kontrollera vätskenivån och fyll på vid behov. Se till att vätskenivån i behållaren inte sjunker under markeringen MIN eftersom det då kan komma in luft i systemet.

5 Starta motorn igen och låt den gå på tomgång. Lufta sedan systemet genom att långsamt vrida ratten från sida till sida flera gånger. Då ska systemet luftas helt. Om det ändå finns kvar luft i systemet (märks genom att det låter mycket när man använder styrningen), låt bilen stå över natten och upprepa åtgärden igen nästa dag.

6 Om det fortfarande finns kvar luft i systemet kan du behöva använda Fords luftningsmetod, med en vakuumpump. Vrid ratten till nästan till höger ändläge, montera sedan vakuumpumpen på vätskebehållaren och applicera 0,15 bar vakuum. Behåll vakuumet minst 5 minuter och upprepa sedan åtgärden med ratten vriden nästan ända till vänster ändläge.

7 Håll vätskenivån hög under hela luftningsproceduren. Observera att när vätsketemperaturen stiger så höjs nivån.

8 Avsluta med att slå av motorn och placera hjulen riktade rakt framåt igen. Kontrollera att det inte förekommer något läckage.

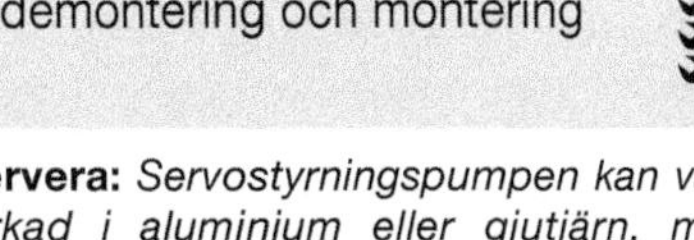

23 Servostyrningspump - demontering och montering

Observera: *Servostyrningspumpen kan vara tillverkad i aluminium eller gjutjärn, men demonteras och monteras på samma sätt. På 1,8 och 2,0 modellerna kan remskivan tas bort från pumpen när den sitter kvar i bilen (med hjälp av en avdragare). På de andra modellerna måste pumpen tas bort från bilen innan remskivan tas bort. Servostyrnings-pumpen sitter på motorns framsida, med undantag för på 1,4 och 1,6 liters motorer med luftkonditionering där den sitter på baksidan av motorn.*

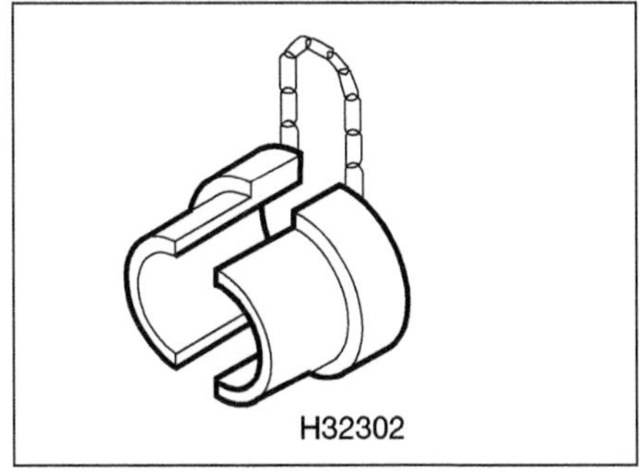

23.4 Specialverktyg - för in verktyget i ändarna av vätskekylslangen för att lossa låstapparna

Demontering

1 Lossa batteriets jordledning (minuspolen) (se kapitel 5A, avsnitt 1).

2 Demontera drivremmen enligt beskrivningen i kapitel 1.

3 Placera ett lämpligt uppsamlingskärl under servostyrningspumpen för att fånga upp eventuellt spill.

4 Ta bort vätskekylarslangen (utom på 1,4 och 1,6 liter utan luftkonditionering). Sätt in ett därför särskilt avsett verktyg i slangänden längs med röret för att lossa låstapparna **(se bild)**. Låt vätskan rinna ner i behållaren.

5 På 1,4 och 1,6 liters bilar med luftkonditionering, sänk ner bilen och lossa servostyrningens behållare från fästbygeln, koppla ifrån slangen och töm ut vätskan i uppsamlingskärlet.

6 Lossa klämman och koppla bort vätskematningsslangen från pumpingången. Plugga igen slangen för att förhindra att det kommer in damm och smuts **(se bild)**.

7 Skruva loss bulten som fäster högtrycksvätskeledningens fäste på pumpens fästbygel (finns inte på 1,4 och 1,6 liters modeller med luftkonditionering). Skruva loss anslutningsmuttern och koppla ifrån högtrycksledningen från pumpen **(se bild på nästa sida)**. Låt vätskan rinna ner i kärlet.

23.6 Koppla loss matningsslangen (vid pilen) från pumpen

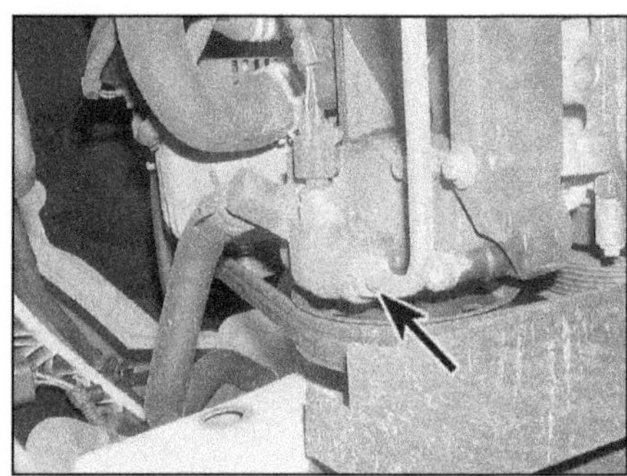

23.7 Koppla loss högtrycksröret (vid pilen)

24.6 Vätskekylaren sitter på kylarens framsida

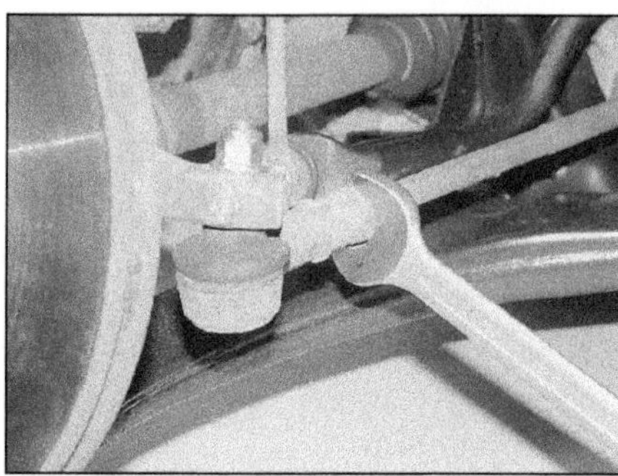

25.2 Lossa låsmuttern

8 Koppla ifrån det elektriska kontaktdonet till servostyrningens tryckbrytare (PSP) genom att trycka ner låsfliken (PSP-brytaren sitter i högtrycksröret på 1,4 liters modellen).

9 Skruva loss de fyra fästbultarna (tre bultar på 1,4 och 1,6 liters modeller med luftkonditionering) och ta bort servostyrningspumpen från dess fäste.

Montering

10 Monteringen utförs i omvänd ordningsföljd mot demonteringen, men tänk på följande:

a) Dra åt bultarna och anslutningarna till angivet moment.

b) I förekommande fall ska O-ringen på högtrycksutgången bytas. Använd ett specialverktyg eller ett koniskt rör för att låta den nya O-ringen glida på röranslutningen.

c) Lufta servostyrningens hydraulsystem enligt beskrivningen i avsnitt 22.

d) När du byter pumpen, ta bort servostyrningens tryckbrytare och högtrycksrör, där tillämpligt.

24 Servostyrningens vätskekylare - demontering och montering

Demontering

1 Koppla loss servostyrningsbehållaren från fästbygeln, koppla loss slangen och töm ut vätskan i ett lämpligt kärl.

2 Lossa slangen från fästbygeln.

3 Dra åt handbromsen. Lyft sedan upp framvagnen och ställ den på pallbockar.

4 Skruva loss fästskruvarna från stänkskyddet under kylaren och ta bort det. (Koppla ifrån temperaturgivarens elektriska kontaktdon i förekommande fall.)

5 Ta bort vätskekylslangen. Sätt in ett specialverktyg i slangänden längs med röret för att lossa låstapparna **(se bild 23.4)**. Låt vätskan rinna ner i kärlet.

6 Skruva loss vätskekylarens fästbultar och ta bort kylaren från bilen **(se bild)**.

Montering

7 Monteringen sker i omvänd ordningsföljd mot demonteringen. Lufta servostyrningens hydraulsystem enligt beskrivningen i avsnitt 22.

25 Styrled - byte

Demontering

1 Dra åt handbromsen. Lyft sedan upp framvagnen och ställ den på pallbockar. Demontera relevant framhjul.

2 Lossa låsmuttern på styrstaget ett kvarts varv **(se bild)**. Håll styrstagsänden stilla med en annan nyckel som du har hakat i specialytorna när du lossar låsmuttern.

3 Skruva loss fästmuttern till styrleden.

4 När du ska lossa styrledens koniska skaft från hjulspindelarmen, använd en spindelledsavdragare **(se bild)** (om styrleden ska återanvändas, var försiktig så att du inte skadar dammkåpan med avdragaren).

5 Räkna antalet synliga gängor på styrstagets inre del och anteckna denna siffra.

6 Skruva loss styrleden från styrstaget, räkna antalet varv som krävs för att ta bort den. Håll styrstaget stilla med en tång om det behövs.

Montering

7 Skruva fast styrleden på styrstaget det antal varv som noterades vid demonteringen tills den precis tar i låsmuttern.

8 Haka fast styrledens skaft i hjulpindelarmen och sätt tillbaka muttern. Dra åt muttern till angivet moment. Om styrledens skaft vrids när muttern dras åt, använd en insexnyckel **(se bild)** för att hålla fast skaftet eller tryck upp det mot styrleden. Skaftets sneda kant låser det och hindrar det från att vridas när muttern dras åt.

9 Dra nu åt låsmuttern på styrstaget samtidigt som du håller i styrleden som tidigare.

10 Sätt tillbaka hjulet och sänk ner bilen till marken.

11 Kontrollera, och justera om det behövs, framhjulsinställningen enligt beskrivningen i avsnitt 26.

26 Hjulinställning och styrvinklar - allmän information

1 Noggrann framhjulsinställning är viktig för styrningens egenskaper och för att förhindra att däcken slits onormalt mycket. Innan styrvinklarna och fjädringen undersöks, kontrollera att däcken har tillräckligt med luft, att framhjulen inte är buckliga och att styr- och fjädringslederna är i gott skick utan slack eller slitage.

2 Hjulinställningen består av fyra delar:

Cambervinkeln är den vinkel med vilken framhjulen ställs in vertikalt när de ses

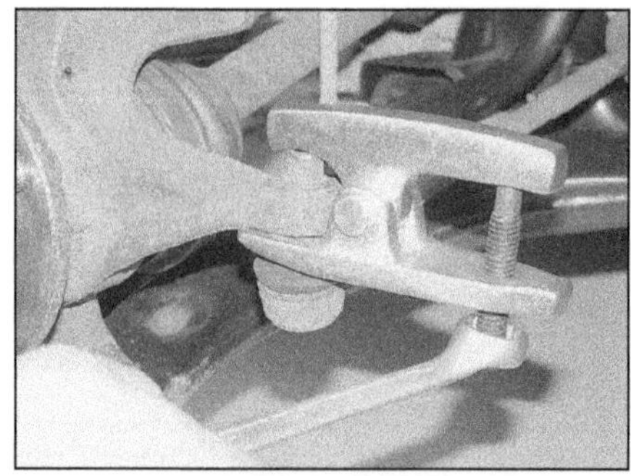

25.4 Använd spindelledsavdragaren för att lossa styrleden

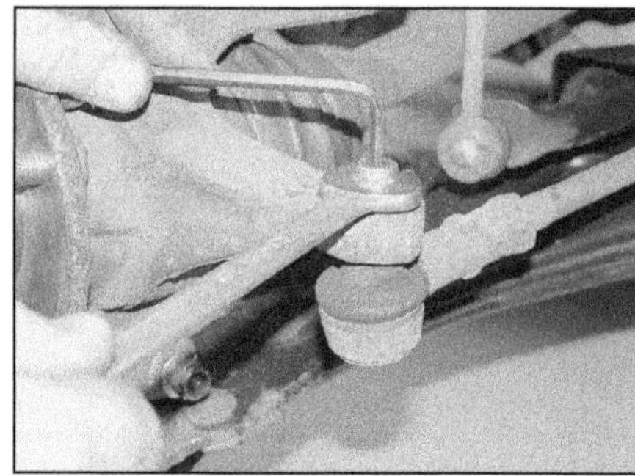

25.8 Använd en insexnyckel för att hindra skaftet från att vridas

framifrån eller bakifrån bilen. Positiv camber är det värde (i grader) som hjulen lutar utåt från vertikallinjen upptill.

Castervinkeln är vinkeln mellan styraxeln och en vertikal linje sett från sidan av bilen. Positiv caster föreligger om styraxeln lutar bakåt upptill.

Styraxelns lutning är den vinkel (sett framifrån) mellan en vertikal linje och en imaginär linje som dras mellan det främre fjäderbenets övre fäste och den nedre länkarmens spindelled.

Toe-inställningen är det värde med vilket avståndet mellan hjulens främre insidor (mätt i navhöjd) skiljer sig från det diametralt motsatta avståndet mellan hjulens bakre insidor.

3 Med undantag för toe-inställningen ställs alla andra styrvinklar in vid tillverkningen och de kan inte efterjusteras. Därför bör alla förinställda styrvinklar vara korrekta, förutsatt att bilen inte har krockskadats. Om du är tveksam, kontakta en Fordverkstad eftersom det behövs särskilda mätare för att kontrollera styrvinklarna.

4 Det finns två möjliga sätt för hobbymekanikern att kontrollera toe-inställningen. Ett sätt är att använda en mätare och mäta avståndet mellan den främre och den bakre fälgen på insidan av hjulen. Du kan även använda en hasplåt. Båda framhjulen rullas då över en rörlig plåt, som känner av däckets eventuella avvikelse, hasning, från det framåtriktade läget. För båda sätten finns ganska billiga verktyg att köpa i tillbehörsbutiker.

5 Om du kontrollerar toe-inställningen och märker att en justering behövs, gå tillväga på följande sätt.

6 Vrid ratten så långt som möjligt åt vänster och räkna antalet gängor som syns på höger styrstag. Vrid sedan ratten så långt som möjligt åt höger och räkna antalet gängor som syns på vänster styrstag. Om lika mycket av gängorna syns på båda sidor ska efterföljande justeringar göras lika mycket på båda sidor. Om fler gängor syns på endera sidan måste du ta hänsyn till detta vid justeringen. *Efter justeringen ska du kunna se lika många gängor på båda styrstagen. Detta är mycket viktigt.*

7 Du kan ändra toe-inställningen genom att lossa låsmuttern på styrstaget **(se bild)** och vrida styrstaget till önskad inställning med hjälp av en självlåsande tång. Sett från sidan ökas toe-in om du vrider staget medurs, och toe-ut om du vrider det moturs. Vrid styrstagen ett kvarts varv i taget och kontrollera sedan inställningen igen.

8 Efter justeringen ska låsmuttrarna dras åt. Sätt tillbaka styrväxelns gummidamasker – de kan ha blivit vridna när styrstagen har vridits.

9 Bakhjulets toe-inställning kan också kontrolleras och justeras. Inställningen justeras genom att du vrider excenterbulten/brickan som fäster de bakre nedre länkarmarna på bakaxelns tvärbalk **(se bild)**. **Observera:** *När bakfjädringens bultar har lossats måste du utföra inställningen av den anvisade höjden för fjädringen enligt beskrivningen i avsnitt 11 innan du gör några åtdragningar.*

10 Den här bulten måste lossas och sedan dras åt upp till 8 Nm. Excenterbulten/brickan kan nu vridas med- eller moturs för justering av bakhjulsinställningen. När hjulinställningen är korrekt kan du dra åt excenterbulten/-brickan till 115 Nm.

11 Bakhjulets toe-inställning kräver även inriktning med framhjulen, vilket gör att det är bästa att överlämna denna uppgift till en Fordverkstad eller annan specialist som har rätt utrustning för hjulinställning.

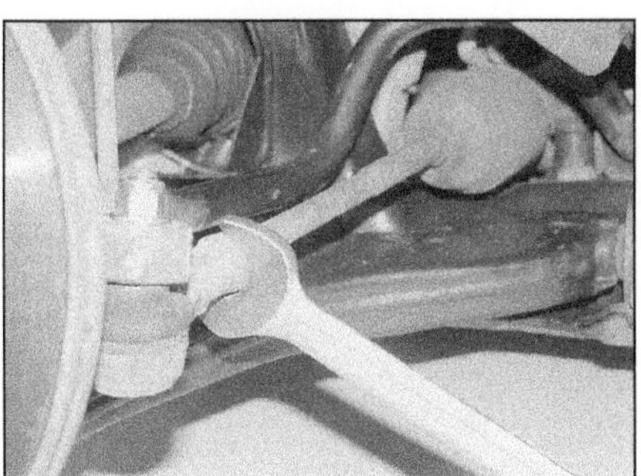

26.7 Lossa låsmuttern

26.9 Excenterbult/-bricka för justering av bakfjädring

Kapitel 11
Kaross och detaljer

Innehåll

Svårighetsgrader

Enkelt, passar novisen med lite erfarenhet 	**Ganska enkelt,** passar nybörjaren med viss erfarenhet	**Ganska svårt,** passar kompetent hemmamekaniker 	**Svårt,** passar hemmamekaniker med erfarenhet 	**Mycket svårt,** för professionell mekaniker 

Specifikationer

Åtdragningsmoment

	Nm
Motorhuvens gångjärn till kaross, bultar	22
Motorhuvens gångjärn till motorhuv, bultar	10
Bagageluckans (sedan) gångjärn, bultar	22
Stötfångarens fästmuttrar	20
Dörrstopp till kaross, bultar	22
Dörrstsopp till dörr, bultar	6
Dörrgångjärn till kaross, bultar	35
Dörrgångjärn till dörr, bultar	47
Dörrens låsbleck, bultar	20
Framsätets fästbultar	28
Baksätets ryggstödsspärr, fästbultar	30
Baksätets gångjärnsstift	20
Säkerhetsbältets fästmuttrar och bultar	38
Bakluckans (kombi och kombikupé) gångjärn till kaross, bultar	22
Bakluckans gångjärn till kaross, muttrar	8
Bakluckans gångjärn till baklucka, bultar	10
Torkararmens fästmuttrar	18

1 Allmän information

Stålet i ytterkarossen och underredet på alla modeller har olika tjocklek. Detta tack vare den lasersvetsningsteknik som används för att sammanfoga stålplåtar av olika tjocklek. Strukturen blir på detta sätt styvare och får starkare fästpunkter, vilket förbättrar egenskaperna vid kollisioner.

En extra säkerhetsbalk sitter mellan A-stolparna i torpedväggens överdel. Instrumentbrädan och rattstången sitter fast i den. Den nedre delen av torpedväggen är förstärkt med ett extra balksystem som är förbundet med bilens front. Tröskelplåtarna är uppdelade på längden med inre förstärkningar som fungerar som ett dubbelt rör som ökar plåtens styrka. Alla dörrar är förstärkta med skydd mot sidokrockar, som är fästa i dörrstommen. Det finns extra krockdämpare i bilens främre och bakre del, bakom stötfångarna.

Alla korrosionsutsatta metallplåtytor är galvaniserade. Lackeringens grundfärg är mycket lik täckskiktet för att stenskott inte ska synas så tydligt. Framskärmarna är fästa med bultar för att de ska vara lättare att byta.

Rullbälten finns på alla modeller och framsätenas säkerhetsbälten är utrustade med pyrotekniska bältessträckare, som är fästa vid sittdynornas ramar. Vid en allvarlig frontalkrock aktiveras systemet och drar spännet nedåt så att säkerhetsbältet spänns. Det går inte att återställa en sträckare som en gång har löst ut, den måste bytas ut mot en ny. Sträckarna löser ut med en explosiv laddning liknande den som används för krockkuddar och de aktiveras via krockkuddarnas styrenhet. Bältessträckaren, som sitter i B-stolpens nederdel, har en anordning som kontrollerar säkerhetsbältet om fartminskningskraften är så stor att krockkuddarna aktiveras.

Centrallås finns på vissa modeller. På bilar som har dubbla lås kopplas låsmekanismen ur (när systemet är aktiverat) från de inre dörrhandtagen, vilket gör det omöjligt att öppna någon av dörrarna eller bakluckan från bilens insida. Detta innebär att även om en tjuv krossar en sidoruta så kommer han inte att kunna öppna dörren med innerhandtaget. Modeller med det dubbla låssystemet har en styrenhet under instrumentbrädan på höger sida. Vid en allvarlig olycka låser en krockgivare upp alla dörrar om de tidigare var låsta.

Många av metoderna i det här kapitlet kräver att batteriet kopplas ur. Se först kapitel 5A, avsnitt 1.

2 Underhåll – kaross och underrede

Karossens allmänna skick påverkar bilens värde väsentligt. Underhållet är enkelt men måste utföras regelbundet. Underlåtenhet att sköta underhållet, speciellt efter smärre skador, kan snabbt leda till värre skador och dyra reparationer. Det är även viktigt att hålla ett öga på de delar som inte är direkt synliga, exempelvis underredet, under hjulhusen och de nedre delarna av motorrummet.

Tvättning utgör grundläggande underhåll av karossen – helst med stora mängder vatten från en slang. Detta tar bort all lös smuts som har fastnat på bilen. Det är viktigt att spola bort smutsen på ett sätt som inte skadar lacken. Hjulhusen och underredet måste tvättas rena från lera på samma sätt. Fukten som binds i leran kan annars leda till rostangrepp. Paradoxalt nog är det bäst att tvätta av underredet och hjulhuset när det regnar eftersom leran då är blöt och mjuk. Vid körning i mycket våt väderlek spolas vanligen underredet av automatiskt, vilket ger ett tillfälle för kontroll.

Med undantag för bilar med vaxade underreden är det bra att regelbundet rengöra hela undersidan av bilen, inklusive motorrummet, med ångtvätt så att en grundlig kontroll kan utföras av vilka åtgärder och mindre reparationer som behövs. Ångtvätt brukar finnas hos bensinstationer och verkstäder och behövs när man ska ta bort de ansamlingar av oljeblandad smuts som ibland lägger sig tjockt i vissa utrymmen. Om det inte finns tillgång till ångtvätt finns det utmärkta fettlösningsmedel som penslas på. Sedan kan smutsen helt enkelt spolas bort. Observera att ingen av ovanstående metoder ska användas på bilar med vaxade underreden, eftersom de tar bort vaxet. Bilar med vaxade underreden ska kontrolleras årligen, helst på senhösten. Underredet ska då tvättas av så att skador i vaxbestrykningen kan hittas och åtgärdas. Helst ska ett helt nytt lager vax läggas på. Överväg även att spruta in vaxbaserat skydd i dörrpaneler, trösklar, balkar och liknande som ett extra rostskydd där tillverkaren inte redan åtgärdat den saken.

Torka av lacken med sämskskinn efter tvätten så att den får en fin yta. Ett lager med genomskinligt skyddsvax ger förbättrat skydd mot kemiska föroreningar i luften. Om lacken mattats eller oxiderats kan ett kombinerat rengörings-/polermedel återställa glansen. Detta kräver lite arbete, men sådan mattning orsakas vanligen av slarv med regelbundenheten i tvättningen. Metallic-lacker kräver extra försiktighet och speciella slipmedelsfria rengörings-/polermedel krävs för att inte ytan ska skadas. Kontrollera alltid att dräneringshål och rör i dörrar och ventilation är öppna så att vatten kan rinna ut. Kromade ytor ska behandlas på samma sätt som lackerade. Fönster och vindrutor ska hållas fria från fett och smuts med hjälp av fönsterputs. Vax eller andra medel för polering av lack eller krom ska inte användas på glas.

3 Underhåll – klädsel och mattor

Mattorna ska borstas eller dammsugas med jämna mellanrum så att de hålls rena. Om de är svårt nedsmutsade kan de tas ut ur bilen och skrubbas. Se i så fall till att de är helt torra innan de läggs tillbaka i bilen. Säten och klädselpaneler kan torkas rena med fuktig trasa. Om de smutsas ner (vilket ofta syns tydligare på ljus inredning) kan lite flytande tvättmedel och en mjuk nagelborste användas för att skrubba ut smutsen ur materialet. Glöm inte takets insida, håll det rent på samma sätt som klädseln. När flytande rengöringsmedel används inne i en bil får de tvättade ytorna inte överfuktas. För mycket fukt kan tränga in i sömmar och stoppning och framkalla fläckar, störande lukter och till och med röta.

Försiktighet: Om bilens insida blir mycket blöt är det mödan värt att torka ur den ordentligt, särskilt mattorna. Lämna dock inte olje- eller eldrivna värmare i bilen för detta ändamål.

4 Mindre karosskador – reparation

Repor

Om en repa är mycket ytlig och inte har trängt ner till karossmetallen är reparationen mycket enkel att utföra. Gnugga det skadade området helt lätt med lackrenoveringsmedel eller en mycket finkornig slippasta så att lös lack tas bort från repan och det omgivande området befrias från vax. Skölj med rent vatten.

Lägg bättringslack på repan med en tunn målarpensel. Fortsätt att lägga på tunna lager färg tills färgytan i repan är i nivå med den omgivande lacken. Låt den nya lacken härda i minst två veckor och jämna sedan ut den mot omgivande lack genom att gnugga hela området kring repan med lackrenoveringsmedel eller en mycket finkornig slippasta. Avsluta med en vaxpolering.

Om repan har gått ner till karossmetallen och denna har börjat rosta krävs en annan teknik. Ta bort lös rost från botten av repan med ett vasst föremål och lägg sedan på rostskyddsfärg så att framtida rostbildning förhindras. Använd sedan en spackel av gummi eller nylon och fyll upp repan med spackelmassa. Vid behov kan spacklet tunnas ut med thinner så att det blir mycket tunt vilket är idealiskt för smala repor. Innan spacklet härdar, linda ett stycke mjuk bomullstrasa runt en fingertopp. Doppa fingret i cellulosa-förtunning och stryk snabbt över fyllningen i repan. Det gör att ytan blir något urholkad. Lacka sedan över repan enligt tidigare anvisningar.

Bucklor

När en djup buckla har uppstått i bilens kaross blir den första uppgiften att räta ut den så att karossen i det närmaste återfår ursprungsformen. Det finns ingen anledning att försöka återställa formen helt eftersom metallen i det skadade området sträckt sig vid skadans uppkomst och aldrig helt kommer att återta sin gamla form. Det är bättre att försöka ta bucklans nivå upp till ca 3 mm under den omgivande karossens nivå. I de fall bucklan är mycket grund är det inte värt besväret att räta ut den. Om undersidan av bucklan är åtkomlig kan den knackas ut med en träklubba eller plasthammare. När detta görs ska mothåll användas på plåtens utsida så att inte större delar knackas ut.

Skulle bucklan finnas i en del av karossen som har dubbel plåt, eller om den av någon annan anledning är oåtkomlig från insidan, krävs en annan teknik. Borra ett flertal små hål genom metallen i bucklan – speciellt i de djupare delarna. Skruva sedan in långa plåtskruvar precis så långt att de får ett fast grepp i metallen. Dra sedan ut bucklan genom att dra i skruvskallarna med en tång.

Nästa steg är att ta bort lacken från det skadade området och ca 3 cm av den omgivande oskadade plåten. Detta görs enklast med stålborste eller slipskiva monterad på borrmaskin, men kan även göras för hand med slippapper. Fullborda under-arbetet genom att repa den nakna plåten med en skruvmejsel eller filspets, eller genom att borra små hål i det område som ska spacklas. Detta gör att spacklet fäster bättre.

Se avsnittet om spackling och sprutning för att avsluta reparationen.

Rosthål eller revor

Ta bort lacken från det drabbade området och ca 3 cm av den omgivande oskadade plåten med en sliptrissa eller stålborste monterad i en borrmaskin. Om detta inte finns tillgängligt kan några ark slippapper göra jobbet lika effektivt. När lacken är borttagen kan rostskadans omfattning uppskattas mer exakt och därmed kan man avgöra om hela plåten (om möjligt) ska bytas ut eller om rostskadan ska repareras. Nya plåtdelar är inte så dyra som de flesta tror och det går ofta snabbare och ger bättre resultat med plåtbyte än att försöka reparera större rostskador.

Ta bort all dekor från det drabbade området, utom den som styr den ursprungliga formen på det drabbade området, exempelvis lyktsarger. Ta sedan bort lös eller rostig metall med plåtsax eller bågfil. Knacka kanterna något inåt så att du får en grop för spacklings-massan.

Borsta av det drabbade området med en stålborste så att rostdamm tas bort från den kvarvarande metallens yta. Måla det angripna området med rostskyddsfärg. Måla även baksidan av det rostiga området om det går att komma åt.

Före spacklingen måste hålet täckas på något sätt. Detta kan göras med nät av plast eller aluminium eller med aluminiumtejp.

Nät av plast eller aluminium eller glasfiber-väv är antagligen det bästa materialet för ett stort hål. Skär ut en bit som är ungefär lika stor som det hål som ska fyllas, placera den i hålet så att kanterna är under nivån för den omgivande plåten. Ett antal klickar spackel-massa runt hålet fäster materialet.

Aluminiumtejp bör användas till små eller mycket smala hål. Dra av en bit tejp från rullen och klipp till den storlek och form som behövs. Dra bort eventuellt skyddspapper och fäst tejpen över hålet. Tejpen kan överlappas om en bit inte räcker. Tryck ner tejpkanterna med ett skruvmejselhandtag eller liknande så att tejpen fäster ordentligt på metallen.

Spackling och sprutning

Se tidigare anvisningar beträffande reparation av bucklor, repor, rosthål och andra hål innan beskrivningarna i det här avsnittet följs.

Det finns många typer av spackelmassa. Generellt sett är de som består av grund-massa och härdare bäst vid den här typen av reparationer. En bred och följsam spackel av nylon eller gummi är ett ovärderligt verktyg för att skapa en väl formad spackling med fin yta.

Blanda lite massa och härdare på en skiva av exempelvis kartong eller masonit. Följ tillverkarens instruktioner och mät ut härdaren noga, i annat fall härdar spacklingen för snabbt eller för långsamt. Använd applikatorn och bred ut massan på den preparerade ytan. Dra applikatorn över massans yta för att forma den och göra den jämn. Så snart massan har antagit en någorlunda korrekt form bör arbetet avbrytas. Om man håller på för länge blir massan kletig och börjar fastna på spackeln. Fortsätt lägga på tunna lager med ca 20 minuters mellanrum till dess att massan är något högre än den omgivande plåten.

När massan härdat kan överskottet tas bort med hyvel eller fil. Börja med nr 40 och avsluta med nr 400 våt- och torrpapper. Linda alltid papperet runt en slipkloss, i annat fall blir inte den slipade ytan plan. Vid slutpoleringen med torr- och våtpapper ska detta då och då sköljas med vatten. Detta skapar en mycket slät yta på massan i slutskedet.

I det här stadiet bör bucklan vara omgiven av en ring med ren plåt som i sin tur omges av en lätt ruggad kant av den oskadade lacken. Skölj av reparationsområdet med rent vatten till dess att allt slipdamm försvunnit.

Spruta ett tunt lager grundfärg på hela reparationsområdet. Då avslöjas mindre ytfel i spacklingen. Laga dessa med ny spackel-massa eller filler och slipa av ytan igen. Upprepa denna sprutning och reparation till dess att du är nöjd med spackelytan och den ruggade lacken. Rengör reparationsytan med rent vatten och låt den torka helt.

Reparationsytan är nu klar för lackering. Färgsprutning måste utföras i ett varmt, torrt, drag- och dammfritt utrymme. Detta kan åstadkommas inomhus om det finns tillgång till ett större arbetsområde, men om arbetet måste äga rum utomhus är valet av dag av stor betydelse. Om arbetet utförs inomhus kan golvet spolas av med vatten eftersom detta binder damm som annars skulle finnas i luften. Om ytan som ska åtgärdas endast omfattar en panel ska de omgivande panelerna maskeras av. Då kommer inte mindre nyansskillnader i lacken att synas lika tydligt. Även paneler och detaljer (kromlister, handtag m.m.) ska maskas av. Använd riktig maskeringstejp och flera lager tidningspapper till detta.

Före sprutning, skaka burken ordentligt och spruta på en provbit, exempelvis en konserv-burk, tills du behärskar tekniken. Täck reparationsytan med ett tjockt lager grund-färg. Tjockleken ska byggas upp med flera tunna färglager, inte ett enda tjockt lager. Slipa ner grundfärgen med nr 400 slippapper tills den är riktigt slät. Medan detta utförs ska ytan hållas våt och pappret ska periodvis sköljas i vatten. Låt torka innan mer färg läggs på.

Spruta på färglagret och bygg upp tjock-leken med flera tunna lager färg. Börja spruta i ena kanten och arbeta med sidledes rörelser till dess att hela reparationsytan och ca 5 cm av den omgivande lackeringen täckts. Ta bort maskeringen 10–15 minuter efter det att det sista färglagret sprutades på.

Låt den nya lacken härda i minst två veckor och jämna sedan ut den mot omgivande lack genom att gnugga färgskarven med lack-renoveringsmedel eller en mycket finkornig slippasta. Avsluta med en vaxpolering.

Plastdetaljer

Biltillverkarna gör allt fler karossdelar av plast (t.ex. stötfångare, spoilers och i vissa fall även större karosspaneler). Allvarligare fel på sådana komponenter kan endast åtgärdas genom att reparationsarbetet överlåts till en specialist, eller genom att hela delen byts ut. Sådana skador lönar sig inte att reparera själv, på grund av kostnaden för den special-utrustning och de speciella material som krävs. Principen för dessa reparationer är dock att en skåra tas upp längs med skadan med en roterande rasp i en borrmaskin. Den skadade delen svetsas sedan ihop igen med hjälp av en varmluftspistol och en plaststav

6.4a Skruva loss skruven som håller fast hjulhusets innerskärm vid stötfångaren . . .

6.4b . . . och de tre skruvarna som håller fast stötfångaren vid skärmen (vid pilarna) (helljuset borttaget för tydlighetens skull)

som hettas upp och används för att smälta igen spåret. Plastöverskott tas bort och ytan slipas ner. Det är viktigt att rätt typ av plastlod används – plasttypen i karossdelar kan variera, exempelvis PCB, ABS eller PPP.

Mindre allvarliga skador (skrapningar, små sprickor) kan lagas av hemmamekaniker med en tvåkomponents epoxymassa. Den blandas i lika delar och används på liknande sätt som spackelmassa på plåt. Epoxyn härdar i regel inom 30 minuter och kan sedan slipas och målas.

Om ägaren har bytt en komponent på egen hand eller reparerat med epoxymassa, återstår svårigheten att hitta en färg som lämpar sig för den aktuella plasten. En gång i tiden kunde inte någon universalfärg användas på grund av det breda utbudet av plaster i karossdelar. Standardfärger fäster i allmänhet inte särskilt bra på plast eller gummi. Numera finns det dock satser för plastlackering att köpa. Dessa består i princip av förprimer, grundfärg och färglager. Kompletta instruktioner finns i satserna, men grundmetoden är att först lägga på förprimern på den aktuella delen och låta den torka i 30 minuter. Sedan ska grundfärgen läggas på och lämnas att torka i ungefär en timme innan det färgade ytlacket läggs på. Resultatet blir en korrekt färgad del där lacken kan röra sig med materialet, något de flesta standardfärger inte klarar.

5 Större karosskador – reparation

Där allvarliga skador uppstått eller stora områden måste bytas på grund av slarv med underhållet måste hela nya plåtar svetsas fast. Detta bör överlåtas till proffs. Om skadan beror på en krock måste man även göra en fullständig riktningskontroll av karossen. Detta kan endast göras på rätt sätt av en Ford-verkstad med specialutrustning. En felbalanserad kaross är för det första farlig, eftersom bilen inte reagerar på rätt sätt, och för det andra så kan det leda till att styrningen, fjädringen och ibland kraftöverföringen belastas ojämnt med ökat slitage eller helt trasiga komponenter som följd. Särskilt däcken och dylikt är utsatta.

6 Stötfångare – demontering och montering

Observera: *Vissa modeller har strålkastarspolare. När stötfångaren tas bort måste man i förekommande fall koppla bort dessa.*

Demontering

Främre stötfångare

1 Dra åt handbromsen, lyft upp framvagnen och ställ den på pallbockar.

2 Ta bort kylargrillen enligt beskrivningen i avsnitt 7.

3 Ta bort de två främre strålkastarna enligt beskrivningen i kapitel 12, avsnitt 7.

4 Lossa skruvarna som håller fast hjulhusens innerskärmar vid den främre stötfångaren (en på varje sida) och skruvarna (tre på varje sida) som håller fast stötfångaren i framskärmen **(se bilder)**.

5 Lossa de sex fästklämmorna från ovansidan av stötfångarens kåpa, och de tre klämmorna från den nedre delen av stötfångarens kåpa **(se bild)**.

6 Tryck försiktigt ihop fästklämmornas tappar (en på varje sida) och sänk stötfångarens ytterkanter. Låt en medhjälpare hålla stötfångarens ena ände. Dra bort sidorna från karossen och ta bort den framåt från bilen **(se bild)**. Koppla loss dimljusets kontaktdon när stötfångaren är demonterad.

Bakre stötfångare – utom kombi

7 Klossa framhjulen och lyft sedan upp bakvagnen och ställ den på pallbockar. Öppna bakluckan.

8 Ta bort de fyra fästskruvarna och dra ut plastnitarna från stötfångarens övre del, och de två från stötfångarens undersida **(se bild)**.

9 Ta bort skruvarna (en på varje sida) som håller fast hjulhusens innerskärmar vid den bakre stötfångaren **(se bild)**.

10 Dra hjulhusens innerskärmar framåt och skruva loss muttern på varje sida **(se bild)**.

11 På sedanmodeller, skruva loss panelen från armaturens insida och tar bort den.

6.5 Lossa de sex övre klämmorna (vid pilarna – tre på varje sida)

6.6 Kläm försiktigt ihop tapparna på fästklämmorna

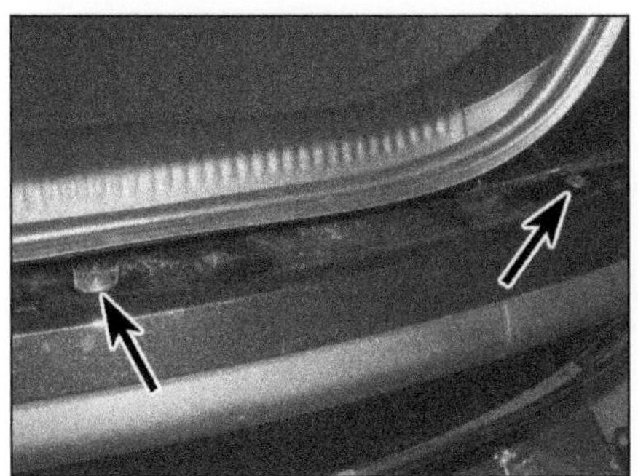
6.8 Ta bort de fyra fästskruvarna och dra ut plastnitarna (vid pilarna – två på varje sida)

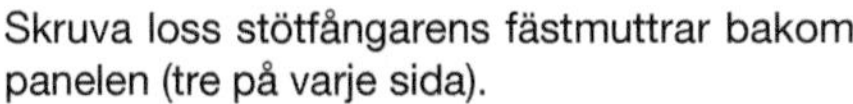

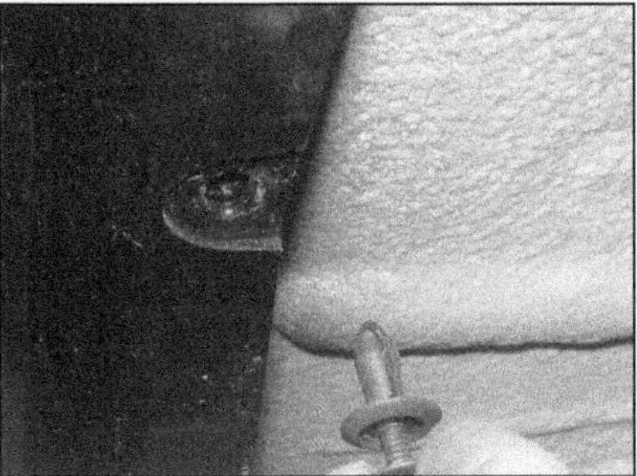
6.9 Skruva loss skruven som fäster hjulhusets innerskärm vid stötfångaren

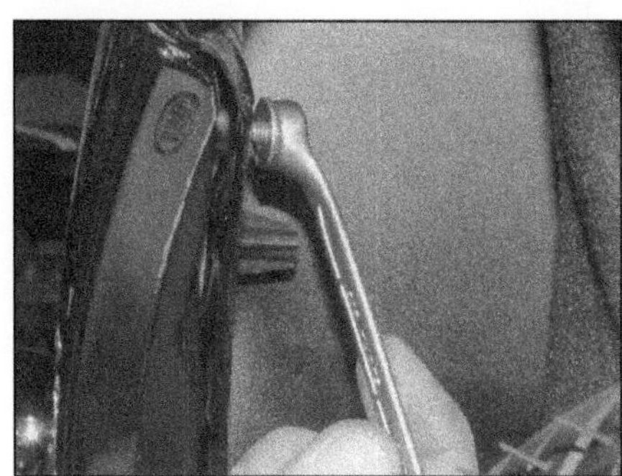
6.10 Dra hjulhusets innerskärm framåt och ta bort muttern på vardera sidan

Skruva loss stötfångarens fästmuttrar bakom panelen (tre på varje sida).

12 Låt en medhjälpare hålla stötfångarens ena ände, dra loss stötfångarens ändar från bilen och ta bort stötfångaren bakåt.

13 Koppla loss de elektriska kontaktdonen från det bakre dimljuset, backljuset, och parkeringsradarns givare i förekommande fall. Om det behövs kan parkeringsradarns givare tas bort från stötfångarens kåpa genom att man trycker ner spärrarna och tar bort givaren.

Bakre stötfångare – kombi

14 Klossa framhjulen och lyft sedan upp bakvagnen och ställ den på pallbockar.

15 Öppna bakluckan och öppna de två utrymmena i sidoplåtarna, ett till vänster och ett till höger **(se bilder)**.

16 Ta bort de två skruvarna från ovansidan av förstahjälpenkuddens hållare i det högra utrymmet och lossa det från öppningen. Skruva loss stötfångarens fästmutter bakom panelen **(se bilder)**.

17 Lossa plastfacket från det vänstra utrymmets insida och skruva loss stötfångarens fästmutter bakom panelen **(se bild)**.

18 Ta bort de fyra fästskruvarna från stötfångarens överdel **(se bild)**.

19 Ta bort skruvarna som håller fast hjulhusens innerskärmar vid den bakre stötfångaren **(se bild)**.

20 Bakom hjulhusens innersksärmar, vid stötfångarens båda hörn, lossa fästmuttrarna och dra bort gummikuddarna (en på varje sida).

21 Skruva loss de två skruvarna undertill på stötfångarens mittdel.

22 Låt en medhjälpare hålla stötfångarens ena ände och dra bort stötfångaren bakåt från bilen. På modeller med parkeringsradar, koppla loss givarnas kontaktdon när stötfångaren har tagits bort. Om det behövs kan parkeringsradarns givare tas bort från

6.15a Öppna det vänstra utrymmet . . .

6.15b . . . och det högra utrymmet

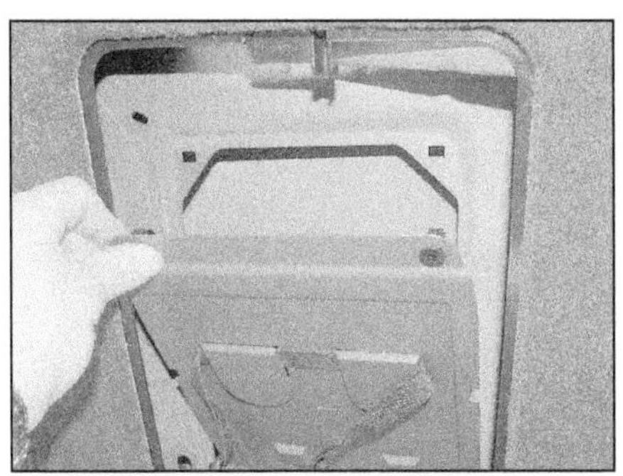
6.16a Skruva loss plastpanelen . . .

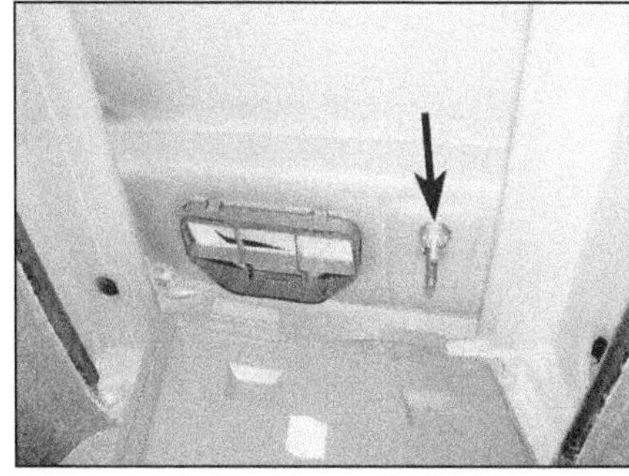
6.16b . . . skruva sedan loss stötfångarens fästmutter (vid pilen)

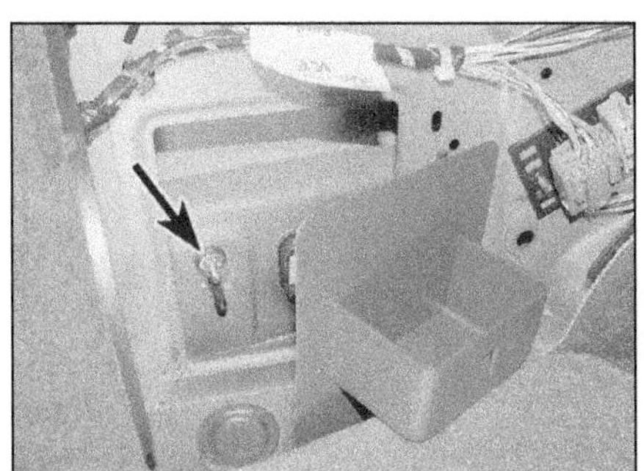
6.17 Lossa plastfacket och skruva loss stötfångarens fästmutter (vid pilen)

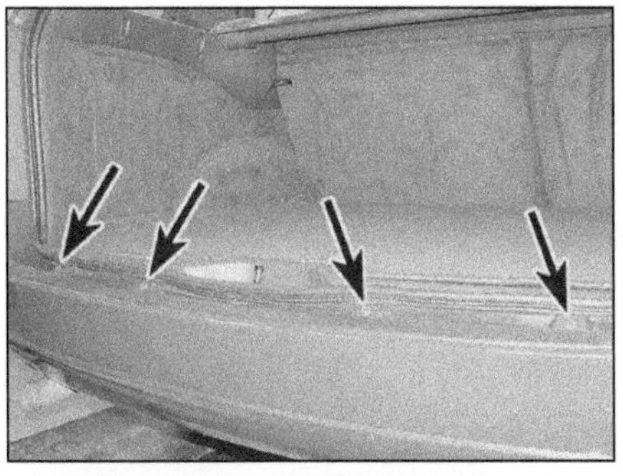
6.18 Skruva loss stötfångarens fyra övre skruvar (vid pilarna)

6.19 Skruva loss skruven som fäster hjulhusets innerskärm vid stötfångaren

7.2 Ta bort luftavskiljarens skruvar (vid pilarna)

stötfångarens kåpa genom att man trycker ner spärrarna och tar bort givaren.

Montering

23 Monteringen utförs i omvänd ordningsföljd mot demonteringen. Se till att stötfångarens styrningar är korrekt placerade i förekommande fall. Kontrollera alla elektriska komponenter som har kopplats ifrån.

7 Kylargrill - demontering och montering

Demontering

1 Låt motorhuven vara öppen. Lossa de två bultarna och ta bort plastkåpan över mellankylaren.
2 Skruva loss de två skruvarna, bänd upp plastnitarna och ta bort luftavskiljaren från frontens överdel och grillen **(se bild)**.
3 Skruva loss kylargrillens två nedre fästbultar och skruven i mitten **(se bild)**.
4 Lyft upp grillens främre del och lossa klämmorna vid de övre ändarna. Ta sedan bort den genom att lyfta ut den från den främre panelen.

7.3 Skruva loss de två fästbultarna (en på varje sida) och skruven i mitten (vid pilarna)

Montering

5 Monteringen utförs i omvänd ordningsföljd mot demonteringen.

8 Motorhuv - demontering, montering och justering

Demontering

1 Öppna motorhuven och håll den öppen med hjälp av stödet.
2 Lossa batteriets jordledning (minuspolen) (se kapitel 5A, avsnitt 1).
3 Koppla loss vindrutespolarslangarna från munstyckena och lossa dem från motorhuven **(se bilder)**.
4 Koppla loss vindrutespolarens kontakt från munstyckenas nederdel och lossa den från motorhuven **(se bilder)**.
5 För att underlätta inpassningen av motorhuven vid monteringen, markera gångjärnens utsida med en mjuk blyertspenna. Lossa gångjärnens två fästbultar på vardera sidan **(se bild)**.
6 Ta hjälp av en medhjälpare för att skruva loss de fyra bultarna, lossa stödet och lyfta motorhuven från bilen.

Montering och justering

7 Monteringen sker i omvänd ordningsföljd mot demonteringen. Tänk på följande:
a) *Placera motorhuvens gångjärn innanför markeringarna som gjordes vid demonteringen. Om det behövs kan du dock ändra dess läge så att mellanrummet blir lika stort överallt.*
b) *Justera framdelens höjd genom att sätta dit låset (se avsnitt 9) och vrida gummikuddarna på motorrummets främre tvärgående plåt uppåt eller nedåt för att stödja motorhuven.*

9 Motorhuvens lås - demontering, montering och justering

Demontering

1 Ta bort kylargrillen enligt beskrivningen i avsnitt 7.
2 Se till att handbromsen är ordentligt åtdragen, lyft sedan upp framvagnen och ställ den på pallbockar (se *Lyftning och stödpunkter*).
3 På bilar med luftkonditionering, lossa kylarens nedre kåpa från nederdelen på kylarens stödfäste.
4 På bilar med luftkonditionering, skruva loss kylarens stödfäste från kylarens nederdel. Ersätt de fyra fästbultarna med gängade

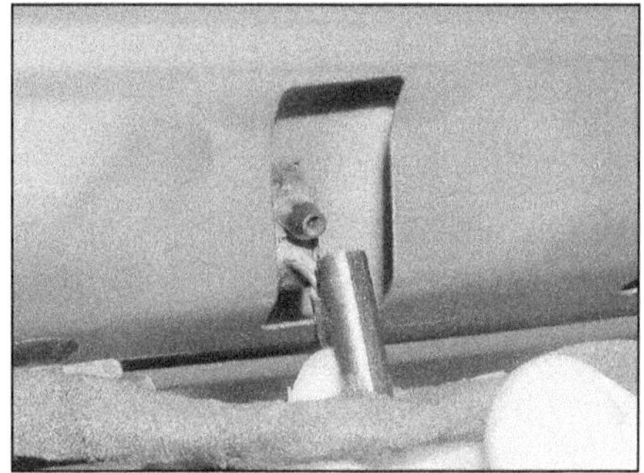
8.3a Dra loss slangen från spolarmunstycket . . .

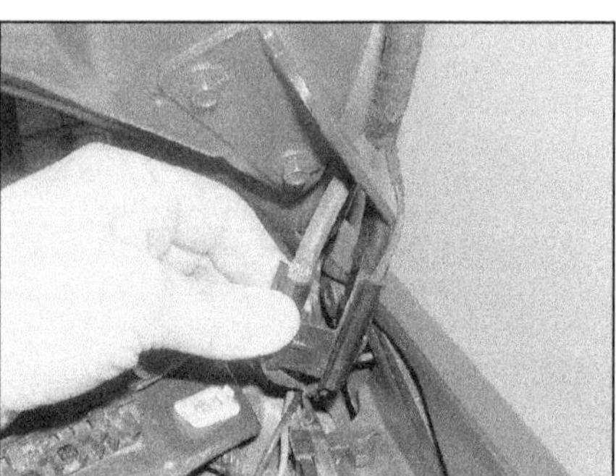
8.3b . . . och lossa den från gångjärnet

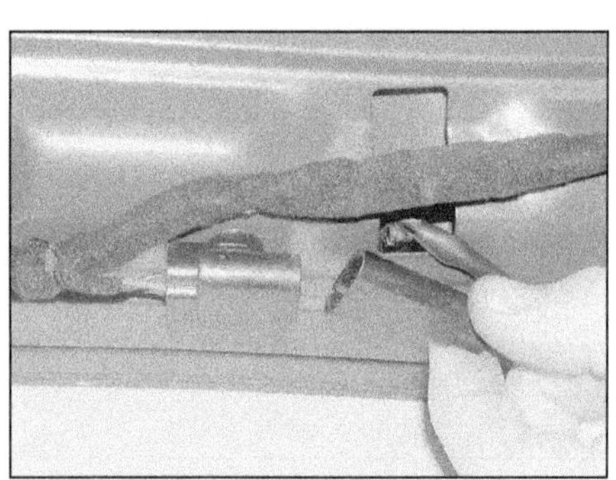
8.4a Koppla loss kontaktdonen . . .

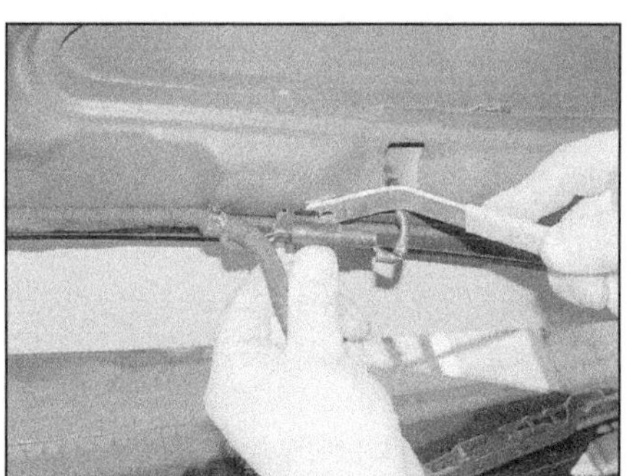
8.4b . . . och lossa dem från motorhuven

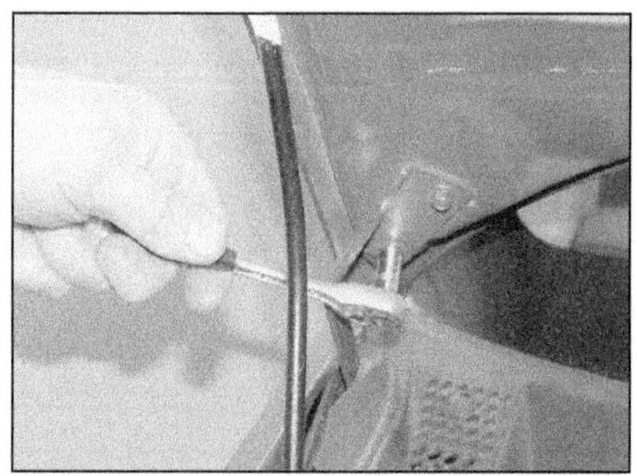
8.5 Skruva loss gångjärnens bultar

9.4 Sänk kylaren (på bilar med luftkonditionering)

9.5a Skruva loss låset . . .

9.5b . . . och lossa det från låscylindern

stänger och muttrar **(se bild)** så att kylaren kan sänkas (omkring 75 mm) så att du kommer åt motorhuvlåsets fästbultar.

5 Märk ut låsets läge på tvärbalken. Skruva loss fästbultarna och ta bort låset genom att lossa det från låscylindern **(se bilder)**.

6 Koppla loss kontaktdonet från låsenheten när du tar bort den **(se bild)**.

7 Tryck låscylindern från huset. Använd en skruvmejsel för att lossa den **(se bild)**.

Montering och justering

8 Monteringen sker i omvänd ordningsföljd mot demonteringen. Börja med att placera låset enligt markeringen som gjordes före demonteringen.

9 Om motorhuvens front inte är i nivå med framskärmarna kan låset flyttas uppåt eller nedåt i fästhålen. När du har gjort en justering, höj eller sänk gummikuddarna så att motorhuven får rätt stöd.

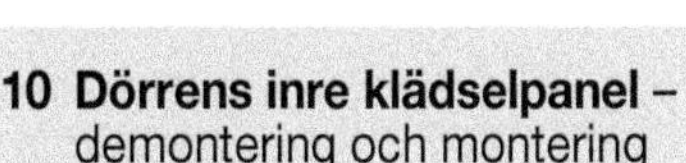

10 Dörrens inre klädselpanel - demontering och montering

Demontering

Framdörr

1 Lossa batteriets jordledning (minuspolen) (se kapitel 5A, avsnitt 1).

2 För in en skruvmejsel i ett hål under kurvhandtaget och vrid den så att kåpan lossnar. Skruva loss de två skruvarna bakom kåpan inuti dörrhandtaget **(se bilder)**.

3 Bänd försiktigt ut skruvkåpan av plast från inbuktningen vid det inre dörrhandtaget med en liten skruvmejsel. Ta bort skruven och lossa infattningen runt dörrhandtaget **(se bilder)**.

4 Koppla loss kontaktdonet från fönsterhissbrytaren **(se bild)**.

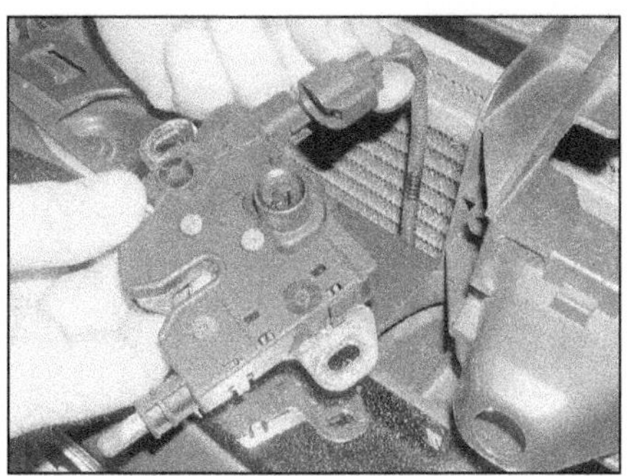
9.6 Koppla loss kontaktdonet

9.7 Ta bort låscylindern från huset

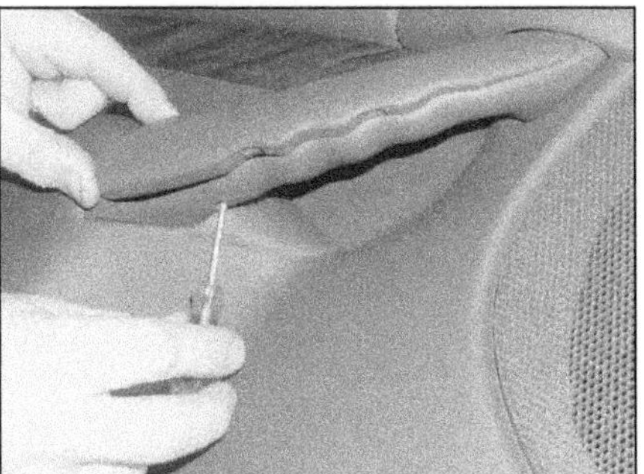
10.2a Lossa kurvhandtagets panel. . .

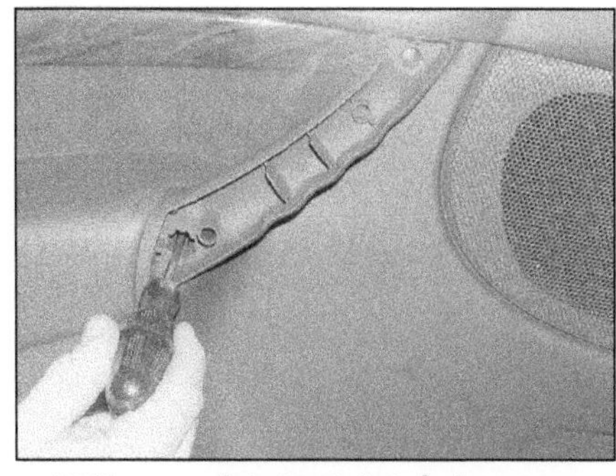
10.2b . . . och ta bort de två skruvarna

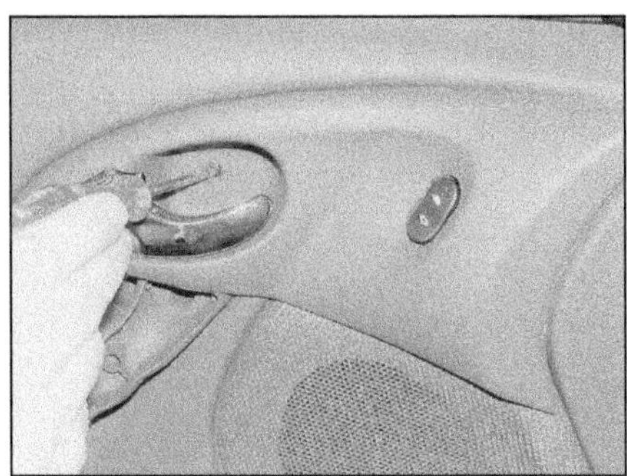
10.3a Lossa fästskruven . . .

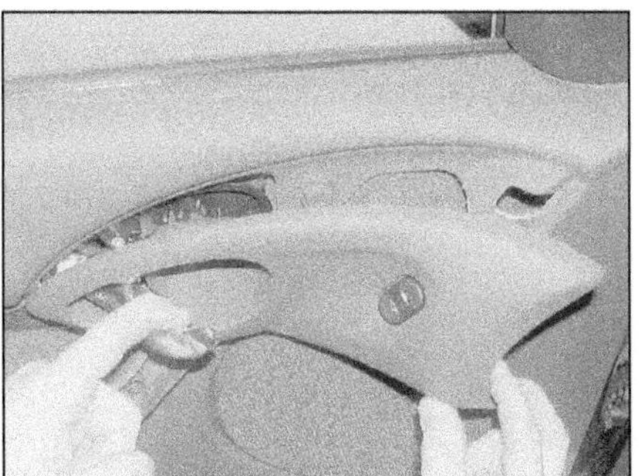
10.3b . . . och ta bort infattningen från klädselpanelen

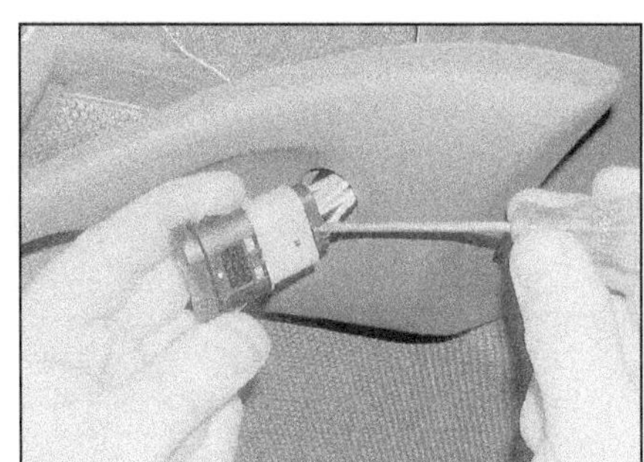
10.4 Koppla loss kontaktdonet

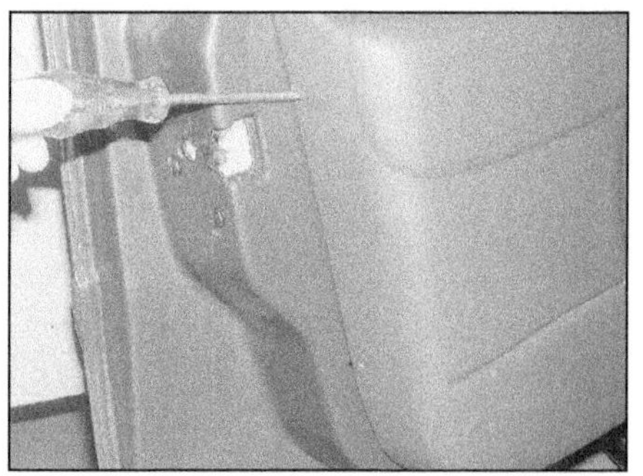
10.5 Ta bort alla fästskruvar runt panelen

10.6 Lyft klädselpanelen från dörren

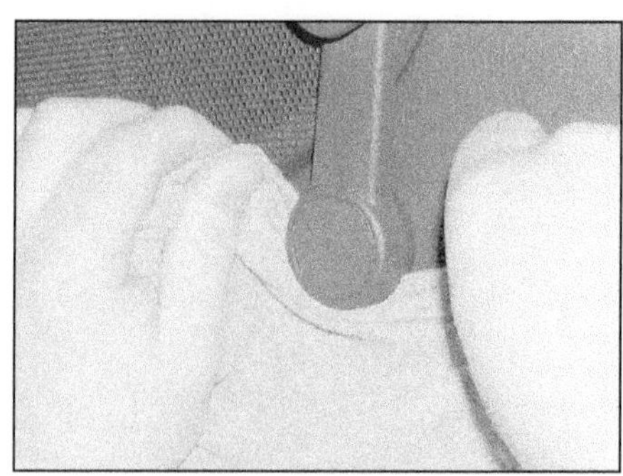
10.7 Lossa fjäderklämman från handtaget med en trasa

5 Arbeta runt den yttre kanten på dörrens inre klädselpanel och skruva loss alla fästskruvar **(se bild)**.

6 Dra bort klädselpanelen från dörren och vrid den uppåt i den bakre änden för att ta bort den från bilen **(se bild)**.

Bakdörr

7 Utför metoden enligt beskrivningen för framdörrarna, förutom på modeller med manuella (d.v.s. inte elektriska) fönsterhissar. Stäng fönstret helt och notera vevens läge. Lossa fjäderklämman genom att föra in en ren trasa mellan vevhandtaget och dörrklädseln. Utför en "sågande" rörelse mot klämmans öppna ändar för att lossa den och dra samtidigt handtaget från hissaxelns räfflor. Ta bort handtaget (och i förekommande fall distansbrickan) och ta loss klämman **(se bild)**.

Montering

8 Monteringen utförs i omvänd ordningsföljd mot demonteringen. På bakrutor med manuell fönsterhiss, montera fästklämman på veven innan veven återmonteras på hissens axel **(se bild)**.

11 Dörruta – demontering och montering

Demontering

Framdörr

1 Ta bort dörrens inre klädselpanel enligt beskrivningen i avsnitt 10.

2 Vrid sidostötstoppningen moturs för att ta bort den från fästklämmorna och dra sedan ut fästklämmorna från dörrpanelen **(se bilder)**.

3 Skruva loss de fyra skruvarna från högtalaren och ta bort den från dörren. Koppla loss kablaget när du kommer åt det **(se bilder)**.

4 Koppla loss dörrens öppningshandtag från dörren genom att lossa det från den främre änden. För sedan ut handtaget framåt **(se bild)**. (Dörrhandtaget kan fortfarande vara anslutet till vajern.)

5 Använd en kniv eller en avskrapare och skär igenom klisterremsan så att fuktspärren kan skalas av från dörrpanelen. Var försiktig så att du inte skadar fuktspärren eller dörrpanelen **(se bild)**. (Rör inte den självhäftande ytan eftersom det försvårar återmonteringen.)

6 Endast på förardörren: Skruva loss de två fästskruvarna för att ta bort reläet för "en tryckning nedåt" (om det behövs) **(se bild)**.

10.8 Klämmans läge innan handtaget återmonterats

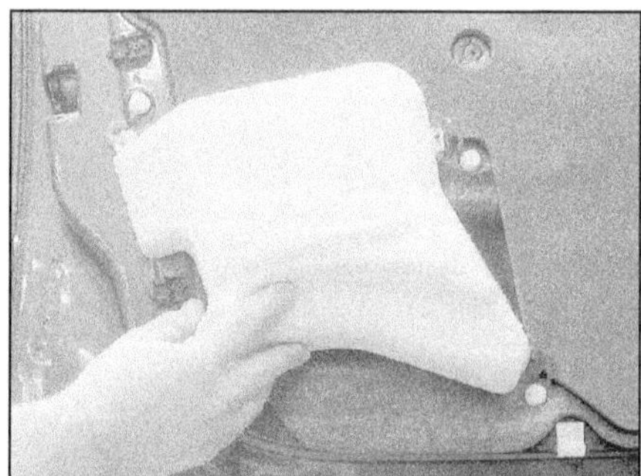
11.2a Lossa stötstoppningen . . .

11.2b . . . och dra ut fästklämmorna

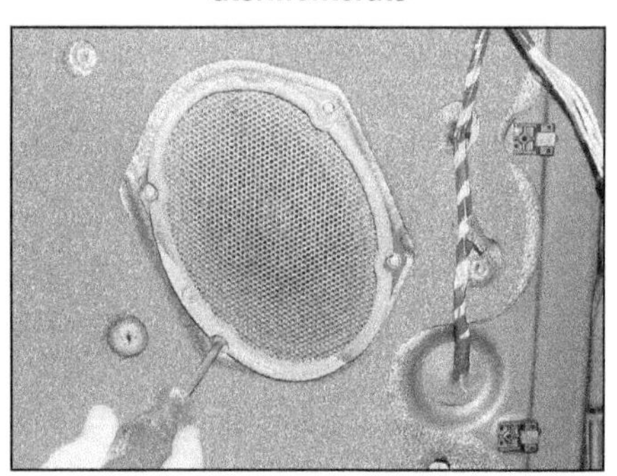
11.3a Ta bort de fyra skruvarna . . .

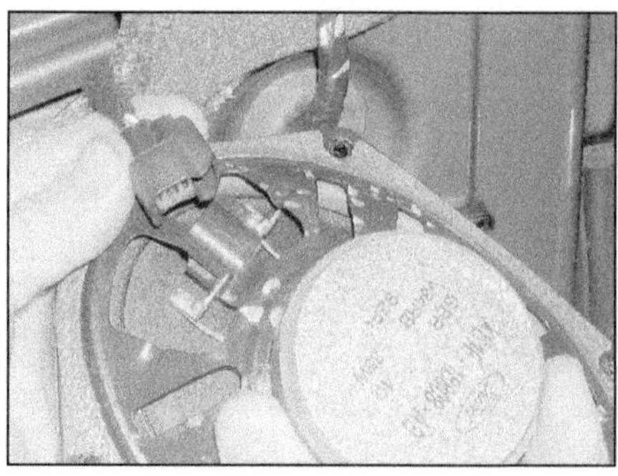
11.3b . . . och koppla loss kontaktdonet

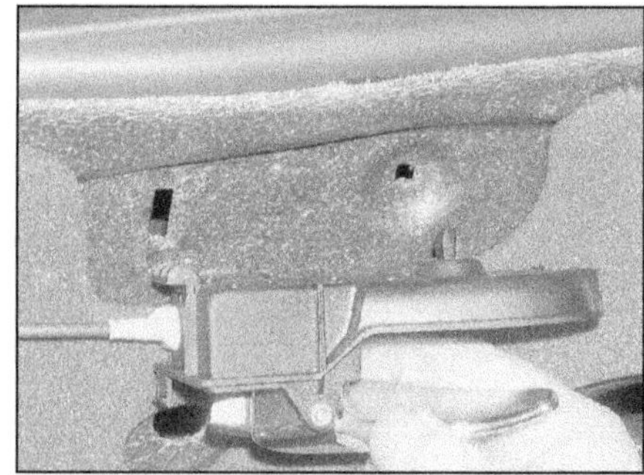
11.4 Lossa dörrens öppningshandtag

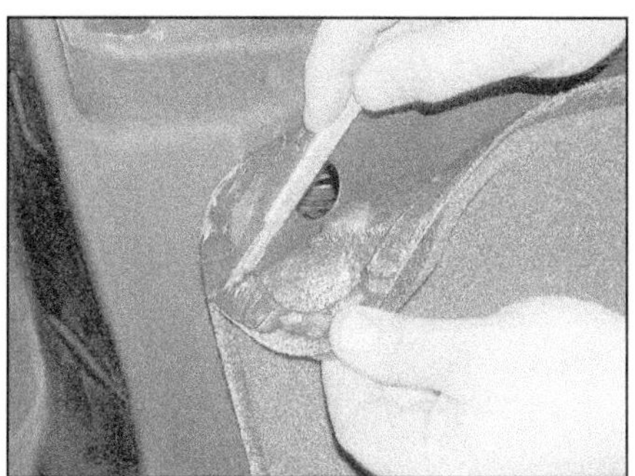
11.5 Skär försiktigt bort tätningen runt fuktspärren

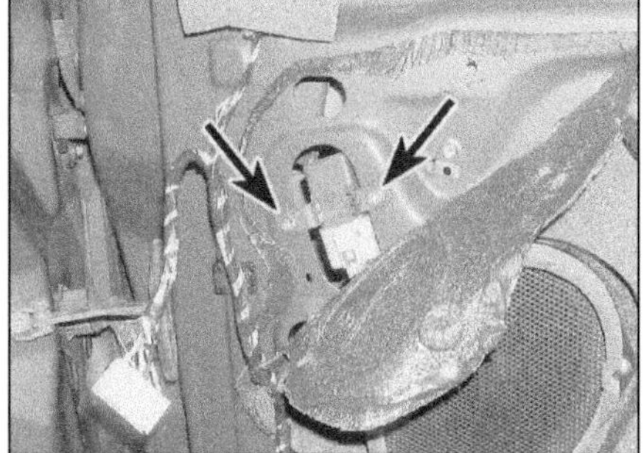
11.6 Ta bort de två skruvarna (vid pilarna)

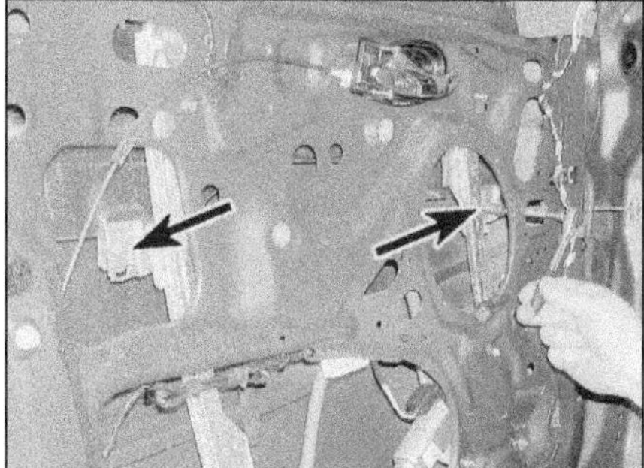
11.8 Lossa de två bultarna (vid pilarna)

7 Återanslut tillfälligt fönstrets reglage till dess elektriska kontaktdon.

8 Sänk rutan tills bultarna för rutans stödfäste kommer i linje med hålen i dörrpanelen. Lossa sedan bultarna i stödfästet **(se bild)**. (Ta inte bort bultarna.)

9 Lyft fönsterglaset från dörren medan du tippar upp det baktill och ta bort det från dörramens utsida **(se bild)**.

Bakdörr

10 Utför metoden enligt beskrivningen i punkt 1 – 5 för framdörrarna.

11 Lossa den trekantiga inre klädselpanelen från fönsterramen **(se bild)**.

12 Lossa de två fästskruvarna för fönsterskenans styrning och lyft upp den från insidan av dörrens öppning för att ta bort den från dörrpanelen **(se bilder)**.

13 Montera tillfälligt veven på dess räfflor eller fönsterhissreglaget på dess kontaktdon.

14 Sänk rutan tills hylsan/stiftet för rutans stödfäste kommer i linje med hålet i dörrpanelen **(se bild)**.

15 Tryck med en körnare ut stiftet i fästhylsan och tryck ut hylsan för att lossa fönsterglaset från stödfästet. Ta bort stiftet och hylsan från dörrens insida inför monteringen.

16 Montera tillfälligt veven på dess räfflor eller rutans hissreglage på dess elektriska kontaktdon och sänk fönstrets stödfäste.

17 Lyft rutan från dörren samtidigt som du tippar den inåt och ta bort den från dörrens insida **(se bild)**.

Montering

18 Monteringen sker i omvänd ordningsföljd mot demonteringen. Se till att rutan är korrekt placerad i stödfästet. **Observera:** *På bakrutan: Passa in fästhylsan/stiftet i fönsterglaset innan återmontering **(se bild)**. Se till att de sticker ut lika mycket på rutans båda sidor. Styr in fönstret i dörren så att fästhylsan/stiftet hamnar fönsterhissens stödfäste.Knacka försiktigt på rutans ovansida så att hylsan/stiftet hamnar i hissens stödfäste.*

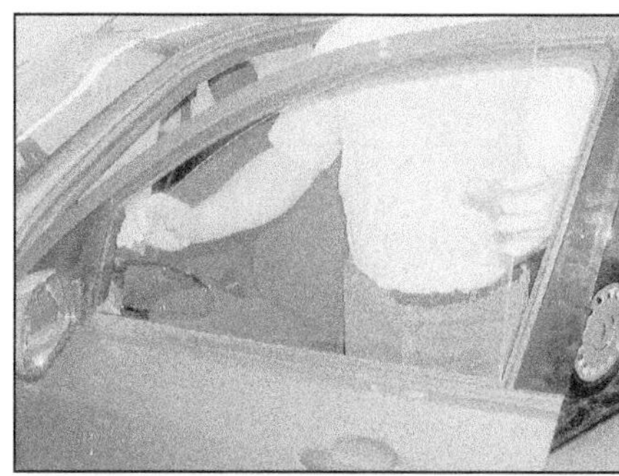
11.9 Lyft ut rutan från dörramen

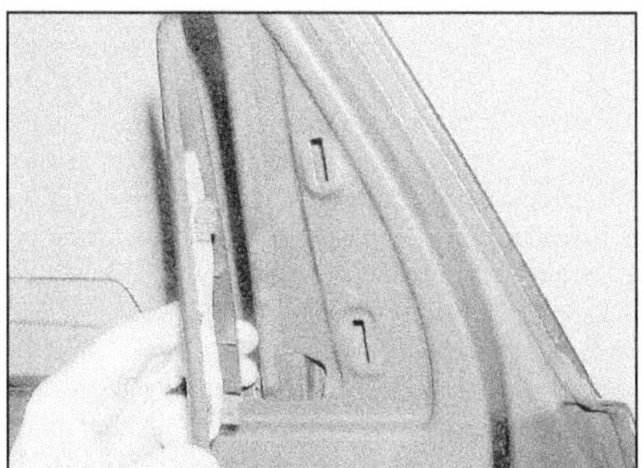
11.11 Lossa panelen från fönsterramen

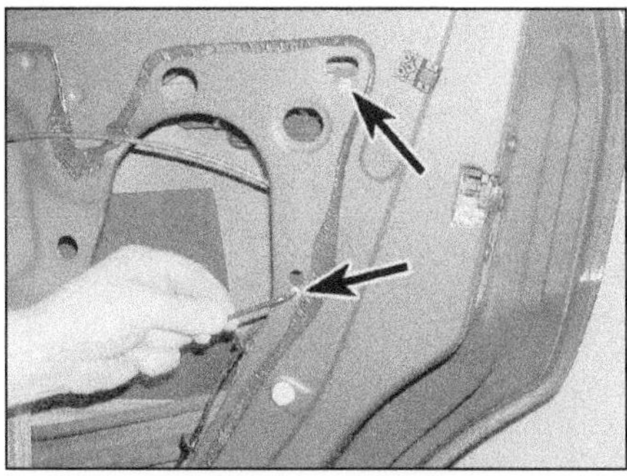
11.12a Skruva loss de två skruvarna . . .

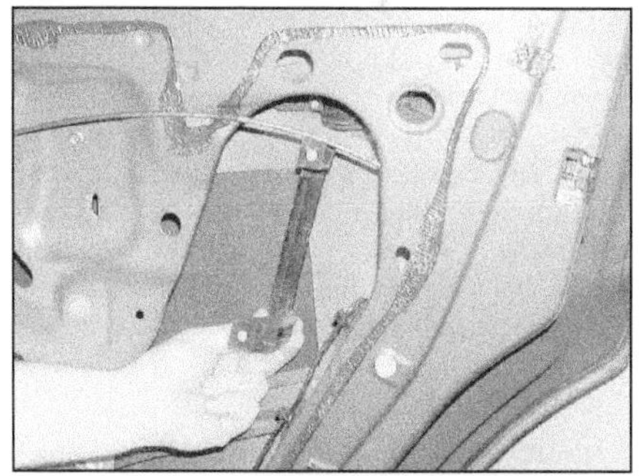
11.12b . . . och lyft ut fönsterglasets glidskena

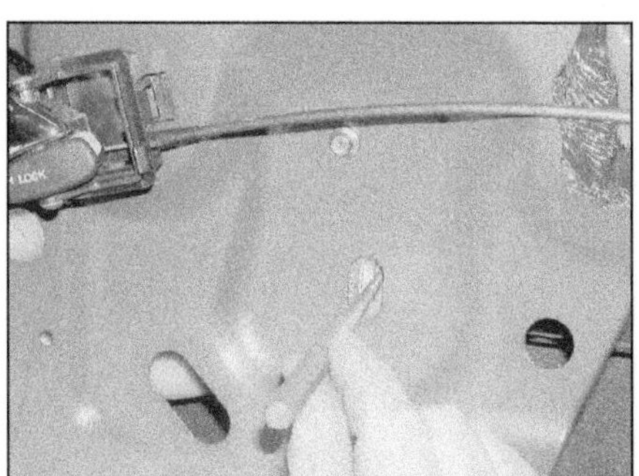
11.14 Rikta in hylsan/stiftet inför demonteringen

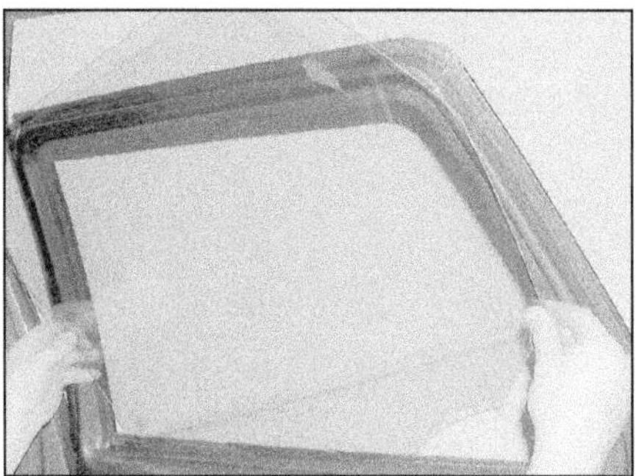
11.17 Lyft ut rutan från dörramen

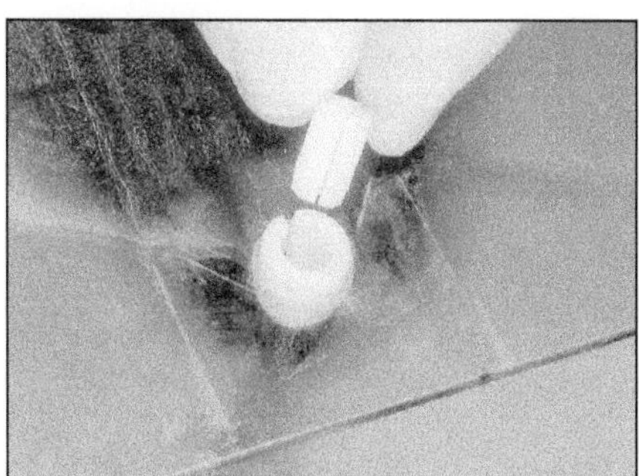
11.18 Tryck in hylsan/stiftet i rutan före monteringen

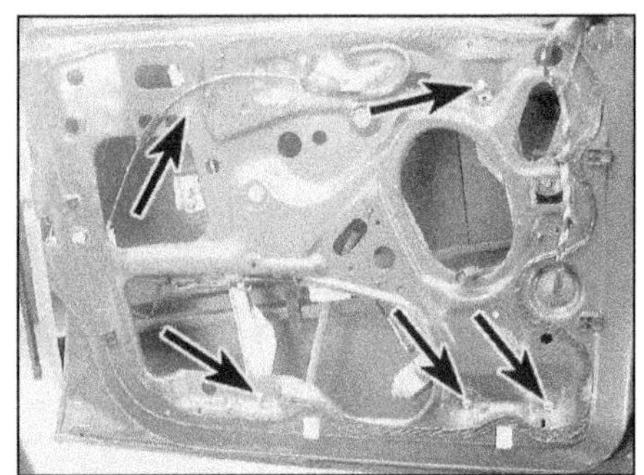
12.2 Skruva loss bultarna (vid pilarna)

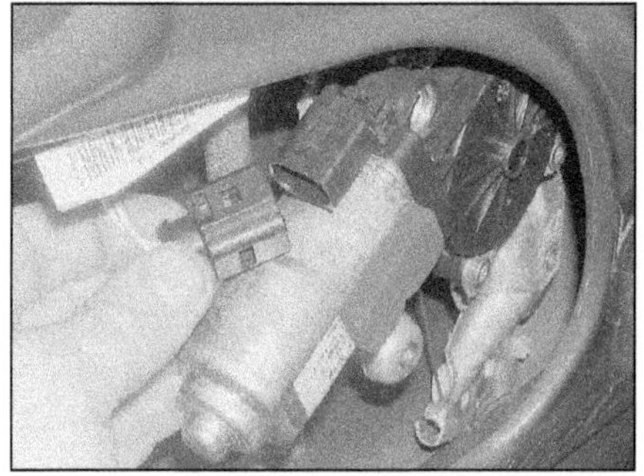
12.3 Koppla loss kontaktdonet

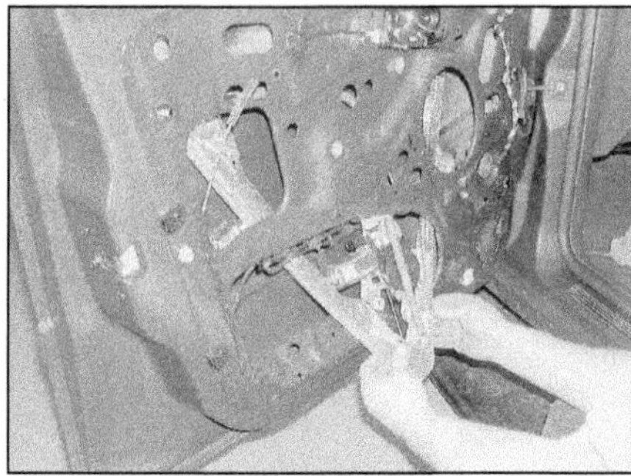
12.4 Skruva loss den främre fönsterhissen från dörren

12 Dörrens fönsterhiss – demontering och montering

Demontering

Framdörr

1 Demontera fönsterglaset enligt beskrivningen i avsnitt 11 punkt 1 – 9.

2 Lossa och ta bort fönsterhissens/elmotorns fästbultar **(se bild)**.

3 Koppla loss kablagets multikontakt från fönsterhissmotorn **(se bild)**.

4 Lossa fönsterhissens vajrar från dörrpanelens insida och ta sedan bort fönsterhissmekanismen nedåt och ut genom hålet i den inre dörrpanelen **(se bild)**.

Bakdörr

5 Demontera fönsterglaset enligt beskrivningen i avsnitt 11.

6 Lossa och ta bort fönsterhissen och vevens/elmotorns fästbultar **(se bild)**.

7 På elektriska fönsterhissar, koppla loss kablagets multikontakter från fönsterhissmotorn.

8 Ta bort fönsterhissmekanismen inifrån dörren genom hålet i den inre dörrpanelen **(se bild)**.

Montering

9 Monteringen utförs i omvänd ordningsföljd mot demonteringen.

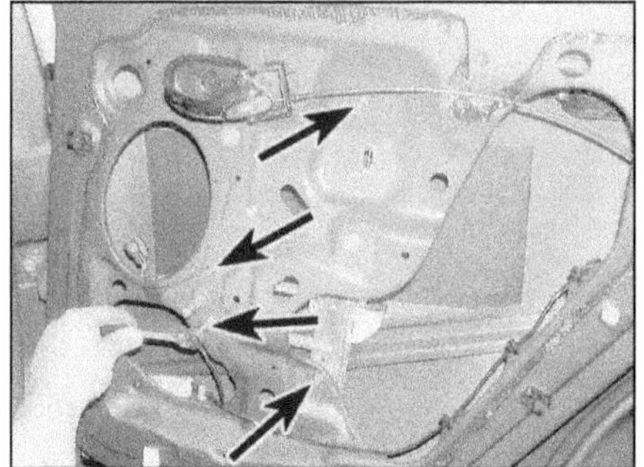
12.6 Skruva loss bultarna (vid pilarna) på manuella fönsterhissar

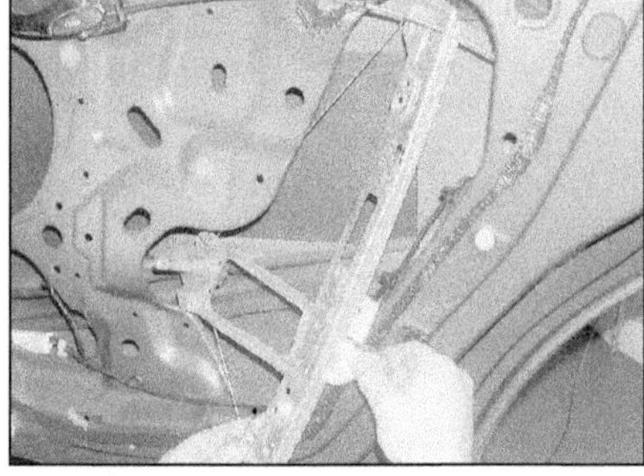
12.8 Ta bort den bakre fönsterhissen från dörren

13 Dörrhandtag och låskomponenter – demontering och montering

Varning: Innan arbete utförs på någon elektrisk komponent, lossa batteriets jordledning (kapitel 5A, avsnitt 1).

Demontering

Ytterhandtag – framdörr

1 Ta bort dörrens inre klädselpanel enligt beskrivningen i avsnitt 10.

2 Vrid sidostötstoppningen moturs för att ta bort den från fästklämmorna och dra sedan ut fästklämmorna från dörrpanelen.

3 Skruva loss de fyra skruvarna från högtalaren och ta bort den från dörren. Koppla loss kablaget när du kommer åt det.

4 Koppla loss dörrens inre öppningshandtag från dörren genom att lossa det i den främre änden. För sedan ut handtaget framåt. (Dörrhandtaget kan fortfarande vara anslutet till vajern.)

5 Använd en kniv eller en skrapa och skär igenom klisterremsan så att fuktspärren kan skalas av från dörrpanelen. Var försiktig så att du inte skadar fuktspärren eller dörrpanelen. (Rör inte den självhäftande ytan eftersom det försvårar återmonteringen.)

6 När du ska ta bort den yttre låscylinderns infattning, skruva loss fästskruven från dörrhandtagets insida. (Man behöver inte ta bort den här skruven helt.) Lossa och ta bort infattningen från låscylindern **(se bilder)**.

7 Lossa men ta inte bort ytterhandtagets skruv från dörrens insida. För handtaget bakåt och dra ut det från dörren. Lossa dörrhandtagets tätningar från dörrpanelen **(se bilder)**.

13.6a Lossa fästskruven . . .

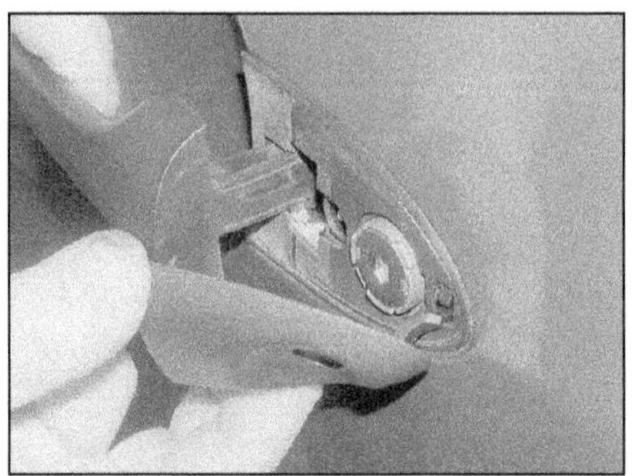
13.6b . . . och ta bort låscylinderns infattning

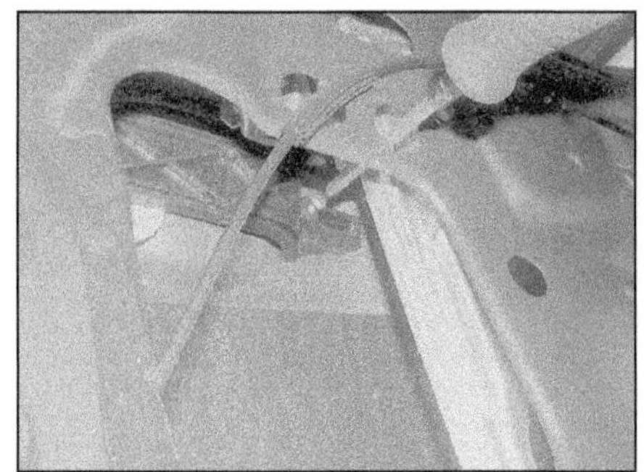
13.7a Lossa fästskruven

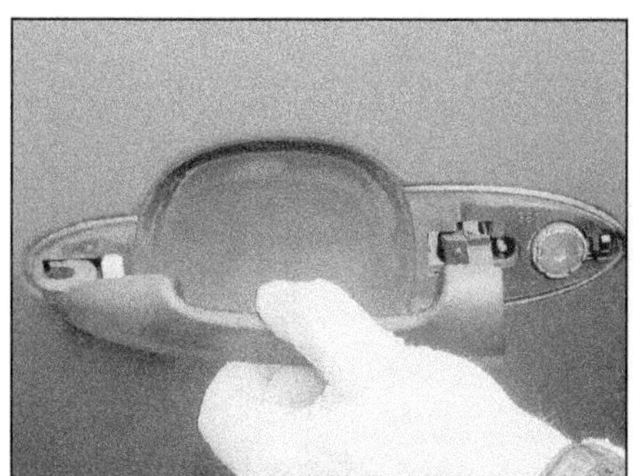
13.7b . . . lossa dörrhandtaget . . .

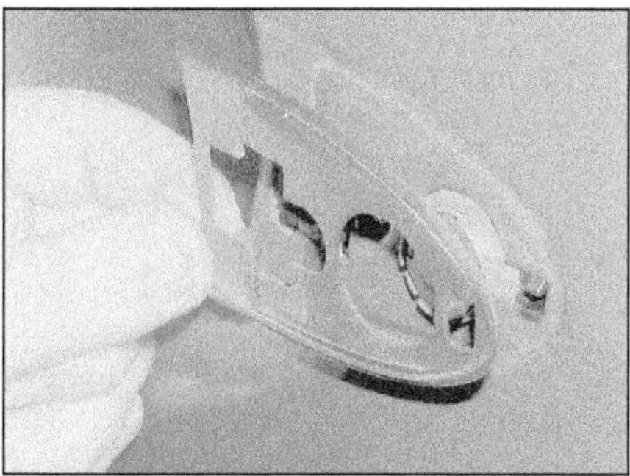
13.7c . . . och ta bort dörrhandtagets tätningar

13.10 Ta bort täckproppen för att komma åt skruven

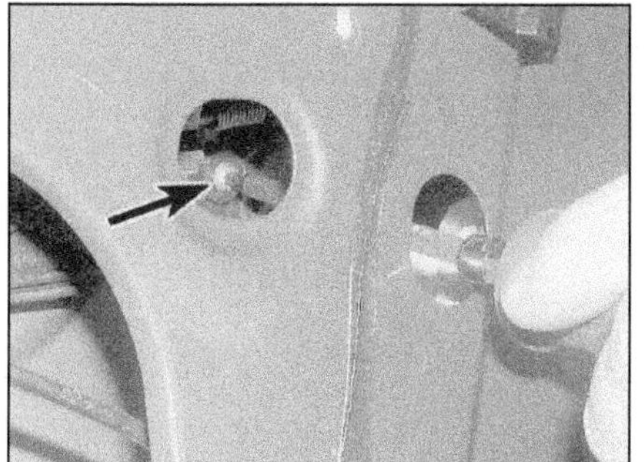
13.11a Lossa fästskruven (vid pilen) . . .

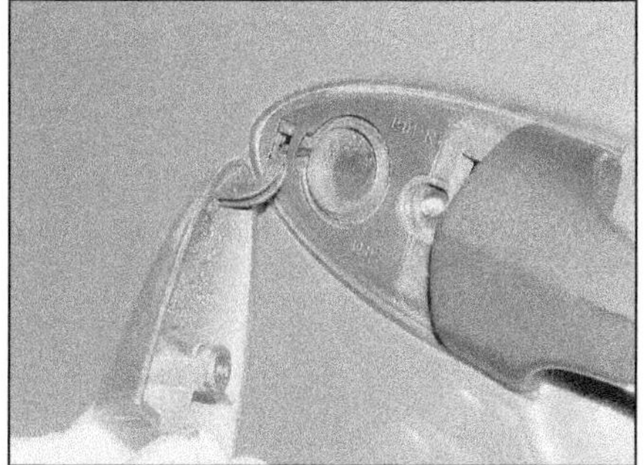
13.11b . . . och lossa den yttre infattningen

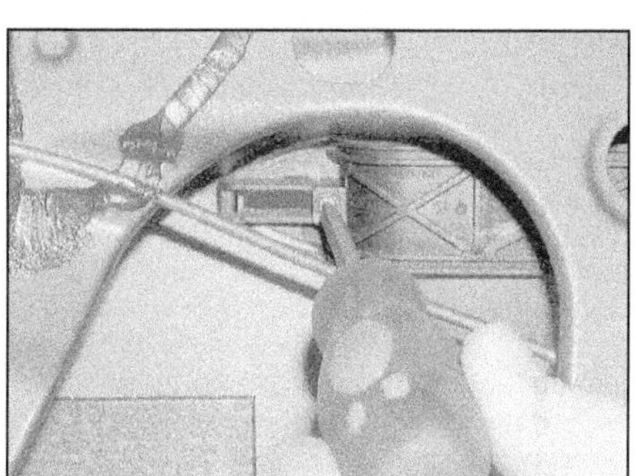
13.12a Lossa fästskruven . . .

Ytterhandtag – bakdörr

8 Utför de moment som beskrivs för framdörrarnas ytterhandtag (punkt 1 – 5).

9 Skruva loss fönsterskenans styrning från insidan av bakdörrens öppning och ta bort den från dörrpanelen.

10 Ta bort täckproppen från åtkomsthålet på dörrens insida **(se bild)**.

11 Lossa fästskruven genom åtkomsthålet och ta bort det yttre dörrhandtagets infattning **(se bilder)**. (Man behöver inte ta bort den här skruven helt.)

12 Lossa men ta inte bort ytterhandtagets skruv från dörrens insida. För handtaget bakåt och dra ut det från dörren **(se bilder)**. Lossa dörrhandtagets tätningar från dörrpanelen.

Innerhandtag

13 Ta bort dörrens inre klädselpanel enligt beskrivningen i avsnitt 10.

14 Koppla loss dörrens öppningshandtag från dörren genom att lossa det från den främre änden. För sedan ut handtaget framåt **(se bild)**.

15 Innan du kan ta bort vajern från handtaget, ställ reglaget i låst läge.

16 Lossa vajerhöljets låsklammer med en tunn skruvmejsel och lossa sedan innervajern från handtaget **(se bild)**.

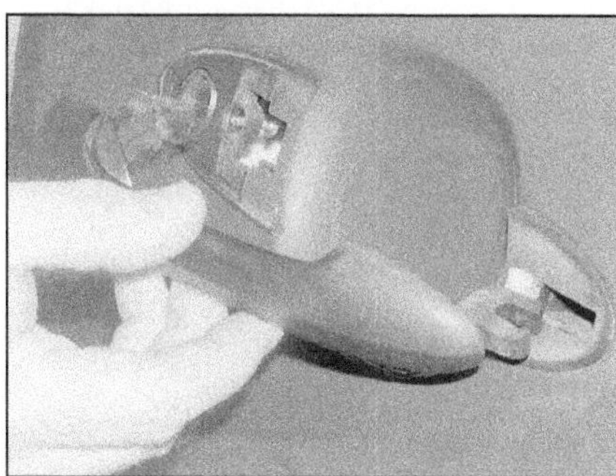
13.12b . . . och lossa dörrhandtaget

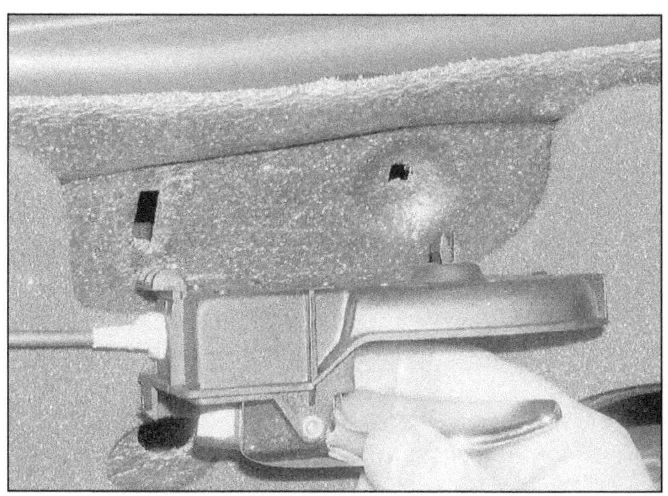
13.14 Lossa handtaget från dörren

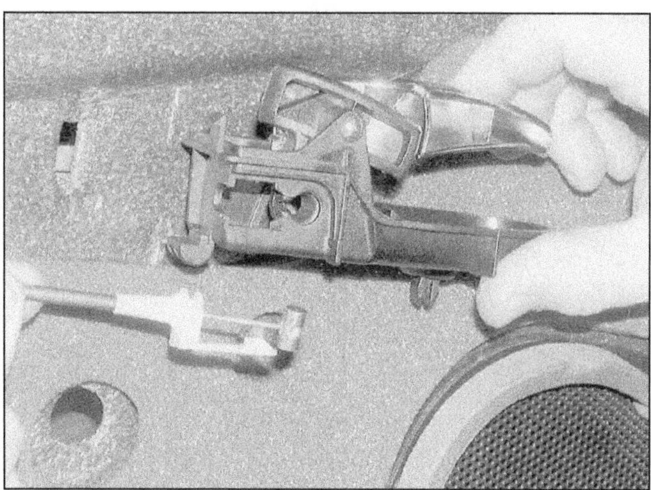
13.16 Lossa vajerhöljet och därefter innervajern

13.19 Skruva loss låsets fästbultar

13.20 Ta bort låsmekanismen från dörren

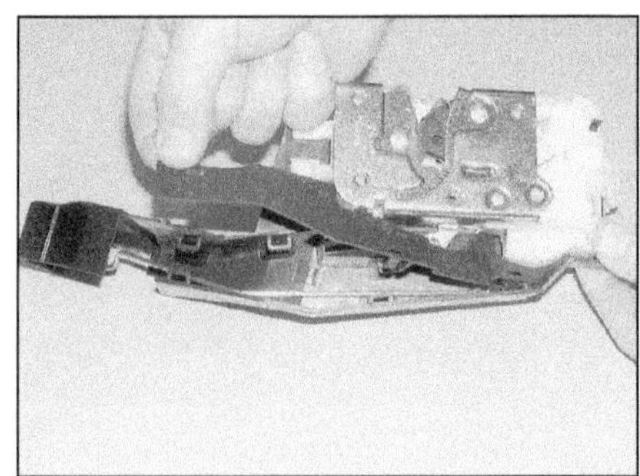

13.21a Lossa kåpan . . .

Låsmotor – fram

17 Demontera ytterhandtaget enligt beskrivningen tidigare i detta avsnitt.

18 Koppla loss det elektriska kontaktdonet från dörrlåsmotorn med en liten skruvmejsel och lossa fästklämman.

19 Skruva loss de tre torxbultarna från låsenheten vid dörrens bakre ände **(se bild)**.

20 Lossa dörrlåsets/handtagets förstärkningsfäste från dörrpanelen. För ut enheten genom dörrens innerram, komplett med dörrlåsmekanismen **(se bild)**.

21 Placera dörrlåsenheten på en arbetsbänk, lossa kåpan från baksidan av skyddsplåten, skruva sedan loss de två fästskruvarna och ta bort den från dörrlåsenheten **(se bilder)**.

22 Lossa justeringslåsklämman från fjärrkontrollstaget **(se bild)**. Mät hur mycket av gängan som sticker ut vid stagets ände innan du tar bort klämman eftersom detta påverkar länksystemets justering vid återmonteringen.

(Klämman kan gå sönder vid demonteringen så en ny måste införskaffas.)

23 Haka loss länkstaget från dörrlåscylinderns arm genom att vrida den ett kvarts varv.

24 Lossa vajerhöljet från låshuset (notera vajerhöljets placering i låshuset), vrid sedan vajern ett kvarts varv och ta bort den från dörrlåsets länksystem **(se bild)**.

Låscylinder

25 Demontera låsenheten enligt beskrivningen tidigare i detta avsnitt.

26 Bänd ut cylinderns fästlflik från handtagets förstärkningsfäste med en liten skruvmejsel **(se bild)**.

27 Sätt i nyckeln, vrid den så att den kopplar i cylindern och dra ut låscylindern **(se bild)**.

Låsmotor – bak

28 Ta bort ytterhandtaget enligt beskrivningen tidigare i detta avsnitt.

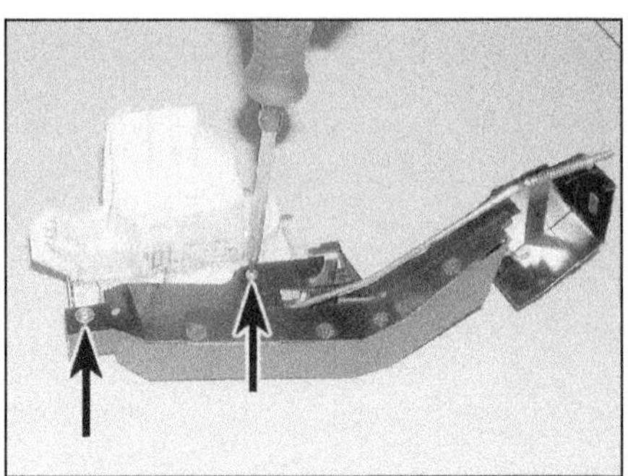

13.21b . . . och skruva loss de två skruvarna (vid pilarna)

29 Skruva loss de tre torxbultarna från låsenheten vid dörrens bakre ände **(se bild)**.

30 Lossa dörrlåsets/handtagets förstärkningsfäste från dörrpanelen. För ut enheten genom dörrens innerram, komplett med dörrlåsmekanismen **(se bild)**.

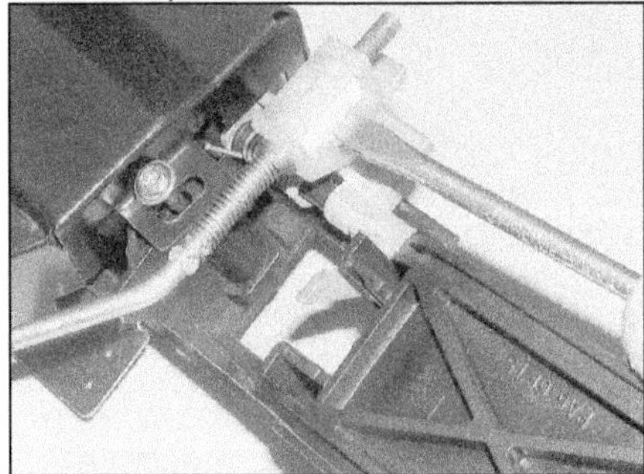

13.22 Bänd ut låsklämman (man kan behöva en ny)

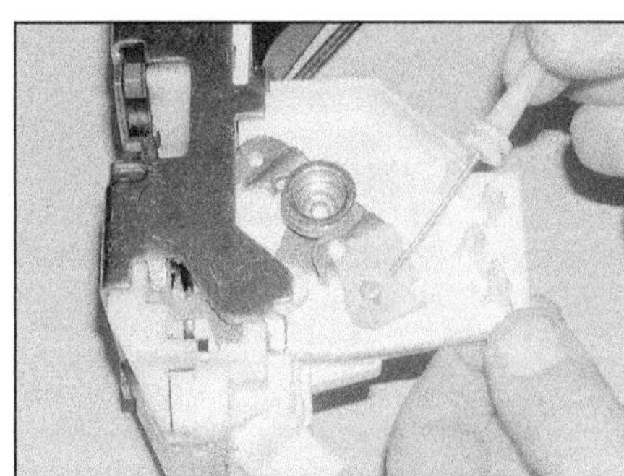

13.24 Lossa vajerhöljet och sedan innervajern

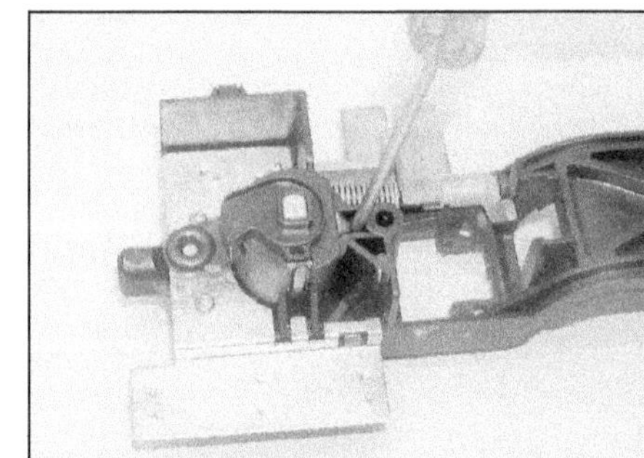

13.26 Lossa låscylinderns fästflik

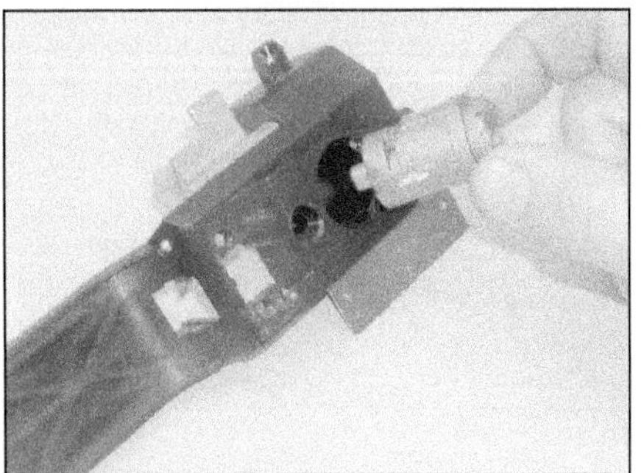

13.27 Dra ut låscylindern

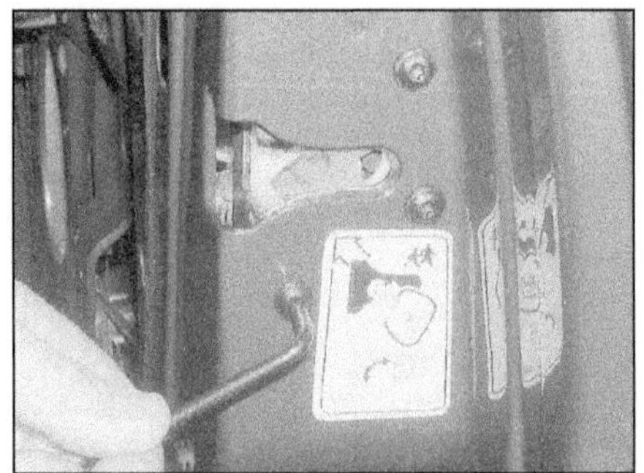

13.29 Skruva loss låsets fästbultar

13.30 Skruva loss låsenheten från dörren

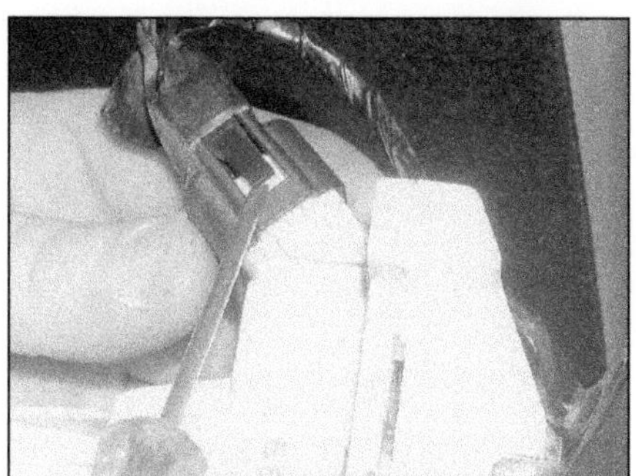

13.31 Lossa kontaktdonet

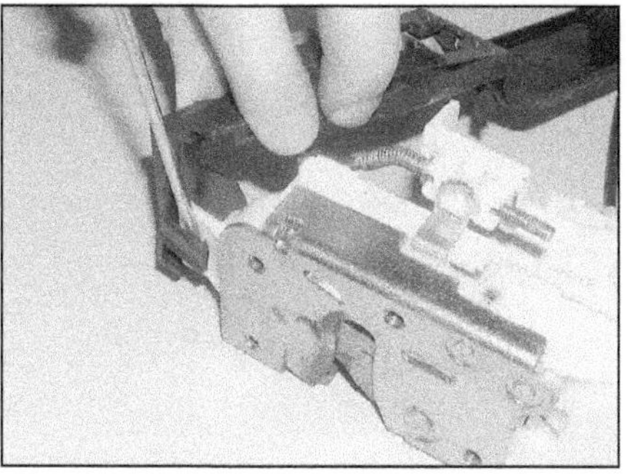

13.32 Lossa fästbygeln från låset

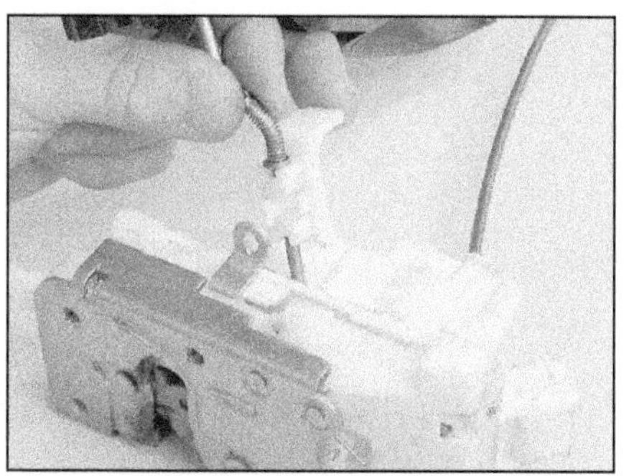

13.33 Lossa klämman från låsspaken

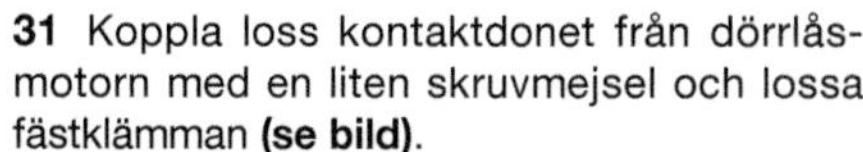

31 Koppla loss kontaktdonet från dörrlåsmotorn med en liten skruvmejsel och lossa fästklämman **(se bild)**.

32 Placera dörrlåsenheten på en arbetsbänk och lossa handtagets fästbygel från låsmotorn **(se bild)**.

33 Ta bort länkstaget/justeringsklämman från dörrlåsenheten. Mät hur mycket av gängan som sticker ut vid stagets ände innan du tar bort klämman eftersom detta påverkar länksystemets justering vid monteringen. Vrid stången/justeringsklämman ett kvarts varv och ta bort den **(se bild)**.

34 Lossa vajerhöljet från låshuset (notera vajerhöljets placering i låshuset), vrid sedan vajern ett kvarts varv och ta bort den från dörrlåsets länksystem **(se bild)**.

Låskolv/brytare

35 Markera låskolvens/brytarens läge på stolpen med en blyertspenna.

36 Skruva loss fästskruven med en torxnyckel och ta bort låskolven/brytaren. Koppla loss kontaktdonet **(se bilder)**.

Dörrstopp

37 Skruva loss dörrstoppets fästbult från dörrstolpen med en torxnyckel och ta bort den **(se bild)**.

38 Bänd loss gummigenomföringen från dörröppningen, skruva sedan loss fästmuttrarna och ta bort dörrstoppet från dörren **(se bilder)**.

Montering

Handtag (yttre och inre)

39 Monteringen utförs i omvänd ordningsföljd mot demonteringen. (När du sätter tillbaka reglagevajern, se till att vajerhöljet sitter i rätt urholkning.)

Låscylinder

40 Kontrollera att fästklämman blir korrekt monterad.

41 Passa in spåren på cylindern med spåren på förstärkningsplattan och tryck sedan försiktigt in cylindern i handtagsenheten tills den hakar i klämman.

42 Resten av monteringen sker i omvänd ordningsföljd mot demonteringen.

Låsmotor

43 Monteringen utförs i omvänd ordningsföljd mot demonteringen. (En ny justeringsklämma kan behöva monteras. Kläm inte ihop den helt innan den slutgiltiga justeringen har gjorts.)

Låskolv

44 Monteringen sker i omvänd ordningsföljd mot demonteringen. Kontrollera dock att dörrlåset hamnar mitt över låskolven. Om det behövs, justera låskolvens läge innan du drar åt fästskruvarna helt.

Dörrstopp

45 Monteringen utförs i omvänd ordningsföljd mot demonteringen.

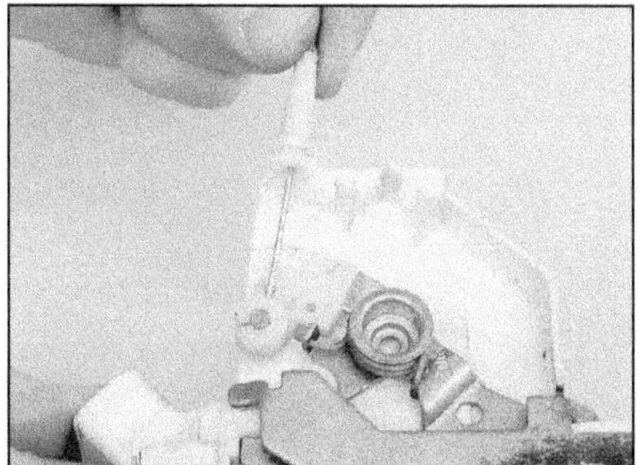

13.34 Lossa vajerhöljet och därefter innervajern

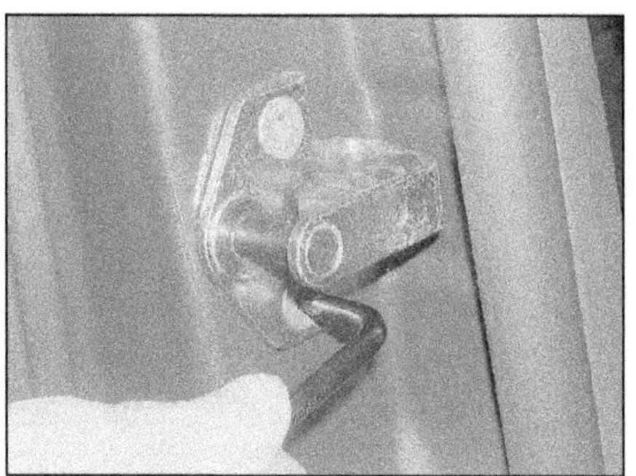

13.36a Ta bort fästbultarna . . .

13.36b . . . och koppla loss kontaktdonet

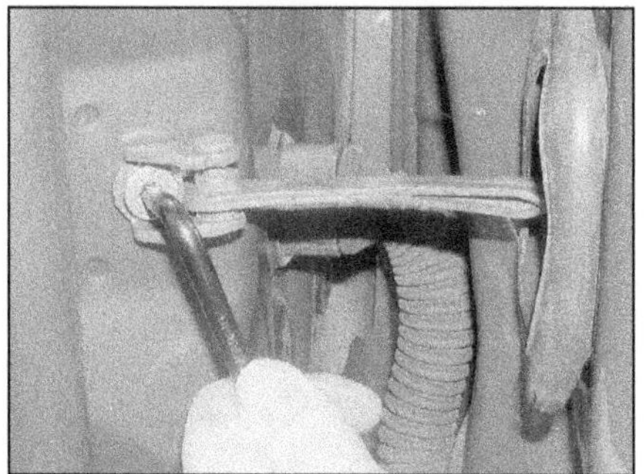

13.37 Skruva loss fästbulten

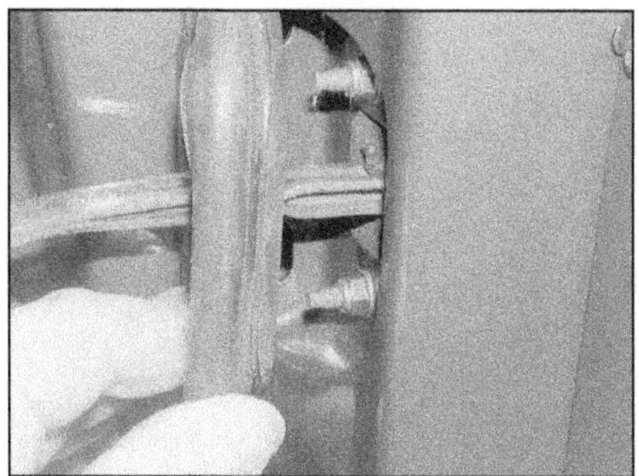

13.38a Ta bort gummigenomföringen . . .

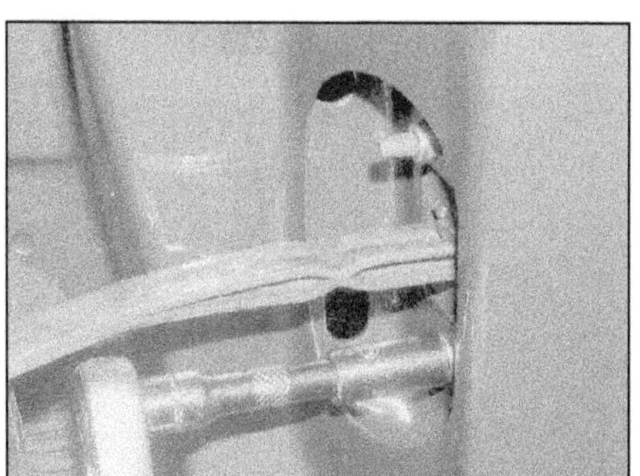

13.38b . . . och skruva loss dörrstoppets fästmuttrar

14.2 Skruva loss fästbulten

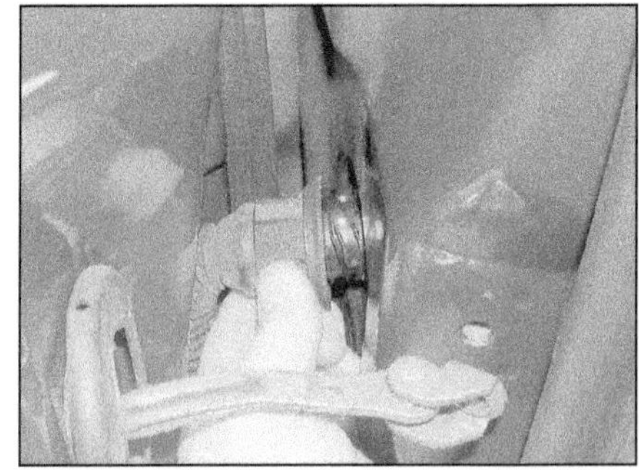
14.3 Koppla loss anslutningskontakten

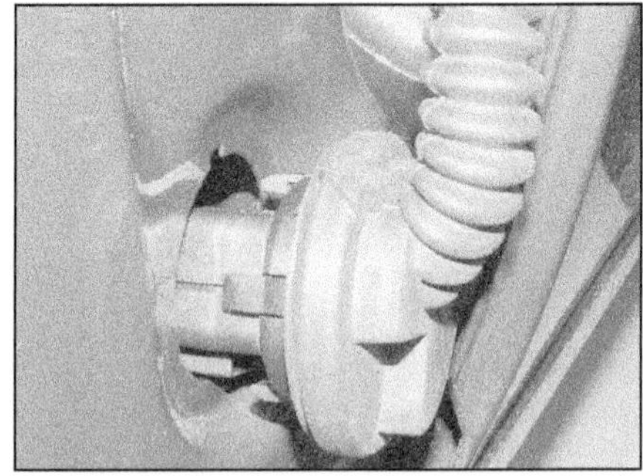
14.4a Lossa gummigenomföringen . . .

14 Dörr - demontering och montering

Demontering

1 Lossa batteriets jordledning (minuspolen) (se kapitel 5A, avsnitt 1).

2 Skruva loss dörrstoppets fästbult från dörrstolpen med en torxnyckel och ta bort den **(se bild)**.

3 På framdörrarna, koppla loss kontaktdonet genom att vrida det moturs **(se bild)**.

4 På bakdörrarna: Lossa gummigenomföringen och koppla loss kablagets kontaktdon **(se bilder)**.

5 Lossa de övre och nedre gångjärnens fästskruvar med en torxnyckel **(se bild)**.

6 Lyft försiktigt av dörren från gångjärnen.

Montering

7 Monteringen sker i omvänd ordningsföljd mot demonteringen. Kontrollera dock att dörrlåset hamnar mitt för låskolven. Justera låskolvens läge om det behövs. När du återmonterar kontaktdonet på framdörrarna, ska strecket och den vita punkten på kontaktdonet vara i linje.

15 Yttre backspeglar och spegelglas - demontering och montering

Demontering

Spegel

1 På bilar med elstyrda backspeglar, lossa batteriets jordledning (minuspolen) (kapitel 5A, avsnitt 1).

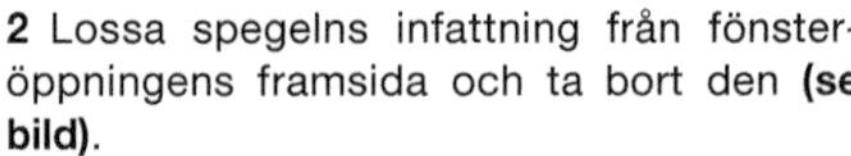

2 Lossa spegelns infattning från fönsteröppningens framsida och ta bort den **(se bild)**.

3 På manuella speglar, koppla loss inställningsspaken genom att vrida gummidamasken så att den lossnar från infattningen **(se bild)**.

4 På elstyrda speglar, koppla loss kablagets multikontakt från spegelns reglage. Lossa klämman och koppla loss det elektriska kontaktdonet för att komma åt fästbulten **(se bild)**.

5 Skruva loss spegelns fästbult och ta sedan bort spegeln från dörrens utsida. Ta loss spegelns tätning när kablaget/vajern dras genom gummigenomföringen.

Spegelglas

6 Tryck ut spegelglaset från insidan och lossa det från fästbygeln **(se bild)**.

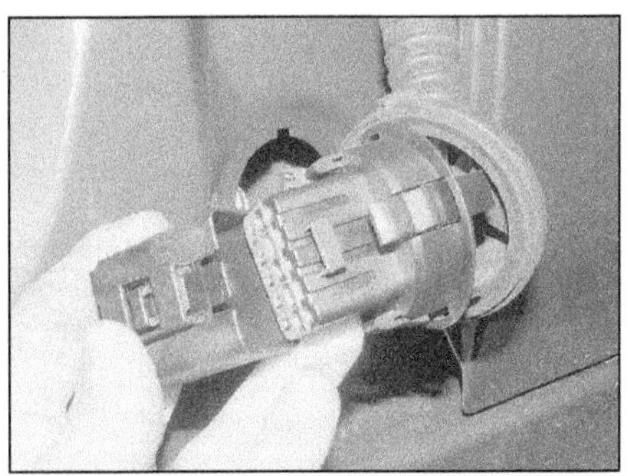
14.4b . . . och koppla loss kontaktdonet

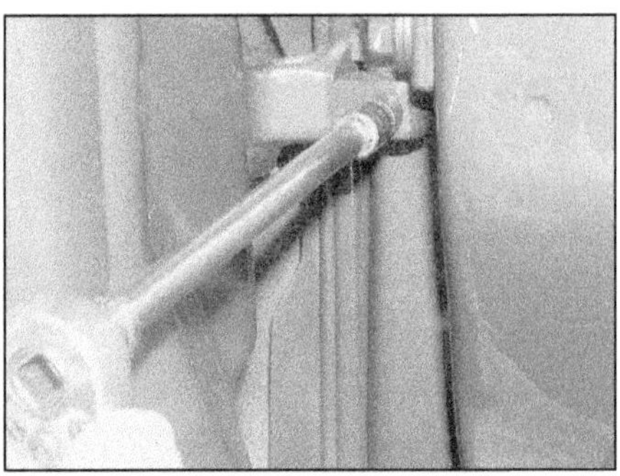
14.5 Lossa gångjärnets fästskruvar

15.2 Lossa spegelns infattning

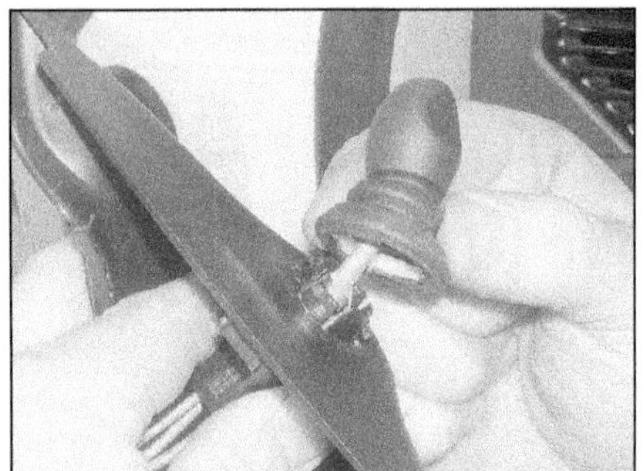
15.3 Lossa omställaren genom att vrida den

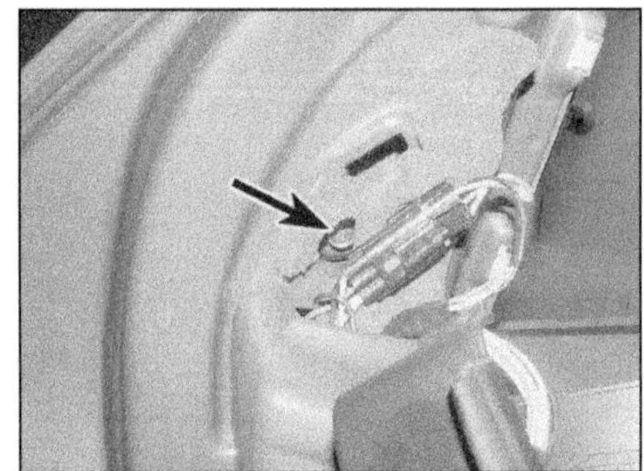
15.4 Lossa kontaktdonet för att komma åt spegelns fästbult (vid pilen)

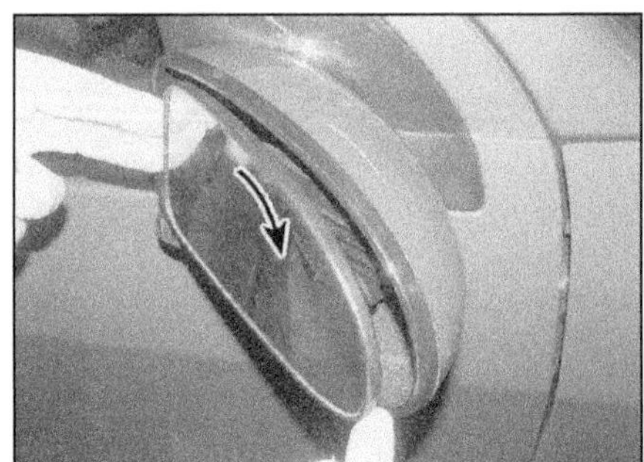
15.6 Ta bort spegelglaset genom att trycka det i pilens riktning

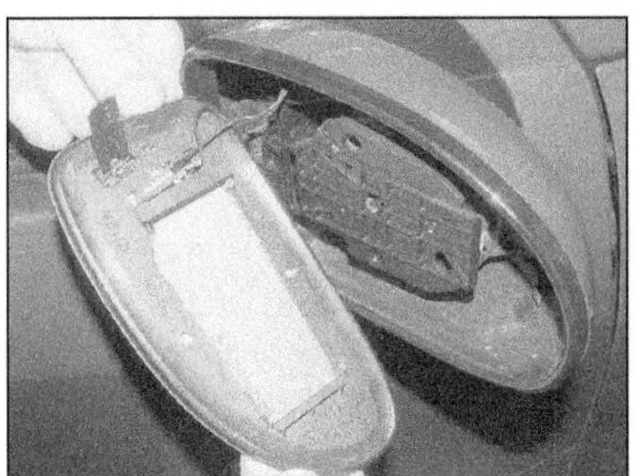
15.7 Koppla loss kontaktdonen

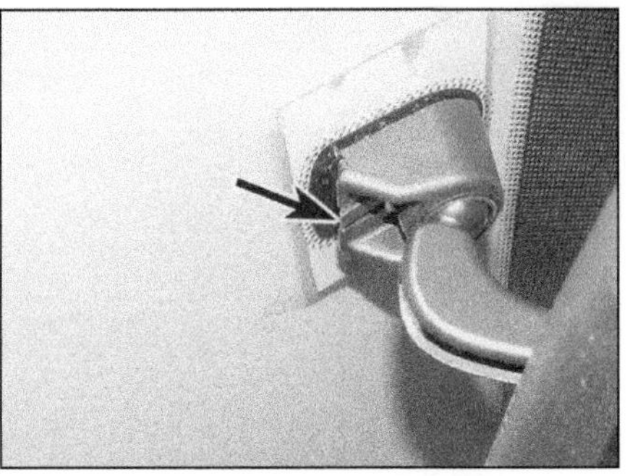
16.1a Lyft upp fästklämman (vid pilen) . . .

16.1b . . . och för spegeln uppåt så att den lossnar från fästet på vindrutan

7 Ta bort spegelglaset och koppla loss den elvärmda spegelns kontaktdon **(se bild)**.

Montering

8 Monteringen utförs i omvänd ordningsföljd mot demonteringen. Se till att inte tappa gummigenomföringen inuti dörrpanelen när du tar bort spegeln. Man måste då nämligen ta bort den inre dörrklädseln för att komma åt den.

16 Inre backspegel - demontering och montering

1 Lyft upp fästklämman vid spegelfästets nedre del och ta bort spegelenheten från fästet på vindrutan genom att föra den uppåt **(se bilder)**.

2 Monteringen utförs i omvänd ordningsföljd mot demonteringen.

17 Bagagelucka (sedan) - demontering och montering

Demontering

1 Lossa batteriets jordledning (minuspolen) (kapitel 5A, avsnitt 1), och öppna bagageluckan.

2 På vänster gångjärn, dra av kåpan och lossa kablaget på gångjärnets arm. Bänd ut genomföringen för att frigöra kablaget **(se bild)**.

3 Ta bort klädselpanelen från bagageluckans insida **(se bild)**.

4 Koppla loss kablaget vid kontaktdonen som ses genom bakluckans inre plåtöppning.

5 Anslut ett starkt snöre vid kablarnas ändar i öppningen för att kunna föra tillbaka kablarna genom luckan vid monteringen.

6 Ta bort kablaget genom bagageluckans öppningar. Lossa snöret och lämna kvar det i luckan inför återmonteringen av kablaget.

7 Bänd loss klämmorna som håller fast stödbenen vid bagageluckan med en liten skruvmejsel. Dra av hylsorna från kulbultarna, och flytta stödbenen nedåt **(se bild)**.

8 Märk ut gångjärnsarmarnas läge med en blyertspenna. Placera trasor under bagageluckans alla hörn, så att inte lacken skadas.

9 Ta hjälp av en medhjälpare för att skruva loss fästbultarna och lyfta bort bagageluckan från bilen.

Montering

10 Montera i omvänd ordningsföljd mot demonteringen. Tänk på följande:

a) *Kontrollera att bagageluckan är korrekt inriktad med karossen, d.v.s. att spelrummet runt dess kant är lika stort överallt.*

b) *Justering kan göras genom att man lossar gångjärnens bultar och flyttar bakluckan i de förlängda fästhålen.*

c) *Kontrollera att låset kommer mitt i låskolven när bakluckan stängs.*

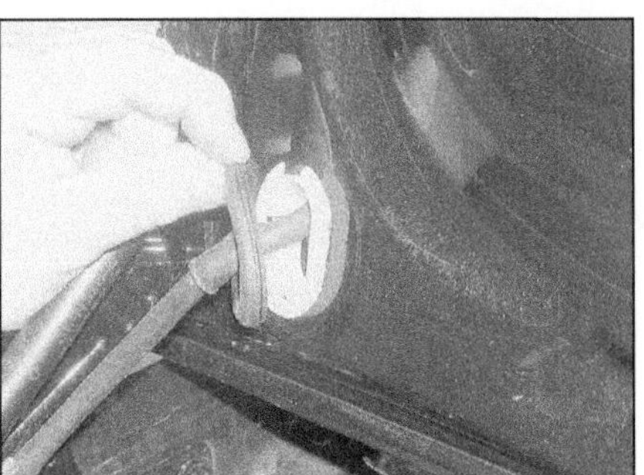
17.2 Ta bort kablaget genom att dra ut genomföringen

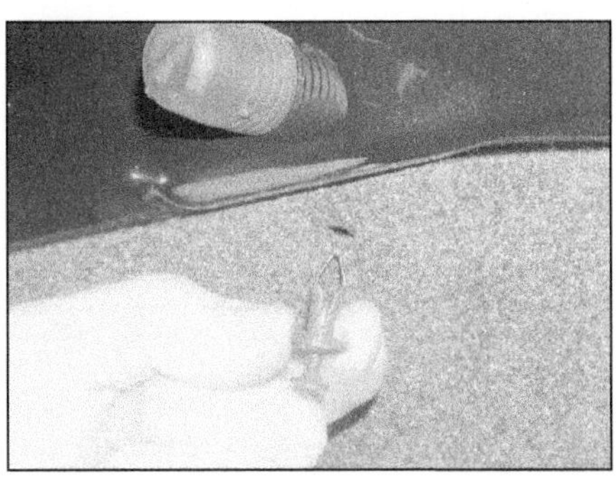
17.3 Ta bort plastskruvarna och klämmorna

17.7 Ta loss stödbenet genom att bända loss klämman

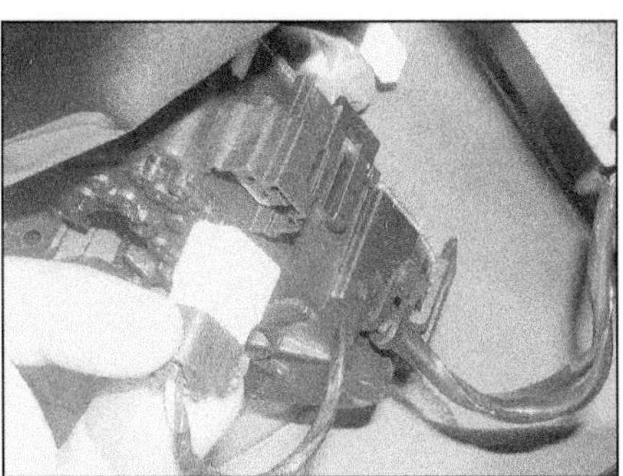
18.3 Koppla loss kontaktdonet

18 Bagageluckans låskomponenter - demontering och montering

Demontering

1 Lossa batteriets jordledning (minuspolen) (se kapitel 5A, avsnitt 1).

2 Med bakluckan öppen, lossa plastskruvarna från bagageutrymmets klädselpanel och ta bort dem.

3 Koppla loss anslutningskontakten från låsenheten **(se bild)**.

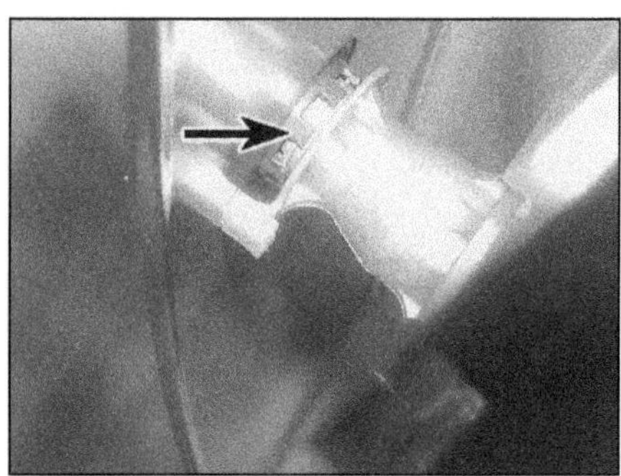

18.4a Lossa låscylinderns sarg (pil från insidan)

18.4b . . . och ta bort den från bagageluckan

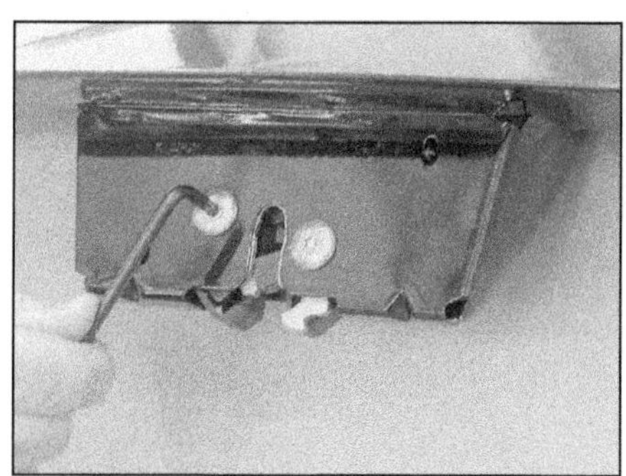

18.5 Skruva loss låsets fästbultar

18.6a Fila ner låscylinderns hus (vid pilen) . . .

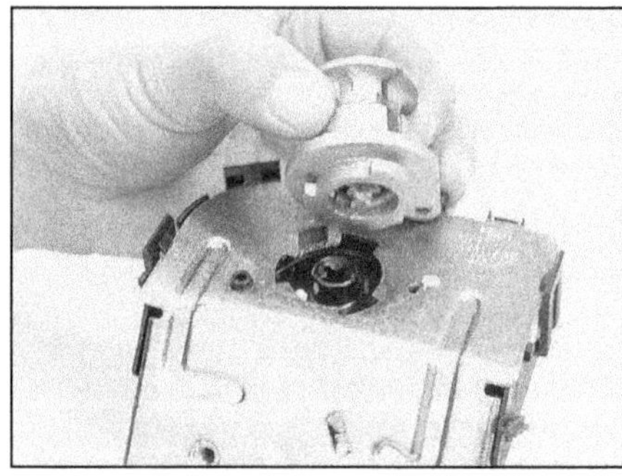

18.7 Lossa låscylindern från låsenheten genom att vrida den

4 Lossa gummigenomföringen som sitter runt låscylindern på bakluckans insida **(se bilder)**.

5 Skruva loss låsets bultar med en torxnyckel och ta bort låset och låscylindern **(se bild)**.

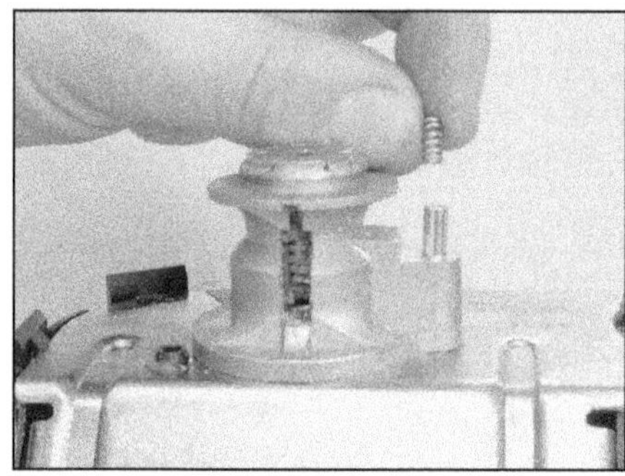

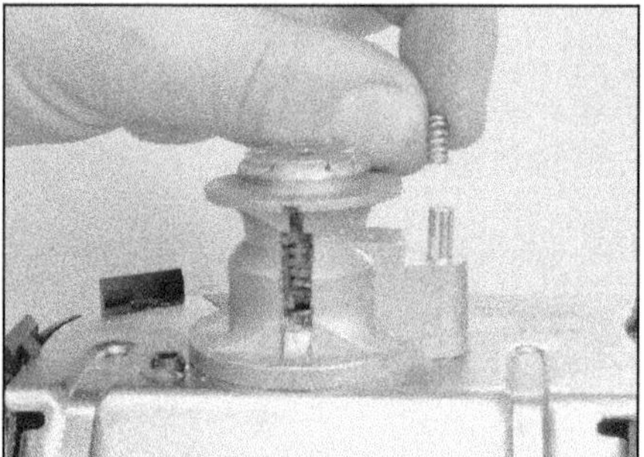

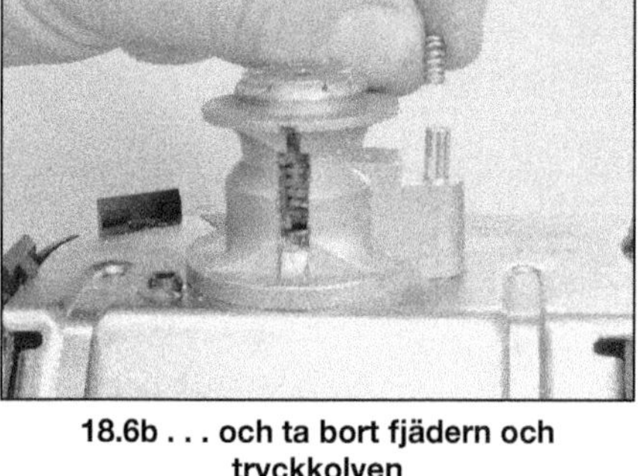

18.6b . . . och ta bort fjädern och tryckkolven

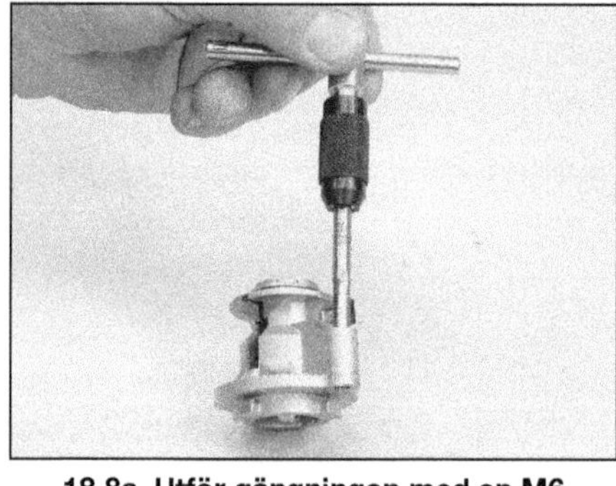

18.8a Utför gängningen med en M6 gängtapp . . .

6 Placera låsenheten på en lämplig arbetsbänk. Fila ner låscylinderhuset så att fjädern och tryckkolven friläggs **(se bilder)**.

7 Ta bort fjädern och tryckkolven, vrid sedan låscylindern och dra ut den ur låshuset **(se bild)**. (Fjädern ska INTE användas vid återmonteringen.)

Montering

8 Monteringen sker i omvänd ordningsföljd mot demonteringen. Tänk på följande när du monterar låscylindern:

*a) Gänga upp låscylinderns hus med en M6-gänga, om tryckkolven har demonterats **(se bild)**.*

b) Installera låscylindern och vrid den sedan för att få den på plats.

*c) Tryck in tryckkolven i hålet och montera sedan fästskruven (M6 x 6,5 mm) för att fästa tryckkolven **(se bilder)** (använd Loctite-tätning på gängorna).*

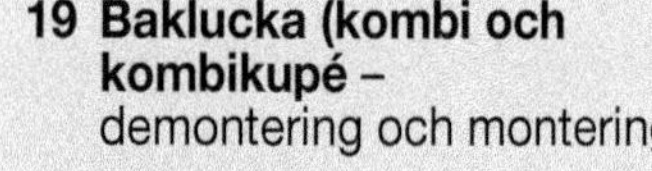

19 Baklucka (kombi och kombikupé – demontering och montering

Demontering

1 Lossa batteriets jordledning (minuspolen) (se kapitel 5A, avsnitt 1).

2 Bakluckan kan skruvas loss från gångjärnen med gångjärnen kvar på bilen.

3 Ta bort de två skruvarna från kåpan till det övre bakre bromsljuset, och koppla loss lamphållarens kablage och bakrutespolarnas rör **(se bilder)**.

4 Skruva loss fästskruvarna och lossa sedan bakluckans klädselpanel. Lossa försiktigt den

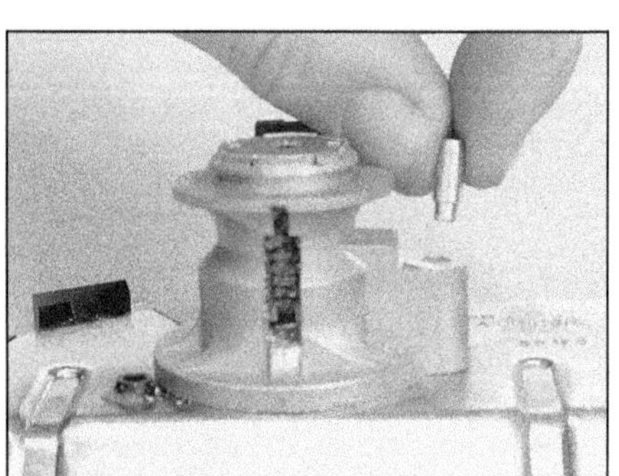

18.8b . . . sätt tillbaka låscylindern och för in tryckkolven . . .

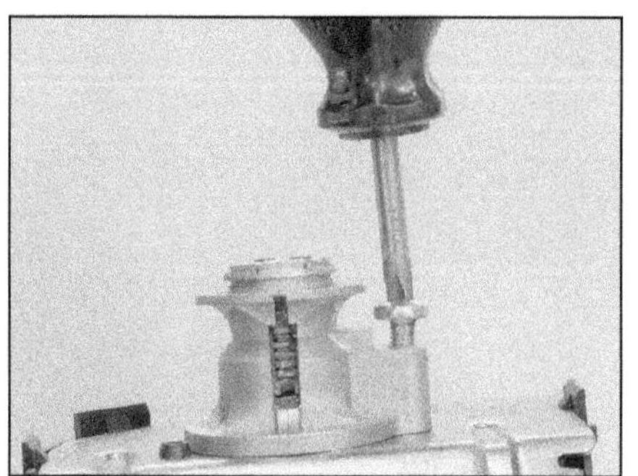

18.8c . . . sätt sedan dit fästskruven. Använd Loctite-tätning på gängorna

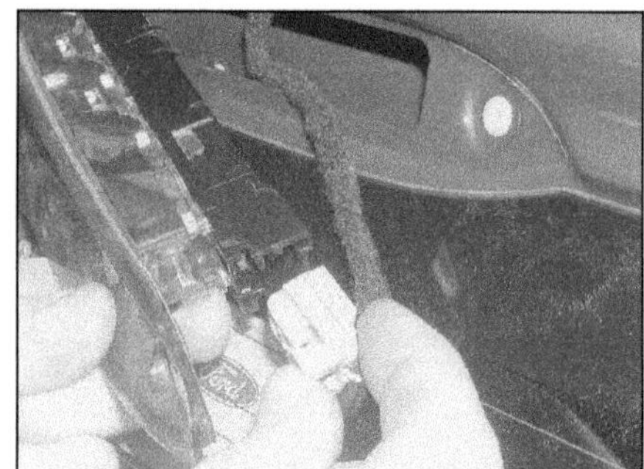

19.3a Koppla loss kontaktdonet . . .

19.3b ... och bakrutespolarens rör

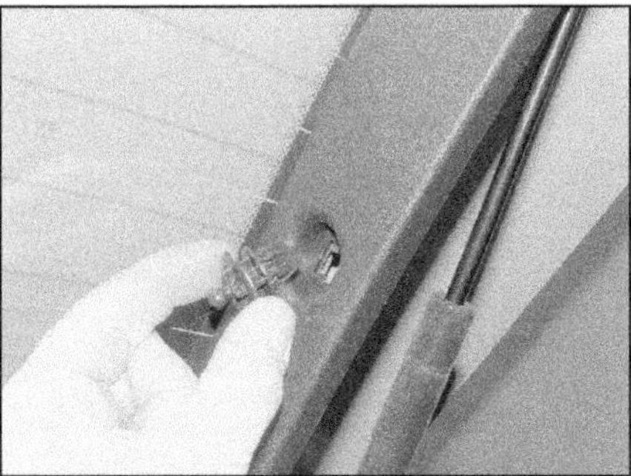
19.4a På kombikupémodeller, dra ut bagagehyllans upphängningskrokar ...

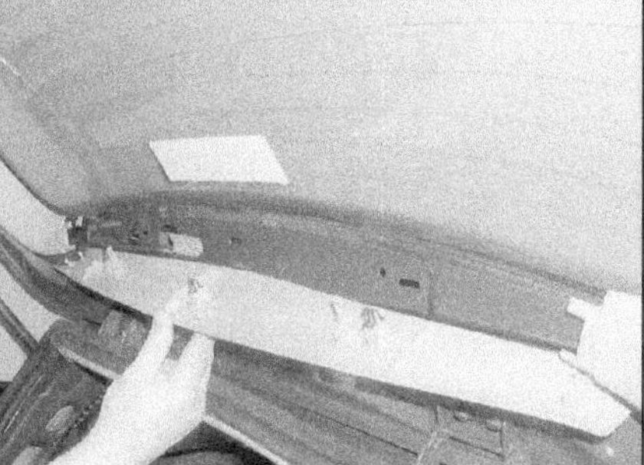
19.4b ... lossa sedan bakluckans övre paneler

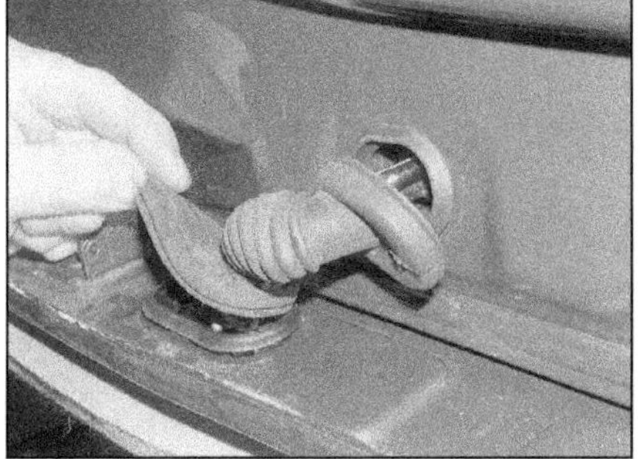
19.6 Lossa kablagets gummigenomföring

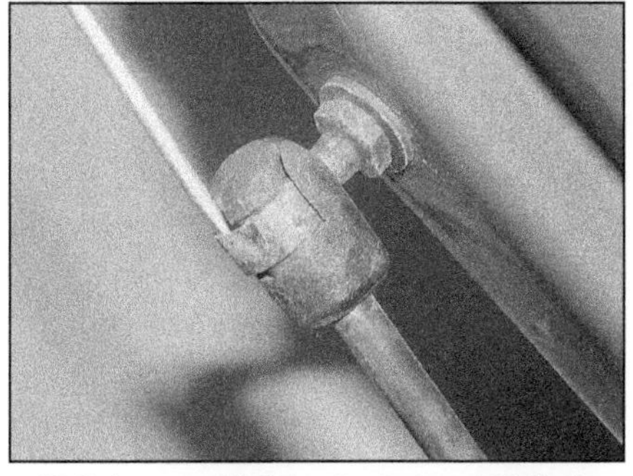
19.8 Lossa stödbenet genom att bända loss klämman

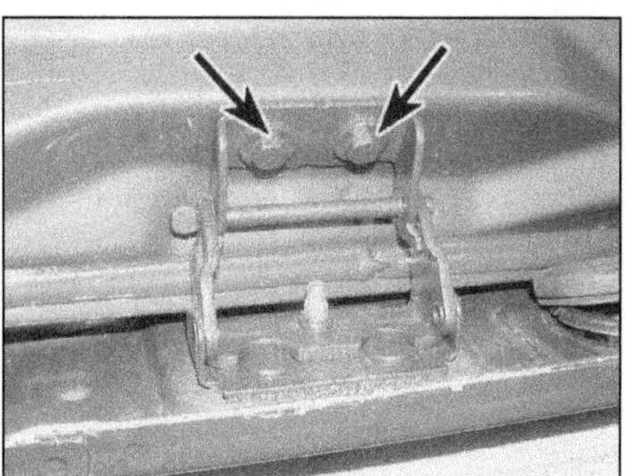
19.9 Skruva loss de två fästbultarna (vid pilarna)

övre panelen runt bakrutan. På kombikupémodeller, ta loss bagagehyllans upphängningskrokar från bakluckans övre paneler **(se bilder)**.

5 Koppla loss kabelhärvans kontaktdon genom öppningen i bakluckans inre plåt, även jordkabeln. Anslut ett starkt och tunt snöre vid kabelhärvans ände, som hjälp när du ska föra kablaget genom bakluckan vid den kommande monteringen

6 Bänd loss gummigenomföringen från vänster sida av bakluckans öppning **(se bild)** och dra ut kabelhärvan. Lossa snöret och lämna det på plats i bakluckan så att du kan föra tillbaka kabeln genom bakluckan vid monteringen.

7 Be en medhjälpare hålla bakluckan i öppet läge.

8 Bänd loss klämmorna som håller fast stödbenen vid bakluckan med en liten skruvmejsel. Dra av hylsan från kulbulten, och flytta stödbenen nedåt **(se bild)**.

9 Skruva loss gångjärnens bultar (två på varje sida) från bakluckan **(se bild)**. Ta bort bakluckan från karossens öppning. Var försiktig så att inte lacken skadas.

10 Om gångjärnen ska tas bort från takpanelen, skruva loss fästskruvarna (en på varje sida) från nedre delen av D-stolpens klädselpanel **(se bild)**. Lossa panelerna från båda sidorna och ta bort dem från stolparna.

11 Dra försiktigt ner den inre takklädselns bakre kant så att du kommer åt muttrar och bultar. Var försiktig så att den inre takklädseln inte skadas **(se bild)**.

12 Skruva loss gångjärnens fästmuttrar och bultar från den bakre takpanelen.

Montering

13 Monteringen sker i omvänd ordningsföljd mot demonteringen, men kontrollera att bakluckan sitter mitt i karossöppningen, och att låskolven kommer mitt i låset. Lossa

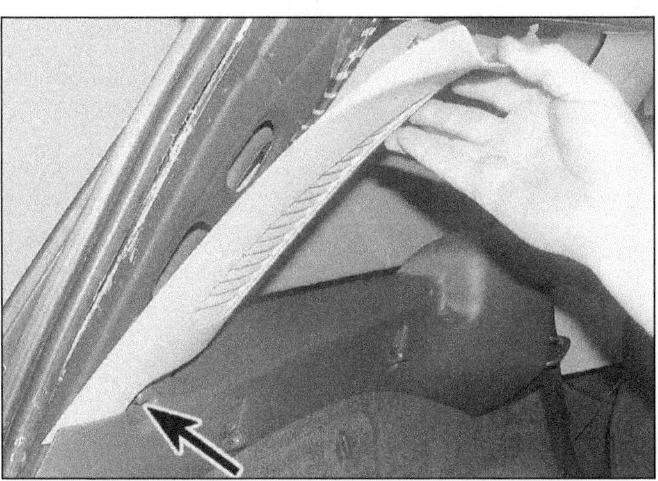
19.10 Ta bort skruven (vid pilen) och lossa panelen

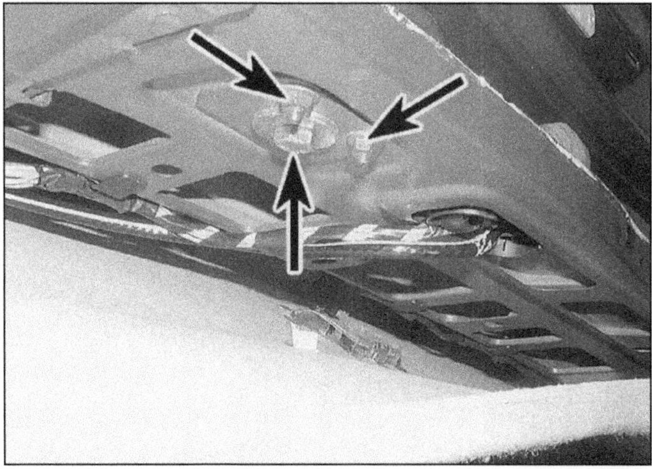
19.11 Ta bort gångjärnet genom att skruva loss muttrarna och bultarna (vid pilarna)

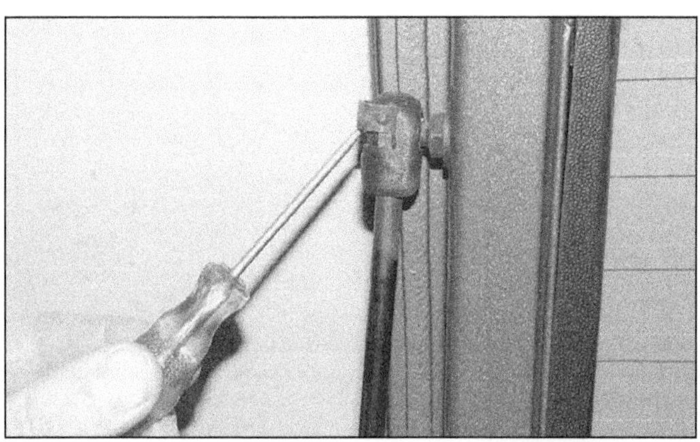
20.2a Använd en tunn skruvmejsel för att lossa fästklämman . . .

20.2b . . . dra sedan loss stödbenet från kulbulten

fästmuttrarna och justera bakluckans läge om det behövs.

20 Stödben - demontering och montering

Demontering

1 Be en medhjälpare hålla bak-/bagage-luckan eller motorhuven i öppet läge.

2 Bänd loss den övre fjäderklämman som håller stödbenet vid luckan/motorhuven, dra sedan av hylsan från kulbulten **(se bilder)**.

3 Bänd på samma sätt loss den nedre klämman och dra av hylsan från kulbulten. Ta bort stödbenet.

Montering

4 Monteringen sker i omvänd ordningsföljd mot demonteringen. Se till att stödbenet är monterat åt samma håll som från början.

21 Bakluckans låskomponenter - demontering och montering

Demontering

Låsenhet - kombi

1 Lossa batteriets jordledning (minuspolen) (se kapitel 5A, avsnitt 1).

2 Med bakluckan öppen, skruva loss de två plastskruvarna och lossa klädselpanelen från bakluckan **(se bild)**.

3 Koppla loss kontaktdonet från bakluckans lås **(se bild)**.

4 Lossa reglagevajern från baksidan av låscylindern. Lossa vajerhöljet och vrid sedan vajern för att lossa innervajern **(se bild)**.

5 Skruva loss låsets två fästbultar och ta bort hela låset, även reglagevajern **(se bild)**.

Lås - kombikupé

6 Lossa batteriets jordledning (minuspolen) (se kapitel 5A, avsnitt 1).

7 Med bakluckan öppen, skruva loss fäst-skruvarna och lossa klädselpanelen från bakluckan **(se bild)**.

8 Koppla loss kontaktdonet från bakluckans lås **(se bild)**.

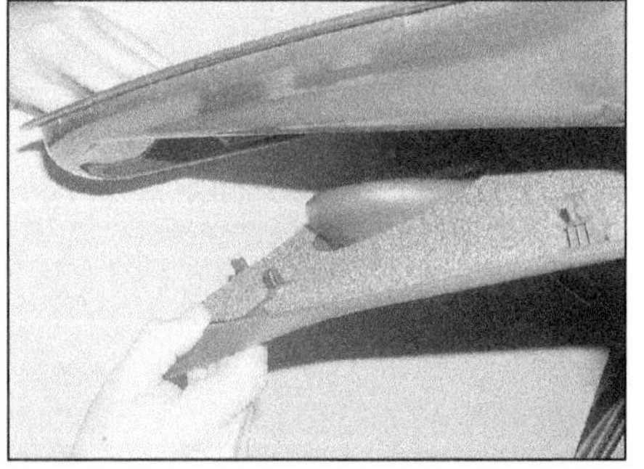
21.2 Lossa bakluckans klädselpanel

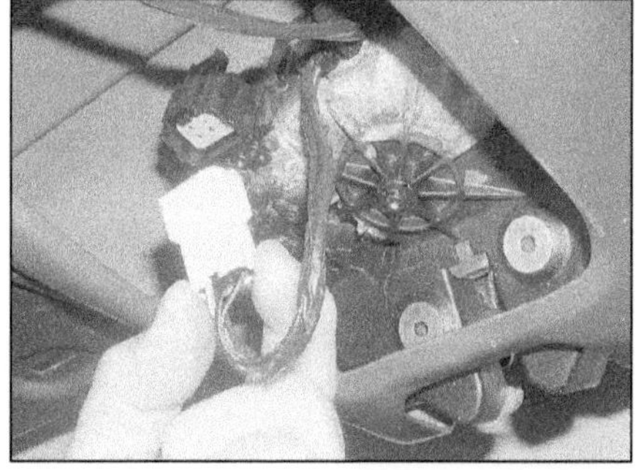
21.3 Koppla loss kontaktdonet från låset

21.4 Lossa vajerhöljet och sedan innervajern

21.5 Skruva loss de två fästbultarna och ta bort låset

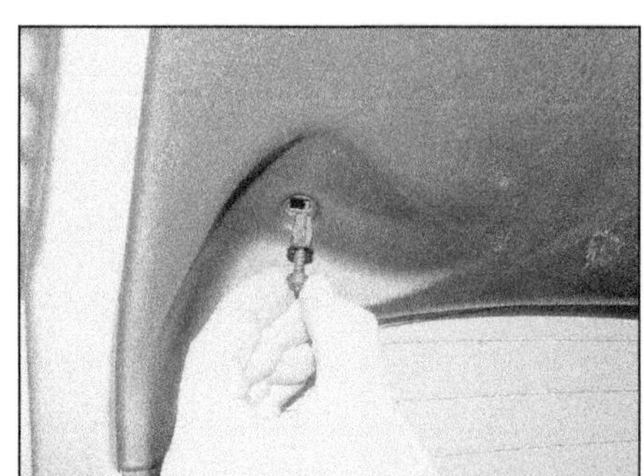
21.7 Ta bort fästskruvarna från bakluckans klädselpanel

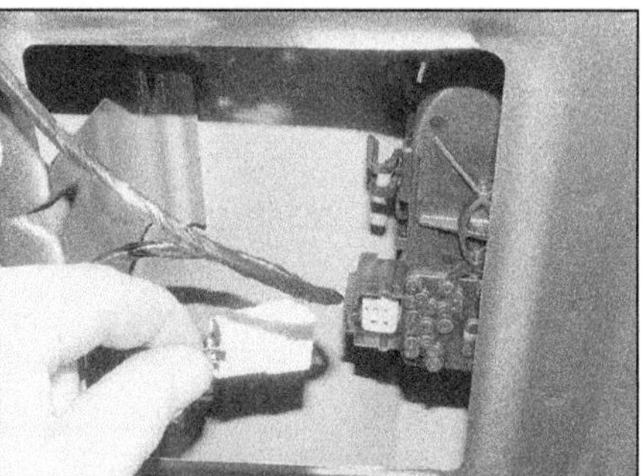
21.8 Koppla loss anslutningskontakten från låsenheten

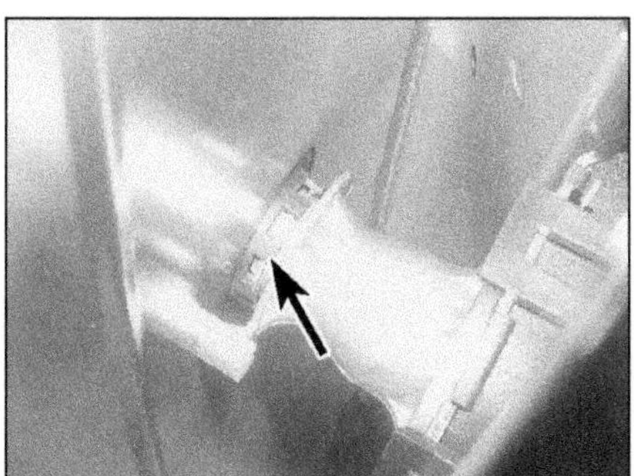
21.9a Pilen visar gummigenomföringen som är fäst med en klämma vid låsenheten inuti bakluckan . . .

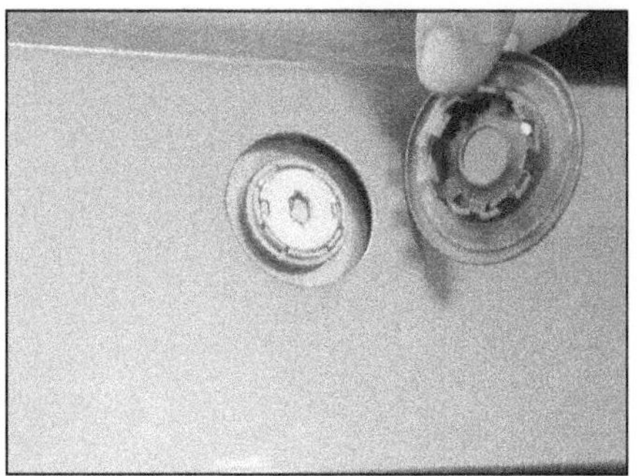
21.9b . . . gummigenomföringen borttagen från låsenheten

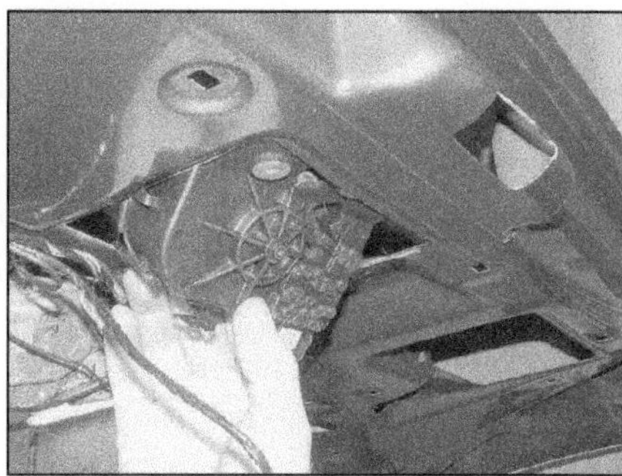
21.10 Ta bort låsenheten från bakluckan

9 Lossa gummigenomföringen runt låscylindern på bakluckans insida **(se bilder)**.

10 Skruva loss låsets fästskruvar med en torxnyckel och ta bort låset **(se bild)**.

Låscylinder - kombi

11 Lossa batteriets jordledning (minuspolen) (se kapitel 5A, avsnitt 1).

12 Med bakluckan öppen, skruva loss de två plastskruvarna och lossa klädselpanelen från bakluckan.

13 Lossa reglagevajern från baksidan av låscylindern **(se bild)**.

14 Skruva loss de tre fästmuttrarna från den bakre registreringsskyltens belysningsplåt och ta bort den från bakluckan **(se bild)**. Lossa kontaktdonen (om det behövs) när de blir synliga. Vid monteringen behövs dubbelhäftande tejp på plåtens ändar.

15 Skruva loss låscylinderns två fästmuttrar **(se bild)**.

16 Bänd loss låscylindern från tätningspackningen på bakluckan och ta bort den **(se bild)**. Montera en ny tätningspackning vid återmonteringen.

Låscylinder - kombikupé

17 Med låset demonterat (punkt 6 – 10), och på en lämplig arbetsbänk. Fila ner låscylinderhuset så att fjädern och tryckkolven friläggs **(se bilder)**.

18 Ta bort fjädern och tryckkolven, vrid sedan låscylindern och dra ut den ur låshuset **(se bild)**. (Fjädern ska INTE användas vid monteringen.)

21.13 Lossa vajerhöljet och lossa sedan vajern

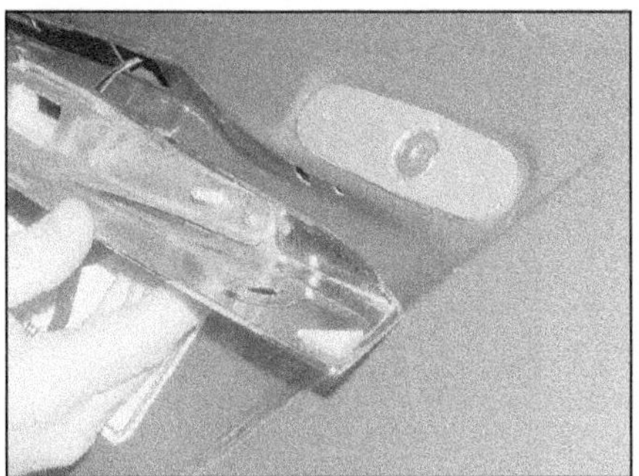
21.14 Bänd loss plåten från bakluckan när du har tagit bort fästmuttrarna

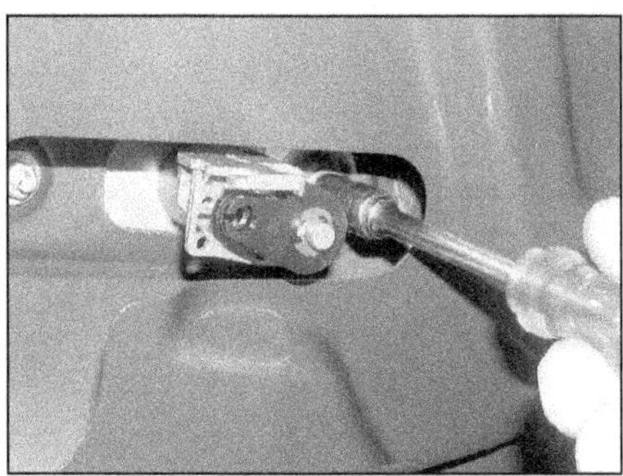
21.15 Skruva loss de två fästmuttrarna

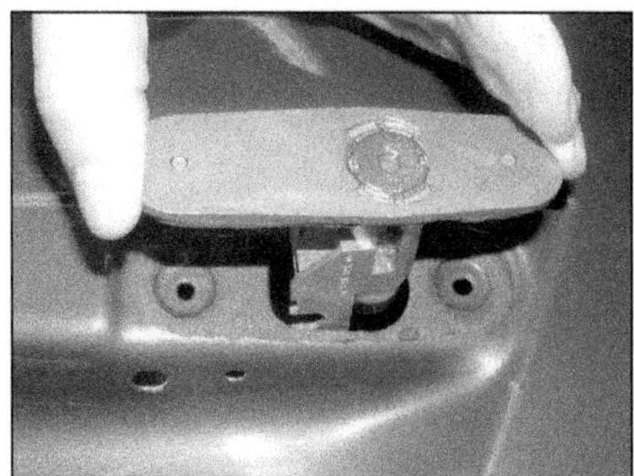
21.16 Bänd loss låscylindern från bakluckan

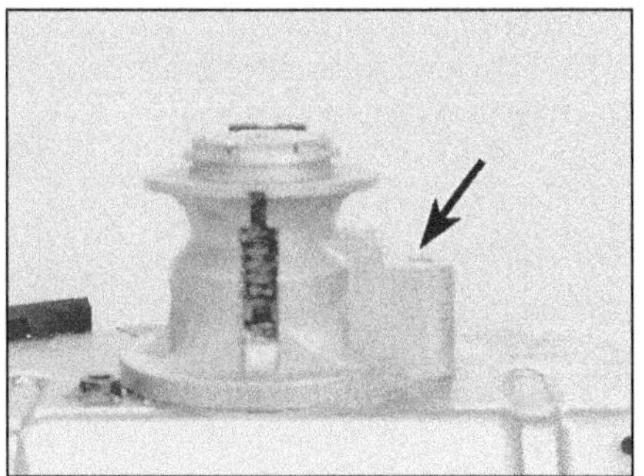
21.17a Fila ner låscylinderns hus (vid pilen) . . .

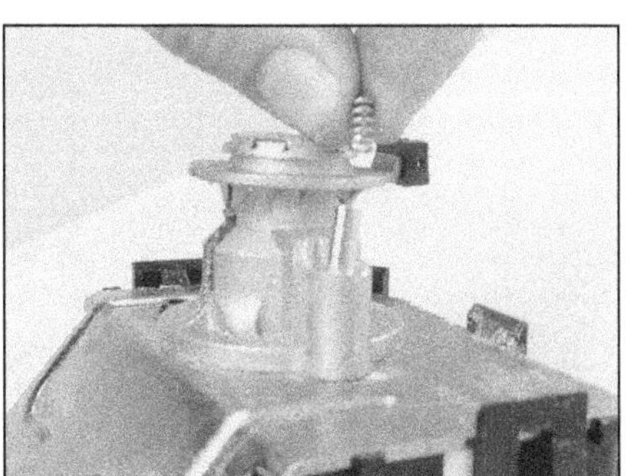
21.17b . . . ta sedan bort fjädern och tryckkolven

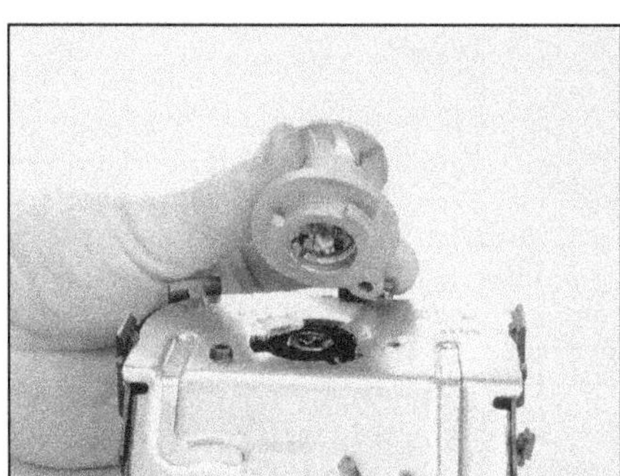
21.18 Lossa låscylindern från låsenheten genom att vrida den

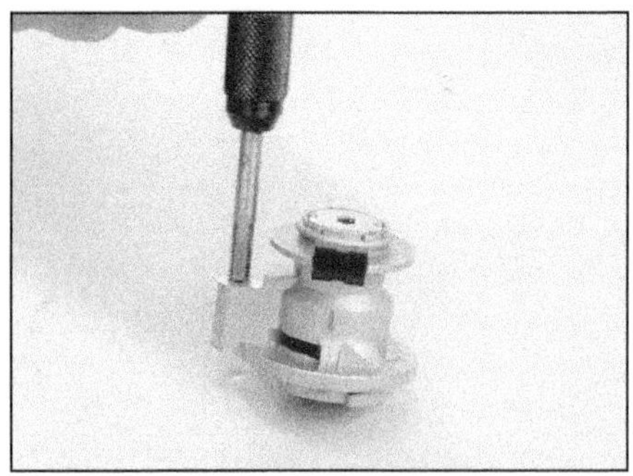
21.19a Använd en M6 gängtapp för att gänga upp låscylinderns hus

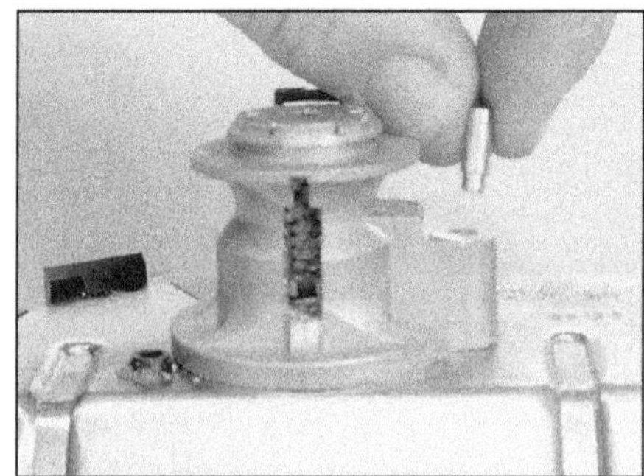
21.19b Placera tryckkolven i hålet och montera sedan fästskruven

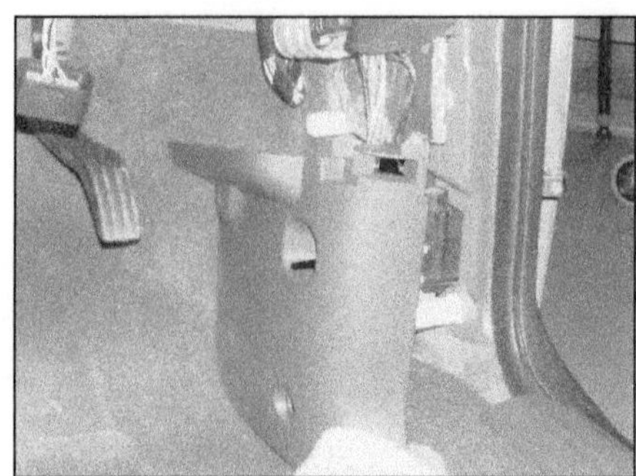
22.12 Ta bort den högra A-stolpens nedre panel

Montering

19 Monteringen sker i omvänd ordningsföljd mot demonteringen. Tänk på följande när du monterar låscylindern:

a) Gänga upp låscylinderns hus med en M6-gänga, om tryckkolven har demonterats ***(se bild)****.*

b) Installera låscylindern och vrid den sedan för att få den på plats.

c) Tryck in tryckkolven i hålet ***(se bild)*** *och montera sedan fästskruven (M6 x 6,5 mm) för att fästa tryckkolven (använd Loctite-tätning på gängorna).*

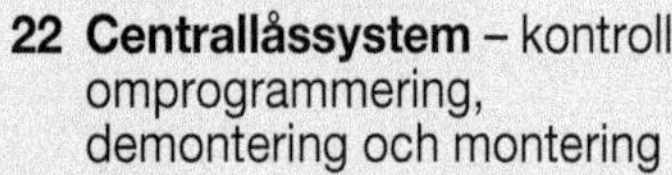

22 Centrallåssystem - kontroll, omprogrammering, demontering och montering

Kontroll

1 Kontroll av centrallåset/larmsystemet kan endast utföras med Fords diagnosverktyg WDS.

Programmering av fjärrkontroll

2 Innan du omprogrammerar en fjärrkontroll, se till att batteriet är fulladdat och att larmet inte är aktiverat.

3 Vrid tändningslåset till läge I. Vänta tills stöldskyddssystemets lysdiod lyser med fast sken och vrid sedan tändningslåset till läge 0 (av).

4 Inom 5 sekunder efter föregående steg, rikta nyckeln mot den infraröda mottagaren och tryck sedan på upplåsningsknappen och håll den intryckt.

5 Så snart lysdioden i nyckeln börjar blinka trycker du på låsningsknappen 3 gånger.

6 Släpp nu sändarens båda knappar och kontrollera att stöldskyddssystemets lysdiod och nyckelns lysdiod blinkar 5 gånger.

7 Om det behövs, upprepa metoden för de andra nycklarna, dock maximalt fyra. Vrid nyckeln till läge II för att gå ur programmeringsläget.

Fordon med radiostyrt nyckellöst system

8 Innan du omprogrammerar en fjärrkontroll, se till att batteriet är fulladdat och att larmet inte är aktiverat. Stäng alla dörrar så att ljudsignalen inte aktiveras.

9 Vrid tändningslåset från läge I till läge II fyra gånger inom 6 sekunder. Vrid det sedan till läge 0 (av).

10 En ljudsignal hörs och lysdiodsystemet tänds för att visa att "inlärningsläget" har startats.

11 Inom 10 sekunder efter föregående steg, tryck på en av knapparna på fjärrkontrollen tills ytterligare en ljudsignal hörs och lysdioden blinkar. Detta visar att metoden har lyckats. Vrid tändningslåset till läge III för att gå ur "inlärningsläget".

Demontering

Central styrenhet (GEM)

Observera: *Om styrenheten ska bytas måste enhetens inställningar sparas före demonteringen och sedan initieras med Ford diagnosverktyg WDS.*

12 För att ta bort modulen, ta först bort den högra A-stolpens nedre klädselpanel **(se bild)**.

13 Lossa batteriets jordledning (minuspolen) (se kapitel 5A, avsnitt 1).

14 Skruva loss fästskruvarna och ta bort modulen från fästbygeln.

15 Koppla loss kablagets multikontakter och ta bort modulen inifrån bilen.

Dörrmotorer

16 Denna metod beskrivs i avsnitt 13.

Bakluckans motor

17 Ta bort låset enligt beskrivningen i avsnitt 18 eller 21, efter tillämplighet.

18 Ta bort motorns två fästskruvar och för sedan motorenheten ut ur karossen. Lossa anslutningskontakten.

Montering

19 I alla fall sker monteringen i omvänd ordningsföljd mot demonteringen.

23 Vindruta och fasta rutor - demontering och montering

1 På alla modeller hålls vindrutan och bakrutan på plats med speciallim, liksom sidorutorna bak. Specialverktyg behövs för att skära loss de gamla rutorna och montera nya. Dessutom krävs särskilda rengöringsmedel och grundfärg. Därför bör detta arbete överlämnas åt en Fordverkstad eller en specialist på bilglas.

24 Karossens sidolister och emblem - demontering och montering

Demontering

1 Karossens sidodekorer och lister är fästa antingen med fästklämmor eller ett vidhäftande material såsom lim. Vid limfog för du in ett starkt snöre (metrev är idealiskt) bakom listen eller emblemet. Bryt limningen mellan listen eller emblemet och plåten med en sågande rörelse.

2 Tvätta noggrant bort alla spår av lim från plåten med T-sprit och låt området torka.

3 På lister med fästklämmor, dra försiktigt loss listen från plåten. Var försiktig så att inte lacken skadas.

Montering

4 Ta bort skyddspapperet från baksidan av den nya listen eller emblemet. Sätt den försiktigt på plats på plåten, men vidrör inte limmet. När den är i rätt läge, tryck på listen/emblemet med handen en kort stund så att den/det fäster vid plåten.

5 Byt alla trasiga fästklämmor innan du monterar dekorer eller lister.

25 Taklucka - allmän information och inställning

Demontering

Glaslucka

1 För solskyddet bakåt och ställ glasluckan i tippat läge.

2 Ta bort de fyra fästskruvarna (två på varje sida) **(se bild)**.

3 Lyft upp eller ta bort antennen och lyft sedan bort takluckans glasruta från bilen.

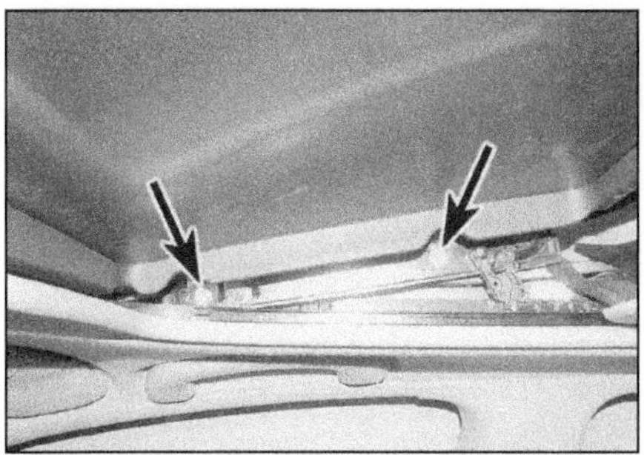
25.2 Skruva loss takluckans fästskruvar (vid pilarna), två skruvar på varje sida

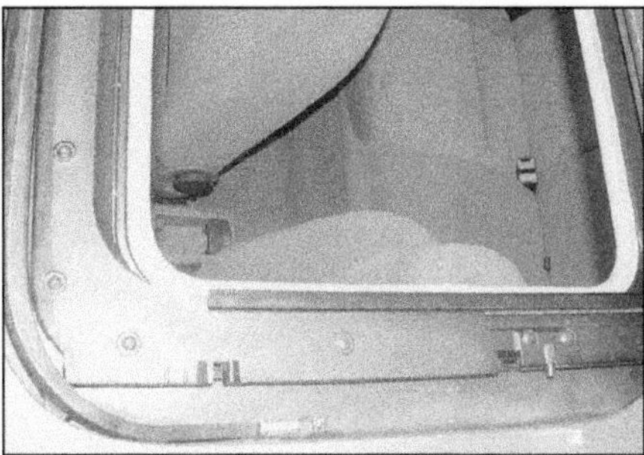
25.6 Skruva loss skruvarna runt takluckans ram

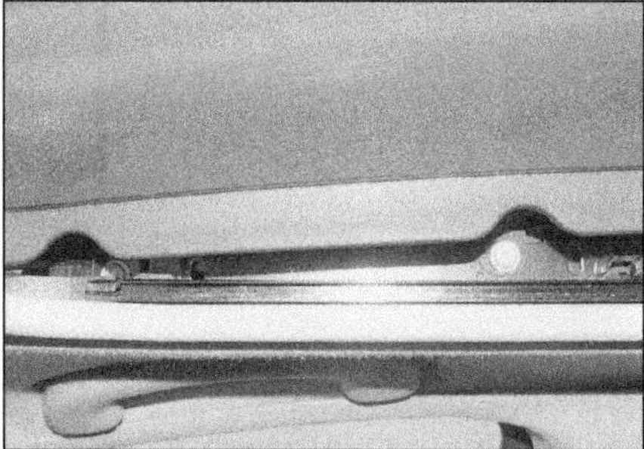
25.11 Justera höjden på glasluckan genom att lossa skruvarna

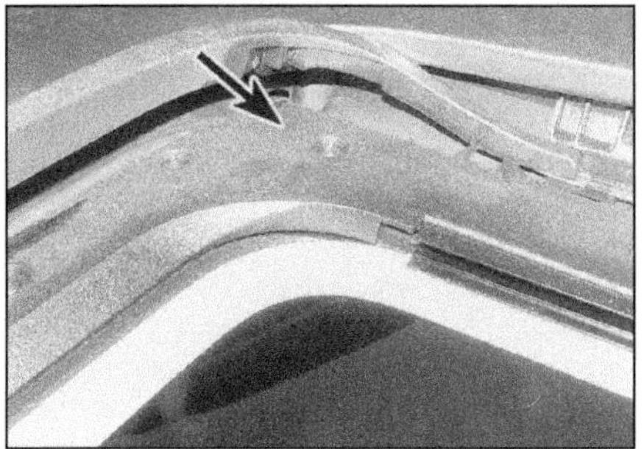
25.15 En av de främre dräneringsslangarna (vid pilen)

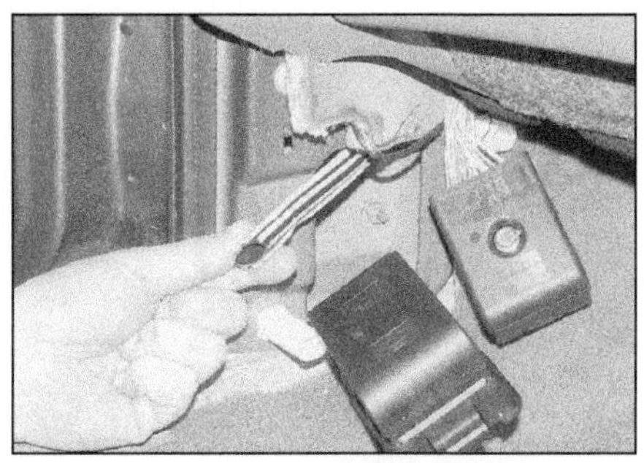
25.16 Ta bort den elektriska enheten för att kontrollera dräneringsslangen

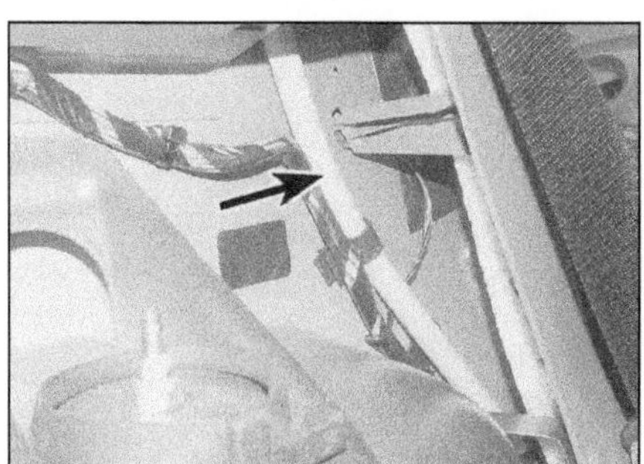
25.17 Bakre dräneringsslang (vid pilen)

Solskydd

4 Ta bort glasluckan enligt beskrivningen i punkt 1 – 3.
5 Veva takluckans öppningsmekanism bakåt. Se till att glasluckans styrningar inte lossnar från styrskenorna.
6 Lossa och ta bort de 16 skruvarna runt solskyddspanelen **(se bild)**.
7 För ut solskyddet från styrskenorna. Se till att inte flytta vajerstyrningarna ur läge i glidskenorna. Se till att det inte kommer in smuts i vajermekanismen.

Montering

8 Monteringen sker i omvänd ordningsföljd mot demonteringen. Smörj vajrarna och styrningarna vid ditsättningen.

Justering

9 Takluckan ska kunna öppnas och stängas utan att den fastnar eller hakar upp sig. När den är i stängt läge, kontrollera att den är i nivå med taket runt omkring.
10 Om den måste justeras, för solskyddet bakåt. Låt dock glasluckan vara kvar i stängt läge.
11 Lossa de bakre fästskruvarna (en på varje sida). Justera glaspanelen uppåt eller nedåt så att bakkanten är i nivå med takpanelen **(se bild)**.
12 Lossa de främre fästskruvarna (en på varje sida). Justera glaspanelen uppåt eller nedåt så att framkanten hamnar i nivå med takpanelen.
13 Dra åt de fyra fästskruvarna.
14 Kontrollera att det inte förekommer något vindljud eller vattenläckor vid takets tätning.

Kontroll

Dräneringsslangar

15 Det finns fyra dräneringsslangar, en i varje hörn av takluckans öppning **(se bild)**.
16 De främre dräneringsslangarna går ner längs med A-stolparna. Ta bort den nedre klädselpanelen och den elektriska kopplingsdosan eller ECU:n för att komma åt dräneringsslangen **(se bild)**.
17 De bakre dräneringsslangarna går ner längs med C-stolparna. Ta bort de bakre sidopanelerna för att komma åt dem **(se bild)**.

26 Säten - demontering och montering

Demontering

Framsäte

1 På modeller med elstyrda eller elvärmda sittdynor eller med sidokrockkuddar, koppla loss batteriets minusledare och placera ledningen på avstånd från batteriet (se kapitel 5A, avsnitt 1).

Varning: Om sidokrockkuddar är monterade, vänta minst fem minuter innan du fortsätter så att inte krockkudden löser ut av misstag. Denna tidsperiod gör att all energi som är lagrad i nödkondensatorn förbrukas.

2 För sätet bakåt så långt det går.
3 Ta bort panelkåpan från den yttre sätesskenan **(se bild)**.
4 Skruva loss de två främre bultarna från sätets glidskenor och ta bort dem **(se bild)**.
5 För sätet framåt så långt det går och skruva sedan loss de två bakre skruvarna från sätets glidskenor och ta bort dem.
6 På modeller med elstyrda eller elvärmda

26.3 Lossa glidskenans panel

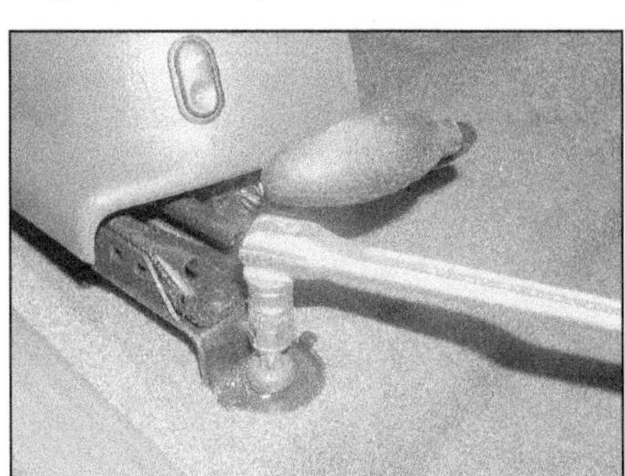
26.4 Skruva loss sittdynans fästbultar

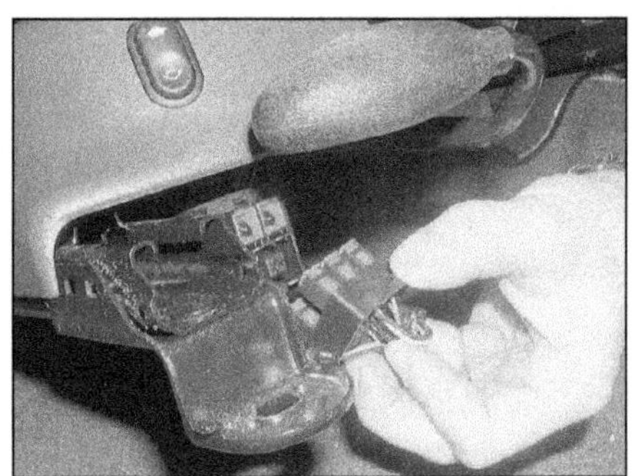
26.6 Koppla loss alla kontaktdon

26.8 Skruva loss gångjärnet till baksätets sittdyna

26.10 Ta bort baksätets fästbultar

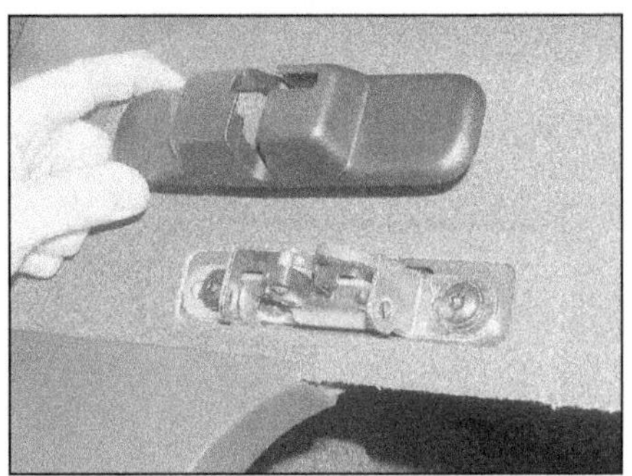
26.12 Lossa kåpan så att du kommer åt fästskruvarna

26.13 Lossa låsvajern under bagagehyllan

27.2 Skruva loss säkerhetsbältets nedre bult

säten, koppla loss de olika kablagens multikontakter från sittdynans botten. Notera deras placering **(se bild)**.

Baksätets dyna

7 På vissa modeller måste man lossa plastpanelen från gångjärnen längst fram på sätesdynorna.

8 Skruva loss fästbultarna från gångjärnen **(se bild)** och ta sedan bort sätesdynan infrån bilen.

Baksätets ryggstöd

9 Fäll fram baksätets sittdyna (om den inte redan har tagits bort). Ta bort nackskydden och fäll ryggstödet framåt.

10 Skruva loss och ta bort de fyra bultarna från baksidan av ryggstödet **(se bild)**.

11 Lossa det bakre ryggstödet från fästbyglarna och ta bort ryggstödet inifrån bilen.

Spärr och låsvajer för baksätets ryggstöd

12 Fäll sätets ryggstöd framåt och lossa kåpan från ryggstödets spärr **(se bild)**.

13 Arbeta inifrån bagageutrymmet och lossa ryggstödets låsvajer under den bakre hyllan **(se bild)**.

14 Skruva loss fästskruvarna från ryggstödets spärr och ta bort hela spärren, inklusive låsvajern.

Montering

15 Monteringen sker i omvänd ordningsföljd mot demonteringen. Dra åt fästbultarna till angivet moment.

27 Säkerhetsbälten – demontering och montering

Varning: Var försiktig när du handskas med säkerhetsbältets sträckningsanordning. Den innehåller en liten explosiv laddning (pyroteknisk anordning) som liknar den som används för att lösa ut krockkuddarna. Man kan skadas om dessa löser ut på ett okontrollerat sätt. När spännaren har löst ut kan den inte återställas utan måste bytas. Notera även att säkerhetsbältet och liknande delar som har utsatts för krock måste bytas.

Demontering – främre bälte

1 Koppla loss batteriets minusledare och placera den bortkopplade ledningen på avstånd från batteriet (se kapitel 5A, avsnitt 1).

Varning: Innan du fortsätter, vänta minst fem minuter, så att inte bältessträckaren löser ut oavsiktligt. Denna tidsperiod gör att all energi som är lagrad i nödkondensatorn förbrukas.

4- och 5-dörrars modeller

2 Skruva loss och ta bort bulten från säkerhetsbältets nedre förankring **(se bild)**.

3 Lossa den övre klädselpanelen från B-stolpen och för sedan säkerhetsbältets nedre förankring genom klädselpanelen **(se bild)**

4 Skruva loss torxbulten som håller fast säkerhetsbältets styrning vid B-stolpen **(se bild)**.

5 Ta bort de två fästskruvarna och lossa

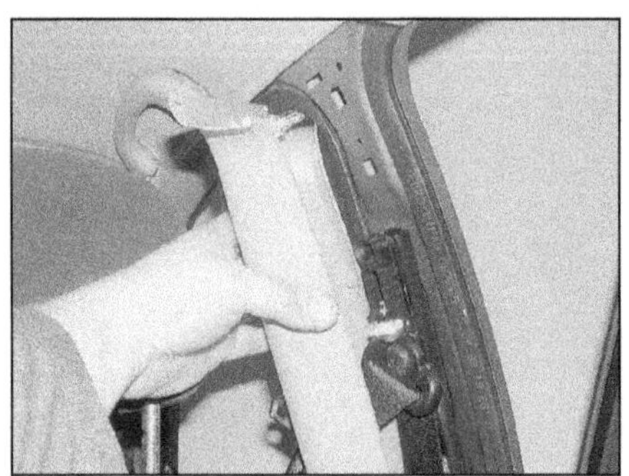
27.3 Ta loss B-stolpens övre klädselpanel

27.4 Skruva loss bältets övre bult

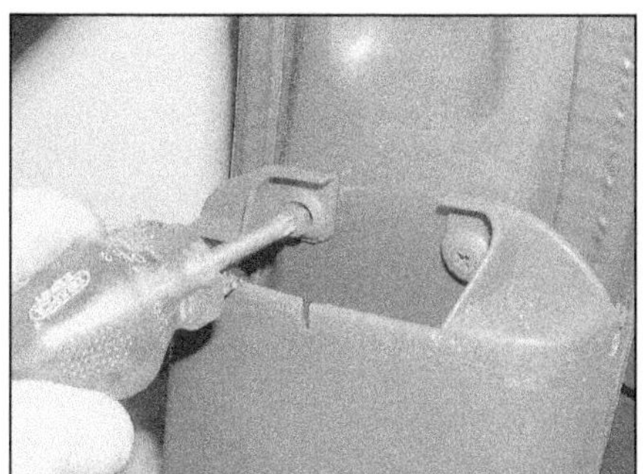
27.5 Ta bort skruvarna från den nedre klädselpanelen

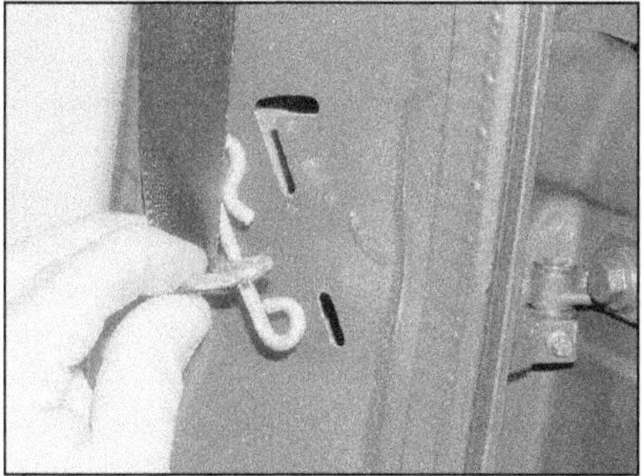
27.6 För säkerhetsbältets styrningsögla från dörrstolpen

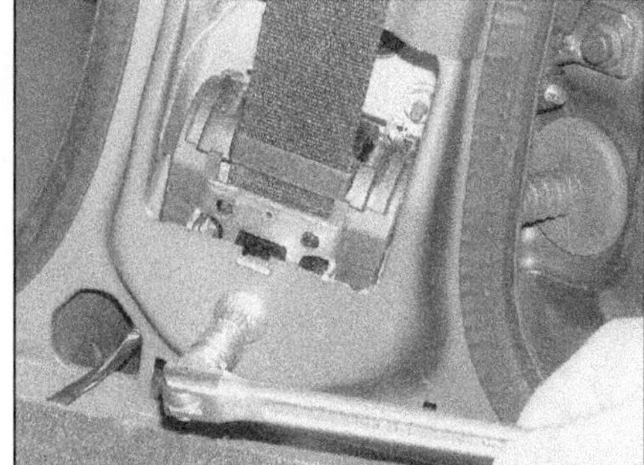
27.7 Skruva loss fästbulten och lyft ut bältesrullen

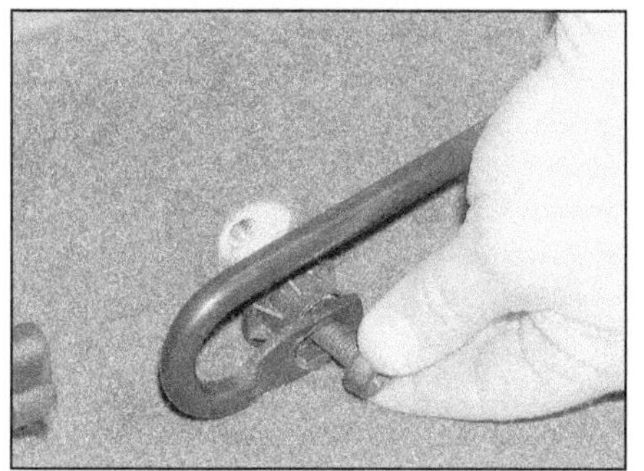
27.8 Ta bort förankringsskenans bult

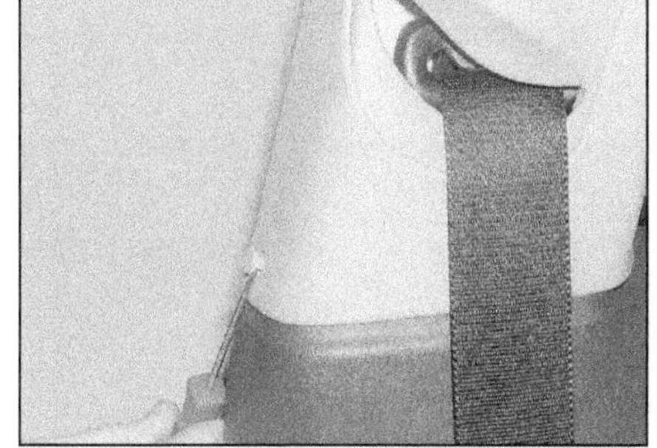
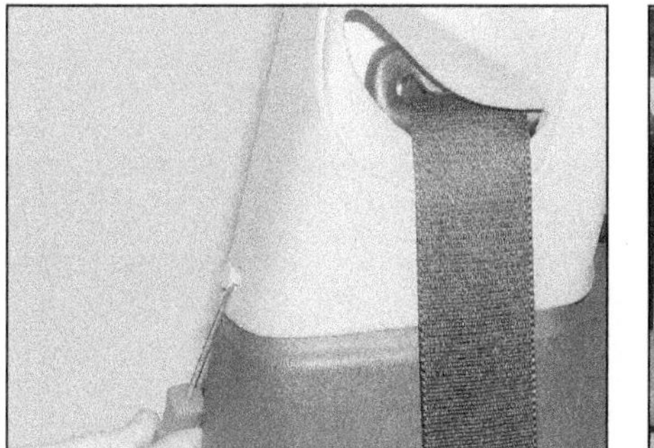
27.9a Bänd ut fästklämman . . .

27.9b . . . och lossa stolpens övre panel

sedan den nedre klädselpanelen från B-stolpen **(se bild)**.

6 För styrningsöglan framåt och sedan nedåt för att koppla loss den från stolpen **(se bild)**.

7 Skruva loss fästbulten och lyft upp bältesrullen för att ta bort den från stolpens fot **(se bild)**.

3-dörrars modeller

8 Skruva loss förankringsskenans bult och ta bort bältet **(se bild)**.

9 Bänd ut fästklämman och lossa sedan den övre klädselpanelen från B-stolpen. För säkerhetsbältets nedre förankring genom klädselpanelen **(se bilder)**.

10 Skruva loss torxbulten som håller fast säkerhetsbältets styrning vid B-stolpen.

11 Ta bort baksätets sittdyna och ryggstödet enligt beskrivningen i avsnitt 26. Ta bort de två fästklämmorna och lossa klädselpanelen på baksidan så att du kommer åt bältesrullen **(se bild)**.

12 Skruva loss fästbulten och lyft upp bältesrullen för att ta bort den från stolpens fot.

Varning: Det finns en risk att bältets sträckningsanordning utlöser under demonteringen, så hantera den varsamt, även efter demonteringen. Använd inga kemikalier på eller i närheten av den och utsätt den inte för höga temperaturer, eftersom den då kan detonera.

Demontering – bakre sidobälte

Kombi

13 Fäll baksätets sittdyna framåt och skruva loss säkerhetsbältets nedre förankringsbult.

14 Fäll baksätets ryggstöd framåt. Skruva loss de fyra fästskruvarna från bagagerummets sidokåpa, och lossa kåpan från bältesrullen **(se bild)**.

15 Skruva loss fästbultarna som håller fast bältesrullen och ta bort den från bilen **(se bild)**.

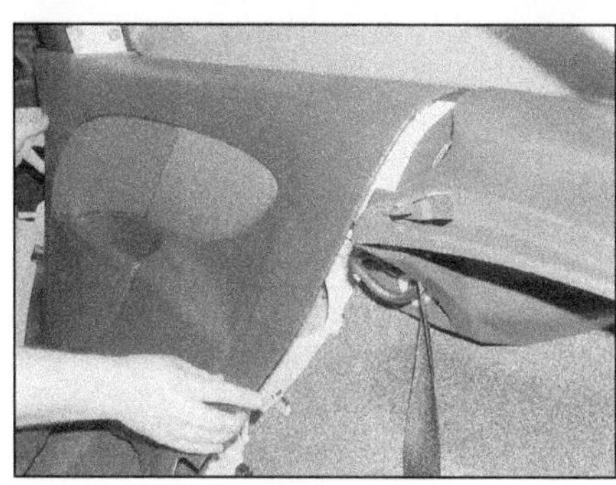
27.11 Ta bort fästklämmorna och lyft ut sidoklädselpanelen

Kombikupé

16 Fäll baksätets sittdyna framåt och skruva loss säkerhetsbältets nedre förankringsbult.

17 Inifrån bagageutrymmet, skruva loss fästskruven från bältesrullens kåpa **(se bild)**.

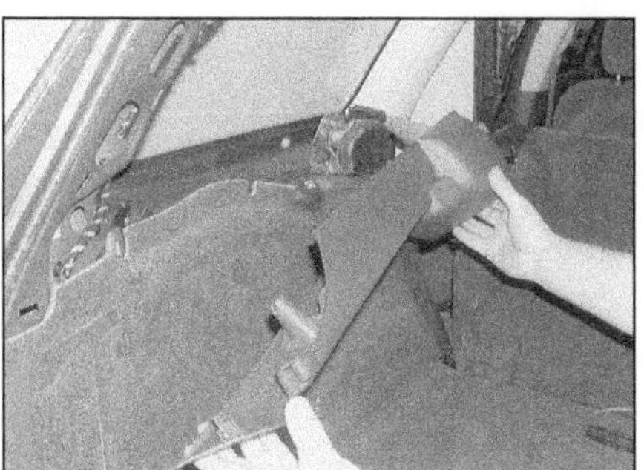
27.14 Lossa sidopanelen från bagageutrymmet

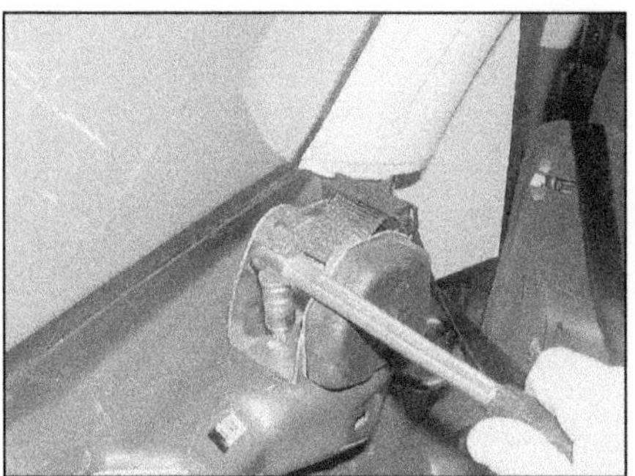
27.15 Skruva loss bältesrullens fästbultar

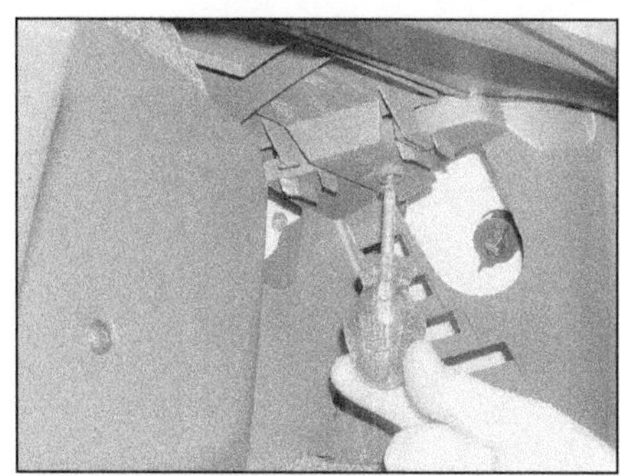
27.17 Lossa skruven för att lossa bältesrullens kåpa

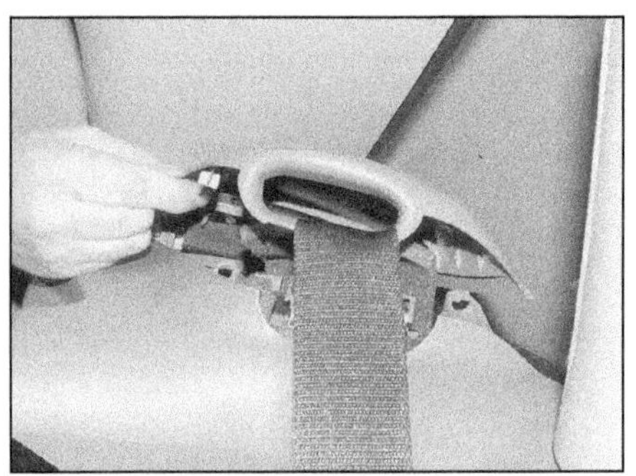
27.18 Lossa kåpan

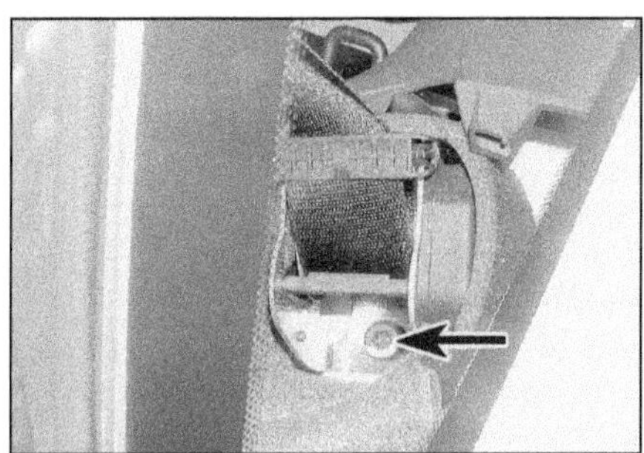
27.19 Skruva loss bältesrullens fästbult (vid pilen)

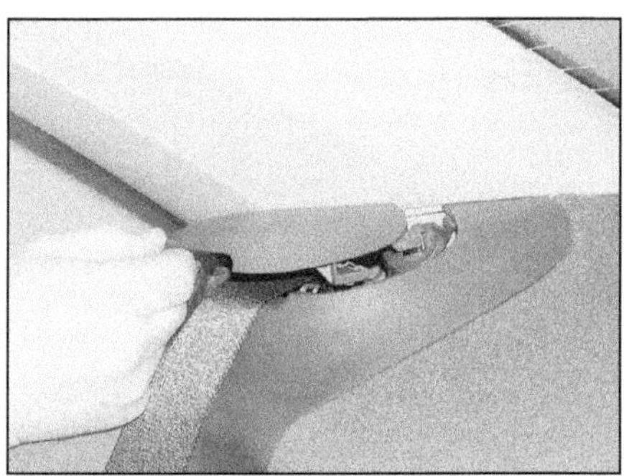
27.21 Lossa säkerhetsbältets kåpa

18 Lossa kåpan runt bältesrullen **(se bild)**.

19 Skruva loss fästbulten som håller fast bältesrullen och ta bort den från bilen **(se bild)**.

Sedan

20 Fäll baksätets sittdynor framåt och skruva sedan loss säkerhetsbältets nedre förankringsbult.

21 Fäll baksätets ryggstöd framåt och lossa den lilla kåpan från säkerhetsbältet **(se bild)**.

22 Skruva loss de två fästskruvarna från C-stolpens mellersta klädselpanel och lossa den runt bältesrullen.

23 Lossa C-stolpens övre klädselpanel. Ta loss den från den bakre bagagehyllan **(se bild)**.

24 Skruva loss fästbulten som håller fast bältesrullen och ta bort den från bilen **(se bild)**.

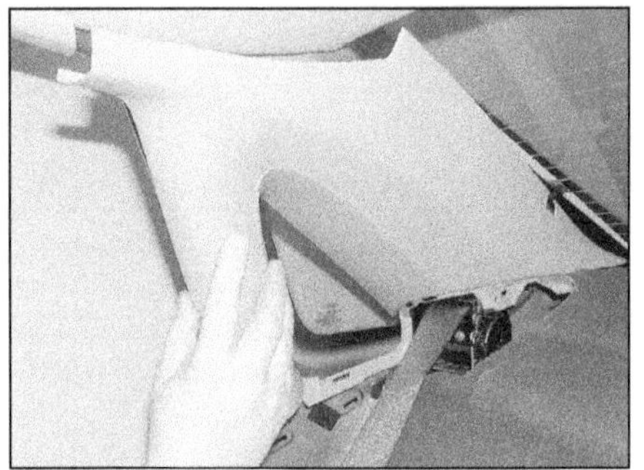
27.23 Lossa den övre klädselpanelen

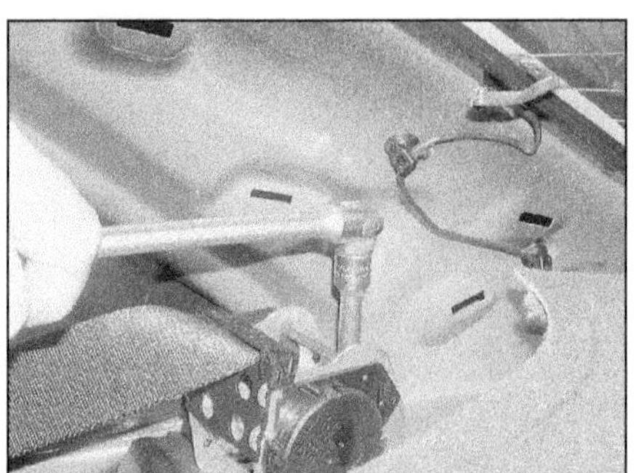
27.24 Skruva loss bältesrullens fästbult

Demontering – bakre säkerhetsbälte i mitten

Kombi och kombikupé

25 Den bakre bältesrullen i mitten är fäst vid baksätets ryggstöd **(se bild)**. Vid demonteringen måste sittdynans tyg tas bort, så denna åtgärd bör utföras av en Fordverkstad eller annan behörig specialist.

Sedan

26 Fäll baksätenas ryggstöd framåt och lossa sedan kåporna från sätets spärrar **(se bild)**.

27 Lossa kåpan runt bältesrullen **(se bild)**.

28 Ta bort bagagehyllans panel genom att föra den framåt.

29 Skruva loss fästbultarna som håller fast bältesrullen vid bagagehyllan och ta bort den från bilen.

27.25 Säkerhetsbältet i mitten är monterat i baksätets ryggstöd

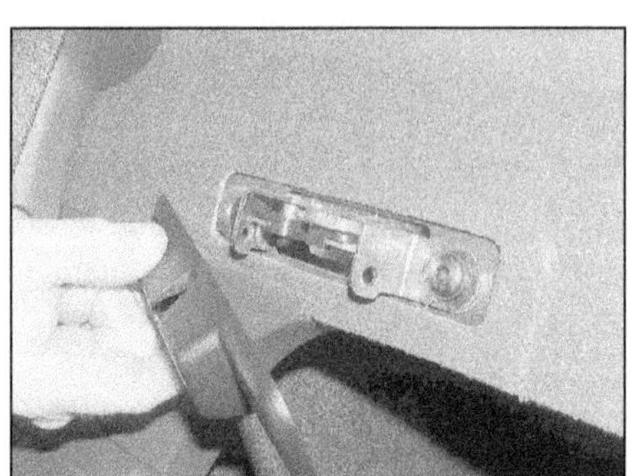
27.26 Lossa kåporna till sätets spärrar

Demontering – bältesstammar

30 De främre säkerhetsbältenas bältesstammar är fästa med bultar vid sittdynans ram **(se bild)** och kan tas bort när framsätet har demonterats enligt beskrivningen i avsnitt 26.

31 Baksätets bältesstammar kan tas bort genom att man fäller fram baksätets sittdyna och sedan lossar bältesstammens förankringsbultar **(se bild)**.

27.27 Lossa panelen runt säkerhetsbältet

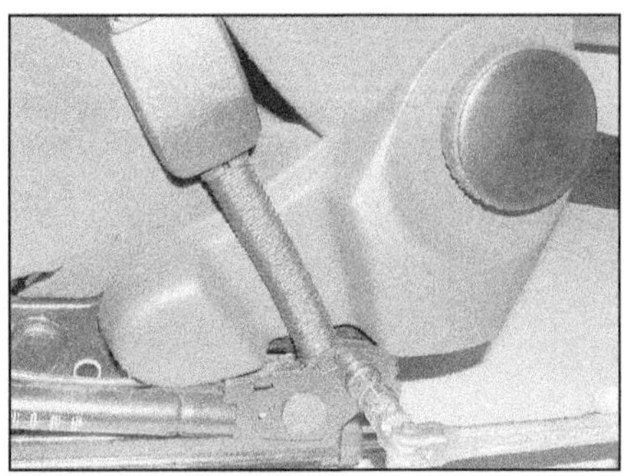
27.30 Skruva loss fästbulten på sätets ram

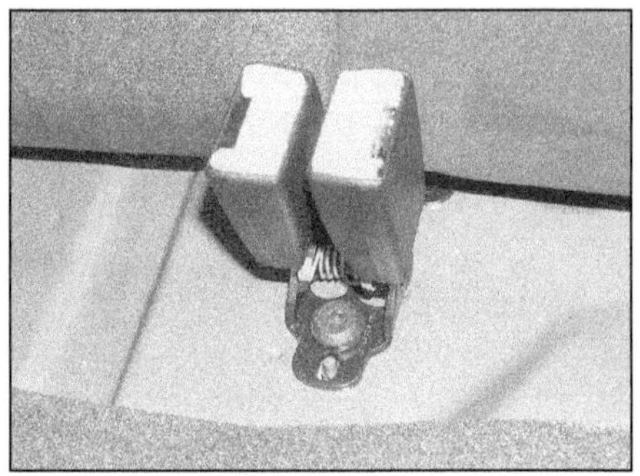
27.31 Skruva loss baksätets bältesstammar

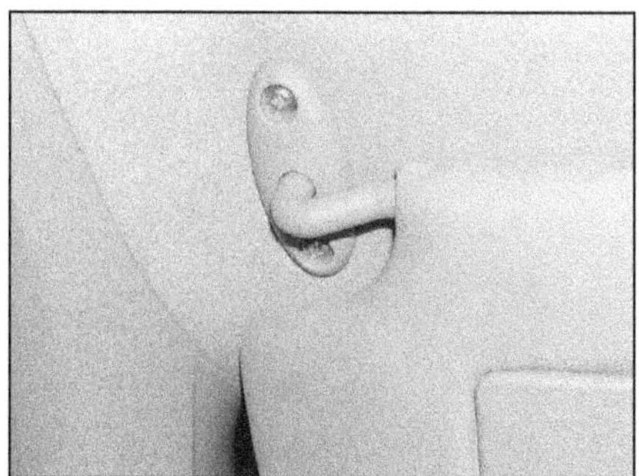
28.1 Skruva loss de två fästskruvarna

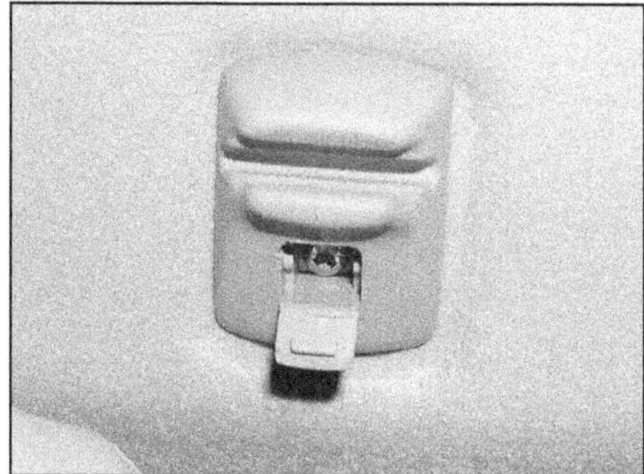
28.3 Lyft plastkåpan och ta bort skruven

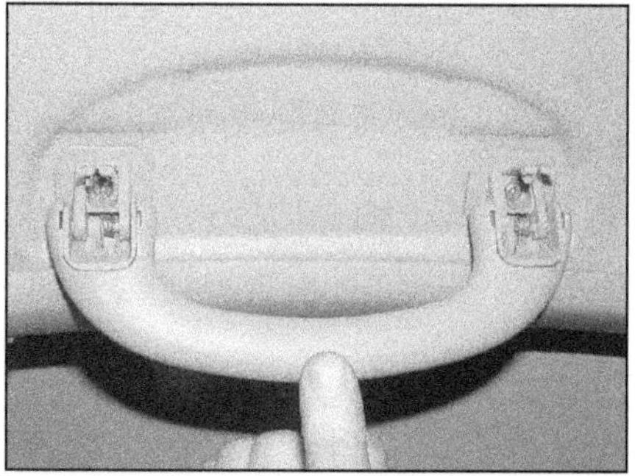
28.4 Lyft plastkåporna och ta bort skruvarna

Montering

32 Monteringen sker i omvänd ordningsföljd mot demonteringen. Tänk på följande:

a) Dra åt fästmuttrarna och bultarna till angivet moment.

b) Se till att bältesrullens styrstift är korrekt placerat.

c) Sätt tillbaka distanserna på rätt plats.

d) På 3-dörrarsmodeller, se till att förankringsskenan sitter korrekt.

28 Inre klädselpaneler - demontering och montering

Observera: *I det här avsnittet beskrivs demontering och montering av inre klädselpaneler. Ibland måste man demontera en överlappande panel innan man kan demontera den önskade panelen. Mer information om demontering av paneler finns i relevanta kapitel och avsnitt där panelerna behöver demonteras för att man ska kunna utföra andra arbeten (när man ska demontera rattstången måste man t.ex. demontera kåporna).*

Demontering

Solskydd

1 Skruva loss fästskruvarna och ta bort skyddet **(se bild)**.

2 Koppla loss kablaget från sminkspegelns lampa, i förekommande fall.

3 Bänd upp kåpan, skruva loss den inre fästbygelns fästskruvar och ta bort fästbygeln **(se bild)**.

Kurvhandtag på passagerarsidan

4 Bänd upp kåporna, skruva sedan loss fästskruvarna och ta bort kurvhandtaget **(se bild)**.

A-stolpens panel

5 När du ska ta bort A-stolpens nedre panel, skruva loss de två fästskruvarna och lossa hela panelen inklusive instrumentbrädans sidopanel från bilen **(se bild)**.

6 Tryck försiktigt bort A-stolpens övre panel från fästklämmorna och dra panelen uppåt.

7 Lossa telefonmikrofonens kontaktdon från den övre panelens klämmor (i förekommande fall).

B-stolpens panel - sedan och kombi

8 Skruva loss säkerhetsbältets fästbultar från dess nedre förankringspunkt.

9 Skilj försiktigt den övre panelen från den nedre panelen och lossa den från B-stolpen **(se bild)**. För säkerhetsbältets nedre förankring genom klädselpanelen.

10 Skruva loss de två fästskruvarna från den nedre klädselpanelen och lossa den sedan från B-stolpen **(se bild)**.

C-stolpens panel - kombikupé

11 Ta bort den bakre bagagehyllan.

12 Fäll baksätets ryggstöd framåt.

13 Bänd ut fästklämman och ta bort säkerhetsbältets klädselkåpa.

14 Skruva loss fästskruvarna från bagagehyllans stöd, koppla loss kontaktdonet från innerbelysningen i förekommande fall **(se bild)**.

15 Lossa klämmorna och styrstiften. Lossa sedan den övre panelen.

C-stolpens panel - kombi

16 Ta bort den bakre bagagehyllan.

17 Fäll baksätets ryggstöd framåt.

18 Lossa och ta bort säkerhetsbältets klädselkåpa.

19 Skruva loss fästskruvarna från bagagehyllans fäste.

20 Lossa och ta bort den övre panelen från C-stolpen.

C-stolpens panel - sedan

21 Fäll baksätets ryggstöd framåt.

22 Lossa och ta bort säkerhetsbältets klädselkåpa.

28.5 Skruva loss fästskruvarna och ta bort panelen

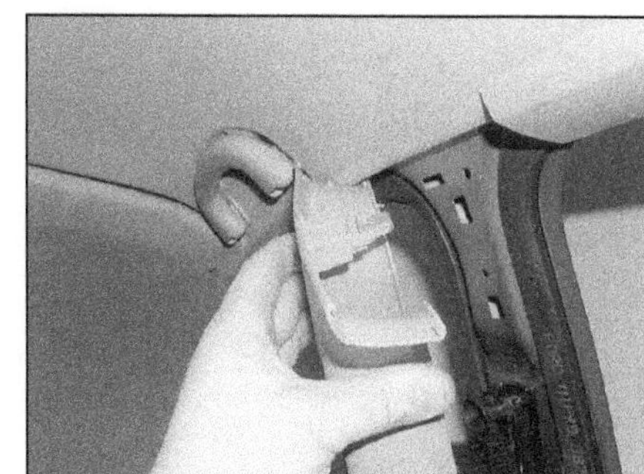
28.9 Lossa den övre panelen från B-stolpen

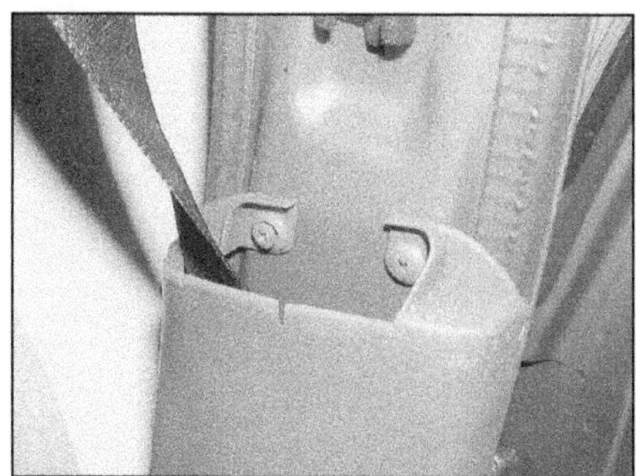
28.10 Skruva loss de två fästskruvarna från den nedre panelen

28.14 Skruva loss fästskruvarna från de bakre sidopanelerna

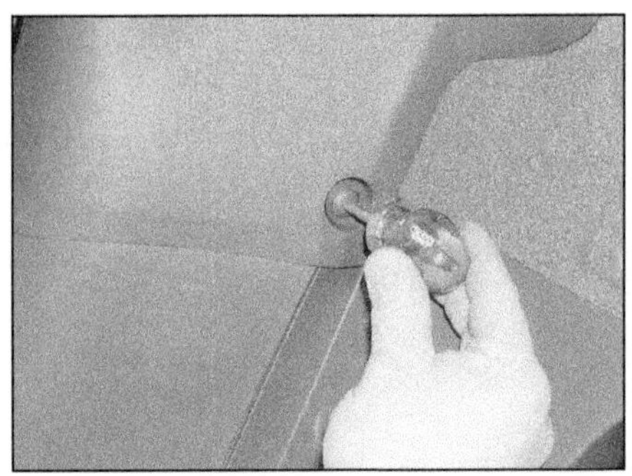

28.23 Skruva loss fästskruvarna från de nedre sidopanelerna

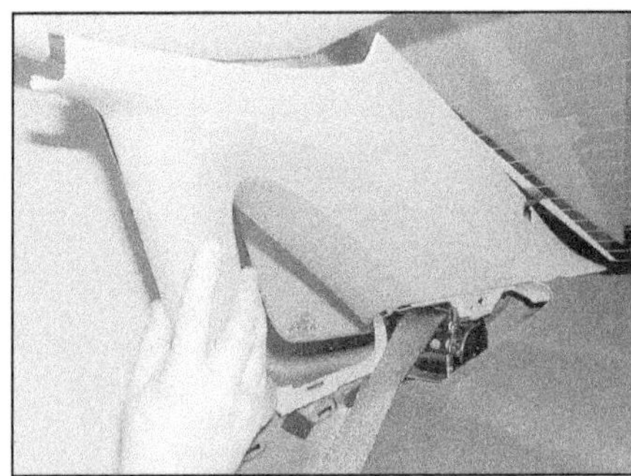

28.24 Lossa den övre klädselpanelen

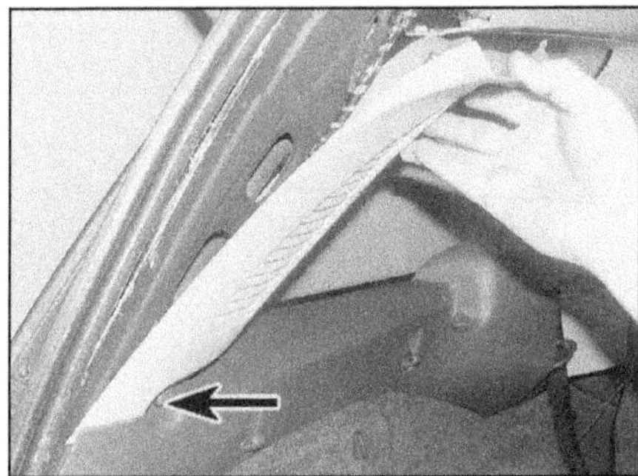

28.25 Lossa skruven (vid pilen) och lossa den övre klädselpanelen

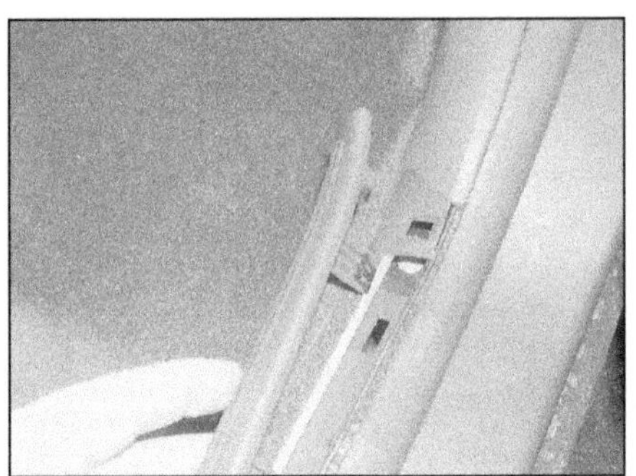

28.26 Lossa tröskelpanelen från den inre tröskeln

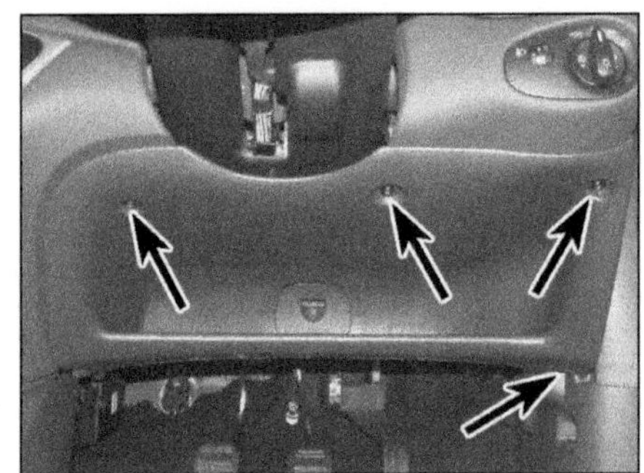

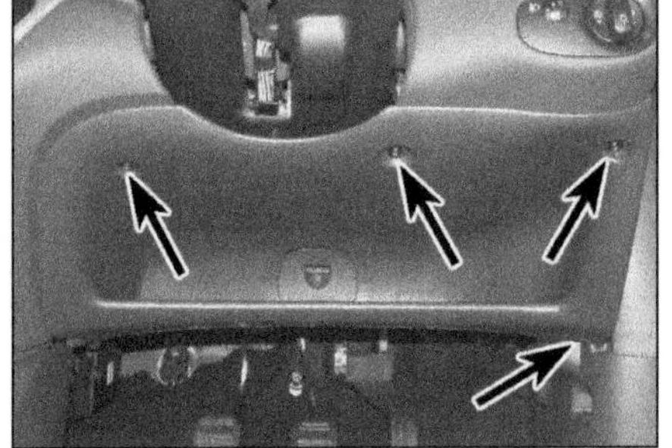

28.30 Skruva loss de fyra skruvarna (vid pilarna) och ta bort panelen

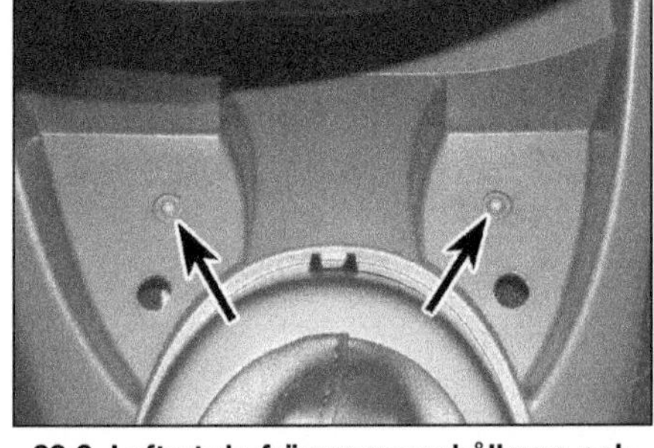

29.2 Lyft ut de främre mugghållarna och skruva loss de två skruvarna (vid pilarna)

23 Skruva loss de två fästskruvarna och ta bort den nedre panelen runt bältesrullen **(se bild)**.

24 Lossa C-stolpens övre klädselpanel. Koppla loss den från den bakre bagagehyllan **(se bild)**.

D-stolpens panel - kombi

25 Skruva loss fästskruvarna från bagageutrymmets sidopanel och lossa sedan panelen från D-stolpen **(se bild)**.

Tröskelpanel

26 Lossa tröskelpanelens ändar från stolparnas paneler och från den inre tröskeln **(se bild)**.

Rattstångens kåpor

27 Lossa den övre kåpan från den nedre kåpan genom att föra in en tunn skruvmejsel i hålen på vardera sidan om rattstången. Lyft upp den övre kåpan från stången och lossa den från instrumentpanelens nederdel.

28 Lossa radions reglage från den nedre kåpan med en tunn skruvmejsel.

29 Lossa rattstångens höjdjusteringsarm. Skruva loss de tre fästskruvarna från den nedre kåpan och ta bort den från rattstången.

Instrumentbrädans nedre panel

30 Skruva loss de fyra fästskruvarna från den nedre panelen och en fästklämma. Ta sedan bort den från instrumentbrädan **(se bild)**. Tryck ut kablagets multikontakt från panelen.

Montering

31 Monteringen utförs i omvänd ordningsföljd mot demonteringen. Om säkerhetsbältenas fästen har rörts, dra åt dem till angivet moment. Byt ut trasiga klämmor efter behov.

29 Mittkonsol - demontering och montering

Demontering

Modeller med manuell växellåda

1 Lossa batteriets jordledning (minuspolen) (se kapitel 5A, avsnitt 1).

2 Lyft ut mugghållarna från konsolens framsida och skruva loss de två fästskruvarna (en på varje sida) **(se bild)**.

3 Dra ut mugghållaren från konsolens baksida och skruva loss fästmuttern **(se bild)**.

4 Börja bakifrån och lossa växelspakens omgivande panel från mittkonsolen, lossa sedan damasken från den omgivande panelen. Lämna damasken på växelspaken **(se bilder)**.

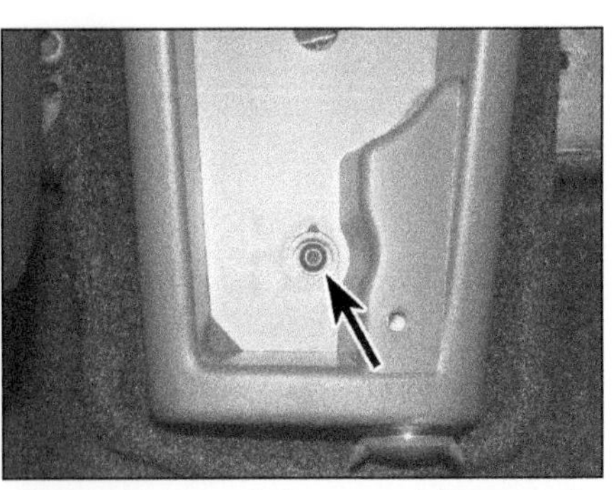

29.3 Lyft ut den bakre mugghållaren och skruva loss skruven (vid pilen)

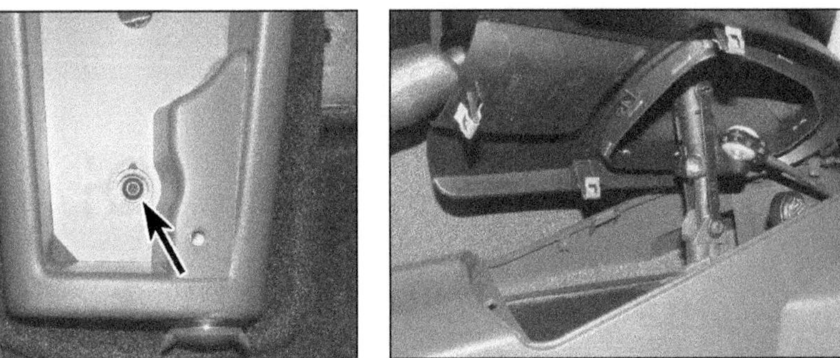

29.4a Börja bakifrån, lossa växelspakens omgivande panel från konsolen . . .

29.4b . . . och lossa sedan damasken från den omgivande panelen

5 Ta bort kontaktdonen från alla brytare.
6 Börja framifrån och lossa handbromsens damask från mittkonsolen och ta bort den från handbromsspaken **(se bild)**.
7 Dra åt handbromsen helt för att sedan ta bort mittkonsolen från bilen **(se bild)**.

Modeller med automatväxellåda

8 Denna metod är densamma som ovan för modeller med manuell växellåda, förutom följande.
9 Bänd försiktigt loss växelspakens klädselpanel från mittkonsolen. Lyft upp panelen och koppla loss brytarnas kontakter. Märk ut dem inför återmonteringen.
10 Koppla loss anslutningskontakterna inuti mittkonsolen. Skär av eventuella buntband efter behov.

Montering

11 Monteringen utförs i omvänd ordningsföljd mot demonteringen.

30 Takkonsol – demontering och montering

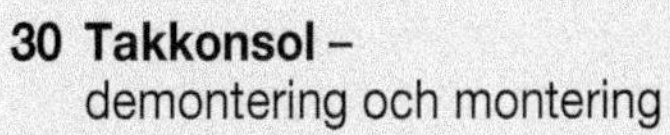

Demontering

1 Lossa batteriets jordledning (minuspolen) (se kapitel 5A, avsnitt 1).
2 På modeller med elmanövrerad taklucka, ta bort takluckans reglage (Kapitel 12, avsnitt 4).
3 På modeller med manuell taklucka, ta bort takluckans handtag, efter det att du har lossat fästskruven **(se bild)**.
4 Lossa innerbelysningen och koppla loss kontaktdonet **(se bild)**.
5 Skruva loss och ta bort de två fästskruvarna från konsolen och lossa den från takpanelen.

Montering

6 Monteringen utförs i omvänd ordningsföljd mot demonteringen.

29.6 Börja framifrån, lossa handbromsspakens damask från mittkonsolen

29.7 Lyft baksidan av konsolen över handbromsspaken

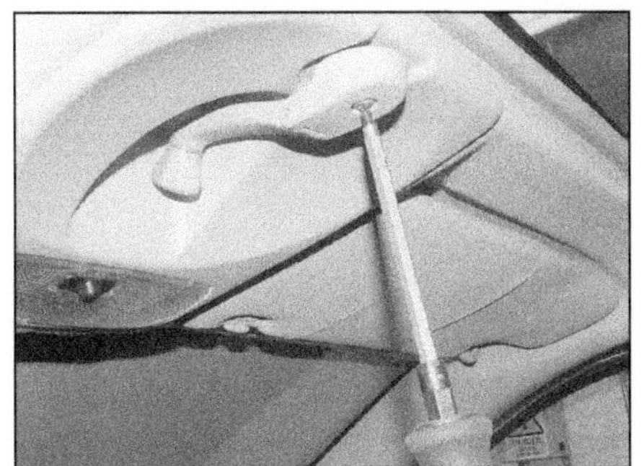

30.3 Skruva loss fästskruven och ta bort takluckans handtag

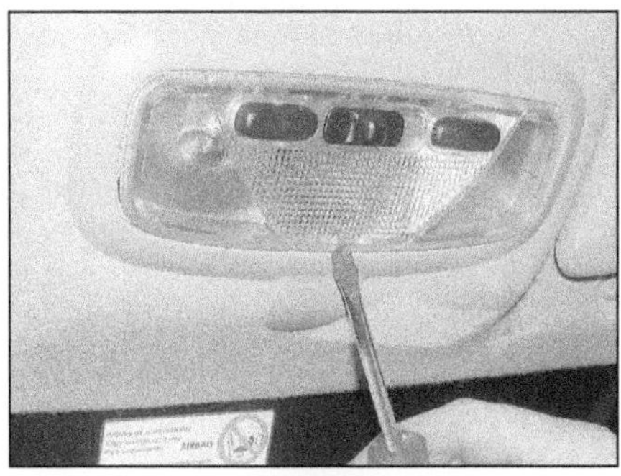

30.4 Lossa försiktigt innerbelysningen

31 Handskfack – demontering och montering

Demontering

1 Dra undan filtpanelen (i förekommande fall) och skruva loss de tre fästskruvarna från handskfackets gångjärn **(se bild)**.
2 Lossa dämparstaget från handskfacksluckan **(se bild)**.
3 Ta bort handskfacket genom att trycka in det på båda sidor **(se bild)**.

Montering

4 Monteringen sker i omvänd ordningsföljd mot demonteringen. Se till att handskfacket är korrekt placerat innan du drar åt skruvarna.

32 Instrumentbräda – demontering och montering

Demontering

1 Lossa batteriets jordledning (minuspolen) (se kapitel 5A, avsnitt 1).
2 Demontera mittkonsolen enligt beskrivningen i avsnitt 29.
3 Lossa de två fästklämmorna från baksidan av luftkanalen under mittkonsolen och ta bort den från värmeenheten **(se bild på nästa sida)**.

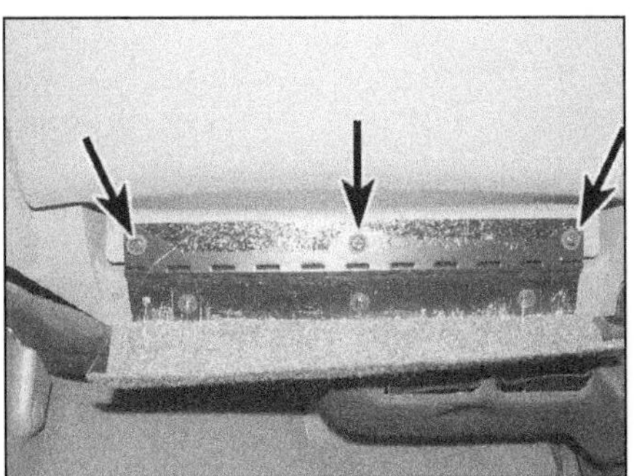

31.1 Skruva loss de tre skruvarna (vid pilarna) och ta bort handskfacksluckan

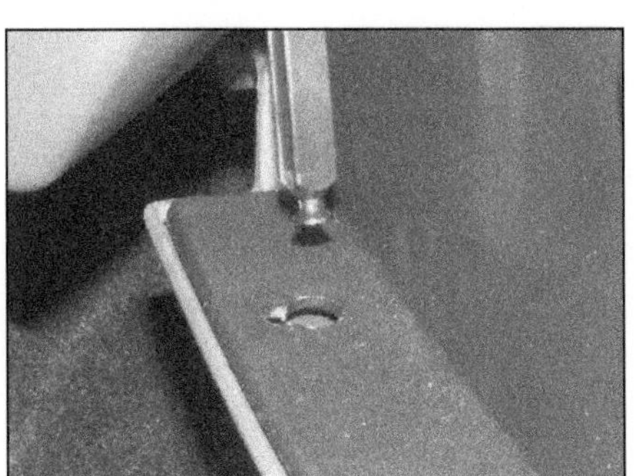

31.2 Lossa dämparstaget från handskfacksluckan

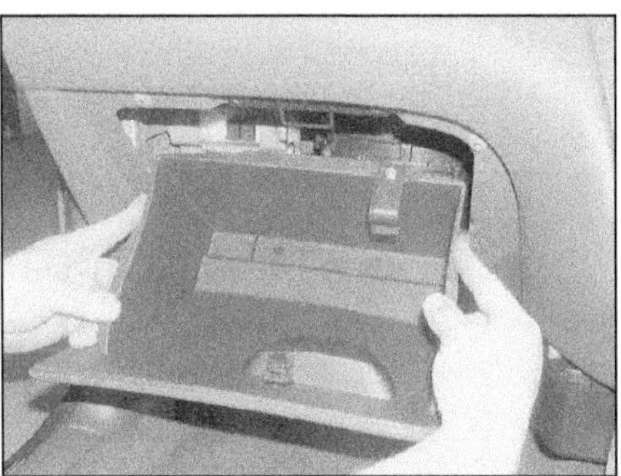

31.3 Ta bort handskfacket genom att trycka in sidorna

32.3 Ta bort luftkanalen

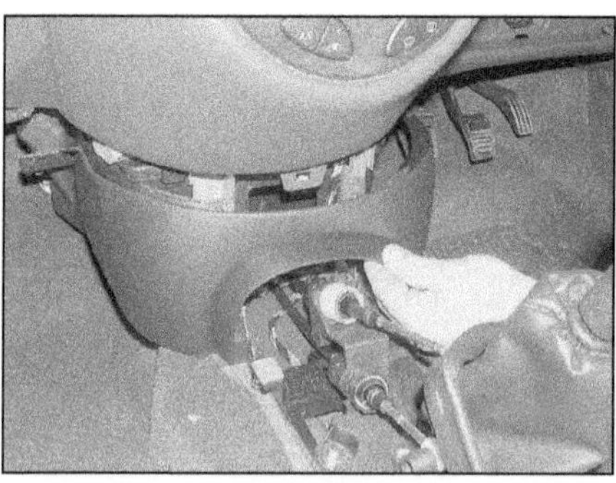
32.4 Ta bort instrumentbrädans nedre mittpanel

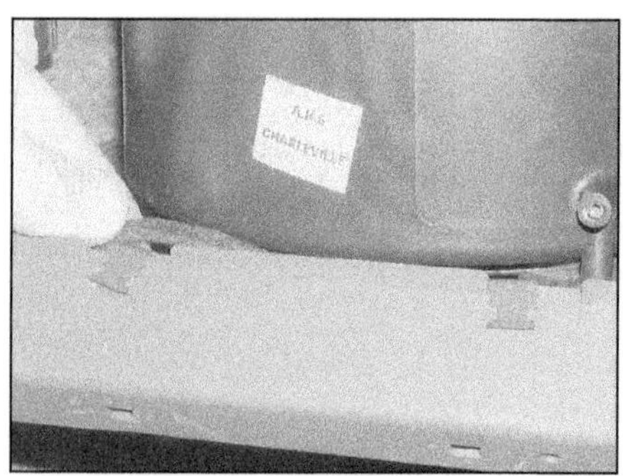
32.7 Lossa kabelhärvan

4 Skruva loss de fyra fästskruvarna från instrumentbrädans nedre mittpanel och ta bort panelen från instrumentbrädan **(se bild)**.

5 Demontera rattstången (kapitel 10).

6 Ta bort instrumentpanelen, radion/kassettspelaren och i förekommande fall passagerarkrockkudden, enligt beskrivningen i kapitel 12.

7 Ta bort handskfacket (avsnitt 31). Lossa kabelhärvan från den nedre delen av handskfackets öppning **(se bild)**.

8 Ta bort värmereglagepanelen (kapitel 3).

9 Ta bort strålkastarbrytaren (kapitel 12, avsnitt 4).

10 Skruva loss fästskruvarna/klämmorna från den nedre sidoklädseln, vid A-stolpens fot på båda sidor om bilen. Lossa och ta bort klädselpanelen för att komma åt instrumentbrädans sidofästskruvar **(se bild)**.

11 Skruva loss instrumentbrädans sidofästskruvar (två på varje sida) **(se bild)**.

12 Skruva i en bult i fästklämman i luftmunstycket i instrumentbrädans överdel (det finns tre fästklämmor, en i mitten och en på varje sida). När bulten är åtdragen i fästklämman, dra i bulten för att ta bort klämman **(se bilder)**. Gör detsamma med alla tre klämmor. Bänd sedan försiktigt den övre delen av instrumentbrädans panel ur läge.

13 Skruva loss instrumentbrädans fästskruv i mitten, bakom värmereglagepanelen **(se bild)**.

14 Skruva loss de två skruvarna som sitter bakom instrumentpanelen **(se bild)**.

15 Skruva loss de två skruvarna som sitter bakom passagerarsidans krockkudde **(se bild)**.

16 Ta bort instrumentbrädan från torpedväggen och ta ut den ur bilen.

Montering

17 Monteringen utförs i omvänd ordningsföljd mot demonteringen. Avsluta med att kontrollera att alla elektriska komponenter fungerar.

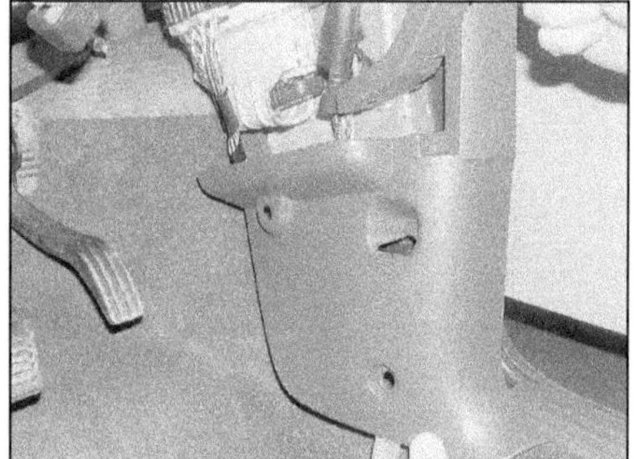
32.10 Ta bort A-stolparnas nedre klädselpaneler

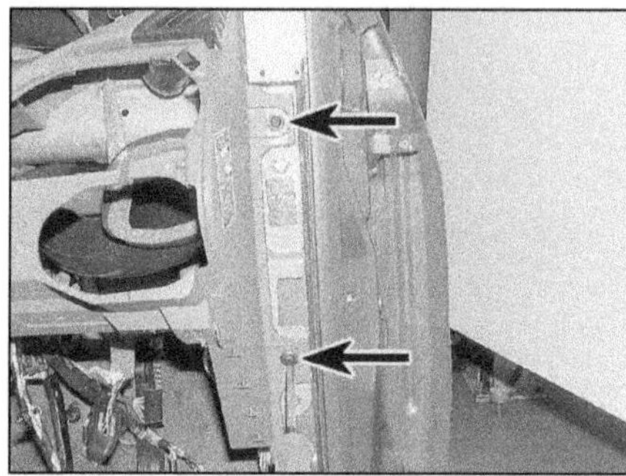
32.11 Skruva loss de två skruvarna (vid pilarna)

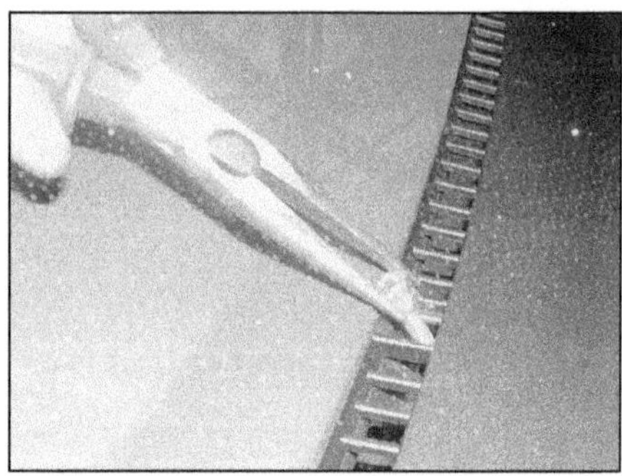
32.12a Använd en tång för att dra ut bulten . . .

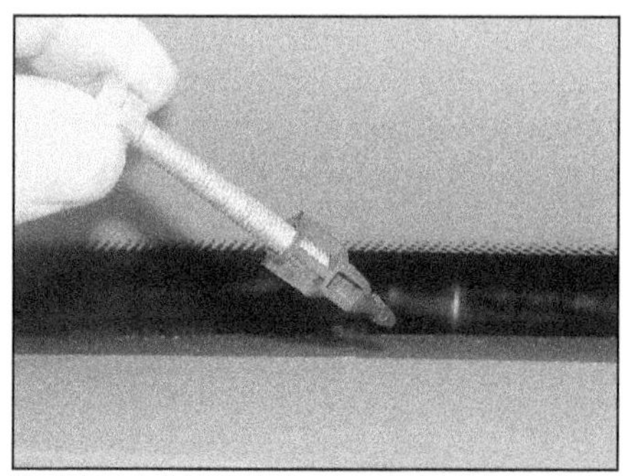
32.12b . . . ta bort fästklämman . . .

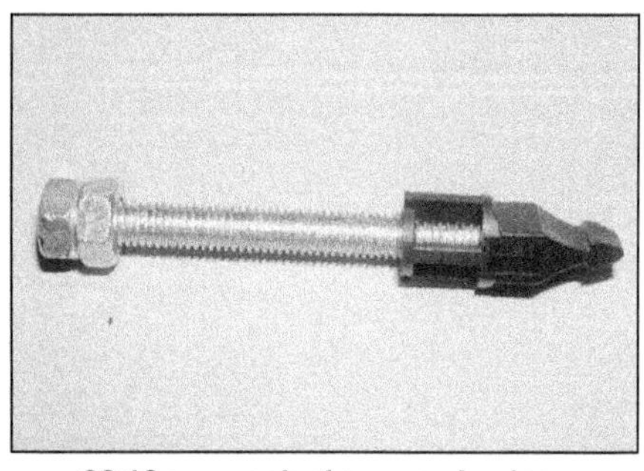
32.12c . . . och skruva sedan loss fästklämman från bulten inför återmonteringen

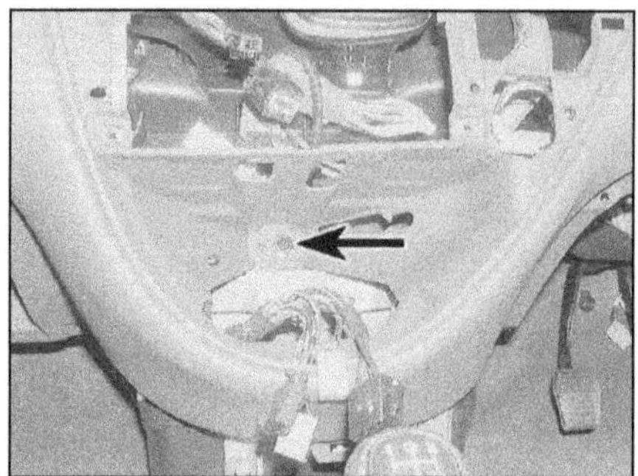
32.13 Skruva loss instrumentbrädans fästskruv i mitten (vid pilen)

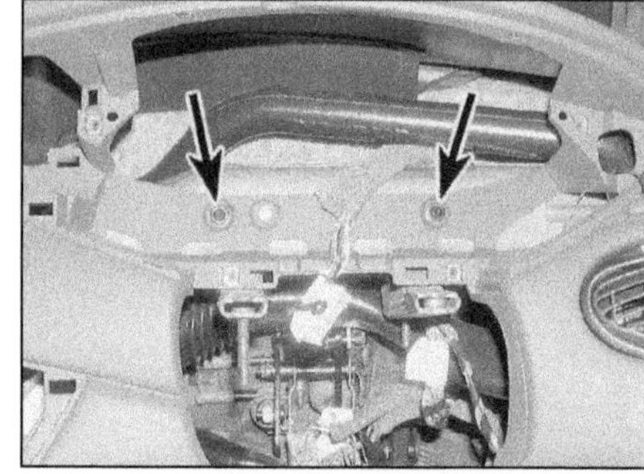
32.14 Skruva loss instrumentbrädans fästskruvar bakom instrumenten (vid pilarna)

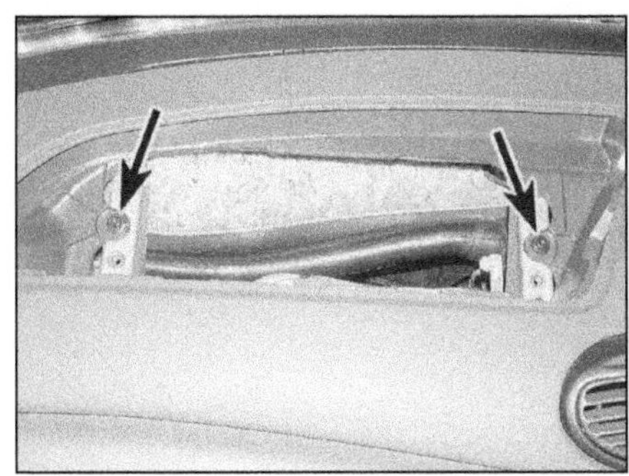

32.15 Skruva loss instrumentbrädans fästskruvar bakom krockkudden (vid pilarna)

33 Hjulhusens innerskärmar – demontering och montering

Demontering

Fram

1 Dra åt handbromsen. Om hjulet ska tas bort (för att förbättra åtkomligheten), lossa hjulmuttrarna. Lyft upp framvagnen och ställ den på pallbockar. Ta bort framhjulet.

2 Skruva loss skruvarna som håller fast innerskärmen vid den inre hjulhuspanelen **(se bild)**.

3 Ta bort skruvarna och klämmorna som håller fast innerskärmen vid den yttre kanten av hjulhuset och stötfångaren. Ta bort innerskärmen från bilens undersida.

Bak

4 Klossa framhjulen och lägg i 1:ans växel (eller P). Om hjulet ska tas bort (för att förbättra åtkomligheten), lossa hjulmuttrarna.

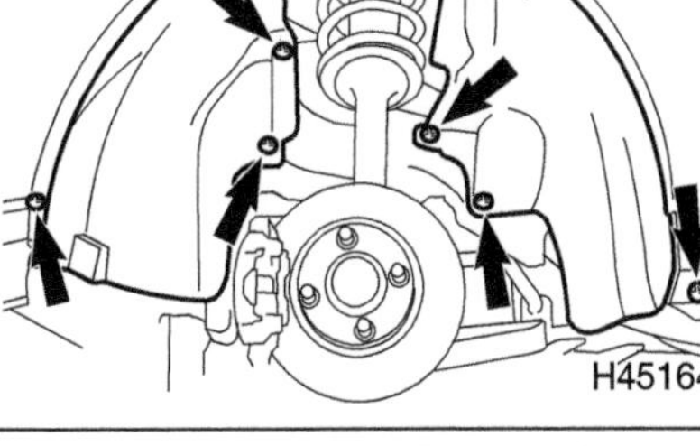

33.2 Ta bort innerskärmens skruvar (vid pilarna)

Lyft upp bakvagnen och ställ den på pallbockar. Ta bort bakhjulet.

5 Skruva loss skruvarna som håller fast innerskärmen vid den yttre kanten av hjulhuset och stötfångaren.

6 Ta bort klämmorna som håller fast innerskärmen vid det inre hjulhuset, och ta bort innerskärmen från bilens undersida.

Montering

7 Monteringen utförs i omvänd ordningsföljd mot demonteringen. Om hjulen har tagits bort, dra åt hjulmuttrarna till angivet moment.

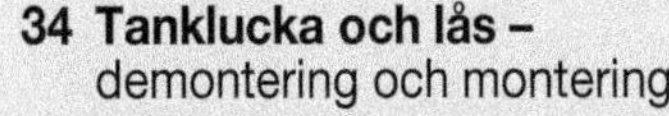

34 Tanklucka och lås – demontering och montering

Demontering

1 Ta bort bränslepåfyllningsröret enligt beskrivningen i relevant del av kapitel 4.

2 Skruva loss fästskruvarna i plasthuset runt påfyllningsröret **(se bild)**.

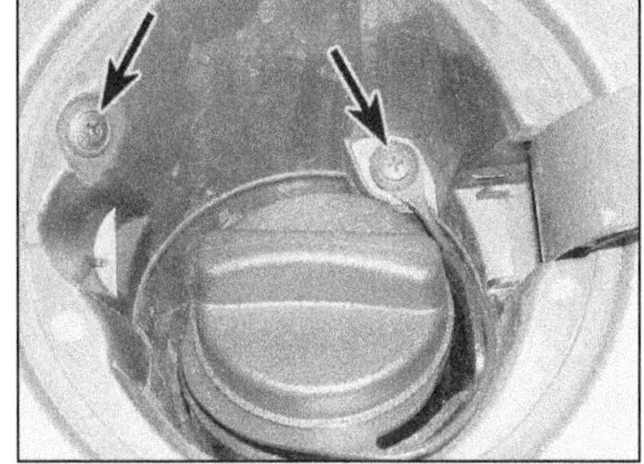

34.2 Ta bort de två fästskruvarna (vid pilarna)

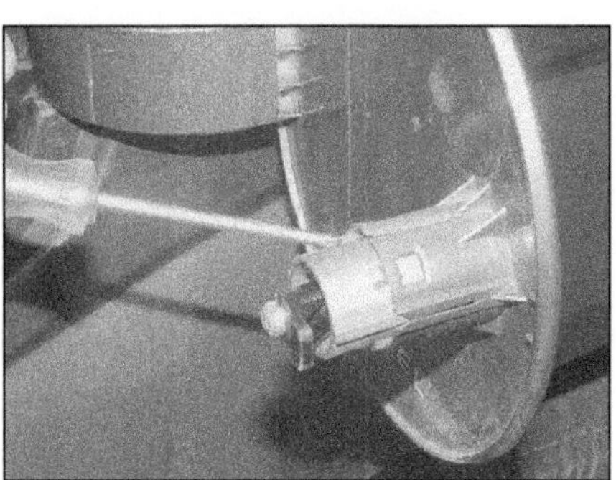

34.4 Låset bänds loss från tankluckan

3 Vrid försiktigt bort tankluckan och plasthuset från bilen och dra ut det från öppningen i bakskärmen.

4 Om det behövs kan luckans lås bändas ut ur luckan – var försiktig eftersom luckan är av plast **(se bild)**.

Montering

5 Monteringen sker i omvänd ordningsföljd mot demonteringen.

Kapitel 12
Karossens elsystem

Innehåll

Svårighetsgrader

Enkelt, passar novisen med lite erfarenhet 	**Ganska enkelt,** passar nybörjaren med viss erfarenhet	**Ganska svårt,** passar kompetent hemmamekaniker 	**Svårt,** passar hemmamekaniker med erfarenhet 	**Mycket svårt,** för professionell mekaniker

Specifikationer

Glödlampor	**Styrka (watt)**	**Typ**
Blinkers	21	Bajonettfattning
Främre dimljus	55	H11 Halogen
Halvljus	55	H7 Halogen
Helljus	55	H1 Halogen
Högt bromsljus (5 glödlampor)	5	Glassockel
Innerbelysning	10	Tvåsocklad rörlampa
Bagageutrymme	5	Glassockel
Registreringsskyltsbelysning	5	Tvåsocklad rörlampa
Läslampa	5	Glassockel
Bakre dimljus	21	Bajonett
Bakljus/bakre bromsljus	5/21	Bajonett
Backljus	21	Bajonett
Sidoblinkers	5	Glassockel
Parkeringsljus	5	Glassockel
Sminkspegelsbelysning	5	Glassockel

Säkringar och reläer

Se kopplingsscheman i slutet av det här kapitlet.

Observera: *Säkringarnas och reläernas kapacitet och kretsar kan ändras från år till år. Se efter i instruktionsboken eller rådfråga en auktoriserad Fordmekaniker för den senaste informationen.*

Reläer

R1	Relä för elvärmd bakruta
R4	Bränslepumprelä
R5	Varselljusrelä
R13	Strömlagringsrelä
R22	Startmotorrelä
R32	Fullgasrelä
R33	Signalhornsrelä
R34	Strålkastarspolarrelä
R36	Halvljusrelä
R37	Helljusrelä
R41	Tändningsrelä
R45	Fläktrelä
R46	Högfartsfläktens relä
R64	Bakre torkarens relä
R84	Motorrelä
R115	Relä för batterisparande
R162	Vindrutetorkarrelä
R164	Relä uppvärmd vindruta

Åtdragningsmoment

Åtdragningsmoment	Nm
Förarkrockkuddens skruvar	5
Främre krockgivare, bultar	6
Signalhornets fästbygel, bult	12
Passagerarkrockkuddens bultar	10
Sidokrockgivarnas bultar	10
Vindrutetorkarmotorns bultar	8
Torkararmens muttrar:	
Fram	25
Bak	20
Torkararmens mutter på torkarmotorn fram	20

1 Allmän information

Varning: Innan något arbete utförs på elsystemet, läs igenom föreskrifterna i "Säkerheten främst!" i början av den här handboken.

Systemet är ett 12 volts elsystem med negativ jordning. Strömmen till lamporna och alla och elektriska tillbehör kommer från ett silver/kalciumbatteri som laddas av generatorn.

Detta kapitel tar upp reparations- och servicearbeten för de elkomponenter som inte är associerade med motorn. Information om batteriet, generatorn och startmotorn finns i kapitel 5A. Tändsystemet beskrivs i kapitel 5B.

Alla modeller är utrustade med en krockkudde på förarplatsen, vars syfte är att förhindra att föraren får allvarliga bröst- och huvudskador vid en olycka. En liknande kudde finns även som tillval för passageraren i framsätet. Krockkuddarnas elektroniska styrenhet sitter under mittkonsolen inne i bilen. Den innehåller två främre mikrokrockgivare, en krockgivare och en säkerhetsgivare. Krockgivaren och säkerhetsgivaren är seriekopplade och om båda två känner av en fartminskning som överskrider en förutbestämd gräns aktiverar krockkuddens elektroniska styrenhet krockkudden. Krockkudden blåses upp av en gasgenerator som tvingar ut kudden ur enhetens kåpa i mitten av ratten. En glidande kontaktring gör att den elektriska kontakten med krockkudden behålls hela tiden när ratten vrids åt båda hållen. Det finns även en spiralfjäder som kan spännas och släppas när ratten vrids och gör att den elektriska kontakten bibehålls hela tiden.

Vissa modeller kan extrautrustas med sidokrockkuddar inbyggda i framsätenas sidor. Syftet med sidokrockkuddarna är att skydda de åkande vid sidokrockar. Sidokrockkuddarna är förbundna med de främre krockkuddarna och kontrolleras också av den elektroniska styrenheten under mittkonsolen. Sidokrockkuddarna kontrolleras också av givarna under mattan och tröskelpanelerna inne i bilen.

Alla modeller är utrustade med ett immobilisersystem som är inbyggt i nyckeln och tändningslåset. Larmsystemet är en tillvalsutrustning som kan väljas vid köp av en ny bil. På bilar med larm sitter signalhornet på vänster sida av bagageutrymmet, förutom på kombimodeller där det sitter på höger sida.

Alla modeller är utrustade med ett nivåregleringssystem för helljuset som styrs med hjälp av en knopp på instrumentbrädan. I läge 0 är helljusen i normalläget och i läge 5 är helljusen i det maximalt lutade läget.

Observera att när arbete utförs på någon del av elsystemet ska batteriets minusledning kopplas ifrån, så att man undviker kortslutning och brandrisk.

Försiktighet: När du ska koppla ifrån batteriet inför arbeten som beskrivs i följande avsnitt, se kapitel 5A, avsnitt 1.

2 Felsökning av elsystemet – allmän information

Observera: *Se föreskrifterna i "Säkerheten främst!" innan arbetet påbörjas. Följande tester gäller huvudkretsen och ska inte användas för att testa känsliga elektroniska kretsar (exempelvis motorstyrningssystem och ABS-system), särskilt där en elektronisk styrenhet används. Se även rekommendationerna i kapitel 5A, avsnitt 1.*

Allmänt

1 En typisk elkrets består av en elektrisk komponent, alla brytare, reläer, motorer, säkringar, smältsäkringar eller kretsbrytare för den aktuella komponenten, samt kablage och kontaktdon som förbinder komponenten med batteriet och karossen. För att underlätta felsökningen i elkretsarna finns kopplingsscheman i slutet av det här kapitlet.

2 Studera relevant kopplingsschema för att förstå den aktuella kretsens olika komponenter, innan du försöker diagnostisera ett elfel. De möjliga felkällorna kan reduceras genom att man undersöker om andra komponenter som är relaterade till kretsen fungerar som de ska. Om flera komponenter eller kretsar felar samtidigt är möjligheten stor att felet beror på en delad säkring eller jordanslutning.

3 Elektriska problem har ofta enkla orsaker, som lösa eller korroderade anslutningar, defekta jordanslutningar, trasiga säkringar, smälta smältsäkringar eller defekta reläer (i avsnitt 3 finns information om hur man testar reläer). Se över skicket på alla säkringar, kablar och anslutningar i en felaktig krets innan komponenterna kontrolleras. Använd bokens kopplingsscheman för att se vilken terminalkoppling som behöver kontrolleras för att komma åt den felande länken.

4 De grundläggande verktyg som behövs vid felsökning av elsystemet är en kretstestare eller voltmätare (en 12 volts glödlampa med en uppsättning testkablar kan också användas för vissa kontroller), en ohmmätare (för att mäta resistans och kontrollera förbindelse) ett batteri och en uppsättning testkablar, samt en extra kabel, helst med kretsbrytare eller en inbyggd säkring, som kan användas för att koppla förbi misstänkta kablar eller elektriska komponenter. Innan ansträngningar görs för att hitta ett fel med hjälp av testinstrument, använd kopplingsschemat för att bestämma var anslutningarna ska göras.

5 För att hitta källan till ett regelbundet återkommande kabelfel (vanligen på grund av en felaktig eller smutsig anslutning eller skadad isolering), kan ett "vicktest" göras på kabeln. Det innebär att man vickar på kabeln för hand för att se om felet uppstår när kabeln rubbas. Det ska därmed vara möjligt att härleda felet till en speciell del av kabeln. Denna testmetod kan användas tillsammans med vilken annan testmetod som helst i de följande underavsnitten.

6 Förutom problem som uppstår på grund av dåliga anslutningar kan två typer av fel uppstå i en elkrets – kretsbrott eller kortslutning.

7 Kretsbrott orsakas av ett brott någonstans i kretsen, vilket hindrar strömflödet. En bruten krets gör att en komponent slutar fungera.

8 Kortslutningar orsakas av att ledarna går ihop någonstans i kretsen, vilket medför att strömmen tar en alternativ, lättare väg (med mindre resistans), vanligtvis till jord. Kortslutning orsakas oftast av att isoleringen nöts så att en ledare kan komma åt en annan ledare eller jordningen, t.ex. karossen. En kortslutning bränner i regel kretsens säkring.

Hitta ett kretsbrott

9 Koppla den ena ledaren på en kretsprovare eller en voltmeters minusledning till antingen batteriets minuspol eller en annan känd jord för att kontrollera om en krets är bruten.

10 Koppla den andra ledaren till en anslutning i den krets som ska testas, helst närmast batteriet eller säkringen. Nu ska det finnas batterispänning, annars är det fel på ledningen från batteriet eller säkringen (kom dock ihåg att vissa kretsar aktiveras endast när tändningslåset är i ett visst läge).

11 Slå på kretsen och anslut sedan testledaren till kontaktdonet närmast kretsbrytaren på komponentsidan.

12 Om spänning ligger på (visas antingen genom att testlampan lyser eller genom ett utslag från voltmetern, beroende på vilket verktyg som används), betyder det att delen mellan kontakten och brytaren är felfri.

13 Kontrollera resten av kretsen på samma sätt.

14 Om en punkt där det inte finns någon ström upptäcks ligger felet mellan den punkten och den föregående testpunkten med ström. De flesta fel kan härledas till en trasig, korroderad eller lös anslutning.

Hitta en kortslutning

15 Koppla först bort strömförbrukarna från kretsen när du ska leta efter en eventuell kortslutning (strömförbrukare är delar som drar ström i en krets, t.ex. lampor, motorer och värmeelement).

16 Ta bort den aktuella säkringen från kretsen och anslut en kretsprovare eller voltmätare till säkringens anslutningar.

17 Slå på kretsen, men tänk på att vissa kretsar bara är strömförande med tändningslåset i ett visst läge.

18 Om det finns spänning (visas genom att testlampan lyser eller att voltmetern ger utslag, efter tillämplighet), betyder det att kretsen är kortsluten.

19 Om det inte finns någon spänning vid kontrollen, men säkringarna fortsätter att gå sönder när strömförbrukarna är påkopplade är det ett tecken på ett internt fel i någon av strömförbrukarna.

Hitta ett jordfel

20 Batteriets minuspol är kopplad till jord – metallen i motorn/växellådan och karossen. Många system är kopplade så att de bara tar emot positiv matning och strömmen leds tillbaka genom metallen i karossen. Det innebär att komponentfästet och karossen utgör en del av kretsen.

21 Lösa eller korroderade fästen kan därför orsaka flera olika elfel, allt ifrån totalt haveri till svårhittade, partiella fel. Vanligast är att lampor lyser svagt (särskilt när en annan krets som delar samma jordpunkt är i funktion) och att motorer (t.ex. torkarmotorerna eller kylarens fläktmotor) går långsamt. En krets kan påverka en annan, till synes orelaterad, krets.

22 Observera att på många fordon används särskilda jordledningar mellan vissa komponenter, t.ex. motorn/växellådan och karossen, vanligtvis där det inte finns någon direkt metallkontakt mellan komponenterna på grund av gummifästen eller liknande.

23 När du ska kontrollera om en komponent är korrekt jordad, koppla ifrån batteriet (se kapitel 5A, avsnitt 1) och anslut ena ledningen på en ohmmeter till en jordpunkt som du vet fungerar. Koppla den andra ledningen till den kabel eller jordanslutning som ska kontrolleras. Resistansen ska vara noll. Om så inte är fallet ska anslutningen kontrolleras enligt följande.

24 Om en jordanslutning misstänks vara felaktig, ta isär anslutningen och putsa upp metallen på både ytterkarossen och kabelfästet (eller komponentjordningens fog-yta). Se till att ta bort alla spår av rost och smuts, och skrapa sedan bort lacken med en kniv för att få fram en ren metallyta.

25 Dra åt fogfästena ordentligt vid hopsättningen. Om en kabelanslutning återmonteras ska taggbrickor användas mellan anslutningen och karossen för att garantera en ren och säker anslutning.

26 Skydda sedan anslutningen från framtida korrosion genom att applicera ett lager vaselin eller silikonbaserat fett eller spraya den regelbundet med lämpligt vattenavstötande smörjmedel.

3 Säkringar, reläer och central styrenhet (GEM) – kontroll och byte

Observera: *Det är viktigt att tändningslåset och den aktuella elkretsen alltid är avstängda innan någon av säkringarna (eller reläerna) tas bort och byts. Om elektriska komponenter/enheter har tagits bort måste batteriets jordledning kopplas ifrån. Återanslutning av batteriet beskrivs i kapitel 5A.*

1 Säkringar är utformade för att bryta en krets när en förbestämd strömstyrka uppnås, för att skydda komponenter och kablar som kan skadas av för hög strömstyrka. För hög strömstyrka beror på fel i kretsen, ofta på

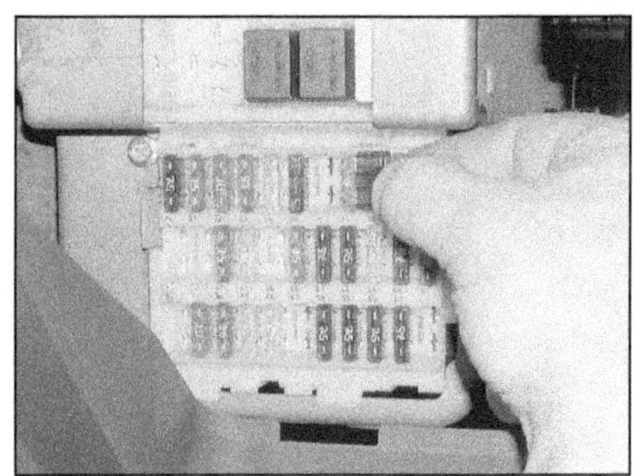

3.1 Huvudsäkringsdosan sitter bakom handskfacket

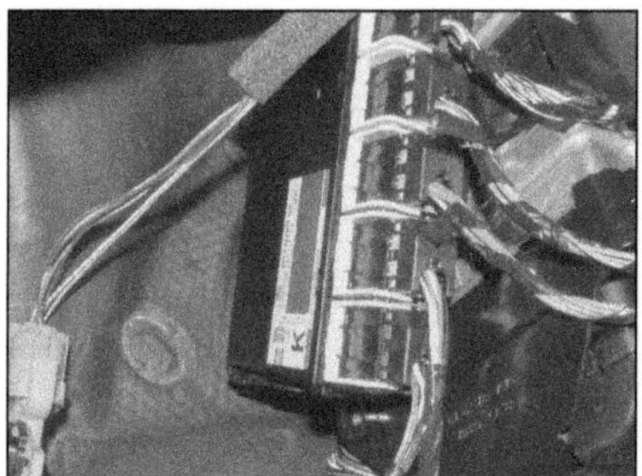

3.3 Märk anslutningskontakterna, lossa sedan klämmorna och ta bort GEM

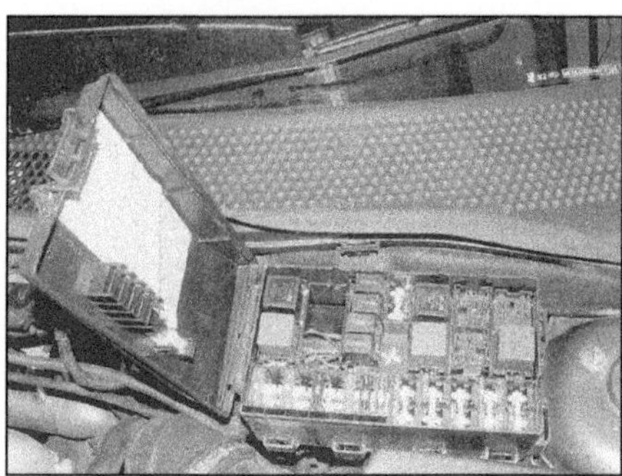

3.4 Extra säkringsdosa under motorhuven

kortslutning (se avsnitt 2). Huvudsäkringsdosan, som även innehåller några reläer, sitter inne i bilen bakom handskfacket **(se bild)**.

2 En central styrenhet (GEM) sitter bakom sidofotpanelen på förarsidan. Denna enhet styr följande funktioner:

a) Batteriets sparfunktion – innerbelysningen och ljudsignalerna stängs automatiskt av efter en förutbestämd tid av inaktivitet.
b) Blinkers och varningsljus.
c) Kupélampor.
d) Elvärmd vindruta.
e) Elvärmd bakruta.
f) Elvärmda speglar.
g) Vindrutetorkare/spolare.
h) Bakrutetorkare/spolare.
i) Bältesvarnare.
j) Belysningsvarnare.
k) Dörröppningsvarnare.
l) Ljudsignaler.
m) Centrallås.
n) Öppning av baklucka.
o) Larmsystem.

3 När du ska byta GEM, ta bort höger A-stolpes nedre klädsel. Märk upp och koppla ifrån GEM:s anslutningskontakter, lossa klämmorna och ta bort enheten **(se bild)**.

Försiktighet: Om GEM ska bytas, måste fordons- och säkerhetsinställningarna i den överföras till Fords WDS felsökningssystem, så att ursprungsinformationen kan överföras till den nya GEM när den har monterats. Denna överföring kan endast utföras av en auktoriserad Fordmekaniker eller en verkstad med specialutrustning.

4 Den extra säkringsdosan sitter i motorrummet **(se bild)**, mot torpedväggen bredvid luftrenaren. Man kommer åt den genom att lossa och skruva loss kåpan. Även den extra säkringsdosan innehåller några reläer.

5 Alla kretsar identifieras med nummer på huvudsäkringsdosan och på insidan av den extra säkringsdosans kåpa. I kopplingsschemana i slutet av detta kapitel visas vilka kretsar som skyddas av vilken säkring. En plastpincett är fäst vid den extra säkringsdosan. Den används för att ta bort och sätta tillbaka säkringar och reläer. När du ska ta bort en säkring, använd pincetten för att dra ut den ur hållaren. Ta sedan bort säkringen från pincetten genom att föra den åt sidan. Tråden i säkringen syns tydligt och den är avbruten om säkringen är trasig **(se bild)**.

6 Byt alltid ut en säkring mot en som har samma kapacitet. Byt aldrig ut en säkring mot en med högre kapacitet och gör aldrig tillfälliga lösningar med ståltråd eller metallfolie. Det kan leda till allvarligare skador eller bränder. Säkringens kapacitet är instämplad ovanpå säkringen. Byt aldrig en säkring mer än en gång utan att spåra orsaken till felet.

7 Observera att om bilen ska ställas av en längre period finns det ett relä för "batterisparande" på huvudsäkringsdosan för att förhindra att elektriska komponenter laddar ur batteriet.

8 Reläer är elstyrda brytare som används i vissa kretsar. De olika reläerna kan tas bort genom att man försiktigt drar dem ur socklarna. Några av reläerna i säkringsdosorna har plaststag på ovansidan för att man ska kunna använda pincetten. De olika reläernas placering och funktion anges i specifikationerna **(se bild)**.

9 Om en relästyrd komponent går sönder, och du tror att reläet är trasigt, lyssna noga på reläet när kretsen sluts. Om reläet fungerar ska det höras ett klick när det får ström. Om så inte är fallet ligger felet i systemets komponenter eller kablage. Om reläet inte aktiveras beror det på att det inte får ström, eller att det är fel på reläet. (Kom ihåg att undersöka reläanslutningarna när du söker efter efel.) Kontrollera reläets funktion tillsammans med en enhet som fungerar, men var försiktig: en del reläer som ser likadana ut fungerar likadant, medan andra reläer med liknande utseende inte fungerar på samma sätt.

4 Brytare/kontakter/reglage – demontering och montering

Observera: *Innan du tar bort elektriska brytare/kontakter, lossa batteriets jordledning (minuspolen) (se kapitel 5A, avsnitt 1).*

Demontering

Tändningslås och låscylinder

1 Ta bort rattstångens kåpa och instrumentbrädans nedre panel enligt beskrivningen i kapitel 11, avsnitt 28.

2 Sätt i startnyckeln och vrid den till tillbehörsläget. För in en liten skruvmejsel eller ett borr i hålet på sidan av låshuset, tryck ner låsklacken och ta ut låscylindern **(se bild)**.

3 Kontakten som sitter på andra sidan av rattstången kan tas bort genom att man

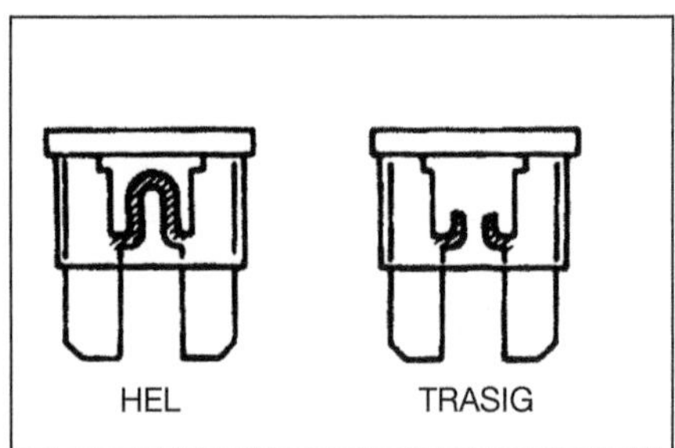

3.5 Man kan kontrollera säkringarna visuellt för att avgöra om de är trasiga

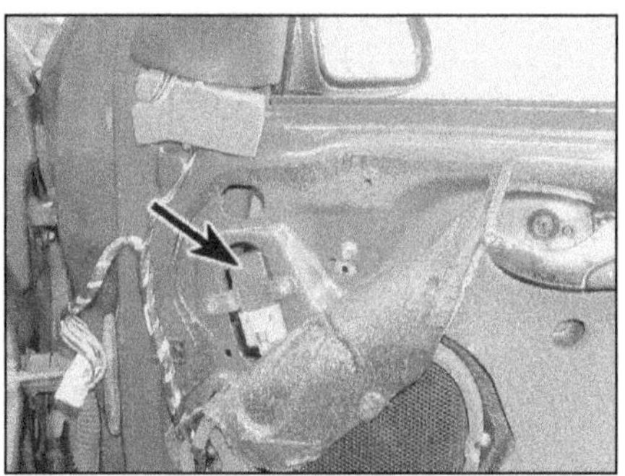

3.8 Relä för "en tryckning" i förardörren (vid pilen)

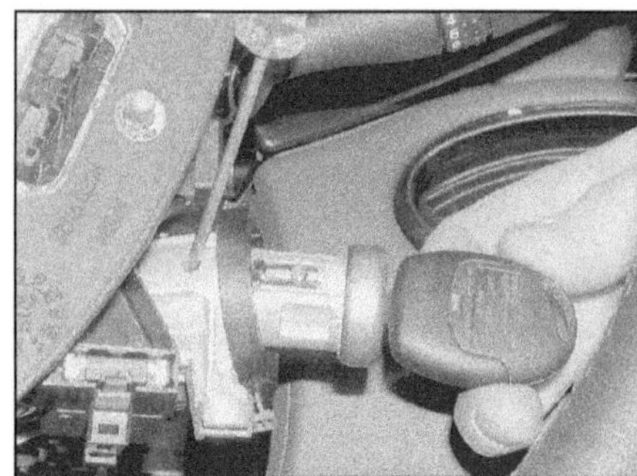

4.2 Tryck ner låsklacken och ta bort låset

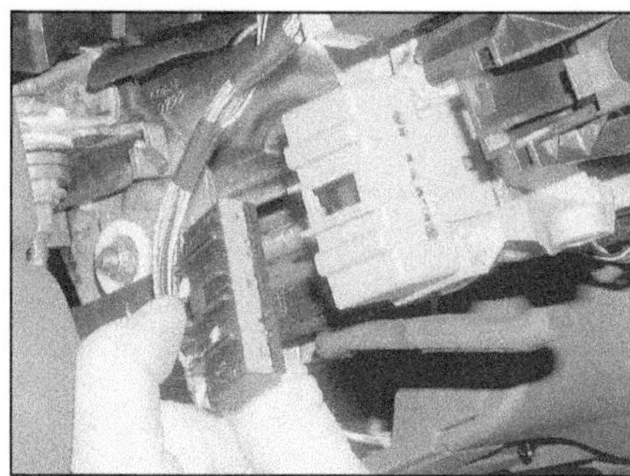
4.3a Koppla ifrån kontaktdonet . . .

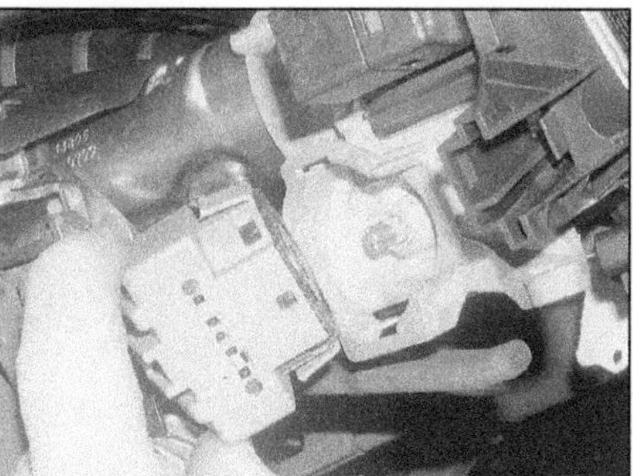
4.3b . . . och lossa kontakten

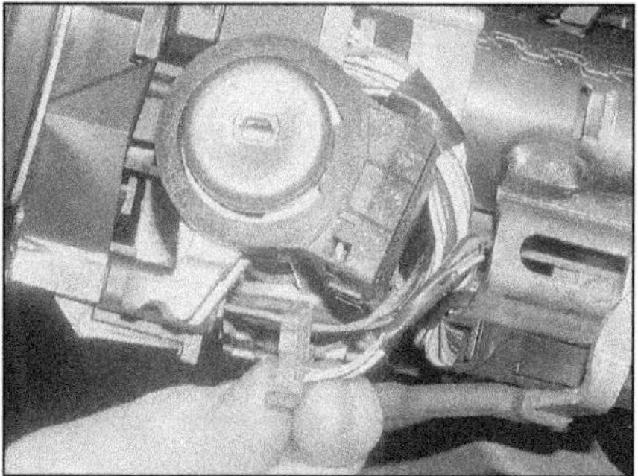
4.4a Koppla ifrån kontaktdonet . . .

kopplar loss multikontaktdonet och därefter använder en skruvmejsel för att lossa kontaktens fästflikar på dess över- och undersida **(se bilder)**.

4 På modeller med immmobilisersystemet PATS, ta bort systemets sändaremottagare från låscylindern genom att koppla ifrån anslutningskontakten och skruva loss fästskruven **(se bilder)**.

Rattstångens flerfunktionsbrytare

5 Lossa rattstångens övre kåpa från den nedre kåpan genom att föra in en tunn skruvmejsel i hålet på vardera sidan om rattstången. Lyft upp den övre kåpan från rattstången och lossa den från instrumentpanelens nedre panel **(se bild)**.

6 Tryck ner plastfliken på brytaren med en skruvmejsel. Lyft brytaren från rattstången och koppla ifrån dess multikontakt vid demonteringen **(se bild)**.

Belysningens kombinationsbrytare

7 Skruva loss de fyra fästskruvarna och bänd ut fästklämman för att ta bort instrumentbrädans nedre panel på förarsidan.

8 Skruva loss fästskruven från nederdelen av belysningsbrytarens sarg/luftmunstycket och lossa den från instrumentbrädan **(se bild)**.

9 Skruva loss de tre fästskruvarna från brytaren **(se bild)**.

10 Ta bort brytaren från instrumentbrädans panel och koppla ifrån multikontakten **(se bild)**.

Instrumentbelysningens reostat

11 Utför de moment som beskrivs i punkt 7 till 10.

Helljusets riktningsreglage

12 Utför de åtgärder som beskrivs i punkt 7 till 10.

Ytterbackspegelns reglage

13 Bänd försiktigt loss spegelns infattning från dörramen.

14 Koppla ifrån multikontakten och ta bort reglaget från infattningen **(se bild)**.

4.4b . . . och lossa sändaremottagaren genom att ta bort skruven (vid pilen)

4.5 Lossa den övre kåpan

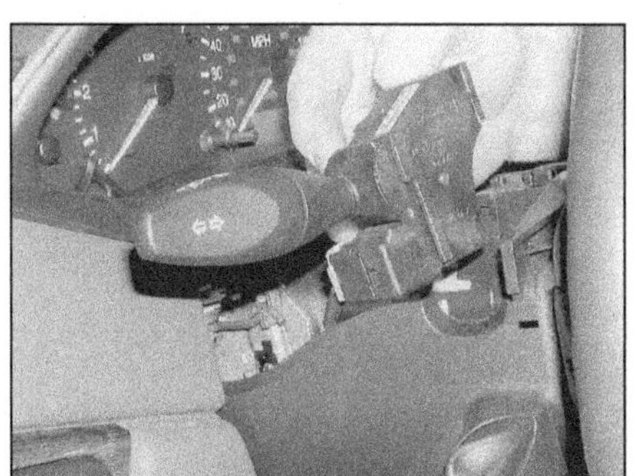
4.6 Lossa brytaren och ta bort den genom att föra den uppåt

4.8 Skruva loss sargens fästskruv

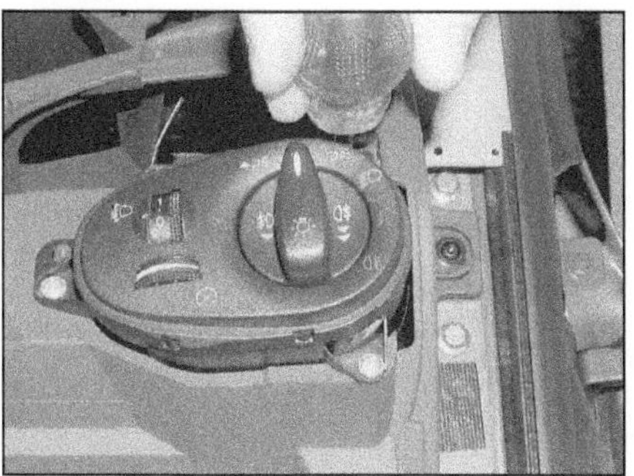
4.9 Skruva loss brytarens tre fästskruvar

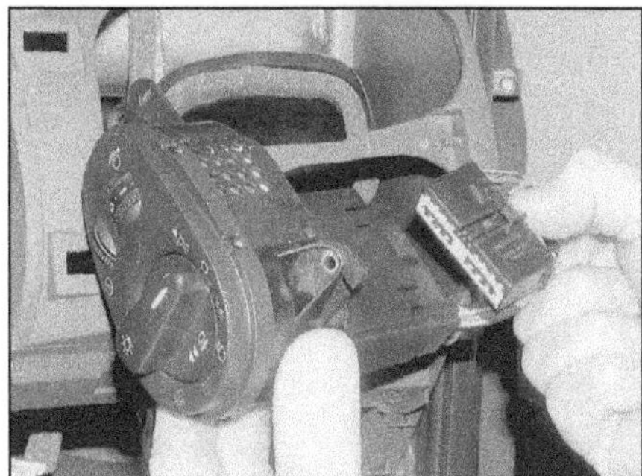
4.10 Koppla ifrån multikontakten vid demonteringen

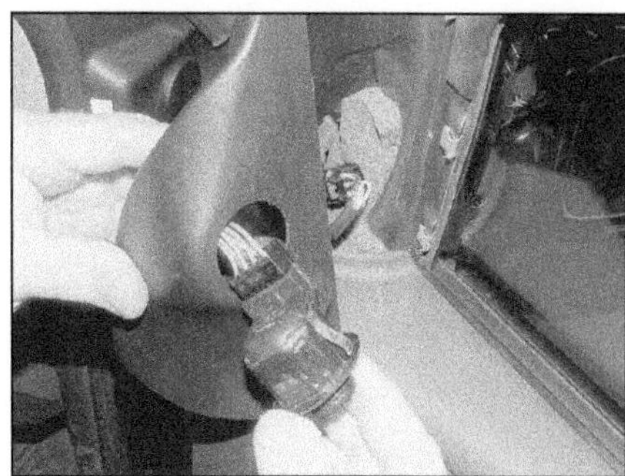
4.14 Lossa reglaget och koppla ifrån anslutningskontakten

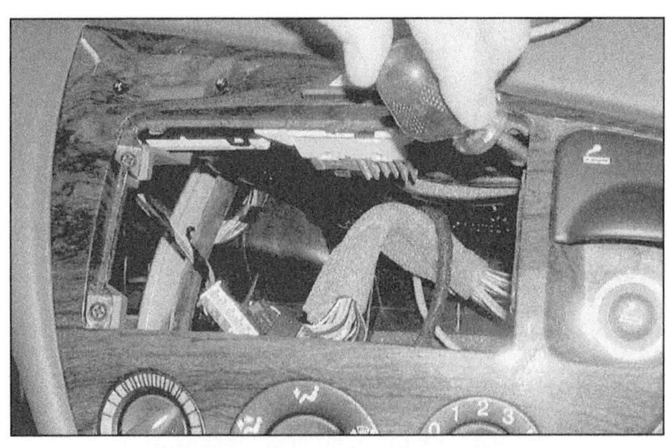

4.16 Skruva loss de fyra fästskruvarna

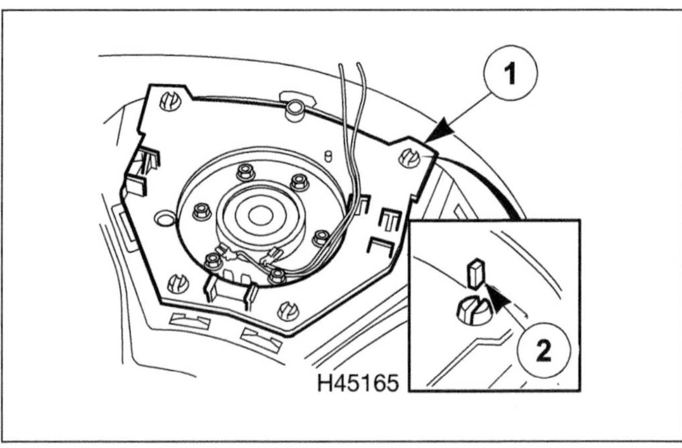

4.20 Lyft ut kilarna (2) och ta bort kontaktplattan (1)

Varningsblinkersbrytare

15 Ta bort radion/kassettbandspelaren enligt beskrivningen i avsnitt 22.

16 Lossa de fyra fästskruvarna från öppningen för bilradion/kassettspelaren **(se bild)** och lossa sedan försiktigt värmereglagepanelen från dess tre fästklämmor i instrumentbrädan.

17 Skruva loss fästskruvarna från baksidan av brytaren, ta bort brytarenheten från panelen och koppla sedan loss multikontakten.

Signalhornets brytare

Varning: Innan du utför något arbete på krockkuddarna, läs igenom rekommendationerna i avsnitt 26.

18 Ta bort krockkuddenheten från ratten enligt beskrivningen i avsnitt 26.

19 Koppla ifrån kontaktdonen från kontaktplattan och ta bort dem genom att lossa låstapparna.

20 Lyft försiktigt ut de fyra kilarna som sitter i stiften för kontaktplattan under krockkudden **(se bild)**.

21 Lyft bort kontaktplattan från styrstiften och ta bort den från krockkuddenheten. **Observera:** *Det finns fyra fjädrar under kontaktplattan (en på varje styrstift). Notera noggrant de fyra fjädrarnas läge innan du återmonterar kontaktplattan* ***(se bild).***

Radions fjärrkontroll

22 Lossa den övre rattstångskåpan från den nedre kåpan genom att föra in en tunn skruvmejsel i hålen på vardera sidan om rattstången. Lyft upp den övre kåpan från rattstången och lossa den från instrumentpanelens nederdel.

23 Tryck ner fästtappen på baksidan av radioreglaget och ta bort det från den nedre kåpan **(se bild)**. Koppla ifrån kontaktdonet.

Farthållarens brytare

24 Se avsnitt 20.

Elfönsterhissarnas brytare

25 Bänd försiktigt ut täcklocket av plast från inbuktningen för det inre dörrhandtaget med en liten skruvmejsel. Ta bort skruven och lossa infattningen runt dörrhandtaget **(se bild)**.

26 Tryck ner fästtappen och lossa rutans reglage från infattningen **(se bild)**. Koppla ifrån kontaktdonet.

Elstyrd taklucka

27 I förekommande fall, bänd ut brytaren med en skruvmejsel. Använd en trasa som skydd för panelen.

28 Koppla ifrån multikontakten och ta bort brytaren.

Handbromsvarningens kontakt

29 Ta bort mittkonsolen enligt beskrivningen i kapitel 11, avsnitt 29.

30 Koppla ifrån kontaktdonet och skruva loss fästskruven för att ta bort kontakten från handbromsspakens fästbygel **(se bild)**.

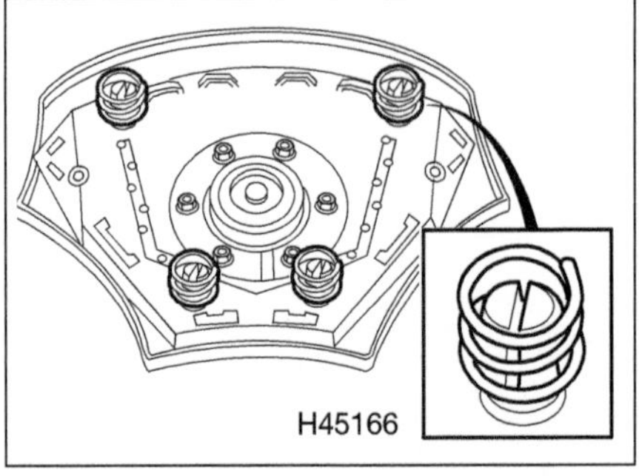

4.21 Placera fjädrarna på stiften inför monteringen

4.23 Lossa radioreglaget med en smal skruvmejsel

4.25 Skruva loss skruven och ta bort infattningen

4.26 Lossa reglaget från infattningen

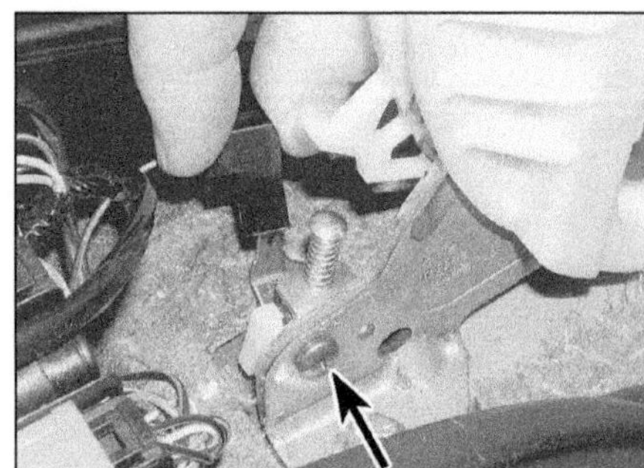

4.30 Koppla ifrån kablagets anslutning och skruva loss skruven (vid pilen)

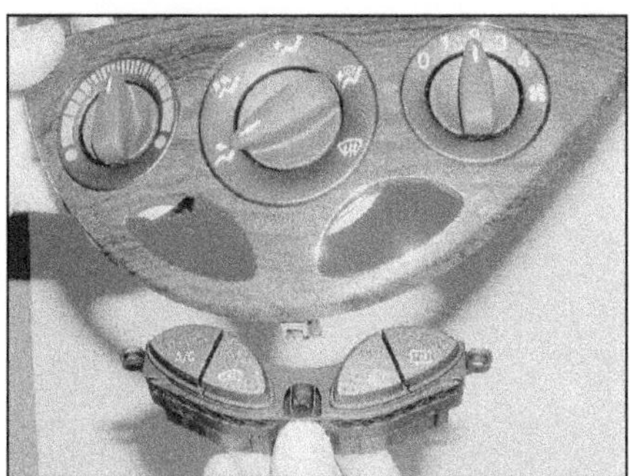

4.35 Reglagen lossas som en enda enhet

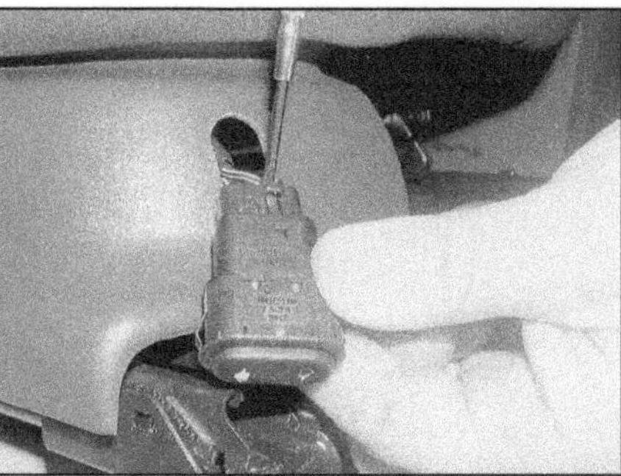

4.37 Lossa kontaktdonet genom att lossa kontaktblecket

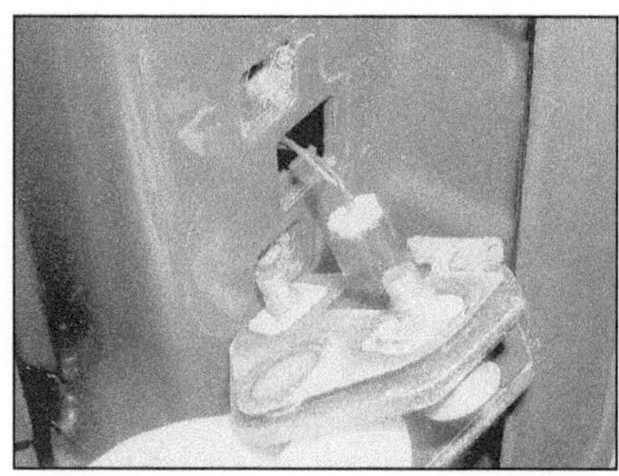

4.43 Kontakten är en del av låsblecket

Överväxellägets brytare

31 Överväxelbrytaren sitter på växelväljaren (för mer information, se kapitel 7B, avsnitt 4).

Eluppvärmd vindruta och bakruta

32 Ta bort radion/kassettbandspelaren enligt beskrivningen i avsnitt 22.

33 Lossa de fyra fästskruvarna från öppningen för bilradion/kassettspelaren och lossa sedan försiktigt värmereglagepanelen från dess tre fästklämmor i instrumentbrädan.

34 Koppla ifrån kontaktdonen från reglagen när reglagepanelen tas bort.

35 Skruva loss fästskruvarna från baksidan av panelen och ta bort reglageenheten **(se bild)**.

Sätets höjdinställningsreglage

36 Tryck ut reglaget från panelen vid nederdelen av sätesdynan på framsätena.

37 Lossa reglaget genom att koppla ifrån multikontakten **(se bild)**.

Brytare för framsätesvärme

38 Ta bort mittkonsolen enligt beskrivningen i kapitel 11, avsnitt 29.

39 Koppla ifrån det elektriska kontaktdonet från brytaren och tryck sedan ut brytaren från konsolen.

Antispinnsystemets (TCS) brytare

40 Ta bort mittkonsolen enligt beskrivningen i kapitel 11, avsnitt 29.

41 Koppla ifrån det elektriska kontaktdonet från brytaren och tryck sedan ut omställaren från konsolen.

Kupébelysningens kontakt i dörren

42 Öppna dörren och markera läget för dörrens låskolv/kontakten på stolpen med en penna.

43 Skruva loss de två fästskruvarna för att ta bort låskolven/kontakten och koppla sedan loss det elektriska kontaktdonet **(se bild)**.

Bak-/bagageluckans öppningsbrytare

44 Sänk rattstångens låsspak och lossa fästklämmorna med en tunn spårskruvmejsel och ta bort rattstångens övre kåpa (kapitel 10, avsnitt 19).

45 Skruva loss de övre fästskruvarna från instrumentpanelens sarg och lossa den sedan från instrumentbrädan.

46 När sargen är borttagen, ta bort det elektriska kontaktdonet från öppningsbrytaren och färddatorn (i förekommande fall).

47 Tryck ut brytaren från sargen **(se bild)**.

Bagageutrymmets belysningskontakt

48 När du tar bort kontakten måste du även ta bort låskomponenterna för att komma åt kontakten och dess kontaktdon. Se relevant avsnitt i kapitel 11 för mer detaljer om borttagning av låset.

49 Kontakten är en del av låset och den kan i skrivande stund inte köpas separat.

Bränsleavstängningskontakt

50 Kontakten sitter bakom förarsidans sidofotpanel/A-stolpens nedre panel **(se bild)**. Se kapitel 4A.

Reglage för luftkonditionering och återcirkulering

51 Ta bort radion/kassettbandspelaren enligt beskrivningen i avsnitt 22.

52 Lossa de fyra fästskruvarna från öppningen för bilradion/kassettspelaren och lossa sedan försiktigt värmereglagepanelen från dess tre fästklämmor i instrumentbrädan.

53 Koppla ifrån kontaktdonen från reglagen när kontrollpanelen tas bort.

54 Skruva loss fästskruvarna från baksidan av panelen och ta bort reglageenheten **(se bild 4.35)**.

Montering

55 Monteringen av alla brytare/kontakter/reglage sker i omvänd ordning mot demonteringen.

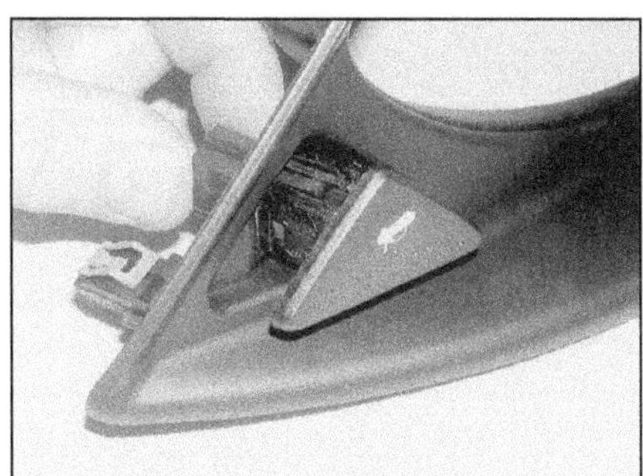

4.47 Tryck ut bak-/bagageluckans brytare

5 Glödlampor (ytterbelysning) - byte

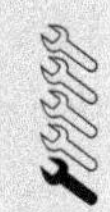

1 Tänk på följande när en glödlampa ska bytas:

a) *Kom ihåg att om lyset nyligen har varit tänt kan lampan vara mycket het.*

b) *Kontrollera alltid lampans sockel och kontaktytor. Försäkra dig om att kontaktytorna mellan lampan och ledaren och lampan och jorden är rena. Ta bort korrosion och smuts innan en ny lampa sätts i.*

c) *Om lampor med bajonettfattning används, se till att kontakterna har god kontakt med glödlampan.*

d) *Se alltid till att den nya lampan har rätt specifikationer och att den är helt ren innan den monteras. Detta gäller särskilt strålkastar- och dimljuslampor.*

e) *Vidrör inte glaset på halogenlampor (strålkastare och främre dimljus) med fingrarna, eftersom det kan göra att lampan snabbt blir svart och att livslängden förkortas. Om du råkar vidröra glaset, rengör lampan med denaturerad sprit.*

f) *Om problemet inte avhjälps av att lampan byts, kontrollera relevant säkring och relevant relä med hjälp av specifikationerna i början av och kopplingsschemana i slutet av det här kapitlet.*

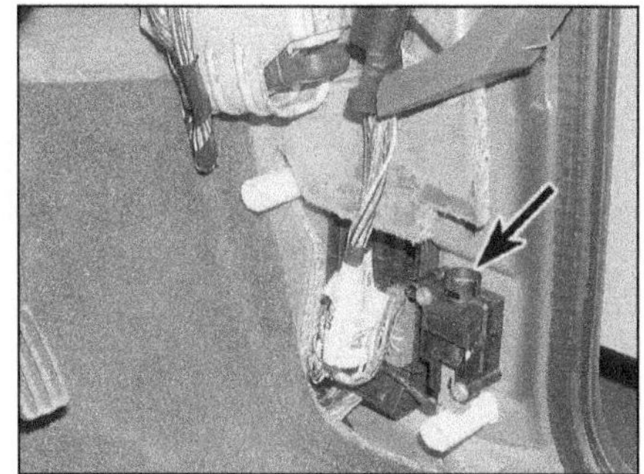

4.50 Bränsleavstängningskontakt (vid pilen)

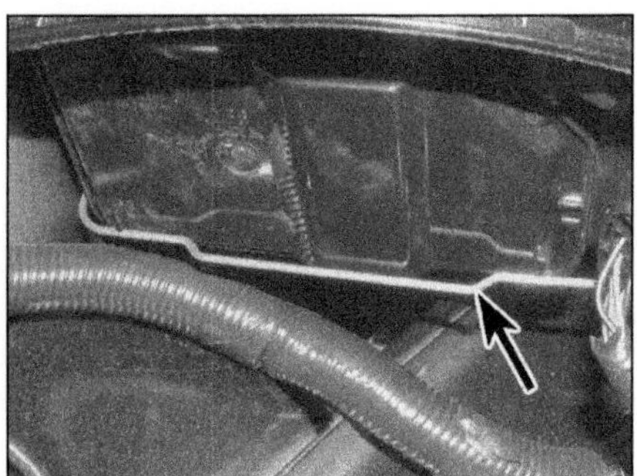

5.2 Lossa kåpan genom att trycka ner klämman (vid pilen)

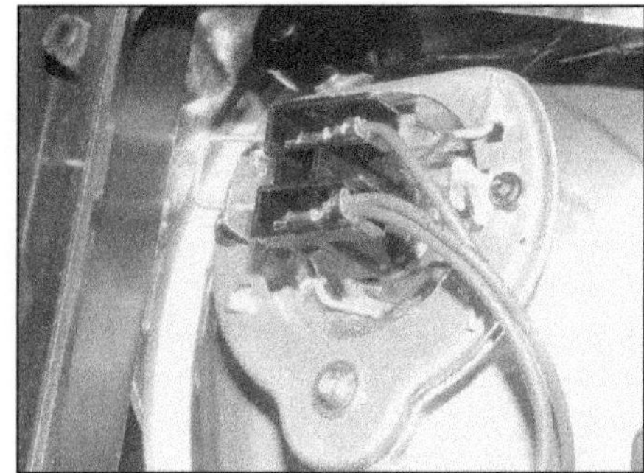

5.3 Koppla loss anslutningskontakten från glödlampan

5.4a Lossa klämman . . .

Strålkastare

Ej xenonstrålkastare

2 Lossa klämman på baksidan av strålkastarenheten och ta bort kåpan så att du kommer åt glödlampan **(se bild)**. När du byter glödlampor i den vänstra strålkastaren, ta bort batterikåpan så att du lättare kommer åt.

3 Koppla loss anslutningskontakten från glödlampans baksida **(se bild)**.

4 Lossa vajerklämman som håller fast glödlampan och ta bort glödlampan. Observera hur flikarna sitter i urtagen på baksidan av strålkastaren **(se bilder)**.

5 Montera den nya glödlampan i omvänd ordningsföljd.

Xenonstrålkastare för halvljus

Försiktighet: På grund av den höga spänning som matas till denna typ av strålkastare bör man koppla ifrån batteriets minusledare. Se kapitel 5A.

5.4b . . . och ta bort strålkastarens glödlampa för halvljus . . .

6 Ta bort strålkastaren enligt beskrivningen i avsnitt 7.

7 Lossa plastkåpan från baksidan av strålkastararmaturen.

8 På modeller till och med 03/02, vrid glödlampständaren moturs och ta bort den **(se bild)**. Se till att glödlampans fasthållningsring inte vrids samtidigt.

9 Vrid glödlampans hållring moturs (modeller upp till 03/02) eller lossa glödlampans fästklämma (modeller från 03/02) och ta bort glödlampan.

10 Montera den nya glödlampan i omvänd ordningsföljd mot demonteringen.

Xenonstrålkastare för helljus

Försiktighet: På grund av den höga spänning som matas till denna typ av strålkastare bör man koppla ifrån batteriets minusledare. Se kapitel 5A.

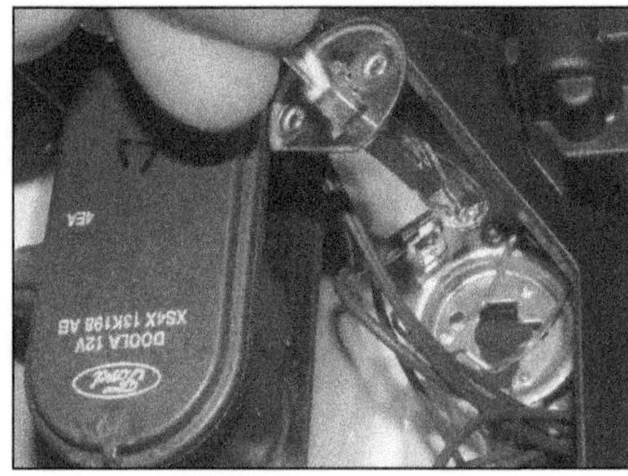

5.4c . . . eller helljus

11 Ta bort strålkastaren enligt beskrivningen i avsnitt 7.

12 Lossa plastkåpan från baksidan av strålkastararmaturen.

13 Vrid strålkastarens inställningsmotor moturs (höger strålkastare) eller medurs (vänster strålkastare) till ändläget **(se bild)**.

14 Ta bort inställningsmotorn från strålkastaren. Lossa inställningsmotorns kulled när du tar bort den.

15 Vrid lamphållaren moturs, ta bort lamphållaren och dra sedan ut glödlampan.

16 Montera den nya glödlampan i omvänd ordningsföljd.

Främre parkeringsljus

17 Lossa klämman på baksidan av strålkasterenheten och ta bort kåpan så att du kommer åt glödlampan **(se bild 5.2)**. När du byter glödlampor i den vänstra strålkastaren, ta bort batterikåpan så att du lättare kommer åt.

18 Tryck ihop klämmorna på båda sidor om lamphållaren och dra sedan ut lamphållaren från baksidan av strålkastararmaturen **(se bild)**. Dra bort glödlampan med glassockel från lamphållaren.

19 Montera den nya glödlampan i omvänd ordningsföljd.

Främre blinkers

20 Lossa klämman på baksidan av strålkasterenheten och ta bort kåpan så att du

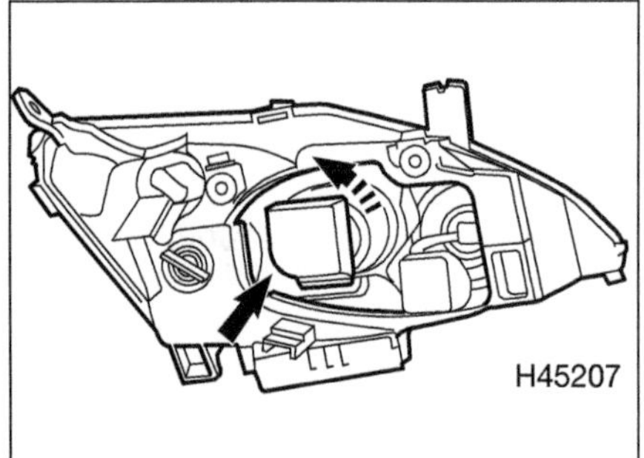

5.8 Ta bort tändaren genom att vrida den moturs

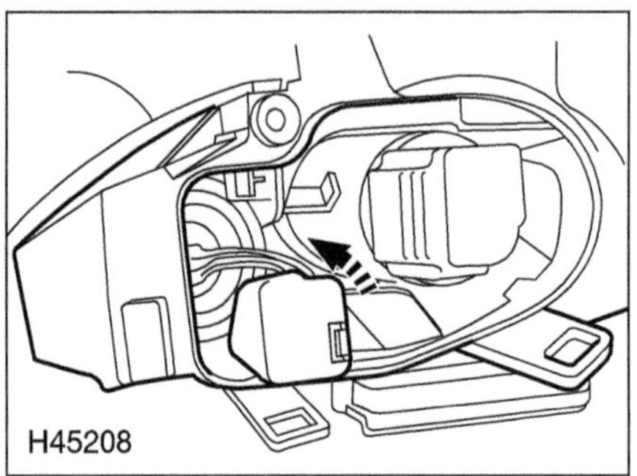

5.13 Vrid inställningsmotorn moturs på den högra strålkastaren och medurs på den vänstra

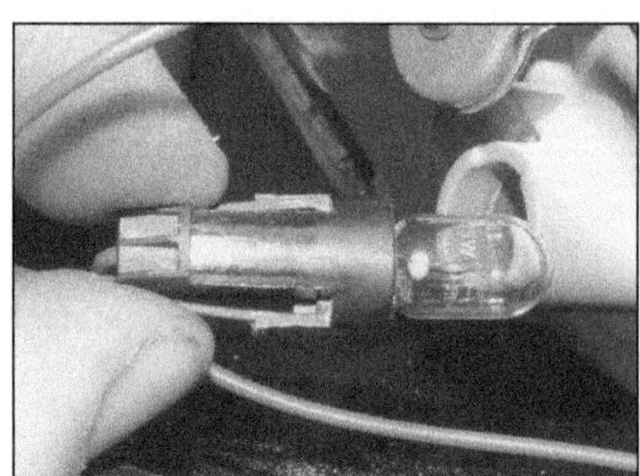

5.18 Tryck ihop klämmorna och dra ut parkeringsljusets lamphållare. Glödlampan dras enkelt ut ur hållaren

5.21 Vrid lamphållaren moturs

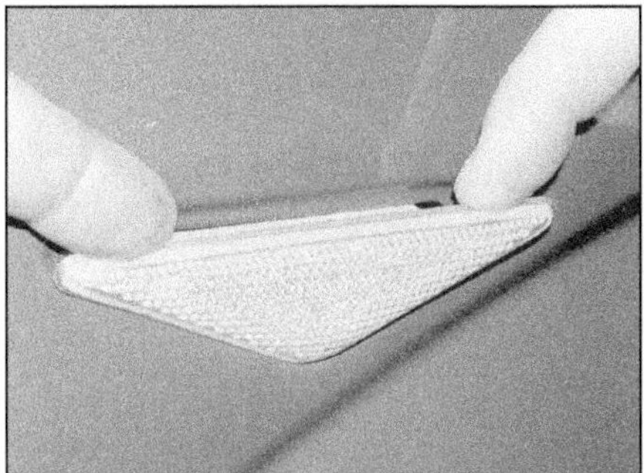

5.24 Ta bort blinkerslampan genom att trycka linsen nedåt

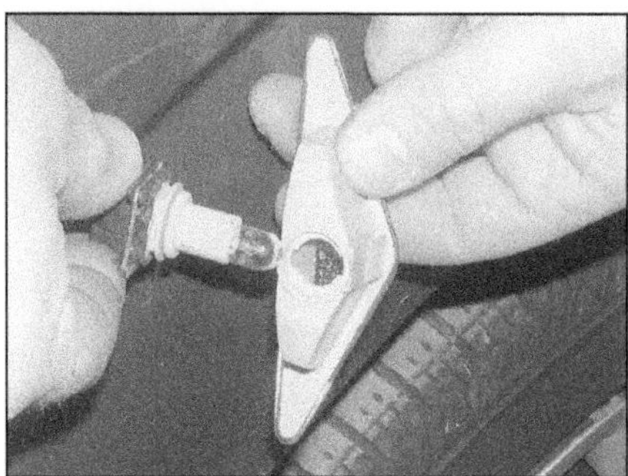

5.25 Ta loss lamphållaren

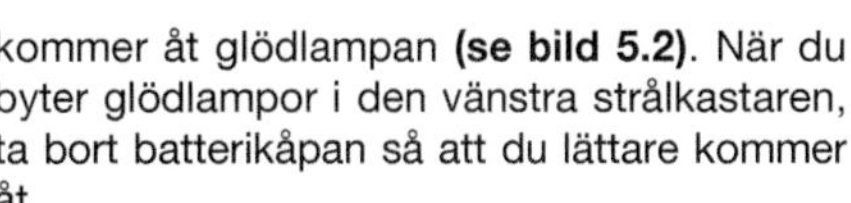

kommer åt glödlampan **(se bild 5.2)**. När du byter glödlampor i den vänstra strålkastaren, ta bort batterikåpan så att du lättare kommer åt.

21 Vrid lamphållaren moturs och ta loss den från armaturen **(se bild)**.

22 Vrid glödlampan moturs och ta bort den från lamphållaren.

23 Montera den nya glödlampan i omvänd ordningsföljd. Observera att glödlampans bajonettstift är förskjutna. Glödlampan passar bara in i lamphållaren i ett läge.

Sidoblinkers

24 Tryck blinkerslampan nedåt och ta bort den från framskärmen **(se bild)**.

25 Vrid lamphållaren moturs och koppla loss den från enheten **(se bild)**.

26 Dra ut glödlampan med glassockel ur hållaren.

27 Montera den nya glödlampan i omvänd ordningsföljd.

Främre dimljus

28 Bänd ut dimljusets infattning **(se bild)**.

29 Lossa krysskruven och ta bort ljusenheten **(se bild)**.

30 Vrid lamphållaren moturs och ta bort glödlampsenheten **(se bild)**. Eftersom glödlampan är inbyggd i lamphållarenheten måste hela enheten bytas.

31 Montera den nya glödlampan i omvänd ordningsföljd.

Bakre dimljus/backljus

Kombikupé

32 För att ta bort bakljusarmaturen, tryck upp klämman på baksidan av armaturen och ta bort den från stötfångaren.

33 Vrid lamphållaren moturs för att ta bort den från armaturen **(se bild)**.

34 Tryck ner och vrid glödlampan moturs för att ta bort den från lamphållaren.

35 Montera den nya glödlampan i omvänd ordningsföljd. Se till att armaturen är korrekt placerad.

Bakljus

36 På kombikupémodeller, öppna bakluckan, ta bort fästmuttern från insidan av armaturen och fästskruven på utsidan av armaturen **(se bilder)**.

37 På sedanmodeller, arbeta inifrån bagageutrymmet och ta bort de tre vridfästena från baksidan av armaturen **(se bild på nästa sida)**.

38 På kombimodeller, arbeta med bakluckan öppen. Skruva loss de två fästskruvarna från

5.28 Bänd försiktigt ut dimljusets infattning

5.29 Lossa skruven (vid pilen) och ta bort ljusenheten

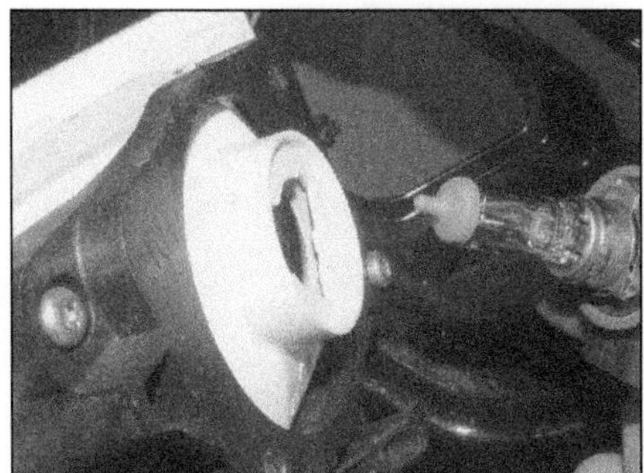

5.30 Glödlampa är integrerad med lamphållarenheten

5.33 Ta bort lamphållaren genom att vrida den

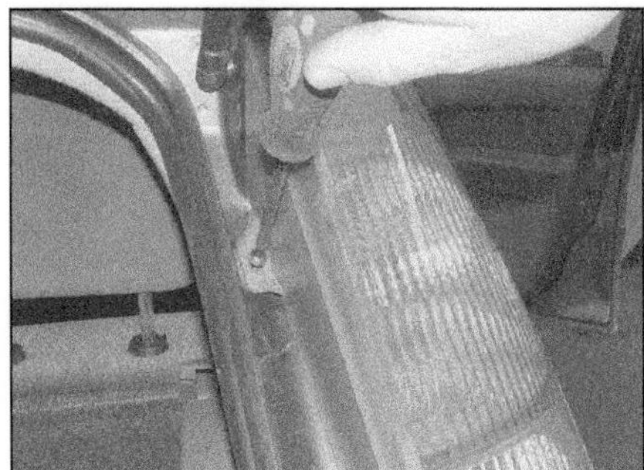

5.36a Skruva loss bakljusets fästskruv . . .

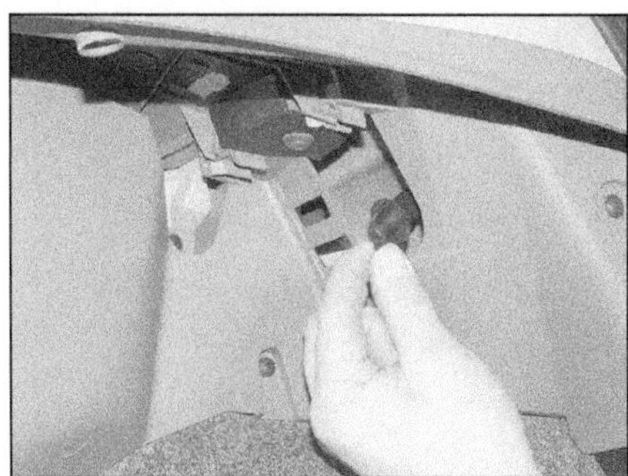

5.36b . . . och fästmuttern av plast inuti bagageutrymmet

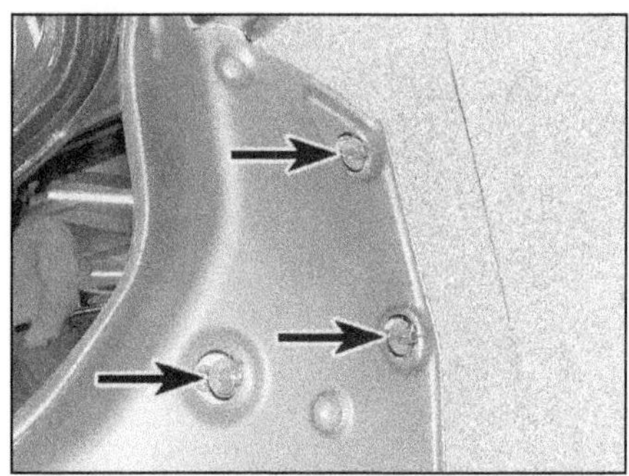

5.37 Skruva loss de tre fästmuttrarna av plast (vid pilarna)

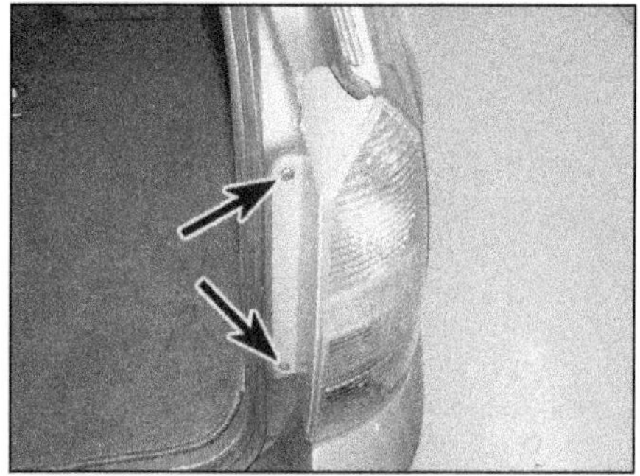

5.38 Skruva loss de två fästskruvarna (vid pilarna)

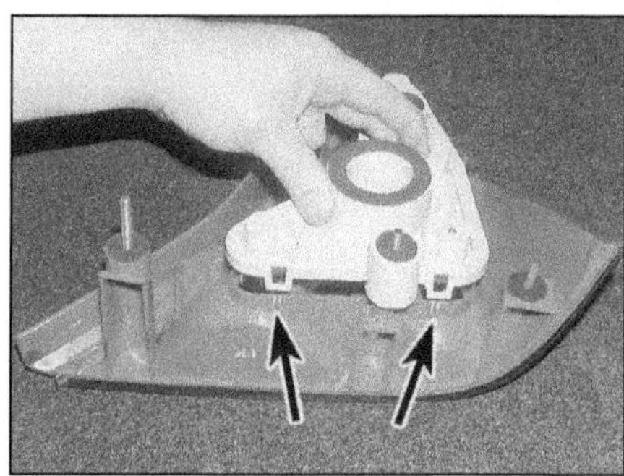

5.40 Ta bort lamphållaren genom att lyfta fästklämmorna (vid pilarna)

sidan av armatur och lossa armaturen utåt för att ta bort den **(se bild)**.

39 Ta försiktigt bort armaturen från bilen.

40 På kombi- och sedanmodeller, lyft fästklämmorna för att skilja lamphållaren från armaturen **(se bild)**.

41 På kombikupémodeller, vrid den aktuella lamphållaren moturs och dra ut den från armaturen **(se bild)**.

42 Tryck ner och vrid den aktuella glödlampan moturs för att ta bort den från lamphållaren **(se bild)**.

43 Montera den nya glödlampan i omvänd ordningsföljd. Se till att bakljusarmaturen är korrekt placerad.

Registreringsskyltsbelysning

44 För in en spårskruvmejsel i urtaget på registreringsskyltsbelysningens vänstra sida och bänd försiktigt ut armaturen **(se bild)**.

45 Lossa glödlampan från kontaktfjädrarna **(se bild)**.

46 Montera den nya glödlampan i omvänd ordningsföljd. Se till att kontaktfjädrarna är tillräckligt spända för att kunna hålla glödlampan stadigt.

Högt bromsljus

47 På kombikupé- och kombimodeller, lossa de två fästskruvarna och ta bort strålkastarens kåpa.

48 På sedanmodeller, öppna bagageluckan och ta bort mattans panel bakom armaturen.

49 Lossa lamphållaren från reflektorn **(se bild)**.

50 Dra ut den aktuella glödlampan med glassockel ur hållaren **(se bild)**.

51 Montera den nya glödlampan och sätt tillbaka armaturen i omvänd ordningsföljd mot demonteringen.

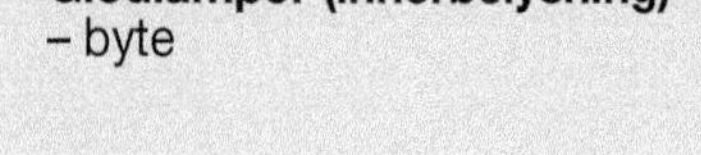

6 Glödlampor (innerbelysning) - byte

1 Tänk på följande när en glödlampa ska bytas:

a) Kom ihåg att om lyset nyligen har varit tänt kan lampan vara mycket het.

b) Kontrollera alltid lampans sockel och kontaktytor. Se till att kontaktytorna mellan lampan och ledaren och lampan och jorden är rena. Ta bort korrosion och smuts innan en ny lampa sätts i.

c) Om lampor med bajonettfattning används, se till att kontakterna har god kontakt med glödlampan.

5.41 Ta bort lamphållaren från armaturen genom att vrida den

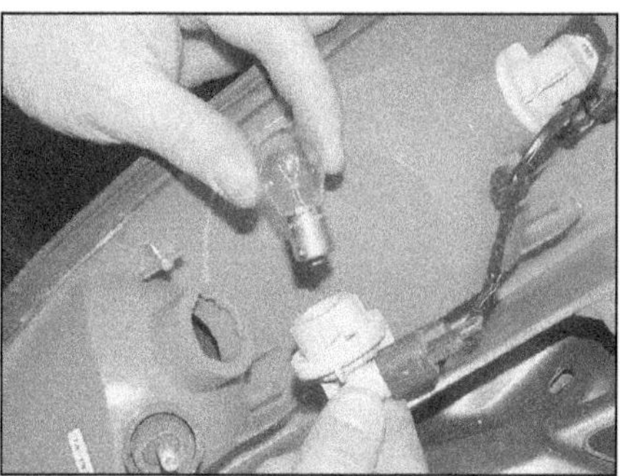

5.42 Ta bort glödlampan genom att trycka in den och vrida den moturs

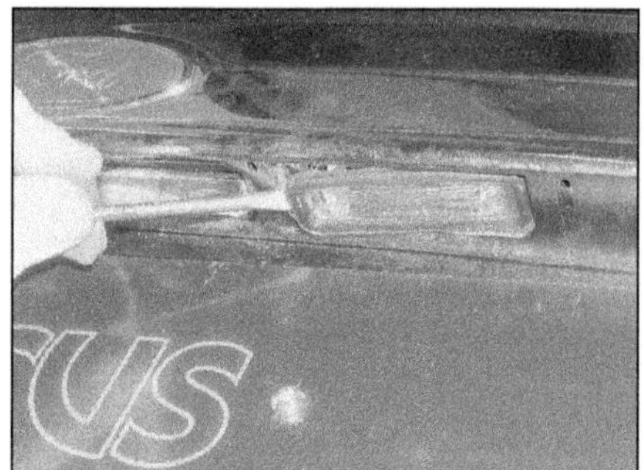

5.44 Bänd ut registreringsskyltsbelysningens armatur

5.45 Ta bort glödlampan från registreringsskyltsbelysningen

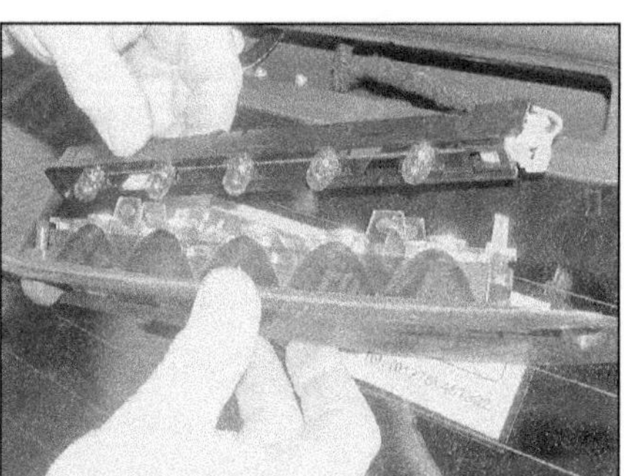

5.49 Lossa lamphållaren (kombi)

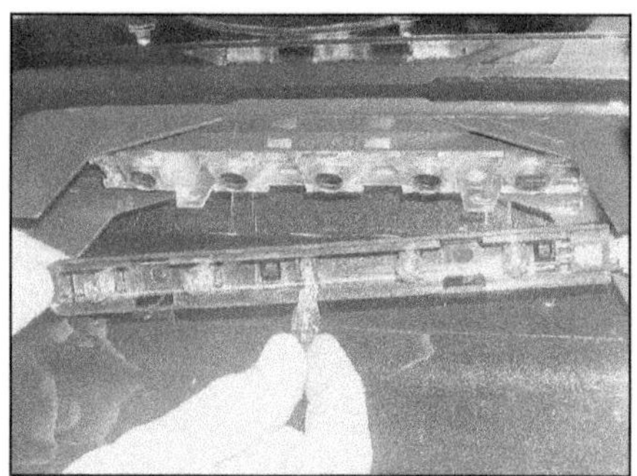

5.50 Dra ut glödlampan (sedan)

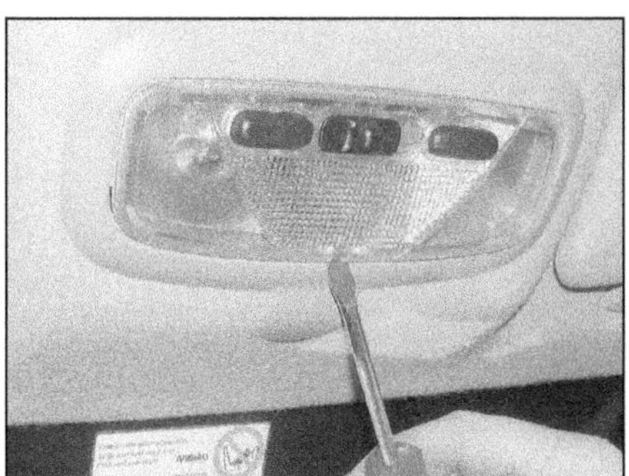
6.2a Bänd ut den främre innerbelysningen . . .

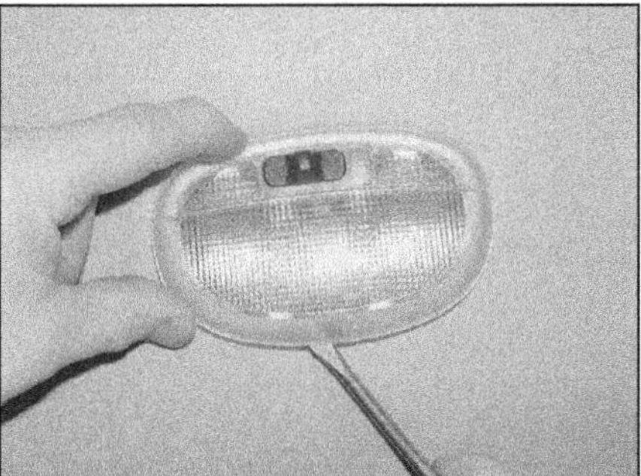
6.2b . . . och bänd ut den bakre innerbelysningen

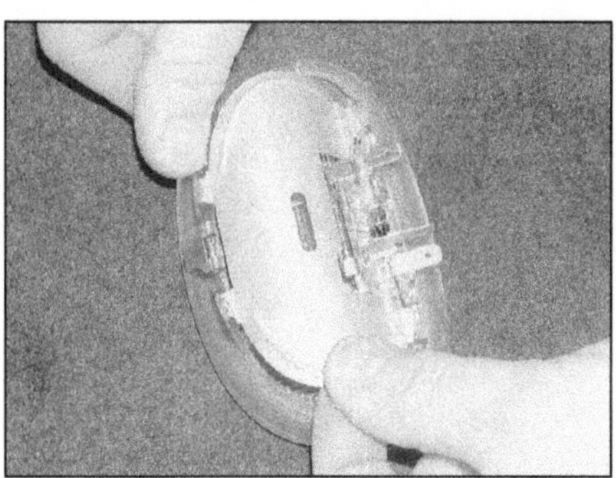
6.3a Lossa reflektorn från den bakre innerbelysningen . . .

d) Se alltid till att den nya lampan har rätt specifikationer och att den är helt ren innan den monteras.

Innerbelysning/kartläsarlampa

2 Se till att innerbelysningen är avstängd genom att placera reglaget i rätt läge. Använd en liten skruvmejsel och bänd försiktigt ut armaturen på motsatt sida mot reglaget **(se bilder)**.

3 Koppla ifrån kontaktdonet, lyft sedan upp och lossa reflektorn från armaturen. Lossa glödlampan från kontaktfjädrarna **(se bilder)**.

4 Om kartläsarlampor är monterade sitter lamphållare på varje sida om reflektorn. Ta bort bajonettlamporna genom att vrida dem ur deras hållare **(se bild)**.

5 Montera de nya glödlamporna i omvänd ordningsföljd. Se till att kontaktfjädrarna är tillräckligt spända för att kunna hålla glödlamporna stadigt.

Instrumentbelysning och varningslampor

6 Ta bort instrumentpanelen enligt beskrivningen i avsnitt 10.

7 Vrid lamphållaren moturs för att ta bort den **(se bild)**.

8 Montera den nya lamphållaren i omvänd ordningsföljd mot demonteringen.

Varningsblinkers

9 Ta bort brytaren enligt beskrivningen i avsnitt 4.

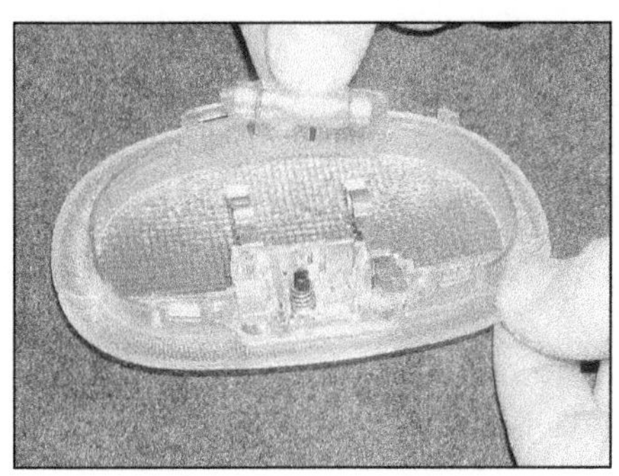
6.3b . . . och ta bort glödlampan

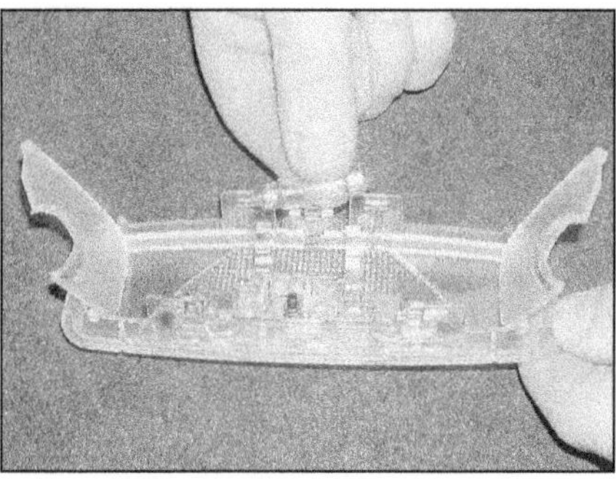
6.3c Ta bort glödlampan från den främre innerbelysningen

Strålkastarbrytarens belysning

10 Ta bort brytaren enligt beskrivningen i avsnitt 4.

Belysning till automatväxellådans växelväljare

11 Bänd ut panelen runt växelväljaren på mittkonsolen.

12 Koppla ifrån lamphållaren och dra ut glödlampan med glassockel.

13 Montera den nya glödlampan i omvänd ordningsföljd mot demonteringen.

Klockans belysning

Observera: *På senare modeller går det inte att byta glödlampan till klockans belysning på ett enkelt sätt. Klockan kan behöva demonteras och tas med till en auktoriserad Fordverkstad eller en bilelektriker för byte av glödlampan.*

14 Ta bort klockan enligt beskrivningen i avsnitt 12.

Värme-/fläktreglagets belysning

15 Ta bort värmereglagepanelen enligt beskrivningen i kapitel 3, avsnitt 10. När du ska ta bort glödlampan från baksidan av panelen, vrid lamphållaren och dra utåt **(se bild)**.

Bagageutrymmesbelysning

16 Se till att belysningen är avstängd (batteriets minusledare urkopplad). Bänd ut belysningen med en liten skruvmejsel.

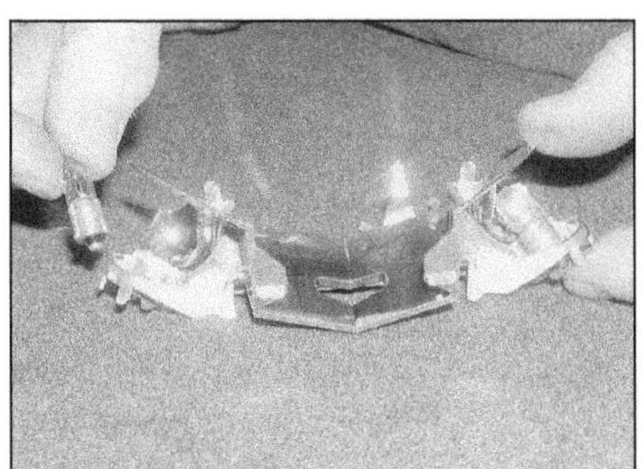
6.4 Ta bort bajonettglödlampan från kartläsarlampan

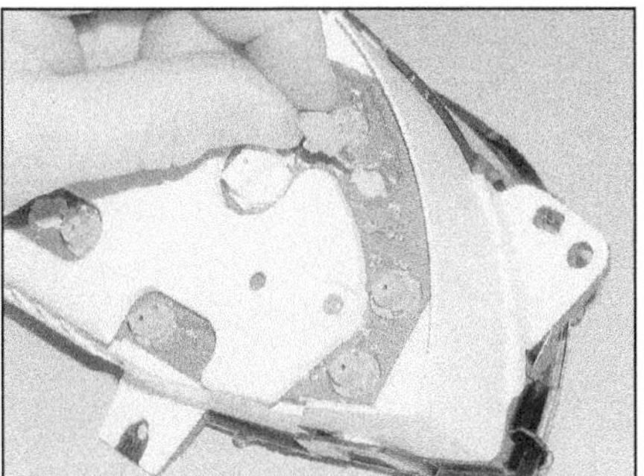
6.7 Ta bort lamphållaren genom att vrida den moturs

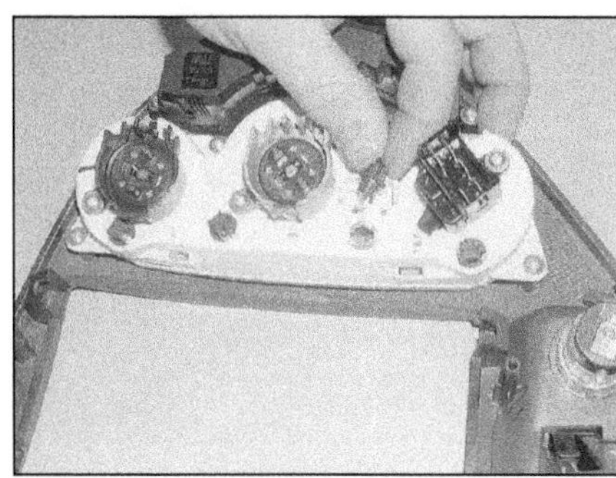
6.15 Ta bort lamphållaren genom att vrida den moturs

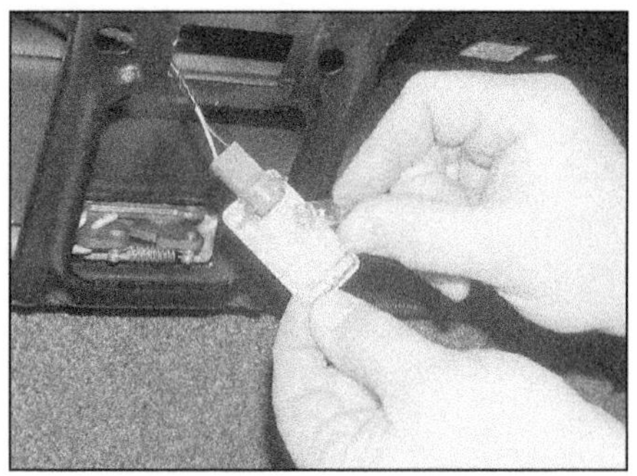
6.17 Glödlampan dras enkelt ut

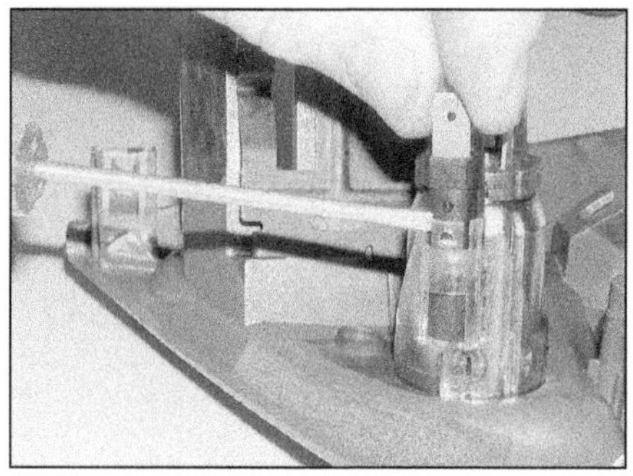
6.20a Lossa lamphållaren . . .

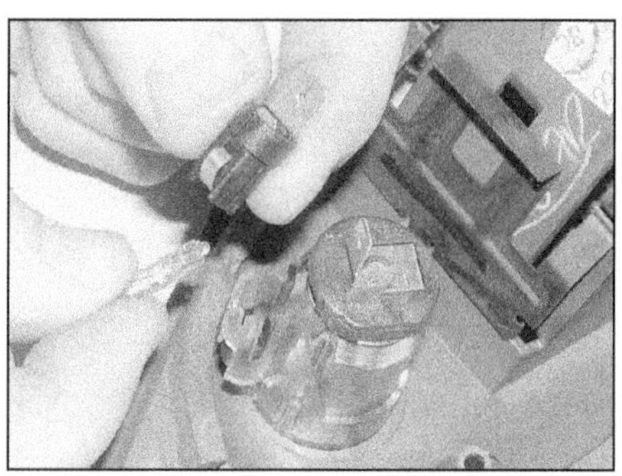
6.20b . . . och ta bort glödlampan

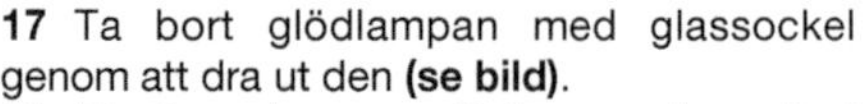

17 Ta bort glödlampan med glassockel genom att dra ut den **(se bild)**.

18 Montera den nya glödlampan i omvänd ordningsföljd mot demonteringen.

Cigarrettändarbelysning

19 Ta bort värmereglagepanelen enligt beskrivningen i kapitel 3, avsnitt 10.

20 Lossa lamphållaren från baksidan av cigarrettändaren och dra ut glödlampan **(se bilder)**.

21 Montera den nya glödlampan i omvänd ordningsföljd.

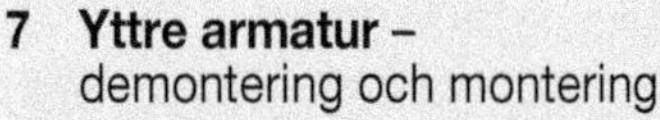
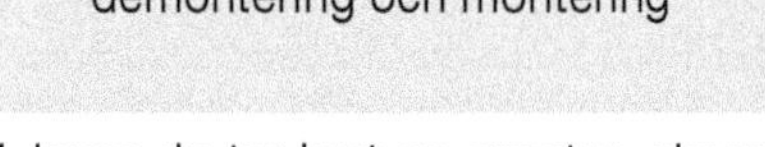

7 Yttre armatur – demontering och montering

1 Innan du tar bort en armatur, observera följande:

a) Se till att belysningen är avstängd innan du påbörjar arbetet (se kapitel 5A, avsnitt 1).

b) Kom ihåg att om belysningen nyligen varit tänd kan lampan och glaset vara mycket varmt.

Strålkastararmatur

2 Skruva loss skruven som håller fast den nedre kanten av hjulhusets innerskärm vid stötfångarens bakre nedre kant **(se bild)**.

3 Dra hjulhusets innerskärm något bakåt och skruva loss strålkastarens nedre fästbult **(se bild)**.

4 Öppna motorhuven och ta bort kylargrillen enligt beskrivningen i kapitel 11, avsnitt 7.

5 Koppla ifrån strålkastararmaturens multikontakt.

6 Skruva loss de två fästbultarna från armaturens överdel och ta bort armaturen från bilens framsida **(se bild)**.

7 Monteringen sker i omvänd ordningsföljd mot demonteringen. Låt kontrollera strålkastarnas inställning enligt beskrivningen i nästa avsnitt.

Främre blinkers

8 De främre körriktningsvisarna är inbyggda i strålkastararmaturen.

Sidoblinkers

9 För blinkersenheten nedåt och ta bort den från framskärmen **(se bild 5.14)**.

10 Vrid lamphållaren moturs och koppla loss den från blinkerslinsen **(se bild 5.15)**.

11 Montera den nya sidoblinkersen i omvänd ordningsföljd mot demonteringen.

Främre dimljus

12 Bänd ut dimljusets infattning **(se bild 5.28)**.

13 Lossa krysskruven och ta bort armaturen **(se bild 5.29)**. Koppla ifrån anslutningskontakten när armaturen tas bort.

14 Monteringen utförs i omvänd ordningsföljd mot demonteringen.

Bakre dimljus/backljus

Kombikupé

15 Tryck upp klämman under baksidan av armaturen och tryck sedan ut armaturen från stötfångaren **(se bilder)**.

16 Koppla loss kontaktdonet. Vrid lamphållaren moturs för att ta bort den från armaturen.

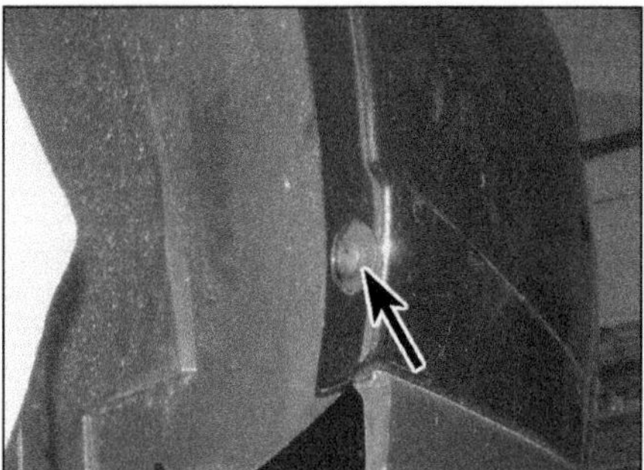
7.2 Skruva loss innerskärmens skruv (vid pilenl)

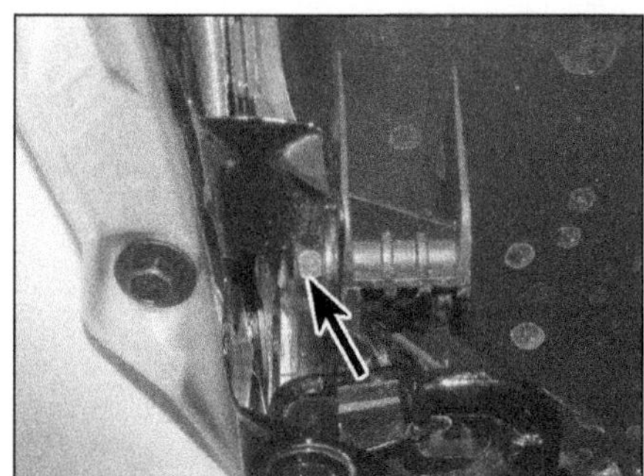
7.3 Dra innerskärmen bakåt och ta bort strålkastarens nedre fästbult (vid pilen)

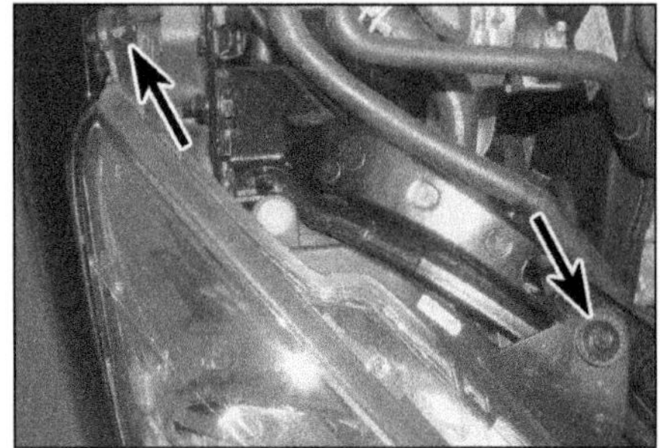
7.6 Skruva loss de övre fästbultarna (vid pilarna), ta bort strålkastaren och koppla loss kablaget

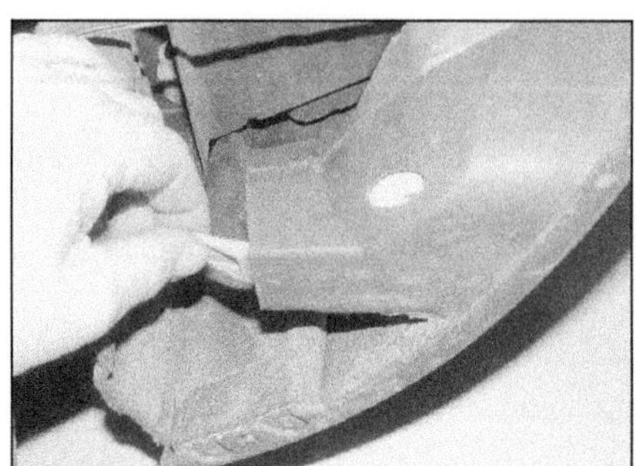
7.15a Lossa bakljusarmaturen . . .

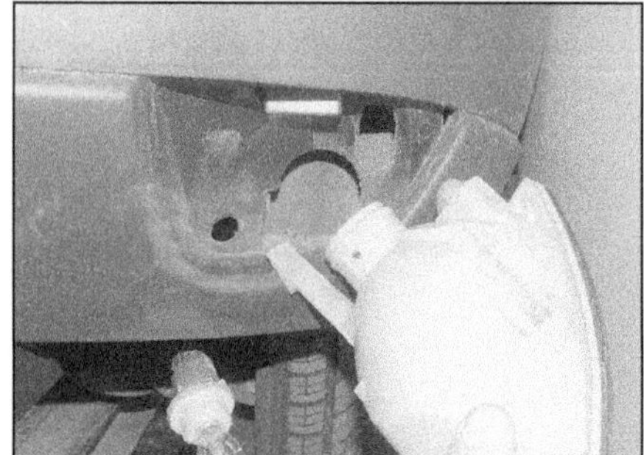
7.15b . . . och ta bort den från den bakre stötfångaren

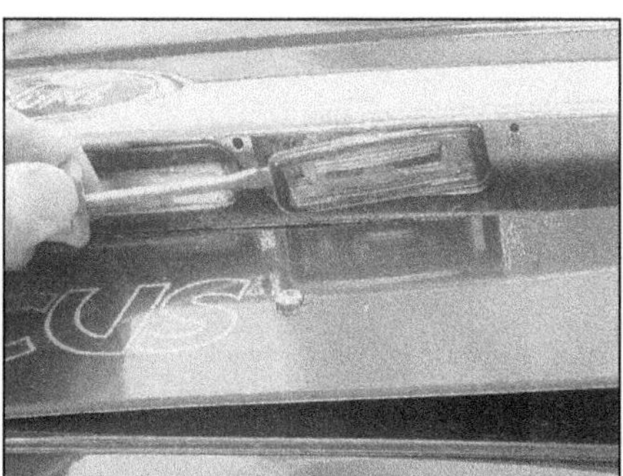

7.25 Lossa registreringsskyltsbelysningen

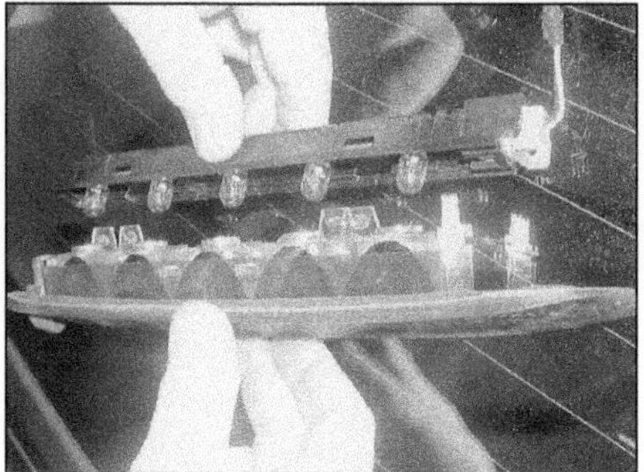

7.30 Lossa lamphållaren från reflektorn (kombi)

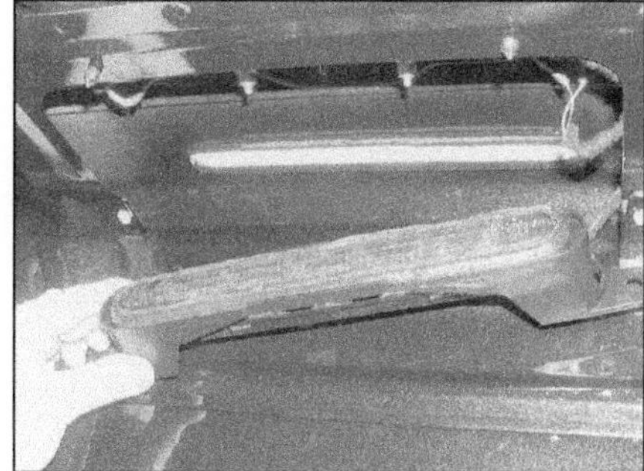

7.31 Skruva loss reflektorn från bagageutrymmets insida (sedan)

17 Montera den nya armaturen i omvänd ordningsföljd. Se till att armaturen är korrekt placerad.

Bakljus

18 På kombikupémodeller, öppna bakluckan, ta bort fästmuttern från insidan av armaturen och fästskruven på utsidan av armaturen **(se bilderna 5.36a och 5.36b)**.
19 På sedanmodeller, arbeta inifrån bagageutrymmet och ta bort de tre vridfästena från baksidan av armaturen **(se bild 5.37)**.
20 På kombimodeller, öppna bakluckan och ta bort de två fästskruvarna från sidan av armaturen **(se bild 5.38)**.
21 Ta försiktigt bort armaturen från bilen.
22 På kombi- och sedanmodeller, lyft fästklämmorna för att skilja lamphållaren från armaturen **(se bild 5.40)**.
23 På kombikupémodeller, vrid lamphållarna moturs och dra ut dem från armaturen **(se bild 5.41)**.
24 Montera den nya armaturen i omvänd ordningsföljd. Se till att bakljusarmaturen är korrekt placerad.

Registreringsskyltsbelysning

25 För in en spårskruvmejsel i urholkningen på registreringsskyltsbelysningens vänstra sida och bänd försiktigt ut armaturen **(se bild)**.
26 Lossa glödlampan från kontaktfjädrarna.
27 Montera den nya armaturen i omvänd ordningsföljd.

Högt bromsljus

28 På kombikupé- och kombimodeller, lossa de två fästskruvarna och ta bort strålkastarens kåpa.
29 På sedanmodeller, öppna bagageutrymmet och ta bort mattans panel bakom armaturen.
30 Lossa lamphållaren från reflektorn och koppla ifrån kablaget **(se bild)**.
31 På sedanmodeller, skruva loss fästskruvarna inuti bakluckan från armaturen och ta bort den från bilen **(se bild)**.
32 Montera den nya armaturen i omvänd ordningsföljd.

8 Strålkastare och främre dimljus – kontroll och inställning

Observera: *Följande strålkastarinställning kan endast göras på strålkastare som inte har xenonlampor. För att ställa in xenonstrålkastare måste Fords felsökningssystem WDS användas för att ställa in strålkastaren i referensläget. Kontakta en auktoriserad Fordverkstad.*

1 Strålkastarens och det främre dimljusets ljusstråle kan bara ställas in exakt med optisk utrustning för strålkastarinställning. Det här arbetet ska därför utföras av en auktoriserad Fordverkstad eller en annan verkstad med lämplig utrustning.
2 Tillfällig inställning kan göras efter byte av en glödlampa eller armatur, eller som en nödåtgärd om inställningen har blivit felaktig till följd av en olycka.
3 För att ställa in strålkastaren, vrid justeringsskruvarna ovanpå strålkastararmaturen **(se bild)**. (En av skruvarna är för vertikal inställning och den andra för horisontell inställning.)
4 Det främre dimljusets ljusstråle justeras med den lilla skruven som syns i nedre delen av sargpanelen **(se bild)**.
5 Innan du ändrar inställningen måste du kontrollera att däcktrycket stämmer och att bilen står utan extra last på jämnt underlag.
6 Tryck ner bilens främre del ett par gånger för att ställa in fjädringen. Det bästa är om en normalstor person sitter på förarplatsen vid justeringen och om bilen har halvfull tank.
7 Om bilen är utrustad med ett system för strålkastarinställning, placera reglaget i läge 0 innan du utför några justeringar.
8 När du har gjort en tillfällig inställning måste den kontrolleras och vid behov återställas av en auktoriserad Fordmekaniker eller annan kvalificerad person så snart som möjligt.

9 Strålkastarnas inställningsmotor – demontering och montering

Demontering

1 Se till att ljusstrålens reglage är i läge 0.
2 Demontera strålkastararmaturen enligt beskrivningen i avsnitt 7.
3 Lossa plastkåpan från baksidan av strålkastararmaturen **(se bild 5.2)**.
4 Koppla ifrån anslutningskontakten från motorn.
5 Vrid inställningsmotorn moturs (höger strålkastare) eller medurs (vänster strålkastare) till ändläget, lossa sedan motorns kulled från hylsan och dra ut den från strålkastarens reflektor **(se bild)**.

Montering

6 Monteringen sker i omvänd ordningsföljd mot demonteringen. Tänk på följande:

a) Se till att ljusstrålens reglage fortfarande är i läge 0.

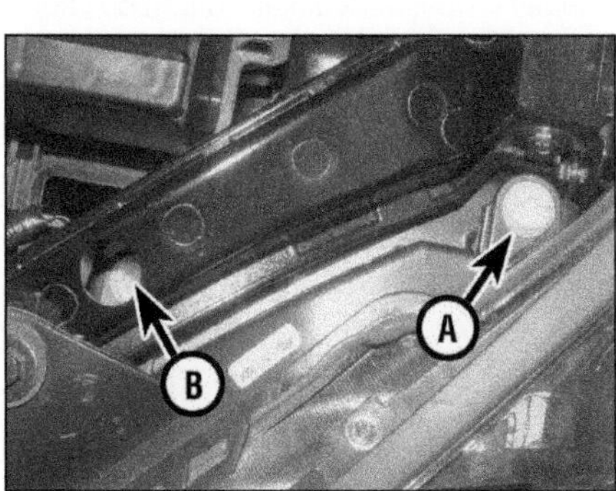

8.3 Inställningsskruvar för strålkastare i vertikalled (B) och horisontalled (A)

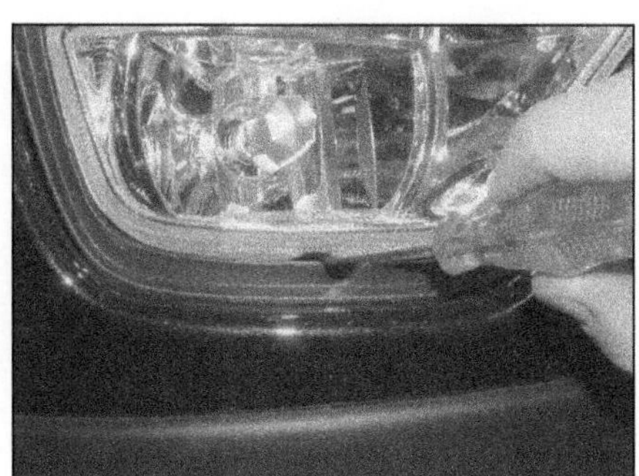

8.4 Dimljusets justeringsskruv

b) Kontrollera att justerarens kulled hakar i hylsan korrekt ***(se bild).***

c) Avsluta med att kontrollera att systemet fungerar och låt kontrollera ljusstrålens inställning enligt beskrivningen i avsnitt 8.

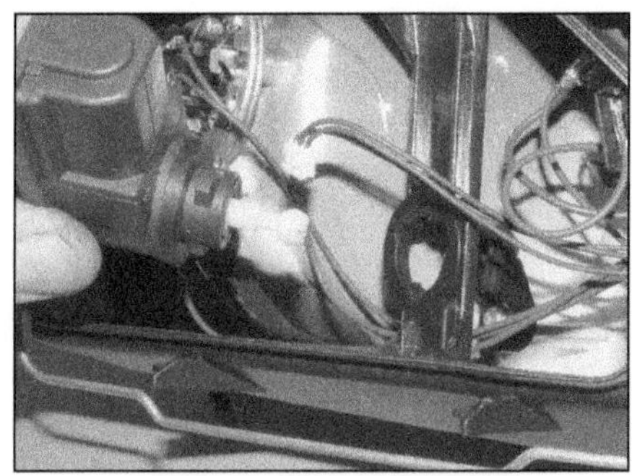

9.5 Ta bort motorn från strålkastaren genom att vrida den – se text

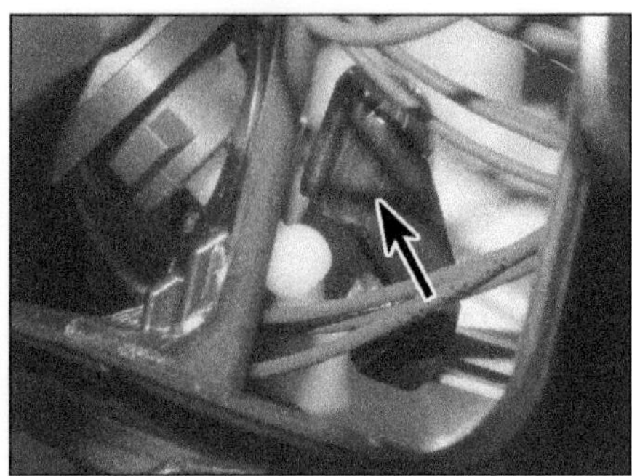

9.6 Fördjupning för lokalisering av kulleden (vid pilen)

10 Instrumentpanel – demontering och montering

Varning: Instrumentpanelen måste hållas upprätt så att inte silikonvätska läcker ut ur mätarna.

Försiktighet: Om instrumentpanelen byts måste de sparade inställningarna överföras till Fords felsökningssystem WDS och sedan till den nya enheten när denna monterats. Kontakta en auktoriserad Fordverkstad eller en annan specialist med lämplig utrustning.

Demontering

1 Lossa batteriets jordledning (minuspolen) (se kapitel 5A, avsnitt 1).

2 Sänk rattstångens låsspak och lossa fästklämmorna med en tunn spårskruvmejsel och ta bort rattstångens övre kåpa (kapitel 10, avsnitt 19).

3 Skruva loss de övre fästskruvarna från instrumentpanelens sarg och lossa den sedan från instrumentbrädan **(se bilder)**.

4 När sargen tas ut, ta loss det elektriska kontaktdonet från bagageutrymmets öppningsbrytare och färddatorn (i förekommande fall).

5 Skruva loss de fyra fästskruvarna från instrumentpanelen **(se bild)**.

6 Koppla ifrån multikontakterna från baksidan av instrumentpanelen när den tas bort från instrumentbrädan **(se bild)**.

Montering

7 Monteringen sker i omvänd ordningsföljd mot demonteringen.

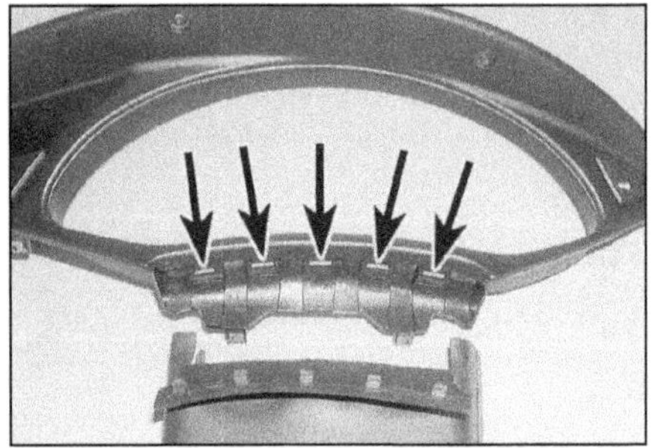

10.3a Rattstångens övre kåpa kläms fast i urtagen (vid pilarna) i instrumentpanelens sarg

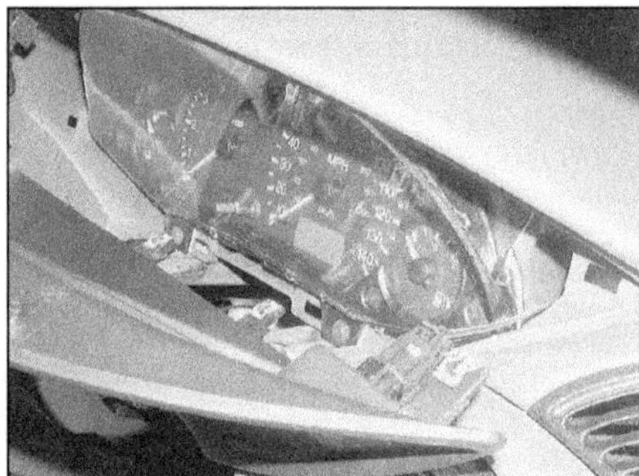

10.3b Lossa instrumentpanelens sarg

11 Instrumentpanelens delar – demontering och montering

Varning: Instrumentpanelen måste hållas upprätt så att inte silikonvätska läcker ut ur mätarna.

Instrumentpanelen får inte tas isär, eftersom inga delar till den fanns att köpa i skrivande stund. Om det är fel på en mätare, ta bort instrumentpanelen enligt beskrivningen i avsnitt 10, och ta med den till en auktoriserad Fordverkstad eller till en annan specialist med lämplig utrustning för felsökning. Om det är fel på en varningslampa eller en glödlampa till belysningen, ta bort lamphållaren genom att vrida den moturs och dra ut den ur instrumentenheten. Glödlampor med glassockel kan därefter dras ut ur hållaren.

12 Klocka – demontering och montering

Demontering

1 Lossa batteriets jordledning (minuspolen) (se kapitel 5A, avsnitt 1).

2 Ta bort bilradion/kassettspelaren enligt beskrivningen i avsnitt 22. Dra ut och ta bort askkoppen.

3 Lossa de fyra fästskruvarna från öppningen för bilradion/kassettspelaren och lossa sedan försiktigt värmereglagepanelen från dess tre fästklämmor i instrumentbrädan **(se bild)**.

4 Koppla ifrån multikontakterna från baksidan av reglagepanelen (om det behövs). Skruva loss de två fästskruvarna och ta bort klockan.

5 På vissa modeller kan glödlampan tas bort genom att man vrider den moturs. På andra modeller måste klockan tas med till en

10.5 Skruva loss instrumentpanelens fyra skruvar (vid pilarna)

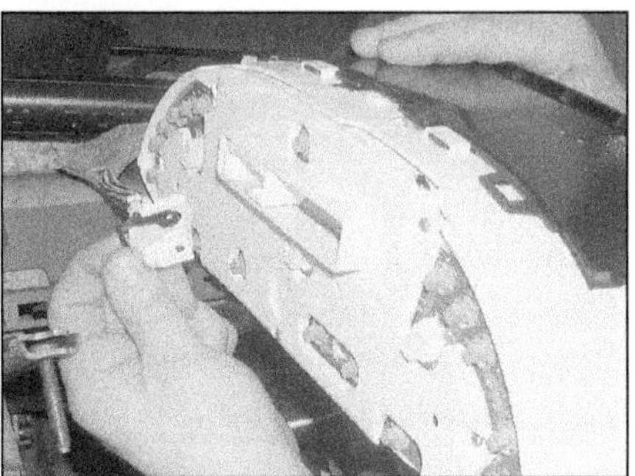

10.6 Koppla loss multikontakten från instrumentpanelen

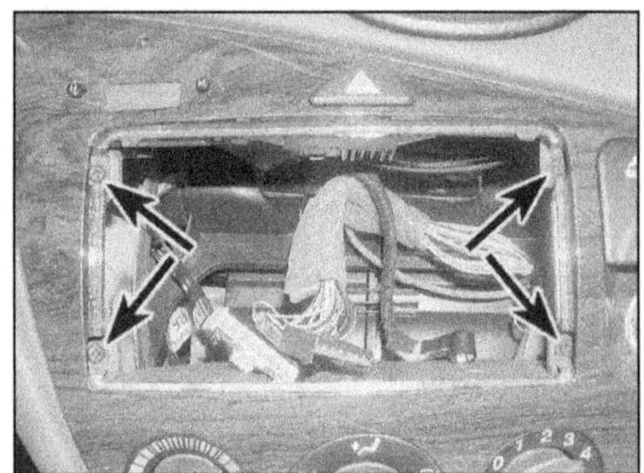

12.3 Skruva loss de fyra skruvarna (vid pilarna) och ta bort panelen

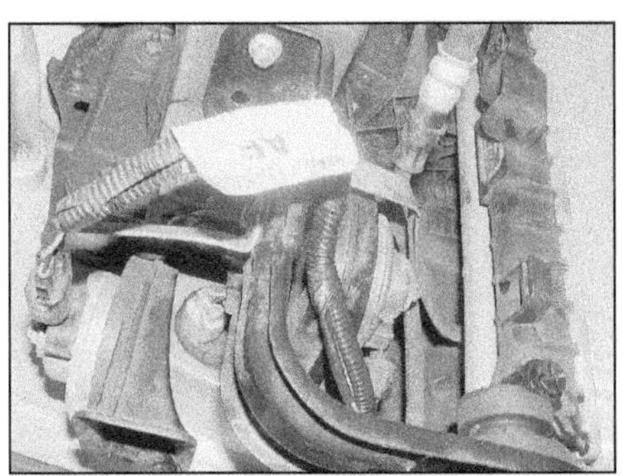
13.2a Signalhornen sitter bakom stötfångaren på vänster sida

auktoriserad Fordverkstad eller en specialist på bilelektronik för byte av glödlampa.

Montering

6 Monteringen sker i omvänd ordningsföljd mot demonteringen. Avsluta med att ställa klockan.

13 Signalhorn - demontering och montering

Observera: *På de flesta modeller finns två signalhorn.*

Demontering

1 Dra åt handbromsen, lyft upp framvagnen och ställ den på pallbockar.
2 Koppla ifrån de elektriska kontaktdonen från signalhornets anslutning **(se bilder)**.

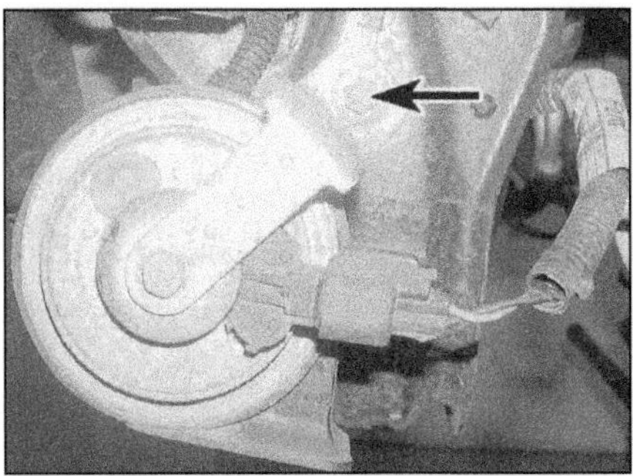
13.2b Koppla loss kontaktdonet och skruva loss bulten (vid pilen)

3 Skruva loss fästbultarna och ta bort signalhornet och fästbyglarna från bilens undersida.

Montering

4 Monteringen sker i omvänd ordningsföljd mot demonteringen. Dra åt signalhornets fästbultar till angivet moment. Se till att fästbyglarna är korrekt placerade.

14 Torkararmar - demontering och montering

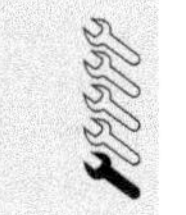

Demontering

1 Lossa batteriets jordledning (minuspolen) (se kapitel 5A, avsnitt 1).
2 Placera torkarna i "stoppläget" (d.v.s. i det normala viloläget), märk ut bladens läge på vindrutan med en krita eller maskeringstejp.
3 Öppna motorhuven (främre torkare), ta bort plastkåpan från nedre delen av torkararmen och lossa muttern ett eller två varv **(se bild)**.
4 Lyft torkararmen och lossa den försiktigt från gängtappen på spindeln genom att flytta den från sida till sida.
5 Ta bort muttern helt och ta bort torkararmen från spindeln **(se bild)**.

Montering

6 Monteringen sker i omvänd ordningsföljd mot demonteringen. Se till att armen monteras i det förut noterade läget innan du drar åt muttrarna till angivet moment.

15 Vindrutetorkarmotor och länksystem - demontering och montering

Demontering

1 Lossa batteriets jordledning (minuspolen) (se kapitel 5A, avsnitt 1).
2 Ta bort torkararmarna (avsnitt 14).
3 Bänd ut kåpan från mitten av filtrets åtkomstpanel, och skruva loss skruven under kåpan. Dra därefter försiktigt upp baksidan av panelen för att lossa de två skjutklämmorna **(se bilder)**.
4 Lossa det lilla stödet från torpedväggen och koppla ifrån torkarmotorns multikontakt **(se bild)**.
5 Skruva loss bultarna på baksidan av ventilkåpan och dra kåpan framåt så att du kan ta bort torkarmotorn/länksystemet **(se bild)**.

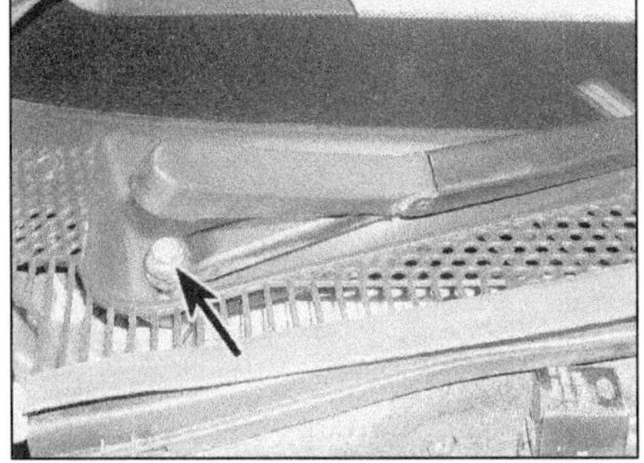
14.3 Lossa torkararmens fästmutter (vid pilen)

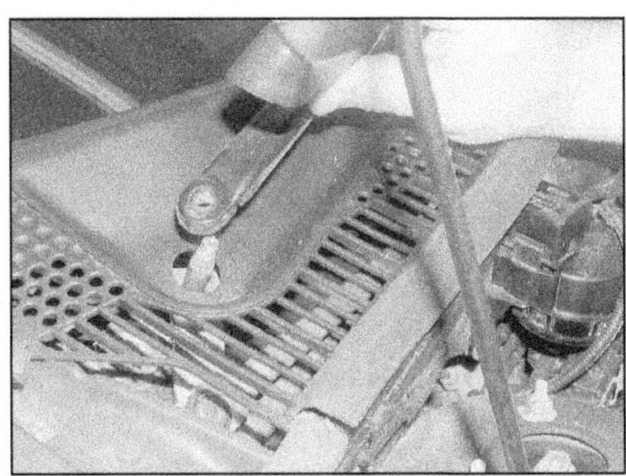
14.5 Skruva loss torkararmen från spindeln

15.3a Bänd loss kåpan och ta bort mittskruven . . .

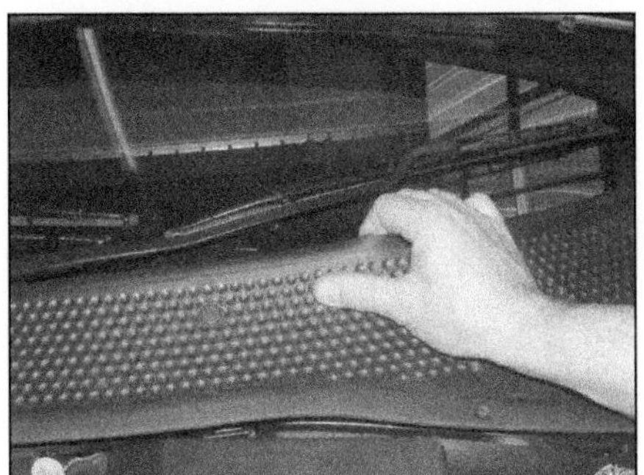
15.3b . . . och dra upp den bakre delen av panelen för att lossa de två klämmorna

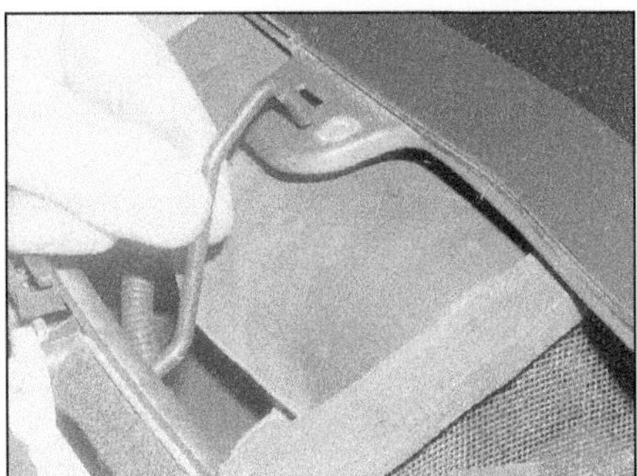
15.4 Lossa stödet och flytta det åt sidan

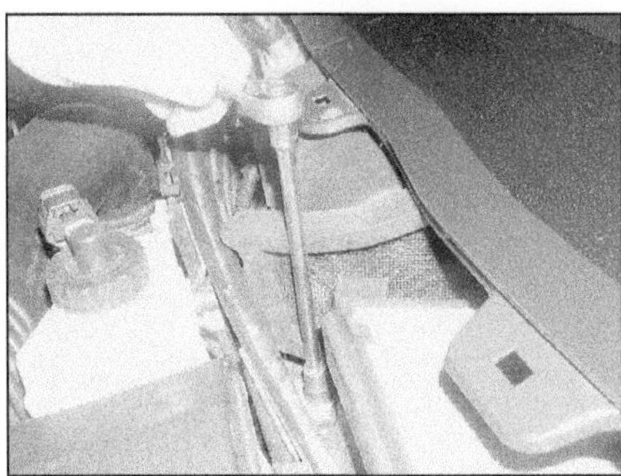
15.5 Skruva loss bultarna från ventilkåpan

15.6 Torkarmotorns/länksystemets fästbultar (vid pilarna)

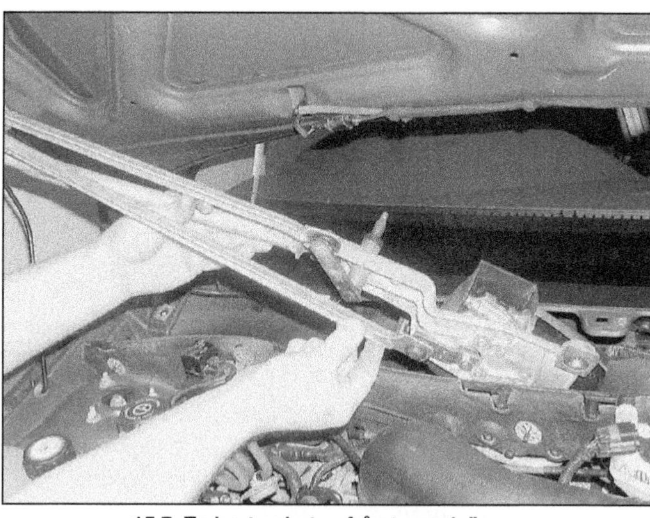
15.7 Ta bort enheten från torpedväggen

6 Skruva loss de tre fästbultarna som håller fast torkarmotorn och länksystemet vid torpedväggen **(se bild)**.

7 Ta bort hela torkarmotorn inklusive länksystemet från mellanväggen **(se bild)**.

8 Lossa kåpan från torkarmotorn och märk ut motorarmens läge på fästplattan. Skruva loss mittmuttern från torkarmotorns spindel **(se bilder)**.

9 Skruva loss de tre fästskruvarna och skilj motorn från fästplattan.

10 Om länksystemet måste tas bort, använd en tunn skruvmejsel för att bända isär kulan och hylsan **(se bild)**.

11 Torkararmarnas spindlar kan tas bort genom att man lossar låsringen och sedan lyfter bort spolaren och för bort spindeln från torkarens länksystem **(se bilder)**.

Montering

12 Monteringen sker i omvänd ordningsföljd mot demonteringen. Tänk på följande:

a) Dra åt torkarmotorns fästbultar till angivet moment.

b) Se till att torkarmotorn är i "stoppläget" innan du monterar motorarmen och kontrollera att torkarens länksystem är i linje med motorarmen.

*c) När du installerar torkarmotorn och länksystemet i torpedväggen, se till att gummigenomföringen sitter på plats för att hålla torkarmotorn på plats i torpedväggen **(se bild)**.*

*d) Använd en griptång för att trycka ihop kulan och hylsan ordentligt **(se bild)**.*

e) Använd fett för att smörja torkarens spindel och länksystem vid återmonteringen.

15.8a Lossa torkarmotorns kåpa . . .

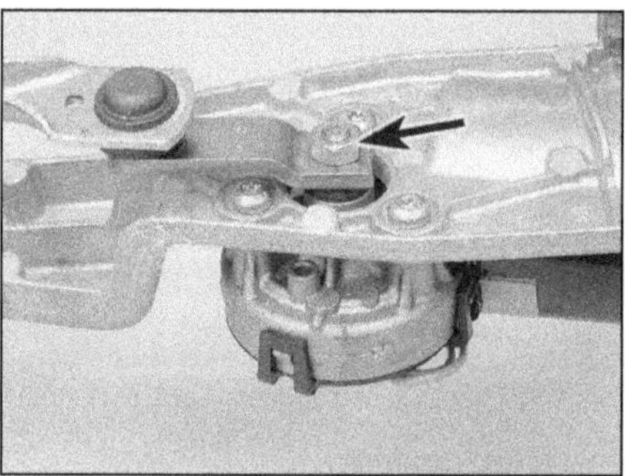
15.8b . . . och skruva loss muttern vid pilen (observera armens läge inför återmonteringen)

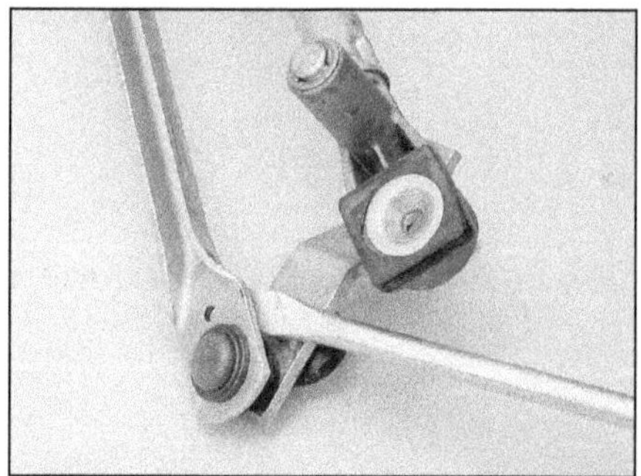
15.10 Lossa kulan och hylsan genom att försiktigt bända loss länksystemet

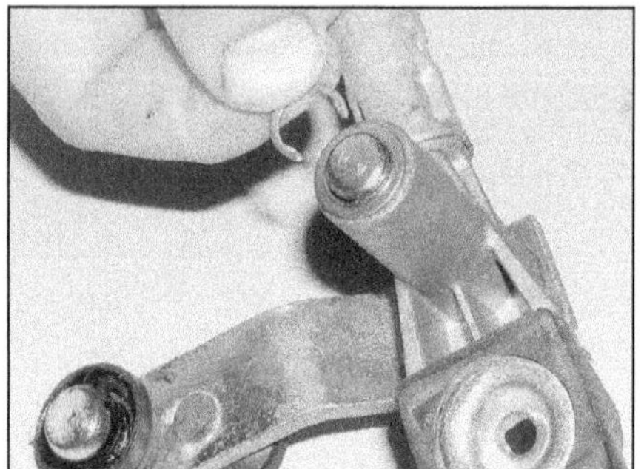
15.11a Lossa låsringen, ta bort spolaren . . .

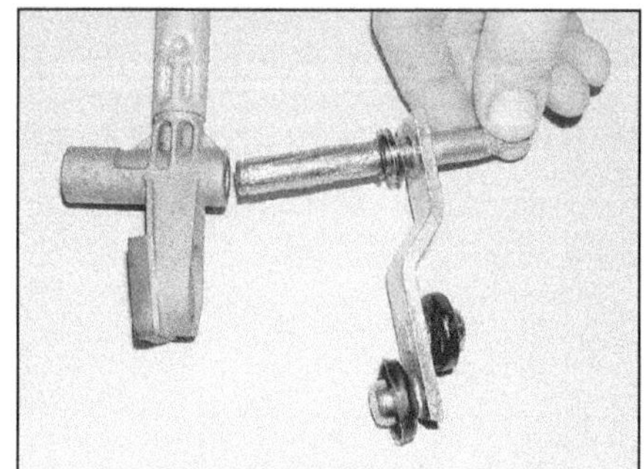
15.11b . . . och för bort spindeln från länksystemet

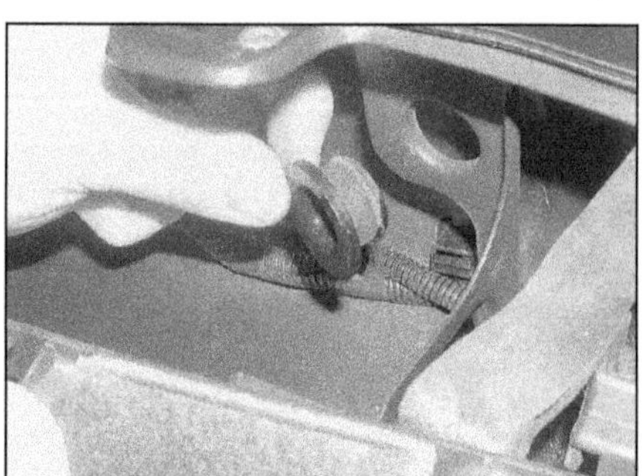
15.12a Se till att genomföringen är monterad i torpedväggen

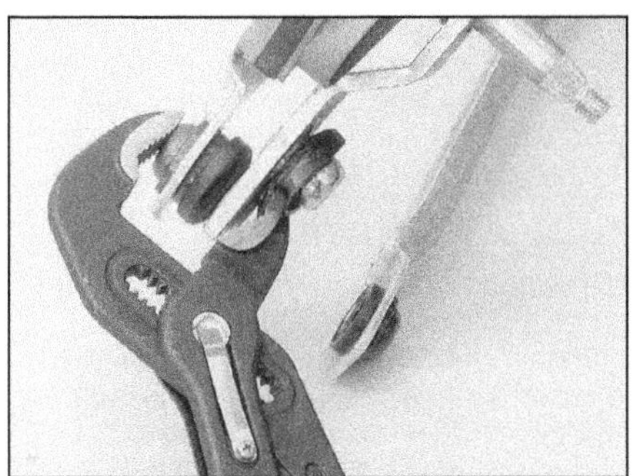

15.12b Tryck ihop kulan och hylsan ordentligt

16 Bakrutetorkarens motor – demontering och montering

Demontering

1 Lossa batteriets jordledning (minuspolen) (se kapitel 5A, avsnitt 1).

2 Ta bort bakrutans torkararm enligt beskrivningen i avsnitt 14.

3 Ta bort bakluckans inre klädselpanel genom att skruva loss fästskruvarna och därefter dra av panelen från fästklämmorna.

4 Lossa torkarmotorns multikontakt från fästklämman och koppla sedan loss den från motorn **(se bild)**.

5 Skruva loss fästbulten och koppla loss torkarmotorns jordledning **(se bild)**.

6 Skruva loss de tre fästbultarna och ta bort torkarmotorn från bakluckans insida **(se bild)**.

7 Skruva loss fästskruvarna för att ta bort fästplattan från motorn. Ta vid behov bort gummifästena och byt dem **(se bild)**.

8 Gummigenomföringen kan tas bort från bakrutan genom att man först drar ut plasthylsan och sedan drar ut genomföringen **(se bild)**.

Montering

9 Monteringen sker i omvänd ordningsföljd mot demonteringen. Se till att torkarmotorn är i "stoppläget" innan torkararmen monteras.

17 Färddator – demontering och montering

1 Färddator (Information and Message Centre, IMC) finns bara på vissa modeller och är inbyggd i instrumentpanelens sarg. Datorn har följande funktioner:

a) Medelhastighet.
b) Aktuell bränsleförbrukning.
c) Medelbränsleförbrukning.
d) Räckvidd till tom tank.
e) Omgivande temperatur.

Färddatorn tänder varningslampan när det finns för lite spolarvätska i spolarbehållaren och tänder även varningslampan för frost när temperaturen sjunker till + 4 °C.

16.4 Koppla loss torkarmotorns multikontakt

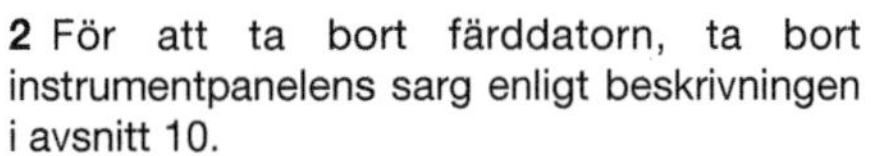

2 För att ta bort färddatorn, ta bort instrumentpanelens sarg enligt beskrivningen i avsnitt 10.

3 Koppla loss multikontakten från färddatorn och lossa sedan färddatorn från instrumentpanelens sarg.

Montering

4 Monteringen sker i omvänd ordningsföljd mot demonteringen.

18 Extra varningssystem – allmän information och byte av delar

1 Alla modeller har en central styrenhet (GEM) som sitter bakom fotpanelen i fotbrunnen på förarsidan. Denna modul styr alla tidsstyrda funktioner i bilen samt ljudsignalerna.

GEM:s standardfunktioner

a) Intervalltorkning, fram och bak.
b) Spolare och torkare för vind- och bakruta.
c) Uppvärmd vind- och bakruta.
d) Instegsbelysning.
e) Strömsparrelä.
f) Ljudsignal för glömda strålkastare.
g) Ljudsignal från färddatorn, stöldskyddsvarningssystem/dubbel låsenhet och krockkuddsmodul.

Extra funktioner för automatväxellåda

a) Bältesvarning.
b) Backlägesvarnare.
c) Startnyckelvarning.

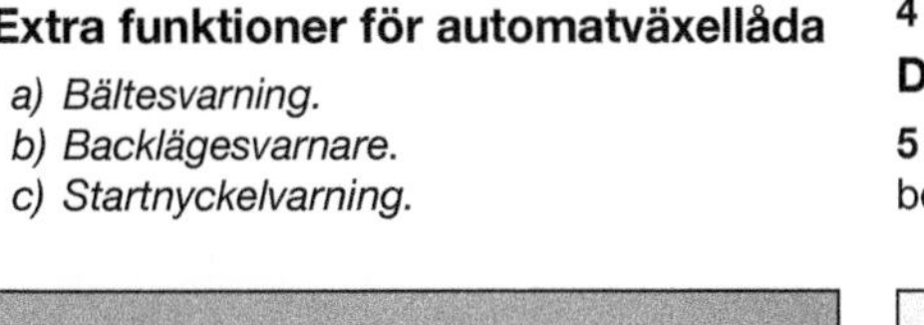

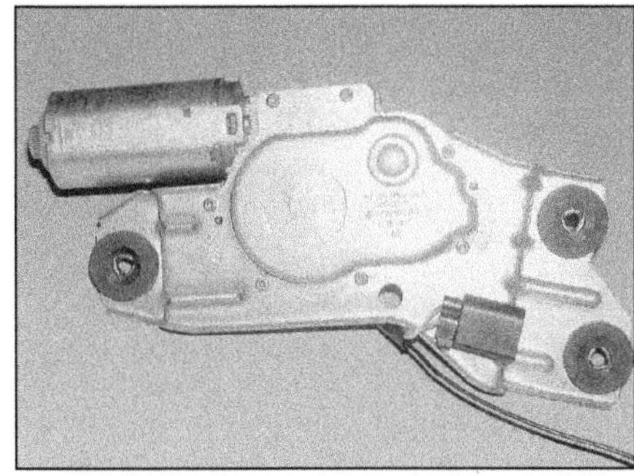

16.7 Torkarmotor. På bilden syns fästet, fästbygelns fästskruvar och gummifästena

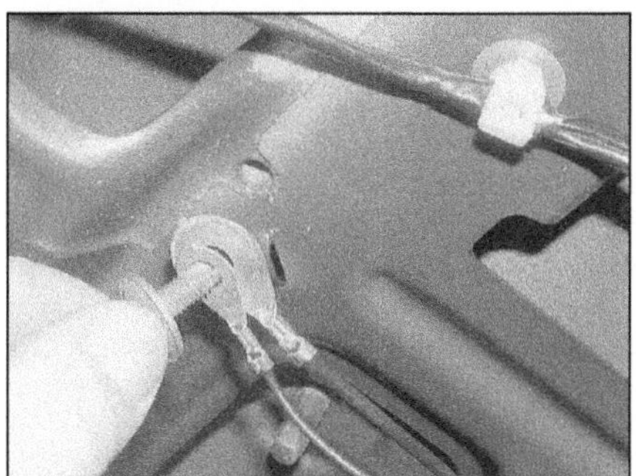

16.5 Lossa jordanslutningen genom att skruva loss bulten

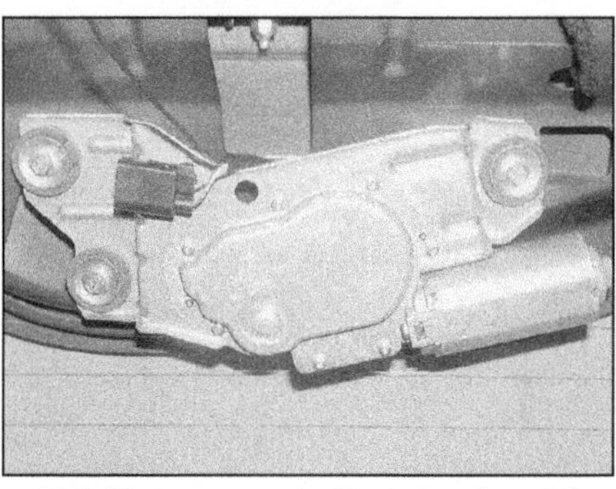

16.6 Torkarmotorns fästbultar (kombi)

d) Växelväljaren inte i läge P.

2 Några modeller är utrustade med ett extra varningssystem som är inbyggt i färddatorn (se avsnitt 17). Detta har en varningslampa för spolarvätskebehållarnivå och även en varningslampa för frost.

Byte av komponenter

3 Följande punkter beskriver kortfattat metoderna för det extra varningssystemets delar. Lossa batteriets jordledning (minuspolen) innan du påbörjar ett arbete (se kapitel 5A, avsnitt 1). Återmonteringen sker i omvänd ordningsföljd mot demonteringen.

Central styrenhet (GEM)

4 Se avsnitt 3 i detta kapitel.

Displayenhet

5 Ta bort instrumentpanelens sarg enligt beskrivningen i avsnitt 10.

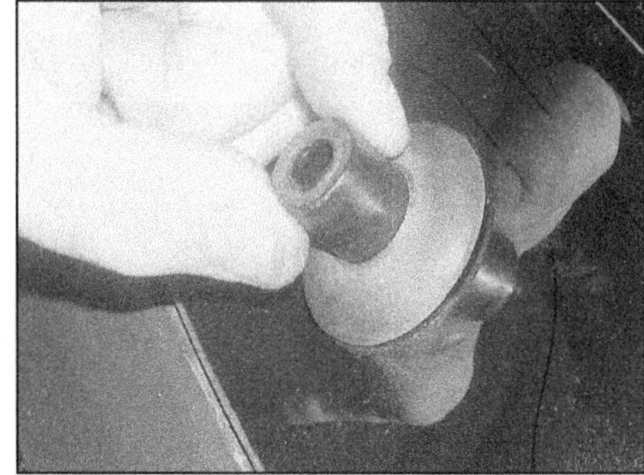

16.8 Dra ut plasthylsan och ta sedan bort gummigenomföringen

6 Koppla loss multikontakten från färddatorn och lossa sedan färddatorn från instrumentpanelens sarg.

Givare för varning för låg lufttemperatur

Observera: *Givarens placering kan variera beroende på årsmodell (främre stötfångaren och sidobackspegeln är vanligast).*

7 Om givaren är monterad i den främre stötfångaren, ta bort stötfångaren enligt beskrivningen i kapitel 11, avsnitt 6.

8 Lossa givarenheten från stötfångaren och koppla ifrån multikontakten.

9 Om den är monterad i sidobackspegeln, ta bort spegeln enligt beskrivningen i kapitel 11, avsnitt 15.

Kontakt för låg spolarvätskenivå

10 Ta bort spolarbehållaren enligt beskrivningen i avsnitt 21.

11 Koppla ifrån multikontakten från spolarvätskebehållaren.

12 Bänd loss kontakten från behållaren med en skruvmejsel.

13 När kontakten har återmonterats, fyll på vätskebehållaren enligt *Veckokontroller*.

19 Stöldskyddssystem - allmän information

1 Som extrautrustning kan alla modeller förses med ett aktivt stöldskyddssystem som skyddar alla dörrar, inklusive motorhuven och baklucka. Det aktiveras när bilen är låst, antingen med nyckel eller med fjärrkontroll. När larmet har aktiverats låter signalhornet i 30 sekunder och blinkerslamporna är aktiva i fem minuter. Systemet övergår sedan till "beredskapsläget" så att det aktiveras igen om ett inbrott sker.

2 Alla modeller har ett passivt stöldskyddssystem (eller "PATS"), som är helt passivt när det är igång och inte behöver aktiveras eller avaktiveras. PATS-kretsen är skild från larmet vilket gör att bilen inte går att starta även om larmet inte är igång. Denna funktion är integrerad i motorstyrningens ECU för att hindra bilen från att starta.

3 PATS-systemets sändaremottagare sitter runt tändningslåset **(se bild)** och läser av koden från ett mikrochip i startnyckeln för att aktivera eller inaktivera systemet. Detta betyder att nya nycklar eller extranycklar måste erhållas från en auktoriserad Fordmekaniker. Om du bara kopierar nyckeln och inte får med ett mikrochip kan du inte avaktivera immobilisersystemet. Om koden är felaktig eller om ingen kod läses av hindrar ECU:n motorn från att starta.

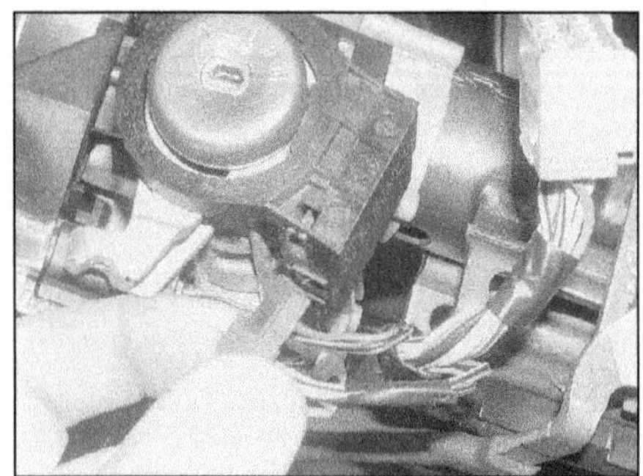

19.3 Sändaremottagarens kontaktdon

4 Bilradion/kassettspelaren är integrerad i larmsystemet. Om man försöker ta bort enheten när larmet är aktivt går larmet igång.

5 Systemets rörelsesensorer består i förekommande fall av två ultraljudsenheter med sändare och mottagare som sitter i B-stolparna. Mottagarna kontrollerar att ekofrekvenser stämmer med originalfrekvensen. Vid betydande skillnad startar systemet larmet.

6 Om bakluckan öppnas med nyckel eller fjärrkontroll startar inte larmet, tack vare en spärrbrytare som sitter under låset. Denna hindrar larmsystemet från att sättas igång tills bakluckan stängs igen.

7 Fjärrkontrollen för dörrlåsning styrs med en radiosignal och kan användas från cirka 10 meter. Kontrollen har tre knappar och beroende på i vilken ordning knapparna trycks ner kan man låsa eller låsa upp dörrarna, aktivera larmet samt låsa eller låsa upp bakluckan.

8 Larmsystemet (i förekommande fall) har ett eget signalhorn. På kombikupé- och sedanmodeller sitter det till vänster i bagageutrymmet. På kombimodeller sitter det till höger i bagageutrymmet.

20 Farthållare - allmän information och byte av delar

1 Farthållare finns som tillval på vissa modeller.

2 Systemet aktiveras vid hastigheter över 50 km/tim och innefattar:

a) Elektronisk fartkontrollservo.
b) Förarstyrda reglage.
c) Farthållarvajer.
d) Kontakter för broms- och kopplingspedal.
e) Fordonets hastighetsgivare.

3 De förarstyrda reglagen sitter på ratten och gör att föraren kan kontrollera de olika funktionerna.

4 Hastighetsgivaren sitter på växellådan och genererar pulser som matas till hastighetsstyrenheten.

5 Bromsljuskontakten, bromspedalkontakten och (i förekommande fall) kopplingspedalkontakten används för att avaktivera farthållaren. Bromsljuskontakten aktiveras när bromspedalen trycks ner mjukt och bromspedalkontakten aktiveras när bromspedalen trycks ner med kraft.

6 En indikatorlampa tänds på instrumentpanelen när systemet är igång.

7 Följande punkter beskriver kortfattat demonteringen av farthållarens delar. Lossa batteriets jordledning (minuspolen) innan du påbörjar ett arbete (se kapitel 5A, avsnitt 1). Montering utförs i omvänd ordningsföljd.

Reglage på ratten

8 Ta bort krockkuddenheten från ratten enligt beskrivningen i avsnitt 26.

9 Koppla ifrån anslutningskontakterna. Observera var alla kontakter sitter och hur kablagen är dragna inför monteringen.

10 Ta bort de två skruvarna som på vardera sidan håller fast reglagen och ta om det behövs bort dem från ratten.

Kontakter på broms- och kopplingspedalerna

11 Skruva loss de fyra fästskruvarna och bänd ut fästklämman för att ta bort instrumentbrädans nedre panel på förarsidan.

12 Koppla ifrån kontaktdonen från kopplingspedalkontakten, bromspedalkontakten och bromsljuskontakten.

13 För att ta bort koppling- och bromspedalkontakterna, lossa dem från pedalstället genom att vrida dem.

14 Montera i omvänd ordningsföljd mot demonteringen. För att bromspedalkontakten ska fungera korrekt, återställ den genom att dra ut dess tryckkolv helt. Tryck ner pedalen och håll den nedtryckt, kläm kontakten ordentligt i läge och släpp sedan pedalen långsamt tills den är helt uppsläppt. På detta sätt ställs kontaktens läge in automatiskt.

Farthållarens ställdon

15 Skruva loss de två fästklämmorna och ta bort luftintagsröret mellan luftrenaren och gasspjällshuset.

16 Koppla ifrån ställdonets vajer från gasspjällets länksystem på gasspjällshuset genom att lossa vajerns ändbeslag från segmentet och lossa vajerhöljet från fästbygeln.

17 Koppla ifrån ställdonets multikontakt, skruva sedan loss ställdonets fästbultar och ta bort ställdonet från torpedväggen.

18 Ta bort de fyra fästbultarna för att ta bort ställdonet från fästbygeln.

19 Tryck ner låsarmen för ställdonsvajerns stopp och ta bort stoppet genom att vrida det moturs.

20 Höj försiktigt vajerns fästtapp maximalt 0,5 mm och tryck ut vajerns ände ur urtaget i remskivan.

21 Vid återmonteringen, se till att vajerns ände låses i urtaget i remskivan.

22 För att styra in vajerstoppet i ställdonets remskiva, håll vajern spänd och i remskivans spår och dra i vajeränden mot gasspjällets länksystem för att dra vajerstoppet på remskivan.

23 När du ska återmontera vajerstoppet, håll vajern spänd och remskivan stilla och sätt sedan tillbaka vajerstoppet i ställdonets urtag. Vrid stoppet medurs tills låsarmen är i låst läge. **Observera:** *Felaktig montering*

av vajern på remskivan kan leda till för högt tomgångsvarvtal. Kontrollera att gasspjällets arm är i tomgångsläget efter återmonteringen av ställdonet.

21 Vindrute-/bakrutespolarens delar – demontering och montering

Demontering

Spolarbehållare och pump

1 Öppna motorhuven och ta bort fästbulten från spolarens påfyllningsrör **(se bild)**. Lossa påfyllningsröret från spolarbehållaren genom att dra det uppåt.

2 Dra åt handbromsen och lossa sedan det vänstra framhjulets muttrar. Lyft upp framvagnen med domkraft och ställ den på pallbockar. Ta bort framhjulet.

3 Skruva loss fästskruvarna och lossa hjulhusets innerskärm så mycket som behövs för att komma åt behållaren.

4 Skruva loss fästbultarna och för behållaren framåt för att lossa den från den inre skärmpanelen **(se bilder)**.

5 Koppla ifrån spolarslangen och kontaktdonen från spolarpumpen när behållaren tas bort **(se bild)**. (Var beredd på att det kommer att läcka ut vätska. Placera ett uppsamlingskärl nedanför behållaren.)

6 Dra vindrutespolarpumpen och (i förekommande fall) strålkastarspolarpumpen från behållaren **(se bild)**.

7 Ta bort gummitätningen och filtret. Rengör och sök efter skador **(se bild)**.

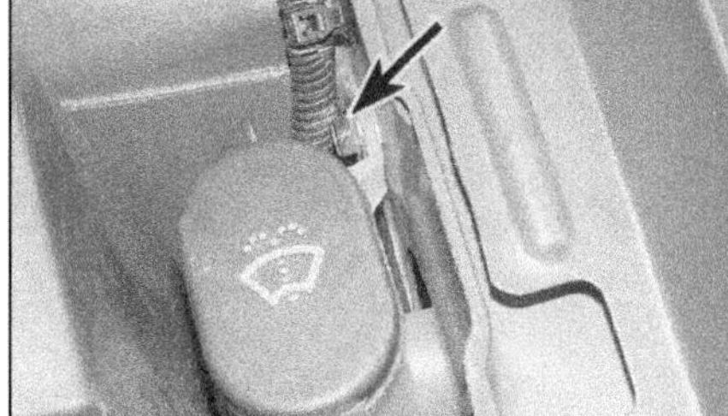

21.1 Påfyllningsrörets fästbult (vid pilen)

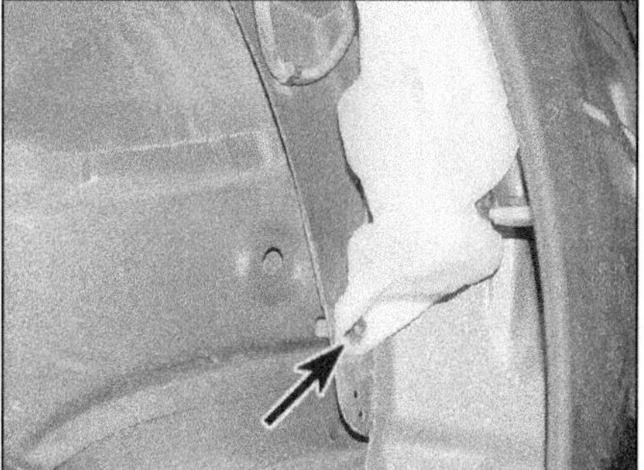

21.4a Skruva loss fästbultarna (pilen visar den nedre bulten) . . .

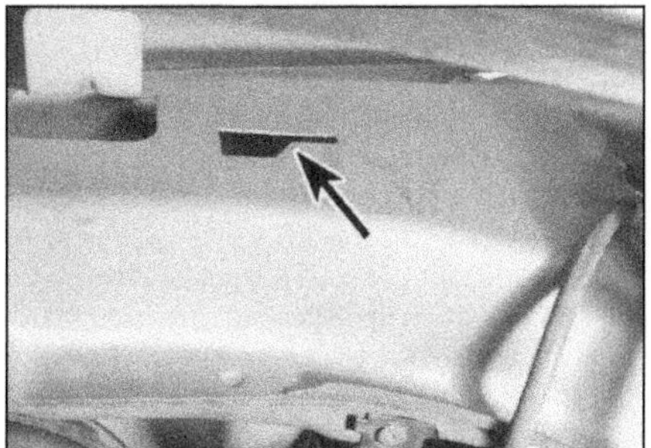

21.4b . . . och för ut behållaren) ur urtaget i innerskärmen (vid pilen)

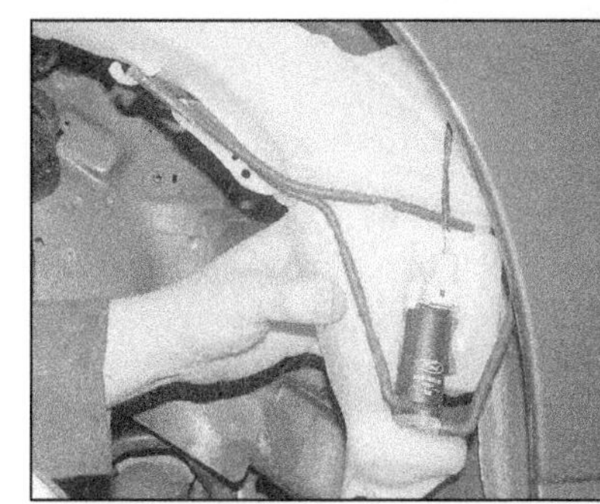

21.5 Koppla loss spolarslangarna och kablaget från spolarpumpen

Spolarmunstycke (vindruta)

8 Med motorhuven uppfälld, koppla försiktigt loss spolarslangen från munstyckets nederdel.

9 Koppla om det behövs ifrån kablaget från munstyckets värmeenhet. Bänd sedan ut munstycket från motorhuven. Var försiktig så att inte lacken skadas **(se bilder)**.

Spolarmunstycke (bakruta)

10 På kombikupé- och kombimodeller, skruva loss de två fästskruvarna och ta bort det övre bromsljuset **(se bild)**.

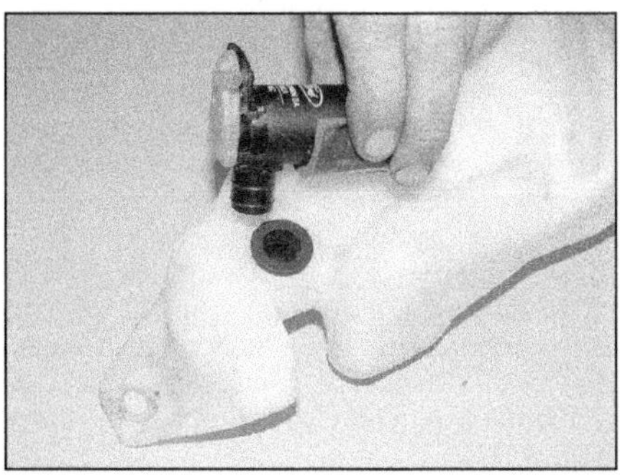

21.6 Dra ut spolarpumpen

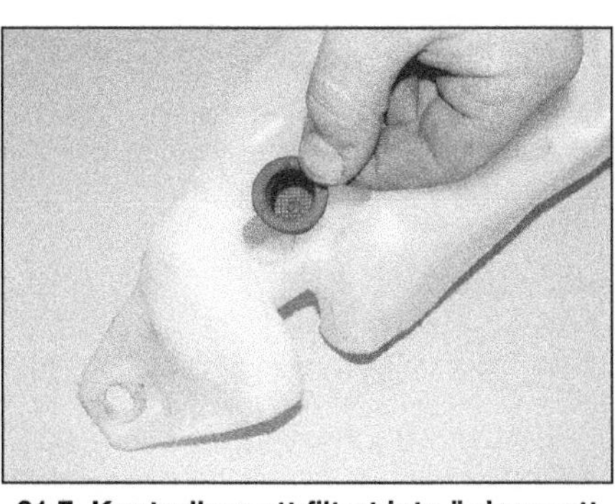

21.7 Kontrollera att filtret inte är igensatt

21.9a Koppla loss kontaktdonet för munstyckets värmeenhet . . .

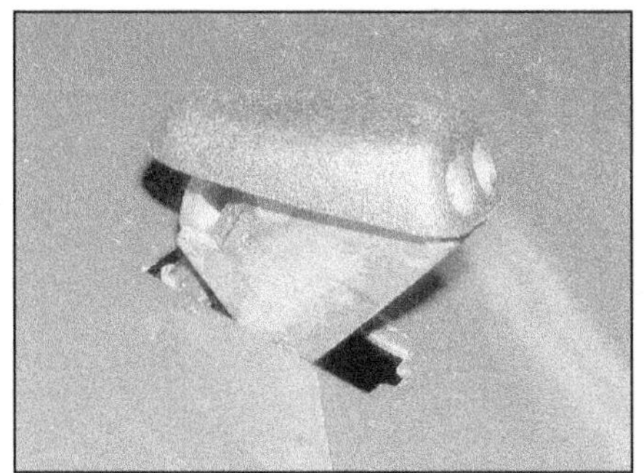

21.9b . . . och bänd sedan försiktigt loss munstycket från motorhuven

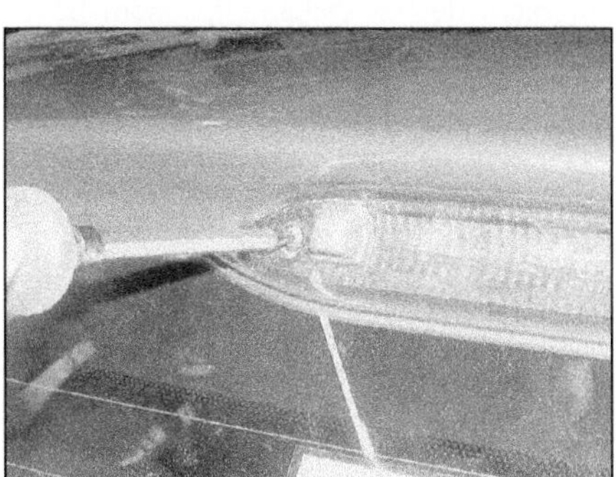

21.10 Skruva loss fästskruvarna från det övre bromsljuset

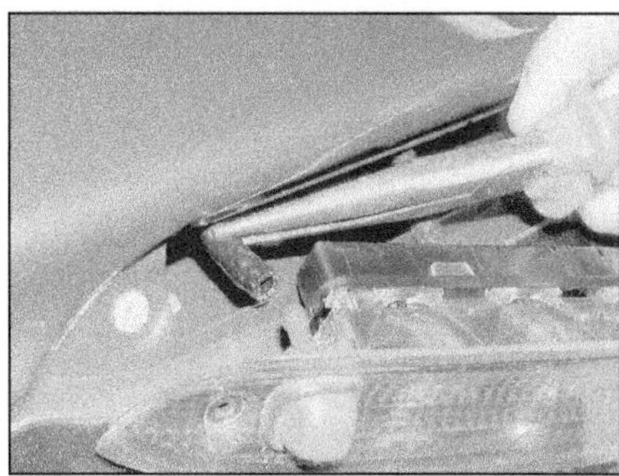

21.11 Dra bort spolarslangen från spolarmunstycket

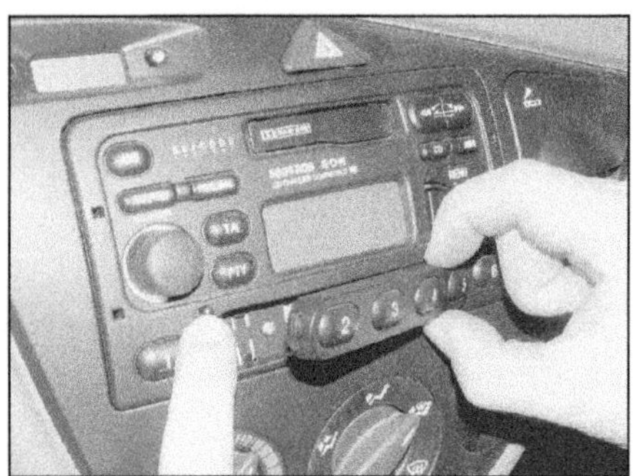

22.1 Lossa infattningen genom att trycka på låsknappen

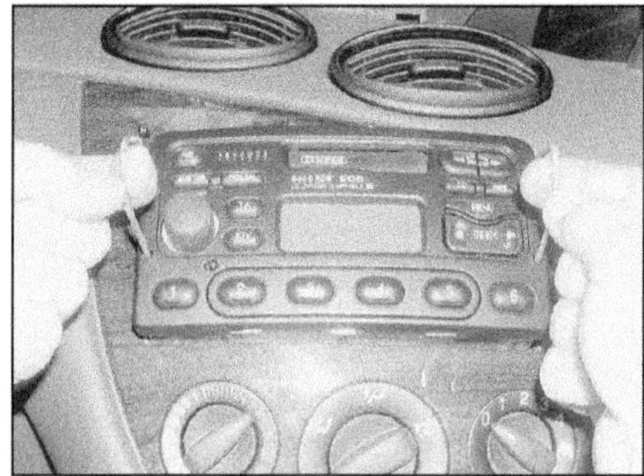

22.6 Använd U-formade verktyg för att ta bort radion

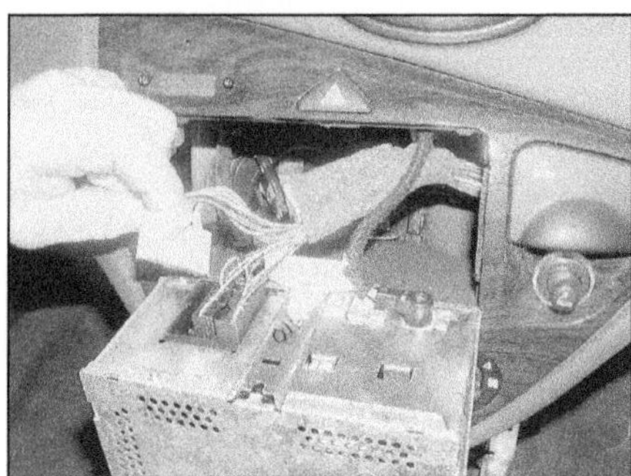

22.7 Koppla loss multikontakterna och antennsladden

11 Dra bort spolarslangen från munstycket **(se bild på föregående sida)**. (Fråga en auktoriserad Fordreparatör om spolarmunstycket kan köpas separat från bakljusets glas.)

Strålkastarspolarmunstycke

12 Använd en liten tunn skruvmejsel för att försiktigt bända ut munstycket från stötfångaren.

13 Lossa fästklämman och dra ut munstycket från slangen.

14 Om det behövs kan hela munstycksenheten tas bort, om den främre stötfångaren har tagits bort enligt beskrivningen i kapitel 11.

Montering

15 Monteringen sker i omvänd ordningsföljd mot demonteringen. Tänk på följande:

a) Vindrutans spolarmunstycken monterar du genom att trycka på dem ordentligt tills de är helt inne.

b) När du har monterat strålkastarspolarmunstyckena, montera den främre stötfångaren enligt beskrivningen i kapitel 11.

22 Radio/kassettspelare (ljudanläggning) - demontering och montering

Observera: *Specialverktyg krävs för att ta bort ljudanläggningen.*

23.5 Tre fästskruvar på varje sida (vid pilarna)

1 Ett stöldskyddssystem för Ford Keycode finns i ljudanläggningen. Om enheten och/eller batteriet kopplas ifrån fungerar inte ljudanläggningen vid återanslutningen förrän korrekt säkerhetskod har matats in. Mer detaljer finns i Fords användarhandbok för ljudanläggningar som levereras med nya bilar. Koden finns i ett "radiopass" och/eller på en Keycode-etikett. Enheterna har en löstagbar front som kan tas bort när bilen inte används **(se bild)**. Med ljudanläggningen RDS/EON kan man även registrera bilen eller chassinumret (VIN) i minnet.

2 Av uppenbara skäl beskrivs inte metoden för omkodning i den här handboken. Om du inte har tillgång till koden eller korrekt arbetsmetod, men har bevis på att du äger bilen och radion och dessutom ett giltigt skäl till att du behöver informationen, kan en återförsäljare hjälpa dig.

3 Observera att man bara har tio försök på sig att mata in rätt kod. Ytterligare försök gör enheten obrukbar tills den har programmerats om av Ford. Först kan man göra tre försök. Om alla tre misslyckas måste man vänta 30 minuter innan man försöker igen. Mellan varje ytterligare försök (maximalt 10) måste man vänta lika länge.

Demontering

4 Koppla loss minusledningen (jord).

5 För att lossa ljudanläggningens fästklämmor måste de U-formade verktygen föras in i särskilda hål på vardera sidan om enheten. Om möjligt bör man införskaffa specialverktyg från en specialist på ljudanläggningar, eftersom de har utskärningar som passar perfekt i klämmorna så att enheten kan dras ut.

6 Tryck försiktigt ut de U-formade verktygen när ljudanläggningen tas bort **(se bild)**. Dra ut enheten rakt ut från dess öppning, annars kan den fastna.

7 När ljudanläggningen är borttagen, koppla ifrån matnings-, jord-, antenn- och högtalarledningarna **(se bild)**. Koppla i förekommande fall loss och ta bort stödfästet av plast från baksidan av enheten.

Montering

8 Monteringen sker i omvänd ordningsföljd mot demonteringen. Anslut ledningarna till enhetens baksida och tryck den i läge tills du känner att fästklämmorna hakar i. Återaktivera enheten genom att mata in koden enligt tillverkarens instruktioner.

23 CD-växlare - demontering och montering

Observera: *Ford 6000 RDS/EON är en bilradio och enkel CD-spelare. Den kan tas bort enligt beskrivningen i avsnitt 22.*

1 En CD-växlare finns som tillval och är kompatibel med bilradion/kassettspelaren Ford RDS/EON. Denna CD-växlare sitter under passagerarsätet fram och kan växla mellan sex CD-skivor.

Demontering

2 Lossa batteriets jordledning (minuspolen) innan du påbörjar arbetet.

3 CD-växlaren sitter i ett fäste under det främre passagerarsätet.

Varning: Om sätet är utrustat med krockkuddar, läs varningarna i avsnitt 26 i detta kapitel före demonteringen.

4 Ta bort det främre passagerarsätet enligt beskrivningen i kapitel 11, avsnitt 26.

5 Ta bort enhetens fästskruvar (tre på varje sida) och koppla ifrån anslutningskontakten **(se bild)**. För ut spelaren ur fästena under sittdynan och ta bort den från bilen.

Montering

6 Monteringen sker i omvänd ordningsföljd mot demonteringen.

24 Högtalare - demontering och montering

Demontering

1 Ta bort fram- eller bakdörrens klädselpanel enligt beskrivningen i kapitel 11. **Observera:** *Vissa modeller är utrustade med högtalare bakom den bakre hörnklädselpanelen (se kapitel 11, avsnitt 28).*

2 Skruva loss de fyra krysskruvarna och ta

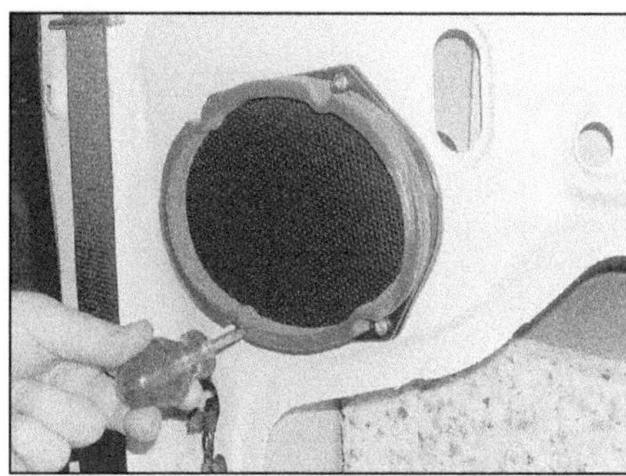

24.2 Bakre högtalare på 3-dörrars modeller

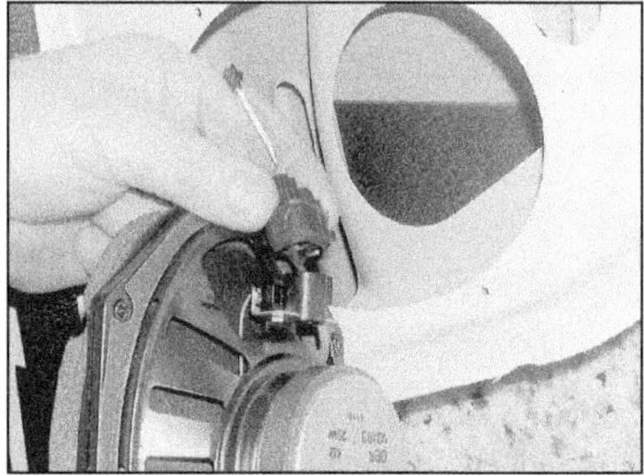

24.3 Koppla loss högtalarens kontaktdon

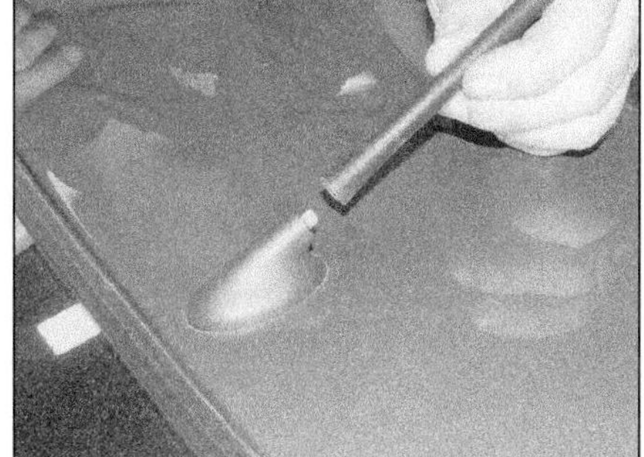

25.1 Skruva loss antennsprötet från foten

bort högtalaren från den inre panelen **(se bild)**.

3 Koppla ifrån kontaktdonet vid demonteringen av högtalaren **(se bild)**.

Montering

4 Monteringen sker i omvänd ordningsföljd mot demonteringen.

25 Radioantenn - demontering och montering

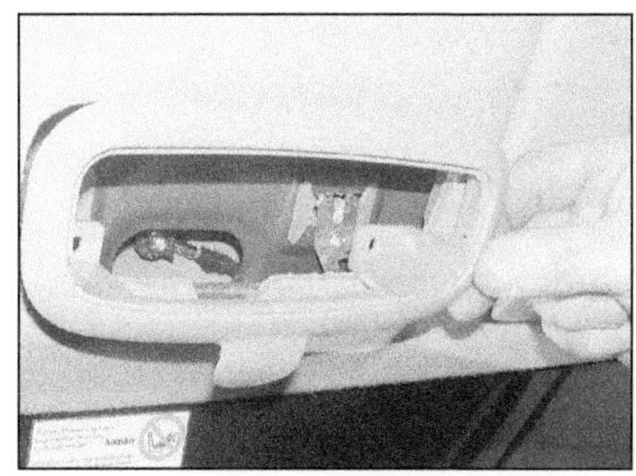

25.2 Ta bort innerbelysningens sarg

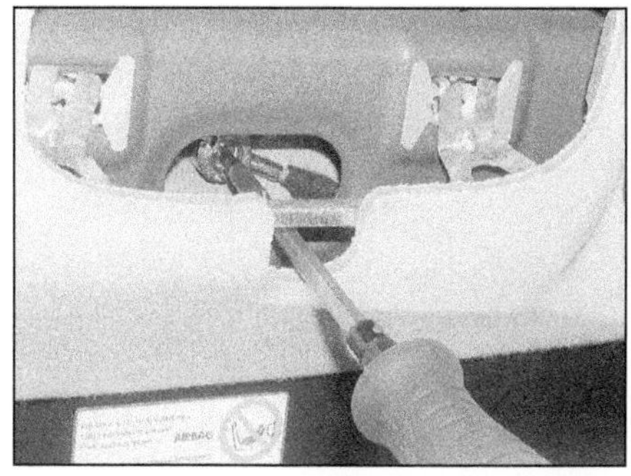

25.3 Skruva loss antennens fästskruv

Demontering

1 Om endast antennsprötet ska demonteras, kan detta göras genom att den skruvas loss från foten utifrån **(se bild)**.

2 För att ta bort antennfoten, bänd ut innerbelysningen och ta bort de två fästskruvarna från belysningens sarg **(se bild)**.

3 Skruva loss fästskruven från antennfoten **(se bild)**, koppla ifrån antennsladden och ta bort foten och packningen utifrån.

Montering

4 Monteringen sker i omvänd ordningsföljd mot demonteringen.

26 Krockkuddar - demontering och montering

Varning: Handskas mycket försiktigt med krockkuddarna på grund av olycksrisken. Håll dem alltid med kåpan bort från kroppen. Om du är tveksam inför ett arbetsmoment som innefattar krockkuddarna eller deras styrkrets, kontakta en auktoriserad Fordmekaniker eller någon annan kvalificerad specialist.

Varning: Placera krockkuddarna stående på en säker plats med kåpan överst. Utsätt dem inte för värmekällor eller temperaturer högre än 100 °C.

Varning: Försök inte öppna eller reparera krockkuddarna eller koppla dem till elektrisk ström. Använd aldrig krockkuddar med synliga skador eller krockkuddar som någon har mixtrat med.

Förarsidans krockkudde

1 Lossa batteriets jordledning (minuspolen) (se kapitel 5A, avsnitt 1).

Varning: Innan du fortsätter, vänta minst fem minuter så att inte krockkudden löser ut oavsiktligt. Denna tidsperiod gör att all energi som är lagrad i nödkondensatorn förbrukas.

2 Vrid ratten så att en av krockkuddens fästbulthål (i baksidan av rattens nav) syns över rattstångens övre kåpa.

3 Skruva loss den första fästbulten **(se bild)**, vrid sedan ratten 180° och ta bort den återstående fästbulten.

4 Ta försiktigt bort krockkudden från ratten så långt att du kan koppla ifrån kablagets multikontakt och ta sedan bort den från bilens insida **(se bild)**. Placera så snart som möjligt krockkudden på en säker plats med kåpan överst.

5 Monteringen sker i omvänd ordningsföljd mot demonteringen. Dra åt fästbultarna till angivet moment.

Passagerarsidans krockkudde

6 Lossa batteriets jordledning (minuspolen) (se kapitel 5A, avsnitt 1).

Varning: Innan du fortsätter, vänta minst fem minuter, så att inte krockkudden löser ut oavsiktligt. Denna tidsperiod gör att all energi som är lagrad i nödkondensatorn förbrukas.

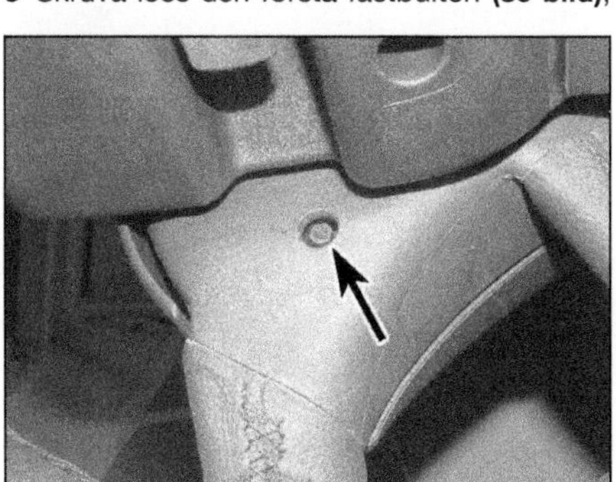

26.3 Vrid ratten för att komma åt krockkuddens fästskruvar (vid pilen)

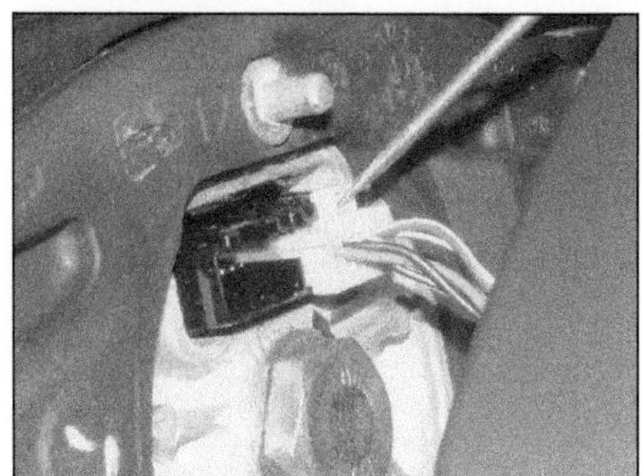

26.4 Koppla loss krockkuddens multikontakt(er)

26.7a Arbeta runt klädseln och lossa den från instrumentbrädan . . .

26.7b . . . och vik kåpan mot vindrutan för att komma åt krockkudden

26.8 Skruva loss de fyra fästbultarna (vid pilarna)

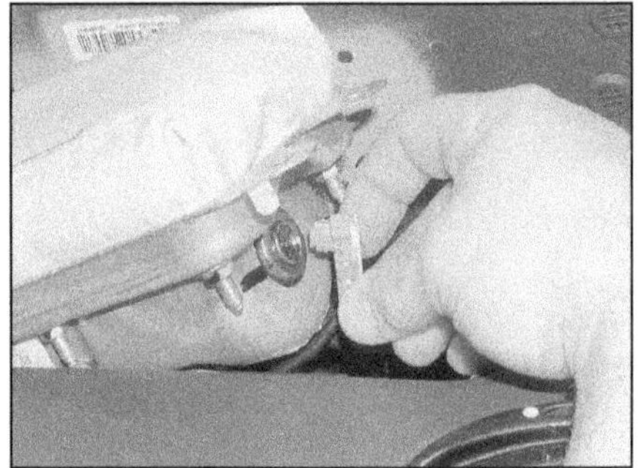
26.9a Koppla loss anslutningskontakten. . .

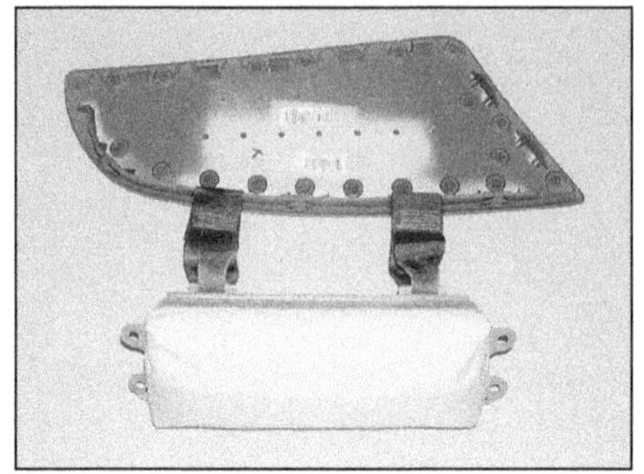
26.9b . . . och ta bort hela krockkudden inklusive kåpan

Modeller t.o.m. 07/2002

7 Använd ett platt bladverktyg för att lossa klämmorna på krockkuddsmodulens klädselkåpa. Börja vid ytterkanten och arbeta runt klädseln. Lossa kåpan försiktigt från instrumentbrädan och vik upp den mot vindrutan **(se bilder)**.

8 Ta bort krockkuddsmodulens fyra fästbultar och ta bort enheten från instrumentbrädan **(se bild)**.

9 Koppla ifrån kablagets multikontakt från krockkuddsenheten när den blir synlig. Du kan behöva en långarmad tång för att lossa kontaktdonet **(se bilder)**.

Modeller fr.o.m. 08/2002

10 Ta bort handskfacket på passagerarsidan enligt beskrivningen i kapitel 11.

11 Lossa fästklämman och ta bort kanalen som går från värmeenheten till instrumentbrädans sidoluftmunstycke och koppla sedan loss vindrutans avimningskanal från värmeenheten **(se bilder)**.

12 Ta bort fästbultarna från passagerarkrockkuddens klädselkåpa **(se bild)**.

13 Använd ett platt bladverktyg för att lossa klämmorna på krockkuddsmodulens klädselkåpa. Börja vid ytterkanten och arbeta runt kåpan. Ta försiktigt bort klädseln från instrumentbrädan och lyft sedan den yttre kanten och tippa kåpan mot vindrutan och ta bort den.

14 Ta bort krockkuddsmodulens fyra fästskruvar och ta bort enheten från instrumentbrädan **(se bild 26.8)**.

15 Koppla loss kontaktdonen vid krockkuddens ändar när de blir synliga. Man kan behöva en långarmad tång för att ta bort kontaktdonen.

Alla modeller

16 Monteringen sker i omvänd ordningsföljd mot demonteringen. Dra åt fästbultarna till angivet moment.

Sidokrockkudde

17 Sidokrockkuddsenheterna är inbyggda i framsätena och demonteringen kräver att stolens tygklädsel tas av. Detta arbete bör utföras av en auktoriserad Fordmekaniker.

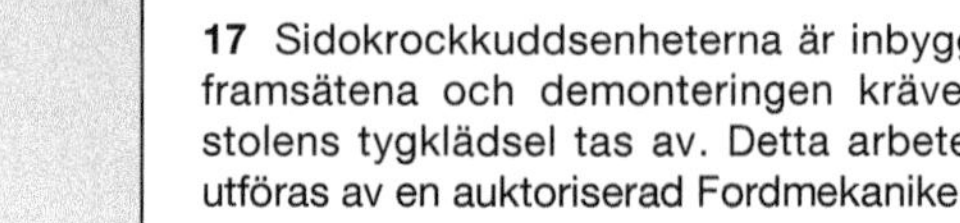

27 Krockkuddarnas styrenhet och krockgivare – demontering och montering

Demontering

1 Lossa batteriets jordledning (minuspolen) (se kapitel 5A, avsnitt 1).

Varning: Innan du fortsätter, vänta minst fem minuter, så att inte krockkuddsenheten löser ut oavsiktligt. Denna tidsperiod gör att all energi som är lagrad i nödkondensatorn förbrukas.

Krockkuddarnas styrenhet

Observera: *Om styrenheten har bytts måste den konfigureras med Fords felsökningsverktyg WDS. Detta kan endast utföras av en auktoriserad Fordmekaniker eller en annan specialist med lämplig utrustning.*

26.11a Bänd ut klämman (vid pilen) och ta bort kanalen från värmeenheten till instrumentbrädans sidoluftmunstycke

26.11b Koppla loss vindrutans avimningskanal (vid pilenl) från värmeenheten

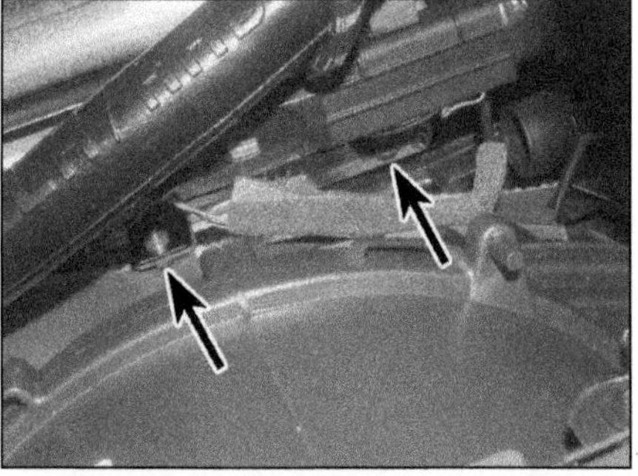
26.12 Skruva loss fästbultarna från passagerarkrockkuddens klädselkåpa (vid pilarna)

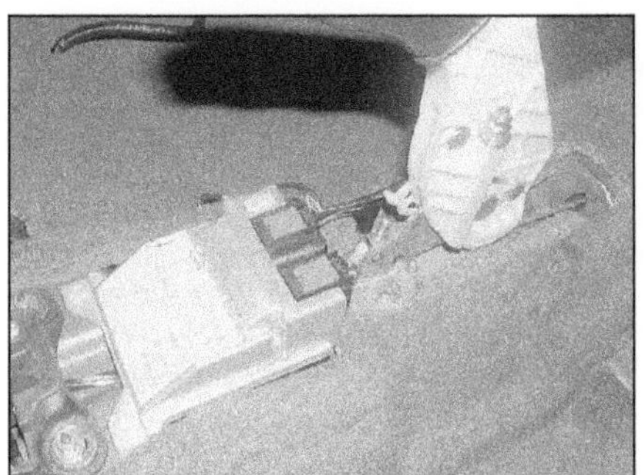

27.4 Krockkuddarnas styrenhet sitter under mittkonsolen

2 Ta bort mittkonsolen och luftkanalen enligt beskrivningen i kapitel 11.
3 Tryck bort fästtapparna och koppla loss multikontakterna från enheten.
4 Skruva loss fästbultarna och ta bort enheten från bilen **(se bild)**.

Främre krockgivare

5 Lyft upp framvagnen och stöd den ordentligt på pallbockar (se *Lyftning och stödpunkter*). Skruva loss bultarna och ta bort motorns undre kåpa (i förekommande fall).
6 Ta bort fästbultarna från kylarens högra stödfäste och sänk kylarens högra sida.
7 Arbeta inne i motorrummet. Lossa de fyra skruvarna som håller fast luftavskiljarplåten vid kylarens överdel.
8 Skruva loss de två bultarna som håller fast krockgivaren och koppla loss anslutningskontakten när den tas bort **(se bilder)**. Notera krockgivarens styrtappar.

Sidokrockgivare

9 Demontera framsätena enligt beskrivningen i kapitel 11.
10 Lossa sargpanelerna och dra sedan försiktigt fram- och bakdörrens tröskelpanel ur läge.
11 Dra undan mattan för att frigöra givaren **(se bild)**.
12 Koppla ifrån givarens anslutningskontakt och skruva sedan loss de två bultarna och ta bort den från passagerarutrymmet. Notera att krockgivarna inte specifikt hör till vänster eller höger sida av bilen.

Montering

13 Monteringen sker i omvänd ordningsföljd mot demonteringen.

28 Krockkuddens vridkontakt - demontering och montering

Demontering

Observera: *På modeller med ESP (elektronisk stabilisering), om vridkontakten (spiralfjäder) har bytts, måste ESP-systemet konfigureras om med Fords felsökningsverktyg WDS. Detta arbete måste utföras av en auktoriserad*

27.8a Skruva loss den främre krockgivarens fästbultar (vid pilarna) . . .

Fordmekaniker eller en specialist med lämplig utrustning.
1 Ta bort förarens krockkudde enligt beskrivningen i avsnitt 26.
2 Koppla ifrån signalhornsbrytarens kontaktdon.
3 I förekommande fall, koppla ifrån multikontakterna för farthållarreglagen.
4 Ta bort ratten och rattstångens kåpor enligt beskrivningen i kapitel 10.
5 Koppla loss rattstångens flerfunktionsbrytare genom att trycka ner fästflikarna av plast med en tunn skruvmejsel.
6 Koppla ifrån kontaktenhetens kontaktdon och använd sedan en liten skruvmejsel för att lossa de två fästflikarna och ta bort glidkontakten från rattstången. Notera distanskragens läge i mitten av glidkontakten.

Montering

7 Monteringen sker i omvänd ordningsföljd mot demonteringen. Tänk på följande:
a) Se till att framhjulen fortfarande är ställda rakt framåt.
b) Glidkontakten måste monteras i mittläget med de särskilda riktningsmärkena i linje och pilmarkeringen uppåt ***(se bild).***
c) Se till att distanskragen är monterad.

29 Parkeringsradar - allmän information

Parkeringsradarn finns som tillval och är ett system för närhetsavkänning baserat på ultraljudsteknik som hjälper föraren att

27.11 Dra mattan bakåt så att du kommer åt sidokrockgivaren

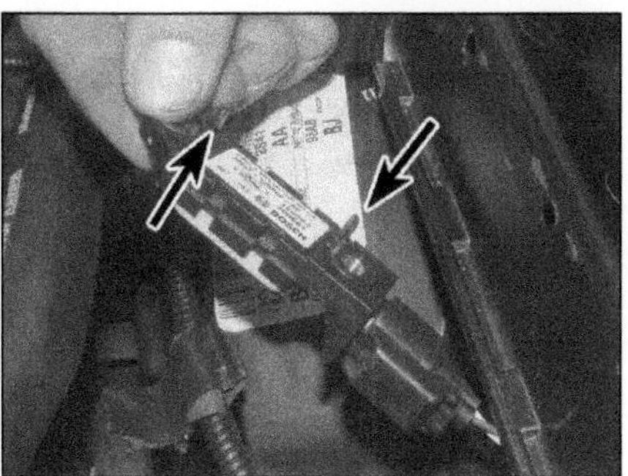

27.8b . . . och ta bort krockgivaren. Observera styrtapparna (vid pilarna)

undvika kollisioner vid backning. **Observera:** *Var försiktig när du backar i kraftigt regnväder eller under liknande förhållanden eftersom sensorerna då inte alltid känner av närliggande hinder lika exakt. Man måste också vara försiktig om man har monterat en draganordning.*

Systemet består av ultraljudsgivare som sitter i den bakre stötfångaren, en display/summerenhet i C-stolpens klädselpanel och en ECU bakom den vänstra klädselpanelen i bagageutrymmet.

Systemet fungerar endast när backväxeln är ilagd. Varierande ljud- och ljussignaler varnar föraren om en förestående kollision när bilen backar mot ett hinder.

Givaren i stötfångaren kan lossas och kopplas ifrån när den bakre stötfångaren har tagits bort enligt beskrivningen i kapitel 11. För att ta bort display/summerenheten, ta bort C-stolpens klädselpanel enligt beskrivningen i kapitel 11, avsnitt 28.

Systemets ECU kan kopplas ifrån när bagageutrymmets vänstra klädselpanel har tagits bort.

30 Telematiksystem (TAS) - allmän information

Detta telematiksystem är en ljudanläggning med ett telematiksystem (TAS) med en inbyggd mobiltelefon och en GPS-mottagare. Det finns två versioner av ljudanläggningen med olika funktioner.

När man köper en bil undertecknar man ett

28.7 Observera vridkontaktens läge

31.8 Sätesinställningens motor är fäst med svängtappar (vid pilarna)

kortavtal och får ett SIM-kort. Detta förs in i kortplatsen bakom ett löstagbart vippreglage (SEEK-knappen) på ljudanläggningen. När kortet förs in första gången startas en beställningsprocedur för att ladda ner uppgifter om det aktuella området och koden för överföring av GPS-koordinater via telefonen. Detta tar cirka tio minuter. Under initieringen av kortet ska bilen stå stilla utomhus. Systemet laddar automatiskt ner nödvändiga uppdateringar via telefonen.

Med telematiksystemet kan föraren:

a) Få guidning.
b) Be om trafikinformation.
c) Ta reda på bilens position.
d) Ringa nödsamtal (SOS).
e) Ringa samtal (PHONE).
f) Använda tjänster (t.ex. reservera hotell).
g) Ringa bogseringstjänst ("bogseringssymbolen").

Vid problem med systemet, kontakta en auktoriserad Fordverkstad för felsökning.

31 Elstyrda säten, delar - demontering och montering

Varning: Om bilen har sidokrockkuddar, se avsnitt 26 (Krockkuddar - demontering och montering) innan du tar bort framsätena.

Elvärmda säten

1 Om bilen har elvärmda säten finns det värmeelement inbyggda i sittdynan och ryggstödet på både förar- och passagerarsätet.

2 Inga reparationer kan utföras på värmeelementen utan att man först tar isär sätet och tar bort tygklädseln. Därför bör detta arbete göras av en auktoriserad Fordmekaniker eller en annan specialist.

3 Det elvärmda sätets reglage tas bort enligt beskrivningen i avsnitt 4.

4 För ytterligare felsökning av systemet, se avsnitt 2 och 3 samt kopplingsschemana i slutet av detta kapitel.

Sätets inställningskomponenter

5 Endast förarsätet är försett med motorer för justering av sätet, på de mest avancerade tillvalsmodellerna.

6 För att komma åt motorerna, ta bort förarsätet enligt beskrivningen i kapitel 11.

7 Motorerna är fästa med bultar vid en fästram, som i sin tur är fäst i sätets stomme. Innan du tar bort en motor, följ dess kablage från motorn till anslutningskontakten och koppla loss den.

8 Ta bort svängtapparna från motorfästets justeringsstag och ta bort det från sätets stomme **(se bild)**.

9 Monteringen sker i omvänd ordningsföljd mot demonteringen. Det är mödan värt att regelbundet smörja snäckväxelns delar och sätesskenorna så att systemet fungerar felfritt.

10 Sätets inställningsreglage tas bort enligt beskrivningen i avsnitt 4.

11 För ytterligare felsökning av systemet, se avsnitt 2 och 3 samt kopplingsschemana i slutet av det här kapitlet.

32 Cigarrettändare - demontering och montering

Demontering

1 Lossa batteriets jordledning (minuspolen) (se kapitel 5A, avsnitt 1).

2 Demontera värmereglagepanelen enligt beskrivningen i kapitel 3, avsnitt 10.

3 Lossa fästklämmorna inuti cigarrettändarens insats och för ut den från plastsargen **(se bild)**.

4 Lossa plastsargen från reglagepanelen genom att trycka ut den **(se bild)**.

5 Ta bort glödlampan genom att lossa lamphållaren från plastsargen **(se bild)**.

Montering

6 Monteringen sker i omvänd ordningsföljd mot demonteringen.

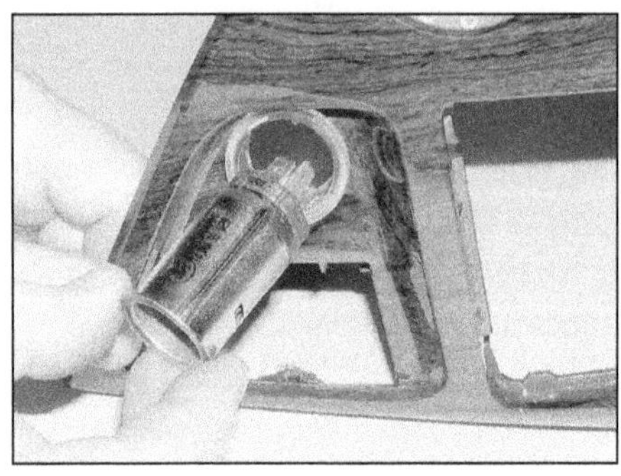

32.3 Lossa och för ut metallinsatsen

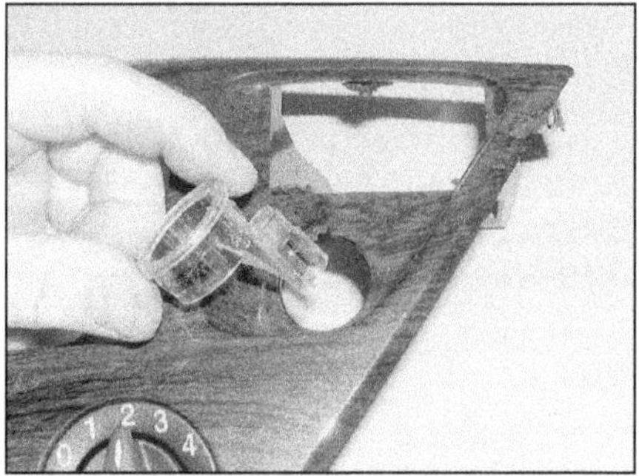

32.4 Lossa plastsargen från panelen

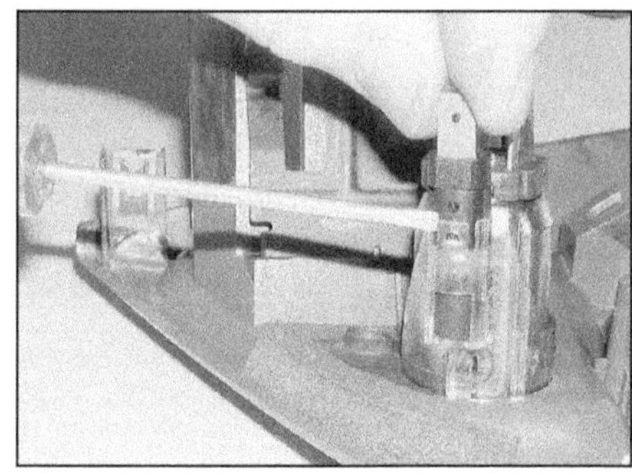

32.5 Lossa lamphållaren från plastsargen

FORD FOCUS kopplingsscheman

Kopplingsschema 1

Förklaringar till symboler

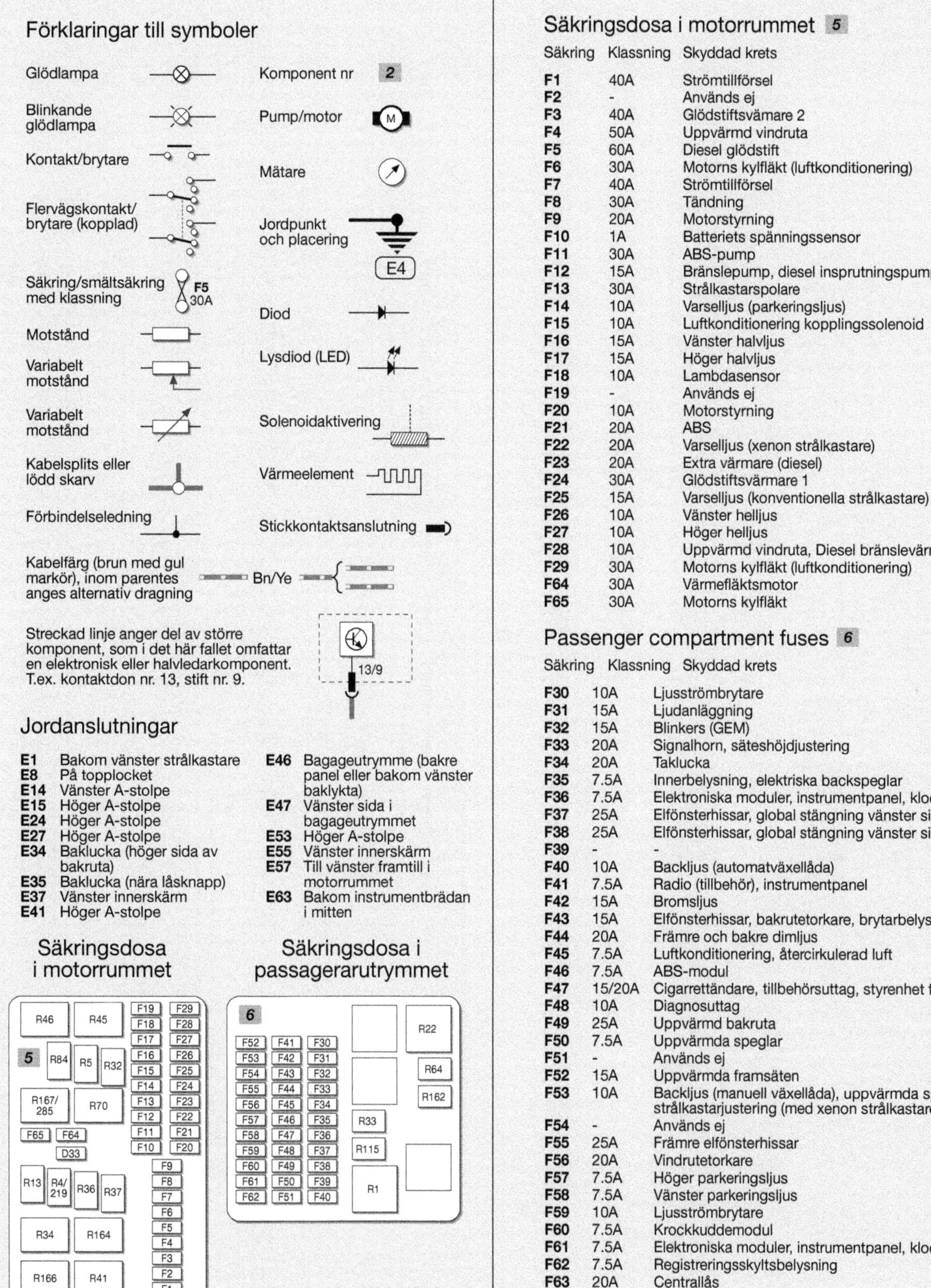

Jordanslutningar

E1 Bakom vänster strålkastare
E8 På topplocket
E14 Vänster A-stolpe
E15 Höger A-stolpe
E24 Höger A-stolpe
E27 Höger A-stolpe
E34 Baklucka (höger sida av bakruta)
E35 Baklucka (nära låsknapp)
E37 Vänster innerskärm
E41 Höger A-stolpe
E46 Bagageutrymme (bakre panel eller bakom vänster baklykta)
E47 Vänster sida i bagageutrymmet
E53 Höger A-stolpe
E55 Vänster innerskärm
E57 Till vänster framtill i motorrummet
E63 Bakom instrumentbrädan i mitten

Säkringsdosa i motorrummet 5

Säkring	Klassning	Skyddad krets
F1	40A	Strömtillförsel
F2	-	Används ej
F3	40A	Glödstiftsvämare 2
F4	50A	Uppvärmd vindruta
F5	60A	Diesel glödstift
F6	30A	Motorns kylfläkt (luftkonditionering)
F7	40A	Strömtillförsel
F8	30A	Tändning
F9	20A	Motorstyrning
F10	1A	Batteriets spänningssensor
F11	30A	ABS-pump
F12	15A	Bränslepump, diesel insprutningspump
F13	30A	Strålkastarspolare
F14	10A	Varselljus (parkeringsljus)
F15	10A	Luftkonditionering kopplingssolenoid
F16	15A	Vänster halvljus
F17	15A	Höger halvljus
F18	10A	Lambdasensor
F19	-	Används ej
F20	10A	Motorstyrning
F21	20A	ABS
F22	20A	Varselljus (xenon strålkastare)
F23	20A	Extra värmare (diesel)
F24	30A	Glödstiftsvärmare 1
F25	15A	Varselljus (konventionella strålkastare)
F26	10A	Vänster helljus
F27	10A	Höger helljus
F28	10A	Uppvärmd vindruta, Diesel bränslevärmare, Diesel motor
F29	30A	Motorns kylfläkt (luftkonditionering)
F64	30A	Värmefläktsmotor
F65	30A	Motorns kylfläkt

Passenger compartment fuses 6

Säkring	Klassning	Skyddad krets
F30	10A	Ljusströmbrytare
F31	15A	Ljudanläggning
F32	15A	Blinkers (GEM)
F33	20A	Signalhorn, säteshöjdjustering
F34	20A	Taklucka
F35	7.5A	Innerbelysning, elektriska backspeglar
F36	7.5A	Elektroniska moduler, instrumentpanel, klocka
F37	25A	Elfönsterhissar, global stängning vänster sida
F38	25A	Elfönsterhissar, global stängning vänster sida
F39	-	-
F40	10A	Backljus (automatväxellåda)
F41	7.5A	Radio (tillbehör), instrumentpanel
F42	15A	Bromsljus
F43	15A	Elfönsterhissar, bakrutetorkare, brytarbelysning
F44	20A	Främre och bakre dimljus
F45	7.5A	Luftkonditionering, återcirkulerad luft
F46	7.5A	ABS-modul
F47	15/20A	Cigarrettändare, tillbehörsuttag, styrenhet för släp
F48	10A	Diagnosuttag
F49	25A	Uppvärmd bakruta
F50	7.5A	Uppvärmda speglar
F51	-	Används ej
F52	15A	Uppvärmda framsäten
F53	10A	Backljus (manuell växellåda), uppvärmda spolarmunstycken, strålkastarjustering (med xenon strålkastare), farthållare
F54	-	Används ej
F55	25A	Främre elfönsterhissar
F56	20A	Vindrutetorkare
F57	7.5A	Höger parkeringsljus
F58	7.5A	Vänster parkeringsljus
F59	10A	Ljusströmbrytare
F60	7.5A	Krockkuddemodul
F61	7.5A	Elektroniska moduler, instrumentpanel, klocka
F62	7.5A	Registreringsskyltsbelysning
F63	20A	Centrallås

H33463

Kopplingsschema 2

Kabelfärger

Bk	Svart	**Vt**	Lila
Gn	Grön	**Rd**	Röd
Pk	Rosa	**Gy**	Grå
Lg	Ljusgrön	**Bu**	Blå
Bn	Brun	**Wh**	Vit
Og	Orange	**Ye**	Gul
Na	Natur	**Sr**	Silver

Komponentförteckning

1 Batteri
2 Startmotor
3 Generator
4 Tändningslås
5 Säkringsdosa i motorrummet
R13 = Strömlagringsrelä
R45 = Fläktrelä
R46 = Höghastighets fläktrelä
D33 = Diod
6 Säkringsdosa i passagerarutrymmet
R22 = startrelä
7 Startspärrkontakt (automat)
8 Motorns kylfläkt
9 Kylfläktens fördröjningskontakt (endast 1,8 och 2,0 liter)
10 Säkring i ledning
11 Sekundär motorkylfläkt
12 Motorkylfläktens motstånd

H33464

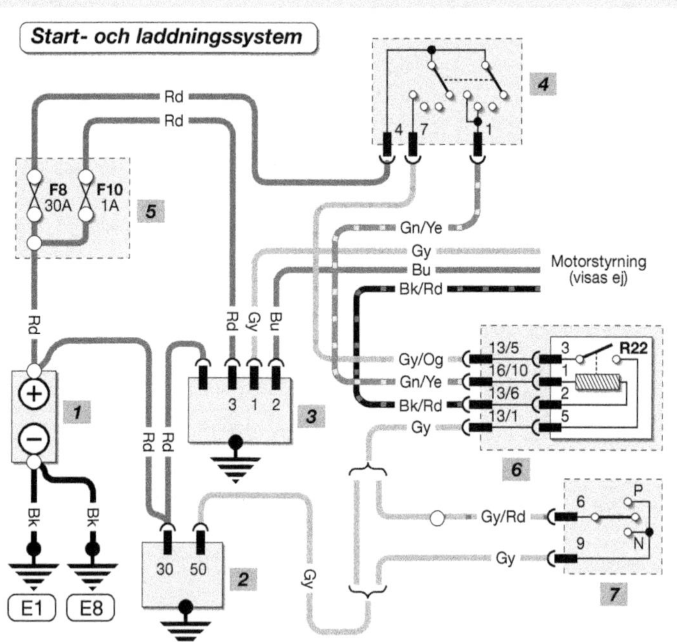

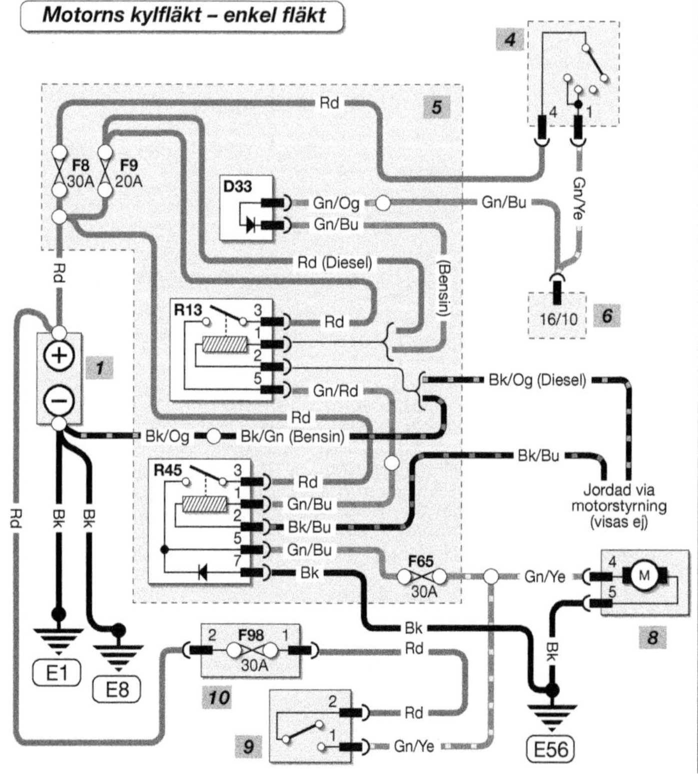

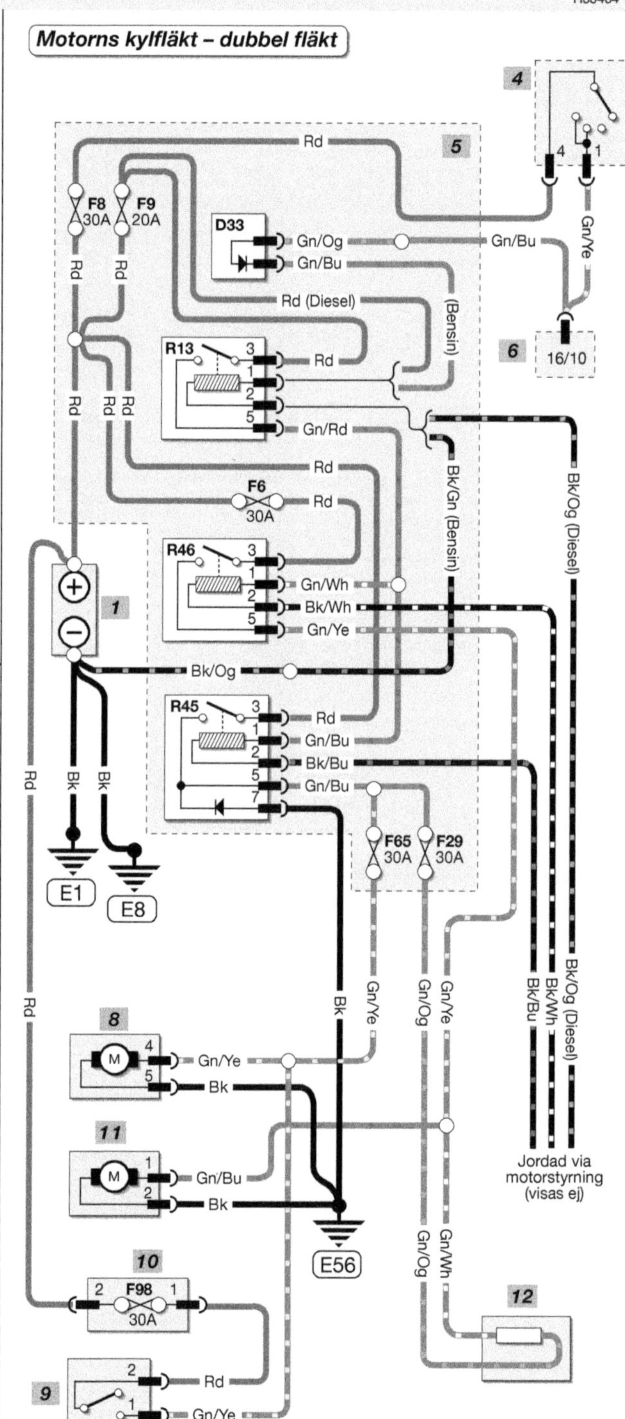

Kabelfärger

Bk	Svart	**Vt**	Lila
Gn	Grön	**Rd**	Röd
Pk	Rosa	**Gy**	Grå
Lg	Ljusgrön	**Bu**	Blå
Bn	Brun	**Wh**	Vit
Og	Orange	**Ye**	Gul
Na	Natur	**Sr**	Silver

Komponentförteckning

1 Batteri
4 Tändningslås
5 Säkringsdosa i motorrummet
R36 = halvljusrelä
R37 = helljusrelä
6 Säkringsdosa i passagerarutrymmet
15 Ljusströmbrytare
a = parkerings/strålkastarbrytare
16 Blinkersbrytare
a = strålkastarnas helljus-/halvljus-/blink brytare
17 Vänster strålkastare
a = halvljus
b = helljus
c = parkeringsljus
18 Höger strålkastare (som ovan)
19 Vänster xenon strålkastare
a = gasurladdnings strålkastare
b = helljus
c = parkeringsljus
f = ljussköld
20 Höger xenon strålkastare (som ovan)
21 Vänster baklykta
a = broms-/bakljus
22 Höger baklykta (som ovan)
23 Registreringsskyltsbelysning

Kopplingsschema 3

H33465

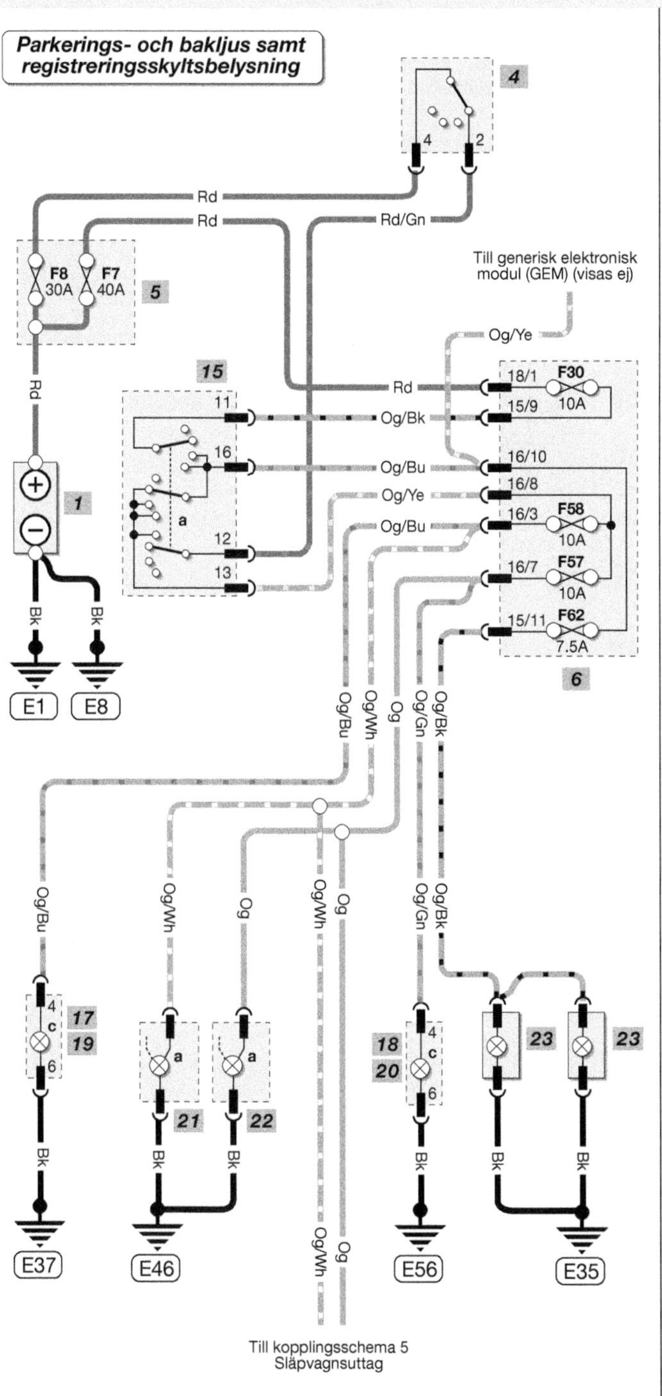

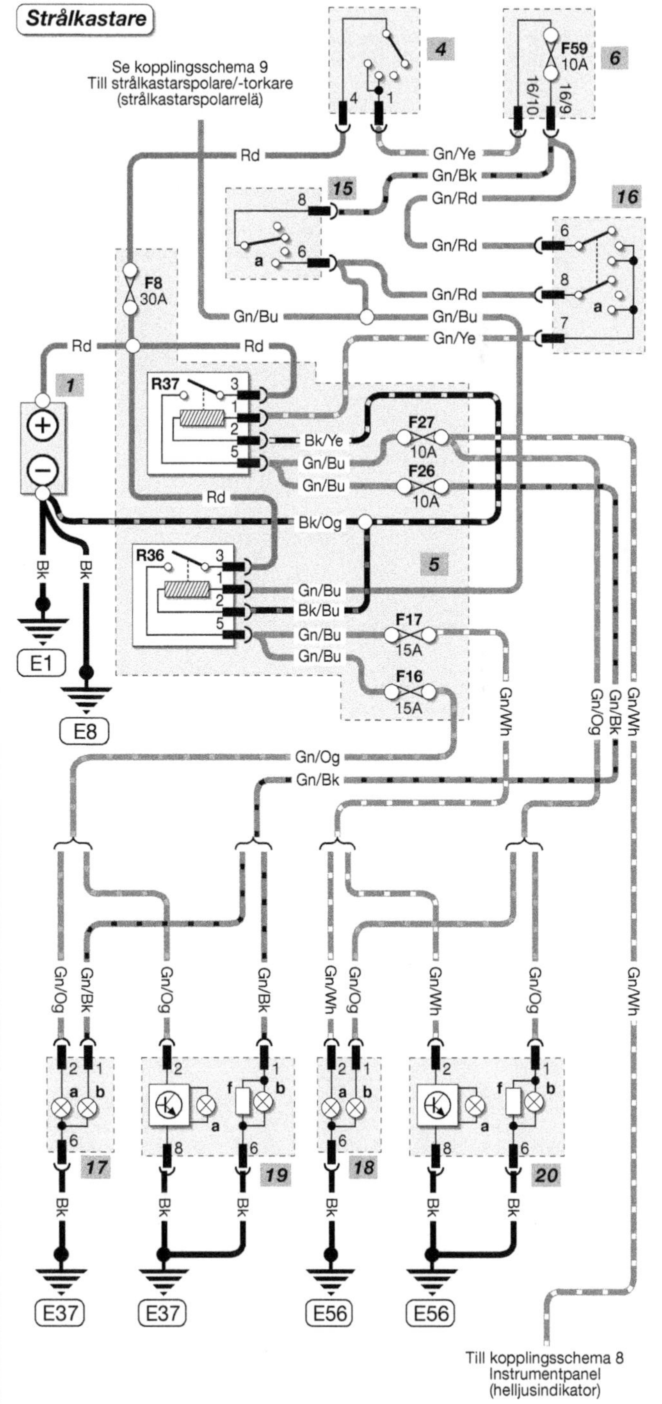

Kopplingsschema 4

Kabelfärger

Bk	Svart	**Vt**	Lila
Gn	Grön	**Rd**	Röd
Pk	Rosa	**Gy**	Grå
Lg	Ljusgrön	**Bu**	Blå
Bn	Brun	**Wh**	Vit
Og	Orange	**Ye**	Gul
Na	Natur	**Sr**	Silver

Komponentförteckning

1 Batteri
4 Tändningslås
5 Säkringsdosa i motorrummet
R13 = strömlagringsrelä
R41 = tändningsrelä
D33 = diod
6 Säkringsdosa i passagerarutrymmet
7 Startspärrkontakt (automat)
21 Vänster baklykta
a = broms-/bakljus
b = backljus
22 Höger baklykta
(som ovan)
28 Bromsljuskontakt
29 Backljuskontakt (manuell)30 Backljus
31 Högt monterat bromsljus

Broms- och backljus (modeller med manuell växellåda)

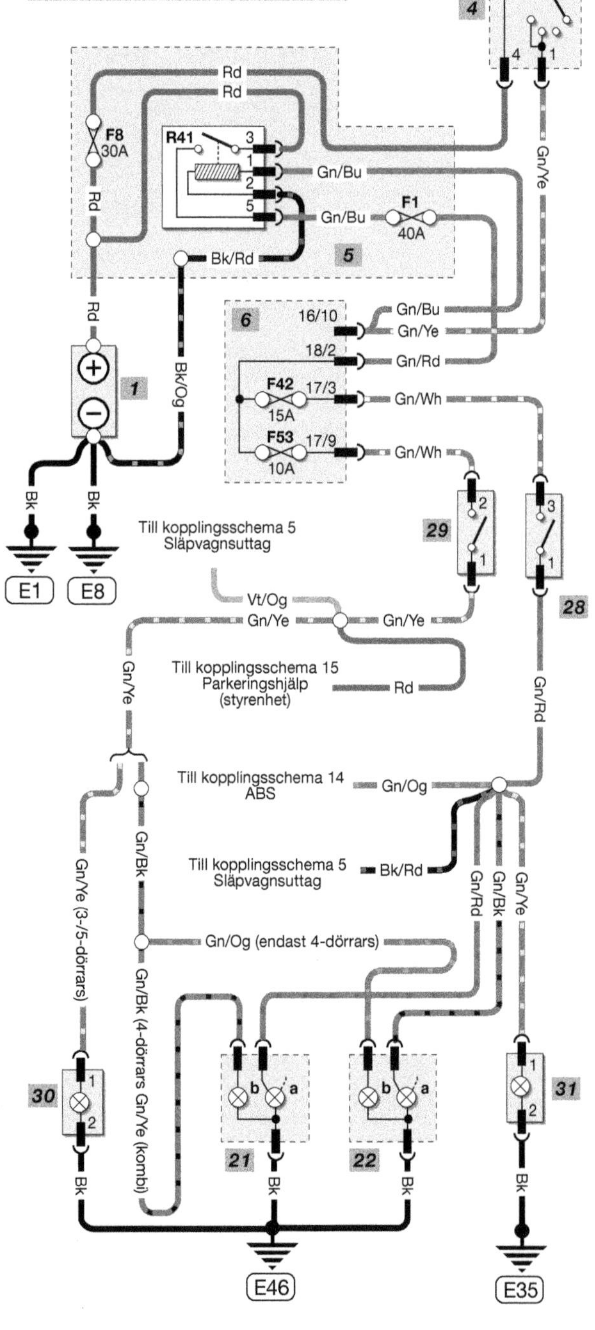

Broms- och backljus (modeller med automatväxellåda)

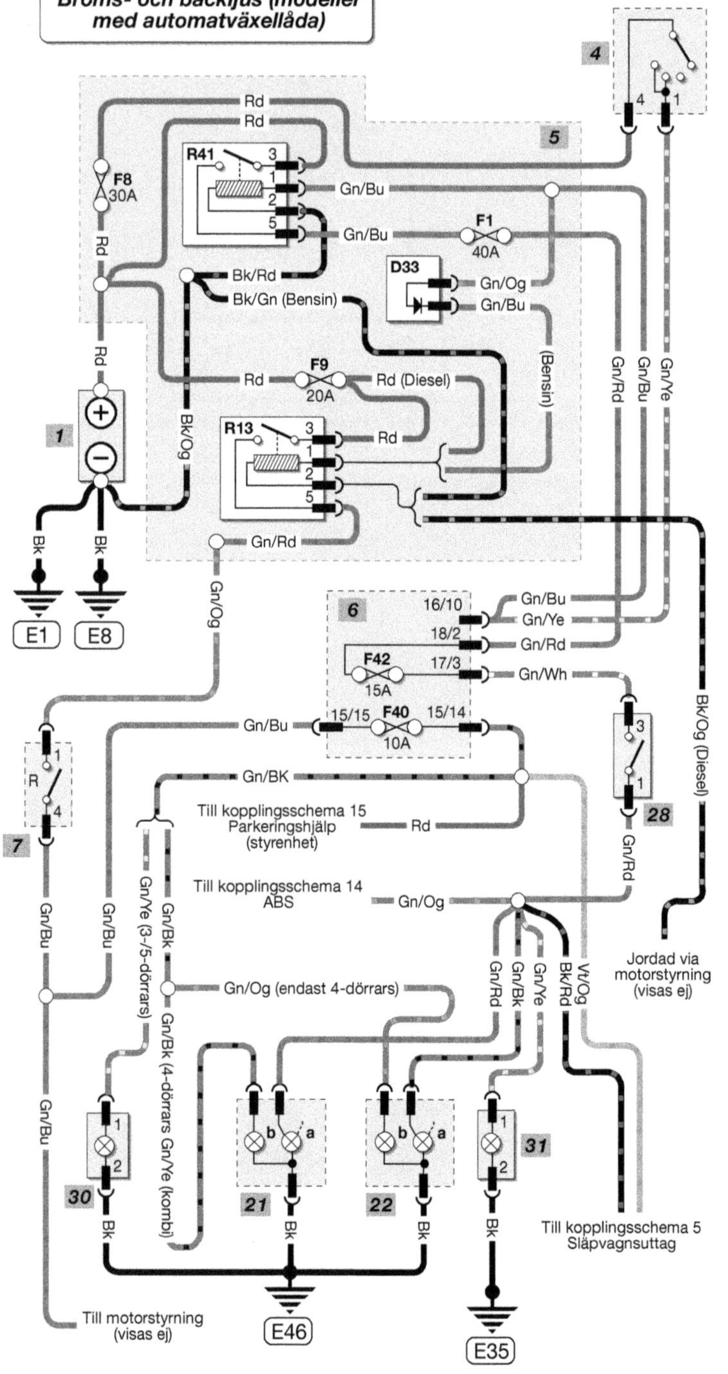

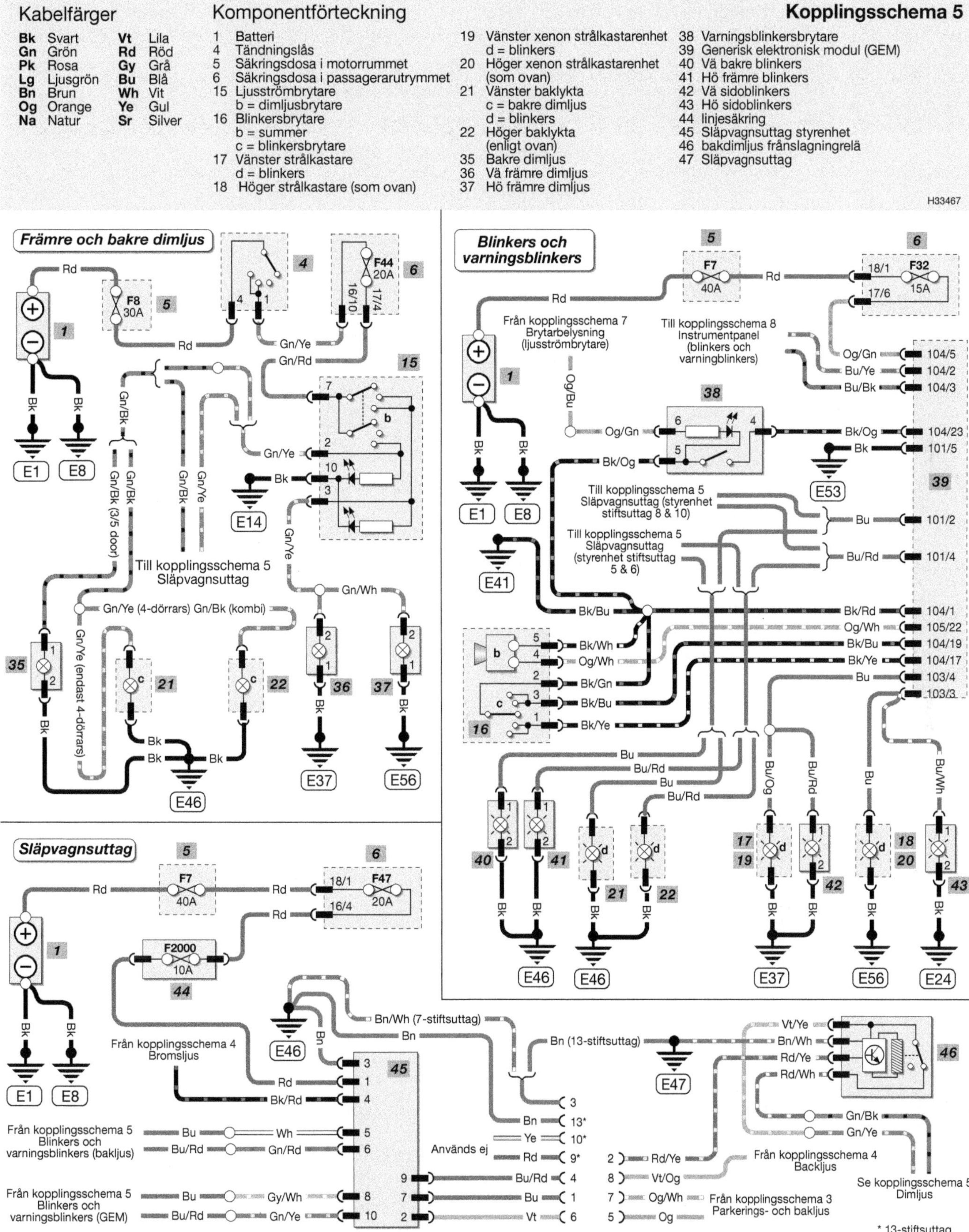
Kabelfärger
Bk Svart
Gn Grön
Pk Rosa
Lg Ljusgrön
Bn Brun
Og Orange
Na Natur
Vt Lila
Rd Röd
Gy Grå
Bu Blå
Wh Vit
Ye Gul
Sr Silver
Komponentförteckning
1 Batteri
4 Tändningslås
5 Säkringsdosa i motorrummet
6 Säkringsdosa i passagerarutrymmet
15 Ljusströmbrytare
b = dimljusbrytare
16 Blinkersbrytare
b = summer
c = blinkersbrytare
17 Vänster strålkastare
d = blinkers
18 Höger strålkastare (som ovan)
19 Vänster xenon strålkastarenhet
d = blinkers
20 Höger xenon strålkastarenhet
(som ovan)
21 Vänster baklykta
c = bakre dimljus
d = blinkers
22 Höger baklykta
(enligt ovan)
35 Bakre dimljus
36 Vä främre dimljus
37 Hö främre dimljus
38 Varningsblinkersbrytare
39 Generisk elektronisk modul (GEM)
40 Vä bakre blinkers
41 Hö främre blinkers
42 Vä sidoblinkers
43 Hö sidoblinkers
44 linjesäkring
45 Släpvagnsuttag styrenhet
46 bakdimljus frånslagningrelä
47 Släpvagnsuttag
Kopplingsschema 5
H33467
Främre och bakre dimljus
F8 30A
F44 20A
16/10
17/4
Gn/Ye
Gn/Rd
Gn/Bk
Gn/Bk (3/5 door)
Gn/Ye (4-dörrars) Gn/Bk (kombi)
Gn/Ye (endast 4-dörrars)
Gn/Wh
Till kopplingsschema 5
Släpvagnsuttag
Blinkers och varningsblinkers
F7 40A
F32 15A
18/1
17/6
Från kopplingsschema 7
Brytarbelysning
(ljusströmbrytare)
Till kopplingsschema 8
Instrumentpanel
(blinkers och
varningblinkers)
Og/Gn
Bu/Ye
Bu/Bk
Bk/Og
Og/Bu
104/5
104/2
104/3
104/23
101/5
Till kopplingsschema 5
Släpvagnsuttag (styrenhet
stiftsuttag 8 & 10)
Till kopplingsschema 5
Släpvagnsuttag
(styrenhet stiftsuttag
5 & 6)
101/2
Bu/Rd
101/4
Bk/Bu
Bk/Rd
104/1
Og/Wh
105/22
Bk/Wh
104/19
Bk/Ye
104/17
Bk/Gn
103/4
103/3
Bu/Og
Bu/Wh
Släpvagnsuttag
F47 20A
18/1
16/4
F2000 10A
Från kopplingsschema 4
Bromsljus
Bn/Wh (7-stiftsuttag)
Bn (13-stiftsuttag)
Bk/Rd
Från kopplingsschema 5
Blinkers och
varningsblinkers (bakljus)
Från kopplingsschema 5
Blinkers och
varningsblinkers (GEM)
Wh
Gn/Rd
Gy/Wh
Gn/Ye
Används ej
Vt/Ye
Rd/Ye
Rd/Wh
Vt/Og
Og/Wh
Og
Vt
Gn/Bk
Från kopplingsschema 4
Backljus
Från kopplingsschema 3
Parkerings- och bakljus
Se kopplingsschema 5
Dimljus
* 13-stiftsuttag

Kabelfärger

Bk	Svart	**Vt**	Lila
Gn	Grön	**Rd**	Röd
Pk	Rosa	**Gy**	Grå
Lg	Ljusgrön	**Bu**	Blå
Bn	Brun	**Wh**	Vit
Og	Orange	**Ye**	Gul
Na	Natur	**Sr**	Silver

Komponentförteckning

1 Batteri
4 Tändningslås
5 Säkringsdosa i motorrummet
6 Säkringsdosa i passagerarutrymmet
15 Ljusströmbrytare
a = brytare parkeringsljus/strålkastare
c = strålkastarjustering
17 Vänster strålkastare
c = parkeringsljus
e = strålkastarjustering
18 Höger strålkastare
(som ovan)
19 Vänster xenon strålkastarenhet
e = strålkastarjustering
20 Höger xenon strålkastarenhet
(som ovan)
48 Xenon strålkastare styrenhet/främre nivågivare
49 Bakre strålkastarnivågivare
50 Klocka med larmindikator
51 Cigarrettändare
52 Extra strömuttag
53 Xenon strålkastare diagnosuttag
54 Askkoppsbelysning

Kopplingsschema 6

H33468

Strålkastarjustering (modeller med konventionella strålkastare)

Visas i kopplingsschema 3 Parkerings- och bakljus samt registreringsskyltsbelysning

4, 5, 6, 1, 15, 17, 18
F8 30A
F59 10A
16/10, 16/9
Rd, Gn/Ye, Gn/Bk, Bu, Bk, Bk/Og, Bk/Ye, Bk/Bu, Og/Bu, Og/Gn, Bu/Rd
E1, E8, E14, E37, E56

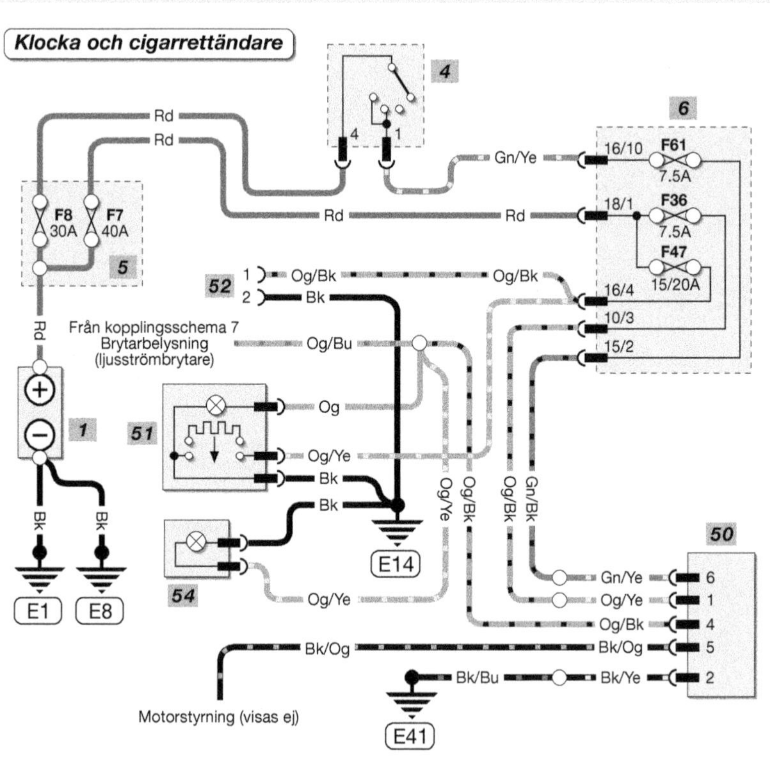

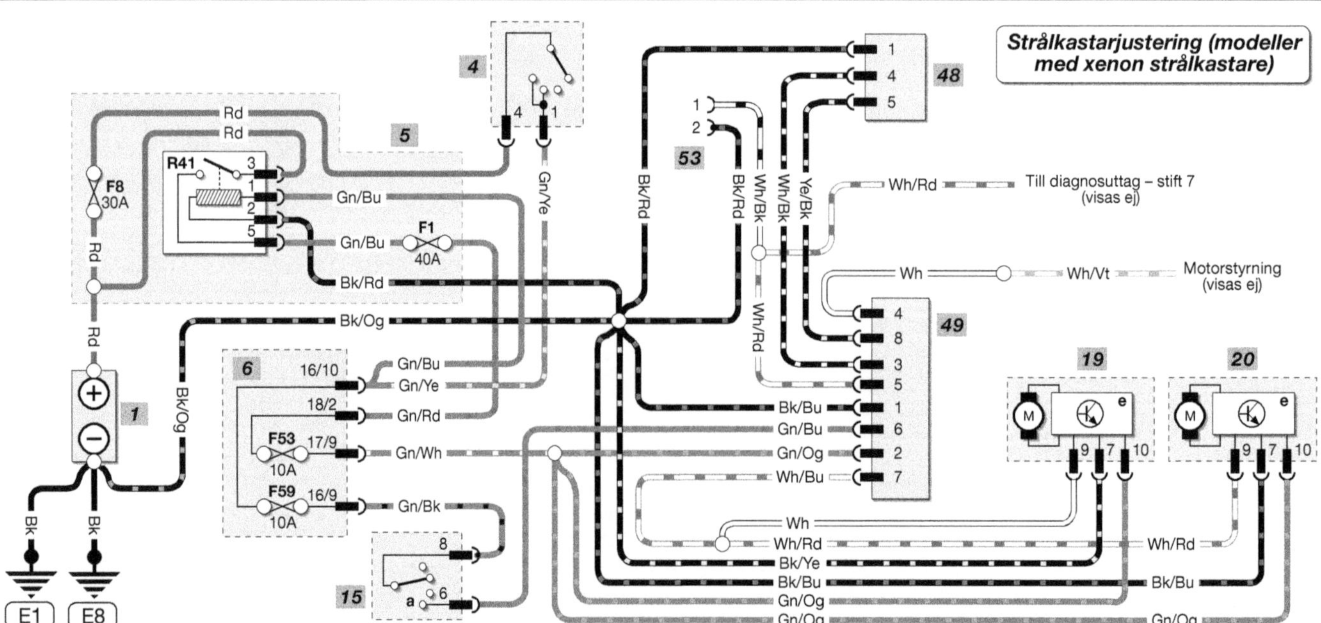

Kabelfärger

Bk	Svart	**Vt**	Lila
Gn	Grön	**Rd**	Röd
Pk	Rosa	**Gy**	Grå
Lg	Ljusgrön	**Bu**	Blå
Bn	Brun	**Wh**	Vit
Og	Orange	**Ye**	Gul
Na	Natur	**Sr**	Silver

Komponentförteckning

1 Batteri
4 Tändningslås
5 Säkringsdosa i motorrummet
R33 = signalhornsrelä
R41 = tändningsrelä
6 Säkringsdosa i passagerarutrymmet
15 Ljusströmbrytare
a = brytare parkeringsljus/strålkastare
d = innerbelysningens reostat (om monterad)
24 Signalhorn
25 Signalhornsbrytare
26 Rattens klockfjädrar
39 Generisk elektronisk modul (GEM)
55 Vänster fotbrunnsbelysning
56 Höger fotbrunnsbelysning
57 Handskfacksbelysning
58 Främre innerbelysning
a = vänster kartläsarlampa
b = innerbelysning
c = höger kartläsarlampa
59 Bakre innerbelysning
60 Vänster sminkspegel
61 Höger sminkspegel
62 Bagageutrymmesbelysning, kombi
63 Bagageutrymmesbelysning
64 Bakluckans kontakt
65 Förardörrens kontakt
66 Passagerardörrens kontakt
67 Vänster bakdörrs kontakt
68 Höger bakdörrs kontakt

Kopplingsschema 7

H33469

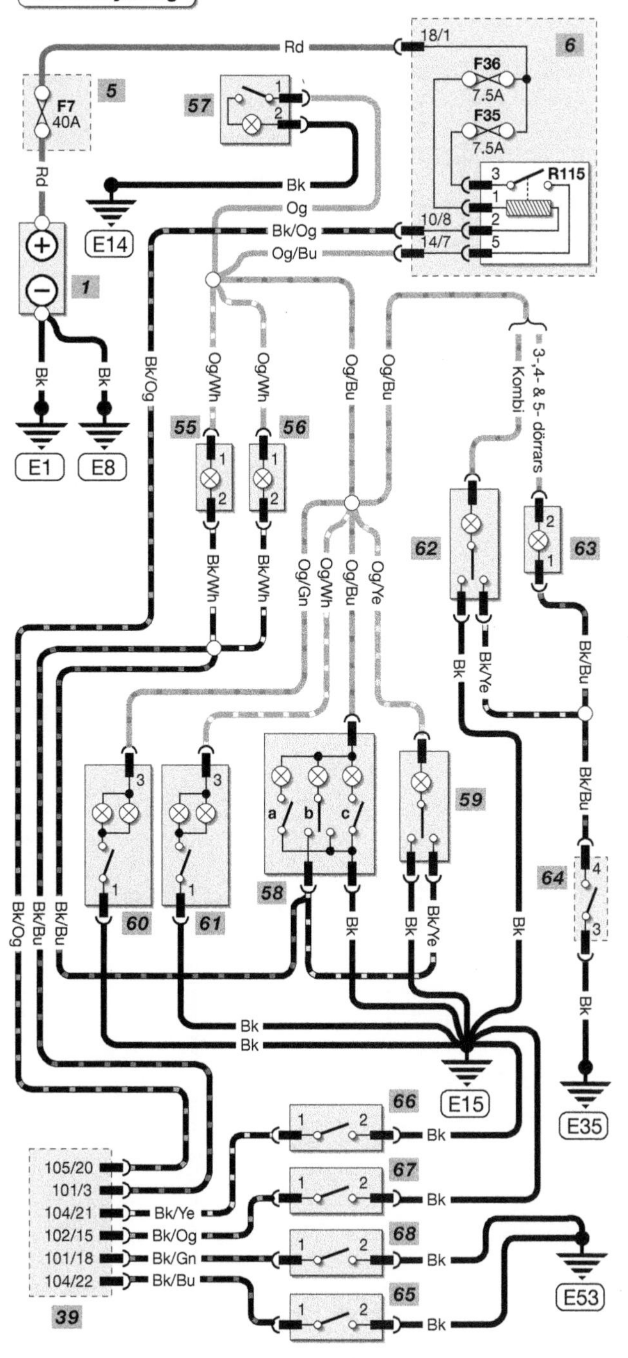

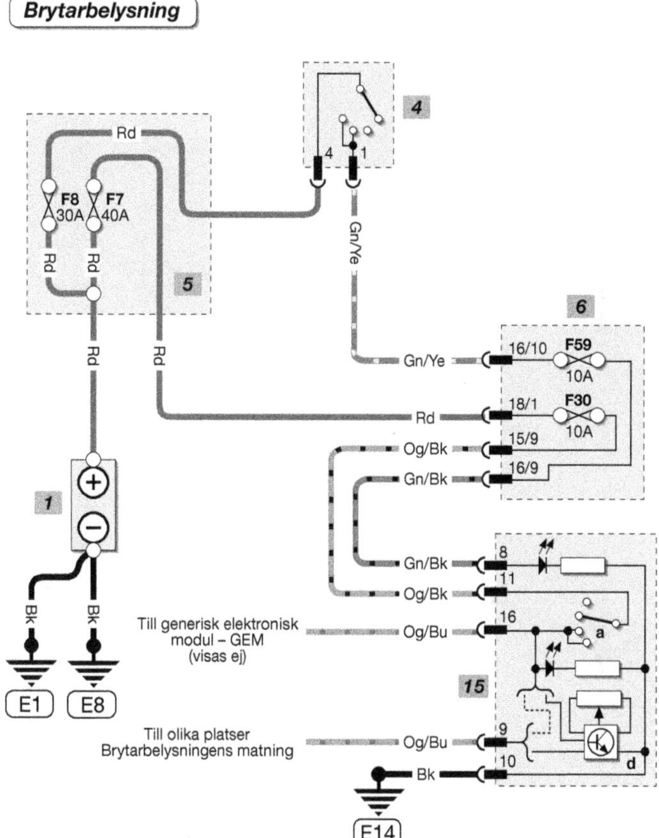

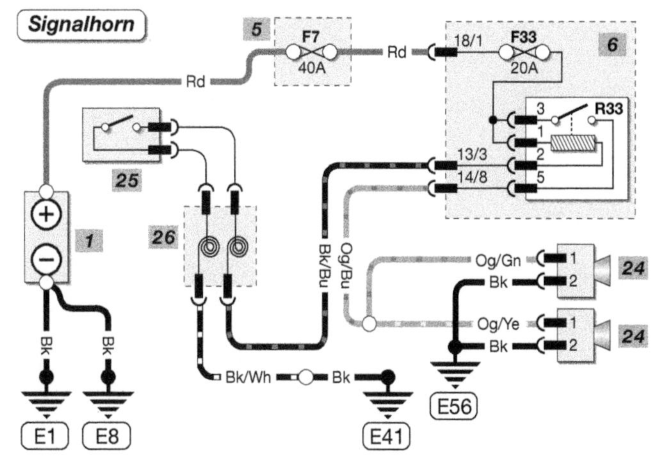

Kabelfärger

Bk	Svart	**Vt**	Lila
Gn	Grön	**Rd**	Röd
Pk	Rosa	**Gy**	Grå
Lg	Ljusgrön	**Bu**	Blå
Bn	Brun	**Wh**	Vit
Og	Orange	**Ye**	Gul
Na	Natur	**Sr**	Silver

Komponentförteckning

1 Batteri
4 Tändningslås
5 Säkringsdosa i motorrummet
6 Säkringsdosa i passagerarutrymmet
16 Blinkersbrytare
- b = summer
- d = färddatorns brytare

70 Instrumentpanel
- a = styrenhet
- b = LCD-display
- c = kylvätsketemp.givare
- d = varvräknare
- e = hastighetsmätare
- f = bränslemätare
- g = indikator låg bromsvätska/handbroms
- h = indikator oljetryck
- i = indikator öppen dörr
- j = TCS indikator
- k = krockkuddens varningsindikator
- l = instrumentbelysning
- m = helljusindikator
- n = vänster blinkers
- o = höger blinkers
- p = belysning
- q = felfunktions indikator
- r = indikator låg bränslenivå
- s = indikator motorfel
- t = glödstiftsindikator
- u = laddningsindikator
- v = O/D av indikator
- w = ABS-indikator
- x = indikator farthållare

71 Kontakt låg bromsvätska
72 Handbromskontakt
73 Oljetryckskontakt
74 Bränslemätargivare
75 Kontakt låg spolarvätska
76 Isvarningsgivare
77 Färddatorns styrenhet

Kopplingsschema 8

H33470

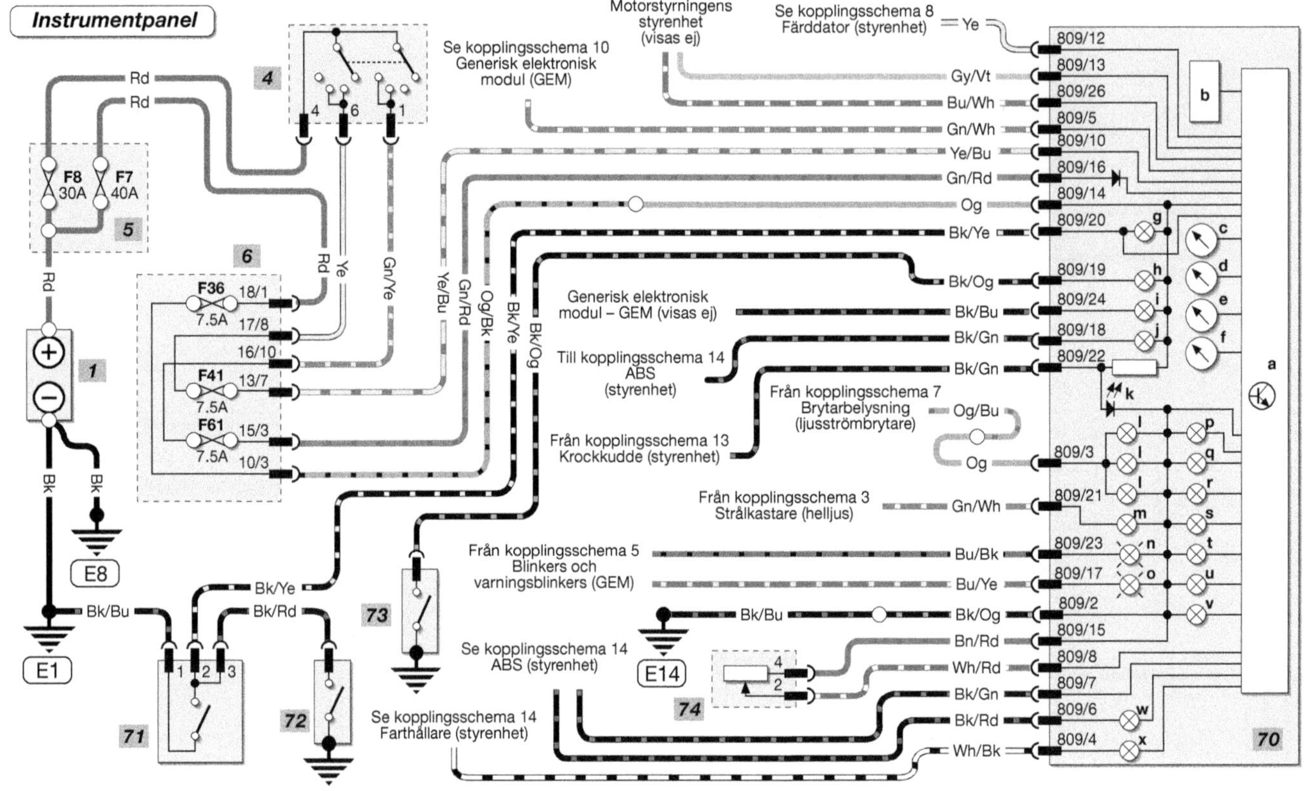

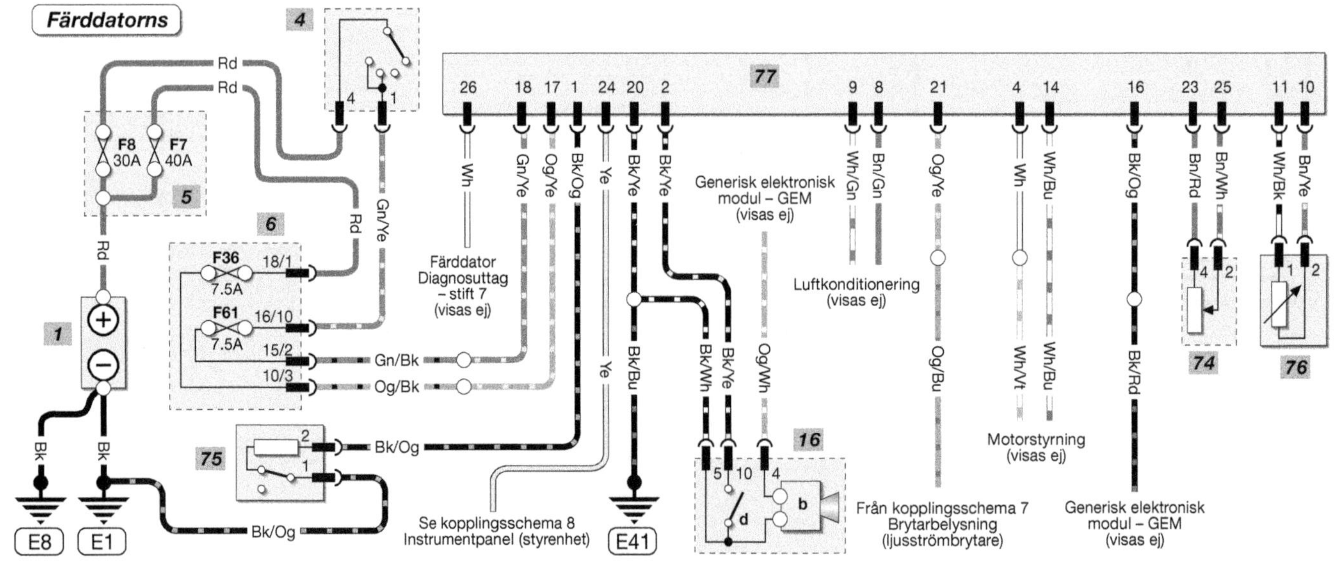

Kopplingsschema 9

Kabelfärger

Bk	Svart	**Vt**	Lila
Gn	Grön	**Rd**	Röd
Pk	Rosa	**Gy**	Grå
Lg	Ljusgrön	**Bu**	Blå
Bn	Brun	**Wh**	Vit
Og	Orange	**Ye**	Gul
Na	Natur	**Sr**	Silver

Komponentförteckning

1 Batteri
4 Tändningslås
5 Säkringsdosa i motorrummet
R34 = strålkastarnas spolarrelä
R41 = tändningsrelä
6 Säkringsdosa i passagerarutrymmet
R64 – bakrutetorkarens relä
R162 = vindrutetorkarens relä
39 Generisk elektronisk modul (GEM)
80 Främre torkarmotor
81 Spolar-/torkarbrytare
a = främre torkare
b = torkarnas fördröjningsrelä
c = bakre spolare/torkare
d = främre spolare
82 Främre/bakre spolarpump
83 Strålkastarspolarpump
84 Bakre torkarmotor
85 Vänster uppvärmt spolarmunstycke
86 Höger uppvärmt spolarmunstycke

H33471

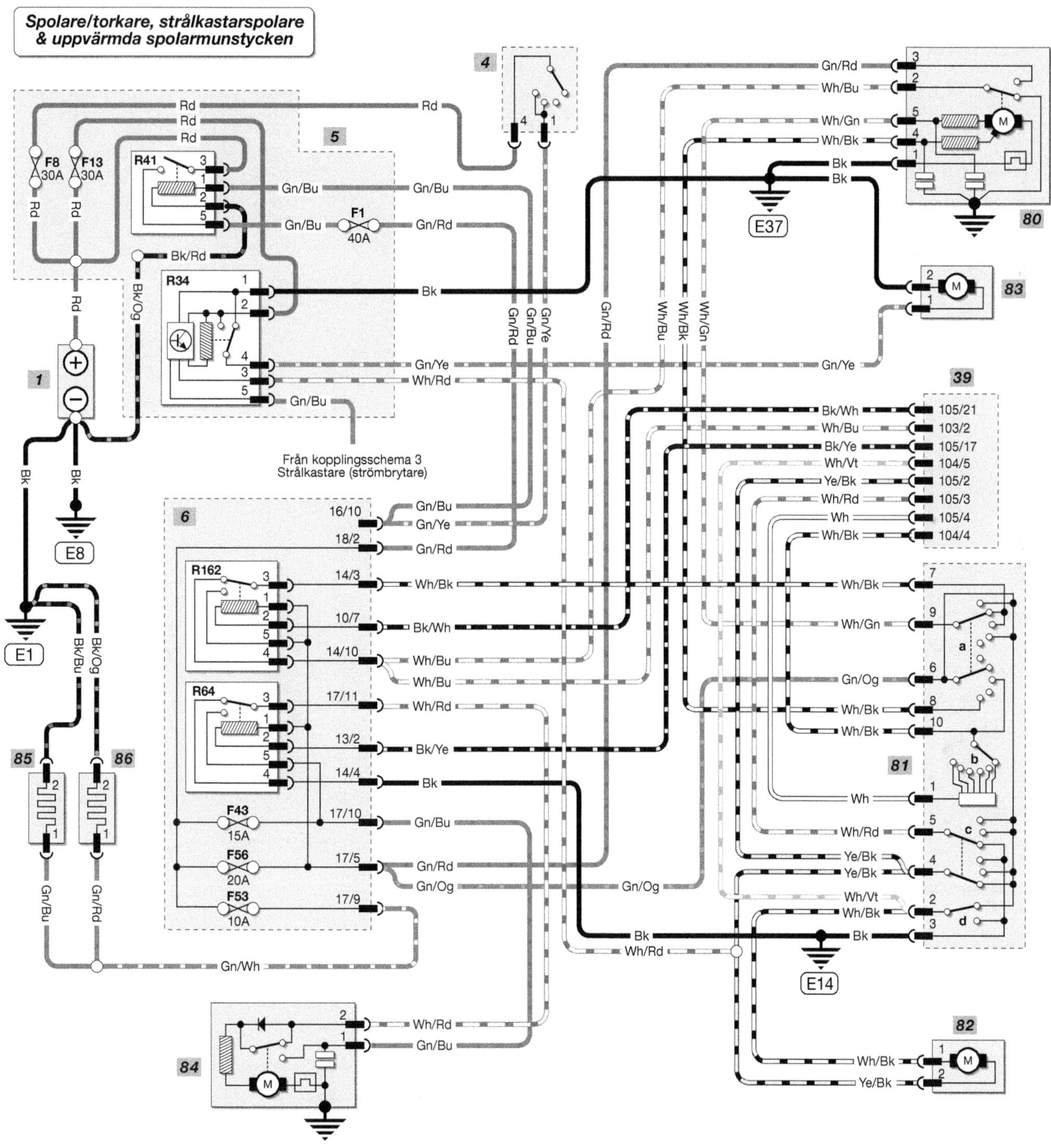

Kabelfärger

Bk	Svart	**Vt**	Lila
Gn	Grön	**Rd**	Röd
Pk	Rosa	**Gy**	Grå
Lg	Ljusgrön	**Bu**	Blå
Bn	Brun	**Wh**	Vit
Og	Orange	**Ye**	Gul
Na	Natur	**Sr**	Silver

Komponentförteckning

1 Batteri
4 Tändningslås
5 Säkringsdosa i motorrummet
6 Säkringsdosa i passagerarutrymmet
39 Generisk elektronisk modul (GEM)
64 Bakluckans brytare
65 Förardörrens brytare
66 Passagerardörrens brytare
67 Vänster bakdörrs brytare
68 Höger bakdörrs brytare
90 Bakluckans öppningsbrytare
91 Förardörrens låsenhet
92 Passagerardörrens låsenhet
93 Vänster bakdörrs låsenhet
94 Höger bakdörrs låsenhet
95 Förardörrens fönsterhissbrytare
96 Passagerardörrens fönsterhissbrytare
97 Förardörrens fönsterhissmotor
98 Passagerardörrens fönsterhissmotor

Kopplingsschema 10

H33472

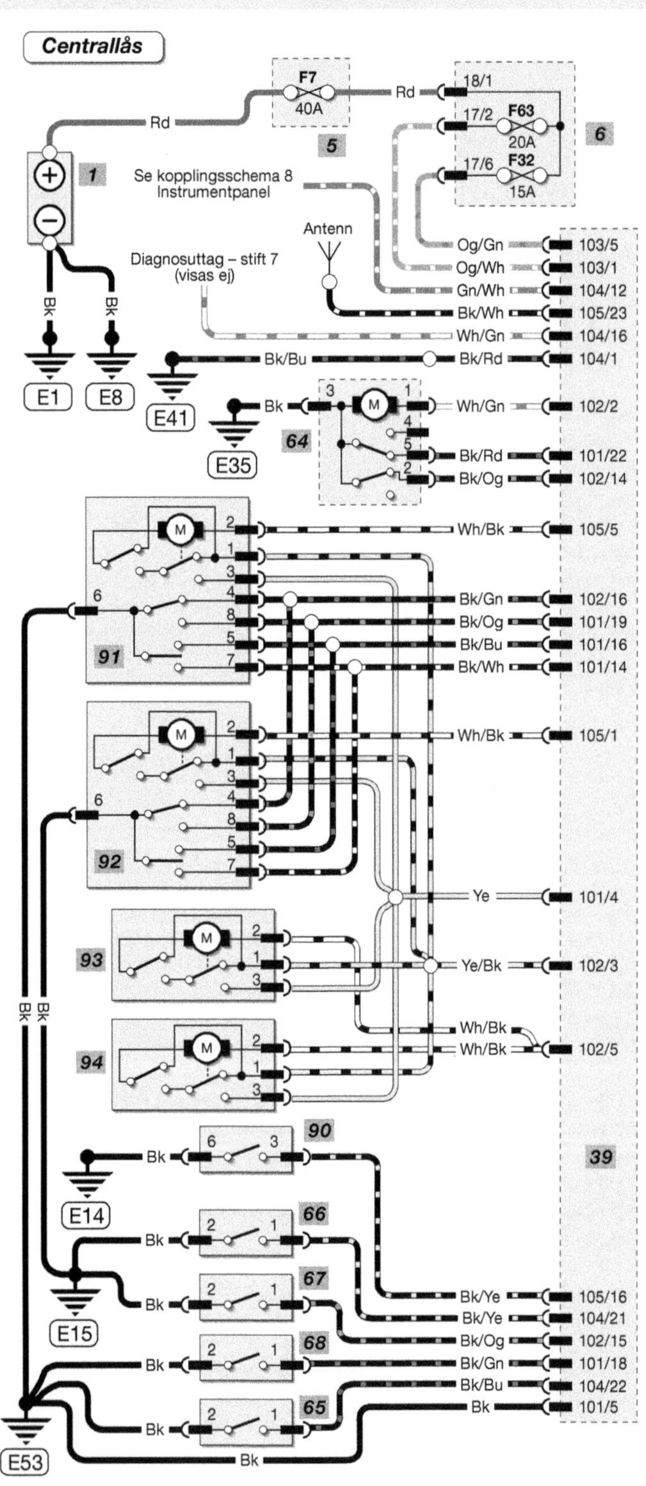

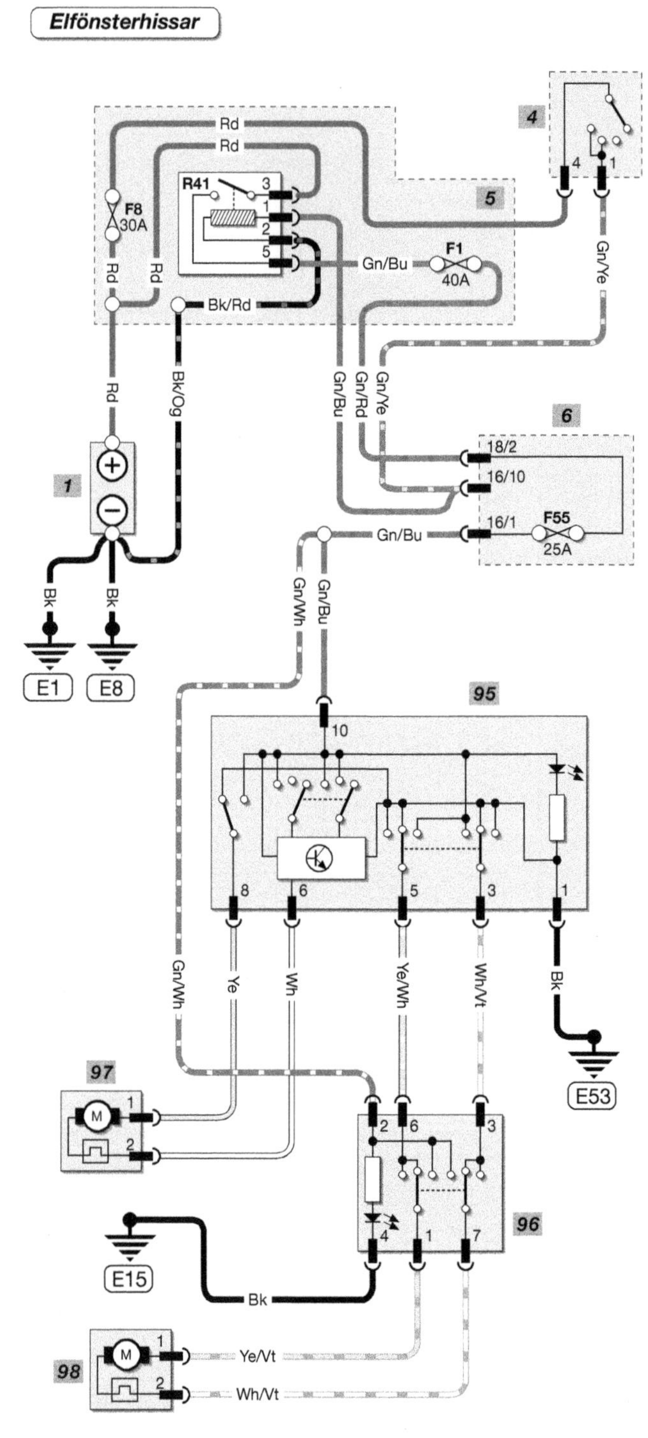

Kabelfärger

Bk	Svart	**Vt**	Lila
Gn	Grön	**Rd**	Röd
Pk	Rosa	**Gy**	Grå
Lg	Ljusgrön	**Bu**	Blå
Bn	Brun	**Wh**	Vit
Og	Orange	**Ye**	Gul
Na	Natur	**Sr**	Silver

Komponentförteckning

1 Batteri
4 Tändningslås
5 Säkringsdosa i motorrummet
R13 = strömlagringsrelä
R84 = motorstyrningsrelä
R164 = relä uppvärmd vindruta
D33 = diod
6 Säkringsdosa i passagerarutrymmet
R1 = relä uppvärmd bakruta
39 Generisk elektronisk modul (GEM)
100 Värmereglagemodul
a = indikator vindruteuppvärmning 'på'
b = brytare vindruteuppvärmningen
c = brytarbelysning
d = indikator bakruteuppvärmning 'på'
e = brytare bakruteuppvärmning
101 Vänster värmeelement uppvärmd ruta
102 Höger värmeelement uppvärmd ruta
103 Uppvärmd bakruta

Kopplingsschema 11

H33473

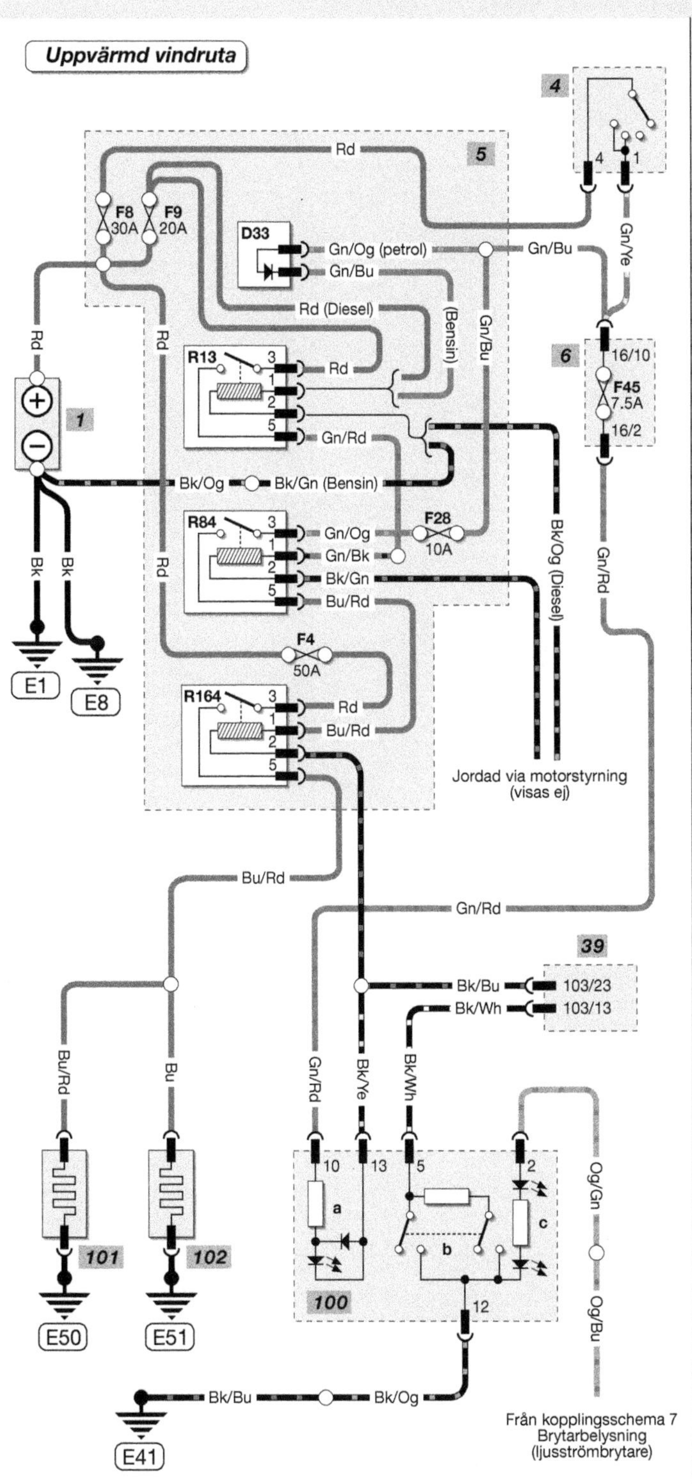

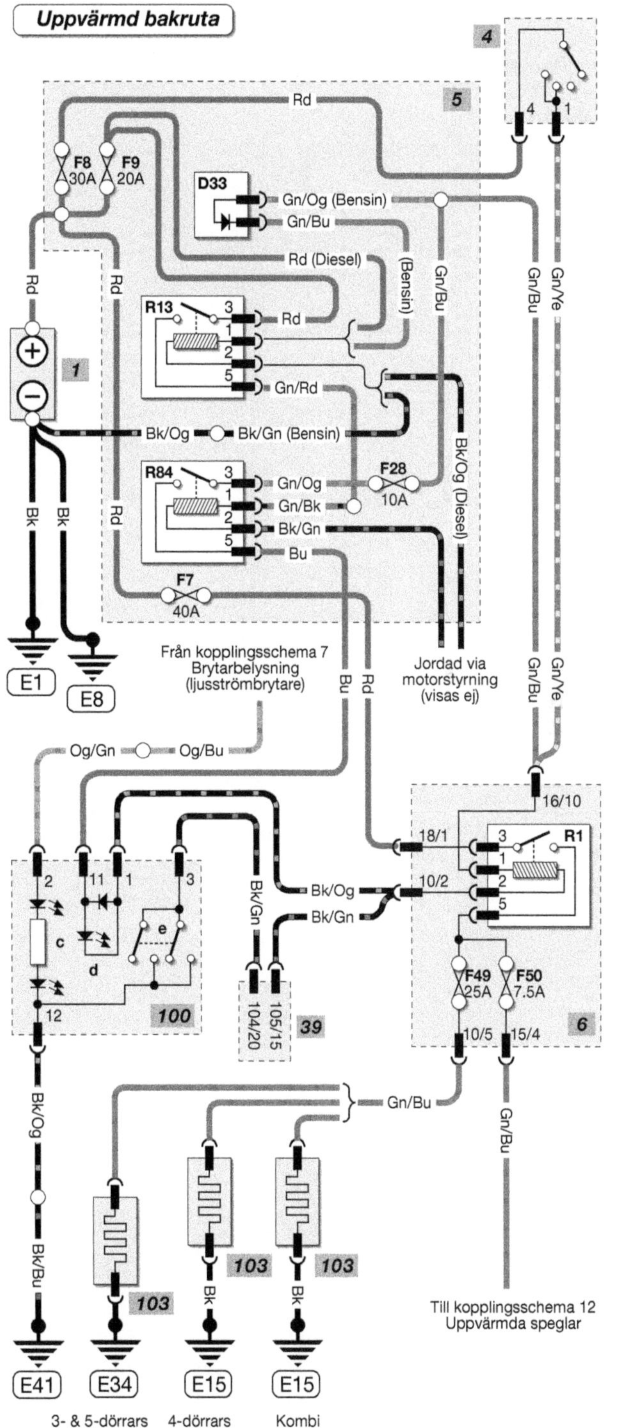

Kabelfärger

Bk	Svart	**Vt**	Lila
Gn	Grön	**Rd**	Röd
Pk	Rosa	**Gy**	Grå
Lg	Ljusgrön	**Bu**	Blå
Bn	Brun	**Wh**	Vit
Og	Orange	**Ye**	Gul
Na	Natur	**Sr**	Silver

Komponentförteckning

1	Batteri
4	Tändningslås
5	Säkringsdosa i motorrummet R41 = tändningsrelä
6	Säkringsdosa i passagerarutrymmet R115 = batteriets sparrelä
39	Generisk elektronisk modul (GEM)
100	Värmereglagemodul c = brytarbelysning f = indikator återcirkulation 'på' g = brytare återcirkulation h = styrenhet
105	Aktiverare återcirkulationsluft
106	Avimningsbrytare
107	Värmefläktsmotor
108	Värmefläktens motstånd
109	Värmefläktsbrytare
110	Brytare elstyrda speglar
111	Vänster spegelenhet a = vänster/höger motor b = up/ner motor c = värmeelement
112	Höger spegelenhet a = vänster/höger motor b = up/ner motor c = värmeelement
113	Höjdjusteringsbrytare förarsätet
114	Höjdjusteringsmotor förarsätet

Kopplingsschema 12

H33474

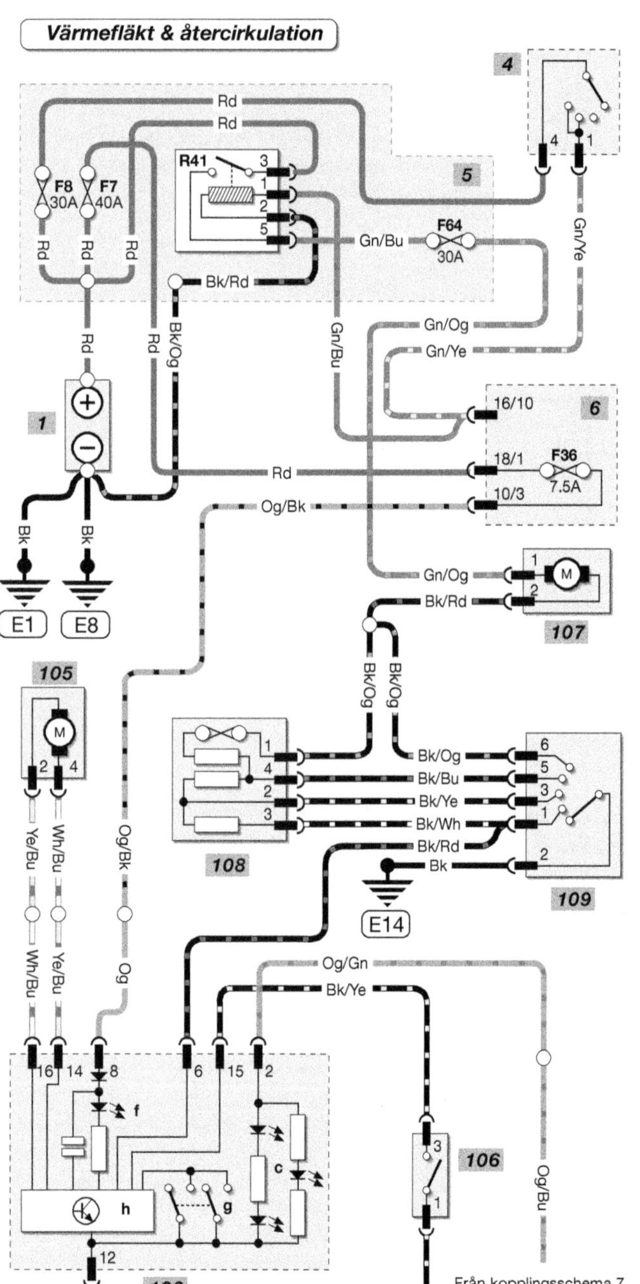

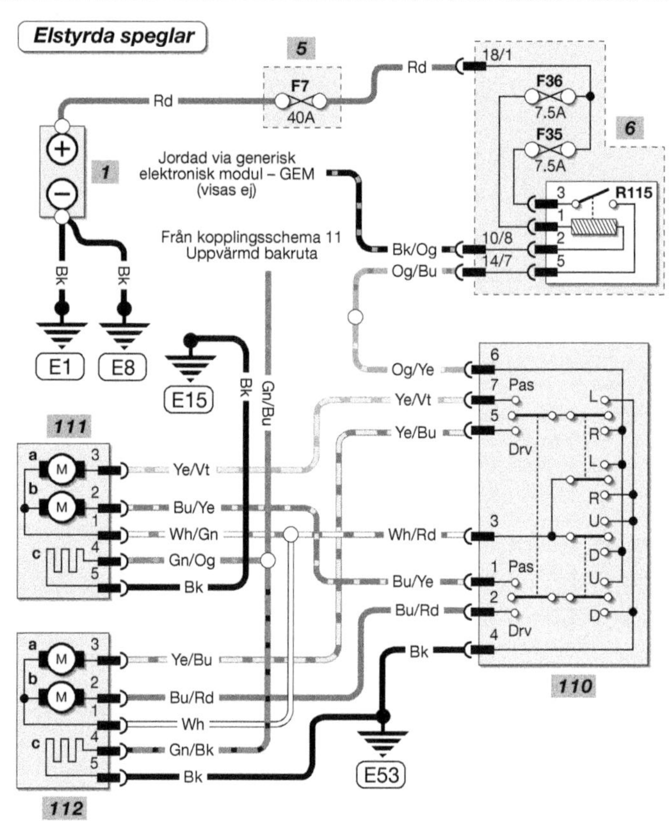

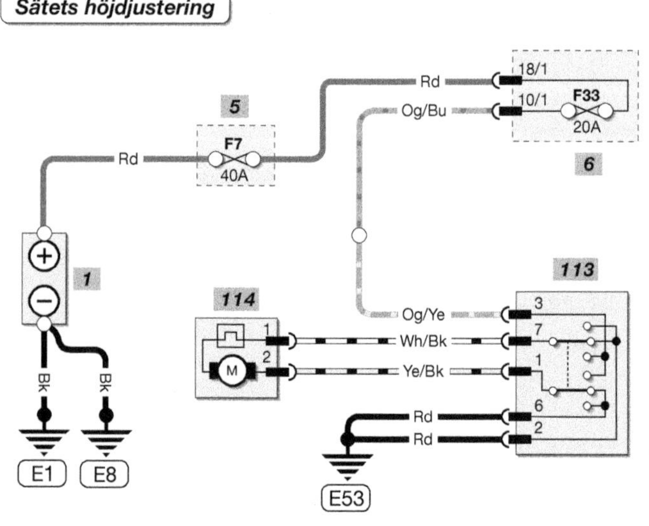

Kabelfärger

Bk	Svart	**Vt**	Lila
Gn	Grön	**Rd**	Röd
Pk	Rosa	**Gy**	Grå
Lg	Ljusgrön	**Bu**	Blå
Bn	Brun	**Wh**	Vit
Og	Orange	**Ye**	Gul
Na	Natur	**Sr**	Silver

Komponentförteckning

1 Batteri
4 Tändningslås
5 Säkringsdosa i motorrummet
R41 = tändningsrelä
6 Säkringsdosa i passagerarutrymmet
26 Rattens klockfjädrar
118 Taklucka
119 Takluckans brytare
120 Ljudanläggning
121 Högtalare vänster fram
122 Högtalare vänster bak
123 Högtalare höger fram
124 Högtalare höger bak
125 Fjärrkontroller ljudanläggning
126 SRS styrmodul
127 Främre krocksensor
128 Förarsidans krockkudde
129 Passagerarsidans krockkudde
130 Vänster sidokrockkudde
131 Vänstra sidokrockkuddens krocksensor
132 Höger sidokrockkudde
133 Högra sidokrockkuddens krocksensor
134 Försträckare förarsidans bälte
135 Försträckare passagerarsidans bälte

Kopplingsschema 13

H33475

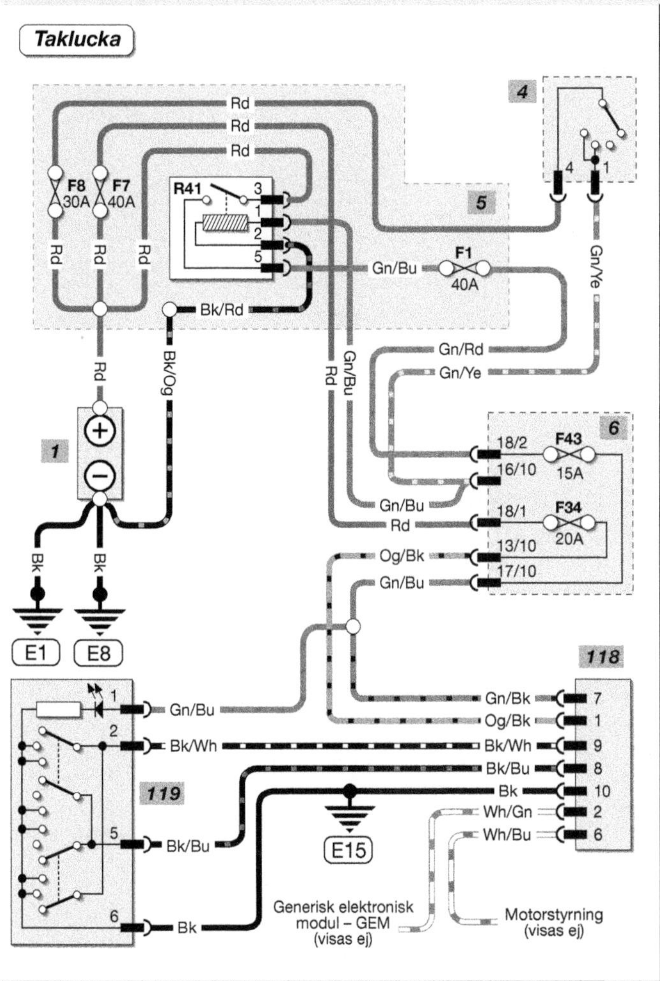

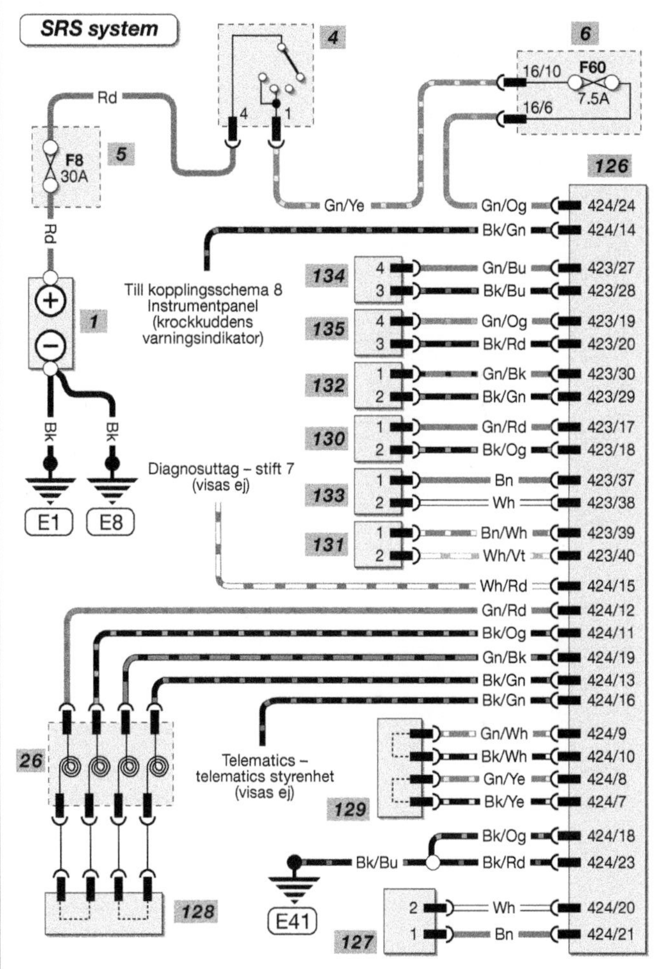

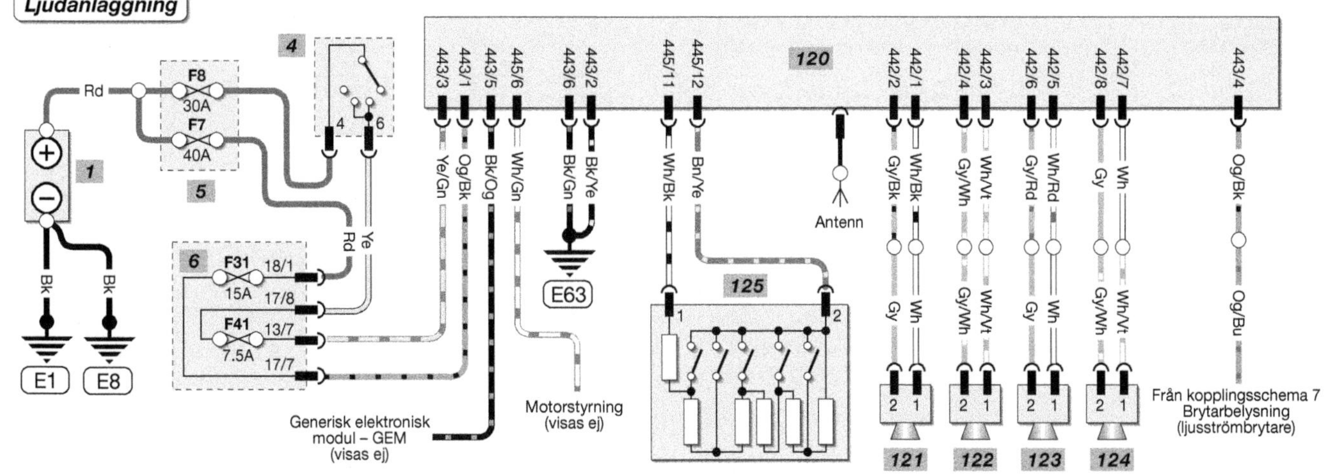

Kabelfärger

Bk	Svart	**Vt**	Lila
Gn	Grön	**Rd**	Röd
Pk	Rosa	**Gy**	Grå
Lg	Ljusgrön	**Bu**	Blå
Bn	Brun	**Wh**	Vit
Og	Orange	**Ye**	Gul
Na	Natur	**Sr**	Silver

Komponentförteckning

1 Batteri
4 Tändningslås
5 Säkringsdosa i motorrummet
R13 = strömlagringsrelä
R41 = tändningsrelä
D33 = diod
6 Säkringsdosa i passagerarutrymmet
26 Rattens klockfjädrar
28 Bromsljuskontakt
140 ABS/ESP styrenhet
141 Hjulgivare vänster fram
142 Hjulgivare vänster bak
143 Hjulgivare höger fram
144 Hjulgivare höger bak
145 TCS/ESP brytare
146 Rattens lägesgivare (endast ESP)
147 Girsensor (endast ESP)
148 Bromstrycksgivare (endast ESP)
149 Farthållarens styrenhet
150 Rattens kontrollbrytare
151 Bromspedalens lägeskontakt
152 Kopplingskontakt (endast manuell växellåda)
153 Bilens hastighetsgivare

Kopplingsschema 14

H33476

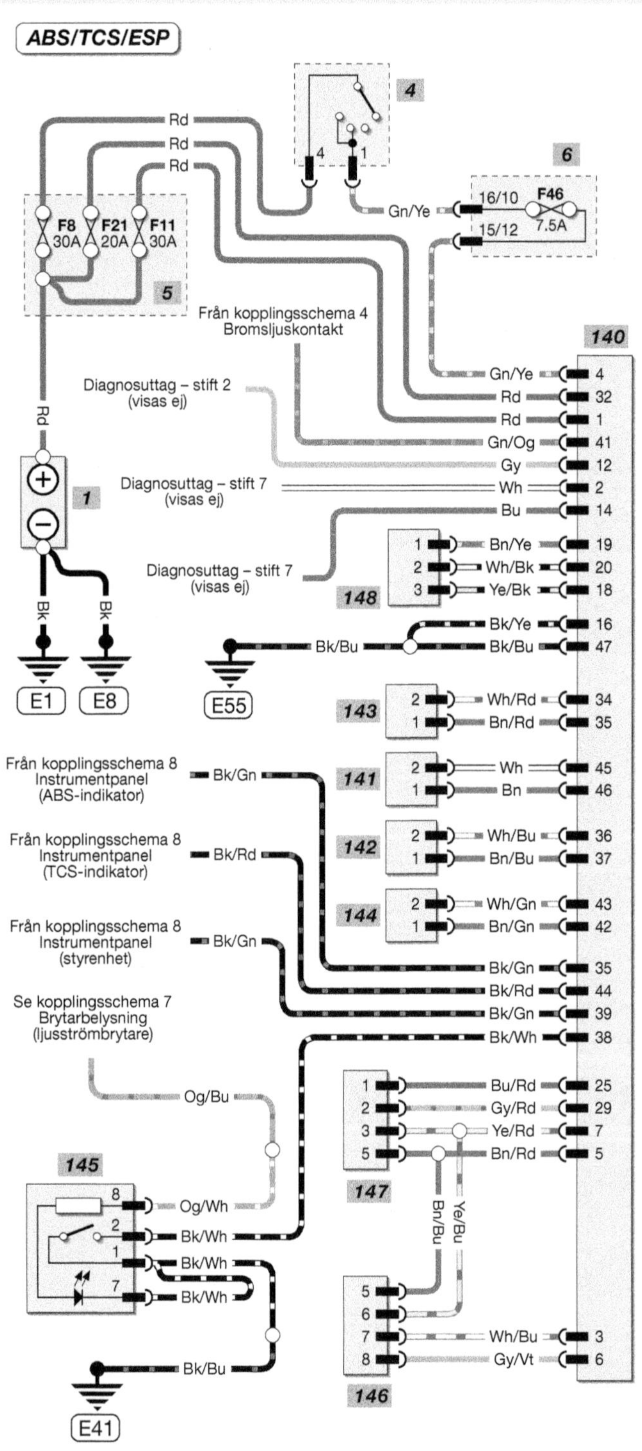

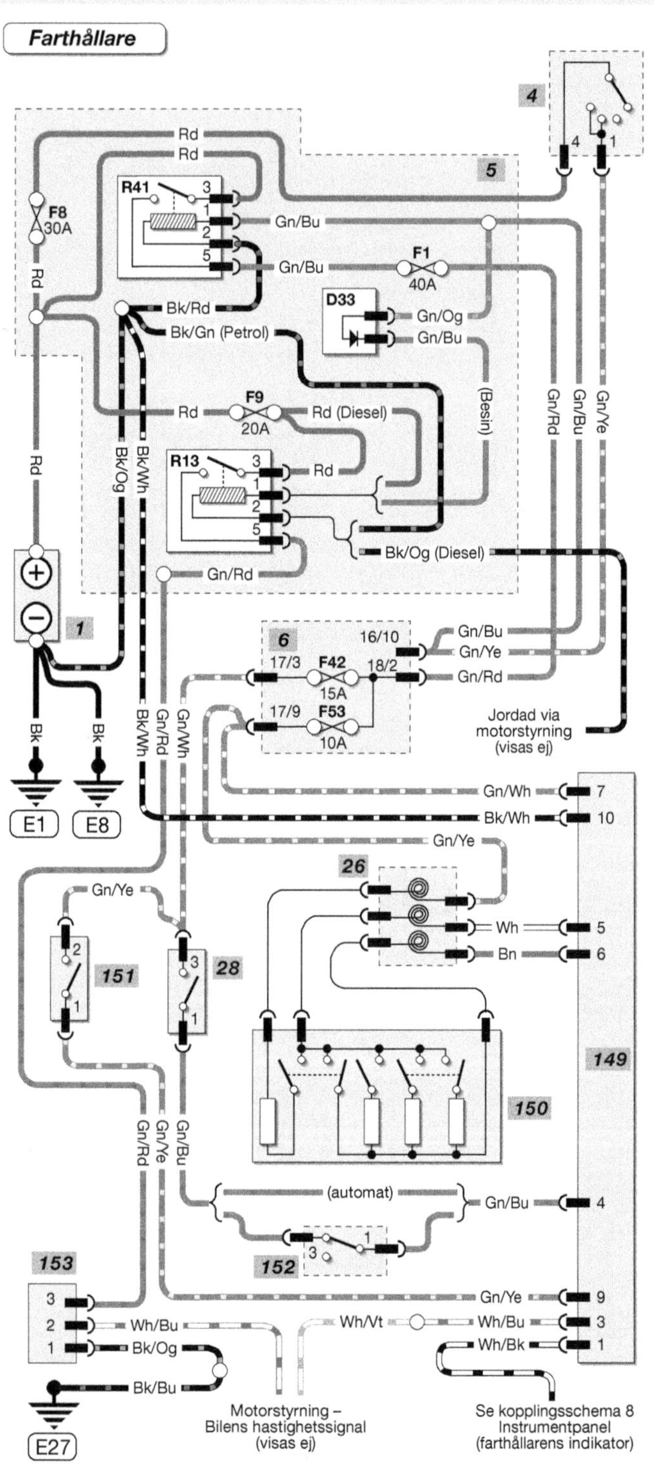

Kabelfärger

Bk	Svart	**Vt**	Lila
Gn	Grön	**Rd**	Röd
Pk	Rosa	**Gy**	Grå
Lg	Ljusgrön	**Bu**	Blå
Bn	Brun	**Wh**	Vit
Og	Orange	**Ye**	Gul
Na	Natur	**Sr**	Silver

Komponentförteckning

1 Batteri
4 Tändningslås
5 Säkringsdosa i motorrummet
R13 = strömlagringsrelä
R166 = glödstiftens värmarrelä 1
R167 = glödstiftens värmare 2
D33 = diod
6 Säkringsdosa i passagerarutrymmet
155 Extra kylvätskevärmare
156 Brytare förarsätets uppvärmning
157 Värmare förarsätets sittdyna
158 Värmare förarsätets ryggstöd
159 Brytare passagerarsätets uppvärmning
160 Värmare passagerarsätets sittdyna
161 Värmare passagerarsätets ryggstöd
162 Parkeringshjälpens styrenhet
163 Parkeringshjälpens högtalare
164 Motstånd (680 ohm)
165 Volymkontroll
166 Avståndsväljare
167 Avståndssensor (vänster yttre)
168 Avståndssensor (vänster inre)
169 Avståndssensor (höger yttre)
170 Avståndssensor (höger inre)

Kopplingsschema 15

H33477

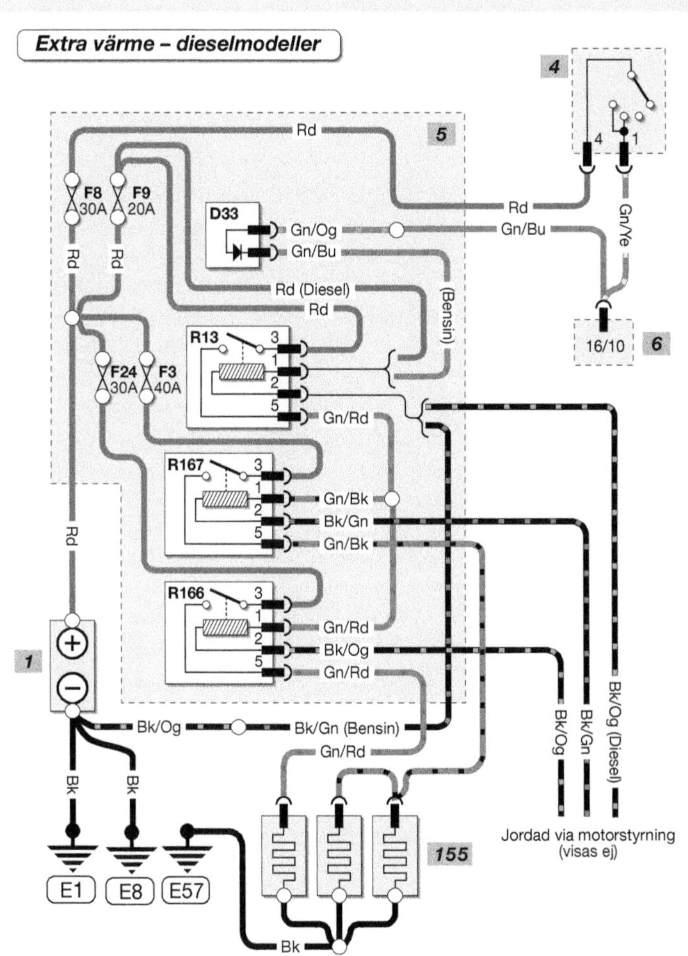

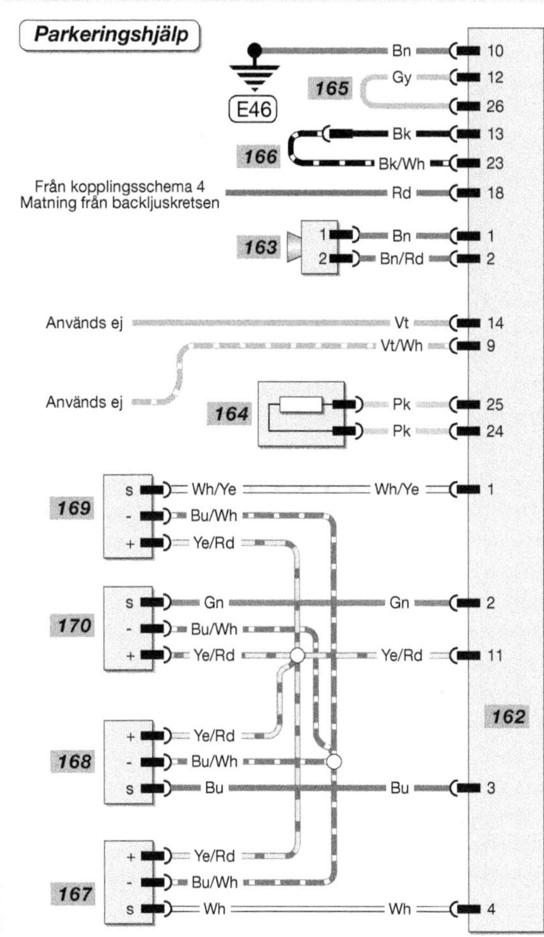

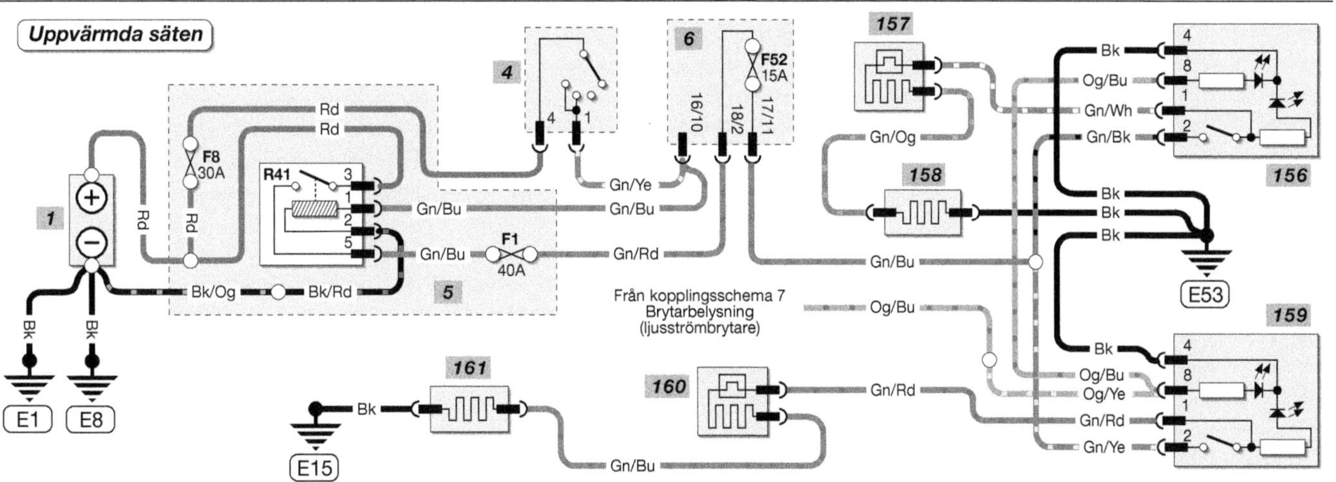

Mått och vikter

Observera: *Alla siffror är ungefärliga och kan variera beroende på modell. Se tillverkarens uppgifter för exakta mått.*

Dimensioner

Total längd (beroende på modell):	
Kombikupé	4 150 till 4 178 mm
Sedan	4 362 till 4 369 mm
Kombi	4 438 till 4 465 mm
Total bredd (inklusive backspeglar)	1 998 mm
Total höjd (typisk)	1 481 mm
Axelavstånd	2 615 mm

Vikter

Tjänstevikt (beroende på modell):	
Kombikupé	1 150 kg till 1 331 kg
Sedan	1 171 kg till 1 358 kg
Kombi	1 176 kg till 1 390 kg
Högsta tillåtna belastning på takräcke	
Kombikupé och sedan	75 kg
Kombi	75 kg
Högsta tillåtna släpvagnsvikt (bromsad)	Se chassinummerplåten

Reservdelar finns att köpa från ett antal olika ställen, t.ex tillverkarens auktoriserade verkstäder, tillbehörsbutiker och grossister. För att man garanterat ska få rätt delar måste man uppge bilens olika identifikationsnummer. Ta om möjligt med den gamla delen för säker identifiering. Många delar, t.ex. startmotor och generator, finns att få som fabriksrenoverade utbytesdelar – de delar som då returneras ska naturligtvis alltid vara rena.

Vi rekommenderar följande när det gäller inköp av reservdelar:

Auktoriserade verkstäder

Det här är det bästa stället för reservdelar som är specifika för bilen och inte är allmänt tillgängliga (t.ex. märken, klädsel etc). Det är även det enda ställe där man bör köpa reservdelar om bilen fortfarande täcks av en garanti.

Tillbehörsbutiker

Dessa är ofta bra ställen för inköp av underhållsmaterial (olje-, luft- och bränslefilter, tändstift, glödlampor, drivremmar, oljor, fett, bromsbackar, bättringslack etc). Tillbehör av det här slaget som säljs av välkända butiker håller samma standard som de som används av biltillverkaren.

Förutom reservdelar säljer dessa butiker också verktyg och allmänna tillbehör, de har ofta bra öppettider, tar mindre betalt och ligger ofta på bekvämt avstånd. Vissa tillbehörsbutiker har en reservdelsdisk där man kan köpa eller beställa komponenter för de flesta reparationsarbeten.

Grossister

Bra grossister lagerhåller alla viktigare delar som slits ut förhållandevis snabbt. Ibland kan de även tillhandahålla enskilda komponenter som behövs vid renovering av större enheter (t.ex. bromstätningar och hydrauliska delar, lagerskålar, kolvar, ventiler). I vissa fall kan de ta hand om större arbeten som omborrning av motorblocket, omslipning av vevaxlar och balansering etc.

Specialister på däck och avgassystem

Dessa kan vara oberoende återförsäljare eller ingå i större kedjor. De har ofta bra priser jämfört med märkesverkstäder, men det lönar sig att jämföra priser hos flera handlare. Kontrollera även vad som ingår i det angivna priset – ibland ingår t.ex. inte ventiler och balansering vid köp av nya däck.

Andra inköpsställen

Var försiktig när det gäller delar som säljs på loppmarknader och liknande. De är inte alltid av usel kvalitet, men det är mycket svårt att få pengarna tillbaka om delarna visar sig vara undermåliga. För säkerhetsmässiga delar som bromsar finns det inte bara ekonomiska risker utan även allvarliga olycksrisker att ta hänsyn till. Begagnade delar eller delar från en bildemontering kan vara pris-värda i vissa fall, men sådana inköp bör endast göras av erfarna hemmamekaniker.

Bilens identifikationsnummer

Inom biltillverkningen sker modifieringar av modeller fortlöpande, men det är endast de större modelländringarna som offentliggörs. Reservdelskataloger och listor sammanställs på numerisk basis, och bilens identifikationsnummer är mycket viktiga för att man ska få tag i rätt reservdelar.

Lämna alltid så mycket information som möjligt vid beställning av reservdelar. Ange fordonstyp och årsmodell, chassinummer och motornummer, allt efter tillämplighet.

Chassinummer och motornummer finns angivna på en metallplåt på den främre tvärbalken – chassinumret känns igen på att det börjar och slutar med en asterisk. På typplåten anges också fordonets tillåtna last, motortyp och olika klädsel- och färgkoder. Chassinumret finns också på en plastetikett på instrumentbrädan på passagerarsidan, som man kan se genom vindrutan. Det är också inpräglat i karossens golv på höger sida (lyft upp fliken i mattan för att kunna se det).

Motornumret är inpräglat i motorblocket på något av följande ställen, beroende på motortyp:

a) 1,4 och 1,6 liters motorer – på motorns främre, vänstra sida, nedanför gasspjällshuset ***(se bild)****.*

b) 1,8 och 2,0 liters bensin motorer – på motorns främre, vänstra sida, bredvid växellådans fläns.

Växellådsnumret finns angivet på en plåt på växellådshuset, eller ingjutet i själva huset.

Motornumrets placering på 1,4 och 1,6 liters motorer

När service, reparationer och renoveringar utförs på en bil eller bildel bör följande beskrivningar och instruktioner följas. Detta för att reparationen ska utföras så effektivt och fackmannamässigt som möjligt.

Tätningsytor och packningar

Vid isärtagande av delar vid deras tätningsytor ska dessa aldrig bändas isär med skruvmejsel eller liknande. Detta kan orsaka allvarliga skador som resulterar i oljeläckage, kylvätskeläckage etc. efter montering. Delarna tas vanligen isär genom att man knackar längs fogen med en mjuk klubba. Lägg dock märke till att denna metod kanske inte är lämplig i de fall styrstift används för exakt placering av delar.

Där en packning används mellan två ytor måste den bytas vid ihopsättning. Såvida inte annat anges i den aktuella arbetsbeskrivningen ska den monteras torr. Se till att tätningsytorna är rena och torra och att alla spår av den gamla packningen är borttagna. Vid rengöring av en tätningsyta ska sådana verktyg användas som inte skadar den. Små grader och repor tas bort med bryne eller en finskuren fil.

Rensa gängade hål med piprensare och håll dem fria från tätningsmedel då sådant används, såvida inte annat direkt specificeras.

Se till att alla öppningar, hål och kanaler är rena och blås ur dem, helst med tryckluft.

Oljetätningar

Oljetätningar kan tas ut genom att de bänds ut med en bred spårskruvmejsel eller liknande. Alternativt kan ett antal självgängande skruvar dras in i tätningen och användas som dragpunkter för en tång, så att den kan dras rakt ut.

När en oljetätning tas bort från sin plats, ensam eller som en del av en enhet, ska den alltid kasseras och bytas ut mot en ny.

Tätningsläpparna är tunna och skadas lätt och de tätar inte annat än om kontaktytan är fullständigt ren och oskadad. Om den ursprungliga tätningsytan på delen inte kan återställas till perfekt skick och tillverkaren inte gett utrymme för en viss omplacering av tätningen på kontaktytan, måste delen i fråga bytas ut. Tätningarna bör alltid bytas ut när de har demonterats.

Skydda tätningsläpparna från ytor som kan skada dem under monteringen. Använd tejp eller konisk hylsa där så är möjligt. Smörj läpparna med olja innan monteringen. Om oljetätningen har dubbla läppar ska utrymmet mellan dessa fyllas med fett.

Såvida inte annat anges ska oljetätningar monteras med tätningsläpparna mot det smörjmedel som de ska täta för.

Använd en rörformad dorn eller en träbit i lämplig storlek till att knacka tätningarna på plats. Om sätet är försedd med skuldra, driv tätningen mot den. Om sätet saknar skuldra bör tätningen monteras så att den går jäms med sätets yta (såvida inte annat uttryckligen anges).

Skruvgängor och infästningar

Muttrar, bultar och skruvar som kärvar är ett vanligt förekommande problem när en komponent har börjat rosta. Bruk av rostupplösningsolja och andra krypsmörjmedel löser ofta detta om man dränker in delen som kärvar en stund innan man försöker lossa den. Slagskruvmejsel kan ibland lossa envist fastsittande infästningar när de används tillsammans med rätt mejselhuvud eller hylsa. Om inget av detta fungerar kan försiktig värmning eller i värsta fall bågfil eller mutterspräckare användas.

Pinnbultar tas vanligen ut genom att två muttrar låses vid varandra på den gängade delen och att en blocknyckel sedan vrider den undre muttern så att pinnbulten kan skruvas ut. Bultar som brutits av under fästytan kan ibland avlägsnas med en lämplig bultutdragare. Se alltid till att gängade bottenhål är helt fria från olja, fett, vatten eller andra vätskor innan bulten monteras. Underlåtenhet att göra detta kan spräcka den del som skruven dras in i, tack vare det hydrauliska tryck som uppstår när en bult dras in i ett vätskefyllt hål

Vid åtdragning av en kronmutter där en saxsprint ska monteras ska muttern dras till specificerat moment om sådant anges, och därefter dras till nästa sprinthål. Lossa inte muttern för att passa in saxsprinten, såvida inte detta förfarande särskilt anges i anvisningarna.

Vid kontroll eller omdragning av mutter eller bult till ett specificerat åtdragningsmoment, ska muttern eller bulten lossas ett kvarts varv och sedan dras åt till angivet moment. Detta ska dock inte göras när vinkelåtdragning använts.

För vissa gängade infästningar, speciellt topplocksbultar/muttrar anges inte åtdragningsmoment för de sista stegen. Istället anges en vinkel för åtdragning. Vanligtvis anges ett relativt lågt åtdragningsmoment för bultar/muttrar som dras i specificerad turordning. Detta följs sedan av ett eller flera steg åtdragning med specificerade vinklar.

Låsmuttrar, låsbleck och brickor

Varje infästning som kommer att rotera mot en komponent eller en kåpa under åtdragningen ska alltid ha en bricka mellan åtdragningsdelen och kontaktytan.

Fjäderbrickor ska alltid bytas ut när de använts till att låsa viktiga delar som exempelvis lageröverfall. Låsbleck som viks över för att låsa bult eller mutter ska alltid byts ut vid ihopsättning.

Självlåsande muttrar kan återanvändas på mindre viktiga detaljer, under förutsättning att motstånd känns vid dragning över gängen. Kom dock ihåg att självlåsande muttrar förlorar låseffekt med tiden och därför alltid bör bytas ut som en rutinåtgärd.

Saxsprintar ska alltid bytas mot nya i rätt storlek för hålet.

När gänglåsmedel påträffas på gängor på en komponent som ska återanvändas bör man göra ren den med en stålborste och lösningsmedel. Applicera nytt gänglåsningsmedel vid montering.

Specialverktyg

Vissa arbeten i denna handbok förutsätter användning av specialverktyg som pressar, avdragare, fjäderkompressorer med mera. Där så är möjligt beskrivs lämpliga lättillgängliga alternativ till tillverkarens specialverktyg och hur dessa används. I vissa fall, där inga alternativ finns, har det varit nödvändigt att använda tillverkarens specialverktyg. Detta har gjorts av säkerhetsskäl, likväl som för att reparationerna ska utföras så effektivt och bra som möjligt. Såvida du inte är mycket kunnig och har stora kunskaper om det arbetsmoment som beskrivs, ska du aldrig försöka använda annat än specialverktyg när sådana anges i anvisningarna. Det föreligger inte bara stor risk för personskador, utan kostbara skador kan också uppstå på komponenterna.

Miljöhänsyn

Vid sluthantering av förbrukad motorolja, bromsvätska, frostskydd etc. ska all vederbörlig hänsyn tas för att skydda miljön. Ingen av ovan nämnda vätskor får hällas ut i avloppet eller direkt på marken. Kommunernas avfallshantering har kapacitet för hantering av miljöfarligt avfall liksom vissa verkstäder. Om inga av dessa finns tillgängliga i din närhet, fråga hälsoskyddskontoret i din kommun om råd.

I och med de allt strängare miljöskyddslagarna beträffande utsläpp av miljöfarliga ämnen från motorfordon har alltfler bilar numera justersäkringar monterade på de mest avgörande justeringspunkterna för bränslesystemet. Dessa är i första hand avsedda att förhindra okvalificerade personer från att justera bränsle/luftblandningen och därmed riskerar en ökning av giftiga utsläpp. Om sådana justersäkringar påträffas under service eller reparationsarbete ska de, närhelst möjligt, bytas eller sättas tillbaka i enlighet med tillverkarens rekommendationer eller aktuell lagstiftning.

Domkraften som medföljer bilens verktygssats ska **endast** användas vid hjulbyte i en nödsituation – se *Hjulbyte* längst fram i den här boken. Vid alla andra arbeten ska bilen lyftas med en kraftig hydraulisk domkraft (eller garagedomkraft) och alltid stöttas med pallbockar under bilens stödpunkter. Om hjulen inte behöver demonteras, är bilramper ett alternativ - om du så föredrar, går det att placera dem under hjulen när bilen har lyfts upp med en hydraulisk domkraft och därefter sänka ner bilen på ramperna så att den vilar på hjulen.

Bilen måste stå på en fast, plan yta när den lyfts upp. Sluttar marken det allra minsta, måste du noga se till att bilen inte kan komma i rörelse när hjulen lyfts. Att lyfta med domkraft på en ojämn eller grusbelagd yta är inte att rekommendera, eftersom fordonets tyngd inte fördelas jämnt, och domkraften kan börja glida när bilen lyfts.

Undvik så långt som möjligt att lämna fordonet obevakat när det väl har lyfts upp, särskilt om det finns lekande barn i närheten.

Kontrollera att handbromsen är ordentligt åtdragen innan framvagnen lyfts upp. Placera träklossar framför framhjulen och lägg i ettans växel (eller P-läge) innan bakvagnen lyfts.

Domkraften som medföljer fordonet passar in i tröskellådornas falsar, på de punkter som är utmärkta med två inbuktningar i tröskellådan på vardera sidan av bilen **(se bild)**. På kombikupémodeller, eller bilar med breda "kjolar" på sidorna, måste en bit av dekorpanelen i plast snäppas loss och demonteras från metalltröskeln innan domkraftens sadel kan sättas an **(se bild)**. Se till att domkraftens lyftsadel sitter korrekt innan du börjar lyfta bilen.

När en garagedomkraft eller pallbockar används kan man placera domkraftens eller pallbockenss sadel under någon av de fyra lyftpunkterna eller under de två stödpunkterna på framvagnschassits stödben **(se bild)**. När du lyfter eller pallar upp bilen under en tröskellåda, bör du alltid använda en träkloss (med en skåra på ovansidan att passa in tröskelfalsen i) som mellanlägg mellan domkraftens eller pallbockens sadel och tröskellådan. Det är också bra att använda en stor träkloss vid lyftning under andra ställen. Klossen fördelar belastningen över en större yta och minskar risken för skador på bilens undersida (den förhindrar också att underredsbehandlingen skadas av domkraften/pallbocken). Lyft **inte** bilen under någon annan del av tröskellådan, oljesumpen, golvplåten, fram-/bakvagnsramen eller direkt under någon av styrningens eller fjädringens delar.

Arbeta **aldrig** under eller i närheten av en lyft bil om den inte är ordentlig uppallad på bockar. Lita aldrig på enbart domkraften, eftersom även en hydraulisk domkraft kan ge vika vid belastning. Använd aldrig heller improviserade metoder för att lyfta och stödja bilen vid servicearbeten.

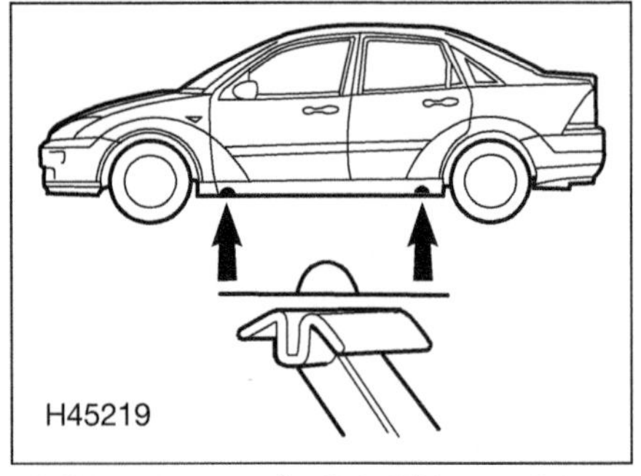

Stödpunkterna på tröskellådornas falsar (vid pilarna) indikeras av inbuktningar i plåten

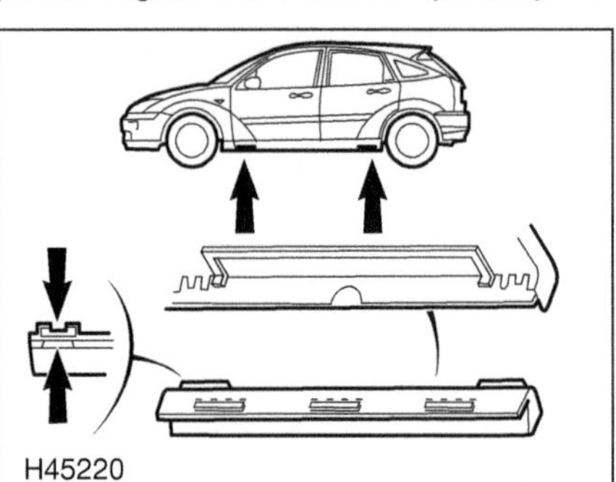

På vissa modeller måste man snäppa loss ett plastskydd för att komma åt stödpunkterna på tröskellådornas falsar

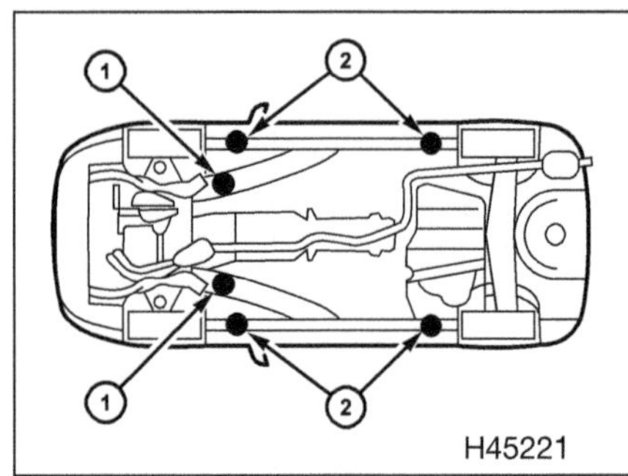

Stödpunkter på tröskellådorna (2) och på chassit (1)

Inledning

En uppsättning bra verktyg är ett grundläggande krav för var och en som överväger att underhålla och reparera ett motorfordon. För de ägare som saknar sådana kan inköpet av dessa bli en märkbar utgift, som dock uppvägs till en viss del av de besparingar som görs i och med det egna arbetet. Om de anskaffade verktygen uppfyller grundläggande säkerhets- och kvalitetskrav kommer de att hålla i många år och visa sig vara en värdefull investering.

För att hjälpa bilägaren att avgöra vilka verktyg som behövs för att utföra de arbeten som beskrivs i denna handbok har vi sammanställt tre listor med följande rubriker: *Underhåll och mindre reparationer, Reparation och renovering* samt *Specialverktyg*. Nybörjaren bör starta med det första sortimentet och begränsa sig till enklare arbeten på fordonet. Allt eftersom erfarenhet och självförtroende växer kan man sedan prova svårare uppgifter och köpa fler verktyg när och om det behövs. På detta sätt kan den grundläggande verktygssatsen med tiden utvidgas till en reparations- och renoveringssats utan några större enskilda kontantutlägg. Den erfarne hemmamekanikern har redan en verktygssats som räcker till de flesta reparationer och renoveringar och kommer att välja verktyg från specialkategorin när han känner att utgiften är berättigad för den användning verktyget kan ha.

Underhåll och mindre reparationer

Verktygen i den här listan ska betraktas som ett minimum av vad som behövs för rutinmässigt underhåll, service och mindre reparationsarbeten. Vi rekommenderar att man köper blocknycklar (ring i ena änden och öppen i den andra), även om de är dyrare än de med öppen ände, eftersom man får båda sorternas fördelar.

☐ *Blocknycklar - 8, 9, 10, 11, 12, 13, 14, 15, 17 och 19 mm*
☐ *Skiftnyckel - 35 mm gap (ca.)*
☐ *Tändstiftsnyckel (med gummifoder)*
☐ *Verktyg för justering av tändstiftens elektrodavstånd*
☐ *Sats med bladmått*
☐ *Nyckel för avluftning av bromsar*
☐ *Skruvmejslar:*
Spårmejsel - 100 mm lång x 6 mm diameter
Stjärnmejsel - 100 mm lång x 6 mm diameter
☐ *Kombinationstång*
☐ *Bågfil (liten)*
☐ *Däckpump*
☐ *Däcktrycksmätare*
☐ *Oljekanna*
☐ *Verktyg för demontering av oljefilter*
☐ *Fin slipduk*
☐ *Stålborste (liten)*
☐ *Tratt (medelstor)*

Reparation och renovering

Dessa verktyg är ovärderliga för alla som utför större reparationer på ett motorfordon och tillkommer till de som angivits för *Underhåll och mindre reparationer*. I denna lista ingår en grundläggande sats hylsor. Även om dessa är dyra, är de oumbärliga i och med sin mångsidighet - speciellt om satsen innehåller olika typer av drivenheter. Vi rekommenderar 1/2-tums fattning på hylsorna eftersom de flesta momentnycklar har denna fattning.

Verktygen i denna lista kan ibland behöva kompletteras med verktyg från listan för *Specialverktyg*.

☐ *Hylsor, dimensioner enligt föregående lista*
☐ *Spärrskaft med vändbar riktning (för användning med hylsor)* **(se bild)**
☐ *Förlängare, 250 mm (för användning med hylsor)*
☐ *Universalknut (för användning med hylsor)*
☐ *Momentnyckel (för användning med hylsor)*
☐ *Självlåsande tänger*
☐ *Kulhammare*
☐ *Mjuk klubba (plast/aluminium eller gummi)*
☐ *Skruvmejslar:*
Spårmejsel - en lång och kraftig, en kort (knubbig) och en smal (elektrikertyp)
Stjärnmejsel - en lång och kraftig och en kort (knubbig)
☐ *Tänger:*
Spetsnostång/plattång
Sidavbitare (elektrikertyp)
Låsringstång (inre och yttre)
☐ *Huggmejsel - 25 mm*
☐ *Ritspets*
☐ *Skrapa*
☐ *Körnare*
☐ *Purr*
☐ *Bågfil*
☐ *Bromsslangklämma*
☐ *Avluftningssats för bromsar/koppling*
☐ *Urval av borrar*
☐ *Stållinjal*
☐ *Insexnycklar (inkl Torxtyp/med splines)* **(se bild)**
☐ *Sats med filar*
☐ *Stor stålborste*
☐ *Pallbockar*
☐ *Domkraft (garagedomkraft eller stabil pelarmodell)*
☐ *Arbetslampa med förlängningssladd*

Specialverktyg

Verktygen i denna lista är de som inte används regelbundet, är dyra i inköp eller som måste användas enligt tillverkarens anvisningar. Det är bara om du relativt ofta kommer att utföra tämligen svåra jobb som många av dessa verktyg är lönsamma att köpa. Du kan också överväga att gå samman med någon vän (eller gå med i en motorklubb) och göra ett gemensamt inköp, hyra eller låna verktyg om så är möjligt.

Följande lista upptar endast verktyg och instrument som är allmänt tillgängliga och inte sådana som framställs av biltillverkare speciellt för auktoriserade verkstäder. Ibland nämns dock sådana verktyg i texten. I allmänhet anges en alternativ metod att utföra arbetet utan specialverktyg. Ibland finns emellertid inget alternativ till tillverkarens specialverktyg. När så är fallet och relevant verktyg inte kan köpas, hyras eller lånas har du inget annat val än att lämna bilen till en auktoriserad verkstad.

☐ *Ventilfjäderkompressor* **(se bild)**
☐ *Ventilslipningsverktyg*
☐ *Kolvringskompressor* **(se bild)**
☐ *Verktyg för demontering/montering av kolvringar* **(se bild)**
☐ *Honingsverktyg* **(se bild)**
☐ *Kulledsavdragare*
☐ *Spiralfjäderkompressor (där tillämplig)*
☐ *Nav/lageravdragare, två/tre ben* **(se bild)**
☐ *Slagskruvmejsel*
☐ *Mikrometer och/eller skjutmått* **(se bilder)**
☐ *Indikatorklocka* **(se bild)**
☐ *Stroboskoplampa*
☐ *Kamvinkelmätare/varvräknare*
☐ *Multimeter*

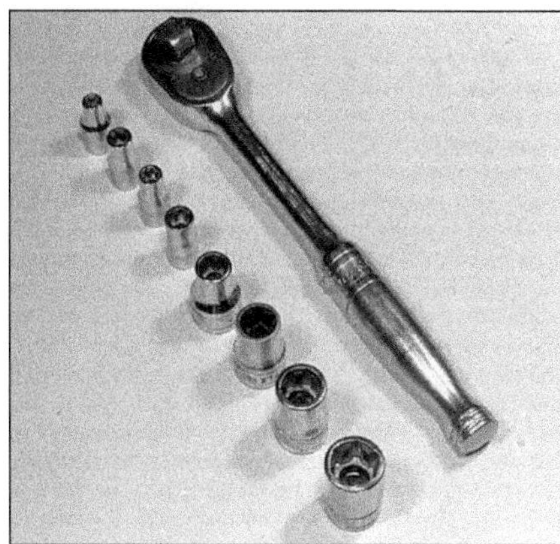

Hylsor och spärrskaft

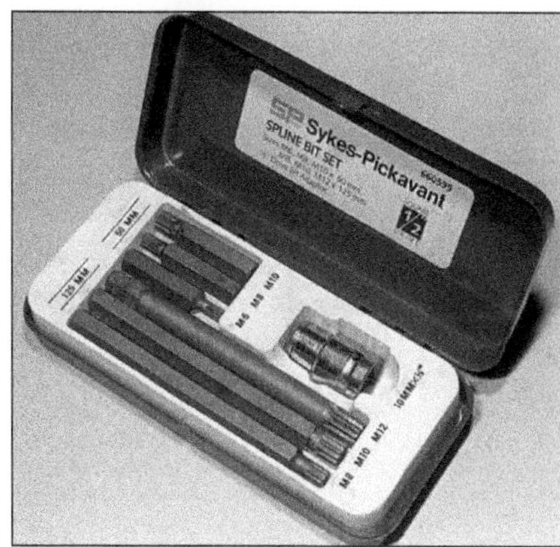

Bits med splines/torx

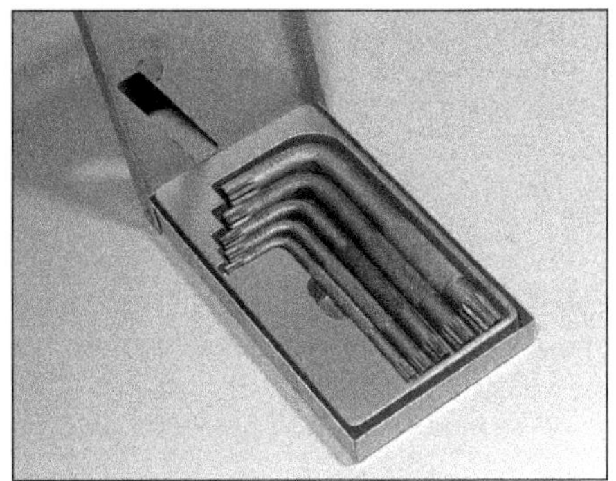
Nycklar med splines/torx

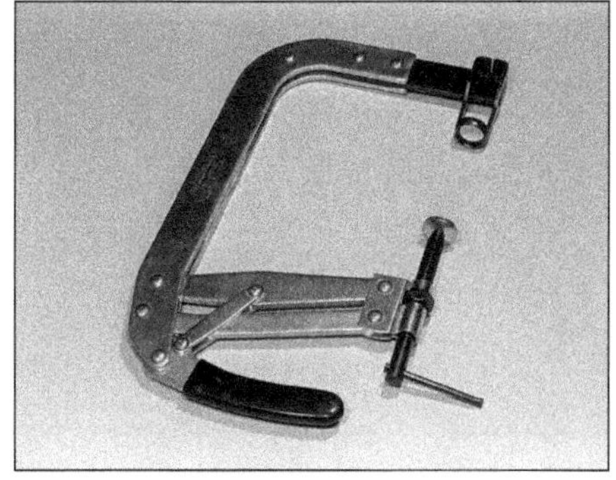
Ventilfjäderkompressor (ventilbåge)

Kolvringskompressor

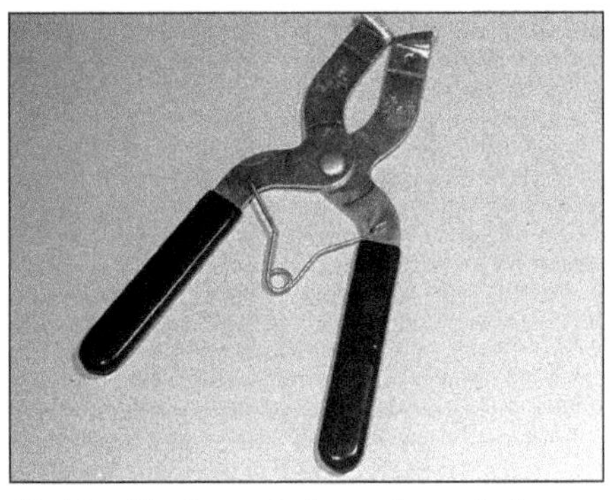
Verktyg för demontering och montering av kolvringar

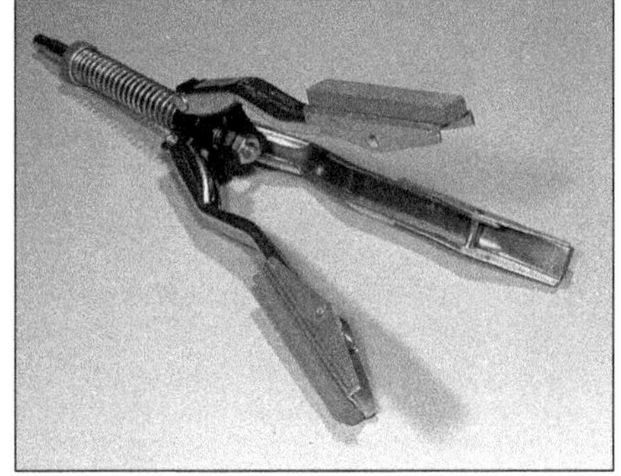
Honingsverktyg

Trebent avdragare för nav och lager

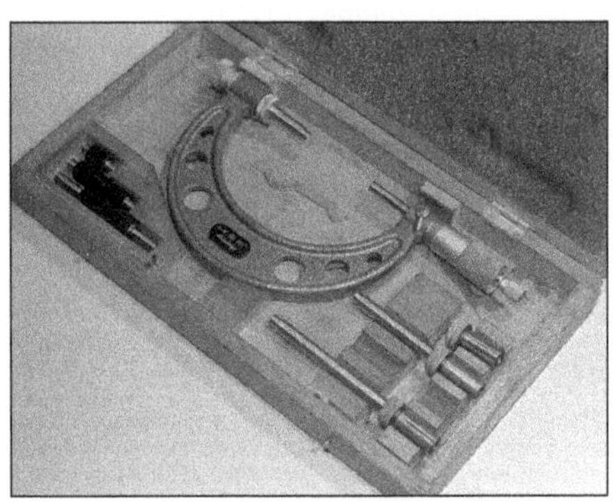
Mikrometerset

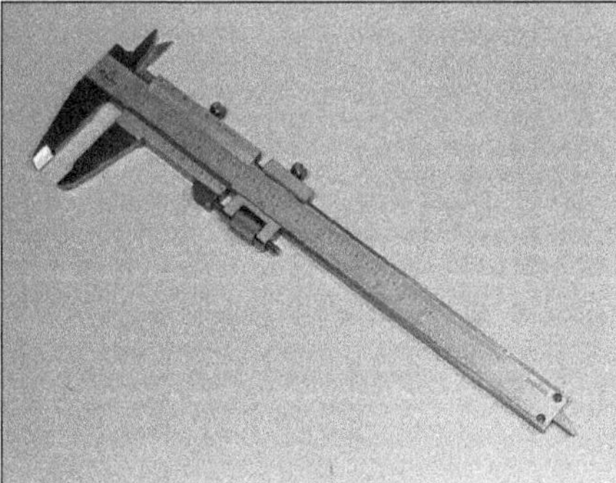
Skjutmått

Indikatorklocka med magnetstativ

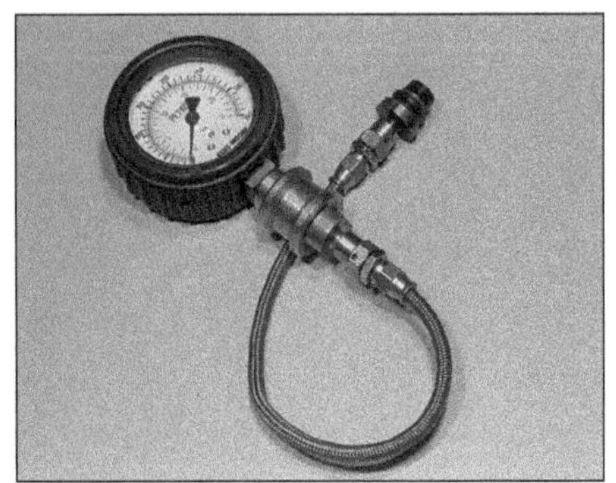
Kompressionsmätare

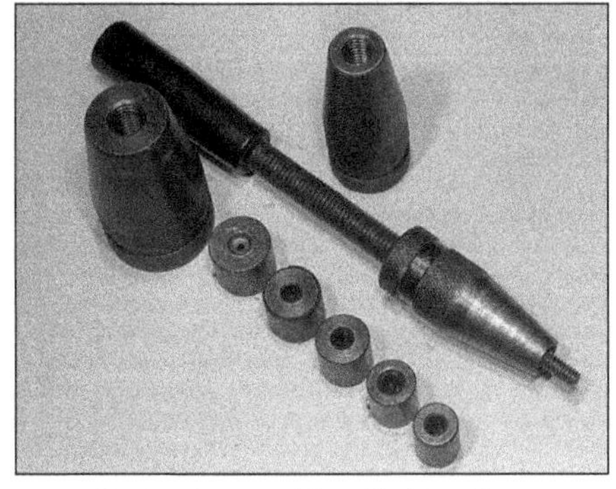
Centreringsverktyg för koppling

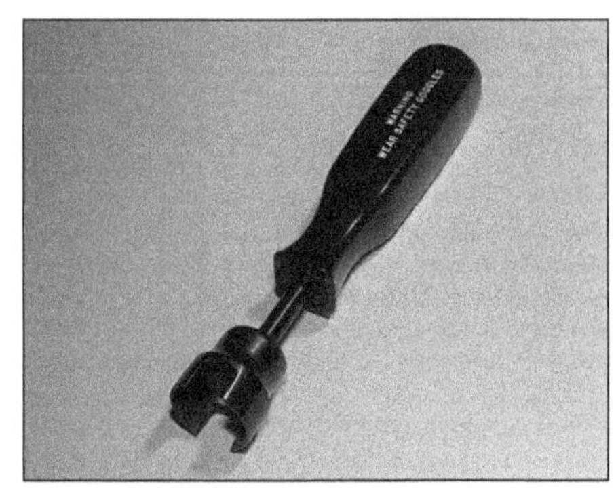
Demonteringsverktyg för bromsbackarnas fjäderskålar

☐ *Kompressionsmätare* ***(se bild)***
☐ *Handmanövrerad vakuumpump och mätare*
☐ *Centreringsverktyg för koppling* ***(se bild)***
☐ *Verktyg för demontering av bromsbackarnas fjäderskålar* ***(se bild)***
☐ *Sats för montering/demontering av bussningar och lager* ***(se bild)***
☐ *Bultutdragare* ***(se bild)***
☐ *Gängverktygssats* ***(se bild)***
☐ *Lyftblock*
☐ *Garagedomkraft*

Inköp av verktyg

När det gäller inköp av verktyg är det i regel bättre att vända sig till en specialist som har ett större sortiment än t ex tillbehörsbutiker och bensinmackar. Tillbehörsbutiker och andra försöljningsställen kan dock erbjuda utmärkta verktyg till låga priser, så det kan löna sig att söka.

Det finns gott om bra verktyg till låga priser, men se till att verktygen uppfyller grundläggande krav på funktion och säkerhet. Fråga gärna någon kunnig person om råd före inköpet.

Vård och underhåll av verktyg

Efter inköp av ett antal verktyg är det nödvändigt att hålla verktygen rena och i fullgott skick. Efter användning, rengör alltid verktygen innan de läggs undan. Låt dem inte ligga framme sedan de använts. En enkel upphängningsanordning på väggen för t ex skruvmejslar och tänger är en bra idé. Nycklar och hylsor bör förvaras i metalllådor. Mätinstrument av skilda slag ska förvaras på platser där de inte kan komma till skada eller börja rosta.

Lägg ner lite omsorg på de verktyg som används. Hammarhuvuden får märken och skruvmejslar slits i spetsen med tiden. Lite polering med slippapper eller en fil återställer snabbt sådana verktyg till gott skick igen.

Arbetsutrymmen

När man diskuterar verktyg får man inte glömma själva arbetsplatsen. Om mer än rutinunderhåll ska utföras bör man skaffa en lämplig arbetsplats.

Vi är medvetna om att många ägare/mekaniker av omständigheterna tvingas att lyfta ur motor eller liknande utan tillgång till garage eller verkstad. Men när detta är gjort ska fortsättningen av arbetet göras inomhus.

Närhelst möjligt ska isärtagning ske på en ren, plan arbetsbänk eller ett bord med passande arbetshöjd.

En arbetsbänk behöver ett skruvstycke. En käftöppning om 100 mm räcker väl till för de flesta arbeten. Som tidigare sagts, ett rent och torrt förvaringsutrymme krävs för verktyg liksom för smörjmedel, rengöringsmedel, bättringslack (som också måste förvaras frostfritt) och liknande.

Ett annat verktyg som kan behövas och som har en mycket bred användning är en elektrisk borrmaskin med en chuckstorlek om minst 8 mm. Denna, tillsammans med en sats spiralborrar, är i praktiken oumbärlig för montering av tillbehör.

Sist, men inte minst, ha alltid ett förråd med gamla tidningar och rena luddfria trasor tillgängliga och håll arbetsplatsen så ren som möjligt.

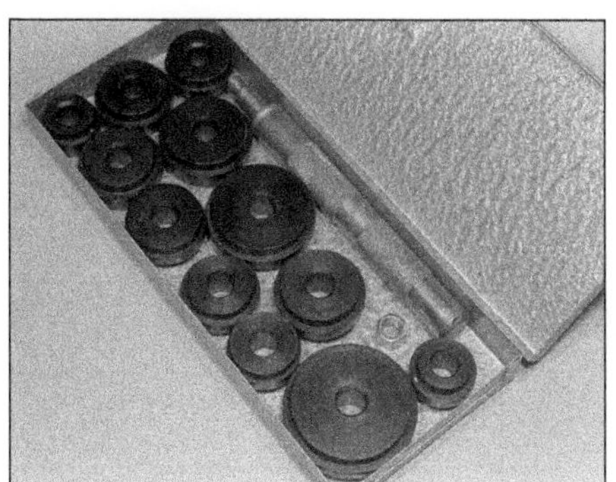

Sats för demontering och montering av lager och bussningar

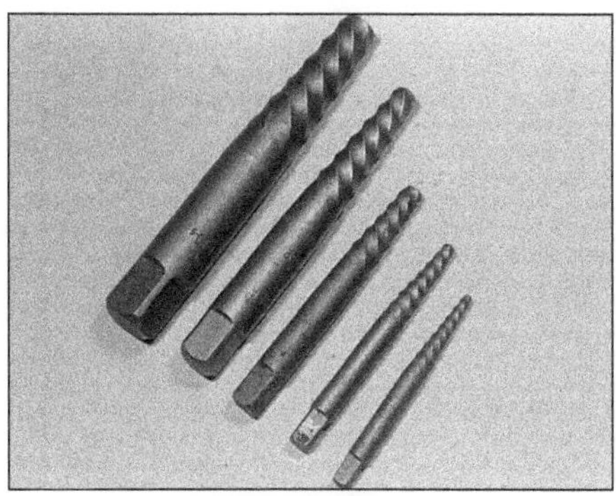

Bultutdragare

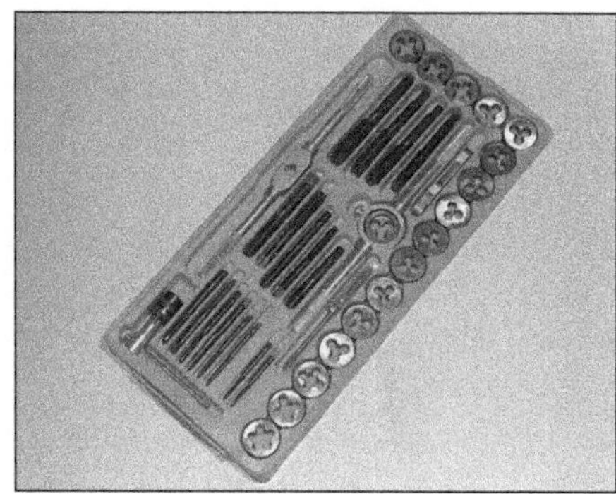

Gängverktygssats

Kontroller inför bilbesiktningen

Det här avsnittet är till för att hjälpa dig att klara bilbesiktningen. Det är naturligtvis inte möjligt att undersöka ditt fordon lika grundligt som en professionell besiktare, men genom att göra följande kontroller kan du identifiera problemområden och ha en möjlighet att korrigera eventuella fel innan du lämnar bilen till besiktning. Om bilen underhålls och servas regelbundet borde besiktningen inte innebära några större problem.

I besiktningsprogrammet ingår kontroll av nio huvudsystem – stommen, hjulsystemet, drivsystemet, bromssystemet, styrsystemet, karosseriet, kommunikationssystemet, instrumentering och slutligen övriga anordningar (släpvagnskoppling etc).

Kontrollerna som här beskrivs har baserats på Svensk Bilprovnings krav aktuella vid tiden för tryckning. Kraven ändras dock kontinuerligt och särskilt miljöbestämmelserna blir allt strängare.

Kontrollerna har delats in under följande fem rubriker:

1 Kontroller som utförs från förarsätet

2 Kontroller som utförs med bilen på marken

3 Kontroller som utförs med bilen upphissad och med fria hjul

4 Kontroller på bilens avgassystem

5 Körtest

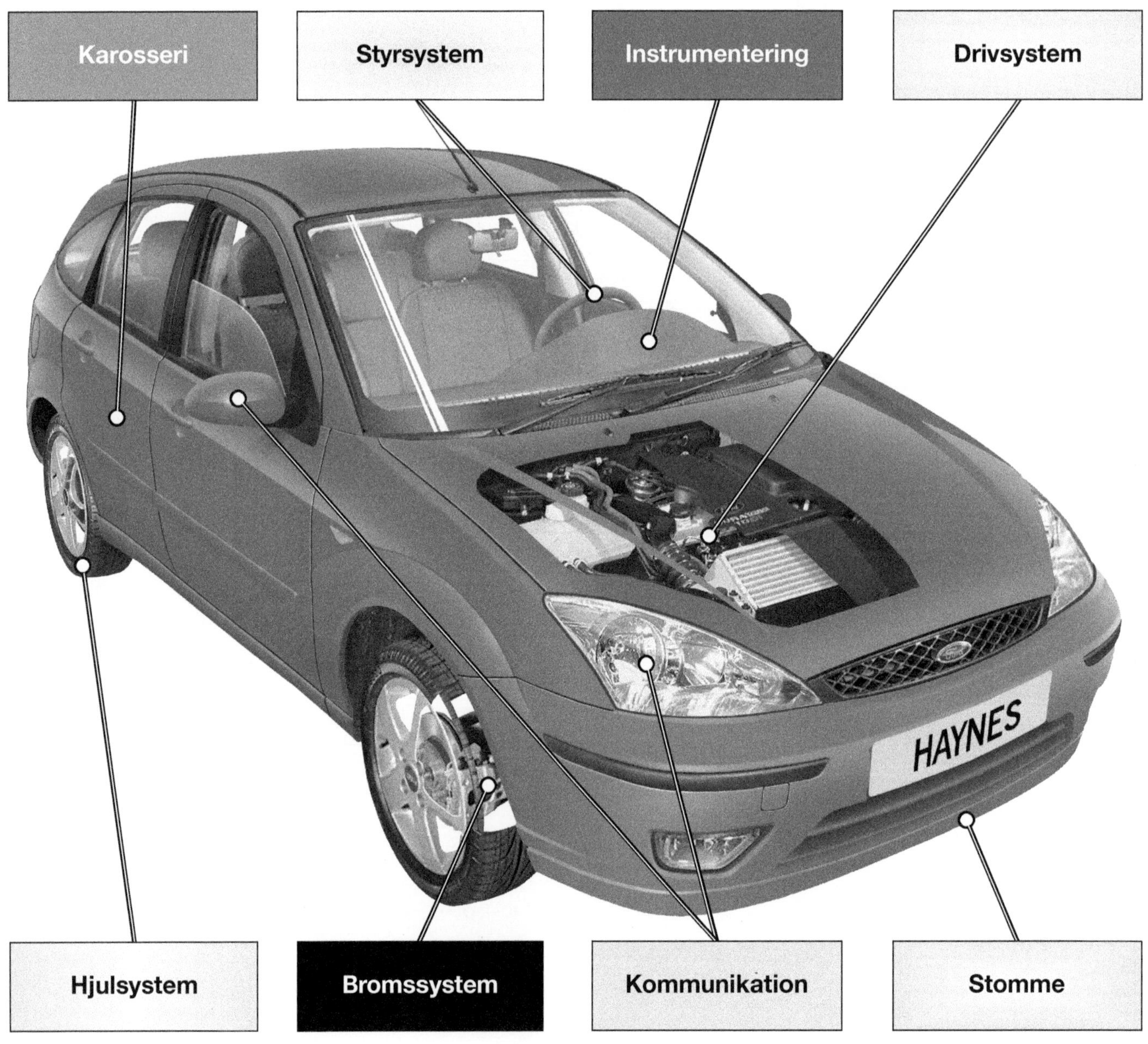

Besiktningsprogrammet

Vanliga personbilar kontrollbesiktigas första gången efter tre år, andra gången två år senare och därefter varje år. Åldern på bilen räknas från det att den tas i bruk, oberoende av årsmodell, och den måste genomgå besiktning inom fem månader.

Tiden på året då fordonet kallas till besiktning bestäms av sista siffran i registreringsnumret, enligt tabellen nedan.

Slutsiffra	Besiktningsperiod
1	*november t.o.m. mars*
2	*december t.o.m. april*
3	*januari t.o.m. maj*
4	*februari t.o.m. juni*
5	*maj t.o.m. september*
6	*juni t.o.m. oktober*
7	*juli t.o.m. november*
8	*augusti t.o.m. december*
9	*september t.o.m. januari*
0	*oktober t.o.m. februari*

Om fordonet har ändrats, byggts om eller om särskild utrustning har monterats eller demonterats, måste du som fordonsägare göra en registreringsbesiktning inom en månad. I vissa fall räcker det med en begränsad registreringsbesiktning, t.ex. för draganordning, taklucka, taxiutrustning etc.

Efter besiktningen

Nedan visas de system och komponenter som kontrolleras och bedöms av besiktaren på Svensk Bilprovning. Efter besiktningen erhåller du ett protokoll där eventuella anmärkningar noterats.

Har du fått en 2x i protokollet (man kan ha max 3 st 2x) behöver du inte ombesiktiga bilen, men är skyldig att själv åtgärda felet snarast möjligt. Om du inte åtgärdar felen utan återkommer till Svensk Bilprovning året därpå med samma fel, blir dessa automatiskt 2:or som då måste ombesiktigas. Har du en eller flera 2x som ej är åtgärdade och du blir intagen i en flygande besiktning av polisen, blir dessa automatiskt 2:or som måste ombesiktigas. I detta läge får du även böta.

Om du har fått en tvåa i protokollet är fordonet alltså inte godkänt. Felet ska åtgärdas och bilen ombesiktigas inom en månad.

En trea innebär att fordonet har så stora brister att det anses mycket trafikfarligt. Körförbud inträder omedelbart.

Kommunikation

- **Vindrutetorkare**
- **Vindrutespolare**
- **Backspegel**
- **Strålkastarinställning**
- **Strålkastare**
- **Signalhorn**
- **Sidoblinkers**
- **Parkeringsljus fram**
  bak
- **Blinkers**
- **Bromsljus**
- **Reflex**
- **Nummerplåtsbelysning**
- **Övrigt**

Vanliga anmärkningar:
Felaktig ljusbild
Skadad strålkastare
Ej fungerande parkeringsljus
Ej fungerande bromsljus

Drivsystem

- **Avgasrening, EGR-system (-88)**
- **Avgasrening**
- **Bränslesystem**
- **Avgassystem**
- **Avgaser (CO, HC)**
- **Kraftöverföring**
- **Drivknut**
- **Elförsörjning**
- **Batteri**
- **Övrigt**

Vanliga anmärkningar:
Höga halter av CO
Höga halter av HC
Läckage i avgassystemet
Skadade drivknutsdamasker
Löst batteri

Styrsystem

- **Styrled**
- **Styrväxel**
- **Hjälpstyrarm**
- **Övrigt**

Vanliga anmärkningar:
Glapp i styrleder
Skadade styrväxeldamasker

Instrumentering

- **Hastighetsmätare**
- **Taxameter**
- **Varningslampor**
- **Övrigt**

Karosseri

- **Dörr**
- **Skärm**
- **Vindruta**
- **Säkerhetsbälten**
- **Lastutrymme**
- **Övrigt**

Vanliga anmärkningar:
Skadad vindruta
Vassa kanter
Glappa gångjärn

Stomme

- **Sidobalk**
- **Tvärbalk**
- **Golv**
- **Hjulhus**
- **Övrigt**

Vanliga anmärkningar:
Rostskador i sidobalkar, golv och hjulhus

Hjulsystem

- **Däck**
- **Stötdämpare**
- **Hjullager**
- **Spindelleder**
- **Länkarm fram**
  bak
- **Fjäder**
- **Fjädersäte**
- **Övrigt**

Vanliga anmärkningar:
Glapp i spindelleder
Utslitna däck
Dåliga stötdämpare
Rostskadade fjädersäten
Brustna fjädrar
Rostskadade länkarmsinfästningar

Bromssystem

- **Fotbroms fram**
  bak
  rörelseres.
- **Bromsrör**
- **Bromsslang**
- **Handbroms**
- **Övrigt**

Vanliga anmärkningar:
Otillräcklig bromsverkan på handbromsen
Ojämn bromsverkan på fotbromsen
Anliggande bromsar på fotbromsen
Rostskadade bromsrör
Skadade bromsslangar

1 Kontroller som utförs från förarsätet

Handbroms

☐ Kontrollera att handbromsen fungerar ordentligt utan för stort spel i spaken. För stort spel tyder på att bromsen eller bromsvajern är felaktigt justerad.

☐ Kontrollera att handbromsen inte kan läggas ur genom att spaken förs åt sidan. Kontrollera även att handbromsspaken är ordentligt monterad.

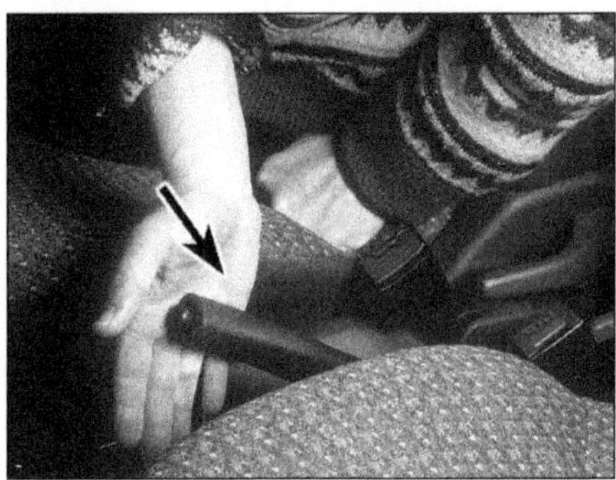

Fotbroms

☐ Tryck ner bromspedalen och håll den nedtryckt i ca 30 sek. Kontrollera att den inte sjunker ner mot golvet, vilket tyder på fel på huvudcylindern. Släpp pedalen, vänta ett par sekunder och tryck sedan ner den igen. Om pedalen tar långt ner måste broms-arna justeras eller repareras. Om pedalens rörelse känns "svampig" finns det luft i bromssystemet som då måste luftas.

☐ Kontrollera att bromspedalen sitter fast ordentligt och att den är i bra skick. Kontrollera även om det finns tecken på oljeläckage på bromspedalen, golvet eller mattan eftersom det kan betyda att packningen i huvudcylindern är trasig.

☐ Om bilen har bromsservo kontrolleras denna genom att man upprepade gånger trycker ner bromspedalen och sedan startar motorn med pedalen nertryckt. När motorn startar skall pedalen sjunka något. Om inte kan vakuumslangen eller själva servoenheten vara trasig.

Ratt och rattstång

☐ Känn efter att ratten sitter fast. Undersök om det finns några sprickor i ratten eller om några delar på den sitter löst.

☐ Rör på ratten uppåt, nedåt och i sidled. Fortsätt att röra på ratten samtidigt som du vrider lite på den från vänster till höger.

☐ Kontrollera att ratten sitter fast ordentligt på rattstången, vilket annars kan tyda på slitage eller att fästmuttern sitter löst. Om ratten går att röra onaturligt kan det tyda på att rattstångens bärlager eller kopplingar är slitna.

Rutor och backspeglar

☐ Vindrutan måste vara fri från sprickor och andra skador som kan vara irriterande eller hindra sikten i förarens synfält. Sikten får inte heller hindras av t.ex. ett färgat eller reflekterande skikt. Samma regler gäller även för de främre sidorutorna.

☐ Backspeglarna måste sitta fast ordentligt och vara hela och ställbara.

Säkerhetsbälten och säten

Observera: *Kom ihåg att alla säkerhetsbälten måste kontrolleras - både fram och bak.*

☐ Kontrollera att säkerhetsbältena inte är slitna, fransiga eller trasiga i väven och att alla låsmekanismer och rullmekanismer fungerar obehindrat. Se även till att alla infästningar till säkerhetsbältena sitter säkert.

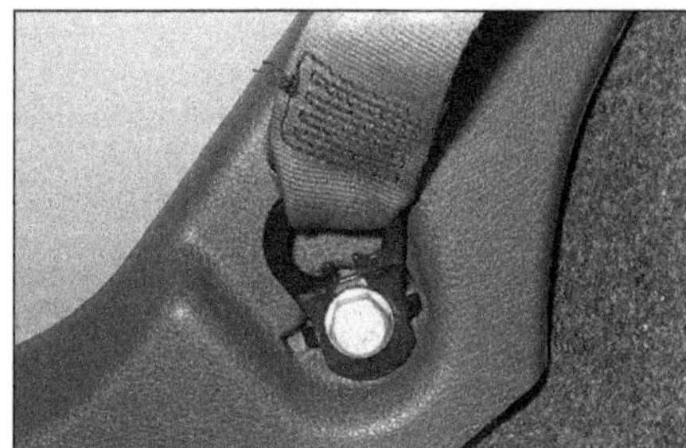

☐ Framsätena måste vara ordentligt fastsatta och om de är fällbara måste de vara låsbara i uppfällt läge.

Dörrar

☐ Framdörrarna måste gå att öppna och stänga från både ut- och insidan och de måste gå ordentligt i lås när de är stängda. Gångjärnen ska sitta säkert och inte glappa eller kärva onormalt.

2 Kontroller som utförs med bilen på marken

Registreringsskyltar

☐ Registreringsskyltarna måste vara väl synliga och lätta att läsa av, d v s om bilen är mycket smutsig kan det ge en anmärkning.

Elektrisk utrustning

☐ Slå på tändningen och kontrollera att signalhornet fungerar och att det avger en jämn ton.

☐ Kontrollera vindrutetorkarna och vindrutespolningen. Svephastigheten får inte vara extremt låg, svepytan får inte vara för liten och torkarnas viloläge ska inte vara inom förarens synfält. Byt ut gamla och skadade torkarblad.

☐ Kontrollera att strålkastarna fungerar och att de är rätt inställda. Reflektorerna får inte vara skadade, lampglasen måste vara hela och lamporna måste vara ordentligt fastsatta. Kontrollera även att bromsljusen fungerar och att det inte krävs högt pedaltryck för att tända dem. (Om du inte har någon medhjälpare kan du kontrollera bromsljusen genom att backa upp bilen mot en garageport, vägg eller liknande reflekterande yta.)

☐ Kontrollera att blinkers och varningsblinkers fungerar och att de blinkar i normal hastighet. Parkeringsljus och bromsljus får inte påverkas av blinkers. Om de påverkas beror detta oftast på jordfel. Se också till att alla övriga lampor på bilen är hela och fungerar som de ska och att t.ex. extraljus inte är placerade så att de skymmer föreskriven belysning.

☐ Se även till att batteri, elledningar, reläer och liknande sitter fast ordentligt och att det inte föreligger någon risk för kortslutning

Fotbroms

☐ Undersök huvudbromscylindern, bromsrören och servoenheten. Leta efter läckage, rost och andra skador.

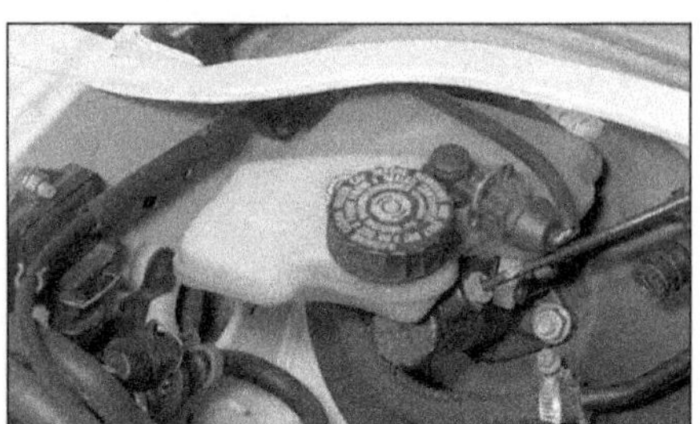

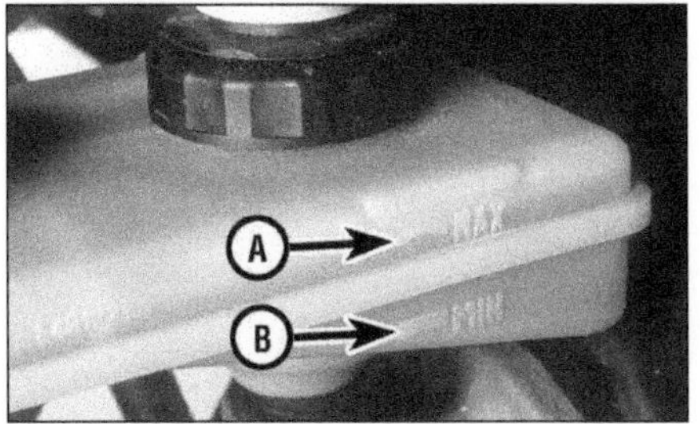

☐ Bromsvätskebehållaren måste sitta fast ordentligt och vätskenivån skall vara mellan max- (A) och min- (B) markeringarna.

☐ Undersök båda främre bromsslangarna efter sprickor och förslitningar. Vrid på ratten till fullt rattutslag och se till att bromsslangarna inte tar i någon del av styrningen eller upphängningen. Tryck sedan ner bromspedalen och se till att det inte finns några läckor eller blåsor på slangarna under tryck.

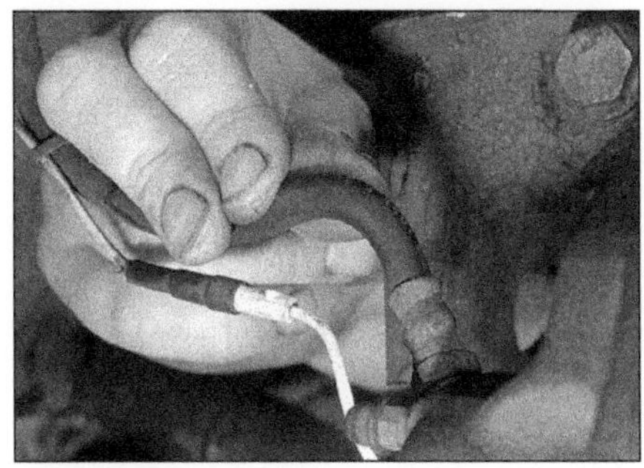

Styrning

☐ Be någon vrida på ratten så att hjulen vrids något. Kontrollera att det inte är för stort spel mellan rattutslaget och styrväxeln vilket kan tyda på att rattstångslederna, kopplingen mellan rattstången och styrväxeln eller själva styrväxeln är sliten eller glappar.

☐ Vrid sedan ratten kraftfullt åt båda hållen så att hjulen vrids något. Undersök då alla damasker, styrleder, länksystem, rörkopplingar och anslutningar/fästen. Byt ut alla delar som verkar utslitna eller skadade. På bilar med servostyrning skall servopumpen, drivremmen och slangarna kontrolleras.

Stötdämpare

☐ Tryck ned hörnen på bilen i tur och ordning och släpp upp. Bilen skall gunga upp och sedan gå tillbaka till ursprungsläget. Om bilen fortsätter att gunga är stötdämparna dåliga. Stötdämpare som kärvar påtagligt gör också att bilen inte klarar besiktningen. (Observera att stötdämpare kan saknas på vissa fjädersystem.)

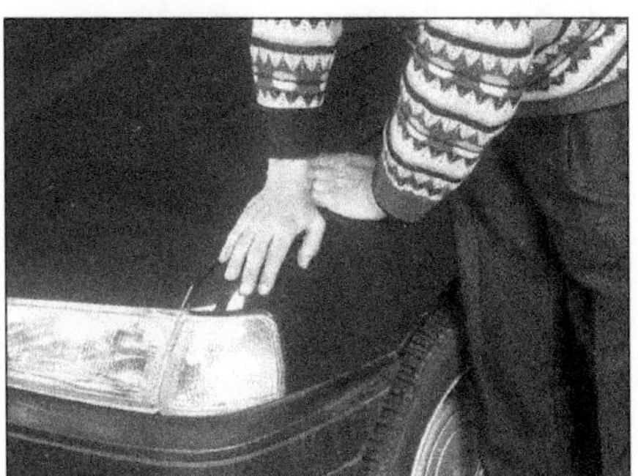

☐ Kontrollera också att bilen står rakt och ungefär i rätt höjd.

Avgassystem

☐ Starta motorn medan någon håller en trasa över avgasröret och kontrollera sedan att avgassystemet inte läcker. Reparera eller byt ut de delar som läcker.

Kaross

☐ Skador eller korrosion/rost som utgörs av vassa eller i övrigt farliga kanter med risk för personskada medför vanligtvis att bilen måste repareras och ombesiktas. Det får inte heller finnas delar som sitter påtagligt löst.

☐ Det är inte tillåtet att ha utskjutande detaljer och anordningar med olämplig utformning eller placering (prydnadsföremål, antennfästen, viltfångare och liknande).

☐ Kontrollera att huvlås och säkerhetsspärr fungerar och att gångjärnen inte sitter löst eller på något vis är skadade.

☐ Se också till att stänkskydden täcker hela däckets bredd.

3 Kontroller som utförs med bilen upphissad och med fria hjul

Lyft upp både fram- och bakvagnen och ställ bilen på pallbockar. Placera pallbockarna så att de inte tar i fjäderupphängningen. Se till att hjulen inte tar i marken och att de går att vrida till fullt rattutslag. Om du har begränsad utrustning går det naturligtvis bra att lyfta upp en ände i taget.

Styrsystem

☐ Be någon vrida på ratten till fullt rattutslag. Kontrollera att alla delar i styrningen går mjukt och att ingen del av styrsystemet tar i någonstans.

☐ Undersök kuggstångsdamaskerna så att de inte är skadade eller att metallklämmorna glappar. Om bilen är utrustad med servostyrning ska slangar, rör och kopplingar kontrolleras så att de inte är skadade eller läcker. Kontrollera också att styrningen inte är onormalt trög eller kärvar. Undersök länkarmar, krängningshämmare, styrstag och styrleder och leta efter glapp och rost.

☐ Se även till att ingen saxpinne eller liknande låsmekanism saknas och att det inte finns gravrost i närheten av någon av styrmekanismens fästpunkter.

Upphängning och hjullager

☐ Börja vid höger framhjul. Ta tag på sidorna av hjulet och skaka det kraftigt. Se till att det inte glappar vid hjullager, spindelleder eller vid upphängningens infästningar och leder.

☐ Ta nu tag upptill och nedtill på hjulet och upprepa ovanstående. Snurra på hjulet och undersök hjullagret angående missljud och glapp.

☐ Om du misstänker att det är för stort spel vid en komponents led kan man kontrollera detta genom att använda en stor skruvmejsel eller liknande och bända mellan infästningen och komponentens fäste. Detta visar om det är bussningen, fästskruven eller själva infästningen som är sliten (bulthålen kan ofta bli uttänjda).

☐ Kontrollera alla fyra hjulen.

Fjädrar och stötdämpare

□ Undersök fjäderbenen (där så är tillämpligt) angående större läckor, korrosion eller skador i godset. Kontrollera också att fästena sitter säkert.

□ Om bilen har spiralfjädrar, kontrollera att dessa sitter korrekt i fjädersätena och att de inte är utmattade, rostiga, spruckna eller av.

□ Om bilen har bladfjädrar, kontrollera att alla bladen är hela, att axeln är ordentligt fastsatt mot fjädrarna och att fjäderöglorna, bussningarna och upphängningarna inte är slitna.

□ Liknande kontroll utförs på bilar som har annan typ av upphängning såsom torsionfjädrar, hydraulisk fjädring etc. Se till att alla infästningar och anslutningar är säkra och inte utslitna, rostiga eller skadade och att den hydrauliska fjädringen inte läcker olja eller på annat sätt är skadad.

□ Kontrollera att stötdämparna inte läcker och att de är hela och oskadade i övrigt samt se till att bussningar och fästen inte är utslitna.

Drivning

□ Snurra på varje hjul i tur och ordning. Kontrollera att driv-/kardanknutar inte är lösa, glappa, spruckna eller skadade. Kontrollera också att skyddsbälgarna är intakta och att driv-/kardanaxlar är ordentligt fastsatta, raka och oskadade. Se även till att inga andra detaljer i kraftöverföringen är glappa, lösa, skadade eller slitna.

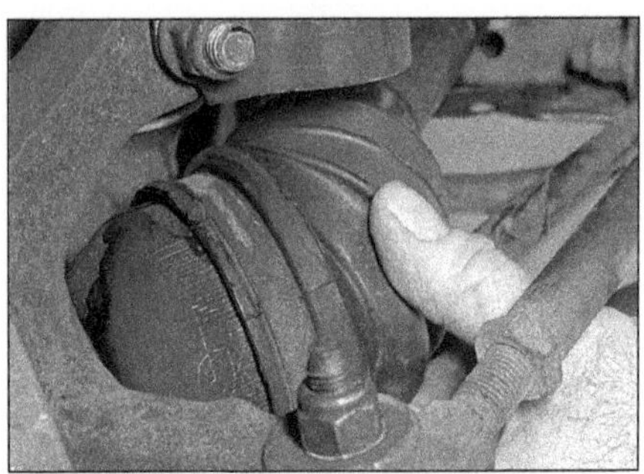

Bromssystem

□ Om det är möjligt utan isärtagning, kontrollera hur bromsklossar och bromsskivor ser ut. Se till att friktionsmaterialet på bromsbeläggen (A) inte är slitet under 2 mm och att bromsskivorna (B) inte är spruckna, gropiga, repiga eller utslitna.

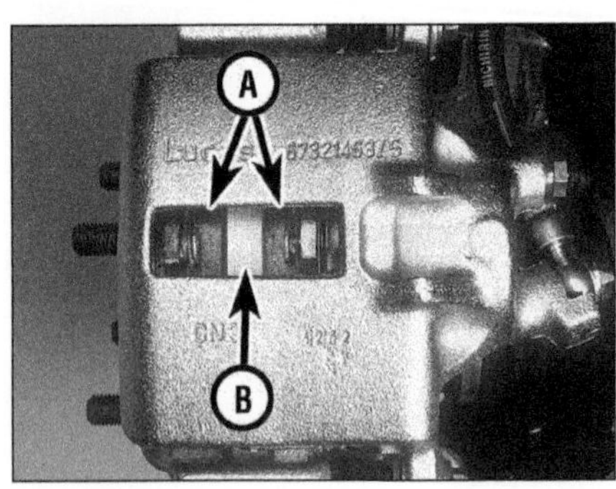

□ Undersök alla bromsrör under bilen och bromsslangarna bak. Leta efter rost, skavning och övriga skador på ledningarna och efter tecken på blåsor under tryck, skavning, sprickor och förslitning på slangarna. (Det kan vara enklare att upptäcka eventuella sprickor på en slang om den böjs något.)

□ Leta efter tecken på läckage vid bromsoken och på bromssköldarna. Reparera eller byt ut delar som läcker.

□ Snurra sakta på varje hjul medan någon trycker ned och släpper upp bromspedalen. Se till att bromsen fungerar och inte ligger an när pedalen inte är nedtryckt.

□ Undersök handbromsmekanismen och kontrollera att vajern inte har fransat sig, är av eller väldigt rostig eller att länksystemet är utslitet eller glappar. Se till att handbromsen fungerar på båda hjulen och inte ligger an när den läggs ur.

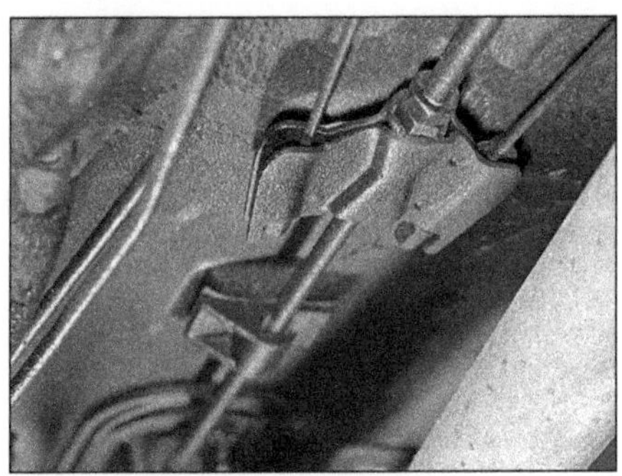

□ Det är inte möjligt att prova bromsverkan utan specialutrustning, men man kan göra ett körtest och prova att bilen inte drar åt något håll vid en kraftig inbromsning.

Bränsle- och avgassystem

□ Undersök bränsletanken (inklusive tanklock och påfyllningshals), fastsättning, bränsleledningar, slangar och anslutningar. Alla delar måste sitta fast ordentligt och får inte läcka.

□ Granska avgassystemet i hela dess längd beträffande skadade, avbrutna eller saknade upphängningar. Kontrollera systemets skick beträffande rost och se till att rörklämmorna är säkert monterade. Svarta sotavlagringar på avgassystemet tyder på ett annalkande läckage.

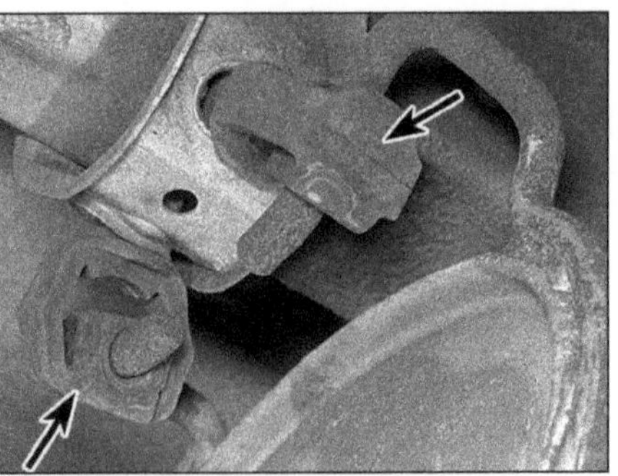

Hjul och däck

□ Undersök i tur och ordning däcksidorna och slitbanorna på alla däcken. Kontrollera att det inte finns några skärskador, revor eller bulor och att korden inte syns p g a utslitning eller skador. Kontrollera att däcket är korrekt monterat på fälgen och att hjulet inte är deformerat eller skadat.

□ Se till att det är rätt storlek på däcken för bilen, att det är samma storlek och däcktyp på samma axel och att det är rätt lufttryck i däcken. Se också till att inte ha dubbade och odubbade däck blandat. (Dubbade däck får användas under vinterhalvåret, från 1 oktober till första måndagen efter påsk.)

□ Kontrollera mönsterdjupet på däcken – minsta tillåtna mönsterdjup är 1,6 mm. Onormalt däckslitage kan tyda på felaktig framhjulsinställning.

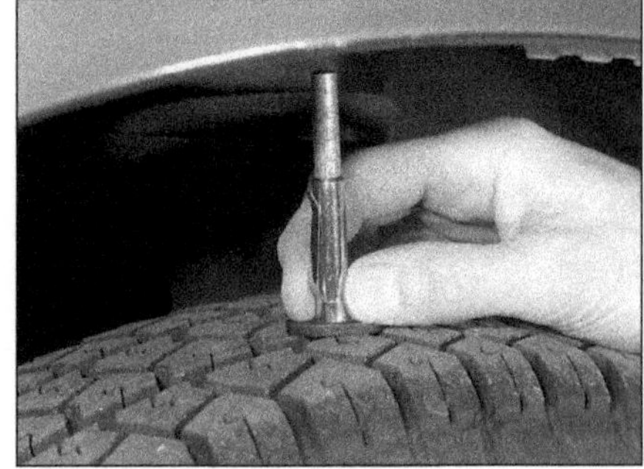

Korrosion

□ Undersök alla bilens bärande delar efter rost. (Bärande delar innefattar underrede, tröskellådor, tvärbalkar, stolpar och all upphängning, styrsystemet, bromssystemet samt bältesinfästningarna.) Rost som avsevärt har reducerat tjockleken på en bärande yta medför troligtvis en tvåa i besiktningsprotokollet. Sådana skador kan ofta vara svåra att reparera själv.

□ Var extra noga med att kontrollera att inte rost har gjort det möjligt för avgaser att tränga in i kupén. Om så är fallet kommer fordonet ovillkorligen inte att klara besiktningen och dessutom utgör det en stor trafik- och hälsofara för dig och dina passagerare.

4 Kontroller som utförs på bilens avgassystem

Bensindrivna modeller

□ Starta motorn och låt den bli varm. Se till att tändningen är rätt inställd, att luftfiltret är rent och att motorn går bra i övrigt.

□ Varva först upp motorn till ca 2500 varv/min och håll den där i ca 20 sekunder. Låt den sedan gå ner till tomgång och iaktta avgasutsläppen från avgasröret. Om tomgången är onaturligt hög eller om tät blå eller klart synlig svart rök kommer ut med avgaserna i mer än 5 sekunder så kommer bilen antagligen inte att klara besiktningen. I regel tyder blå rök på att motorn är sliten och förbränner olja medan svart rök tyder på att motorn inte förbränner bränslet ordentligt (smutsigt luftfilter eller annat förgasar- eller bränslesystemfel).

☐ Vad som då behövs är ett instrument som kan mäta koloxid (CO) och kolväten (HC). Om du inte har möjlighet att låna eller hyra ett dylikt instrument kan du få hjälp med det på en verkstad för en mindre kostnad.

CO- och HC-utsläpp

☐ För närvarande är högsta tillåtna gränsvärde för CO- och HC-utsläpp för bilar av årsmodell 1989 och senare (d v s bilar med katalysator enligt lag) 0,5% CO och 100 ppm HC.

På tidigare årsmodeller testas endast CO-halten och följande gränsvärden gäller:

årsmodell 1985-88	3,5% CO
årsmodell 1971-84	4,5% CO
årsmodell -1970	5,5% CO.

Bilar av årsmodell 1987-88 med frivilligt monterad katalysator bedöms enligt 1989 års komponentkrav men 1985 års utsläppskrav.

☐ Om CO-halten inte kan reduceras tillräckligt för att klara besiktningen (och bränsle- och tändningssystemet är i bra skick i övrigt) ligger problemet antagligen hos förgasaren/bränsleinsprutningsystemet eller katalysatorn (om monterad).

☐ Höga halter av HC kan orsakas av att motorn förbränner olja men troligare är att motorn inte förbränner bränslet ordentligt.

Dieseldrivna modeller

☐ Det enda testet för avgasutsläpp på dieseldrivna bilar är att man mäter röktätheten. Testet innebär att man varvar motorn kraftigt upprepade gånger.

Observera: *Det är oerhört viktigt att motorn är rätt inställd innan provet genomförs.*

☐ Mycket rök kan orsakas av ett smutsigt luftfilter. Om luftfiltret inte är smutsigt men bilen ändå avger mycket rök kan det vara nödvändigt att söka experthjälp för att hitta orsaken.

5 Körtest

☐ Slutligen, provkör bilen. Var extra uppmärksam på eventuella missljud, vibrationer och liknande.

☐ Om bilen har automatväxellåda, kontrollera att den endast går att starta i lägena P och N. Om bilen går att starta i andra växellägen måste växelväljarmekanismen justeras.

☐ Kontrollera också att hastighetsmätaren fungerar och inte är missvisande.

☐ Se till att ingen extrautrustning i kupén, t ex biltelefon och liknande, är placerad så att den vid en eventuell kollision innebär ökad risk för personskada.

☐ Bilen får inte dra åt något håll vid normal körning. Gör också en hastig inbromsning och kontrollera att bilen inte då drar åt något håll. Om kraftiga vibrationer känns vid inbromsning kan det tyda på att bromsskivorna är skeva och bör bytas eller fräsas om. (Inte att förväxlas med de låsningsfria bromsarnas karakteristiska vibrationer.)

☐ Om vibrationer känns vid acceleration, hastighetsminskning, vid vissa hastigheter eller hela tiden, kan det tyda på att drivknutar eller drivaxlar är slitna eller defekta, att hjulen eller däcken är felaktiga eller skadade, att hjulen är obalanserade eller att styrleder, upphängningens leder, bussningar eller andra komponenter är slitna.

Motor

- ☐ Motorn går inte runt vid startförsök
- ☐ Motorn går runt men startar inte
- ☐ Motorn är svårstartad när den är kall
- ☐ Motorn är svårstartad när den är varm
- ☐ Startmotorn ger i från sig oljud eller kärvar
- ☐ Motorn startar men stannar omedelbart
- ☐ Ojämn tomgång
- ☐ Motorn feltänder vid tomgång
- ☐ Motorn feltänder vid alla varvtal
- ☐ Långsam acceleration
- ☐ Motorstopp
- ☐ Låg motorkapacitet
- ☐ Motorn misständer
- ☐ Varningslampan för oljetryck lyser när motorn är igång
- ☐ Glödtändning
- ☐ Motorljud

Kylsystem

- ☐ Överhettning
- ☐ För stark avkylning
- ☐ Yttre kylvätskeläckage
- ☐ Inre kylvätskeläckage
- ☐ Korrosion

Bränsle- och avgassystem

- ☐ Överdriven bränsleförbrukning
- ☐ Bränsleläckage och/eller bränslelukt
- ☐ Störande oljud eller för mycket avgaser från avgassystemet

Koppling

- ☐ Pedalen går i golvet – inget tryck eller mycket lite motstånd
- ☐ Frikopplar inte (det går inte att lägga i växlar)
- ☐ Kopplingen slirar (motorvarvtalet ökar utan att hastigheten ökar)
- ☐ Skakningar vid frikoppling
- ☐ Missljud när kopplingspedalen trycks ner eller släpps upp

Manuell växellåda

- ☐ Missljud i friläge när motorn går
- ☐ Missljud när en speciell växel ligger i
- ☐ Svårt att lägga i växlar
- ☐ Växeln hoppar ur
- ☐ Vibrationer
- ☐ Smörjmedelsläckage

Automatväxellåda

- ☐ Oljeläckage
- ☐ Växellådsoljan är brun eller luktar bränt
- ☐ Allmänna problem med växlingen
- ☐ Växellådan växlar inte ner (kickdown) när gaspedalen är helt nedtryckt
- ☐ Motorn startar inte i någon växel, eller startar i andra växlar än Park eller Neutral
- ☐ Växellådan slirar, växlar trögt, låter illa eller är utan drift i framåtväxlarna eller backen

Drivaxlar

- ☐ Vibrationer vid acceleration eller inbromsning
- ☐ Klickande eller knackande ljud vid svängar (i låg fart med fullt rattutslag)

Bromssystem

- ☐ Bilen drar åt ena sidan vid inbromsning
- ☐ Oljud (skrapljud eller högt gnisslande) vid inbromsning
- ☐ Överdriven pedalväg
- ☐ Bromspedalen känns "svampig" vid nedtryckning
- ☐ Överdriven pedalkraft krävs för att stanna bilen
- ☐ Skakningar i bromspedal eller ratt vid inbromsning
- ☐ Bromsarna kärvar
- ☐ Bakhjulen låser sig vid normal inbromsning

Fjädring och styrning

- ☐ Bilen drar åt ena sidan
- ☐ Hjulen vinglar och skakar
- ☐ Kraftiga nigningar och/eller krängningar vid kurvtagning eller inbromsning
- ☐ Bilen vandrar på vägen eller är allmänt instabil
- ☐ Överdrivet stel styrning
- ☐ Överdrivet spel i styrningen
- ☐ Bristande servoeffekt
- ☐ Kraftigt däckslitage

Elsystem

- ☐ Batteriet laddar ur på bara ett par dagar
- ☐ Laddningslampan fortsätter lysa när motorn går
- ☐ Laddningslampan tänds inte
- ☐ Ljusen fungerar inte
- ☐ Instrumentavläsningarna missvisande eller ryckiga
- ☐ Signalhornet fungerar dåligt eller inte alls
- ☐ Vindrutetorkarna fungerar dåligt eller inte alls
- ☐ Vindrutespolarna fungerar dåligt eller inte alls
- ☐ De elektriska fönsterhissarna fungerar dåligt eller inte alls
- ☐ Centrallåset fungerar dåligt eller inte alls

Inledning

Den bilägare som underhåller sin bil enligt rekommendationerna bör inte behöva använda detta avsnitt i boken särskilt ofta. Moderna komponenter är så pass pålitliga, att förutsatt att delar som är speciellt utsatta för slitage kontrolleras och byts vid angivna tidpunkter, uppstår plötsliga fel mycket sällan Det är över huvud taget ganska ovanligt att fel uppstår utan förvarning, de utvecklas oftast under en längre tidsperiod. I synnerhet större mekaniska fel föregås i regel av varningar under hundratals eller t.o.m. tusentals kilometer. De komponenter som ibland går sönder utan förvarning är oftast små och lätta att ha med sig i bilen.

Det första steget vid all felsökning är att avgöra var man ska börja söka. Ibland är detta uppenbart, men ibland behövs lite detektivarbete. En ägare som gör ett halvdussin slumpmässiga justeringar eller komponentbyten kanske lyckas åtgärda felet (eller undanröja symptomen), men om felet uppstår igen vet hon eller han ändå inte var felet sitter och måste spendera mer tid och pengar än vad som är nödvändigt för att åtgärda det. Ett lugnt och metodiskt tillvägagångssätt är bättre i det långa loppet. Ta alltid hänsyn till varningstecken eller ovanligheter som uppmärksammats före haveriet – kraftförlust, höga/låga mätaravläsningar, ovanliga lukter – och kom ihåg att trasiga säkringar och defekta tändstift kanske bara är symptom på ett underliggande fel.

Följande sidor fungerar som en enkel guide till de vanligaste problemen som kan uppstå med bilen. Problemen och deras möjliga orsaker grupperas under rubriker för olika komponenter eller system som Motor, Kylsystem etc. Det kapitel som tar upp detta problem visas inom parentes. Läs aktuellt avsnitt för systemspecifik information. Oavsett fel finns vissa grundläggande principer. Dessa är:

Bekräfta felet. Detta handlar helt enkelt om att du ska vara säker på vilka symptomen är innan du påbörjar arbetet. Det här är extra viktigt om du undersöker ett fel åt någon annan, som kanske inte har beskrivit problemet korrekt.

Förbise inte det självklara. Om bilen t.ex. inte startar, finns det verkligen bränsle i tanken? (Nöj dig inte med någon annans ord på denna punkt och lita inte heller på bränslemätaren.) Om ett elektriskt fel misstänks föreligga, leta efter lösa kontakter och trasiga ledningar innan du tar fram testutrustningen.

Eliminera felet, inte bara symptomen. Att byta ett urladdat batteri mot ett fulladdat tar dig från vägkanten, men om orsaken inte åtgärdas kommer även det nya batteriet snart att vara urladdat. Samma sak om nedoljade tändstift byts ut mot nya – bilen rullar, men orsaken till nedsmutsningen måste fortfarande fastställas och åtgärdas (om den inte berodde att tändstiften hade fel värmetal).

Ta inte någonting för givet. Glöm inte att även "nya" delar kan vara defekta (särskilt om de skakat runt i bagageutrymmet månader i sträck). Utelämna inte några komponenter vid en felsökning bara för att de är nya eller nymonterade. När felet slutligen upptäcks inser du antagligen att det fanns tecken på felet redan från början.

Tänk efter i fall några arbeten har utförts nyligen. Många fel uppstår till följd av slarvigt utfört arbete. Om arbete har utförts under motorhuven, kan några kablar då ha rycks loss eller dragits fel, eller en slang ha kommit i kläm? Har alla fästen dragits åt ordentligt? Användes nya originaldelar och nya packningar? Det krävs ofta en hel del detektivarbete i sådana här fall, eftersom åtgärder som kan tyckas helt ovidkommande kan få långtgående konsekvenser.

Motor

Motorn går inte runt vid startförsök

- ☐ Batterianslutningarna sitter löst eller är korroderade (se *Veckokontroller*)
- ☐ Batteriet urladdat eller defekt (kapitel 5A)
- ☐ Brutna, lösa eller urkopplade ledningar i startmotorkretsen (kapitel 5A)
- ☐ Defekt startsolenoid eller tändningslås (kapitel 5A eller 12)
- ☐ Defekt startmotor (kapitel 5A)
- ☐ Lösa eller skadade kuggar på startmotordrevet eller svänghjulets krondrev (kapitel 2A, 2B eller 5A)
- ☐ Motorns jordfläta trasig eller losskopplad (kapitel 5A)
- ☐ Motorn lider av "hydraulisk låsning" (t.ex. på grund av att vatten trängt in efter körning på översvämmade vägar, eller på grund av en allvarlig kylvätskeläcka i motorn) – tala med en Fordverkstad
- ☐ Automatväxellådan står inte i läge P eller N (kapitel 7B)

Motorn går runt men startar inte

- ☐ Bränsleavstängningskontakten är aktiverad (kapitel 4A)
- ☐ Bränsletanken är tom
- ☐ Batteriet urladdat (motorn roterar långsamt) (kapitel 5A)
- ☐ Batterianslutningarna sitter löst eller är korroderade (se *Veckokontroller*
- ☐ Tändningskomponenterna fuktiga eller skadade (kapitel 1 eller 5B)
- ☐ Immobilisersystemet defekt, eller startnyckeln som används är inte kodad (kapitel 12 eller *Reparationer vid vägkanten*)
- ☐ Vevaxelgivaren defekt (kapitel 4A)
- ☐ Trasiga, lösa eller urkopplade kablar i tändningskretsen (kapitel 1 eller 5B)
- ☐ Utslitna, defekta eller felaktigt inställda tändstift (kapitel 1)
- ☐ Bränsleinsprutningssystemet defekt (kapitel 4A).
- ☐ Större mekaniskt fel (t.ex. brott på kamremmen) (kapitel 2A eller 2B)

Motorn är svårstartad när den är kall

- ☐ Batteriet urladdat (kapitel 5A)
- ☐ Batterianslutningarna sitter löst eller är korroderade (se *Veckokontroller*)
- ☐ Utslitna, defekta eller felaktigt inställda tändstift (kapitel 1)
- ☐ Annat fel på tändsystemet (kapitel 1 eller 5B).
- ☐ Bränsleinsprutningssystemet defekt (kapitel 4A).
- ☐ Motoroljan som används är av fel kvalitet (*Veckokontroller*, kapitel 1)
- ☐ Låg cylinderkompression (kapitel 2A eller 2B)

Motorn är svårstartad när den är varm

- ☐ Smutsigt eller igensatt luftfilter (kapitel 1)
- ☐ Bränsleinsprutningssystemet defekt (kapitel 4A).
- ☐ Låg cylinderkompression (kapitel 2A eller 2B)

Startmotorn ger ifrån sig oljud eller kärvar

- ☐ Kuggar lösa eller skadade på startmotordrevet eller svänghjulets krondrev (kapitel 2A, 2B, 2C eller 5A)
- ☐ Startmotorns fästbultar lösa eller saknas (kapitel 5A)
- ☐ Startmotorns inre delar slitna eller skadade (kapitel 5A)

Motorn startar men stannar omedelbart

- ☐ Lösa eller defekta anslutningar i tändningskretsen (kapitel 1 eller 5B).
- ☐ Vakuumläckage i gasspjällshuset eller insugsröret (kapitel 4A).
- ☐ Igensatta bränslespridare/bränsleinsprutningssystemet defekt (kapitel 4A)

Ojämn tomgång

- ☐ Igensatt luftfilter (kapitel 1)
- ☐ Vakuumläckage i gasspjällshuset, insugsgrenröret eller tillhörande slangar (kapitel 4A).
- ☐ Utslitna, defekta eller felaktigt inställda tändstift (kapitel 1)
- ☐ Felaktigt ventilspel (kapitel 2A eller 2B)
- ☐ Ojämn eller låg cylinderkompression (kapitel 2A eller 2B)
- ☐ Kamloberna slitna (kapitel 2A eller 2B)
- ☐ Kamremmen felaktigt monterad (kapitel 2A eller 2B)
- ☐ Igensatta bränslespridare/bränsleinsprutningssystemet defekt (kapitel 4A)

Motorn feltänder vid tomgång

- ☐ Utslitna, defekta eller felaktigt inställda tändstift (kapitel 1)
- ☐ Defekta tändkablar (kapitel 1).
- ☐ Vakuumläckage i gasspjällshuset, insugsgrenröret eller tillhörande slangar (kapitel 4A).
- ☐ Igensatta bränslespridare/bränsleinsprutningssystemet defekt (kapitel 4A)
- ☐ Ojämn eller låg cylinderkompression (kapitel 2A eller 2B)
- ☐ Lösa, läckande eller trasiga slangar i vevhusventilationen (kapitel 4B).

Motor (forts.)

Motorn feltänder vid alla varvtal

- ☐ Igentäppt bränslefilter (kapitel 1)
- ☐ Defekt bränslepump eller lågt tillförseltryck (kapitel 4A).
- ☐ Blockerad bränsletanksventilation eller delvis igentäppta bränslerör (kapitel 4A)
- ☐ Vakuumläckage i gasspjällshuset, insugsgrenröret eller tillhörande slangar (kapitel 4A)
- ☐ Utslitna, defekta eller felaktigt inställda tändstift (kapitel 1)
- ☐ Defekta tändkablar (i förekommande fall) (kapitel 1)
- ☐ Defekt tändspole (kapitel 5A)
- ☐ Ojämn eller låg cylinderkompression (kapitel 2A eller 2B)
- ☐ Igensatt bränslespridare/bränsleinsprutningssystemet defekt (kapitel 4A)
- ☐ Igentäppt katalysator (kapitel 4A)
- ☐ Motorn överhettad (kapitel 3)

Långsam acceleration

- ☐ Utslitna, defekta eller felaktigt inställda tändstift (kapitel 1)
- ☐ Vakuumläckage i gasspjällshuset, insugsgrenröret eller tillhörande slangar (kapitel 4A).
- ☐ Igensatta bränslespridare/bränsleinsprutningssystemet defekt (kapitel 4A)
- ☐ Kopplingspedalens kontakt defekt (kapitel 4A)

Motorstopp

- ☐ Vakuumläckage i gasspjällshuset, insugsgrenröret eller tillhörande slangar (kapitel 4A).
- ☐ Igentäppt bränslefilter (kapitel 1)
- ☐ Defekt bränslepump eller lågt tillförseltryck (kapitel 4A).
- ☐ Blockerad bränsletanksventilation eller delvis igentäppta bränslerör (kapitel 4A)
- ☐ Igensatta bränslespridare/bränsleinsprutningssystemet defekt (kapitel 4A)

Låg motorkapacitet

- ☐ Igensatt luftfilter (kapitel 1)
- ☐ Igentäppt bränslefilter (kapitel 1)
- ☐ Bränslerören helt eller delvis igentäppta (kapitel 4A)
- ☐ Felaktigt ventilspel (kapitel 2A eller 2B)
- ☐ Utslitna, defekta eller felaktigt inställda tändstift (kapitel 1)
- ☐ Motorn överhettad (kapitel 4A)
- ☐ Problem med gasvajern (kapitel 4A)
- ☐ Vakuumläckage i gasspjällshuset, insugsgrenröret eller tillhörande slangar (kapitel 4A).
- ☐ Igensatta bränslespridare/bränsleinsprutningssystemet defekt (kapitel 4A)
- ☐ Kamremmen felaktigt monterad (kapitel 2A eller 2B)
- ☐ Defekt bränslepump eller lågt tillförseltryck (kapitel 4A).
- ☐ Ojämn eller låg cylinderkompression (kapitel 2A eller 2B)
- ☐ Igentäppt katalysator (kapitel 4A)
- ☐ Bromsarna kärvar (kapitel 1 eller 9)
- ☐ Kopplingen slirar (kapitel 6)

Motorn misständer

- ☐ Kamremmen felaktigt monterad (kapitel 2A eller 2B)
- ☐ Vakuumläckage i gasspjällshuset, insugsgrenröret eller tillhörande slangar (kapitel 4A).
- ☐ Igensatta bränslespridare/bränsleinsprutningssystemet defekt (kapitel 4A)
- ☐ Igentäppt katalysator (kapitel 4A)
- ☐ Tändkablarna felaktigt monterade (kapitel 1 eller 5B)
- ☐ Defekt tändspole (kapitel 5B)

Varningslampan för oljetryck lyser när motorn är igång

- ☐ Låg oljenivå eller felaktigt oljekvalitet (se *Veckokontroller*)
- ☐ Defekt oljetryckgivare eller skadat kablage (kapitel 5A)
- ☐ Slitna motorlager och/eller sliten oljepump (kapitel 2A eller 2B)
- ☐ Motorns arbetstemperatur hög (kapitel 3)
- ☐ Oljetrycksventilen defekt (kapitel 2A eller 2B)
- ☐ Oljesilen igensatt (kapitel 2A eller 2B)

Glödtändning

- ☐ För mycket sotavlagringar i motorn (kapitel 2A eller 2B)
- ☐ Motorns arbetstemperatur hög (kapitel 3)
- ☐ Bränsleinsprutningssystemet defekt (kapitel 4A).

Motorljud

Förtändning (spikning) eller knackning under acceleration eller belastning

- ☐ Tändningsinställningen felaktig/tändsystemet defekt (kapitel 1 eller 5B)
- ☐ Fel typ av tändstift (kapitel 1)
- ☐ Fel bränslekvalitet (kapitel 4)
- ☐ Knacksensorn defekt (kapitel 4A)
- ☐ Vakuumläckage i gasspjällshuset, insugsgrenröret eller tillhörande slangar (kapitel 4A).
- ☐ För mycket sotavlagringar i motorn (kapitel 2A eller 2B)
- ☐ Igensatt bränslespridare/bränsleinsprutningssystemet defekt (kapitel 4A)

Visslande eller väsande ljud

- ☐ Läckage i insugsrörets eller gasspjällshusets packning (kapitel 4A)
- ☐ Läckande avgasgrenrörspackning eller skarv mellan rör och grenrör (kapitel 4A)
- ☐ Läckande vakuumslang (kapitel 4A, 5B eller 9)
- ☐ Läckande topplockspackning (kapitel 2A eller 2B)
- ☐ Delvis igensatt eller läckande vevhusventilationssystem (kapitel 4B)

Knackande eller skallrande ljud

- ☐ Felaktigt ventilspel (kapitel 2A eller 2B)
- ☐ Sliten ventilreglering eller kamaxel (kapitel 2A eller 2B)
- ☐ Defekt hjälpaggregat (kylvätskepump, generator etc.) (kapitel 3, 5A etc.)

Knackande ljud eller slag

- ☐ Slitna vevstakslager (regelbundna hårda knackningar som eventuellt minskar vid belastning) (kapitel 2C)
- ☐ Slitna ramlager (buller och knackningar som eventuellt tilltar vid belastning) (kapitel 2C)
- ☐ Kolvslammer – mest märkbart när motorn är kall, orsakat av slitna kolvar/cylinderlopp (kapitel 2C)
- ☐ Defekt hjälpaggregat (kylvätskepump, generator etc.) (kapitel 3, 5A etc.)
- ☐ Slitna eller defekta motorfästen (kapitel 2A eller 2B)
- ☐ Slitna komponenter i framfjädringen eller styrningen (kapitel 10)

Kylsystem

Överhettning

- ☐ För lite kylvätska i systemet (se *Veckokontroller*)
- ☐ Defekt termostat (kapitel 3)
- ☐ Igensatt kylare eller grill (kapitel 3)
- ☐ Defekt kylfläkt eller fel på resistorpaketet på modeller med dubbelfläkt (kapitel 3)
- ☐ Topplockets temperaturgivare visar felaktiga värden (kapitel 3 eller 4A)
- ☐ Luftlås i kylsystemet (kapitel 3)
- ☐ Expansionskärlets trycklock defekt (kapitel 3).
- ☐ Fel på motorstyrningssystemet (kapitel 4A)

För stark avkylning

- ☐ Defekt termostat (kapitel 3)
- ☐ Topplockets temperaturgivare visar felaktiga värden (kapitel 3 eller 4A)
- ☐ Defekt kylfläkt (kapitel 3)
- ☐ Fel på motorstyrningssystemet (kapitel 4A)

Yttre kylvätskeläckage

- ☐ Åldrade eller skadade slangar eller slangklämmor (kapitel 1)
- ☐ Läckage i kylare eller värmepaket (kapitel 3)
- ☐ Expansionskärlets trycklock defekt (kapitel 1)
- ☐ Kylvätskepumpens inre tätning läcker (kapitel 3)
- ☐ Kylvätskepumpens packning läcker (kapitel 3)
- ☐ Motorn kokar på grund av överhettning (kapitel 3)
- ☐ Motorblockets frostplugg läcker (kapitel 2C)

Inre kylvätskeläckage

- ☐ Läckande topplockspackning (kapitel 2A eller 2B)
- ☐ Sprucket topplock eller motorblock (kapitel 2)

Korrosion

- ☐ Systemet har inte tappats av och spolats regelbundet (kapitel 1)
- ☐ Felaktig kylvätskeblandning eller fel typ av kylvätska (se *Veckokontroller*)

Bränsle- och avgassystem

Överdriven bränsleförbrukning

- ☐ Smutsigt eller igensatt luftfilter (kapitel 1)
- ☐ Bränsleinsprutningssystemet defekt (kapitel 4A).
- ☐ Fel på motorstyrningssystemet (kapitel 4A)
- ☐ Vevhusventilationssystemet igensatt (kapitel 4B)
- ☐ För lite luft i däcken (se *Veckokontroller*)
- ☐ Bromsarna kärvar (kapitel 1 eller 9)
- ☐ Bränsleläckage som orsakar skenbart hög förbrukning (kapitel 1 eller 4A)

Bränsleläckage och/eller bränslelukt

- ☐ Bränsletank, -rör eller -anslutningar skadade eller korroderade (kapitel 4A)
- ☐ Defekt avdunstningsregleringssystem (kapitel 4B)

Överdriven ljudnivå eller för mycket avgaser från avgassystemet

- ☐ Läckande avgassystem eller grenrörsskarvar (kapitel 1 eller 4A)
- ☐ Läckande, korroderade eller skadade ljuddämpare eller avgasrör (kapitel 1 eller 4A)
- ☐ Trasiga fästen som orsakar kontakt med kaross eller fjädring (kapitel 1)

Koppling

Pedalen går i golvet – inget tryck eller mycket lite motstånd

- ☐ Luft i hydraulsystemet/defekt huvud- eller slavcylinder (kapitel 6)
- ☐ Det hydrauliska urkopplingssystemet är defekt (kapitel 6)
- ☐ Kopplingspedalens returfjäder losskopplad eller trasig (kapitel 6)
- ☐ Defekt urtrampningslager eller -gaffel (kapitel 6)
- ☐ Trasig tallriksfjäder i kopplingens tryckplatta (kapitel 6)

Frikopplar inte (det går inte att lägga i växlar)

- ☐ Luft i hydraulsystemet/defekt huvud- eller slavcylinder (kapitel 6)
- ☐ Det hydrauliska urkopplingssystemet är defekt (kapitel 6)
- ☐ Lamellen har fastnat på räfflorna på växellådans ingående axel (kapitel 6)
- ☐ Lamellen har fastnat på svänghjulet eller tryckplattan (kapitel 6)
- ☐ Defekt tryckplatta (kapitel 6)
- ☐ Urtrampningsmekanismen sliten eller felaktigt ihopsatt (kapitel 6)

Kopplingen slirar (motorvarvtalet ökar utan att hastigheten ökar)

- ☐ Det hydrauliska urkopplingssystemet är defekt (kapitel 6)
- ☐ Lamellbeläggen är mycket slitna (kapitel 6)
- ☐ Lamellbeläggen förorenade med olja eller fett (kapitel 6)
- ☐ Defekt tryckplatta eller svag tallriksfjäder (kapitel 6)

Skakningar vid frikoppling

- ☐ Lamellbeläggen förorenade med olja eller fett (kapitel 6)
- ☐ Lamellbeläggen är mycket slitna (kapitel 6)
- ☐ Defekt eller skev tryckplatta eller tallriksfjäder (kapitel 6).
- ☐ Slitna eller lösa fästen till motor eller växellåda (kapitel 2A eller 2B)
- ☐ Lamellnavet eller räfflorna på växellådans ingående axel slitna (kapitel 6)

Missljud när kopplingspedalen trycks ner eller släpps upp

- ☐ Slitet urtrampningslager (kapitel 6)
- ☐ Slitna eller torra kopplingspedalbussningar (kapitel 6)
- ☐ Sliten eller torr kolv i kopplingens huvudcylinder (kapitel 6)
- ☐ Defekt tryckplatta (kapitel 6)
- ☐ Tryckplattans tallriksfjäder trasig (kapitel 6)
- ☐ Lamellens dämpfjädrar trasiga (kapitel 6)

Manuell växellåda

Missljud i friläge när motorn går

- ☐ För lite olja (kapitel 1)
- ☐ Ingående axelns lager slitna (tydliga missljud när kopplingspedalen släpps upp, men inte när den trycks ner) (kapitel 7A)*
- ☐ Slitet urtrampningslager (missljud med nedtryckt pedal som möjligen minskar när pedalen släpps upp) (kapitel 6)

Missljud när en speciell växel ligger i

- ☐ Slitna eller skadade kuggar på växellådsdreven (kapitel 7A)*

Svårt att lägga i växlar

- ☐ Kopplingen defekt (kapitel 6)
- ☐ Slitna, skadade eller dåligt justerade växlingsvajrar (kapitel 7A)
- ☐ För lite olja (kapitel 1)
- ☐ Slitna synkroniseringsenheter (kapitel 7A)*

Växeln hoppar ur

- ☐ Slitna, skadade eller dåligt justerade växlingsvajrar (kapitel 7A)
- ☐ Slitna synkroniseringsenheter (kapitel 7A)*
- ☐ Slitna väljargafflar (kapitel 7A)*

Vibrationer

- ☐ För lite olja (kapitel 1)
- ☐ Slitna lager (kapitel 7A)*

Smörjmedelsläckage

- ☐ Läckande oljetätning till drivaxel eller växlingsarm (kapitel 7A)
- ☐ Läckande fog i huset (kapitel 7A)*
- ☐ Läckage i ingående axelns oljetätning (kapitel 7A)*

**Även om nödvändiga åtgärder för beskrivna symptom är svårare än vad en hemmamekaniker klarar av, är informationen ovan en hjälp att spåra felkällan, så att den tydligt kan beskrivas för en yrkesmekaniker.*

Automatväxellåda

Observera: *På grund av automatväxelns komplicerade sammansättning är det svårt för hemmamekanikerna att ställa riktiga diagnoser och serva enheten. Om andra problem än följande uppstår ska bilen tas till en verkstad eller till en specialist på växellådor. Var inte för snabb med att ta bort växellådan om ett fel misstänks. De flesta kontroller ska utföras med växellådan monterad. Tänk på att det – utöver de givare som särskilt gäller för växellådan – är många av motorstyrningssystemets givare som beskrivits i kapitel 4A som har stor betydelse för att växellådan ska fungera på rätt sätt.*

Oljeläckage

- ☐ Automatväxellådans olja är ofta mörkt röd till färgen. Oljeläckage från växellådan ska inte blandas ihop med motorolja, som lätt kan stänka på växellådan av luftflödet.
- ☐ För att hitta läckan, använd avfettningsmedel eller en ångtvätt och rengör växelhuset och områdena runt omkring från smuts och avlagringar. Kör bilen långsamt så att inte luftflödet blåser den läckande oljan långt från källan. Hissa upp bilen och stöd den på pallbockar, och fastställ varifrån läckan kommer. Läckage uppstår ofta i följande områden:

a) Oljetråget
b) Oljestickans rör (kapitel 1)
c) Anslutningarna mellan växellåda och oljekylare (kapitel 7B)

Växellådsoljan är brun eller luktar bränt

- ☐ Låg oljenivå i växellådan (kapitel 1)

Allmänna problem med växlingarna

- ☐ I kapitel 7B behandlas kontroll av växelvajern på automatväxellådor. Följande problem är vanliga och kan orsakas av en defekt vajer eller givare:

a) Motorn startar i andra växlar än Park eller Neutral.
b) Indikatorpanelen anger en annan växel än den som används.
c) Bilen rör sig när växlarna Park eller Neutral ligger i.
d) Dålig eller ojämn utväxling.

Växellådan växlar inte ner (kickdown) när gaspedalen är helt nedtryckt

- ☐ Låg oljenivå i växellådan (kapitel 1)
- ☐ Fel på motorstyrningssystemet (kapitel 4A)
- ☐ Fel på växellådans givare eller kablage (kapitel 7B)
- ☐ Felaktig justering av växelvajern (kapitel 7B)

Motorn startar inte i någon växel, eller startar i andra växlar än Park eller Neutral

- ☐ Fel på växellådans givare eller kablage (kapitel 7B)
- ☐ Fel på motorstyrningssystemet (kapitel 4A)
- ☐ Felaktig justering av växelvajern (kapitel 7B)

Växellådan slirar, växlar trögt, låter illa eller är utan drift i framåtväxlarna eller backen

- ☐ Låg oljenivå i växellådan (kapitel 1)
- ☐ Fel på växellådans givare eller kablage (kapitel 7B)
- ☐ Fel på motorstyrningssystemet (kapitel 4A)

Observera: *Det finns många tänkbara orsaker till ovannämnda problem, men att fastställa och åtgärda dem får anses ligga utanför ramarna för denna handbok. Har du kontrollerat oljenivån och alla kablar så långt som möjligt, återstår att söka hjälp av en specialist om problemet kvarstår.*

Drivaxlar

Vibrationer vid acceleration eller inbromsning

- ☐ Sliten inre drivknut (kapitel 8)
- ☐ Böjd eller skev drivaxel (kapitel 8)
- ☐ Slitet mellanlager (kapitel 8)

Klickande eller knackande ljud vid svängar (i låg fart med fullt rattutslag)

- ☐ Sliten yttre drivknut (kapitel 8)
- ☐ För lite smörjmedel i drivknuten, eventuellt på grund av skadad damask (kapitel 8)
- ☐ Slitet mellanlager (kapitel 8)

Bromssystem

Observera: *Kontrollera däckens skick och lufttryck, framvagnens inställning samt att bilen inte är ojämnt belastad innan bromsarna antas vara defekta. Alla åtgärder på ABS-systemet, utom kontroll av rör- och slanganslutningar, ska utföras av en Fordverkstad.*

Bilen drar åt ena sidan vid inbromsning

- ☐ Slitna, defekta, skadade eller förorenade bromsklossar/-backar på ena sidan (kapitel 1 eller 9)
- ☐ Helt eller delvis fastkärvad bromsokskolv/hjulcylinder (kapitel 1 eller 9)
- ☐ Olika friktionsmaterial på bromsklossarna/-backarna på de två sidorna (kapitel 1 eller 9)
- ☐ Bromsokets/-sköldens fästbultar lösa (kapitel 9)
- ☐ Slitna eller skadade komponenter i styrning eller fjädring (kapitel 1 eller 10)

Oljud (skrapljud eller högt gnissel) vid inbromsning

- ☐ Friktionsmaterialet på bromskloss/-back nedslitet till stödplattan (kapitel 1 eller 9)
- ☐ Kraftig korrosion på bromsskiva/-trumma – kan uppstå när bilen stått oanvänd en tid (kapitel 1 eller 9)
- ☐ Främmande föremål (grus etc.) fastklämt mellan bromsskiva och bromssköld (kapitel 1 eller 9)

Överdriven pedalväg

- ☐ Defekt huvudcylinder (kapitel 9)
- ☐ Luft i hydraulsystemet (kapitel 1, 6 eller 9)
- ☐ Defekt vakuumservo (kapitel 9)

Bromspedalen känns "svampig" vid nedtryckning

- ☐ Luft i hydraulsystemet (kapitel 1, 6 eller 9)
- ☐ Åldrade bromsslangar (kapitel 1 eller 9)
- ☐ Huvudcylinderns fästmuttrar lösa (kapitel 9)
- ☐ Defekt huvudcylinder (kapitel 9)

Överdriven pedalkraft krävs för att stanna bilen

- ☐ Defekt vakuumservo (kapitel 9)
- ☐ Bromsservots vakuumslang urkopplad, skadad eller sitter löst (kapitel 9)
- ☐ Defekt primär- eller sekundärkrets (kapitel 9)
- ☐ Bromsoket/hjulcylinderns kolv har kärvat fast (kapitel 9)
- ☐ Bromsklossarna/-backarna felmonterade (kapitel 9)
- ☐ Fel typ av bromsklossar/-backar monterade (kapitel 9)
- ☐ Förorenat friktionsmaterial på bromsklossar/-backar (kapitel 1 eller 9)

Skakningar i bromspedal eller ratt vid inbromsning

Observera: *Vid kraftig inbromsning med modeller som är utrustade med ABS kan det uppstå vibrationer i bromspedalen. Detta är inget fel, utan helt normalt när ABS-systemet arbetar*

- ☐ Kraftigt skeva eller ojämna skivor/trummor (kapitel 1 eller 10)
- ☐ Slitet friktionsmaterial på bromsklossar/-backar (kapitel 1 eller 9)
- ☐ Bromsokets/-sköldens fästbultar lösa (kapitel 9)
- ☐ Slitage i fjädringens eller styrningens komponenter eller fästen (kapitel 1 eller 10)
- ☐ Obalanserade framhjul (se *Veckokontroller*)

Bromsarna kärvar

- ☐ Bromsoket/hjulcylinderns kolv har kärvat fast (kapitel 9)
- ☐ Feljusterad handbromsmekanism (kapitel 9)
- ☐ Defekt huvudcylinder (kapitel 9)

Bakhjulen låser sig vid normal inbromsning

- ☐ Förorenat eller skadat friktionsmaterial på bakre bromsklossar/-backar (kapitel 1 eller 9)
- ☐ Bakbromsarnas skivor/trummor skeva (kapitel 1 eller 9)
- ☐ Bakbromsens belastningsavkännarventil defekt – kombimodeller (kapitel 9)

Fjädring och styrning

Observera: *Kontrollera att felet inte beror på fel lufttryck i däcken, blandade däcktyper eller kärvande bromsar innan fjädringen eller styrningen diagnostiseras som defekta.*

Bilen drar åt ena sidan

- ☐ Defekt däck (se *Veckokontroller*)
- ☐ Överdrivet slitage i fjädringens eller styrningens komponenter (kapitel 1 eller 10)
- ☐ Felaktig framhjulsinställning (kapitel 10)
- ☐ Skadade styrnings- eller fjädringskomponenter efter olycka (kapitel 1)

Hjulen vinglar och skakar

- ☐ Framhjulen obalanserade (vibrationer känns huvudsakligen i ratten) (se *Veckokontroller*)
- ☐ Bakhjulen obalanserade (vibrationer känns i hela bilen) (se *Veckokontroller*)
- ☐ Hjulen skadade eller skeva (se *Veckokontroller*)
- ☐ Defekt eller skadat däck (se *Veckokontroller*)
- ☐ Slitage i styrning eller fjädring (kapitel 1 eller 10)
- ☐ Lösa hjulmuttrar (kapitel 1).

Kraftiga nigningar och/eller krängningar vid kurvtagning eller inbromsning

- ☐ Defekta stötdämpare (kapitel 1 eller 10)
- ☐ Trasig eller svag fjäder/fjädringskomponent (kapitel 1 eller 10)
- ☐ Slitage eller skada på krängningshämmare eller fästen (kapitel 1 eller 10)

Bilen vandrar på vägen eller är allmänt instabil

- ☐ Felaktig framhjulsinställning (kapitel 10)
- ☐ Slitage i styrningen eller fjädringens leder, bussningar eller komponenter (kapitel 1 eller 10)
- ☐ Hjulen obalanserade (se *Veckokontroller*)
- ☐ Defekt eller skadat däck (se *Veckokontroller*)
- ☐ Lösa hjulmuttrar (kapitel 1).
- ☐ Defekta stötdämpare (kapitel 1 eller 10)

Överdrivet stel styrning

- ☐ Fastkärvad spindelled i styrning eller fjädring (kapitel 1 eller 10)
- ☐ Trasig eller felaktigt justerad drivrem (kapitel 1)
- ☐ Felaktig framhjulsinställning (kapitel 10)
- ☐ Defekt kuggstång (kapitel 10)

Överdrivet spel i styrningen

- ☐ Slitna leder i rattstången/mellanaxeln (kapitel 10)
- ☐ Styrstagens styrleder slitna (kapitel 1 eller 10)
- ☐ Sliten kuggstång (kapitel 10)
- ☐ Slitage i styrning eller fjädring (kapitel 1 eller 10)

Bristande servoeffekt

- ☐ Trasig eller felaktigt justerad drivrem (kapitel 1)
- ☐ För hög eller låg nivå av styrservoolja (se *Veckokontroller*)
- ☐ Servostyrningens slangar igensatta (kapitel 1)
- ☐ Defekt servostyrningspump (kapitel 10)
- ☐ Defekt kuggstång (kapitel 10)

Kraftigt däckslitage

Däcken slitna på inner- eller ytterkanten

- ☐ För lite luft i däcken (slitage på båda kanterna) (se *Veckokontroller*)
- ☐ Felaktiga camber- eller castervinklar (slitage på en kant) (kapitel 10)
- ☐ Slitage i styrning eller fjädring (kapitel 1 eller 10)
- ☐ Överdrivet hård kurvtagning eller inbromsning
- ☐ Skada efter olycka

Däckmönster har fransiga kanter

- ☐ Felaktig toe-inställning (kapitel 10)

Slitage i mitten av däckmönstret

- ☐ För mycket luft i däcken (se *Veckokontroller*)

Däcken slitna på inner- och ytterkanten

- ☐ För lite luft i däcken (se *Veckokontroller*)

Ojämnt däckslitage

- ☐ Obalanserade hjul (se *Veckokontroller*)
- ☐ Hjulen eller däcken skeva
- ☐ Slitna stötdämpare (kapitel 1 eller 10)
- ☐ Defekt däck (se *Veckokontroller*)

Elsystem

Observera: *Vid problem med start, se felen under Motor tidigare i detta avsnitt.*

Batteriet laddar ur på bara ett par dagar

- ☐ Batteriet defekt invändigt (kapitel 5A)
- ☐ Batterianslutningarna sitter löst eller är korroderade (se *Veckokontroller*)
- ☐ Drivremmen sliten eller feljusterad (kapitel 1)
- ☐ Generatorn laddar inte vid korrekt effekt (kapitel 5A)
- ☐ Generatorn eller spänningsregulatorn defekt (kapitel 5A)
- ☐ Kortslutning ger kontinuerlig urladdning av batteriet (kapitel 5A eller 12)

Laddningslampan fortsätter att lysa när motorn går

- ☐ Drivremmen trasig, sliten eller felaktigt justerad (kapitel 1)
- ☐ Internt fel i generatorn eller spänningsregulatorn (kapitel 5A)
- ☐ Trasigt, bortkopplat eller löst sittande kablage i laddningskretsen (kapitel 5A eller 12)

Laddningslampan tänds inte

- ☐ Varningslampans glödlampa trasig (kapitel 12)
- ☐ Trasigt, bortkopplat eller löst sittande kablage i varningslamans krets (kapitel 5A eller 12)
- ☐ Defekt växelströmsgenerator (kapitel 5A)

Elsystem (forts.)

Ljusen fungerar inte

- ☐ Trasig glödlampa (kapitel 12)
- ☐ Korroderad glödlampa eller sockel (kapitel 12)
- ☐ Trasig säkring (kapitel 12)
- ☐ Defekt relä (kapitel 12)
- ☐ Trasigt, löst eller urkopplat kablage (kapitel 12)
- ☐ Defekt brytare (kapitel 12)

Instrumentavläsningarna missvisande eller ryckiga

Instrumentavläsningarna stiger med motorvarvtalet

- ☐ Defekt spänningsregulator till instrumentpanel (kapitel 12)

Bränsle- eller temperaturmätaren ger inget utslag

- ☐ Defekt givarenhet (kapitel 3 eller 4A)
- ☐ Kretsbrott (kapitel 12)
- ☐ Defekt mätare (kapitel 12)

Bränsle- eller temperaturmätaren ger kontinuerligt maximalt utslag

- ☐ Defekt givarenhet (kapitel 3 eller 4A)
- ☐ Kortslutning (kapitel 12)
- ☐ Defekt mätare (kapitel 12)

Signalhornet fungerar dåligt eller inte alls

Signalhornet tjuter hela tiden

- ☐ Signalhornets tryckplatta är antingen jordad eller har fastnat (kapitel 12)
- ☐ Kabeln till signalhornets tryckplatta jordad (kapitel 12)

Signalhornet fungerar inte

- ☐ Trasig säkring (kapitel 12)
- ☐ Kabel eller anslutningar lösa, trasiga eller urkopplade (kapitel 12).
- ☐ Defekt signalhorn (kapitel 12)

Signalhornet avger ryckigt eller otillfredsställande ljud

- ☐ Lösa kabelanslutningar (kapitel 12)
- ☐ Signalhornets fästen sitter löst (kapitel 12)
- ☐ Defekt signalhorn (kapitel 12)

Vindrutetorkarna fungerar dåligt eller inte alls

Torkarna fungerar inte eller går mycket långsamt

- ☐ Torkarbladen fastnar vid rutan, eller länksystemet har skurit ihop eller kärvar (kapitel 12)
- ☐ Trasig säkring (kapitel 12)
- ☐ Batteriet urladdat (kapitel 5A)
- ☐ Kabel eller anslutningar lösa, trasiga eller urkopplade (kapitel 12).
- ☐ Defekt relä (kapitel 12)
- ☐ Defekt torkarmotor (kapitel 12)

Torkarbladen sveper över för stort/litet område av rutan

- ☐ Torkarblad är felmonterade eller har fel storlek (se *Veckokontroller*)
- ☐ Torkararmarna felaktigt placerade på spindlarna (kapitel 12)
- ☐ Kraftigt slitage i torkarnas länksystem (kapitel 12)
- ☐ Torkarmotorns eller länksystemets fästen sitter löst (kapitel 12)

Torkarbladen rengör inte rutan effektivt

- ☐ Torkarbladens gummi är smutsigt, slitet eller saknas (se *Veckokontroller*)
- ☐ Torkarblad är felmonterade eller har fel storlek (se *veckokontroller*)
- ☐ Torkararmens fjäder är trasig eller armtapparna har kärvat fast (kapitel 12)
- ☐ Spolarvätskan har för låg koncentration för att beläggningen ska kunna tvättas bort (se *Veckokontroller*)

Vindrutespolarna fungerar dåligt eller inte alls

Ett eller flera spolarmunstycken sprutar inte

- ☐ Igentäppt spolarmunstycke
- ☐ Losskopplad, veckad eller igensatt spolarslang (kapitel 12)
- ☐ För lite spolarvätska i spolarbehållaren (se *Veckokontroller*)

Spolarpumpen fungerar inte

- ☐ Trasiga eller lösa kablar eller anslutningar (kapitel 12)
- ☐ Trasig säkring (kapitel 12)
- ☐ Defekt spolarbrytare (kapitel 12)
- ☐ Defekt spolarpump (kapitel 12)

Spolarpumpen går ett tag innan det kommer någon spolarvätska

- ☐ Defekt envägsventil i vätskematarslangen (kapitel 12)

De elektriska fönsterhissarna fungerar dåligt eller inte alls

Fönsterrutan rör sig bara i en riktning

- ☐ Defekt brytare (kapitel 12)

Fönsterrutan rör sig långsamt

- ☐ Batteriet urladdat (kapitel 5A)
- ☐ Fönsterhissen har kärvat fast, är skadad, eller behöver smörjas (kapitel 11)
- ☐ Dörrens inre komponenter eller klädsel hindrar fönsterhissen (kapitel 11)
- ☐ Defekt motor (kapitel 11)

Fönsterrutan rör sig inte

- ☐ Trasig säkring (kapitel 12)
- ☐ Defekt relä (kapitel 12)
- ☐ Trasiga eller lösa kablar eller anslutningar (kapitel 12)
- ☐ Defekt motor (kapitel 11)

Centrallåset fungerar dåligt eller inte alls

Totalt systemhaveri

- ☐ Fjärrkontrollens batteri är urladdat, där sådant finns
- ☐ Trasig säkring (kapitel 12)
- ☐ Defekt relä (kapitel 12)
- ☐ Trasiga eller lösa kablar eller anslutningar (kapitel 12)
- ☐ Defekt motor (kapitel 11)

Regeln låser men låser inte upp, eller låser upp men låser inte

- ☐ Fjärrkontrollens batteri är urladdat, om tillämpligt
- ☐ Defekt huvudbrytare (kapitel 12)
- ☐ Regelns länkstag eller -armar är trasiga eller losskopplade (kapitel 11)
- ☐ Defekt relä (kapitel 12)
- ☐ Defekt motor (kapitel 11)

En solenoid/motor fungerar inte

- ☐ Trasiga eller lösa kablar eller anslutningar (kapitel 12)
- ☐ Defekt manöverenhet (kapitel 11)
- ☐ Regelns länkstag eller -armar kärvar, är trasiga eller urkopplade (kapitel 11)
- ☐ Defekt dörregel (kapitel 11)

A

ABS (Anti-lock brake system) Låsningsfria bromsar. Ett system, vanligen elektroniskt styrt, som känner av påbörjande låsning av hjul vid inbromsning och lättar på hydraultrycket på hjul som ska till att låsa.

Air bag (krockkudde) En uppblåsbar kudde dold i ratten (på förarsidan) eller instrumentbrädan eller handskfacket (på passagerarsidan) Vid kollision blåses kuddarna upp vilket hindrar att förare och framsätespassagerare kastas in i ratt eller vindruta.

Ampere (A) En måttenhet för elektrisk ström. 1 A är den ström som produceras av 1 volt gående genom ett motstånd om 1 ohm.

Anaerobisk tätning En massa som används som gänglås. Anaerobisk innebär att den inte kräver syre för att fungera.

Antikärvningsmedel En pasta som minskar risk för kärvning i infästningar som utsätts för höga temperaturer, som t.ex. skruvar och muttrar till avgasrenrör. Kallas även gängskydd.

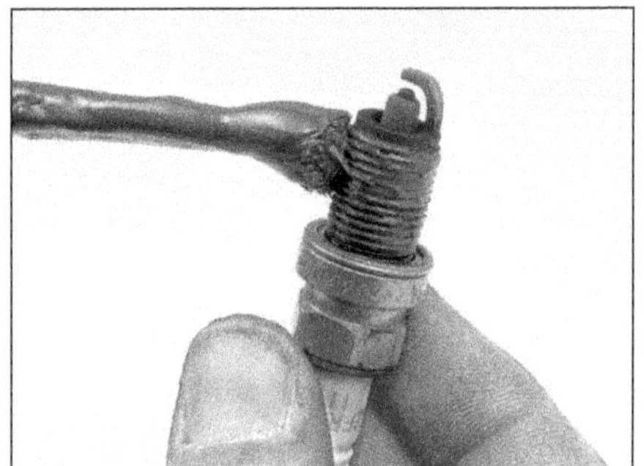

Antikärvningsmedel

Asbest Ett naturligt fibröst material med stor värmetolerans som vanligen används i bromsbelägg. Asbest är en hälsorisk och damm som alstras i bromsar ska aldrig inandas eller sväljas.

Avgasgrenrör En del med flera passager genom vilka avgaserna lämnar förbränningskamrarna och går in i avgasröret.

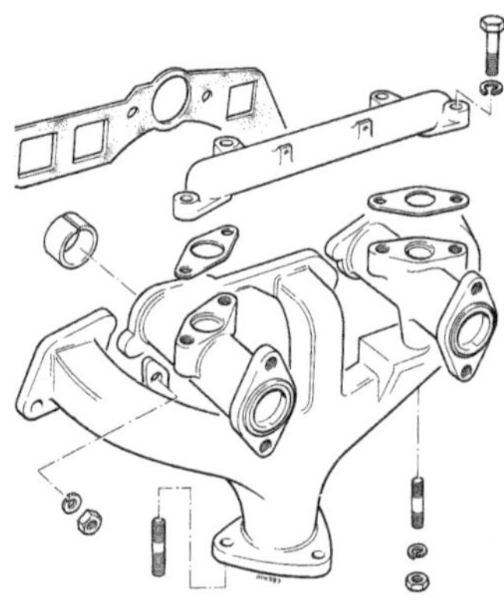

Avgasgrenrör

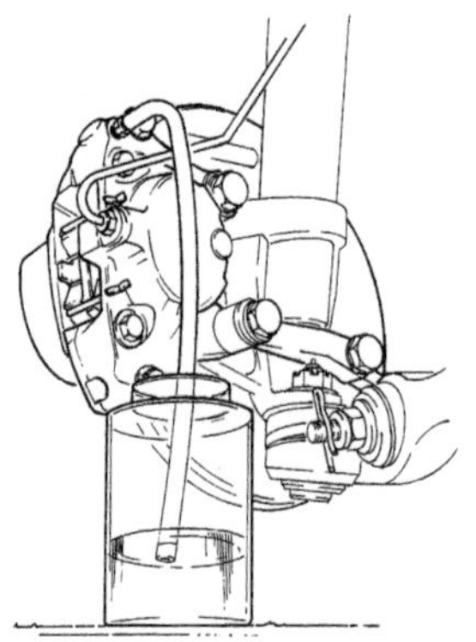

Avluftning av bromsarna

Avluftning av bromsar Avlägsnande av luft från hydrauliskt bromssystem.

Avluftningsnippel En ventil på ett bromsok, hydraulcylinder eller annan hydraulisk del som öppnas för att tappa ur luften i systemet.

Axel En stång som ett hjul roterar på, eller som roterar inuti ett hjul. Även en massiv balk som håller samman två hjul i bilens ena ände. En axel som även överför kraft till hjul kallas drivaxel.

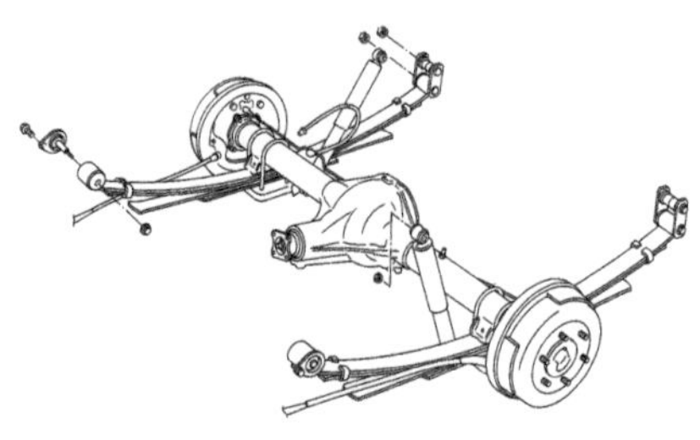

Axel

Axialspel Rörelse i längdled mellan två delar. För vevaxeln är det den distans den kan röra sig framåt och bakåt i motorblocket.

B

Belastningskänslig fördelningsventil En styrventil i bromshydrauliken som fördelar bromseffekten, med hänsyn till bakaxelbelastningen.

Bladmått Ett tunt blad av härdat stål, slipat till exakt tjocklek, som används till att mäta spel mellan delar.

Bladmått

Bromsback Halvmåneformad hållare med fastsatt bromsbelägg som tvingar ut beläggen i kontakt med den roterande bromstrumman under inbromsning.

Bromsbelägg Det friktionsmaterial som kommer i kontakt med bromsskiva eller bromstrumma för att minska bilens hastighet. Beläggen är limmade eller nitade på bromsklossar eller bromsbackar.

Bromsklossar Utbytbara friktionsklossar som nyper i bromsskivan när pedalen trycks ned. Bromsklossar består av bromsbelägg som limmats eller nitats på en styv bottenplatta.

Bromsok Den icke roterande delen av en skivbromsanordning. Det grenslar skivan och håller bromsklossarna. Oket innehåller även de hydrauliska delar som tvingar klossarna att nypa skivan när pedalen trycks ned.

Bromsskiva Den del i en skivbromsanordning som roterar med hjulet.

Bromstrumma Den del i en trumbromsanordning som roterar med hjulet.

C

Caster I samband med hjulinställning, lutningen framåt eller bakåt av styrningens axialled. Caster är positiv när styrningens axialled lutar bakåt i överkanten.

CV-knut En typ av universalknut som upphäver vibrationer orsakade av att drivkraft förmedlas genom en vinkel.

D

Diagnostikkod Kodsiffror som kan tas fram genom att gå till diagnosläget i motorstyrningens centralenhet. Koden kan användas till att bestämma i vilken del av systemet en felfunktion kan förekomma.

Draghammare Ett speciellt verktyg som skruvas in i eller på annat sätt fästs vid en del som ska dras ut, exempelvis en axel. Ett tungt glidande handtag dras utmed verktygsaxeln mot ett stopp i änden vilket rycker avsedd del fri.

Drivaxel En roterande axel på endera sidan differentialen som ger kraft från slutväxeln till drivhjulen. Även varje axel som används att överföra rörelse.

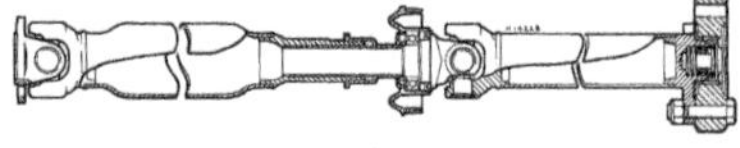

Drivaxel

Drivrem(mar) Rem(mar) som används till att driva tillbehörsutrustning som generator, vattenpump, servostyrning, luftkonditioneringskompressor mm, från vevaxelns remskiva.

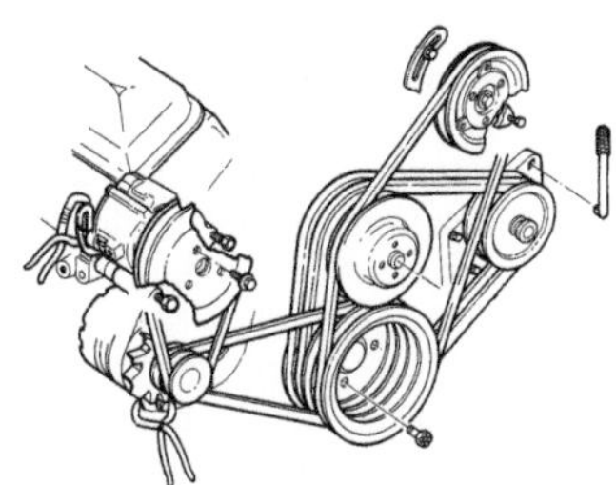

Drivremmar till extrautrustning

Dubbla överliggande kamaxlar (DOHC) En motor försedd med två överliggande kamaxlar, vanligen en för insugsventilerna och en för avgasventilerna.

E

EGR-ventil Avgasåtercirkulationsventil. En ventil som för in avgaser i insugsluften.

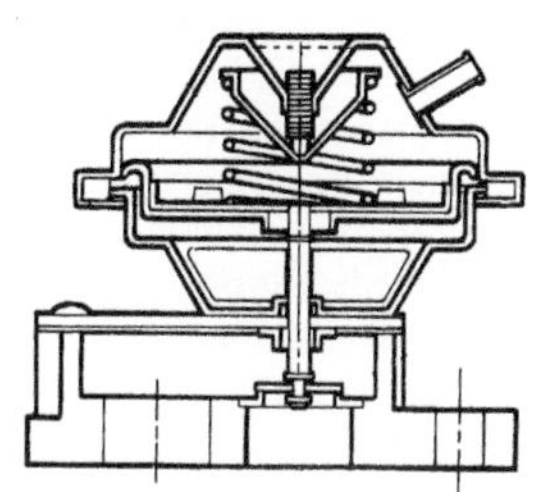

Ventil för avgasåtercirkulation (EGR)

Elektrodavstånd Den distans en gnista har att överbrygga från centrumelektroden till sidoelektroden i ett tändstift.

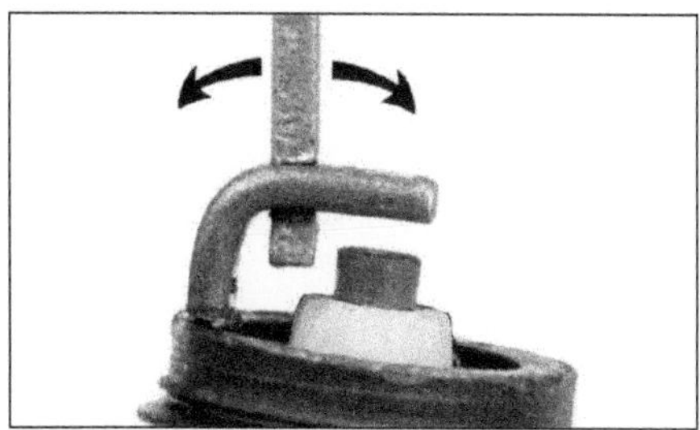

Justering av elektrodavståndet

Elektronisk bränsleinsprutning (EFI) Ett datorstyrt system som fördelar bränsle till förbränningskamrarna via insprutare i varje insugsport i motorn.

Elektronisk styrenhet En dator som exempelvis styr tändning, bränsleinsprutning eller låsningsfria bromsar.

F

Finjustering En process där noggranna justeringar och byten av delar optimerar en motors prestanda.

Fjäderben Se MacPherson-ben.

Fläktkoppling En viskös drivkoppling som medger variabel kylarfläkthastighet i förhållande till motorhastigheten.

Frostplugg En skiv- eller koppformad metallbricka som monterats i ett hål i en gjutning där kärnan avlägsnats.

Frostskydd Ett ämne, vanligen etylenglykol, som blandas med vatten och fylls i bilens kylsystem för att förhindra att kylvätskan fryser vintertid. Frostskyddet innehåller även kemikalier som förhindrar korrosion och rost och andra avlagringar som skulle kunna blockera kylare och kylkanaler och därmed minska effektiviteten.

Fördelningsventil En hydraulisk styrventil som begränsar trycket till bakbromsarna vid panikbromsning så att hjulen inte låser sig.

Förgasare En enhet som blandar bränsle med luft till korrekta proportioner för önskad effekt från en gnistantänd förbränningsmotor.

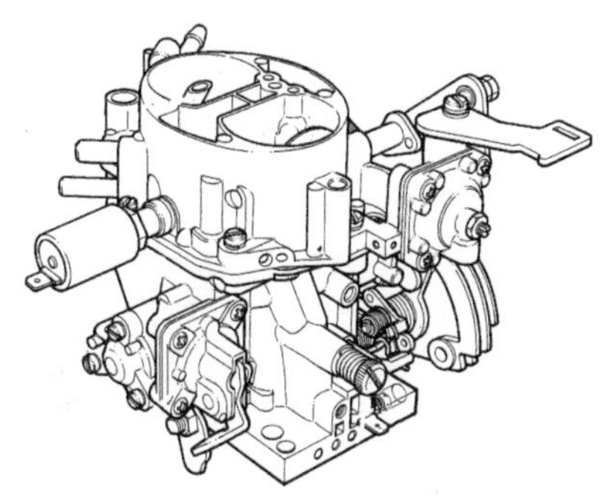

Förgasare

G

Generator En del i det elektriska systemet som förvandlar mekanisk energi från drivremmen till elektrisk energi som laddar batteriet, som i sin tur driver startsystem, tändning och elektrisk utrustning.

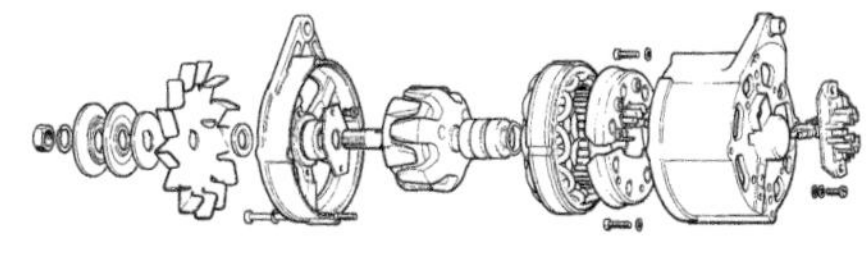

Generator (genomskärning)

Glidlager Den krökta ytan på en axel eller i ett lopp, eller den del monterad i endera, som medger rörelse mellan dem med ett minimum av slitage och friktion.

Gängskydd Ett täckmedel som minskar risken för gängskärning i bultförband som utsätts för stor hetta, exempelvis grenrörets bultar och muttrar. Kallas även antikärvningsmedel.

H

Handbroms Ett bromssystem som är oberoende av huvudbromsarnas hydraulikkrets. Kan användas till att stoppa bilen om huvudbromsarna slås ut, eller till att hålla bilen stilla utan att bromspedalen trycks ned. Den består vanligen av en spak som aktiverar främre eller bakre bromsar mekaniskt via vajrar och länkar. Kallas även parkeringsbroms.

Harmonibalanserare En enhet avsedd att minska fjädring eller vridande vibrationer i vevaxeln. Kan vara integrerad i vevaxelns remskiva. Även kallad vibrationsdämpare.

Hjälpstart Start av motorn på en bil med urladdat eller svagt batteri genom koppling av startkablar mellan det svaga batteriet och ett laddat hjälpbatteri.

Honare Ett slipverktyg för korrigering av smärre ojämnheter eller diameterskillnader i ett cylinderlopp.

Hydraulisk ventiltryckare En mekanism som använder hydrauliskt tryck från motorns smörjsystem till att upprätthålla noll ventilspel (konstant kontakt med både kamlob och ventilskaft). Justeras automatiskt för variation i ventilskaftslängder. Minskar även ventilljudet.

I

Insexnyckel En sexkantig nyckel som passar i ett försänkt sexkantigt hål.

Insugsrör Rör eller kåpa med kanaler genom vilka bränsle/luftblandningen leds till insugsportarna.

K

Kamaxel En roterande axel på vilken en serie lober trycker ned ventilerna. En kamaxel kan drivas med drev, kedja eller tandrem med kugghjul.

Kamkedja En kedja som driver kamaxeln.

Kamrem En tandrem som driver kamaxeln. Allvarliga motorskador kan uppstå om kamremmen brister vid körning.

Kanister En behållare i avdunstningsbegränsningen, innehåller aktivt kol för att fånga upp bensinångor från bränslesystemet.

Kanister

Kardanaxel Ett långt rör med universalknutar i bägge ändar som överför kraft från växellådan till differentialen på bilar med motorn fram och drivande bakhjul.

Kast Hur mycket ett hjul eller drev slår i sidled vid rotering. Det spel en axel roterar med. Orundhet i en roterande del.

Katalysator En ljuddämparliknande enhet i avgassystemet som omvandlar vissa föroreningar till mindre hälsovådliga substanser.

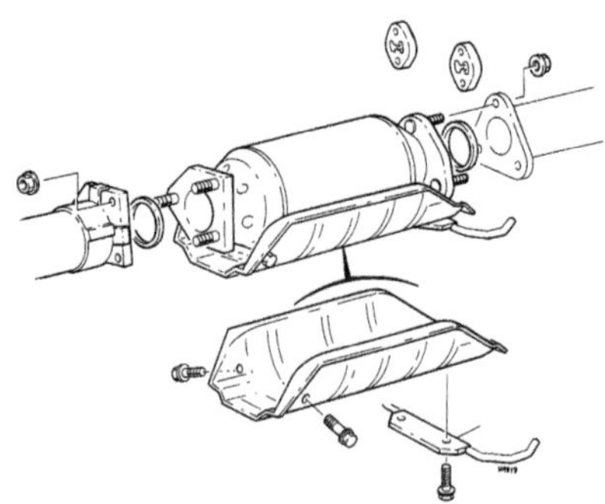

Katalysator

Kompression Minskning i volym och ökning av tryck och värme hos en gas, orsakas av att den kläms in i ett mindre utrymme.

Kompressionsförhållande Skillnaden i cylinderns volymer mellan kolvens ändlägen.

Kopplingsschema En ritning över komponenter och ledningar i ett fordons elsystem som använder standardiserade symboler.

Krockkudde (Airbag) En uppblåsbar kudde dold i ratten (på förarsidan) eller instrumentbrädan eller handskfacket (på passagerarsidan) Vid kollision blåses kuddarna upp vilket hindrar att förare och framsätespassagerare kastas in i ratt eller vindruta.

Krokodilklämma Ett långkäftat fjäderbelastat clips med ingreppande tänder som används till tillfälliga elektriska kopplingar.

Kronmutter En mutter som vagt liknar kreneleringen på en slottsmur. Används tillsammans med saxsprint för att låsa bultförband extra väl.

Kronmutter

Krysskruv Se Phillips-skruv

Kugghjul Ett hjul med tänder eller utskott på omkretsen, formade för att greppa in i en kedja eller rem.

Kuggstångsstyrning Ett styrsystem där en pinjong i rattstångens ände går i ingrepp med en kuggstång. När ratten vrids, vrids även pinjongen vilket flyttar kuggstången till höger eller vänster. Denna rörelse överförs via styrstagen till hjulets styrleder.

Kullager Ett friktionsmotverkande lager som består av härdade inner- och ytterbanor och har härdade stålkulor mellan banorna.

Kylare En värmeväxlare som använder flytande kylmedium, kylt av fartvinden/fläkten till att minska temperaturen på kylvätskan i en förbränningsmotors kylsystem.

Kylmedia Varje substans som används till värmeöverföring i en anläggning för luftkonditionering. R-12 har länge varit det huvudsakliga kylmediet men tillverkare har nyligen börjat använda R-134a, en CFC-fri substans som anses vara mindre skadlig för ozonet i den övre atmosfären.

L

Lager Den böjda ytan på en axel eller i ett lopp, eller den del som monterad i någon av dessa tillåter rörelse mellan dem med minimal slitage och friktion.

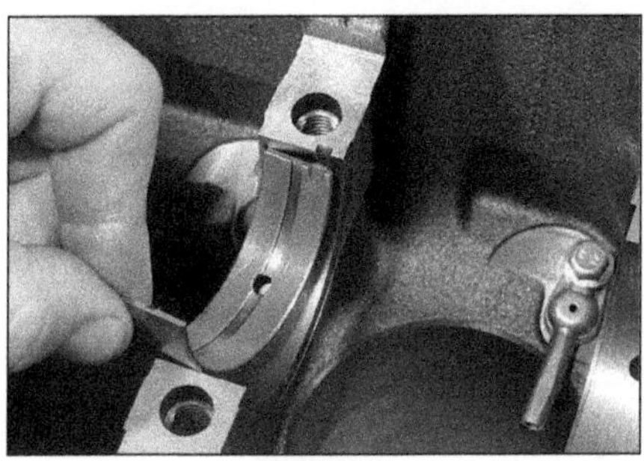

Lager

Lambdasond En enhet i motorns grenrör som känner av syrehalten i avgaserna och omvandlar denna information till elektricitet som bär information till styrelektroniken. Även kallad syresensor.

Luftfilter Filtret i luftrenaren, vanligen tillverkat av veckat papper. Kräver byte med regelbundna intervaller.

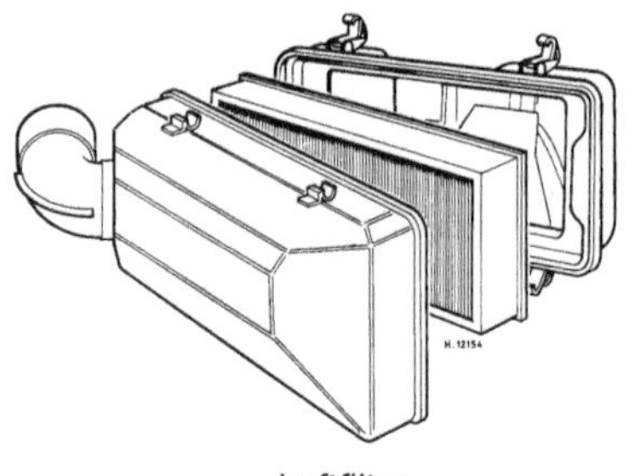

Luftfilter

Luftrenare En kåpa av plast eller metall, innehållande ett filter som tar undan damm och smuts från luft som sugs in i motorn.

Låsbricka En typ av bricka konstruerad för att förhindra att en ansluten mutter lossnar.

Låsmutter En mutter som låser en justermutter, eller annan gängad del, på plats. Exempelvis används låsmutter till att hålla justermuttern på vipparmen i läge.

Låsring Ett ringformat clips som förhindrar längsgående rörelser av cylindriska delar och axlar. En invändig låsring monteras i en skåra i ett hölje, en yttre låsring monteras i en utvändig skåra på en cylindrisk del som exempelvis en axel eller tapp.

M

MacPherson-ben Ett system för framhjulsfjädring uppfunnet av Earle MacPherson vid Ford i England. I sin ursprungliga version skapas den nedre bärarmen av en enkel lateral länk till krängningshämmaren. Ett fjäderben - en integrerad spiralfjäder och stötdämpare - finns monterad mellan karossen och styrknogen. Många moderna MacPherson-ben använder en vanlig nedre A-arm och inte krängningshämmaren som nedre fäste.

Markör En remsa med en andra färg i en ledningsisolering för att skilja ledningar åt.

Motor med överliggande kamaxel (OHC) En motor där kamaxeln finns i topplocket.

Motorstyrning Ett datorstyrt system som integrerat styr bränsle och tändning.

Multimätare Ett elektriskt testinstrument som mäter spänning, strömstyrka och motstånd. Även kallad multimeter.

Mätare En instrumentpanelvisare som används till att ange motortillstånd. En mätare med en rörlig pekare på en tavla eller skala är analog. En mätare som visar siffror är digital.

N

NOx Kväveoxider. En vanlig giftig förorening utsläppt av förbränningsmotorer vid högre temperaturer.

O

O-ring En typ av tätningsring gjord av ett speciellt gummiliknande material. O-ringen fungerar så att den trycks ihop i en skåra och därmed utgör tätningen.

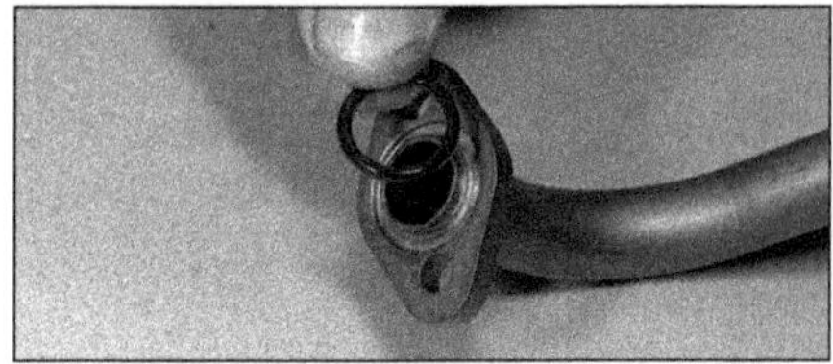

O-ring

Ohm Enhet för elektriskt motstånd. 1 volt genom ett motstånd av 1 ohm ger en strömstyrka om 1 ampere.

Ohmmätare Ett instrument för uppmätning av elektriskt motstånd.

P

Packning Mjukt material - vanligen kork, papp, asbest eller mjuk metall - som monteras mellan två metallytor för att erhålla god tätning. Exempelvis tätar topplockspackningen fogen mellan motorblocket och topplocket.

Packning

Phillips-skruv En typ av skruv med ett korsspår istället för ett rakt, för motsvarande skruvmejsel. Vanligen kallad krysskruv.

Plastigage En tunn plasttråd, tillgänglig i olika storlekar, som används till att mäta toleranser. Exempelvis så läggs en remsa Plastigage tvärs över en lagertapp. Delarna sätts ihop och tas isär. Bredden på den klämda remsan anger spelrummet mellan lager och tapp.

Plastigage

R

Rotor I en fördelare, den roterande enhet inuti fördelardosan som kopplar samman mittelektroden med de yttre kontakterna vartefter den roterar, så att högspänningen från tändspolens sekundärlindning leds till rätt tändstift. Även den del av generatorn som roterar inuti statorn. Även de roterande delarna av ett turboaggregat, inkluderande kompressorhjulet, axeln och turbinhjulet.

S

Sealed-beam strålkastare En äldre typ av strålkastare som integrerar reflektor, lins och glödtrådar till en hermetiskt försluten enhet. När glödtråden går av eller linsen spricker byts hela enheten. Vanliga på amerikanska bilar

Shims Tunn distansbricka, vanligen använd till att justera inbördes lägen mellan två delar. Exempelvis sticks shims in i eller under ventiltryckarhylsor för att justera ventilspelet. Spelet justeras genom byte till shims av annan tjocklek.

Skivbroms En bromskonstruktion med en roterande skiva som kläms mellan bromsklossar. Den friktion som uppstår omvandlar bilens rörelseenergi till värme.

Skjutmått Ett precisionsmätinstrument som mäter inre och yttre dimensioner. Inte riktigt lika exakt som en mikrometer men lättare att använda.

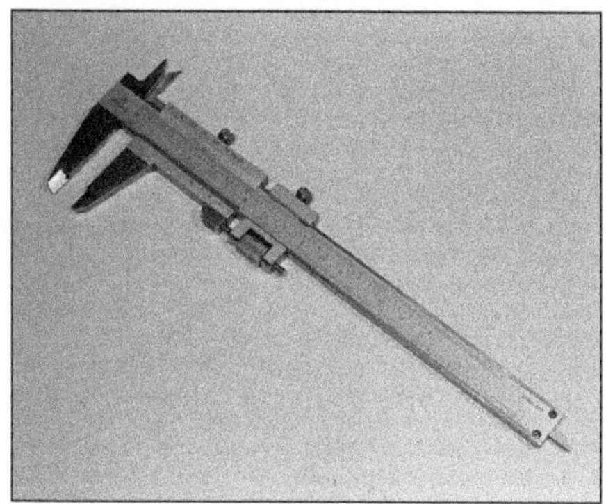

Skjutmått

Smältsäkring Ett kretsskydd som består av en ledare omgiven av värmetålig isolering. Ledaren är tunnare än den ledning den skyddar och är därmed den svagaste länken i kretsen. Till skillnad från en bränd säkring måste vanligen en smältsäkring skäras bort från ledningen vid byte.

Spel Den sträcka en del färdas innan något inträffar. "Luften" i ett länksystem eller ett montage mellan första ansatsen av kraft och verklig rörelse. Exempelvis den sträcka bromspedalen färdas innan kolvarna i huvudcylindern rör på sig. Även utrymmet mellan två delar, till exempel kolv och cylinderlopp.

Spiralfjäder En spiral av elastiskt stål som förekommer i olika storlekar på många platser i en bil, bland annat i fjädringen och ventilerna i topplocket.

Startspärr På bilar med automatväxellåda förhindrar denna kontakt att motorn startas annat än om växelväljaren är i N eller P.

Storändslager Lagret i den ände av vevstaken som är kopplad till vevaxeln.

Svetsning Olika processer som används för att sammanfoga metallföremål genom att hetta upp dem till smältning och sammanföra dem.

Svänghjul Ett tungt roterande hjul vars energi tas upp och sparas via moment. På bilar finns svänghjulet monterat på vevaxeln för att utjämna kraftpulserna från arbetstakterna.

Syresensor En enhet i motorns grenrör som känner av syrehalten i avgaserna och omvandlar denna information till elektricitet som bär information till styrelektroniken. Även kalla Lambdasond.

Säkring En elektrisk enhet som skyddar en krets mot överbelastning. En typisk säkring innehåller en mjuk metallbit kalibrerad att smälta vid en förbestämd strömstyrka, angiven i ampere, och därmed bryta kretsen.

T

Termostat En värmestyrd ventil som reglerar kylvätskans flöde mellan blocket och kylaren vilket håller motorn vid optimal arbetstemperatur. En termostat används även i vissa luftrenare där temperaturen är reglerad.

Toe-in Den distans som framhjulens framkanter är närmare varandra än bakkanterna. På bakhjulsdrivna bilar specificeras vanligen ett litet toe-in för att hålla framhjulen parallella på vägen, genom att motverka de krafter som annars tenderar att vilja dra isär framhjulen.

Toe-ut Den distans som framhjulens bakkanter är närmare varandra än framkanterna. På bilar med framhjulsdrift specificeras vanligen ett litet toe-ut.

Toppventilsmotor (OHV) En motortyp där ventilerna finns i topplocket medan kamaxeln finns i motorblocket.

Torpedplåten Den isolerade avbalkningen mellan motorn och passagerarutrymmet.

Trumbroms En bromsanordning där en trumformad metallcylinder monteras inuti ett hjul. När bromspedalen trycks ned pressas böjda bromsbackar försedda med bromsbelägg mot trummans insida så att bilen saktar in eller stannar.

Trumbroms, montage

Turboaggregat En roterande enhet, driven av avgastrycket, som komprimerar insugsluften. Används vanligen till att öka motoreffekten från en given cylindervolym, men kan även primäranvändas till att minska avgasutsläpp.

Tändföljd Turordning i vilken cylindrarnas arbetstakter sker, börjar med nr 1.

Tändläge Det ögonblick då tändstiftet ger gnista. Anges vanligen som antalet vevaxelgrader för kolvens övre dödpunkt.

Tätningsmassa Vätska eller pasta som används att täta fogar. Används ibland tillsammans med en packning.

U

Universalknut En koppling med dubbla pivåer som överför kraft från en drivande till en driven axel genom en vinkel. En universalknut består av två Y-formade ok och en korsformig del kallad spindeln.

Urtrampningslager Det lager i kopplingen som flyttas inåt till frigöringsarmen när kopplingspedalen trycks ned för frikoppling.

V

Ventil En enhet som startar, stoppar eller styr ett flöde av vätska, gas, vakuum eller löst material via en rörlig del som öppnas, stängs eller delvis maskerar en eller flera portar eller kanaler. En ventil är även den rörliga delen av en sådan anordning.

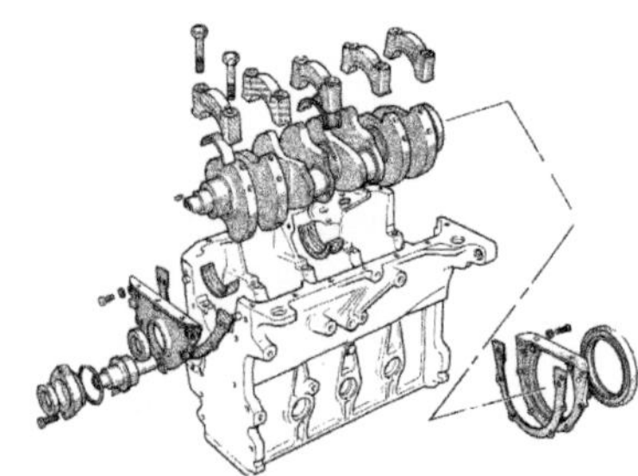

Vevaxel, montage

Ventilspel Spelet mellan ventilskaftets övre ände och ventiltryckaren. Spelet mäts med stängd ventil.

Ventiltryckare En cylindrisk del som överför rörelsen från kammen till ventilskaftet, antingen direkt eller via stötstång och vipparm. Även kallad kamsläpa eller kamföljare.

Vevaxel Den roterande axel som går längs med vevhuset och är försedd med utstickande vevtappar på vilka vevstakarna är monterade.

Vevhus Den nedre delen av ett motorblock där vevaxeln roterar.

Vibrationsdämpare En enhet som är avsedd att minska fjädring eller vridande vibrationer i vevaxeln. Enheten kan vara integrerad i vevaxelns remskiva. Kallas även harmonibalanserare.

Vipparm En arm som gungar på en axel eller tapp. I en toppventilsmotor överför vipparmen stötstångens uppåtgående rörelse till en nedåtgående rörelse som öppnar ventilen.

Viskositet Tjockleken av en vätska eller dess flödesmotstånd.

Volt Enhet för elektrisk spänning i en krets 1 volt genom ett motstånd av 1 ohm ger en strömstyrka om 1 ampere.

Observera: *Hänvisningarna i sakregistret har formen* ***"Kapitelnummer • Sidnummer"***

A

B

C

D

E

F

G

H

I

J

K

L

M

N

O

P

R

S

T

U

V

Y

Å

Ö